Ito Makoto

伊藤 眞

会社更生法

有斐閣

は し が き

　拙著『破産法・民事再生法』初版を上梓したのが，2007年11月であり，その「はしがき」には，「会社更生法については，筆者に残された時間の中で他日を期している」旨を記した。幸い，妻・順子，母・千谷子をはじめとする家族に囲まれ，また健康にも恵まれて，今般，本書を公刊できたことは，無妄之福と感じている。

　会社更生法に関する著作としては，兼子一博士監修の名著『条解会社更生法（上）（中）（下）』（初版1973年，1974年，弘文堂）を始めとして，汗牛充棟ともいうべき多数の書物があり，また，谷口安平先生の『倒産処理法』（初版1976年，筑摩書房）や霜島甲一先生の『倒産法体系』（初版1990年，勁草書房）は，旧会社更生法についての体系的研究として，今日でもしばしば参照されるところである。しかし，会社更生法そのものの体系書となると，松田二郎博士の『会社更生法』（初版1960年，新版再版1981年，有斐閣）以来，久しくその姿をみない。株式会社の形態をとる大規模事業体の再建手続として，旧会社更生法の立法以来，現在に至るまで会社更生手続が果たしている役割を考えると，このことはやや奇異に感じられる。

　その理由としては，いくつかのことが考えられるが，一つには，規律の内容が，手続法，実体法および組織法の三面にわたっていることがあげられよう。もっとも，手続法と実体法に関しては，同じく倒産処理法である破産法や民事再生法にも共通するところであるし，民事再生法の中には，再生債務者の事業組織の再編に関する規律も相当数存在する。しかし，消費者を別としても，事業者一般を対象とする再生手続の性質上，それらの規律は，一般法人法や会社法の規定に対する若干の特則を内容とするものにとどまるのに対して，会社更生法の場合には，株式会社の組織そのものを再編し，または他の，もしくは新たに設立する事業体に移管することを通じて，事業の再建を図ることを目的とするために，規律の内容も，会社法の規定の多くを置き換える形で，広い範囲

にわたり，かつ，詳細なものとなっている。商法学者としても令名高かった松田二郎博士（元最高裁判所判事）が法律学全集（有斐閣）の一冊としての会社更生法を担当されたことも，そうした事情が背景にあったのではないだろうか。

本書の執筆に着手したのは，平成21年（2009年）初頭のことであるが，手続法および実体法の部分については，拙著『破産法・民事再生法』，特にその民事再生法部分を基礎とする形で筆を進めることができた。これに対して，組織法関連箇所に関しては，旧法の注釈書，体系書，現行法についての解説書や実務運用に関わる書物，さらに会社法に関する体系書や注釈書などを繙き，無明長夜の中を手燭で脚下を照らしつつ，孤独な歩みを進めざるをえなかった。

「我々は何かの才能を恵まれているということ，そしてこの何かに，どんな犠牲を払っても到達しなければならないということを信じなければなりません。恐らくすべては我々が最も期待しない瞬間に，非常に旨く好転することでしょう」とは，私の少年時代からの愛読書・キュリー夫人伝[1]の一節であるが，この言葉を裏書きするように，原稿執筆から始まり，完成までの過程において多くの方々の御厚意溢れる協力の申し出に接することができた。

まず，第1章に収録した会社更生事件の設例の基礎資料収集については，上田裕康弁護士，北野知広弁護士，倉持大弁護士（いずれも，弁護士法人大江橋法律事務所所属）および粟田口太郎弁護士（坂井・三村・相澤法律事務所所属）の御協力をいただいた。また，私が所属する第一東京弁護士会「総合法律研究所倒産法研究部会」の各位，顧問を務める長島・大野・常松法律事務所の方々には，定例の研究活動や日常の議論を通じて多大の御教示を受けた。さらに，巻末に収録した会社更生手続の「標準スケジュール」，「短縮型スケジュール」および「DIP型スケジュール」は，東京地裁会社更生実務研究会編・最新実務会社更生8頁，9頁および20頁（2011年，金融財政事情研究会）に掲載のものを，「会社更生手続の概要」は，倒産判例百選〈第4版〉（別冊ジュリスト184号，2006年，有斐閣）224頁に掲載のものを転載させていただいた。御了解賜わった関

---

[1] エーヴ・キュリー（川口篤ほか訳）・キュリー夫人伝192頁（1940年，白水社）。なお，旧漢字は常用漢字に，歴史的仮名遣いは現代仮名遣いに直している。

係者の方々に心より御礼申し上げる。

　そして，木村真也弁護士（大阪弁護士会・はばたき綜合法律事務所）および行川雄一郎判事補（東京地裁・早稲田大学大学院法務研究科修了生）のお二人には，本書の原稿段階から校正刷を経て完成に至るまで，詳細な内容の検討をお願いし，不正確な記述についての指摘はいうまでもなく，理論上および実務上必須と思われる問題に関する記述の補充，全体の統一など，すべての点に渉って貴重な御教示を受け，休日の早朝から夕刻を過ぎるまで，度重なる編集会議に参加いただき，校正の段階に至る電子書簡の往復は，優に数百通を超えるものとなった。本書が多少なりとも斯学の理論および事業再生の実務に裨益するものとなるとすれば，燃犀之明を備えたお二人の力によるところが大きいことを痛感し，感謝の言葉を見出すのに困難を感じるほどである。もちろん，本書の内容になお改めるべき点があるとすれば，それについては，あげて私の責任に帰せられるべきものである。
　最後になるが，有斐閣書籍編集第一部の佐藤文子および栁澤雅俊両氏には，企画，編集そして校正の全段階を通じて，献身的な努力をいただいた。記してお礼申し上げる。

　思えば，第2次原稿を作成中の平成23年（2011年）3月11日午後2時46分，東北地方太平洋沖地震，それによって引き起こされた巨大津波によって，貴重な人命が数多失われ，また，万余の被災者の方々が避難所や仮設住宅での不自由な生活を強いられ，さらに福島第一原子力発電所の事故，それに起因する放射能汚染や電力不足などによって，周辺住民はもとより，東北関東圏に生活し，また就業する方々が不安な気持ちの中で毎日を過ごすことを余儀なくされている。こうした状況の中で，身命を捧げて，救護，生活支援，事故対応，そして復興に携わる人々の姿を目の当たりにしたとき，自らの安逸な日常を顧みて，菲才や加齢を奇貨とすることなく，上に述べた多くの方々の御厚意に応えるためにも，弛まぬ努力を続けなければとの思いを新たにした。

　机上に一冊の新約聖書がある。六十余年前，常田幼稚園（長野県上田市常田，上田メソジスト教会開設）の卒園記念品としていただいたものであるが，人口に

膾炙したその一節,「一粒の麦,地に落ちて死なずば,唯一つにて在らん,もし死なば,多くの果を結ぶべし」(ヨハネ伝第12章24節)を胸に刻みつつ,本書が一粒の麦としての役割を果たすことができることを願い,また改訂の機会に恵まれるよう,読者諸賢の御叱正を乞う。

2012年初夏

窓外に残雪の連山を望み,ウラディーミル・アシュケナージ弾く,
チャイコフスキー・ピアノ三重奏曲イ短調「偉大な芸術家の思い出」に耳を欹てつつ

伊　藤　眞

目　次

第 1 章　会社更生法への招待 …………………………… *1*
第 2 章　更生手続の開始 …………………………… *35*
第 3 章　更生手続の機関および利害関係人 …………… *104*
第 4 章　更生会社財産と更生債権等 ………………… *162*
第 5 章　更生会社をめぐる財産関係の整理 …………… *249*
第 6 章　更生会社財産の法律的変動 ………………… *326*
第 7 章　更生手続の進行 …………………………… *464*
第 8 章　更　生　計　画 …………………………… *547*
第 9 章　更生手続の終了 …………………………… *690*
第 10 章　更　生　犯　罪 …………………………… *703*
第 11 章　更生手続と他の倒産処理手続との関係 ……… *717*

資料　会社更生手続の概要・スケジュール　*753*
判例索引　*757*　　事項索引　*764*

細 目 次

第1章 会社更生法への招待 …………………………………………… 1

第1節 会社更生事件の一事例　1

1　A社の更生手続開始申立て　2
2　A社に対する更生手続開始決定とDIP型更生手続の開始　3
3　米国における更生手続の承認申立て　3
4　管財業務の遂行　3
5　更生計画案の立案　4
6　更生担保権者委員会の組成と管財人との交渉　4
7　更生計画の成立と概要　5
　　(1) 更生計画の概要　6　　(2) 更生債権等の権利変更等の内容　7
8　更生計画の遂行と評価　7

第2節 会社更生手続（更生手続）の目的と理念　8

第1項　事業再生法制の意義　9

第2項　事業再生法制の種類と特質　13
1　事業再生のための必要条件と更生手続　13
2　事業再生のための必要条件と再生手続　15
3　現行会社更生法の下での更生手続の特質　16
　　(1) 事業再生の一体的処理　16　　(2) 更生手続開始の条件　17　　(3) 個別的権利行使の抑止――包括的禁止命令の意義　18　　(4) 更生担保権と担保権消滅請求制度　18　　(5) 継続事業価値の分配　19

第3節 会社更生法の法源　21

第1項　旧会社更生法の制定　22

第2項　昭和42年改正とその主たる内容　23

第3項　現行会社更生法および会社更生規則の制定　24
1　現行会社更生法の特徴　25
2　会社更生規則の特徴　26

第4項　現行破産法および破産規則の制定にともなう整備　26

1　会社更生法の平成16年改正　*27*
　　　2　会社更生規則の平成16年改正　*28*
　第5項　会社法および会社非訟事件等手続規則の制定にともなう整備　*28*
　　　1　会社更生法の平成17年改正　*29*
　　　2　会社更生規則の平成18年改正　*30*
　第6項　外国租税債権の地位に関する改正　*31*
　第7項　今後の立法課題　*32*
　　　1　倒産法制全体の構成にかかわる事項　*32*
　　　2　倒産手続の機関にかかわる事項　*33*
　　　3　事業価値の保全にかかわる事項　*33*
　　　4　利害関係人の権利に関する調整原理にかかわる事項　*33*
　　　5　各種債権の取扱いにかかわる事項　*34*
　　　6　再生計画または更生計画による権利変更にかかわる事項　*34*
　　　7　個人破産や個人再生にかかわる事項　*34*
　　　8　債権法改正にかかわる事項　*34*

第2章　更生手続の開始 …………………………*35*

第1節　更生能力　*35*
　第1項　株式会社　*37*
　第2項　外国会社　*37*

第2節　更生手続開始原因　*38*
　第1項　破産原因前兆事実　*39*
　第2項　事業継続危殆事実　*40*
　第3項　外国倒産処理手続がある場合　*41*

第3節　更生手続開始の条件　*41*

第4節　更生手続開始手続　*45*
　第1項　更生手続開始申立権者　*45*
　　　1　株式会社　*46*
　　　2　債権者　*46*

    3　株　　主　*48*
    4　その他の申立権者　*49*
  第2項　更生手続開始申立ての手続　*50*
    1　費用の予納　*51*
    2　事前相談　*52*
    3　労働組合等の意見聴取　*53*
    4　更生手続開始申立ての取下げ　*53*
    5　更生手続開始申立ての競合　*54*
  第3項　更生手続開始決定前の中止命令および保全処分　*55*
    1　中止命令および包括的禁止命令　*55*
      (1) 他の手続の中止命令等　*56*　(2) 中止命令の手続　*62*　(3) 中止命令の効力の存続期間　*63*
    2　更生債権等にもとづく強制執行等の包括的禁止命令　*64*
      (1) 包括的禁止命令の発令　*64*　(2) 包括的禁止命令の対象除外　*66*　(3) 包括的禁止命令に関する手続　*66*　(4) 包括的禁止命令の解除　*67*　(5) 包括的禁止命令と消滅時効　*69*
    3　開始前会社の業務および財産に関する保全処分　*69*
      (1) 保全処分の内容および発令手続　*70*　(2) 弁済禁止保全処分に反する弁済等の効力　*73*
    4　更生手続開始前における商事留置権の消滅請求　*74*
      (1) 商事留置権消滅請求制度の趣旨および他制度との比較　*74*　(2) 商事留置権消滅請求の要件および手続　*76*
    5　保全管理命令　*78*
      (1) 保全管理命令の発令　*78*　(2) 保全管理人の権限および地位　*80*　(3) 保全管理命令の効力　*81*　(4) 保全管理人の任務終了　*83*
    6　監督命令　*83*
      (1) 監督命令の発令　*84*　(2) 監督委員の職務および地位　*85*　(3) 監督委員の任務終了　*86*
    7　調査命令　*86*
      (1) 調査命令の発令　*86*　(2) 調査委員の職務および地位　*88*　(3) 調査委員の任務終了　*88*
    8　否認権のための保全処分　*88*
    9　更生手続開始前の役員等の財産に対する保全処分　*91*
  第4項　更生手続開始決定　*93*
    1　同時処分事項　*94*
    2　付随処分事項　*95*

第5項　更生手続開始申立てについての裁判に対する不服申立て
　　　　　　　99
　　　　1　即時抗告権者　99
　　　　2　抗告審の審判　101

第3章　更生手続の機関および利害関係人 ……………104

第1節　管　財　人　106
第1項　管財人の職務　110
　　1　更生会社財産の管理処分　111
　　2　管財人の事業経営権と組織法上の権限　113
第2項　管財人に対する監督　116
　　1　財産の処分行為等についての裁判所の許可　116
　　2　更生計画によらない事業の譲渡についての裁判所の許可　116
　　　(1) 利害関係人の意見聴取　117　(2) 公告または通知　118　(3) 裁判所の許可——株主保護の手続　118
　　3　管財人の自己取引　119
　　4　管財人の競業の制限　121
　　5　更生会社等に対する債権または更生会社等の株式等の譲受け　122
第3項　管財人の費用および報酬　122
第4項　管財人の任務終了　123
第5項　管財人の法律上の地位　125
　　1　職　務　説　126
　　2　更生債権者等代理説または更生会社代理説　127
　　3　更生団体代表説　127
　　4　更生会社財産代表説　127
　　5　受　託　者　説　128
　　6　管理機構人格説　128

第2節　保　全　管　理　人　129
第3節　法　律　顧　問　130
第4節　裁　判　所　131
第1項　土　地　管　轄　132

            1 土地管轄 *132*
            2 親子会社等についての関連土地管轄 *133*
            3 移送 *134*
        第2項 国際更生管轄 *136*
        第3項 裁判所書記官 *137*
    第5節 監督委員 *138*
    第6節 調査委員 *138*
    第7節 関係人集会および更生債権者委員会等（更生債権者委員会・更生担保権者委員会・株主委員会） *139*
        第1項 関係人集会 *139*
            1 関係人集会の招集 *140*
            2 関係人集会の議事および議決権 *141*
                (1) 更生債権者等の議決権額 *142*　(2) 議決権の額または数の確定手続 *144*
            3 議決権の行使 *145*
        第2項 更生債権者委員会等（更生債権者委員会・更生担保権者委員会・株主委員会） *146*
            1 更生債権者委員会等の手続関与 *146*
            2 更生債権者委員会等の権限および活動 *148*
    第8節 代理委員 *149*
        第1項 代理委員の選任等 *149*
        第2項 代理委員の権限および地位 *151*
    第9節 更生手続の利害関係人 *152*
        第1項 更生債権者 *153*
        第2項 更生担保権者 *154*
        第3項 株主 *155*
        第4項 開始後債権者・相殺権者・取戻権者 *156*
        第5項 共益債権者 *157*
        第6項 労働組合等 *157*

第10節　更生事件に関する文書等の閲覧等　*158*

　　第1項　閲覧等請求権者および閲覧等請求対象となる文書等　*158*

　　第2項　閲覧・謄写の制限　*159*

　　　1　手続の段階および利害関係人の種類に応じた閲覧・謄写の制限　*159*

　　　2　文書等の種類に応じた閲覧・謄写の制限　*160*

第4章　更生会社財産と更生債権等　……………………*162*

第1節　更生会社財産の意義と範囲　*162*

　　第1項　更生会社財産の範囲　*163*

　　第2項　更生会社財産の国際的範囲——国際会社更生　*164*

　　　1　国内更生手続の外国財産に対する対外的効力　*164*

　　　2　外国倒産処理手続の国内財産に対する対内的効力　*168*

　　　　（1）外国倒産処理手続の承認　*169*　　（2）外国倒産処理手続にかかる承認援助手続と国内倒産処理手続または他の外国倒産処理手続との競合　*170*

第2節　更　生　債　権　*173*

　　第1項　更生債権の意義　*173*

　　　1　更生債権の基本的成立要件　*174*

　　　　（1）財産上の請求権　*174*　　（2）人的請求権　*176*　　（3）執行可能性　*177*　　（4）更生手続開始前の原因　*177*

　　　2　更生手続開始後の原因にもとづく更生債権　*178*

　　　　（1）更生手続開始後の利息等の請求権　*179*　　（2）更生手続遂行の過程において生じる請求権　*180*

　　　3　更生手続開始前の原因にもとづく請求権で更生債権とされないもの　*180*

　　第2項　更生債権の地位　*181*

　　　1　更生債権の基本的地位　*181*

　　　2　例外的取扱い——商取引債権等に対する更生計画認可決定前弁済　*182*

　　　　（1）中小企業者の更生債権の更生計画認可決定前弁済（47Ⅱ）　*182*　　（2）更生手続を円滑に進行するための少額更生債権の更生計画認可決定前弁済（47Ⅴ前半部分）　*185*　　（3）更生会社の事業の継続に著しい支障を来すことを避けるための少額更生債権の更生計画認可決定前弁済（47Ⅴ後半部分）　*186*

　　第3項　更生債権の順位　*187*

1　優先的更生債権　*188*
　　　2　劣後的取扱いを受ける更生債権　*191*
　　　3　約定劣後更生債権　*192*
　第3節　更 生 担 保 権　*193*
　　第1項　更生担保権の意義　*194*
　　　1　更生担保権の被担保債権　*194*
　　　2　更生担保権の担保権　*195*
　　　3　目的物の評価基準　*197*
　　　4　各種の担保権と更生担保権　*198*
　　　　(1) 根抵当権　*199*　　(2) 動産売買先取特権　*201*　　(3) 所有権留保　*204*　　(4) 仮登記担保　*207*　　(5) 譲渡担保　*208*　　(6) 売渡担保　*210*　　(7) 手形の譲渡担保　*211*　　(8) 集合物譲渡担保　*212*
　　第2項　更生担保権の地位　*217*
　　　1　更生担保権の基本的地位　*217*
　　　2　例外的取扱い——商取引債権等に対する更生計画認可決定前弁済　*218*
　　第3項　更生担保権の順位　*218*
　第4節　開 始 後 債 権　*219*
　第5節　多数債務者関係と更生債権等　*220*
　　　1　数人の全部義務者の更生　*220*
　　　2　求償義務者の更生　*222*
　　　3　保証人の更生　*226*
　　　4　数人の全部保証人の更生　*227*
　　　　(1) 分別の利益をもたない数人の全部保証人　*227*　　(2) 分別の利益をもつ数人の全部保証人　*227*
　　　5　1人の一部保証人の更生　*228*
　　　6　数人の一部保証人の更生　*229*
　　　7　物上保証人の更生　*230*
　　　8　組合員の更生　*231*
　　　9　結合企業の更生　*231*
　第6節　共 益 債 権　*232*
　　第1項　一般の共益債権　*235*

細目次　xiii

　　　1　更生債権者等および株主の共同の利益のためにする裁判上の費用の請求権（127①）　236
　　　2　更生手続開始後の更生会社の事業の経営ならびに財産の管理および処分に関する費用の請求権（127②）　236
　　　3　更生計画の遂行に関する費用の請求権（更生手続終了後に生じたものを除く）（127③）　236
　　　4　各種の手続機関等の費用，報酬および報償金の請求権（127④）　236
　　　5　更生会社の業務および財産に関し管財人または更生会社（72Ⅳ前段参照）が権限にもとづいてした資金の借入れその他の行為によって生じた請求権（127⑤）　237
　　　6　事務管理または不当利得により更生手続開始後に更生会社に対して生じた請求権（127⑥）　237
　　　7　更生会社のために支出すべきやむをえない費用の請求権で，更生手続開始後に生じたもの（127条各号に掲げるものを除く）（127⑦）　237
　　第2項　特別の共益債権　238
　　　1　相手方との公平の見地から共益債権とされたもの　238
　　　2　更生債権者等や株主が共同で負担すべき費用としての性質から共益債権とされたもの　239
　　　　（1）更生手続開始決定によって中止した破産手続における財団債権および再生手続における共益債権（50Ⅸ①）　239　（2）更生手続開始決定によって失効した特別清算手続のために更生会社に対して生じた債権およびその手続に関する更生会社に対する請求権（50Ⅸ②）　239　（3）続行された手続または処分に関する更生会社に対する費用請求権等（50Ⅸ③④）　240　（4）社債管理者等の費用および報酬請求権（131Ⅳ）　241　（5）更生債権者等または株主の費用償還請求権（162）　242
　　　3　特別の政策的考慮から共益債権とされたもの　242
　　　　（1）更生手続開始前の原因にもとづく源泉徴収所得税等（129）　242　（2）使用人の給料等　243
　　第3項　共益債権の地位　246
　　　1　共益債権にもとづく強制執行等　247
　　　2　更生会社財産不足の場合の弁済方法等　247

第5章　更生会社をめぐる財産関係の整理　249
　第1節　管財人の実体法上の地位　249
　　第1項　管財人の法的地位をめぐる3つの基準　250

第2項　更生手続開始前に会社が行った法律行為の管財人に対する効
　　　　　力　*252*

　　　　1　物権変動等の対抗要件と管財人の地位　*252*
　　　　2　更生手続開始決定に先行する差押えの効力の援用　*254*
　　　　3　第三者保護規定と管財人の地位　*255*
　　　　　　(1) 虚偽表示による無効と管財人　*255*　　(2) 詐欺・強迫による取消しと管財人　*256*　　(3) 錯誤無効と管財人　*257*　　(4) 解除の効果と管財人　*257*

　　　第3項　更生手続開始後に更生会社が行った法律行為の管財人に対する効力　*258*

　　　第4項　更生会社の行為によらない更生手続開始後の権利取得　*260*

　　　第5項　善意取引の保護　*261*
　　　　1　更生手続開始後の登記および登録　*262*
　　　　　　(1) 善意の登記権利者の保護　*262*　　(2) 不動産登記法105条2号の仮登記　*263*　　(3) 更生手続開始前の1号仮登記を前提とする本登記　*263*　　(4) 更生手続開始前の2号仮登記を前提とする本登記　*264*
　　　　2　更生手続開始後の更生会社に対する弁済　*265*
　　　　3　更生手続開始後の手形の支払または引受け等　*266*

　　　第6項　保全管理人の実体法上の地位　*268*

　第2節　契約関係の整理　*269*
　　　第1項　未履行契約の取扱い　*269*
　　　　1　一方のみ未履行の双務契約関係　*269*
　　　　2　双方未履行の双務契約関係　*271*
　　　　3　相手方からの契約解除　*275*

　　　第2項　各種の未履行双務契約の取扱い　*278*
　　　　1　売買契約および継続的給付を目的とする双務契約　*278*
　　　　2　賃貸借契約　*280*
　　　　　　(1) 賃借人の更生　*281*　　(2) 賃貸人の更生　*282*
　　　　3　ライセンス契約　*286*
　　　　4　ファイナンス・リース契約　*287*
　　　　5　請負契約　*291*
　　　　　　(1) 注文者の更生　*292*　　(2) 請負人の更生　*293*
　　　　6　その他の契約関係　*293*
　　　　　　(1) 保険契約　*293*　　(2) 市場の相場がある商品の取引に係る契約　*295*

　　　　　(3) 交互計算　*297*　　(4) スワップ・デリバティブ契約　*297*　　(5) 組合契約　*299*　　(6) 消費貸借の予約　*299*　　(7) 委任契約　*301*　　(8) 代理受領　*302*　　(9) 共有関係　*302*

　　第3項　更生と労働関係——使用者の更生　*303*
　　　　1　管財人による解雇または労働者の退職の場合における給料債権（給料の請求権）・退職手当債権（退職手当の請求権）の取扱い　*304*
　　　　2　雇用関係が存続する場合の給料債権および退職手当債権の取扱い　*305*
　　　　3　預り金の取扱い　*306*
　　　　4　労働協約および就業規則の取扱い　*307*
　　　　5　使用者としての管財人　*308*

　第3節　係属中の手続関係の整理　*309*
　　第1項　係属中の訴訟手続　*310*
　　　　1　更生会社財産に属する財産に関する訴訟　*311*
　　　　2　共益債権に関する訴訟　*313*
　　　　3　更生債権等に関する訴訟　*314*
　　　　4　詐害行為取消訴訟（債権者取消訴訟）および債権者代位訴訟等　*315*
　　　　5　株主代表訴訟　*319*
　　　　6　行　政　手　続　*319*

　　第2項　係属中の強制執行等　*320*
　　　　1　更生債権等にもとづく強制執行等　*321*
　　　　2　強制執行等の続行または禁止の解除　*322*

　　第3項　係属中の倒産処理手続　*324*

第6章　更生会社財産の法律的変動 …………………*326*

　第1節　取　戻　権　*326*
　　第1項　一般の取戻権　*326*
　　　　1　取戻権の基礎となる権利　*327*
　　　　　　(1) 所有権　*327*　　(2) その他の物権　*328*　　(3) 債権　*328*　　(4) 信託関係上の権利　*329*　　(5) 問屋の委託者の権利　*330*
　　　　2　取戻権の行使　*331*

　　第2項　特別の取戻権　*332*
　　　　1　売主の取戻権　*332*

(1) 取戻権の要件　332　　(2) 法61条との関係　333　　(3) 取戻権の法的性質　334

  2　問屋の取戻権　334

第3項　代償的取戻権　335

  1　反対給付が未履行の場合　335
  2　反対給付が既履行の場合　336
  3　第三者の権利との関係　338
  4　特別の取戻権と代償的取戻権　338

第2節　相　殺　権　338

第1項　相殺権に関する規定の適用範囲　340

  1　更生会社財産所属債権を自働債権，更生債権等を受働債権とする相殺　340
  2　共益債権と更生会社財産所属債権との相殺　341
  3　開始後債権と更生会社財産所属債権との相殺　342

第2項　相殺権行使の時期　342

第3項　相殺権の範囲の制限　344

  1　受働債権たる債務負担の時期による相殺の禁止　346
  (1) 更生債権者等が更生手続開始後に更生会社に対して債務を負担したとき（49 I ①）　346　　(2) 支払不能になった後に契約によって負担する債務をもっぱら更生債権等をもってする相殺に供する目的で更生会社の財産の処分を内容とする契約を更生会社との間で締結し，または更生会社に対して債務を負担する者の債務を引き受けることを内容とする契約を締結することにより更生会社に対して債務を負担した場合であって，当該契約の締結の当時，支払不能であったことを知っていたとき（49 I ②）　348　　(3) 支払停止後に更生債権者等が支払停止を知って更生会社に対して債務を負担したとき（49 I ③）　351　　(4) 更生手続開始，破産手続開始，再生手続開始または特別清算開始の申立て（更生手続開始の申立て等）後に更生債権者等が，更生手続開始の申立て等があったことを知って更生会社に対して債務を負担したとき（49 I ④）　353　　(5) 3つの例外　353

  2　自働債権たる更生債権等取得の時期による相殺の禁止　356
  (1) 更生会社の債務者が更生手続開始後に他人の更生債権等を取得したとき（49の2 I ①）　356　　(2) 更生会社の債務者が，更生会社が支払不能になった後にそれについて悪意で更生債権等を取得したとき（49の2 I ②）　362　　(3) 更生会社の債務者が，更生会社について支払停止があった後にそれについて悪意で更生債権等を取得したとき（49の2 I ③）　363　　(4) 更生会社の債務者が，更生手続開始申立て等があった後にそれについて悪意で更生債権等を取得したとき（49の2 I ④）　365　　(5) 4つの例外　365

  3　法49条および法49条の2以外の根拠にもとづく相殺権の制限　366

(1) 相殺権の濫用　367　　(2) 相殺の否認　368

第4項　相殺権の実行　369

第3節　否認権　371

第1項　否認権の意義と機能　372
1　否認権と詐害行為取消権　372
2　否認権行使をめぐる利害関係人　373

第2項　否認の一般的要件　375
1　有害性　376
2　不当性　377
3　更生会社の行為　378
4　更生会社の組織法上の行為——会社分割の否認可能性　380
　(1) 事業譲渡　381　　(2) 会社分割　382

第3項　否認の個別的要件　386
1　詐害行為否認　386
　(1) 詐害行為否認の共通要件——詐害行為　386　　(2) 詐害行為否認の第1類型固有の要件——詐害意思および受益者の悪意　388　　(3) 詐害行為否認の第2類型固有の要件——形式的危機時期および受益者の悪意　390　　(4) 相当の対価をえてした財産の処分行為の否認　390
2　偏頗行為否認　394
　(1) 偏頗行為否認の基本要件　395　　(2) 支払不能前30日以内の非義務偏頗行為　400　　(3) 集合物譲渡担保の否認　401
3　無償行為否認　402

第4項　否認に関する特別の要件　403
1　手形支払に関する否認の制限　404
　(1) 意義と適用範囲　404　　(2) 手形の買戻し　405　　(3) 否認が制限される場合の措置　406
2　対抗要件の否認　407
　(1) 対抗要件の否認の性質　409　　(2) 支払停止等後の対抗要件具備行為　411　　(3) 権利の設定等の日から15日の経過　412　　(4) 支払停止等についての悪意　414　　(5) 仮登記または仮登録後の本登記または本登録　415　　(6) 対抗要件具備行為の詐害行為否認および偏頗行為否認の可能性　415　　(7) 否認の効果　425　　(8) 権利取得要件としての登録への準用　425
3　執行行為の否認　426
　(1) 否認しようとする行為について執行力ある債務名義があるとき（89前半部分）　427　　(2) 否認しようとする行為が執行行為にもとづくとき（89後半部分）　428　　(3) 更生会社の行為の要否　429

　　　　4　支払停止を要件とする否認の制限　*430*
　　　　5　転得者に対する否認　*430*
　　　　　（1）転得者に対する否認の要件　*432*　　（2）転得者に対する否認の効果　*433*

　　　第5項　否認権の行使とその効果　*434*
　　　　1　否認権の行使　*434*
　　　　　（1）否認権の性質　*434*　　（2）否認権の行使主体　*435*　　（3）否認権の行使方法　*435*　　（4）訴えによる行使　*436*　　（5）抗弁による行使　*438*　　（6）否認の請求による行使　*438*　　（7）否認権の裁判外行使　*442*
　　　　2　否認権の消滅　*443*
　　　　3　否認権行使の効果　*445*
　　　　　（1）金銭給付の返還　*445*　　（2）物または権利の返還　*446*　　（3）無償否認の例外　*449*　　（4）価額償還請求権　*450*
　　　　4　相手方の地位　*453*
　　　　　（1）反対給付の返還　*453*　　（2）相手方の債権の復活　*456*

　第4節　更生会社の役員等の責任の追及等　*458*
　　　1　役員等の財産に対する保全処分　*459*
　　　2　役員等の責任の査定手続　*460*
　　　3　役員等責任査定決定に対する異議の訴え　*462*

第7章　更生手続の進行 ……………………………………… *464*

　第1節　更生債権等の届出・調査・確定　*464*
　　第1項　更生債権等の届出　*464*
　　　1　届出の手続　*466*
　　　　（1）届出の方式　*466*　　（2）更生債権等届出期間　*468*　　（3）届出事項の変更と取下げ　*469*
　　　2　更生債権者表および更生担保権者表の作成　*471*

　　第2項　更生債権等の調査　*472*
　　　1　管財人による認否等　*473*
　　　　（1）管財人による認否　*473*　　（2）管財人による債権届出期間の末日の通知　*476*
　　　2　債権調査期間における異議　*477*
　　　　（1）一般調査期間　*477*　　（2）特別調査期間　*478*　　（3）異議の撤回　*479*
　　　3　債権届出期間経過後の退職による退職手当の請求権の調査の特例

480

第 3 項　更生債権等の確定　*482*
1　更生債権者表または更生担保権者表の記載に対する不服申立て　*483*
2　更生会社に対する更生債権者表および更生担保権者表の効力　*484*
3　異議等のある更生債権等の確定手続　*484*
（1）更生債権等の査定の決定　*485*　（2）更生債権等査定申立てについての決定に対する異議の訴え　*488*　（3）担保権の目的である財産についての価額決定の申立て　*490*　（4）異議等のある更生債権等に関する訴訟の受継　*495*　（5）有名義更生債権等に関する特則　*497*　（6）目的財産を共通にする複数の更生担保権がある場合の特例　*500*　（7）更生債権等の確定に関する訴訟の判決等の効力　*502*　（8）更生手続終了の場合における取扱い　*502*

第 4 項　租税等の請求権等についての特例　*502*

第 2 節　株主の権利の調査・確定　*504*

第 1 項　株主の手続参加　*505*

第 2 項　株主の議決権　*507*

第 3 節　更生会社財産の管理と業務の遂行　*508*

第 1 項　更生会社財産の管理　*509*
1　財産管理のための措置　*509*
（1）財産評定の意義と基準　*509*　（2）時価の意義　*512*　（3）財産評定の結果　*513*　（4）裁判所への報告　*515*　（5）財産状況報告集会への報告等　*515*　（6）財産の保管方法　*517*
2　事業の譲渡　*517*
（1）更生計画による事業の譲渡　*518*　（2）更生計画によらない事業の譲渡（更生手続開始後・更生計画案付議決定前）　*519*　（3）更生計画によらない事業の譲渡（更生手続開始前）　*524*　（4）更生計画認可決定後の事業の譲渡　*525*

第 2 項　担保権消滅許可制度　*526*
1　担保権消滅許可申立て　*528*
（1）消滅許可申立ての対象となりうる担保権　*528*　（2）事業の更生のための必要性　*529*　（3）許可申立ての時期および許可申立書の記載事項等　*531*
2　許否決定の手続　*532*
3　価額決定の請求手続　*533*
（1）価額決定の請求　*533*　（2）財産の評価　*534*　（3）価額決定の手続　*536*　（4）価額決定請求手続の費用の負担　*537*

4 価額に相当する金銭の納付等　*538*
    5 管財人に対する金銭の交付　*539*
    6 更生計画認可前に更生手続が終了した場合の配当等の実施　*540*
      (1) 弁済金交付　*540*　(2) 配　当　*541*
    7 更生計画認可前の剰余金等の管財人への交付　*542*
      (1) 交付決定の手続　*542*　(2) 交付決定の時期　*544*　(3) 交付申立てについての裁判に対する即時抗告　*544*　(4) 剰余金等の交付　*544*
    8 差　引　納　付　*545*
   第3項　債権質の第三債務者の供託　*545*

第8章　更　生　計　画 …………………………………… *547*

 第1節　更生計画の条項　*547*
   第1項　絶対的必要的記載事項　*548*
    1 全部または一部の更生債権者等または株主の権利の変更　*548*
      (1) 各種の権利の変更に関する平等原則　*550*　(2) 平等原則の例外　*552*　(3) 公正・衡平の原則　*554*　(4) 罰金等の請求権（142②）の取扱い　*558*　(5) 租税等の請求権（2ⅩⅤ）の取扱い　*558*　(6) 債務の期限　*559*　(7) 敷金返還請求権に関する権利変更の態様　*561*　(8) 退職手当の請求権に関する権利変更の条項　*562*
    2 更生会社の取締役，会計参与，監査役，執行役，会計監査人および清算人（167Ⅰ②・173）　*563*
      (1) 取締役にかかる事項　*564*　(2) 会計参与にかかる事項　*566*　(3) 監査役にかかる事項　*566*　(4) 会計監査人にかかる事項　*567*　(5) 執行役にかかる事項　*567*　(6) 更生会社が清算株式会社となる場合の清算人にかかる事項　*568*　(7) 更生会社が更生計画認可決定の時において監査役設置会社となる場合における更生会社の監査役に関する事項　*568*
    3 共益債権の弁済　*568*
    4 債務の弁済資金の調達方法　*569*
    5 更生計画において予想された額を超える収益金の使途　*569*
    6 続行された強制執行等における配当等に充てるべき金銭の額または見込額および担保権消滅のために裁判所に納付された金銭の額，ならびにこれらの使途（167Ⅰ⑥）　*570*
      (1) 続行された強制執行等における配当等に充てるべき金銭の額または見込額（51Ⅰ本文・167Ⅰ⑥柱書・イ）　*571*　(2) 担保権消滅のために裁判所に納付された金銭の額（108Ⅰ・167Ⅰ⑥柱書・ロ）　*571*
    7 知れている開始後債権があるときは，その内容（167Ⅰ柱書・⑦）　*571*

細目次　xxi

第2項　相対的必要的記載事項　*571*

1 更生会社の機関の権限の回復（167Ⅱ前半部分）　*572*

2 更生会社の組織に関する基本的事項　*572*

(1) 株式の消却，併合もしくは分割，株式無償割当てまたは募集株式を引き受ける者の募集　*572*　(2) 募集新株予約権を引き受ける者の募集，新株予約権の消却または新株予約権無償割当て　*576*　(3) 資本金または準備金（資本準備金および利益準備金）の額の減少　*578*　(4) 剰余金の配当その他の会社法461条1項各号に掲げる行為　*578*　(5) 解散または会社の継続　*579*　(6) 募集社債（会社676）を引き受ける者の募集　*579*　(7) 持分会社への組織変更または合併，会社分割，株式交換もしくは株式移転　*581*　(8) 定款の変更　*593*

3 新会社の設立　*594*

(1) 設立する株式会社（新会社）についての会社法27条1号から4号までに掲げる事項，新会社が発行することができる株式の総数ならびに新会社の資本金および資本準備金の額に関する事項（183①）　*594*　(2) (1)に掲げる事項にかかるものを除いて，新会社の定款で定める事項（183②）　*595*　(3) 新会社の設立時募集株式を引き受ける者の募集をするときは，会社法58条1項各号に掲げる事項（183③）　*595*　(4) 更生計画の定めによって消滅する更生債権者等または株主による引受けの申込みにもとづく払込擬制（183④）　*596*　(5) 更生債権者等または株主に対する設立時募集株式の割当てを受ける権利の付与に際して定めるべき事項（183⑤）　*596*　(6) (5)の場合における更生債権者等または株主に対する設立時募集株式の割当てに関する事項（183⑥）　*596*　(7) 更生会社から新会社に移転すべき財産およびその額（183⑦）　*597*　(8) 新会社の設立時取締役の氏名またはその選任の方法（183⑧）　*597*　(9) 機関等による会社の区分に従い，それぞれに必要となる機関等の氏名等（183⑨柱書）　*597*　(10) 新会社の設立後の取締役等の任期（183⑩）　*598*　(11) 募集新株予約権を引き受ける者の募集に関する事項（183⑪）　*598*　(12) 募集社債を引き受ける者の募集に関する事項（183⑫）　*598*　(13) 更生債権者等または株主の権利の消滅と引換えにする株式等の発行に関する事項（183⑬）　*598*

4 事業譲渡等　*598*

5 未確定の更生債権者等の権利　*599*

6 債務の負担および担保の提供に関する定め　*600*

第2節　更生計画案の提出および決議　*601*

第1項　更生計画案の提出　*601*

1 提出時期等　*602*

2 更生計画案についての参考資料の提出　*603*

3 更生計画案の事前提出　*604*

4 更生計画案の修正　*604*

        5　行政庁の意見聴取　*605*
        6　労働組合等の意見聴取　*606*
    第2項　事業の全部の廃止を内容とする更生計画案　*606*
        1　事業の全部の廃止を内容とする更生計画案の意義　*607*
        2　事業の継続を内容とする更生計画案の作成が困難であることが更生手続開始後に明らかになったこと（185Ⅰ本文）　*607*
        3　債権者一般の利益を害するものでないこと（185Ⅰ但書）　*608*
        4　事業の全部の廃止を内容とする更生計画案の作成許可の手続　*608*
    第3項　更生計画案の決議　*609*
        1　決議の議決権者　*609*
            (1) 議決権の確定　*610*　　(2) 基準日による議決権者の確定　*611*
        2　議決権の行使　*612*
            (1) 議決権の不統一行使　*612*　　(2) 社債権者等の議決権の行使に関する制限　*613*　　(3) 議決権を行使することができない者　*614*
        3　更生計画案の付議　*615*
            (1) 付議決定がなされない場合　*615*　　(2) 付議決定の内容および付随措置　*616*
        4　更生計画案の決議　*618*
            (1) 更生計画案の決議のための組分け　*618*　　(2) 更生計画案の可決要件　*619*　　(3) 関係人集会における更生計画案の変更　*622*　　(4) 関係人集会の期日の続行　*622*
        5　更生計画案が可決された場合の法人の継続　*624*
  第3節　更生計画の認可および確定　*624*
    第1項　認可または不認可の決定　*625*
        1　更生計画認可の要件　*625*
            (1) 更生手続または更生計画が法令および最高裁判所規則の規定に適合するものであること（199Ⅱ①）　*625*　　(2) 更生計画の内容が公正かつ衡平であること（199Ⅱ②）　*628*　　(3) 更生計画が遂行可能であること（199Ⅱ③）　*629*　　(4) 更生計画の決議が誠実かつ公正な方法でされたこと（199Ⅱ④）　*631*　　(5) 清算価値保障原則　*631*
        2　認可または不認可の決定　*632*
    第2項　更生計画認可の決定の確定　*633*
        1　約定劣後更生債権者および株主の即時抗告権　*634*
        2　即時抗告の効果——遂行停止等の仮処分　*635*
        3　不認可決定の取消し　*636*

　　　　4　認可決定の取消し　*636*
　　　　5　認可決定取消しの効果　*637*
　　第3項　権利保護条項の定めによる更生計画の認可　*637*
　　　　1　権利保護条項の定めの趣旨　*638*
　　　　2　権利保護条項の事前の設定　*639*
　　　　3　権利保護条項の内容　*639*
　　　　　　(1)　更生担保権者　*640*　　(2)　更生債権者　*641*　　(3)　株　主　*642*

第4節　更生計画の効力　*642*

　　第1項　更生計画の効力発生の時期　*643*
　　第2項　更生計画の効力の内容　*643*
　　　　1　更生債権等の免責等　*643*
　　　　　　(1)　免責等の対象となる債権等　*643*　　(2)　免責等の対象とならない権利　*644*
　　　　2　届出更生債権者等の権利の変更　*647*
　　　　3　更生計画の条項の更生債権者表等への記載等　*647*
　　　　4　租税等の時効の進行の停止　*649*
　　　　5　中止した手続の失効　*649*
　　　　6　更生計画の効力の主観的範囲　*650*
　　　　　　(1)　更生計画の効力が及ぶ者　*650*　　(2)　更生計画の効力が及ばない者　*652*

第5節　更生計画不認可決定の確定　*654*

第6節　更生計画認可後の手続　*655*

　　第1項　更生計画遂行の主体　*655*
　　第2項　更生計画遂行の監督の主体　*657*
　　第3項　担保提供命令　*657*
　　第4項　会社法等の法令の適用の排除　*658*
　　　　1　株主総会の決議等に関する法令の規定等の排除　*659*
　　　　2　株式または新株予約権買取請求権の排除　*659*
　　　　3　会社の組織に関する行為の無効の訴えまたは新株発行等の不存在の確認の訴えの排除　*660*
　　第5項　会社法等の法令の特例　*661*
　　　　1　更生会社の取締役等に関する特例　*661*

2 資本金または準備金の額の減少に関する特例 *662*
3 定款の変更に関する特例 *662*
4 更生会社による株式の取得に関する特例 *663*
5 募集株式を引き受ける者の募集に関する特例 *663*
 (1) 株主割当てに関する定款の定めの拘束力の排除 *663* (2) 募集株式の割当てを受ける権利付与を定めた場合の措置 *663* (3) 募集株式を引き受ける者の募集に関する会社法の規定の適用排除 *664*
6 募集新株予約権を引き受ける者の募集に関する特例 *666*
 (1) 募集新株予約権割当てに関する定款の定めの拘束力の排除 *667* (2) 募集新株予約権の割当てを受ける権利付与を定めた場合の措置 *667* (3) 募集新株予約権を引き受ける者の募集に関する会社法の規定の適用排除 *668*
7 募集社債を引き受ける者の募集に関する特例 *669*
8 更生債権者等または株主の権利の消滅と引換えにする株式等の発行に関する特例 *670*
9 解散に関する特例 *671*
10 組織変更に関する特例 *671*
11 吸収合併に関する特例（吸収合併存続会社が株式会社であるとき） *671*
 (1) 更生債権者等に吸収合併存続会社の株式を交付する場合 *671* (2) 更生債権者等に吸収合併存続会社の社債を交付する場合 *671* (3) 更生債権者等に吸収合併存続会社の新株予約権を交付する場合 *672* (4) 更生債権者等に吸収合併存続会社の新株予約権付社債を交付する場合 *672*
12 吸収合併に関する特例（吸収合併存続会社が持分会社であるとき） *672*
 (1) 更生債権者等が吸収合併存続会社の社員となる場合 *672* (2) 更生債権者等が吸収合併存続会社の社債権者となる場合 *672*
13 吸収合併に関する特例（更生会社が吸収合併存続会社であるとき） *673*
14 新設合併に関する特例（更生会社が消滅する新設合併であって，新設合併設立会社が株式会社である場合） *673*
 (1) 更生債権者等に新設合併設立会社の株式を交付する場合 *673* (2) 更生債権者等に新設合併設立会社の社債を交付する場合 *673* (3) 更生債権者等に新設合併設立会社の新株予約権を交付する場合 *673* (4) 更生債権者等に新設合併設立会社の新株予約権付社債を交付する場合 *674*
15 新設合併に関する特例（更生会社が消滅する新設合併であって，新設合併設立会社が持分会社である場合） *674*
 (1) 更生債権者等が新設合併設立会社の社員となる場合 *674* (2) 更生債権者等が新設合併設立会社の社債権者となる場合 *674*
16 吸収分割に関する特例 *674*
17 新設分割に関する特例 *675*
18 株式交換に関する特例（株式交換完全親会社が株式会社である場合）

676

(1) 株式交換完全子会社である更生会社の更生債権者等に対して株式交換完全親会社の株式を交付する場合　676　　(2) 株式交換完全子会社である更生会社の更生債権者等に対して株式交換完全親会社の社債を交付する場合　676　(3) 株式交換完全子会社である更生会社の更生債権者等に対して株式交換完全親会社の新株予約権を交付する場合　677　　(4) 株式交換完全子会社である更生会社の更生債権者等に対して株式交換完全親会社の新株予約権付社債を交付する場合　677

19　株式交換に関する特例（株式交換完全親会社が合同会社である場合）　677

(1) 株式交換完全子会社である更生会社の更生債権者等が株式交換完全親会社である合同会社の社員となる場合　677　　(2) 株式交換完全子会社である更生会社の更生債権者等に対して株式交換完全親会社である合同会社の社債を交付する場合　677

20　株式交換に関する特例（更生会社が株式交換完全親会社である場合）　678

21　株式移転に関する特例　678

(1) 株式移転設立完全親会社が更生債権者等に対して株式移転設立完全親会社の株式を交付する場合　678　　(2) 株式移転設立完全親会社が更生債権者等に対して株式移転設立完全親会社の社債を交付する場合　678　　(3) 株式移転設立完全親会社が更生債権者等に対して株式移転設立完全親会社の新株予約権を交付する場合　678　　(4) 株式移転設立完全親会社が更生債権者等に対して株式移転設立完全親会社の新株予約権付社債を交付する場合　679

22　新会社の設立に関する特例　679

(1) 発起人の職務　679　　(2) 定款の認証　679　　(3) 創立総会の決議　679　　(4) 新会社不成立の責任　680　　(5) 新会社の組織形成や資金調達等　680　　(6) 会社法の規定の適用排除　681　　(7) 新会社に異動した者の退職手当の取扱い　681

23　私的独占の禁止及び公正取引の確保に関する法律の特例　682

24　財団に関する処分の制限の特例　683

25　許可，認可等にもとづく権利の承継　684

26　法人税法等の特例等　684

(1) 租税等の請求権にかかる債務の新会社による承継　685　　(2) 事業年度の特例　685　　(3) 資産の評価損益および債務免除益の取扱い　686

第6項　更生計画の変更　686

1　変更の要件　687

2　変更の内容　687

3　変更の手続　688

第9章　更生手続の終了 ……………………………………… *690*

第1節　更生手続の終結　*690*

第1項　更生手続終結決定の時期　*690*

1　更生計画が遂行された場合（239 I ①）　*691*
2　更生計画の定めによって認められた金銭債権の総額の3分の2以上の額の弁済がされた時において，当該更生計画に不履行が生じていない場合（239 I ②本文）　*691*
3　更生計画が遂行されることが確実であると認められる場合（239 I ③）　*691*

第2項　更生手続終結決定の効果　*692*

第2節　更生手続の廃止　*693*

第1項　更生計画認可前の手続廃止　*693*

1　更生計画が成立しなかった場合　*693*
2　更生手続開始の原因となる事実のないことが明らかになった場合　*694*

第2項　更生計画認可後の手続廃止　*695*
第3項　更生手続廃止決定等　*696*
第4項　更生手続廃止決定の効果　*696*

1　手続的効果　*696*
2　実体的効果　*697*

第3節　更生手続に付随する各種の裁判手続の帰趨等　*697*

1　否認権行使のための裁判手続の帰趨　*698*
　（1）否認の請求　*698*　　（2）否認の請求を認容する決定に対する異議の訴え　*698*　　（3）否認の訴えまたは抗弁として否認権が行使されている訴え　*698*
　（4）更生手続開始時に係属していた詐害行為取消訴訟等の場合の例外　*699*
2　役員の責任にもとづく損害賠償請求権に関する裁判手続の帰趨　*699*
　（1）役員等責任査定決定の手続　*699*　　（2）役員等責任査定決定に対する異議の訴え　*699*
3　更生債権等の確定のための裁判手続の帰趨　*700*
　（1）更生債権等査定申立ての手続および価額決定の申立ての手続　*700*
　（2）更生債権等査定異議の訴えにかかる訴訟手続または異議等のある更生債権等に関して受継された訴訟手続　*701*
4　担保権消滅のための裁判手続の帰趨　*702*

第10章　更生犯罪 …………………………………………703

第1節　更生犯罪の種類および保護法益　703

第2節　各種の更生犯罪　704

第1項　詐欺更生罪　705
1. 行為の主体　705
2. 故意および行為の目的　705
3. 行為の時期　706
4. 行為の類型　706
5. 客観的処罰条件　708
6. 詐欺破産罪（破265）または詐欺再生罪（民再255）との関係　709

第2項　特定の債権者等に対する担保供与等の罪　709

第3項　管財人等の特別背任罪　710

第4項　情報収集を阻害する罪　712
1. 報告および検査の拒絶等の罪　712
   (1) 更生会社または更生計画によって設立される会社の取締役等の報告拒絶または虚偽報告　712　(2) 更生会社または更生計画によって設立される会社の取締役等の検査拒絶　714　(3) 更生会社の子会社の代表者等の報告拒絶，検査拒絶または虚偽報告　714
2. 業務および財産の状況に関する物件の隠滅等の罪　714

第5項　管財人等に対する職務妨害の罪　715

第6項　贈収賄罪　715

第11章　更生手続と他の倒産処理手続との関係 …………717

第1節　更生手続と他の倒産処理手続との優先劣後関係　718

第1項　破産手続に対する更生手続の優先——破産手続から更生手続への移行　718

第2項　再生手続に対する更生手続の優先——再生手続から更生手続への移行　719

第2節　更生手続から破産手続への移行　720

第1項　更生手続終了にともなう職権による牽連破産　720

　　　　第2項　更生手続終了前の破産手続開始申立てにもとづく牽連破産　722
　　　　第3項　更生手続開始決定があった場合の破産事件の移送　723
　第3節　更生手続から再生手続への移行　724
　第4節　先行手続と後行手続との一体性の確保　724
　　　　第1項　財団債権の共益債権化，共益債権の財団債権化および共益債権（再生手続）の共益債権（更生手続）化，共益債権（更生手続）の共益債権（再生手続）化　725
　　　　　1　財団債権の共益債権化　725
　　　　　2　共益債権の財団債権化　725
　　　　　3　共益債権（再生手続）の共益債権（更生手続）化　726
　　　　　4　共益債権（更生手続）の共益債権（再生手続）化　726
　　　　第2項　否認および相殺禁止の基準時等　726
　　　　　1　更生手続から破産手続への移行における否認または相殺禁止の基準時　727
　　　　　2　破産手続から更生手続への移行における否認または相殺禁止の基準時　728
　　　　　3　再生手続から更生手続への移行における否認または相殺禁止の基準時　729
　　　　　4　更生手続から再生手続への移行における否認または相殺禁止の基準時　729
　　　　第3項　債権届出の再利用　729
　　　　　1　先行手続が更生手続であり，後行手続が破産手続である場合　729
　　　　　　（1）更生債権等の議決権額および原因の届出にもとづく破産債権の額および原因の届出のみなし規定　731　（2）更生債権等の内容および原因の届出にもとづく破産債権の額および原因の届出のみなし規定　731　（3）更生債権等の議決権額の届出にもとづく劣後的破産債権の届出のみなし規定　731　（4）議決権を認められない更生債権等の内容の届出にもとづく劣後的破産債権の届出のみなし規定　732　（5）優先的更生債権である旨の届出にもとづく優先的破産債権の届出のみなし規定　732　（6）約定劣後更生債権である旨の届出にもとづく約定劣後破産債権の届出のみなし規定　732　（7）更生担保権の基礎たる担保権の被担保債権の更生債権としての議決権の額の届出にもとづく別除権行使による不足額の届出のみなし規定　732　（8）更生債権および更生担保権としての届出にもとづく破産債権届出の合算のみなし規定　733
　　　　　2　先行手続が破産手続であり，後行手続が更生手続である場合　733

　　　　　(1) 劣後的破産債権としての破産債権の額および原因の届出にもとづく更生債権の届出のみなし規定　*734*　　(2) 破産債権の額および原因の届出にもとづく更生債権の額および議決権額ならびに原因の届出のみなし規定　*734*　　(3) 優先的破産債権の届出にもとづく優先的更生債権の届出のみなし規定　*735*　　(4) 約定劣後破産債権の届出にもとづく約定劣後更生債権の届出のみなし規定　*735*

　　3　先行手続が再生手続であり，後行手続が更生手続である場合　*735*
　　　　　(1) 別除権の予定不足額の届出があった再生債権の額等の届出にもとづく更生債権の額等の届出のみなし規定　*736*　　(2) 再生債権の内容等の届出にもとづく更生債権の内容等の届出のみなし規定　*736*　　(3) 約定劣後再生債権の届出にもとづく約定劣後更生債権の届出のみなし規定　*736*

　　4　先行手続が更生手続であり，後行手続が再生手続である場合　*737*

　第4項　先行手続における裁判手続の後行手続における帰趨等　*737*
　　1　否認権行使のための裁判手続の帰趨　*737*
　　　　　(1) 先行手続が更生手続であり，後行手続が破産手続である場合　*737*
　　　　　(2) 先行手続が破産手続であり，後行手続が更生手続である場合　*740*
　　　　　(3) 先行手続が再生手続であり，後行手続が更生手続である場合　*741*
　　　　　(4) 先行手続が更生手続であり，後行手続が再生手続である場合　*742*

　　2　役員の責任にもとづく損害賠償請求権に関する裁判手続の帰趨　*743*
　　　　　(1) 先行手続が更生手続であり，後行手続が破産手続である場合　*743*
　　　　　(2) 先行手続が破産手続であり，後行手続が更生手続である場合　*744*
　　　　　(3) 先行手続が再生手続であり，後行手続が更生手続である場合　*745*
　　　　　(4) 先行手続が更生手続であり，後行手続が再生手続である場合　*746*

　　3　更生債権等，破産債権または再生債権の確定のための裁判手続の帰趨　*746*
　　　　　(1) 先行手続が更生手続であり，後行手続が破産手続である場合　*746*
　　　　　(2) 先行手続が破産手続であり，後行手続が更生手続である場合　*748*
　　　　　(3) 先行手続が再生手続であり，後行手続が更生手続である場合　*749*
　　　　　(4) 先行手続が更生手続であり，後行手続が再生手続である場合　*750*

資料1　会社更生手続の概要　*753*
資料2　会社更生手続のスケジュール（標準）　*754*
資料3　会社更生手続のスケジュール（短縮型）　*755*
資料4　会社更生手続のスケジュール（DIP型）　*756*

判例索引　*757*
事項索引　*764*

凡　例

1　法令名の略語

有斐閣六法の法令名略語を用いることを原則とした。特に略記を付していないものは，会社更生法を表す。

　　例）41 I ③：会社更生法 41 条 1 項 3 号
　　　　会更規 25 の 2 I：会社更生規則 25 条の 2 第 1 項
　　　　破 55 II：破産法 55 条 2 項
　　　　破規 14 I ②：破産規則 14 条 1 項 2 号
　　　　民再 167：民事再生法 167 条
　　　　民再規 36 II ③：民事再生規則 36 条 2 項 3 号
　　　　旧会更 78 I ②：旧会社更生法 78 条 1 項 2 号
　　　　旧破 27：旧破産法 27 条
　　　　旧和 1：旧和議法 1 条

2　判例引用の略語

大　判(決)	大審院判決（決定）
大連判	大審院連合部判決
最　判(決)	最高裁判所判決（決定）
最大判(決)	最高裁判所大法廷判決（決定）
高　判(決)	高等裁判所判決（決定）
地　判(決)	地方裁判所判決（決定）
支　判(決)	支部判決（決定）
簡　判	簡易裁判所判決
民　録	大審院民事判決録
民　集	最高裁判所（大審院）民事判例集
刑　集	最高裁判所（大審院）刑事判例集
裁判集民	最高裁判所裁判集　民事
裁　時	裁判所時報
高　民	高等裁判所民事判例集
高　刑	高等裁判所刑事判例集
東高民時報	東京高等裁判所民事判決時報
下　民	下級裁判所民事裁判例集
労　民	労働関係民事裁判例集
家　月	家庭裁判月報
訟　月	訟務月報
新　聞	法律新聞

法　学	法学（東北大学法学会誌）
判　時	判例時報
判　タ	判例タイムズ
金　商	金融・商事判例
金　法	金融法務事情

3　文献引用の略語

金　商	金融・商事判例
金　法	金融法務事情
自　正	自由と正義
ジュリ	ジュリスト
商事法務	旬刊商事法務
曹　時	法曹時報
法　協	法学協会雑誌
法　教	法学教室
法　時	法律時報
民　商	民商法雑誌
民訴雑誌	民事訴訟法雑誌

青木・実体規定	青木徹二・破産法説明（実体規定）(1923年，巌松堂)
青山古稀	青山善充先生古稀祝賀論文集・民事手続法学の新たな地平 (2009年，有斐閣)
青山ほか	青山善充＝伊藤眞＝井上治典＝福永有利・破産法概説〈新版増補2版〉(2001年，有斐閣)
秋山ほか	菊井維大＝村松俊夫原著・秋山幹男＝伊藤眞＝加藤新太郎＝高田裕成＝福田剛久＝山本和彦・コンメンタール民事訴訟法Ⅰ〈第2版〉，Ⅱ〈第2版〉，Ⅲ，Ⅳ（Ⅲ2006年，Ⅲ2008年，Ⅳ2010年，Ⅴ2012年，日本評論社）
新しい会社更生法	伊藤眞＝西岡清一郎＝桃尾重明編・新しい会社更生法──モデル事例から学ぶ運用上の論点（2004年，有斐閣）
新しい国際倒産法制	深山卓也編著・新しい国際倒産法制──外国倒産承認援助法等の逐条解説＆一問一答（2001年，金融財政事情研究会）
石川古稀	石川明先生古稀祝賀・現代社会における民事手続法の展開(上)(下)（2002年，商事法務）
石　原	石原辰次郎・破産法和議法実務総攬〈第3版〉（1983年，酒井書店）
一問一答新しい破産法	小川秀樹編著・一問一答新しい破産法（2004年，商

	事法務)
一問一答新会社更生法	深山卓也編著・一問一答新会社更生法（2003年，商事法務）
一問一答新会社法	相澤哲編著・一問一答新・会社法〈改訂版〉（2009年，商事法務）
伊　藤	伊藤眞・破産法・民事再生法〈第2版〉（2009年，有斐閣）
伊藤・研究	伊藤眞・債務者更生手続の研究（1984年，西神田編集室）
伊藤＝須藤	伊藤眞＝須藤英章監修・著・新倒産法制10年を検証する――事業再生実務の深化と課題（2011年，金融財政事情研究会）
伊藤・破産法〈第3版補訂版〉	伊藤眞・破産法〈全訂第3版補訂版〉（2001，有斐閣）
伊藤・破滅か更生か	伊藤眞・破産――破滅か更生か（1989年，有斐閣）
伊藤・民訴法	伊藤眞・民事訴訟法〈第4版〉（2011年，有斐閣）
井上追悼	井上治典先生追悼論文集・民事紛争と手続理論の現在（2008年，法律文化社）
今中古稀	今中利昭先生古稀記念・最新倒産法・会社法をめぐる実務上の諸問題（2005年，民事法研究会）
江　頭	江頭憲治郎・株式会社法〈第4版〉（2011年，有斐閣）
奥田・債権総論	奥田昌道・債権総論（1992年，悠々社）
落　合	落合誠一・会社法要説（2010年，有斐閣）
会社更生の実務	西岡清一郎＝鹿子木康＝桝谷雄一編・会社更生の実務（上）（下）（2005年，金融財政事情研究会）
会社法コンメンタール	江頭憲治郎編・会社法コンメンタール(1)(4)(6)(8)(10)(11)(12)(16)(17)(18)(21)（2008～11年，商事法務）
会社法大系	江頭憲治郎＝門口正人編集代表・会社法大系(1)（2008年，青林書院）
改正破産法理由書	司法省編・改正破産法理由書（1911年，中央社）
概　説	山本和彦＝中西正＝笠井正俊＝沖野眞已＝水元宏典・倒産法概説〈第2版〉（2010年，弘文堂）
各国の事業再生関連手続について	経済産業省経済産業政策局産業再生課・各国の事業再生関連手続について（2011年，金融財政事情研究会）
加藤・研究	加藤正治・破産法研究(1)～(11)（1912～1953年，有斐閣）
加藤哲夫	加藤哲夫・破産法〈第5版〉（2009年，弘文堂）
加藤哲夫・諸相	加藤哲夫・企業倒産処理法制における基本的諸相（2007年，成文堂）

加藤・要論	加藤正治・破産法要論〈第16版〉(1952年，有斐閣)
門口退官	門口正人判事退官記念・新しい時代の民事司法 (2011年，商事法務)
神田	神田秀樹・会社法〈第14版〉(2012年，弘文堂)
基礎	宮脇幸彦＝竹下守夫編・破産・和議法の基礎〔実用編〕〈新版〉(1982年，青林書院新社)
基本法	中野貞一郎＝道下徹編・基本法コンメンタール破産法〈第2版〉(1997年，日本評論社)
銀行取引法講座(中)	加藤一郎＝林良平＝河本一郎編・銀行取引法講座 中巻 (1977年，金融財政事情研究会)
金融担保法講座	米倉明＝清水湛＝岩城謙二＝米津綾威雄＝谷口安平編・金融担保法講座Ⅰ～Ⅳ (Ⅰ1985年，Ⅱ～Ⅳ1986年，筑摩書房)
現代契約法大系	遠藤浩＝林良平＝水本浩監修，淡路剛久＝澤木敬郎＝高木多喜男＝谷川久＝野村豊弘＝前田達明＝前田庸編・現代契約法大系(1)～(9) (1983～85年，有斐閣)
検討事項	法務省民事局参事官室・倒産法制に関する改正検討事項 (1997年)
講座	髙木新二郎＝伊藤眞編集代表・講座倒産の法システム(2)(3)(4)((2)(3)2010年，(4)2006年，日本評論社)
更生計画の実務と理論	事業再生研究機構編・更生計画の実務と理論 (2004年，商事法務)
国際倒産法制	山本和彦・国際倒産法制 (2002年，商事法務)
小島古稀	小島武司先生古稀祝賀・民事司法の法理と政策(上)(下) (2008年，商事法務)
最新実務	東京地裁会社更生実務研究会編・最新実務会社更生 (2011年，金融財政事情研究会)
裁判実務大系	竹下守夫＝藤田耕三編・裁判実務大系(3)会社訴訟・会社更生法，道下徹＝高橋欣一編・裁判実務大系(6)破産訴訟法 (1985年，青林書院)
櫻井古稀	櫻井孝一先生古稀祝賀・倒産法学の軌跡と展望 (2001年，成文堂)
潮見・契約各論Ⅰ	潮見佳男・契約各論Ⅰ (2002年，信山社出版)
潮見・債権総論Ⅱ	潮見佳男・債権総論Ⅱ〈第3版〉(2005年，信山社出版)
事業再生における税務・会計Q&A	事業再生研究機構税務問題委員会編・事業再生における税務・会計Q&A〔増補改訂版〕(2011年，商事法務)
実践マニュアル	木内道祥監修・軸丸欣哉＝野村剛司＝木村真也＝山形康郎＝中西敏彰編著・民事再生実践マニュアル (2010年，青林書院)

実務民事訴訟講座	鈴木忠一＝三ヶ月章監修・実務民事訴訟講座(1)〜(10)（1969〜71 年，日本評論社）
霜　島	霜島甲一・倒産法体系（1990 年，勁草書房）
条解会更規	最高裁判所事務総局民事局監修・条解会社更生規則（2003 年，法曹会）
条解会更法	兼子一監修・三ヶ月章＝竹下守夫＝霜島甲一＝前田庸＝田村諄之輔＝青山善充著・条解会社更生法（上）（中）（下）（上中 1973 年，下 1974 年，弘文堂）
条解破産規	最高裁判所事務総局民事局監修・条解破産規則（2005 年，法曹会）
条解破産法	伊藤眞＝岡正晶＝田原睦夫＝林道晴＝松下淳一＝森宏司著・条解破産法（2010 年，弘文堂）
条解民再規	最高裁判所事務総局民事局監修・条解民事再生規則〈新版〉（2005 年，法曹会）
詳解民再法	福永有利監修・四宮章夫＝高田裕成＝森宏司＝山本克己編・詳解民事再生法──理論と実務の交錯〈第 2 版〉（2009 年，民事法研究会）
条解民再法	園尾隆司＝小林秀之編・条解民事再生法〈第 2 版〉（2007 年，弘文堂）
条解民訴法	兼子一原著・松浦馨＝新堂幸司＝竹下守夫＝高橋宏志＝加藤新太郎＝上原敏夫＝高田裕成著・条解民事訴訟法〈第 2 版〉（2011 年，弘文堂）
新会社更生法の基本構造	伊藤眞＝松下淳一＝山本和彦・新会社更生法の基本構造と平成 16 年改正（ジュリスト増刊）（2005 年，有斐閣）
新・裁判実務大系	門口正人＝西岡清一郎＝大竹たかし編・新・裁判実務大系(21)会社更生法・民事再生法（2004 年，青林書院）
新・実務民事訴訟講座	鈴木忠一＝三ヶ月章監修・新・実務民事訴訟講座(1)〜(14)（1981〜84 年，日本評論社）
新注釈民再法	才口千晴＝伊藤眞監修，全国倒産処理弁護士ネットワーク編・新注釈民事再生法（上）（下）〈第 2 版〉（2010 年，金融財政事情研究会）
新堂古稀	新堂幸司先生古稀祝賀・民事訴訟法理論の新たな構築（上）（下）（2001 年，有斐閣）
新破産法の基本構造	伊藤眞＝松下淳一＝山本和彦編・新破産法の基本構造と実務（ジュリスト増刊）（2007 年，有斐閣）
新版注釈会社法	上柳克郎＝鴻常夫＝竹内昭夫編・新版注釈会社法(1)〜(15)，補巻〜第 4 補巻（1985〜2000 年，有斐閣）
新版注釈民法	谷口知平ほか編集代表・新版注釈民法(1)改訂版(2)

	(3)(6)補訂版(7)(9)(10-1)(10-2)(13)補訂版(14)(15)増補版(16)(17)(18)(21)(22)(23)(24)(25)改訂版(26)(27)(28)補訂版（1989〜2011年，有斐閣）
新版破産法	園尾隆司＝西謙二＝中島肇＝中山孝雄＝多比羅誠編・新・裁判実務大系(28)　新版破産法（2007年，青林書院）
菅 野	菅野和夫・労働法〈第9版〉（2010年，弘文堂）
宗 田	宗田親彦・破産法概説〈新訂第4版〉（2008年，慶應義塾大学出版会）
宗田・研究	宗田親彦・破産法研究（1995年，慶應通信）
大コンメンタール	竹下守夫編集代表・大コンメンタール破産法（2007年，青林書院）
髙 木	髙木新二郎・アメリカ連邦倒産法（1996年，商事法務研究会）
竹 内	竹内康二・倒産実体法の契約処理（2011年，商事法務）
竹下古稀	竹下守夫先生古稀祝賀・権利実現過程の基本構造（2002年，有斐閣）
谷 口	谷口安平・現代法学全集(33)倒産処理法〈第2版〉（1980年，筑摩書房）
谷口古稀	谷口安平先生古稀祝賀・現代民事司法の諸相（2005年，成文堂）
注解会更法	宮脇幸彦＝山口和男＝井関浩編・注解会社更生法（1986年，青林書院）
注解破産法	斎藤秀夫＝麻上正信＝林屋礼二編・注解破産法(上)(下)〈第3版〉（上1998年，下1999年，青林書院）
中間試案補足説明	法務省・破産法等の見直しに関する中間試案補足説明（2002年）
注釈民法	中川善之助ほか編集代表・注釈民法(1)〜(26)（1964〜87年，有斐閣）
倒産実体法の研究	倒産実体法研究会「倒産実体法の立法論的研究(1)〜(7)」民商112巻4＝5号829頁，6号967頁，114巻4＝5号864頁，6号1034頁，115巻3号448頁，4＝5号762頁，117巻1号144頁（1995〜97年）
倒産実務講義案	裁判所書記官研修所監修・倒産実務講義案（2002年，司法協会）
倒産法改正展望	東京弁護士会倒産法部編・倒産法改正展望（2012年，商事法務）
中 島	中島弘雅・体系倒産法Ⅰ　破産・特別清算（2007年，中央経済社）
中 田	中田淳一・破産法・和議法（1959年，有斐閣）

中野・研究	中野貞一郎・強制執行・破産の研究(1971年, 有斐閣)
中野・民事執行法	中野貞一郎・民事執行法〔増補新訂第6版〕(2010年, 青林書院)
破産・和議の実務	東京地裁破産・和議実務研究会編・破産・和議の実務(上)(下) (1998年, 民事法情報センター)
破産・和議の実務と理論	石川明＝田中康久＝山内八郎編・破産・和議の実務と理論 (1994年, 判例タイムズ社)
花　村	花村良一・民事再生法要説 (2000年, 商事法務研究会)
平井・債権総論	平井宜雄・債権総論〈第2版〉(1994年, 弘文堂)
福　岡	福岡真之介・事業再生ADRとDIP型会社更生の実務 (2009年, 清文社)
法協百周年記念論文集	法学協会編・法学協会百周年記念論文集(1)(2)(3) (1983年, 有斐閣)
松浦＝伊藤	松浦馨＝伊藤眞編・倒産手続と保全処分 (1999年, 有斐閣)
松下・入門	松下淳一・民事再生法入門 (2009年, 有斐閣)
松　田	松田二郎・法律学全集(39-2)会社更生法〈新版〉(1976年, 有斐閣)
宮脇＝時岡	宮脇幸彦＝時岡泰・改正会社更生法の解説 (1969年, 法曹会)
民事再生の実務と理論	事業再生研究機構編・民事再生の実務と理論 (2010年, 商事法務)
民事再生法逐条研究	伊藤眞編集代表・民事再生法逐条研究——解釈と運用 (ジュリスト増刊) (2002年, 有斐閣)
民事手続法	新堂幸司＝山本和彦編・民事手続法と商事法務 (2006年, 商事法務)
山木戸	山木戸克己・現代法律学全集(24)破産法 (1974年, 青林書院新社)
理論と実務	山本克己＝山本和彦＝瀬戸英雄編・新会社更生法の理論と実務 (判タ1132号) (2003年, 判例タイムズ社)
論点解説新破産法	全国倒産処理弁護士ネットワーク編・論点解説新破産法(上)(下) (2005年, 金融財政事情研究会)
我妻・有泉コンメンタール	我妻榮＝有泉亨＝清水誠＝田山輝明・我妻・有泉コンメンタール——総則・物権・債権〈第2版追補版〉(2010年, 日本評論社)
我妻・債権総論	我妻榮・民法講義IV債権総論〈新訂版〉(1964年, 岩波書店)

第1章　会社更生法への招待

　企業が，それぞれの責任において経済活動を行う社会においては，何らかの事情によって，従来のままの負担や条件の下でその活動を継続することが困難または不可能になることがある。このような事態は，当事者たる企業やその関係人からみれば，不幸なことと思われる。しかし，経済社会全体の視点からみると，これを契機として，企業に対しては，経営組織の再編などを通じて，事業価値の維持や再構築を促し，また関係人については，そのために生じる負担を公平に分担させる制度が必要になる。倒産処理制度が，経済社会の活力と健全性を維持する上でなくてはならないものであり，その中で，民事再生手続（本書では，単に再生手続と呼ぶ。民再2④参照）および会社更生手続（本書では，単に更生手続と呼ぶ。2Ⅰ参照）からなる事業再生型手続が，事業清算型手続である破産手続や特別清算手続と比較して，事業価値の維持の上で不可欠なものとされるのも，こうした意味を含んでいる。特に，事業主体の組織という点からみると，わが国において過半を占める株式会社[1]を対象とする特別手続である更生手続の重要性は，一般手続である再生手続と対比しても，優るとも劣らない。

第1節　会社更生事件の一事例[2]

　A株式会社（以下「A社」という）は，平成5年4月に日本企業と米国企業の合弁会社として設立され，半導体集積回路の一種であるNOR型フラッシュメモリの開発，製造および販売を中心とした事業を展開してきた。平成15年7月には，米国親会社が設立されたことにともない，A社は，同社の100％子会社となり，平成17年12月には，親会社の米国持株会社が米NASDAQに上場した。そしてA社は，日本国内におけるNOR型フラッシュメモリ市場においてトップシェアを占めるなど，順調に業績を伸ばしていた。

---

1) 江頭1頁によれば，内国法人企業中では，株式会社がその大部分を占めている。
2) 本設例については，嶋寺基「DIP型会社更生を検証するⅠ　Spansion Japan ①Spansion Japanにおける会社更生手続」NBL 951号22頁（2011年）が参考になる。

しかるに，半導体業界は技術革新のスピードが極めて速く，迅速かつ大規模な設備投資が要求されるため，平成19年4月，A社は，自らを借入人としたシンジケートローンによる借入れを行い，新工場を建設し，あわせて工場設備を購入するなど，大規模な設備投資を行った。このようなA社の設備投資計画を主導し，積極的に推し進めたのは，米国親会社であった。

1　A社の更生手続開始申立て

A社は，平成19年9月に新工場の操業を開始したが，そのころ半導体業界の構造不況の波が到来し，さらに100年に一度といわれる世界的な不況のあおりを受けて，A社および米国親会社の業績は低迷し，深刻な経営難に陥ったことから，平成21年2月10日，A社は，東京地方裁判所民事第8部に対し，更生手続開始の申立て（本書45頁）を行うに至った[3]。その際，A社は，経営陣の半導体事業に関する専門的な知識や，取引先および米国親会社との継続的な信頼関係等を活用することにより，事業価値の劣化を防止しつつ，迅速な事業再建を図るため，外部の弁護士が保全管理人（本書78頁）や管財人（本書106頁）となるのではなく，現経営陣が更生手続開始決定までの事業経営を行い，さらに更生手続開始後も引き続き管財人として事業の経営を行う，DIP型（本書107頁注10）の手続実施を裁判所に求めた。裁判所も，こうした要請を受け入れ，同日，弁済禁止の保全処分（28。本書69頁），包括的禁止命令（25。本書70頁）とともに監督命令（35。本書83頁）および更生手続開始前の調査命令（39。本書86頁）を発令し，甲弁護士が監督委員兼調査委員として選任され，経営陣による事業経営などを監督し，あわせて事業再生の見込みを調査することとなった[4]。

なお，平成21年3月1日には，米国親会社および米国持株会社が，ニューヨーク州南部連邦倒産裁判所に連邦倒産法第11章手続（いわゆるチャプター11)[5]の開始申立てを行っている[6]。

---

[3]　同部における標準的手続進行手順と期間については，事業再生における税務・会計Q&A 71頁〔岡正晶〕，最新実務8頁。また，同部における最近の更生事件の実際の進行状況について，有田浩規「最近における東京地裁民事第8部（商事部）の事件の概況」曹時63巻1号59頁（2012年），日置朋弘「東京地裁民事第8部（商事部）の事件の概況」曹時64巻6号19頁（2012年）参照。

[4]　DIP型会社更生の標準的手続進行手順と期間については，事業再生における税務・会計Q&A 76頁〔佐長功〕，上田裕康ほか「大阪地方裁判所におけるDIP型会社更生事件」金法1922号53頁（2011年），最新実務20頁参照。

2　A 社に対する更生手続開始決定と DIP 型更生手続の開始

東京地方裁判所民事第 8 部は，主要債権者および労働組合の意見聴取結果などを踏まえ，平成 21 年 3 月 3 日，更生手続開始決定をするとともに，A 社の代表取締役乙を管財人に選任し，DIP 型管財人による更生手続を開始した。また，開始決定と同時に調査命令が発令され，調査委員として監督委員兼調査委員であった甲弁護士が選任された。また，管財人は，更生手続開始の申立代理人団の構成員であった数人の弁護士をリーガルアドバイザーに選任した。そして，この時点から A 社は，更生会社（2Ⅶ）となった。

3　米国における更生手続の承認申立て

A 社は，米国親会社に対して米国法が準拠法となる売掛金債権を有しており，その取立てを行う必要が生じる可能性があることなどを考慮し，管財人は，更生手続の効力を米国内に及ぼすために，平成 21 年 4 月 30 日，連邦倒産法第 15 章にもとづく外国倒産処理手続の承認申請（いわゆるチャプター 15 の申立て）をニューヨーク州南部連邦倒産裁判所に行った[7]。

4　管財業務の遂行

管財人は，債権総額 50 万円以下の債権を有する約 250 名の少額債権者については，法 47 条 5 項前半部分にもとづき（本書 185 頁），手続開始後早々に債権全額の弁済を行った。加えて，申立て前に販売した製品の補修サービスについては，同条 5 項後半部分にもとづき（本書 186 頁），1 件あたりの支出額が 300 万円を超えない限度で製品補修義務を履行した。

また，A 社の組織の合理化については，更生手続開始決定時における従業

---

5) 第 11 章手続とは，わが国の再生手続および更生手続の両者を統合したものに相当する。その概要については，髙木 9，313 頁，福岡 3 頁，また運用や機能については，渡邉光誠＝丸山貴之「米国連邦倒産法チャプター 11 申立企業からの債権回収法」旬刊経理情報 1226 号 32 頁（2009 年），長野聡「米国連邦倒産法チャプター 11 とそれを批判する学説の再検討」季刊企業と法創造 7 巻 1 号 34 頁（2010 年），事業再生迅速化研究会第 1 PT「事業再生迅速化への示唆」NBL 921 号 16 頁（2010 年），経済産業省経済産業政策局産業再生課編・各国の事業再生関連手続について（2011 年）6，9 頁参照。
6) 米国における手続の進行および問題点については，ペドロ・ヒメネスほか「米国倒産手続における日本の債権者の対応——Spansion Japan の事例に学ぶ」NBL 954 号 78 頁（2011 年）に詳しい。
7) わが国における外国倒産処理手続の承認援助の手続（本書 168 頁）に相当する。その概要については，髙木 460 頁，福岡 341 頁参照。設例の事案における第 15 章手続の申立て前後の事情などについては，嶋寺基＝松永崇「日米並行倒産における問題点」NBL 953 号 54 頁（2011 年）に詳しい。

員数は1846名であったが，手続開始後に実施された大幅な人員削減計画にもとづく退職勧奨，A社設立当初の出資企業のグループ会社への転籍等により，平成22年3月20日現在で666名となった。

そして，管財人は，A社の事業において米国親会社との間の取引が占める重要性を考慮し，平成22年2月1日，裁判所の許可をえた上で，米国親会社との間で新たな業務委託契約を締結した。同契約により，A社は，米国親会社から引き続き半製品の製造および試験業務を受注することとなり，平成22年1月から平成23年6月までの期間につき最低受注量の合意をえるとともに，その後についても，需要の状況をみながら，米国親会社から一定量の半製品の製造および試験業務の委託がなされることが確認された。

他方，米国親会社は，平成22年4月16日，米国において，連邦倒産法第11章手続上の再建計画の認可を受けた。そして，A社は，フラッシュメモリの販売事業について，平成22年5月24日，米国親会社の設立した100％子会社に対し，事業譲渡を行った（本書517頁）。

5 更生計画案の立案

A社は，更生手続開始申立て当初においては，米国親会社との共同再建を検討していたが，グループを一体として支援するスポンサーは現れなかった。そこで，管財人は，従来の米国親会社に依存したビジネスモデルからの方針転換を図り，米国親会社を対等かつ密接なビジネスパートナーと位置づけ，その委託を受けたフラッシュメモリの半製品の製造および販売，ならびにA社が新たに開発するフラッシュメモリ等の半製品の製造および販売を中心とした自主再建型の更生計画案を立案した。

もっとも，半導体市況が回復傾向にあったこと，また債権者に対する早期弁済を実現するための資金提供をうる必要があることなどから，更生計画認可決定日から1年間を，スポンサー選定手続を積極的に推進する「スポンサー選定期間」とし，裁判所の許可をえて，スポンサーに事業の譲渡を行うこととすること，また，需要に見合わなくなった生産能力を縮減し，一層の事業効率化を図るため，新工場は売却することなどの内容が更生計画案に定められた。

6 更生担保権者委員会の組成と管財人との交渉

平成21年5月21日，更生会社の財産について抵当権や集合動産譲渡担保権などの担保権を有するシンジケートローン債権者10社からなる更生担保権者

委員会（本書139頁）が組成された。更生担保権者委員会は，管財人に対して情報開示を要求し，それを基礎として，裁判所に対し，複数回にわたり意見書を提出し，A社の再建方針，米国親会社との交渉内容，更生計画案提出期限の伸長，弁済の金額および方法など，多岐にわたる事項について意見を上申した[8]。

　管財人は，更生担保権者委員会に対し，合理的な範囲で情報を提供した上，各事項について協議を行ったが，いくつかの事項に関して更生担保権者委員会との間に意見の相違があったため，平成22年3月，3名の弁護士を調停委員とする調停手続の開始を申し立て，同手続の中で話し合いを継続した[9]。

　その結果，更生担保権については，新工場の売却代金，米国親会社から支払われる和解金，各種清算費用としての留保金の残額，収益弁済等の詳細な弁済原資を更生計画案に定めることにより，無理のない弁済を行うことになり，更生担保権者委員会との間に合意が成立したために，更生計画案についての賛成がえられる見込みとなった。

　また，一般更生債権については，傾斜弁済，すなわち50万円以下の部分は，現金による100％の弁済，50万円超1億円以下の部分は，現金による12％の弁済，1億円超の部分は，現金と発行株式による代物弁済とを組み合わせた4％の弁済を行うこととし，米国親会社の有する更生債権については，A社と米国親会社との間の合意にもとづいてすべて劣後化し（本書632頁注161），弁済は行わないこととした。

7　更生計画の成立と概要

　A社は，平成22年4月26日，東京地方裁判所民事第8部に更生計画案を提出し，同裁判所から同年5月19日付で更生計画案を決議に付する旨の決定がなされた（本書615頁）。その後，同年6月23日までの書面投票（本書553

---

[8]　更生担保権者委員会の活動実績については，坂井秀行＝粟田口太郎「史上初の更生担保権者委員会とその意義——Spansion JapanのDIP型更生手続」金法1918号24頁（2011年）参照。更生担保権者委員会の中心として活動した更生担保権者に対しては，5億円の報償金（124I参照）の支払が許可されている（同論文37頁）。委員会の活動に対する管財人側からの評価については，鐘ヶ江洋祐ほか「更生手続における更生担保権をめぐる諸問題」NBL956号88頁（2011年）参照。

[9]　その経緯等については，井上聡「調停手続を利用して更生計画案をまとめた第1号案件」金法1902号44頁（2010年），坂井秀行「事業再生手続の展開と将来像」門口退官30頁，井上聡「Spansion JapanのDIP型更生手続から学んだこと」伊藤＝須藤396頁参照。

頁)により，法定多数（本書618頁）を超える債権者の賛成（更生担保権100%，一般更生債権約90%）をえて，更生計画案が可決され，同月28日付で同裁判所から更生計画認可の決定がなされ，更生計画の効力が生じた（本書643頁）。

(1) 更生計画の概要

更生計画は，「第1章　更生計画立案までの経緯」，「第2章　更生計画の基本方針と骨子等」，「第3章　更生債権等に関する権利の変更と弁済・納付方法」，「第4章　スポンサー選定に関する特則」，「第5章　担保権等の措置」，「第6章　未確定更生債権等の措置」，「第7章　共益債権及びその弁済方法」，「第8章　弁済資金の調達方法」，「第9章　株主の権利変更」，「第10章　株式の発行」，「第11章　その他更生計画において定めるべき事項等」，および別表からなる。

このうち第1章においては，更生会社たるA社の概要，沿革，更生手続開始に至る事情および更生手続開始後の状況が説明され，第2章においては，事業再建の基本方針および更生計画にもとづく弁済の骨子が述べられ，第3章においては，後記(2)のような内容が定められている。第4章においては，スポンサー選定期間，事業譲渡等によるA社の事業の承継，事業譲渡代金等による弁済について，第5章においては，担保権等の処理として，存続する担保権と存続しない担保権とのそれぞれについて，対象資産の処分の場合の措置として，主として米国親会社から支払われた和解金を保管する預金口座の指定やシンジケートローン債権者のための預金債権上の質権設定などが定められている。

さらに，第6章では，その存否や額について争いがある未確定更生債権等の内容および確定した場合の権利変更や弁済方法が，第7章では，支払済みの共益債権と未払いの共益債権とが明らかにされ，未払分については，その弁済方法等が，第8章では，更生債権等に対する弁済資金の原資が手持ち資金，事業の収益金，資産処分による売得金，スポンサーへの事業譲渡の代金によって調達されること，予想超過収益金が生じた場合には，更生計画の遂行上必要な運転資金等に充てた上で，更生担保権の弁済資金として留保する旨が，第9章では，資本金および資本準備金の全額の減少，発行済株式全部の無償取得および消却がそれぞれ定められている。第10章では，一般更生債権者に対する代物弁済のために，権利変更後の一般更生債権を現物出資財産とする株式の発行，

割当方法，および新たな定款の下での募集株式の発行方法，第11章では，定款変更，役員の選任等が定められる。別表は，財産評定前後の貸借対照表や清算貸借対照表など，更生計画の基礎となる財務諸表や更生債権者等に対する弁済計画表などからなる。

(2) 更生債権等の権利変更等の内容

このうち「第3章　更生債権等に関する権利の変更と弁済・納付方法」および「第6章　未確定更生債権等の措置」について，その骨子を補説すると，まず，動産先取特権およびリースにかかるもので，更生担保権に含まれない部分である，更生手続開始決定後1年経過後の利息および遅延損害金の免除を受けるほかは，更生計画認可決定日から3か月以内に確定更生担保権全額を一括弁済する。

シンジケートローンにかかるものについては，更生担保権に含まれない開始後1年経過後の利息および遅延損害金は免除を受け，更生担保権全額について更生計画認可決定日から2週間以内に46億円余を弁済する。加えて，新工場の売却代金がA社に支払われた日から3週間以内，または更生担保権額確定日から2週間以内のいずれか遅い時期に6億円を弁済する。さらに，米国親会社からの和解金については，更生計画認可決定日から3営業日以内，または更生担保権額確定日から2週間以内のいずれか遅い時期に弁済する。最後に，残額については，平成23年（第1回）から平成28年（第6回）まで各6月末日限り，A社の事業収益を原資として分割弁済するというものである。ただし，スポンサーに対して事業譲渡がなされた場合には，上記の収益弁済の残額を繰り上げて弁済することなどが定められている。

その他，優先的更生債権である租税等の請求権や労働債権についても，それぞれの特質に即した定めが設けられ，また一般更生債権については，前記の傾斜弁済の方針に則した更生計画認可決定日から3か月以内の弁済など，早期一括弁済，予想を超える収益がえられた場合の追加弁済およびその残額の免除を内容とする条項が設けられている。

8　更生計画の遂行と評価

A社は，更生計画案提出後もスポンサー選定作業を継続した結果，更生計画認可決定後の平成22年7月14日，スポンサーとの間で新工場の設備および旧工場の事業全部の譲渡契約を締結し，同年8月31日，これらの契約を実行した。これにより，スポンサーは，A社が営んでいた事業と従業員の雇用契

約上の地位を承継した。

その後，平成22年8月24日に法律家管財人[10]が追加で選任され，従前から事業経営にあたっていたDIP型管財人は，スポンサーへの事業譲渡の後処理に目途がついた同年9月30日に退任した。そして，一般更生債権については，追加弁済を含めて50％強の弁済を，更生担保権については，満額の弁済を行い，平成23年8月末日に更生手続を終結した。その後にA社については，会社法上の清算手続が行われた。

このように，A社自体の法人格は，清算によって消滅したが，その事業価値は更生手続によって維持され，事業価値の基礎となる従業員の雇用契約上の地位と資産とがスポンサーに承継される結果となったので，法1条に定める更生手続の目的である「当該株式会社の事業の維持更生」が実現されたものと評価できる。また，債権者にとっても，A社を破産清算した場合の配当と比較して，より多くの，しかも，スポンサーからの事業譲渡の代金を原資として，早期の弁済が可能になったことをみると，十分にその利益が確保されたものといえよう。

第2節　会社更生手続（更生手続）の目的と理念

更生手続の目的と基本構造は，法1条の中に表現されている。そこでは，「窮境にある株式会社」の「事業の維持更生を図ること」を目的として設定し，そのための手段として，「更生計画の策定及びその遂行に関する手続」を実施し，それを通じて「債権者，株主その他の利害関係人の利害を適切に調整し」，その結果として，上記の目的が実現されるべきことを定めている。以下では，株式会社の事業再生法制の全体像を明らかにし，その中で更生手続の目的を位置づけ，さらに同じく事業再生法制としての役割を持つ民事再生手続（再生手

---

10) 管財人のうち，更生会社財産の維持や増殖，あるいは更生債権等の調査確定や更生計画案の策定などを主たる職務とする者を実務上で法律家管財人と呼ぶ。これに対して，DIP型管財人を含め，更生会社の事業経営を主たる職務とする者を実務上で事業家管財人と呼ぶ。管財人が1人の場合には，その者が両者の職務を遂行することとなるが，大規模事件では，法律家管財人と事業家管財人の両者を選任し，弁護士を前者に，経済人を後者に選任することがある（本書107頁参照）。それ以外にも，事業譲渡などによって事業家管財人の職務が終了する目途がついた段階で，更生計画にもとづく更生債権者等への弁済の遂行のために法律家管財人が選任される例もある。

続）と対比しつつ，更生手続の基本構造の特徴を説明する。

第1項　事業再生法制の意義

　わが国の経済活動の多くが，株式会社形態をとる営利企業によって担われている現実をみたときに，窮境にある，すなわち従来の条件下では事業の継続が困難になっている株式会社の事業の再生を目的とする更生手続が，社会経済の制度的基盤としてもつ意義については，疑念を差し挟む余地はない。そして，株式会社は営利を目的とする法人であり（会社105Ⅰ①②参照），そこでいう営利とは，対外的企業活動でえた利益を構成員たる株主に分配することをいう。したがって，会社の事業の再生という場合の再生または更生の意義も，それが現在の事業組織によるものであれ，また新たな事業組織によるものであれ，利益分配が可能になる前提としての収益力回復ないしその合理的見込みが立てられることを意味するものであり，単に事業の存続という消極的状態と理解すべきではない[11]。

---

11)　会社の本質的要素である営利性について，対外的活動で利益をえて，その利益を構成員（株主）に分配すること（江頭19頁，落合35頁，神田6頁）と理解する限り，更生計画成立後に，株主に対する利益配当が可能になる見込みが立たなければ，更生手続の目的に沿ったものとはいえない。ただし，ここでいう株主とは，必ずしも更生会社の従来の株主ではなく，更生会社に対する新たな出資者である株主，または更生会社の事業を承継した会社の株主であっても差し支えない。この点は，旧会社更生法1条の目的規定でも，また現行会社更生法1条の目的規定でも変わることはないが，かつては，事業そのものの再生よりも，事業主体である企業の維持が強調される傾向にあった（松田6頁，霜島499頁。ただし谷口8頁では，事業の再生と事業主体の運命とを明示的に区別している）。

　もっとも，地方における公共交通を担う株式会社の更生など，事業継続の必要性は高い反面，収益性が低い場合には，一方で債務負担の軽減や不要資産の処分によって，財務状況の改善を図るとともに，国や地方公共団体からの補助金を確保するなどの方策が必要になる。小林信明ほか「地方バス会社の会社更生事例——企業（事業）価値を増加させるための工夫」事業再生と債権管理131号184頁（2011年）参照。

　また，更生会社の事業の維持更生のために公的資金を投入せざるをえないような事案においては，自由競争の原理の中で，特定の事業を更生手続によって再生させるべきかどうかの正当性が問われるが，公的資金の投入は，事業の公共性の視点からその是非を決すべき問題であり，事業の再生手段として更生手続を用いることの当否が問われるべきものではない。松嶋英機「会社更生手続と事業再構築制約論」金法1902号50頁（2010年）参照。

　なお，本書では，事業再生型手続という用語は，更生手続および再生手続の双方を指すものとして，事業の再生または更生という用語は，経済的事実たる企業の収益力や債務弁済能力の回復を指す同義の概念として使用する。

かりに後者だとすれば，更生手続は，再生または更生の名の下に不採算企業の存続を許す制度ということになり，社会経済上有意義なものとはいえないとの批判を浴びることとなる。更生計画の内容およびその認可要件としての遂行可能性（199Ⅱ③）も，このような再生または更生概念と結びつけて理解されるべきである（本書629頁参照）。

この点において，同じく事業再生型法制としての機能を有する再生手続との違いがある。株式会社のみを適用対象とする更生手続と異なり，再生手続は，消費者を別としても，事業者としての自然人および法人のすべてを適用対象とし，法人の中には，営利法人と非営利法人の双方が含まれる。民事再生法1条が，「当該債務者の事業……の再生を図ることを目的とする」と規定しているのは，このような一般的事業再生型法制としての再生手続の特質を背景としたものである。

すなわち，自然人の場合には，たとえその者が事業者であろうと，生存し，個人としての幸福追求をすることが基本的人権として認められ（憲13・25Ⅰ），債務の負担がその妨げとなっている場合には，それを軽減する措置を講じるための法制度を設ける合理的必要性がある。また，法人は，自然人と異なって，一定の事由が生じれば，解散し（一般法人148各号・202Ⅰ各号参照），清算の結了によってその法人格が消滅することを予定しているものであるが（一般法人150・204参照），その事業が存続する意義さえ認められれば，債務負担を軽減するなどの措置によって，事業の再生または更生を図ることが許される。医療や教育などの公益事業を営む法人の例を考えれば，その事業存続自体に意義が認められることが理解されよう。

これに対して営利法人たる株式会社の場合には，収益力が回復し，株主に対する利益分配について合理的期待可能性が認められなければ，その存立意義はない。更生手続の目的たる事業の維持更生[12]については，「物的な意味での企業組織の全部または一部の解体を防止し，そのスクラップ化による社会的損失を防ぐ」[13]とか，株式会社がもつ企業としての社会的価値を保全し，従業員や地域社会にとっての不利益を防ぐなどが説かれる。もちろん，株式会社の事業

---

12) 事業の維持更生は，法文上の表現であるが（1），本書では，維持再生と同一の意味として用いる。
13) 条解会更法（上）139頁。

第2節　会社更生手続（更生手続）の目的と理念

がもつ役割は，株主利益の最大化に尽きるものではないが，取引先，従業員あるいは地域社会など外部の第三者にとっての利益は，第三者が事業の再生について協力する動機づけとして位置づけられるものであり，営利事業の再生そのものの目的は，その収益力の回復，すなわち利益分配を期待する投資家が進んで株主としての出資を行うような事業体に生まれ変わることに求められるべきものである。

　他方，営利法人たる株式会社の意思決定についてみると，平常時においては，基本的意思決定は株主総会によってなされ，債権者などの外部の第三者は，それに直接に関与することはできない。反面，自らの権利については，会社が本旨にしたがった履行を怠る場合には，強制執行や担保権の実行によってその権利を確保することができる。しかし，いったん更生手続が開始されれば，債権や担保権を基礎とする更生債権等（2 XII）は，更生手続外で満足を受けることが禁止され（47 I），強制執行等も禁止または中止される（50 I）。また，更生手続開始申立てから開始決定までの期間においても，権利行使に対して類似の制限が課される可能性がある（24~40）。このような個別的権利行使による満足に代えて，法は，株主だけではなく，外部の第三者である更生債権者等に対して，更生計画案についての決議という形で，事業譲渡の是非，合併や会社分割の要否，収益力回復の見込み，あるいは収益価値分配の方法など，更生会社の事業再生のあり方についての基本的意思決定に参加することを認め（196），また関係人の権利内容の変更や更生会社の組織変更，あるいは事業譲渡などは，原則として更生計画の定めによってのみ行えることとされている（45・46・167 I）。

　すなわち，更生手続は，更生債権者等による個別的権利行使を抑止して，更生手続による集団的満足を実現するためのものであり，更生計画によって分配される価値は，それが更生会社の組織の下で実現されるものであれ，また合併，会社分割あるいは事業譲渡によって他の事業組織の下で実現されるものの対価の形であれ，いずれも事業の継続を前提とする価値を内容とする。また継続事業価値の維持または再構築の方法やその分配も，関係人集会等の決議の形で（189 II・196），更生債権者等を含む利害関係人の意思によって決定される。もちろん，利害関係人の意思決定による価値の分配についても，それぞれの実体法上の権利の性質を無視することは許されないし（168 I 柱書本文・III・199 II ①

②），また，憲法上の財産権保障（憲29）との関係から考えても（最大決昭和45・12・16民集24巻13号2099頁），それぞれの更生債権者等に分配される価値の総和が清算価値を超えるものでなければならないことは当然である。

　ただし，継続事業価値は，清算価値と異なって，将来の期待的利益にほかならず，その実現可能性は，経営組織再編の成否，資金提供者の有無，あるいは景気の動向などに依存する，多分に不確定なものであることに留意しなければならない。したがって，継続事業価値の維持または再構築を実現するための事業経営の方針などを利害関係人の意思決定に委ねる際にも，不確定性についての合理的判断を可能にする程度の十分な情報を開示しなければならない。

　規則16条が，「開始前会社の業務及び財産に関する状況又は更生手続の進行に関する事項について更生債権者等となることが見込まれる者及び株主に対し説明する集会」である関係人説明会について規定し，法85条，規則25条などの規定により，関係人説明会や関係人集会における報告，またはこれに代わる措置による情報の開示が求められ，法11条および12条ならびに規則8条および9条が，事件に関する文書の閲覧等について規定するのも，このような理由にもとづくものである。また，事業価値の毀損のおそれが認められる場合には，更生計画案についての決議を経ることなく事業の譲渡をすることが認められるが（46Ⅱ。本書519頁参照），この場合にも，事業の譲渡について許可を与える裁判所が，知れている更生債権者等などの意見を聴取するという形で（46Ⅲ），利害関係人の意思が裁判所の判断に反映される。

　以上述べたことを更生手続の意義[14]として要約すれば，更生手続とは，更生債権者等に本来保障されている個別的権利行使を抑止し，同じく利害関係人である株主とともに，会社財産の清算価値分配に代えて，更生会社またはその事業を承継する経営組織の下で実現されるべき継続事業価値の分配を目的とする手続であり，その方法としては，更生債権者等および株主などの利害関係人に対して十分な情報を開示することを前提として，継続事業価値の維持または再構築の実現およびその分配案である更生計画案について，従来の会社の意思決

---

[14] 須藤英章ほか「パネルディスカッション　新倒産法制10年を検証する——実例に学ぶ企業再生」伊藤＝須藤32頁，腰塚和男＝成田敏「会社更生と民事再生との選択」講座(3) 3頁，須藤英章「私的整理か民事再生か」民事再生の実務と理論278頁，菅野雅之「倒産ADRのあり方」講座(4) 3頁，髙木新二郎「私的整理の過去・現在・将来」講座(4) 29頁，多比羅誠「会社更生手続の選択基準」新・裁判実務大系(21) 28頁。

定機関である株主総会などに代わって，利害関係人による関係人集会が意思決定を行い，裁判所がその適法性を確認する手続である。

第2項　事業再生法制の種類と特質

　実質的な意味での事業再生法制には，更生手続および再生手続のほかに，特定調停，事業再生 ADR，中小企業再生支援協議会，企業再生支援機構などによる裁判外の手続（ADR）が含まれる。このうち，特定調停は，裁判所において行われる調停手続によるが，それ以外のものは，国の機関でない団体が行う手続として，その本質部分は，事業主体たる債務者と債権者や担保権者との間の合意を中核とする私的整理であり，法制としての性質を認められるかどうかについては，疑問もあろう。しかし，伝統的な私的整理と比較すれば，これらの ADR に対しては，法的根拠が与えられ，また手続の効果に関しても，様々な法律上の規定が設けられているところから，事業再生法制の一翼を担うものとして位置づけるべきである[15]。

　そのことを前提として，以下では，事業再生法制の中核としての更生手続および再生手続の特質と概要とを説明する[16]。

1　事業再生のための必要条件と更生手続

　事業再生のための必要条件としては，第1に，債権者や担保権者による個別

---

[15]　髙木新二郎「事業再生の近未来・破綻倒産前再構築——事業再生新立法の提案」曹時58巻9号1頁（2006年），伊藤眞「第3極としての事業再生 ADR——事業価値の再構築と利害関係人の権利保全の調和を求めて」金法1874号144頁（2009年），同「民事再生・会社更生との協働を——一時停止の機能再考」事業再生と債権管理128号10頁（2010年）参照。また，近時の各種事業再生 ADR の特質については，須藤英章「私的整理か民事再生か」民事再生の実務と理論278頁，伊藤＝須藤58頁以下，藤原敬三・実践的中小企業再生論19頁以下（2011年），全国倒産処理弁護士ネットワーク編・私的整理の実務 Q&A 100問4頁（2011年），西村あさひ法律事務所ほか編・私的整理計画策定の実務61頁（2011年）参照。

　これらの ADR 手続と更生手続との連携の形は，JAL の案件でよく示されたところである。山本和彦「企業再生支援機構と JAL の更生手続」ジュリ1401号12頁（2010年）参照。また，腰塚和男ほか「事業再生 ADR から会社更生への手続移行に際しての問題点と課題（1）（3・完）」NBL 953号11頁，955号68頁（2011年），西村あさひ法律事務所ほか編・前掲書595頁〔濱田芳貴〕では，移行にあたってとるべき措置，ADR 中に生じた債権の取扱い，あるいは ADR の申請代理人や手続実施者の更生手続への関与形態などについて説明する。問題の所在を示す裁判例として，東京地決平成23・11・24金法1940号148頁がある。

[16]　腰塚和男＝成田敏「会社更生と民事再生との選択」講座（3）3頁以下参照。

的権利行使によって事業遂行の基礎となる財産の有機的一体性が毀損されるのを防ぐこと，第2に，債務負担の軽減，第3に，採算性のある事業部門と不採算事業部門の切り離し，経営組織の再編成，事業主体の交代などを通じた事業の収益力の回復，これに加えて，第4に，外部の第三者の融資または出資による事業資金の充実が求められる。まず，更生手続に即して，そのような必要条件を満たすための方策として法が規定しているものをみると，以下の通りである。

第1の個別的権利行使は，それを抑止しないとすれば，事業遂行のために有機的に結合されている各種資産が，個別執行などの対象となり，継続事業価値の実現自体が不可能になる。法が強制執行等の中止命令，包括的禁止命令，開始前会社の業務および財産に関する保全処分や開始決定にもとづく他の手続の中止などの制度を設けるのは（24・25・28・50など），このためである。

第2の債務負担の軽減についてみると，事業活動の結果として一定の収益が見込める場合であっても，その収益の全部または大部分が既存債務の返済に充てられるのでは，新規の信用供与をうることも困難であり，事業の維持更生のための新規投資も不可能になる。その意味で，既存債務の負担軽減は事業再生にとって不可欠と考えられる。更生手続の中で，更生手続開始前の原因にもとづく財産上の請求権が更生債権とされ（2Ⅷ），また更生手続開始時の更生会社財産によって担保される債権が更生担保権とされ（同Ⅹ），それらの更生債権者等（同ⅩⅡ）についての権利変更が更生計画案の必要的記載事項とされ（167Ⅰ①），関係人集会等の議決（189Ⅱ・196）および裁判所の認可（199・200）を経て，更生計画の効力（201）にもとづいて免責（204Ⅰ柱書）または権利変更（205Ⅰ）の効果が生じるのは，既存債務の負担軽減によって収益性の回復を可能にするための措置である。

第3の，採算性のある事業部門と不採算事業部門の切り離し，経営組織の再編成，経営主体の交代などを通じた事業の収益力の回復は，営利を目的とする事業体にとって当然のことであるが，それを実現するための方策として，更生計画の定めによる，または更生計画の定めによらない事業譲渡（46ⅠⅡ・174⑥），更生計画における取締役等に関する定め（167Ⅰ②・173），合併，会社分割，新会社の設立など（179以下）がある。

第4に，外部の第三者による融資または出資による事業資金の確保のための

方策としては，更生手続開始前の借入金等の共益債権化（128），既存株式の消却，募集株式や募集社債を引き受ける者の募集などがある（174以下）。特に，出資についてみると，事業経営に不確定要素がつきまとい，たとえ経営組織の判断自体が正しい場合であっても，景気の動向などの外部的要因によって収益が左右される可能性は否定することはできない。このような場合に備えて，劣後的資金提供者たる株主の存在は不可欠である。わが国の多くの更生会社の場合には，更生手続開始決定時に債務超過に陥っているか，またはそれに近い状態にあるので，現株主の実質的出資持分は零またはそれに近いものとなっている。したがって，安定的会社経営を可能にするためには，新たに劣後的資金提供者たる株主を募集し，資本構成を入れ替える必要がある。

2 事業再生のための必要条件と再生手続

再生手続は，更生手続と異なって，その対象が限定されず，自然人および法人のすべてに適用されるが，その点を別にして，上記の4条件に即した特質は，再生手続では次のように整理される。

第1の個別的権利行使の抑止に関しては，一般債権についてはそれが貫かれるが，一般の先取特権その他一般の優先権がある債権および特定財産上の担保権については，原則としてその対象とされない（民再53Ⅱ・122Ⅱ）。したがって，これらの権利者による個別的権利行使の抑止については，権利者と再生債務者等との間の合意によることが基本になる。個別的権利行使の抑止に関して再生手続がこのような限界を設けたのは，多様な性質の権利者を取り込むことを避け，手続の簡素化を図るためと説明されている。

第2の債務の負担軽減の方法については，一般の先取特権その他一般の優先権がある債権を有する者や特定財産上の担保権付債権者など，その対象となる債権者の範囲を別にすれば，再生手続と更生手続との間に本質的違いはない。再生手続も，更生手続と同様に，再生手続開始前の原因にもとづく財産上の請求権が再生債権とされ（民再84Ⅰ），その権利変更が再生計画案の必要的記載事項とされ（民再154Ⅰ①），債権者集会等の議決（民再169Ⅱ・172の3）および裁判所の認可（民再174・174の2）を経て，認可決定の確定による再生計画の効力（民再176）にもとづいて免責（民再178）または権利変更（民再179Ⅰ・181Ⅰ）の効果が生じるのは，既存債務の負担軽減によって収益力の回復を可能にするための措置である。

第3の、採算性のある事業部門と不採算事業部門との切り離し、経営組織の再編成、事業主体の交代などを通じた事業の収益性の回復については、再生手続は、再生債務者自身が手続を遂行することを基本としているために（民再38Ⅰ。民再64Ⅰ参照）、再生計画の定めによって組織の再編成や事業の譲渡を行うのではなく、会社法上の手続にもとづいて必要な措置を実施することを原則としている。ただし、会社が債務超過の状態に陥っているときには、事業譲渡について、若干の特則が設けられている（民再43Ⅰ）。

第4に、外部の第三者による融資または出資による事業資金の確保のための方策としては、更生手続と同様に再生手続開始前の借入金等の共益債権化（民再120）の可能性がある。これに対して、既存株式の消却や募集株式などを引き受ける者の募集などについては、株主が再生手続に参加することを予定していないために、会社法上の手続によることが原則であり、ただ、株式会社が債務超過の状態にあるときには、株主の権利の実質的価値が認められないことを根拠として、裁判所の許可をえて、再生計画によってそれを行うことができる（民再154ⅢⅣ・166・166の2Ⅱ）。

3 現行会社更生法の下での更生手続の特質

ここでは、上記の4つの条件を中心とし、それにいくつかの点を加えて、旧会社更生法と比較して、現行会社更生法の下での更生手続がどのような特質を持っているかをさらに立ち入って分析する。

(1) 事業再生の一体的処理（本書133頁）

中小規模の企業はともかく、ある程度以上の規模をもつ事業であれば、単一の会社として運営されていることは少なく、親子会社や関連会社として運営されていることが常態である。それを前提とすると、事業の再生についても、関連する事業体についてできるかぎり一体的処理をすることが望ましい。それを実現する前提としては、関連する事業体について更生事件を担当する裁判体が1つの裁判所に集中されることが望まれる。法5条3項ないし5項が、競合管轄という形式ではあるが、親子会社や関連会社について、管轄の集中可能性を認めているのは、このような理由による。また、東京地方裁判所または大阪地方裁判所の競合管轄（5Ⅵ）も、実際上で同様の役割を果たしうる。さらに、法7条3号が移送の可能性を認めているのも、このような理由にもとづくものである。

第2節　会社更生手続（更生手続）の目的と理念　17

(2)　更生手続開始の条件（本書41頁）

　更生手続は，更生会社財産の清算価値の分配に代えて，更生会社財産を基礎として生み出される継続事業価値を維持増殖し，それを利害関係人に分配することを目的とするものであるが，先にも述べたように，継続事業価値は将来の予測的価値にすぎず，その実現の見込みがあるかどうかを確定的に判断することは困難である。しかし，旧会社更生法は，手続開始の条件として，「更生の見込みがないとき」には，更生手続開始の申立てを棄却しなければならないと規定することによって（旧38⑤），手続開始の時点において裁判所が，更生の見込み，すなわち将来における収益性回復の見込みについて実体的判断をすることを要求しており，そのことが再生型法制としての更生手続の機能を制限しているとの指摘もされてきたところである。

　現行法は，このような批判を踏まえ，更生手続の機能を十分に発揮させるために，まず目的規定において，旧会社更生法1条にあった「再建の見込のある株式会社」という文言を削除し，次にこれを前提として，手続開始の条件として，「事業の継続を内容とする更生計画案の作成若しくは可決の見込み又は事業の継続を内容とする更生計画の認可の見込みがないことが明らかであるとき」という，手続的事実を規定した（1・41 I③）。このことは，手続開始にあたって，更生の見込みに関する実体的判断を行う責任から裁判所を解放したことを意味し，上記の手続的事実の存在が認められないかぎり更生手続を開始した上で，更生の見込みについての第一次的判断の機会を利害関係人に与えようとするものである。

　もっとも，更生手続開始決定の効果として更生債権者等による個別的権利行使が抑止され（50など），また，場合によっては，事業の継続が損失の拡大を生じさせるおそれもあることから，手続開始の条件を緩和することが，更生債権者等をはじめとする利害関係人の利益を不当に害することになってはならない。このことは，一つには，更生会社の財産状況や更生計画案などに関する情報を利害関係人に対して適時に開示し，更生の見込みについての十分な判断材料を利害関係人に与えなければならないことを意味するとともに，他面では，更生計画認可に至るまでの手続をできるかぎり迅速に進めるべきことを意味する。

(3) 個別的権利行使の抑止——包括的禁止命令の意義（本書55頁）

　個別的権利行使に対する抑止が，再生型法制の必要条件の一つであることは，すでに述べた通りである。このこと自体は旧法以来変わりはないが，現行法は，先行法制である民事再生法にならって（民再27Ⅰ），更生手続にも包括的禁止命令の制度を導入した（25Ⅰ）。包括的禁止命令は，すでに開始されている強制執行等も，また将来開始されようとする強制執行等もあわせてこれを抑止しようとするものであり，個別的権利行使の抑止手段としては，もっとも強力なものである。実質的には，更生手続開始決定にもとづく個別的権利行使の中止または禁止の効果（50）を申立時まで前倒しするものであることを考えると，アメリカ合衆国連邦破産法における自動停止（automatic stay）にも比肩しうる効果をもつものといってよい。

　特に，再生手続における包括的禁止命令が，手続の基本的性質から，一般債権たる再生債権にもとづく強制執行のみを対象としているのに対して，更生手続における包括的禁止命令は，担保権の実行までを対象として含みうるし，法文上では，対象は担保権の実行による競売とされているが（25Ⅰ・24Ⅰ②かっこ書），後に述べる通り，譲渡担保などの非典型担保の実行までが，包括的禁止命令の対象とされうること，あるいは再生手続において対象とならない租税等の請求権にもとづく滞納処分等（民再27Ⅰ・26）も，更生手続においては対象となること（25Ⅰ・24Ⅱ）を考えると，更生会社財産の保全について包括的禁止命令が有する効果が理解されよう。

(4) 更生担保権と担保権消滅請求制度（本書193, 536頁）

　更生会社の特定財産上の担保権は，更生手続開始前の中止命令や包括的禁止命令によって，あるいは開始決定の効果として，その実行権能を制限され，手続上では，その被担保債権が更生担保権として（2Ⅹ），更生債権などの他の権利に対する優先性を保障されつつ，更生計画にもとづいて集団的満足を受ける権利に転換される（168Ⅲ）。

　しかし，更生手続開始決定後も担保権そのものは存続しており，更生計画認可決定により原則として消滅するが（204Ⅰ①参照），更生計画等の定めにより存続するとされる可能性もあり，これらの担保権は，更生手続中いわば休眠状態の担保権となる。

　現行法によって新たに設けられた担保権消滅請求の制度（104以下）は，こ

うした休眠状態の担保権の存在が事業の維持更生のために障害となると判断されるときに，それを消滅させることを目的とするものである。この点で，同じく担保権消滅請求制度ではあるが，再生手続上のそれとはその性質を異にする。再生手続においては，特定財産上の担保権は，別除権としての地位が保障され（民再 53），手続開始後もその実行権能が制限されないのが原則である。更生手続中は担保権が休眠状態に入るのと比較すれば，再生手続中は担保権が行使可能状態にあり，その活動が事業の再生を妨げると判断されるときに，担保権を消滅させ，目的財産を有機的一体としての事業資産の一部として活用することを目的とするのが，再生手続上の担保権消滅請求制度（民再 148 以下）の趣旨である。更生手続においては，目的物の価額に相当する金銭が更生会社に留保されるのが原則とされるのに対し（109），再生手続においては，金銭が担保権に配当されるのは（民再 153），このような違いを反映したものである。

(5) 継続事業価値の分配（本書 509 頁）

更生手続において利害関係人に配分されるべき継続事業価値の算定基準について，旧会社更生法 177 条 2 項は，継続企業価値をもって財産評定を行うべきものと規定していた。旧法下における支配的考え方は，これを基礎として，更生手続の基本構造について継続企業（事業）価値の観念的清算という定式を確立した。これによれば，破産手続が手続開始時における破産者財産の清算価値，すなわち破産財団を破産債権者に対して現実に分配する現実的清算を目的とするのに対して，更生手続は，手続開始時に更生会社財産がもつ継続事業価値を更生計画によって利害関係人の権利の順位に応じて割り付け，将来における弁済などの形でその分配を行う。すなわち継続事業価値の現実的分配がなされるのは，将来の時点であるが，その分配の内容は，手続開始時における更生会社財産の評価にもとづく継続事業価値と，同じく手続開始時を基準時とする利害関係人の権利の内容に即して，更生計画によって確定されるというものである。

しかし，更生手続の基本構造について，継続事業価値を基礎とした観念的清算とする図式は，以下の点において問題がある。第 1 に，清算価値は，少なくともある時点をとれば確定しているものであるのに対して，継続事業価値は，一定の期間にわたって実現される性質のものであり，また，その性質上，不確定要素を含んでいることである。したがって，開始決定時における継続事業価値の評価と，計画立案時や計画認可時における継続事業価値のそれとが食い違

ってくることは不可避である。現行法下で制定された規則51条1項が,「法第83条第1項の規定による評定と異なる時点又は異なる評価の基準による更生会社に属する一切の財産の評価」を記録した文書の提出について定めるのは,このような理由によるものである。したがって,開始決定時を基準とする評価は,継続事業価値の分配について一応の基準となるにすぎず,後の更生計画における分配を絶対的に拘束するものではない[17]。

　第2に,かりに権利の順位にしたがった観念的清算を貫くのであれば,結局は,いわゆる絶対優先原則,すなわち更生担保権などの先順位の権利に対して100％の満足が与えられない限り,更生債権者や株主などの後順位の権利に対して満足を与えることは許されないとの考え方に行き着くことになるが,わが国では,法168条3項や199条2項2号の解釈として絶対優先説は採用されておらず(本書555頁),この点でも矛盾を生じる。

　第3に,この問題を解決するために,観念的清算に対置されるべきものとして,更生手続の和解的契機を挙げ,上位の権利者の組が多数決によって,そこに帰属すべき継続事業価値の一部を下位の組に帰属させることが認められるとの考え方が主張されることがある。しかし,多数決による和解という概念自体に矛盾が含まれているといわざるをえない。

　これに対して現行法は,更生会社財産について開始決定時の時価による評価を定めるが(83Ⅱ),このことは,単に財産評定基準が継続事業価値という一律の基準から,時価という多様性を包含する基準に変更されたというのにとどまらず,継続事業価値の分配について旧来の観念的清算という呪縛を解く意義を持っている。

　すなわち,一方では,開始決定時を基準として定められた時価は,更生計画において分配される継続事業価値の一応の基準とはなるが,更生計画立案時までに継続事業価値に変動が生ずれば,分配される価値を修正することも妨げないという意味において,開始決定時の時価評価による継続事業価値の持つ意義

---

17)　財産評定の目的として,①更生会社の正確な財産状態の把握,②利害関係人の権利範囲の明確化,③再出発を目指す更生会社の会計処理の基礎的資料の提供,④更生計画の遂行可能性を判断するための資料の提供,⑤権利分配の公正,衡平を判断するための前提資料の提供,があることを前提としても,旧法が単一の基準時および評価基準による財産評定にこれらの目的のすべてを委ねたことが,評定の困難と遅滞を招く結果になっているとの認識がある。一問一答新会社更生法110頁参照。

は相対化される。他方で，更生計画における継続事業価値の分配そのものについても，権利の順位による絶対優先的な分配にこだわることなく，相対的優先さえ確保されていれば，継続事業価値実現の見込みなどの視点から，上位の権利者の組に対して分配されるべき価値を下位の権利者の組に対して分配することを提案し，それを関係人の意思決定に委ねることも可能であることが明らかになった。この意味で，現行法の基礎となっている考え方は，継続事業価値の時的相対化とその分配基準の弾力化といえよう。

第3節　会社更生法の法源

　更生手続に関する規律を会社更生法と呼び，それを定める法規を会社更生法の法源と呼ぶ。現在における会社更生法の主たる法源は，会社更生法（平成14年法律154号）および会社更生規則（平成15年最高裁判所規則2号）であるが，現行法の成立に至るまでの会社更生法の法源の歴史については，以下の通りである。

　わが国において，事業再生のための近代法制が整備されたのは，和議法（大正11年法律72号）が最初である。同法の立案に際しては，当時として最新の立法であったオーストリア和議法が参照された[18]。次に，昭和13年（1938年）の商法改正にともなって，株式会社に関する倒産処理手続として会社整理および特別清算の制度が新設されたことが注目される。このうち事業再生型手続としての機能を認められる会社整理は，イギリス法などからの示唆を受けつつ，私的整理に裁判所の監督を導入する方法で株式会社の再生を図ろうとしたものである[19]。さらに戦後になると，アメリカ法からの影響を強く受けた旧会社更生法が昭和27年（1952年）法律第172号として制定された。これは，旧会社整理と同じく，株式会社の事業再生を目的とする制度であるが，担保権者を含む利害関係人の権利に対する制約が徹底したものとなり，かつ，それを実現するために詳細な手続が定められたという点で，倒産処理制度の歴史に新しい時代を開くものであった。

---

18)　加藤・研究（5）487頁，加藤哲夫・諸相241頁参照。
19)　会社整理制度の趣旨および制定の経緯については，新版注釈会社法（12）113頁〔青山善充〕（1990年）参照。

第1項　旧会社更生法の制定

　アメリカ法における会社更生手続は，衡平法上の収益管理人（レシーヴァ）の制度に源を発し，その後，旧連邦倒産法の 1934 年改正による 77 条 B の新設，チャンドラー法と呼ばれる 1938 年の旧改正連邦倒産法によって体系的な規律（同第 X 章）が設けられた[20]。わが国の旧会社更生法立案に際して主として参考とされたのは，この時期のアメリカ法である。

　旧会社更生法の立案準備作業は，昭和 24 年（1949 年），法制審議会に倒産法部会が設置されてから本格的に開始され，会社更生法案要綱を経て，会社更生法案が国会に提出され，昭和 27 年の第 13 回国会において可決され，同年法律第 172 号として公布後，同年 8 月 1 日から施行されるに至った[21]。旧会社更生法は，その適用対象を株式会社に限定しているものの（旧1），その事業の維持更生を図ることを目的とすることを明らかにし（旧1），優先権を持つ一般債権者，担保権者，株主などの利害関係人を広く手続に参加させ，管財人が更生会社の財産管理処分権と事業経営権を掌握し（旧53本文），否認権などの倒産実体法の規定を整備し（旧78以下），更生計画による権利変更の効果に関する規律を明らかにし（旧211以下），また，更生会社にかかる組織的事項や資金調達にかかわる事項も更生計画の内容に取り込み（旧222以下），さらに，更生計画認可後も裁判所の監督の下に管財人が更生計画を遂行する（旧247）などの特徴を有し，旧和議手続と比較すると，遙かに強力な事業再生の手段として機能することとなった。

　しかし，そのことが，大規模な更生事件が発生した際に，利害関係人，特に弱い立場にある下請業者や取引先などの更生債権者の犠牲において更生会社を救済するという，「会社更生法悪法論」とも呼ばれるような批判を招く原因となった。それを象徴するのが，昭和 40 年（1965 年）3 月 6 日に更生手続開始申立てをした山陽特殊鋼事件であった。資本金額，負債総額，従業員数，関連取引先数のいずれをとっても，会社更生法施行以来の大型案件であり，更生会社

---

20)　歴史については，三ケ月章・会社更生法研究 1 頁（1970 年），青山善充「会社更生の性格と構造（1）」法協 83 巻 2 号 147 頁（1966年）以下，チャンドラー法による手続の内容については，三ケ月・前掲書 39 頁以下，青山・前掲論文 159 頁以下参照。その後のアメリカ連邦倒産法の発展については，髙木 7 頁以下，加藤哲夫・諸相 97 頁以下参照。
21)　本文の叙述は，条解会更法（上）5 頁以下によっている。

の事業の維持更生という目的と利害関係人の利益との調和点をどこに求めるかが、改めて問われることとなった[22]。

第2項　昭和42年改正とその主たる内容

これを受けて実現されたのが、旧会社更生法の昭和42年（1967年）改正であり（昭和42年法律88号）、以下がその主たる内容である[23]。なお、これらの内容の多くは、現行法にも引き継がれている。

第1は、裁判所の補助機関の強化であり、調査委員の制度の拡充がそれにあたり、改正前は、更生手続開始申立てから更生手続開始決定までの期間における役割にとどまったのに比較し、改正後は、更生手続開始申立てから更生手続終了までの期間において、更生会社の計算関係や財産管理等に関して専門的意見を述べる形で裁判所の判断を補助する役割に変わったといえる（旧101、現125・39）。

第2は、更生手続開始申立てから更生手続開始に至るまでの期間における保全処分の強化、特に保全管理制度の新設である（旧39Ⅰ・40、現30Ⅰ・32）。ほとんどの事案において、更生手続開始申立て前に申立代理人と裁判所との間で事前相談がなされ、更生手続開始申立てが実質的な意味で更生手続開始と同視されるような状況においては、更生手続開始決定に至るまでの期間における更生会社の事業の継続や財産の確保を図ることが重要である。会社の経営者が申立代理人と協力し、弁済禁止保全処分などの個別的保全処分を利用しつつ、事業の継続や財産の管理を行える場合以外には、管財人に相当する権限を有する手続機関が必要となり、保全管理制度は、このような必要を満たすために新設されたものである。

第3は、更生手続開始申立ての取下げの制限である。昭和42年改正前の旧会社更生法に対する批判の一つとして、会社が更生手続開始申立てをして、弁済禁止保全処分などの保全処分の発令を受け、それを武器として利害関係人との和解交渉をした上で、開始申立てを取り下げるという現象が指摘された。こ

---

[22]　三ケ月・前掲書（注20）218頁では、「世人の注目を引きやすい刑事事件ではないところの、民事司法制度の一局面が、これだけ沸騰する世論の前に立たされたことは日本では曾てない」と述べられている。
[23]　本文の叙述は、宮脇＝時岡30頁以下によっている

うした現象が更生手続開始申立ての濫用であるとの批判に応えるために，保全処分発令後の申立取下げについては，裁判所の許可を要することとされた（旧44，現23）。

第4は，一定類型の更生債権について更生計画認可決定前の弁済許可の制度を設けたことである（旧112の2，現47）。これは，昭和42年改正の原動力となった批判の中核に，中小企業や零細な取引先を切り捨てることによって，更生会社の事業の維持更生を図るものであるとの議論があり，この弁済許可の制度は，中小企業者の債権や少額債権について更生計画認可前の弁済の途を開くことによって，この批判に応えようとしたものである。もっとも，現行法の同様の規定の下でも，商取引債権の保護の限界をめぐって，実務に対する評価が分かれていることをみれば，この問題が更生手続の本質にかかわるものであることが理解できよう。

第5は，継続的給付を目的とする双務契約の取扱いを明確化したことである（旧104の2，現62）。この種の契約を双方未履行双務契約の一種として捉えれば，その一般的規律（旧103，現61）が適用されることになる。しかし，共益債権となる範囲や相手方の履行拒絶権の有無などについて考え方の対立があり，特に，電気，ガス，水道など，事業の継続に不可欠な物品や役務の給付については，実務上の重大な問題となっていたところを立法的に解決したものである。

第3項　現行会社更生法および会社更生規則の制定

昭和42年改正後の小規模改正を別として[24]，会社更生法制は，約30年間相対的安定期にあったが，平成8年（1996年）に倒産法制の全面的な見直し作業が開始されるとともに，会社更生法の改正にも着手され，民事再生法の立法にともなう中断などがあったものの，平成14年（2002年）2月には，「会社更生法改正要綱試案」が公表され，これに対する各界からの意見を踏まえ，同年9月に，法制審議会において「会社更生法改正要綱」が決定され，これにもとづいて立法作業が進められ，同年の第155回国会において現行会社更生法（平成

---

24)　会社更生法自体の改正ではないが，更生手続に関する立法として，金融機関等の更生手続の特例等に関する法律（平成8年法律95号）があり，協同組織金融機関および相互会社ならびに金融機関等の更生手続についての多くの特例としての規律が設けられている。吉戒修一「金融機関破綻関連法の法的検討（Ⅲ・完）」商事法務1533号32頁（1999年），伊藤眞「金融機関の倒産処理法制」講座（4）261頁参照。

14年法律154号）として成立して公布され，並行して立案された会社更生規則（平成15年最高裁判所規則2号）とともに，平成15年（2003年）4月1日から施行された[25]。旧会社更生法と比較した現行会社更生法および会社更生規則の特徴は，以下のように整理できる[26]。

1　現行会社更生法の特徴

現行会社更生法の特徴としては，第1に，更生手続の迅速化として，更生手続開始の条件の緩和（41Ⅰ③。本書41頁参照），更生債権等の査定等の制度の導入（151・152。本書484頁参照），担保権の目的である財産の価額についての決定手続の創設（153～155。本書490頁参照），更生計画案の提出時期の限定（184Ⅲ。本書601頁参照），更生計画案の可決要件の緩和（196Ⅴ。本書619頁参照），手続終結時期の早期化（239Ⅰ②。本書690頁参照）が挙げられる。

第2に，更生手続の合理化としては，東京地裁および大阪地裁の競合管轄の創設等（5Ⅵ。本書133頁参照），事件関係書類の閲覧等に関する規定の整備（11・12。本書158頁参照），財産評定および担保権評価の基準の明確化（83Ⅱ・２Ⅹ本文。本書197，512頁参照），更生債権者委員会等の制度の創設（117～121。本書139頁参照），書面による更生債権等の調査制度の導入（145～148。本書472頁参照），社債権者の手続参加規定の整備（190。本書613頁参照），更生計画における債務の弁済期限の短縮（168Ⅴ。本書559頁参照），書面等投票制度等の創設（189Ⅱ②③。本書616頁参照）が挙げられる。

第3に，更生手法の強化としては，包括的禁止命令の制度の創設（25～27。本書55頁参照），保全管理人の行為により生じた請求権の共益債権化（128Ⅰ。本書238頁参照），経営責任のない取締役等を管財人等に選任できることの明確化（67Ⅲ・70Ⅰ但書・30Ⅱ但書・33Ⅰ但書。本書106頁参照），更生計画認可前の事業譲渡の明文での許容（46。本書517頁参照），担保権消滅請求制度の創設（104～112。本書526頁参照），更生計画により発行される社債の償還期限の自由化（168Ⅵ。本書561頁参照）が挙げられる。

---

[25]　一問一答新会社更生法3頁参照。なお，立法の形式としては，本文の以下に述べる多数の実質改正を行ったものの，旧法の基本的手続構造自体は維持したところから，その全部改正の形をとっている。深山卓也「新会社更生法の特徴」理論と実務14頁。

[26]　深山・前掲論文（注25）14頁，花村良一「会社更生規則の特徴」理論と実務18頁による。

2 会社更生規則の特徴

 会社更生規則の特徴も，以上のような会社更生法の特徴を反映したものとなっている。第1に，規則策定の基本的方針としては，法の個別委任による事項，規則で定められることを前提として法律で規定が設けられなかった手続的事項，手続細目的事項で必要不可欠なものなどを中心として，必要最小限の規律を設けるとの考え方がとられている。これは，更生手続の運用主体である裁判所や管財人に専門的知見が集積され，大規模事件についても，その特質に応じた適切な処理が期待できるために，規則に規律を設けることによる運用の標準化は，最小限のものにとどめるべきであるとの理由にもとづいている。

 第2に，更生手続の迅速化の促進のための規定として，通知先住所等の情報の提供（会更規3）が挙げられる。これは，裁判所が更生会社や管財人等から通知先の住所等の情報の提供を受けることによって，適正かつ迅速に更生手続を進めることを目的とする。

 また，財産の価額の評定に関する資料の提出（会更規23）は，更生担保権の額についての評価の基礎を明らかにすることによって，無用な査定申立てなどを予防することを通じて，手続の迅速化に資するものと位置づけられる。

 第3に，情報開示の充実のための規定として，管財人による各種情報の開示（会更規24・25・45）が挙げられる。利害関係人には，裁判所に提出され，または裁判所が作成した文書の閲覧や謄写の機会が保障されているが(11)，それに加えて，管財人の側から積極的に利害関係人に対する情報開示措置をとることを求め，利害関係人が十分な判断資料をえることを保障しつつ，手続を進めることを目的とするものである。また，更生計画案についての参考資料の提出（会更規51）も，同様の趣旨にもとづく。

 第4に，情報技術の進展に柔軟に対応するための規定として，電磁的記録の裁判所への提出（会更規1Ⅲ）や電磁的方法による議決権行使（会更規52Ⅱ②）が挙げられる。現在および将来利用可能となるべき情報技術を手続の中で用いることを認め，多数の利害関係人が関与する事件においても，機動的に手続を進めることを目的とするものである。

第4項 現行破産法および破産規則の制定にともなう整備

 現行会社更生法および会社更生規則の制定とその施行後，平成16年に現行

破産法が制定され，それにあわせて「破産法の施行に伴う関係法律の整備等に関する法律」（平成16年法律76号）によって，会社更生法の規定について相当数の改正が行われた[27]。また，同年の破産規則の制定にともない，会社更生規則にもそれに対応する改正が行われている。

1 会社更生法の平成16年改正

その内容を大別すると，第1に，相殺禁止，双方未履行双務契約，否認などの更生実体法に関する規定が，破産法の新たな規律にあわせて改正されたことが挙げられる。賃料債権を受働債権とする相殺の制限の範囲の見直しおよび賃料債務を弁済した場合における敷金返還請求権の共益債権化の制度の新設（48Ⅱ～Ⅳ），相殺禁止の範囲の見直し（49・49の2），賃料債権の処分等の効力の制約を定める規定の削除（63参照），賃借権その他の使用および収益を目的とする権利を設定する契約について相手方が第三者対抗要件を具備している場合における双方未履行双務契約の解除等に関する規定の適用除外（63，破56），市場の相場がある商品の取引にかかる契約の取扱いに関する規定の新設（63，破58），否認の要件および効果の見直し（86～88・90～93），債務者多数の場合の更生債権者等の手続参加に関する規定の整備（135Ⅱ，破104），約定劣後更生債権の制度の新設（43Ⅳ①など）などがこれに属する。

第2に，手続の合理化という視点から，破産法の新たな規律を参考として，相当数の手続規定を整備したことが挙げられる。否認権のための保全処分の新設（39の2・94），管財人による相殺の制度の整備（47の2），係属中の債権者代位訴訟などの中断および受継の制度の整備（52の2），郵便物の配達嘱託の制度の見直し（75），管財人の情報提供努力義務の新設（80の2），管財人が欠けた場合の計算報告義務者の見直し（82），更生手続終了の場合における否認の請求の手続および否認の請求を認容する決定に対する異議の訴えにかかる訴訟手続の取扱いに関する規定の整備（96Ⅴ・97Ⅵ），否認の登記の制度の整備（262）などがこれに属する。

第3に，更生手続と他の倒産処理手続との間の移行に関する規定を整えたことが挙げられる。破産手続または再生手続から更生手続への移行があった場合の否認権の行使の期間の見直し（98），破産手続から更生手続への移行の制度

---

27) 詳細については，菅家忠行「改正の経緯」新会社更生法の基本構造181頁，花村良一「会社更生手続の手続関連規定の整備」同193頁参照。

の整備（246・247），再生手続から更生手続への移行の制度の整備（248・249），更生手続から破産手続への移行の制度の整備（52Ⅴ・163Ⅵ・250～256）がこれに属する。

　第4に，破産犯罪の新規定にあわせて更生犯罪に関する規定を改正したことが挙げられる。詐欺更生罪の見直し（266），特定の債権者等に対する担保の供与等の罪の新設（267），管財人等の特別背任罪の新設（268），報告および検査の拒絶等の罪の見直し（269），業務および財産の状況に関する物件の隠滅等の罪の新設（270），管財人等に対する職務妨害の罪の新設（271），贈収賄罪の見直し（272・273），国外犯処罰規定の整備（274），両罰規定の整備（275）がこれに属する。

2　会社更生規則の平成16年改正

　会社更生規則についても，会社更生法の条文番号が変更されたための規則中の法引用条文番号の改正，会社更生法上の用語等の変更にともなう表現の改正などの形式的改正の他に，破産規則の内容に対応して，手続的事項に関する相当数の実質的改正が行われている[28]。

　その内容は，管財人による通知事務等の取扱い（会更規3の2），通知等を受けるべき場所の届出（会更規3の3），更生手続開始の申立人に対する資料の提出の求め（会更規13の2），更生債権等の届出をすべき期間等（会更規19），裁判所書記官による管財人の印鑑証明（会更規20Ⅳ），進行協議（会更規21の2），否認権のための保全処分にかかる手続の続行の方式等（会更規25の2），更生手続と他の倒産処理手続との間の移行にともなう更生債権の届出に関する規律（会更規59），破産手続から更生手続への移行等にともなう共益債権の申出に関する規律（会更規60）などである。

第5項　会社法および会社非訟事件等手続規則の制定にともなう整備

　平成17年に会社法（平成17年法律86号）が制定され，それにあわせて「会社法の施行に伴う関係法律の整備等に関する法律」（平成17年法律87号）によって，会社更生法の規定について相当数の改正が行われた。また，それを受け

28）　条解破産規257頁以下によっている。

て，平成 18 年に「会社非訟事件等手続規則」（平成 18 年最高裁判所規則 1 号）および「会社法及び会社法の施行に伴う関係法律の整備等に関する法律の施行に伴う関係規則の整備等に関する規則」（平成 18 年最高裁判所規則 2 号）が制定され，会社更生規則の規定についての改正が行われた。その内容は多岐にわたるが，主たる部分は以下の通りである[29]。

1　会社更生法の平成 17 年改正

第 1 は，更生計画の内容として会社の資本構成の変更，合併や事業譲渡などの会社の基礎の変更を定める場合の特則である。

たとえば，自己株式について株式の消却をすることができるとされたこと（会社 178 I 前段）[30]にともない，更生会社による株式の取得の規定が新設され（174 の 2），新株の発行が募集株式を引き受ける者の募集として，新株予約権の発行が募集新株予約権を引き受ける者の募集として，社債の発行が募集社債を引き受ける者の募集として整理されたことに対応する規定の改正を行い（175〜177），更生債権等などを現物出資の目的とする株式等の発行，いわゆるデット・エクィティ・スワップなどに関する規定（177 の 2）を新設したのは，会社の資本構成の変更に関する更生計画の内容についての特則である。

また，会社の基礎の変更に属するものとしては，まず，事業譲渡[31]に関する規定の改正が挙げられる。会社法の規定によって，株主総会の特別決議を経ることを要する事業譲渡とそれを要しない事業譲渡とが区別されたことなど（会社 309 II ⑪・467 I 参照）[32]を反映して，更生計画または裁判所の許可によることを要しない事業譲渡の可能性を明らかにし（46 I かっこ書参照），また，特別支配会社に対する事業譲渡について株主総会の決議を要しないとされたこと（会社 468 I）に対応して，更生計画の定めに代わる裁判所の許可の手続を簡略化

---

29)　主として村松秀樹＝世森亮次「会社法の施行に伴う破産法・民事再生法・会社更生法の改正の概要」金法 1753 号 11 頁（2005 年）によっている。なお，以下では省略するが，端株主制度（商旧 220 ノ 2〜220 ノ 7）が廃止されたことにともなって，各規定における「株主等」が「株主」に改められたことのほかに，介入権の規定（商旧 264 III）に対応する規定が会社法に設けられなかったことにともなって，競業避止義務違反の取締役の行為に対する管財人の介入権（旧 65 III），競業避止義務違反の管財人の行為に対する他の管財人の介入権（旧 79 III）が削除されるなどの改正が行われている。

30)　一問一答新会社法 58 頁参照。

31)　事業譲渡（会社 467 I ①②・468 I 第 1 かっこ書参照）は，商法旧規定の「営業譲渡」に代わる概念である。

32)　一問一答新会社法 158 頁参照。

したこと（46Ⅷ）などがこれにあたる。さらに，管財人が裁判所の許可をえて行う事業の全部の譲渡または重要な一部の譲渡については，会社が債務超過であるか否かとかかわりなく，株主総会の特別決議や反対株主の株式買取請求が排除されることも明らかにされている（46Ⅹ）。

　その他，合併，会社分割，株式交換，株式移転，新会社の設立に関しても，会社法の規定内容にあわせた整備が行われている（180～183）[33]。また，株式会社から持分会社への組織変更が認められたこと（会社744）にともなって，更生計画にもとづく持分会社への組織変更も認められ，その場合には，組織変更計画において定めるべき事項を更生計画において定めなければならないとされたこと（179）も，会社法の規定の新設にあわせた改正である。

　なお，更生計画の遂行に関する規定についても，同様の改正が行われている（215～228）。

　第2は，会社の各種機関等に関する規定の見直しにともなう整備である。新たな機関として会計参与が設けられたこと（会社374）にともなって，会社の機関に関する各種規定に改正が加えられ（34Ⅴ・37・66・77など），会計監査人の責任が強化されたことにともなって，役員等の責任の追及の相手方に会計参与や会計監査人などが加えられたこと（99Ⅰ①・100Ⅰ），否認の関係で会計参与や会計監査人が会社の内部者に準じる者として扱われることとなったこと（86の2Ⅱ①），清算人の地位や権限に関する規定が整備されたことにともなって，清算中の株式会社について更生手続が開始される場合（19参照）を念頭に，競業制限や手続開始後の報酬の制限に関する規定の中に清算人が加えられたこと（65・66など）などがこれに属する。

　なお，設立時取締役（会社38Ⅰかっこ書）の概念が設けられたため，会計参与や清算人と同様に，各種規定の中に設立時取締役が加えられている（37など）。

2　会社更生規則の平成18年改正

　会社更生規則の改正は，会社法において端株制度が廃止されたことにともない，端株原簿（会更規旧13Ⅰ③）の用語が削除され，株主または端株主を意味

---

[33]　合併などの組織再編に際して交付される対価が株式に限定されず，金銭その他の財産の交付も可能になったこと（会社749Ⅰ②・758④・768Ⅰ②など）を反映した改正（180Ⅰ②・182の3Ⅰ②など）も，これに属する。

する株主等の用語（旧2XIV）が株主に改められたこと（会更規15Ⅰ・16・24Ⅰなど。注29参照），会社法において，社債管理会社が社債管理者に，営業の譲渡が事業の譲渡に，営業年度が事業年度に，資本が資本金に，新株が募集株式に改められるなどの用語の整理がされたことを反映した整備がなされたことのほかに，形式的な規定の整備がなされている[34]。

第6項　外国租税債権の地位に関する改正

　更生会社に対する外国租税債権が更生手続においてどのように取り扱われるかについては，必ずしも考え方が確立されておらず，外国国家の公権にもとづくものとして，わが国における権利行使を否定する考え方，同じく更生会社の事業活動にもとづいて発生するものである以上，わが国の租税債権と同様の地位を与えるべきであるとする考え方がありえたが，わが国が「租税に関する相互行政支援に関する条約」に加入したこと（平成23年11月）にともなって，「租税特別措置法等の一部を改正する法律」（平成24年法律16号）により，破産法，民事再生法，会社更生法および会社法が改正され，わが国の税務当局の共助実施決定によって執行可能となる外国の租税（共助対象外国租税という）の請求権で，破産債権，再生債権，更生債権または協定債権となるべきものの破産手続，再生手続，更生手続および特別清算手続における地位が定められた。

　基本的な考え方は，共助対象外国租税の請求権について，破産手続等における権利行使を認めるが，わが国の租税債権におけるような一般的優先権（税徴8）は付与されないことから，一般破産債権，再生債権または一般更生債権として扱い，各種の手続的規律の対象としている[35]。具体的には，更生手続についていえば，共助実施決定を前提とした更生債権としての手続参加を認める（135Ⅲ・142柱書・164Ⅱ第2かっこ書）一方で，基本的に，優先権を背景とした租税債権に認められる特別の地位を排除して一般の更生債権等と同様の規律に服させることとしている（8Ⅲかっこ書・24Ⅰ⑥・同Ⅱ第2かっこ書・同Ⅴ・25ⅠⅡⅢ①・47Ⅶ柱書かっこ書・50Ⅰ・同Ⅴ柱書かっこ書・同①・87Ⅲかっこ書・168Ⅳかっ

---

34)　大寄麻代「会社非訟事件等手続規則及び会社法等の施行に伴う関係規則の改正の解説」民事法情報234号8頁（2006年）参照。

35)　松下淳一「外国租税債権の徴収共助と倒産法制の整備」金法1941号100頁（2012年）参照。

こ書・204 I ④第1かっこ書・207かっこ書・208。なお，一般の更生債権等と異なる特別の扱いを定めるものとして，27Ⅱ・169Ⅲがある)。

また，共助対象外国租税の請求権も共益債権（127）または開始後債権（134）となりうることは前提とされており，共益債権である共助対象外国租税の請求権にもとづく国税滞納処分の例によってする処分の中止または取消しの規定（132Ⅲ後段），更生会社財産不足の場合の弁済方法等に関する規定（133Ⅲ後段）および開始後債権である共助対象外国租税の請求権にもとづく国税滞納処分の例によってする処分の制限の規定（134Ⅲ後段）が置かれている。

さらに，共助対象外国租税の請求権に対する免責および届出更生債権等の権利の変更の効力が共助との関係に限定されるのは（204Ⅲ・205Ⅴ），外国租税債権の本質的効力をわが国の更生手続によって変更することを避けるためである。

その他，再生手続から更生手続への移行における債権届出の再利用（249 I。本書735頁）についても，罰金等とは異なり（同かっこ書），債権届出の再利用の適用対象とされている。

第7項　今後の立法課題

倒産法制の見直し作業が開始された平成8年から15年余，そして改革の嚆矢となった民事再生法および民事再生規則の施行（平成12年4月1日）から15年近くの歳月が流れ，その間に施行された新会社更生法および会社更生規則，新破産法および破産規則を基礎とした実務の運用も，相対的安定期に入ったかに見える。しかし，解釈論や運用の工夫では適切な解決基準を見いだせない問題も山積しつつあり，また，審議が進められている債権法改正などとの関係でも，第2次の倒産法改正の必要が指摘されている。以下は，その大要である[36]。

1　倒産法制全体の構成にかかわる事項

現行法制は，清算型手続としての破産手続および特別清算手続，再生型手続としての再生手続および更生手続とを並立させ，基本的には，そのいずれを開始するかについての第1次的選択を利害関係人に委ね，ある手続から他の手続への移行や手続相互間の調整の規定を置くにとどめている（本書717頁）。しか

---

[36]　以下の内容は，主として，山本和彦＝事業再生研究機構編・債権法改正と事業再生（2011年），山本和彦「債権法改正と民事再生法」門口退官665頁，倒産法改正展望，倒産法改正研究会編・提言倒産法改正（2012年）によっている。

し，管理型民事再生やDIP型会社更生（本書107頁注10），あるいは再生手続や更生手続における事業譲渡にみられるように，手続間の差異は相対的なものにすぎず，むしろ基本的には一本の手続として開始し，その中で事件の特質に応じて事業の継続か清算か，外部の第三者に財産管理処分権や事業経営権を与えるか，債務者企業の経営者の権限を存続させ，それに対する監督を行うかという方式を検討する必要があるといわれる。

また，裁判外の事業再生型ADR手続と再生手続や更生手続との関係，特に再生手続等の開始申立て前になされた，いわゆるプレDIPファイナンスにもとづく債権に対して，再生手続等の上で共益債権などの形で優先的取扱いをすることについての法的根拠の検討も，広い意味では倒産法制全体の構成にかかわる事項といえよう。

さらに，事業再生型の手続において事前のADRなどにおいて内容が固まった計画案をどのように再生計画や更生計画として取り込むか，その際に事業価値の毀損を避け，かつ，利害関係人間の公平を確保するためにどのような手続を設けるかという，いわゆるプレパッケージ型再生や更生もこれに関連する事項である。

2 倒産手続の機関にかかわる事項

これに属するものとしては，事件の迅速かつ円滑な進行を図り，また，専門的知見が蓄積された東京地方裁判所や大阪地方裁判所の機能を発揮させるために，管轄に関する規定の弾力化，関連管轄の拡大あるいはいわゆる自庁処理，すなわち管轄を有しない裁判所による事件の取扱いを認めるべきことなどが説かれる。また，再生手続や更生手続における監督委員の権限の拡大や債権者委員会の役割強化などを求める提言もこの事項に属する。

3 事業価値の保全にかかわる事項

これに属するものとしては，各種手続における担保権実行に対する中止命令や包括的禁止命令制度の強化，商取引債権の保護，事業譲渡のための手続の迅速化，整理解雇の許容基準など人員整理の準則の明確化などが挙げられる。

4 利害関係人の権利に関する調整原理にかかわる事項

倒産手続においては，契約の相手方，担保権者，相殺権者，債務者からの財産の譲受人など，様々な利害関係人の権利についての調整が必要になる。その原理としては，双方未履行双務契約の解除や履行請求，倒産解除条項の効力，

代位弁済者による財団債権や共益債権の行使，別除権や更生担保権の基礎となる担保権の効力範囲，担保権消滅許可，相殺禁止，否認などの諸制度などがあるが，これらに関して現在までに浮上している問題がこれに属する。

5　各種債権の取扱いにかかわる事項

租税債権や労働債権を中心とした財団債権や共益債権，あるいは開始後債権の見直し，債権の調査確定にかかわる手続の再検討，再生手続における自認制度の合理化などがこれに属する。

6　再生計画または更生計画による権利変更にかかわる事項

これに属するのは，更生会社財産中に含まれる担保目的不動産の処分と当該更生担保権の権利変更に関する処分連動方式の適法性の明確化，再生計画案や更生計画案の可決要件や決議手続の見直し，権利保護条項のあり方などである。

7　個人破産や個人再生にかかわる事項

個人破産にかかわる事項に属するのは，自由財産制度の見直しまたは弾力化，免責制度の再検討などであり，個人再生にかかわるものとしては，住宅資金特別条項の利用可能性を住宅ローンの実情にあわせて拡大することなどの検討が求められている。

8　債権法改正にかかわる事項

債権法改正作業は，現在のところ法制審議会民法（債権法関係）部会において審議中であるが，相当数の事項が倒産法の規律との関係で検討を要すると考えられ，また倒産法の改正が求められる可能性がある。たとえば，詐害行為取消権の要件を見直し，いわゆる偏頗行為の全部または一部を対象とするとしたときに，詐害行為否認と偏頗行為否認という倒産法の2類型について再調整の必要はないか，転得者に対する取消権の規定を設ける際に，現在の転得者否認の要件のままでよいのか，将来債権譲渡の効力や対抗力が明確にされた場合に，その倒産法上の取扱いについての規定を設けるべきか，債務者の支払不能状態において債権者代位権を行使した債権者がえた給付の返還義務を受働債権とする相殺について法49条1項2号（破71Ⅰ②）を拡張すべきか，ファイナンス・リース契約についての規定が新設されるとすれば，その倒産手続上の取扱いを明らかにすべきではないかなどである。

第2章　更生手続の開始

　更生手続は，株式会社，当該株式会社の資本金の額の10分の1以上にあたる債権を有する債権者，当該株式会社の総株主の議決権の10分の1以上を有する株主，または法律上破産手続開始または特別清算開始申立ての義務を負う株式会社の清算人の申立てにもとづいて（17・18），裁判所[1]が決定の形式の裁判で更生手続開始決定をなすことによって（41Ⅰ），開始する（同Ⅱ）。裁判所は，申立てが適法であれば，当該株式会社について開始決定をすべきかどうかを判断する。申立ての適法性は，申立権，申立債権または議決権の疎明（20Ⅱ）および費用の予納（21Ⅰ）という申立人にかかわる事項，更生能力という被申立人にかかわる事項，ならびに更生手続開始原因事実の疎明（20Ⅰ）という開始原因にかかわる事項とに分けられる。これらの手続的要件が満たされていることを前提として，裁判所は，更生手続開始原因（17Ⅰ①②）および更生手続開始の条件（41Ⅰ各号）という実体的要件について判断する。

　以下，第1節および第2節では，被申立人にかかる事項を総括して，手続的要件に属する更生能力および実体的要件に属する更生手続開始原因を，第3節では，同じく実体的要件に属する更生手続開始の条件を，さらに第4節では，申立人にかかわる手続的要件に属する申立権などについて説明する。

第1節　更　生　能　力

　更生能力とは，その者についての更生手続開始申立てがされ，更生手続開始決定を受け，更生会社（2Ⅶ）となりうる資格を意味する。更生能力をいかな

---

[1]　会社更生法の規定上では，「裁判所」という用語と「更生裁判所」という用語の双方が用いられ，「裁判所」は，当該更生事件を取り扱う裁判体を（2Ⅴ），「更生裁判所」（95Ⅱ・102Ⅱ等）は，当該裁判体が属する官署としての裁判所を意味する（2Ⅳ）。これは，民事再生法における裁判所と再生裁判所，破産法における裁判所と破産裁判所との関係に対応する。伊藤56頁注1），577頁注1）。本書124頁注59）参照。東京地方裁判所において会社更生事件を担当する民事第8部（商事部）の人的構成については，菅野博之「東京地方裁判所における会社更生事件の運用の実情と今後の展望」法の支配159号22頁（2010年）参照。

る者に認めるかについては，旧法と同様に，現行法も，これを株式会社に限定しており（1・2Ⅰ・17など），広く個人（自然人），法人等に再生能力を認めている再生手続と対比される。この視点からすると，同じく再生型手続ではあるが，更生手続は，再生手続が再生型手続の一般法であるのと比較して，法人のうち株式会社のみを対象とする特別法として位置づけられる。なお，再生手続においては，法人格の認められない社団または財団について再生能力を認めることができるかどうかという議論があるが[2]，更生能力は問題とならない。

更生能力が株式会社に限定された理由としては，第1に，更生手続の仕組みが複雑であり，一定の規模以上の企業でないと所期の効果を収めることが期待できないが，わが国における大企業は株式会社の形態をとることが通常であること，第2に，手続の目的が事業の維持更生にあるところ，社員間の人的結合が強い人的会社よりも物的会社である株式会社の方が，社員（株主）の支配と切り離して事業の維持更生を図りうる点で，手続の対象として適していることである[3]。

しかし，大規模な事業体が常に株式会社形態をとっているとはいい切れないし，また，株式会社以外の法人であっても，その出資者を入れ替えることによって事業の維持更生を図る必要が存在しないということもできない。現行会社更生法の立案にあたっては，更生能力の拡大について議論がなされたところであるが[4]，組織形態が異なる各種法人について一般法としての事業再生手続を設けることが困難であるなどの理由から見送られた。しかし，再生型手続の一般法である民事再生法における担保権に対する制約や組織変更についての手続

---

2) 伊藤579頁参照。信託財産や相続財産については，再生能力も解釈上で否定されているが，更生能力は問題とならない。
3) 条解会更法（上）128頁。なお，物的会社という概念は，人的会社に対比されるもので，「社員と会社の関係および社員相互の関係が希薄な会社を物的会社」といい，株式会社は，その典型とされる（鈴木竹雄・新版会社法〈全訂第4版〉18頁（1993年），落合43頁，江頭893頁）。
4) 一問一答新会社更生法30頁。新会社更生法の基本構造21頁における深山卓也発言では，持分概念を持たない法人にまで適用対象を拡大することについて理論上の問題があること，資本構成の変更などに対応する組織法上の行為についての規律を各種法人に即して規定することが難しいことなどが，適用対象を拡大することを断念せざるをえない理由として挙げられ，問題の解決は，「金融機関等の更生手続の特例等に関する法律」（平成8年法律95号）の協同組織金融機関や相互会社に関する規律のように，個別法に委ねるべきことが示唆されている。

が十分でないことなどを理由として、民事再生法と会社更生法とを統合すべきであるなどの議論もなお有力である[5]。

第1項　株式会社

株式会社とは、会社の種類の一つであり（会社2①），法人（会社3）である社団としての会社の社員たる地位が，株式と称する細分化された持分によって表象され，株主の責任がその有する株式の引受価額を限度とするものをいう（会社104）。更生能力が認められるのは，会社のうち株式会社に限られ，他の合名会社，合資会社または合同会社には認められない。株式会社には，株式が金融商品取引所に上場されている上場会社，株式の全部または一部について定款による譲渡制限を定めていない公開会社（会社2⑤），大会社（同⑥），取締役会設置会社（同⑦）などの種類があるが，株式会社である以上，これらの種類とかかわりなく，更生能力が認められる[6]。

株式会社が解散し（会社471），清算手続に入っても，清算事務の終了および株主総会の決算報告の承認によって清算が結了するまでは，会社の法人格が存続するから（会社476）[7]，株式会社の更生能力は存続する。法18条や19条は，それを前提とした規定である。

第2項　外国会社

外国会社とは，「外国の法令に準拠して設立された法人その他の外国の団体であって，会社と同種のもの又は会社に類似するものをいう」（会社2②）とされているが，外国会社に更生能力が認められるかどうかが問題となる。会社法823条本文の「外国会社は，他の法律の適用については，日本における同種の

---

5) 一方で，管理人を選任する民事再生事件，いわゆる管理型再生の事例が増加し，他方で，一定の条件を満たすことを前提として，従来の経営者を管財人に任命する会社更生事件，いわゆるDIP型更生が認められるようになっていることも，再生手続と更生手続との間の距離が接近していることを意味する。腰塚和男＝成田敏「会社更生と民事再生との選択」講座(3) 6，19頁参照。ただし，DIP型手続の問題点を考えると（本書107頁注10），更生手続の再生手続化が進むことには疑問がある。

6) 特例有限会社（会社法整備法2Ⅰ）は，会社法施行下では株式会社とみなされるので，更生能力が認められる。また，事業内容の公益性などを理由として，国が当該会社の株式の100％を保有している株式会社もあるが（株式会社日本政策投資銀行など），そのことも当該会社の更生能力に影響しない。

7) 江頭919，932頁参照。

会社又は最も類似する会社とみなす」という規定の趣旨[8]を踏まえ，また，法3条の内外人平等主義の考え方を適用すれば，外国会社のうち，株式会社に相当するとみなされるものについては，更生能力を認めるべきである。

第2節　更生手続開始原因

　更生手続開始原因は，第1に，株式会社に破産手続開始の原因となる事実の生じるおそれがある場合であり（17 I ①），第2に，株式会社が，弁済期にある債務を弁済することとすれば，その事業の継続に著しい支障を来すおそれがある場合である（同②）。以下，第1の原因を破産原因前兆事実，第2の原因を事業継続危殆事実と呼ぶこととする。いずれの事実も近い将来において株式会社の事業の破綻が相当程度の蓋然性をもって予測されることを基礎づけるものであるが，破産原因前兆事実は，支払不能または債務超過という破産原因（破15 I・16 I）が将来において発生する相当程度の蓋然性があることを基礎づけるものであり，事業継続危殆事実は，債務の弁済が今後の事業の継続を困難にすることを基礎づける事実である[9]。

　したがって，破産原因前兆事実は，株式会社の支払能力の面から破綻の蓋然性をみるものであるのに対して，事業継続危殆事実は，事業の継続可能性から破綻の蓋然性をみるものであるということができる。株式会社が開始申立てをする場合には，いずれも開始原因となるのに対して，一定額以上の債権者または一定率以上の議決権を有する株主が開始申立てをする場合には，破産原因前兆事実のみが開始原因とされているのは（17 II），このような違いを考慮したものにほかならない[10]。

---

[8]　会社法大系（1）464頁〔相澤哲〕（2008年）参照。
[9]　なお，旧会社更生法30条1項の規定も，実質的内容は異ならない。一問一答新会社更生法52頁参照。旧会社更生法30条1項前段（現17 I ②相当）の解釈について，条解会更法（上）296頁，松田41頁参照。裁判例として，札幌地決平成12・5・15金商1094号39頁がある。
[10]　同趣旨の規定である民事再生法21条について，新注釈民再法（上）105頁〔高井章光〕参照。

第1項　破産原因前兆事実

　破産手続開始原因たる事実は，株式会社についてみると，支払不能および債務超過（破15Ⅰ・16Ⅰ）の2つであり，前者については，「債務者が，支払能力を欠くために，その債務のうち弁済期にあるものにつき，一般的かつ継続的に弁済することができない状態」と定義され（破2ⅩⅠ），後者については，「債務者が，その債務につき，その財産をもって完済することができない状態」と定義される（破16Ⅰかっこ書）。また，支払停止とは，弁済能力の欠乏のために弁済期の到来した債務を一般的かつ継続的に弁済することができない旨を外部に表示する債務者の行為とされるが，それ自体が破産手続開始原因ではなく，支払不能を推定する事実とされる（破15Ⅱ）。もっとも，推定規定の趣旨を考えると，支払停止が生じるおそれが認められれば，支払不能が生じるおそれがあるものと扱ってよい[11]。

　支払不能または債務超過の事実は，現に発生している必要はなく，発生のおそれがあれば足りる。ここでいうおそれとは，単なる可能性をいうのではなく，会社の事業収益の予測や資金調達の見込みなどを総合的に考慮して，相当の蓋然性が認められることをいうが，その蓋然性が高度のものにまで高まっている必要はない[12]。

---

11)　支払不能および債務超過の解釈に関しては，条解破産法35，117頁，伊藤79頁参照。債務超過の判断の前提となる財産評価の基準としては，更生会社の事業が継続している以上，時価とすべきであろう。これは，詐害行為否認の要件にかかわる場合にも，同様である（本書391頁注145参照）。
　　なお，支払停止は，更生手続においては，主として相殺禁止（49Ⅰ③・49の2Ⅰ③）や否認（86Ⅰ②・86など）との関係で問題となるものであるが，破産の場合と同様に（伊藤81頁注53），債務者が債権者に対して債務免除等を要請する行為は，資力回復の合理的見込みをともなうものであるかぎり，支払停止とみなされない（伊藤眞「債務免除等要請行為と支払停止概念」NBL670号15頁（1999年），同「第3極としての事業再生ADR」金法1874号144頁（2009年））。更生手続に先行する事業再生ADRにおける債務者の金融団に対する説明について，このような考え方を採用した裁判例として東京地決平成23・11・24金法1940号148頁がある。これに対して大阪高決平成23・12・27金法1942号97頁では，事業再生ADRの申請を支払停止とみなす旨の判示をするが，疑問がある。
　　また，支払停止の認定に関する裁判例として，高松高判平成22・9・28金法1941号158頁〔破産〕があり，会社代表者の金融機関に対する発言を「個人的な弱音を吐いた域を超えるものとまでは認められ」ないとして，支払停止該当性を否定している。

第2項　事業継続危殆事実

「弁済期にある債務を弁済することとすれば，その事業の継続に著しい支障を来すおそれ」(17Ⅰ②)，すなわち事業継続危殆事実は，破産原因前兆事実と異なり，会社の客観的支払能力や財務状態の視点からではなく，資金繰りという事業継続の視点から手続開始原因をとらえるものであり，再生型手続の特質を端的に表すといえる。たとえば，弁済期到来の迫った金融債権があり，会社の手持ち資金をその弁済に充てると，商取引債権に対する弁済資金が不足することとなり，取引拒絶の蓋然性が高まると事業の継続が危ぶまれるという状況を想定したとき，これ自体が破産原因前兆事実の一つである，支払不能発生のおそれにあたるとはいえない。

しかし，この状況を放置すれば，財務状態はますます悪化し，次の段階としては，破産原因前兆事実が発生し，最後には，破産手続開始原因が生じることとなる。このような事象の連鎖に着目し，会社の経営者が将来の破綻可能性を客観的資料に基づいて証明することができるもっとも初期の事象として，事業継続危殆事実を更生手続開始原因としているのであり，いいかえると，これは，

---

12) 具体的判断は事案の特質に応じてなされることになるが，支払不能などの発生蓋然性が確実に見込まれる状況に立ち至っているときには，むしろ破産手続開始原因の発生が肯定される可能性がある。条解破産法36頁は，債務者が返済の見込みの立たない借入れや資産の投げ売りによって外面的な支払能力を維持している場合や，将来の債務不履行が高度の蓋然性をもって予測される場合には，支払不能と同視するとの考え方を紹介している。これに関連して，東京地判平成22・7・8判時2094号69頁〔破産〕は，弁済期の到来していない債務の不履行が確実に予測される場合でも，支払不能状態とはいえないとする一方，「債務者が，無理算段をしているような場合や，高利貸しによる借入れをしながら債務を支払っているような場合には，支払不能に当たるとされることがあるものというべきである」と判示している。支払能力の点から支払不能状態についての弾力的解釈の余地を認めるものといえよう。

また，支払不能が認定された事件として，東京地判平成19・3・29金法1819号40頁〔破産〕，名古屋高決平成7・9・6判タ905号242頁〔破産〕，否定された事例として，東京高決平成16・4・7訟月51巻1号1頁〔破産〕，福岡高決平成14・7・18訟月49巻4号1143頁〔破産〕，前掲高松高判平成22・9・28（注11）〔破産〕がある。

ただし，実際には，借主の支払能力の決定的悪化を示す事象が明らかになると，金融機関は，その貸付金に付された期限の利益を喪失させることが通常であるので，期限未到来の債務の支払ができないことが確実になったことをもって支払不能とみなすかどうかの議論の意義は，それほど大きなものとはいえない。

なお，実務上では，開始原因として債務超過を認定する例がほとんどであるといわれる。会社更生の実務（上）64頁〔村松忠司〕。

事業価値保全を目的とする手続開始原因ということができる[13]。これに対して，株主や債権者という第三者が，事業継続危殆事実を理由として手続開始申立てをすることが認められないのは（17Ⅱ参照），これらの利害関係人に申立権を認める主たる理由は，それらの者自身の権利保全にあり，会社の事業価値保全の責任は，その経営者にゆだねられていることによる。

第3項　外国倒産処理手続がある場合

株式会社について外国倒産処理手続がある場合には，更生手続開始原因たる事実を推定する（243）[14]。外国倒産処理手続とは，外国で開始された手続で，破産手続または再生手続に相当するものをいい（242Ⅰ第1かっこ書），株式会社の経済的破綻または危機を前提として，司法手続またはこれに類する手続によって清算または再生を行うものを意味する。推定を破るための証明は，申立人の種類によって異なる。株式会社が申立人である場合には，破産原因前兆事実および事業継続危殆事実の双方についてその不存在を証明しないと，推定が破れないが（17Ⅰ参照），債権者，株主または外国管財人が申立人の場合には，破産原因前兆事実の不存在を証明すれば足りる（17Ⅱ参照）。

第3節　更生手続開始の条件

更生手続開始原因の存在が認められても，一定の事由（41Ⅰ各号）があると，裁判所は，更生手続開始決定をすることができない（同柱書参照）[15]。これらの事由の不存在を更生手続開始の条件と呼ぶ[16]。

第1は，更生手続の費用の予納がないときである（同①）。費用の予納がなされないと，管財人の選任など裁判所が手続を進めるために必要な行為をする

---

13) 条解会更法（上）297頁は，「この開始原因は，一般には，破産原因たる支払不能（およびそれを推定させる支払停止）や債務超過が生じるよりかなり以前の状態を意味することとなる」と指摘する。重要な事業用資産を売却しなければ，債務の弁済資金が捻出できない状況もこれに属する。ただし，売却した資産を賃借することができる場合など，事業継続の障害にならない場合には，事業継続危殆事実に該当しない。
14) この推定は，立証を容易にして，迅速に更生手続を開始する目的をもち，破産法17条および民事再生法208条と趣旨を共通にする。当該外国倒産処理手続が承認（外国倒産22）されている必要はない。条解破産法121頁参照。
15) 条文の表現は異なるが，民事再生法25条柱書と実質は変わらない。

ことができず，手続開始の意味が見いだせないからである。

第2は，当該株式会社について破産手続，再生手続または特別清算手続が係属し，その手続によることが債権者一般の利益に適合するときである（同②)[17]。更生計画は，株式会社の事業の再生によってえられる財貨を利害関係人に分配することを内容とするが，破産または特別清算によって株式会社の財産の清算価値を分配する方が利害関係人一般にとってより多くの利益をもたらすと認められるときには，更生手続を開始する意味がない。いいかえれば，更生手続による分配は，破産や特別清算による分配を上回るものでなければならないことを意味し，講学上の清算価値保障原則を現したものである。

また，再生手続は，更生手続と同様に，事業の再生を目的とするものであるが，手続への参加を強制される利害関係人の範囲が一般債権者に限定され，そのことを反映して，手続の構造も更生手続より簡易なものとなっている。したがって，再生手続による事業再生が可能であり，それによって債権者の一般の利益が保全されるのであれば，あえて更生手続を開始する必要がない。これが，再生手続が係属し，その手続によることが債権者の一般の利益に適合するとき

---

[16] 条件が満されないときの裁判の形式として，申立てを棄却すべきか，それとも却下すべきかという問題がある。旧会社更生法38条柱書は，棄却の形式をとるべき旨を規定していたが，現行法にはそのような文言が存在しないので，解釈によって決することとなる。実質からみて不適法却下とすべきであるとの考え方も有力であるが，手続開始の条件という趣旨からすれば，棄却説にも根拠がある。立案担当者の解説は，棄却説を前提とし（一問一答新会社更生法71頁)，実務も棄却説である（最新実務95頁)。詳細については，条解破産法215頁注3参照。なお，旧破産手続につき却下説をとったものとして，広島高決平成14・9・11金商1162号23頁がある。

[17] 再生手続開始申立てが競合することは，更生手続開始の条件として判断の対象となるが（41Ⅰ②)，更生手続開始申立てが競合することは，再生手続開始の条件としての判断の対象とはならない（民再25②参照)。東京高決平成17・1・13判タ1200号291頁〔民事再生〕は，「再生手続と更生手続の各開始の申立てがされた場合には，両者の調整は後者の手続において図ることが予定されているものというべきであり，したがって，前者の申立てがあった裁判所は，更生手続開始の申立てがあったことを再生手続を開始するかどうかの判断に当たって考慮する必要はなく，法25条2号に明文の規定がないのに，これを拡大解釈して，会社更生手続が債権者の一般の利益に適合するかどうかを判断して同号の棄却事由があるという判断をすることは許されないと解するのが相当である」と判示する。もっとも，いったん更生手続開始決定がなされれば，再生手続開始申立てにもとづく手続は中止する（50Ⅰ)。

さらに，更生手続開始の申立事件の係属裁判所は，必要があると認めるときは，利害関係人の申立てによりまたは職権で，更生手続開始の申立てにつき決定があるまでの間，再生手続の中止を命ずることができる（24Ⅰ①)（本書56頁参照)。

は，更生手続開始決定をしないとされる理由である[18]。

第3は，事業の継続を内容とする更生計画案の作成もしくは可決の見込みまたは事業の継続を内容とする更生計画の認可の見込みがないことが明らかであるときである（同③）。手続開始の段階から更生計画成立の見込みがないことが明らかであるにもかかわらず，更生手続を開始することは，いたずらに破綻を先延ばしし，債権者その他の利害関係人に不利益を生じさせるものであるから，このような事由が存在しないことを手続開始の条件としたものである。

旧会社更生法38条5号は「更生の見込みがないとき」を申立棄却事由としていたが，手続開始の段階において更生の見込みの有無という，経営的事項に関する実体判断を裁判所に行わせることが合理的ではなく，ひいては，手続開始そのものに消極的になるおそれがあることを考慮して，更生計画案作成等の見込みという手続的判断に代えたものである[19]。なお，ここで手続開始の条件として規定されているのは，事業の継続を内容とする更生計画案または更生計画である。再生手続の場合（民再25③参照）と異なって，事業の継続を内容とするものに限定されているのは，実際上は，実質的清算を内容とする更生計画案がありうるとしても（185Ⅰ参照），手続開始の段階から事業の継続を内容とする更生計画案作成等の見込みが立たないにもかかわらず手続を開始すること

---

[18] 東京地決平成20・5・15判タ1272号301頁，東京地決平成20・6・10判時2007号96頁，大阪高決平成18・4・26金法1789号42頁などが，再生手続によることが債権者一般の利益に合致するとして，更生手続開始申立てを棄却している。事件の背景などについて，大島義孝「会社更生手続と民事再生手続の競合——大阪高決平成18・4・26を題材として」NBL855号21頁（2007年）参照。

[19] 一問一答新会社更生法74頁，最新実務97頁，新会社更生法の基本構造35頁〔田原睦夫発言〕，会社更生の実務（上）141頁〔木村史郎〕参照。民事再生法25条3号も同様の趣旨にもとづいている。民事再生法逐条研究40頁参照。このような考え方がとられた背後には，裁判所の過度に後見的な関与を排除し，株式会社と利害関係人の自主的再建の意欲を尊重するとの考え方がある。再生手続について，園尾隆司「民事再生手続における裁判所の役割」才口千晴ほか編・民事再生法の理論と実務（上）75頁参照。

なお，再生手続の対応規定に関する解釈として，東京高決平成12・5・17金商1094号42頁は，事業収入の確保が期待できないことなどから，再生計画案の作成の見込みが欠けることを理由として，また，東京高決平成13・3・8判タ1089号295頁は，総議決権額の過半数を超える議決権を有する再生債権者が再生手続に反対の意思を明らかにしていることを理由として，再生計画案が可決される見込みがないものとしている。これに対して，前掲東京高決平成17・1・13（注17）は，再生計画認可の障害となりうる事由が認められるときであっても，状況の変化の可能性を考えると，認可の見込みがないことが明らかであるとはいえないとする。

は，「株式会社の事業の維持更生を図る」(1 後半部分)という更生手続の目的と背馳すると考えられたためである。

　また，裁判所がこれを理由として開始申立てを棄却するのは，作成等の見込みがないことが明らかな場合に限られるから，手続開始申立書の記載（会更規 11・12）や申立書の添付書面（会更規 13），あるいは裁判所による調査（8Ⅱ），裁判所書記官の事実調査（会更規 14）や調査委員の調査（39）などの結果としてえられた資料などから，たとえ手続を開始しても合理的基礎にもとづいた更生計画案作成等の見込みが存在しないことが明らかな場合にのみ，開始申立てを棄却する（本章注 35 参照）[20]。

　第 4 は，更生手続開始申立てが不当な目的でされたとき，その他申立てが誠実にされたものでないときである（41Ⅰ④）。この事由は，旧会社更生法 38 条 2 号，3 号，6 号および 7 号の実質を統合したものであるが[21]，申立ての不当性とは，申立人の目的が法の目的（1）と合致しないことを意味する。たとえば，事業の維持更生が社会的に是認されない場合には，会社の申立てが不当とされるし，また，会社の経営者の行為態様に着目して，申立ての誠実性が否定される場合がある[22]。

　更生手続開始原因の存在が認められ，かつ，法 41 条 1 項各号に規定される事由が存在せず，開始の条件が満たされれば，裁判所は，更生手続開始決定をしなければならない（41Ⅰ柱書）[23]。開始決定は，その決定の時から，効力を生じる（同Ⅱ）。

---

20) 申立書の記載事項や添付書類によって見込みの存在を裁判所に示すことが求められる（会社更生の実務（上）69 頁〔浅井潔〕，理論と実務 45 頁〔松嶋英機〕）。また，民事再生規則においては，開始申立書の記載事項として，再生計画案の作成の方針についての申立人の意見やそれについての利害関係人の協力の見込みなどを明らかにすることが求められている（民再規 12Ⅰ⑤・Ⅱ）のに対して，会社更生規則には，これに対応する規定が置かれていないが，実務上では，再生手続の場合と同様のことが求められる場合があろう（会更規 12Ⅰ⑦参照）。
21) 旧会社更生法 38 条 2 号は，「債権者又は株主が更生手続開始の申立をするためにその債権又は株式を取得したとき」，同 3 号は，「破産回避又は企業担保権の実行の回避の目的で申立てをしたとき」，同 6 号は，「租税債務の履行を回避し，その他租税債務の履行につき利益を受けることを主たる目的として申立てをしたとき」，同 7 号は，「その他申立てが誠実にされたものでないとき」と規定していた。それぞれの意義について，条解会更法（上）345 頁以下参照。現行法 41 条 1 項 4 号は，これらを統合したもので，民事再生法 25 条 4 号に対応するものである。民事再生法について花村 88 頁参照。

第4節　更生手続開始手続

　会社更生は，株式会社と債権者，株主その他の利害関係人の利害を適切に調整し，もって当該株式会社の事業の維持更生を図ることを目的とするものであるから (1)，そのことに直接の利害関係を有する者の申立てにもとづいて，裁判所が手続を開始する。

第1項　更生手続開始申立権者

　更生手続開始の申立権者は，原則として，株式会社，当該株式会社の資本金の額の10分の1以上にあたる債権を有する債権者，および当該株式会社の総株主の議決権の10分の1以上を有する株主（17Ⅱ①②）である。また，株式会社の清算人が当該株式会社に対して破産手続開始または特別清算開始の申立義務を課されている場合には（会社484Ⅰ・511Ⅱなど），当該清算人は，それに代えて更生手続開始の申立てをすることができる (18)。

---

22) 同趣旨の規定である民事再生法25条4号に関して，札幌高決平成15・8・12判タ1146号300頁，名古屋高決平成16・8・16判時1871号79頁，高松高決平成17・10・25金商1249号37頁では，再生手続開始申立て前に取込詐欺の行為がなされたことなどを理由として，申立てが誠実性を欠くものとしている。これに対して，前掲東京高決平成17・1・13（注17）では，誠実性を欠くという主張が排斥されている。また，同決定では，再生債務者について，いったん再生計画不認可決定が確定しているときにも，再度の再生手続開始申立てをなすことが当然に排斥されるものではない旨も判示されているが，特段の事情が認められない限り，再度の申立ては誠実性に欠けるといわざるをえない。東京高決平成24・3・9判時2151号9頁参照。
　さらに，東京高決平成19・7・9判タ1263号347頁は，裁判所や監督委員に対する資料提出を怠るなどの行為があっても，それだけでは誠実性に欠けるとはいいがたいと判示するが，あえてこのような行為をする債務者に対して更生手続を開始すべき理由は見あたらない。また，東京高決平成19・9・21判タ1268号326頁は，経営者が担保設定にかかる文書を偽造して融資を受けた場合であっても，融資自体が通常の資金繰りのためになされたものであれば，誠実性に欠けるとはいえないと判示する。しかし，反社会的手段を用いて継続された事業活動の再生のために，裁判上の手続を利用させるべきかどうか，疑問の余地がある。なお，旧破産法による破産申立てを濫用として却下した事例として，広島高岡山支決平成14・9・20判時1905号90頁。

23) 更生手続開始原因の存在が認められない場合や，開始の条件が満たされない場合には，更生手続開始申立てを棄却する（注16）。これに対し，申立ての際に必要な更生手続開始原因事実の疎明や申立資格要件の疎明 (20) がなされていない場合には，申立てを不適法として却下する（注140）。

1 株式会社

株式会社は，破産手続開始の原因となる事実の生じるおそれがあること（17Ⅰ①），または，弁済期にある債務を弁済することとすれば，その事業の継続に著しい支障を来すおそれがあること（同②）を理由として，更生手続開始を申し立てることができる。手続の目的が株式会社の事業の維持更生にあることから，株式会社を申立権者としたものである。株式会社が申立てをする際の意思決定の方式は，実体法の準則にしたがう。したがって，取締役会設置会社の場合には，取締役会の決議にもとづいて代表取締役などが更生手続開始の申立てを行う（会社349Ⅳ・362Ⅱ①・416Ⅰ①・420Ⅲ）[24]。

ただし，清算中，特別清算中または破産手続開始後の株式会社が更生手続開始の申立てをするには，株主総会の特別決議（会社309Ⅱ）を経なければならない（19）。その趣旨は，解散後，清算などの手続中の株式会社がその方向を転換し，事業の維持更生を目的とする更生手続開始の申立てをすることは，代表清算人（清算および特別清算）や代表取締役（破産）という会社の代表機関の通常の権限を超えているところから，会社支配にかかわる重要事項として改めて株主の意思決定を要することとしたものである[25]。

2 債 権 者

株式会社に破産の原因となる事実の生じるおそれがあるときは，当該株式会社の資本金の額（会社445Ⅰ・911Ⅲ⑤など）の10分の1以上にあたる債権を有する債権者も更生手続開始の申立てをすることができる（17Ⅱ①）。債権者に手続開始申立権を認めるのは，開始申立原因が存在するにもかかわらず会社が開始申立てをしない場合には，債権者にも分配が期待される事業価値が毀損するおそれがあり，債権者自身の利益が害されるおそれにつながるためである。

再生手続（民再21Ⅱ）と異なって，債権者の手続開始申立権に債権額の要件を設けるのは，旧会社更生法30条2項の考え方を引き継いだものであり，その理由は，会社更生という強力な手続の発動を求める資格を限定し，申立ての

---

[24] 取締役会設置会社以外の株式会社については，それぞれの意思決定および代表の方式（会社348Ⅱ・349ⅠⅡ）にしたがって，更生手続開始申立てを行う。

[25] 条解会更法（上）306頁参照。解散した株式会社が継続する場合に，株主総会の特別決議を要する（会社473・309Ⅱ⑪）のと同趣旨と説明される。なお，松田44頁は，このような状況にある会社について更生手続開始申立てを認める意義に乏しいと指摘する。ただし，機関としての清算人の申立権については，本書49頁参照。

濫用を防ぐところにあるといわれる[26]。債権者の手続開始申立権について当該株式会社の資本金の額の10分の1を基準としているのは，客観的に明確な指標であり，また，資本金の額は，会社の規模を示す指標の一つとしての役割をも有しているところから（会社2⑥イ参照），手続開始申立権の要件とされたものと考えられる。

資本金の額の10分の1以上にあたる債権という表現は，金銭債権を連想させるが，財産上の請求権であれば，必ずしも金銭債権には限定されない（会更規11⑤かっこ書，本書174頁参照）。非金銭債権である財産上の請求権が手続開始申立資格の基礎とされている場合には，その評価額をもって算定する。もちろん，債権の履行期が到来しているかなどは問題とならない。

資本金の額の10分の1以上にあたる債権を有することは，手続開始申立権を基礎づけるものであるから，数人の債権者が共同申立てをする場合には，合

---

[26] 条解会更法（上）301頁。沿革としては旧会社整理（商旧381Ⅰ）にならったものといわれる。なお，旧会社更生法38条2号は，「債権者又は株主が更生手続開始の申立をするためにその債権又は株式を取得したとき」を手続開始の条件が満たされない場合の一つとして掲げており，開始申立ての目的で債権や株式を取得した場合には，10分の1以上という要件が満たされていたとしても，開始申立てを棄却できると解されていたが（条解会更法（上）302頁），現行法の下では，申立て目的の不当性にかかる法41条1項4号の解釈問題になろう。更生手続開始申立てを受けた会社が資本金額を増加することによって，申立権を否定できる余地があることについて，松田46頁参照。

また，やや特殊な事案であるが，会社が事業再生ADRを申請中に，会社の債務について保証をしている旧経営者が，その事前求償権を根拠として更生手続開始申立てをなし，保全管理命令および更生手続開始決定が認められた事例がある（保全管理命令に対する即時抗告の棄却につき，前掲大阪高決平成23・12・27（注11）参照）。しかし，本来の債権者が更生債権の行使をすれば，その債権の全額を弁済しないかぎり，この種の求償権者の更生債権行使が認められないこと（135Ⅱ，破104Ⅲ但書・Ⅳ．本書220頁参照），更生計画においてこの種の債権に対する弁済は，代位弁済の実行が条件とされる蓋然性が高いことなどを考えると，事業再生ADRの進行状況などとの関係で，更生手続開始の条件である申立ての不当性や誠実性（41Ⅰ④．本書44頁参照）について，慎重な検討が必要であろう。松嶋英機「事業再生ADRから法的整理への移行に伴う諸問題」倒産法改正展望93頁参照。

さらに，資産流動化取引に関連する債権者の申立権にかかる問題として，当該資産を保有する特定目的会社（SPC）がローン債権の債権者との間で，債権者が更生手続開始申立てを含む倒産手続開始申立権を放棄する旨の約定を締結したときに，その効力が認められるかどうかが争われる（詳細については，後藤出「資産流動化取引における倒産不申立て特約と責任財産限定特約」ジュリ1441号90頁（2012年）参照）。これを不執行の特約に類するものとみれば，その効力を否定すべき理由はないが，無秩序な個別的権利行使がされているにもかかわらず，債務者が倒産手続開始の申立てをしないなどの特段の事情が認められるときには，効力を否定すべきである。

算した債権額が10分の1を超えていればよい[27]。

債権者に申立権が与えられるのは，更生手続が清算価値を超える価値の分配を目的とするところから，債権者にもその分配を求める利益が認められるためである。したがって，ここでいう債権者は，更生計画による価値の分配を求める地位を有する更生債権者（2Ⅸ）になりうべき者が中心になる。更生担保権者となりうべき担保権者は，その地位自体にもとづいて申立権を認められることはないが，被担保債権（2Ⅹ本文参照）が更生債権であれば，その資格によって申立権を認められる。ただし，未払いの賃金債権者等，手続が開始されれば共益債権となりうべき債権者であっても（130．本書243頁参照），開始決定の時点で会社に対する債権者として認められれば，申立権を否定されることはない。

また，株主の場合も同様であるが，資本金の額の10分の1以上にあたる債権という要件がいつの時点で満たされていなければならないかという問題がある。しかし，裁判所が開始申立資格の具備を判断するのは，開始決定の時であり，また，いったん開始決定がなされれば，直ちにその効力が生じるから（41Ⅱ），他の要件と同様に，開始決定の時に申立権の要件が満たされていれば足りる。

3 株　主

株式会社に破産の原因となる事実の生じるおそれがあるときは，当該株式会社の総株主の議決権[28]の10分の1以上を有する株主も更生手続開始の申立てをすることができる（17Ⅱ②）。株主の開始申立権も旧会社更生法30条2項を引き継いだものであるが[29]，株主に開始申立権を認める趣旨は，債権者の場合と同様に，会社の事業価値の毀損や株主の利益が損なわれるおそれを防ぐことにあり，また，総株主の議決権の10分の1以上を有することが要求される趣旨は，濫用的開始申立てを抑止しようとするところにある。

なお，開始申立資格として求められる株式は，議決権のあるもの（5Ⅲ第1かっこ書・20Ⅱかっこ書，本書155頁参照）であれば足り，その種類は問題とならない。また，共同申立ての場合に議決権が合算されることは，債権者について述

---

27) 会社更生の実務（上）43項〔押見文哉〕，最新実務45頁。それぞれ独立の申立てをしている債権者の債権額を合算すれば10分の1以上になるという場合には，申立資格要件を満たさないが，裁判所が，それぞれの申立手続を併合すれば（13，民訴152Ⅰ参照），資格要件が満たされる。条解会更法（上）301頁。
28) 総株主の議決権は，通常，登記簿の記載から明らかになる（会社911Ⅲ⑨参照）。

べたのと同様である。

4　その他の申立権者

　会社の清算人が，会社を代表してではなく，清算人たる資格において破産または特別清算の申立義務を課されている場合がある（会社484Ⅰ・511Ⅱなど）。清算人は，破産手続開始等の申立てに代えて，更生手続の開始申立てをすることができる（18）。破産等に対する会社更生の優先性を背景として，清算人に手続の選択権を与える趣旨である[30]。

　また，外国管財人は，破産の原因となる事実が生じるおそれのあることを理由として，当該株式会社について更生手続開始の申立てをすることができる（244Ⅰ・17Ⅰ①）。当該株式会社についてすでに外国において倒産処理手続が開始され，外国管財人が選任されている場合に，外国管財人としては，外国倒産処理手続の承認を求めて，内国財産を管理処分する方法と（外国倒産17以下），わが国において倒産処理手続を開始させ，相互に協力しつつ手続を進める方法（242・244Ⅱ〜Ⅳ・245）とがある。外国管財人の更生手続開始申立権は，後者の方法のために認められたものである。更生手続開始原因の存在は，外国倒産処理手続の係属の事実にもとづいて推定される（243）。

　その他，債権者全体の利益や公益を代表する立場から，監督官庁に申立権を認めるとか，監督官庁の通告にもとづいて裁判所が職権で手続を開始することも検討されたが，監督官庁の権限にも様々なものがあり，一律に申立権を認める合理性がないなどの理由から採用されるにいたらなかった[31]。

---

29)　ただし，平成13年法律80号による改正前の旧会社更生法30条2項後半部分は，「発行済株式の総数の10分の1以上に当る株式を有する株主」と規定していたので，議決権の有無は問題とされていなかった（条解会更法（上）303頁）。また，制定時の法17条2項2号は，議決権算定の基準の明確化等を図るという趣旨から（一問一答新会社更生法51頁），「当該株式会社の総株主の議決権（商法第211条ノ2第4項に規定する種類の株式に係る議決権を除き，同条第5項の規定により議決権を有するものとみなされる株式に係る議決権を含む。）の10分の1以上を有する株主」と規定していた。条文中のかっこ書のうち，議決権算定から除外される前者は，完全無議決権株式を意味し，議決権算定に含まれる後者は，相互保有株式（商旧241Ⅲ）を意味していた。これが現在のような規定に改められたのは，議決権の有無について会社法の規定が整備されたことによる。議決権が認められない株式の例は，完全無議決権株式（会社108Ⅰ③・Ⅱ③参照），自己株式（会社308Ⅱ・325）などである。江頭313頁参照。

30)　会社更生の実務（上）46頁〔忍足政子〕。破産財団人の申立権（246Ⅰ）や再生手続の管財人の申立権（248Ⅰ）も，同様の考え方にもとづくものである（本書718，719頁参照）。

第2項　更生手続開始申立ての手続

　更生手続開始の申立ては，管轄権のある裁判所（4・5。本書131頁参照）に対して一定事項を記載した申立書を提出することによってなされる（会更規11）。申立書の必要的記載事項は，①申立人の氏名住所等（同①），②更生手続開始申立てにかかる株式会社の商号等（同②），③申立ての趣旨（同③）[32]，④更生手続開始の原因となる事実（同④），⑤申立人が債権者であるときは，その有する債権の内容（金銭の支払を目的としない債権にあっては，その評価額を含む）および原因（同⑤），⑥申立人が株主であるときは，その有する議決権の数（株主総会において決議をすることができる事項の全部について議決権を行使することができない株式[33]についての議決権を除き，会社法879条3項の規定によって議決権を有するものとみなされる株式[34]についての議決権を含む）（同⑥）からなる（本書155頁参照）[35]。

　これらの記載事項の全部または一部を欠くと，補正が命じられるし，それに応じないと，申立書が不適式として却下される（13，民訴137Ⅰ前段・Ⅱ）。

　なお，申立書には，訓示的記載事項として，被申立会社の概要，資産，負債その他の財産の状況や，更生手続開始の原因となる事実が生じるに至った事情などを記載することが求められ（会更規12），また被申立会社の定款，貸借対照表や損益計算書などの書類を添付することが求められる（会更規13）。これ

---

[31]　監督官庁の申立権を認める例として，金融機関更生特例法377条1項等があり，通告権を認めた例として，商法旧381条2項（会社整理）および同431条3項（特別清算）があった。しかし，通告権については，裁判所が開始原因の有無を判断するのに十分な資料を収集できないなどの批判が多く，また，申立権についても，個別的に考える以外にないなどの理由から，会社更生法自体には，この種の規定は設けられていない。新会社更生法の基本構造28頁以下〔深山卓也発言〕参照。

[32]　申立ての趣旨とは，「……について，更生手続を開始するとの決定を求める」との内容の記載を意味する。条解会更規37頁。

[33]　いわゆる議決権制限株式には，総会決議事項のうち一定の事項についてのみ議決権を有するものも含まれるが（江頭141頁参照），ここでは，総会決議事項の全部について議決権を否定される株式のみが対象となる。

[34]　会社法879条3項の規定によって議決権を有するとみなされる株式とは，同法308条1項本文かっこ書にもとづき，会社支配の公正維持のために議決権を否定されるものであるが（江頭313頁），特別清算手続開始申立てについては，このような点を考慮する必要が無いために議決権を認められ（会社879Ⅲ），同様の趣旨が更生手続開始申立てにも妥当すると判断されたためである。

らは，裁判所が更生手続開始決定を行い，その後の手続を進めるために不可欠の情報を内容とするものであり，その不記載や不添付が直ちに申立書を不適式とするものではないが，更生手続開始の条件たる手続開始申立ての誠実性（41 I④）を判断する要素にはなろう[36]。

更生手続開始申立てには，2万円の手数料の納付が要求される（民訴費3I・別表第1第12項）。納付がなされないときには，納付が命じられるし，なお納付がなされなければ，申立書が却下される（13，民訴137 I 後段・Ⅱ）。

申立てについては，その適法要件として，更生手続開始の原因となる事実の疎明が要求される（20 I）。疎明を求めることによって，まったく理由のない申立てを早期に排除するためである[37]。もちろん，裁判所が開始決定をなす段階では，開始原因事実の証明が必要になる[38]。また，申立人が債権者または株主である場合には，それに加えて，申立資格要件である債権の額または議決権の額または数（17Ⅱ）をも疎明しなければならない（20Ⅱ）。いずれの場合にも，疎明がなされないと，申立てが不適法として却下される。

1 費用の予納

他の倒産処理手続の場合と同様に，更生手続を進めるためには，送達，公告等の費用，監督委員，調査委員，管財人の報酬など，様々な費用を要する。これらの費用は，本来は共益債権（127①②④）として会社財産から支弁されるべ

---

35) 再生手続開始申立書の必要的記載事項としては，再生計画案の作成の方針についての申立人の意見が含まれている（民再規12 I⑤）のに対して，更生手続開始申立書の必要的記載事項について同様の定めがないのは，再生債務者が再生計画案を提出することが原則である再生手続（民再163 I 参照）と，管財人が更生計画案を提出することが原則である更生手続（184 I）との違いによる（条解会更規39頁参照）。すなわち，更生手続開始申立人である会社等が更生計画案を提出するわけではないので，その作成の方針についての意見を必要的記載事項とするまでの必要はなく，更生手続に関する意見として訓示的記載事項（会更規12 I⑦）にとどめたものである（最新実務49頁参照）。ただし，いわゆるDIP型会社更生やプレパッケージ型（事前調整型）会社更生の場合には，申立人が更生計画案作成の方針について明確な意見を示すことが求められよう。菅野・前掲論文（注1）32頁参照。

36) 詳細については，条解会更規40，49頁，会社更生の実務（上）66頁〔浅井潔〕，最新実務51頁参照。

37) 破産では，債務者の申立てについては破産原因の疎明が要求されないが（破18Ⅱ参照），会社更生法は，民事再生法23条と同様に，疎明を必要とした。旧会社更生法33条について，条解会更法（上）316頁参照。

38) 条解会更法（上）316頁。証明が要求されるのは，手続開始による管理処分権や事業経営権の管財人への専属（72 I）などの重大な実体的法律効果を生じさせることによる。

きものであるが，当面の支出に備えて，申立人に予納させる（21Ⅰ）。破産においては，申立人の資力などを考慮して，申立人および利害関係人の利益の保護のため特に必要と認めるときは，裁判所が手続費用について国庫仮支弁を許すことができるが（破23Ⅰ），更生手続においては，再生手続と同様に，手続の性質を考慮して，国庫仮支弁の制度を設けず，一律に予納を求めることとしたものである[39]。予納は手続開始の条件であり，予納がなされないと申立ては棄却される（41Ⅰ①）[40]。なお，費用の予納に関する決定に対しては，即時抗告が認められる（21Ⅱ）。即時抗告の期間は，裁判の告知を受けた時から1週間である（13・民訴332）。

裁判所が予納金の額を定める際の考慮要素としては，開始前会社の事業の内容，資産および負債その他の財産の状況などが挙げられる（会更規15Ⅰ）。予納金額決定について主として問題となるのは，機関の報酬と送達公告費用であり，特に保全管理人，監督委員，調査委員などの機関の報酬については，当該機関に求められる職務内容とのかかわりがある[41]。

予納金額は，手続開始までの費用と開始後の費用に対応する額を一括して定めることもできるが，一部のみを定めることもできる。その場合に開始決定時までに予納した費用が不足するときには，裁判所は追納を命じることができる（同Ⅱ）[42]。

2 事 前 相 談

更生手続開始申立てがなされると，会社の事業が危機に瀕している事実が広く知られる可能性があり，債権者の個別的権利行使などを抑止するために適時に保全処分発令などの措置をとる必要がある（24〜40）。したがって裁判所は，申立てが適式に行われることを確保し，会社の事業等の内容などに関する情報をあらかじめ把握しておかなければならない。こうした必要を満たすために行

---

[39] 予納金の金額，使途，予納の方法などについては，条解会更規57頁，会社更生の実務（上）72頁〔木村史郎〕，最新実務53頁参照。

[40] 裁判の形式は，却下ではなく，棄却である（注16，注140参照）から，牽連破産へ移行する可能性が認められる（234①・252Ⅰ）。なお，棄却決定に対しては，即時抗告が認められる（44Ⅰ）。

[41] 条解会更規58頁，会社更生の実務（上）73頁〔木村史郎〕，最新実務54頁参照。

[42] 追納命令は開始申立ての棄却可能性を前提とするものであるから（41Ⅰ①参照），開始決定後は，これを発することはできない。開始決定後の費用については，共益債権として支弁するのが本来である（条解会更法（上）321頁，条解会更規59頁）。

われる実務慣行が事前相談と呼ばれるものである。従来から指摘されていたような問題点，すなわち事前相談が事実上の開始決定手続として機能して，手続を不透明なものとしているとの批判に対しては十分に留意しなければならないが，申立ての効果として自動停止の制度がとられていない以上，申立て後の手続を円滑に進めるための資料収集目的での事前相談までを違法視することはできない[43]。

3 労働組合等の意見聴取

裁判所は，更生手続開始の申立てがあった場合には，当該申立てを棄却すべきことまたは更生手続開始の決定をすべきことが明らかである場合を除いて，当該申立てについての決定をする前に，労働組合などの意見を聴かなければならない（22Ⅰ）。事業の再生を図る上で，従業員や労働組合等の協力が重大な意義をもっていることを考慮したものである。なお，ここでいう労働組合などとは，従業者の過半数で組織する労働組合か，それに該当するものがない場合には，従業者の過半数を代表する者を指す（同）。

また，債権者または株主が更生手続開始の申立てをした場合（17Ⅱ）には，裁判所は，当該申立てについての決定をするには，開始前会社の代表者（外国に本店があるときは，日本における代表者）を審尋しなければならない（22Ⅱ）。開始決定をする場合はもちろん，開始申立てを棄却する場合であっても，会社の事業継続に大きな影響を生じる可能性があるために，審尋の方式をとって会社の代表者から判断資料を収集することを裁判所に義務づけたものである。

4 更生手続開始申立ての取下げ

更生手続開始決定がなされ，その効力が生じると（41ⅠⅡ），全利害関係人のために手続が進行を開始するから，開始申立ての取下げは意味をもたない。これに対して，開始決定前は，申立ての取下げは制限されないのが原則である（23前段）[44]。しかし，破産など他の手続の中止命令（24ⅠⅡ），包括的禁止命令

---

[43] 事前相談の実際については，新・裁判実務大系（21）3頁〔西岡清一郎〕，会社更生の実務（上）56頁〔押見文哉〕，縣俊介ほか・倒産事件処理マニュアル410頁（2011年），最新実務34頁など参照。事前相談の内容は，更生手続選択の理由，更生計画作成の見込み，資金の確保，関係者対策，資産の確保，保全処分の選択など，多岐にわたるが，手続開始申立人の側からいえば，当該会社の事業の維持更生について相当程度の見込みがあり，また，それが主観的なものにとどまらず，資金や資産の状況や関係人の協力など，客観的裏付けを持つことを裁判所に説明する必要がある。

(25Ⅱ)，開始前会社の業務および財産に関する保全処分（28Ⅰ），商事留置権の消滅請求に関する許可（29Ⅲ），保全管理命令（30Ⅱ），監督命令（35Ⅱ），または否認権のための保全処分（39の2Ⅰ）が発令された後は[45]，申立ての取下げには裁判所の許可を要する（23後段）。

　これらの処分がなされたことは，開始決定にもとづいて生じる効力の全部または一部が前倒し的に生じ，利害関係人の権利行使が制約されることを意味し，申立人の意思のみにもとづいて申立ての取下げを認めることは不合理だからである。加えて，いわゆる保全処分の濫用を抑止するためにも，取下げに裁判所の許可を要求する理由がある[46]。裁判所が申立ての取下げを許可するのは，実質的に更生計画の内容と同様の合意が形成され，それを前提として，あえて更生手続の開始を求めないことについて大方の利害関係人の同意が存在するなど，例外的な場合に限られる[47]。

5　更生手続開始申立ての競合

　更生手続開始については，複数の種類の申立権者が存在するので，たとえば，会社による開始申立てと債権者や株主による開始申立てが競合してなされることがありうる。このような場合には，先に開始申立てのあった地方裁判所の専属管轄となるから（5Ⅶ・6），後に申立てがされた他の裁判所に係属する更生事件は，管轄違いとして先に更生事件が係属した裁判所に移送され（13，民訴16Ⅰ），通常は複数の更生事件が併合して審理されて申立てに対する決定がなされる[48]。

---

44)　対応する規定である旧法44条と比較すると，現行法23条は，その前段において更生手続開始決定前に限って申立ての取下げが可能であることを明らかにし，後段において，更生手続開始決定前であっても，各種の保全処置がとられた後は，取下げを裁判所の許可にかからせていることが特徴である。一問一答新会社更生法50頁参照。

45)　対応する規定である民事再生法32条に掲げられる命令や処分と比較すると，表現に若干の違いがある。しかし，担保権の実行手続の中止命令（民再31Ⅰ）は，法24条1項2号に吸収されていることを考えれば，実質的な差異はみられない。また，旧会社更生法44条と比較すると，基本的考え方は共通するが，各種の保全措置を創設したことなどにともない，許可を要する場合が拡大されている。一問一答新会社更生法51頁参照。

46)　法23条の基礎となっている旧会社更生法44条は，保全処分濫用論を意識した昭和42年改正によって追加されたものである（宮脇＝時岡97頁，条解会更法（上）436頁）。

47)　逆に，資金繰りなどの面から事業の継続を内容とする更生計画案の作成の見込みがないことが明らかになり，更生手続開始申立ての棄却を経て破産手続に移行（234①・252Ⅰ）するよりも，破産手続開始申立てにもとづいて破産手続を開始することが利害関係人の利益保護に適切と考えられる事案でも，取下げの許可がありえよう。

第3項　更生手続開始決定前の中止命令および保全処分

開始決定によって更生手続が開始されれば，更生会社の事業の経営ならびに財産の管理および処分をする権利は，裁判所が選任した管財人に専属する（72 I）。株式会社の運営は，株主総会によって基本的意思決定がなされ（会社295 I II），それにもとづいて業務執行に関する権限が取締役（会社348 I），取締役会（会社362 II），代表取締役（会社349 IV）などの機関に付与され，さらに監査役が取締役などの職務執行を監査する（会社381 I～III）構造をとっている。しかし，更生手続開始とともに，これら会社の機関の権限は失われ，管財人が会社の事業の経営および財産の管理処分をする権利を行使する[49]。これは，公正中立な立場に立つ管財人が，「債権者，株主その他の利害関係人の利害を適切に調整」することを通じて，「当該株式会社の事業の維持更生を図る」(1)ためのものであり，債権者などの利害関係人についても，更生計画にもとづく集団的満足を実現するために，個別的権利行使や満足が制限され（47 Iなど），また，他の倒産処理手続が中止されたり，失効する（50 I。本書309頁）。

しかし，開始決定前の段階であっても[50]，更生手続開始申立てによって当該株式会社の経済的危機が広く知られている以上，必要に応じて債権者による個別的権利行使を制限しなければ，更生手続の目的を実現することは期待できない。担保権者についても同様である。また，当該株式会社の側についても，開始決定前に取締役などの管理処分権などを制限することによって，更生手続の実効性を確保する必要性が認められる。

1　中止命令および包括的禁止命令

債権者や担保権者に認められた法律上の権利行使であっても，それが更生手

---

48) 併合されないままに1件について開始決定がなされたときは，他の開始申立ては，申立ての利益を欠くものとして却下される。
49) 事業の経営と財産の管理との関係については，本書104頁参照。なお，いわゆるDIP型会社更生においては，開始決定時の代表取締役などが管財人に任命されるのであるが（福岡129頁），たとえ人格が同一であっても，従前は会社の機関としてその権限を行使し，開始決定後は，更生手続の機関である管財人としてその権限を行使することになる。更生債権者等や株主との関係でこの2つの地位の間に矛盾が生じないかどうかを考えなければならない。
50) 開始決定前の段階とは，手続開始申立てに対して開始決定がなされるまでの段階，および棄却決定がなされ，それに対して即時抗告が提起され，それについての裁判がなされる前の段階を含む（44 II参照）。

続の目的と抵触し，かつ，更生手続によらせる方が更生債権者等一般および当該株式会社の利益に資すると認められる場合には，更生手続開始前の段階において，すでに開始されている他の手続の続行を中止させ，またはそれらの手続の開始を禁止し，開始決定の効果としての中止，禁止または失効（50 I），さらに更生計画認可決定の効果としての失効（208本文）に接続させる必要がある。これが他の手続の中止命令等および包括的禁止命令の趣旨である。

(1) 他の手続の中止命令等

裁判所は，更生手続開始の申立てがあった場合において，必要があると認めるときは，利害関係人の申立てによりまたは職権で，更生手続開始申立てについて決定があるまでの間，以下の手続の中止を命じることができる（24 I 柱書本文）。中止命令の対象となるのは，以下の手続である。

ア 破産手続，再生手続または特別清算手続

第1に，開始前会社（2 Ⅵ）についての破産手続，再生手続または特別清算手続である（24 I ①）。その根拠となるのが，これらの手続に対する更生手続の優先性であることは，第11章第1節（本書718頁）で説明する通りである。

イ 強制執行等

第2に，更生債権等（2 Ⅻ）にもとづく強制執行，仮差押え，仮処分もしくは担保権の実行または更生債権等を被担保債権とする留置権による競売手続[51]で，開始前会社の財産に対してすでになされているものである（24 I ②）。ただし，それらの手続の申立人である更生債権者等（2 ⅩⅢ）に不当な損害を及ぼすおそれのない場合に限られる（24 I 柱書但書）。いったん更生手続が開始されれば，強制執行や担保権実行などの権利行使が許されない以上（50 I），強制執行や担保権実行などの手続による個別的満足が更生計画による集団的満足に置き換えられなければならないことは，更生債権者等として受忍しなければならないところであるが，それ以外に更生債権者等にとって特別な損害が発生するおそれのあるときには，中止命令の発令を否定する趣旨である[52]。なお，法文上では，このようなおそれが存在しないことが中止命令発令のための加重要件

---

51) 留置権による競売は，旧会社更生法37条1項では中止の対象とされていなかったが，必要性を考慮して現行法が付加している（一問一答新会社更生法54頁参照）。なお，ここでいう更生債権等を被担保債権とする留置権には，民事留置権と商事留置権の両方が含まれるが，民事留置権は，開始前会社に対する債権を被担保債権とするものに限られ，第三者に対する債権を被担保債権とするものは含まれない（2 Ⅹ本文参照）。

とされているが，事実の性質上，更生債権者等の側におそれの存在について主張および立証を求めることになろう[53]。

開始前会社の財産に対する更生債権等にもとづく強制執行等が中止命令の対象であるから，取戻権にもとづく引渡執行，共益債権となるべきもの（127・128・130）にもとづく強制執行等[54]，取締役の職務執行停止などの組織法上の仮処分（会社917参照），あるいは連帯債務者など第三者の財産に対する強制執行は，いずれも中止命令の対象とならない。

上記のうち，更生債権等にもとづく担保権実行に対する中止命令について補説する。ここで対象とされるのは，更生債権等（2ⅩⅡ但書），すなわち更生手続が開始されれば，更生債権となるべき権利または第三者に対する権利を被担保債権とする開始前会社の一般財産または特定財産を目的物とする担保権の実行である[55]。

担保権の実行に対する中止命令発令の要件は，更生手続開始の申立てがあったことを前提として，第1に，中止命令の必要性である（24Ⅰ柱書本文）。これは，担保権の実行手続を中止させることによって開始前会社の事業の維持が可

---

52) 緊急に強制執行等をしなければ更生債権者等自らが倒産するおそれなどが例として挙げられる。
53) 旧会社更生法37条1項但書では，「ただし，強制執行，仮差押え，仮処分又は競売の手続については，債権者又は競売申立人に不当の損害を及ぼすおそれがあるときは，この限りでない」と規定され，ここでいうおそれの存在について，債権者などの側に主張立証責任があると解される文言となっていた。しかし，債権者などの側にこのような負担を課すのは不当であるという批判が多く，現行法は，中止命令申立人がおそれの不存在について主張立証責任を負う形に，法文の体裁を改めている（理論と実務57頁〔加藤哲夫〕）。しかし，実際には，本文のような運用にならざるをえないと思われる。
54) 破産手続においては，財団債権となるべきものにもとづく強制執行等も中止命令の対象となりうるが（破24Ⅰ①），更生手続では，再生手続（民再26Ⅰ②参照）と同様に，共益債権となるべきものにもとづく強制執行等は，中止命令の対象とされない。これは，手続開始の効果として，破産手続の場合には，財団債権にもとづく強制執行も禁止や中止の対象とされているのと比較して（破42ⅠⅡ），更生手続および再生手続の場合には，対象とされていない（50Ⅰ，民再39Ⅰ参照）ことを背景とするものである。
55) 再生手続の場合には，特定財産上の担保権が別除権とされ，再生手続によらないその実行が認められていること（民再53ⅠⅡ）との関係から，他の手続の中止命令（民再26Ⅰ）とは区別して，担保権の実行手続の中止命令が規定されているが（民再31Ⅰ），更生手続の場合には，この種の担保権が更生担保権とされ，手続による制約に服するところから（50Ⅰ），他の手続の中止命令の中に包含されている。なお，一体として使用される物件の一部が他人名義である場合に，債務者名義部分についても再生手続上の中止命令が認められなかった事例として，福岡高決平成18・2・13判時1940号128頁がある。

能になり，将来開始される更生手続の目的実現が可能になることを意味する。

第2の要件は，担保権の実行手続開始申立人に不当な損害を及ぼすおそれがないものと認められることである（同但書）。開始前会社の特定財産に対する担保権者は，被担保債権の範囲で当該財産の担保価値を優先的に把握している。したがって，更生手続開始の申立てについて決定があるまでの間に目的物の減価などによって優先弁済権が実質的に侵害されるときは，不当な損害を及ぼすおそれが存在する。裁判所としては，目的物が十分な担保余力を持つか，減価のおそれがないと認められる場合に限って，中止命令を発令すべきである[56]。

第3の要件として，被担保債権は更生債権等となるべきものでなければならない（同②かっこ書）。被担保債権が共益債権たるべきものであるときには，強制執行等が更生手続開始による中止の対象とされないところから（50Ⅰ参照）手続開始前の段階においても，これを被担保債権とする担保権の実行を中止させることは不適当と解されるためである[57]。

譲渡担保などの非典型担保の実行に対して中止命令を発令しうるかどうかは，解釈問題である。旧会社更生法37条1項本文においては，「担保権の実行としての競売……の手続」を対象としていたのと比較すると，現行法は，「担保権の実行」の手続を対象としているから（24Ⅰ②），担保競売以外の担保権実行手続に対しても，中止命令発令の余地が認められると解される[58]。まず，抵当権や動産売買先取特権にもとづく物上代位としての債権差押えが対象に含まれることは，ほぼ異論なく承認されている[59]。

さらに，中止命令の規定が，譲渡担保あるいは所有権留保などの非典型担保

---

[56] 不当な損害という概念は，包括的禁止命令の解除の場合（27Ⅰ前段）にも用いられているが，担保権実行に対する中止命令の場合には，担保権者が本来目的物の交換価値を優先弁済権によって把握していることを考慮すべきである。緊急に強制執行等をしなければ債権者自らが倒産するおそれが強いような場合に限って，不当な損害を及ぼすおそれが認められるとの見解が有力であるが（条解会更法（上）333頁），このような理解は，更生債権者たるべき者による強制執行には妥当しても，更生担保権者たるべき者による担保権実行にはあてはまらない。

[57] 条解会更法（上）333頁。取戻権たるべき権利にもとづく強制執行が中止命令の対象となりえないことはいうまでもない。

[58] 担保不動産収益執行（民執180②）も含まれうる（概説406頁〔笠井正俊〕）。なお，再生手続の場合には，「競売申立人に不当な損害を及ぼすおそれ」（民再31Ⅰ本文）が問題とされているのに対して，更生手続の場合には，担保権実行の実行を競売に限る文言が存在しない。

に適用されるかどうかについては，考え方が分かれる[60]。規定の趣旨を考えれば，非典型担保の目的物についても，これを事業再生等のために役立てる必要がありうることは，典型担保の場合と同様であるし，また，非典型担保権者といえども，その権利の本質は担保権にほかならないことを考えれば，適用を否定する理由はない[61]。加えて，手続開始後の段階において，別除権にあたる担保権の実行が許容されている再生手続（民再53Ⅱ）と比較して，担保権の実行が許されない更生手続（50Ⅰ）については，非典型担保の実行に対する中止命令の正当性は，より強く認められる。

他方，実行および中止手続が法定されている競売手続と比較すると，非典型担保の実行手続には多様なものがあり，中止命令がどのような法律効果をもつのかについても，一義的に確定しがたいという問題がある[62]。もっとも，譲渡担保権の実行として担保権者が処分のために目的物の引渡しを求める訴えを提起し，債務名義をえたとしても，それにもとづく強制執行について中止命令が執行停止文書（民執39Ⅰ⑦参照）となるとの構成をすることも可能であるから，結論としては，類推適用を肯定するべきである。

ウ　企業担保権の実行

第3は，開始前会社に対してすでにされている企業担保権の実行手続である（24Ⅰ③）。

---

59)　再生手続について新注釈民再法（上）150頁〔三森仁〕。動産売買先取特権にもとづく物上代位について，京都地決平成13・5・28判タ1067号274頁〔民事再生〕（ただし，中止命令申立て否定），抵当権にもとづく物上代位について，大阪高決平成16・12・10金商1220号35頁〔民事再生〕（ただし，中止命令申立て否定）。

60)　旧会社整理における競売手続中止命令（商旧384）に関して，新版注釈会社法（12）162頁〔青山善充〕参照。再生手続について，積極説として，最判平成20・12・16民集62巻10号2561頁の田原裁判官の補足意見，新注釈民再法（上）151頁〔三森仁〕，条解民再法127頁〔髙田裕成〕，消極説として，西謙二「民事再生手続における留置権及び非典型担保の扱いについて」民訴雑誌54号70頁（2008年）がある（ただし，担保権者との話し合いの途上の段階の場合等に例外的に発令を認めうるとする）。また，積極説に理解を示しつつ，実際上の問題点を説くものとして，破産・民事再生の実務〈新版〉（下）78頁〔中山孝雄〕（2008年）がある。

ただし，再生手続に関する近時の下級審裁判例は，中止命令発令を認める傾向にあり（大阪高決平成21・6・3金法1886号59頁〔集合債権譲渡担保〕，福岡高那覇支決平成21・9・7判タ1321号278頁〔賃料債権の譲渡担保〕），学説も肯定的である。小林信明「担保権実行手続の中止命令の適切な利用」民事再生の実務と理論32頁，南賢一「ユーザーの民事再生手続におけるリース契約の処遇に関する諸問題」同書165頁。

エ　財産関係の訴訟手続等

　第4は，開始前会社の財産関係の訴訟手続であり（24 I ④），第5は，開始前会社の財産関係の事件で行政庁に係属しているものの手続である（同⑤）。これらは，開始決定にもとづく訴訟手続等の中断（52～53）に対応するものであり，本書のように組織法上の訴訟も含めて更生会社が当事者となっている訴訟を中断の対象とする考え方の下では（本書311頁），開始前会社の組織関係にかかる訴訟手続も中止命令の対象となると解する[63]。

　オ　国税滞納処分等

　第5は，国税滞納処分または国税滞納処分の例による処分で，開始前会社の財産に対してすでになされているものである（24 II 本文）。ただし，いずれの場合であっても，共益債権を徴収するためのものは除かれる（同第1および第2か

---

[61]　ファイナンス・リース契約にもとづくリース会社の権利を，ユーザーの使用権上に設定された担保権とすることを前提にすれば（大阪地決平成13・7・19判時1762号148頁〔民事再生〕，東京地判平成15・12・22判タ1141号279頁〔民事再生〕），中止命令の適用または類推適用が考えられるが，リース会社の担保権実行が目的物の取戻しが完了するまで継続するとみられるかどうかという問題がある。再生手続について，新注釈民再法（上）151頁〔三森仁〕，遠藤元一「リース契約における倒産解除特約と民事再生手続（上）」NBL893号18頁（2008年）。

　他方，集合債権譲渡担保のように，開始前会社の事業の状況によって担保目的物の価値が変動する場合には，担保権者に対して不当な損害を及ぼすおそれの判断に際して，開始前会社の事業が継続し，担保目的物が補充されることに高度の蓋然性が認められるとか，その蓋然性が認められないときには，目的物についての開始前会社の処分を認めないことを条件として中止命令を発するなどの措置をとることが必要になる。伊藤眞「集合債権譲渡担保と民事再生手続上の中止命令」谷口古稀459頁，山谷耕平「集合債権譲渡担保権の実行に対する再生手続上の中止命令」銀行法務21 709号24頁（2009年）参照。このような措置をとらなかった中止命令が違法とされた例として，東京高判平成18・8・30金商1277号21頁〔民事再生〕（原審東京地判平成16・2・27金法1722号92頁〔倒産百選A8事件〕）がある。

　その他，この問題に関連する総合的研究として，平野眞н「再生債務者が設定した集合債権譲渡担保権の実行手続中止命令」SFJ金融・資本市場研究2号85頁（2010年），倉部真由美「集合債権譲渡担保に対する担保権実行中止命令をめぐる諸問題」NBL948号17頁（2011年）などがある。

[62]　たとえば，債権譲渡担保の実行に対して中止命令を発した後に，第三債務者が譲渡担保権者に弁済したときに，弁済の効果をどのように考えるかという問題がある（民事再生法逐条研究50頁〔山本和彦発言〕）。弁済禁止保全処分の効果を類推して（28 VI，民再30 VI），第三債務者の善意または悪意で区別することも考えられる。また，担保権実行としての引渡執行に関しては，担保権実行に対する中止命令に加えて，強制執行に対する中止命令（24 I ②，民再26 I ②）を発令することも考えられる。新注釈民再法（上）161頁〔三森仁〕。

っこ書)。この中止命令は，裁判所の職権によってなされるが，裁判所は，あらかじめ，徴収の権限を有する者の意見を聴かなければならない（同但書）。

　この規定は，旧会社更生法37条2項の規定内容を引き継いだものである。国税滞納処分または国税滞納処分の例によって徴収されるべき債権は，国税，地方税および社会保険料等であるが，これらの債権は，更生債権等とされるものと共益債権とされるものとに分けられる（2Ⅷ・127②・129参照）。そして，更生手続開始決定がなされると，更生債権等とされる租税債権にもとづく滞納処分については，禁止および中止の効果が生じるところから（50Ⅱ），更生手続開始前の段階において中止命令によってこれを前倒しすることを認めたものである[64]。共益債権を徴収するための滞納処分が除外されるのは，開始決定にもとづく禁止または中止の場合にも，共益債権たる租税債権にもとづく滞納処分が除外されるためである[65]。ただし，開始決定の場合と異なって，ここでは，もっぱらすでに開始されている滞納処分の中止が対象とされており，禁止については，包括的禁止命令（25）に委ねられる。

　強制執行等に対する中止命令の場合と異なって，事前の意見聴取が義務づけられるのは，適法な行政権の行使に制約を加えることとなるため，慎重な判断を求める趣旨である[66]。また，滞納処分に対する中止命令は，強制執行等に対する中止命令と異なって，更生手続開始の申立てについて決定があったとき，

---

[63]　通説の立場を前提とすると，中止命令の対象となりえない組織法上の訴訟の例としては，会社の解散の訴え（会社833），会社の組織に関する行為の無効の訴え（会社828Ⅰ），株主総会等の決議不存在または無効確認の訴え（会社830Ⅰ），あるいは株主総会等の決議の取消しの訴え（会社831Ⅰ）などが挙げられるが（条解会更法（上）335頁，東條敬「倒産法における保全処分」新・実務民事訴訟講座（13）53頁），有力説は，これらについて一律に中止命令の適用可能性を排除するのが適当かどうか，疑問を提起する（松田67，104頁，再生手続について詳解民再法201頁〔三木浩一〕）。

　同じく株主総会決議の効力を争う訴訟のうち，取締役の選任などを内容とするのであれば，組織関係上のものとして，中止命令の対象とする余地はないが，事業譲渡や会社分割など，更生手続の成否に重大な影響を持つ場合も考えられる。したがって，この類型の訴訟を一律に組織関係上のものとするのではなく，決議の内容に即して中止命令の対象とすべきかどうかを決すべきである。

[64]　再生手続においては，一般優先債権または共益債権となる租税債権にもとづく滞納処分の開始または続行は，再生手続開始決定によって妨げられないので（民再39Ⅰ参照），中止命令（民再26）の対象にもならない。

[65]　法50条2項に対応する旧会社更生法67条2項は，更生債権または更生担保権にもとづく滞納処分を対象とする旨を定めていた。現行規定の文言は，若干の違いがあるが，実質を変えるものではない。

または中止を命じる決定があった日から2月を経過したときは、その効力を失う（同Ⅲ）。更生手続開始申立てについて決定があったときに滞納処分に対する中止命令が当然失効するのは、強制執行等に対する中止命令と同様であるが、中止命令から2月を経過したことによる当然失効は、滞納処分に対する制約を最小限のものとするとともに、手続開始申立てに対する裁判が迅速になされることを前提としている[67]。

(2) 中止命令の手続

中止命令申立権者は、開始決定後の手続の遂行に利害関係または職務上の関係をもつ者であり、更生手続開始申立人、開始前会社、更生債権者等の他に、監督委員や保全管理人も含まれる。中止命令発令の要件は、裁判所が必要があると認めることであるが、具体的には、開始決定まで当該手続を進行させると、更生手続の目的達成が困難になることを意味する[68]。

中止命令に関する裁判は、口頭弁論を経ないですることができ（8Ⅰ）、決定の形式でなされる。裁判所は、職権で、必要な調査をすることができる（同Ⅱ）。また、裁判所は、必要があると認めるときは、開始前会社の事業を所管する行政庁および租税等の請求権について徴収の権限を有する者に対して、意見の陳述を求めることができる（同Ⅲ）。行政庁などには、意見陳述権が認められる（同Ⅳ）。ここでいう意見徴求権および意見陳述権は、中止命令発令の際の裁判所の意見聴取義務（24Ⅱ但書）とは区別されるが、実際上では重なり合うことも多いと思われる。

裁判所は、中止命令を変更し、または取り消すことができる（同Ⅳ）。さらに、開始前会社の事業の継続のために特に必要があると認めるときは、開始前

---

66) もちろん、意見を聴くことを義務づけるのは、同意を必要とする趣旨ではなく、意見を述べる機会を与えなければならないという意味である。また、実際上では考えにくいことであるが、裁判所が意見を述べる機会を与えないままに発した中止命令も有効である（条解会更法（上）336頁）。しかし、即時抗告（24Ⅵ）の理由とはなろう。

67) 大規模な更生事件で、手続開始申立てに対する裁判が遅れるような事案において、いったん滞納処分に対する中止命令が失効したときに、改めて中止命令を発令することができるかどうかが争われる。積極説は、法50条3項の趣旨をその根拠の一つとするが、開始決定前に中止命令を繰り返すのは、法24条3項が2月の期間を区切った趣旨と矛盾するので、改めて中止命令を発令することは許されないと解すべきである（条解会更法（上）337頁、松田68頁）。

68) したがって開始決定に至る見込みがないことが明らかであれば、必要性の要件に欠けるが、更生の見込みがあることが必要性の判断要素をなすものではない。

会社または保全管理人の申立てによって，担保を立てさせて，中止された強制執行等の手続（同Ⅰ②）または滞納処分（同Ⅱ）の取消しを命じることができる（同Ⅴ）。この制度は，現行法が新設したものであり[69]，その理由は，会社の原材料や仕掛品に対する差押えを解き，それらを事業のために用いる必要がありうることに求められる[70]。ただし，国税滞納処分の取消しを命じる場合には，あらかじめ，徴収の権限を有する者の意見を聴かなければならない（同但書）。その趣旨は，滞納処分の中止の際の意見聴取義務（同Ⅱ但書）について述べたのと同様である。

中止命令，中止命令変更または取消決定，および強制執行等取消命令に対しては，即時抗告をすることができるが（同Ⅵ），即時抗告は執行停止の効力をもたない（同Ⅶ）[71]。これに対して中止命令申立却下決定に対しては，不服申立てが許されない（9前段参照）。即時抗告の対象となる裁判，および即時抗告についての裁判の決定書は，当事者[72]に送達しなければならない（24Ⅷ）。ただし，公告をもって送達に代えることができる（10Ⅲ本文）。

(3) 中止命令の効力の存続期間

以上に述べた中止命令は，更生手続開始の申立てについて決定があるまでの間その効力をもつものであるから，決定がなされ，または決定がなされる可能性が消滅すると，中止命令も失効する[73]。更生手続開始決定，開始申立却下もしくは棄却決定または裁判所の許可にもとづく開始申立ての取下げ（23後段）がこれにあたる[74]。ただし，更生手続開始決定の場合には，中止命令に代わって開始決定にもとづく中止の効力が生じる（50）。また，開始申立却下または

---

69) 破産法24条3項および民事再生法26条3項は，同趣旨の規定である。
70) 一問一答新会社更生法56頁。差押目的物が不動産である場合にも，それが販売用であるようなときには，強制執行等の取消しが特に必要と認められることがありうる。
71) 即時抗告にもとづく執行停止の効力（13，民訴334Ⅰ）が排除されているのは，手続の迅速な進行が阻害されることを防ぐためであり（条解破産法75頁），他の場合（本書66, 68, 72, 80, 84, 87, 90, 93, 633頁）も同様である。
72) 当事者としては，中止命令申立人，申立人でない開始前会社またはこれに代わる保全管理人等，中止される手続（24Ⅰ②～⑤）の相手方当事者が考えられる（民事再生法26条6項について花村94頁参照）。
73) 条解会更法（上）339頁，条解破産法176頁。包括的禁止命令，開始前会社の業務および財産に関する保全処分，保全管理命令，監督命令についても，同様である。
74) 更生手続開始申立ての棄却の場合には，裁判所が破産手続開始前の保全処分を命じることができるが（253Ⅰ①），更生手続開始申立ての却下や取下げの場合について同様の可能性が認められるかどうかという問題がある。

棄却決定に対して即時抗告が提起された場合には，新たに中止命令発令の可能性がある（44Ⅱ）[75]。

2 更生債権等にもとづく強制執行等の包括的禁止命令

手続開始前に更生債権等によって開始された個別的権利行使を阻止するための手段としては，それぞれの中止命令の制度（24）が設けられている。しかし，多数の債権者が多様な資産に対して強制執行，担保権実行，あるいは滞納処分を試みるような事例や，強制執行などの開始自体によって事業の再生に著しい障害が発生することが予想される事案を想定すると，抑止の実効性を確保するためには，対象財産，手続，または時期を問わず，権利行使を一律に，また予防的に禁止すべきであるとの考え方が存在する。アメリカ法にみられる手続開始申立ての効果としての自動停止は，これを代表するものであり[76]，民事再生法や会社更生法の立案段階では，その導入を求める意見も有力であった。しかし，その濫用を危惧する声も大きく，自動停止のもつ利点に配慮しつつ，厳格な要件を設けて，裁判所の判断を介在させることによって，濫用に対する危惧を払拭したものである[77]。

(1) 包括的禁止命令の発令

包括的禁止命令は，すべての更生債権者等（2ⅩⅢ）に対し，更生手続開始申立てから申立てについての決定があるまでの間に行われる開始前会社の財産に対する強制執行等（24Ⅰ②）および国税滞納処分（同Ⅱ）の禁止を命じるものであり，利害関係人の申立てまたは職権にもとづいて発令される（25Ⅰ本文）。

包括的禁止命令発令の要件は，第1に，中止命令（24Ⅰ②・Ⅱ）によっては更生手続の目的を十分に達成することができないおそれがあると認めるべき特別の事情があることである（25Ⅰ本文前半部分）。特別の事情の例としては，広

---

75) 抗告審が中止命令を発するのは，原審が中止命令を発し，これが開始申立棄却決定などによって失効した場合に限られず，原審が中止命令を発していない場合も含まれる。また，抗告裁判所だけではなく，原審も，法44条2項によって準用される法24条にいう「裁判所」として，再度の考案（13，民訴333）によって中止命令を発することが許される。以上について，条解会更法（上）472頁参照。
76) 髙木59頁，福岡41頁，加藤・諸相143頁など参照。
77) 包括的禁止命令の基本的考え方については，一問一答新会社更生法57頁，新会社更生法の基本構造32頁〔深山卓也発言〕参照。民事再生法上の包括的禁止命令も同様の考え方にもとづくものであるが，担保権実行や滞納処分も禁止の対象に含めている点で，会社更生法上の包括的禁止命令の方がより強力である。近時の大型会社更生事件でも，包括的禁止命令を発令した例がある。決定書の様式について最新実務63頁参照。

い地域にわたって多数の資産を有する開始前会社について多数の個別執行がされ、またされることが予測されるときに、個別的に中止命令をえるのでは事務量が膨大なものになり、事業の継続が困難になって、更生手続の目的を達成しがたい場合などが挙げられるが[78]、特別の事情を判断する基準としては、目的財産の包括性、債権者の包括性および対象手続の包括性、損害発生の予防の必要性という、包括的禁止命令の4つの特徴を考慮すべきである。上記の例は、目的財産の包括性と債権者の包括性を重視したものであるが、預金債権など重要な資産に対する差押えなどが予測され、それが事業の継続に重大な影響を与えるおそれが認められるときにも、損害発生の予防の必要性の見地から特別の事情の存在を肯定する余地がある[79]。

包括的禁止命令発令の第2の要件は、事前にまたは同時に、開始前会社の主要な財産に関して保全処分（28Ⅰ）がなされていること、または保全管理命令（30Ⅱ）もしくは監督命令（35Ⅱ）が発令されていることである（25Ⅰ但書）。包括的禁止命令は、その効果として更生手続の目的を達成するために開始前会社の総財産を包括的に強制執行等から隔離するものであり、更生手続開始決定の効果の前倒しを意味するから、それによってかえって更生債権者等の利害関係人の利益が損なわれることがあってはならない。保全処分などによって開始前会社の財産が保全されることを要件とするのは、このような理由によるものである。

包括的禁止命令は、すでに開始されているものおよび将来に開始を予想される強制執行等全体について執行障害事由となる。したがって、開始前会社の財産に対して既にされている強制執行等であって、当該包括的禁止命令によって禁止されることとなるものは、当然に中止する（25Ⅲ柱書）。具体的には、更生債権等にもとづく強制執行等（24Ⅰ②）が、更生手続開始の申立てについての決定時まで中止し（25Ⅲ①）、また国税滞納処分（24Ⅱ）が、更生手続開始の申

---

78) 会社更生の実務（上）114頁〔池下朗〕、加藤哲夫「他の手続の中止命令・包括的禁止命令」理論と実務58頁、再生手続について、民事再生法逐条研究45頁〔深山卓也発言〕、新注釈民再法（上）130頁〔高木裕康〕参照。

79) 再生手続の実務上では、特定の再生債権者に対する、または特定の財産を対象とした包括的禁止命令も許されるとされている（新注釈民再法（上）132頁〔高木裕康〕）。更生手続における積極説として、会社更生の実務（上）115頁〔池下朗〕がある。集合債権譲渡担保の実行としての債務者に対する通知（民467Ⅰ、動産債権譲渡特4）なども、その例として考えられる。更生手続においても同様に考えるべきである。

立てについての決定時まで，または当該包括的禁止命令の日から2月が経過した時までの，いずれか早い時まで中止する（25Ⅲ②）。

(2) 包括的禁止命令の対象除外

包括的禁止命令を発する場合において，裁判所は，相当と認めるときは，一定の範囲に属する強制執行等（24Ⅰ②）または国税滞納処分（同Ⅱ）を包括的禁止命令の対象から除外することができる（25Ⅱ）。包括的禁止命令によって個々の更生債権者等が不当な損害を受けるおそれがあると認めるときは，裁判所は，申立てにもとづいて包括的禁止命令の解除をすることができるが（後述。27Ⅰ），ここでいう対象除外は，個々の更生債権者等についての事情を問題とするものではなく，一定の範囲に属する強制執行等，たとえば使用人の給料の請求権にもとづく強制執行について，類型的に包括的禁止命令の効果を及ぼさないためのものである[80]。

(3) 包括的禁止命令に関する手続

包括的禁止命令の変更または取消し（25Ⅳ）や中止された強制執行等の取消しが認められること（同Ⅴ本文），国税滞納処分の取消しを命じる場合においては，あらかじめ，徴収の権限を有する者の意見を聴かなければならないこと（同但書），また，包括的禁止命令，包括的禁止命令変更または取消決定および強制執行等取消命令に対する即時抗告が許されること（同Ⅵ），ならびに即時抗告が執行停止の効力を有しないこと（同Ⅶ）は，他の手続の中止命令等（24）の場合と同様である。

包括的禁止命令申立却下決定は，相当と認める方法で申立人に告知されるが（13，民訴119），包括的禁止命令および包括的禁止命令変更または取消決定は，利害関係人に重大な影響を与えるところから，公告し[81]，その裁判書を開始前会社（保全管理人が選任されている場合には，保全管理人）および申立人に送達し，かつ，決定の主文を知れている更生債権者等および開始前会社（保全管理人が

---

[80] 不当な損害が生じるおそれがある場合には，これらの債権者も包括的禁止命令の解除（27Ⅰ）を申し立てることはできるが，それが過重な手続負担となることを考慮している。一問一答新会社更生法59頁，新会社更生法の基本構造32頁〔深山卓也発言〕参照。解釈上の問題としては，不法行為債権や抵当権者による物上代位が除外の対象となりうるか，滞納処分が除外される場合が実際上想定できるのかなどが議論される。

なお，再生手続の場合には，包括的禁止命令の対象が再生債権にもとづく強制執行等に限られ，一般優先債権にもとづく強制執行，担保権実行，滞納処分が対象とされていないために，会社更生法25条2項に対応する規定は設けられていない。

選任されている場合）に通知しなければならない（26Ⅰ）。通知は，相当と認められる方法によるから（13，民訴3，民訴規4Ⅰ），普通郵便のほか，電話，ファクシミリなどによって行うことができる。また，開始前会社または保全管理人，および申立人に対する決定書の送達（26ⅠⅢ・27Ⅵなど）については，公告をもってこれに代えることは許されず（10Ⅲ但書），送達は民事訴訟法の規定（民訴第1編第5章第4節）にしたがって行われる（13）。

包括的禁止命令および包括的禁止命令変更または取消決定の効力は，開始前会社に対する裁判書の送達がなされた時から生じる（26Ⅱ）。包括的禁止命令などの効力を各利害関係人への告知にかからせ（民訴119），効力発生の時点が各別となることは，包括的禁止命令制度の趣旨と調和しないので，開始前会社への送達を基準時として，一律に効力を生じさせるものである[82]。他方，包括的禁止命令は，更生手続開始決定，更生手続開始申立却下または棄却決定，開始申立ての取下げによって失効する（25Ⅰ本文参照）。ただし，更生手続開始申立却下または棄却決定に対する即時抗告がなされた場合には，なお包括的禁止命令申立ての余地がある（44Ⅱ・25～27）。

強制執行等の取消命令（25Ⅴ）および即時抗告（同Ⅵ）についての裁判は，その決定書を当事者に送達しなければならない（26Ⅲ）[83]。なお，即時抗告にもとづいて包括的禁止命令を変更し，または取り消す決定は，公告および送達がなされるので（同Ⅰ），3項にもとづく送達の対象から除外される（同Ⅲかっこ書）。

(4) 包括的禁止命令の解除

包括的禁止命令は，更生の基礎となる開始前会社の財産を維持しようとするものであり，その発令にあたっては，更生手続の目的達成にとっての必要性の

---

81) 再生手続においては，再生手続開始決定までの期間が短いことなどから，公告がなされない例があるといわれる。新注釈民再法（上）135頁〔高木裕康〕。しかし，実務では公告がなされていると仄聞するし，また，更生手続においては，このような事情があてはまらないため，必ず公告がなされている。

82) その結果として，更生債権者等に対する決定書送達前に執行禁止の効力を生じる可能性があるが，すでに決定書の送達を受けた開始前会社または保全管理人がその効力を主張することが期待されるから，不相当に執行手続が進行するおそれはない（再生手続における包括的禁止命令について，花村102頁）。

83) 送達代用公告の規定（10Ⅲ本文）は，適用されうるが，裁判の性質を考えると，送達を行うことが望ましい場合が多いと思われる。

みが判断の対象となる。しかし，禁止の対象となる強制執行等の申立人たる更生債権者等にとって禁止命令によって不当な損害を生じるおそれが認められるときには，当該更生債権者等の申立てによって，その者に限って，包括的禁止命令を解除することができる（27Ⅰ前段）。解除の申立てをすることができる更生債権者等は，禁止命令前に強制執行等の申立てをした者だけではなく，禁止命令後に強制執行等をしようとする者を含むが，その者は，まず強制執行等の申立てをした上で解除の申立てをしなければならない[84]。

禁止が解除された更生債権者等は，強制執行等を開始することができ（同後段前半部分），また禁止の効果として中止された強制執行等は続行する（同後半部分）。

上記の解除の手続および効果に関する規律は，国税滞納処分を行う者に不当な損害を及ぼすおそれがあると裁判所が認める場合にも，同様に妥当する（同Ⅱ）。

解除の申立てについての裁判に対しては，開始前会社，保全管理人または解除の申立てをした更生債権者等が即時抗告をすることができるが（同Ⅳ），即時抗告は執行停止の効力を有しない（同Ⅴ）。解除の申立てについての裁判，および即時抗告についての裁判の決定書は，当事者に送達する（同Ⅵ前段）。この送達については，送達代用公告の規定（10Ⅲ本文）は適用されない（27Ⅵ後段）。

解除の要件である不当な損害とは，強制執行等の中止命令の場合（24Ⅰ柱書但書。本書58頁）と同様に，更生計画による集団的満足を受忍する以上に，更生債権者等の側に重大な不利益が生じることを意味する。強制執行等を実施しなければ，更生債権者等の側が倒産するおそれがある場合などがその例として挙げられるが[85]，担保権の目的物の減価が著しい場合なども考えられよう。なお，不当な損害が生じるおそれについては，解除申立人が主張および立証しな

---

84) 再生手続について，松下淳一「保全処分」金商1806号80頁（2000年），小海隆則「再生債務者の財産の保全」才口ほか編・前掲書（注19）200頁参照。これに対して花村105頁は，解除の決定を受けた上で強制執行等の申立てをする意思を有している再生債権者を意味するとする。

85) したがって，必ずしも更生計画による集団的満足を強制されない，中小企業者の更生債権（47Ⅱ）や少額更生債権（同Ⅴ）については，債権の属性自体を解除の判断要素とすることが許される（再生手続について花村106頁）。

ければならない。

　解除の効果は，申立人たる更生債権者等について属人的に生じる。したがって，その者は，包括的禁止命令発令前の強制執行等を続行できるにとどまらず，新たに強制執行等を申し立てることができるが，新たな強制執行等に対しては，中止命令（24Ⅰ②）の可能性がある[86]。また，当該更生債権者等について禁止が解除されたからといって，他の更生債権者等が同一目的物について強制執行等を実施できるものではない[87]。

(5) 包括的禁止命令と消滅時効

　包括的禁止命令が発せられたときは，禁止の対象となる更生債権等については，当該命令が効力を失った日の翌日から2月を経過する日までの間は，時効は完成しない（25Ⅷ）。更生債権等にもとづく強制執行等が禁止され，時効中断の措置（民147②）をとることができないため，命令失効から2月を経過するまで時効の完成を猶予する趣旨である。包括的禁止命令の効力が失われる事由としては，職権による取消し（25Ⅳ），即時抗告による取消し（同Ⅵ），あるいは更生手続開始申立てについての決定などがある。また，ある更生債権者等について包括的禁止命令が解除されたときは，当該更生債権者等については，命令失効の日が解除決定の日に読み替えられる（27Ⅲ）。解除決定後は，当該更生債権者等は差押えなどによって消滅時効を中断できるからである。

3　開始前会社の業務および財産に関する保全処分

　強制執行等に対する中止命令や包括的禁止命令は，更生債権者等からの権利行使を抑止し，開始前会社の財産を保全することを目的とする。これに対して開始前会社の業務および財産に関する保全処分は，更生手続開始申立てからそれについての決定がなされるまでの期間について，財産の処分禁止の仮処分な

---

[86]　担保目的物の減価が著しいことを理由として包括的禁止命令の解除を受けた更生担保権者が，その被担保債権にもとづいて他の財産に対して強制執行をする場面も考えられる。解除は，このような場面を想定するものではないから，当然に中止命令を発令すべきであろう。

[87]　解除を受けた更生債権者等によって開始される強制執行や担保権実行の手続に他の更生債権者等が配当要求をすることができるかという問題がある。包括的禁止命令の効力が及んでいる更生債権者等には，執行手続における配当受領権限が認められないから，開始前会社や保全管理人は，配当異議（民執89Ⅰ）の方法によって配当参加を排除できると解すべきであり，配当がなされた場合には，開始前会社，保全管理人や管財人が，不当利得としてその返還を求められると解すべきであろう。

どを命じることを通じて，開始前会社の業務遂行権や管理処分権行使を制限し，その業務を維持し，財産を保全することを目的とする。更生手続上の開始前会社の業務および財産に関する保全処分は，倒産保全処分の一種として，破産手続上の債務者の財産に関する保全処分（破28）や再生手続上の仮差押え，仮処分その他の保全処分（民再30）と基本的な考え方を共通にする。

民事保全法上の保全処分（仮差押えおよび仮処分）の場合には，債権者に対する暫定的救済として債務者の権利や利益を制限する性質から，被保全権利と保全の必要性についての疎明が求められ（民保13Ⅱ），また，違法または不当な保全執行による債務者の損害回復のために，立担保の原則がある（民保14Ⅰ）[88]。これと比較すると，会社更生法上の財産保全処分は，更生債権者等のすべての利害関係人の利益のために開始前会社の財産を保全する目的でなされるものであり，そのことは，裁判所の職権でもなされうること，利害関係人の申立てにもとづく場合であっても，被保全権利の疎明は不要であることに表れている。

(1) 保全処分の内容および発令手続

裁判所は，更生手続開始の申立てがあった場合には，利害関係人，すなわち開始申立人，他の手続開始申立権者，開始前会社，更生債権者等，株主などの申立てによってまたは職権で，開始申立てについて決定があるまでの間，開始前会社の業務および財産に関し，開始前会社の財産の処分禁止の仮処分その他の必要な保全処分を命じることができる（28Ⅰ）[89]。典型的な保全処分の例としては，債務弁済禁止，財産処分禁止，借財禁止などが考えられる[90]。なお，保全措置のうち，更生債権者等による強制執行や担保権実行については，中止命令（24ⅠⅡ）や包括的禁止命令（25Ⅰ）によって対処できるし，また，第三者

---

[88] 民事保全法における担保の意義については，須藤典明ほか・民事保全59頁（2006年），瀬木比呂志・民事保全法〈第3版〉94頁（2009年）参照。

[89] 法28条は，旧会社更生法39条の内容を引き継いだものであり，かつては，この保全処分が実務上で重要な役割を果たし，また，そのために保全処分の濫用が指摘されることも多かったが（条解更法（上）358頁参照），現在の実務では，保全管理命令（30Ⅱ）や監督命令（35Ⅱ）が開始前の保全措置の中心となっており，法28条1項にもとづく保全処分は，債権者に対する譲渡担保実行禁止など，第三者を相手方とする補助的な保全措置として用いられることが通例である（会社更生の実務（上）81, 83頁〔永野厚郎〕）。ただし，近時のDIP型会社更生の場合には，弁済禁止保全処分を原則とし，必要に応じて包括的禁止命令を発令するとの実務もある。菅野博之ほか「東京地裁におけるDIP型会社更生手続の運用」事業再生と債権管理127号33頁（2010年），最新実務77頁参照。

に対するものとしては，否認権のための保全処分（39の2 I）もあり，さらに，開始前会社の業務および財産全般についての保全措置としては，保全管理命令（30 II），監督命令（35 II）および調査命令（39）がある。しかし，債権譲渡担保の実行として担保権者が設定者に代わって第三債務者に対して行う通知（民467 I）など，これらの保全措置によっては対処できないものについては，なお保全処分の意義が認められる[91]。

典型的保全処分のうち，弁済禁止保全処分の効力等についての説明を補説する。弁済禁止保全処分の本来の目的は，債務者に対して特定債権者への偏頗弁済を禁止することにある。したがって，この保全処分の名宛人は開始前会社であり，利害関係人が申立人になることが多いと想定される。しかし，実際には，開始前会社自身がこの保全処分の発令を申し立て，更生債権者等に対する弁済を拒絶する手段として使われることがほとんどである。そこで，この保全処分の許容性，更生債権者等に対する効力，保全処分に違反した弁済の効力などが，議論の対象となる。

旧法下では，この類型の保全処分の許容性自体について議論があったが[92]，現行法は，それを認めている（28 VI参照）。更生債権者等からの追及に対しては，強制執行停止や取立禁止の保全処分によって対応すればよいとの考え方もあるが，一般的な弁済拒絶権能を与える必要のあることが，この保全処分を認める根拠である。また，開始前会社が自らを名宛人として弁済禁止を求めることについても，それが利害関係人のために会社財産を保全する目的をもつことを考えれば，倒産保全処分としての性質に適合する。

---

90) 保全処分の類型および内容については，会社更生の実務（上）108頁〔池下朗〕参照。保全管理命令（30 II）が発令されれば，これらの保全処分は不要になるし，また，監督命令が発令されれば，監督委員の同意を必要とすることをもって，これらの保全処分に代わる役割が果たされるので（35 II参照），これらの保全処分発令の必要性が大きいとはいえない。新しい会社更生法73頁〔池下朗〕。もっとも，弁済禁止保全処分についてみると，それが債務不履行についての有責性を阻却する根拠となること（本書72頁），更生手続開始決定にもとづく弁済禁止の効力（47 I）は，保全管理命令には含まれないことを考えると，相手方が債務不履行にもとづく解除権を行使するおそれ（非典型担保権の実行を含む）がある場合などにおいては，保全管理命令後も弁済禁止保全処分を発令する余地を認めるべきであろう。

91) 実践マニュアル316頁に，再生手続下での債権譲渡の対抗要件具備行為禁止の保全処分の申立書の書式の紹介がある。

92) 霜島甲一「倒産法上の保全処分について（1）」判タ336号2頁以下（1976年），霜島134頁，山木戸61頁，谷口112頁，条解会更法（上）394頁以下参照。

更生債権者等に対する効力については，弁済禁止保全処分が，開始前会社による任意弁済を禁止する趣旨の不作為命令である以上，更生債権者等の取立権を奪うものでないことは，判例・通説によって承認されている。具体的には，保全処分発令後でも対象となる債権について給付訴訟の提起が許され，また強制執行も妨げられない[93]。実体法的には，弁済禁止保全処分によって猶予の効果が生じるものではなく，履行期が変更されることもない。ただし，保全処分が発令されることにより，開始前会社は，弁済をしてはならない旨の裁判による拘束を受けているのであるから，弁済がなされないことが開始前会社の責に帰すべき事由によるものであるとして，履行遅滞を主張し[94]，遅延賠償を請求したり，契約の解除などを主張することは許されない。判例も，この考え方を採用している[95]。

裁判所は，保全処分の発令に際して，その必要性を判断する。必要性の判断は，更生手続の目的を達するために特定内容の保全処分が必要かどうかにかかるから，実質的には，更生の見込みの判断と関係する。もっとも，すでに手続開始前の事前相談を踏まえて開始申立てがなされていることを考えれば，事業の継続を内容とする更生計画案の作成または可決の見込みがないことが明らかである（41 I ③）ような場合はほとんど考えられないから，保全処分の目的である会社財産を保持することが更生にとって必要であると判断されれば，直ちに保全処分を発令することが望ましい[96]。

裁判所はいったん発令した保全処分を変更し，または取り消すことができる（28 II）。保全処分およびその変更または取消決定に対しては，即時抗告ができるが（同 III），即時抗告には執行停止の効力がない（同 IV）。保全処分および保全処分変更または取消決定ならびに即時抗告についての裁判があった場合には，その裁判書が当事者に送達される（同 V 前段）。送達を受ける当事者は，開始前会社など特定の者であるので，公告をもって送達に代える（10 III 本文）ことは許されない（28 V 後段）。保全処分の効力は，更生手続開始の申立てについて決定があるまでの間に限られ，したがって，開始決定，開始申立却下または棄却決定，裁判所の許可をえた開始申立取下げ（23）によって失効することは，中止命令および包括的禁止命令の場合と同様である[97]。

---

93) 会社整理について最判昭和37・3・23民集16巻3号607頁〔倒産百選A3事件〕，旧和議について東京高決昭和59・3・27判時1117号142頁〔新倒産百選20事件〕がある。

(2) 弁済禁止保全処分に反する弁済等の効力

保全処分の内容として，弁済その他の債務を消滅させる行為をすることを禁

94) 履行遅滞の要件としては，①履行の可能なこと，②履行期の徒過，③債務者の帰責事由，④不履行の違法性が挙げられる（我妻・債権総論102頁，奥田・債権総論130頁など）。弁済禁止保全処分発令の事実を違法性にかかわるものとする考え方もありうるが（東京地判平成10・4・14判時1662号115頁），一般には，留置権や同時履行の抗弁権など，履行の遅延を実体法上正当化し，請求権の効力に実体法上の影響を与えるものが違法性にかかわる事実とされているので，弁済禁止保全処分はむしろ帰責性にかかわる事実とするのが適切である。
　これを前提とすると，遅延損害金の発生には，債務者の帰責事由が要求されるので（大江忠・要件事実民法（中）〈第2版〉25頁（2002年）），弁済禁止保全処分発令後は遅延損害金が発生しないと解すべきである。ただし，金銭債務については帰責事由が不要とされるので（民419Ⅲ），遅延損害金の発生が認められる（札幌高判昭和31・6・27下民7巻6号1645頁。野村秀敏「更生手続開始前の会社の業務・財産に関する保全処分」判タ866号89，90頁（1995年），清水研一「弁済禁止保全処分とその運用」同98，99頁，金祥洙「弁済禁止の保全処分」松浦＝伊藤321，338頁）。これに対して，弁済禁止保全処分が履行遅滞の違法性を阻却するとの考え方に立てば，金銭債務についての遅延損害金の発生も否定される（条解破産法204頁参照）。
　さらに，破産手続開始申立てなどによって債務者が期限の利益を失った後に，弁済禁止保全処分が発令されたときに，債権者が債務不履行およびそれにもとづく解除権発生を主張できるかどうかという問題がある。前掲最判平成20・12・16（注60）〔民事再生〕における田原睦夫裁判官の補足意見は，これを否定すべきであるとするが，申立てにもとづく期限の利益喪失の効果を認める以上，同日に弁済禁止保全処分が発令される場合を除いて（大判大正10・5・27民録27輯963頁は，履行の請求を受けた翌日から遅滞の責任が生じるとする），解除権の発生を否定できるかどうかは，疑問である。もちろん，解除の要件として催告を要する場合に，弁済禁止保全処分後の催告がその効力を有しないとすれば，解除権行使の効果も生じないが，以上のことは，催告を要しないで解除権の行使が認められる場合があることを前提としている。
　もっとも，更生手続開始申立てにもとづく期限の利益喪失条項の効力を認めるべきかどうかという問題が存在する。上記田原裁判官補足意見は，これを肯定するが，期限の利益喪失が相殺適状の創出（本書342頁参照）や担保権実行の前提となることを考えると，法48条1項，24条，50条1項などの規定の趣旨に照らし，更生手続の目的（1）に反するものとして，当該条項の効力を否定すべきであるとの考え方も成り立ちうる。詳細については，伊藤眞「集合債権譲渡担保と事業再生型倒産処理手続再考――会社更生手続との関係を中心として」曹時61巻9号2757頁（2009年）参照。
95) 最判昭和57・3・30民集36巻3号484頁〔倒産百選12事件〕。谷口安平「保全処分の種類と効果」金商719号26，27頁（1985年）。所有権留保にかかる昭和57年判決の考え方は，リース契約に妥当するから，更生手続開始申立てと同時に期限の利益が失われても，同日に弁済禁止保全処分が発令されていれば，担保権たるリース会社の権利の実行としてリース契約を解除して，目的物を取り戻すことは許されない。
96) 再生手続における保全処分に関して，一応の審査の結果として再生計画案作成等の見込みがないことが明らかでない限り，直ちに保全処分を発し，速やかに開始決定についての裁判を行うことが望ましいとするものとして，園尾隆司ほか編・破産・民事再生の実務（下）144頁〔植村京子〕（2001年），同書新版70頁〔八幡有紀〕（2008年）がある。

止したにもかかわらず，開始前会社がこれに反して弁済等の行為をなした場合に，更生債権者等は，更生手続の関係においては，その効力を主張することができない（28Ⅵ本文）。ただし，当該更生債権者等が行為の当時，保全処分について悪意であったときに限られる（同但書）[97]。悪意の証明責任は，返還請求をする管財人の側にある。弁済等は，更生手続の関係において無効とされるものであるから，更生手続が開始されなかったり，更生手続が廃止されれば，弁済は有効である[99]。

4　更生手続開始前における商事留置権の消滅請求

開始前会社の財産について商法または会社法の規定による留置権がある場合において，当該財産が開始前会社の事業の継続に欠くことのできないものであるときは，開始前会社（保全管理人が選任されている場合にあっては，保全管理人）は，更生手続開始の申立てについて決定があるまでの間，留置権者に対して，当該留置権の消滅を請求することができる（29Ⅰ）[100]。

（1）　商事留置権消滅請求制度の趣旨および他制度との比較

商事留置権消滅請求の制度は，更生手続および破産手続に存在し，再生手続には存在しない。また，破産手続における商事留置権消滅請求は，破産手続開

---

[97]　開始決定がなされれば，弁済禁止保全処分は失効するが，開始決定にもとづく効力として引き継がれる。条解破産法390頁。中島肇「民事再生手続におけるリース契約の処遇——最三判平成20・12・16にみる諸論点」NBL907号70頁（2009年）は，再生手続開始にもとづく弁済禁止効（民再85Ⅰ）が生じた後の履行遅滞についても，弁済禁止保全処分後と同様に考えるべきであるとする。ただし，前掲最判平成20・12・16（注60）における田原睦夫裁判官の補足意見は，この点について異なった考え方を説示している。
　　なお，開始申立棄却決定にともなって保全処分は失効するが，破産手続開始前の保全処分（253Ⅰ）が発令される可能性，即時抗告がなされたときは再度の保全処分の可能性（44Ⅱ）がある。

[98]　従来から解釈論として説かれてきたところを立法化したものである（一問一答新会社更生法60頁）。東京高判平成16・2・25判時1878号139頁参照。

[99]　開始後に手続が廃止されれば（236・237・241），弁済の無効を主張する余地はなくなる。ただし，引き続いて破産手続が行われるときは（251以下），両手続の一体性を重視して（本書724頁参照），破産手続との関係でも無効とすべきである（松下・前掲論文（注84）78頁）。

[100]　実務上では，相手方が民事留置権を主張することも稀ではないが（民295など参照），民事留置権は，消滅許可申立ての対象とならず，また破産法66条3項のような失効規定もないために，更生手続開始後，いかなる方法によって目的物を取り戻すことができるかという問題がある（再生手続について，詳解民再法305頁〔山本和彦〕参照）。更生手続開始前は，弁済禁止保全処分の一部解除によって弁済をする（本書72頁），開始後は，少額債権の弁済許可（47Ⅴ後半部分）によることになろう。

始後の破産管財人の権限であるのに対して（破192Ⅰ），更生手続においては，更生手続開始申立てからそれについての決定があるまでの間，すなわち更生手続開始前の段階における開始前会社または保全管理人の権限として認められている。

　商事留置権消滅請求が機能する場面としては，倉庫業者や運送業者の商事留置権によって留置されている商品や半製品等を事業継続のために用いる場合などが典型例として挙げられるが，同じく再生型手続である再生手続には，このような場面は想定されないのか，あるいは，更生手続開始後には，このような場面が生まれないのかなどの疑問が考えられる。いずれの場合でも，前提となるのは，同じく商事留置権をも対象とする類似の手続として，各倒産手続に担保権消滅許可制度が存在することであり（破186，民再148，会更104），かつ，その適用場面が各手続の開始後とされていることである。

　まず，更生手続において商事留置権消滅請求の適用範囲が手続開始前の段階に限られているのは，手続開始後は，担保権消滅許可によって対応すれば足りると考えられたためである。沿革的にみると，旧会社更生法161条の2は，更生手続開始後に適用されるべき手続として商事留置権消滅請求を定めていたが[101]，むしろ開始前の保全段階においてその必要性が高いという認識にもとづいて，現行法の立法者は，これを開始前の制度として移すこととした[102]。これに対して，手続開始後に商事留置権を消滅させる必要については，現行法が新たに設けた担保権消滅許可によって対応すべきものとされている。担保権消滅許可との関係では，商事留置権消滅請求が比較的簡易な手続となっていることも，このような手続開始時を基準とする商事留置権消滅請求と担保権消滅許可との役割分担の根拠となっている。

　同じく再生型手続である再生手続においても，手続開始前後に商事留置権を消滅させ，その目的物を事業の維持継続に用いる必要性の存在は否定できない。手続開始後の段階においては，担保権消滅許可（民再148以下）によってこの必要性を満たすことができるが，手続開始前の段階では，これに対応する手段

---

101) 旧161条の2は，旧会社更生法の昭和42年改正に際して追加されたものである。その趣旨について宮脇＝時岡241頁では，商事留置権の被担保債権の弁済が禁止されることと，商事留置権の行使によって目的物の引渡しが拒絶されることとによる両すくみの状態を解消するためと説明する。

102) 一問一答新会社更生法61頁。

が存在しない。その理由としては，更生手続と比較すると，再生手続の場合には，手続開始申立てからそれについての決定がなされるまでの期間が短く，商事留置権消滅請求制度を設けるべき必要性に乏しいことが挙げられる。しかし，立法論としては，なお検討の余地がある。

また，清算型である破産手続においては，手続開始後の段階について担保権消滅許可（破186以下）と商事留置権消滅請求（破192）の両制度が並立する。担保権消滅許可は，破産管財人が担保目的物を任意売却して，その売得金の一部を破産財団に組み込むことを目的とし，商事留置権消滅請求は，目的財産を破産者の事業の継続のために使用することを目的とし，両者は，制度の目的において異なるといわれるが[103]，商事留置権の目的物が商品である場合などを考えると，両者が競合関係に立つ場合もありうる。

なお，破産手続および再生手続と異なって，商事留置権は，手続が開始されれば，更生担保権の基礎となり，その額は，手続開始時の目的物の時価を基準として定められる（2X本文）。しかし，商事留置権消滅請求にもとづいて留置権者に対する弁済がなされ（29Ⅱ），商事留置権が消滅すれば（同Ⅳ），なお被担保債権の残額が存する場合であっても，それは更生債権となり，更生担保権としては扱われない。

(2) 商事留置権消滅請求の要件および手続

開始前会社の財産である目的財産が事業の継続に欠くことができないものであるときは，開始前会社（保全管理人が選任されている場合にあっては，保全管理人）は，更生手続開始申立てについて決定があるまでの間，商事留置権者に対して，当該留置権の消滅を請求することができる（29Ⅰ）。ここでいう事業の継続に欠くことができないことの意味は，開始前会社が当該目的物を保持して事業活動のために用いるという意味での不可欠性だけではなく，当該目的物を売却するなどの行為が事業の継続に不可欠であるという場合を含んでいる[104]。

商事留置権消滅請求の際には，目的財産の価額[105]に相当する金銭を弁済し

---

[103] 条解破産法1160, 1240頁，伊藤508頁。
[104] 破産手続における商事留置権消滅請求の場合には，事業の継続にとっての不可欠性を含む概念として，「当該財産の回復が破産財団の価値の維持又は増加に資するとき」（破192Ⅰ）が要件とされている。その例としては，商事留置権の目的物が破産財団に属する機械の修理部品である場合などが挙げられるが（条解破産法1242頁），会社更生法の要件の下でも，このような例は，事業の継続に不可欠なものと認められよう。

なければならない（同Ⅱ）106)。担保権消滅許可と異なって，開始前会社または保全管理人による留置権消滅請求は，裁判上の申立てではなく，実体法上の形成権の行使である。ただし，それが開始前会社の財産の維持または増殖に重大な影響を持つところから，消滅請求および価額相当額の金銭の弁済については，裁判所の許可を要する（同Ⅲ）107)。

　裁判所の許可をえて，消滅請求および価額相当額の弁済がなされたときは，商事留置権消滅の効果が，消滅請求の時または弁済の時の，いずれか遅い時に生じる（同Ⅳ）。裁判所の許可をえていることは，裁判所と開始前会社等との内部関係にとどまらず，消滅のための要件である。弁済金額が価額相当額かどうかについて争いが生じたときは，開始前会社等と留置権者との間の目的物返還請求訴訟において判断がなされる108)。弁済金額が価額相当額に達しないとされる場合には，一般原則からいえば，原告である開始前会社等の目的物返

---

105) 旧会社更生法161条の2については，更生担保権の目的物の評価基準（旧124の2）にあわせて継続事業価値によるものと解されていたが（宮脇＝時岡245頁，条解会更法（中）874頁），現行法では，時価が評価基準とされているので（2Ⅹ本文），公正な市場価値と解すれば足りる。

　なお，この価額が被担保債権額を上回るような場合には，更生手続開始前であるから被担保債権額を弁済して，目的物を取り戻すか，弁済禁止保全処分の対象となっていれば，その一部解除を求めればよいのであるから（28Ⅱ），この制度を利用する理由はない。したがって，この制度が利用されるのは，被担保債権額が目的物の価額を上回っているような場合に限られよう。一問一答新会社更生法61頁参照。旧会社更生法161条の2第1項は，「留置権によって担保された債権額，その債権額が留置権の目的の価額をこえるときは，その目的の価額に相当する金銭」と規定していたが，上記のような理由から，現行法のように改められている。

106) 旧会社更生法では，管財人が金銭を供託し，留置権者は，供託金の上に質権者と同一の権利を有することとされていたが（旧161の2Ⅱ参照）。その法律構成について，条解会更法（中）876頁参照），現行法では，更生手続開始前の段階であるので，直ちに留置権者に対する弁済を行うこととしている。なお，商事留置権者が弁済を受領しないときには，開始前会社等は供託をすることができる（民494前段）。

107) 裁判所の不許可決定がなされた場合に，許可の申立てをなした開始前会社等が不服申立てをすることはできない。それを許す旨の規定が存在しないためであるが（9参照），実質的には，裁判所の許可が開始前会社等に商事留置権消滅請求という形成権行使権能を付与する裁量的判断であることが理由と考えられる。

　また，商事留置権者の側にも，許可決定に対する即時抗告権は認められない。その実質的理由は，担保権消滅許可の場合（104Ⅴ参照）には，許可決定の効力にもとづく金銭納付によって担保権消滅の効果が生じるのに対して（108Ⅲ），商事留置権消滅請求の場合には，消滅請求という開始前会社等の形成権行使またはそれにもとづく弁済によって消滅の効果が生じること（29Ⅳ），消滅の効果が生じたか否かは，後の引渡請求訴訟などにおいて争いうることに求められよう。

請求が棄却されるはずであるが，原告の申立てがあり，相当と認めるときは，受訴裁判所は，相当の期間内に不足額を弁済することを条件として，留置権者に対して，当該財産を返還することを命じることができる（同Ⅴ）。原告の申立ては，相当と認められる額に不足する一定額を追加弁済するとの申出を内容とするものである[109]。

5　保全管理命令

更生手続開始によって更生会社の事業経営権および財産管理処分権は，管財人に専属するが（72Ⅰ），それまでは，更生手続開始申立て後であっても，開始前会社の機関の権限は，財産保全処分にもとづく個別的な制限を受けるにすぎない。そこで，財産の散逸防止や継続事業価値の維持のために，開始前会社の機関から事業経営権および管理処分権を包括的に剥奪し，保全管理人に付与するための手続が保全管理命令である[110]。

(1)　保全管理命令の発令

裁判所は，更生手続の目的を達成するために必要があると認めるときは，利害関係人の申立てによりまたは職権で，更生手続開始申立てについての決定があるまでの間[111]，開始前会社の業務および財産に関し，保全管理人による管理を命じる処分をすることができる（30Ⅰ）。更生手続の目的とは，当該株式会社の事業の維持更生を図ることに集約されるから(1)，破産手続および再生

---

[108] 商事留置権者の側は，消滅請求の要件自体，たとえば，当該財産の事業継続にとっての不可欠性を争うことも許される。また，時間の経過による劣化が著しいと予想される目的物については，商事留置権者と開始前会社が和解をし，目的物を開始前会社に返還し，開始前会社は，裁判所が定める相当な価格を支払う旨の意思を示して，許可の申請をすることも許されよう。

なお，相手方が商事留置権および民事留置権の双方を主張しうる地位を有するときに，商事留置権を消滅させられた相手方が，なお民事留置権を主張できるかという問題がある。価額相当額の弁済によって，留置権能そのものが消滅すると解すべきであろう。

[109] 一問一答新会社更生法63頁参照。実際には，当初から予備的請求として，弁済額が不足する場合には，相当額の追加弁済をする旨の申出をして，目的物の返還を求めることになろう。裁判所は，合理的範囲内であれば，原告が提示する追加弁済額に拘束されない。この場合の予備的請求は，本来の予備的請求ではなく，無条件の主たる請求の一部をなすものである。

なお，すでに許可をえている以上，不足額の弁済に改めて裁判所の許可を受ける必要はない。また，商事留置権は，消滅請求の時または不足額を加えた弁済の時のいずれか遅い時に消滅することとなるが（29Ⅳ），弁済の時が更生手続開始決定時より後となり，形としては，商事留置権を基礎とする更生担保権に対する弁済となっても，それは，手続開始前の商事留置権消滅請求の残影にすぎない。

手続における保全管理命令発令が限定された局面で発令されるのと比較すると[112]，更生手続においては，すべての事件において保全管理命令発令の可能性が認められる。

さらに，更生手続開始申立棄却決定に対して即時抗告が提起された場合についても，やはり必要があると認められるときには，保全管理命令発令の可能性がある（44Ⅱ）。

裁判所は，保全管理命令において，1人または数人の保全管理人を選任しなければならない（30Ⅱ本文）。保全管理人は，「その職務を行うに適した者」の中から選任される（会更規17Ⅰ・20Ⅰ）。法人であっても差し支えないが（34Ⅰ・67Ⅱ，会更規17Ⅰ・20Ⅱ），実際には弁護士が選任されるのが通常である。保全管理人は，1人または数人が選任されるが（30Ⅱ），数人あるときは，共同職務執行が原則である（34Ⅰ・69Ⅰ本文）。もっとも，職務分掌は許される（69Ⅰ但書）。裁判所書記官は，保全管理人に対し，その選任を証する書面を交付

---

110) 保全管理命令の制度は，制定当時の旧会社更生法には存在しなかったが，手続開始申立てをなした会社の経営者が，弁済禁止保全処分などの発令をえた後に，開始申立てを取り下げ，経営権の保持を図るという，いわゆる濫用現象に対する方策の一つとして，昭和42年改正によって創設され（宮脇＝時岡67頁，条解会更法（上）401頁参照），現行法は，それを承継している。

そして従来の実務においては，保全管理命令の発令がほぼ常態化していたが，近時は，DIP型会社更生の名の下に，更生手続の利用を促進するとの視点から，必ずしも保全管理命令を発令せず，一方で財産管理保全処分や中止命令などによって開始前会社の財産を確保しつつ，他方で，経営者による事業の経営を監督命令や調査命令によって監視するという実務慣行が広がりつつある。難波孝一ほか「東京地裁商事部における会社更生手続の保全措置の新しい運用について」NBL 900号127頁（2009年），菅野ほか・前掲論文（注89）26頁，最新実務22頁参照。
111) 破産手続および再生手続においても，規定の体裁は異なるが，一方で，手続開始申立てについて決定があるまでの間，保全管理命令を発令する可能性を認めるとともに（破91Ⅰ，民再79Ⅰ），他方で，手続開始申立てについて棄却決定がなされ，それに対する即時抗告があった場合に，保全管理命令を発する余地を認めている（破91Ⅲ，民再79Ⅲ）。
112) 破産手続においては，「債務者（法人である場合に限る。……）……の財産の管理及び処分が失当であるとき，その他債権者の財産の確保のために特に必要があると認めるとき」（破91Ⅰ），また再生手続においても，類似の要件の下に保全管理命令発令が許されている（民再79Ⅰ前段）。

なお，会社が事業再生ADRを申請し，その手続が進行中に旧経営者が会社の債務についての事前求償権を根拠として更生手続開始申立てをなした事案において，現経営陣に経営を委ねておくのが相当ではない事情があるという理由から保全管理命令の必要性を認めた裁判例があるが（前掲大阪高決平成23・12・27（注11）），事業再生ADRの特質（本書13頁参照）を考慮すれば，保全管理命令の発令にはより慎重な配慮が求められる。

しなければならない（会更規17Ⅰ・20Ⅲ）。

　ただし，管財人と同様に（67Ⅲ），役員等責任査定決定を受けるおそれがあると認められる者は，保全管理人に選任することができない（30Ⅱ但書）。裁判所は，必要に応じて保全管理人を追加するなど保全管理命令を変更し，また必要がなくなったものと認めれば，保全管理命令を取り消すこともできる（同Ⅲ）。保全管理命令およびその変更または取消決定に対しては，即時抗告が認められるが（同Ⅳ），即時抗告には執行停止の効力がない（同Ⅴ）。即時抗告権者は，開始前会社や更生債権者等の利害関係人であり，その期間は公告が効力を生じた日から起算して2週間である（9）。

　裁判所は，保全管理命令およびその変更または取消決定を公告する（31Ⅰ）。この場合には，公告による告知擬制（10Ⅳ）は働かない（31Ⅲ）。また裁判所は，保全管理命令およびその変更または取消決定ならびに即時抗告についての裁判の裁判書を当事者に送達する（同Ⅱ）[113]。裁判所書記官による登記の嘱託がなされることも，更生手続開始決定の場合と同様である（258Ⅳ～Ⅵ）。

　(2)　保全管理人の権限および地位

　保全管理命令が発せられると，開始前会社の事業の経営権および財産の管理処分権は保全管理人に専属する（32Ⅰ本文）。対象は外国財産をも含む（同かっこ書）。これは，更生手続開始にともなって，事業経営権や財産管理処分権が管財人に専属する効果（72Ⅰ）を前倒しするものである。したがって，未だ更生手続は開始されていないが，保全管理人は更生手続の機関に準じる性質を持つ。保全管理人の地位が手続上も，また実体上も管財人に準じるものとされており（34各項），また保全管理人が任務終了時に裁判所に対して書面による計算報告義務等を負うこととされたり（34Ⅰ・82Ⅰ～Ⅲ），その権限にもとづいてした行為によって生じる請求権が共益債権とされるのは（128Ⅰ），このことを反映したものである。ただし，積極的に開始前会社の財産の範囲を変動させる行為，たとえば，双方未履行双務契約の解除権の行使（61Ⅰ）や否認権の行使（95Ⅰ）などは，保全管理人の権限に含まれない（34Ⅰ参照）。

---

[113]　民事訴訟法119条の例外であり，保全管理命令は，送達によってその効力を生じる。債権者による更生手続開始申立ての事案などで，送達受領者が抵抗するような事案では，差置送達（民訴106Ⅲ）や執行官送達（13，民訴99Ⅰ）を用いることも考えられる。さらに，送達場所において送達受領者と出会わない場合などに，その他の要件を満たすことを前提として付郵便送達（13，民訴107）を行うことも考えうる。

保全管理人は上記の範囲内でその権限を行使するが，開始前会社の常務に属しない行為をするには，裁判所の許可をえなければならない（32Ⅰ但書）。許可をえないでした行為は無効であるが，その無効は，善意の第三者に対抗できない（同Ⅱ）。常務とは，事業の遂行にともなって必然的に生じる事務を意味し，通常の程度の原材料の仕入れや弁済期の到来した債務の弁済などがこれにあたる[114]。これに対して，重要な財産の売却や多額の借財など，通常の業務外の事項は常務にあたらず，必要な場合には裁判所の許可を受けなければならない。また管財人の場合と同様に，法定の重要事項は裁判所の要許可事項とされる（32Ⅲ・72Ⅱ）。許可をえないでした行為が無効であることおよびそれが善意の第三者に対抗できないことも，管財人の場合と同様である（32Ⅲ・72Ⅲ）。

(3)　保全管理命令の効力

　保全管理命令の発令によって開始前会社の事業の経営ならびに財産の管理および処分をする権利は，保全管理人に専属し（32Ⅰ本文）[115]，保全管理人は，必要があれば，裁判所の許可をえて，自己の責任において1人または数人の保

---

[114]　条解会更法（上）412頁。保全管理人本来の権限の範囲と常務の範囲との間には，一定の差異がある。破産と比較して，再生手続や更生手続などの再生型手続における保全管理人の権限（民再81Ⅰ本文，会更32Ⅰ本文）の範囲は，積極的事業経営まで含むが（瀬戸英雄「保全管理命令・保全管理人」理論と実務62，64頁），常務以外の権限行使については，裁判所の許可を要する。

　　なお，事業の譲渡については，常務に属するものではないが（会社更生の実務（上）97頁〔池下朗〕），事業の価値を保全するために必要であれば，保全管理人の権限に含まれ，裁判所の許可をえて，これをなしうるという見解が有力である（高橋典明「倒産手続における保全管理人の地位と事業譲渡」倒産実務の諸問題75頁，松下祐記「保全管理人による事業譲渡について――会社更生を念頭に」同22頁，再生手続について新版破産法88頁〔武笠圭志〕参照）。

　　しかし，更生計画の定めによらない事業譲渡が裁判所の許可をえて行う管財人の権限とされていること（46．本書519頁），未だ手続開始決定に至っていない段階では，開始前会社の事業用財産の帰属を本質的に変更するのは避けるべきことなどを考えても，保全管理人による事業譲渡は，開始前会社の事業組織がその機能を失いつつあり，緊急にそれをしなければ，顧客が離散するなどの事態が予想され，事業価値が著しく毀損されることが明らかであるなど，価値保全行為とみなされる場合に例外的にのみ認められるべきである（立法論を含めた基本的考え方については，松下祐記「倒産手続における保全管理人による事業譲渡について」青山古稀861頁参照）。その手続は，法46条の定めに準じることになろう。その際に，開始前会社が債務超過の状態にあることが明白であれば，会社法上の手続（会社467Ⅰ①②・309Ⅱ⑪）や会社更生法上の株主の保護手続（46Ⅳなど）は，不要と解する余地がある（46Ⅷ後半部分参照）。

[115]　その結果として，開始前会社の役員は，その報酬請求権を失う。

全管理人代理を選任することができる（33 I 本文・II）。ただし，役員等責任査定決定を受けるおそれがあると認められる者（100 I）を選任することはできない（33 I 但書・67 III）。

保全管理人は，開始前会社の役員や使用人などに対して，業務および財産の状況についての報告を求め，帳簿等の物件を検査すること（34 I・77 I），開始前会社の子会社等に対して同様の行為をすること（34 I・77 II）ができる。これらの職務を遂行するについて，保全管理人は，善管注意義務を負い（34 I・80 I），その懈怠については，利害関係人に対する損害賠償義務が課される（34 I・80 II）。また，保全管理人は，職務執行について裁判所の監督に服する（34 I・68 I）。

保全管理人は，上記のような職務を果たす更生手続の機関に準じる者としての法的地位を有し，費用の前払いおよび裁判所が定める報酬を受けることができる（34 I・81 I）。報酬額は，その職務と責任にふさわしいものでなければならない（会更規 17 I・22）。報酬額に関する裁判所の定めに対しては，保全管理人または利害関係人から即時抗告をもって不服を申し立てることができる（34 I・81 IV）。

また，開始前会社の財産に関する訴訟手続や行政手続について，更生手続開始の場合と同様に中断および受継がなされるのも（34 II III・52），財産管理処分権の移転にともなって当事者適格が保全管理人に帰属することを反映したものである。ただし，開始前会社財産に対する強制執行等の手続は，更生手続開始の場合と異なって（50参照），中止しない。更生債権者等による個別的権利実行が包括的に禁止されるのは，更生手続開始決定固有の効果であり，保全管理人に財産管理処分権が専属する効果の延長として個別的権利実行を禁止することはできないからである。したがって，更生債権者等に対する強制執行中止命令等（24 I II）や包括的禁止命令（25 I）は，保全管理命令発令後もその効力を維持する。これに対して，開始前会社に対する処分禁止の保全処分など（28）は，保全管理命令の効力の中に吸収されるので，その効力を失う[116]。

---

[116] 手続的には，処分禁止などの登記がなされている場合には，保全処分を取り消して，保全管理人の権限行使に対する制約を除去する必要がある。宮脇＝時岡 72 頁参照。また，弁済禁止保全処分と保全管理命令との関係については，注 90 参照。

(4) 保全管理人の任務終了

保全管理命令が取り消されれば（30Ⅲ），保全管理人の任務は終了する。辞任（会更規17Ⅰ・20Ⅴ）や解任（34Ⅰ・68Ⅱ）の場合においても，管財人と同様に，任務が終了する。また，更生手続開始申立取下許可の裁判（23後段）にもとづく取下げ，更生手続開始申立棄却決定[117]，または更生手続開始決定によって保全管理命令が失効すれば，保全管理人の任務も終了する。任務終了に際して計算報告等の義務が課されるのは，管財人の場合と同様である（34Ⅰ・82Ⅰ～Ⅲ）。

6 監督命令

裁判所は，更生手続開始の申立てがあった場合において，更生手続の目的を達成するために必要があると認めるときは，利害関係人の申立てによりまたは職権で，更生手続開始の申立てについて決定があるまでの間，監督委員[118]による監督を命じる処分（監督命令）をすることができる（35Ⅰ）。保全管理命令が発令される場合（30Ⅰ）を除いて，更生手続開始決定までは，開始前会社の機関が事業経営権および財産管理処分権を行使するが（72Ⅰ参照），監督委員は，それが適正になされるように監督する職務を負う，更生手続の機関に準じる地位にある[119]。したがって，監督命令が発せられれば，裁判所が指定する行為については，開始前会社は，監督委員の同意をえなければならないという点で（35Ⅱ），その権限が制約されるが，事業経営権や財産管理処分権そのものが剥奪されるものではない点で，保全管理人を任命する保全管理命令と区別される。

---

117) ただし，この場合には，破産のための保全処分としての保全管理命令等を発令する余地がある（253）。
118) 旧会社更生法39条1項後段および42条では，監督員という名称が使われているが，現行法下の監督委員と基本的性質は共通である。ただし，監督員は，1名しか選任できなかったが（条解会更法（上）422頁），監督委員は法人や複数の個人を選任することも可能であること（35Ⅱ・38・67Ⅱ），監督委員は，取締役等が管財人等の職務を行うにつき適した者であるかについて調査を命じられうること（37）などの違いがある。
119) 監督委員は，裁判所によって選任され（35ⅠⅡ），裁判所の監督を受け（38・68Ⅰ），裁判所への報告義務を負うが（37），裁判所の補助機関ではなく，独立の判断によって職権を行使する，更生手続の機関に準じる地位を有する（条解会更法（上）422頁）。ただし，再生手続の監督委員（民再54ⅠⅡ）は，監督命令が取り消されないかぎり，再生手続開始後もその職務を遂行するのに対して，管財人の選任が必要的である更生手続の監督委員は，更生手続開始の申立てについて決定があるまでの間に限ってその職務を遂行するなどの違いがある。

(1) 監督命令の発令

監督命令は，更生手続開始の申立てがあった場合において，それについて決定があるまでの間，更生手続の目的を達成するために必要があると認めるときに，裁判所が発令する（35Ⅰ）。ここでいう必要性は，更生手続の目的(1)との関係で，開始前会社の機関の事業経営に対する信頼性などの要素を基礎として具体的に判断されるべきものであるが，更生手続開始原因の存在や利害関係人の利益保護を考えれば，原則として，監督命令発令の必要性が認められよう。もっとも，保全管理命令発令の要件である「更生手続の目的を達成するために必要があると認めるとき」（30Ⅰ）とは，文言は同一であっても，監督命令と保全管理命令との効果の違いを前提とすれば，いわゆるDIP型会社更生を予定する事案のように，開始前会社の機関に対する信頼性が相当程度以上に認められれば，監督命令による監督で足り，それ以外の場合には，保全管理命令により事業経営権や財産管理処分権を保全管理人に専属させる必要性が存在するといえよう[120]。

裁判所は，監督命令を発したときは，その旨を公告し（36Ⅰ前段），あわせて裁判書を当事者に送達する（同Ⅱ）[121]。公告による告知の効力（10Ⅳ）は生じない（36Ⅲ）。監督命令の変更または取消し[122]の場合も同様である（同Ⅰ後段・Ⅱ）。監督命令やその変更または取消決定に対しては，即時抗告による不服申立てが許されるが，執行停止の効力はない（35ⅤⅥ）。即時抗告権者は，開始前会社や更生債権者等の利害関係人であり，その期間は公告が効力を生じた日から起算して2週間である（9）。

監督委員は，「その職務を行うに適した者」の中から選任される（会更規17Ⅰ・20Ⅰ）[123]。法人であっても差し支えないが（38・67Ⅱ，会更規17Ⅰ・20Ⅱ），

---

120) 監督委員は，調査委員を兼ね，一方でスポンサー契約の締結などを含む開始前会社の財産管理や業務執行を監督すると共に，他方で事業再生の見込みや事業家管財人の適性などに関する調査を行うことになる。菅野ほか・前掲論文（注89）39頁，最新実務79頁参照。
121) また，裁判所書記官は，監督命令の登記を嘱託する（258Ⅳ）。
122) 変更は，要同意事項を拡大または縮小する場合が，取消しは，保全管理人の選任によって監督委員による監督が不要になった場合が考えられる。
123) 調査委員の場合（会更規32Ⅰ）と異なって，「利害関係のない」ことは要件ではない。条解会更規70頁。しかし，選任後は，監督委員の職務の公正さを損なうおそれのある利害関係をもつことを控えるべきである。更生会社等に対する債権や株式の取得について裁判所の許可を要するとの規定（38・81Ⅱ）は，このような考え方にもとづくものである。

実際には弁護士が選任されるのが通常である。監督委員は，1人または数人が選任されるが（35Ⅱ），数人あるときは，共同職務執行が原則である（38・69Ⅰ本文）。ただし，職務分掌は許される（69Ⅰ但書）。裁判所書記官は，監督委員に対し，その選任を証する書面を交付しなければならない（会更規17Ⅰ・20Ⅲ）。

(2) 監督委員の職務および地位

監督委員の主たる職務は，裁判所によって指定された事項を開始前会社が行うについて同意を与えることである（35Ⅱ）[124]。同意をえないで開始前会社が行った行為は，無効とする（同Ⅲ本文）。ただし，善意の第三者に対しては，無効を主張することができない（同但書）。監督委員が裁判所に代わって開始前会社の活動を監督する機関であるところから，要同意事項は，管財人の行為についての裁判所の要許可事項（72Ⅱ）を基準として決定される[125]。要同意事項についての同意の申請および監督委員の同意は，書面でしなければならない（会更規17Ⅱ，民再規21Ⅰ），同意をえたときは，開始前会社は，遅滞なく，その旨を裁判所に報告しなければならない（会更規17Ⅱ，民再規21Ⅱ）。

その他の監督委員の職務としては，開始前会社からの報告を受けること（会更規17Ⅱ，民再規22），手続開始前の借入金等によって生じた債権の共益化について，裁判所の許可に代わる承認をすること（128Ⅲ，会更規34），取締役等の管財人の適性に関する調査および報告をすること（37），開始前会社の役員や使用人などに対して，業務および財産の状況についての報告を求め，帳簿等の物件を検査すること（38・77Ⅰ），開始前会社の子会社等に対して同様の行為をすること（38・77Ⅱ）などが挙げられる[126]。

これらの職務を遂行するについて，監督委員は，善管注意義務を負い（38・80Ⅰ），その懈怠については，利害関係人に対する損害賠償義務が課される（38・80Ⅱ）。また，監督委員は，職務執行について裁判所の監督に服する

---

[124] 同意事項の具体例については，福岡152頁，最新実務92頁に詳しい。

[125] 再生手続においては，再生債権の届出に対する認否書や再生計画案の作成に関する監督委員の関与のあり方については，考え方が分かれるが（民事再生実務合同研究会編・民事再生手続と監督委員154，214頁（2008年）など参照），更生手続における監督委員は，開始前会社の補助機関ではなく，その業務が適切に行われることを確保するための手続機関であるから（腰塚和男「監督命令及び監督委員」理論と実務66頁），要同意事項の範囲を超えて上記の事項に関与することは，監督委員の本来の職務に含まれるものとはいえない。

[126] 会社更生の実務（上）126頁〔池下朗〕。

(38・68Ⅰ)[127]。

　監督委員は，上記のような職務を果たす更生手続の機関に準じる者としての法的地位を有し，費用の前払いおよび裁判所が定める報酬を受けることができる（38・81Ⅰ）。報酬額は，その職務と責任にふさわしいものでなければならない（会更規17Ⅰ・22）。報酬額に関する裁判所の定めに対しては，監督委員または利害関係人から即時抗告をもって不服を申し立てることができる（38・81Ⅳ）。

(3) 監督委員の任務終了

　監督委員の任務は，裁判所の許可にもとづく辞任（会更規17Ⅰ・20Ⅴ），任務懈怠による解任（38・68Ⅱ），監督命令の取消し（35Ⅳ）の他に，更生手続開始申立てについての決定，すなわち，申立却下決定，申立棄却決定または開始決定によって，監督命令が失効すること（35Ⅰ参照）にともなって終了する。

7　調査命令

　裁判所は，更生手続開始の申立てがあった時から当該申立てについての決定があるまでの間においても，必要があると認めるときは，利害関係人の申立てによりまたは職権で，調査命令を発することができる（39柱書）。

(1) 調査命令の発令

　調査命令は，更生手続開始後に，役員等責任査定決定またはそのための保全処分の要否，管財人作成の貸借対照表および財産目録等の当否，更生計画案の当否などを裁判所が判断するための資料を収集する手段として発せられるものであるが（125Ⅰ。開始決定後の調査委員の職務に関しては，本書616頁注124参照)，更生手続開始前についても，一定の事項について調査委員の活動を期待すべき事情が存在するとして，その発令可能性が認められている。監督委員の活動が，更生手続開始前の段階に限定されているのと比較すると，調査委員のそれは，開始の前後を問わない点に特徴がある。これは，裁判所の判断資料の収集という調査委員の職務の内容によるものである[128]。

　調査命令の対象（39各号）は，第1に（同①），更生手続開始原因となる事実（17Ⅰ）および更生手続開始の条件として掲げられる事由（41Ⅰ②〜④）の有無，開始前会社の業務および財産の状況その他更生手続開始の申立てについての判断をするのに必要な事項ならびに更生手続を開始することの当否，第2に（39

---

127) 裁判所は，監督に関する事務を裁判所書記官に命じて行わせることができる（会更規17Ⅰ・21）。

②)，開始前会社の業務および財産に関する保全処分（28Ⅰ），保全管理命令（30Ⅰ），監督命令（35Ⅰ），否認権のための保全処分（39の2Ⅰ），更生手続開始前の役員等の財産に対する保全処分（40Ⅰ），または役員等責任査定決定を必要とする事情の有無およびその処分，命令または決定の要否，第3に（39③），その他更生事件に関し調査委員による調査または意見陳述を必要とする事項である。

したがって，その対象は更生手続開始前における裁判所の判断事項のすべてに及ぶといってもよく，特別の例外を除けば，ほとんどの事件において調査命令を発する必要が認められるといってよい。もっとも，すでに保全管理命令や監督命令が発せられていれば，裁判所の判断資料の収集については，これらの機関がその役割を果たすことが期待されるから，必ずしも重ねて調査命令を発する必要は存在しない[129]。

調査命令は，その職務を行うに適した者で利害関係のないもののうちから（会更規32Ⅰ），1人または数人の調査委員を選任し，かつ，調査委員が調査をすべき事項または意見陳述の対象となるべき事項および調査結果を裁判所に報告または陳述すべき期間を定めて，発令される（39・125Ⅱ）。いったん調査命令が発令されても，調査事項を変更するなど調査命令を変更し，また必要がなくなった場合には，調査命令を取り消すことができる（39・125Ⅲ）。調査命令および変更や取消しの決定に対しては，即時抗告が認められるが（39・125Ⅳ），執行停止の効力はない（39・125Ⅴ）。調査命令等の裁判の裁判書は，当事者に送達しなければならない（39・125Ⅵ前段）。送達代用公告の規定（10Ⅲ本文）は，

---

128) 調査委員は，昭和42年改正前は，更生手続開始前の段階において更生手続開始の原因たる事実，手続開始の条件たる事実，保全処分の要否などについての調査と裁判所に対する意見書提出を職務とする制度として設けられていたが（昭和42年改正前旧40～44），昭和42年改正が，これを更生手続開始前後にわたって，各種の事項についての調査をするものとして拡充し（昭和42年改正後旧101～101の3。宮脇＝時岡33頁参照），現行法はこれを引き継いでいる。
　近時のDIP型会社更生（本書107頁注10）における手続開始の前後における調査委員の役割の重要性については，菅野ほか・前掲論文（注89）28頁参照。
129) 会社更生の実務（上）127頁〔池下朗〕参照。近時のDIP型会社更生においては，監督委員兼更生手続開始前の調査委員を任命することが一般的であり，更生手続開始後は，その者が調査委員として更生計画案の立案や財産評定の適切性に関する調査，要許可事項についての許可の当否に関する意見を述べるなどの活動を行う。菅野ほか・前掲論文（注89）39頁，最新実務79頁参照。

適用しない（39・125Ⅵ後段）。

調査委員は，個人のみならず法人であっても差し支えない（126・67Ⅱ，会更規32Ⅱ・20Ⅱ）。裁判所書記官は，調査委員に対してその選任を証する書面を交付しなければならない（会更規32Ⅱ・20Ⅲ）。

(2)　調査委員の職務および地位

調査委員は，調査命令に定められた事項について調査を実施し，定められた期間内に裁判所に対して報告または意見陳述をしなければならない。数人の調査委員が選任された場合には，共同してその職務を行う（39・126・69Ⅰ本文）。職務を行うために調査権限が認められることは，監督委員と同様である（39・126・77）。また，調査委員は，その職務を行うために必要な限度において，管財人または保全管理人に対し，資料または情報の提供その他の協力を求めることができる（会更規33）。

調査委員の報告書や意見陳述にかかる文書は，利害関係人による閲覧謄写等の対象になるが（11Ⅰ），場合によっては閲覧等が制限されることがありうる（12Ⅰ②）。

調査委員は，その職務の遂行について裁判所の監督に服する（39・126・68Ⅰ，会更規32Ⅱ・21）。解任の可能性があることも，監督委員と同様である（39・126・68Ⅱ）。また，職務遂行にあたっては，善管注意義務が課され，その違反にもとづいて損害賠償責任が生じる（39・126・80）。報酬等の取扱いも，監督委員に準じる（39・126・81，会更規32Ⅱ・22）。

調査委員の職務は，裁判所に命じられた事項について調査，報告あるいは意見陳述を行うという点に限られたものではあるが，その職務の遂行に関するかぎり，単なる裁判所の補助者ではなく，更生手続の機関に準じる地位を持つ。費用の前払いおよび報酬請求権を認められることや，職務の遂行について善管注意義務を課されていることなどは，その機関性を示すものである。

(3)　調査委員の任務終了

調査委員の任務は，裁判所の許可にもとづく辞任（会更規32Ⅱ・20Ⅴ），任務懈怠による解任（39・126・68Ⅱ），調査命令の取消し（39・125Ⅲ）の他に，命じられた事項についての調査報告にともなって終了する。

8　否認権のための保全処分

会社が開始決定前にその財産を受益者に詐害的に譲渡したとすれば，開始決

定後に管財人は、受益者を相手方として否認権を行使し、目的物を更生会社財産に取り戻すことになる（86Ⅰ①など）。さらに、受益者が目的物を他の者に輾転譲渡した場合には、管財人は、転得者に対する否認権を行使する（93）。しかし、転得者に対する否認はその要件（破170。本書430頁）が厳格なので、否認権行使の実効性を維持するためには、目的物が受益者から第三者へ輾転譲渡されることを防ぐ必要がある。このような必要を満たすために、受益者を名宛人として処分禁止の仮処分などを内容とする保全処分を財産保全処分の一つとして認めるべきことが旧破産法下などで説かれていた[130]。破産法および民事再生法とあわせて、この考え方を立法化したのが、否認権のための保全処分である（39の2）。登記または登録がある権利について保全処分がなされたときには、その処分の登記または登録が嘱託される（260Ⅰ②・265）。また、現行法の保全処分は、偏頗行為否認を前提として、その結果たる金銭返還請求権を保全するための仮差押えとしても行うことができる。

　裁判所は、更生手続開始申立てがあった時から当該申立てについての決定があるまでの間において、否認権を保全するため必要があると認めるときは、更生債権者等の利害関係人[131]の申立てにもとづいて、または職権によって仮差押えや仮処分などの保全処分を命じることができる（39の2Ⅰ）[132]。保全管理人が選任されているときには、財産の管理処分権がその者に専属するので（32Ⅰ本文）、保全処分の申立権も保全管理人に専属する（39の2Ⅰかっこ書）[133]。保

---

130) 議論の状況については、伊藤・破産法〈第3版補訂版〉91頁参照。なお、更生手続が開始されれば、管財人は、否認権行使にかかる権利を被保全権利として仮処分や仮差押えという民事保全の申立てができることは当然である。

131) 更生会社財産たるべき財産を保全する趣旨で、開始前会社も利害関係人に含まれる。破産手続における債務者本人について条解破産法1102頁、新破産法の基本構造431頁〔山本克己、田原睦夫発言〕参照。

132) 所有権移転の場合には、目的物についての処分禁止、抵当権設定の場合には、当該抵当権の処分禁止および実行禁止の保全処分などが典型的なものである。
　　管財人が目的物の返還を求めるかその価額や差額の償還を求めるかについて選択できることを前提として（本書449頁）、保全処分の内容として、目的物自体を確保するための処分禁止の仮処分を行ったときに、価額償還を求める否認権行使に際して仮処分の効力を仮差押えに転換できるかどうかという議論がある。破産に関し、新破産法の基本構造434頁〔松下淳一発言〕参照。
　　なお、この保全処分は、更生手続開始によって当然に失効するわけではないが（94Ⅱ参照）、更生手続開始申立棄却または却下決定がなされたときには、失効すると解され、棄却決定の場合に限って、新たな保全処分申立ての可能性がある（44Ⅱ）。

全処分の前提となる必要性とは，更生会社財産に属すべき財産について否認対象行為の存在が窺われ，処分禁止の仮処分などがなされないと，受益者から転得者への譲渡などがなされるおそれがあり，管財人による否認権の行使が困難になることを意味する。

この保全処分は，一般の財産保全処分（28Ⅰ）と異なって，その効果が更生手続開始に吸収されるものではなく，否認の請求（95Ⅰ）などの手続を経て初めてその目的を達するものであり，被保全権利としての否認権を前提とする。その点で，この保全処分は，むしろ民事保全法にもとづく保全処分（民保1参照）とその性質を同じくする。一般の財産保全処分と異なって，立担保の可能性があること（39の2Ⅱ），民事保全法の規定の一部が準用されること（94Ⅳ）は，この性質にもとづくものである[134]。

裁判所は，必要性の変化などに応じて保全処分を変更し，または取り消すことができる（39の2Ⅲ）。保全処分および変更または取消申立てについての裁判に対しては，即時抗告が認められるが（同Ⅳ），即時抗告に執行停止の効力はない（同Ⅴ）。保全処分等の裁判の裁判書は当事者に送達され，送達代用公告に関する規定（10Ⅲ本文）は適用しない（39の2Ⅵ）。なお，更生手続開始申立棄却決定に対して即時抗告（44Ⅰ）がなされたときには，本来であればこの保全処分を発令する余地はないが（39の2Ⅰ参照），即時抗告が認められて更生手続開始決定がなされる可能性があるので，保全処分の可能性が認められる（44Ⅱ）。

更生手続が開始された場合には，保全処分にかかる手続を続行するかどうか

---

[133] この場合，更生債権者等には申立権は認められない（条解破産法1103頁）。また，保全管理人がこの申立てをする場合に，それが要許可事項として指定されていれば（32Ⅲ・72Ⅱ⑤），裁判所の許可を得る必要がある。

なお，保全管理人による否認権のための保全処分とは別に，更生債権者が詐害行為取消権を保全するために民事保全法にもとづく保全処分を申し立てることについては，保全管理段階では，詐害行為取消訴訟の提起や続行が制限されていないこと（34条2項における52条の2の不準用）などの理由から，これを認める考え方が有力であるが（破産について，新破産法の基本構造433頁〔田原睦夫，花村良一，山本克己発言〕），本書では，更生会社財産保全の責任を保全管理人に専属させるという保全管理命令の趣旨から，消極説をとる。

[134] 否認対象行為の存在に関しては，否認の要件（86など）の疎明が必要になる。疎明を定める民事保全法13条2項は，準用の対象となっていないが，後に否認の請求や否認訴訟などの手続が予定されている以上，保全処分の段階で証明を要求する理由はない。役員等の財産に対する保全処分についても，同様に考えられる。

は，否認権の成否に関する管財人の判断に委ねられる。管財人は保全処分にかかる手続を続行することもできるが（94Ⅰ，会更規25の2ⅠⅡⅣ）[135]，開始決定から1月以内に続行しなければ，保全処分はその効力を失う（94Ⅱ）。続行しようとする場合には，管財人は，すでに立てられている担保（39の2Ⅱ）の全部または一部が更生会社財産に属する財産でないときは，それを更生会社財産による担保に変換しなければならない（94Ⅲ，会更規25の2Ⅲ）。否認権は，更生債権者等の利益のために更生会社財産を増殖することを目的として行使されることを前提としたものである。なお，管財人が続行する手続については，本案の起訴命令（民保37Ⅰ～Ⅳ Ⅷ）など民事保全法の規定の一部が準用される（94Ⅳ）[136]。民事保全規則の規定についても同様である（会更規25の2Ⅵ）。

9 更生手続開始前の役員等の財産に対する保全処分

裁判所は，更生手続開始申立てがあった時から当該申立てについての決定があるまでの間においても，緊急の必要があると認めるときは，開始前会社または保全管理人の申立てにより[137]または職権で，当該会社の役員等の責任にもとづく損害賠償請求権を保全するための当該役員等の財産に対する保全処分，および役員等に対する会社法52条1項，213条1項または286条1項の規定による不足額の支払請求権を保全するための当該役員等の財産に対する保全処分をすることができる（40Ⅰ・99Ⅰ）。

役員等に対する上記の損害賠償請求権や不足額支払請求権の行使は，更生手

---

[135]　保全処分の執行着手前に更生手続が開始された場合に管財人が承継執行文の付与を受けて執行に着手する（民保43Ⅰ但書・46，民執27Ⅰ）など，手続の段階に応じた続行の態様については，新破産法の基本構造437頁〔小川秀樹発言〕，条解破産法1108頁参照。
　　なお，管財人が新たに否認権行使を保全するための保全処分を求めようとすれば，民事保全法の定める手続によることになるが，立法論としては，管財人が特殊保全処分として，否認権のための保全処分を求める可能性を認めることも検討に値する。本文で述べたように，この保全処分は，本質的には民事保全法による保全処分と性質を同じくすること，現に更生事件を担当する裁判体の方が適正かつ迅速な判断を期待できること，実際には，管財人の調査によって初めて否認対象行為の存在が明らかになることなどがその理由である。
[136]　準用規定は，保全処分の相手方の保護に関するものを中心とする。破産管財人による続行の場合における準用について，一問一答新しい破産法240頁，条解破産規134頁参照。
[137]　訴えの提起が監督委員の同意事項とされている場合（35Ⅱ），または保全管理人の行為についての裁判所の許可事項とされている場合（32Ⅲ・72Ⅱ⑤）には，開始前会社または保全管理人は，同意または許可をえて申立てをすることになる。
　　また，否認権のための保全処分と異なって，更生債権者等や株主などの利害関係人には申立権が認められない。したがって，株主が，この保全処分に代えて，株主代表訴訟（会社847）を本案として，民事保全法にもとづく保全処分を求めることも許されよう。

続開始後に管財人によって査定の申立ての方法によって行われるべきものであり (100)，それについての保全処分も更生手続開始後に予定されているが (99)，緊急の必要があるときには，更生手続開始申立てからそれについての決定があるまでの間においても，保全処分の発令が認められる[138]。第三者に対する保全処分という点で類似の性質を持つ否認権のための保全処分が，「否認権を保全するため必要があると認めるとき」に発令しうるのと比較すると，ここでの発令の要件として，「緊急の必要があると認めるとき」とされているのは，損害賠償請求権等の相手方が役員等として定まっているところから，当該役員等がその財産を隠匿または費消をするおそれがあるなどの特別の事情が認められる場合に限って，保全処分の発令を認める趣旨である[139]。

　保全処分の内容は，役員等（発起人，設立時取締役，設立時監査役，取締役，会計参与，監査役，執行役，会計監査人または清算人）の責任にもとづく損害賠償請求権を保全するための当該役員等の財産に対する保全処分（40Ⅰ・99Ⅰ①），および役員等（設立時監査役，会計参与，監査役，会計監査人および清算人を除く）に対する会社法52条1項，213条1項または286条1項の規定による不足額の支払請求権を保全するための当該役員等の財産に対する保全処分である（40Ⅰ・99Ⅰ②）。更生手続開始申立棄却決定に対して即時抗告がなされ（44Ⅰ），それについての裁判があるまでの期間についても同様である（同Ⅱ）。

　保全処分の被保全権利は，役員等に対する損害賠償請求権等であり，それが金銭債権であることから，保全処分の内容は仮差押えが通常である。申立権者は，当該請求権について管理処分権をもつ者であり，保全管理人が選任されていれば，保全管理人，選任されていなければ，開始前会社である。

　同じく第三者を相手方とする否認権のための保全処分の場合には，立担保が要求される可能性があるが（39の2Ⅱ），この保全処分については，立担保は要求されない。これは，純然たる第三者である否認の相手方と異なって，役員等

---

138) 更生手続開始決定がなされれば，保全処分の効力は存続する。更生手続開始申立てが却下または棄却されれば，保全処分は失効するが，棄却決定の場合には，即時抗告がなされれば，さらに保全処分が発令される可能性がある（44Ⅱ）。
139) 破産法について，条解破産法1132頁参照。なお，手続開始後の場合には，「必要があると認めるとき」に保全処分の発令可能性がある（99Ⅰ柱書）。ただし，否認権のための保全処分と異なって，相手方が役員等の内部者であること，立担保が要求されていないことなどを考慮すれば，要件の判断が厳格にすぎないよう注意すべきである。

が開始前会社の内部者（86の2Ⅱ①参照）とみなされることを考慮したものである。

　申立てまたは裁判所の職権によって保全処分が発令されれば，裁判所書記官の嘱託にもとづいて当該財産について保全処分の登記，登録がなされる（260Ⅰ②・265）。また，裁判所は，必要に応じて保全処分を変更し，または取り消すことができる（40Ⅱ・99Ⅱ）。変更または取消しについても，登記，登録の嘱託がなされる（260Ⅱ・265）。申立ての取下げ等の理由によって保全処分が失効した場合も同様である（260Ⅱ・265）。

　保全処分決定およびその取消しまたは変更決定に対しては，即時抗告による不服申立てが認められるが（44Ⅱ・99Ⅲ），執行停止の効力はない（44Ⅱ・99Ⅳ）。これらの決定および即時抗告についての裁判があった場合には，その裁判書が当事者に送達される（44Ⅱ・99Ⅴ前段）。送達代用公告の規定（10Ⅲ本文）は適用されない（44Ⅱ・99Ⅴ後段）。

第4項　更生手続開始決定

　適法な申立権者から申立てがなされ，その者が主張することができる手続開始原因の存在が証明され，かつ，手続開始の条件が満たされているときには，裁判所は，更生手続開始をなす（41Ⅰ）[140]。開始決定については裁判書を作成し，裁判書には，決定の年月日時を記載しなければならない（会更規18）。開始決定は，その確定を待たず，決定の時からその効力を生じる（41Ⅱ）[141]。

　更生手続開始決定の効力としては，債権者に対する関係では，更生債権等に対する弁済禁止（47Ⅰ）や更生債権者等による個別執行，担保権実行や国税滞

---

[140]　開始申立てから開始決定までの期間は，株式会社の申立てであるか，債権者の申立てであるか，事前相談がどの程度なされているか，DIP型かどうかなどの要素が影響するので，一般的にいうことはできないが，標準的な株式会社申立事件の場合には，申立てから1月程度で開始決定がなされ，DIP型では，3週間程度といわれる。菅野・前掲論文（注1），腰塚和男＝成田敏「会社更生と民事再生との選択」講座（3）42頁，最新実務8，20頁参照。

　手続開始原因の存在が証明されず，または手続開始の条件が満たされていないと判断する場合には，手続開始申立てを棄却する（注16参照）が，その場合は，破産法による保全処分の可能性があり，また棄却決定が確定すれば，牽連破産へ移行する可能性が認められる（252Ⅰ・234①）。これに対して，申立ての際に必要な手続開始原因の疎明や申立資格要件の疎明（20）がなされていない場合には，開始申立てが却下される（注23参照）。この場合には，牽連破産への移行措置は規定されていないが，検討の余地はあろう。

納処分，あるいは他の倒産処理手続の禁止や中止など（50 I II）が中心となる。また，更生会社に対する関係では，その事業の経営権および財産管理処分権が裁判所が選任した管財人に専属し（72 I），管財人は，更生手続の機関として，善良な管理者の注意をもってその職務を行うなどの義務を負う（80 I）。これらの効果の詳細については，それぞれの箇所で説明する。

1　同時処分事項

裁判所は，更生手続開始決定と同時に，1人または数人の管財人を選任し，かつ，更生債権等の届出をすべき期間（債権等届出期間）および更生債権等の調査をするための期間（債権等調査期間）を定める（42 I）。これを同時処分事項と呼ぶ。債権等届出期間は，原則として更生手続開始決定日から2週間以上4月以下（知れている更生債権者等で日本国内に住所，居所，営業所または事務所がないものがある場合には，4週間以上4月以下），債権等調査期間は，債権等届出期間の末日と調査期間の初日との間に1週間以上4月以下の期間をおき，1週間以上2月以下の期間が定められる（会更規19 I）[142]。債権等届出期間から債権等調査期間まで猶予期間がおかれたのは，管財人が届け出られた債権について調査を行い，認否書を作成，提出する負担（146 I III）を考慮したものである。

また，同時処分の一つとして，更生債権者等の数が多数である場合の通知および呼出しの省略の決定がある（42 II）[143]。すなわち，知れている更生債権者等の数が1000人以上であり，かつ，相当と認めるときは，裁判所は，管財人，債権等届出期間または債権等調査期間を変更した場合における変更の事実の通知（43 V 本文・III①・I②③），更生手続開始決定の取消決定が確定した場合の

---

[141]　これは，更生手続開始の効果を迅速，かつ，画一的に生じさせるためのものである（条解破産法238頁参照）。これと比較して保全管理命令の場合には，送達を要し（31 II），送達によって効力を生じると解されるところから，問題が生じる（本書80頁）。

　　　ただし，決定時の意義については，①決定書への裁判官の記名押印時，②裁判官が裁判所書記官に決定書を交付した時，③裁判所書記官が送達機関に決定書正本を交付した時，④記名押印した決定書が利害関係人にあてて発送された時，⑤裁判官が決定の効力を発生させる時として決定書に記載した時などの各説が分かれる。裁判の効力発生という理論的視点からは，④が優れていると思われるが，更生会社などに対する通知（43 III①）の発送を予定する時点を決定書に記載するとすれば，⑤説との間に差異を生じることは想定しにくい。破産手続開始決定について条解破産法239頁参照。

[142]　特別の事情がある場合には，例外の取扱いが認められる（会更規19 I 柱書）。たとえば，極めて多数の更生債権者等が存在する場合や外国債権者が存在する場合であって，債権届出期間の周知に相当の時間を要することが予想されるときである。条解会更規67頁。標準的な期間については，腰塚＝成田・前掲論文（注140）42頁，最新実務181頁参照）。

取消決定の主文の通知（44Ⅲ本文）について，知れている更生債権者等に対する通知をせず，かつ，届出更生債権者等（138～140・142）を関係人集会[144]の期日に呼び出さない旨の決定をすることができる。

これらの通知や呼出しを省略することによって，手続費用の負担を軽減し，結果として更生債権者等の利益を図ることを目的とする。ただし，更生債権者等のための周知措置として，裁判所は，日刊新聞紙への掲載またはインターネットの利用等の方式であって裁判所が定めるものによって，管財人が，個別的通知を省略する事実等や関係人集会の期日を周知させるための措置をとるものとすることができる（会更規19Ⅱ）。

2 付随処分事項

裁判所は，更生手続開始決定後直ちに以下の処分を行う。これを付随処分と呼ぶ。その趣旨は，破産法32条や民事再生法35条による処分と同様であり，利害関係人に更生手続開始の事実を知らしめ，適切な権利行使の機会を保障することなどにある。

付随処分の第1は，更生手続開始決定主文（43Ⅰ①），管財人の氏名または名称（同②），債権等届出期間および債権等調査期間（同③），ならびに財産所持者等すなわち更生会社の財産の所持者および更生会社に対して債務を負担する者は，更生会社にその財産を交付し，または弁済をしてはならない旨（同④）の公告である（同柱書本文）。

これに加えて，更生会社が発行した社債について社債管理者等（社債管理者または担保付社債信託法2条1項に規定する信託契約の受託会社をいう）がある場合における当該社債についての更生債権者等の議決権は，法190条1項各号のいずれかに該当する場合（同条3項の場合を除く）でなければ行使することができない旨も公告しなければならない（43Ⅰ⑤）。この種の社債についての更生債権者等自身による議決権行使の制限を明らかにするためである（本書613頁参照）。

---

143) この制度は，平成16年改正において，この種の事件における通知等のための費用や事務処理のための負担が過大なものとなり，費用対効果の面で不合理な結果を生じるおそれがあるという視点から，創設されたものである。花村良一「会社更生手続の手続関連規定の整備」新会社更生法の基本構造193頁参照。上場会社等，株主の数が多数の事例では，株主に対する通知（43Ⅲ②）省略の制度も，立法論として検討する必要があろう。ただし，更生会社が債務超過の状態にあることが明らかであれば，通知の必要はない（43Ⅳ②）。

144) もっとも，更生計画案の決議をするための関係人集会は，更生手続の中核的な意義を有するので，呼出し省略の対象からは除外される（42Ⅱ第2かっこ書）。

したがって，社債管理者等がなく，社債についての更生債権者等自身による議決権行使が制限されない場合には，公告の必要はない（同柱書但書）。

また，多数債権者事件について通知および呼出しを省略する決定（42Ⅱ）があったときは，裁判所は，上記の事項に加えて，通知および呼出しを省略する旨をも公告しなければならない（43Ⅱ）。

第2に，管財人，更生会社および知れている更生債権者等（43Ⅲ①），知れている株主（同②），更生会社の財産所持者等（同Ⅰ④）であって知れているもの（同Ⅲ③），保全管理命令（30），監督命令（35）または調査命令（39）があった場合における保全管理人，監督委員または調査委員に対し，公告の対象事項を通知しなければならない（43Ⅲ）[145]。ただし，知れている更生債権者等に対する通知に関しては，更生会社財産が約定劣後更生債権に優先する債権を完済することができない状態にあることが明らかであるときは，知れている約定劣後更生債権者に対する通知は不要である（同Ⅳ柱書・同）。約定劣後更生債権は，破産における約定劣後破産債権（破99Ⅱ）に相当するものであるが，更生会社財産が約定劣後更生債権に優先する債権を完済することができない状態にあるときには，更生手続に関する利害関係が薄いとみなされることが，通知省略の理由である[146]。同様な理由から，更生会社がその財産をもって債務を完済することができない状態にあることが明らかである場合には，知れている株主に対する通知も不要とされる（43Ⅳ柱書・②）[147]。

付随処分事項として公告および通知がなされた管財人の氏名または名称に変更を生じたときは，その旨の公告（43Ⅰ②），管財人等に対する通知（同Ⅲ①～

---

[145] 更生手続開始決定とともに選任の裁判がその効力を失う保全管理人（30Ⅰ参照）に対する通知が規定されるのは，任務終了後も管財人が財産を管理することができるに至るまで必要な処分をする義務を負うことがある（34Ⅰ・82Ⅲ）ためであり，同じく更生手続開始決定とともに選任の裁判の効力が失われる監督委員（35Ⅰ参照）に対して通知がなされるのは，その任務が終了したことを明らかにするためであり，調査委員に通知がなされるのは，その任務が新たな段階に入ったことを知らしめるためである。

[146] このような状況において，約定劣後更生債権者が議決権を有しないこと（136Ⅲ），関係人集会の呼出しがなされないこと（115Ⅱ），事業譲渡についての意見聴取の対象とされないこと（46Ⅲ①），更生計画の認可決定に対する即時抗告も制限されること（202Ⅱ①）なども，同様の理由による。

[147] このような状況において，株主が議決権を有しないこと（166Ⅱ），関係人集会の呼出しがなされないこと（115Ⅱ），事業譲渡についての通知等がなされないこと（46Ⅳ～Ⅷ），更生計画の認可決定に対する即時抗告も制限されること（202Ⅱ②）なども，同様の理由による。

③）および更生会社が上記の状態にある場合の約定劣後更生債権者や株主に対する通知の省略の規定（同Ⅳ）が準用され（同Ⅴ本文前半部分），また付随処分事項として公告および通知がなされた債権等届出期間または債権等調査期間に変更を生じたときにも，その旨の公告（43Ⅰ③），管財人等に対する通知（同Ⅲ①②）および更生会社が上記の状態にある場合の約定劣後更生債権者や株主に対する通知の省略の規定（同Ⅳ）が準用される（同Ⅴ本文後半部分）。ただし，多数債権者事件における通知および呼出しを省略する旨の決定がなされたときは（42Ⅱ），知れている更生債権者等に対しては，変更の通知をすることを要しない（43Ⅴ但書）。

なお，株式会社について更生手続開始の申立てがあったときは，裁判所書記官は，当該株式会社の本店（外国に本店があるときは，日本における主たる営業所）の所在地を管轄する税務署の長ならびにその本店の所在地の属する都道府県および市町村またはこれに準ずる公共団体[148]の長にその旨を通知しなければならない（会更規7Ⅰ）。破産規則および民事再生規則には，これに対応する規定がないが，更生手続においては，国税滞納処分も手続開始前の中止命令の対象となり（24Ⅱ本文），その他様々な手続上の制約などが課されること，また地方税についても同様の取扱いがなされることなどを考慮したものである[149]。

さらに，官庁その他の機関の許可（免許，登録その他の許可に類する行政処分を含む）がなければ開始することができない事業を営む株式会社について更生手続開始の決定があったときは，裁判所書記官は，その旨を当該機関に通知しなければならない（会更規7Ⅱ前段）。官庁その他の機関の許可がなければ設立することができない株式会社について更生手続開始の決定があったときも，同様とする（同後段）。更生手続を進めるためには，これらの機関が重要な役割を果たすことを踏まえた措置である[150]。

---

148) これに準ずる公共団体の長とは，租税等の請求権（2ⅩⅤ）を賦課徴収することができる特別区（地税1Ⅰ①・Ⅱ）の区長や全部事務組合（地税1Ⅳ）の管理者を指す。条解会更規25頁参照。
149) 条解会更規24頁参照。制約の例としては，法24条2項，5項，25条1項，47条1項，50条2項などがあり，手続上の地位に関する例としては，法8条3項および4項，50条3項但書，142条，169条，国税通則法44条1項などが挙げられる。
150) 更生会社の事業を所管する行政庁の意見陳述（8ⅢⅣ）が代表的なものである。通知の対象となる官庁等の具体例については，条解会更規25頁参照。なお，実務上は，更生手続開始申立て後，開始決定までの間に事実上の通知をすることが望ましい場合があろう。

また，更生手続開始決定取消決定の確定（234②），更生計画不認可決定の確定（同③），更生手続廃止決定の確定（同④），更生手続終結決定（同⑤）および更生計画認可決定があった場合も，同様の取扱いがなされる（会更規7Ⅲ）。

付随処分の第3は，法258条に定める登記の嘱託である。更生会社財産の管理処分権は管財人に専属し（72Ⅰ），更生会社が更生手続開始後にした法律行為は更生手続との関係ではその効力を主張することができない（54Ⅰ）ことなどから，更生手続開始の事実を公示し，取引の安全を保護するための措置である[151]。更生手続開始の決定があったときは，裁判所書記官[152]は，職権で，遅滞なく，更生手続開始の登記を更生会社の本店（外国に本店があるときは，日本における営業所）の所在地の登記所に嘱託しなければならない（258Ⅰ）[153]。その登記には，管財人の氏名または名称および住所，数人の管財人の単独職務執行の許可（69Ⅰ但書）があったときはその旨，ならびに数人の管財人について職務分掌の許可（同）があったときはその旨および各管財人が分掌する職務の内容をも登記しなければならない（258Ⅱ）[154]。これらの事項に変更が生じた場合も同様である（同Ⅲ）。

なお，登記官は，更生手続開始の登記をする場合において，更生会社について特別清算開始の登記があるときは，職権で，その登記を抹消しなければなら

---

151) 法258条に対応する旧会社更生法17条について，条解会更法（上）222頁参照。
152) 旧法は，登記および登録の嘱託を裁判所の権限としていた（旧17～19・21Ⅱ・22）。しかし，現行法は，破産法および民事再生法と同様に，裁判所と裁判所書記官の合理的権限配分の観点から，一定の事項についての裁判所書記官権限化の一環として，登記および登録の嘱託も裁判所書記官の権限としている。一問一答新会社更生法235頁，伊藤157頁参照。
153) 現行会社更生法制定当初は，旧会社更生法の規定（旧17Ⅰ）の規定を引き継いで，会社の支店の所在地の登記所にも嘱託しなければならないこととされていたが（旧246Ⅰ），会社法930条2項によって，支店の所在地における登記事項が限定されたため，更生手続開始にもとづく登記嘱託の相手方も本店所在地の登記所に限定された。村松秀樹＝世森亮次「会社法の施行に伴う破産法・民事再生法・会社更生法の改正の概要」金法1753号18頁（2005年）参照。
154) この登記嘱託も，現行法が，取引の相手方の信頼の保護および更生会社の利益保護という視点から新設したものである。なお，数人の管財人があるときに，裁判所の許可を受けることなく単独職務執行がなされたり，また職務分掌に反した職務執行がなされたりした場合に，その行為の効力に関して，相手方の善意や重過失が問題となることがありうる（会社354参照）。しかし，単独職務執行や職務分掌についての登記がなされている以上，多くの場合に，相手方の重過失が認められることになろう。一問一答新会社更生法236頁参照。

ない（同Ⅷ）。更生手続の特別清算手続に対する優先性（50Ⅰ参照。本書718頁）にその根拠がある[155]。

これに対して，更生会社財産に属する権利については，更生手続開始にもとづく登記がなされない。旧会社更生法18条1項は，更生会社の財産に属する権利で登記したものがあることを知ったときは，裁判所が，職権で遅滞なく，更生手続開始の登記を嘱託することを義務づけていた。しかし，この登記は，対抗要件としての意義を持たず[156]，また，取引の相手方に対する警告としては，更生会社についての更生手続開始決定の登記で足りること，多数の財産上の権利について登記の嘱託をすることは煩瑣にすぎることなどを考慮して，現行法は，破産法および民事再生法と同様に，更生会社の財産に属する権利についての更生手続開始の登記嘱託の制度を廃止している[157]。

第5項　更生手続開始申立てについての裁判に対する不服申立て

更生手続開始申立てについての裁判に対しては，利害関係人が即時抗告の方法によって不服を申し立てることができる（9・44Ⅰ）。抗告期間は，更生手続開始決定の場合には，公告が効力を生じた日から2週間であり（9後段），更生手続開始申立棄却決定のように，公告がなされない場合には，裁判の告知を受けた日から1週間である（13，民訴332)[158]。

1　即時抗告権者

不服申立てを認められる利害関係人の範囲は，裁判の内容によって異なるが，基本的な考え方は，裁判について法律上の利害関係を持つかどうかによって判断される。

第1に，更生手続開始申立てを却下する裁判については，それが債権者申立ての場合（17Ⅱ①）には，株式会社には不利益が存在しないから，不服申立権

---

155)　特別清算にもとづく保全処分によって更生会社に属する権利について登記がなされているときに（会社938ⅢⅣ），裁判所書記官がその抹消登記を嘱託しなければならないのも（260Ⅲ），同様の理由による。

156)　条解会更法（上）232頁では，「この登記の効力は，……取引の混乱を防ぐための事実上の効果を期待してなされるものにすぎない」と説明される。

157)　一問一答新会社更生法236頁，条解破産法1647頁，伊藤122，606頁参照。

158)　開始決定をした原審が即時抗告にともなって再度の考案にもとづく更正決定として，開始決定を取り消して開始申立てを棄却した場合の即時抗告期間も，更正決定の告知の日から1週間と解される。条解会更法（上）476頁，条解破産法273頁参照。

が否定され，他の債権者の申立権にも法律上の影響を生じないから，他の債権者の不服申立権も否定される[159]。したがって，不適法とされた申立債権者のみに不服申立権が認められる。株主による申立ての場合（同②）についても，同様に考えるべきである。株式会社自身による申立ての場合（同Ⅰ）にも，同様の理由から他の申立権者は不服申立権が否定され，申立人のみの不服申立てが許される。

第2に，管轄違いを理由とする移送決定に対しては，申立人のほかに，債権者申立ての場合には，株式会社に不服申立権が認められる。株式会社は特定の裁判所が更生裁判所となることについて手続上の利益をもつからである[160]。

第3に，債権者による更生手続開始申立てを棄却する決定については，申立債権者のほか，他の債権者や株主にも不服申立権が認められるかどうか，考え方が分かれる。しかし，申立てが適法であることを前提とすれば，否認や相殺禁止との関係で（86Ⅰ②・86の3Ⅰ①・88Ⅰ・90・49Ⅰ④・同Ⅱ③・49の2Ⅰ④・同Ⅱ③），申立資格（17Ⅱ）を有する他の債権者や株主も当該申立てにもとづいて更生手続を開始させることに法律上の利害関係をもつことに着目して，不服申立権を認めてよい[161]。株主による申立てを棄却する決定についても，同様に他の株主や債権者にも不服申立権が認められる。また，株式会社による申立てを棄却する決定についても，申立人のほかに，債権者や株主に不服申立権が認められる[162]。

第4に，更生手続開始決定に対しては，債権者申立てや株主申立ての場合には，株式会社および他の債権者や他の株主が，株式会社の申立ての場合には，債権者や株主が不服申立権を認められる。株式会社は，更生手続開始によって事業経営権や財産管理処分権を剥奪されるので（72Ⅰ参照），法律上の利害関係

---

159) 更生能力の欠缺を理由とする更生手続開始申立却下決定が問題となるが，他の申立権者に与える影響は事実上のものと考えられる。
160) 伊藤131，607頁。ただし，移送決定は更生手続開始申立てについての裁判にあたらないとする考え方が多数である。条解会更法（上）169頁，条解破産法268頁など参照。
161) 条解破産法269頁など。ただし，破産宣告（破産手続開始決定）に関する判例（大決大正15・12・23民集5巻894頁）は，不服申立権を否定する。なお，不服申立権を申立資格（17Ⅱ）を有する債権者や株主に限定すべきことについては，条解会更法（上）464頁参照。
162) 再生手続について否定するものとして，新注釈民再法（上）178頁〔武笠圭志〕。再生手続においては，債権者の開始申立権が例外的なものと考えられることなどがその理由であるとされる。

をもつし，債権者もその個別的権利行使を制限されるので（47 I），自らが申立人となっている場合を除いて，更生手続開始決定について法律上の利害関係にもとづく不服申立てを認められる[163]。株主も会社の意思決定に参画する機会を失い，また，更生計画によってその権利を変更されるところから，法律上の利害関係を認められる。なお，法41条2項との関係で（本書63頁注71参照），不服申立方法たる即時抗告に執行停止の効力は認められない[164]。

2 抗告審の審判

即時抗告による不服申立が原裁判所によって受理されると（13，民訴331・286），抗告が不適法で，その不備を補正することができない場合（13，民訴331・287）および再度の考案によって原決定が更正される場合（13，民訴333）を除き，裁判所の判断に応じて，裁判所書記官は，抗告事件の記録のみを抗告審に送付すれば足りる（会更規5 I）。ただし，抗告審が必要と認めれば，更生事件の記録が送付される（同Ⅱ）。

抗告審は，原決定の内容に応じて手続的要件および実体的要件を審査した上で，裁判を行う[165]。更生手続開始決定の要件，特に更生手続開始原因の存否は，抗告審の審理終結時を基準として判断する。原審の段階で更生手続開始原因がなくとも，抗告審でそれが生じていれば，抗告審による開始決定がなされるし，逆に，原審の段階で更生手続開始原因が存在しても，抗告審で消滅していれば，開始決定は取り消される。抗告を不適法として却下する場合のほか，

---

163) 申立資格（17Ⅱ）を有するかどうかを問わない。株主についても同様である。条解会更法（上）465頁参照。
　　その他，取締役などの会社の機関が不服申立権を認められるかどうかという問題がある。会社の機関としての権限が制限されることを考えれば，法律上の利害関係を肯定できる。しかし，このような効果は，確かに法律上のものではあるが，副次的なものにすぎず，株式会社自身とは別に，取締役の更生手続開始決定に対する不服申立てを基礎づけるほど重大なものとは思われない（合資会社の破産について，無限責任社員の即時抗告権を否定した大決大正5・1・26民録22輯29頁参照）。ただし，破産手続開始決定については，取締役などに即時抗告権を認める考え方が多数である。条解破産法270頁参照。
164) 破産宣告（破産手続開始決定）について大判昭和8・7・24民集12巻2264頁〔新倒産百選6事件〕があり，通説もこれを支持している。ただし，実務上の運用としては，事案の内容に応じ，抗告審によって更生手続開始決定が取り消される可能性を考慮して，管財人は，緊急を要する業務のみを行うことが考えられる。
165) 高等裁判所が抗告審となるから，一般原則として再抗告は認められないが（裁7②参照），特別抗告（民訴336）や許可抗告（民訴337）の可能性はある（伊藤・民訴法711頁参照）。

抗告審の判断としては，以下のようなことが考えられる。

第1に，原決定が更生手続開始決定であるときには，すでに更生手続が開始されているので（41Ⅱ），手続的要件のうち申立人たる債権者や株主の申立資格（17Ⅱ）の存否は，抗告審で争う余地はない[166]。抗告審は，更生手続開始決定を正当とするときは，抗告を棄却するが，それを不当とするときには，開始決定を取り消した上で，更生手続開始申立てを却下または棄却する。開始決定が取り消され，取消決定が確定すると，開始決定にもとづく効果は遡って消滅する。再度の考案にもとづく取消しについても同様である。

したがって，事業経営権や管理処分権の剥奪（72Ⅰ参照），更生債権等の弁済の禁止（47Ⅰ）[167]，訴訟手続の中断（52Ⅰ），強制執行等の中止（50Ⅰ）などの効果も遡及的に消滅する。ただし，すでに実施された更生手続の残務整理の限度では，管財人の権限が認められるし（82ⅢⅣ・234②），また，管財人がその権限にもとづいて行った行為で，第三者を相手方とするものは，その効力を失わない[168]。さらに，更生手続開始決定の場合の付随処分に対応するものとして，更生手続開始決定取消決定の公告や，知れている債権者等への通知などの処分が行われる（44Ⅲ）。また，登記の嘱託に関しては，法258条7項（234②）の規定がある。

第2に，原決定が更生手続開始申立却下または棄却決定であり，これに対して，抗告審が申立てを適法とし，かつ，更生手続開始原因の存在を認めるときには，原決定を取り消さなければならないが，その後の手続としては，抗告裁判所が自判として更生手続開始決定および同時処分を行うとする考え方，同時処分のうち，管財人の選任のみをなすとする考え方，事件を原審に差し戻して，原審が更生手続開始決定および同時処分をなすとの考え方が分かれている[169]。しかし，他の手続の中止命令等（24），包括的禁止命令（25），開始前会社の業務および財産に関する保全処分（28），保全管理命令（30）を発令する可能性が

---

[166] また，更生手続開始申立ての取下げも問題とならない（23前段参照）。
[167] 更生債権の届出による時効中断の効力（民152）は，更生手続開始決定取消決定の確定まで裁判上の催告としての効力を認められる（条解破産法281頁）。
[168] 破産手続についても同様の問題があり，旧破産法下では，旧破産法156条2項によって同法355条の規定が破産取消しの場合に準用されることが法文上の根拠とされていたが（大判昭和13・3・29民集17巻523頁），現行法下では，破産法90条2項が根拠の一つとなる（条解破産法280頁参照）。更生手続においても，法82条4項が根拠の一つとなろう。
[169] 破産手続における学説の詳細については，条解破産法276頁参照。

認められていること（44Ⅱ）を踏まえると，抗告審としては，事業経営の混乱や会社財産の散逸を防ぐために必要がある場合には，これらの命令を発令し，更生手続開始決定および管財人の選任等の処分は原審に委ねるべきものと考える[170]。

---

170) 条解破産法 277 頁。

第3章　更生手続の機関および利害関係人

「窮境にある株式会社について，更生計画の策定及びその遂行に関する手続を定めること等により，債権者，株主その他の利害関係人の利害を適切に調整し，もって当該株式会社の事業の維持更生を図る」(1) という更生手続の目的を実現するためには，そのために必要な様々な行為をなす機関と，それらの行為が適正になされるための監督を行う機関の活動が求められる[1]。更生手続において中心となる機関は，管財人であるが（72Ⅰ参照），更生手続開始前の段階で開始前会社（2Ⅵ）の取締役に代わって事業経営権や財産管理処分権を行使する機関たる保全管理人（30ⅠⅡ）が選任されることがあり，また，開始前会社の事業の経営や財産管理等を監督する必要がある場合には，裁判所が監督委員を選任し（35ⅠⅡ），手続開始の前後を通じて開始前会社や更生会社（2Ⅶ）の財産や業務の状況を調査する必要がある場合には，調査委員を選任する（39・125Ⅰ）。

　これらの機関は，いずれも裁判所（本書131頁参照）の監督に服するので（34Ⅰ・38・68Ⅰ・126），裁判所も更生手続の機関としての性質をもつ。さらに，更生債権者，更生担保権者，株主という更生手続の利害関係人が集団としての意思決定をしたり，そのための判断資料を収集することを目的とする機関として関係人集会があり（114），更生債権者，更生担保権者，株主それぞれの利益を代表して，更生手続の進行に関与する機関として，更生債権者委員会，更生担保権者委員会，株主委員会がある（117ⅠⅥⅦ）。

　各機関の相互関係は以下のように整理される。更生手続遂行の中心になるのは，管財人である。更生管財業務の最終目的は，更生計画の策定とその遂行を通じて，債権者，株主その他の利害関係人の利害を適切に調整し，もって更生会社の事業の維持更生を図ることに集約されるが（1参照），その目的を実現するために，管財人は，事業の経営と財産の管理処分を行うほか，否認権の行使を通じて更生会社財産（2ⅩⅣ）を増殖し，更生会社をめぐる実体的法律関係を

---

1)　機関の全体像について，永野厚郎「会社更生手続における機関とその権限」新・裁判実務体系（21）58頁参照。

整理したりすることによって，その管理下の財産をあるべき更生会社財産の範囲に一致させる。また，更生計画による権利変更や弁済の相手方となる更生債権者等（更生債権者または更生担保権者。2XIII）の権利内容を調査・確定する手続に関与することも，管財人にとって欠くことのできない職務に属する。

さらに，社会的影響の大きい事件では，利害関係人や更生会社の利益だけではなく，会社の活動の結果として生じた権利義務や法律関係を整理して，社会正義の実現にも配慮することが要請される。この視点からみると，管財人は，単に利害関係人や更生会社の利益を実現するだけではなく，事件によっては，社会正義を実現するよう職務を遂行しなければならない。後に述べるように，現在の実務では，弁護士が単独で，または事業家とともに管財人に選任されるのが通例であるが，それは，このような管財人の職務内容を考慮したものと思われる[2]。

次に，裁判所の職務のうち，更生手続開始決定（41Ⅰ）や更生計画認可または不認可の決定（199Ⅰ）などは，裁判機関としての職務に属する。これに対して，手続機関としての裁判所の職務の中心となるのは，第1に，管財人，保全管理人，監督委員あるいは調査委員に対する監督である（34Ⅰ・38・68Ⅰ・126）。裁判所は，一般的にこれらの機関の職務遂行を指揮する権限をもつわけではないが，法律が定める特定の重要な事項について報告を受け（34Ⅰ・82・84・37・39・125，会更規17Ⅰ・21・32Ⅱ），あるいは許可を与えるなどの形で（32Ⅰ但書・Ⅲ・72Ⅱなど），管財人などに対する監督権を行使し，かつ，善管注意義務（34Ⅰ・38・80Ⅰ・126）および忠実義務など管財人などの一般的義務について，その違背がないかどうか監督する。

第2に，裁判所は，関係人集会の指揮（116）など手続の遂行そのものにかかわる。立法政策としては，手続の遂行を全面的に管財人に委ねることも考えられるが，現行法は，これを裁判所の任務としている[3]。

最後に関係人集会と更生債権者委員会等の役割について述べる。利害関係人の中で更生手続にもっとも密接な利害関係をもつのは，更生計画にしたがって

---

[2] 弁護士職務基本規程前文，1条および5条などが関係する。「解説『弁護士職務基本規程』」自正56巻臨時増刊号1，3，7頁（2005年）参照。破産管財人の職務遂行に関する公益的側面については，伊藤眞「破産管財人の職務再考——破産清算による社会正義の実現を求めて」判タ1183号35頁（2005年）参照。職務の内容に差異はあるが，基本的には，同様のことが更生手続の管財人にも妥当しよう。

権利変更や弁済を受ける更生債権者等と株主であり，更生手続の第１次的目的は，更生計画によって「債権者，株主その他の利害関係人の利害を適切に調整」(1) することにある。関係人集会の中核的役割は，更生会社の財産や経営の状況を把握した上で (85Ⅰ～Ⅲ，会更規25Ⅰ但書・29)，更生計画案についての議決を通じて，当該更生手続の根本規範定立についての意思決定をするところにある (189Ⅱ①③・191・196)。

これに対して，更生債権者委員会等 (117ⅠⅥⅦ) は，それぞれの委員会の構成員である更生債権者，更生担保権者，株主の利益を代表して，管財人の職務執行を監視し，手続が適正に進められるよう，重要な情報を利害関係人に開示し，また利害関係人の意見が管財人の職務遂行や裁判所の判断に反映されるようにする機能を期待されている。更生計画の定めによらない事業譲渡についての意見陳述 (46Ⅲ①②)，関係人集会の招集申立て (114Ⅰ②～④)，更生債権者委員会等の意見聴取や管財人からの報告徴求 (117ⅡⅥⅦ・118Ⅱ・119・120・121) などがこれにあたる。

第１節　管　財　人[4]

　管財人は，更生手続開始と同時に裁判所によって選任される (42Ⅰ・67Ⅰ)[5]。管財人の資格要件について，旧会社更生法は，旧破産法と異なって[6]，個人だけではなく，法人も認めていたが (旧95Ⅰ)，現行法もそれを引き継いで，個人および法人に管財人被選任資格を認めている (67ⅠⅡ)[7]。そして，管財人たるべき個人および法人については，役員等責任査定決定を受けるおそれのあると認められる者を除いて (67Ⅲ参照[8])，その資格等に関する特別の制限はない

---

3) アメリカ連邦倒産法は，会社更生に相当する第11章手続を含めて，裁判所を手続の遂行任務から解放し，占有債務者 (debtor in possession) や管財人に対する監督的役割を最小限にとどめ，各手続における争訟解決の役割を重視している (髙木8頁)。そして，手続遂行主体に対する監督等は，連邦管財官に委ねられる (福岡72頁)。これと比較すると，わが国の裁判所は，ドイツ法の伝統を受け継いで，手続の主宰者という性格が強いといえよう。

4) 管財人は，破産管財人や再生手続の管財人と区別する意味で，更生管財人と呼ばれることが多い。

5) 例外的に更生手続開始後に選任される場合としては，追加選任，辞任 (会更規20Ⅴ) もしくは解任 (68Ⅱ) または死亡による後任管財人の選任がある。

6) 旧破産法について，伊藤45頁参照。

が，管財事務を適切に遂行できる者でなければならないから（会更規20Ⅰ参照)[9]，行為能力が制限されている個人などは，実際上除外される。現在の実務では，法律知識が必要であるとの理由から，経験年数などを基準として，弁護士の中から選任され，あわせて更生会社の規模などに応じて事業経営について専門的知見を有する者を管財人に選任することがある。このような場合には，弁護士である管財人を法律家管財人，事業経営の任にあたる管財人を事業家管財人と呼ぶことがある[10]。

---

7) 法人が管財人に選任された場合には，当該法人は，役員または職員のうちから管財人の職務を行うべき者を指名し，指名された者の氏名を裁判所および更生会社に通知しなければならない（会更規20Ⅱ)。この規定は，旧会社更生法95条2項を引き継いだものである。法人の管財人の実例としては，日本航空グループの更生事件における企業再生支援機構がある。山本和彦「企業再生支援機構とJALの更生手続」ジュリ1401号17頁（2010年)，菅野博之「東京地方裁判所における会社更生事件の運用の実情と今後の展望」法の支配159号32頁（2010年）参照。

8) この規定は，現行法が創設したものであるが，いわゆるDIP型会社更生として，更生会社の役員を管財人に選任する可能性を前提とし，かつ，不適切な者を被選任資格者から排除するための措置である。一問一答新会社更生法98頁参照。

9) 実際には，①経営者としての資質・能力があること，②危機管理能力があること，③指導力・交渉力に富むこと，④公正・公平であること，⑤実績にもとづく信用があることなどが判断要素とされている。会社更生の実務（上）304頁〔押見文哉〕。

10) さらに，近時のDIP型会社更生においては，開始前会社の経営者のみを管財人に任命し，申立代理人や調査委員としての弁護士の協力をえて手続を進めるという運用がなされている。現経営陣を管財人に任命するための前提としては，注9に掲げた一般的資質と能力に加え，①不正行為等の違法な経営責任の問題がないこと，②主要債権者の反対がないこと，③スポンサーの了解がえられていること，④更生手続の適正な遂行が損なわれるような事情が認められないことが挙げられる。菅野・前掲論文（注7)26頁，最新実務17，104頁参照。導入の経緯について，難波孝一ほか「東京地裁商事部における会社更生手続の保全措置の新しい運用について」NBL900号124頁（2009年)，多比羅誠「DIP型会更実務の諸問題」門口退官89頁，導入後の運営の状況について，大門匡ほか「導入後2年を経過したDIP型会社更生手続の運用状況」NBL963号31頁（2011年)，冒頭に掲げた設例の基礎となった事案における，管財人，調査委員，申立代理人および法律家アドバイザーの協力体制を活写するものとして，鐘ヶ江洋祐「DIP型会社更生における管財人と法律家アドバイザー」NBL952号36頁（2011年)，上田裕康ほか「大阪地方裁判所におけるDIP型会社更生事件」金法1922号47頁（2011年)，その他のDIP型事案を含めた実務運用について事業再生における税務・会計Q&A72頁〔佐長功〕参照。また，DIP型管財人の交代事例の報告として，澤野正明＝植村淳子「日本綜合地所における会社更生手続」NBL954号84頁（2011年）がある。
　このようなDIP型手続の盛行は，外部の弁護士などを保全管理人や管財人に任命するのと比較して，経営権保持の可能性を認めることによって早期の手続開始申立てを促す効果がある，迅速に手続を進めることによって時間や費用を節減でき，また，取引先などとの関係の維持にも資するために，事業価値の毀損を避けることができるなどの理由にもと

もっとも，一般的資格要件は満たしていても，当該事件と利害関係をもつ者

づくものと思われる（片山英二「再建型倒産手続の進化」門口退官52頁，伊藤尚「DIP型会社更生に寄せる期待」NBL902号1頁（2009年）参照）。

　もっとも，更生手続において管財人が必置とされるのは，株式会社の形態をとる大規模な事業体の事業の更生を，更生債権者等や株主に対して，その権利の変更という不利益を受忍させることを通じて実現するためには，更生会社の従来の経営組織から独立した，中立かつ公正な立場にある専門家（弁護士）に財産の管理処分，事業の経営，そして更生計画の立案と遂行に関する権限と責任を委ねるべきであるとの立法者の判断にもとづくものであるという考え方にも理由がある（門口正人「会社更生今昔──DIP型会社更生手続というもの？」伊藤＝須藤199頁，鈴木健太郎「DIP型会社更生と事業再生ADR」宍戸善一編著・「企業法」改革の論理189頁（2011年）参照）。

　したがって，経営者を管財人に任命する実務運用は，それが更生手続の目的（1）を実現する上で必須であると認められる事案に限定されるべきものといえよう。具体的には，更生会社の従前の経営者を事業家管財人に任命し，弁護士である法律家管財人とともに執務させるとか，従前の経営者を管財人代理に任命して経営を補助させるとかは別として，単独の管財人として財産管理処分権や事業経営権をその者に帰属させるDIP型は，その者が経営を窮境に陥らせた原因と無縁であることに加え，①取引先や従業員から信頼され，②その者に事業経営権および財産管理処分権を掌握させることが更生会社の事業価値の維持回復にとって不可欠であり，③その者に代えて他に管財人に任命すべき者を見出すことが困難であるなどの事案に限定すべきであろう（具体例について，澤野正明＝田汲幸弘「経営責任との関係および担保返還」NBL955号88頁（2011年）参照。ただし，当該事件でも，事後において事業家管財人が退任し，法律家管財人が選任されている）。上記の4条件は，そのような場合に限って意味を持つものであり，4条件が満たされるからといって，当然にDIP型が適切ということはできない（門口・前掲論文206頁参照）。

　また，近時，更生手続開始申立代理人である弁護士を管財人に任命するなどの事例があり，これを従来の管財人とDIP型管財人との中間に位置するという意味で，中間型と呼ぶことがある（松下淳一「再建型倒産手続における手続機関選任の近時の運用について」門口退官136頁参照）。しかし，再生債務者が業務遂行権や財産管理処分権を保持することが原則である再生手続（民再38Ⅰ）と異なって，更生手続においては，会社から手続開始申立てを受任して，会社の利益のためにその職務を遂行する申立代理人であった者が，裁判所によって選任され，会社の利害とは離れてすべての利害関係人のためにその職務を遂行する管財人になることは，それぞれの職務遂行に際してよって立つ規律が異なることから，特別の事情が認められる場合に限るべきであろう（特別の事情の例としては，更生会社の事業の特質などから，その事業組織の掌握などに相当の時間を要し，新たに別の者を管財人に選任することによってかえって事業価値の毀損や混乱を招くおそれがあること，申立代理人としての職務遂行について利害関係人の間に信頼が醸成され，管財人への任命についての期待が広く存在することなどが考えられる。小畑英一＝島田敏雄「DIP型更生の有用性」NBL958号132頁（2011年）参照）。

　再生債務者の場合にも，再生手続開始後は，債権者に対する公平誠実義務が課され（民再38Ⅱ），申立代理人の職務遂行もそれを反映すべきであるが，再生債権者に対する公平誠実義務と，全利害関係人に対する更生手続の管財人の善管注意義務（80Ⅰ）との間には，自ずから差異があるといわざるをえない。それは，否認権行使が再生債務者ではなく，監督委員または管財人の権限とされていること（民再135Ⅰ）にも現れている。

　したがって，たとえば，会社の事業の更生可能性に疑念を懐き，あるいは更生手続開始

は，公平な職務遂行について疑念をもたれやすいので，選任すべきではない[11]。管財人への就任は強制されるものではなく，選任された者が受諾してはじめて就任することになるが（ただし，弁護士職務基本規程80条参照），実務上は，裁判所書記官が交付する選任決定書（会更規20Ⅲ）を受領することが受諾の意思表示とされている。

管財人の氏名または名称は公告され，かつ，知れている更生債権者等などに通知される（43Ⅰ②・Ⅲ）。選任決定に対する不服申立ては許されない[12]。管財人には，選任証明書が交付され（会更規20Ⅲ），管財人は，必要に応じて，職務遂行にあたってそれを示さなければならない。

管財人は，事件の規模などに応じて1人または数人が選任される（42Ⅰ）。もっとも，実務では，意思決定の機動性などを重視して，複雑かつ大規模な事件でも，複数の管財人を選任することは少なく[13]，管財人代理（70。常置代理人と呼ばれる）を選任することが多い[14]。

前の詐害行為または偏頗行為の存在を疑う更生債権者等からみれば，会社からの委任にもとづいて更生手続を開始すべきことを主張立証する立場にあった更生手続開始申立代理人が，中立かつ公正に事業の更生可能性を検証すべき立場にある管財人に変身することに対する違和感（坂井秀行「事業再生手続の展開と将来像」門口退官19頁参照）や否認権の行使や役員の責任追及が適正になされるかについて危惧の念を抱くのは，決して不当なこととはいえないと思われる。いいかえれば，上記の特別の事情は，そのような違和感や危惧の念を生じさせないための条件といってもよい。

11) 調査委員とは異なって，利害関係のないことは規則上の要件とされていないが（会更規32Ⅰ参照），東京地裁においては，申立人が推薦する者や利害関係のある者を法律家管財人に選任することは一切行っていないといわれる。会社更生の実務（上）305頁〔押見文哉〕，最新実務120頁。

12) 管財人は裁判所の監督に服し（68Ⅰ），また，管財人の中立性等について疑問があれば，利害関係人が解任申立てをなすことも許されるし（68Ⅱ前段），利害関係人から選任に対する不服申立てがなされることは，手続の遅延につながるからである。
　なお，不適切な者が管財人に選任されたときに，利害関係人がその排除を裁判所に求める手段としては，財産状況報告集会における意見陳述（85Ⅱ），書面による意見陳述（同Ⅳ），あるいは裁判所の職権調査権（8Ⅱ）の発動を求める意見申を通じて，裁判所の管財人に対する監督権の発動を促し（68Ⅰ），解任の申立てをなし，また解任権の発動を促すことができる（同Ⅱ）。一問一答新会社更生法101頁参照。

13) しかし，必ずしも複数管財人の事例が存在しないわけではない。菅野・前掲論文（注7）32頁参照。なお，複数管財人の制度が利用されない原因の一つは，共同職務執行の原則（69Ⅰ本文）のために管財事務が煩雑になることが挙げられた。この点を考慮し，現行法は，旧会社更生法97条1項但書を改め，裁判所の許可をえて，「それぞれ単独にその職務を行〔う〕」単独職務執行の可能性を明定している（69Ⅰ但書）。一問一答新会社更生法102頁参照。

第1項　管財人の職務

　管財人の職務は，更生会社の機関に代わって，その事業を経営し，財産を管理処分し（72Ⅰ），更生手続の機関として，更生債権等の調査（145），財産価額の評定（83Ⅰ），担保権消滅許可申立て（104Ⅰ），更生計画案の提出（184Ⅰ），更生計画の遂行（209Ⅰ），更生計画変更の申立て（233Ⅰ），更生手続終結の申立て（239Ⅰ），更生手続廃止の申立て（237・241Ⅰ）などの手続上の権限を行使し，任務を遂行することからなる。ただし，否認権の行使権限にみられるように（95Ⅰ），管財人は，更生会社財産の管理処分に関して，更生会社の機関以上の権限を与えられる。また，例外的ではあるが，更生手続中に更生会社の機関が事業経営権や財産管理処分権を回復した場合（72Ⅳ前段）には，管財人は，その監督の職務を行う（同後段）。

　管財人が数人あるときは，共同職務執行が原則であるが（69Ⅰ本文），裁判所の許可をえて，それぞれ単独にその職務を行い，または職務を分掌することができる（同但書）[15]。数人の管財人が選任されるのは，比較的大規模な更生事件と思われるが，更生計画案の策定など事件処理の根幹にかかわる事項は別とし

---

[14]　管財人代理の資格については，特別の制限はないが，管財人の場合と同様に，役員の責任にもとづく損害賠償請求権等の査定決定を受けるおそれのある者は，管財人代理に選任することができない（70Ⅰ但書・67Ⅲ）。
　　　管財人代理は，管財人の有する権限を継続的，かつ，包括的に行使することが認められる点で，臨時の個別的行為についての権限を行使する代理人とは異なる。その意味で，管財人代理は，管財人と同様に更生手続の機関という性質を有する。管財人代理の選任について裁判所の許可が必要とされるのは（70Ⅱ），そのためである。管財人代理の費用および報酬が，管財人とは別に裁判所が定め（81ⅠⅤ，会更規22），また，更生会社に対する債権や更生会社の株式などの譲受や譲渡について裁判所の許可を要するのも（81ⅡⅤ），管財人代理の地位の性質にもとづいている。
　　　もっとも，管財人が裁判所によって選任され，その監督を受けるのと異なって，管財人代理は，管財人によって選任されるものであるために，裁判所による直接の監督を受けるわけではなく，管財人による監督に委ねられる。また，管財人が利害関係人に対して善管注意義務を負う（80ⅠⅡ）のに対して，管財人代理は，選任者たる管財人に対して善管注意義務を負い，その職務執行によって利害関係人に損害を生じさせた場合には，管財人が利害関係人に対して損害賠償義務を負担する。
　　　なお，管財人代理と区別されるべきものとして，管財補佐がある。これは，法に定められた更生手続の機関ではなく，管財人および管財人代理の補助者である。しかし，管財人の職務執行のあり方にかかわるために，実務上では，管財人が裁判所に対して，補助者を選任する旨の上申書を提出する。会社更生の実務（上）319頁〔名雪泉〕，最新実務124頁。

て，業務執行や財産管理については，職務分掌を行うことが適当な場合が多い。ただし，第三者の意思表示は，管財人の1人に対してすれば足りる（同Ⅱ）。

　管財人は，必要があるときは，その職務を行わせるために，自己の責任で1人または数人の管財人代理を選任することができる（70Ⅰ本文）。この代理人は，常置代理人と呼ばれ，個別行為に限らず，管財人に代わってその権限を包括的に行使することができる[16]。選任については，裁判所の許可をえなければならない（同Ⅱ）。

　管財人および管財人代理は，その職務の執行について費用の前払いおよび報酬を受けることができる（81ⅠⅣ，会更規22）[17]。報酬等の決定に対しては，利害関係人による即時抗告が認められる（81ⅤⅣ）。

　これらの職務を遂行するにあたって，管財人は，公正かつ公平な更生手続の機関として行動しなければならない。場合によっては，機関としての管財人ではなく，私人としての管財人が更生会社と取引をなし，あるいは更生会社と利益相反の可能性のある取引をする状況が生まれることも考えられる。管財人が更生会社との間に取引をするについて裁判所の許可を要件とし（78Ⅰ），また，管財人が自己または第三者のために[18]更生会社の事業の部類に属する取引をしようとするときは，裁判所に対し，当該取引についての重要な事実を開示し，その承認を受けなければならないなどの規律がある（79など。本書121頁）。

1　更生会社財産の管理処分

　更生会社財産の管理処分権が専属する管財人（72Ⅰ）は，就職の後直ちに更生会社の業務および財産の管理に着手しなければならない（73）。管理のために管財人は，更生会社の取締役，会計参与，監査役，執行役，会計監査人，清算人および使用人その他の従業者[19]ならびにこれらの者であった者ならびに発

15）　職務分掌は旧会社更生法の規定（旧97Ⅰ但書）を引き継いだものであるが，単独職務執行は，管財人業務の機動性の確保を考慮して，現行法が創設したものである。一問一答新会社更生法102頁参照。
16）　数人の管財人代理が選任されたときは，その職務を分掌させ，管財人がそれを統括的に調整するのが適する場合がある（条解会更法（中）249頁）。
17）　費用および報酬は，予納金の中から支弁され，予納金が不足すれば，共益債権（127④）として支払われる。監督委員や保全管理人など，他の機関の場合も同様である。
18）　自己または第三者のための取引にあたるかどうかについては，管財人が取引の相手方において有する地位や当該取引の結果として管財人が受ける利益などに即して，実質的に判断しなければならない（江頭408頁参照）。

起人，設立時取締役および設立時監査役であった者に対して，更生会社の業務および財産の状況について報告を求め，または更生会社の帳簿，書類その他の物件を検査することができる（77Ⅰ。罰則〔269〕について本書712頁）[20]。また，管財人は，その職務を行うため必要があるときは，更生会社の子会社（会社2③）に対して，その業務および財産の状況について報告を求め，またはその帳簿その他の物件を検査することができる（77Ⅱ）。

　裁判所は，管財人の職務の遂行のため必要があると認めるときは，信書の送達の事業を行う者に対して，更生会社にあてた郵便物等を管財人に配達すべき旨を嘱託することができる（75Ⅰ）。これも，管財人の職務遂行を容易にするための措置である[21]。ただし，裁判所は，更生会社の申立てによりまたは職権で，管財人の意見を聴いて，嘱託を取り消し，または変更することができるし（同Ⅱ），更生手続が終了したとき，または更生計画認可後に更生会社の機関がその権限を回復したとき（72Ⅳ前段）は，裁判所は嘱託を取り消さなければならない（75Ⅲ）。嘱託決定ならびにその取消しまたは変更決定およびそれらの申立てを却下する決定に対しては，更生会社または管財人は，即時抗告をすることができるが（同Ⅳ），嘱託決定に対する即時抗告については，執行停止の

---

19) 　使用人その他の従業者（77Ⅰ・209Ⅲ・267・269Ⅱ・275）は，使用人（22Ⅰ・46Ⅲ③・130ⅠⅡⅤ・140ⅠⅡ・204Ⅰ②・226Ⅰ・246Ⅲ）より広く，雇用関係にある者だけではなく，委任や準委任関係にもとづいて更生会社の事業にかかわる者を含む。

20) 　法77条は，旧会社更生法98条の2第1項を引き継いだものであるが，更生会社の清算人を報告を求める相手方に加えたこと，さらに更生会社の子会社についても，報告を求め，また帳簿，書類等の物件検査権を認めるという形で，管財人の権限を強化している。清算人が加えられたのは，解散後の株式会社について更生手続開始決定がなされる可能性があることを考慮したものであり，子会社が加えられたのは，子会社を通じて資産隠しや不明朗な経理処理がなされる事例が少なくないことを踏まえたものである。一問一答新会社更生法105頁参照。子会社については，その役員等が列挙されていないが，運用としては，更生会社の役員等に準じることになろう（209Ⅲ参照）。

　なお，立法当初の現行法77条3項では，営業秘密を保護するなどの理由から，「子会社又は連結子会社は，正当な理由がない限り，同項の規定による報告又は検査を拒むことができない」として，正当な理由がある場合の拒絶権限を明らかにしていたが（一問一答新会社更生法105頁），その後，平成16年改正において報告もしくは検査拒絶または虚偽報告に対する罰則（269Ⅳ）が整備されるにともなって（本書714頁），削除されている。

21) 　電報の配達嘱託（旧破190Ⅰ，旧会更175Ⅰ）は，現代の情報伝達手段の実情にあわないため，採用されなかった（再生手続の管財人について花村214頁）。他方，電子メールについては，本条の類推適用可能性を認めるべき必要がある（小林久起「管理型手続」金商1806号36，39頁（2000年））。

効力がない（同V）。管財業務の円滑な進行を確保するためである。

また，配達嘱託の有無とはかかわりなく，管財人は，更生会社にあてた郵便物等を受け取ったときは，これを開いて見ることができる（76Ⅰ）。更生会社は，管財人に対し，受け取った郵便物等の閲覧または更生会社財産に関しない郵便物等の交付を求めることができる（同Ⅱ）[22]。

管財人は，善良な管理者としての注意をもってその職務を行わなければならず，その注意義務を怠ったときには，利害関係人に対して損害賠償義務を負う（80）。その義務違背の例としては，時効管理など更生会社の財産管理を怠った場合，更生債権等について十分な調査をなさずにこれを確定させた場合，税務申告を怠り更生会社に損害を与えた場合，否認可能性の調査を怠った場合などが挙げられる[23]。また，広い意味での善管注意義務に含まれるものであるが，公正中立義務や忠実義務が管財人の義務として挙げられることもある。管財人が，これらの義務に反した場合には，利害関係人に対する私人としての管財人の損害賠償責任が発生するほか，裁判所の監督権発動の原因が生じ，解任事由（68Ⅱ）となりうる。その他，更生会社がその財産の管理について私法上または公法上の義務を負っているような場合には，管財人も，更生会社財産の管理処分権を行使する者としてその義務を遵守しなければならないが[24]，これは更生手続の利害関係人に対する善管注意義務とは区別される。

2 管財人の事業経営権と組織法上の権限

管財人には，更生会社財産の管理処分権だけではなく，更生会社の事業経営権も専属する（72Ⅰ）。これは，破産管財人（破78Ⅰ）と異なって，管財人が事業を経営することによって更生会社の事業の維持更生を図り，それによって実現される価値を更生計画を通じて更生債権者等をはじめとする利害関係人に公平に分配する職務を負うためであり，その点で再生手続における管財人（民再66）と性質を同じくする。

株式会社たる更生会社については，更生手続が開始され，または保全管理命令が発令されないかぎりは，事業経営権は，取締役または取締役会に属するが

---

22) 更生会社財産に関しない郵便物等の例としては，株主総会や株主名簿の書換えなどに関するもの，更生手続開始決定に対する抗告事件関係のものが挙げられるが（条解更法（下）93頁），社団的関係に関するものでも，同時に財産管理に関係するものであれば，交付請求の対象とはならない。

（会社348Ⅰ・362Ⅱ・416Ⅰ），管財人が選任されることによって，取締役会等の権限は制限される。問題は，管財人が法人たる更生会社を代表する権限をもつかどうかであるが，旧会社整理の管理人の権限が代表権を含むものとして規定されていたこと（商旧398Ⅱ）と比較すると，文言上は，管財人の代表権が認められてない。また，代表権は，株主総会または取締役会の決議を基礎として（会社329Ⅰ・362Ⅲ・402Ⅱ・420Ⅰ），取締役，代表取締役または代表執行役に与

---

23) 破産管財人の善管注意義務に関して，東京高判昭和39・1・23下民15巻1号39頁，名古屋地判昭和29・4・13下民5巻4号491頁。その他の裁判例および実例に関しては，条解破産法622頁が詳しい。更生手続の善管注意義務に関しては，条解会更法（中）256頁参照。

また，善管注意義務は，管財人がその利益を実現するために職務を遂行する，更生債権者等や株主という利害関係人を相手方とするものであり，場合によっては，更生会社所属財産についての更生担保権者の利益が正当な理由なしに損なわれないように配慮することも含まれる。これは，破産手続と異なって，更生担保権者がその担保権の実行を禁止され，更生計画による満足を受忍せざるをえない更生手続の特質の表れであり，別除権としての地位が与えられている破産手続においては，むしろ担保価値維持義務という実体法上の根拠に求められるのと異なる。ただし，破産管財人の善管注意義務を問題とした最判平成18・12・21民集60巻10号3964頁についても，担保価値維持義務と善管注意義務との関係は，なお検討の余地が残されている。少なくとも更生手続においては，不適切な目的物の管理等に起因する管財人の責任の根拠は，担保価値維持義務ではなく，善管注意義務に求められるべきであろう。ただし，それが具体化するのは，牽連破産に移行した場合などである。

これに対して，管財人の管理下にある取戻権の目的物が毀損したり，管財人の管理下にある更生会社財産に属する産業廃棄物などによって近隣住民などが被害を受けたりした場合の相手方の請求権は，共益債権（127⑤⑥）となるべきものであるが，それが同時に管財人の不法行為として評価されるときには，管財人は，相手方に対して私人として損害賠償義務を負担し，両者の関係は，不真正連帯債務となる。ただし，このような事案においても，管財人が理由なく共益債権を増加させたとみられるときには，更生債権者等に対する善管注意義務違反の問題もありえよう。詳細については，伊藤眞ほか「破産管財人の善管注意義務──『利害関係人』概念のパラダイム・シフト」金法1930号64頁（2011年）参照。

24) 更生会社が宅地建物取引業者である場合の管財人の重要事項説明義務（宅建業35条など），手付金の規制（宅建業39条），瑕疵担保責任制限特約の規制（宅建業40条），更生会社が個人情報取扱事業者である場合の個人情報保護する義務（個人情報保護に関する法律15以下）などが，その例として挙げられる。また，保険代理店が保険料回収金を預託している預金口座は保険会社に帰属するため，それを引き出した破産管財人に対して保険会社は不当利得返還請求権を財団債権として行使しうるとした東京地判昭和63・3・29判時1306号121頁について，保険募集の取締に関する法律（旧法）上の保険料分別管理義務を根拠として，保険料を原資とする預金について損害保険代理店の破産管財人の保険会社に対する支払義務を認めたものと解する立場として，伊藤眞「判例評釈」判時1330号（判例評論372号）223頁（1990年）参照。

えられる（会社349 I）のに対して，管財人の地位は，裁判所の選任決定にもとづくものであり（42 I 前半部分），代表権が認められなくとも，法定の事業経営権および管理処分権の行使の効果として管財人の行為の効力は更生会社に及ぶ。これに対して，従来の代表者である取締役，代表取締役の行為は，管財人の権限と抵触するかぎりで，更生会社について効力を生じない。したがって，管財人には，更生会社の代表機関としてではなく，更生手続の機関として会社の事業経営権と財産管理処分権の行使を認めるべきである[25]。

　他方，更生会社の機関，すなわち株主総会，取締役，取締役会，会計参与，監査役，監査役会，会計監査人，委員会設置会社における各種委員会委員や執行役の地位は，更生手続開始決定後も存続する。ただし，取締役または代表取締役の代表権は，管財人の権限と抵触するので，停止されると解すべきである。したがって，取締役を含む会社の機関は，管財人の権限と抵触しない限度で，会社の組織にかかる活動を行うこととなる（本書311頁参照）[26]。もっとも，会社の組織は，その業務を遂行するために存在するものであることを考えれば，会社の機関の組織法上の権限の行使は，管財人の指示に従うと考えるべきである。また，同じく組織法上の事項であっても，法が更生手続上で処理することができるとしているものについては，管財人がその資格にもとづいて扱うことが許される。その例として，更生計画の定めによる株式の消却等，定款の変更，取締役の選任，その他の組織法上の事項（45 I Ⅱ・167 I ②・Ⅱ・173～183）があ

---

[25] 「○○会社管財人何某」という名義で管財人が取引をする場合であっても，それは，会社の代表者としての資格を意味するのではなく，事業経営権および財産管理処分権を有する更生手続の機関としての地位を表示したものと解すべきである。条解会更法（上）494頁。再生手続の管財人については，小林・前掲論文（注21）39頁，新注釈民再法（上）367頁〔籠池信宏〕参照。

[26] ただし，実務上では，DIP型会社更生を除き，更生手続開始申立代理人や保全管理人が旧経営陣から辞任届を徴求し，保全管理人や管財人がこれらを代表者印等とともに保管する運用が一般的であるために，取締役等の機関が活動する場面は，ほとんど存在しない。会社更生の実務（上）166頁〔真鍋美穂子〕，最新実務139頁。もっとも，このような実務上の取扱いに関しては，保全管理人や管財人が辞任届を受理する資格があるか，いわゆる「辞表の預かり」が法律上どのような意義を有するのか，更生計画によって新たな取締役を定める（167 I ②・173）までは，辞任した取締役が権利義務を有するのか（会社346 I 参照），取締役の辞任の登記（会社915 I・911 Ⅲ⑬⑭㉒ロハ）は，誰が申請すべきかなどの問題がある。

　また，更生会社の取締役等は，原則として，更生手続開始後から更生手続終了までの期間において報酬等（会社361 I）を請求することができないとされていることも（66 I 本文），このことを背景としている。

る[27]。

第2項　管財人に対する監督

管財人は，裁判所の監督に服する（68Ⅰ）。この監督権の行使として，裁判所は，裁判所書記官に命じて，報告書の提出を促すことその他の監督に関する事務を行わせることができる（会更規21）。また，裁判所は，管財人が更生会社の業務および財産の管理を適切に行っていないとき，その他重要な事由があるときは，利害関係人の申立てによりまたは職権で，管財人を審尋した上で，管財人を解任することができる（68Ⅱ）。管財人の側からも，正当な事由があるときは，裁判所の許可をえて辞任することができる（会更規20Ⅴ）。

1　財産の処分行為等についての裁判所の許可

このような一般的監督権の行使に加えて，裁判所は，管財人が一定の行為をなすについて裁判所の許可を要するものとすることができる。第1に，財産の処分等一定の行為のうち裁判所が指定するもの，第2に，その他裁判所が指定する行為をするについて，裁判所の許可を要するものとする場合である（72Ⅱ各号）。この許可をえずに管財人がなした行為は無効であるが（同Ⅲ本文），ただしその無効は善意の第三者に対抗できない（同但書）。ある行為を要許可行為として指定するかどうかは，裁判所の判断に委ねられるが，裁判所は，事件の規模や内容，行為の内容，行為の結果として生じうべき影響，管財人の執務態度などを総合的に考慮して，その判断を行う。

2　更生計画によらない事業の譲渡についての裁判所の許可

更生会社の事業の全部または重要な一部の譲渡（会社467Ⅰ②）[28]をする場合には，更生計画の定めによることが原則であるが（46Ⅰ本文），更生手続開始決定後更生計画案を決議に付する旨の決定がなされるまでの間においては，管財人は，裁判所の許可をえて，それをすることができる（同但書・同Ⅱ前段）[29]。裁判所は，当該譲渡が当該更生会社の事業の更生のために必要であると認める場合に限り，許可をすることができる（同Ⅱ後段）。事業の更生は，更生手続本

27）　もっとも，管財人の権限に属する組織法上の事項と管財人の指示にしたがって取締役などがなすべき組織法の事項とを截然と区別することは困難であり，実際上は運用に委ねざるをえない。その例として，更生計画の定めるところによらなければ行うことができない事項（45Ⅰ各号）以外の組織法的事項，たとえば，本店の移転，役員の選任または解任，決算関係書類の作成と承認などが考えられる。

来の目的であるところ (1), 事業の譲渡の形でそれを行うことは, 更生計画案の定めにもとづいて関係人集会の決議を経て, 裁判所の認可によって行うことが本則であるが, そのための時間の経過によって事業価値の毀損を招くおそれがあることなどを考慮して, 例外的に, 裁判所の許可をえて事業の譲渡を行うことを認めたものである (本書519頁参照)[30]。裁判所は, 許可をする場合には, 以下のような手続をふまなければならない。

(1) 利害関係人の意見聴取

これは, 事業の全部または重要な一部の譲渡が利害関係人に対して重大な影響を与え, 本来は, 更生計画によってなされなければならない事項であることを考慮したものである。

---

[28] 事業の全部または重要な一部の譲渡にあたるか否かの判断基準としては,「一定の営業目的のため組織化され, 有機的一体として機能する財産 (得意先関係等の経済的価値のある事実関係を含む。) の全部または重要な一部を譲渡し, これによって, 譲渡会社がその財産によって営んでいた営業的活動の全部または重要な一部を譲受人に受け継がせ, 譲渡会社がその譲渡の限度に応じ法律上当然に同法25条〔平成17年改正前商法25条。現行商法16条, 会社法21条相当——筆者注〕に定める競業避止義務を負う結果を伴うもの」(最判昭和40・9・22民集19巻6号1600頁) との考え方が参考となる。もっとも, 株主総会による特別決議の対象とすべき事業の譲渡の意義については, 会社法21条にいう事業の譲渡と異なり, 従業員や得意先等の移転を要件としないといわれるので (江頭884頁), ここでも, それにしたがって考えることになろう。

[29] 旧会社更生法には, 更生計画によらない営業譲渡に関する規定がなく, その適否について解釈上の議論があった (条解会更法 (上) 501頁)。しかし, 旧52条1項が, 資本の減少や新株の発行などを更生手続によらないで行うことを禁止しているところ, その中には営業譲渡が含まれていないこと, 営業譲渡は財産の管理処分権行使の一態様とみられること, 実際上の必要があること, 利害関係人の保護などは, その意見を聴き, 裁判所の許可によらせることとすれば足りることなどから, 一般には, これを肯定する考え方がとられていた (山本和彦「営業譲渡による倒産処理」石川古稀 (下) 603頁)。現行46条は, この考え方を立法化したものである。一問一答新会社更生法80, 81頁, 神作裕之「更生計画外の営業譲渡」理論と実務91頁参照。

[30] 裁判所の判断内容は, 当該譲渡が事業価値の毀損を防ぐために必要かどうかを中心とするが, 譲渡の対価や相手方など, 譲渡契約の内容が相当であるかどうかも判断要素となる。一問一答新会社更生法81頁参照。

事業の譲渡の結果として, 一部の更生債権等が譲受先に免責的に承継され, 結果として債権全額の満足を受けることが期待されるのに対して, 承継されない更生債権者等は更生計画による満足を受忍せざるをえないために, 両者の間に不平等を生じる可能性がある。これは, いわゆる詐害的会社分割の否認 (本書380頁) にも通じる問題であるが, 一部の更生債権等の承継が事業価値維持のために不可欠なこと, 事業の譲渡について適正な対価が支払われることによって, 承継されない更生債権者等に対する弁済率の向上が見込まれることなどの実体的要件が満たされていることが, 裁判所の許可の前提となろう。

意見聴取の対象は，まず，知れている更生債権者（更生会社が更生手続開始の時に，その財産をもって約定劣後更生債権に優先する債権にかかる債務を完済することができない状態にある場合における，当該約定劣後更生債権を有する者を除く）である（46Ⅲ①本文）。ただし，更生債権者委員会（117Ⅱ）があるときは，その意見を聴けば足りる（46Ⅲ①但書）。

次に，知れている更生担保権者である（同②）。ただし，更生担保権者委員会（117Ⅵ）があるときは，その意見を聴けば足りる（46Ⅲ②但書）。そして，労働組合等（更生会社の使用人の過半数で組織する労働組合があるときはその労働組合，更生会社の使用人の過半数で組織する労働組合がないときは更生会社の使用人の過半数を代表する者をいう。同③）の意見も聴かなければならない。

(2) 公告または通知

管財人は，更生会社の事業の全部または重要な一部の譲渡をしようとする場合には，あらかじめ，次に掲げる事項を公告し，または株主に通知しなければならない（同Ⅳ柱書）。公告または株主への通知の内容たる事項は，当該譲渡の相手方，時期および対価ならびに当該譲渡の対象となる事業の内容（同①）と，当該譲渡に反対の意思を有する株主は，当該公告または当該通知のあった日から2週間以内にその旨を書面をもって管財人に通知すべき旨（同②）である。株主に対する通知は，株主名簿に記載され，もしくは記録された住所または株主が更生会社もしくは管財人に通知した場所もしくは連絡先にあてて，することができる（同Ⅴ）。なお，株主に対する通知は，その通知が通常到達すべきであった時に，到達したものとみなす（同Ⅵ）。

(3) 裁判所の許可——株主保護の手続

裁判所は，当該譲渡が当該更生会社の事業の更生のために必要であるかどうかという実体的要件が満たされない場合の他に，次のいずれかの場合には，許可をすることができない（同Ⅶ柱書）。すなわち，上記の公告または通知があった日から1月を経過した後に許可の申立てがあったとき（同①），または株主が反対の意思を通知すべき期間（同Ⅳ②）内に，更生会社の総株主の議決権の3分の1を超える議決権を有する株主が，書面をもって管財人に当該事業譲渡に反対の意思を有する旨の通知をしたとき（同Ⅶ②）である。

このように，更生債権者等と比較すると，株主の利益保護が重視され，一種の拒否権が認められているのは，更生会社の事業の全部または重要な一部の譲

渡については，外部の利害関係人である更生債権者等よりも，更生会社の社員である株主がより直接的な利害関係を有すると考えられるためである[31]。すなわち，更生会社の総株主の議決権の3分の1を超える議決権を有する株主に一種の拒否権が認められているのは，株主総会の特別決議成立の要件である3分の2の多数決（会社309Ⅱ柱書前段）に対応するものといえる。したがって，株主保護の手続が履践され，裁判所の許可がなされれば，会社法第2編第7章に定める手続は不要になる（46Ⅹ）。

もっとも，上記の株主保護の手続は，譲渡契約の相手方が更生会社の特別支配会社（会社468Ⅰ）である場合，または裁判所の許可の時において会社が債務超過の状態にある場合には，不要とされる（46Ⅷ）。前者の例外は，会社法上でも株主総会による事業譲渡の承認が不要とされることに対応するものであり[32]，後者の例外は，株主が残余財産の分配等の形態で利益を受ける余地がないことを考慮したものである[33]。

許可をえないでした事業の譲渡行為は無効であるが（同Ⅸ本文），譲渡契約の相手方などの第三者が無許可の事実について善意であれば，それらの者に対して無効を主張することはできない（同但書）[34]。

3 管財人の自己取引

管財人は，裁判所の許可をえなければ，更生会社の財産を譲り受け，更生会社に対して自己の財産を譲り渡し，その他自己または第三者のために更生会社と取引をすることができない（78Ⅰ）[35]。管財人は，更生手続の機関として忠実に事業の更生を図る義務を負うが，この種の自己取引がその義務と抵触する

---

31) 再生手続においては，株主の権利を再生計画によって変更することが予定されていないために，株式会社である再生債務者の事業の全部または重要な一部の譲渡については，裁判所の許可（民再42）とは別に，株主総会の特別決議を要する（会社467Ⅰ①②・309Ⅱ⑪。伊藤619頁）。そのために，再生債権者等の意見聴取は行われるが（民再42ⅡⅢ），株主の利益保護のための特別の手続は設けられていない（一問一答新会社更生法83頁）。もっとも，株式会社である再生債務者が債務超過の状態に陥っている場合は特別の手続が設けられている（民再43参照）。
32) 会社法上では，略式事業譲渡と呼ばれる。江頭888頁。
33) 一問一答新会社更生法83頁。このような場合には，再生手続においても，株主総会の決議に代わる裁判所の許可によって事業譲渡が可能になる（民再43）。
34) 民事再生法42条4項（民再41Ⅱ）と同趣旨の規定である。会社法上では，株主総会の特別決議を経ない事業の譲渡は，絶対的に無効であると解されている（江頭887頁）ことと対比すると，善意の相手方が保護されているのは，株主の利益よりも更生手続の安定を重視したものと理解される。

おそれがあることを考慮して，要許可行為としたものである[36]。趣旨としては，法81条2項および3項による更生会社に対する債権や更生会社等の株式等の取得に関する規律と共通性を有する。

管財人，特に事業家管財人については，自ら事業を経営したり，あるいは経営に参画する立場にある者が多いことを考えても，自己取引に関する規律を設けるべき理由がある。この規律は，当該取引が自己取引に該当することについての管財人の開示義務を含むものであり（競業の制限に関する79Ⅰ Ⅱ参照），裁判所の許可も，自己取引でありながら，更生会社や利害関係人に対して不利益を与えるものではないとの判断を内容とする[37]。

そして，更生会社の利益を守るために，管財人が裁判所の許可をえないでした自己取引は，無効であり（78Ⅱ本文）[38]，ただし，第三者の利益を保護するために，裁判所の許可をえないでした自己取引の無効は，善意の第三者に対抗することができないとされる（同但書）[39]。

---

35) 法78条は，旧会社更生法の昭和42年改正によって設けられた旧54条の2を引き継いだものである。改正前の議論，特に商法旧265条（会社365・356相当）にかかる取締役の自己取引との関係などについては，宮脇＝時岡343頁参照。
　　自己または第三者のためにする更生会社との取引とは，売買や消費貸借など，管財人と更生会社との間に利益相反を生じる可能性のあるあらゆる経済取引を意味する。管財人のためにする更生会社の債務保証，管財人振出の手形についての更生会社の裏書などが含まれることはもちろんである。これに対して，管財人による裁量判断の余地がない普通取引約款による運送契約や預金契約などは含まれないと解されている（条解会更法（上）509頁）。

36) この規律は，取締役の利益相反取引について取締役会または株主総会の承認を受けなければならないとする会社法365条1項，356条1項2号および3号とその趣旨を共通にするが，管財人が取締役に代わって更生会社の事業を経営し，財産を管理処分する立場にあること（72Ⅰ），裁判所が管財人に対する監督権限を有すること（68Ⅰ）から，管財人の自己取引について裁判所の許可を要するものとしている。

37) 管財人が自己取引について裁判所の許可をえたといえるためには，上記の実質的判断に必要な重要事項を管財人が十分に開示し，裁判所が，当該取引が自己取引に該当すると思料する場合には，①当該取引が更生会社の事業の継続のために必要であり，②当該取引によって更生債権者等の利益が害されるおそれがないと判断したものでなければならない。したがって，たとえ，ある取引について，法72条2項による裁判所の許可がなされた事実が存在しても，管財人が自己取引にかかる重要事実を開示せず，裁判所による上記の判断がなされたと認められないときには，自己取引について許可の効力が生じるとはいえない。

38) この無効は，当該取引の結果を基礎とする更生計画が認可され，更生手続が終了しても，それが治癒されることはない。

4　管財人の競業の制限

　管財人は，更生会社の財産管理処分権および事業経営権を掌握して（72Ⅰ），更生会社の事業の更生のために尽力すべき地位にある。また，例外的に更生会社の機関がその権限を回復する場合でも，更生会社の事業の経営ならびに財産の管理および処分を監督する立場にある（同Ⅳ）。その意味では，管財人は，取締役や執行役という会社の機関に類似する地位を有するし，実際にも，同業他社の取締役等が管財人に就任する例も少なくない。そこで，取締役や執行役の競業行為に対する規制（会社356Ⅰ①・365・419Ⅱ）に準じて，管財人についても，競業の制限規定が置かれている（79）。

　具体的には，管財人は，自己または第三者のために[40]更生会社の事業の部類に属する取引[41]をしようとするときは，裁判所に対し，当該取引について重要な事実[42]を開示し，その承認を受けなければならない（同Ⅰ）。また，取引をした管財人は，当該取引後，遅滞なく，当該取引についての重要な事実を裁判所に報告しなければならない（同Ⅱ）。裁判所の承認を受ければ，競業そのものについては，これを適法にすることができるが，競業によって更生会社に損害を生じさせたような場合には，管財人は，その責任を負わなければならない（80Ⅱ）。

　これに対して，管財人が裁判所の承認をうることなく，または重要な事実を

---

39) 　管財人の経営する会社が更生会社との間で不当に高額の賃料を内容とする賃貸借契約を締結した場合などは，通常は，無許可の事実についての悪意が認められよう。ただし，契約内容が更生会社にとって格別の不利益をもたらさない場合には，更生会社が直ちに無効を主張しなければ，瑕疵が治癒されると考えることができる。なお，立法当時の会社更生法79条3項は，競業避止義務違反行為についての介入権，すなわち「当該管財人以外の管財人は，これをもって更生会社のためにしたものとみなすことができる」旨の規定を設けていたが（一問一答新会社更生法106頁），会社法の制定にともなって削除された（本書28頁）。

40) 　自己または第三者のための意義について会社法上では，形式説と実質説の対立があるが（江頭408頁），更生手続の機関としての管財人の場合には，管財人または第三者が実質的な損益の帰属主体になる取引という意味で，実質説によるべきであろう。

41) 　会社の事業の部類に属する取引とは，会社の事業の目的である取引よりも広く，それと同種または類似の商品や役務を対象とする取引であって，会社の実際に行う事業と市場において取引が競合し，会社と管財人との間に利益衝突をきたす可能性のあるものをいう（江頭408頁）。

42) 　開示すべき重要な事実とは，当該取引の内容のうち会社の利益と相反する可能性の有無を判断できる重要部分，すなわち取引の相手方，目的物，数量，価額，取引期間，利益等を意味する（江頭409頁）。

開示することなく承認を受けて競業取引を行ったときは、当該取引によって管財人または第三者がえた利益の額は、更生会社に生じた損害の額と推定する（79Ⅲ）。この場合に当該取引の効力自体は、なんら影響を受けない。無効とすることによって（同Ⅱ本文参照）、更生会社が受けた不利益が回復されることはありえないからである。それに代えて、更生会社は、管財人に対して、未承認の競業行為によって受けた損害の賠償を求めることができるが、その際には、競業の結果として更生会社が受けた損害の額を主張立証しなければならない。この損害の立証は、かりに管財人が関与した競業がなかったとすれば、更生会社がえたであろう利益を内容とするが、推定規定は、この立証を容易にするための措置である。もちろん、更生会社の損害額が管財人または第三者がえた利益の額を超えるような場合には、それを直接立証することも可能である。

5 更生会社等に対する債権または更生会社等の株式等の譲受け

類似のものとして、管財人は、その選任後、更生会社もしくは更生計画の定めによって設立された会社に対する債権または更生会社もしくは当該会社の株式もしくは持分を譲り受け、または譲り渡すには、裁判所の許可を受けなければならないとの規律がある（81Ⅱ）。これも、更生会社の事業の更生を通じて利害関係人の利益の実現を図るべき管財人の職務とこれらの行為の結果とが抵触するおそれがあることを考慮したものである。管財人が許可なくこれらの行為をしたときには、費用および報酬の支払を受けることができない（同Ⅲ）。なお、管財人代理および法律顧問についても同様である（同Ⅴ）。

第3項 管財人の費用および報酬

管財人の職務は、更生会社とその利害関係人の利益のために行われる。したがって、管財人の活動に要する諸費用、および活動の対価たる報酬は、更生会社が負担するのが適当である。この趣旨にもとづいて管財人は、更生会社財産から費用の前払いおよび裁判所が定める報酬を受ける（81Ⅰ）。報酬請求権は、裁判所の決定にもとづいて発生するものであり、管財人、更生債権者等や株主、および更生会社は、利害関係人として決定に対して即時抗告を申し立てられる（同Ⅳ）。なお、これらの請求権は、法127条4号に定める共益債権としての性質をもつ。したがって、更生会社財産に現金があれば、そこから費用が随時支払われるが、なければ手続開始申立人が納付した予納金の中から支弁される。

保全管理人とその代理，監督委員，管財人代理，法律顧問および調査委員についても，同様の取扱いがなされる（34Ⅰ・38・81Ⅴ・126・127④第1かっこ書）。

　管財人に対する報酬額は，裁判所が決定するが，その基準としては，更生会社の規模（上場・非上場の別，負債総額，資本金額，債権者数等）を基礎として，これに管財事務の難易などの諸要素が勘案される。報酬の支払は，一般には，月額報酬を基礎とし，これに退任報酬を加える取扱いが多い[43]。

　ただし，裁判所の許可を受けることなく，更生会社等に対する債権等を譲り受けたり，譲り渡したりした場合には，管財人は，費用および報酬の支払を受けることができない（81Ⅲ）。公正かつ中立の立場で職務を遂行すべき管財人の重大な職責違反とみなされるためである。

第4項　管財人の任務終了

　管財人の任務は，更生手続終結決定（239Ⅰ），更生手続廃止決定の確定（236・237Ⅰ・241ⅠⅡ），更生手続開始決定の取消決定の確定（44Ⅲ），または更生計画不認可決定（235Ⅰ）の確定のいずれかの事由によって更生手続が終了する場合（234）の他に，その死亡，行為能力の喪失，辞任（会更規20Ⅴ），または解任（68Ⅱ）などの事由によっても終了する。辞任は，正当な理由がなければ認められず，管財人の申出にもとづく裁判所の許可が必要である（会更規20Ⅴ）[44]。解任決定は，管財人が更生会社の業務および財産の管理を適切に行っていないとき，その他重要な事由があるときに，裁判所によってなされるが[45]，裁判所は，利害関係人[46]の申立て，または職権によって決定を行う（68Ⅱ前段）。

43）　会社更生の実務（上）348頁〔押見文哉〕，最新実務130頁による。管財人の業務遂行の実際にもとづいた実質的評価要素としては，開始時に想定された進行計画に沿った円滑な処理がなされたか，スポンサー選定作業等に費やした時間と労力，更生債権者等への弁済率などが挙げられる。なお，このような基準は，法律家管財人を想定したものであり，事業家管財人については，事案に応じて個別に定められる。
　　なお，破産法と異なって（伊藤142頁），旧285条1項後段以来，管財人代理や法律顧問には，管財人と独立した報酬請求権が認められている。これに対して，個別事務の補助者に対する報酬は，管財人の行為によって生じた請求権たる共益債権（127⑤）として支払われる。

44）　健康上の理由などが正当事由にあたることは疑いがない。管財業務遂行の意欲喪失がこれにあたるかどうかについては，異論もあるが，実務上では認めざるをえない。条解会更規71頁では，「この『正当な理由』は厳格に解するべきものではなく，辞任を希望する管財人側の事情のみならず，辞任の時期や後任者の確保等の諸事情を総合考慮して判断される」とする。

ただし、これは管財人に対する監督権の発動であり、その職務遂行の懈怠を問うものであるから、管財人の主張を聴くための審尋が要求される（同後段）。解任決定に対する管財人による即時抗告は認められない（9 前段参照）。

任務が終了したときには、管財人は、遅滞なく裁判所に計算の報告をしなければならない（82 I）。これは、監督権を行使する裁判所に対して管財事務に関する正確な情報を提供し、事務が適正に行われたか否かの判断をさせる趣旨である。死亡などの理由で管財人が欠けたときは、後任の管財人が計算の報告をしなければならない（同 II）[47]。

急迫の事情があるときは、管財人またはその承継人は、後任の管財人または更生会社が財産を管理することができるに至るまで、必要な処分をしなければならない（同 III）。

また、更生手続開始決定の取消決定の確定、更生計画不認可の決定の確定または更生手続廃止の決定の確定のいずれかの事由（234②〜④）が生じたときは、

---

45) 解任事由は、更生会社の財産管理や業務遂行を適切に行っていないこと、その他重要な事由があることであり、収賄や横領などの不正行為だけではなく、管理処分権行使の懈怠であって、管財人に対する信頼を著しく損なう事実を意味する。なお、関係人集会や更生債権者委員会等における解任決議は、裁判所の職権発動を促す意味しかない。

46) 利害関係人としては、それらの者の利益のために管財人がその職務を遂行するという意味で、更生債権者等や株主の他に、共益債権者、更生会社が考えられる。これに対して、管財人による取引の相手方は含まれない。

47) 管財人が死亡などの理由によって欠けたときについて旧 99 条は、管財人の承継人に計算報告義務を課していた。しかし、弁護士など個人の管財人の場合には、相続人が承継人になるが、管財人の業務遂行に何ら関与していない相続人にこのような義務を課すことは合理性を欠くとの批判があった（条解会更法（中）261 頁）。現行法は、このような批判を踏まえて、承継人の報告義務に代えて、後任管財人の報告義務を定めたものである（花村良一「会社更生手続の手続関連規定の整備」新会社更生法の基本構造 196 頁）。

管財人の計算報告義務の性質が、裁判所に対する一般的な報告義務（84 II）と同じ性質のものであり、任務終了時の最終の月間報告書などで足りること、反面、計算報告義務を履行したからといって、管財人の責任免除効などの実体法的効力が生じるものでないことについて、深山卓也「再生手続・更生手続における管財人の計算報告義務について」民事手続法 230 頁参照。

なお、更生計画において、または更生計画認可後に更生会社の事業経営権および財産管理処分権を更生会社の取締役に付与したこと（72 IV 前段・V）は、管財人の任務終了にあたるわけではない。しかし、管財人の職務内容が管財業務から監督業務に変わったことに着目すれば、権限委譲に際して管財人がそれまでの業務の遂行に関する計算の報告をなし、その後は、権限委譲を受けた取締役が計算の報告をすべき義務を負うと解すべきである。ただし、権限委譲の取消し（72 VI・233 VII）がなされた場合は、管財人の義務が復活する。以上について、会社更生の実務（上）352 頁〔宍戸由洋〕参照。

引き続き破産手続や再生手続が行われる場合（254Ⅵ・257）を除いて，管財人は，共益債権を弁済し（82Ⅳ本文），共益債権のうち，その存否または額について争いのあるものについては，その債権を有する者のために供託をしなければならない（同但書）。共益債権は，手続によらないで随時弁済すべきものであり（132Ⅰ），管理機構としての管財人がその弁済について責任を負っているから，上記の理由によって更生手続が終了するときには，その責任を果たした後に更生手続を終了させる趣旨である。

第5項　管財人の法律上の地位

　更生手続における管財人に対応するものとして，破産手続における破産管財人がある。その法律上の地位に関する議論[48]を更生手続における管財人[49]に投影するとすれば，3つの局面に分けられる。

　第1は，更生手続法律関係における管財人の地位にかかわる。たとえば，更生会社財産に対する管理処分権や更生会社の事業経営権の管財人による行使，裁判所，更生債権者等や株主と管財人との関係，否認権の行使主体，あるいは共益債権の債務者などを合理的に説明できるかどうかが問題となる。いいかえれば，議論の焦点は，更生手続の内部的法律関係をいかに矛盾なく説明できるかという問題である。

　第2は，管財人の職務遂行にあたっての指導理念をどこに求めるかという問題であり，最終的には，更生手続の目的論に還元される。管財人は，「債権者，株主その他の利害関係人の利害を適切に調整し，もって当該株式会社の事業の維持更生を図る」(1)ために活動する。また事件によっては，更生会社や利害関係人の利益を超えて，社会正義が実現されるよう努めなければならない。後に述べる更生債権者等代理説や更生会社代理説は，この視点からもとることはできない。

　第3に，管財人の地位は，外部者との実体的法律関係の中で問題となる。たとえば，更生会社から更生手続開始前に不動産を譲り受けていた者が，登記な

---

48)　伊藤144頁。
49)　更生会社の機関の権限が回復され，管財人が更生会社の事業の経営ならびに財産の管理および処分を監督する場合（72Ⅳ）には，管財人の地位は監督委員類似のものとなるから，以下の議論は妥当しない。逆に，その場合における更生会社自身の地位については，再生債務者類似のものとして，以下に述べる第三者性を認めるべきであろう。

しにその権利取得を管財人に対抗できるか，すなわち管財人が譲受人との関係で民法177条にいう第三者にあたるかどうかという問題があるし，また，民法94条2項，96条3項，467条，または545条1項但書などに関しても，同様の問題が生じる。これらの問題を考える際に，管財人が更生会社と同視されるのか，差押債権者などと同様の第三者的地位を与えられるのかが焦点となる。
しかし，同じく法律関係に関するといっても，第1の議論が，更生手続の内部的法律関係の解明を目的としていることと比較すると，第3の議論は，外部者との実体法上の法律関係を対象としており，問題の次元が異なるといってよい。

以上，管財人の法律上の地位が問題とされる局面を3つに分けたが，第2の議論は，すでに序論で更生手続の目的に関連して扱ったし，第3の議論は，第5章で扱うので，ここでは，第1の議論を扱う。

1 職 務 説

職務説は，管財人に選任された私人が，その職務として更生手続上の権能を行使するものとする。法主体としては，あくまで本来の個人や法人であるが，その職務として更生手続上の権能の行使が認められるとするところに特徴がある。職務説は，さらに，職務の性質に着目して，公法上の職務説と私法上の職務説とに分けられる。公法上の職務説は，破産管財人の法的地位に関するかつての有力説であり，破産管財人を破産債権者のための執行機関として捉える[50]。しかし，破産管財人についても，破産管財人が執行機関としての権限をもつかなどの疑問があり，また，更生手続の管財人については，利害関係人が株主までを含むこと，管財人は，財産管理処分権のみならず事業経営権までを行使することを考えれば，公法上の職務説が妥当する余地はない。

これに対して，私法上の職務説は，管財人は私人であるが，国家機関たる裁判所からその職務を委託されるとする[51]。この考え方によれば，権利義務の帰属主体たる人格を認められるのは，更生会社以外になく，管財人がその職務として行った管理処分権行使の効果が更生会社に帰属すると説明することになる。確かに，破産法や会社更生法は，管財人の承継人についても一定の義務を課し

---

50) 伊藤146頁参照。
51) 破産管財人について，菊井維大・破産法概要133頁（1952年），櫻井孝一「破産管財人の法律的地位とその責任」基礎88, 91頁，井上薫「破産管財人の意義及び地位」判タ830号78頁（1994年）など。

ていること（破90 I，会更82Ⅲ），善管注意義務違反の責任（80Ⅱ）は，管財人個人について生じることを考えれば，管財人の私人たる側面が存在しないとはいえない。また，管財人の職務の公益性を強調する点で，私法上の職務説の内容は評価できる。しかし，管理処分権の帰属（72 I），双方未履行双務契約に関する解除権の帰属（61 I），否認権の帰属（95 I），あるいは共益債権の債務者など，更生実体法上の権利義務の帰属を考えれば，管財人に選任される私人ではなく，管財人自体に人格を認める，後述の管理機構人格説が優れている。

2 更生債権者等代理説または更生会社代理説

この両説は，破産法上の破産債権者代理説または破産者代理説にならったものであり，管財人の地位を利害関係人たる更生債権者等または更生会社との私法上の関係によって説明しようという特色をもつ。更生債権者等代理説は，更生手続開始決定にもとづいて更生債権者等が更生会社財産上に差押質権を取得し，管財人がこれを代理行使するとの構成をとる。しかし，わが国において差押質権なる概念がなじまないことを考えれば，これをとる理由がない。

また，更生会社代理説は，更生会社財産の帰属主体が更生会社であることを根拠としているが，先に述べたように，管財人を更生会社の代表と位置づけることはできず，また，否認権行使をはじめとする職務遂行にあたって，管財人が更生会社の代理人としてこれを行っているとみることには，理論的に無理がある。

3 更生団体代表説

更生手続の目的実現のために，更生会社および利害関係人によって構成される更生団体なる社団の成立を認め，管財人をその代表機関とする[52]。管財人の職務が利害関係人の権利の調整であるとする点では，この考え方にも合理性が認められるが，更生会社および利害関係人を包摂した更生団体の法主体性には疑問があり，これをとることはできない。

4 更生会社財産代表説

破産財団代表説を更生手続に投影すれば，破産財団（破2ⅩⅣ）に対応する更生会社財産（2ⅩⅣ）に法人格を認め，管財人をその代表機関とすることとなる。否認権などの効果が代表機関たる管財人の行為を通じて更生会社財産に及ぶこ

---

[52] 論者によって，更生利害関係人団体の機関とするもの（松田111頁），更生団体の機関とするもの（宗田・研究413頁）などの違いがある。

となど，各種の法律関係を矛盾なく説明できる利点をもつが，根本的な疑問として，法の規定がないにもかかわらず更生会社財産に法主体性を認めることができるかどうか，破産手続と異なって，事業主体としての更生会社の存続が予定されるにもかかわらず，それと別に更生会社財産なる法主体を想定することの意義が乏しい，また更生会社財産についての管理処分権のみならず，更生会社の事業経営権も付与される管財人の地位を説明しきれないなどの批判が想定される[53]。

5　受託者説

近時の有力説として，破産者を委託者，破産債権者を受益者，破産管財人を受託者とする法定信託の成立を説くものがあり，これを更生手続に投影することも考えられる[54]。私的整理における手続主宰機関，破産管財人や民事再生における管財人の地位と更生手続における管財人の地位とを整合的に説明できること，あるいは内部的法律関係と外部者との実体的法律関係における管財人の地位とを統一的に説明できるなどの利点が認められるが，法定信託成立に関する明文の根拠を欠くことが難点である。

6　管理機構人格説

更生会社財産について管理処分権を行使し，また更生会社の事業について経営権を掌握する，管理機構たる管財人自身に法人格を認めようとする考え方である。更生債権者等や株主などの利害関係人，また更生会社から独立して，更生法律関係の主体となり，更生実体法上の各種の権能を行使する主体として管財人を位置づける点では，私法上の職務説に近似するが，選任される私人とは独立に更生会社の管理機構たる管財人そのものに法主体性を認めるところに特徴がある[55]。

この考え方によれば，更生会社財産は更生会社に帰属し，また更生債権の債務者は更生会社であるが，それらについての管理処分権は管財人に帰属し，また，更生会社財産の管理処分権と更生会社の経営組織を基礎とする事業経営権

---

53)　企業財団代表説（宮脇＝時岡 319 頁など）は，この考え方に近い。ただし，いずれの説によっても，立法論や解釈論に決定的な影響を与えるものでないとの指摘もなされている。
54)　条解会更法（上）493 頁，霜島 54 頁，中島 96 頁。
55)　山木戸 80 頁，谷口 60 頁，注解破産法（上）79 頁〔小室直人＝中殿政男〕，青山ほか 163 頁。谷口 60 頁などである（詳細については，条解破産法 538 頁参照）。

も管財人が掌握する56)。さらに，法が管財人について認める特別の権能，すなわち否認権や双方未履行双務契約についての解除権も，管理機構としての管財人に帰属する。これらの法律関係を合理的に説明しうる点で，管理機構人格説を支持する。

管理機構人格説を前提とすると，管財人は更生手続法律関係においても，更生会社や更生債権者等の利害関係人とは独立の主体とみなされるし57)，外部者との実体的法律関係においても，管理処分権を行使する独立の法主体とみなされる。

ただし，それを前提としても，物権変動や債権譲渡などについて，管財人が第三者とみなされるか，それとも更生会社に帰属する権利義務について管理処分権を行使する主体として，更生会社と同視されるかが当然に決定されるものではない。この点は，対抗要件などの実体法規定の解釈として，管財人がいかなる者の利益のためにその管理処分権を行使するとみられるかにかかわる（第5章参照）。

第2節　保全管理人

開始前会社（2Ⅵ）は，更生手続開始前は，その財産管理処分権および事業経営権の帰属主体であり，取締役または代表執行役がそれを行使するのが原則

---

56)　破産の場合には，財団債権弁済の責任を破産者に負わせることを避けるために，財団債権の債務者を管理機構としての破産管財人とし，破産管財人が破産財団を責任財産として財団債権の弁済を行うと解することとなるが（伊藤148頁），会社更生の場合には，共益債権の債務者を機構としての管財人とし，管財人は，更生会社財産を責任財産として，その弁済を行うと解することになろう（本書246頁参照）。

57)　したがって，管財人は，更生会社の代表機関となるわけではない。これに対して同じく管財人の名称を持つが，金融整理管財人（預金保険法）は，「被管理金融機関を代表し，業務の執行並びに財産の管理及び処分を行う権利は，金融整理管財人に専属する」（預金保険77Ⅰ前段）とされていることから，法人の代表機関としての性質を持つ。すでに廃止された手続ではあるが，会社整理における管理人も同様である（商旧398Ⅱ）。

このような違いは，制度の基本的骨格として，否認権や双方未履行双務契約に関する解除の選択権を管財人に認めるべきかどうかなどの点に反映される。信用協同組合の組合員代表訴訟の帰趨に関してこの点を明らかにしたものとして，最判平成15・6・12民集57巻6号640頁は，「金融整理管財人は，あくまでも被管理金融機関を代表し，業務の執行並びに財産の管理及び処分を行うのであり（金融再生法11条1項），被管理金融機関がその財産等に対する管理処分権を失い，金融整理管財人が被管理金融機関に代わりこれを取得するものではない。この点において，金融整理管財人は，会社更生手続等における管財人等とは，法的地位を異にするものである」と説く。

である。開始決定後は、これらの権能は管財人に専属するが（72Ⅰ），更生手続開始申立てから開始決定までの期間でも、開始前会社の財産管理処分や業務執行が不適切であれば、財産が散逸したり、また継続事業価値が毀損したりするおそれがある。こうしたおそれに対しては、強制執行等に対する中止命令（24Ⅰ②），強制執行等の包括的禁止命令（25Ⅰ），仮差押え、仮処分その他の保全処分（28Ⅰ），商事留置権の消滅請求（29Ⅰ），あるいは監督委員による監督（35Ⅰ）によって対処することも考えられるが、開始前会社に管理処分権等を委ねておくこと自体が上記のおそれを生じさせていると認められるときには、その管理処分権等を剥奪し、これを裁判所が任命する管理機関に与える必要がある。保全管理命令による保全管理人の選任は、このような必要を満たすための処分である。

保全管理人は、管財人と比較すると、その権限が制約されている側面があるが（32Ⅰ但書など），更生手続開始前において開始前会社の財産やその事業価値を保全するなどの職務を負った更生手続の機関であり、しかも保全管理人に就任した私人とは区別されるべきであるから、管財人と同様に、管理機構としての人格を認めるべきである。その他、保全管理命令に関する詳細については、本書78頁以下を参照されたい。

第3節　法律顧問

管財人は、裁判所の許可をえて、更生手続において生じる法律問題について自己を助言する者を選任することができる（71）。これを法律顧問と呼ぶ（同第2かっこ書）。法律顧問の制度は、旧法以来のものであり（旧186），法律専門家でない者が管財人に任命された場合を想定して、更生手続に関して生じる様々な法律問題について意見を述べ、その面で管財人を輔佐する役割を期待している。具体的な訴訟事件について助言や代理などの職務を行うものではなく、法律事件（弁護72本文参照）が助言の対象から除外されているのは、そのためである（71第1かっこ書）。したがって、法律顧問の被選任資格は、弁護士に限定されない[58]。

法律顧問の役割は、独立のものではなく、管財人に対する助言者と考えられるが、その選任について裁判所の許可を要すること（71），報酬等の請求権を

有すること（81ⅥⅠ・127④），あるいは収賄罪の主体となりうること（272ⅠⅡ）を考えると，更生手続において独自の法的地位を認められているといってよい。

第4節 裁 判 所

更生手続開始決定をはじめとして，更生手続に関する種々の裁判を行い，関係人集会の指揮など自らその手続を主宰し，また更生手続を遂行する機関である管財人などを監督する職務を負う機関が裁判所である。更生事件は，地方裁判所の職分管轄に属する（5）。なお法は，現に更生手続（2Ⅰ）を担当する裁判体を単に裁判所（同Ⅴ）と呼び（41Ⅰ柱書・114Ⅰ柱書・116・189・199など）[59]，その裁判体が所属する官署としての裁判所を意味する更生裁判所（2Ⅳ）と区別している。更生裁判所は，更生手続上で生じる各種の訴え等についての管轄裁判所として規定されている（12Ⅲ・95Ⅱ・97Ⅱ・102Ⅱ・105Ⅲ・152Ⅱ・227・250・251Ⅰ）[60]。

更生裁判所を含め，現行法上の裁判所の職務は，4つに分けられる。第1は，更生手続の開始や終了にかかわる裁判を行うことである（41Ⅰ・239Ⅰ・236・237Ⅰ・241Ⅰ）。第2は，監督委員，調査委員，管財人あるいは保全管理人の選任（35ⅠⅡ・39・125ⅠⅡ・42Ⅰ・67Ⅰ・30ⅠⅡ）や関係人集会の招集・指揮（114

---

[58] 条解会更法（下）158頁。管財人に対して法律問題に関する意見を述べるにとどまり，直接に更生手続上の行為を執行するものではなく，また具体的な訴訟事件を担当するものでもないことを理由とする。もっとも実際には，弁護士以外の者が選任されることは稀であろうし，そもそも弁護士が管財人に選任されるのが通例であるために，法律顧問の選任自体が例外的である。DIP型更生事件として従前の経営者が管財人となる場合については，本書107頁注10参照。

[59] 裁判所に関するやや特殊な用語法として，「破産事件を取り扱う一人の裁判官又は裁判官の合議体」（246・250・255）を指すもの，「再生事件を取り扱う一人の裁判官又は裁判官の合議体」（248）を指すものが用いられることがある。また，法41条1項2号にいう裁判所は，広く国法上の裁判所を指す。

[60] 両者の区別は，訴えなどの審判は，現に更生手続を担当する裁判体に行わせるのではなく，官署としての裁判所に属する他の裁判体に行わせる余地を認めるのが適当であるとの判断にもとづくものであるが，必ずしも裁判所内部の事務分配を拘束するものではない。厳密にいえば，更生裁判所とされているときには，更生事件を担当している特定の裁判官または合議体が必ずしも当該事件を担当する必要のないことを意味する。会社更生の実務（上）30頁〔池下朗〕参照。

なお，再生手続における裁判所の役割を詳述するものとして，内田博久「民事再生手続と裁判所」民事再生の実務と理論289頁がある。

Ⅰ・116)，更生債権等届出の受理 (138)，更生計画案の受理 (184 Ⅰ Ⅱ)，更生計画案を決議に付する旨の決定 (189 Ⅰ)，更生計画の認可または不認可の決定 (199 Ⅰ～Ⅳ) など，更生手続の実施を内容とする職務である。第3は，管財人，保全管理人，監督委員，調査委員などの手続機関に対する監督をなすことである (68 Ⅰ・34 Ⅰ・38・126，会更規 21・17 Ⅰ・32 Ⅱ)。第4は，更生債権者等などの利害関係人間の権利義務に関する争いを裁判によって解決することである (151・152 Ⅱ・95 Ⅱ・97 Ⅱ・100・102 Ⅱ・105 Ⅲ など)。これらの職務のうち，第1および第4は，更生事件に関する裁判機関としての職務であり，第2および第3は，更生手続の実施にかかる手続機関としての職務である。

第1項　土地管轄

　更生事件の管轄はすべて専属的であって (6)，合意管轄は認められない。管轄は，職分管轄と土地管轄に分けられるが，職分管轄に関しては，更生事件は地方裁判所の管轄に属する (5)。これに対して，土地管轄は次のように分かれる。なお，複数の裁判所が管轄権をもつときには，優先管轄として，先に更生手続開始申立てのなされた裁判所が管轄をもつ (同Ⅶ)。

1　土地管轄

　株式会社の主たる営業所の所在地 (主たる営業所が外国にあるときは，日本における主たる営業所の所在地) を管轄する地方裁判所が管轄裁判所となる (5 Ⅰ)。旧会社更生法6条においては，会社の本店所在地が土地管轄の発生原因とされていたが，更生手続の円滑な進行のためには，現実の営業の中心となっている場所を基準とすることが合理的であるとの理由から，主たる営業所所在地にもとづいて土地管轄が定められることとされた[61]。

　もっとも，株式会社の本店の所在地を管轄する地方裁判所にも，競合的に土地管轄が認められる (5 Ⅱ)。これは，債権者または株主が手続開始の申立てをするような局面 (17 Ⅱ 参照) を考えると，これらの者が主たる営業所の所在地を知ることが困難である場合があることを想定したものであり，登記に公示さ

---

[61]　一問一答新会社更生法35頁参照。旧会社更生法6条の下では，本店所在地とは，定款に記載されている場所 (会社27③) を意味すると解されていたので，実際の営業の中枢と一致するとは限らず，不一致から生じる問題は，移送 (旧7) によって解決すべきものとされていた。条解会更法 (上) 166頁参照。

れている本店所在場所（会社911Ⅲ③）によって明らかにされている本店所在地も土地管轄の発生原因とされている[62]。

なお，破産法および民事再生法においては，主たる営業所などの管轄原因にもとづく管轄裁判所がないときは，補充的土地管轄として，債務者の財産の所在地を管轄する地方裁判所の土地管轄が認められている（破5Ⅱ，民再5Ⅱ）。しかし，株式会社の組織変更をも内容とする更生手続においては，会社の財産が所在するというだけの理由から財産所在地の地方裁判所に補充的土地管轄を認める合理性がないところから，会社更生法においては，本店所在地の地方裁判所（5Ⅱ），東京地方裁判所または大阪地方裁判所（同Ⅵ）の競合的土地管轄の概念は存在するが，原則的土地管轄および補充的土地管轄の概念は存在しない。

競合的土地管轄のある東京地方裁判所または大阪地方裁判所にも，更生手続開始の申立てをすることができる（同Ⅵ）。両裁判所には，更生事件等についての専門部（東京地方裁判所民事第8部・大阪地方裁判所第6民事部）が設置され，人的体制の整備とともに，更生事件取扱いについての専門的知見が蓄積されていることを重視したものである[63]。なお，東京地方裁判所または大阪地方裁判所の管轄は，土地の連結点とかかわりなく認められるものであるから，たとえば，東日本に主たる営業を有する株式会社が大阪地方裁判所に更生手続開始の申立てをすることも，逆に，西日本に主たる営業所を有する株式会社が東京地方裁判所に申立てをすることも許される。

2　親子会社等についての関連土地管轄

親子会社等の密接な組織関係があり，かつ，経済的にも関連した事業活動を営んでいる複数の株式会社について更生手続を行う場合には，同一の裁判所が管轄裁判所となり，実際上一体の手続を進めることが，更生手続の遂行にかかる費用や労力を節約し，更生手続の目的（1）を実現する上でも望ましい。法は，このような視点から，親子会社等について1つの更生手続が先行している

---

62)　一問一答新会社更生法35頁参照。
63)　破産手続および再生手続においても，超大規模事件についての特則として東京地方裁判所または大阪地方裁判所の管轄が認められるが（破5Ⅸ，民再5Ⅸ），更生事件は，一般に大規模事件であること，また，破産および民事再生よりも更に専門性が高いことを考慮して，事件規模を限定することなく両地方裁判所の管轄が認められる。一問一答新会社更生法35頁参照。法5条6項のような規定を民事再生法に設けるべきかどうかの立法論について，松下淳一「事業者の再生事件の土地管轄について」民事再生の実務と理論332頁参照。

場合に，その事実をもって後行手続の土地管轄について管轄原因とする関連土地管轄を規定する（5Ⅲ～Ⅴ）[64]。なお，以下の管轄は，競合管轄である。

　第1に，親株式会社が子会社たる株式会社（子株式会社）の議決権[65]の過半数を有する場合に，すでに子株式会社について更生事件が係属しているときには，親株式会社についての更生手続開始の申立ては，子株式会社の更生事件が係属する地方裁判所にもすることができる（同Ⅲ前半部分）。また，親株式会社について更生事件が係属しているときには，子株式会社についての更生手続開始の申立ては，親株式会社の更生事件が係属する地方裁判所にもすることができる（同後半部分）。同様の規律は，孫株式会社と親株式会社との間にも妥当する（同Ⅳ）。孫株式会社とは，子株式会社または親株式会社および子株式会社が議決権の過半数を有する株式会社を意味する。

　第2に，会計監査人設置会社が，その最終事業年度について当該株式会社と他の株式会社にかかる連結計算書類を作成し，かつ，当該株式会社の定時株主総会においてその内容が報告された場合には，当該株式会社と当該他の株式会社との間にも関連土地管轄が認められ，当該株式会社についての更生手続開始の申立ては，当該他の株式会社について更生事件が係属する地方裁判所にもすることができ（同Ⅴ前半部分），また，当該他の株式会社についての更生手続開始の申立ては，当該株式会社について更生事件が係属する地方裁判所にもすることができる（同後半部分）[66]。

3　移　　送

　管轄違いの裁判所に更生手続開始申立てがなされた場合には，移送が可能で

---

[64] 破産法5条3項から5項まで，民事再生法5条3項から5項までも同趣旨の規定であるが，会社更生法の適用対象が株式会社に限られていること，係属する手続が破産手続や再生手続である場合に，当該裁判所に更生事件の管轄を認める意義は小さいことなどから，会社更生法上の関連土地管轄の規定は，本文に述べるような内容のものとなっている。

[65] 議決権については，株主総会において決議をすることができる事項の全部について議決権を行使することができない株式についての議決権を除き，会社法879条3項の規定によって議決権を有するものとみなされる株式（相互保有株式）についての議決権を含む（5Ⅲ第1かっこ書）。前者については，江頭313頁参照。

[66] 破産手続および再生手続の場合には，法人と法人の代表者との間についての関連土地管轄（破5Ⅵ，民再5Ⅵ），連帯債務者，主債務者と保証人，夫婦という関係にある個人についての関連土地管轄（破5ⅦⅨ，民再5ⅦⅨ），大規模事件についての土地管轄（破5Ⅷ，民再5Ⅷ）の規定があるが，更生手続は株式会社のみを適用対象とすること，あるいは東京地方裁判所または大阪地方裁判所の競合管轄を限定なく認めることとの関係から，対応する規定は会社更生法に設けられていない。

ある（13，民訴16Ⅰ）[67]。しかし，開始申立てがなされた裁判所が管轄裁判所である場合であっても，利害関係人の利益を考慮して，適正，かつ，迅速な手続の進行を図るために，より適切な裁判所に更生事件を移送する可能性を認める必要がある。このような理由から法は，破産や民事再生の場合（破7，民再7）と同様に，著しい損害または遅滞[68]を避けるために必要があると認めるときは，裁判所が職権で事件を他の裁判所（7各号）に移送することができるとしている（7柱書）。

　民事訴訟法上では，訴訟の著しい遅滞を避け，または当事者間の衡平を図るため必要があるときは，申立てまたは職権による移送が認められるが（民訴17）[69]，事案の解明を目的とし，当事者対立構造を基本とする民事訴訟手続と，株式会社の事業の維持更生を図ることを目的とする更生手続の違いから，移送の要件が著しい損害または遅滞とされ，また職権による移送に限られたものである。もちろん，実際には，職権の発動を促すための利害関係人による申立てが前提となる。

　受移送裁判所になるのは，株式会社の営業所の所在地を管轄する地方裁判所（7①）[70]，株式会社の財産所在地を管轄する地方裁判所（同②），株式会社の本店の所在地を管轄する地方裁判所（同③・5Ⅱ），親子会社等についての関連土地管轄をもつ地方裁判所（7③・5Ⅲ～Ⅴ），および東京地方裁判所または大阪地方裁判所（7③・5Ⅵ）である。

---

67)　移送がなされず，更生手続開始決定がされたときに，専属管轄違反を理由として即時抗告（44Ⅰ）が許されるかどうかが議論されるが，これを否定する理由に乏しい。民事調停法4条1項但書や家事審判規則4条1項但書のような自庁処理の規定がないことが理由になる（条解会更法（上）170頁）。ただし，開始決定の中には，管轄違いを否定する黙示の判断が含まれていることを理由とする否定説（再生手続について新注釈民再法（上）35頁〔林圭介〕）も有力である。
　　また，専属管轄違反を理由とする移送決定に対しては，法9条前段にいう「この法律に特別の定めがある場合」にあたらないとして，即時抗告の可能性を否定するのが，否定説（再生手続について新注釈民再法（上）34頁〔林圭介〕など）である。しかし，この場合の移送決定は，民事訴訟法16条1項の規定にもとづくものであることを考えれば，同法21条の適用を排除することは不合理である。
68)　著しい損害とは，株式会社や更生債権者等などの利害関係人の利益に着目したものであるのに対して，著しい遅滞とは，手続全体に着目したものである。しかし，実際には，会社財産や更生債権者等の所在などの諸要素を総合勘案して，移送の是非を決することになる。条解会更法（上）172頁，会社更生の実務（上）55頁〔河本晶子〕参照。
69)　その趣旨については，伊藤・民訴法93頁参照。

第2項　国際更生管轄

　国際更生管轄，すなわち，ある株式会社についていずれの国の裁判所が更生手続を開始し，遂行する権限をもつかの規律については，かつては規定が設けられていなかった。解釈としては，破産法と同様に，わが国の国内土地管轄を定める規定を基礎として，国際更生管轄を定める考え方が有力であったが，平成12年改正によって，旧会社更生法に以下のような内容の国際更生管轄に関する規律が設けられ，現行会社更生法はそれを引き継いでいる[71]。

　株式会社は，それが日本国内に営業所を有するときに限り，わが国の裁判所に国際更生管轄が認められる（4）。

　国際更生管轄原因である営業所は，主たる営業所である必要はない。たとえば，外国に主たる営業所をもち，わが国に従たる営業所をもつ株式会社についても，わが国の裁判所に国際更生管轄が認められる。これに対して，破産（破4）や民事再生（民再4）と異なって，国内財産の所在を理由とする国際更生管轄は認められていない。株式会社の事業組織の再編を内容とする更生手続について，財産の所在のみを理由としてわが国の国際更生管轄を認めるのが適当ではないと判断された結果である。

　したがって，外国とわが国の双方に営業所をもつ株式会社については，外国とわが国の国際更生管轄が競合する。単一更生主義，すなわち世界各国の間で

---

70)　主たる営業所所在地の地方裁判所（5Ⅰ）に申し立てられた更生事件を他の営業所所在地の地方裁判所に移送する場合，および主たる営業所所在地の地方裁判所以外の地方裁判所に申し立てられた更生事件（同Ⅱ～Ⅵ）を主たる営業所所在地の地方裁判所に移送する場合が含まれる。破産法7条5号および民事再生法7条5号参照。
　　なお，損害または遅滞を避けるための移送自体は，旧7条にも規定されていたが，現行法は，関連土地管轄を有する裁判所など受移送裁判所の範囲を拡大して，事案の特質に応じた対応を可能にしている。一問一答新会社更生法35頁参照。

71)　かつての解釈論については，伊藤・破産法〈第3版補訂版〉121頁参照。国内の土地管轄原因をもとに国際管轄の存否を定める考え方を逆推知説と呼ぶ。平成12年改正は，国際更生管轄，国内更生の対外的効力，外国更生の対外的効力など，国際更生に関する主要な問題について立法的解決を行い，旧破産法，旧会社更生法，民事再生法の関連規定を改正するとともに，外国倒産処理手続の承認援助に関する法律（平成12年法律129号）を制定した。
　　国際更生管轄が明定された理由としては，基準の明確化および透明化，承認援助法によって外国の更生事件の管轄を承認すべき場合が定められたこととの均衡，逆推知説の下で，わが国に過剰な更生管轄が発生することを避ける必要があることが挙げられる。立法の経緯等について，国際倒産法制134頁参照。

国際更生管轄の配分について統一がなされれば，このような規律は合理性を失うが，そのような状況にはない以上，上記のような株式会社についても，わが国において更生手続を開始する必要が存在するものとして，国際更生管轄を認めるものである。ただし，このことから2つの問題が派生する。第1は，同一の株式会社についてわが国の更生手続とそれに相当する外国の手続が競合する並行更生の問題である。第2は，たとえば主たる営業所以外の営業所の所在を管轄原因としてわが国の更生手続が開始されたときに，その効力が外国財産に及ぶか，逆に，主たる営業所の所在を理由として外国において更生手続が開始されたときに，その効力が国内財産に及ぶかなどの，更生手続の国際的効力の問題である。いずれについても，国際更生（本書第4章第1節第2項）に関して説明する。

第3項　裁判所書記官

裁判所書記官の権限は，事件記録その他の書類の作成や保管，および法律に定める事務等と規定されているが（裁60Ⅱ），更生手続においては，更生手続開始の準備から始まり，裁判所と管財人との連絡，裁判所の許可事項についての申請受理，債権や資産の調査あるいは更生計画の策定についての裁判所と管財人との連絡など，裁判所の職務とされる事項のほとんどすべてにわたって，裁判所書記官が関与している[72]。

このような現状を踏まえ，また更生事件の適正かつ迅速な処理のために裁判所の事務を合理化する目的から，現行法は，旧法下で実務慣行上裁判所書記官によって行われている事項の多くに法律上の根拠を与え，また裁判所の権限とされていた事項のうち，一部を裁判所書記官の権限に委譲して裁判所書記官固有の権限とし，さらに裁判所の権限に属する事項に関する事務を裁判所書記官が取り扱うものとしている。裁判所書記官の権限事項の例として，登記等の嘱託（258〜262・265），更生債権等の確定に関する訴訟の結果の記載（160），更生手続開始決定等の官庁への通知（会更規7），債権調査の際の異議の通知（会更規46Ⅱ）があり，裁判所書記官の事務取扱事項の例として，公告に関する事務（会更規6），更生手続開始原因等に関する事実調査（会更規14），管財人や監督

---

[72]　破産手続における裁判所書記官の職務について，小河原寧「破産手続における裁判所書記官の役割」講座（2）203頁参照。

委員等に対する監督の事務（会更規17Ⅰ・21・32Ⅱ）などがある。これらのうち，前者の中で利害関係人の権利義務に直接の影響が生じるもの，たとえば登記等の嘱託や更生債権等の確定に関する訴訟の結果の記載については，異議（13，民訴121）が認められる[73]。

第5節　監督委員

　裁判所は，更生手続開始の申立てがあった場合において，更生手続の目的を達成するために必要があると認めるときは，利害関係人の申立てによりまたは職権で，更生手続開始の申立てについて決定があるまでの間，監督委員による監督を命じる処分（監督命令）をすることができる（35Ⅰ）。更生手続においては，手続開始決定後は，管財人が必要的に選任されるために（42Ⅰ），再生手続と異なって，監督委員の活動期間は，更生手続開始申立てからそれについての決定があるまでの間に限定されている（35Ⅰ）。したがって，監督委員は，この期間に活動する更生手続の機関としての性質を有する。監督委員の選任や職務の内容については，本書83頁を参照されたい。

第6節　調査委員

　裁判所は，更生手続開始の申立てがあった時から当該申立てについての決定があるまでの間，および更生手続開始からその終了までの間において，必要があると認めるときは，利害関係人の申立てによりまたは職権で，調査委員による調査を命ずる処分をすることができる（125Ⅰ・39）。調査委員は，裁判所が定める調査事項についての調査または意見陳述を職務内容とする更生手続の機関であって，更生手続開始の前後を通じて活動する点にその特質がある。調査委員の選任や職務内容については，本書86頁を参照されたい。

---

[73]　条解民訴法648頁〔竹下守夫＝上原敏夫〕参照。

第7節　関係人集会および更生債権者委員会等
（更生債権者委員会・更生担保権者委員会・株主委員会）

　更生手続は，債権者，株主その他の利害関係人の利害を適切に調整し，もって当該株式会社の事業の維持更生を図ることを目的としている（1）。利害の調整が適切に行われるか否かは，手続の遂行主体である管財人（72Ⅰ）や，それを監督する立場にある裁判所（68Ⅰ）の判断によるところが大きいが，最終的には，利害関係人自身の意思を問う必要がある。また，その前提として，利害関係人に対して判断の前提となる情報を開示し，利害関係人の側からも更生手続の進め方に対する意見を述べる機会を保障する必要も大きい。関係人集会や更生債権者委員会等は，このような目的のために設けられた更生手続の機関[74]である。

第1項　関係人集会

　関係人集会は，更生債権者等や株主によって構成される機関であり，その最も重要な職務は，更生計画案についての決議を行うことである（189Ⅱ①③・191・193・233Ⅱ）。また，利害関係人の利益を確保するためには，更生会社の財産や事業の内容を含め，更生手続の進行状況について十分な情報が適切に開示されることが必要であり，法は，財産状況報告のための関係人集会（85）を

---

[74]　再生手続においては，民事再生法第3章に監督委員，調査委員，管財人および保全管理人の4つが再生手続の機関として規定されているが，講学上では，法律上の権限を認められて再生手続の遂行に関与し，その中での意思決定を行うことが予定される主体として，再生債務者，債権者集会および債権者委員会は，機関としての性質を有すると解されている（森恵一「債権者の手続関与のあり方」講座(3) 333頁，伊藤634頁注40）。会社更生法においては，法文上では，更生手続の機関についての位置づけがなされていないが，管財人，保全管理人，監督委員および調査委員に加えて，関係人集会および更生債権者委員会等も更生手続の機関としての性質を有する。
　これに対して，関係人説明会（会更規25Ⅰ本文）は，再生手続における債権者説明会（民再規61）と同様に，関係人に対する情報提供の場であり，機関性が認められない。
　また，更生会社の取締役については，更生計画認可決定後の事業の経営や財産の管理および処分の権限が付与された場合（72Ⅳ参照）には，更生会社の機関であると同時に，更生手続の機関としての性質も併有する。さらに進んで，更生会社を更生手続の機関として位置づけることができるかどうかも，検討の対象となるが，更生会社は，管財人などの機関の行為の効果が帰属する主体と理解すべきである。

はじめとして，必要に応じて関係人集会を開催することを予定している。もっとも，全利害関係人が一堂に会する形での集会が，利害関係人の意思形成や利害関係人への情報提供の方法として常に最適であるとはいえず，会社更生法は，関係人集会の開催を必要的なものとはせず，情報提供については，文書の閲覧(11)，管財人による情報開示（会更規24）や関係人説明会（会更規25Ⅰ）などをもって行い，更生計画案に関する決議については，書面等投票によって行うこと（189Ⅱ②③・192・233Ⅱ）を認めている[75]。

1　関係人集会の招集

裁判所は，管財人，更生債権者委員会（117Ⅱ），更生担保権者委員会（同Ⅵ），株主委員会（同Ⅶ），届出があった更生債権等の全部について裁判所が評価した額の10分の1以上にあたる更生債権等を有する更生債権者等，更生会社の総株主の議決権の10分の1以上を有する株主のいずれかの申立てがあったときは，関係人集会を招集しなければならない（114Ⅰ柱書前段。ただし，更生会社が手続開始の時において債務超過の状態にある場合の株主等の申立権は否定される。114Ⅱ）。これらの申立てがない場合であっても，裁判所は，相当と認めるときは，職権で関係人集会を招集することができる（同後段）。したがって，関係人集会の招集権者は裁判所であり，管財人，各種の委員会，あるいは一定の更生債権者等および一定以上の議決権を有する株主には，招集申立権が認められる[76]。招集申立書には，会議の目的である事項および招集申立ての理由などを記載しなければならない（会更規2Ⅰ Ⅱ）。

裁判所は，関係人集会の期日を定めて，管財人，更生会社，届出更生債権者等，株主および更生会社の事業の更生のために債務を負担しまたは担保を提供する者があるときは，その者を呼び出さなければならない（115Ⅰ本文）[77]。担

---

75) 旧法においては，更生手続の開始に至った事情等の管財人による説明や利害関係人が会社の業務や財産管理について意見を述べる第1回関係人集会（旧187・188），更生計画案審理のための第2回関係人集会（旧192・193），更生計画案決議のための第3回関係人集会（旧200）の開催が必要的とされていたが，現行法においては，関係人集会の開催は必要的ではない。一問一答新会社更生法136頁，新しい会社更生法229頁〔瀬戸英雄〕参照。実infoに関しては，会社更生の実務（下）62頁〔市川恵理子〕参照。

76) 適法な申立てがなされた以上，裁判所は関係人集会を招集しなければならないが，集会を開催すべき合理的理由がなく，かつ，いたずらに手続費用がかかると見込まれる事案では，申立権の濫用として，集会を招集しないことも許される。

77) 呼出しは，民事訴訟法の一般規定により（13，民訴94Ⅰ），普通郵便やファックスなど相当と認める方法によって行えば足りる。

保提供者などが呼出しを受けるのは，それらの者の存在が更生計画の履行の確実性に影響を与えるためである[78]。また，裁判所は，関係人集会の期日および会議の目的である事項を公告しなければならない（同Ⅳ）。ただし，大規模事件における通知・呼出し省略の決定がなされたときは（42Ⅱ），更生計画案の決議のための関係人集会の期日を除いて，届出更生債権者等に対する呼出しは不要である（115Ⅰ但書）。また，議決権を行使することができない更生債権者等または株主（136ⅡⅢ・166Ⅱ）[79]は，呼び出さないことができる（115Ⅱ）。

関係人集会の期日は，労働組合等[80]に通知しなければならない（同Ⅲ）。労働組合等は，関係人集会の構成員ではないが，更生手続の帰趨について重大な利害関係を持ち，またその成否に影響を及ぼすところから，これに対する情報提供の機会として期日の通知を定めたものである[81]。

もっとも，いったん関係人集会の期日が定められ，その期日において延期または続行期日の言渡しがあったときは，呼出し，労働組合等に対する通知および公告はなされない（同Ⅴ）。

2 関係人集会の議事および議決権

関係人集会は，裁判所が指揮する（116）。実務上は，更生計画案についての決議のための関係人集会が中心となるが，指揮の内容は，それぞれの資格にもとづいた出席者の確定，管財人などの呼出し（115Ⅰ本文）や調査委員の出席，報告および意見陳述要求（会更規29），議事の進行，決議の指揮および集会の秩序維持を含む[82]。

更生計画案についての決議のための関係人集会などでは，議決権を有する者のみがその額をもって決議に参加することができる。議決権を有するのは，更

---

78) 旧法においては，これらの者が更生計画案決議のための関係人集会に出頭して，債務の負担などについて陳述をしなければならないとされていたこと（旧201Ⅰ）が，呼出し（旧164Ⅰ）の理由とされていたが（条解会更法（下）12頁），現行法では出頭を必要的とする規律は存在しないので（171参照），呼出しも訓示的な意味にとどまる。
79) 債権調査手続において債権がないことが確定された届出更生債権者等も含まれる（191Ⅱ参照）。
80) 労働組合等とは，更生会社の使用人その他の従業者の過半数で組織する労働組合，これがないときは，従業者の過半数を代表する者を指す（46Ⅲ③）。
81) 一問一答新会社更生法136頁。通知（会更規10，民訴規4Ⅰ）は，電話，ファクシミリなど相当と認める方法による。なお，監督官庁への通知の制度（旧165）は，廃止された。
82) 会社更生の実務（下）62頁〔市川惠理子〕参照。

生債権等（2⑫）を有する債権者であって，更生債権等の届出をすることによって更生手続に参加した者である（135Ⅰ・136Ⅰ）。ただし，更生手続開始後の利息の請求権など（2⑧①～③），租税等の請求権（2⑮・142①）および更生手続開始前の罰金等の請求権（142②）については，議決権が認められない（136Ⅱ）。利息の請求権などについては，手続開始前の原因にもとづく本来の更生債権に対する劣後性，租税等の請求権や罰金等の請求権については，それが更生手続上で特別の取扱いをされること（87Ⅲ・142・164Ⅰ・168Ⅳ・169・204Ⅰ③など）を根拠として，利害関係人として意思決定に参加することを排除するものである。また，更生会社が更生手続開始の時においてその財産をもって約定劣後更生債権に優先する債権に係る債務を完済することができない状態にあるときの約定劣後更生債権者も同様である（136Ⅲ）。

なお，更生債権者等が更生手続開始決定後に，更生会社の財産で外国にあるものに対して権利を行使したことにより，更生債権等についての弁済を受けた場合であっても，その弁済を受ける前の更生債権等の全額をもって更生手続に参加することができるが（137Ⅰ），議決権の行使は，外国において弁済を受けた部分を除いた残部に限られる（同Ⅲ）。更生計画の定めによる弁済に関する規律（同Ⅱ。本書552頁注9参照）と同様に，他の更生債権者等との公平を保つためである。

また，株主も更生手続に参加し（165Ⅰ），議決権を行使することができる（166Ⅰ）。株主は，その有する株式1株について1個の議決権を有するが（同本文），更生会社が単元株式数を定款で定めている場合においては，1単元の株式について1個の議決権を有する（同但書）。単元株制度を採用した株式会社においては，会社法上，1単元の株式について1個の議決権が認められることから（会社308Ⅰ但書），更生手続における関係人集会の議決権も1個としたものである。しかし，更生会社が更生手続開始の時において債務超過の状態にあるときは，株主には会社財産について実質的持分が認められず，関係人集会における意思決定の機会に参加させるべき合理性を欠くとみられるところから，議決権は否定される（166Ⅱ）。

(1) 更生債権者等の議決権額

更生債権者等の議決権額は，原則としては債権額による（136Ⅰ④）。しかし，債権額全額を議決権額とすることが他の更生債権者等との公平に反する場合や，

確定した債権額がない場合については，特別の規律が存在する。

　　ア　更生手続開始後に期限が到来すべき確定期限付債権で無利息のもの（136Ⅰ①）

　これについては，更生手続開始の時から期限に至るまでの期間の年数（その期間に1年に満たない端数があるときは，切り捨て）に応じた債権に対する法定利息を債権額から控除した額を議決権額とする。更生手続開始後の利息について議決権を認めないこと（136Ⅱ①）に対応して，中間利息相当分を議決権額から控除する趣旨である[83]。

　　イ　金額および存続期間が確定している定期金債権（136Ⅰ②）

　この場合には，各定期金についてアで述べた方法で中間利息相当分を控除した額の合計額か，法定利率によりその定期金に相当する利息を生ずべき元本額か，いずれか少ない方の額が議決権額になる[84]。

　　ウ　更生手続開始時の評価額によるもの（136Ⅰ③）

　これに属する権利としては，5種類のものがある。第1は，更生手続開始後に期限が到来すべき不確定期限付債権で無利息のものである（136Ⅰ③イ）[85]。統計等によって期限の到来時を想定し，確定未到来期限付債権の場合と同様に（同Ⅰ①），中間利息相当分を控除して評価すべきである。

　第2は，金額または存続期間が不確定である定期金債権である（同③ロ）。定期金債権の金額または存続期間を想定して，これらが確定している定期金債権に準じた評価をすべきである。

　第3は，非金銭債権である（同ハ）。目的物の評価額などを基準として議決権額の評価をすべきである。なお，破産手続と異なって（破103Ⅱ①イ），更生

---

[83]　更生手続や再生手続では，破産手続と異なって，現在化（破103Ⅲ）に対応する規定が存在しないことが前提となっている。商事債権の場合には，中間利息の利率は，年6％（商514），それ以外の債権の場合には，年5％（民404）である。法定利率よりも低い約定利率が定められている場合であっても，無利息ではないので，法定利率との差額分の中間利息の控除は行わない（再生手続について新注釈民再法（上）466頁〔中井康之〕）。
　　具体的算定方式は，議決権額をP，債権額をS，弁済期までの年数をn，法定利率をiとすれば，$P=S/1+ni$ となる（条解会更法（中）410頁）。なお，旧114条は，期限に至るまでの期間に端数がある場合の特則を置いていなかったために，計算方法が複雑になる可能性があったが，現行法は，これを切り捨てることによって簡素化している。

[84]　具体的算定方式については，条解会更法（中）412頁参照。

[85]　権利の具体例は，死亡によって会社から給付を受けることができる債権や抽選によって償還の順序を決する無利息債権などが挙げられる。条解会更法（中）414頁参照。

手続においては，更生債権そのものが金銭化されることはない。

第4は，額不確定の金銭債権または外国通貨金銭債権である（136 I ③ニ）。これに対応する破産法103条2項1号ロにいう額不確定金銭債権の意義については，考え方の対立がある。通説の考え方をあてはめれば，将来の収益分配請求権のような，客観的にも金額が確定されていない債権が評価によって議決権額を定める対象であるのに対して，少数説では，将来損害が顕在化するような損害賠償請求権であっても，評価によって議決権額が定められる[86]。

第5は，条件付債権である（136 I ③ホ）。停止条件付債権および解除条件付債権のいずれについても，条件成就の蓋然性を評価して，議決権額が定まる。保証人の求償請求権など，法定の条件にかかる将来の請求権についても同様である（同ヘ）。

(2) 議決権の額または数の確定手続

更生債権者等の議決権額は，以上のような基準によって定まるが，手続としては，更生債権者等が更生債権等の内容とともに，必要な評価などを行った上で議決権額を届け出（138 I ③・II ③），それが更生債権者表および更生担保権者表に記載され（144 II III），管財人が認め（146 I II IV V参照），また他の更生債権者等や株主による異議がなかったものは，議決権額が確定し（150 I），その額または数で議決権の行使が認められる（191 II ①・192 I ①）。

これに対して，管財人，他の届出更生債権者等または株主は，関係人集会の期日において，届出更生債権者等の議決権の額または数について異議を述べることができる（191 I 本文）。異議がなければ，届出にしたがった額での議決権行使が認められるが（191 II ②），異議があれば，議決権行使の可否と議決権額を裁判所が定める（同④）。この決定に対する不服申立ては認められないが[87]，裁判所は，利害関係人の申立てによりまたは職権で，いつでもその決定を変更することができる（同III）。

---

86) 伊藤200頁。通説と少数説との帰結の違いについては，条解破産法713頁参照。もっとも，条解会更法（中）421頁は，人身侵害にもとづく損害賠償請求権について，その金額の算定行為を基準時として，それが更生手続開始後であれば，共益債権（127②）として扱う可能性を示唆する。

87) なお，東京高決平成13・12・5金商1138号45頁〔民事再生〕は，「債権者集会における再生計画案の決議のために，各債権者の議決権を具体的にどのような手順，方法により行使させるかは，民事再生法に規定するところがなく，裁判所の裁量に任された事項である」と判示する。

株主の議決権については，株主名簿に記載され，もしくは記録され，または裁判所の許可（165Ⅲ）において定める数での議決権行使が認められる（191Ⅱ③）。これに対して，管財人，届出更生債権者等または他の株主が異議を述べることができること（同Ⅰ本文），異議があった場合に議決権行使の可否と議決権数を裁判所が定めること（同Ⅱ④）などは更生債権者等の場合と同様である。

なお，更生計画案の決議について関係人集会が開かれない場合（189Ⅱ②）の議決権額（192Ⅰ柱書）は，すでに確定している届出更生債権者等（150Ⅰ）については，それにより（192Ⅰ①），それ以外の届出更生債権者等については，議決権行使の可否および額を裁判所が定める（同②）。この決定に対する不服申立ては認められないこと，および裁判所による変更の余地があることは，上記の場合と同様である（同Ⅱ）。株主の議決権については，株主名簿に記載され，もしくは記録され，または裁判所の許可（165Ⅲ）において定める数での議決権行使が認められる（192Ⅰ③）。

その他，更生計画案の決議にかかる議決権行使に関する規律については，第8章第2節第3項（609頁）において説明する。

3 議決権の行使

議決権者および議決権の額または数は，以上に述べたところにしたがって決定されるが，集会の期日における議決権行使であれ，また書面等投票であれ（189Ⅱ①〜③），決議が行われる時点までに，届出更生債権等や株式の譲渡などにともなう議決権者の変動が生じる可能性がある。決議が行われる時点での届出更生債権者等や株主が議決権者となるのが基本であるが，特に更生計画案に関する決議は，更生手続の中核となるものであり，その直前まで議決権者の変動が生じうることは，手続の円滑な進行を妨げるおそれがある。この問題を解決するために設けられたのが，基準日による議決権者の確定制度である（194）。

すなわち，裁判所は，相当と認めるときは，更生計画案を決議に付する旨の決定（189Ⅰ）と同時に，基準日を定めて，基準日における更生債権者表，更生担保権者表または株主名簿に記載され，または記録されている更生債権者等または株主を議決権者と定めることができる（194Ⅰ）。裁判所は，基準日を公告しなければならない（同Ⅱ前段）。この場合において，基準日は，当該公告の日から2週間を経過する日以後の日でなければならない（同後段）。また，関係人集会の期日は，特別の事情がある場合を除き，当該基準日の翌日から3月を超

えない期間をおいて定めるものとする（会更規52Ⅰ）[88]。

その他，決議事項に関して特別利害関係を有する者の議決権を否定すべきかどうかという問題があるが，議決権を否定した旧破産法179条2項に対応する規定が存在しないことを考えれば，議決権を否定する理由はない[89]。

第2項　更生債権者委員会等（更生債権者委員会・更生担保権者委員会・株主委員会）

　管財人が手続を遂行し，また裁判所がそれを監督する上で，更生手続の利害関係人である更生債権者等や株主の意見を聴き，それを更生計画案の内容に反映させるなどのことは，手続の適正，かつ，円滑な進行のために不可欠である。そのための手段としては，関係人集会や関係人説明会があるが，多数の利害関係人が存在するような事案では，これらの制度が十分に機能しないおそれがある。そこで，少数の利害関係人によって組織される機関が全体の利益を代表して，裁判所や管財人に対して意見を述べるために作られた制度が更生債権者委員会，更生担保権者委員会および株主委員会（以下，更生債権者委員会等と称する）である[90]。

1　更生債権者委員会等の手続関与

　裁判所は，更生債権者をもって構成する委員会がある場合には，利害関係人の申立てにより，当該委員会が，法律に規定された事項について更生手続に関

---

88) 基準日の制度の趣旨については，一問一答新会社更生法207頁，運用については，会社更生の実務（下）287頁〔名島亨卓〕参照。3月を超えない期間をおいてとは，基準日の翌日から当該日を起算日として3月の期間が満了する日の翌日までの間のいずれかの日を関係人集会の期日と定めるという趣旨である。条解会更規174頁。また，特別の事情がある場合の例としては，①更生計画案の内容の通知（189Ⅲ）が到達するのに相当長期の期間を要する在外債権者がある場合や，②書面等投票を併用する場合であって基準日の翌日から3月以降の日を回答期間の末日と定めた場合などが挙げられる。同書175頁。なお，同じく特別の事情であっても，書面等投票の期間に関する特別の事情（会更規52Ⅳ柱書）は，①を意味する。同書178頁。
89) 具体例としては，株主の有する更生債権等，更生会社の役員の有する更生債権等が考えられるが，いずれについても当然に議決権を否定すべき理由はない（更生計画案に関する決議について条解会更法（下）54頁参照）。
90) 更生債権者等による手続監視と関与の重要性について坂井・前掲論文（注10）25頁参照。なお，この制度は旧会社更生法には存在せず，利害関係人の意思を手続の進行等に反映させ，更生手続の適正な実施に資する目的で，現行法が創設したものである。一問一答新会社更生法138頁参照。実際に更生債権者委員会等が組織される例は少ないが，皆無というわけではない。本書第1章設例（1頁以下）における更生担保権者委員会の活動参照。

与することを承認することができる（117Ⅰ柱書本文）。更生担保権者をもって構成する更生担保権者委員会および株主をもって構成する株主委員会についても，同様である（同ⅥⅦ）。

委員会は，更生手続開始前に組織されたものであっても，また開始後に組織されたものであっても差し支えないが，いずれにしても，あらかじめ組織されていることを前提に，利害関係人[91]が裁判所に対して手続関与承認の申立てをなす。申立てに際しては，委員会の構成など，承認の要件の判断に関わる事項を明らかにすることが求められる（会更規2Ⅰ Ⅱ。会更規30Ⅱ，民再規54Ⅲ参照）。

承認の要件は，第1に，委員の数が3人以上10人以内であること（117Ⅰ①・ⅥⅦ，会更規30Ⅰ），第2に，更生債権者，更生担保権者または株主の過半数が当該委員会の更生手続への関与について同意していると認められること（117Ⅰ②・ⅥⅦ），第3に，当該委員会が更生債権者，更生担保権者または株主全体の利益を適切に代表すると認められること（同Ⅰ③・ⅥⅦ）の3つである（同柱書但書）。第2の要件は，形式的な意味ではなく，実質から判断して過半数の関係人の同意があると認められることを意味する[92]。第3の要件は，委員会が関係人全体の利益を代表することと[93]，その活動が適切に行われることを含んでいる。適切代表性の存在は，申立書の記載および証拠書類によって明らかにしなければならない（会更規2Ⅱ Ⅲ）。

裁判所が更生債権者委員会等の手続関与を承認した場合，裁判所書記官は，遅滞なく，管財人（更生会社の機関がその権限を回復したとき〔72Ⅳ前段〕は，更生会社）に対して，その旨を通知しなければならない（118Ⅰ・121）。更生債権者委員会等の手続関与の機会を保障するためである。なお，承認申立てを却下す

---

91) 利害関係人としては，委員会構成員たる更生債権者，更生担保権者，株主が考えられるが，更生手続の機関である管財人であっても差し支えない。再生手続における債権者委員会（民再117）について，新注釈民再法（上）633頁〔明石法彦〕参照。

92) したがって，会社更生規則2条3項にいう証拠書類も，個々の関係人による同意書に限らず，委員会の議事録などで過半数の関係人の同意が認定できるものであればよい。

93) 同じく更生債権者であっても商取引債権者や金融債権者など，利害関係を異にする複数の集団が含まれるところから，更生債権者委員会が，その委員構成などの点で，一部の集団ではなく，全体の利益を適切に代表すると認められることが必要である。一問一答新会社更生法140頁参照。

　なお，更生会社が更生手続開始の時点で債務超過の状態にあり，株主の議決権が認められないときには（166Ⅱ），株主委員会の手続関与の承認の要件を欠くという考え方もあろう。

る決定または承認決定に対する不服申立ては認められないが（9 前段参照），裁判所は，利害関係人の申立てによりまたは職権で，いつでも承認を取り消すことができる（117Ⅴ～Ⅶ）[94]。

2 更生債権者委員会等の権限および活動

　更生債権者委員会等の権限は，大別すると，意見陳述権，管財人に対する報告書等の徴求権・報告命令申出権（119～121），および関係人集会の招集申立権（114Ⅰ②～④）[95]の 3 つに分けられる。意見陳述権には，更生手続全般にかかわるものと，特定の事項にかかわるものがある。前者は，裁判所または管財人に対する意見陳述権（117ⅡⅢ・118Ⅱ）を意味し，後者は，事業の譲渡許可に関する意見陳述権（46Ⅲ①但書・②但書）がこれにあたる[96]。

　更生債権者委員会等の活動については，特別の規律は存在しないが，通常は全員一致によるものと考えられる[97]。ただし，意見陳述の活動については，その性質上，多数意見と少数意見とを併記することも許される。なお，更生債権者委員会等は，これを構成する委員のうち連絡を担当する者を指名し，その旨を裁判所に届け出るとともに，管財人および監督委員に通知しなければならない（会更規 30Ⅱ，民再規 54Ⅱ）。また，構成する委員または運営に関する定めに

---

[94]　同じく利害関係人であっても，更生債権者委員会等の手続関与の承認申立資格たる利害関係人（117Ⅰ柱書）よりも広く，更生手続の利害関係人すべてを含むという見解がある（再生手続について新注釈民再法（上）633 頁〔明石法彦〕）。手続への関与を求める局面と関与の排斥を求める局面とでは，利害関係人の範囲を区別すべき合理性が認められるので，この考え方を支持する。

[95]　ただし，更生会社が更生手続開始の時において債務超過の状態にあるときは，株主委員会の招集申立権は認められない（114Ⅱ）。なお，立法当初の更生債権者委員会等の権限は，その積極的活動を促すという理由から，民事再生法における債権者委員会の権限より広いものとなっていたが（一問一答新会社更生法 141 頁），その後の民事再生法の改正によって，ほぼ同内容のものとなっている（新注釈民再法（上）631 頁〔明石法彦〕参照）。

[96]　事業の譲渡許可に関する意見陳述権は，更生債権者委員会と更生担保権者委員会に限られ（46Ⅲ①②），株主委員会には認められない。これは，更生会社が債務超過である場合には，事業の譲渡に関する株主の実質的利害関係が認められず（同Ⅷ参照），債務超過でない場合には，株主に拒否権（同Ⅳ～Ⅶ）が与えられるためである。

[97]　会社更生規則 30 条 2 項が過半数による意思決定を定める民事再生規則 54 条 1 項を準用しない理由については，更生計画案の可決要件が議決権の数額のみで，頭数要件がなく，人数的な要素が斟酌されていないこと，意思決定の方法が不適切な場合には，関係人全体の利益を適切に代表すると認められるという要件（117Ⅰ③・ⅥⅦ）との関係で，委員会の関与の承認を裁判所が取り消す余地があること（同Ⅴ～Ⅶ）が挙げられる（条解会更規 106 頁注 3）。

ついて変更が生じたときは,遅滞なく,その旨を裁判所に届け出なければならない(会更規30Ⅱ,民再規54Ⅲ)。

委員会の活動に要する費用は,それを構成する委員が負担するのが原則であるが,活動が更生会社の事業の更生に貢献したと認められるときは,裁判所は,当該活動のために必要な費用を支出した更生債権者等や株主の申立てにより,更生会社財産から,当該更生債権者等や株主に対し,相当と認める額の費用を償還することを許可することができる(117ⅣⅥⅦ)。裁判所の許可があれば,更生会社は,これにしたがって費用の償還をしなければならない(この費用償還請求権は共益債権となる。127④)。なお,ここでいう費用には,会合費や消耗品費などの事務費用の他に,弁護士や公認会計士の費用および報酬も含まれる[98]。

第8節 代理委員

更生計画案の作成,決議および更生計画の認可を経て,更生計画を遂行する過程では,管財人は関係人との間で様々な交渉を行い,関係人の側でも,更生債権等の調査確定手続における異議権や更生計画案についての議決権行使など,種々の局面で手続に参加することが必要になる。手続参加の主体は,それぞれの関係人であるが,その権利行使を第三者に委ねるには,裁判上の行為という性質上,代理人に弁護士資格が要求される(13,民訴54Ⅰ本文,弁護72本文)。しかし,行為の実質的内容を考えると,必ずしも代理人の資格を弁護士に限定する必然性はなく,また,複数の関係人が1人の代理人を選任すれば,手続の迅速な進行にも資する。このような理由から更生手続上の特別の制度として設けられたのが代理委員である[99]。

第1項 代理委員の選任等

更生債権者等または株主は,裁判所の許可をえて,共同してまたは各別に,1人または数人の代理委員を選任することができる(122Ⅰ)。代理委員の選任権者は更生債権者等または株主であり,解任権もこれらの者に属する(同Ⅵ。

---

[98] 実例について,本書5頁注8参照。

解任の届出について会更規31Ⅱ参照)。ただし，裁判所の許可がなければ，選任の効力は生じない。裁判所の許可が要求されるのは，代理委員の資格について特別の制限が存在しないこと，および，次に述べるように，代理委員に手続機関に準じる地位が与えられるためである。したがって，裁判所は，代理委員の権限の行使が著しく不公正であると認めるときは，許可を取り消すことができる（122Ⅴ)[100]。

選任の態様は，数人の更生債権者等や株主が共同して，または各別に，1人または数人の代理委員を選任する場合が典型的なものであるが，それ以外に，1人の更生債権者等や株主が1人の代理委員を選任することも許される。また，1人の者が更生債権者と更生担保権者の代理委員となり，あるいは更生債権者等と株主の代理委員となることも考えられるが，利益相反の問題の発生が考えられるために，十分な説明と了解が必要になる。

裁判所は，更生手続の円滑な進行を図るために必要があると認めるときは，更生債権者等または株主に対し，相当の期間を定めて，代理委員の選任を勧告することができる（同Ⅱ)。しかし，これは勧告にすぎず，更生債権者等や株主に対する強制力はない。ただし，当該更生債権者等または株主がその勧告にしたがわず，かつ，共同の利益を有する更生債権者等または株主が著しく多数である場合において，代理委員の選任がなければ，更生手続の進行に支障があ

---

[99] 沿革は，旧会社更生法160条にならったものである（制度の趣旨などについて，条解会更法（中）857頁参照)。なお，関係人が弁護士を自らの代理人として手続上の行為を行わせることは，代理委員制度の存在によって影響を受けるものではない。また，債権の届出などの個別行為に限定すれば，そもそも弁護士法72条にいう法律事務に該当しないとも解される。

なお，社債管理者等が更生債権等である社債の管理に関する事務を行う場合の費用の請求権の共益債権化の制度（131）も，代理委員の制度との間に考え方の共通性が認められる。

代理委員と更生債権者委員会等とを比較すると，「代理委員は，利害を共通にする個別化された債権者集団を代表して，その個別集団の意思を再生手続に反映させることを予定して制度設計されているから，債権者委員会と異なり，債権者の過半数の同意や再生債権者全体の利益を代表している必要はない」（新注釈民再法483頁〔中井康之〕）との指摘が更生手続においてもあてはまる。

[100] 更生債権者委員会等の手続関与の承認の取消し（117Ⅴ）と比較すると，申立権が規定されず，職権のみに限定されていること，許可の取消しの要件が代理委員の権限の行使が著しく不公正であると認めるときに限定されているという特徴がある。これは，代理委員が本人である更生債権者等や株主のために活動すること，本人の側から解任の可能性があることなどを考慮したものである。

ると認めるときは、その者のために裁判所が相当と認める者を代理委員に選任することができる（123 I）[101]。その際には、当該代理委員の同意をえなければならない（同 II）。この場合には、当該更生債権者等または株主（本人）の選任行為は不要であり、裁判所の選任と当該代理委員の同意によって、本人による選任が擬制される（同 III）。

当該代理委員は、正当な事由があるときは、裁判所の許可をえて辞任することができ（同 IV）、その権限の行使が著しく不公平であると認められるときには裁判所により選任決定の取消しがされる（122 V）ほか、更生債権者等または株主からの解任も可能と解されている[102]。

第 2 項　代理委員の権限および地位

代理委員は、本人である更生債権者等または株主のために、更生手続に属する一切の行為をすることができる（122 III）。更生計画案に対する議決権の行使はもちろん、更生債権等の届出（138）、更生債権等の査定の申立て（151 I）、査定の申立てについての裁判に対する異議の訴えの提起（152 I）などを含め、法令上の訴訟代理人（民訴 54 I 本文参照）に類するものとして、更生債権者等または株主の資格にもとづいて認められる一切の手続上の行為をすることができる。行為に際して、代理委員の権限は、書面で証明しなければならない（会更規 31 I）。

本人のために数人の代理委員が存在する場合には、共同してその権限を行使するが（122 IV 本文）、第三者の意思表示は、その 1 人に対してすれば足りる（同但書）。

代理委員の地位は、本人である更生債権者等または株主のための代理人としての側面と手続機関に準じる側面との 2 つに分けられる。代理人としての側面は、本人に対する善管注意義務など（123 VI I、民 644 など）に示されている[103]。また、更生債権者等または株主によって選任される代理委員が本人に対して費

---

101) 具体例については、新しい会社更生法 168 頁〔永野厚郎〕参照。
102) 法 123 条 3 項によって、選任が擬制されることがその根拠である。新会社更生法の基本構造 68 頁〔深山卓也、山本克己発言〕参照。
103) 更生債権者等または株主が自ら代理委員を選任した場合には、本人と代理委員との関係は、民法の規定によって直接に規律されるし、裁判所の選任決定による場合には、法 123 条 6 項の準用規定による。

用や報酬の請求権を有するのも（民648～650），代理人性の表れである。

　手続機関に準じる側面についてみると，裁判所によって選任された代理委員については，費用や報酬は，共益債権として更生会社財産から支払われる（123Ⅴ・127④）。これは当該代理委員が，本人の利益のためというよりも，手続の円滑な進行という利害関係人全体の利益のために活動することを前提としたものである。さらに，更生債権者等や株主によって選任された代理委員を含めて，代理委員が更生に貢献したと認められるときは，裁判所は，更生会社財産から費用の償還や報償金を共益債権として支払うことを許可することができ（124Ⅰ・127④），更生会社は，これにしたがって支払わなければならない。この規定が適用されるのは，実際には，更生債権者等または株主自身によって選任された代理委員に限られよう。

第9節　更生手続の利害関係人

　裁判所，監督委員，調査委員，関係人集会および更生債権者委員会等などの機関は，保全管理人や管財人による手続遂行を監督し，また協力しながら，更生計画の成立とその遂行に向かって，それぞれの職務を行う。これらの機関は，その職務遂行に際して更生手続の利害関係人の利益を不当に損なわず，また，利害関係人の利益が更生計画の中に適切に反映されるよう配慮しなければならない。この意味で，更生手続の利害関係人の範囲を明らかにし，それぞれがどのような利益を有しているかを把握することが重要である[104]。

　なお，破産手続においては，破産者も利害関係人の一人と考えられるが，これは，破産手続が固定主義をとる結果として，破産財団に属する財産の主体としての破産者と，自由財産の主体としての破産者とが分けられること（破34Ⅰ Ⅲ参照），特に個人である破産者については，破産手続終了後の経済的再生が問題となることなどを考慮したものである[105]。これに対して，再生手続における再生債務者は，再生が図られる事業や経済生活の主体である（民再2①）

　104）　更生手続の機関とは，手続の遂行，監督あるいは意思決定など，それぞれの職責に応じて手続に関与する主体を意味し，これに対して，利害関係人とは，それらの機関の活動によってその利益を保護され，あるいはその利益に影響を受ける主体をいう。
　105）　伊藤168頁参照。

とともに，手続遂行の中心となる機関であり（民再38ⅠⅡ），管理命令が発令されて，業務遂行権や財産管理処分権が管財人に吸収されても（民再64Ⅰ・66），再生手続の目的はあくまで再生債務者の事業再生であり，利害関係人の概念になじまない。同様に，更生会社は，その事業の維持更生を図ることを目的として（1），更生手続開始の決定がされたものであり（2Ⅶ），利害関係人の範囲には含まれない。

更生手続について事実上または法律上の利害関係を有するのは，以下に述べる者だけではなく，取戻権者も含まれるが，手続上の利害関係人として認められ，管財人がそれらの者の利益実現について善管注意義務（80Ⅰ）を負うのは，手続の目的の成否によってその利益に影響を受けるべき者でなければならない。このような視点からみると，取戻権者は，その目的物の取戻しという限られた局面で更生手続にかかわるにすぎず，手続の目的実現との関係では利害関係を有せず，また管財人もその職務上の役割として取戻権者の利益実現を図るべき立場にないから，ここでいう利害関係人に含まれるものではない[106]。

第1項　更生債権者

更生債権者の概念には，実体上の意義と手続上の意義とがある。実体上の意義とは，更生会社に対して更生手続開始前の原因にもとづいて生じた財産上の請求権で，更生担保権または共益債権に該当しないものの主体を指す（2ⅧⅨ。ただし，法2条8項各号に規定するものが加わる），手続上の意義とは，更生債権の届出によって更生手続に参加する地位の主体をいう（135Ⅰ）。

実体上の意義において更生債権者とされることは，第1に，更生手続外の権利行使が禁止されることを意味する（47Ⅰ）。その結果として，強制執行等の禁止や中止の効果が生じる（50Ⅰ）。第2に，更生計画認可の決定があったときは，更生計画の定めまたは法の規定によって認められた権利を除き，更生会社は，すべての更生債権について，その責任を免れる（204Ⅰ）。

手続上の意義において更生債権者とされることは，その有する更生債権をも

---

[106] 考え方としては，更生債権者等や株主などの更生手続内の利害関係人と取戻権者や更生会社の工場近隣住民などの更生手続外の利害関係人とに大別し，目的規定にいう利害関係人は，後者を含むが，記録閲覧（11），保全処分（24以下），管財人の解任申立て（68Ⅱ），善管注意義務の相手方（80Ⅱ）などにかかる利害関係人は，前者のみを意味するという整理もありうる。伊藤眞ほか・前掲論文（注23）64頁参照。

って更生手続に参加できることを意味し（135 I・138 I），具体的には，更生計画案の決議をはじめとする各種の事項について，関係人集会等における議決権（136 I）や，それに付随する各種の権能を行使できることを意味する。そして，更生計画認可の決定があったときは，手続に参加した更生債権者の権利はそれにしたがって変更され（205 I），権利の行使が認められる（同Ⅱ）。

第2項　更生担保権者

　更生担保権者の概念にも，実体上の意義と手続上の意義とがある。実体上の意義とは，「更生手続開始当時更生会社の財産につき存する担保権（特別の先取特権，質権，抵当権及び商法（明治32年法律第48号）又は会社法（平成17年法律第86号）の規定による留置権に限る。）の被担保債権であって更生手続開始前の原因に基づいて生じたもの又は〔法2条〕第8項各号に掲げるもの（共益債権であるものを除く。）のうち，当該担保権の目的である財産の価額が更生手続開始の時における時価であるとした場合における当該担保権によって担保された範囲のもの」の主体を指す（2 X本文・ⅩⅠ）。

　詳細は，第4章第3節において説明するが，更生担保権は，実体法上の担保権とは区別され，更生手続開始の時における目的物の時価によって担保された範囲の被担保債権を意味する。被担保債権は，更生債権であることが多いが，第三者の債務について更生会社が物上保証人となっている場合のように，更生債権でないものも更生担保権となりうる。ただし，当該被担保債権（社債を除く）のうち利息または不履行による損害賠償もしくは違約金の請求権の部分については，更生手続開始後1年を経過する時（その時までに更生計画認可の決定があるときは，当該決定の時）までに生ずるものに限られる（同 X但書）。

　実体上の意義において更生担保権者とされることは，第1に，更生手続外の権利行使が禁止されることを意味する（47 I）。その結果として，強制執行等の禁止や中止の効果が生じる（50 I）。第2に，更生計画認可の決定があったときは，更生計画の定めまたは法の規定によって認められた権利を除き，更生会社は，すべての更生担保権者について，その責任を免れる（204 I）。また，更生担保権の基礎となっている担保権も，更生計画の定めまたは法の規定によって認められた権利を除き，消滅する（同）。

　これに対して手続上の意義とは，更生担保権の届出によって更生手続に参

する地位の主体をいう（135 I）。この意味で更生担保権者とされることは，その有する更生担保権をもって更生手続に参加できることを意味し（135 I・138 II），具体的には，更生計画案の決議をはじめとする各種の事項について関係人集会等における議決権（136 I）や，それに付随する各種の権能を行使できることを意味する。そして，更生計画認可の決定があったときは，手続に参加した更生担保権者の権利はそれにしたがって変更され（205 I），権利の行使が認められる（同 II）。

第3項　株　　主

　株主の概念にも，実体上の意義と手続上の意義とがある。実体上の意義とは，株式会社の社員の地位を均一の割合的単位に細分化した株式の帰属主体である。株主の権利は，剰余金の配当請求権（会社105 I①・453）を中心とする自益権，および株主総会での議決権を中心とする共益権を中核として構成される（会社105 I）が，いずれも更生手続の目的たる更生会社の事業の維持更生にかかわるものであり，また，更生計画は，更生会社の資本構成や株主の権利を変更することを予定しているところから（167 I①・168 I⑤⑥），株主は，更生手続の利害関係人として扱われる[107]。手続上の意義とは，更生手続に参加する地位の主体をいう（165 I）。

　実体上の意義における株主の地位については，更生手続開始にともなって会社の事業経営権および財産の管理処分権が管財人に専属すること（72 I）を反映して，それと抵触する限りで，自益権や共益権の行使権限が否定される。また，更生計画認可の決定があったときは，更生計画の定めまたは法の規定によって認められた権利を除き，株主の権利は消滅する（204 I柱書・①）。ただし，更生計画の定めによって株主に認められた権利は，更生手続に参加しなかった株主にも認められるから（205 III），権利変更の効果は実体的意義における株主にも及ぶのであり，この点で，更生債権者等と異なる（同 I参照）。

　手続上の意義において株主とされることは，その有する株式をもって更生手続に参加できることを意味し（165 I），具体的には，更生計画案の決議をはじ

---

[107] これと比較して，再生手続においては，再生計画によって株主の権利を変更することは必要的でないなどの理由から，株主を利害関係人に含めない考え方が一般的であるが，これと対立する説も存在する。伊藤647頁参照。

めとする各種の事項について関係人集会等における議決権（166Ⅰ）[108]や，それに付随する各種の権能を行使できることを意味する。そして，更生計画認可の決定があったときは，株主の権利はそれにしたがって変更され（205Ⅰ）[109]，権利の行使が認められる（同Ⅱ）。

第4項　開始後債権者・相殺権者・取戻権者

　更生手続開始後の原因にもとづいて生じた財産上の請求権であって，共益債権または更生債権等であるものを除いたものは，開始後債権とされるが（134Ⅰ），その主体である開始後債権者も，更生手続の利害関係人に含まれる。開始後債権者は，更生手続に参加することはできず，更生手続開始時から更生計画で定められた弁済期間が満了する時などまでの間は，権利の満足を受けられず（同Ⅱ），また強制執行等も禁止される（同Ⅲ）反面として，更生計画で定められた弁済期間の満了後は，管財人や更生会社からの弁済を受けるべき立場にあり，更生手続の成否そのものに利害関係をもつといってよい。

　これに対して，更生債権者等が更生会社に対して負担する債務との間に有する相殺期待または相殺権は，一方でその機会が保障され（48Ⅰ），他方で債権者間の公平などの視点から一定の制限が設けられており（49・49の2），更生手続についての利害関係が認められるが，それは，更生手続の目的実現とは直接の関係を有しないものであり，したがって，更生債権者等の地位を別にすれば，相殺権者の地位自体は利害関係人に含まれない。

　同様に，取戻権者も利害関係人には含まれない。特定財産が更生会社財産に属しないことを主張して，第三者がそれを更生会社から取り戻す権利を取戻権と呼ぶが，更生手続の開始は，取戻権に影響を及ぼさない（64Ⅰ）。このことは，取戻権の成否およびその内容が，もっぱら会社更生法以外の実体法によって規律されることを意味する。取戻権の行使をめぐって管財人と取戻権者の間に争いが生じることは予想されるが，その解決基準がもっぱら実体法に求められるとすれば，更生債権者等や株主と同様の意味で取戻権者を更生手続の利害関係人とすることは不適当とも思われる。もっとも，法は64条1項の一般原

---

[108]　ただし，更生会社が更生手続開始の時において債務超過の状態にあるときは，会社財産についての株主の実質的持分が存在しないところから，議決権を認めない（166Ⅱ）。
[109]　権利変更の効果は，株式の質権者にも及ぶ（205Ⅳ，会社151～153）。

則を前提としながら，取戻権について特別の規定を設けており（64Ⅱ，破63・64），また管財人が取戻権を承認するについて手続的規律を定めているが（72Ⅱ⑧），これらはいずれも個別的局面での取戻権者と更生手続とのかかわりにすぎず，取戻権者を更生手続の利害関係人とするに足りない[110]。

第5項　共益債権者

　法127条などに規定される共益債権者は，更生計画によらないで，更生債権者等に先立って，随時弁済を受ける（132ⅠⅡ）。しかし，更生手続開始後において，裁判所は，共益債権にもとづく強制執行等の中止または取消しを命じうること（同Ⅲ）を考えれば，共益債権の発生やその利益実現も管財人の活動に依存しており，その意味で共益債権は，更生手続の利害関係人とすべきである（167Ⅰ③参照）。

第6項　労働組合等

　更生会社の使用人の過半数で組織する労働組合や従業員の過半数を代表する者（労働組合等と呼ばれる。46Ⅲ③かっこ書）は，2つの側面から更生手続に利害関係を有する。第1は，更生債権や共益債権となる賃金や退職金などの労働債権についての支払の確保である。もちろん，これらの債権の法律上の主体は，個々の労働者であるが，労働組合の目的からして（労組2柱書本文），これらの債権の支払の確保について労働組合は利害関係を認められる。第2は，更生会社の事業の更生そのものについて，雇用の確保などの理由から労働組合が利害関係を有し，事業の維持更生には労働組合の協力が不可欠なことである。

　このような理由から，法は，更生手続の開始段階に始まり（22Ⅰ），事業譲渡の許可（46Ⅲ③），関係人集会（85Ⅲ・115Ⅲ，会更規25Ⅲ），更生計画案（188・199ⅤⅦ），破産管財人による更生手続開始の申立てについての許可（246Ⅲ），再生手続の管財人による更生手続開始の申立てついての許可（248Ⅲ）に至る事項について，労働組合等がそれぞれについて意見を述べる機会を与え，またそのための通知をすることを規定している。

　さらに，一定の事項については，管財人は労働組合との団体交渉義務を負う

---

[110] 取戻権者を利害関係人とすれば，手続的には，記録閲覧・謄写請求権（11）などの権能を認めることになろうが，不適切であろう。

(本書308頁)。以上のような理由から，労働組合は，更生手続の利害関係人と認められる。

第10節　更生事件に関する文書等の閲覧等

　更生事件は非訟事件であり，訴訟記録の一般公開原則[111]が妥当する訴訟事件とは，その性質を異にする。しかし，更生債権者等をはじめとする利害関係人がその手続上の権利を適切に行使するためには，更生会社の財産や業務などに関する情報を入手する必要がある。法および規則は，そのための手段として利害関係人に文書の閲覧や謄写の請求権を認め（11，会更規8），他方，閲覧や謄写によって更生手続の遂行に著しい障害を生じるおそれが認められる場合には，その制限を設けている（12，会更規9）[112]。これらの規律の内容は，破産手続および再生手続とほぼ共通である[113]。

第1項　閲覧等請求権者および閲覧等請求対象となる文書等

　利害関係人は，裁判所書記官に対し，会社更生法よび会社更生規則の規定にもとづいて[114]裁判所に提出され，または裁判所が作成した文書その他の物件（文書等といわれる）の閲覧を請求することができる（11 I，会更規8 I）[115]。利害関係人の範囲は，先に述べた通りであり，閲覧等の対象となる文書は，利害関係人により提出される各種の申立書およびその添付書類，ならびに開始決定の裁判書や調書などを含む[116]。さらに，利害関係人は，裁判所書記官に対して，文書等の謄写，正本等の交付または事件に関する事項の証明書の交付を請求す

---

111) 民訴91 I．伊藤・民訴法258頁参照。
112) 旧会社更生法は，閲覧・謄写について特別の規定を置いておらず，民事訴訟法91条の準用に委ねていた（旧8）。しかし，審理に関して一般公開原則が妥当する判決手続と，非公開が原則である更生手続とでは，文書の閲覧・謄写に関する基本的前提が異なっており，現行法は，新たに規定を設けたものである。なお，閲覧等の制度の整備にともなって，書類の備置きの制度（旧49・101の2・134・183・275）は廃止された。一問一答新会社更生法46頁参照。
　　もちろん，法12条にもとづく制限以外にも，閲覧・謄写を求める者の情報利用形態によって更生手続の遂行に混乱を生じさせるおそれが認められるときには，権利濫用の一般原則にしたがって，閲覧謄写請求権の行使を否定する可能性もある。
113) 破産法11条・12条，破産規則10条・11条，民事再生法16条・17条，民事再生規則9条・10条．伊藤171，648頁参照。

ることができる（11Ⅱ，会更規8Ⅰ）。文書等のうち録音テープやビデオテープに関しては，利害関係人の請求があれば，裁判所書記官は，その者が複製をすることを許さなければならない（11Ⅲ，会更規8Ⅰ）。

第2項　閲覧・謄写の制限

以上の閲覧・謄写請求権の行使については，第1に，手続の段階および利害関係人の種類に応じた制限があり，第2に，文書の種類に応じた制限がある。

1　手続の段階および利害関係人の種類に応じた閲覧・謄写の制限

開始前会社以外の利害関係人については，強制執行等や国税滞納処分の中止命令（24ⅠⅡ），包括的禁止命令（25Ⅱ），業務および財産保全処分（28Ⅰ），商事留置権の消滅請求にかかる許可（29Ⅲ），保全管理命令（30Ⅱ），監督命令（35Ⅱ），否認権のための保全処分（39の2Ⅰ）または更生手続開始申立てについての裁判のいずれかがなされるまでの間は，文書等についての閲覧・謄写請求権を行使できない（11Ⅳ柱書本文・①）。更生債権者等などの利害関係人が閲覧・謄写をすることによって，これらの命令などの実効性が損なわれるおそれがあるためである[117]。ただし，当該利害関係人が更生手続開始申立人である場合

---

114)　文書等の提出または作成にかかる行為が法または規則の規定に根拠を有すれば足り，法や規則がその行為について書面性を要求しているかどうかは問わない（一問一答新会社更生法47頁）。対象となる文書の例については，条解会更規29頁参照。なお，申立代理人や管財人が，裁判所との打合せのために提出した覚書その他の文書は，閲覧・謄写の対象文書に含まれない（新しい会社更生法112頁〔多比羅誠〕）。これに対して，裁判所の職権の発動に関連して手続機関や利害関係人が裁判所に提出した文書や，裁判所が職権の発動に関連して作成した文書は，閲覧請求対象文書に含ませるべきである。再生手続について条解民再法64頁〔瀬川元伸〕，新注釈民再法（上）79頁〔中山孝雄〕参照。
　　具体例としては，手続開始申立てを棄却すべきであるとして提出された意見書や更生計画案を決議に付さないことを求める更生債権者作成の上申書が前者の例であり，関係人集会の決議の参考のために調査委員に作成を命じた意見書が後者の例である。もちろん，閲覧請求対象文書に含まれないものであっても，裁判所が合理的判断の下に一定の利害関係人に閲覧を認めることは差し支えない。
115)　ここでは，利害関係人の閲覧請求権にかかる規律を問題としているのであり，機関である監督委員や調査委員は，その職務の遂行にかかわるものであるかぎり，文書等の閲覧を求めることができる（12Ⅰ柱書参照）。
116)　閲覧請求の対象とする文書との利害関係が具体的に疎明されなければならない（13，民訴91Ⅲ）。もっとも更生債権者等や株主は，その者のために手続が行われるのであるから，利害関係が否定されることは考えられない。その他具体的疎明の方法については，再生手続に関する早川浩二「再生事件記録の閲覧等」金法1594号51頁（2000年），新注釈民再法78頁〔中山孝雄〕参照。

には，そのおそれがないので，閲覧・謄写が可能である（同柱書但書）。

開始前会社については，更生手続開始申立てに関する口頭弁論，開始前会社審尋の期日の指定の裁判，または上記の命令，保全処分，許可もしくは裁判のいずれかがなされるまでの間は，同様に文書等の閲覧・謄写が制限される（同②）。その理由は，開始前会社による財産の隠匿等を防止するために，口頭弁論や審尋の期日が指定され，手続保障の必要が生じるか，命令や保全処分等によって財産が確保されるまでは，文書等の閲覧・謄写を制限する必要があることに求められる。ただし，開始前会社が更生手続開始申立人である場合には，そのおそれが存在しないので，閲覧・謄写は制限されない（同柱書但書）。

2 文書等の種類に応じた閲覧・謄写の制限

文書等の種類に応じた制限は，以下の通りである[118]。第1に，保全管理人の常務外行為（32Ⅰ但書），更生計画案によらない事業譲渡（46Ⅱ前段），管財人または保全管理人による重要行為（72Ⅱ・32Ⅲ）に関して，許可をえるために裁判所に提出された文書等（12Ⅰ①），第2に，更生会社の業務および財産の管理状況その他裁判所の命じる事項を内容とする管財人の裁判所への報告書（84Ⅱ），または調査委員の調査もしくは意見陳述（39・125Ⅱ）にかかる文書等（12Ⅰ②）については，その内容に更生手続の進行に重大な影響を与えうる機密情報が含まれている可能性がある。

そこで，これらの文書の特定のものについて（会更規9Ⅰ～Ⅲ），文書等を提出する際に当該文書等を提出した保全管理人，管財人または調査委員が閲覧等（12Ⅰ柱書第1かっこ書）の制限の申立てをなし，利害関係人が閲覧等を行うことによって，更生会社（開始前会社および開始前会社または更生会社であった株式会社を含む。12Ⅰ柱書第2かっこ書）の事業の維持更生に著しい支障を生じるおそ

---

117) 命令や保全処分がなされるまでの間に駆け込み的な取立行為等がなされることを防止しようとするものである（一問一答新会社更生法47頁）。
118) 類似のものとしては，民事訴訟法92条にもとづく訴訟記録の閲覧制限の制度がある。一問一答新会社更生法48頁参照。もっとも，訴訟記録は，審理の公開原則の趣旨を踏まえ，公開されるのが原則であるので，閲覧制限も一般第三者を対象としていること，閲覧等により当事者が社会生活を営むのに著しい支障を生じるおそれがあることという，厳格な要件が設けられていることに特徴がある。伊藤・民訴法258頁参照。ただし，法12条1項各号に含まれない文書，たとえば，更生会社の営業秘密が記載された文書については，民事訴訟法の規定（民訴92Ⅰ②）の準用（13）によって閲覧等を制限することもありえよう。

れ，または更生会社の財産に著しい損害を与えるおそれがある部分（支障部分）があることを疎明したときは，裁判所は，支障部分の閲覧等を請求することができる者を，閲覧等の制限の申立てをした者，および更生会社（管財人または保全管理人が選任されている場合にあっては，管財人または保全管理人）に限ることができる（12Ⅰ柱書，会更規9Ⅳ）。閲覧等の制限の申立てに際しては，文書等の支障部分を特定して，上記のおそれを疎明しなければならない（12Ⅰ柱書，会更規9Ⅰ）。なお，閲覧制限は，申立人を除くすべての利害関係人を対象とするものであり，特定の利害関係人を対象とするものではない。

　閲覧等の制限の申立てがなされると，その申立てについての裁判が確定するまで，申立人および更生会社（管財人または保全管理人が選任されている場合にあっては，管財人または保全管理人）を除く利害関係人は，支障部分の閲覧等を請求することができない（12Ⅱ）。申立てを却下する決定に対しては，即時抗告が認められる（同Ⅳ）。これに対して，閲覧等制限決定に対する即時抗告は許されないが，支障部分の閲覧等を請求しようとする利害関係人は，更生裁判所に対して，閲覧等の制限の要件が当初から欠けていたこと，またはそれが欠けるに至ったことを理由として，閲覧等制限決定の取消しの申立てをすることができる（同Ⅲ）。取消しの申立てについての裁判に対しては，即時抗告が認められ（同Ⅳ），取消決定は確定しなければその効力を生じない（同Ⅴ）[119]。

---

[119]　確定した場合には，取消しを申し立てた利害関係人のみならず，すべての利害関係人が閲覧等を認められる。同趣旨の破産法12条5項について，新破産法の基本構造64頁〔田原睦夫，小川秀樹，竹下守夫発言〕参照。

第4章　更生会社財産と更生債権等

　更生手続開始決定が効力を生じると（41），更生会社（2Ⅶ）が有する一切の財産は，更生手続の目的，すなわち「債権者，株主その他の利害関係人の利害を適切に調整し，もって当該株式会社の事業の維持更生を図る」(1)ための基礎として用いられる。この意味での更生会社が有する一切の財産を更生会社財産と呼ぶ（2ⅩⅣ）。更生会社財産の概念は，管財人または更生会社の行為によらない更生会社財産に関する権利取得の効力が否定されるとか（55Ⅰ），管財人が更生会社財産に属する債権をもってする相殺が許されるとか（47の2），更生会社の財産に関して管財人または更生会社がした行為によって生じた請求権が共益債権になるとか（127⑤），あるいは更生会社財産のために更生会社の行為を否認できるとか（86Ⅰ柱書），更生手続を貫く法律上の概念として用いられており，破産手続における破産財団（破34Ⅰ）または再生手続における再生債務者財産（民再38Ⅰ・12Ⅰ①）概念に相当するものである。なお，法文上は，更生会社財産と区別されるものとして，更生会社の財産との表現が用いられていることがある[1]。

第1節　更生会社財産の意義と範囲

　開始前会社（2Ⅵ）について更生手続開始決定がなされると，開始前会社は更生会社となり，更生会社に帰属する一切の財産が更生会社財産とされ（2ⅩⅣ），機関としての管財人の管理処分権に服する（72Ⅰ）。破産財団が法定財団，現有財団および配当財団の3つに区別されるのと対比すると，更生会社財産については，再生債務者財産と同様に，法定更生会社財産および現有更生会社財産

---

[1] 法文上は，「更生会社財産」（47の2・54Ⅰ・55Ⅰ・57Ⅱ・61Ⅴ・76Ⅱ・86・86の2Ⅰ・86の3Ⅰ・91Ⅰ・91の2ⅠⅡⅣ・94Ⅲ・117Ⅳ・123Ⅴ・124Ⅰ・133Ⅰ・162）という用語と，「更生会社の財産」という用語（12Ⅰ・43Ⅰ④・49Ⅰ②・50Ⅰ・52ⅠⅣ・53・74Ⅲ・78Ⅰ・85Ⅰ・104Ⅰ・132Ⅲ・133Ⅲ・134Ⅲ・137Ⅰ・164Ⅲ・171・204Ⅰ・230・255Ⅳ⑦Ⅴ・266）の双方が用いられ，前者は，更生会社に属する一切の財産を意味する（2ⅩⅣ）のに対して，後者は，その中の個々の財産を意味するものとして使い分けられていると理解される。

の2つが区別され[2]，管財人の職務には，その管理下にある現有更生会社財産を法定更生会社財産と一致させることが含まれる。しかし，事業再生型手続としての特質から，管財人の職務は，更生会社財産を換価することではなく，その意味では，配当財団に対応する概念は存在しない。むしろ，管財人の職務は，事業経営を続行し（72Ⅰ参照），更生会社財産を基礎とする継続事業価値の維持を図り，更生債権者などの利害関係人の権利変更や更生会社の経営組織の再編，あるいは新たな経営主体への事業譲渡などを内容とする更生計画の立案および遂行を通じて，事業の維持更生の目的を実現するところにある。

更生会社財産は，更生会社に帰属する財産の集合体であり，それ自体に法人格が認められるものではなく，株式会社である更生会社に帰属し，管理機構たる管財人の管理下に置かれる。その意味では，破産者に帰属し，管理機構としての破産管財人の管理下にある破産財団と同様の性質を有する。

第1項　更生会社財産の範囲

更生会社財産は，日本国内にあるかどうかを問わず（72Ⅰかっこ書），更生会社が有する一切の財産を内容とする（2ⅩⅣ）。このことは，更生会社財産の範囲について時的または客観的限界が存在しないことを意味する。まず，時的限界についてみると，固定主義の原則の下に破産財団の範囲が破産手続開始時を基準時として画される（破34Ⅰ）のと異なって，更生会社財産については，再生債務者財産と同様に，時的限界が存在しない。したがって，更生手続開始時の財産はもちろん，更生手続開始後に更生会社に帰属する財産もすべて更生会社財産に含まれる。破産財団に関する固定主義に対比すれば，膨張主義をとるといってよい[3]。これは，事業再生型手続の特質による。

次に，客観的限界についてみると，再生債務者財産と同様に，破産手続にみられるような自由財産の概念が存在しない。手続開始後の新得財産を区別する必要がないことは，上に述べたとおりであるが，差押禁止財産やその拡張としての自由財産（破34ⅢⅣ）に相当する財産も，更生会社財産に含まれる[4]。ま

---

2) 破産財団および再生債務者財産については，伊藤174，652頁参照。
3) 固定主義および膨張主義の概念については，伊藤177頁参照。
4) もっとも，破産手続においても，破産者が法人の場合には，自由財産を認めるべき理由がない。最判昭和60・11・15民集39巻7号1487頁〔新倒産百選30事件〕，伊藤185頁参照。

た，再生手続と異なって，更生手続は，株式会社の事業の維持更生を目的とするものであり，個人債務者の生活保護を考慮する必要もないところから，その必要を満たす制度も置かれていない[5]。

第2項　更生会社財産の国際的範囲——国際会社更生

国際会社更生（国際更生）とは，広義では，更生会社財産や更生債権者等または株主の関係で渉外的要素を含む更生事件と定義されるが，国際破産および国際民事再生の場合と同様に[6]，国際会社更生に関連する法律問題は，4つの領域に分けられる。

第1は，国際更生管轄であり，ある事件についていずれの国が更生裁判権を行使するかについての規律である（本書136頁参照）。第2は，更生手続上の外国会社の地位に関するものであり，外国会社の更生能力がこれに属する（本書37頁参照）。第3は，更生手続の準拠法であり，国際私法の一領域として，更生能力や更生手続開始原因など更生手続に関する規律についての準拠法をどこに求めるかの問題である。一般原則としては，「手続は法廷地法による」との国際私法の規律に従い，更生手続開始地国法が準拠法となるが，否認権や双方未履行双務契約の解除権など，倒産実体法に関する規律については，議論の余地がある[7]。第4は，国内更生手続の外国財産に対する対外的効力，および外国倒産処理手続の国内財産に対する対内的効力の問題で，更生会社財産の範囲を決定するものである。ここでは，第4の問題を扱う。

1　国内更生手続の外国財産に対する対外的効力

ある株式会社に対してわが国の裁判所が更生手続開始決定を行ったとき，その者の外国財産[8]に対して管財人の管理処分権が及び，外国財産が更生会社財

---

[5] 再生手続における住宅資金貸付債権に関する特則（民再196以下），給与所得者等再生における計画弁済総額の考え方（民再241Ⅱ⑦柱書）などが，再生手続における個人債務者の生活保護を考慮した代表例である。伊藤825，909頁参照。
[6] 国際破産および国際再生については，伊藤185，653頁参照。
[7] 議論の詳細については，伊藤186頁注27，櫻田嘉章＝道垣内正人編・注釈国際私法(1) 591頁〔早川吉尚〕（2011年）参照。
[8] 国内財産か外国財産について，不動産や動産の場合には，その所在地によって決まるが，債権については，破産法4条2項または民事再生法4条2項と異なって，会社更生法は規定を置いていない。これは，財産の所在地を理由とする国際更生管轄という概念が存在しないためであるが（本書136頁参照），債権の所在地自体が問題となるときは，破産法や民事再生法と同様に解すべきであろう。

産とみなされるかどうかが、いわゆる対外的効力の問題である。

対外的効力に関する基本的考え方としては、それを否定する属地主義と、それを肯定する普及主義の対立があり、旧会社更生法4条1項は、旧破産法平成12年改正前の3条1項にあわせて、「日本国内で開始した更生手続は、日本国内にある会社の財産についてのみ、効力を有する」と規定し、属地主義をとることを明らかにしていた。しかし、立法論としては、手続の目的を実現するために普及主義が優れているとの認識が一般化したことを受け、民事再生法の制定を経て、旧破産法および旧会社更生法の平成12年改正によって、普及主義への転換が図られ、現行法もそれを引き継いでいる（72Ⅰかっこ書）[9]。

普及主義の下で、更生手続開始決定の効力が外国財産にも及び、外国財産が更生会社財産に含まれることの具体的効果は、以下のようなものである。第1に、外国財産も管財人の管理処分権に服する（同）。したがって管財人は、外国財産の管理や換価などの事実行為をし、また外国の裁判所における訴訟提起などの法律的行為をする権限を有する[10]。第2に、更生債権者等による個別的権利行使の禁止（47Ⅰ）が、外国財産にも適用される。たとえば、内国債権者であれ、外国債権者であれ、更生債権者等が更生会社の外国財産に対して外国手続によって強制執行や担保権の実行などをすることは許されない。したがって管財人は、外国手続による強制執行などの中止や取消しを求めることができる。

もっとも実際には、更生手続が開始された後、更生債権者等が外国財産に対する権利行使の結果として、その債権の全部または一部について満足を受ける事態が生じうる。一部の満足を受けた場合でも、更生手続開始時の全額について更生債権等を行使することができるが（137Ⅰ）[11]、更生計画による弁済につ

---

[9] 立法の経緯等については、国際倒産法制8頁以下、新しい国際倒産法制4頁以下参照。ただし、破産財団の範囲に関する規定（破34Ⅰ）において普及主義を定める破産法、管財人の権限に関する規定（72Ⅰ）において普及主義を定める会社更生法、再生債務者等の地位に関する規定（民再38Ⅰ）において普及主義を定める民事再生法と、それぞれに規定の位置が異なっている。会社更生法の立法論としては、更生会社財産に関する規定（2ⅩⅣ）において普及主義を定めることも検討すべきであろう。

[10] 具体的な管理や換価の方法については、破産管財人についての新版破産法171頁〔坂井秀行＝柴田義人〕参照。

[11] ただし、外国において弁済を受けた更生債権等の部分については、議決権の行使が認められない（137Ⅲ）。他の更生債権者等との間に不平等を生じるからである。

いては，他の同順位の更生債権者等が自己の受けた弁済と同一割合の弁済を受けるまでは，弁済を受けることができない（同Ⅱ）。当該更生債権者等が外国の倒産処理手続において配当を受けた場合も同様である[12]。

しかし，普及主義を前提としても，わが国において更生手続が開始されている株式会社に対して，重ねて外国で倒産処理手続が開始されるのを防ぐことはできない。これが並行更生である。普及主義を前提として，並行更生において弁済額の調整がなされることは，上に述べたとおりであるが，法は，その他にも並行更生に関する手続的規律を設けている。

第1は，管財人と外国管財人との間の相互協力である。管財人は，更生会社について外国倒産処理手続[13]がある場合には，外国管財人[14]に対して，更生会社の更生のために必要な協力および情報の提供を求めることができる（242Ⅰ）。逆に，管財人は，外国管財人に対して，更生会社の更生のために必要な協力および情報の提供に努めるものとする（同Ⅱ）[15]。更生手続と外国倒産処理手続が内外で並行実施されることを前提としながら，更生会社にかかる債権債務や財産の状況に関する情報を交換し，場合によっては，共同で財産の処分をするなどの協力を行うことによって，内外を問わず更生債権者等や株主の平等な満

---

[12] この原則をホッチ・ポット・ルールと呼ぶことがある。外国財産が更生会社財産に含まれる結果として，外国手続による満足をわが国の更生手続による満足と同視することがその根拠となっている。なお，更生債権者等が外国において更生会社から任意弁済を受けた場合にも，同様の取扱いをすべきかどうかが問題となる。しかし，ここで前提となっているのは，更生会社の財産で外国にあるものに対してする更生債権者等による権利行使であり，任意弁済とは区別される。更生会社は，更生会社財産の管理処分権を失い，その行為の効力を更生手続の関係においては主張できないこと（54・55）を考えれば，管財人は，当該更生債権者等に対して，更生会社からの任意弁済を不当利得として更生会社財産に返還すべきことを求めることができる。

[13] 外国で開始された手続で，破産手続または再生手続に相当するものをいう（242Ⅰ第1かっこ書）。もちろん，更生手続に相当するものであってもよい。

[14] 外国倒産処理手続において株式会社の財産の管理および処分をする権利を有する者をいう（242Ⅰ第2かっこ書）。たとえば，アメリカ合衆国連邦破産法第11章の管財人（trustee）はもちろんであるが，占有債務者（debtor in possession）もここでいう外国管財人に含まれる。両者の関係については，福岡253，259頁参照。

[15] 破産法245条2項が，「外国倒産処理手続の適正な実施のために必要な協力及び情報の提供」を規定しているのに対して，法242条2項は，民事再生法207条2項と同様に，「更生会社の更生のために必要な協力及び情報の提供」を規定している。しかし，前提となる外国倒産処理手続は外国破産手続を含んでいるのであるから（242Ⅰ第1かっこ書），ここでいう更生のために必要な協力および情報の範囲もゆるやかに解すべきである。

足を実現しようとする趣旨である。

　第2は，外国管財人がわが国の更生手続に関与する権限である。後に述べるように，外国の倒産処理手続は，わが国の裁判所の承認決定を経ない限りは，わが国において効力を生じない。しかし，法は，承認手続とは別途に，外国管財人のわが国の更生手続への関与を認めることによって，並行更生の適正な実施を可能にしている。すなわち，外国管財人は，債権者や株主による手続開始申立てに準じて，わが国の裁判所に更生手続開始申立てをすることができ（244Ⅰ・17Ⅰ①。17Ⅱ参照）[16]，また，わが国の更生手続において，関係人集会に出席し，意見を述べることができ（244Ⅱ），更生計画案提出期間内（184ⅠⅣ）に更生計画案を作成して，裁判所に提出することができる（244Ⅲ。外国管財人の資格証明について会更規58，民再規105Ⅰ参照）[17]。なお，更生手続開始申立てをした外国管財人に対しては，包括的禁止命令，その変更または取消決定の主文，更生手続開始決定の公告事項等，および確定した更生手続開始決定取消決定の主文を通知しなければならない（244Ⅳ）。

　第3は，外国管財人および管財人の更生手続と外国倒産処理手続における更生債権等の届出権限である。並行更生における一つの問題は，内外の更生債権者等がそれぞれからみて外国の手続において届出をすることが容易ではなく，そのために実質的な不平等を惹起するおそれが存在することである。この問題に対処するために，外国管財人は，わが国の更生手続において届出をしていない更生債権者等であって，更生会社についての外国倒産処理手続に参加しているものを代理して，更生会社の更生手続に参加することができる（245Ⅰ本文）[18]。ただし，当該外国の法令によりその権限を有する場合に限る（同但書，

---

[16]　外国管財人による破産手続開始申立ての場合には，破産原因事実の疎明が要求されるが（破246Ⅱ），更生手続開始申立ての場合には，再生手続開始申立ての場合と同様に（民再23Ⅰ），一般に疎明が求められる結果として（20Ⅰ），外国管財人にも疎明義務が課される。ただし，外国倒産処理手続の存在から更生手続開始原因の存在が推定されるので（243），実際上は疎明の必要はない。

[17]　実際には，再生手続の場合と同様に（詳解民再法676頁〔田頭章一〕参照），外国管財人と管財人が協力して更生計画案を作成するのが通常であろう。

[18]　次に述べる管財人の届出更生債権者等の代理とともに，クロス・ファイリングと呼ばれる。その実例については，新注釈民再法331頁（下）〔坂井秀行＝柴田義人〕参照。外国管財人等の参加の後，更生債権者等本人が参加の意思を表明すれば，以後は代理権が消滅する。類似のものとして，金融機関等の更生手続の特例等に関する法律にもとづく預金保険機構の権限がある（金融更生特504～508）。

会更規58,民再規105Ⅱ)。これは,外国管財人が有する代理権を更生手続において承認する趣旨である。

同様に,管財人は,届出更生債権者等であって,更生会社についての外国倒産処理手続に参加していないものを代理して,当該外国倒産処理手続に参加することができる(245Ⅱ,会更規58,民再規106Ⅱ)[19]。これは,管財人に法定代理権を認める趣旨である[20]。代理人として参加した管財人は,本人である届出更生債権者等のために,外国倒産処理手続における一切の行為をすることができるが(245Ⅲ本文),届出の取下げ等の行為をするには,特別の授権を要する(同但書)。

2 外国倒産処理手続の国内財産に対する対内的効力

旧会社更生法平成12年改正前には,対内的効力についても属地主義を採用し,対外的効力の否定,すなわち国内更生の効力が外国財産に及ばないとされていたことを反映して,外国倒産処理手続の効力も,原則として国内財産に及ばないとされていた[21]。しかし,上記のように国内更生手続の効力が外国財産にも及ぶという普及主義に転換したことにあわせ,対内的効力についても,普及主義的考え方を導入することとなった。もっとも,この局面において普及主義に転換するとしても,一定の要件を備えた外国倒産処理手続の効力を当然に国内において認めるか,それともわが国の裁判所の承認手続を経て外国倒産処理手続の効力を認めるかという立法の選択肢がある。「外国倒産処理手続の承認援助に関する法律」(平成12年法律129号)および手続の細目を定める「外国倒産処理手続の承認援助に関する規則」(平成12年最高裁判所規則17号)は,後者の考え方を採用し(外国倒産1参照),そこに定める手続にしたがって,わが国の裁判所が外国倒産処理手続を承認することを通じて,外国管財人の国内財

---

[19] もちろん,届出更生債権者等が自ら外国倒産処理手続に参加することを妨げないが,その場合には,届出更生債権者等はその旨を管財人に通知することを義務づけられる(会更規58,民再規106Ⅲ)。なお,いったん管財人が外国倒産処理手続において届出をした後に,当該更生債権者等が外国倒産処理手続に参加できるかという問題があるが,これを積極に解すべきである。

[20] 代理の本人を届出更生債権者等に限るのは,管財人が,更生債権等の内容を把握できるという理由からである。実際に,管財人が更生債権者等を代理して外国倒産処理手続に参加すべきかどうかの判断については,再生手続についての新注釈民再法(下)331頁〔坂井秀人=柴田義人〕参照。

[21] 平成12年改正前旧会社更生法4条2項。その趣旨について,条解会更法(上)149頁参照。

産に関する権限を認めることとされた[22]。

(1) 外国倒産処理手続の承認

外国管財人等（外国倒産2I⑧）は，外国倒産処理手続（同①）が申し立てられている国に債務者の住所，居所，営業所または事務所がある場合には[23]，裁判所に対して，当該外国倒産処理手続について承認の申立てをすることができる（外国倒産17I）。承認援助事件は，東京地方裁判所の専属管轄である（外国倒産4）。

一定の事実があるときには，裁判所は，承認の申立てを棄却しなければならないが，その主なものは，当該外国倒産処理手続の対外的効力の不存在が明らかなこと（外国倒産21②），当該外国倒産処理手続に対して援助の処分をすることがわが国の公序良俗に反すること（同③），当該外国倒産処理手続について援助の処分をする必要がないことが明らかなこと（同④）などである。これらの事由に該当せず，また後に述べるわが国の更生手続や他の外国倒産処理手続との競合を理由とする不承認事由が存在しない場合には，裁判所は，承認決定をなす（外国倒産22I）。ただし，承認の要件を欠くことが明らかになった場合や当該外国倒産処理手続が終了した場合には，裁判所は承認取消しの決定をしなければならず（外国倒産56I），承認管財人（外国倒産2I⑨）となった外国管財人に手続上の義務違反があった場合などには，裁判所は，承認取消しの決定をすることができる（同Ⅱ）。

承認決定によって外国倒産処理手続は，日本国内における効力を認められることになるが[24]，国内財産を処分したり，更生債権者等による個別的な強制執行や担保権の実行を排除するなどのためには，承認決定を基礎として，さらに裁判所に対して援助の処分（外国倒産第3章参照）を申し立てなければならない（外国倒産25以下）。援助の処分の具体的内容は，強制執行等の他の手続の中止命令等（外国倒産25），処分禁止や弁済禁止の処分（外国倒産26），担保権の実行としての競売手続等の中止命令（外国倒産27），強制執行等禁止命令（外国倒産28～30），債務者の財産の処分等に対する許可（外国倒産31），承認管財人によ

---

22) 承認援助手続の詳細については，新しい国際倒産法制30頁以下，国際倒産法制21頁以下参照。

23) 財産の所在を理由とする外国倒産処理手続は承認の対象とされない。普及主義を適用する理由に乏しいからである。

る管理命令（外国倒産 32～50）および保全管理命令（外国倒産 51～55）である。

(2) 外国倒産処理手続にかかる承認援助手続と国内倒産処理手続または他の外国倒産処理手続との競合

外国倒産処理手続を承認の対象としたときには，更生手続を含む国内倒産処理手続（外国倒産 2 I ④）との競合および他の外国倒産処理手続の承認援助手続との競合の問題が生じる。具体的な規律の内容は以下に述べるが，承認援助手続と国内倒産処理手続との競合については，国内倒産処理手続の優先を基本とする規律が，承認援助手続相互間の競合については，先行手続が後行手続に優先するとの原則と，債務者の主たる営業所所在地などを国際倒産管轄原因とする外国主手続（同②）が，それ以外の管轄原因による外国従手続（同③）に優先するとの原則を組み合わせた規律が設けられている。

ア 外国倒産処理手続にかかる承認援助手続と国内倒産処理手続との競合

まず，承認申立てについての決定をする前に，同一の債務者について更生手続などの国内倒産処理手続が開始されたことが明らかになったときは，次の要件のすべてが満たされる場合を除いて，裁判所は，承認申立てを棄却しなければならない（外国倒産 57 I 柱書）。

第1は，当該外国倒産処理手続が債務者の主たる営業所所在地などの外国において申し立てられた外国主手続（外国倒産 2 I ②）であること（外国倒産 57 I ①），第2は，当該外国倒産処理手続について援助の処分をすることが債権者一般の利益に適合すると認められること（同②），第3は，援助の処分をすることによって国内において債権者の利益が不当に侵害されるおそれのないこと（同③）である。これらの要件が満たされているものとして，裁判所が当該外国倒産処理手続の承認の決定をする場合には，裁判所は，当該国内倒産処理手

---

24) たとえ，外国倒産手続における占有債務者（debtor in possession）であっても，国内財産に対して管理処分権を行使するためには，承認決定および管理命令をえて，承認管財人の選任を求めなければならない（ただし，新しい国際倒産法制 216 頁，国際倒産法制 112 頁は，管理命令を不要とする）。また，承認援助法立法以前の解釈論として，破産者が解放金を供託して仮差押えの取消しを求められるのと同様に（民保 22・51），外国管財人も仮差押えの取消しを求められるとか（東京高決昭和 56・1・30 下民 32 巻 1～4 号 10 頁〔新倒産百選 117 事件〕），株主たる破産者が株主総会決議取消訴訟の原告適格を認められるのと同様に（会社 831 I），外国管財人にも原告適格が認められる（東京地判平成 3・9・26 判時 1422 号 128 頁）とされていたが，現在では，いずれの場合にも，外国管財人は承認決定および管理命令（外国倒産 32 I）をえて，承認管財人の選任を受けなければならない（新しい国際倒産法制 215 頁，国際倒産法制 122 頁）。

続の中止を命じなければならない（同Ⅱ）。

　要するに，同一債務者について外国倒産処理手続と国内倒産処理手続とが競合する場合には，国内手続が優先するのが原則であるが，外国手続が主たる手続で，倒産処理をそこに集中することが国内債権者の利益を不当に侵害せず，かつ，債権者一般の利益に適合する場合には，外国倒産処理手続を優先させる趣旨である。

　また，外国倒産処理手続を優先させるための要件（同Ⅰ）が満たされている場合には，裁判所は，承認申立てについての決定をする前において，必要があると認めるときは，利害関係人の申立てによりまたは職権で，国内倒産処理手続の中止を命じることができる（外国倒産58Ⅰ）。承認申立てについての決定がなされるまでの間，国内倒産処理手続について裁量的中止の可能性を認めるものであるが，中止が命じられれば，その効力は承認決定後も継続する（外国倒産57Ⅱ但書・61Ⅰ参照）[25]。

　次に，外国倒産処理手続の承認決定が先行し，その後に，国内倒産処理手続の開始決定がなされ，または承認決定前に開始決定がなされていたことが明らかになった場合にも，基本的には，国内倒産処理手続が優先する。したがって裁判所は，承認援助手続の中止を命じる決定をするが（外国倒産59Ⅰ②），外国倒産処理手続を優先させるための要件のすべてが満たされているときは，国内倒産処理手続の中止を命じなければならない（同①）。外国倒産処理手続の承認決定が先行し，国内倒産処理手続の申立てがなされたことが明らかになった場合も，同様の考え方にもとづいて，国内倒産処理手続の中止を命じる決定がなされる場合（外国倒産60Ⅰ）以外は，申立てまたは職権にもとづいて承認援助手続の中止を命じる決定をすることができる（同Ⅱ）。

　以上によって中止された国内倒産処理手続は，外国倒産処理手続が終結したことによってその承認決定が取り消されたとき（外国倒産56Ⅰ③）は，もはや続行する意義を失うので失効する（外国倒産61Ⅰ）[26]。逆に，中止された外国倒産処理手続の承認援助手続は，国内倒産処理手続が終結したときには，もはや

---

25)　新しい国際倒産法制296頁参照。
26)　外国倒産処理手続終結以外の理由で承認決定が取り消された場合（56Ⅰ④）には，中止命令が失効し，国内倒産処理手続が続行される。新しい国際倒産法制318頁，国際倒産法制124頁参照。

続行する意義を失うので失効する（同Ⅱ）。

イ　外国倒産処理手続にかかる承認援助手続の競合

さらに，ある外国倒産処理手続について承認の申立てがなされているときに，同一の債務者について他の外国倒産処理手続が存在し，それについて承認援助手続が開始されている場合には，以下のいずれかの事由があるときは，裁判所は，承認の申立てを棄却しなければならない（外国倒産62Ⅰ柱書）。

第1は，他の外国倒産処理手続（外国倒産2Ⅰ①）が外国主手続（同②）であるときである（外国倒産62Ⅰ①）。この場合には，すでに承認されている他の外国主手続に承認援助手続を一元化することが合理的であるからである。第2は，承認申立てがなされている外国倒産処理手続が外国従手続（外国倒産2Ⅰ③）であり，かつ，それについて援助の処分をすることが債権者一般の利益に適合すると認められないときである（外国倒産62Ⅰ②）。

したがって，後行の承認申立てが外国主手続にかかるものである場合か，または先行する他の外国従手続が外国従手続であり，後行の承認申立ても外国従手続にかかるものであるが，後行の外国倒産処理手続によることが債権者一般の利益に適合すると認められる場合には，後行の申立てを認め，承認援助手続を後行手続に一元化することとなる。その場合には，後行手続の承認にともなって，先行する他の外国従手続である外国倒産処理手続にかかる承認援助手続は中止する（同Ⅱ本文）。

後行の外国倒産処理手続にかかる承認申立てについての決定がなされる前において，外国従手続である承認援助手続が係属する裁判所は，必要があると認めるときは，申立てによりまたは職権で，その承認援助手続の中止を命じることができる（外国倒産63Ⅰ前段）。これは，後行手続の承認可能性を前提として，承認申立てについての決定をなすまでの間に，先行手続が外国従手続である場合に限って，裁量的中止の余地を認めるものである。

なお，後行の外国倒産処理手続の承認にともなって，または承認申立てについて決定がなされるまでの間の中止命令によって中止された先行の外国従手続たる外国倒産処理手続にかかる承認援助手続は，後行の外国倒産処理手続の終結にともなって承認取消決定が確定したとき（外国倒産56Ⅰ③）は，失効する（外国倒産64）。もはや中止された先行の外国従手続を続行する意義が失われたからである。ただし，終結以外の事由によって承認取消決定が確定した場合に

は，中止命令が取り消され（外国倒産63Ⅱ），先行外国従手続にかかる承認援助手続を続行する。

第2節　更生債権

　更生債権とは，更生手続に参加し（135Ⅰ），更生計画認可決定にもとづく免責や権利変更の対象となり（167Ⅰ①・168Ⅰ・204Ⅰ・205ⅠⅡなど），計画の遂行（209Ⅰ）によって満足を受ける地位を意味する。他の利害関係人の権利である共益債権，開始後債権とは，手続外で満足を受けることが禁止され（47Ⅰ），更生計画認可決定にもとづく免責および権利変更の対象となる点で区別され（204Ⅰ柱書前半部分・205Ⅰ），株主の権利とは，その権利の性質によって区別される。これに対して，更生担保権（2Ⅹ）とは，更生計画においては，実体法上の権利の性質の違いにもとづいた差が設けられるものの（168Ⅲ），更生手続上の地位は本質的に同一であり，したがって，更生担保権とあわせて，更生債権等（2Ⅻ）と呼ばれる。

　更生債権は，破産手続における破産債権や再生手続における再生債権に相当するものであるが，清算を目的とする破産手続との差異，また担保権者，株主など更生会社に対する権利者を包括的に手続内に組み入れる点での破産手続および再生手続との差異などから，現在化（破103Ⅲ）や金銭化（同Ⅱ①イ）の効力が生じないこと，一般の優先権がある債権が優先的更生債権とされること（138Ⅰ②・168Ⅰ②。民再122ⅠⅡ参照），劣後的破産債権（破99）に相当する債権の一部が開始後債権とされ（134Ⅰ），更生債権に含まれないことなどの違いがある。

第1項　更生債権の意義

　更生債権とされるのは，原則として，更生会社に対し更生手続開始前の原因[27]にもとづいて生じた財産上の請求権であって，更生担保権（2Ⅹ）または

---

[27]　更生手続開始前の原因に対応する，再生手続開始前の原因について一部具備説（伊藤657，196頁）を説くものとして，東京地判平成17・4・15判時1912号70頁〔民事再生〕がある。また，これに関連して委託を受けない保証人の求償権が破産債権となるかという問題がある（本書360頁参照）。

共益債権（127 など）に該当しないものである（2Ⅷ柱書）。これに加えて，更生手続開始前の原因にもとづくとはいえないものであっても，更生手続開始後の利息の請求権などが更生債権とされる（同各号）。したがって，更生会社に対する財産上の請求権のうち更生債権とされないのは，更生手続開始前の原因にもとづくものであって更生担保権または共益債権とされるもの，および更生手続開始後の原因にもとづくものであって法 2 条 8 項各号の規定に該当しないものであるが，後者は，共益債権または開始後債権のいずれかに分類される（134 Ⅰかっこ書参照）。

1 更生債権の基本的成立要件

更生債権の基本的成立要件は，①財産上の請求権であって，②更生会社に対するものであり，③その強制的実現を求めることができ，④更生手続開始前の原因にもとづくものであり，かつ，更生担保権または共益債権に該当しないものである（2Ⅷ柱書）。

(1) 財産上の請求権

更生手続は，「債権者，株主その他の利害関係人の利害を適切に調整」することをもって，窮境にある株式会社の事業の維持更生を図ることを目的とする(1)から，更生債権は，その本来の性質として，更生会社財産（2ⅩⅣ）そのもの，または更生会社財産を基礎とする更生会社の事業活動の結果たる収益によって満足を受けることが予定され，いったん当該株式会社について更生手続が開始されれば，更生計画による権利変更（205Ⅰ）になじむ性質のものであり，かつ，他の更生債権との平等原則（168Ⅰ柱書本文）や更生担保権などの異なる種類の権利との間の公正衡平原則（同Ⅲ）の適用に相応しいものでなければならない。金銭債権はもちろんであるが，金銭債権以外の財産上の請求権も，金銭的評価（136Ⅰ③ハ参照）の対象たりうるものであれば，平等原則と公正衡平原則にしたがった更生計画による権利変更の定めの対象としての適格を有する。更生債権の第一の属性として財産上の請求権であることが求められるのは，このような理由からである。

作為または不作為を目的とする債権のうち，代替的作為を目的とする債権は，債務者に対する金銭債権として評価しうるから（民 414Ⅱ，民執 171 参照），財産上の請求権といえる。更生手続開始前に不履行の事実が発生している必要はない[28]。

これに対して，不代替的作為または不作為を目的とする債権は，間接強制による執行は可能であるものの（民執172 I），権利自体を金銭的に評価することができないために，財産上の請求権とはいえないという考え方が一般的である[29]。

しかし，財産上の請求権に該当しないとして，更生債権としての性質を否定することは，更生計画認可決定にもとづく権利変更や免責の対象となりえないことを意味し，これらの請求権が更生会社の事業の維持更生を制約する負担となるおそれを生じさせる。したがって，不代替的作為または不作為を目的とする債権であっても，その不履行にもとづいて損害賠償請求権が生じうるようなものについては，更生手続開始まで，その不履行が生じていない場合であっても，損害賠償額を基準とした金銭的評価が可能であるとして，更生債権に含ませるべきである。また，そのような評価が可能でないものについても，更生会社を義務者とする以上，財産的利益と無縁なものはないはずであるから，たとえ議決権額については評価不能となるにせよ，更生債権としての属性は認め，更生計画認可決定にもとづく権利変更や免責の対象と考えるべきである。

更生会社を義務者とする組織法上の請求権についても，その更生債権性が問題となる。従来の通念では，これを財産上の請求権から除外していたところ，たとえば，更生会社が合併契約（会社748）や会社分割契約（会社757），あるいはその前提となり，またそれに付随する様々な契約を締結し，それらの契約上の義務を負担しているとき，それに対応する相手方の権利は，組織法上の請求権といえるが，それが財産上の請求権に該当しないかどうかを検討する必要がある[30]。これらの組織法上の権利といえども，最終的には，財産的利益の実現を目的とするものであるから，損害賠償額の合意があれば，それを基準として，

---

28) 会社の財産価値の利用によって履行される請求権であることが理由になる（条解会更法（中）283頁）。評価は，代替執行に要する費用（民執171Ⅳ）が基準となろう（破産債権について，条解破産法28頁）。なお，非金銭債権の再生手続における取扱いにつき，小畑英一「再生債権をめぐる諸問題」民事再生の実務と理論127頁，小林信明「ゴルフ場の倒産の諸問題」講座（4）448頁参照。
29) 破産債権および再生債権について条解破産法28頁，伊藤194, 658頁参照。もっとも，不作為義務違反を理由とする損害賠償請求権は財産上の請求権にあたる。条解会更法（中）283頁参照。
30) これらの契約を双方未履行双務契約（61 I）とみなすことができるかどうかは，別の問題である。実際には，相手方がその義務を履行済みであり，更生会社に対する相手方の組織法上の請求権のみが存在しているような場合を想定する。

合意がなければ，場合によっては評価不能とするにせよ，更生債権に該当すると考えるべきであろう。

(2) 人的請求権

更生債権は，更生会社に対する請求権でなければならない。したがって，権利の性質は人的請求権と解される。人的請求権とは，物権のように，更生会社の財貨を直接に支配する権利ではなく，更生会社の行為を介して財貨を獲得し，または財産的利益を享受する権利を意味する[31]。更生担保権の場合と異なって，保証人などの第三者に対する権利は，更生債権にならない。そして，更生会社に対する請求権は，金銭債権か，金銭債権として評価されうるものを中核とするから，責任の面からみれば，更生会社に対する財産上の請求権は，更生会社財産を責任財産とする権利または更生会社財産を基礎とする更生会社の事業活動にもとづく収益によって満足を受けるべき権利を意味する。

これに対して特定財産上の物権および債権的請求権のうち，目的物の占有を支配しうる権利については，取戻権（64 I）の地位が与えられ，また，目的物についての担保権が存在する場合には，その被担保債権について，更生担保権（2 X）の地位が認められるので，いずれも更生債権とは区別される。ただし，同じく担保権であっても，一般財産上の優先権である一般の先取特権は，優先的更生債権の基礎となる（168 I ②）。

ある権利についての責任財産が，法律上または当事者間の合意にもとづいて，更生会社の特定の種類の財産に限定されている場合がある。たとえば，救助料債権に対する積荷所有者の責任は，救助された積荷に限定されている（商812）が，積荷所有者が破産したときに，救助料債権が破産債権になるかどうかについて肯定説と否定説の対立がみられる[32]。破産債権について肯定説をとるのと同じ理由から[33]，この種の権利を更生債権として扱うべきである。ただし，救助料債権者は，責任財産の限度でしか更生債権の行使を認められないから，更生債権の調査の段階で，更生会社財産において責任財産が占める割合に応じて

---

31) この意味で，民法における物権と債権の区別にほぼ対応する。奥田・債権総論2頁参照。同じく請求権であっても，物権的請求権は，物権の内容の完全な実現を目的とするものであり，物権から派生する権利としての属性を備えているから（我妻・有泉コンメンタール341頁），更生債権とはならない。

32) 商法607条および旧信託法19条（現信託21 II 相当）に関しても，同様の議論があった。現行信託法の下でも，受託者の更生における受益債権の取扱いなどが問題となろう。

更生債権額を減額することを原則とするが，場合によっては，更生計画において他の更生債権との間に公正衡平原則にしたがった差を設けることも考えられる（168Ⅰ柱書但書）。当事者間の合意にもとづいて責任財産が限定されている場合にも，同様の取扱いがなされるべきである。

(3) 執行可能性

更生手続は，権利の強制的満足を目的とする手続としての性質をもつから，そもそも強制的実現の可能性のない請求権は更生債権たりえない。債務者の義務が自然債務と呼ばれる場合，たとえば不法原因給付返還請求権（民708）などがこれにあたる[34]。もちろん，すでに更生会社による任意弁済や強制執行による満足を受けた債権は，更生債権となりえないが，仮執行による満足は仮定的なものであるので，更生債権の行使が認められる[35]。

(4) 更生手続開始前の原因

更生債権が更生手続開始前の原因によるものに限定されているのは，更生手続開始時の更生会社財産を責任財産として把握している権利を，それ以後の原因にもとづく請求権と区別し，更生計画による権利変更（167Ⅰ①・168Ⅰ②～④・205Ⅰ）を前提とした上で，更生手続開始時の更生会社財産を基礎とした継続事業価値を分配するためである。したがって，更生担保権が更生手続開始前の原因にもとづき生じたものとされ，その範囲が更生手続開始時の目的財産の時価によって画されるのと（2Ⅹ本文），その趣旨を共通にする。

---

[33] 伊藤195頁，条解破産法29頁。救助料債権者は，責任財産たる積荷について優先権をもっているわけではなく，他の債権者もその財産から弁済を求めることができ，したがって債権者全体に対する公平な弁済を図る必要があることは，一般財産の場合と変わらないからである。逆に，救助料債権者は，責任財産を限度として破産債権行使が許される。大コンメンタール402頁〔堂園幹一郎〕。

なお，資産流動化取引における，SPCに対する特定債権者について流動化の対象となった特定財産のみを責任財産とする特約の取扱いについては，後藤出「資産流動化取引における倒産不申立て特約と責任財産限定特約」ジュリ1441号94頁（2012年）参照。

[34] その他，判例・通説によれば，以前の再生計画や更生計画によって免責された再生債権や更生債権（民再178，会更204Ⅰ柱書）が執行可能性のない債権にあたる。なお，貸金業の規制等に関する法律43条が適用されうる場合における利息制限法違反超過利息などが自然債務の例にあたるとされていたが，同法が「貸金業法」に改められるとともに，旧43条に相当する規律は設けられなかった。上柳敏郎＝大森泰人・逐条解説貸金業法20頁（2008年）参照。また，不執行の合意が付されている債権も更生債権性が否定される。最判平成5・11・11民集47巻9号5255頁参照。いわゆる出世払い債務についても更生債権性が否定されうる。東京高判平成12・3・29判時1705号62頁参照。

更生手続開始前の原因の意義については，破産債権に関して一部具備説と全部具備説とが対立していたが，現在ではほぼ前者に統一されている。一部具備説の下では，更生債権の発生原因の全部が更生手続開始前に備わっている必要はなく，主たる発生原因が備わっていれば足りる。具体的には，履行期未到来の債権，条件付債権，あるいは保証人の求償権などの将来の請求権などは，債権の成立原因が更生手続開始前ならばいずれも更生債権となる[36]。不法行為にもとづく損害賠償債権についても，発生原因たる不法行為が更生手続開始前であれば，更生債権とされるが，損害が顕在化していない損害賠償請求権者に更生債権の届出を期待することができるかなどの問題がある[37]。なお，更生手続開始前の原因にもとづく更生債権の中には，約定劣後更生債権と呼ばれるものがあるが，これについては，更生債権の順位（本書187頁）に関して説明する。

2 更生手続開始後の原因にもとづく更生債権

以上の原則に対して，更生手続開始後の原因にもとづくにもかかわらず例外的に更生債権とされるものがある。本来であれば，更生手続開始後の原因にもとづいて更生会社に対して生じた債権は，それが利害関係人の共同の負担に帰すべきものであれば，共益債権とし（127など），それ以外の債権は開始後債権

---

35) 仮執行の効果については，伊藤・民訴法573頁参照。したがって，手形債権者が更生手続開始前に仮執行宣言付手形判決にもとづいて仮執行を行い（民訴259Ⅱ参照），その債権の満足を受けた後，更生手続開始によって手形判決に対する異議訴訟（民訴361）が中断し（52Ⅰ），管財人によって受継されることとなった場合（158・156Ⅰ），手形債権者は，仮執行によって満足を受けた債権を更生債権として届けることができる（東京地判昭和56・9・14判時1015号20頁〔倒産百選〔第3版〕46事件〕）。

そして，債権調査の結果として，仮執行によって満足を受けた債権が更生債権として認められなかったときは，相手方は仮執行による受領金を管財人に返還しなければならないし，また，更生債権として認められたときであっても，受領金が更生計画による弁済金を上回る場合には，その差額を返還しなければならない。

ただし，青山善充「仮執行の効果に関する一考察」法協百周年記念論文集（3）393頁は，仮執行によって完全な満足を受けた債権は，更生債権とならないとの考え方をとる。なお，仮執行宣言にかかる執行停止の担保の更生手続における取扱いにつき，小畑英一ほか「更生手続における過払債権の取扱いをめぐる法的問題点」NBL961号64頁（2011年），また執行停止が不法行為に該当するとして再生計画による弁済額との差額の損害賠償を認めた事例として，大阪高判平成20・2・28判時2030号20頁〔民事再生〕参照。

36) 職務発明にもとづく相当の対価支払請求権（特許35Ⅲ）の場合には，その成立原因たる事実，たとえば勤務規則等で定められた権利の移転時期が更生手続開始前であれば，更生債権となる（中山信弘＝小泉直樹編・新・注解特許法（上）529頁（2011年）参照）。その金額が具体化するのが将来であることは，更生債権性を左右する根拠とはならない。

(134Ⅰ) として，更生計画にもとづく分配の対象外とするのが適当であるが (132Ⅰ・134Ⅱ)，それを更生債権とすることによって，更生計画認可決定にもとづく権利変更や免責の効力を及ぼそうとするところに主たる目的がある。ただし，この種の更生債権の中には，議決権の行使が否定され (136Ⅱ①～③)，更生計画における劣後的取扱いが許されるものがある (168Ⅰ柱書但書)。

(1) 更生手続開始後の利息等の請求権

この類型の更生債権に属するものの中で，更生手続開始後の利息の請求権 (2Ⅷ①) は，更生手続開始日の利息を含むものであるが[38]，これに対応する請求権は，破産手続においては劣後的破産債権とされる (破99Ⅰ①・97①)。しかし，更生手続においては，更生計画の内容および更生計画案についての決議が更生債権者の権利行使の核心となるところから，決議の際の組分けを簡素化するという目的のために，劣後的更生債権という範疇を設けず[39]，これを一律に

---

[37] 再生手続と異なって，更生手続においては自認の制度が存在せず (本書473頁注22参照)，更生債権としての届出がなかったものについても，免責 (204Ⅰ柱書) の効果が及ぶことが問題となる。更生債権たる過払金返還請求権に関して，本書644頁注189参照。同じく更生債権であっても，更生会社による不法行為の被害者が有する損害賠償請求権などについては，特別の配慮が必要となろう。伊藤眞「不法行為にもとづく損害賠償債権と破産・会社更生」判時1194号 (判例評論330号) 174頁 (1986年) 参照。人の身体に対する加害行為に起因する後遺症などについても，同様の問題がある。最判昭和42・7・18民集21巻6号1559頁，伊藤・民訴法215頁参照。

なお，委託を受けない保証人の事後求償権について，代位弁済が手続開始後であっても，保証契約の締結が開始前であれば破産債権となるとするものとして，大阪地判平成20・10・31判時2060号114頁，大阪高判平成21・5・27金法1878号46頁がある。しかし，委託を受けない保証の履行が事務管理としての性質をもつことを考えれば，手続開始後の弁済にもとづく求償権は，更生債権たりえず，開始後債権として扱われるべきである。詳細については，栗田隆「主債務者の破産と保証人の求償権」関西大学法学論集60巻3号45頁 (2010年) 参照。

これに対して，最判平成24・5・28金法1947号54頁は，「保証人の弁済が破産手続開始後にされても，保証契約が主たる債務者の破産手続開始前に締結されていれば，当該求償権の発生の基礎となる保証関係は，その破産手続開始前に発生しているということができる」との理由から (千葉勝美裁判官の補足意見では，委託を受けた保証人の場合と同様に，「保証契約締結の時点で主債務者のための事務管理がされたといわざるを得ない」とする)，この種の求償権の破産債権性を認めており，再生債権性や更生債権性についても，同様の理由によって肯定されよう。もっとも，同判決は，このような前提に立ちながらも，この種の求償権を自働債権とする相殺は，法49条の2第1項1号 (破72Ⅰ①) の類推適用によって禁止されるとしているので (本書359頁参照)，通常の破産債権 (再生債権または更生債権) とは区別した取扱いがされることになる。

[38] 条解破産法682, 694頁参照。

更生債権としたものである。ただし、この類型の請求権には議決権が否定され（136Ⅱ）、また更生計画において劣後的取扱いをすることが許されていること（168Ⅰ柱書但書）をみれば、実質においては、この類型の請求権は劣後的地位に置かれているといってもよい。

「更生手続開始後の不履行による損害賠償又は違約金の請求権」（2Ⅷ②）および「更生手続参加の費用の請求権」（同③）が更生債権とされるのも、同様の理由からである。

(2) 更生手続遂行の過程において生じる請求権

また、更生手続遂行の過程において生じる請求権であっても、共益債権として利害関係人全体の負担とするのに適さず、かつ、開始後債権として更生計画による分配の対象外にするのも不合理なものは、更生債権とされる。この類型に属するのは、為替手形の支払人などが更生会社たる振出人などに対して取得する債権（2Ⅷ④・58Ⅰ Ⅱ）、管財人が双方未履行の双務契約を解除した結果として相手方に与えられる損害賠償債権（2Ⅷ⑤・61Ⅰ Ⅴ、破54Ⅰ）、市場の相場がある商品の取引にかかる契約の解除にもとづく損害賠償請求権（2Ⅷ⑥・63、破58Ⅱ Ⅲ・54Ⅰ）、交互計算が閉鎖されたことにもとづく相手方の残額支払請求権（2Ⅷ⑦・63、破59）、および否認の相手方が有する反対給付の価額償還請求権（2Ⅷ⑧・91の2Ⅱ②③）などである。

同じく更生手続開始後の原因にもとづく請求権ではあるが、この類型の更生債権については、議決権が否定されることはなく（136Ⅱ参照）、また、更生計画において劣後的取扱いを受けるものでもない（168Ⅰ柱書但書参照）。

3 更生手続開始前の原因にもとづく請求権で更生債権とされないもの

更生手続開始前の原因にもとづく請求権として更生債権となりうるものであるにもかかわらず、共益債権とされるものもある。開始前の借入金等（128Ⅰ Ⅱ Ⅳ）、源泉徴収所得税等（129）、使用人の給料等（130Ⅰ Ⅴ）、社債管理者等の費用（131Ⅰ Ⅱ Ⅳ。ただし裁判所の許可にかかる）などが、その例である[40]。更生手続開始前の原因にもとづくにもかかわらず、これらの請求権に共益債権の地位を与えることによって、更生会社の事業の維持更生の前提条件を整え、あるい

---

39) 旧会社更生法121条は、劣後的更生債権の概念を設け、これを通常の更生債権と区別して扱うべきものとしていた（条解会更法（中）457頁、松田191頁）。現行法が劣後的更生債権の概念を廃止した理由については、一問一答新会社更生法160頁参照。

は更生手続の遂行を円滑にしようとするのが立法者の判断である（本書242頁）。

第2項　更生債権の地位

更生債権の地位は，以下に述べる基本的地位（47Ⅰ）と例外的な取扱いの可能性（同Ⅱ～Ⅴ）の2つに分けられる。

1　更生債権の基本的地位

更生債権は，更生手続に参加することのできる地位であり（135Ⅰ）[41]，その反面として，更生手続によるのでなければ，更生会社財産から満足を受けることはできない。そのことは，更生会社財産に対する強制執行等の禁止や中止・取消し（50Ⅰ Ⅵ），あるいは弁済などによって更生債権を消滅させる行為が禁じられること（47Ⅰ）[42]に表されている。そして，更生計画の定めにしたがった権利内容の変更を経て（167Ⅰ①・205Ⅰ），更生債権に対する満足が実現される（205Ⅱ）のが原則である。

更生計画認可決定がなされると，更生計画の定めまたは会社更生法の規定によって認められた権利を除いて，更生会社は，すべての更生債権について，その責任を免れる（204Ⅰ柱書・同①）。この効果は，当該更生債権者が更生手続に参加したか否かを問わない。ただし，更生手続開始後に更生会社の取締役等または使用人であった者で，更生計画認可決定後も引き続きこれらの職に在職しているものの退職手当の請求権（同②），更生手続開始前の罰金等の請求権（同③），租税等の請求権のうち，不正な行為に起因する請求権で届出のないもの（同④）については，免責されない（同柱書）。

退職手当の請求権が免責されないのは，更生手続開始前から取締役等や使用人であった者が更生計画認可決定後に退職する場合には，これらの者が有する

---

40) 従来の説明では，このほかに，法61条4項の請求権，すなわち，管財人が双方未履行双務契約について履行の選択をなした場合の相手方の債権が例として挙げられる。しかし，後に双方未履行双務契約の取扱いについて説明するように（本書271頁），これらの請求権は，本来更生債権であるが，特別の考慮にもとづいて共益債権とされたものとみるのが適当かどうか疑問があり，少なくとも源泉徴収所得税等（129）や使用人の給料等の請求権（130ⅠⅤ）とは，性質を異にするので，本文では挙げていない。

41) 更生手続参加は，更生債権について消滅時効中断の効力を有し（民147①・152），更生手続の終了（234）まで中断の効力が継続し（最判平成7・3・23民集49巻3号984頁〔破産〕，最判平成9・9・9金法1503号80頁〔破産〕参照），更生債権者表等の記載の効果として時効期間が10年になる（206Ⅱ・235Ⅰ・238Ⅵ，民174の2Ⅰ後段）。

42) ただし，免除は更生会社財産を減少させることはないので許される（47Ⅰかっこ書）。

退職手当の請求権のうち，更生債権となる部分について，更生債権としての届出や更生計画への記載ができないことを考慮したものである（本書480，645頁参照）[43]。また，罰金等の請求権や租税等の請求権のうちの一部が免責されないのは，これらの請求権の制裁的性質を重視したためである。ただし，免責の対象とならない罰金等の請求権や租税等の請求権への弁済が他の権利者の権利を圧迫することがないよう，弁済時期に関しては，劣後的取扱いがなされる（同Ⅱ・Ⅰ③④）。

2　例外的取扱い——商取引債権等に対する更生計画認可決定前弁済

更生債権に対する弁済等の債務を消滅させる行為は，更生計画の定めるところによらなければならないという原則に対する例外として，①中小企業者の更生債権の更生計画認可決定前弁済（同Ⅱ），②更生手続を円滑に進行するための少額更生債権の更生計画認可決定前弁済（47Ⅴ前半部分），③更生会社の事業の継続に著しい支障を来すことを避けるための少額更生債権の更生計画認可決定前弁済（同後半部分）の3種類がある。これらはいずれも，更生計画による弁済の前倒しではなく，更生計画による弁済とはかかわりなく，当該債権の全部または一部の弁済を可能にするものであり，実質的な共益債権化としての性質を有する[44]。したがって，どのような種類の債権について，どのような要件の下に更生計画認可決定前の弁済を認めるかは，他の更生債権との間の平等原則を修正すべき合理的理由が存在するかどうかを立法者が考慮した結果である。ただし，約定劣後更生債権である更生債権については，弁済許可の制度は適用されない（同Ⅵ）。一般の更生債権に劣後する地位と矛盾するためである。

(1)　中小企業者の更生債権の更生計画認可決定前弁済（47Ⅱ）

更生会社を主要な取引先とする中小企業者が，その有する更生債権の弁済を

---

[43]　旧会社更生法241条の昭和42年改正内容を引き継いだものである。議論の詳細については，宮脇＝時岡167頁，条解会更法（下）739頁参照。

[44]　旧会社更生法112条の2に関して，宮脇＝時岡105頁参照。昭和42年改正の立案段階では，法律上で共益債権とすることを求める意見も有力であったが，一律に共益債権とすることの合理性が疑われるために，弁済許可にもとづく個別，かつ，実質的な共益債権化にとどめたという。いずれにしても，破産法101条1項本文にもとづく給料の請求権等の弁済の許可が破産配当の前倒しである（伊藤209頁）のとは，性質が異なる（伊藤眞「新倒産法制10年の成果と課題——商取引債権保護の光と影」伊藤＝須藤8頁）。

　なお，民事再生法85条2項および5項は，会社更生法47条2項および5項と同趣旨の規定であるが，破産法には，対応する規定が設けられていない。清算を目的とする破産手続においては，債権者平等の理念が徹底するためである。

受けなければ，事業の継続に著しい支障を来すおそれがあるときは，裁判所は，更生計画認可の決定をする前でも，管財人の申立てによりまたは職権で，その全部または一部の弁済をすることを許可することができる（47Ⅱ）。

　ア　制度の趣旨

　この規定は，昭和42年改正によって追加された旧会社更生法112条の2の内容を引き継いだものであり，中小企業者の更生債権を弁済禁止の対象から除外する実質的根拠としては，更生債権たる中小企業者の取引債権が弁済禁止となることによって連鎖倒産などの事態を招き，中小企業者の犠牲の下に更生会社が生き残ることに対する批判，あるいは，弁済を許可することによって中小企業者との取引関係を良好に保てることなどがいわれるが，弁済許可の要件である「事業の継続に著しい支障を来すおそれ」とは，更生会社の事業ではなく，中小企業者の事業を指すことを考えれば[45]，弁済禁止の効果として，その事業の継続が危機に瀕する中小企業者の保護にあると解される。相手方が大企業である場合にも，更生会社が主要な取引先であれば，弁済禁止によって相当な影響を受けることはありうるが，それが直ちに，相手方の倒産や経営危機を招くおそれを生じるとは考えにくいために，弁済許可の対象からは除外されている。

　更生会社を主要な取引先とすることは，当該中小企業者の事業の継続が危機に瀕することの基礎となる事実であって，更生会社が唯一の取引先であることを要するものではなく，複数の取引先の一つである場合でも，更生会社に対する更生債権が弁済禁止となることによって，その中小企業者の資金繰りに決定的な悪影響を生じるような場合であれば足りる。また，債権の種類としては，金銭債権が通常と思われるが，その他の財産上の請求権を排除する趣旨ではない。金銭債権についても，額の制限はなく，むしろ少額であれば，弁済禁止の対象外とする理由に乏しいことになろう。

　イ　弁済許可の手続および要件

　弁済許可の裁判は，管財人の申立てによってまたは裁判所の職権でなされる（47Ⅱ）。弁済許可の対象となる更生債権者は申立権を認められないが，管財人

45）　宮脇＝時岡114, 115頁参照。この要件の判断のためには，当該中小企業者の経理状態をも仔細に検討する必要がありうるが，企業の秘密をどこまで開示させるかという，微妙な問題があるという。いずれにしても，この要件の性質上，取引先たる中小企業者を概括的に判断するべきではなく，それぞれ事情に応じた個別的判断が必要になるという。

は，更生債権者から申立てをすべきことを求められたときは，直ちにその旨を裁判所に報告しなければならない（同Ⅳ前段）。また，管財人は，求められた申立てをしないこととしたときは，遅滞なく，その事情を裁判所に報告しなければならない（同後段）。更生債権者に申立権を認めていないのは，この制度の運用を管財人および裁判所の合理的裁量判断に委ねる趣旨であり，管財人の2つの報告義務は，裁判所がその判断権および管財人に対する監督権を適切に行使するためのものである。

　許可の要件は，①当該更生債権者が更生会社を主要な取引先とする中小企業者[46]であること，②当該更生債権者がその更生債権の弁済を受けなければ，その事業の継続に著しい支障を来すおそれがあることの2つである。後者は，更生債権の弁済禁止によって当該更生債権者の事業資金が枯渇し，倒産や廃業のおそれが生じることを意味する。いずれにしても，更生会社に手持ちの弁済資金があるか，またはその資金を提供する第三者が存在することが前提となる。したがって，裁判所は，弁済の許可を与える場合には，更生会社と当該中小企業者との取引の状況，更生会社の資産状態，利害関係人の利害その他一切の事情を考慮しなければならない（同Ⅲ）[47]。

　許可または不許可の裁判に対する不服申立ては認められない（9前段参照）。また，許可の裁判の効力は，更生債権についての弁済禁止の効果を解除し，管財人に弁済の権限を与えるにとどまり，中小企業者の更生債権を共益債権化するものではないから，更生債権者の側から当該債権の弁済を求め，強制執行などの手段をとることは許されない。

　なお，許可にもとづいて弁済をなした場合には，管財人は，更生計画案を裁判所に提出するときに，その事実を記載した報告書をあわせて提出しなければならない（会更規51Ⅱ①）。その事実を関係人に明らかにして，更生計画案に対する議決権行使の参考にするためである[48]。

---

46) 中小企業基本法2条1項は，資本金の額，従業員数などを基準として中小企業者の範囲を定めている。ただし，これは一応の基準にとどまり，更生会社の規模によって中小企業者の範囲も相対的になりうる。宮脇＝時岡112頁参照。
47) 最新実務156頁。弁済は全部である必要はなく，このような事情を考慮した上で，一部についての許可をすることもありうる。
48) 裁判所にとっても，更生計画の認可に際して内容が公正かつ衡平であるかどうかを判断するための資料となる（199Ⅱ②参照）。条解会更規170頁参照。

(2) 更生手続を円滑に進行するための少額更生債権の更生計画認可決定前弁済（47Ⅴ前半部分）

少額の更生債権を早期に弁済することにより更生手続を円滑に進行できるときは，裁判所は，更生計画認可の決定をする前でも，管財人の申立てにより，その弁済をすることを許可することができる（47Ⅴ前半部分）。

ア　制度の趣旨

いかに少額であっても，その者が更生債権者である以上，更生債権の届出を受けて，調査を行い，関係人集会における議決に参加させなければならない。しかし，そのための通知等に要する時間と費用を考えると，更生手続の進行を妨げるおそれが認められるような場合には，管財人は，裁判所の弁済許可をえて，当該更生債権を消滅させ，円滑な手続進行を図ることができる。少額であれば，他の更生債権との間の実質的平等に反することもないからである[49]。

イ　弁済許可の手続および要件

裁判所は，管財人の申立てにもとづいて弁済許可の裁判を行う。裁判所の職権による許可はない。また，中小企業者の更生債権に対する弁済の場合と異なって，弁済許可の求めがなされたことなどについての管財人の裁判所に対する報告義務（47Ⅳ）も存在しない[50]。

許可の要件は，少額の更生債権の早期弁済が更生手続の円滑な進行に資することであり，その意味は上に述べたとおりである。したがって，許可の内容としては，更生債権の発生原因やその属性を問わず，一定額以下のものについて画一的に弁済を認めるべきであり，また，更生債権の一部の弁済は，この制度の目的に沿わないので，許されない[51]。その他の手続に関しては，前記（1）イに述べたところが妥当する。

---

[49] 少額の範囲を一律に決定することはできないが，実質的平等に反しない限度で更生債権の数を絞り込むという趣旨から，数十万円から数百万円程度が通常であろう。会社更生の実務（上）177頁〔鹿子木康〕，最新実務157頁参照。
　　また，少額弁済を実施した場合には，更生計画においても当該少額弁済相当額までは弁済率を100％とする等，少額弁済を受けなかった債権者との平等を確保するべきことが更生計画認可要件（199Ⅱ①，会更規51Ⅱ①）と関係して指摘されることがある（再生手続について，実践マニュアル153，259頁，民事再生実務合同研究会編・民事再生手続と監督委員13頁〔小河原寧〕（2008年）参照）。

[50] 中小企業者の更生債権に対する弁済許可の場合と異なって，弁済許可の対象となる更生債権者に対する優遇措置ではなく，更生手続の円滑な進行を図るという管財業務の合理性にもとづく制度であることが，その根拠となっている。宮脇＝時岡132頁。

(3) 更生会社の事業の継続に著しい支障を来すことを避けるための少額更生債権の更生計画認可決定前弁済（47 Ⅴ 後半部分）

　少額の更生債権を早期に弁済しなければ更生会社の事業の継続に著しい支障を来すときは，裁判所は，更生計画認可の決定をする前でも，管財人の申立てにより，その弁済をすることを許可することができる（47 Ⅴ 後半部分）。

　　ア　制度の趣旨

　同じく，少額の更生債権についての弁済許可であっても，前記 **(2)** と異なって，この場合は，更生債権の弁済禁止が更生会社の事業の継続に著しい支障を来すことを避けるためであり，いいかえれば，更生会社の事業価値の毀損を避けるために，少額債権の枠内に含まれることを条件として，弁済の許可を与えるものである。いわゆる商取引債権の保護または100％弁済と呼ばれる実務運用が，この制度適用の典型場面である。すなわち，更生会社の事業の継続に不可欠な取引先が手続開始前の商品の供給や役務の提供に基づく更生債権を有している場合に，それを弁済しなければ新規の取引を拒絶する蓋然性が高く，しかも，代わりの取引先が容易には見出せないような状況において，この制度を利用して，管財人が更生債権の全部または一部を弁済することにより，取引先の協力をえて，更生会社の事業の継続を図ることができる[52]。

　　イ　弁済許可の手続および要件

　弁済許可の要件は，対象となる更生債権を早期に弁済しなければ更生会社の事業の継続に著しい支障を来すこと，および当該更生債権が少額といえることである。前者は，当該商取引の継続が更生会社の事業活動継続にとって不可欠

---

51) 最新実務157頁。一定額以上の債権者は超過部分を放棄することにより少額弁済を受けること（放棄弁済）ができることとするかどうかが実務上問題となる。それによって更生手続の円滑な進行が図られる場合には，一部放棄による弁済を認めることとなるが，相当多数の債権者が債権の一部放棄により弁済を求める可能性があれば，弁済原資を確保しておく必要が生じる（実践マニュアル153頁）。

52) 上田裕康＝杉本純子「再建型倒産手続における商取引債権保護」倒産実務の諸問題305頁，菅野博之「東京地方裁判所における会社更生事件の運用の実情と今後の展望」法の支配159号29頁（2010年），小畑英一「再生債権をめぐる諸問題」民事再生の実務と理論120頁，杉本和士「再生手続における少額債権弁済許可制度に関する試論」同書389頁，伊藤・前掲論文（注44）8頁，最新実務158頁参照。

　　また，事業に関わる事故によって多数の被害者を生じた事案において，それらの損害賠償請求権者に対する早期の弁済を行わないと，更生会社に対する社会的信頼が失われ，事業の継続に著しい支障を来すような場合も考えられる。

であること，更生債権の弁済をしなければ相手方が将来の取引を拒絶する蓋然性が高く，かつ，代替する取引先が容易に見出しがたいことの2つからなり，弁済がなされれば，相手方が同一条件での取引継続を約束することが補助的要件になろう[53]。

少額性に関しては，前記(2)の場合とは異なって，相当の幅が認められるべきであるが，この制度は，更生債権間の平等や更生担保権との優先劣後の例外をなすものであるから，更生会社の負債総額との関係で少額であるというだけでは足らず，金融機関など他の更生債権者や更生担保権者の債権額との比較でも，相対的に少額といえるものでなければならない[54]。その他の手続に関しては，前記(1)イに述べたところが妥当する。

第3項　更生債権の順位

優劣の順位による更生債権の種類は，優先的更生債権，一般の更生債権および約定劣後更生債権の3つであり，破産債権が，優先的破産債権，一般の破産債権，劣後的破産債権，約定劣後破産債権の4つに分けられるのとも，また再生債権が，一般の再生債権および約定劣後再生債権の2つに分けられるのとも異なる。再生手続において優先的再生債権および劣後的再生債権の概念が存在しないのは，議決権者を同質のものとして，組分けを不要とし，再生計画案に関する議決の手続を簡素化しようとする目的のためであるが[55]，更生会社に対する権利者の権利全体を適切に調整する更生手続（1参照）では，優先的更生債権の概念を設けている。これに対して，劣後的更生債権の概念が存在しないのは，性質の異なる種々の債権を一律に劣後的更生債権の枠組みをもって整理することを避け，その特質に応じた取扱いをするためである。したがって，劣後的破産債権に相当する債権については，調査確定について特別の定めが設けられ（142・164など），また議決権や更生計画における地位の面での劣後的地位

---

53)　その例を説明するものとして，腰塚和男ほか「事業再生ADRから会社更生への手続移行に際しての問題点と課題(2)」NBL 954号56頁（2011年）がある。

54)　もっとも，更生計画案可決の法定要件（196 V）をはるかに超え，ほぼ議決権総額に近い更生債権者等の同意が認められるような事案では，少額性の要件を柔軟に解釈し，一部の金融債権者の債権額を超える更生債権をも少額として扱うこともありえよう。最新実務163頁参照。

55)　伊藤659頁。

(136Ⅱ①～③・168Ⅰ柱書但書)56)などの特別の取扱いがなされる。

また，約定劣後更生債権（43Ⅳ①かっこ書）は，実質的な資本充実のために発行される劣後債などの法的性質を鮮明にするために，平成16年における現行破産法の制定（約定劣後破産債権）および民事再生法の改正（約定劣後再生債権）とともに，現行会社更生法の改正によって創設されたものであり，権利の性質を異にするために，更生計画案の条項（168Ⅰ④）や更生計画案可決の要件（196Ⅰ）などについては，一般の更生債権や優先的更生債権と異なった取扱いがなされる。

更生債権は，議決権に関しては，原則として，金銭化された債権額に比例して平等に扱われ（136Ⅰ），また，更生計画による権利変更に際しても，優先的更生債権，一般の更生債権，約定劣後更生債権の分類にしたがって，それぞれ同一の種類の権利を有する者の間では平等に扱われるのが原則である（168Ⅰ柱書本文）。ただし，不利益を受ける更生債権者の同意がある場合や，少額の更生債権を優先的に，逆に，手続開始後の利息等を劣後的に，さらに内部者の更生債権を劣後させるなど，同一の種類の権利を有する者の間に差を設けても衡平を害しない場合には，異なった取扱いをすることが許される（同但書）。

1 優先的更生債権

更生会社の財産について一般の先取特権その他一般の優先権がある更生債権を優先的更生債権という（168Ⅰ②参照）。優先権の範囲が一定期間に限定されているときには，その期間は，更生手続開始の時から遡って計算する（同Ⅱ）57)。

同じく更生債権であっても，実体法上の優先権をもつ以上，これらの権利を

---

56) 旧会社更生法には，劣後的更生債権の概念が存在し（旧会更121Ⅰ），現行法136条2項に掲げる債権などに相当する債権が，他の更生債権に後れ（旧121Ⅱ本文），独立の組に分類され（旧159Ⅰ④），更生計画案についての議決に参加するものとされていた。しかし，旧法下においても，劣後的更生債権の概念が，いたずらに手続を複雑にするという批判がなされており（条解会更法（中）486頁），現行法は，民事再生法にならって，かつて劣後的更生債権とされたものを，①更生債権であるが，議決権および更生計画における取扱いにおいて劣後的に扱われるもの（更生手続開始後の利息等の請求権。2Ⅷ①～③・136Ⅱ①～③・168Ⅰ柱書但書），②開始後債権として，更生計画で定められた弁済期間が満了するまでは弁済等を受けられないもの（134），③更生債権であるが，更生計画による権利変更や免責の効力を受けず，かつ，更生計画で定められた弁済期間が満了するまでは弁済等を受けられないもの（204Ⅰ③④・同Ⅱなど）に区別した。一問一答新会社更生法160頁参照。

一般の更生債権と同順位とすることは公平に反する。他方，優先権の対象は特定財産ではなく，一般財産であることを考慮し，法は，これらの権利を更生債権としつつ，更生計画による権利変更に関して，一般の更生債権との間に公正かつ衡平な差を設けなければならないとしたものである（同ⅠⅢ）。これに対して，同じく実体法上の優先権であるが，特定財産上の優先権によって担保された権利は，更生担保権とされ（2Ⅹ），更生計画による権利変更に関して，優先的更生債権や一般の更生債権などとの間に公正かつ衡平な差を設けなければならないとされている（168Ⅰ①・Ⅲ）。

優先的更生債権の基礎となるのは，民法その他の法律にもとづく一般の先取特権および企業担保権などである[58]。これらの中で多く問題となるのは，雇用関係にもとづく従業者の労働債権である[59]。なお，後に述べるように（本書244頁），労働債権のうち一部は共益債権となる（130）[60]。

民法の規定における，雇用関係にもとづくとは，労務の提供と直接または間接に関係する従業者の賃金，退職金あるいは解雇予告手当などを意味するから，

---

[57] 優先権の範囲が一定期間に限定されている例としては，民法旧306条2号・旧308条などがあったが，これが更生手続に適用されることは想定されず（商旧295参照），また，平成15年改正によって民法の規定自体が改正され，期間の限定が撤廃されたため，この規定が適用される場面は想定しにくい。条解会更法（中）454頁。

[58] 民法306条から309条まで，放送法42条6項，7項，企業担保法2条1項，7条など。なお，民法306条4号，310条にいう日用品供給先取特権は，債務者が個人の場合に限って認められるから（最判昭和46・10・21民集25巻7号969頁〔倒産百選〈第3版〉47事件〕），優先的更生債権となることは考えられないが，葬式費用（民306③・309）については，社葬の場合が考えられる。また，賃金や退職金が社会的にみて不当に高額であるときには，その支払や支払の合意が否認の対象となりうる。

これに対して，再生手続では一般の優先権がある債権が再生債権とされず一般優先債権とされるため（民再122），優先的再生債権の概念が存在しない。

[59] 更生会社は株式会社に限定されるから，更生手続では直接問題となることはなかったが，民法の平成15年改正前は，先取特権が認められる範囲が給料6か月分に限定されていたところから，雇主が株式会社などである場合（この場合には，期間の限定がない。平成15年法律134号による改正前の商旧295，旧有46Ⅱ，旧保険業59Ⅰ）とその他の場合とで不均衡が存在したが（伊藤眞・破産法〈第3版補訂版〉168頁），平成15年改正によって雇用関係にもとづく債権は，雇主の種類を問わず，期間の限定なしに先取特権の保護対象とされることとなったので（民306②・308），この点の不均衡は消滅した。

[60] 一個の労働債権のうち，更生債権としての届出を要する優先的更生債権部分と届出を要しない共益債権部分とが分かれることや，独立行政法人労働者健康福祉機構からの立替払いの充当順序などに関して，実務上の問題が生じることがある。優先的破産債権と財団債権との関係について，新破産法の基本構造338頁〔田原睦夫発言〕参照。

取締役などの役員報酬は，雇用関係にもとづくものにあたらず，先取特権の成立は認められない。これに対して，身元保証金返還債権は賃金ではないが，雇用関係にもとづくものとして先取特権の対象となる。社内預金払戻債権は，労務の提供との関係が存在しないので，先取特権の成立が否定されるが[61]，更生手続開始前6月間の給料の総額に相当する額またはその預り金の額の3分の1に相当する額のいずれか多い額を共益債権とする（130Ⅴ。本章246頁，第5章306頁参照）[62]。

実体法上の根拠にもとづいて優先的更生債権とされるもののほかに，社会的に保護の必要が説かれるものとして，下請業者の請負代金債権や不法行為にもとづく損害賠償債権などがある。根本的な問題の解決のためには，実体法がこれらの債権に優先権を付与することが望ましいが，一般更生債権について適用される平等原則を衡平の見地から修正することによって（47Ⅱ～Ⅴ・168Ⅰ柱書但書），問題が解決される[63]。

なお，破産手続においては，優先的破産債権相互間の順位が実体法の基準によって定まるとされているが（破98Ⅱ）[64]，更生手続における優先的更生債権

---

61) 条解破産法690頁。裁判例としては，東京高判昭和62・10・27判時1256号100頁〔新倒産百選109事件〕，札幌高判平成10・12・17判時1682号130頁〔倒産百選92事件〕がある。

62) 旧会社更生法119条は，社内預金返還請求権について，その額を限定せずに共益債権として保護したが，立法論として批判が強く（条解会更法（中）431頁），昭和42年改正でも問題となった。しかし，国会における議論を経て改正に至らず（宮脇＝時岡173頁以下参照），現行会社更生法制定に際して，改正が実現したという経緯がある。

現行会社更生法130条5項は，社内預金返還請求権について実体法上の優先権が存在しないことや，給料等の請求権の取扱いとの均衡，あるいは社内預金の役割が減少していることなどを考慮し，更生手続開始前6月間の給料総額相当額または預り金の3分の1相当額のいずれか多い額に限定して，共益債権として扱っている（一問一答新会社更生法152頁参照）。共益債権とならない部分は，一般の更生債権として扱われる。もっとも，社内預金については，その保全措置を講じることが会社に義務づけられている（労基則5の2⑤）。なお，破産法および民事再生法では，社内預金保護についての特別規定は存在しない（伊藤207頁参照）。

63) 下請業者の請負代金債権については，中小企業者の債権や少額債権の弁済許可（47Ⅱ～Ⅴ）を利用することによって実質的な共益債権化を図ることができるが（本書185頁参照），不法行為にもとづく損害賠償債権についても，法168条1項柱書但書による解決を検討する（高橋宏志「債権者の平等と衡平」ジュリ1111号156，157頁（1997年），伊藤・前掲論文（注37）174頁参照）以外に，法47条5項後段による弁済許可を活用する可能性がある（注52参照）。

64) 伊藤208頁参照。

の地位は，更生計画案の議決に関する組分け，および更生計画による権利の変更基準に関するものであるから，実体法の順位にかかわらず平等とすることが原則である（168 I 柱書本文）。ただし，それぞれの優先的更生債権の地位を考慮して，差を設けることも許される（同但書参照）。

また，破産手続においては，優先的破産債権である給料等の請求権について，その弁済を受けなければ生活の維持を図るのに困難を生ずるおそれがある場合に，配当の前倒しとしての弁済の許可の制度が存在するが（破101），更生手続においては，これに対応する制度は設けられていない。再生手続の場合には，この種の請求権は，一般優先債権とされ（民再122 I），随時に弁済を受けることができるが（同II），更生手続においては，更生計画による弁済を待つことになるので，前倒しの弁済を認める必要を否定できない。実際には，少額債権の弁済許可制度（47 V）を利用するか，または，弁済禁止保全処分の弾力的運用によって，手続開始前にすでに発生している給料等の請求権を弁済する対応が考えられる。

2 劣後的取扱いを受ける更生債権

更生手続開始後の利息の請求権，更生手続開始後の不履行による損害賠償または違約金の請求権，および更生手続参加の費用の請求権（2VIII①～③）は，更生計画において劣後的取扱いをすることが許され（168 I 柱書但書），また議決権を否定される（136 II ①～③）。劣後的取扱いの根拠は，これらの請求権が，本体の更生債権に付随する性質を有し，他の更生債権と平等な地位を与えるべき合理性が認められないことにある。それにもかかわらず，これらを更生債権とする理由は，開始後債権のように更生計画による弁済が終了した後にその弁済を行うべき理由がないこと，更生計画認可決定にもとづく権利変更や免責の対象とすべきことなどに求められる。

また，更生債権である更生手続開始前の罰金等（142②）は，これらの請求権の制裁的性質を重視して，更生計画認可決定にもとづく権利変更や免責の対象とされていない（168VII・204 I ③）[65]。議決権が否定されるのは（136 II ⑤），権利変更や免責の対象とされていないためである。また，更生手続開始前の罰金等の請求権への弁済が他の権利者の権利を圧迫しないようにするため，更生手続

---

65) これに対して，更生手続開始後の罰金等の請求権は，共益債権となる（127②）。

開始前の罰金等の請求権は,他の更生債権が更生計画によって弁済を受けた後でなければ,弁済を受けられない(204Ⅱ・同Ⅰ③)[66]。

租税等の請求権(2Ⅳ)は,原則として徴収の権限を有する者の同意を得なければ更生計画による権利変更をすることができないため(169),議決権が否定される(136Ⅱ④)。また,租税等の請求権のうち,不正な行為に起因する請求権で届出のないものは,これらの請求権の制裁的性質を重視して,免責の対象とされていない(204Ⅰ④)。さらに,更生手続開始前の罰金等の請求権について述べたところと同様の理由から,租税等の請求権のうち免責の対象とならないものは,他の更生債権が更生計画によって弁済を受けた後でなければ,弁済を受けられない(同Ⅱ・Ⅰ④)。

3 約定劣後更生債権

約定劣後更生債権とは,「更生債権者と更生会社との間において,更生手続開始前に,当該会社について破産手続が開始されたとすれば当該破産手続におけるその配当の順位が破産法第99条第1項に規定する劣後的破産債権に後れる旨の合意がされた債権」をいう(43Ⅳ①かっこ書)。したがって,約定劣後更生債権は,その実質において約定劣後破産債権(破99Ⅱ)に相当するものであり,同趣旨の制度である約定劣後再生債権(民再35Ⅳかっこ書)とともに,劣後債の取扱いについて合理的規律を定める目的から,平成16年改正によって創設されたものである[67]。合意内容として,劣後的破産債権に後れることが基準とされたのは,各種の倒産処理手続に共通の尺度として適しているためである。

約定劣後更生債権については,その性質上,更生計画において一般の更生債権との間に公正かつ衡平な差を設けなければならない(168Ⅰ④・Ⅲ)。ここでいう公正かつ衡平な差がどのようなものであるかについては,更生計画の内容に関して説明する(本書554頁参照)。もっとも,約定劣後更生債権といえども,会社財産を基礎とする継続事業価値の分配に関与しうる地位であるから,議決権は認められ(136Ⅰ),一般の更生債権とは別の組に分かれて更生計画案の可否が問われる(196Ⅰ・168Ⅰ)。権利の劣後性から,一般の更生債権者と議決権額に応じて平等に決議に参加させるのは不合理だからである。更生計画案が可

---

66) 弁済を受けられない間は,時効も進行しない(50Ⅺ本文)。
67) 中西正「更生債等権関係」新会社更生法の基本構造232頁,伊藤214,660頁など参照。

決されなかった場合，または可決されないことが明らかな場合の権利保護条項の定め（200ⅠⅡ）に関しても，約定劣後更生債権は一般の更生債権と区別される。

ただし，更生手続開始時の更生会社財産が，約定劣後更生債権に優先する一般の更生債権などにかかる債務を完済することができない状態にあるときは，約定劣後更生債権は議決権を有しない（136Ⅲ）。手続開始時の更生会社財産の配分に関して実質的利害関係をもちえないにもかかわらず，それを基礎とする継続事業価値の分配に関与させる合理性に欠けるためである。このような状態にあることが明らかであるときは，約定劣後更生債権者について，更生手続開始等の公告事項の通知が不要とされること（43Ⅳ①・44Ⅲ），更生計画によらない事業等の譲渡に関する裁判所の許可に際して意見聴取が不要とされること（46Ⅲ①本文かっこ書），さらに，更生計画認可決定等に対する即時抗告の理由が制限されること（202Ⅱ①）も，同様の理由による[68]。

第3節　更生担保権

更生担保権とは，更生手続開始当時，更生会社の財産中の特定財産を目的物とする担保権によって担保されている範囲の被担保債権であって（2Ⅹ本文），更生債権などとともに更生手続に参加し（135Ⅰ），更生計画認可決定にもとづく権利変更や免責の対象となり（167Ⅰ①・168Ⅰ①・204Ⅰ・205ⅠⅡなど），計画の遂行（209Ⅰ）によって満足を受ける地位を意味する[69]。

他の利害関係人の権利である共益債権，開始後債権とは，更生手続外で満足を受けることが禁止され（47Ⅰ），更生計画認可決定にもとづく権利変更や免責の対象となる点で区別され（204Ⅰ柱書前半部分・205Ⅰ），株主の権利とは，その権利の性質によって区別される。これに対して，更生債権とは，更生計画においては，更生会社の一般財産を責任財産とするのか，特定財産上の担保権によって担保されているかという，実体法上の権利の性質の違いにもとづいた差

---

68) その他，弁済許可の対象となりえない点で（47Ⅵ），一般の更生債権と区別される。
69) 更生手続開始時においてすでに担保権の実行が終了し，担保権が消滅していれば，更生担保権の基礎となる余地はない。また，担保対象財産が開始決定時点で第三者に承継されている場合も同様である（東京地判平成18・1・30判タ1225号312頁〔民事再生〕参照）。

が設けられるものの (168Ⅲ), 更生手続上の地位は, 本質的に同一であり, したがって, 更生債権とあわせて, 更生債権等 (2ⅩⅡ) と呼ばれる。

同じく再生型手続に属する再生手続においては, 更生手続における担保権の基礎となる特定財産上の担保権には, 別除権の地位が与えられ (民再53Ⅰ), 再生手続によらない権利行使が認められる (同Ⅱ)。したがって, 再生手続において担保権の実行を制約したり, その内容を変更しようとすれば, 再生債務者等と担保権者との間の合意によることが原則となる。これと比較して, 更生手続においては, 特定財産上の担保権の被担保債権が更生担保権とされ, その基礎である担保権の実行が許されず (50Ⅰ・24Ⅰ②), また, 更生計画による被担保債権の権利変更や免責, さらに担保権の消滅を受忍しなければならないことは (204Ⅰ柱書・205Ⅰ), 再生手続と比較した場合の更生手続の特色ということができる。

第1項　更生担保権の意義

更生担保権とは, 更生手続開始当時, 更生会社の財産につき存する, 特別の先取特権, 質権, 抵当権, および商事留置権（商法または会社法上の留置権）の被担保債権であって[70], 更生手続開始前の原因にもとづいて生じたものまたは法2条8項各号において特別に更生債権として規定されているもの（共益債権であるものを除く）のうち, 当該担保権の目的である財産の価額が更生手続開始の時における時価であるとした場合における当該担保権によって担保された範囲のものをいう (2Ⅹ本文)。以上の意義は, 以下の1から3の3点に分けることができる。

1　更生担保権の被担保債権

第1に, 更生担保権の本質は, 更生会社の特定の財産の価値によって担保されている債権であるところに見出される。その債権は, 更生債権, すなわち更生会社を債務者とする債権であるのが通常であるが[71], 更生会社が物上保証人である場合, すなわち更生手続開始前の原因にもとづく債権または法2条8項

---

[70] 所有権留保や譲渡担保, あるいはリース会社の権利なども, それが被担保債権の満足を確保するための権利の設定または移転とみられるかぎりは, 更生担保権の基礎となる担保権とみなされる。伊藤345, 703頁参照。所有権留保について, 荒井正児「所有権留保」NBL925号87頁 (2010年) 参照。ファイナンス・リースに関しては, 本書287頁参照。

各号に掲げる債権で第三者が債務者であるものも含まれる[72]。したがって、権利の性質が債権、すなわち財産上の請求権であるという点では、更生債権と更生担保権とは同質性を有し、ただ、更生担保権は、その基礎となる担保権が更生会社の特定の財産の価値を把握し、それについて実体法上の優先弁済権を有しているという特質に着目した概念である。これに対して、同じく実体法上の優先弁済権によって担保されている債権であっても、その優先弁済権の基礎となっている担保権が、一般の先取特権のように、更生会社の一般財産上のものである場合には、一般財産を責任財産とする特質から更生債権とされ、ただ、優先的更生債権として、一般の更生債権と区別されるにすぎない。

なお、更生担保権の被担保債権として認められるのは、元本債権を別とすると、利息または不履行による損害賠償もしくは違約金の請求権の部分については、更生手続開始後1年を経過する時（その時までに更生計画認可の決定があるときは、当該決定の時）までに生じるものに限る（2Ⅹ但書）。実体法上の被担保債権の範囲は、満期となった最後の2年分に限られるものがあるが（民375・仮登記担保13ⅡⅢ参照）、更生手続においては、これらの請求権が更生債権とされながら（2Ⅷ①②）、劣後的取扱いの余地が認められていること（168Ⅰ柱書但書など）を考慮して、更生担保権となるべき被担保債権の範囲を限定したものである[73]。ただし、社債については、利息の支払に特別の利益が認められるために、このような制限の対象とならない（2Ⅹ但書第1かっこ書）。

2 更生担保権の担保権

第2に、更生担保権の基礎である担保権は、更生手続開始当時の更生会社財産について存在するものでなければならない。このことは、更生手続の目的にかかわる。更生手続は、法1条によれば、「債権者、株主その他の利害関係人の利害を適切に調整」することを通じて、「当該株式会社の事業の維持更生を

---

71) 更生会社が債務者である場合には、被担保債権のうち、担保目的物の評価を超える部分は、更生債権となる。これを踏まえて、更生担保権の届出書（本書466頁）の定型書式には「被担保債権のうち、担保権の目的である財産の価額を超える部分については、更生債権（法138条1項）の届け出をする」旨が記載されている（会社更生の実務（下）130頁〔今玲子〕、最新実務177頁。

72) 現行2条10項に相当する旧会社更生法123条では、このことを「更生債権又は更生手続開始前の原因に基いて生じた会社以外の者に対する財産上の請求権」と表現していたが、現行2条10項もその実質を変えるものではない。したがって、更生会社が担保権を負担している場合の第三者に対する債権も、更生手続開始前の原因にもとづくものに限られる。

図ることを目的とする」のであるから，更生計画による調整の対象となる権利の範囲については，更生手続開始時を基準時とすることが相当であると考えられる。なぜならば，権利の調整は，対象となる権利の内容の変更等を意味するものであり，憲法29条1項にいう財産権の保障との関係でも，対象となる権利の範囲は，その変更等を受忍させることについて正当な理由が認められるものに限られるからである[74]。

　ここでいう正当な理由とは，更生手続開始原因と関係する。すなわち，支払不能や債務超過など破産手続開始原因たる事実が生じるおそれがあることなどが，更生手続開始原因とされているのであるから（17 I），更生会社財産について担保権を有する者といえども，担保目的物の価値をもって把握している優先弁済権の範囲を超える部分に関しては，その権利の実現が危殆にさらされているのであり，そうであれば，債務の負担を軽減し，更生会社の事業存続を実現するために，他の更生債権者と協同することを受忍せざるをえない。他方，担保目的物の価値によって保護されている部分についてみれば，それにもとづく権利の実現が危うい状態になっているとはいえないが，破産手続や再生手続

---

73) 更生担保権者の議決権については，更生担保権の額（2 X）を基本とし，更生債権と同様の制限（136）がある。したがって，更生手続開始後1年を経過する時までに生じる利息や遅延損害金の額が相当額に上り，担保権の目的である財産の価額がすべて利息や遅延損害金に割り付けられ（民491 I，最判昭和62・12・18民集41巻8号1592頁参照），当該担保権者は，更生担保権者であっても議決権を行使できないという事態が生じる可能性がある（136 I①②参照）。利息等にもとづく更生担保権の議決権を否定する規律は，当該担保権者が元本にもとづいて更生担保権者としての議決権を行使することを前提としていると思われるので，このような状況の下では，目的財産の価額を元本に割り付けることを認めるのが公平に合致しよう。ただし，そのような取扱いの結果として利息等が一般更生債権になると，元本が一般更生債権となる場合と比較して，更生計画において全額免除の対象となる蓋然性が高まるので（168 I 但書・136 II①②参照），管財人が当該担保権者と合意した上で，上記の取扱いをすることになろう。

74) 最決昭和45・12・16民集24巻13号2099頁では，「会社更生法……は，企業を破産により解体清算させることが，ひとり利害関係人の損失となるに止まらず，広く社会的，国民経済的損失をもたらすことがあるのにかんがみ，窮境にはあるが再建の見込のある株式会社について，債権者，株主その他の利害関係人の利害を調整しつつ，その事業の維持更生を図ることを目的とするものである。……もとより，これらの規定によって更生債権者，更生担保権者および株主の財産権が制限されることは明らかであるが，右各法条の定める財産権の制限は，前記目的を達成するためには必要にしてやむを得ないものと認められる。」と判示しているが，ここでいう必要にしてやむをえないとされることの根拠は，破産清算との対比にもとづいていること，すなわち更生手続開始時における更生会社財産の分配にかかる利益を基礎としていることに注意しなければならない。

における別除権のように，その権利の実行を認めることは（破65Ⅰ，民再53Ⅱ），更生会社の事業の更生という目的の実現を不可能または困難にするおそれを生じさせる。

そこで，更生担保権の基礎である担保権の実行を制約しつつ（50Ⅰ・24Ⅰ②），担保権の目的物の価値によって保護されている範囲で，その被担保債権に対して更生担保権という手続上の地位を付与し，一方で，更生手続上の優先的地位を保障しつつ，他方で，権利の内容に対して変更を加えることを受忍させる（168Ⅰ Ⅲ・196Ⅰ Ⅴ・200Ⅰ・204Ⅰ柱書など参照）というのが，更生担保権制度の趣旨である。

これに対して，更生手続開始後の原因にもとづいて生じた財産上の請求権を担保するために更生手続開始後に更生会社財産上に成立する特別の先取特権などの担保権については，それらの請求権が手続開始後の信用供与にもとづくものであることを考えれば，それを担保するための担保権の実行を制約し，また更生計画による被担保債権の内容の変更を受忍させることは不当といわざるをえず，したがって，更生担保権としては扱われない（本書201頁注83参照）。

3 目的物の評価基準

第3に，更生担保権額は，被担保債権のうち更生手続開始時における担保目的物の時価（本書512頁参照）を基準として決定されることである[75]。更生手続開始時を基準時とすることの意義は，上に述べたとおりであるが，「時価」を目的物の評価基準とすることは，以下のような理由による。

旧会社更生法124条の2は，「更生担保権に係る担保権の目的の価額は，会社の事業が継続するものとして評定した更生手続開始の時における価額とする」旨を規定していた。この規定は，旧会社更生法の昭和42年改正によって創設されたものであり，ここでの評価の基準は，継続事業価値（継続企業価値）を意味するものとされていた[76]。他方，更生会社財産全体についての価額評定の基準も継続事業価値とされたこと（旧会更177Ⅱ）との関係で，担保目的物の

---

[75] 先順位担保権が存在する場合，担保目的物の時価から当該先順位担保権の被担保債権額を控除し，なお残存する担保目的物の価額に対応する債権額についてのみ更生担保権となる（条解会更法（中）548頁）。

[76] 宮脇＝時岡313頁では，「更生手続が会社事業の継続を前提とするものである以上，更生担保権の目的物の評価も，また継続企業価値によるのが当然だと考えられる」とし，評価基準を処分価額によるべきであるとする考え方を斥けている。

継続事業価値は更生会社財産全体の継続事業価値の一部であると理解され、更生会社財産全体の継続事業価値の一部を担保目的物に割り付けるとの考え方が一般的になった[77]。

しかし、更生会社の事業の予想将来収益を基礎とした継続事業価値の一部を特定の担保目的物に割り付けることは、観念的には合理性を有するが、実際上では容易ではなく、更生担保権の額を巡る管財人と更生担保権者との間の紛争を誘発し、それが更生手続の円滑な進行を妨げる一因となった[78]。

現行法の立法者は、このような認識を基礎として、更生手続開始時において将来の予想収益を基礎とする継続事業価値を評価し、それをその後の各局面における基礎とするという発想を改め、更生手続開始時における更生会社財産の評定については、その時点での時価を基準とし（83Ⅱ）、更生計画における分配に際して基準となる継続事業価値については、更生計画案の作成または提出時における「更生会社に属する一切の財産の評価」（会更規51Ⅰ参照）の内容として提示されるべきものとする一方、それとは別に、更生担保権の目的物の価額の評定については、当該目的物の更生手続開始時の時価とした（2Ⅹ）[79]。

したがって、現行法の下では、更生担保権の目的物の評価については、更生会社財産の継続事業価値の一部を担保権の目的物に割り付ける必要はなく、目的物それ自体の時価、すなわち市場における公正な処分価格を基準とすれば足りる[80]。このことは、担保権の目的物の評価に関する争いを解決するための手続が整備されたこと（担保権の目的である財産の価額決定手続。法153以下参照）と相まって、更生担保権を巡る紛争を予防し、また発生した紛争を迅速に解決することによって、更生手続の円滑な進行に寄与するところが大きい。

4 各種の担保権と更生担保権

更生担保権に関する以上の説明を前提として、以下では、いくつかの種類の担保権を取り上げて、個別的な問題点を検討する[81]。

---

77) 宮脇＝時岡305頁では、「財務諸表における財産の評価と更生担保権の目的物の評価とを一致させて、評価の二元化を許さないものとした」と表現する。
78) 会社更生の実務（下）129頁〔今玲子〕参照。
79) 一問一答新会社更生法111頁では、その趣旨について、「企業が生み出すべき将来収益の算定を不要とし、より明確な基準による迅速な評価を可能として、財産評定を、適時、適切に行うことを可能にする」と説明する。新会社更生法の基本構造72頁における深山卓也発言でも、同趣旨のことが説かれる。

(1) 根抵当権

　根抵当権の元本は，極度額の範囲内で変動が予定するものであるが（民398の2 I），根抵当権者は，元本が確定した場合にのみ極度額の範囲で優先弁済権を保障される（民398の3 I）。確定事由には様々なものがあり（民398の20 I，会更104Ⅷなど），債務者または根抵当権設定者について破産手続開始決定がなされることも確定事由の一つであるが（民398の20 I ④），更生手続や再生手続の開始決定の事実は，確定事由にあたらない[82]。したがって，当事者間の約定によって根抵当権の元本が確定するときは別として，それ以外の場合には，更生担保権の基礎たる根抵当権は，その性質を維持したまま更生担保権の基礎となる[83]。

　次に，被担保債権に含まれる利息等の範囲が問題となる。普通抵当権の場合には，優先弁済権の対象となる利息等は，最後の2年分に限られるが（民375），根抵当権の場合には，極度額の範囲内であれば，すべての利息が被担保債権に含まれる（民398の3 I）。しかし，先に述べたとおり，更生担保権の被担保債権として認められるのは，利息または不履行による損害賠償もしくは違約金の請求権の部分については，更生手続開始後1年を経過する時（その時までに更生計画認可の決定があるときは，当該決定の時）までに生じるものに限る（2 X 但書）。

　最後に，根抵当権の被担保債権に手形債権が含まれている場合において，更生会社が支払義務を負う手形を根抵当権者が取得したときに，その手形債権を被担保債権として扱ってよいかという問題がある。更生手続開始前であれば，根抵当権者の取得する債権はすべて被担保債権として扱われるのが原則である

---

80)　さらに，更生会社財産の評価基準としての時価と更生担保権の目的物の評価基準としての時価が同一のものであるかどうかという議論がある（事業再生研究機構財産評定委員会編・新しい会社更生手続の「時価」マニュアル75頁（2003年）参照）。更生会社財産の財産評定は，更生手続の出発点として，更生会社財産に関する会計的基礎を明らかにすることを目的とするから，公正妥当な会計原則にもとづいて行われることになる（具体的には，前掲書第5章以下参照）。
　　これに対して更生担保権の基礎たる担保権は，目的物が単一財産であるか，または共同抵当のように複数財産であるかを別として，あくまで個別財産の価値を把握しているものであるから，そこでいう時価も，担保権の実行によって実現されるべき当該目的物自体の公正な処分価格を意味する。したがって，更生会社財産の評価基準による当該財産の時価と，更生担保権の目的物としての評価にもとづく時価とは，それが一致する場合もあるが，概念的には区別されるべきものである。以上の考え方は，相対的時価概念と呼ばれることがある。新会社更生法の基本構造74，75頁における伊藤，田原発言参照。

から，根抵当権者が更生会社から手形の振出しを受けたり，手形を裏書譲渡さ

81) 以下で取り上げるもの以外に，債権質に関する法113条の特則や商事留置権の取扱いなどが問題となる。
　　債権質は，更生担保権の基礎となるが（2X本文），そのために，更生手続開始後は，第三債務者の質権者に対する弁済が禁止される結果となる（47 I）。また，質権設定者たる更生会社に対する弁済もその効力を質権者に対抗できず，遅延損害金の発生等を回避できないという不利益が予想され，かつ，質権設定者に対する弁済自体が禁止されているわけではないとの理由から供託も許されない。法113条が第三者による権利供託の規定を設け（113 I），更生担保権者が供託金について質権者と同一の権利を有すると規定するのは（同 II），第三債務者のこのような不利益を救済しようとするためである（一問一答新会社更生法134頁）。
　　商事留置権も，更生担保権の基礎となるが（2X本文），その権利の本質が留置的権能であり，破産手続と異なって優先弁済権が認められていないために（破66 I 参照），更生手続上の取扱いが問題となる。具体的には，①更生担保権としての順位，すなわち他の更生担保権との順位をどのように解するべきかという問題がある。執行手続上は不動産について引受主義がとられ（民執59 I・188），動産については，占有者が引渡しを拒む限り強制執行ができないことから，事実上最優先で弁済されることを考慮して更生手続上も最優先のものとして扱うとの考え方もあろう。②また，手形の商事留置権の取扱については，留置権者の取立権と取立金の取扱，（充当）について，再生手続上議論があったが（充当否定説として，東京高判平成21・9・9金法1879号28頁，充当肯定説として，名古屋高金沢支判平成22・12・15判タ1354号242頁，破産に関するものとして最判平成10・7・14民集52巻5号1261頁），最判平成23・12・15民集65巻9号3511頁〔民事再生〕は，銀行の計算上分別管理されている取立金に留置的効力が及ぶことを前提とし，銀行取引約定書4条4項にもとづく弁済充当権を別除権の行使に付随する合意にもとづくものと位置づけ，貸付金債権への充当を認めた。商事留置権に特別の先取特権としての地位が認められる破産手続（破66 I）と異なって，再生手続上では商事留置権に優先弁済権が認められないにもかかわらず，別除権の行使に付随する合意にもとづく弁済充当権の行使によって事実上の優先弁済を受けることが正当化できるかについては，伊藤眞「手形の商事留置権者による取立金の弁済充当──『別除権の行使に付随する合意』の意義」金法1942号22頁（2012年）参照。
　　商事留置権が別除権ではなく，更生担保権の基礎となる更生手続では，取立金を被担保債権に充当することが更生担保権の個別行使として禁止されるために，商事留置権者が手形またはその取立金の留置を続けられるのか，それとも更生会社に返還するべきかという問題が生じる。ただし，無条件に更生会社に返還した場合には，留置権者の地位が，担保権の基礎のない更生担保権になってしまうという点を考えなければならない。福岡高判平成12・6・30金法1593号71頁は，手形上の商事留置権が更生担保権となるとしながら，優先弁済権がないことを理由として手形の取立権を否定しているが，上記最高裁平成23年判決を踏まえると，このような考え方は再検討の必要があろう。
　　また，派生的な問題として，再生手続や更生手続において留置権者が取立委任手形の取立てを行い，取立金返還債務を負担したときに，それを受働債権とする相殺が許されるか，さらに，手続が牽連破産に移行した場合における相殺の可否も争われる。東京高判平成24・3・14金法1943号119頁，本書727頁注17参照。
82) ただし，当事者間の約定によって更生手続開始などを確定事由とすることは認められる（鈴木禄弥・根抵当法概説〈第3版〉161頁（1998年））。

れたことによって取得する手形債権は，被担保債権に含まれる。

しかし，更生会社以外の者から手形割引などの方法によって手形を取得したときに，その手形債権を被担保債権に含ませると弊害が多いといわれる。すなわち，この種の手形は回り手形と呼ばれるが，更生会社について支払停止または更生手続開始申立てなどの事実が発生し，危機が明らかになったときに，極度額に余裕のある根抵当権者は，他の債権者がもっている手形を回り手形として譲り受け，根抵当権によってその回収を図ることが可能になる。このような結果は，危機時期における債権者平等の理念に反するものであるから，支払停止または更生手続開始申立て後に取得された回り手形にもとづく債権は根抵当権の被担保債権として認められない（民398の3Ⅱ柱書本文）。その趣旨は，相殺禁止に関する法49条の2第1項3号および4号ならびに偏頗行為否認に関する法86条の3と共通である[84]。ただし，根抵当権者が支払停止などについて善意のときには，上記のような弊害が考えられないので，回り手形にもとづく債権も被担保債権に含まれ（民398の3Ⅱ柱書但書），更生担保権の基礎となる。

(2) 動産売買先取特権

債権者が動産の売掛債権者である場合には，債務者について更生手続が開始すると，債権者から更生会社財産中の目的物について動産売買先取特権（民311⑤・321）が主張されることがある。動産売買先取特権は特別の先取特権であるから，更生担保権の基礎となる（2X）[85]。

---

[83] 根抵当権としての性質が存続することを前提とすると，更生手続開始後の原因にもとづいて更生会社を債務者として発生する共益債権も根抵当権の被担保債権となり，その実行を更生手続開始の効力によって妨げることはできない。第三者を債務者とする更生会社の財産上の根抵当権についても，更生手続開始後の原因にもとづく被担保債権は共益債権とはならないものの，更生担保権ともならず，同様の結果が生じる可能性がある。このような場合に，根抵当権実行の売得金のうち更生担保権額に相当する部分は，管財人に交付すべきである（51類推。更生計画の実務と理論151頁，会社更生の実務（上）253頁〔佐々木宗啓〕，岡正晶「更生手続開始と根抵当権」理論と実務115頁参照）。
　これに対して，元本が確定していない以上優先弁済権が発生していないから，更生担保権としての地位に問題があるという疑問もあろう。
[84] 根抵当権の被担保債権の範囲は，債務者との間の取引関係から生じる債権に限定されるのが原則であり（民398の2Ⅱ），この原則からみれば，回り手形にもとづく債権を被担保債権とすることは例外であり（同Ⅲ），民法398条の3第2項は，その例外を破産手続開始申立て等の前に取得された回り手形に限定したものと解される（鈴木・前掲書（注82）36頁参照）。
[85] 上野正彦「商社の倒産」講座（4）355頁以下参照。

ア　更生会社財産中の目的物についての動産売買先取特権を基礎とする更生担保権

　更生会社に対して動産を売却した売主は，その代金債権について動産売買先取特権を与えられ（民311⑤・321），更生手続開始決定時に更生会社財産中に目的物が現存すれば，更生担保権者の地位を認められる。目的動産が買主から第三者に引き渡されたときには，先取特権の追及力が否定されるが（民333），これは，管財人が，目的物についての差押債権者類似の地位を認められるにすぎず，目的物についての第三取得者としてその占有を承継した者とはみなされないからである。民事執行手続上でも，先取特権者が配当要求を通じて差押債権者に対して優先弁済権を主張することが認められる（民執133）ことを考慮しても，更生会社財産中の動産についての動産売買先取特権が更生担保権の基礎として認められる。ただし，更生担保権の届出に際しては，動産売買先取特権者から目的物を特定して届け出る必要があり，その内容は，更生担保権についての調査の対象となる[86]。

イ　物上代位権にもとづく更生担保権

　買主が目的物を転売したときなどは，先取特権者は，目的物に代わる代金債権などについて優先弁済権を主張することが許される（民304）。更生手続開始前に会社が目的物を転売したときには[87]，代金債権などは更生会社財産所属の財産になる。このときにも，先取特権者は物上代位にもとづく更生担保権者としての地位を認められるかについては，民法304条1項にいう差押えの性質をめぐる議論を反映して，先取特権者が更生手続開始前に債権を差し押さえていない限り，物上代位の効力を管財人に対して主張しえないとする消極説と，更生手続開始後でも差押えを行って，物上代位を主張しうるとする積極説とが考えられる[88]。破産手続に関する判例は積極説をとる[89]。

　積極説の根拠として判例は，第1に，先取特権者の差押えの目的は，債権の特定性を保持して，第三債務者などが不測の損害を被ることを防止するところ

---

[86]　特定の程度や調査の内容などについては，池口毅＝木村真也「更生手続下における動産売買先取特権の取扱いについて」倒産実務の諸問題133頁に詳しい。

[87]　破産手続や再生手続の場合には，動産売買先取特権にもとづく物上代位の行使が別除権として認められる関係で，破産管財人などが目的物を売却した場合にも，物上代位の行使の問題を生じるが，更生手続の場合には，更生手続開始時を基準時として更生担保権の地位が決定されるために，このような問題は生じない。

にあるから，単に一般債権者による差押えが先行しているというだけでは，先取特権者の差押えが妨げられないこと，第2に，管財人の地位が差押債権者の地位と同視されることを挙げている。いいかえれば，一般債権者による差押え後も物上代位権行使としての差押えは，目的債権の特定性を維持し，それについて優先弁済権を主張するために許されるのであるから，総債権者のために差押え類似の効力を有する破産手続開始後にも許されるべきであるという。この判例の考え方は，その後の最高裁判決によっても確認され，また理論的にも正当なものと思われ[90]，更生手続についても，同様に考えることができる。

物上代位を基礎として更生担保権を主張しようとする者は，その前提として目的債権に対する差押えを行う必要がある。更生手続開始後は，担保権の実行は禁止されるが，これは，物上代位権の実行ではなく，更生担保権の基礎である物上代位権を保全するための差押えであるから，更生手続開始の効力にもとづく強制執行等の禁止や中止（50 I）によって妨げられることはない[91]。ただ

---

[88] 差押えが物上代位の目的物たる債権を特定する意義をもつとする立場では積極説を，目的債権についての優先権を保全するためのものとする立場では消極説をとっていた（差押えの性質に関しては，小林秀之＝角紀代恵・手続法から見た民法37頁以下（1993年）参照）。なお，差押えの趣旨は，優先弁済権の確定，目的債権の特定性維持，第三者の利益保護の3つが含まれるとするものとして，山本和彦「破産と手形商事留置権の効力」金法1535号6頁（1999年），山本克己「債権執行・破産・会社更生における物上代位権者の地位(2)」金法1456号23，28頁（1996年）があり，筆者もこれに賛成する。

[89] 最判昭和59・2・2民集38巻3号431頁〔破産〕〔倒産百選54事件〕。これ以前の下級審裁判例には，破産手続開始決定によって目的債権の管理処分権が破産管財人に移転することをもって，「払渡し又は引渡し」（民304 I 但書）があったものと同一視し，消極説をとるものがあった。しかし，今中利昭「破産宣告の動産売買先取特権に基づく物上代位に及ぼす影響」判タ427号42頁（1981年）に代表される学説には，これに対する批判が強く，最高裁はこれをうけて，積極説をとることを明らかにしたものと思われる。

　もっとも，管財人が被代位債権を第三者に譲渡し，対抗要件を備えた場合には，もはや差押えによって物上代位権を行使することは許されない。最判平成17・2・22民集59巻2号314頁〔破産〕。この点は，登記という公示手段がある抵当権にもとづく物上代位の場合と異なる。最判平成10・1・30民集52巻1号1頁，新版破産法456頁〔須藤英章〕参照。

[90] 最判昭和60・7・19民集39巻5号1326頁〔執行百選107事件〕。この判例は，一般債権者による差押えの後に，物上代位権行使のための差押えを許したものである。結局，先取特権者による差押えは，第三債務者に対する関係では，先取特権の効力を主張するための対抗要件であるが，一般の差押債権者に対する関係では，対抗要件ではないことになる（竹下守夫「判例批評」判時1201号〔判例評論332号〕201頁（1986年）参照）。なお，動産譲渡担保にもとづく物上代位について同様の結論をとる判例として，最決平成11・5・17民集53巻5号863頁〔破産〕がある。

し，差押えを行うためには，先取特権者は，その担保権を証明する文書を執行裁判所に提出することが要求される（民執193Ⅰ）[92]。

次に問題となるのは，先取特権者が担保権証明文書を直ちに提出できないときに，物上代位権を保全する方法として，目的債権の仮差押えや，管財人に対する取立てまたは譲渡禁止仮処分を申し立てられるかどうかである。学説では，仮差押えなどの可能性を肯定する見解が比較的有力であるが，下級審裁判例は，破産手続につきほぼ一貫してこれを否定する[93]。動産売買先取特権者が更生債権者等に対して優先弁済権を主張するためには，担保権証明文書にもとづく差押えが要求されるところ，一般債権者の権利保全の手段である仮差押えによって担保権たる物上代位権を保全することは，制度の趣旨に反するし，また，物上代位権者が更生会社やその管財人に対して目的債権の取立てや譲渡を禁止する権能をもつものとも考えられないから，取立禁止などの仮処分も不適当である。したがって，下級審裁判例の考え方が支持される[94]。

(3) 所 有 権 留 保

割賦販売契約などにおける売主は，完済に至るまでの代金債権の支払を確保する必要がある。先に述べた動産売買先取特権もそのための手段となりうるが，権利の実行面で不安がある。また，目的物に質権を設定する可能性もあるが，

---

91) もっとも，池口＝木村・前掲論文（注86）8～9頁によれば，従来の議論は，更生手続開始時において物上代位権が存在すれば更生担保権が成立するという考え方と，更生手続開始時において物上代位権行使のための差押えがなされていることが必要であるとする説の2つに大別され，前者は，物上代位権に過大な保護を与える結果となるから，後者を採用すべきとする。差押えがなされていない以上，目的債権についての物上代位権が成立しないとすれば，このような考え方にも理由がある。

92) その文書の意義に関しては，準名義説と書証説との対立がある。準名義説では，債務名義に準じる程度の高度の蓋然性をもって担保権の存在を証明できる独立の文書が要求されるのに対して，書証説では，提出された文書を総合して，裁判官の自由な心証によって担保権の存在が証明できればよいとする。学説には，中野貞一郎「担保権の存在を証する文書」判タ585号8頁（1986年），生熊長幸「動産売買先取特権の実行(2)」ジュリ876号116頁（1987年）など書証説が多いが，浦野雄幸「最近の動産売買の先取特権の実行をめぐる諸問題（4・完）」NBL337号11，19頁（1985年）のように準名義説をとるものも有力である。下級審裁判例も分かれている（生熊論文，条解破産法479頁参照）。

93) 下級審裁判例については，注解破産法（上）673頁〔斎藤秀夫〕，伊藤眞「動産売買先取特権と破産管財人（下）」金法1240号12頁（1989年），大コンメンタール278頁〔野村秀敏〕，条解破産法479頁参照。

94) したがって，先取特権者が目的債権を差し押さえる前に取立てがなされれば，更生担保権は成立しない。

動産質は，質権者が目的物の占有を取得することが成立要件および対抗要件となるので（民344・345・352），買主による目的物の使用収益を妨げる。この問題を解決するために実務上発達したのが，契約成立時に目的物の占有を買主に移転する一方，代金完済まで所有権を売主に留保する方法であり，所有権留保と呼ばれる。所有権留保は，買主が分割代金債務の履行を遅滞したときには，売主が留保所有権にもとづいて目的物を買主から取り戻し，それを換価することによって残代金債権の満足を確保する。したがって，代金完済前に買主について更生手続が開始されたときには，売主としては留保所有権を行使する必要が生じる。しかし，その行使を取戻権として認めるか，それとも更生担保権として更生手続に参加させるかは，留保所有権の性質をどのように構成するかによって異なる。

　ア　更生担保権の基礎としての留保所有権

　買主について更生手続が開始されたときの留保売主の権利に関しては，留保所有権を理由として取戻権（64Ⅰ）を認める考え方と，代金完済を停止条件とする所有権を買主が取得している以上，留保所有権は代金債権担保のための担保権であるとし，更生担保権の基礎たる担保権を認める考え方（2Ⅹ類推）の2つの立場が対立する。この点に関する最近の学説は，すでに買主が条件付所有権という物的支配権を目的物について取得している以上，留保所有権は本来の意味での所有権ではありえず，代金債権を担保する目的の担保権の一種であるとする点でほぼ一致している。これを前提とすれば，留保所有権は更生担保権の基礎とみなされる[95]。判例法理としても，留保所有権を担保権の一種とする考え方が確立されている[96]。したがって，留保売主が留保所有権にもとづいて

---

[95]　札幌高決昭和61・3・26判タ601号74頁〔倒産百選〈第3版〉59事件〕。また，会社更生において取戻権（64Ⅰ）を否定し，更生担保権（2Ⅹ）にあたるとするのは，諏訪簡判昭和50・9・22判時822号93頁，大阪地判昭和54・10・30判時957号103頁（大阪高判昭和59・9・27（注97）の原審〕などである。

　もっとも，その前提として留保所有権をどう法律構成するかという点になると，学説は，担保目的の形式的所有権とするもの，譲渡担保が売主のために設定されたとみるもの，動産抵当権とみるものなどに分かれている（注解破産法（上）599頁〔野村秀敏〕，矢吹徹雄「所有権留保と倒産手続」判タ514号115頁（1984年），大コンメンタール282頁〔野村秀敏〕，条解破産法490頁参照）。なお，旧法下における立法論としても，別除権とする考え方が主張されていたが（倒産実体法の研究（5）449頁〔竹内康二〕），実体法上の性質が明定されていないなどの理由によって，現行法でも明文の規定は設けられていない。一問一答新会社更生法108頁参照。

目的物に対する取戻権を主張することは許されない。

イ　所有権留保売買と双方未履行双務契約

上に述べたことと密接な関係をもつものとして，所有権留保売買に法61条の適用があるか，すなわち，買主の更生手続において所有権留保売買が双方未履行の双務契約とみなされるかという問題がある。

まず，売主が登記や登録を買主に移転している場合について検討する。この場合であっても，形式的には，売主の側では所有権移転義務が未履行であり，買主の側では残代金支払義務があるから，双方未履行の双務契約にあたる。その結果，買主の管財人としては，目的物の使用を継続しようとする場合には，契約の履行を選択し（61 I），残代金を共益債権（同IV）として支払わなければならない。しかし，目的物についての所有権は，代金完済という条件付きではあれ，すでに買主に移転しており，売主にはもはや履行すべき積極的義務が残っていないこと，逆に売主の更生において管財人の解除権行使によって買主の条件付所有権を失わせるのが不当であることなどを考えれば，双方未履行双務契約性を否定すべきである[97]。

これに対して，同じく所有権留保であっても，代金完済時においてはじめて売主が登記や登録を買主に移転する旨の契約内容の場合には，売主の積極的履行義務が残っているので，法61条が適用されてもやむをえない。

---

96)　最判平成22・6・4民集64巻4号1107頁〔民事再生〕では，留保所有権が再生手続上の別除権となることを前提として，対抗要件たる登録なくして，別除権の行使は許されないとする。また，最判平成21・3・10民集63巻3号385頁も，留保所有権を担保権とする考え方に立っている。動産の所有権留保権について，同様の立場から対抗要件を欠くとして再生手続上の別除権の行使を認めなかった事例として，東京地判平成22・9・8判タ1350号246頁〔民事再生〕がある。

97)　下級審裁判例は，注95に挙げたもののほか，大阪高判昭和59・9・27判タ542号213頁〔倒産百選〈第3版〉80事件〕が双方未履行双務契約にあたらないとしている。これに対して，東京高判昭和52・7・19高民30巻2号159頁，東京地判平成18・3・28判タ1230号342頁〔民事再生〕は，未履行双務契約性を肯定しているが，目的物たる自動車についての登録の移転という具体的義務が売主に残っていた事案である。

学説としては，竹下守夫・担保権と民事執行・倒産手続289頁（1990年）は，双方未履行双務契約性を否定し，三上威彦「基本的所有権留保と破産手続（下）」判タ536号50，58頁（1984年），矢吹・前掲論文（注95）124頁，大コンメンタール282頁〔野村秀敏〕，条解破産法490頁などは，引渡し未了の場合には，双方未履行双務契約性を認め，既了の場合には，否定する。また，道垣内弘人・買主の倒産における動産売主の保護318頁（1997年）は，双方未履行双務契約性を否定しながら，破産管財人に受戻権を認めることを前提として，担保権実行の特徴を尊重して，取戻権を認めてよいとする。

ウ　更生担保権者としての留保売主の地位

　売主は，担保権たる留保所有権を実行する方法として，約定にもとづいて，売買契約を解除し，または解除しないで，留保買主から目的物の引渡しを受ける。引渡し後，売主は，目的物を評価し，評価額が残代金債権を上回っていれば買主に清算金を提供し，下回っていれば，その差額を買主に請求する。いつ留保所有権の実行が終了するかについては議論があるが，この清算が終了した時とする考え方が有力である。

　そこで，更生手続開始決定時を基準時として考えると，第1に，更生手続開始前に売主が契約を解除し，または解除することなく目的物の取戻しを請求している場合が考えられる[98]。この場合には，担保権としての留保所有権の実行中であるとみられる。留保売主が目的物を取り戻したが，未だ清算が完了していない場合も同様である。このような担保権としての留保所有権の実行に対しては，更生手続開始前であれば，中止命令（24 I ②）や包括的禁止命令（25 I）によって開始前会社の財産を保全することができるし，更生手続が開始されれば，その効果として留保所有権の実行が中止または禁止される（50 I）。

　第2に，更生手続開始時にその実行に着手せず，または実行が中止もしくは禁止された状態で更生手続が開始された場合には，留保売主は，更生担保権者として，開始決定時における目的物の時価を基準として，更生手続に参加する。

(4) 仮登記担保

　仮登記担保とは，金銭債務を担保するために債務者や第三者が所有する不動産等について代物弁済予約や停止条件付代物弁済契約を締結し，それにもとづいて債権者に与えられる将来の所有権移転請求権を保全するために仮登記・仮登録を行うものである（仮登記担保1）。債務不履行があると，債権者は，代物弁済の効力として目的物の所有権を取得し，かつ，仮登記等の効力にもとづいて本登記等を取得し，併せて目的物の価値と被担保債権とを清算することによって満足を受ける。

　債務者など目的物の所有者について更生手続が開始された場合，更生手続開

---

[98] 解除の原因として，代金債務の不履行ではなく，買主について破産手続開始申立てなどの事実を解除原因とする特約が主張される場合には，その効力が問題となる。判例は，この種の特約の効力を否定し（最判昭和57・3・30民集36巻3号484頁〔倒産百選12事件〕），本書でも，双方未履行双務契約一般については，管財人の選択権（61 I）を保障する趣旨からこの種の特約の効力を否定する（本書276頁参照）。

始前に仮登記担保権者がその権利の実行を終了し，目的物について完全な所有権を取得していれば，管財人に対して取戻権を主張できる。その前提として仮登記担保権実行の終了の時点が問題となるが，清算の完了時と解される（仮登記担保2・3・15）。したがって，更生手続開始前に清算が完了していれば，仮登記担保権者は所有権にもとづく取戻権を主張できる[99]。

これに対して，更生手続開始までに実行が終了していなければ，仮登記担保権者は，更生担保権者として目的物の開始決定時における時価を基準として更生手続に参加する[100]。

(5) 譲 渡 担 保

譲渡担保とは，債権を担保するために，債務者または第三者（譲渡担保設定者）が所有する物の所有権を債権者たる担保権者に移転し，被担保債権が弁済されれば目的物の所有権が設定者に復帰するし，債務不履行があれば担保権者が目的物を自己に確定的に帰属させた上で，その価額と被担保債権との清算を行うか，担保権者が目的物を処分し，同じく清算を行う形で債権の回収を図る担保形態である。前者を帰属清算型と呼び，後者を処分清算型と呼ぶ。その法律構成としては，担保権者に所有権の形式をとった担保権が帰属し，設定者には，設定者留保権と呼ばれる，担保権の付着した所有権が帰属するという。すなわち，目的物についての所有権が担保権者と設定者との間に分属している状態にある。そこで，譲渡担保権者および設定者の更生のいずれについても，譲渡担保権をどのように取り扱うかが問題となる。

　ア　譲渡担保権者の更生

旧破産法88条は，譲渡担保権者が破産したときに，担保権者への所有権の

---

[99] 谷口231頁，竹下・前掲書（注97）226頁，注解破産法（上）597頁〔野村秀敏〕，大コンメンタール281頁〔野村秀敏〕，条解破産法481頁。所有権移転の基準時は，仮登記担保契約に関する法律2条に定める清算期間経過の時であるが，その所有権を他の債権者に対抗するためには，同法15条の趣旨にもとづいて清算金の支払を要すると解されていることが通説の根拠である。なお，仮登記担保権者による本登記請求も取戻権の内容となる。ただし，同法15条が，競売申立て時を基準時としていることを重視し，破産手続（更生手続）開始申立てまでに清算が終了していなければ，仮登記担保権者は取戻権を主張しえないとする有力説がある（本田耕一「仮登記担保権」破産・和議の実務と理論199，201頁）。
[100] 仮登記担保権者の優先弁済権（仮登記担保13Ⅰ）の範囲に含まれる利息，損害金は，満期となった最後の2年分とされるが（同ⅡⅢ），更生担保権となるのは更生手続開始後1年に限定される（2Ⅹ）。

移転は担保目的のものであるとの理由で設定者が目的物を取り戻すことは許されないとしていた。その立法の理由としては，譲渡担保権者の債権者が担保権者への所有権の帰属という外形を信頼していたのであるから，所有権の移転が担保目的のものにすぎないとの主張を設定者に許し，設定者に残る実質的所有権を理由として目的物の取戻しを認めることが，取引の安全を害するからであるとされた[101]。

しかし，譲渡担保権を所有権そのものと考えれば，このような考え方にも理由があるが，近時の支配的考え方にしたがい，実体権としての譲渡担保権が所有権の形式を借りた担保権であるとすれば，破産手続開始決定時において破産財団を形成するのも，その担保権および被担保債権と考えるのが妥当である。したがって，設定者としては，被担保債権を弁済して，その設定者留保権を完全な所有権として回復すれば，目的物を破産財団から取り戻すことができる。しかし，設定者留保権であるかぎりは，目的物についての完全な支配権ではないから，取戻権の基礎として認めることができない。いずれにしても，譲渡担保権者の破産において設定者が目的物を取り戻すことができるかどうかは，譲渡担保権に対する実体法上の規律に委ねれば足り，あえて旧破産法 88 条のような特則を設ける理由に乏しいと考えられたところから，現行破産法は，この規定を削除している[102]。

旧会社更生法には，旧破産法 88 条のような規定が存在せず，現行法もこの点については，何らの変更を加えていない。したがって，譲渡担保権者について更生手続が開始されれば，譲渡担保権とその被担保債権が更生会社財産を構成する財産となり，管財人がそれについて管理処分権を行使することになる。なお，設定者が被担保債権の弁済をしないときには，更生会社の管財人が譲渡担保権を実行するが，その際に目的物の価額が被担保債権額を上回り，清算金が発生すれば，設定者は，共益債権としてその支払を求められる（127⑤または⑥）。

---

101) 伊藤・破産法〈第 3 版補訂版〉304 頁参照。
102) 一問一答新しい破産法 105 頁，新破産法の基本構造 453 頁参照。もっとも，設定者が動産の占有や不動産の移転請求権保全の仮登記のような対抗要件を備えていなければ，たとえ被担保債権を弁済して，その所有権を回復しても，それを破産管財人に対抗することはできない。

イ 譲渡担保設定者の更生

先に述べたように，譲渡担保の法律構成として，譲渡担保権者には所有権形式の担保権が，設定者には設定者留保権が帰属しているとすれば，設定者の更生の場合には，設定者留保権たる支配権が更生会社財産に帰属し，譲渡担保権者は，その担保権にもとづいて更生担保権の地位を与えられる（2Ｘ類推）[103]。

ただし，帰属清算型であれ処分清算型であれ，更生手続開始時までに譲渡担保権の実行が終了していれば，目的物はもはや更生会社財産所属の財産といえず，所有権は譲渡担保権者または第三者に確定的に帰属し，取戻権の基礎となり，更生担保権の地位は問題とならない。したがって，譲渡担保権の実行終了時をいつとするかが重要になるが，帰属清算型では，清算金の支払時，清算金がなければ，目的物の所有権を担保権者に帰属させる旨の意思表示が設定者に到達した時，処分清算型では，第三者への処分契約時と解されている。したがって，これらの時点と更生手続開始時とを比較し，かりに，更生手続開始時までに実行が終了していなければ，譲渡担保権は更生担保権とされ，更生手続に参加することとなる。

もっとも，更生手続開始前に譲渡担保権者がその担保権の実行に着手し，または着手しようとしていたとしても，中止命令（24Ⅰ②）または包括的禁止命令（25Ⅰ）が発令されて更生手続開始に至れば，譲渡担保権者は，更生担保権者として扱われることとなる。

(6) 売渡担保

経済的には譲渡担保と類似するが，売渡担保の場合には，設定者がその所有物を担保権者に売り渡し，その代金を受け取る形で融資を受ける。そして，設定者は，その後に買戻し（民579以下），代金支払の形で融資の返済を行い，目

---

[103] 判例は，譲渡担保を取戻権ではなく更生担保権とし（最判昭和41・4・28民集20巻4号900頁〔倒産百選50事件〕），再生手続に関して別除権とする（最判平成18・7・20民集60巻6号2499頁，最判平成18・7・20判タ1220号94頁）。学説については，注解破産法（上）575頁〔野村秀敏〕，基本法135頁〔池尻郁夫〕，大コンメンタール279頁〔野村秀敏〕，条解破産法482頁参照。これに対して，菅野孝久・和議事件の申立・審理・裁判287頁（1991年）は，取戻権説をとっても，設定者と譲渡担保権者との間の債権関係として清算義務が認められる以上，別除権説との間に実質的違いが少ないのであるから，所有権の所在を基準として取戻権説をとるべきであるとする。

なお，譲渡担保についても物上代位が認められる余地があり（前掲最決平成11・5・17（注90）〔破産〕，最決平成22・12・2民集64巻8号1990頁），また，譲渡担保の特殊な形態としてのトラスト・レシート取引については，新版破産法239頁〔奥田洋一〕参照。

的物の所有権を回復する。この売渡担保の場合には，譲渡担保の場合と異なって，被担保債権が存在せず，また，目的物の所有権もいったんは確定的に買主に帰属するところに特徴がある。

しかし，最近の有力説は，設定者に買戻権あるいは再売買の予約完結権が与えられている限り，なお目的物の実質的所有権は設定者に帰属し，買主には担保権が与えられるという法律構成をする[104]。このような考え方を前提とすれば，売主の更生においても，買主は，未だその所有権にもとづいて目的物に対する完全な支配権を取得していないから，売主の管財人に対して取戻権を行使することはできず，買戻代金債権を被担保債権とする所有権の形式をとった担保権者として，更生担保権者とみなされる。

(7) 手形の譲渡担保

担保のために債務者がその所持する商業手形を債権者に裏書譲渡し，債権者は，担保の実行として，譲渡を受けた手形を取り立て，その取立金を債権の弁済に充当する。当事者の約定において上記の裏書譲渡が担保のためであるとされるので，この取引が手形の譲渡担保と呼ばれる。これが，一般の譲渡担保と同様に更生手続において更生担保権として扱われるかどうかは，目的物たる手形が設定者たる裏書人に帰属しているとみられるかどうかによる。当事者間の約定においては，裏書譲渡が担保のためとされているが，担保手形を被裏書人が取り立て，取立金を被担保債権の弁済に充当するとされており，裏書人が被担保債権を弁済して，担保手形を取り戻すことは予定されていないことを考えれば，手形が裏書人に帰属しているとすることは困難である。

動産や不動産の譲渡担保の場合には，目的物の占有などの形で担保設定者の支配権が客観的に表示され，また被担保債権弁済にもとづいて目的物の所有権が設定者に復帰することが合意され，不動産の場合には，その合意にもとづく設定者の買戻請求権などが仮登記によって保全されていることなどが，目的物の物的支配権が設定者に帰属していることの根拠となっている。しかし，手形の譲渡担保の場合には，これらに対応する根拠を見いだすことは困難であり，

---

[104] 新版注釈民法 (9) 838, 848 頁〔福地俊雄〕，道垣内弘人・担保物権法〈第3版〉298 頁 (2008 年)，田髙寛貴・担保法体系の新たな展開 270 頁 (1996 年) など参照。これに対し条解破産法 490 頁は，占有も完全に移転する真の買戻特約付売買をもって，なお担保権構成をとることに疑問を呈する。

手形の支配権は被裏書人に帰属しているとみざるをえない。被担保債権の弁済期前であっても，取立金を弁済に充当できるとされていることも，譲渡担保権者としての被裏書人が手形について完全な支配権をもっていることを意味する。もちろん，被裏書人は，担保手形の金額が被担保債権額を超えるときには，清算金の支払義務を負うことがあるが，これは，裏書人と被裏書人との間の合意と考えれば足りる。したがって，手形の譲渡担保設定者について更生手続が開始された場合には，譲渡担保権者は，その名称にもかかわらず，更生担保権者ではなく，担保手形を自己の財産として支配し，被担保債権については，これを更生債権として行使する[105]。

また，手形の譲渡担保権者は，更生債権の行使とは別に，法203条2項などを根拠として[106]振出人などの手形義務者から更生手続外で弁済を受けられるので，結局，更生手続によらず，手形取立金を被担保債権の満足に充てることができる。

(8) 集合物譲渡担保

集合物譲渡担保も譲渡担保の一種であるが，担保の目的が特定の目的物ではなく，設定者が将来にわたって取得する在庫商品や売掛金債権の一部または全部というような集合物について譲渡担保を設定するところに，その特徴がある。集合物に属する個々の動産や債権について，設定者は原則として自由な処分権をもち，処分によってその動産や債権は，譲渡担保の効力から離脱するが，他

---

105) 菅野孝久「手形の譲渡担保と会社更生・破産」ジュリ703号60，63頁以下（1979年）。国税徴収法附則5条4項において，手形の譲渡担保がそれ以外の目的物についての譲渡担保と区別され，物的納税責任（税徴24）を課されないとされていることも，このような考え方をとることの根拠の一つとなる。

これに対して，通説（谷口230頁，注解破産法（上）584頁〔野村秀敏〕，大コンメンタール280頁〔野村秀敏〕，竹内康二「手形の譲渡担保」金商719号153頁（1985年），伊藤眞「倒産法と非典型担保」金融担保法講座Ⅲ237頁，渡部晃「手形の譲渡担保」裁判実務大系(3) 467，474頁）および下級審裁判例（名古屋高判昭和53・5・29金法877号33頁〔倒産百選51①事件〕，東京地判昭和56・11・16下民32巻9〜12号1026頁〔倒産百選51②事件〕）は，更生担保権説（別除権説）をとる。なお，手形譲渡担保の実質的目的に応じて別除権になる場合とならない場合とを区別する折衷説もある（中尾正士「手形の譲渡担保」破産・和議の実務と理論206頁参照）。また，更生計画の実務と理論132頁では，更生計画の事例では更生担保権構成を採る例が多いとされている。

106) ただし，菅野・前掲論文（注105) 68頁は，会社更生法203条2項が認可された更生計画の効力に関する規定であるとして，同条と無関係に手形の譲渡担保権は，振出人などの第三者からの弁済を受けられると主張する。理論的には，この考え方にも理由がある。

方，設定者が新たに取得する動産や債権には，それらが集合物の範囲に含まれる限り，当然に譲渡担保の効力が及ぶ[107]。集合物譲渡担保は，在庫商品や売掛金債権など，設定者の事業活動にともなってその内容が変動する財産を担保目的物とするには適したものであるが，その範囲が特定されないままに譲渡担保としての効力を認めると，更生債権者等の利益が害されるので，譲渡担保権の成立要件としては，集合物としての特定が要求され，また，更生債権者等やその利益を代表する管財人に対する対抗要件を備えることが求められる。

　ア　集合動産譲渡担保

　在庫商品など，その内容が変動する動産を集合物として譲渡担保の対象としたときに，集合動産譲渡担保権が更生手続上で更生担保権とされるための前提として，そもそも集合動産を目的物とする譲渡担保が実体法上有効なものかどうかが問題となる。譲渡担保は，設定者の一般財産を目的とするものではなく，特定財産を目的物とする担保権であるから，たとえ集合物であっても，その範囲が特定していることが要求される。特定については，判例・通説は，構成部分の変動する集合動産について，その種類，所在場所あるいは量的範囲を指定するなどの方法によって特定が図られるとする[108]。したがって，譲渡担保設定契約時にこの意味での特定がなされていなければ，譲渡担保権自体が有効に成立したといえず，譲渡担保権者は更生担保権を主張することはできない。

　加えて，更生担保権の主張には，更生手続開始時を基準時として更生債権者等やその利益を代表する管財人に対する対抗要件の具備が要求される。集合動産譲渡担保は，所有権移転の形式をとる担保権であるから，その対抗要件は，

[107) 前掲最判平成 18・7・20（注 103）は，「構成部分の変動する集合動産を目的とする譲渡担保においては，集合物の内容が譲渡担保設定者の営業活動を通じて当然に変動することが予定されているのであるから，譲渡担保設定者には，その通常の営業の範囲内で，譲渡担保の目的を構成する動産を処分する権限が付与されており，この権限内でされた処分の相手方は，当該動産について，譲渡担保の拘束を受けることなく確定的に所有権を取得することができると解するのが相当である」と判示し，前掲最決平成 22・12・2（注 103）は，「構成部分の変動する集合動産を目的とする集合物譲渡担保権は，譲渡担保権者において譲渡担保の目的である集合動産を構成するに至った動産……の価値を担保として把握するものである」と判示する。

108) 最判昭和 54・2・15 民集 33 巻 1 号 51 頁。学説および下級審判例に関しては，角紀代恵「商品や原材料等の担保化」金融担保法講座Ⅲ 45 頁参照。動産・債権譲渡特例法による場合には，最低限，動産の種類に加え，製造番号等または保管場所の所在地の記載が求められる（動産譲渡登規 8）。

引渡し，すなわち占有の移転であるが（民178），判例・通説は，占有改定（民183）でも引渡しの要件が満たされるとする[109]。したがって，更生手続開始までに，設定者がその占有する集合動産を爾後本人たる譲渡担保権者のために占有する意思表示をなせば，その譲渡担保権は管財人に対抗できることになるが，占有改定による引渡しは公示機能をもたず，外部からは認識不可能であるために，更生債権者等の利益が害されるおそれがある。もちろん，現実の引渡し（民182Ⅰ）を要求することは，集合動産譲渡担保の機能を失わせるが，有力説は，公示機能をもつ対抗要件として明認方法を要求する。更生債権者等の利益を保護するためには，このような考え方が合理的と思われる。したがって，更生手続開始時までに明認方法を備えない集合動産譲渡担保は，対抗要件を備えない担保権として，更生担保権の地位を否定される[110]。なお，更生担保権の基礎となる集合動産譲渡担保権の目的物は，担保権者から設定者への実行通知によって確定されている場合は別として，更生手続開始の時点を基準としてその範囲が確定されるというのが従来の多数説であった[111]。

しかし，目的物が動産であれ，債権であれ，譲渡担保権者は，設定者である債務者が将来取得する目的物を含めて包括的に担保権を設定し，かつ，それに

---

109) 判例は，最判昭和62・11・10民集41巻8号1559頁〔執行・保全百選21事件〕，学説については，千葉恵美子「集合動産譲渡担保の効力（2）——設定者側の第三者との関係を中心として」判タ761号14, 20頁（1991年），注解破産法（上）586頁〔野村秀敏〕，条解破産法484頁参照。
110) 吉田真澄「集合動産の譲渡担保（11・完）」NBL247号43, 50頁（1981年），伊藤・研究341頁，本間法之「集合債権・集合動産の譲渡担保」破産・和議の実務と理論208, 209頁など。明認方法とは，登記されない立木（立木1Ⅰ参照）など，引渡しを対抗要件とすることが適さない動産に関する物権変動について，判例法上認められた対抗要件である（我妻栄・物権法119頁以下（1961年）参照。ただし，借地借家法10条2項は，明認方法を立法上対抗要件として認めたものとされる〔内田貴・民法Ⅰ〈第4版〉466頁（2008年）〕）。集合動産譲渡担保の場合には，占有改定による対抗要件具備が不可能ではないが，一般債権者の利益を尊重して，あえて明認方法を要求するのが有力説の考え方である。明認方法としては，一定の場所に所在する商品が譲渡担保の目的物となっていることを示す具体的表示が考えられる。このような方法を要求すると，設定者の信用が下落するといわれるが，その問題は不動産についての抵当権などとも共通の問題であり，集合動産譲渡担保の対抗要件を緩やかにする理由とはならない。
　なお，譲渡担保設定者が法人の場合には，動産・債権譲渡特例法による登記も可能である。
111) 「シンポジウム『集合動産譲渡担保の再検討』」〔田原睦夫〕金融法研究6号45, 69頁（1990年），注解破産法（上）587頁〔野村秀敏〕，基本法151頁〔宮川聡〕など。

ついて登記などの対抗要件を備えているとすれば、更生手続が開始されたという事実をもって、担保権の効力がその後に債務者が取得する目的物に及ばないと解すべき理由は見いだしがたい。他方、集合物譲渡担保としての本質は、債務者がその目的物についての処分権限を与えられ、その結果として、集合物に含まれる目的物が循環するところにあるから[112]、譲渡担保権者がその権利の実行、すなわち債権の場合であれば、第三債務者に対する譲渡通知を発し、債務者の処分権限を剝奪するなどの行為をした後にまで、債務者が取得する目的物について譲渡担保の効力が及ぶとすることも不合理である。動産の場合であれば、設定者に対する実行通知をした後にまで、譲渡担保の効力が及ぶことについても、同様である。

このような視点から、更生手続開始とはかかわりなく、譲渡担保権者がその実行に着手すれば、その時点で目的物の範囲が固定し、以後債務者が取得するものについては、担保権の効力が及ばないが、実行に着手しないかぎり、または更生手続の効力によって実行が許されない場合には、債務者が取得する財産が譲渡担保によって捕捉され、反面、債務者は、すでに集合物に組み入れられている動産や債権についての処分権を有すると解すべきである[113]。

---

[112] 前掲最判平成 18・7・20（注 103）は、「構成部分の変動する集合動産を目的とする譲渡担保においては、集合物の内容が譲渡担保設定者の営業活動を通じて当然に変動することが予定されているのであるから、譲渡担保設定者には、その通常の営業の範囲内で、譲渡担保の目的を構成する動産を処分する権限が付与されており……上告人と麒麟麦酒及びシセイとの間の各譲渡担保契約の前記条項……は、以上の趣旨を確認的に規定したものと解される」とする。

[113] 議論の詳細および関連する問題については、伊藤眞「倒産処理手続と担保権——集合債権譲渡担保を中心として」NBL 872 号 60 頁（2008 年）、伊藤眞「集合債権譲渡担保と事業再生型倒産処理手続再考」曹時 61 巻 9 号 1 頁（2009 年）、須藤正彦「ABL の二方面での役割と法的扱い——事業再生研究機構編『ABL の理論と実践』を読んで」NBL 879 号 23 頁（2008 年）、債権管理と担保管理を巡る法律問題研究会「担保の機能再論——新しいモデルを探る」金融研究 27 巻法律特集号 39 頁（2008 年）、伊藤達哉「倒産手続における将来債権・集合動産譲渡担保権の取扱い——担保権の効力が及ばなくなる事由および担保権の価値評価の考察を中心として」金法 1862 号 8 頁（2009 年）、条解破産法 485 頁参照。

なお、手続開始後に取得する目的物が譲渡担保の効力によって捕捉されるとしたときに、更生手続においては、更生担保権の目的物評価（2Ｘ本文）との関係で、考え方の対立がみられるが（籠池信宏「将来債権譲渡担保と更生担保権評価」倒産実務の諸問題 183 頁）、基本は、譲渡担保の対象として把握された財産の更生手続開始時点における評価額を基準とするべきである。

また、集合動産譲渡担保の目的物については、しばしば動産売買先取特権との衝突が問題となる。問題の内容は、動産売買先取特権の目的物が集合動産譲渡担保の目的物に含まれている場合に、いずれの担保権が優先し、更生担保権の成立が認められるかである。判例は、売主からの引渡しにもとづく占有改定によって、集合動産譲渡担保権者が目的物の占有を取得したときには、動産売買先取特権は、第三取得者たる譲渡担保権者への引渡しによって消滅する（民333）とする[114]。これによれば譲渡担保権者が、占有の取得によって対抗要件を備えたものとして、更生担保権者の地位を認められることになろう[115]。ただし、これは、占有改定を「引渡し」（民333）として認めることからの帰結であるが、その前提自体に問題がある。

イ　集合債権譲渡担保

集合物の内容が売掛金債権など集合債権である場合の取扱いも、基本的には、集合動産の場合と同様である。設定者が何らかの方法によって集合物としての目的債権を特定し、それを担保のために譲渡担保権者に譲渡した場合には、対抗要件が具備されている限りで、譲渡担保権者は、設定者の更生手続において更生担保権者の地位を与えられ、更生手続に参加し、更生計画にもとづく満足を受ける。

集合債権譲渡担保が更生担保権として認められるためには、その基礎となる譲渡担保権の有効な成立要件として、目的債権の集合物としての特定が要求される。特定のための指標としては、第三債務者名、債権の発生原因、債権額、あるいは支払期日などが考えられるが、一般的な指標としては、第三債務者名と債権の発生原因が挙げられる[116]。

次に、対抗要件が問題になる。個別指名債権譲渡の場合と同様に、設定者た

---

114) 大判大正6・7・26民録23輯1203頁。
115) 前掲最判昭和62・11・10（注109）が、先取特権者による動産競売を集合動産譲渡担保権者が第三者異議の訴え（民執38）によって排除することを認めた考え方を更生手続に当てはめたものである。これに対する学説の批判については、古積健三郎「『流動動産譲渡担保』と他の担保権の関係（1）」彦根論叢（滋賀大学経済学会）287＝288号379, 384頁（1994年）、今尾真「流動動産譲渡担保権と動産売買先取特権との優劣に関する一試論（1）」明治学院論叢610号（法学研究65号）197, 212頁（1998年）参照。また、集合動産譲渡担保の効力は、目的物が滅失した場合の物上代位として損害保険金に及ぶとする前掲最決平成22・12・2（注103）も、集合動産譲渡担保の目的物の価値に対する支配力を認めるものである。

る譲渡人から（第三）債務者に対する確定日付ある通知[117]，または債務者の承諾がなされなければ，譲受人たる譲渡担保権者は，目的債権に対する差押債権者や設定者の管財人に譲受けを対抗することはできない（民467）。もっとも，集合債権を構成する個々の債権についてこのような通知などを要求することは，集合債権譲渡担保の意味そのものを失わせるので，集合債権としての包括的通知などで足りると解される[118]。いずれにしても，更生手続開始までにこのような対抗要件が具備されていないときには，譲渡担保権者が更生担保権を行使することは認められない。

第2項 更生担保権の地位

更生担保権の地位は，以下に述べる基本的地位（47Ⅰ）と例外的な取扱いの可能性（同Ⅱ～Ⅴ）の2つに分けられる。

1 更生担保権の基本的地位

更生担保権は，更生債権と併せて更生債権等と呼ばれ（2ⅩⅡ），更生手続に参加することのできる地位であり（135Ⅰ）[119]，その反面として，更生手続によるのでなければ，更生会社財産から満足を受けることはできない。そのことは，更生会社財産に対する担保権の実行を含む強制執行等の禁止や中止や取消し（50ⅠⅥ・24Ⅰ②），あるいは弁済などによって更生債権等を消滅させる行為が禁じられること（47Ⅰ）[120]に表されている。そして，更生計画の定めにしたが

---

116) 集合債権譲渡担保の一般的有効性については，最判昭和53・12・15判時916号25頁がこれを認めるが，少なくとも第三債務者名や発生原因による債権の特定が要求される（東京高判昭和57・7・15判タ479号97頁，東京地判昭和60・10・22判時1207号78頁，最判平成12・4・21民集54巻4号1562頁）。学説については，坂井秀行＝粟田口太郎「証券化と倒産」講座（4）119頁参照。ただし，道垣内・前掲書（注104）348頁では，第三債務者も発生原因も特定せず，設定者が有する一切の債権としても，公序良俗違反（民90）の問題は別として，特定性の要件は満たされているとする。また，前記昭和53年判決は，債権発生の確実性を要求するが，最判平成11・1・29民集53巻1号151頁は，その不確実性が当然に契約の効力を左右するものではないとしている。
　なお，動産・債権譲渡特例法による場合には，譲渡担保設定者が法人に限られるが，第三債務者が特定していなくとも，それ以外の諸要素によって債権として特定できれば，譲渡の対象債権として登記することができ（動産譲渡登規9），対抗要件を備えることができる（条解破産法488頁参照）。
117) ただし，譲受人が譲渡人から委任を受けて，譲渡人の代理人として通知を発することが認められる（最判昭和46・3・25判時628号44頁，潮見・債権総論Ⅱ541頁）。
118) 集合債権を含む債権譲渡担保に関する最近の法整備については，本書253頁注9参照。
119) 更生手続参加は，更生担保権について時効中断の効力を有する（民147①・152）。

った権利内容の変更を経て（167Ⅰ①・205Ⅰ），更生担保権に対する満足が実現される（205Ⅱ）のが原則である。

更生計画認可決定がなされると，更生計画の定めまたは会社更生法の規定によって認められた権利を除いて，更生会社は，すべての更生債権等について，その責任を免れる（204Ⅰ柱書・①）。この効果は，当該更生債権者等が更生手続に参加したか否かを問わない。

2 例外的取扱い——商取引債権等に対する更生計画認可決定前弁済

中小企業者の更生担保権の更生計画認可決定前弁済（47Ⅱ），更生手続を円滑に進行するための少額更生債権の更生計画認可決定前弁済（同Ⅴ前半部分）および更生会社の事業の継続に著しい支障を来すことを避けるための少額更生債権の更生計画認可決定前弁済（同後半部分）の3つの措置によって，これらの更生担保権の実質的な共益債権化が認められる余地のあることは，更生債権について述べたのと同様である（本書182頁参照）。

第3項 更生担保権の順位

更生担保権の基礎となっている担保権についてみると，同一の目的物を対象とする数個の担保権の間には，相互に優先劣後の順位が存在することがあり，たとえば，2番抵当権者は，優先する1番抵当権者が完全な満足を受けられないかぎり，目的物の価値から被担保債権の弁済を受けることは期待できない[121]。すなわち，担保権の順位は，その実行によって被担保債権の満足を受けられる可能性を規律するものであるが，更生担保権の場合には，更生手続開始時における時価による目的物の評価にもとづいて，その価額によって満足を受けられる被担保債権額をもって更生担保権額とするために（2X本文），いったん更生担保権としての地位が認められれば，実体法上の優先劣後の関係は意味をもたない。

もちろん，更生担保権として認められるか否かの判断は，実体法上の担保権の順位にしたがうが，更生担保権として認められるかぎり，先順位の担保権で

---

[120] ただし，免除は更生会社財産を減少させることはないので許される（47Ⅰかっこ書）。
[121] また，実務上は，多数の更生担保権者が多数の共同担保に対して担保権を有しており，対象物の時価の割り付けにおいて，共同抵当の配当計算（民395Ⅰ）およびこれにともなう代位（同Ⅱ・500・501など）が複雑に絡み合う場合が多い。

あろうと，後順位の担保権であろうと，等しく手続に参加し，更生計画による権利変更や配分の対象となる。この意味では，更生担保権の順位という概念は存在しない。

第4節 開始後債権

更生手続開始後の原因にもとづいて生じた財産上の請求権で，共益債権または更生債権等に該当しないものは，開始後債権と呼ばれる（134 I）。開始後債権の例としては，会社の取締役等が組織法上の行為を行うことなどによって生ずる請求権で，その支出がやむを得ない費用（127⑦）に該当しないために，共益債権とならないものなどが挙げられる[122]。破産手続の場合であれば，この種の債権は，破産財団に対する破産債権としての権利行使を認められず，破産者の自由財産に対して権利行使をする以外にない。しかし，更生手続の場合には，更生会社財産の範囲について固定主義をとらないために，同様の取扱いをすることは不合理な結果を生じる。そこで，法は，この種の債権を開始後債権として，以下に述べるように実質的に劣後的な取扱いをする。同じく再生型手続である再生手続の場合も同様である（民再123）。

開始後債権は，更生手続が開始された時から更生計画で定められた弁済期間が終了する時（更生計画認可の決定前に更生手続が終了した場合にあっては更生手続が終了した時，その期間の満了前に，更生計画にもとづく弁済が完了した場合にあっては弁済が完了した時）までの間は，弁済をし，弁済を受け，その他これを消滅させる行為（免除を除く）をすることができない（134 II）[123]。また，開始後債権にもとづく更生会社財産に対する強制執行等の申立ても，この期間中は禁止さ

---

[122] 旧会社更生法では，これに該当する請求権は，劣後的更生債権とされていたが（旧121 I ④），現行法では，劣後的更生債権の概念が廃止されたため，開始後債権という新たな概念が設けられた（一問一答新会社更生法155頁）。本文に述べたものの他に，手続開始後の手形引受けなどにもとづいて生ずる債権であって，支払人等が悪意であるために更生債権にならないもの（58 I 参照），更生会社が更生手続開始後に更生会社財産に関してした法律行為によって損害を与えた場合の相手方の損害賠償請求権（54参照）がその例となる（一問一答新会社更生法156頁，会社更生の実務（下）90頁〔鹿子木康〕）。

また，保証人でない第三者が更生手続開始後に弁済した場合の求償権（民702）や委託を受けない保証人が更生手続開始後に弁済した場合の求償権（民462）も，開始後債権となる（本書359頁参照）。

れる（同Ⅲ）。もっとも，知れている開始後債権があるときは，その内容に関する条項を更生計画において定めるが（167Ⅰ⑦），これは更生債権者等や株主への情報開示や破産手続などへの移行に備える趣旨であり，したがって，記載の有無を問わず，更生計画認可決定にもとづく免責や権利変更の効力（204Ⅰ柱書・205Ⅰなど）は生じない。

第5節　多数債務者関係と更生債権等

　実体法上，同一の給付を目的として，1人の債権者に対して数人の債務者が債務を負担することがある。これを多数債務者関係と呼ぶことにするが，その内容は，各債務者がそれぞれ独立して債務を負担するか，それとも共同して重畳的に債務を負担するかによって区別され，前者に属するのが，分割債務，後者に属するのが，不可分債務，連帯債務，および保証債務である[124]。後者の場合には，同一の給付について複数の債務者が共同で債務を負担するので，給付の履行がより確実となり，人的担保と呼ばれる。

　分割債務関係においては，債務者の1人について更生手続が開始した場合にも，その債務は，他の債務と独立であるから，債権者は，分割債務の内容を更生債権等として行使するのみであり，更生手続において特別の規律を要しない。しかし，共同債務関係においては，一面では人的担保としての趣旨から1人の債務者の更生手続開始によって債権者の利益を損なうことのないよう，配慮する必要があるし，他方，当該債権者の更生債権等行使によって他の更生債権者等が不当な不利益を受けることのないよう，注意する必要がある。以下の点についての会社更生法の規律は，基本的に破産法のそれと同一である（135Ⅱによる破104・105の準用）。

1　数人の全部義務者の更生

　数人の全部義務者の全員，またはその中の数人[125]が更生手続開始決定を受

---

123)　松下淳一「民事再生法の立法論的再検討についての覚書」ジュリ1349号36頁（2008年）は，再生手続上の開始後債権について，このような取扱いを時期的劣後と呼び，その劣後性は，再生計画による弁済期間が短い場合には，有効に機能しないこと，むしろ，劣後的再生債権の概念を創設すべきことを説く。
124)　以上については，奥田・債権総論330頁，潮見・債権総論Ⅱ526頁参照。
125)　全部義務者の1人について更生手続が開始した場合も含まれる。

けたときに，更生債権者等は，それぞれの債務者に対する更生手続開始時の債権額全額について更生債権者等としてその権利を行使できる（135Ⅱ，破104Ⅰ）。全部義務とは，不可分債務（民430），連帯債務（民432，商511Ⅰ），不真正連帯債務，連帯保証債務（民454・458，商511Ⅱ），および手形についての合同債務（手47）などを含む。これは，手続開始時現存額主義（以下，単に現存額主義という）と呼ばれているが，その意義は，3つに分けられる。

　第1に，更生手続開始時の現存額全額が更生債権等になる点であり，それ以前に一部の弁済を受けていれば，本来の債権額全額について更生債権等の届出はできない。

　なお，法135条2項が準用する破産法104条1項と民法の規定との関係は，次のように整理できる。民法441条は，連帯債務者の破産について，債権全額が破産債権となる旨を規定し，これが民法430条によって不可分債務に準用されているが，連帯保証債務などについては，特別の規定がない。したがって，この点では，破産法104条1項の意義は，連帯保証債務などについて民法441条の取扱いを及ぼしているところに認められる。反面，民法441条は，債権額の全額が破産債権となると定めるが，破産法104条1項は，破産債権になるのは，本来の債権額全額でなく，破産手続開始時の現存額であるとするから，この面では，破産法104条1項は，民法441条を制限しているという意義をもつ。ただ，立法論としては，破産手続開始時における現存額に制限せずに，本来の債権額のまま破産債権者の地位を認める考え方もありうる[126]。

　第2に，いったん現存額の届出をなせば，更生手続開始後に他の義務者からの弁済がなされても，更生債権等の額に影響はないことである（135Ⅱ，破104Ⅱ）[127]。もちろん，全額の弁済がなされ，債権自体が消滅した場合は別である[128]。また，更生債権等全額の行使を認める結果として，債権全額を超える配当がなされたときには，超過分は不当利得として更生会社財産に返還しなけ

---

[126] 我妻・債権総論410頁，基本法57頁〔上田徹一郎〕，注解破産法（上）146頁〔加藤哲夫〕など。他の債権者としては，当初から債権全額をもって権利行使されることを覚悟していたのであるから，債権全額の破産債権行使を認めても，他の債権者の利益を害することにはならないという。連帯債務などの担保的機能を重視する考え方と思われる。しかし，開始決定時までにすでに一部の弁済がなされているにもかかわらず，なお当初の債権額全額の行使を認めるべき合理性があるかどうか，後掲最判平成22・3・16（注128）の考え方を前提とすれば，疑問がある。

ればならない[129]。

なお,物上保証人は全部義務者ではないが,その者が更生手続開始後に更生債権者等に対して弁済等をした場合にも,債権の全額が消滅しない限り,更生債権者等の債権額には影響がない(135Ⅱ,破104ⅤⅡ)[130]。

第3に,債権者が更生手続に参加した場合において,求償権者が更生手続開始後に債権者に対して弁済等をしたときは,その債権の全額が消滅した場合に限り,求償権者は,その求償権の範囲内において,債権者が有した権利を更生債権者として行使できることである(135Ⅱ,破104Ⅳ。届出やその変更の手続に関しては,本書464頁参照)[131]。

これも,債権者が更生手続開始時において有する更生債権の全額について権利行使の機会を保障するという意味において,現存額主義の発現とみなされる。なお,数人の全部義務者がそれぞれ一部弁済をして,結果として債権者に対して全額の弁済がなされた場合には,求償権者は,自己の弁済した範囲で,更生債権を行使することができる。

2 求償義務者の更生

連帯債務者など数人の全部義務者がいるときに,その全員または一部の者について更生手続が開始すると,更生債権者等となるのは,本来の債権者だけで

---

127) 破産法104条2項は,旧破産法や旧会社更生法下の判例・通説の考え方を立法化したものであり,これが平成16年改正によって現行会社更生法に取り入れられた(一問一答新しい破産法151頁,新会社更生法の基本構造181頁〔菅家忠行〕,236頁〔中西正〕参照)。旧法下の判例は,最判昭和62・6・2民集41巻4号769頁〔倒産百選〈第3版〉48事件〕,最判昭和62・7・2金法1178号37頁,学説については,伊藤・破産法〈第3版補訂版〉175頁参照。ただし,更生手続開始前に相殺適状があり,開始決定後に更生債権者等が相殺権を行使したときには,債権消滅の効果が開始決定前に遡るから(民506Ⅱ),更生債権等の額に影響する(条解会更法(中)354頁,条解破産法721頁,谷口168頁,青山ほか100頁,注解破産法(上)148頁〔加藤哲夫〕,基本法58頁〔上田徹一郎〕など)。

また,他の全部義務者ではない第三者から更生手続開始後に任意弁済がなされた場合には,人的担保を重視する破産法104条2項は適用されず,債権額は減少する(条解破産法721頁,注解破産法(上)148頁〔加藤哲夫〕,基本法58頁〔上田徹一郎〕)。もっとも,弁済をするについて正当な利益を有しない者による代位に関しては,債権者の承諾をえなければならないという実体法上の制約(民499Ⅰ,500参照)がある。また,一部弁済にもとづく代位が認められる場合には,原債権者の優先を認める実体法理(最判昭和60・5・23民集39巻4号940頁,最判昭和62・4・23金法1169号29頁,潮見・債権総論Ⅱ296頁)を尊重すれば,更生計画においても,それを反映した弁済を定めることになろう(168Ⅲ参照)。

第5節 多数債務者関係と更生債権等 223

はなく，全部義務者相互間でも，求償権を更生債権等として，または求償権の範囲内で代位によって取得した原債権（民500）を更生債権等として行使することが考えられる[132]。求償権は更生手続開始前の原因にもとづく財産上の請求権の一種として更生債権等とされるが（2Ⅷ柱書・Ⅹ本文・ⅩⅡ），求償権者は求償権の全額について更生債権者等としての権利行使を認められる（135Ⅱ，破104Ⅲ本文）。

これは，事前求償権を全部義務者すべてに認めたという意義をもつ[133]。すなわち，委託を受けた保証人の場合を含め（民460①参照），まず債権者に対して弁済をなし，その後に他の全部義務者に対して求償をなす，事後求償が原則

---

[128] 主債務者財産上の1個の根抵当権によって担保される数口の債権について連帯保証人となっている者の破産において，債権者が，それらの債権の全額を届け出た後に，根抵当権の実行によって主債務者が一部の債権を全額弁済したとみなされる場合に，破産債権額が影響を受けるかという問題がある（従来の議論の経緯については，伊藤216頁参照）。現存額主義は，1個の債権に限って，全部義務者の責任の性質を重視して，実体法上の債権額と破産債権額とが乖離することを認める原則であり，たとえ同一の根抵当権によって担保されているものであっても，債権が別個である以上，このような乖離を認めるべき理由は存在しないから，現存額主義（破104Ⅱ・105）は適用されず，また，その趣旨を拡張することは，他の破産債権者との平等を害するおそれもあるから，当該債権の破産債権としての行使を認めるべきではない。更生債権等についても，同様の考え方があてはまる。
　最判平成22・3・16民集64巻2号523頁も，「同条〔破産法104条——筆者注〕1項及び2項は，上記の趣旨に照らせば，飽くまで弁済等に係る当該破産債権について，破産債権額と実体法上の債権額とのかい離を認めるものであって，同項にいう『その債権の全額』も，特に『破産債権者の有する総債権』などと規定されていない以上，弁済等に係る当該破産債権の全額を意味すると解するのが相当である。そうすると，債権者が複数の全部義務者に対して複数の債権を有し，全部義務者の破産手続開始の決定後に，他の全部義務者が上記の複数債権のうちの一部の債権につきその全額を弁済等した場合には，弁済等に係る当該破産債権についてはその全額が消滅しているのであるから，複数債権の全部が消滅していなくても，同項にいう『その債権の全額が消滅した場合』に該当するものとして，債権者は，当該破産債権についてはその権利を行使することはできないというべきである」と判示し，物上保証人による弁済についてもこの考え方が妥当するとしている。
　また，上記の問題に関連して，数個の債権を有する破産債権者の弁済充当特約にもとづく充当指定権が制限されるとする最判平成22・3・16裁判集民233号205頁があり，その田原睦夫裁判官の補足意見では，弁済充当の合意の効力が否定されるのは，破産手続開始後にその効力を認めると，破産債権者間に著しい不均衡をもたらすからであると説示されている。更生手続についても，この考え方が妥当しよう。

[129] 返還された金銭は更生会社財産となる。これに対して，破産手続に関して，新破産法の基本構造365頁以下では，破産手続開始後の全部義務者による弁済の結果として，このような事態が生じたときには，求償権の範囲で原債権を破産債権として行使できる全部義務者に対して，超過部分を配当すべきである，あるいは全部義務者が当該破産債権者に対して不当利得返還請求権を行使できるという考え方が説かれている（条解破産法725頁）。

であるが（民430・442Ⅰ・462・465），法135条2項が準用する破産法104条3

130) 旧破産法および旧会社更生法の下では，物上保証人が全部義務者でないこと，求償権に関する旧破産法26条1項および2項（現破104ⅢⅣ相当。旧会更110ⅠⅡ）が物上保証人の求償権に準用されているのに対して（旧破26Ⅲ。現破104Ⅴ相当。旧会更110Ⅲ），旧破産法24条（現破104Ⅰ相当。旧会更108）が物上保証人に準用されていないことから，物上保証人の場合には，一部弁済であっても，債権者が行使できる額が減少するとの解釈が有力であった。しかし，学説（伊藤眞「現存額主義再考」河野正憲＝中島弘雅編・倒産法大系46頁（2001年）など）の批判を踏まえ，最判平成14・9・24民集56巻7号1524頁は，「債権の全額を破産債権として届け出た債権者は，破産宣告後に物上保証人から届出債権の弁済を得ても，届出債権全部の満足を得ない限り，なお届出債権の全額について破産債権者としての権利を行使することができる」旨を判示し，上記の解釈を斥けた。現行破産法104条5項は，この判例の考え方を立法化したものであり（一問一答新しい破産法153頁，新破産法の基本構造370頁参照），会社更生法135条2項は，これを更生手続に準用している（新会社更生法の基本構造181頁〔菅家忠行〕，236頁〔中西正〕）。
　　また，注128）に述べた内容と関連して，物上保証人が1個の根抵当権によって担保される数口の債権の一部について全額弁済をなしたことが，債権者の連帯保証人に対する破産債権行使に影響を与えるかという問題がある（従来の議論については，218頁参照）。破産法104条4項および5項の規律が，ある債権についての物上保証人の責任の性質に着目して，その全額を弁済しない限り，物上保証人の求償利益の実現を債権者の権利行使に対して劣後させる趣旨にもとづくものであることを考えれば，債権者の連帯保証人に対する上記破産債権の行使を認めるべきではなく，この考え方は，更生手続における更生債権等の額についても妥当する。前掲最判平成22・3・16（注128）も，注128引用部分に引き続いて，「破産法104条5項は，物上保証人が債務者の破産手続開始決定の後に破産債権である被担保債権につき債権者に対し弁済等をした場合において，同条2項を準用し，その破産債権の額について，全部義務者の破産手続開始の決定後に他の全部義務者が債権者に対して弁済等をした場合と同様の扱いをしている。したがって，債務者の破産手続開始の決定後に，物上保証人が複数の被担保債権のうちの一部の債権につきその全額を弁済した場合には，複数の被担保債権の全部が消滅していなくても，上記の弁済に係る当該債権については，同条5項により準用される同条2項にいう『その債権の全額が消滅した場合』に該当し，債権者は，破産手続においてその権利を行使することができないものというべきである」と判示している。
131) もっとも，委託を受けない保証人の場合に，更生手続開始後の弁済にもとづく求償権が更生債権となるかどうか（本書179頁注37参照），更生債権とならないとしても，求償権者が代位行使する更生債権としての原債権が更生計画の効力によって変更されたときに（205Ⅰ），求償権の行使もそれにしたがった制約を受けるかという問題がある（最判平成7・1・20民集49巻1号1頁〔旧和議〕，最判平成10・4・14民集52巻3号813頁〔倒産百選43②事件〕〔旧和議〕）。これを前提として，求償権を自働債権とする相殺禁止に関して本書359頁参照。
132) 求償権者自身が更生手続開始決定を受けているときには，求償義務者の更生手続において求償権を更生債権等として行使するのは，求償権者の管財人にほかならない。
133) これに対して，事後求償権であっても破産債権に該当することを明確にし，その行使を容易にするための規定であるとするもの（条解破産法723頁，大コンメンタール443頁〔堂薗幹一郎〕とする見解があり，これにしたがえば，破産法104条3項は，本文よりもその但書に意味があるとの説明になる。

項本文は，全部義務者一般について将来の求償権を更生債権等として行使することを認める[134]。その理由は，事後求償を強制すると，更生手続の進行との関係上，求償権者が満足を受けることが実際上困難になる点にある。

もっとも，全部義務者の1人の更生手続において，債権者も更生債権等を行使し，かつ，他の全部義務者も求償権を更生債権等として届け出るとすると，実質的には1つの債権が二重に行使されることになり，他の更生債権者等の利益を害する。そこで，債権者が更生債権等の全額を行使した場合には，求償権者の更生債権等の行使は妨げられるが（135Ⅱ，破104Ⅲ但書），その後に求償権者が債権者に対して弁済をなし，債権者の更生債権等の全額が消滅した場合には，求償権者は，求償権の範囲内において，債権者の権利を更生債権者等として行使することができる（135Ⅱ，破104Ⅳ）[135]。

なお，更生債権等の届出後に全部弁済がなされたことによって求償権者が更生債権等を行使するのは，弁済代位の一種と解され，手続としては，届出名義

---

[134]　もっとも，委託を受けない保証人が更生手続開始後に弁済したことによる求償権のように，将来の請求権としての更生債権として認められない場合もある（本書179頁注37）。

　　　また，数人の連帯債務者や連帯保証人のように，1個の債権にもとづく複数の求償権者が更生会社の負担部分を内容とする求償権（民442・465Ⅰ）を更生債権等として行使することも考えられる。現実に更生計画による満足を受けるためには，求償権として現実化していることが原則として必要である。ただし，議決権については，1個の権利を共同行使するという理由から統一的行使が要求されるという見解が有力であるが（条解会更法（中）360頁），むしろ停止条件付権利としての評価（136Ⅰ③ホ）に応じて，各自が議決権を行使できるとするのが合理的と思われる。

[135]　旧会社更生法110条2項（旧破産法26Ⅱ相当）は，「求償権を有する者が弁済をしたときは，その弁済の割合に応じて債権者の権利を取得する」と規定していたために，求償権者が債権の一部を弁済した場合に，その割合に応じて債権者の権利を行使できるとする解釈が成り立ちえた。しかし，このような解釈は，旧会社更生法108条（旧破24）の現存額主義に反するし，実質的にみても，求償権者の権利行使を債権者の権利行使に優先させる理由に乏しいと批判された。そこで判例（前掲最判昭和62・6・2（注127）〔旧和議〕，前掲最判昭和62・7・2（注127））・通説は，求償権者が債権全額の弁済をしない限り債権者の権利を行使しえないとの解釈を確立し（条解会更法（中）361頁など），それが現行破産法104条4項として立法化され（伊藤・破産法〈第3版補訂版〉177頁，一問一答新しい破産法151頁参照），現行会社更生法によって準用されている。なお，数人の求償権者が債権額の一部ずつを弁済し，全体として債権者に対する全額の弁済を行ったときは，その弁済の割合に応じて各求償権者が更生債権等を行使する。

　　　また，求償権にもとづく更生債権等の行使を認められない求償権者が，それを自働債権とする相殺を許されるかという問題もあろう。しかし，相殺を認めることは，更生会社財産からの弁済を期待する債権者の利益を害し，現存額主義の趣旨に反することなどを考慮すれば，相殺を否定すべきである。

の変更の手続（141）による[136]。

　求償権者の更生債権等の行使に関する規定は，物上保証人の求償権行使にも準用される（135Ⅱ，破104Ⅴ）。物上保証人も債務の履行や担保権の実行によって事後求償権を認められるが（民351・372・459～465），これについても保証人の場合と同じく事前求償権を更生債権等として行使することを認めたものである。

3　保証人の更生

　保証人が更生手続開始決定を受けたときには，更生債権者等は，更生手続開始時の債権全額について更生債権者等としての権利を行使できる（135Ⅱ，破105）。

　保証人も，主債務の履行について重畳的に保証債務を負っているから，その更生の場合には，法135条2項によって準用される破産法104条1項が適用されるはずである。しかし，保証人が主債務者に対して従属的な地位にあり，催告および検索の抗弁権を与えられているので（民452本文・453），保証人の破産に際して債権者が，当然に破産手続開始時の債権全額を破産債権として行使できるか疑いが生じる。そこで，保証人に対する破産債権者の権利行使の機会を失わせないため，破産法105条は保証人の破産の場合について特則を設けている。保証人の更生の場合における更生債権者等についても同様であるから，法135条2項が破産法105条を準用している。

　もっとも，保証人について更生手続が開始されるとともに主債務者が破産した場合には，主債務者の無資力が明らかになり，催告および検索の抗弁権が失われるし（民452但書・453），連帯保証人の場合[137]には，そもそも催告および検索の抗弁権は問題とならないから（民454），これらの場合には，破産法105条の規定を待つまでもなく，更生債権者等は，保証人の更生手続において法135条2項が準用する破産法104条1項の原則にもとづいて，債権全額の権利行使ができる。したがって，法135条2項が準用する破産法105条の意義は，

---

136)　会社更生の実務（下）159頁〔船橋寿之〕では，債権者が自らの債権届出を取り下げるのではなく，弁済を行った求償権者への届出名義の変更に協力すべきであるとする。求償権者が改めて届出をなすとすると，債権届出期間の経過の問題が生じるためである（139Ⅰ参照）。

137)　保証人の更生が問題となる場面では，保証人は株式会社であるから，特約がなくても連帯保証となる（商511Ⅱ・503Ⅱ，会社5）。

保証人が連帯保証人ではない場合で，保証人のみの更生や主債務および保証人の更生のときにおいて催告および検索の抗弁権の行使を許さないところにある[138]。

また，保証人について更生手続開始または更生手続開始の申立てがあると，主債務について期限の利益が失われるのが通常であり（民450Ⅱ・137③参照），その場合には，保証債務の付従性の結果として保証債務についても期限が到来する。

4 数人の全部保証人の更生
(1) 分別の利益をもたない数人の全部保証人

ある債務について数人の保証人が存在し，それらの保証人が主債務の全部について義務を負っている場合[139]において，その保証人の全員または一部の者について更生手続が開始されたときには，法135条2項によって破産法104条および105条が準用されるから，前記1から3までと同様の取扱いがなされる。

(2) 分別の利益をもつ数人の全部保証人

これに対して，数人の保証人が分別の利益（民456・427）をもつ場合[140]には，それぞれの保証人の分割保証債務と主債務との関係について，法135条2項により破産法104条および105条が準用される。たとえば，債権者甲に対して主債務者乙が1000万円の債務を負っており，その全部について丙および丁の2人が保証をしていた場合において，連帯保証（商511Ⅱ）としない旨の特約があれば，分別の利益が発生し，丙および丁は，それぞれ500万円について保証債務を負うことになる。この場合，丙および丁は1000万円について全部義務を負っているわけではないが，甲からみると，それぞれ500万円の限度では，乙に対する主債務と丙および丁に対する保証債務が併存していることになるので，乙と丙との関係や乙と丁との関係について，それぞれ破産法104条1項お

---

[138] 主債務者について更生手続が開始されても，民法452条但書は適用されないから，催告または検索の抗弁が働く余地があり，法135条2項が準用する破産法105条は，これを排斥する意義をもつ。
[139] 注137で述べた通り，特約がなくても連帯保証となり（商511Ⅱ・503Ⅱ，会社5），主債務の全部について義務を負うのが原則となる。もちろん，連帯保証（民454・458）や保証連帯（民465Ⅰ）の特約があれば，保証人は主債務の全部について義務を負う。
[140] 連帯保証（商511Ⅱ）としない旨の特約がある場合（大判昭和13・3・16民集17巻423頁参照）または主債務および保証が株式会社の事業と無関係である場合（商511Ⅱ・503Ⅱ，会社5参照）である。

および2項が準用される[141]。

　また，甲の500万円の更生債権等の届出に対して，丙や丁の管財人が催告または検索の抗弁権（民452・453）を主張することは妨げられるべきであるから，破産法105条を準用する。さらに，丙および丁は，500万円の限度で乙に対して求償権をもつから，これについて破産法104条3項および4項を準用する[142]。

5　1人の一部保証人の更生

　主債務の一部について1人の一部保証人が存在する場合には，主債務者と保証人との関係について，保証債務の限度で法135条2項によって破産法104条および105条を準用する。

　たとえば，債権者甲に対して主債務者乙が1000万円の債務を負っており，そのうちの600万円について丙が保証をしていたとする。この場合には，600万円の保証債務を基準とすれば，乙および丙は，数人の全部義務者とみられるから，乙および丙に更生手続が開始されたとすれば，甲は，乙に対して1000万円の更生債権等を行使するほかに，丙に対して600万円の更生債権等を行使できる（135Ⅱ，破104Ⅰ）[143]。丙の管財人は，甲の更生債権等の届出に対して催告または検索の抗弁権を主張しえない（135Ⅱ，破105）[144]。

141）　乙と丙との関係は，後で述べる1人の一部保証人の場合と同様の扱いになる。乙と丁との関係も同様である。これに対し，丙と丁との間には全部義務者の関係はない。
142）　これに対し，全部義務者の関係にない丙と丁との間には破産法104条3項および4項の準用はない。
143）　なお，旧破産法においては，全部義務者に関する条文（旧破24・26ⅠⅡ）を一部義務者に準用する旧破産法27条が設けられていたため，平成16年改正前の会社更生法も，法135条2項において旧破産法27条を準用していた。しかしながら，本文で述べたように，保証債務を基準とすれば，乙および丙は数人の全部義務者とみられるから，旧破産法27条のような準用規定を置くまでもなく，全部義務者に関する条文を適用することで同様の結論に達することができる。そこで，現行破産法は，旧破産法27条に相当する規定を設けておらず，法135条2項による旧破産法27条の準用も削除された。
　　旧破産法27条の意義については，改正破産法理由書17頁，井上直三郎「破産法第二七条に就いて」同・破産・訴訟の基本問題265頁（1971年）参照。旧破産法27条廃止の理由については，一問一答新しい破産法152頁参照。なお，負担部分の概念は，通常，連帯債務者の内部的負担を指す意味で用いられるが（奥田・債権総論345頁），旧破産法27条にいう負担部分は，これと異なって，主債務のうちで保証債務が成立している部分を指す。
144）　この点についても，法135条2項が準用する破産法105条にいう債権の全額が保証債務の額を指すものと解すれば，旧破産法27条のような規定を設けてそれを準用しなくとも，破産法105条を直接に更生手続に準用することによって，同様の結果に到達しうる。

甲としては，丙の更生手続における弁済が 600 万円に達すると，丙に対する更生債権等は全額の満足を受けたものとして消滅する。乙の更生手続に対する関係では，甲の債権は，保証によって担保される部分 600 万円と，担保されない部分 400 万円の 2 つに分けられ，600 万円部分は，全額満足を受けたことになり，丙の管財人は，甲に代位して更生債権等を行使しうる。これに対して，甲が乙の更生手続から受ける弁済は，債権者に対してできるだけ弁済しようとする法 135 条（破 104）の趣旨から，民法 489 条の一般的充当原則にかかわらず，主債務者としての乙の性質上，まず保証が付されていない 400 万円部分に充当されることになり，たとえ乙の更生手続で 600 万円の弁済がなされたとしても，そのことは，丙の更生手続における甲の更生債権等の額には影響を及ぼさない（135Ⅱ，破 104Ⅱ）[145]。

　また，甲が乙の更生手続において更生債権等の届出をなさなかった場合には，丙の管財人は，乙の更生手続において，600 万円の求償権を更生債権等として行使しうる（135Ⅱ，破 104Ⅲ本文）[146]。甲が乙の更生手続において更生債権等の届出をなしている場合でも，丙の管財人は，600 万円全額の弁済をなせば，乙の更生手続において更生債権等の行使が認められる（135Ⅱ，破 104Ⅳ）[147]。

6　数人の一部保証人の更生

　主債務の一部について数人の保証人が存在する場合にも，全部義務者とみられる限度で法 135 条 2 項によって破産法 104 条および 105 条を準用する。

　債権者甲に対して主債務者乙が 1000 万円の債務を負っており，そのうちの 600 万円について丙，丁，戊の 3 人が保証をしているとする。まず，丙，丁および戊が分別の利益をもたず，600 万円の全部について義務を負っている場合には[148]，乙，丙，丁および戊は，600 万円の保証債務を基準として全部義務

---

[145]　以上は，条解会更法（中）367 頁による。
[146]　丙の管財人が 600 万円の更生債権を届け出た場合には，停止条件付更生債権等としての議決権の評価（136Ⅰ③ホ）あるいは停止条件成就を条件とする更生計画における権利変更や弁済の定めなどが必要になる。
[147]　甲は，1000 万円の債権届出をなしているが，丙が乙とともに甲に対して全部義務を負うのは 600 万円部分であるから，破産法 104 条 4 項にいう全部も 600 万円を意味するとの理解にもとづくものである（条解会更法（中）369 頁，注解破産法（上）165 頁〔加藤哲夫〕）。このように，破産法 104 条 3 項および 4 項についても，そこでいう全部義務が保証債務を指すものと解すれば，旧破産法 27 条のような規定を設けてそれを準用しなくとも，破産法 104 条 3 項および 4 項を直接準用することによって，同様の結果に達しうる。詳細については，伊藤・破産法〈第 3 版補訂版〉178 頁以下参照。

者とみられるから，基本的に1人の一部保証人（前記5）と同様の処理がなされる。ただし，丙，丁および戊の相互間にも全部義務者の関係があるから，乙，丙および丁について更生手続が開始された場合において，いずれかの更生手続において弁済がなされ，あるいは更生手続開始後に戊から一部弁済がなされても，それが600万円に達しない限り，各更生手続における甲の更生債権等の額には影響を及ぼさない（135Ⅱ，破104Ⅱ）。また，甲が乙または丙の更生手続において更生債権等の届出をなさなかった場合には，丁の管財人および戊は，乙の更生手続においては600万円[149]，丙の更生手続においては，負担部分が平等だとすれば，丙の負担部分に対応する200万円の求償権をそれぞれ更生債権等として行使しうることになる（135Ⅱ，破104Ⅲ本文）。

これに対し，丙ないし戊が分別の利益をもつ場合には，丙ないし戊は，それぞれ200万円について保証債務を負うことになるが，この200万円の限度では，乙の主債務と丙ないし戊に対する保証債務がそれぞれ併存していることになる。したがって，乙と丙ないし戊との関係について，破産法104条および105条を準用し，分別の利益をもつ数人の全部保証人（前記4(2)）と同様の処理がなされる。

7 物上保証人の更生

物上保証人の更生においても現存額主義が妥当し，たとえば手続開始後に主債務者から一部弁済がなされた場合であっても，更生手続開始時の目的物の時価を基準とする更生担保権額（2Ⅹ）が影響を受けないかどうかが問題となる。別除権と異なって，更生担保権は，担保権の被担保債権を本体とするものであることなどを考慮すれば，保証人の更生の場合と同様に現存額主義が妥当し，当初の更生担保権額を維持させるべきである[150]。法135条2項が準用する破産法104条は更生担保権についても適用されることからも，このような結論に

---

148) 連帯保証（民454・458）や保証連帯（民465Ⅰ）の特約がある場合のほか，保証人が株式会社である場合には，原則としてこれにあたる（注139参照）。
149) 丁の管財人および戊がそれぞれ600万円の更生債権を届け出た場合の扱いについては，注135参照。
150) これに対して，物上保証人の破産においては，被担保債権を破産債権とする余地がないために，現存額主義は働かず，主債務者からの弁済があれば，物上保証人の責任は，担保権である別除権実行時の被担保債権が基準となる。以上について，松下淳一「『破産法等の見直しに関する要綱』の概要」金法1696号26頁（2004年），新破産法の基本構造371頁参照。

なる。

8 組合員の更生

民法上の組合の組合員たる株式会社[151]について更生手続が開始されたときに，組合債権者が更生債権者等たりうるかどうかが問題となる（組合契約について，本書299頁参照）。組合員は組合債務について責任を負うので（民675参照），積極に解される[152]。ただし，組合員の責任は分割債務とされているので，更生債権等の額も，組合に対する債権額そのものではなく，損失分担の割合または均一割合による額とされる[153]。また，額の基準時は，破産法106条の類推適用により更生手続開始時の分割債務額と解される。

9 結合企業の更生

親子会社などを含む結合企業の中で，結合の程度が著しく強い場合には，形式的な法人格を基準として通常の更生手続を行うことが，公平に反すると評価されることがある。たとえば，本来子会社の財産であるはずのものが，親会社の財産とされている場合などにおいて，両者について倒産処理手続が開始されたときに，それぞれに帰属する財産を前提として倒産処理手続を行うと，親会社の利害関係人は有利な立場に置かれるし，逆に子会社の利害関係人は不利な立場に置かれる。問題が発生する局面としては，両者について同種の手続，たとえば，親会社と子会社のいずれについても更生手続が開始されるときと，両者について異種の手続，たとえば，親会社について更生手続が，子会社について破産手続が開始されるときの2つに分けられる。いずれの場合であっても，問題が個別的な財産に限定されていれば，子会社の管財人や破産管財人が否認権や取戻権を行使したり，親会社が子会社に対してもつ更生債権等や破産債権を解釈上劣後化したりすることによって衡平の回復が図られる[154]。

しかし，財産の混同などが大規模になると，こうした個別的な法技術では解決が難しい。問題の解決のために，双方が同種の手続の場合には，双方の更生

---

151) 実務上では，建設工事に関するジョイントベンチャー（共同企業体）が典型的なものである。前掲最判平成10・4・14（注131）参照。
152) 匿名組合員たる株式会社が営業者と連帯して債務を負担する場合（商537）において，当該株式会社について更生手続が開始されたときも，同様に解される。さらに，持分会社の社員である株式会社について更生手続が開始されたときにも，類似の問題がある。
153) 新版注釈民法(17)133頁〔品川孝次〕。もっとも，債務が商行為から生じたときには，連帯債務と解されている（商511Ⅰ。前掲最判平成10・4・14（注131）参照）。

手続を併合して（13，民訴152 I），1つの更生手続の中で親子会社それぞれについて更生計画を成立させる手続的併合[155]，さらに一方の更生債権者等に他方の更生手続における権利行使を認め，実質的に1つの更生計画を成立させる実体的併合などが議論される[156]。手続的併合は，現行法の下でも可能であり，実体的併合については，解釈論としては，法人格否認の法理を基礎としてこれを実現する方法が考えられる。なお，旧法と比較すると，現行法は，親子会社など密接な関係にある法主体について，広く関連更生管轄を認めるので（5Ⅲ～Ⅴ），上記の手続的併合および実体的併合は，より認めやすくなったと思われる[157]。

第6節　共　益　債　権

更生債権等は，更生手続開始前の原因にもとづく財産上の請求権であり，更生会社財産を基礎とする更生計画による分配を求める権利である（2ⅧⅩⅫ）。ところが，更生会社財産を引当てとする債権の中には，時期的にも，また順位的にも更生計画による分配に先立って満足を与えるべきものが存在する。法は，

---

154) 田原睦夫「企業グループの倒産処理」講座（3）106頁以下では，劣後化の根拠として主張される過小資本の責任，不当経営の責任（支配会社の場合），不当経営の責任（取締役の場合）などについて検討し，後二者を理由として更生計画上での劣後的取扱いの余地を認める。第1章の設例においても，合意にもとづくものではあるが，親会社の更生債権を劣後化している。

155) 田原・前掲論文（注154）79頁以下では，手続的併合によって実現できる措置として，債権調査確定手続や更生計画立案などの一体的処理，共通の管財人等の選任などを挙げる。

156) 実体的併合に関する論文として，田村諄之輔「結合企業における倒産法上の問題点(1)～(4・完)」NBL 178号13頁，179号34頁，183号30頁，185号21頁（1979年），山内八郎「親子会社の倒産処理に関する若干の考察（上）～（下）」判タ433号29頁，434号71頁，435号41頁（1981年），松下淳一「結合企業の倒産法的規律（4・完）」法協110巻4号419頁以下（1993年），伊藤・研究277頁などがある。法人格否認の法理自体は，最判昭和44・2・27民集23巻2号511頁によって承認されており，これが債権者に対する責任について適用されることも，今日では疑いのないところと思われる。したがって，法人格否認の法理が適用される事例においては，本文に述べるように，相互に債権届出を認め，また，一方の更生債権者等が他方の更生債権等の届出に対して異議を述べることを許すべきである（大阪地判昭和52・7・15判時873号98頁〔新倒産百選70事件〕〔破産〕参照）。

157) 実体的併合とは区別されるが，グループ企業である更生会社の一体的処理の技法としての事業譲渡，会社分割，あるいは合併については，田原・前掲論文（注154）85頁以下に詳しい。

「更生計画の定めるところによらないで，随時弁済」(132 I) し，「更生債権等に先立って，弁済する」(同Ⅱ) という形で，共益債権を実質的に定義する。いかなる債権を共益債権とするかは，立法政策の問題であるが，基本的な理念としては，更生手続を遂行し，更生計画を遂行するために更生債権者等や株主が共同で負担しなければならない費用にかかる債権を共益債権とすべきである[158]。

したがって，共益債権とされることの意義は2つに分けられる。第1は，更生計画の定めるところによらない随時弁済性，すなわち当該債権の本来の履行期にしたがった履行義務である (同Ⅰ)，第2は，更生債権等に先立つことである (同Ⅱ)[159]。第1の意義についていえば，破産の場合 (破42 I Ⅱ) と異なって，更生手続開始決定の効力によって当然に共益債権にもとづく強制執行等が禁止され，また中止されるわけではないが (50 I・24 I ②参照)，強制執行および仮差押えについては，裁判所の命令による中止や取消しの可能性がある (132 Ⅲ. 本書247頁参照)[160]。

共益債権は，以下のような類型に分けられる。

第1の類型は，更生手続の遂行に必要な費用である (127①~④⑦・131)。管財人の報酬請求権などが代表的なものであるが，これらの費用は，利害関係人全体の利益のために支出されるものであり，それについて優先的な満足を与えることは，更生手続の円滑な進行に欠くことができないことが共益債権性の根拠である。

第2の類型は，更生手続遂行の過程において管財人の法律行為または不法行

---

[158] 厳密な意味で更生会社財産や更生会社の事業価値の維持・増殖に必要でなかったとみなされる費用にもとづく債権，たとえば管財人の不法行為にもとづく損害賠償債権 (127⑤) などをも包含する趣旨である。以上の点については，中西正「財団債権の根拠」法と政治 (関西学院大学) 40巻4号289, 360頁 (1989年)，同「ドイツ破産法における財団分配の基準 (2・完)」法と政治 (関西学院大学) 43巻3号85, 142頁 (1992年) 参照。

[159] 「先立つ」とは，更生債権等に対する特別の優先権を付与する趣旨ではなく，更生計画によらない随時弁済の結果として，更生債権者等に対する弁済に優先する趣旨である。伊藤眞「財団債権（共益債権）の地位再考——代位弁済に基づく財団債権性（共益債権性）の承継可能性（大阪地判平21.9.4を契機として）」金法1897号19頁 (2010年) 参照。なお，共益債権の弁済を確実にするために管財人が担保権を設定した場合には，共益担保権が成立する (133 I 但書参照)。

[160] これに対し，共益債権を被担保債権とする担保権の実行は，中止や取消しの対象とならない (132Ⅲ・50 I・24 I ②参照)。

為などにもとづいて発生する債権である（127⑤⑥）。管財人が利害関係人の利益を実現するために活動する以上，第三者の負担において更生会社が利益を受けた場合はもちろん，更生会社が利益を受けない場合でも，管財人の行為に起因する第三者の権利を公平の観点から共益債権とするものである[161]。更生手続開始前の原因にもとづくものであるが，保全管理人や開始前会社の行為にもとづく共益債権（128ⅠⅣ）も，同様の性質を有する。また，特別の共益債権であるが，双方未履行双務契約について管財人が履行の選択をした場合の相手方の請求権が共益債権とされるのも（61Ⅳなど），同様の理由にもとづいている（本書271頁参照）。

　第3の類型は，特別の政策的考慮にもとづいて特定の種類の債権に優先的地位を与えるために，法が共益債権とする場合である。開始決定前の原因にもとづく租税等の請求権の一部（129）および使用人の給料等の一部（130）がこれに属する[162]。もっとも，この種の債権も更生会社財産に属する財産の形成過

---

[161]　破産手続においては，第1類型と第2類型とを合わせて，内在的（本質的）財団債権と呼ぶことがあるが（中西・前掲「財団債権の根拠」（注158）363頁），更生手続上の共益債権についてもこの考え方が妥当しよう。
[162]　この種の共益債権（破産手続の場合には財団債権）について代位弁済をした場合に，第三者が求償権や原債権を共益債権（財団債権）として行使できるかという問題がある。新版破産法425頁〔瀬戸英雄〕。租税債権の保証人について東京高判平成17・6・30金法1752号54頁，前掲東京地判平成17・4・15（注27）〔民事再生〕，労働債権の労働者健康福祉機構による代位弁済について，新破産法の基本構造343頁〔山本克己発言〕参照。
　　一つの考え方としては，共益債権性の基礎となる債権ないし債権者の要保護性を重視して，代位弁済者による共益債権としての地位の承継を否定する議論もありうる（山本和彦「労働債権の立替払いと財団債権」判タ1314号5頁（2010年））。また，民法501条柱書にいう「自己の権利に基づいて求償をすることができる範囲内において」との規律との関係から，自らの求償権を更生債権として行使する立場にある代位弁済者が，原債権の共益債権性を主張することは，その規律の趣旨と矛盾するとの議論もありうる（大阪地判平成21・9・4判時2056号103頁，大阪地判平成23・3・25金法1934号89頁。長谷部由起子「弁済による代位（民法501条）と倒産手続」学習院大学法学会雑誌46巻2号246頁（2011年），野村剛司「弁済による代位と民事再生——大阪高裁平成22年5月21日判決の事案から（附最高裁平成23年11月24日判決について）」倒産実務の諸問題245頁参照）。
　　しかし，要保護性は，共益債権（財団債権）とされる根拠にとどまること，共益債権の譲渡と求償権にもとづく代位との間で決定的な差異をもうけるべき合理的理由（この点について比較法的検討をするものとして，杉本純子「優先権の代位と倒産手続」同志社法学59巻1号173頁（2007年）がある）に欠けること，民法501条柱書はあくまで求償権についての実体法上の制約であり（最判昭和59・5・29民集38巻7号885頁），求償権行使に関する更生債権としての制約は手続上のものであることを考慮し，第三者による原債権

程において更生債権者等や株主が共同で負担しなければならない費用としての性質を否定できないので，第1および第2類型の共益債権とまったく共通性がないとはいえない。ただし，この種の債権のうちどの範囲のものについてこのような性質を認めるかは，政策的判断によらざるをえない。

以上は，共益債権とされる根拠からみた区分であるが，法文の根拠からは，法127条にもとづく一般の共益債権とそれ以外の個別規定にもとづく特別の共益債権とに分けられる。一般の共益債権は，更生手続開始後の原因にもとづくものと，開始前の原因にもとづくものとが含まれるが，上記の第1および第2の類型から構成される。

第1項　一般の共益債権

法127条にもとづく一般の共益債権には，以下のものが含まれる。

行使について共益債権性（財団債権性）を認めるべきである（佐々木修「破産手続において租税優先性の代位を否定した事例に関する問題点」銀行法務21　676号56頁（2007年）参照）。破産手続における優先的破産債権および再生手続における一般優先債権についても，同様の考え方が妥当する。詳細については，伊藤・前掲論文（注159）12頁（2010年），松下淳一「共益債権を被担保債権とする保証の履行と弁済による代位の効果——大阪高判平22・5・21をめぐって」金法1912号20頁（2010年），中西正「財団（共益）債権性・優先的倒産債権性の承継可能性」倒産実務の諸問題260頁参照。財団債権たる労働債権につき承継可能性を否定した裁判例として，大阪高判平成21・10・16金法1897号75頁〔破産〕，共益債権たる前渡金返還請求権につき，承継可能性を認めた裁判例として，大阪高判平成22・5・21判時2096号73頁〔民事再生〕があった。このような下級審裁判例の状況や学説の議論を踏まえて，最高裁は，財団債権たる労働債権（最判平成23・11・22民集65巻8号3165頁〔破産〕）と共益債権たる前渡金返還請求権（最判平成23・11・24民集65巻8号3213頁〔民事再生〕）に関して，それぞれの弁済による代位によって原債権を取得する者が財団債権性または共益債権性を主張できるものとした。その主たる理由は，原債権の取得は，代位弁済者の求償権を担保するために認められている以上，求償権が破産債権や再生債権にとどまるからといって，それを理由として，財団債権や共益債権という原債権の地位の主張を否定することは合理性を欠き，また，それを肯定したからといって，他の破産債権者や再生債権者に不当な不利益を与えることにはならないという点にある。これを前提とすれば，更生手続において共益債権である原債権を代位弁済した者の場合にも，たとえ求償権が更生債権であるとしても，原債権の共益債権性を主張できることになろう。

なお，優先的更生債権である労働債権や租税等の請求権について第三者が代位弁済をした場合についても，代位弁済者が優先的更生債権の地位を主張できるかという類似の問題がある。基本的には，共益債権性の承継と同様に考えるべきであるが，優先権が実体法上のものであり，それが代位弁済者に移転するかという点を検討する必要があろう。

1 更生債権者等および株主の共同の利益のためにする裁判上の費用の請求権（127①）

更生手続開始申立ての費用，保全処分の費用，各種裁判の公告や送達費用，関係人集会開催にかかる費用など，更生手続遂行について裁判所が行う行為に関連して発生する一切の費用を含む[163]。

2 更生手続開始後の更生会社の事業の経営ならびに財産の管理および処分に関する費用の請求権（127②）

更生会社の事業の経営に関する費用としては，原材料や商品の購入費用，取締役の報酬[164]，従業員の給与等，役務提供の対価等の一切のものが共益債権になる[165]。更生手続開始後更生計画認可決定前に会社都合で退職した者の退職手当の請求権（本書304頁）や更生手続開始後の罰金等の請求権（本書191頁注65）も，この費用としての性質をもつ。また，財産の管理および処分に関する費用は，事業施設の維持管理費や処分費用を含む。

3 更生計画の遂行に関する費用の請求権（更生手続終了後に生じたものを除く）（127③）

更生計画認可決定によって更生計画の効力が発生したこと（201）を前提として，そこに定められた事項が管財人または更生会社によって遂行されることになるが，更生債権等の弁済に要する費用，募集株式や募集社債を引き受ける者の募集，合併や会社分割などの組織再編にともなって発生する費用など，更生計画に定められた事項の遂行に関する費用は，すべて共益債権となる。

4 各種の手続機関等の費用，報酬および報償金の請求権（127④）

保全管理人，保全管理人代理，監督委員，管財人，管財人代理，法律顧問および調査委員の費用前払および報酬請求権（34Ⅰ・38・81Ⅰ・81Ⅴ・126），更生

---

[163] 裁判所に納付する申立手数料や予納金（本書51頁参照）がこれに含まれることに疑いはないが，申立代理人の費用や報酬については，「更生債権者等及び株主の共同の利益」との関係で，合理的範囲に限定されるべきであろう。また，不当に高額な報酬等がすでに支払われている場合には，否認の可能性もある（本書386頁参照）。

[164] 取締役等は，原則的には報酬請求権を有しない（66Ⅰ本文）から，報酬請求権が共益債権となるのは，例外的な場合である。ただし，取締役がその権限を回復した場合（72Ⅳ・66Ⅰ但書）には，その報酬請求権は，当然に共益債権（127②）となる。

[165] あくまで更生手続開始後の業務にもとづいて発生するものでなければならない。再生手続において，年間最低保証ロイヤルティが権利設定の対価であり，当該契約が再生手続開始前になされたことを理由として同ロイヤリティについて共益債権性を否定したものとして，東京地判平成17・12・27判タ1224号310頁がある。

債権者委員会,更生担保権者委員会および株主委員会の活動費用償還請求権（117Ⅳ Ⅵ Ⅶ），裁判所が選任した代理委員の費用および報酬請求権（123Ⅴ），更生債権者等,株主もしくは代理委員またはこれらの者の代理人の費用償還請求権および報償金支払請求権（124Ⅰ），更生債権等の確定訴訟に関する更生債権者等や株主の訴訟費用償還請求権（162）がこれに含まれる。性質としては,更生手続遂行のために必要な費用の一種とみなされる。

5 更生会社の業務および財産に関し管財人または更生会社（72Ⅳ前段参照）が権限にもとづいてした資金の借入れその他の行為によって生じた請求権（127⑤）

本号の請求権は,実質において2号の請求権と重複することが多いが,業務の遂行に不可欠な借入れなどにもとづく請求権の地位を明らかにするために,特別の規定を設けたものである。典型例は,いわゆるDIPファイナンスがこれにあたる[166]。ただし,取引によって生じたものに限らず,管財人や更生会社の機関がその権限にもとづいてした行為であれば,不法行為にもとづく相手方の損害賠償請求権なども,本号の共益債権に該当する。

6 事務管理または不当利得により更生手続開始後に更生会社に対して生じた請求権（127⑥）

事務管理にもとづく費用償還請求権（民702Ⅰ）や不当利得返還請求権（民703）のうち,更生手続開始後に生じたものは,更生債権者等や株主全体に利益や利得が生じているという理由から共益債権とされる。これに対して,更生手続開始前に生じたものは,更生債権である（2Ⅷ柱書）。

7 更生会社のために支出すべきやむをえない費用の請求権で,更生手続開始後に生じたもの（127条各号に掲げるものを除く）（127⑦）

本号の共益債権の例としては,管財人の権限に属しない更生会社の人格的活動にともなう費用,たとえば,株主名簿の整備に関する費用や株主総会開催の費用などがあげられる。ただし,やむをえないとみなされるためには,その費用の支出が事業の維持更生のために不可欠であることが必要である。

---

[166] 条解会更法（下）312頁,瀬戸英雄「事業再生における資金調達」講座（3）138頁参照。

第2項　特別の共益債権

　法127条以外の規定にもとづく共益債権としては，以下のようなものがある。これらを特別の共益債権と呼ぶ。ただし，一般の共益債権と特別の共益債権との間には，破産手続における一般の財団債権と特別の財団債権のような優先劣後の関係（破152Ⅱ）が存在しないから（133Ⅰ本文），もっぱら講学上の区別にすぎない。

1　相手方との公平の見地から共益債権とされたもの

　法は，更生手続において更生会社が負担する請求権のうち，その内容にしたがって，本来の弁済期に弁済しなければ相手方との公平に反すると判断されるものを共益債権としている。その例としては，双方未履行双務契約について管財人がその履行を選択した場合の相手方の請求権（61Ⅳ），管財人が解除の選択をした場合の相手方の反対給付または価額返還請求権（同Ⅴ，破54Ⅱ），継続的給付を目的とする双務契約において相手方が更生手続開始申立て後更生手続開始前にした給付にかかる請求権（62Ⅱ），第三者対抗要件が備えられた賃貸借契約等について賃借人等が有する請求権（63，破56Ⅱ）（以上について，本書271頁以下参照），保全管理人が開始前会社の業務および財産に関し権限にもとづいてした資金の借入れその他の行為によって生じた請求権（128Ⅰ），開始前会社（保全管理人が選任されているものを除く）が更生手続開始申立て後，裁判所の許可（または監督委員の承認）をえて，更生手続開始前に資金の借入れや原材料の購入その他開始前会社の事業の継続に不可欠な行為をしたことによって生じる相手方の請求権（128Ⅱ～Ⅳ）[167]，否認権行使の結果として生じる相手方の更生会社に対する反対給付返還請求権または価額償還請求権等（91の2Ⅰ②・Ⅱ①③）が挙げられる。

---

[167] いわゆるDIPファイナンスにもとづく貸付金債権が共益債権とされるのが，この例である。さらに，更生手続開始申立て前の貸付金であっても，産業活力の再生及び産業活動の革新に関する特別措置法52条にもとづく確認（本書554頁注15）がされていることなどを理由として，管財人と相手方との和解（72Ⅱ⑥）により，DIPファイナンスにもとづく貸付金債権が共益債権（127⑤）とされることもある。瀬戸・前掲論文（注166）125頁，腰塚和男ほか「事業再生ADRから会社更生への手続移行に際しての問題点と課題（2）――日本航空，ウィルコム，林原の事業を参考にして」NBL954号62頁（2011年）参照。

2 更生債権者等や株主が共同で負担すべき費用としての性質から共益債権とされたもの

この類型の共益債権には，種々の性質のものが含まれているが，更生手続の遂行に寄与していると認められる他の手続の費用という点で共通性がある。

(1) 更生手続開始決定によって中止した破産手続における財団債権および再生手続における共益債権（50Ⅸ①）

更生手続開始決定によって中止した破産手続（50Ⅰ）における財団債権は，開始された更生手続の基礎である更生会社財産の保全に寄与しているという側面があり，また，破産手続から更生手続への移行を円滑にするという目的をも考慮して，共益債権とする（同Ⅸ①前半部分）。この点を考慮して，継続的給付を目的とする双務契約の相手方が破産手続開始の申立て後破産手続開始前にした給付にかかる請求権（破55Ⅱ），および保全管理人が債務者の財産に関し権限にもとづいてした行為によって生じた請求権（破148Ⅳ）は，破産手続が開始されなかったときでも，共益債権とする（同第1かっこ書後半部分）。これに対して，政策的理由から財団債権とされている租税等の請求権（破148Ⅰ③）は，共益債権としない（50Ⅸ①第1かっこ書前半部分）。

また，更生手続開始によって中止した再生手続における共益債権も，同様の理由から更生手続における共益債権とする（50Ⅸ①後半部分）。この場合にも，継続的給付を目的とする双務契約の相手方が再生手続開始の申立て後再生手続開始前にした給付にかかる請求権（民再50Ⅱ），再生債務者が許可またはそれに代わる承認をえて再生手続開始申立て後再生手続開始前にした借入金等にかかる請求権（民再120Ⅲ）および保全管理人が再生債務者の業務および財産に関し権限にもとづいてした行為によって生じた請求権（民再同Ⅳ）は，再生手続が開始されなかったときでも，更生手続における共益債権とする（50Ⅸ①第2かっこ書）。

(2) 更生手続開始決定によって失効した特別清算手続のために更生会社に対して生じた債権およびその手続に関する更生会社に対する請求権（50Ⅸ②）

更生手続開始決定によって更生会社に対する特別清算手続は失効する（50Ⅰ）。特別清算手続においては，財団債権や共益債権に対応する概念は設けられていないが，それに類似するものとして，特別清算の手続のために清算株式

会社に対して生じた債権および特別清算の手続に関する清算株式会社に対する費用請求権がある（会社515Ⅲかっこ書参照）[168]。

　ここで，特別清算の手続のために清算株式会社に対して生じた債権とは，債権申出催告のための官報公告費，財産の管理処分についての費用，清算事務に必要な事務所・倉庫の賃料，清算事務に従事する従業員の給料，清算人，監督委員および調査委員の報酬や鑑定人の選任費用などを意味し，特別清算の手続に関する清算株式会社に対する費用請求権とは，特別清算開始の申立費用を第三者が立て替えた場合の費用請求権などを意味するが[169]，上記（1）において述べた破産手続上の財団債権または再生手続上の共益債権を更生手続上の共益債権とするのと同様の理由から，特別清算におけるこの種の請求権も共益債権とする。

　(3)　続行された手続または処分に関する更生会社に対する費用請求権等（50Ⅸ③④。本書309頁参照）

　更生手続開始決定にともない更生会社財産に対してすでにされている強制執行等（24Ⅰ②）や企業担保権の実行手続は中止するが（50Ⅰ），裁判所は，更生に支障を来さないと認めるときは，その続行を命じることができる（同Ⅴ①）。更生会社財産に対してすでにされている国税滞納処分等（24Ⅱ参照）についても，同様である（50Ⅱ・Ⅴ②）。これらの手続や処分が続行された結果として，更生手続に何らかの利益を生じることが予定されるために（同Ⅴ参照），更生会社に対する手続費用請求権を共益債権とする（同Ⅸ③）。

　更生担保権にかかる担保権の実行禁止（同Ⅰ）が解除された場合（同Ⅶ）における担保権の実行手続に関する更生会社に対する請求権についても，手続の実行によって更生手続に何らかの利益が生じることが予定されるために（同Ⅴ参照），同様に，手続費用請求権を共益債権とする（同Ⅸ④）。

　更生会社の財産関係の訴訟手続を管財人が受継した場合における相手方の更生会社に対する訴訟費用償還請求権（民訴61以下）が共益債権となり（52Ⅲ）[170]，債権者代位訴訟（民423）を管財人が受継した場合における相手方の更

---

168)　この債権や請求権は，特別清算手続における共益債権性をもつものを指し，権利変更の対象となる協定債権と区別される。条解会更法（上）588頁，萩本修編・逐条解説新しい特別清算83頁（2006年）参照。
169)　山口和男編・新会社法対応 特別清算の理論と裁判実務240頁以下（2008年）に詳しい。

生債権者に対する訴訟費用償還請求権が共益債権となり（52の2Ⅲ），詐害行為取消訴訟（民424）または先行した破産手続もしくは再生手続における否認訴訟等を管財人が受継した場合における相手方の破産管財人または再生手続の管財人もしくは否認権限を有する監督委員（民再128Ⅱ）に対する訴訟費用償還請求権が共益債権となり（52の2Ⅲ），担保権消滅手続において，管財人が担保目的財産の価額に相当する金銭の納付をしないため，または管財人がその金銭の納付をする前に更生計画認可の決定があったために消滅許可が取り消された場合（108Ⅴ）における，価額決定の請求をした者の更生会社に対する価額決定請求手続に関する費用請求権を共益債権とするのも（107Ⅳ），更生債権者等や株主が全員でこれらの費用を負担しなければならないとの考え方にもとづいている。

(4) 社債管理者等の費用および報酬請求権（131Ⅳ）

社債権者が更生債権者等となるときに，社債権者集会の開催など社債の管理に関する事務が必要になる場合がある。このときに，社債管理者等（43Ⅰ⑤）が設置されていれば，社債権者集会の開催費用など，当該事務の処理に要する費用をあらかじめ共益債権とする旨の許可を申し立て，裁判所は，それが更生手続の目的を達成するために必要なものであると認めれば，その許可をすることができる（131Ⅰ）。社債管理者等の事務は，本来はそれぞれ更生債権者等である社債権者の利益のために行われるものであるが，社債権者が多数に上る場合など，社債管理者等の事務処理が更生債権者等や株主全体の利益に資すると認められることが，共益債権化の根拠である[170]。

また，社債管理者等が上記の許可をえないで，更生債権等である社債の管理に関する事務を行った場合でも，裁判所は，当該社債管理者等の事務が更生会

---

170) 再生手続では，法人の役員の責任に関する査定の裁判に対する異議の訴えの当事者適格が再生債権者にも認められているために（民再143Ⅱ・145Ⅲ），勝訴した相手方の再生債権者に対する訴訟費用償還請求権が共益債権とされているが（民再67Ⅴ），更生手続では，当事者適格が管財人に限定されているために（102Ⅲ），対応する規定が置かれていない。

171) 一問一答新会社更生法154頁。必要と認められる費用のみが共益債権になるから，社債権者の数からみて不必要に広い会場を借り上げた費用などは共益債権にならない。この意味で，あらかじめ裁判所の許可を要求する合理性がある。新会社更生法の基本構造126頁〔深山卓也発言〕参照。許可がないままに社債管理者が事務を行い，事後の許可（131Ⅱ）もえない場合の費用が共益債権になるかどうかについては，これを否定する考え方が有力である。新破産法の基本構造〔田原睦夫発言〕359頁。

社の事業の更生に貢献したと認められるときは，社債管理者等が支出した当該事務処理費用の償還請求権のうち，貢献の程度を考慮して，相当と認める額を共益債権とする許可をすることができる（131Ⅱ）。客観的に更生会社の事業の更生に貢献したと認められれば，事前の許可をえていない場合でも，事後の許可によって費用償還請求権を共益債権として認めうる趣旨である。

さらに，裁判所は，更生手続開始後に上記の事務処理をしたことについて社債管理者等の報酬請求権が発生した場合には，その相当と認める額を共益債権とする旨の許可をすることができる（同Ⅲ）。これは，報酬請求権の共益債権化によって社債管理者等が上記のような事務処理を行うことを促すことが，更生債権者等や株主全体の利益に資するとの判断にもとづくものである。

以上の3つの場合において，裁判所の許可をうることによって，社債管理者の費用請求権，費用償還請求権および報酬請求権は，共益債権となる（同Ⅳ）。ただし，共益債権化の許可決定に対しては，利害関係人からの即時抗告が認められる（同Ⅴ）。

(5) 更生債権者等または株主の費用償還請求権（162）

更生債権等の届出に対し他の更生債権者等や株主が異議を主張し，更生債権等の確定に関する訴訟などで勝訴した場合には，それによって更生会社財産が利益を受けた限度で，訴訟費用の償還を共益債権として受けることができる。これも，異議の対象となった更生債権者等が更生計画による弁済から排除される結果として，その限度で訴訟費用の償還請求権が共益的性質を認められるためである（本書502頁参照）。

3 特別の政策的考慮から共益債権とされたもの

特別の共益債権の第3の類型として，当該債権の要保護性を重視して，特別の政策的考慮から共益債権とされるものがある。ただし，これを無限定に拡大することは，更生債権者等や株主の利益を害する結果となるから，法は，一定の合理的限度を画して，共益債権となるべき範囲を定めている。

(1) 更生手続開始前の原因にもとづく源泉徴収所得税等（129）

租税の中には，担税者に代わって，担税者から提供される役務の対価を支払うべき第三者が税額分を控除したり，担税者が消費に際して負担すべき税額分を第三者が対価に上乗せしたりし，その控除分や上乗せ分を国や地方公共団体に納付する仕組みをとるものがある。源泉徴収にかかる所得税，消費税，酒税，

たばこ税,揮発油税,地方揮発油税,石油ガス税,石油石炭税,地方消費税,申告納付の方法によって徴収する道府県たばこ税(都たばこ税を含む)および市町村たばこ税(特別区たばこ税を含む)ならびに特別徴収義務者が徴収して納付すべき地方税[172]は,これらのいずれかの類型に属する。

　第三者は,国や地方公共団体に代行して,これらの税の徴収を行うのであり,徴収して納付すべき税額は,実質的にみれば,第三者固有の財産ということはできない[173]。そこで,更生会社がこの種の第三者である場合に,更生債権となる租税等の請求権(2XV)とは区別して,これらの租税の請求権のうち,更生手続開始当時まだ納期限が到来していないものは,共益債権とする(129)。これに対して,すでに納期限が到来しているものは,租税等の請求権として,更生債権となる。

　ただし,ここでいう納期限が法定納期限(源泉徴収による所得税について,税通15Ⅱ②)か,それとも,法定納期限までに納付されなかったものについてなされる納税の告知にもとづく指定納期限(税通36Ⅰ②)を意味するのかについては,旧会社更生法以来の考え方の対立がある。更生手続開始時における納期限到来を基準とする趣旨を,その時までに自力執行によって徴収することが可能であったことに求めるとすれば,指定納期限到来後に初めて自力執行が可能になることから,指定納期限説をとるべきであろう[174]。

　(2)　使用人の給料等

　使用人が更生会社に対して有する労働関係上の請求権の保護は,使用人やその家族の生活にとっても,また使用人と更生会社との安定した労使関係にとっ

---

172)　特別徴収にかかる個人住民税やゴルフ場利用税などがある。金子宏・租税法〈第16版〉761頁(2011年)参照。なお,性質としては類似するが,賃金から控除される社会保険料は,ここには含まれず,優先的更生債権たる租税等の請求権(2XV)として扱われる。

173)　最判昭和49・7・22民集28巻5号1008頁は,源泉徴収にかかる税金は,一種の預り金であるとし,条解会更法(中)430頁では,「取戻権に類する取扱がなされて然るべきもの」と表現する。ただし,東京高判昭和46・6・30判時639号71頁は,「119条〔現129条——筆者注〕所定の租税債権のすべてが他の租税債権と性格を異にし,会社が国庫等に代つて徴収し保管しているものであるとか,あるいは取戻権的性格を有するとかいえないことは明らかであり」と判示する。

174)　前掲最判昭和49・7・22(注173),条解会更法(中)433頁も,この種の租税にかかる請求権を共益債権とする趣旨を重視し,指定納期限説をとる。ただし,前掲東京高判昭和46・6・30(注173)は,「税務当局において租税の徴収手続のうえで任意に定めることのできる『指定納期限』を指すものではなく,法定の『納期限』をいうものであることは当然としなければならない」と判示する。

ても重要性を有するとの認識にもとづいて，立法者は，実体法上の根拠（民306②・308）にもとづいてこの種の請求権を優先的更生債権（2Ⅷ柱書・168Ⅰ②）とするにとどまらず，一定の範囲で共益債権の地位を認めている[175]。

　ア　使用人の給料の請求権（130Ⅰ。本書304頁参照）

　使用人の給料の請求権は，更生手続開始前6月間のものに限って，共益債権とする（130Ⅰ）[176]。ここでいう給料とは，賃金（労基11）と同義であり，賃金，給料，手当，賞与その他名称のいかんを問わず，労働の対価として使用者が労働者に支払うすべてのものをいう[177]。

　イ　使用人の身元保証金の返還請求権（130Ⅰ）

　更生手続開始前の原因にもとづいて生じた更生会社の使用人の身元保証金の返還請求権は，共益債権とする（130Ⅰ）。更生手続開始前に差し入れた身元保証金の返還請求権は，雇用関係にもとづく請求権として優先的更生債権（2Ⅷ柱書・168Ⅰ②）となるべきものであるが，身元保証金は，与信としての性質をもつものではなく，更生計画による権利変更を甘受させるべき性質のものではないというのが，立法者の判断である。

　ウ　更生計画認可決定前に退職した使用人の退職手当の請求権（130ⅡⅢ）

　更生手続開始決定があった場合に，更生計画認可決定前に退職した使用人[178]の退職手当の請求権は，退職前6月間の給料の総額[179]に相当する額また

---

175) 関連するものとして，賃金の支払の確保等に関する法律7条，同施行規則2条にもとづく労働者健康福祉機構による立替払いの制度がある。立替払いは，「裁判所等の証明書」にもとづくものとされ，破産管財人，再生債務者等，管財人の証明書が含まれるが，保全管理人には証明の権限が認められていないという問題がある（同施行規則17・12Ⅰ参照）。
176) ここでいう6月間は，6月分とは異なるから，更生手続開始前6月前後に給料の一部遅配があっても，共益債権となるのは，更生手続開始前6月間のものに限られ，それ以前の遅配分は，優先的更生債権にとどまる。賞与も含め，6月間の給料の請求権の算定方法については，破産法149条にいう3月間の給料の請求権の算定方法についての条解破産法963頁参照。
　なお，6月間に限る根拠として，平成16年改正前の民法308条が，一般先取特権の範囲を6月間に限っていたことが挙げられていたが（条解会更法（中）436頁），現在では，先取特権による保護の限定は存在しないから，もっぱら更生手続上の政策的考慮によると理解すべきである。
177) これに対して，労働の対価ではない災害補償（労基75以下）は，給料に含まれないし，また役員等（取締役，会計参与，監査役，執行役または会計監査人。会社423Ⅰ）は，使用人ではないから，その報酬も含まれない。契約類型でいえば，雇用契約と委任契約の区別にもとづく（会社330・402Ⅲ参照）。条解会更法（中）436頁。
178) 退職の時期は，更生手続開始決定の前後を問わない。

はその退職手当の3分の1に相当する額のいずれか多い額を共益債権とする (130Ⅱ)[180]。退職手当の請求の内容が定期金であるものは、各期における定期金について、その額の3分の1に相当する額を共益債権とする (130Ⅲ)。

本来であれば、更生手続開始前に退職した者の退職手当の請求権は、更生手続開始前の原因によるものとして、優先的更生債権になり (2Ⅷ柱書・168Ⅰ②)、更生手続開始後に退職した者の請求権は、それが会社都合であれば、全額が共益債権 (127②) となり、自己都合であれば、更生手続開始前の賃金の後払いに相当する部分は、優先的更生債権となり、開始後の賃金の後払いに相当する部分は、共益債権 (61Ⅳ) となると考えられる。しかし、退職の時期と退職の理由によってこのような差を設けるべきかどうかについては、疑問もあり、旧会社更生法昭和42年改正前は、この点について考え方の対立がみられた[181]。旧会社更生法119条の2は、この点を立法的に解決したものであり、現行130条もこれを引き継いでいる。

以上に対して、更生手続開始後更生計画認可決定前に会社都合で退職した者の退職手当の請求権は、その全額が共益債権となる (130Ⅳ・127②)[182]。

なお、更生計画認可決定後に退職した者の退職手当の請求権の取扱いについては、明文の規定がない。認可決定後も引き続き在職している者の退職手当の請求権が免責の対象とならないこと (204Ⅰ②)、退職手当の請求権についての

---

179) 休職や育児休暇のために給料額が減少している場合の算定方法については、規定の趣旨を考えると、その前の平常時における給料額を基準にすることが合理的である。新破産法の基本構造346頁〔山本和彦発言〕参照。

また、退職金の一部のみが未払である場合には、既払額を考慮することなく、未払額が6月間の給料の総額の範囲内であれば、その全額を共益債権とすべきである。新破産法の基本構造345頁〔田原睦夫発言〕参照。ただし、条解会更法（中）444頁は、既払分を共益債権の弁済とみなすべきであるとする。

180) 共益債権とならない退職手当の請求権は、優先的更生債権であるから、届出によって更生計画にもとづく権利変更の対象となり (205Ⅰ)、届出がないと失権する (204Ⅰ柱書)。

なお、いわゆる規約型の確定給付企業年金制度において、信託財産としての基金を維持するために更生会社が負担すべき掛金の拠出請求権について、その実質を考慮して、法130条2項を準用した処理を報告するものとして、鐘ケ江洋祐＝宮本聡「更生手続における確定給付企業年金に関する諸問題」NBL955号84頁 (2011年) がある。

181) 宮脇＝時岡143頁以下によれば、他の考え方として、雇用契約の終了によって初めて生じる請求権として、全額共益債権となる、あるいは会社都合による退職の場合には、全額が共益債権となり、自己都合による退職の場合には、全額が劣後的更生債権（旧会更121Ⅰ④）になるという説などがあったといわれる。

182) 会社更生の実務（下）84頁〔鹿子木康〕、最新実務196頁。

更生債権等の届出は，退職した後にするものとされていること（140 I）などは，更生計画認可決定後の退職にもとづく退職手当の請求権が優先的更生債権であるとの考え方を前提としている[183]。ただし，届出を前提とする権利変更（205 I）の対象にも，また免責の対象にもならない（204 I）ため，その権利の取扱方法については困難な問題がある（本書 481 頁注 47 参照）。

更生手続開始の決定があった場合において，更生手続開始前の原因にもとづいて生じた更生会社の使用人の預り金の返還請求権は，更生手続開始前 6 月間の給料の総額に相当する額またはその預り金の額の 3 分の 1 に相当する額のいずれか多い額を共益債権とする（130 V）。旧会社更生法は，預り金の返還請求権全額を共益債権として保護していた（旧会更 119 後段）。ここでいう預り金の典型例は，いわゆる社内預金であるが，与信の実質をもつ預り金の返還請求権を共益債権とすることについては，かねてから立法論としての批判があり，現行法の立法者は，その範囲を上記のように限定している[184]。

第 3 項　共益債権の地位

破産手続における財団債権の債務者は，機関としての破産管財人と考えるべきであるが，更生手続における共益債権の債務者についても，同様に，機関としての管財人が更生会社財産を責任財産とする債務を負うと解すべきである。

共益債権は，更生計画の定めるところによらないで，更生債権等に先立って，

---

183) 更生計画認可決定前に退職をした者の退職手当の請求権の一部が共益債権となるのに対して，認可決定後に退職する者の退職手当の請求権のうち少なくとも更生手続開始前の賃金の後払いに相当する部分優先的更生債権にとどまるとされるのは，自らの意思によって退職する者に対する保護を厚くすることによって，更生会社の人員整理を容易にするための措置と理解される。もっとも，本文に述べたように，更生債権であっても随時弁済がなされるのであれば，実際上は大きな差異を生じない。ただし，牽連破産手続に移行した場合においては，共益債権である退職手当の請求権は，全額が財団債権となる（254 VI）のに対して，更生債権である退職手当の請求権は，破産法 149 条 2 項の範囲に限って財団債権となるという差異が生じる。
なお，会社都合による退職であれば，注 181 に述べたとおり，全額が共益債権となる。
184) 旧会社更生法下の議論については，条解会更法（中）431 頁参照。また，現行法の考え方の基礎には，退職手当の請求権についてその一部のみを共益債権としながら，預り金全額を共益債権とするのが均衡を失していることなどが挙げられ，共益債権とならない預り金返還請求権を優先的更生債権としなかったことについては，実体法上の優先権が存在せず，また，社内預金自体の経済的重要性が減少したことなどがいわれる。一問一答新会社更生法 153 頁参照。

随時弁済する（132 I II）。先立ってとは，共益債権と更生債権等との間の優先劣後の関係を意味するのではなく，更生計画による履行を待たざるをえない更生債権等と随時弁済がなされる共益債権との先後関係を意味する（本書234頁注162）。

1 共益債権にもとづく強制執行等

共益債権にもとづく強制執行は禁止されない。破産財団のみが弁済の財源となる財団債権の場合（破42 I II本文）と異なって，更生手続開始後の取得財産すべてを含む更生会社財産に対する権利行使を禁止する理由がないからである。

しかし，特定の財産に対する強制執行または仮差押えが，事業の更生に著しい支障を及ぼし，かつ，更生会社が他に換価の容易な財産を十分に有するときは，裁判所は，更生手続開始後において，管財人または更生会社（72 IV前段）の申立てによりまたは職権で，担保を立てさせて，または立てさせないで，強制執行または仮差押えの中止または取消しを命じることができる（132 III）。共益債権者の利益を実質的に害さない限度で，更生のためにその権利行使を制限する趣旨である。共益債権には，非金銭債権も含まれるが，非金銭債権にもとづく仮処分は，中止または取消しの対象とならず，また非金銭執行も，この規定の趣旨を考えると，対象に含まれないと解される。共益債権に付された担保権の実行も同様である。

裁判所は，中止命令を変更し，または取り消すことができ（同IV），強制執行等に対する中止命令または取消命令および中止命令の変更決定または取消決定に対しては，即時抗告が認められるが（同V），執行停止効はない（同VI）。

2 更生会社財産不足の場合の弁済方法等

管財人は，共益債権についてその弁済期にしたがって随時弁済を行うが（132 I），更生会社財産が共益債権の総額を弁済するのに足りないことが明らかになった場合には，随時弁済をやめ（133 II），法令に定める優先権にかかわらず[185]，未弁済額に応じた按分弁済をなす（同I本文）[186]。ただし，共益債権について留置権，特別の先取特権，質権，または抵当権という特定財産上の担保権が成立するときには，その効力が認められる（同但書）[187]。

このような共益債権に対する按分弁済を確保するために，裁判所は，管財人

---

185) 法令に定める優先権とは，法133条1項但書との関係上，租税等の請求権や一般の先取特権など，一般の優先権を指す。

の申立てによりまたは職権で，共益債権にもとづいて更生会社財産に対してされている強制執行または仮差押えの手続の取消しを命じることができる（同Ⅲ）。この取消命令に対しては，即時抗告が許されるが（同Ⅳ），執行停止効はない（同Ⅴ）。

---

186) 平等原則が適用されるのは，更生会社財産の不足が判明した時点以降であり，すでになされた弁済が平等原則違反として問題になることはない（条解会更法（下）341 頁）。複数回按分弁済を実施する場合であっても，管財人において更生会社財産の不足を認識した時点での額を基準とする（条解破産法 980 頁参照）。平等弁済をすべきであるにもかかわらず，管財人が誤って一部の共益債権者に全額弁済をした場合には，他の共益債権者は，弁済を受けた共益債権者に対して按分弁済額を超える部分について不当利得返還請求権を，また管財人に対して善管注意義務違反にもとづく損害賠償請求権（80Ⅱ）を主張することができる（条解会更法（下）339 頁）。
　　ただし，このような処理も管財人の活動によってはじめて可能になるものであることを考えれば，管財人の費用や報酬等，最小限の共益債権を弁済した後に，按分弁済を実施するか，または破産手続に移行することとなろう。
187) 共益債権を自働債権とし，更生会社財産所属債権を受働債権とする相殺権の許容性については，本書 341 頁参照。

第5章　更生会社をめぐる財産関係の整理

　管財人が更生手続を遂行し，その目的（1）を実現するためには，その前提として，更生手続開始前に会社を一方の法主体として形成されている法律関係を整理し，法律関係から派生する相手方の権利を更生債権等（2Ⅷ Ⅹ Ⅻ）や共益債権として，また更生会社（同Ⅶ）の権利を更生会社財産（同ⅩⅣ）として確定する必要がある。たとえば，会社が第三者から不動産を購入する契約を締結し，双方の義務の履行が完了する前に更生手続が開始されたときには，管財人としては，まず契約上の義務を履行するか，契約を解除するかを決定し，それを前提として，相手方の売買代金債権などを共益債権とするか，更生債権とするかを確定させなければならない（61）。また，契約の履行か解除かの選択により，売買目的物たる不動産が更生会社財産となるかどうかを決定される。
　このような実体的法律関係の整理は，本来民法や商法などの実体法の規律にしたがって行われるはずのものである。しかし，迅速に更生手続を遂行する必要性，あるいは，更生会社やその利害関係人と第三者との利益を公平に調整する必要性から，会社更生法は，破産法や民事再生法と同様に，実体法規範を補充し，または修正する特別の規定を設けている。これがいわゆる更生実体法の規定であり，管財人による法律関係の整理は，民法および商法などの実体法に加えて，更生実体法にもとづいて行われる。

第1節　管財人の実体法上の地位

　更生会社財産の管理処分権は管財人に専属するので（72Ⅰ），更生会社財産をめぐる法律関係についても，管財人がその管理処分権の行使として整理を行う。その法律上の地位について述べたように，管財人は，権利義務の帰属主体としての更生会社とは独立の法主体性を認められるが（本書125頁参照），その地位を更生会社や第三者との関係で実体法上どのようにとらえるかが問題となる。たとえば，更生手続開始前に会社から不動産を買い受けた買主が，その所有権を管理処分権者たる管財人に主張して，登記名義の移転や引渡しなどを求

められるかどうかは，物権変動の効果に関して，管財人が第三者（民177）にあたるかどうかにかかっている。

　管財人がたとえ独立の法主体であるとしても，更生会社の機関に代わって管理処分権を行使するにすぎないのであれば，物権変動における第三者にあたらず，買主は，登記なくしてその権利を管財人に対抗できる[1]。しかし，管理処分権の行使が更生債権者等をはじめとする利害関係人の法律上の利益を実現するものである点に着目すれば，差押債権者と同様に管財人を第三者とすべきことになる。いずれにしても実体法律関係における管財人の地位を決定する際には，更生会社に帰属する権利義務について，管財人が更生会社の機関に代わって管理処分権を行使する側面と，更生手続の機関として，利害関係人の利益を実現するために管理処分権を行使する側面の双方を考慮しなければならない。

第1項　管財人の法的地位をめぐる3つの基準

　実体法律関係における管財人の法的地位を決定するについては，法律関係の性質に即して，3つの基準が適用される[2]。

　第1は，更生会社と同視される管財人である。更生手続開始によって管財人に管理処分権が付与されても，権利義務の帰属自体には何ら変更がないとすれば，外部の第三者との法律関係において管財人を更生会社と区別して取り扱うべき理由がない。更生手続開始前から更生会社と何らかの法律関係に入っていた第三者からみた場合でも，相手方の更生手続開始という，自己と無関係の事由によって法律関係の内容が変更されることを受忍する理由に乏しい。第三者が更生会社に対して主張することができた法律上の地位は，管財人に対しても認められるべきであるし，逆に，管財人が第三者に対して主張できる法律上の地位は，更生会社が主張しえた範囲に限られるべきである。管財人を更生会社と同視するのは，このようなことを意味する。したがって，法が更生手続開始

---

1) 権利主体に代わって管理処分権を行使する者でありながら，第三者と考えられない例として，他に遺言執行者（民1012）がある。遺言執行者の地位については，最判昭和31・9・18民集10巻9号1160頁，最判昭和43・5・31民集22巻5号1137頁参照。なお，金融整理管財人について本書129頁注57参照。
2) 更生手続の管財人に対応する破産管財人の地位を包括的に検討したものとして，櫻井孝一「破産管財人の第三者的地位」裁判実務大系（6）164頁，水元宏典「破産管財人の法的地位」講座（2）37頁，垣内秀介「破産管財人の地位と権限」山本和彦ほか編・新破産法の理論と実務139頁（2008年）がある。

を原因として従来の法律関係を変更する特別の規定を設けていないかぎり，管財人の法的地位は更生会社と同視される[3]。

第2は，更生債権者等の関係人の利益代表者としての管財人であり，更生手続開始決定が更生債権者等[4]の利益実現のために管財人に更生会社財産の管理処分権を付与することから[5]，更生会社財産に対する差押債権者と類似の法律上の地位が管財人に認められる[6]。物権変動や債権譲渡の対抗要件の問題などに典型的に表れているように，実体法が差押債権者の地位を保護している場合には，その趣旨に照らして，管財人も，更生手続開始の効力として，その時点における差押債権者と同様の地位を認められるし，また，更生手続開始前に更生債権者等のうちのある者が現実に差押えを行っている場合には，管財人は，

[3] 融通手形の振出人が受取人である更生会社の管財人に対して融通手形の抗弁を主張できるのは，管財人が手形の第三取得者とみなされないためである（最判昭和46・2・23判時622号102頁）。詳細については，伊藤249頁注3参照。なお，伊藤248頁では，破産管財人を破産者の一般承継人とみなす旨を述べるが，破産者から破産管財人への権利義務の承継が存在するわけではなく，あくまで破産者と同視されるという趣旨であり，このことは，更生手続の管財人についても同様である。

[4] 更生債権者等と株主は，ともに更生手続の利害関係人であるが，株主は，更生会社が更生手続開始決定の時において債務超過の状態にあるときには，議決権を否定される（166Ⅱ），あるいは更生計画による権利の変更について劣後的取扱いを受ける（168Ⅲ参照）など，第2次的利害関係人とみなされるので，以下では，更生債権者等を利害関係人の例として用いることとする。

[5] 会社自身の不当利得返還請求権の行使が不法原因給付の法理（民708本文）によって制限される場合であっても，その制限は管財人に及ばないこと（大阪地判昭和62・4・30判時1246号36頁，東京地判平成18・5・23判時1937号102頁），会社が行った粉飾決算について管財人が監査法人の責任を追及することが，信義則に反するものではないこと（大阪地判平成20・4・18判時2007号104頁）も，管財人が更生債権者等の利益実現のために財産管理処分権を行使するという法理の発現である。

[6] ただし，差押えの効力は，強制競売開始決定の債務者への送達か，差押えの登記によって生じるが（民執46Ⅰ），不動産の差押債権者がその地位を譲受人などの第三者に対して主張するためには，差押えの登記を要し（民177。中野・民事執行法394頁参照），第三者との優劣が登記の先後によって決せられ，債権の差押債権者がその地位を譲受人などの第三者に対して主張するためには，差押命令の第三債務者への送達を要し（民467，民執145Ⅳ），第三者との優劣が送達と第三者による対抗要件具備の先後によって決せられる。
　これに対して，管財人の管理処分権は，更生手続開始決定自体の発効（41Ⅱ）にもとづいて，更生会社財産について権利を取得した第三者に対しても，その効果を主張することができるから，第三者との優劣は，第三者の対抗要件具備と更生手続開始決定の先後によって決せられるといってよい。法56条1項本文などの規定も，このことを前提としている。したがって，第三者としては，更生手続開始決定の発効までに対抗要件を具備しなければ，その権利を管財人に対して主張しえず，管財人としては，更生手続開始決定の効力にもとづいてその管理処分権を第三者に対して主張することができる。

その効力を援用することが許される（本書 254 頁参照）。

第 3 に，管財人には，会社更生法その他の法律によって特別の地位が与えられることがある。後に説明するように，双方未履行双務契約について，管財人には特別に履行か解除かの選択権が認められることや（61 I），また，否認権の行使が認められること（86 以下）は，これにあたる。

第 1 から第 3 までの基準の相互関係は，以下のように整理される。管財人と外部の第三者との法律関係は，更生手続開始によって更生会社財産の帰属が変動するものでない以上，基本的には第 1 の基準，すなわち管財人を更生会社と同視するものとして規律される。しかし，実体法規がある法律関係について差押債権者に特別の地位を与えている場合には，更生手続開始決定の効力にもとづいて管財人にも同様の地位が与えられる。これが第 2 の基準である。さらに，会社更生法その他の法律が管財人に対して特別の地位を認めている場合には，それが第 3 の基準となる。

第 2 項　更生手続開始前に会社が行った法律行為の管財人に対する効力

保全処分を別とすれば，更生手続開始前には会社の機関の財産管理処分権は制限を受けず，したがって管財人は，会社の機関が更生手続開始前に行った法律行為の効力を承認しなければならない。しかし，実体法が，ある法律効果を善意の第三者に対して主張しえないとしていたり，あるいは対抗要件を具備しなければ第三者に対して法律効果を主張しえないとしている場合において，その第三者が差押債権者を含むと解されているときには，更生手続開始時を基準時として差押債権者類似の法律上の地位を認められる管財人も第三者として保護される。

1　物権変動等の対抗要件と管財人の地位

たとえば，会社甲が乙に対してその所有不動産を譲渡し，乙は甲に代金を完済したが，甲から乙への移転登記がなされる前に甲について更生手続が開始されて，管財人丙が選任されたとき，譲受人乙は，その所有権を管財人丙に対抗しうるかどうかが問題となる[7]。不動産にかかる物権変動は，登記がなされな

---

[7]　開始決定後に乙が登記を取得すれば，法 56 条の問題になるが，ここでは乙が登記を要せずにその所有権を管財人丙に対抗できるかどうかを問題とする。

ければその効力を第三者に対して主張することが許されないが（民177），ここでいう第三者が差押債権者を含むことは判例・通説によって承認されているから，管財人が第三者に含まれることにも，疑問の余地がない[8]。動産譲渡の対抗要件としての占有の移転（民178）や動産譲渡登記（動産債権譲渡特3Ⅰ）についても，同様に解される。

また，債権譲渡の対抗要件に関しても（民467Ⅱ，動産債権譲渡特4Ⅰ），差押債権者と同様に管財人も第三者とみなされる[9]。したがって，目的物が不動産であろうと，動産であろうと，また債権であろうと，権利変動について対抗要件が要求されるかぎり，会社から権利を譲り受けた第三者がその権利を管財

---

[8] 大連判明治41・12・15民録14輯1276頁は，「第三者トハ当事者若クハ其包括承継人ニ非スシテ不動産ニ関スル物権ノ得喪及ヒ変更ノ登記欠缺ヲ主張スル正当ノ利益ヲ有スル者ヲ指称スト論定スルヲ得ヘシ」と判示し，差押債権者や管財人は，ここでいう正当な利益を有する者に含まれる（差押債権者について，最判昭和39・3・6民集18巻3号437頁）。土地所有者に対して破産手続開始決定がなされた場合に，賃借人が管財人に対してその賃借権を主張するためには，対抗要件（旧建物保護1，借地借家10Ⅰ）を具備する必要があるとする最判昭和48・2・16金法678号21頁〔倒産百選16事件〕〔破産〕も同じ趣旨と理解される。再生債務者に関して，大阪地判平成20・10・31判時2039号51頁〔民事再生〕がある。また，最判平成22・6・4民集64巻4号1107頁〔民事再生〕も，再生手続における所有権留保権者の地位について，このような考え方を前提としている。学説に関しては，条解破産法543頁，印藤弘二「倒産手続における所有権留保の取扱い──最二小判平22.6.4の検討」金法1928号83頁（2011年）参照。

もっとも，更生手続の管財人に関しては，会社の業務執行機関としての性質をもつこと（72Ⅰ）を強調し，破産管財人と区別して，差押債権者と同視すべきではないとする少数説も存在する（千葉勝美「更生管財人の第三者的地位」司法研修所論集71号1頁（1983年））。しかし，更生手続の管財人の事業経営権および財産管理処分権は，継続事業価値を利害関係人に分配する目的を実現するために行使されること，利害関係人の中核となるのは更生債権者等であることを考えれば，破産管財人との間に本質的な差異を見いだすことはできず，更生手続の管財人も，対抗要件の関係では第三者とみなされる。再生債務者（民再2①）および再生手続の管財人（民再66）についても同様である。

[9] 破産管財人について大判昭和8・11・30民集12巻2781頁。また，最判昭和58・3・22判時1134号75頁〔倒産百選17事件〕も破産手続における集合債権譲渡担保の事案について判例理論を確認する。

なお，本文に述べたように，動産および債権の譲渡の対抗要件に関しては，「動産及び債権の譲渡の対抗要件に関する民法の特例等に関する法律」（平成10年法律104号。平成17年法律87号による改正）によって，法人が動産や債権（指名債権であって金銭の支払を目的とするもの）を譲渡した場合に，民法178条の引渡しや同法467条の通知の代わりに，動産債権譲渡登記によっても対抗要件を具備できることが定められたが（植垣勝裕＝小川秀樹編著・一問一答動産・債権譲渡特例法〈3訂版増補〉28頁以下（2010年）），この特例についても，更生手続開始時までにそれぞれの登記を備えなければ管財人に対する対抗力を認められない。

に対して主張するためには，更生手続が開始された時までに対抗要件を備えなければならない。

2 更生手続開始決定に先行する差押えの効力の援用

更生手続開始時を基準時として差押債権者の地位が管財人に認められることを前提として，さらに，手続開始前に更生債権者等たるべき者の1人が会社の財産を差し押さえている場合に，管財人が先行する差押えの効力を自己に有利に援用できるかという問題がある[10]。たとえば，更生手続開始前に会社がその所有する不動産について抵当権を設定した場合，その設定登記がなされるまでの間に，一般債権者による差押えがなされれば，抵当権者は，その権利を差押債権者に対して主張しえない[11]。その後に更生手続が開始されれば，当該債権者による強制執行は中止し（50 I），更生計画認可の決定とともに失効することになるが（208 本文）[12]，管財人は，手続開始決定前の差押えの効力を自己に有利に援用し，抵当権の効力を否定することができる。

なぜならば，強制執行は中止されたのみであり，未だ失効しておらず，執行処分の取消し（50 VI）がなされないかぎり，差押えそのものの効力も維持されているからである[13]。したがって，差押債権者を含む更生債権者等の利益を実現する役割を果たす管財人が，当該差押えの効力を援用して，それに対抗できない権利変動の効力を否定することを排斥すべき理由はない。法においても，

---

10) もちろん，手続開始前の保全処分（28 I）として仮差押えなどがなされ，その後に更生手続が開始されたときには，管財人は，保全処分の処分禁止効に反する物権の設定移転などの効力を否定することができる。

11) 民事執行法 45 条・46 条・87 条 1 項 4 号に表れた手続相対効の考え方（中野・民事執行法 402 頁参照）と同様の結果となる。仮差押えについても同様である。

12) 破産手続の場合には，破産手続開始の決定とともに，強制執行が原則として失効するが（破 42 II），再生手続および更生手続においては，開始決定とともに中止の効果が生じ（民再 39 I，会更 50 I），失効は，再生計画認可の決定の確定または更生計画認可の決定の時に生じる（民再 184 本文，会更 208 本文）。

破産手続の場合には，強制執行の目的物を迅速に破産管財人が換価する必要があるのに対して，再生手続や更生手続の場合には，必ずしもその必要が認められないことが，このような差異が設けられている理由と考えられる。ただし，裁判所は，更生のために必要があると認めるときは，管財人の申立てによりまたは職権で，担保を立てさせ，または立てさせないで，強制執行等の取消しを命じることができる（50 VI）。これは，管財人が目的物を更生計画認可前に処分する必要などに応じるものである。

13) 破産手続においては，強制執行等が失効するとされるが（破 42 II 本文），その続行の余地が認められているので（同但書），更生手続の場合と実質的な差異はない（伊藤 315 頁参照）。

中止された強制執行等を続行する余地が認められていること（同Ⅴ）は，こうした考え方を基礎としているが，かりに続行しない場合であっても，差押えをなした更生債権者等に対して対抗できない権利変動は，差押債権者を含む更生債権者等の利益実現のために更生会社財産の管理処分を行う管財人に対しても対抗できない[14]。

　結局，管財人は，単に更生手続開始時を基準時として差押債権者の地位を認められるだけではなく，更生手続開始前に差押債権者が現存し，その差押えの効力が更生手続開始時まで継続しているときには，その効力を援用して，差押えに後れる第三者の権利取得の効力を否定し，差押登記に後れてなされた所有権移転登記について，抹消登記の請求をなし，また，差押登記に後れてなされた抵当権設定登記がある場合，これを更生担保権として認めることなく，その抹消登記を請求しうる[15]。

3　第三者保護規定と管財人の地位

　民法などの実体法は，種々の法律関係において善意の第三者，または第三者一般を取引の安全等の見地から保護する規定を置いている。そこで，会社が更生手続開始前に一定の法律関係に入っていた場合に，当該法律関係の相手方との関係で管財人を第三者とみることができるかどうかが問題となる。

(1)　虚偽表示による無効と管財人

　更生手続開始前に会社と通謀虚偽表示をなし，財産を会社に仮装譲渡した者が，その法律行為の無効を管財人に対して主張できるかが問題になる。民法94条2項にいう善意の第三者は，虚偽表示を信頼して新たにその当事者から独立した利益を有する法律関係に入り，そのために虚偽表示の無効を主張する者と相反する法律上の利害関係を有するに至った者と一般に定義されており，差押債権者は，目的物について強制的換価を求める法律上の地位を有すること

---

[14]　仮差押えや処分禁止の仮処分に後れる権利変動については，本案の権利が認められ本執行への移行をして，はじめて処分禁止効を具体的に機能させることが可能となるものであること（原井龍一郎＝河合伸一編著・実務民事保全法〈3訂版〉276頁以下（2011年），瀬木比呂志・民事保全法〈第3版〉565，572頁（2009年）参照）との関係が問題となるが，更生手続が更生債権者等全体の利益のために開始されるものであることを考えれば，差押えと同様に解して差し支えない。

[15]　後に更生手続が廃止された場合に，抹消された登記の回復が問題となるが，たとえ当該財産が更生会社財産中に残存していたとしても，ほとんどの場合に牽連破産が開始されると思われるので，回復の余地はないと思われる。

から，同項の第三者に含まれる。管財人の地位は，更生手続開始時における差押債権者と同視されるという基本原則に照らせば，管財人も同項の第三者に含まれる[16]。

次に，善意または悪意の判断がなされるべき主体をどのようにとらえるかが問題となる（民94Ⅱ）。更生会社の管理機構としての管財人が第三者にあたるのであれば，管財人の善意または悪意が問題になるが，管財人に選任された私人の善意または悪意をもって管理機構としての管財人の善意または悪意を決することは合理性を欠く。破産管財人に関する学説の中では，破産管財人自身の善意または悪意を基準とする考え方と，破産債権者を基準として，その中に1人でも善意の者があれば，破産管財人は善意を主張できるとする考え方とが対立している[17]。後者が通説であり，本書でも，破産管財人の場合と同様に，次の理由から通説を支持する。

すなわち，管財人は，あくまで管理機構として更生会社財産の管理にあたるのであり，管財人に選任される私人の善意または悪意を問題とすることは，理論的に不合理であるにとどまらず，法的安定性を欠く結果となる。極端な場合として，更生債権者等全員が悪意のときに，管財人自身の善意を理由として無効の主張を認めないことは，公平に反すると思われるし，逆に，たまたま管財人自身が悪意であっても，更生債権者等の中に善意の者が存在すれば，無効を主張させることは，相手方に不当な利益を与える結果になる。更生会社財産を基礎とする継続事業価値を利害関係人に分配するという更生手続の性質から，更生債権者等の中に1人でも善意の者がいれば，管財人はその地位を援用できるとするのが合理的である。したがって，更生手続開始時を基準時として，管財人は，更生債権者等の中に1人でも善意の者がいることを立証すれば，無効の主張を斥けることができる[18]。

(2)　詐欺・強迫による取消しと管財人

詐欺または強迫にもとづく意思表示は，いずれも取消しの対象となるが（民

16）　破産管財人について，大判昭和8・12・19民集12巻2882頁，最判昭和37・12・13判タ140号124頁〔倒産百選〈初版〉26事件〕。学説の詳細は，条解破産法547頁，伊藤252頁注9参照。
17）　条解破産法548頁，伊藤253頁参照。
18）　株主は，会社の社員であり，差押債権者たりえないから，その善意悪意は問題とならない。

96 I），詐欺による取消しは，取消し前に権利を取得した善意の第三者に対抗することができない（同 II）。したがって，管財人が善意の第三者にあたるかどうかの問題も，詐欺に限って生じる。近時の有力説は，詐欺の被害者を保護するという視点から，虚偽表示の場合と異なって，差押債権者や管財人は第三者たりえないとする[19]。被害者保護という政策目的を強調するのであれば，この有力説にも説得力が認められるが，理論的には，詐欺によって作出された資力の外観を責任財産として信頼した差押債権者，およびそれと同様の地位を認められる管財人を，取引行為によって目的物について権利をえた者と区別することができるかどうか疑問である。本書では，詐欺の場合にも，管財人は第三者にあたりうると解し，善意または悪意に関しては，虚偽表示の場合と同様に，更生手続開始時の更生債権者等のそれを基準とする。

(3) 錯誤無効と管財人

法律行為が錯誤によって無効とされるときに（民95），法律行為の効果を前提として権利を取得した第三者の地位に関しては，特別の規定がない。しかし，学説は，詐欺取消しが主張される場合との均衡などを理由として，錯誤無効についても，善意または善意無過失の第三者が保護されるとする[20]。かりにこのような解釈が採用されるときには，虚偽表示などについて述べたのと同じ理由から管財人も第三者に含まれる。

(4) 解除の効果と管財人

契約解除によって両当事者は原状回復義務を負うが，第三者の権利を害することは許されない（民545 I但書）。この場合にも，管財人が第三者に含まれるかどうかが問題となる。第三者としては，解除までに新たな権利を取得した者と，解除後に新たな権利を取得した者とに分けられるが，民法545条1項但書は前者について適用されると解されるので[21]，ここでも，前者の場合を問題とする。

---

19) 議論の詳細については，条解破産法551頁参照。
20) 我妻栄・民法総則303頁（1965年），幾代通・民法総則〈第2版〉277頁（1984年）。石田穣・民法総則351頁（1992年）は，表意者に重過失がある場合に限り，善意無過失の第三者が保護されるとする。ただし，民法の規定の解釈が異なれば，錯誤無効を善意の管財人に対して主張することも認められるという立場もあろう。条解破産法550頁参照。
21) 我妻栄・債権各論（上）198頁（1954年），新版注釈民法（13）〈補訂版〉885頁〔山下末人〕。

たとえば，会社に対して特定動産を売却する契約を締結して目的物を引き渡した売主が，買主たる会社に対して更生手続が開始された後，更生手続開始前の代金債務の不履行を理由として契約を解除し，管財人に対して目的物の取戻しを主張できるかどうかが問題となる（本書275頁参照）。この場合の管財人は，解除権が行使される前，更生手続開始時に差押債権者と同様の地位を取得した者とみなされ，近時の一般的解釈が民法545条1項但書の第三者は差押債権者を含むとしていることを前提とすれば[22]，管財人も第三者に該当し，解除権を行使した相手方は，原状回復の効果を管財人に対して主張しえない[23]。

なお，契約の相手方が解除権を行使した後に更生手続が開始された場合については，民法545条1項但書の問題ではなく，対抗問題であるとするのが一般的な考え方である[24]。したがって，不動産の売買を例にとれば，移転登記をなした解除売主が登記の抹消をなす前に買主について更生手続が開始されれば，売主はその所有権を管財人に対抗できない[25]。

第3項　更生手続開始後に更生会社が行った法律行為の管財人に対する効力

更生手続が開始されると，更生会社財産の管理処分権が管財人に専属するので（72Ⅰ），かりに更生会社の代表機関が更生会社財産について何らかの法律行為を行ったとしても，相手方は，更生手続の関係においては，その効力を主

---

[22]　判例および学説の詳細については，条解破産法552頁，伊藤254頁参照。
[23]　ただし，解除の対象である契約上の債権の譲受人などは，民法545条1項但書の第三者に含まれないと解されているので，相手方は，管財人に対して契約解除自体の効果（解除により契約上の債権が消滅したこと）を主張することは妨げられない。
[24]　すでに契約当事者の双方がその義務の全部または一部を履行済みの場合には，双方の原状回復義務は同時履行の関係に立つ（民546・533）。それについては，双方未履行双務契約に関する規律（61Ⅴ，破54Ⅱ）を類推適用することが公平に合致する。相手方は，解除後に登場した管財人に対して目的物の所有権そのものを主張することはできず，取戻権としての行使を認められるわけではないが，原状回復義務の同時履行として目的物の返還またはそれに代わる価額の支払を求めることは考えられよう。
[25]　新版注釈民法（13）〈補訂版〉885頁〔山下末人〕。学説の詳細については，条解破産法554頁，伊藤255頁注16参照。
　　なお，債務不履行が生じた後に保全管理命令が発令され，その後に解除権の行使があり，引き続いて更生手続開始決定がなされた場合には，管財人は，保全管理命令の効力を援用して，民法545条第1項但書の適用を主張することも，また，解除にもとづく原状回復としての目的物の取戻しの主張に対して民法177条などの適用を主張することも考えられる。

張できない（54Ⅰ）。

　ここでいう法律行為には，狭義の法律行為，すなわち契約または相殺もしくは免除などの単独行為のみならず，物の引渡し，登記または登録，債権譲渡の通知または承諾，債務の承認，あるいは弁済の受領など，更生会社財産に属する権利義務の発生，移転および消滅にかかわる行為すべてが含まれる[26]。また，ここで取り扱うのは，更生手続開始時以後の更生会社の行為であるが，開始決定日になされた行為については，開始決定後になされたものと推定する（同Ⅱ）。これに対して，開始前の行為の効力は，保全処分によって処分禁止などが命じられていないかぎり，更生手続の関係でもその効力を主張できるものであり，ただ否認（86以下）の対象になりうるにすぎない。

　法律行為の効力を更生手続の関係においては主張できないことの意味は，相手方から効力を主張することが妨げられるだけであって，行為が絶対的無効になるものではない[27]。したがって，行為の効力を承認することが更生会社および利害関係人にとって有利とみられるときには，管財人は，行為の効力を承認することができる。また，更生手続終了後に，相手方が管理処分権を回復した更生会社に対してその効力を主張することは，別の問題である。したがって，更生手続が取り消されたり，廃止されたりしたときには，相手方は，更生会社に対して行為の効力を主張して義務の履行を求めることができる[28]。

　この点に関連して，相手方が，更生会社から動産を譲り受けた場合には，法54条1項と即時取得（民192）との関係が問題となる。更生会社は，権利帰属主体ではあるが，目的物の処分権限を欠いていることを前提とすれば，相手方がその点について善意であれば，即時取得の成立可能性がある。しかし，法54条1項が相手方の善意または悪意を問わずに，権利取得を対抗できないと

---

[26]　会社分割のような組織法上の行為であっても，更生会社財産の変動を生じさせる行為は含まれる。条解破産法365頁参照。更生会社の組織に関する基本的事項の変更は，更生計画の定めるところによらなければならないとの規律（45。本書572頁参照）との関係からも，このように解すべきである。

[27]　大判昭和6・5・21新聞3277号15頁。詳細については，条解破産法366頁，伊藤256頁注17参照。

[28]　前掲大判昭和6・5・21（注27）。旧会社更生法56条1項（現54Ⅰ）についてこの趣旨を判示したものとして，最判昭和36・10・13民集15巻9号2409頁〔倒産百選88事件〕がある。これに対して，更生手続中に更生会社が管理処分権を回復した場合（72Ⅳ前段）には，相手方は，行為の効力を主張できない。

する趣旨は，更生会社財産を維持させるために即時取得を排除する特別規定を設けたものと考えられるから[29]，たとえ即時取得の要件が満たされていても，更生手続開始後の更生会社の行為によって相手方が更生会社財産に属する財産について権利を取得することはない。もちろん，相手方が当該動産をさらに転得者に譲渡した場合に即時取得が成立するかどうかは，民法の一般原則にしたがうことになる[30]。

第4項　更生会社の行為によらない更生手続開始後の権利取得

　更生債権者等が更生手続開始後に管財人または更生会社の行為によらないで更生会社財産に関して権利を取得しても，その権利取得は，更生手続の関係においては，その効力を主張することができない（55Ⅰ）。開始決定日における権利取得は，開始決定後のものと推定する（同Ⅱ）。

　この規律の趣旨は，一部の更生債権者等が，管財人または更生会社以外の第三者の行為によって更生会社財産について担保権などの権利を取得し，他の更生債権者等との公平が害されることを防ごうとするところにある[31]。すなわち，権利取得を否定される者は，更生手続開始前から会社に対して債権をもっていた更生債権者等であって，その者が第三者の行為によって更生会社財産について担保権や給付の目的物についての所有権などを取得しても，その効力を更生手続の関係において主張できない。

---

[29]　もっとも，即時取得の適用範囲を権利の帰属に関する瑕疵を治癒する点に求め，処分権限の瑕疵（無能力，無権代理等）を治癒するものではないとの解釈によれば（新版注釈民法（7）158頁〔好美清光〕参照），更生会社による処分は，そもそも即時取得の適用対象外であり，特則としての意味はないということになろう。手形法上の善意取得（手16Ⅰ・77Ⅰ①）についても同様である（田邊光政・最新手形法小切手法〈4訂版〉132頁（2000年）参照）。

[30]　条解破産法367頁，大コンメンタール193頁〔大村雅彦〕，注解破産法（上）264頁〔吉永順作〕，基本法80頁〔中野貞一郎〕。手形・小切手等の善意取得（手16Ⅱ，小21，商519）についても同様とされる。

[31]　民事再生法44条1項は，会社更生法55条1項とほぼ同趣旨の内容であるが，これと比較して，これらに対応する破産法48条1項の規定は，権利取得の主体が破産債権者に限定されていないこと，権利取得の態様が破産債権に関わるものに限定されていないこと，破産管財人の行為による権利取得が除外されていないことという差異がある。このようなところから，破産法の規定の解釈に関しては，見解が対立しているが，破産法48条1項の文言は，不必要に一般的であり，民事再生法や会社更生法の規定内容に即して制限的に解釈すべきことについて，伊藤257，258頁参照。学説の状況については，大コンメンタール194頁〔大村雅彦〕，条解破産法369頁が詳しい。

その例としては，更生債権者等たる商人などが，更生手続開始後に有価証券などを第三者から受け取ったことにもとづいて取得する商事留置権（商31・521，会社20）が，更生手続との関係においては，その効力を認められないことが挙げられる。効力を否定されるのは，更生債権等についての権利取得であるから，たとえ更生債権者等による権利取得であっても，更生債権等にかかわるものでない，時効取得（民162・163）などについては，更生会社財産所属の財産であるからといって，法律上の所有権取得原因である時効取得などが排除されるいわれはなく，所有権取得が有効とみなされるのは当然といえる。即時取得（民192）や付合（民242～244），混和（民245），加工（民246）についても同様である[32]。

なお，更生会社のした法律行為によって更生債権者等が取得した権利の効力を主張する可能性は，法54条1項によって排除されるが，管財人の行為による権利取得は，管財人の財産管理処分権行使（72Ⅰ）の結果であり，その効力を制限すべき理由はない。したがって，管財人が更生会社財産所属財産の所有権を第三者に移転したり，あるいは共益債権について担保権を設定したりする行為は，更生手続との関係でも有効である。

第5項　善意取引の保護

更生手続開始後の更生会社の法律行為は，更生手続の関係においては無効であり，またそれにもとづく第三者の権利取得も更生手続において効力を主張しえないとする原則を貫くと，第三者に不測の損害を与え，取引の安全を害することが予想される。このような不都合を避けるために，法は，一定の場合に限って，更生手続開始について善意の第三者を保護する規定を置く。その前提として，更生手続開始決定の公告前であれば善意を推定し，公告後であれば悪意を推定する（59）。

---

[32] 最判昭和54・1・25民集33巻1号1頁〔倒産百選65事件〕は，賃貸人破産の事例において，賃借人が破産手続開始後に目的物を転貸したときに，第三者による転借権の取得が旧破産法54条1項（現破48Ⅰ）に該当するかどうかについて，すでに財団財産が賃借権の負担をしている以上，転借権が生じたからといって破産債権者の利益が害されるものではないという理由で，この規定の適用を否定し，破産管財人に対する転借権の主張を認めている。本書の考え方からいっても，この結論は当然といえる。賃借権の譲渡についても同様である。

1 更生手続開始後の登記および登録

ある財産についての権利変動の対抗要件として，登記または登録が要求されているときに，更生手続開始前に登記または登録がなされていれば，その権利変動は更生手続において有効なものとなり，あとは否認の問題が残されているにすぎない。これに対して，更生手続開始前の登記原因にもとづいて開始後に第三者が登記または仮登記（不登105①）（以下，登記とする）をえた場合には，開始後の権利取得等が更生手続において効力を認められないとする一般原則（54Ⅰ・55Ⅰ）に照らせば，その登記の効力は認められない（56Ⅰ本文）[33]。

(1) 善意の登記権利者の保護

上記の原則にもかかわらず，登記権利者が更生手続開始について善意でなした登記については，その効力が認められる（56Ⅰ但書）。この規定は，権利の設定，移転もしくは変更に関する登録もしくは仮登録または企業担保権の設定，移転もしくは変更に関する登記についても準用する（同Ⅱ）。

法56条に対応する破産法49条をめぐって，それが手続開始についての善意者を保護するための規定か，それとも，悪意者を排除するための規定かについての議論の対立があった。しかし，現在では，破産手続開始後の登記は，破産手続との関係では，その効力が否定され，ただし，登記権利者が手続開始について善意である場合にのみ，登記の効力を主張することが許されるという趣旨の規定と解されている[34]。法56条についても，このことを前提として説明する。

法56条1項本文は，更生会社財産に属する財産に関する対抗要件については，管財人を差押債権者と同視するならば，第三者との優劣が登記の先後によって決まるはずであるが，管財人と第三者の地位の優先劣後は，更生手続開始決定と第三者の対抗要件具備の先後によって決まるから，たとえ第三者が更生手続開始後に登記をえたとしても，当然には更生手続においてその権利を主張

---

[33] 再生手続開始前に根抵当権設定契約をしながら，開始決定までに設定登記を経ていなかった者が，開始後に根抵当権設定登記手続を請求し，別除権者の地位を主張することを否定したものとして，前掲大阪地判平成 20・10・31（注8）〔民事再生〕がある。
　なお，動産や債権の譲渡に関する登記（動産譲渡3・4）は，ここに含まれるが，債権譲渡の対抗要件（民467）などについても，類推適用を認めるべきであろう。詳細について，条解破産法372頁参照。
[34] 条解破産法371頁，大コンメンタール196頁〔大村雅彦〕，伊藤260頁参照。

しえないことを明らかにする。同項但書は，登記をえた第三者が更生手続開始について善意である場合に，例外的に第三者がその権利を更生手続において主張することを認めている。善意の証明責任は第三者が負担する。

(2) 不動産登記法 105 条 2 号の仮登記

同じく登記権利者が更生手続開始について善意であっても，不動産登記法 105 条 1 号の仮登記と異なって，同条 2 号の仮登記は保護されない。その理由は，1 号仮登記と 2 号仮登記との性格の違いに求められる。すなわち，1 号仮登記の場合には，権利変動の実体的要件が開始前に満たされているのに対して，2 号の場合には，権利変動のための請求権を保全するためのものであって，実体的要件が開始前に満たされているとはいえないから，特別の保護に値しない[35]。

(3) 更生手続開始前の 1 号仮登記を前提とする本登記

更生手続開始前にすでに 1 号仮登記をえていた第三者が開始後に更生会社の協力によってえた本登記にもとづいてその権利を管財人に対して対抗できるかどうか，および仮登記権利者が管財人に対して本登記を請求できるかどうかが問題となる。

第 1 の問題における本登記は，更生手続開始後の登記とみなされ，第三者が善意の場合にのみ保護されるのか（56 I 但書），それとも，すでに 1 号仮登記が先行することによって善意または悪意とかかわりなく保護されるのかが議論される。通説は，後者の考え方をとり，第三者の善意または悪意にかかわりなく，本登記の効力を認める。その理由は，次のところに求められる。

すなわち，第三者としては，すでに更生手続開始前に登記原因たる権利変動が発生し，更生会社に対して本登記を請求できる地位を有していたところ，手続上の要件を具備しなかったために仮登記にとどまらざるをえなかったにもかかわらず，善意の場合に限って本登記の効力を認めるのは，第三者に酷であるとする。1 号仮登記の効力として，差押えなどを含む中間処分を排除することが認められており[36]，管財人も，差押債権者と同様に扱われる以上，仮登記の

---

[35] 条解会更法（上）526 頁，条解破産法 374 頁。
[36] 仲江利政「仮登記の効力と本登記手続」幾代通ほか編・不動産登記講座（2）231，236 頁（1977 年）。仮登記の順位保全効と対抗的効力については，山野目章夫・不動産登記法 333 頁（2009 年）参照。

効力を承認せざるをえない。したがって，通説の考え方を支持すべきである[37]。

さらに，第2の問題，すなわち，1号仮登記権利者が管財人に対して本登記請求をできるかどうかについても，差押債権者に対抗してその権利を主張しうる地位を，更生手続開始前に1号仮登記によって第三者がえている以上，管財人に対しても同様の地位を認める趣旨から，これを肯定すべきである[38]。

(4) 更生手続開始前の2号仮登記を前提とする本登記

更生手続開始前に2号仮登記が存在する場合にも，1号仮登記と同様な問題が発生する。この場合に関しては，更生会社の協力によって開始後に第三者が本登記を取得しても，第三者が善意でなければ（56Ⅰ但書），その効力を否定し，また管財人に対する本登記請求も否定する議論が有力である。すなわち，開始前に本登記の原因があっても，開始前に1号仮登記がされていないかぎり，開始後の本登記は，法56条1項但書の範囲でしかその効力を認められないのに対して，開始前に本登記原因の存在しない2号仮登記について善意・悪意にかかわらず開始後の本登記の効力を認めると，均衡を失するというのである[39]。

しかし，破産法49条の解釈に関する最近の有力説は，中間処分を排除できる効力の点では，1号仮登記と2号仮登記との間に差がないことを強調し，破産手続開始前に2号仮登記を取得している者は，開始後に破産者の協力によって本登記をえれば，善意・悪意にかかわりなくその地位を認められるし，また，破産管財人に対して本登記請求をなすこともできるとする。ただし，仮登記権利者の地位が，双方未履行双務契約を基礎としている場合には，破産管財人は，権利の基礎となっている契約そのものを解除することによって（破53Ⅰ），本登記請求に対抗することができる。しかし，仮登記担保のように，物権的権利が基礎となっている場合には，担保権者が別除権の行使として本登記請求をなせば，管財人はそれに応じざるをえないとする[40]。この考え方が正当であるが，更生手続においては，仮登記担保が更生担保権となり（2Ⅹ本文，仮登記担保19Ⅳ），その実行が許されないから（50Ⅰ），仮登記担保権者の管財人に対する本

---

37) 条解破産法375頁，大コンメンタール198頁〔大村雅彦〕，谷口198頁，基本法82頁〔中野貞一郎〕。もっとも，すでに更生手続が開始している以上，更生会社の協力によって本登記がなされるのは，例外的な場合にすぎない。
38) 大判大正15・6・29民集5巻602頁。条解会更法（上）527頁。
39) 石原101頁，会社更生法56条1項について，条解会更法（上）528頁，霜島373頁，基本法83頁〔中野貞一郎〕。

登記請求は許されず、仮登記担保のままで更生担保権としての地位が与えられる。

たとえば、甲が乙から不動産を買い受ける旨の売買予約が締結されたとする。それによると、甲は、一定期間内に予約完結権を行使し、代金を提供する、それに対して乙は、所有権移転の義務を負うものとされている。甲は、この予約にもとづく将来の所有権移転請求権を保全するために、2号仮登記をえた。その後に乙に対して更生手続が開始されたとする。甲は、更生手続開始前でも後でも、予約完結権を行使すれば、契約上の地位にもとづいて、管財人に対して本登記請求権を行使することができるが、管財人は、売買契約そのものを解除することができる（61Ⅰ）[41]。

これに対して、甲があらかじめ乙に対する融資をなし、その担保として代物弁済予約にもとづく仮登記担保をえていた場合には、管財人に対する本登記請求は許されないが、管財人も、双方未履行双務契約として売買契約を解除することはできず、甲を更生担保権者として扱うべきである。

2　更生手続開始後の更生会社に対する弁済

更生会社が債権者となっている債権も、更生手続開始によって更生会社財産所属のものとなり、管財人の管理処分権に服する（72Ⅰ）。したがって、開始決定後に当該債権についての債務者が、債権者たる更生会社に対して弁済をなしたとしても[42]、更生手続との関係ではその効力を認められず、管財人からの

---

40) この考え方を前提とする判例として、最判昭和42・8・25判時503号33頁〔倒産百選A7事件〕があり、また、2号仮登記の対抗力自体は認めつつも、破産管財人が破産法53条の解除権によって本登記請求に対抗することを認めた裁判例として、大阪高判昭和32・6・19下民8巻6号1136頁がある。学説の詳細については、条解破産法375頁、大コンメンタール198頁〔大村雅彦〕、伊藤262頁注31参照。

41) 2号仮登記のままではその権利を管財人に対して対抗しえないという見解に立つ場合であっても、更生手続開始前に甲が予約完結の上、売買代金も完済しているときには、本登記請求のための実体関係が完成したとみて、2号仮登記が1号仮登記の性質に転換され、甲は、更生手続開始についての善意または悪意を問わず、管財人に対して本登記請求をすることが許される（条解会更法（上）529頁、条解破産法375頁、大コンメンタール198頁〔大村雅彦〕参照）。

42) ここでいう弁済の対象となる債務は、金銭債務に限られず、特定物の引渡債務なども含まれる。
　　また、更生会社の代表者に対する弁済が更生会社に対するものとみなされるべきかどうかという問題がある（破産についての肯定説として、条解破産法378頁がある）。代表者の地位が存続している以上、これを肯定すべきである。

請求があれば，債務者は二重払いをなさなければならない。しかし，債務者が常に債権者の財産状態に注意を払っていることを要求するのは，債務者に不当な負担を課することになるので，債務者が更生手続開始について善意で更生会社自身になした弁済は，管財人に対抗できるものとされる（57Ⅰ）。その趣旨は，債権の準占有者に対する弁済（民478）と同一である[43]。善意または悪意については，更生手続開始決定の公告による推定が働く（59）。

もちろん，更生債権者等の利害関係人の立場からすると，善意の弁済者が生まれることは望ましくないので，更生手続開始決定の付随処分として，公告に更生会社への弁済を禁じる旨が記載されるし（43Ⅰ④），知れている債務者に対しては，その旨を記載した書面が送達される（同Ⅲ③）。また，善意弁済者の保護は，一般原則に対する例外であるから，合理的理由のない拡張は許されず，代物弁済などは対象とならない。

弁済者が悪意のときには，一般原則にしたがって，弁済の更生手続との関係での効力は否定されるが，その弁済によって更生会社財産が利益を受けた限度では，弁済の対抗力が認められる（57Ⅱ．民479参照）。たとえば，更生会社の機関が受領した弁済金の一部または全部を管財人に引き渡した場合や，共益債権に対する弁済に充てた場合などがこれにあたる[44]。

3 更生手続開始後の手形の支払または引受け等

甲が，為替手形の振出人（手1⑧），乙が受取人（同⑥），丙が支払人（同③）または引受人（手25Ⅰ）としたときに，平常の状態であれば，あらかじめ甲が丙に対して支払資金を交付してある場合などを除くと[45]，丙は，支払委託契約などにもとづいて，支払によって甲に対して現在の求償権を取得するし，また

---

[43] 破産手続においては，債務者が善意弁済の主張をせず，破産管財人の請求に応じて二重払いをするときには，破産者に対する弁済が無効になり，善意の債務者は破産者に対して不当利得の返還を請求できる（東京高判昭和41・8・18下民17巻7＝8号695頁〔倒産百選〈初版〉64事件〕）。更生手続においても同様に，善意の債務者が弁済を受領した更生会社の代表者に対して不当利得の返還を請求できると考えるべきである。

[44] 債務者の弁済の効力が更生手続において認められるか否かを問わず，弁済金は更生会社財産となり，管財人の管理処分権に服する。受領者が弁済金を費消したときには，管財人が費消について責任を負う者に対して損害賠償請求権を行使する。また，更生会社が弁済金をもって一部の更生債権者等に弁済をなした場合には，管財人は，弁済を受けた更生債権者等に対して不当利得として返還を請求する（破産手続について，条解破産法378頁，大コンメンタール200頁〔大村雅彦〕，注解破産法（上）278頁〔吉永順作〕，基本法84頁〔中野貞一郎〕）。

は引受けをなすことによって，将来の求償権を取得する。ところが，甲が更生手続開始決定を受けた後に，丙が支払人または引受けをなした場合には，求償権が開始決定後の支払または引受けという原因にもとづくものであるとすれば，更生債権の要件（2Ⅷ）を満たさず，支払または引受人である丙は，更生手続において何らの権利行使ができないことになる[46]。これが，支払または引受けをした者の保護に欠ける結果になるので，支払または引受けをした支払人または予備支払人（手55Ⅰ）は，更生手続開始について善意であった場合に限って，更生債権の行使を認められる（58Ⅰ）。善意または悪意については，更生手続開始決定の公告の前後による推定が働く（59）。

法58条の規定は，法56条および57条が更生会社財産に属する財産に関する規定であるのと異なって，更生債権の要件に関する規定である。いいかえれば，法56条および57条が法54条1項に対する特則であるのに対して，法58条は法2条8項に対する特則としての性質をもつ[47]。ただし，本条が善意の支払人や予備支払人を保護したのは，支払または引受けの際に，支払人等が振出人について更生手続開始の事実の有無を確かめる必要をなくす趣旨だといわれるが，与えられる権利が更生債権にすぎないので，支払人等の地位が完全に保護されるわけではない。その意味では，この規定によって手形の流通が保障されるとはいいがたい。

小切手についての支払保証（小25・53）や約束手形についての手形保証（手77Ⅲ・31）において，保証人が支払をなした場合にも，同様に求償の問題が生

---

45) 振出人が，あらかじめ支払資金を支払人に交付していた場合に，振出人の更生手続開始後に支払人がその資金をもって受取人に支払ったとすれば，その支払は，更生会社である振出人に対する資金の返還と同視され，支払人が更生手続開始について善意である限り（57Ⅰ），振出人の更生手続においてその効力を認められる（条解会更法（中）339頁）。支払人の振出人たる更生会社に対する求償権が問題とならないことは，いうまでもない。
46) 旧会社更生法105条の下では，劣後的更生債権（旧会更121Ⅰ④）になるべきものを更生債権として取り扱うと説明されたが（条解会更法（中）338頁），現行法では，劣後的更生債権の概念が廃止されたために（本書179頁参照），本文のような説明になる。
47) 現行破産法においては，本文に述べたような趣旨にもとづいて，会社更生法56条および57条に対応する破産法49条および50条と切り離し，会社更生法58条に対応する破産法60条を置いているが，会社更生法においては，旧破産法と同様に，法56条および57条に引き続く形で法58条の規定が設けられている。詳細については，条解破産法439頁，伊藤265頁注36参照。

なお，管財人の行為によって更生手続開始後に生じた更生債権を自働債権とする相殺について，本書361頁参照。

じるので，善意者に更生債権の行使が認められる（58Ⅱ）。

第6項　保全管理人の実体法上の地位

　保全管理命令が発せられると，保全管理期間中における開始前会社の財産の管理処分権は，保全管理人に専属する（32Ⅰ本文）。保全管理人の更生手続上の地位に関しては，すでに述べた通りであるが（本書129頁），実体法上の地位に関して，物権変動等の効力を第三者が保全管理人に対して主張できるかどうかは，開始前会社に対する保全管理命令の送達（31Ⅱ）と第三者の対抗要件の具備の先後が基準となるし，また実体法の第三者保護規定の適用についても，保全管理人は管財人と同様に取り扱われる。さらに，保全管理命令によって債務者の管理処分権が剥奪されるところから，更生手続開始後の更生会社の法律行為の効力（54），更生手続開始後の更生会社に対する弁済の効力（57）および更生手続開始決定公告の前後による善意または悪意の推定（59）の規定は，保全管理人に準用する（34Ⅰ前段）。

　ただし，未だ更生手続本体が開始されていないため，手続開始そのものによる効力，すなわち開始後の権利取得の効力（55）や開始後の登記および登録の効力（56）の規定は準用されない。また，双方未履行双務契約に関する選択権（61）や否認権（86以下）は，保全管理の目的を超えるために，保全管理人には与えられない。

　会社の財産に関する係属中の訴訟手続については，開始前会社の財産に関する当事者適格が保全管理人に移転するところから（34Ⅰ前段・74Ⅰ），保全管理命令が発せられると，更生手続開始の場合と同様に，中断および受継等の規律を適用する（34Ⅱ前半部分・52Ⅰ～Ⅲ）。また，更生手続開始決定があった場合以外で保全管理命令が効力を失った場合には，更生手続終了の場合と同様に中断および受継の手続がとられる（34Ⅱ後半部分・52Ⅳ～Ⅵ）[48]。

48）　ただし，債権者代位訴訟や詐害行為取消訴訟等の中断に関する規定（52の2）は，保全管理の場合には準用しない。したがって，これらの訴訟は，更生手続開始決定時までは続行されることになる。また，更生債権者による詐害行為取消権のための保全処分の申立てが許されないことについては，本書90頁注133。

第2節　契約関係の整理

　更生手続開始前に会社が第三者と契約を結んでいた場合に，契約上の義務がすべて開始前に履行されていれば，契約関係は消滅し，義務履行に対する否認は別として，管財人が契約関係の整理にかかわる余地はない。しかし，会社もしくは相手方の義務のいずれか，またはその双方が残っている段階で，更生手続が開始された場合には，更生会社はその義務を履行することはできず（72Ⅰ），また相手方も原則として更生会社に対してその義務を履行することができない（57Ⅰ参照）。したがって，管財人は，契約関係およびそれにもとづく義務が実体法上存在することを前提として，更生手続の目的を実現するためにそれらを整理することを要する。

　その具体的内容は以下に述べるが，整理にあたっての基準としては，まず，契約にもとづく義務がどのような状態にあるのか，すなわち会社の義務のみが未履行のものとして存在するのか，相手方の義務のみが未履行のものとして存在するのか，あるいは双方について未履行義務が存在するのかを分ける必要がある。その上で，一方で，相手方との契約関係上の公平が損なわれることがないように考慮し，他方で，更生債権者等などの利害関係人に分配されるべき更生会社財産の最大化が実現されるよう配慮しなければならない。

第1項　未履行契約の取扱い

　契約上の債務から契約の種類をみると，一方当事者のみが義務を負う片務契約と，双方当事者が義務を負う双務契約とがある。しかし，更生手続開始時を基準時として考えると，未履行の片務契約と一方のみ未履行の双務契約とは，同様に考えられる。そこで，一方のみ未履行の双務契約と双方未履行の双務契約を例として，その取扱いを検討する。

1　一方のみ未履行の双務契約関係

　買主甲が代金支払義務を履行し，他方，売主乙が目的物たる動産の引渡義務を履行していない段階で，買主甲に対して更生手続が開始されたと仮定する。更生会社たる甲が有する目的物引渡請求権は財産上の権利であるから，更生会社財産（2ⅩⅣ）に帰属し，管財人がこれを売主乙に対して行使して，目的物の

引渡しを受け，更生会社の財産としてそれを管理換価する。相手方たる売主としても，更生会社に対する契約上の義務を履行するだけのことであり，買主についての更生手続開始によって有利にも不利にもその地位を変更されるわけではない[49]。もちろん売主乙がその義務履行を怠れば，管財人は損害賠償請求権などを行使することになるが，これは目的物引渡請求権について管財人が管理処分権を行使することから派生する実体法上の帰結であり，契約関係自体や契約関係上の権利義務について更生手続が特別の変更を加えているものではない。

次に，売主乙が目的物を引き渡し，これに対して買主甲が代金支払義務を履行していない段階で，買主甲に対して更生手続が開始されたと仮定する。乙の代金債権は，更生手続開始前の原因にもとづく財産上の請求権であり，共益債権にも更生担保権にも該当しないかぎり，更生債権となり（2Ⅷ柱書），更生計画によってその権利の満足を受ける（47Ⅰ）。更生計画による更生債権に対する弁済は，通常，債権額の一部のみを満足させるにすぎないから，この結果は，一見すると，公平に反するように思われる。すなわち，売主としては，自己の義務を完全に履行したにもかかわらず，代金債権については，他の債権者との比例的満足しか受けられないからである。しかし，更生手続開始時の売主の地位を考えると，この取扱いはやむをえない。売主としては，すでに会社に対して目的物を引き渡している以上，そもそも同時履行の抗弁権（民533本文）をもたないか，これを放棄しているかであり，その代金債権については，更生計画によって他の更生債権者との平等な満足（168Ⅰ柱書本文）に甘んじざるをえないからである[50]。更生手続が利害関係人の利害を適切に調整することを目的とするものである以上，上記のような結果を承認しなければならない。

それとは逆に，売主乙について更生手続が開始した場合には，乙の目的物引渡義務のみが未履行であれば，買主甲はそれを更生債権として行使し（2Ⅷ柱書）[51]，甲の代金支払義務のみが未履行であれば，乙の管財人が代金債権を更

---

49) すでに相手方が履行遅滞に陥っている場合などには，管財人は契約の解除をなすこともできるが（谷口183頁），これは通常の法定解除権の行使にあたり，法61条1項によるものではない。解除にもとづく相手方の原状回復請求権は，手続開始前の原因にもとづくものとして，更生債権（2Ⅷ）となる。
50) 売主が代金債権について動産売買先取特権（民311⑤）またはその物上代位権（民304）を行使しうる場合には，更生担保権の地位が認められる（2Ⅹ本文）。その要件については，本書201頁参照。

生会社財産所属財産として行使する。

2 双方未履行の双務契約関係

双務契約であって，しかも，更生手続開始時を基準時として双方の債務の全部または一部の履行が完了していない場合に[52]（以下，双方未履行双務契約と呼ぶ），管財人は，契約の解除をし（以下，解除の選択），または更生会社の債務を履行して相手方の債務の履行を請求する（以下，履行の選択）ことができる（61Ⅰ）。そして，履行が選択され契約関係が存続する場合には，相手方の権利は，共益債権として扱われる（同Ⅳ）[53]。

これに対して，管財人が解除を選択したときには，契約関係は遡及的に消滅するが[54]，原状回復を求める相手方の権利（民545Ⅰ本文）は，取戻権または共益債権の地位を与えられる（61Ⅴ，破54Ⅱ）。また，相手方は，解除による損害賠償を求めることもできるが，その損害賠償債権は，更生債権としての地位にとどめられる（61Ⅴ，破54Ⅰ）。

従来の学説は，これらの規定の趣旨を次の2つの視点から説明していた。第1は，契約当事者間の公平の視点である。双務契約における両当事者の義務が同時履行の関係にあり，相互に担保視しあっているにもかかわらず，管財人が履行の選択をなしたときに，相手方の権利が更生債権となると，管財人は完全

---

51) もっとも，甲がすでにその所有権について対抗要件を備えていれば，甲は，目的物引渡請求権を取戻権として行使できる（本書326頁参照）。
52) 未履行の理由は問わない。いわゆるスポンサー契約をはじめ，保全管理人の締結した契約や再生債務者等の締結した契約（再生手続から更生手続に移行した場合）も，文理上は含まれるが，解除権の行使にあたっては，慎重な判断が求められる。
　　また，更生会社の債務が履行不能であっても差し支えない（高知地判昭和59・2・7下民35巻1～4号33頁〔破産〕）。これに対して，年会費のない預託金会員制ゴルフクラブの会員が破産した場合には，会員の側に未履行の債務はないから会員契約の解除は認められない（最判平成12・3・9判時1708号123頁）。
　　また，残っている未履行義務が契約全体からみて付随的なものにとどまる場合には，双方未履行双務契約とみなされても，管財人による解除権の行使が否定される可能性がある（注61参照）。
53) 実際には，共益債権性が争われる場合がある。そのようなときには，相手方は，管財人に対して共益債権性を主張しつつ，それが認められることを解除条件として更生債権等の届出をすることになり，たとえ更生債権等としての記載が確定したとしても（150Ⅲ），そのことによって共益債権性の主張が遮断されるわけではない。東京地判平成21・10・30判時2075号48頁〔民事再生〕。
54) 継続的契約などについては，解除の効果が将来に向かってのみ生じると解すべき場合があろう。我妻・有泉コンメンタール1011頁参照。

な履行を受けられるのに対して，相手方の権利の完全な満足は確保されないから公平に反する。したがって，相手方の権利は，更生手続開始前の契約にもとづくものであるから本来は更生債権たるべきものであるが，公平を保つために法がこれを共益債権へと格上げしたものとする。第2は，更生手続を遂行する必要性という視点であり，その目的のために，管財人に契約の履行か解除かの選択権が与えられたとする[55]。

しかし，これらの規定の意義は，次のように理解すべきであり，その理解は，契約の履行が選択された場合において相手方の債権が共益債権とされる範囲などに影響する（本書279, 282頁）。すなわち，立法者がこれらの規定によって意図したものは，管財人に契約の解除権を認めるところにある。この解除権は，契約当事者間の合意にもとづくものでないことはもちろん，履行遅滞など実体法上の解除原因（民541～543など）にもとづくものでもなく，更生手続を遂行する必要性から法によって管財人に与えられた特別の権能である[56]。契約の一方当事者である更生会社の事業経営権および財産管理処分権が専属する管財人は，解除権を付与されることによって，従来の契約上の地位より有利な法的地位を与えられる。次の問題は，解除または履行が選択されたときに，相手方との公平をどのように維持するかである。

まず，解除が選択されたときには，契約関係が消滅し，原状を回復するのが一般原則である（民545Ⅰ本文）。したがって，更生会社がすでにその義務の一部を履行しているときには，相手方にその返還を求め，逆に，相手方が一部の義務履行をなしているときには，更生会社から相手方への原状回復を行わなければならない。相手方のもつ原状回復請求権は，管財人が特別の権能である解除権を行使した結果であるので，公平を考慮して取戻権または共益債権の地位を与えられる（61Ⅴ，破54Ⅱ）[57]。これに対して，管財人の解除によって相手方

---

55) 以下の内容に関する学説の詳細については，条解破産法383頁，大コンメンタール204頁〔松下淳一〕，伊藤268頁以下，竹内65頁参照。
56) もっとも，立法論としては，解除権に代えて履行拒絶権能を与えれば十分であるとの指摘がなされている（田頭章一「倒産法における契約の処理」ジュリ1111号106, 107頁（1997年））。しかし，履行拒絶権という特別の権能を破産法（会社更生法）上創設した場合には，相手方の損害賠償請求権を認めるかどうか，あるいはすでになされた一部給付をどのように取り扱うかなどの問題が残ることなどの理由により，現行法でも解除権構成が維持されている。なお，履行拒絶権構成についての詳細な分析として，竹内康二「双務契約再考」小島古稀（上）1013頁，条解破産法382頁がある。

に発生する損害賠償請求権は，更生債権として扱われる（61Ⅴ，破54Ⅰ）。本来であれば，損害賠償請求権も管財人の解除権行使によって生じるものであるから[58]，これを共益債権とすることが考えられないわけではない（127⑤参照）。それにもかかわらず，これが更生債権とされるのは，損害賠償請求権を共益債権とすると，その負担が重大なものとなり，管財人に特別の権能として解除権を付与した趣旨が没却されるからである。

次に，管財人によって履行が選択されたとき，すなわち管財人が法61条による解除権を放棄して確定的にその履行を求める意思表示をしたときには，従来の契約関係における相手方の地位，すなわち同時履行の抗弁権を認めなければならない。担保的機能を果たすことを予定される同時履行の抗弁権は，契約関係が存続する以上，差押債権者や管財人に対してもその主張が認められるものである。したがって，相手方は，更生会社の側が自らの債務を契約の内容にしたがって履行するのと引き換えにのみ，更生会社に対してその債務を履行すれば足りる。相手方の債権が共益債権（61Ⅳ）とされるのは，このような趣旨によるものである。いいかえれば，相手方の権利は，本来更生債権とされるべきものが立法によって共益債権に格上げされたのではなく，相手方による債務履行によって更生会社をめぐる利害関係人全体が利益を受け，したがって，その対価たる相手方への債務履行を利害関係人が共同で負担すべきものとして，相手方の権利は本来的な共益債権であり，管財人が履行の選択をなすことによって共益債権としての行使が可能になるものと理解すべきである。このことは，契約関係として一体であるかぎり，それにもとづく給付が可分の場合も同様である[59]。

判例についてみると，最判昭和62年11月26日（民集41巻8号1585頁）は，

---

[57] 更生会社の原状回復請求権と相手方の原状回復請求権の双方が生じるときには，両者が同時履行の関係に立つので（民546），相手方の権利を取戻権または共益債権とするのは当然といえる。

[58] この損害賠償請求権は，民法上の解除にともなう損害賠償請求権（民545Ⅲ）とは異なって，管財人の解除権行使にもとづく特別のものである（青木・実体規定149頁参照）。

[59] このようにいうと，同じく更生手続開始前の原因にもとづく他の更生債権者との均衡を失わないかとの批判が予想される。しかし，更生手続開始時を基準時として考えると，更生債権自体は，その債権確保について何らの担保的利益をもっていないのに比較して，双方未履行双務契約の相手方の債権は，同時履行の抗弁権によって担保されている（前掲高知地判昭和59・2・7（注52））。したがって，相手方の権利を更生債権とせず共益債権としても，公平に反しない。

法61条に対応する破産法53条の前身たる旧破産法59条に関して,「同条は,双務契約における双方の債務が,法律上及び経済上相互に関連性をもち,原則として互いに担保視しあっているものであることにかんがみ,双方未履行の双務契約の当事者の一方が破産した場合に,法60条と相まって,破産管財人に右契約の解除をするか又は相手方の債務の履行を請求するかの選択権を認めることにより破産財団の利益を守ると同時に,破産管財人のした選択に対応した相手方の保護を図る趣旨の双務契約に関する通則である」と判示する[60]。この判示の前半部分は,伝統的考え方と本書の考え方に共通するものであるといえるのに対して,後半部分は,本書のような考え方とも調和的であるとみられるので,判例は,1つの視点に偏することなく,本条の趣旨を総合的に捉えているといえよう。

　もっとも,管財人による解除の選択権も無制約のものではない。管財人の契約解除によって相手方に著しく不公平な状況が生じるときには,解除権の行使は許されないとするのが破産手続における判例法理であり,更生手続においても同様に解される。たとえ解除によって更生会社や利害関係人に利益が発生することが期待できる場合であっても,相手方との関係で著しく不公平な結果が生じるおそれがあれば,解除権の行使は許されない[61]。

　なお,管財人の選択権の行使自体に時間的な制約はないが[62],相手方の地位が不安定になることを考慮して,相手方は,相当の期間を定めてその期間内に履行か解除かの選択をなすよう管財人に対して催告をすることができる（61Ⅱ前段）。催告に対して期間内に管財人から確答がないと,解除権を放棄したも

---

60) 関連判例である最判平成7・4・14民集49巻4号1063頁〔倒産百選67事件〕,最判平成12・2・29民集54巻2号553頁〔倒産百選70①事件〕なども,本判決の判示を前提としていると思われる。

61) 前掲最判平成12・2・29（注60）。判決理由においては,破産管財人の契約解除によって相手方に著しく不公平な状況が生じるときには,解除権の行使は許されないとし,その判断要素の一つとして,「破産者の側の未履行債務が双務契約において本質的・中核的なものかそれとも付随的なものにすぎないか」という点を挙げる。なお,現行法が,賃貸人の更生手続において管財人が解除権を行使できる場合を制限する規定（63,破56Ⅰ）を設けたことも,思想的には,相手方との公平を重視したものである。新破産法の基本構造271頁〔山本克己発言〕。なお,最判平成12・3・9判時1708号127頁も類似の判断を示している。

　また,社会正義に反するという理由から管財人の解除権行使が制限される場合がありうることについて,伊藤眞「破産管財人の職務再考——破産清算による社会正義の実現を求めて」判タ1183号35,42頁（2005年）参照。

のとみなされる（同後段）63)。解除権の放棄が擬制されるのは，事業の維持更生を目的とする更生手続の性質を重視したものである64)。また，管財人が解除の選択をなすには，裁判所の許可（72Ⅱ④）が要求されうるが，これも，事業の維持更生にとっては契約の履行を求めることが原則であるとの考え方を基礎とするものである65)。

3 相手方からの契約解除

管財人の履行選択がなされると，相手方は更生会社に対してその債務を履行し，更生会社に対する債権は共益債権として行使可能となるが，共益債権について常に完全な満足が保障されるわけではない（133Ⅰ参照）。そこで相手方としては，管財人が履行の選択をなしたにもかかわらず，または履行の選択がなされる前に，自ら契約の解除をなし，あるいは契約条件の変更を求めることが考えられる。

このような手段として第1に，契約法上の一般法理として不安の抗弁権がある。特に継続的給付を目的とする双務契約のように，契約上の義務履行が長期間にわたる場合において，相手方としては，更生会社の側の義務履行について不安を感じることは避けられない。法は，管財人の選択権について特則（61

---

62) したがって，管財人が選択権の行使を怠っても，更生会社や利害関係人に対する善管注意義務違反（80）とされるかどうかは別として，相手方に対する不法行為となることはない（福岡高判昭和55・5・8判タ426号131頁〔破産〕）。ただし，管財人の解除権が更生手続の目的実現のために特別に認められたものであることを考えれば，更生計画案の提出（184Ⅰ）後は，特段の事由がないかぎり，解除権の行使は許されないと解すべきであり，また，たとえ取締役の権限が回復された場合にも（72Ⅳ前段），取締役による解除権の行使を許すべき理由がない。

　　また，契約上の義務の履行がある場合には，明示的に履行の請求がなかったとしても，黙示的な履行の請求が認定されよう。ただし，継続的契約の場合，たとえば賃料の支払にもとづいて賃貸借契約についての履行の請求を認定すべきかどうかは，支払の回数や態様などを総合して判断すべきである。

63) 管財人が選択権を行使せず，また相手方も催告をなさない場合には，相手方の債権は更生債権となり，同時履行の抗弁権も失われるとの有力説がある（破産手続について平岡建樹「開始決定と請負」裁判実務大系（6）141, 150頁，基本法89頁〔宮川知法〕）。実際上ほとんど考えられない場合であるが，双方未履行双務契約関係が存続する以上，同時履行の抗弁権が消滅することはありえず，相手方は，その義務の履行を求められても，自らの権利が満足されないかぎり，義務の履行を拒絶しうる。

64) 再生手続の場合も同様である（民再49Ⅱ後段）。これに対して，事業の清算を目的とする破産手続では，確答がないと，解除が擬制される（破53Ⅱ後段）。

65) 逆に，破産手続においては，破産財団に新たな負担を生じさせる可能性のある履行選択について裁判所の許可が必要とされる（破78Ⅱ⑨）。

Ⅰ）を設けるものの，履行が選択された後の契約関係については，契約法一般の法理が適用されるから，たとえ相手方の債権が共益債権（同Ⅳ）とされても，その不履行の危険があるような状況においては，不安の抗弁権を排除する理由はない。ただし，更生会社を当事者とする契約であることを理由として，相手方が当然に不安の抗弁権にもとづいて契約を解除することができるとするのは，法が管財人に選択権を認めた趣旨に反するから，受け入れることはできない。しかし，更生会社の経営状況などを考慮して，共益債権の弁済についての不安が合理的と認められる場合には，相手方が契約条件の変更，たとえば支払方法の変更や担保の提供などを求める可能性を認めるべきであろう[66]。

第2に，相手方が更生手続開始前の不履行を理由として解除権を行使する場合が考えられる。更生手続開始後に履行期が到来する債務については，管財人が履行の請求を行うまでは相手方は共益債権としての弁済を求めることができず，また管財人も相手方の債権について弁済をなすことはできないから，債務者の責めに帰すべき債務不履行が生じているとはいえず，相手方の解除権は否定される。しかし，弁済禁止の保全処分がされた場合を別とすれば（本書71頁参照），更生手続開始前にすでに債務不履行が生じ，しかも催告など解除権発生の要件が充足されていれば，相手方は，その解除権を管財人に対して行使し，原状回復を求めることができる。ただし，解除の効果を管財人に対して無条件に主張できるわけではない（本書257頁）。

第3に，あらかじめ契約中に，一方当事者について更生手続開始や更生手続開始申立て，または支払停止などの事実が生じることを解除権の発生原因として定め，これにもとづいて相手方が更生手続開始後に解除権を行使する場合が考えられる。この種の合意がなされるのは，相手方としては，経営が危機に陥

---

66) 具体例については，伊藤・研究498頁以下参照。不安の抗弁権を認めた裁判例としては，東京地判平成2・12・20判時1389号79頁がある。債権法改正の中でも，不安の抗弁権についての規定を設けることが議論されているが（法制審議会民法（債権関係）部会における，民法（債権関係）の改正に関する中間的な論点整理 第58，1〔179頁〕，民法（債権関係）の改正に関する検討事項（14）・部会資料19-2第3〔27頁〕，民法（債権関係）の改正に関する中間的な論点整理のたたき台（4）・部会資料24第56〔36頁〕），合理的要件を設定しないと，事業再生にとっての桎梏となるおそれがある（大阪弁護士会・司法委員会・債権法改正と倒産法ワーキンググループ「民法（債権関係）の改正に関する検討事項の倒産処理に対する影響について」大阪弁護士会編・民法（債権法）改正の論点と実務（下）法制審の検討事項に対する意見書735頁（2011年））。

った者との契約関係を続けることに不安を感じるためである[67]。しかし，この解除の効力を認めると，それが更生手続に関して通常生じる事実を原因とするものであるだけに，相手方は，解除にもとづく原状回復の効果を制限される可能性があること（民545 I 但書）は別にして，管財人に対して解除権を主張できることになり，その結果，法が管財人に対して履行か解除かの選択権を与えたことも，事実上その意味を失うことになる。したがって，法が管財人に選択権を付与している趣旨を考慮すれば，更生手続との関係においては，この種の解除権行使の効果を管財人に対して主張することを否定すべきである[68]。

---

67) したがって，更生手続との関係を度外視すれば，支払停止などを理由とする無催告解除が当然に無効とはいえない（大阪地判平成 3・1・29 判時 1414 号 91 頁）。

68) 弁済禁止保全処分の効力の関係で，このような考え方を示すものとして，最判昭和 57・3・30 民集 36 巻 3 号 484 頁〔倒産百選 12 事件〕がある。学説としては，条解会更法（中）307 頁，谷口 182 頁，伊藤眞「更生手続申立と契約の解除」金商 719 号 75，78 頁（1985 年），基本法 86 頁〔宮川知法〕，田邊誠「解除権留保特約の効力」破産・和議の実務と理論 263 頁などがある。

　従来は，更生手続の目的との関係で，この種の解除権行使を制限することが説かれてきたが，本文に述べたように，むしろ破産法 53 条 1 項，民事再生法 49 条 1 項または会社更生法 61 条 1 項との関係で，解除権行使を制限すべきである（賃貸借契約に関して，名古屋高判平成 12・7・13 判例集未登載，秋田地判平成 14・2・7 裁判所ウェブサイト参照）。ただし，最判平成 20・12・16 民集 62 巻 10 号 2561 頁では，別除権としての担保権実行に対して再生手続の目的との関係から制約を加えるべきであるという理由から，解除権に関する特約の効力を無効としている（天川博義「ファイナンス・リース契約におけるユーザーの民事再生手続開始申立てを解除事由とする特約の効力について」判タ 1303 号 9 頁（2009 年），中島肇「民事再生手続におけるリース契約の処遇——最三判平成 20・12・16 にみる諸論点」NBL 907 号 69 頁（2009 年）参照）。

　また，再生型である再生手続および更生手続においては，解除を否定すべきであるが，清算型である破産手続においては，肯定されるとの見解も有力である。新版破産法 210 頁〔富永浩明〕。もちろん，信義則や権利濫用の一般原則によって解除権行使を排除する可能性は別である。

　なお，現行法下の考え方については，新破産法の基本構造 279 頁，森倫洋「民事再生手続における各種契約条項の拘束力の有無」民事再生の実務と理論 69 頁，契約自由の原則との関係からの検討として，稲田正毅「契約自由の原則と倒産法における限界」倒産実務の諸問題 319 頁，藤本利一「アメリカ連邦倒産法における ipso facto 条項をめぐる展開素描」同書 331 頁，また，合意解除に類するものとして，否認可能性を検討する水元宏典「契約の自由と倒産解除特約の効力」熊本法学 117 号 1，12 頁（2009 年）参照。

　さらに，同じく期限の利益喪失特約の相殺に関する有効性について，本書 342 頁参照。

第2項　各種の未履行双務契約の取扱い

　以上に述べた基本原則にもとづいて各種の契約類型についてその取扱いを検討する。ただし，以下に取り上げる契約類型は網羅的なものではなく，また，今後新たな契約類型が出現することが予想される。しかし，それぞれの契約類型について法律上特則が置かれる場合は別として，契約当事者間の債務内容を検討し，更生手続開始時を基準時として双方未履行双務契約に該当するかどうかを決して，基本原則を適用する以外にない[69]。

1　売買契約および継続的給付を目的とする双務契約

　売買契約においては，買主の売買代金支払義務および売主の目的物引渡し・登記移転義務などの双方について，その全部または一部が更生手続開始時に未履行であれば，買主の更生であれ売主の更生であれ，双方未履行双務契約とみなされ，管財人が契約の履行か解除かを選択する（61Ⅰ）。

　これに対して，売買契約の一種またはそれと類似の性質をもつ継続的給付を目的とする双務契約における給付受領者側の更生については，それが双方未履行双務契約にあたるかどうか，また履行選択がなされた場合に共益債権となる代金債権の範囲などに関しては，旧会社更生法昭和42年改正以来の立法の経緯がある。たとえば，売主甲が，買主乙に対して原材料を3年間継続的に給付し，乙は毎月の月末にその月の供給量に対する代金を支払うことを合意したとする。ところが，供給開始から6か月が経過した時点で，乙に対して更生手続が開始されたと想定する。まず，更生手続開始時を基準時として，甲乙間の契約を双方未履行双務契約とみなすことができるかどうかが問題となるが，3年間の基本契約が存在し，その中途で買主に対して更生手続が開始されたのであり，売主および買主の双方に将来の未履行義務が残っているから双方未履行双務契約にあたる。売買契約以外の役務提供契約など，継続的給付を目的とする双務契約についても，同様に考えられる。

　そこで，給付受領者たる更生会社の管財人としては，基本契約について履行

69）　新種契約について具体的に倒産手続上の取扱いを検討したものとして，福永有利編著・新種・特殊契約と倒産法（1988年）所収の諸論文がある。また，ローン提携販売に関する判例として，最判昭和56・12・22判時1032号59頁〔倒産百選66事件〕，預託金会員制ゴルフクラブの会員契約に関する判例として，前掲最判平成12・2・29（注60）がある。

か解除かの選択をなすことになる。管財人が解除を選択すれば，開始前の給付の対価である未払代金や，解除にもとづく損害賠償請求権が更生債権とされる（2Ⅷ柱書・61Ⅴ，破54Ⅰ）。これに対して，管財人が履行を選択した場合には，まず，相手方が手続開始後に給付したものの対価は，共益債権として支払われる（61Ⅳ）。

次に，手続開始前の給付の対価としての未払代金債権については，双方未履行双務契約についての従来の学説（本書271頁）によれば，次のように考えられる。一般には，各期における給付が可分であるかぎり，たとえ基本契約にもとづく債務としては一体であっても，開始前の給付の対価は，開始前の原因にもとづくものとして（2Ⅷ柱書），更生債権と解される。ところが，契約の相手方である給付者についてみると，管財人が履行の選択をなしたにもかかわらず，過去の未払代金が存在することを理由として，新たな給付を拒むことが考えられる。平常の状態であれば，給付者は，給付受領者に対して同時履行の抗弁権，またはこれと類似の給付拒絶権を理由として給付を拒めるはずである[70]。しかし，これを認めると，管財人は，給付者にその給付義務の履行を求めるために未払代金を即時全額支払わざるをえず，結局，未払代金債権を更生債権とした趣旨と矛盾する結果となる。そこで，いったん管財人が基本契約について履行の選択をなした以上，上記の相手方の抗弁権や給付拒絶権が成立する契約関係であれば，当該契約にもとづく給付者の請求権全体，すなわち将来の給付の対価だけではなく，開始前の給付の対価である未払代金債権も，共益債権（61Ⅳ）になるという説が成り立ちうる[71]。

このような考え方の対立を立法的に解決するために，旧会社更生法昭和42年改正は，旧104条の2の規定を新設し[72]，その後の立法である現行会社更生法62条，民事再生法50条，現行破産法55条は，すべてこれにならっている。

---

[70] 継続的給付を目的とする双務契約においては，相手方による前期の給付不履行を理由として後期における自己の給付を拒絶することができる（大判明治41・4・23民録14輯477頁，三宅正男・契約法（総論）58頁（1978年））。

[71] その根拠については，①文言上履行選択が各期の給付と対価ではなく契約全体とされていること，②相手方は本来未払を理由とする同時履行の抗弁権を有するので，手続開始前の給付の対価にかかる債権を含めて財団債権としても衡平を害しないことなどについて，伊藤・破産法〈第3版補訂版〉232頁参照。

[72] 更生手続開始前の給付の対価に関する共益債権説と更生債権説の対立，改正の経緯については，宮脇＝時岡178頁以下に詳しい。

具体的には，更生手続開始前の給付の対価たる代金債権などについて，開始申立て前の給付の対価と開始申立てから開始決定までの給付の対価[73]とに区分する。前者については，それを更生債権とし，かつ，その弁済がないことを理由として相手方は更生手続開始後の給付を拒絶できない（62Ⅰ）[74]。後者については，それを共益債権とし（同Ⅱ），したがってその弁済がないことを理由とする更生手続開始後の履行拒絶を認めるというものである。この規定は，基本契約について履行の選択がなされたときに，更生手続開始前の給付の対価が共益債権か更生債権かという考え方の対立を止揚し，更生手続続開始申立時を基準時として，その前の給付の対価を更生債権，それ以後の給付の対価を共益債権とし，それにともなって前者については，履行拒絶権を否定し，後者については，それを肯定するという，給付の可分性を重視し，更生会社の負担を軽減するための折衷的解決を内容とするものである[75]。

なお，労働契約もその法律上の性質としては，継続的給付を目的とする双方未履行双務契約に含まれるが，労働者の基本権を考慮すると，上記の規律を適用するのは適当ではないので，上記の規律の適用が排除される（同Ⅲ）。

2 賃貸借契約

賃貸借契約に関しては，賃借人の更生と賃貸人の更生とが考えられる。いずれの場合であっても，賃貸人側の義務としては，契約期間中賃借人に目的物を使用させる義務およびその他の付随的義務が存在し，これに対して，賃借人の義務としては，賃料支払や目的物の返還その他の義務が存在する（民601・616・597など）。したがって，賃貸借期間中にいずれかの当事者について更生手続が開始された場合，残りの期間について両当事者の上記義務が残っており，賃貸借契約は双方未履行双務契約とみなされる[76]。

---

73) 開始申立ての日が属する期間内の給付の対価は，後者に含まれる（62Ⅱかっこ書）。
74) もっとも，法62条1項が適用されるのは，更生手続開始後であって，保全管理の段階では，相手方が給付を拒絶する可能性があり，電気等の事業の継続に不可欠な給付の場合には，問題となる。保全管理命令が発令された以上，更生手続開始と同様に取り扱うことも検討に値しよう。解釈論としては，保全管理人による支払を偏頗行為否認（86の3）の対象とすることも考えられるが，制度の趣旨と調和しない。
75) 継続的給付を目的とする契約以外については，本書の立場では，更生手続開始前の給付の対価にかかる請求権は，共益債権となると解する。
76) 地上権設定契約については，それを物権契約として，地上権者の対抗要件具備によって設定者の義務の履行が完了するとの前提に立てば，双方未履行双務契約に該当しない。

(1) 賃借人の更生

賃借人の更生については，賃貸借契約が双方未履行双務契約とみなされる以上，法61条の規律にしたがって，賃借人たる更生会社の管財人が，契約の解除か履行かの選択をなす[77]。解除が選択された場合には，将来に向かって双方の義務が消滅するが，解除時までの使用にかかる支払済賃料の返還義務はなく，また更生手続開始前の未払賃料は更生債権となり，更生手続開始から解除の効果が発生するまでの未払賃料および解除の効果発生から明渡しまでの賃料相当損害金は，共益債権となる（127⑤⑦。破148Ⅰ⑧参照）。なお，敷金が差し入れられていれば，その返還請求権は更生会社財産所属財産となる[78]。履行が選択されれば，賃貸人の賃料債権は，共益債権となるが（61Ⅳ），その範囲については，議論がある。すなわち，賃貸借契約は，契約当事者による給付が反復継続して行われる性質のものではないから，継続的給付を目的とする双務契約

---

[77] 賃借人の破産および民事再生については，条解破産法417頁，伊藤227，680頁参照。なお，賃借人について更生手続開始申立てがなされたこと，または更生手続が開始されたことを理由として賃貸人に解除権を与える旨の条項は，管財人の選択権を保障する意味でも，また破産に関する民法旧621条のような規定が存在しないことを考えても，無効である。東京地判平成21・1・16金法1892号55頁参照。

[78] 解除にもとづいて賃貸借契約が終了すると，賃借人は，目的物について原状回復義務を負うが（民598・616），管財人がこれを履行せず，賃貸人が自ら原状回復を行った場合の費用請求権が共益債権になるかどうかという問題があるが（破産について，新版破産法212頁〔富永浩明〕），管財人の行為に起因する債務である以上，更生債権者等が共同で負担することを受忍しなければならないから，共益債権（127②⑤⑦）になると解すべきである（東京地判平成20・8・18判時2024号37頁）。これに対して，岡伸浩「賃借人破産における原状回復請求権の法的性質」筑波ロー・ジャーナル7号79頁（2010年）は，原状回復請求権の発生原因たる原状変更行為が手続開始前のものであれば，破産債権（更生債権）とすべきであるとする（大阪地方裁判所第6民事部編・破産・個人再生の実務Q&A（はい，6民です お答えします）146頁（2008年）も同様の考え方をとっている）。

また，解除に際して，賃貸借契約中の解約予告期間条項，敷金等放棄条項や違約金条項が管財人を拘束するかどうかについても議論があるが（石原康人「賃貸借契約における違約金条項の有効性等」NBL893号4頁（2008年），新版破産法220頁〔富永浩明〕，石田憲一＝松山ゆかり「企業倒産（破産・民事再生）をめぐる諸問題」NBL939号25頁（2010年），森倫洋「民事再生手続における各種契約条項の拘束力の有無」民事再生の実務と理論77頁以下），実体法上有効と認められるかぎり，管財人もその負担を受忍せざるをえず，これに拘束されると解すべきであり，管財人がそれに反する行為（127⑤）をしたとみなされるべきである（前掲東京地判平成20・8・18もその有効性を認め，大阪地判平成21・1・29判時2037号74頁〔民事再生〕は，賃料の倍額を定める違約金条項の効力を肯定している）。したがって，賃貸人の違約金請求権は，共益債権となる。ただし，更生債権とする考え方も有力であり，東京地判平成20・11・10金法1864号36頁〔民事再生〕（控訴後，東京高判平成21・6・25により控訴棄却）は，それを採用する。

(62) には該当しないが，法61条4項の解釈として，いったん管財人によって履行が選択された以上，当該契約にもとづく相手方の請求権は，更生手続開始前の原因にもとづくものであっても，すべて共益債権となるとの考え方によれば（本書271頁参照），更生手続開始後の賃料はもちろん，開始前の未払賃料も共益債権として扱われる[79]。

したがって，賃借人たる更生会社の管財人としては，目的物が更生会社の事業継続に不要であると判断すれば，更生会社財産所属の財産である賃借権の価値を金銭化するために，契約を解除して敷金返還請求権を更生会社財産に組み入れるか，それとも，賃借権が譲渡可能なものであれば（民612 I，借地借家19 I 参照），契約の履行を選択した上で，それを第三者に譲渡するなどの形で換価することもできる。いずれを選択すべきかは，更生手続の目的を実現する職務を負う管財人の判断に委ねられる。

(2) 賃貸人の更生

賃貸人について更生手続が開始されたときに，法61条が適用されるとすれば，賃借人は，管財人の解除権行使によってその賃借権を失う可能性がある。

ア 対抗力を備えた賃借権の保護

この問題は，破産手続においても生じるものであるが，現行破産法は，旧法下の解釈論を踏まえ，56条1項の規定を設け，賃借権その他の使用および収益を目的とする権利を設定する契約について破産者の相手方が当該権利につき登記，登録その他の第三者に対抗することができる要件を備えている場合には，管財人の解除か履行かの選択権を排除している[80]。

対抗力を備えた賃借権などを保護するという要請は，破産手続，再生手続，更生手続のいずれの手続でも変わるところはないので，破産法56条の規定は，更生手続にも準用される（63前段）。その結果，更生会社たる賃貸人と賃借人との間で契約が存続することとなるが，賃料債権は更生会社財産に属し，使用収益などに関する賃借人の権利は共益債権となる（63，破56 II）[81]。

---

79) ただし，通説は，開始前の未払賃料を更生債権（破産債権）とする。条解破産法417頁，大コンメンタール234頁〔三木浩一〕。

80) 条解破産法412頁，伊藤279頁。中田裕康「法律行為」新会社更生法の基本構造210頁は，その趣旨について，対抗力の有無は，管財人の解除権を制約することと理論的には直結しないが，保護されるべき必要のある契約の範囲を画定する基準として有用であるので，法は，これを権利保護要件として用いていると説く。

なお，更生手続開始の事実を借地借家法などの正当事由にあたるとして管財人が主張して，賃貸借契約を解除できるかという別の問題がある。しかし，これを認めると，法61条にもとづく解除権を否定した意味が失われてしまうし，実質的にみても，賃貸人に対する更生手続開始が賃貸借契約を終了させるべき理由とはみられないから，解除権を否定するのが妥当である[82]。

さらに，更生手続開始前に賃借人が賃料を前払していた場合，また更生手続開始前に会社が開始後の賃料債権を第三者に譲渡して，対抗要件を備えていた場合に，前払や賃料債権の譲渡という処分が更生手続に対して効力を有するかが問題となる。平成16年改正前の63条は，旧破産法63条を準用する形で，これらの処分の効力を当期および次期のものに限定していたが，旧破産法63条の規定が削除されるにともなって，更生手続においても準用規定が改められ，処分についての制限は消滅した[83]。

イ　賃料債権を受働債権とする相殺

類似の問題として，賃借人たる更生債権者等が，更生債権を自働債権として[84]，賃料債権を受働債権として行う相殺の許容性がある。破産手続においては，この相殺についての制限が設けられていない[85]。しかし，更生手続や再生手続のような再生型手続においては，相殺によって賃料収入がえられないことが，再生や更生の妨げとなることを考慮し，立法者は，相殺について一定の制限を設けている（48Ⅱ～Ⅳ，民再92Ⅱ～Ⅳ）。すなわち，更生債権者等は，更生手続開始後にその弁済期が到来すべき賃料債務については，更生手続開始時における賃料の6月分に相当する額[86]を限度として，債権届出期間内に限り，更

---

81) ただし，敷金返還請求権は，賃貸借契約にもとづく権利とはみなされないので，法48条3項の場合は別として，共益債権とならない。破産手続について，新破産法の基本構造〔沖野眞已発言〕287頁参照。

82) 東京高判昭和31・7・18下民7巻7号1947頁〔破産〕，大阪地判昭和53・3・17金商555号23頁〔破産〕。

83) 理由と経緯については，条解破産法417頁，伊藤280頁，中田裕康「法律行為」新会社更生法の基本構造211頁参照。

84) 自働債権となる更生債権としては，建設協力金返還請求権が代表的なものである。松下・入門121頁。なお，以下の叙述は，敷金返還請求権と未払賃料等の関係について，当然充当の法理を前提として，両者の間の相殺がありえないことを前提としている。八田卓也「倒産実体法の規律に関する理論的考察――特に，賃貸人倒産の場合の賃借人の賃料債務と敷金の扱いを中心に」ジュリ1349号56頁（2008年）参照。

85) 条解破産法417，509頁，伊藤281頁，一問一答新しい破産法90頁参照。

生計画の定めるところによらないで，相殺をすることができる（48Ⅱ）[87]。

また，受働債権たりうる更生手続開始後の賃料債務について，弁済期に弁済をしたときは，更生債権者等が有する敷金の返還請求権は，更生手続開始時における賃料の6月分に相当する額の範囲内におけるその弁済額を限度として，共益債権とする（同Ⅲ）[88]。ただし，6月分の範囲内で相殺をするときには，相殺によって免れる賃料債務を控除した額が，共益債権化の上限となる（同Ⅲかっこ書）。以上の規律は，地代または小作料の支払を目的とする債務について準用される（同Ⅳ）。

敷金返還請求権に関する共益債権化の規定が設けられたのは，賃借人が別口の更生債権を有するときに，それを自働債権とする相殺をせずに賃料を弁済す

---

[86] 賃料額が賃貸人の売上高に応じて上下する変動制になっている場合にも，相殺制限の趣旨から更生手続開始時の賃料額を基準とすべきであろう。したがって，共益債権化される敷金返還請求権の額（48Ⅲ）も，これに対応する。

[87] 目的物について更生担保権の基礎である抵当権が設定されている場合において，抵当権にもとづく賃料債権への物上代位と賃料債務を受働債権とする相殺に関する判例法理（最判平成13・3・13民集55巻2号363頁，最判平成21・7・3民集63巻6号1047頁）に照らすと，管財人が更生担保権者たる抵当権者の地位を援用することができるとすれば，抵当権設定登記後に発生した更生債権を自働債権とし，賃料債権を受働債権とする相殺は許されないかという問題がある。

[88] 更生手続開始後において賃借人が賃料の不払と支払の双方を行ったときには，不払分について敷金が当然充当され，残敷金返還請求権のうち支払分の賃料6月分が共益債権となるという結果が予想される。当然充当が実質的に相殺と同様の意義を有するという視点から，法48条2項との関係を重視し，このような結論に対して疑問を呈するものとして，新破産法の基本構造300頁〔山本和彦発言〕，山本和彦「倒産手続における敷金の取扱い（2・完）」NBL 832号66頁（2006年）がある。しかし，当然充当の法律上の性質が相殺と区別されるものであるとすれば，上記のような結果も不当とはいえない。

また，再生手続から更生手続に移行する事案では，再生手続の6月分と更生手続の6月分を合計した，12月分が共益債権となるのかという問題がある（新破産法の基本構造40頁〔山本和彦発言〕）。現行法の下では，やむをえない結果と思われるが，検討の余地はあろう。

さらに，更生手続において賃貸物件が第三者に譲渡されたときに，敷金返還義務が譲受人に承継されるかという問題もあり，更生債権者間の平等の視点からこれに疑問を呈する有力説もある。しかし，賃貸人の地位の承継にともなって敷金返還債務も承継されるという判例法理（最判昭和44・7・17民集23巻8号1610頁）を前提とすれば，賃借人は，敷金返還債務の承継について保護すべき期待を有していると考えられるから，承継を認めるべきである（旧破産法下で，承継を認めた上で，賃料債権との相殺を許したものとして東京高判平成6・12・26判タ883号281頁がある）。詳細については，伊藤眞「民事再生手続における敷金返還請求権の取扱い」青山古稀627頁参照。

また，共益債権化との関係で敷金返還請求権が更生計画によってどのような変更を受けるかという問題は，第8章第1節第1項（7）（561頁）で扱う。

る場合，および別口の更生債権を有しない賃借人が賃料を弁済する場合のいずれにおいても，本来は更生債権である敷金返還請求権について共益債権化による利益を与えることを通じて，賃料の弁済を促し，更生会社の事業資金を確保しようとするものである。

たとえば，更生手続開始時およびその後の賃料が月額30万円であり，敷金額が200万円である賃貸借契約の賃借人が別に200万円の更生債権を有するとする。その更生債権者が更生債権と開始後の賃料債務とを相殺しようとすれば，受働債権の限度額は，6月分の180万円であり，更生計画によって分配を受ける別口の更生債権額は，残20万円になる。また，200万円の敷金返還請求権は，更生手続開始前の敷金契約にもとづくものとして更生債権になる（2Ⅷ柱書）。しかし，その更生債権者が相殺権を行使せず，6月分の賃料を更生会社に対して弁済したとすれば，敷金返還請求権のうち弁済額に相当する180万円が共益債権となり，敷金返還請求権の残20万円と別口の200万円とが更生債権になる[89]。ただし，3月分の賃料について相殺権を行使し，3月分の賃料を弁済したとすれば，90万円の限度で敷金返還請求権が共益債権化され，更生債権額は，敷金の残額110万円と別口の残額110万円となる[90]。

　　ウ　転貸借契約の取扱い

アおよびイに述べたことは，賃貸借契約の一種である転貸借契約にもあてはまる。たとえば，居住用建物の所有者甲（賃貸人）が当該建物を乙（賃借人・転貸人）に賃貸し，乙は，さらにそれを丙（転借人）に転貸し，丙は，すでに当該建物の引渡しを受けて，居住しているとする。このような状況の中で，賃借人（転貸人）乙について更生手続が開始されたとき，転貸借契約も，「賃借権その他の使用及び収益を目的とする権利を設定する契約」にあたり，しかも，転借人丙がその転借権について対抗要件を備えている以上，賃借人（転貸人）乙の管財人は，転貸借契約を解約することはできない（63，破56Ⅰ）。これに対して，賃貸借契約の賃借人たる乙の管財人としては，賃貸借契約を解除すること

---

[89] もちろん，本文に述べたように，法48条3項自体は，かっこ書の場合を除いて，更生債権者が敷金返還請求権以外の更生債権をもたない場合にも適用されうるから，その場合に，賃借人が開始決定後6月分の賃料180万円を弁済したとすれば，それに相当する敷金返還請求権額180万円部分が共益債権化され，残20万円が更生債権となる。

[90] 共益債権部分と更生債権部分とについての更生計画における定め方については，法48条2項以下に関する山本和彦「相殺権」新会社更生法の基本構造201頁参照。

は妨げられない（61 I）。その結果として，賃貸借契約が解除され，転貸借契約が存続する事態が発生しうるが，法63条が準用する破産法56条1項が，賃貸人の破産という偶然の事情によって賃借権が失われることを防ごうとする趣旨のものであることを重視すれば，この場合には，債務不履行にもとづく解除に関する判例法理を適用せず，賃貸人（転貸人）乙の管財人による賃貸借契約の解除によっては，転借人丙の地位は影響を受けず，以後は，賃貸人（転貸人）たる乙の地位を承継した賃貸人甲と転借人丙との間の賃貸借契約に切り替わると考えるべきであろう。

そして，賃借人（転貸人）乙の管財人による賃貸借契約解除後は，賃貸人甲と転借人丙との間の賃貸借関係が存続するとすれば，転借人丙が賃貸人（転貸人）乙に差し入れた敷金の帰趨，具体的にいえば，賃貸人甲がその返還義務を引き継ぐかどうかが問題となる。賃貸不動産の譲渡にともなって，譲受人と賃借人との間に賃貸借関係が承継され，それに付随して敷金返還義務も譲受人が引き継ぐという判例法理をこの場合にあてはめれば，賃貸人甲が敷金返還義務を承継するとの結論もありえよう。しかし，賃借人（転貸人）乙との関係では，更生債権にとどまる転借人丙の敷金返還請求権について，賃貸人甲による承継に起因して全額の満足を受ける可能性が生じるのは不当であるとか，賃貸人甲としては，自らの意思によらずに転借人丙との賃貸借関係を設定されたにもかかわらず，敷金返還義務まで引き受けさせられるのは不合理であるなどの批判も考えられ，折衷的な立場としては，賃借人（転貸人）乙が，転借人丙から受領した敷金を賃貸人甲に交付している場合には，その範囲に限って，敷金返還義務の承継を認めるなどの考え方もありえよう。

3 ライセンス契約

賃貸借契約は，一定期間を区切って賃貸人が目的物の使用権原を賃借人に設定し，賃借人がその対価を賃貸人に支払う点に特徴をもつが，これに類似する契約類型としてライセンス契約がある。ライセンス契約は，ライセンサーの特許権などが目的物となるが，ライセンサー（許諾者）がライセンシー（利用者）に対して目的物たる権利や法律上の利益を使用する権利を設定し，ライセンシーがその対価としてロイヤリティを支払うことを基本的内容とする継続的契約である[91]。

したがって，契約期間中にいずれかの当事者について更生手続が開始されれ

ば，契約は双方未履行双務契約とみなされ，法61条以下の規定にしたがって整理される[92]。目的物使用権の設定を受けたライセンシーの更生の場合には，賃借人の更生について述べたのと同様のことがあてはまる。すなわち，ライセンシーの管財人は，その選択にしたがって契約の履行か解除かを決定する。ライセンシーの地位は，譲渡可能性がないのが通常であるが，更生会社の事業の継続にとって当該ライセンスが必要であるような場合には，履行が選択されよう。これに対して，ライセンサーの側は，契約中にライセンシーなどについて更生手続開始申立てなどを理由とする解除特約が設けられているときであっても，すでに述べた理由から，解除権は否定される。したがって，ライセンサーは，更生手続開始前にすでに解除権を取得していることを理由とするか，または更生手続開始後の共益債権についての債務不履行などを理由とする場合以外には，解除権の行使は許されない。

次に，ライセンサーの更生については，ライセンス契約が「使用及び収益を目的とする権利を設定する契約」(63，破56Ⅰ)とみなされるので，賃貸人の更生について述べたのと同様の取扱いがなされる。すなわち，ライセンシーとしては，目的物たる商標権や特許権を利用して，多額の初期投資を行い，自己の事業を展開しているにもかかわらず，自己に何ら責任のないライセンサーなどの更生によって契約の解除がなされれば，多大な損害をこうむらざるをえない。したがって，ライセンシーの通常実施権などの権利について登録の対抗要件が備えられていれば，ライセンサーの管財人による解除権行使は認められない(63，破56Ⅰ)[93]。

4 ファイナンス・リース契約

ファイナンス・リース(以下，単にリースと呼ぶ)とは，1960年代以後わが国に導入された，比較的新しい取引形態であり，目的物件をその事業活動のため

---

91) もっとも，ロイヤリティの支払方法としては，ライセンス製品の製造や販売に対応する最低保証ロイヤリティと，販売量に応じた追加ロイヤリティが定められることもあり，解除の効果などに関する問題が考えられる。

92) フランチャイズ契約に関しては，福永編著・前掲書(注69)123頁以下，ライセンス契約に関しては，金子宏直「技術ライセンス契約の倒産手続における処理(1)(2・完)」民商106巻1号83頁，106巻2号66頁(1992年)，田淵智久「『ライセンス契約』におけるライセンサー倒産に対する対処(上)(下)」NBL540号6頁，542号39頁(1994年)，また全体については，徳田和幸「新種契約の倒産法への取込み——ライセンス・フランチャイズ契約，デリバティブ等」ジュリ1111号112頁(1997年)参照。

に使用しようとする者（ユーザー）が，リース会社に対してリースの申込みをなし，リース会社は，目的物の所有者（サプライヤー）から目的物を買い受けて，これをユーザーに使用させ，その対価としてリース料の支払を受けて，サプライヤーからの買受資金を回収した上で，一定の利潤を上げようとするものである。

　法律構成としては，目的物の所有者たるリース会社が，それをユーザーに使用させて，リース料の支払を受けることに着目すれば，賃貸借契約に類似する。しかし，経済的実質としては，リース会社の所有権はユーザーに使用権原を与え，かつ，リース料の支払を確保するための手段にすぎず，目的物がもつ使用価値はユーザーによって使い尽くされることが通常である。したがって，経済的にみれば，リース会社がユーザーに対してサプライヤーからの買受資金を融資し，それをリース料の支払の形で回収し，その担保のために目的物の所有権を自らに留保するのと異ならない[94]。法律構成と経済的実質との間にこのような食違いが存在することが，リース契約と双方未履行双務契約概念との関係について議論を生じる原因である。

　リースと更生とのかかわりとしては，契約当事者たるユーザーとリース会社

---

93)　もっとも，通常実施権について登録がなされることは少なく，実際には，ライセンシーの保護として機能しえないとの批判があった。中田裕康「法律行為に関する倒産手続の効力」ジュリ1273号57，59頁（2004年），一問一答新しい破産法87頁，概説210頁参照。立法論に関しては，新破産法の基本構造304頁参照。産業活力再生別措置法（平成11年法律131号）の平成19年改正によって，特定通常実施権登録という，通常実施権の対抗要件に関する特例が設けられたこと（同法58以下）は，これに関するものである。波田野晴朗＝石川仙太郎「産業活力再生特別措置法等の一部を改正する法律における特定通常実施権登録制度について――ライセンシーの事業活動を保護する新たな登録制度の概要」NBL860号18頁（2007年）参照。
　　平成20年の特許法等の改正においても，仮専用実施権や仮通常実施権の登録など，関連する法改正がなされている。福田知子＝西田英範「特許法等の一部を改正する法律について――ライセンスの登録制度見直しを中心として」NBL884号36頁（2008年）参照。なお，商標に関してライセンス契約と類似の性質をもつフランチャイズ契約についても，同様の問題が残されている。さらに平成23年の特許法改正においては，通常実施権について当然対抗制度が設けられた（同法99）。神田雄「当然対抗制度における実務上の留意点」NBL969号37頁（2012年）参照。
　　また，コンピュータプログラムの利用許諾契約が存続する場合，ライセンシーがもつ，プログラムのバージョン・アップを求める権利は共益債権となるが，ライセンサーの管財人の対応については，新破産法の基本構造305頁〔山本和彦発言，伊藤眞発言，田原睦夫発言〕参照。

のそれぞれの更生が考えられるが，双方未履行双務契約との関係では，主としてユーザーの更生が問題となる[95]。すなわち，リース期間中におけるユーザーの更生手続において，リース契約が双方未履行双務契約にあたるとする肯定説は，リース会社については，残リース期間中ユーザーに目的物を使用させる義務が未履行義務としてあり，他方，ユーザーについては，残リース料支払義務があるとする。これに対して，否定説は，いったん目的物がユーザーに引き渡された後には，リース会社の義務は残っておらず，ユーザーのリース料支払義務のみが存在するから，双方未履行双務契約にあたらないとし，むしろリース会社は，そのリース料債権の担保のために目的物の所有権を留保している所有権留保売主か，またはユーザーの使用権上に担保を設定している担保権者として，更生担保権者の地位を更生手続上与えられるべきであると主張する[96]。

---

94) 自動車など，汎用性のある目的物を中心として，リース期間終了後目的物がリース会社に返還され，さらにこれが再リースされる，オペレーティング・リースと呼ばれる取引形態もあるが，動産賃貸借と区別する意義に乏しいので，ここでは，ファイナンス・リースのみを扱う。リースの仕組みについては，加藤一郎＝椿寿夫編・リース取引法講座（上）2頁以下（1986年），手塚宣夫・リースの実務と法的諸問題6頁以下（1994年），潮見・契約各論Ⅰ383頁など参照。なお，ファイナンス・リースにおけるリース料は，物件の購入価額に金利・保険料などを加えたものから見積残存価額を控除し，それをリース期間に配分する方式によって算定する。

95) リース会社の更生については，リース料債権譲渡の対抗要件具備行為否認などが実務上の問題点である（今中利昭ほか「ノンバンクの破綻処理と債権管理上の諸問題」金法1462号59，64頁（1996年）参照）。

96) 双方未履行双務契約性肯定説として，庄政志・リースの実務知識〈全訂版〉152頁（1982年），松田安正・リースの理論と実務〈改訂版〉250頁（2001年），伊藤・研究437頁以下，塩崎勤「リース取引と倒産」加藤＝椿編・前掲書（注94）208頁，菅野孝久「リース料債権と倒産」加藤＝椿編・前掲書（注94）（下）176頁（1987年），注解破産法（上）293頁〔斎藤秀夫〕，南賢一「ユーザーの民事再生手続におけるリース契約の処遇に関する諸問題」民事再生の実務と理論157頁などがある。

ただし，その理由づけに関しては，賃貸借と同視できるとするもの，賃貸借ではないが双務契約にあたるとするもの，双務契約にあたるかどうか疑問があるが，リース会社の権利を担保権と構成するのが公平に反するというものなど，様々である。

また，否定説としては，福永有利「ファイナンス・リース契約と倒産法」判タ507号4，15頁（1983年），藤田耕三「東京地方裁判所における会社更生事件の現状と問題点」民訴雑誌30号66，84頁（1984年），注解会更法363頁〔宗田親彦〕，山本和彦「各種のリース契約」破産・和議の実務と理論239頁，手塚・前掲書（注94）144頁などがある。また，霜島399頁は，リース会社からの催告（61Ⅱ）の可能性を認めつつ，残リース料の総額を更生担保権として届け出るとする。

しかし，否定説の場合にも，リース会社の担保権を所有権留保売主と同様とするもの，ユーザーの使用権の上に設定された権利質であるとするものなど，理論構成は統一されて

両説の結論の違いは、以下のような点にある。まず、肯定説では、ユーザーの管財人は、リース契約の解除か履行を選択する（61 I）。履行を選択すると、未払リース料は共益債権として支払われる（同Ⅳ）。これに対して、管財人がリース目的物件を不要であると判断して解除を選択すれば、目的物をリース会社に返還し（同Ⅴ、破54Ⅱ参照）、その上でリース会社は、約定にもとづいて残リース料債権を更生債権として行使する（61Ⅴ、破54 I）。これに対して否定説では、残リース料債権が更生債権とされ（2Ⅷ柱書）、ただ、リース契約にもとづいてリース会社に担保権が認められれば、リース会社は更生担保権者（2Ⅺ）としての地位を与えられる。したがって、リース会社としては、更生手続開始時における目的物の価額によって担保されるリース料債権部分は、更生担保権として、残額は、更生債権として更生計画による満足を受ける[97]。

本書では、以下の理由から、リース契約について双方未履行双務契約性を肯

いない。下級審の裁判例は従前から否定説をとり（東京地判昭和63・6・28判時1310号143頁〔新倒産百選81事件〕など）、前掲最判平成7・4・14民集49巻4号1063頁（注60）は、リース会社が投下資本全額をリース料によって回収することを予定する、いわゆるフル・ペイアウト方式のリースにおいては、リース料債権と牽連関係に立つリース会社の義務は存在しないとの理由にもとづいて、否定説を採用することを明らかにした。前掲最判平成20・12・16（注68）（民事再生）も、リース会社の権利を担保権とする前提に立っている。

なお、リース会社の担保権の構成に関する近時の裁判例では、権利質説が有力である（大阪地決平成13・7・19判時1762号148頁、東京地判平成15・12・22判タ1141号279頁、新版破産法234頁〔巻之内茂〕）。これに対して、リース契約とされていても、リース料支払義務全額がリース契約時に発生しているとみられない場合には、なお双方未履行双務契約性を肯定する余地がある（東京地判平成21・9・29判タ1319号159頁）。

現行破産法の立案時には、リース契約の取扱いが取り上げられたが（検討事項第4部第11（3））、リース契約の実体法上の性質自体についての考え方が統一されていないことなどから、立法が見送られた（中間試案補足説明124頁、一問一答新しい破産法94頁、新破産法の基本構造305頁参照）。最近の債権法改正における議論は、リース契約に関する実体法上の規律を設けようとするものである（民法（債権法関係）の改正に関する中間的な論点整理・第56・2〔177頁〕）。したがって、この点の方向性が定まれば、倒産実体法におけるリースの取扱いも明らかになると思われる。

なお、関連する議論としては、傭船契約の取扱いに関する、渋川孝祐＝宮城健太郎「裸傭船取引の借主倒産時における裸傭船契約の取扱い」海事法研究会誌208号2頁（2010年）、坂井豊＝土橋靖子「シップファイナンスと倒産」NBL933号64頁（2010年）がある。また、船舶の共有を基本としつつ共有者の一方が融資者である他方に対して使用料を支払うという内容の契約について、双方未履行双務契約性を肯定するものとして、伊藤眞「船舶共有制度と会社更生法上の双方未履行双務契約性」今中古稀2頁があり、これを否定するものとして、山本和彦「船舶共有契約の双方未履行双務契約性」関西法律特許事務所編・民事特別法の諸問題（5）（上）271頁（2010年）がある。

定する考え方に立つ。第1に，リース料と目的物の使用との間には厳密な対価関係があるわけではないが，使用によって生じる目的物の減価を償う性質をリース料がもっていること，第2に，リース契約の内容を尊重するかぎり，リース期間開始時にユーザーが条件付所有権を取得し，期間終了時に確定的に所有権がユーザーに帰属するという構成をとることが難しいこと[98]，第3に，リース会社がユーザーの使用権の上に権利質を設定しているとみることも契約当事者の意思に沿わないこと，第4に，他の更生債権者等が目的物の使用によって利益を受ける場合には，リース料を共益債権として利害関係人全体に負担させるのが公平に合致することなどである。しかし，判例法理としては，注96に述べた理由から，双方未履行双務契約性を否定する考え方が確立されている。

5 請 負 契 約

建築請負などを代表とする請負契約に関しても，前提として，請負契約の法的な性質が問題となるが，請負人が仕事完成の義務を負い，これに対して注文者が報酬支払の義務を負っているから（民632），本来的に双務契約であり，請負人の仕事が完成する前，かつ，報酬全額が支払われる前に請負人か注文者かのいずれかに対して更生手続が開始されたとすれば，双方未履行双務契約とみ

---

[97] 破産手続においては，破産管財人がリース物件の継続使用を望む場合には，破産債権たるリース料の支払をなすことによって別除権の行使を防ぐことができるかという問題がある（破78Ⅱ⑭参照）。もっとも，再生手続や更生手続と異なって，破産手続では，事業の継続を前提としてリース物件を破産管財人が使用することは例外的である。逆に，否定説を前提とし，再生手続や更生手続において再生債務者や管財人が目的物件を不要と判断したときに，いかなる手段によってリース契約を解除し，目的物をリース会社に返還するかという問題もある。山岸憲司ほか・リース取引法433頁〔巻之内茂〕（1985年）は，更生計画における返還の定め，およびそれを前提とした合意解除を示唆するが，その他に，裁判所の許可をえた和解（72Ⅱ⑥）によって目的物件をリース会社に返還することも検討に値しよう（50Ⅶ参照）。

　また，ユーザーについての倒産手続開始申立てなどを原因とする解除条項（本書276頁）の有効性に関する議論があるが（遠藤元一「リース契約における倒産解除特約と民事再生手続（下）――東京高判平成19・3・14を契機として」NBL894号35頁（2008年））, 前掲最判平成20・12・16（注68）（民事再生）は，この種の条項の効力を認めると，担保目的物としての意義を有するにとどまるリース物件が，再生手続開始前に再生債務者財産から逸出し，再生手続の趣旨，目的に反する結果となるとの理由で，有効性を否定している。リース会社の権利を更生担保権とする前提に立てば，このような理由づけは，より強く更生手続に妥当しよう。

[98] ただし，実務上では，更生計画の内容として，リース債権たる更生担保権について更生計画による全額の弁済を行うことにより，更生会社が目的物の所有権を取得する旨の条項がみられる。更生計画の実務と理論166頁以下参照。

なされる。

(1) 注文者の更生

注文者の破産については，平成16年改正前の民法642条の適用可能性をめぐって議論があり，現行破産法の立法に際しては，破産管財人の解除によって生じる相手方の損害賠償請求権が破産債権となるとの改正を行うにとどめ（民642Ⅱ），民法642条の基本的内容は維持することとした[99]。

しかし，更生手続に関しては，再生手続と同様に，民法の特則が存在しないので，法61条に定める一般的規律が妥当する。したがって，管財人は請負契約について解除か履行かの選択権を認められ，解除を選択したときには，請負人の仕事の結果が注文者たる更生会社に帰属するのであれば[100]，請負人は，報酬や費用について損害賠償請求権を更生債権または更生担保権として行使する。これに対して，管財人が契約の履行を選択したときには，請負人は，仕事を完成させる義務を履行し，その報酬等の請求権は共益債権となる（61Ⅳ）[101]。

また，注文者の管財人による履行請求に応じて，建築請負人がその仕事を完成したときに，建物所有権の帰属は，請負人と注文者との間に特約があれば，それによることとなるが，特約がない場合には，民法の一般原則にしたがい，主たる材料の供給者がいずれであるか，請負代金の主要部分が支払われているかなどの要素によって，請負人または注文者が所有者となる。所有権が注文者

---

99) 一問一答新しい破産法94頁，条解破産法394頁，伊藤286頁参照

100) 最判昭和53・6・23金法875号29頁〔破産〕，大コンメンタール218頁〔松下淳一〕。これに対して，実体法の解釈として出来高が請負人に帰属するのであれば，請負人はそれについて取戻権を行使できる（61Ⅴ，破54Ⅱ）。

101) 開始後に請負人がなした仕事の対価としての報酬が共益債権となることは疑問の余地がないが，開始前の仕事の割合に応じた報酬が共益債権となるかどうかについては，議論がある。すでに述べた本書の基本的立場（272頁）では，管財人が履行の選択をなした以上，この部分も共益債権となる。しかし，通説に属する論者も，請負人の義務が不可分であるという理由で同様の結論に達する（福永有利「請負・売買と破産」基礎135，138頁，室田則之「請負契約」破産・和議の実務と理論234頁。ただし，基本法101頁〔宮川知法〕，大コンメンタール218頁〔松下淳一〕は疑問を呈する）。また，実務上では，更生債権として扱う例が多い。

なお，実務上の処理としては，請負工事の続行を前提としながら，いったん請負契約を法61条にもとづいて解除し，新たな請負契約を締結することもありうる。この場合には，解除された請負契約にもとづく請負代金債権は，出来高との調整の上，商事留置権を基礎とする更生担保権となり，新たな請負契約にもとづく請負代金債権は，共益債権となる。澤野正明＝田汲幸弘「日本綜合地所（2）――経営責任との関係および担保変換」NBL955号90頁（2011年）参照。

に帰属するときは，管財人が目的物の管理処分権を行使するが，請負人は，不動産工事の先取特権（民325②・327）または商事留置権（商521本文）を更生担保権の基礎として主張し（2X），更生手続に参加しうる（135Ⅰ）[102]。

(2) 請負人の更生

請負人の破産については，それを双方未履行双務契約とみなすかに関して，請負人の義務の特質に関わる議論がある[103]。しかし，更生手続においては，株式会社たる更生会社が請負人になっている以上，管財人が法61条の規律にしたがって請負契約について履行か解除かの選択を行う。管財人によって請負契約が解除された場合には，通常は，出来高が注文者に帰属し，取戻権の行使が可能となり，他方，更生会社がそれに相当する報酬請求権を行使する[104]。

6 その他の契約関係

以上に説明したものは，法律上の性質が双方未履行双務契約とみなされ，しかも，その取扱いに関して比較的議論が多いものである。以下では，その他の契約関係で双務契約とされるもの，および片務契約とされるものを併せて説明する。

(1) 保 険 契 約

保険契約は，それが損害保険であれば，損害填補と保険料支払，生命保険であれば，生死に関する保険金支払と保険料支払が対価関係に立つ（保険2①）。したがって保険料支払期間中に保険者または保険契約者に対して更生手続が開

---

[102] もっとも，不動産を対象とする商事留置権の成立を認めるべきか（東京高判平成10・11・27判時1666号143頁〔肯定〕，東京高判平成22・7・26金法1906号75頁〔否定〕，松岡久和「不動産留置権に関する立法論」NBL730号20頁（2002年）参照），譲渡担保や所有権留保の目的物について，債務者の所有する物（商521など）といえるかなどの実体法上の問題がある。また，民事執行手続における優先的取扱い（民執59Ⅰ Ⅱ・188）を考慮すると，更生担保権の評価にあたって，最優先の担保権として扱うことになろう。商事留置権については，本書200頁注81参照。

なお破産手続においては，商事留置権が特別の先取特権とみなされる（破66Ⅰ）こととの関係で，特別の先取特権にもとづく別除権の行使としての競売にあたって登記の必要（民338Ⅰ本文）や敷地占有権の問題があり，十分な保護にはならないといわれる（福永・前掲論文（注101）136頁参照）が，更生手続上では，商事留置権そのものが更生担保権の基礎となるために（2X），先取特権としての登記の必要はない。また，更生担保権としての評価にあたって，同一目的物を対象とする他の担保権との関係が問題となるところ，上記の通り，最優先の担保権として扱わざるをえない。

[103] 請負人が個人であるか，法人であるか，その義務が代替性を有するか，非代替的かなどを双方未履行双務契約性の判断に際して考慮すべきかどうかという議論である。伊藤288頁参照。

始されれば，双方未履行双務契約とみなされる。

それを前提とすると，第1に，保険会社など保険者の更生が問題となる。本来であれば，更生会社たる保険会社の管財人は，法61条1項によって保険契約の履行か解除かの選択をできるはずであるが，「金融機関等の更生手続の特例等に関する法律」（平成8年法律95号）439条によって会社更生法61条1項ないし4項の適用が排除されているので，保険契約については，管財人の権限にもとづく変更は加えられない[105]。

第2に，保険契約者の更生が問題となる。この場合については，他の法律に特則がないので，契約が双方未履行の状態にあるかぎり，法61条以下の一般

---

[104] 報酬算定のための出来高査定について争いが生じることがあるが，完成予定物の価値から残存工事の費用等を控除した額によるのが簡明であろう。なお，出来高相当分の報酬請求権を認めることを前提として，解除後の工事続行費用の増加による損害がそれを上回ったことを理由として，報酬請求権を否定した事例として，大阪地判平成17・1・26判時1913号106頁〔民事再生〕がある。また，前受金がある場合にその額が報酬額を上回るときは，逆に注文者が差額を共益債権として行使する（61Ⅴ，破54Ⅱ）。詳解民再法285頁〔徳田和幸〕。前払金返還請求権の共益債権性については，最判昭和62・11・26民集41巻8号1585頁，前払金の更生会社財産帰属性については，最判平成14・1・17民集56巻1号20頁〔破産〕参照。

　ただし，前払金返還請求権と対価関係に立つ更生会社の原状回復請求権が存在しないことを理由とする共益債権性の否定説があるが（平岡・前掲論文（注63）151頁，新版破産法253頁〔加々美悔久〕，新宅正人「公共工事請負人の破産——前払金の帰趨」倒産実務の諸問題417頁など），共益債権としての地位は，管財人に対して解除権が与えられたこととの公平にもとづくものであるから，共益債権性を肯定するべきである（新版注釈民法(16)203頁〔打田畯一＝生熊長幸〕，伊藤眞「建築請負人の破産と注文主の権利」法律のひろば41巻4号52頁（1988年），基本法102頁〔宮川知法〕，破産・和議の実務（上）153頁）。

[105] 破産手続の場合には，保険法96条において，保険契約者の側からの契約解除や保険契約の失効が定められ（条解破産法401頁，大コンメンタール219頁〔松下淳一〕，伊藤292頁），再生手続においては，これらの規定の適用がないので，再生債務者等は，民事再生法49条によって，保険契約の履行か解除かの選択をすることになる（伊藤684頁）。このような結果は，保険契約者の保護にとって望ましいかどうかという疑問があるが，立法者は，保険会社に再生手続が適用されることが実際上想定しにくいという判断から，あえて再生債務者等の選択権を排除する特則を設けなかったものと考えられる。概説233頁〔沖野眞巳〕参照。過去の例からみても，保険会社の破綻に適用されたのは，すべて更生手続である。なお，保険会社の破綻に関する問題を包括的に扱ったものとして，「保険会社の経営破綻と倒産法制」ジュリ1080号6頁以下（1995年），那須克巳「生命保険会社倒産」講座(4)303頁があり，また経営破綻にともなう契約者保護のために保険契約者保護機構（保険259以下）については，（竹濱修「投資者保護基金と保険契約者保護機構」ジュリ1145号27頁（1998年）参照）。近時の生命保険会社の更生事例として，千代田生命や大和生命がある。

原則にしたがって，保険契約者の管財人が契約関係を整理する。したがって，管財人としては，履行か解除かの選択権を行使することになるが，解約返戻金請求権を更生会社財産に組み入れることが利益であると判断すれば[106]，解除の選択をなすし，更生会社の事業の維持更生にとって保険契約の存続が有益であると判断すれば，契約の履行を選択する。

(2) 市場の相場がある商品の取引に係る契約

証券取引所において取引される有価証券，商品取引所で取引が行われる商品，あるいはその他の市場の相場がある商品の取引にかかる契約であって，その取引の性質上，特定の日時または一定の期間内に履行がないと契約の目的が達せられないものは，定期行為としての性質をもつ[107]。したがって，一方当事者の債務不履行があれば，無催告解除が認められ（民542），また，商事売買であれば，解除が擬制される（商525）。

このような実体法の原則を前提として，会社更生法においては，この種の契約について，債務不履行の有無を問わず，履行期が更生手続開始後に到来すべきときは，当然に契約の解除があったものとみなされる（63，破58Ⅰ）[108]。かりに，法61条以下の原則によって契約関係を整理することになると，管財人が履行か解除かの選択をするのを待つことになるが，これがこの種の契約の実情に合わず，また契約の相手方に不当な損害を発生させるおそれがあるので，迅速に契約関係を終結させ，差額の決済の問題に転換する趣旨である[109]。し

---

106) 破産手続においては，簡易生命保険の保険金受取人である法人が破産宣告を受けて解散した場合には，簡易生命保険法39条1項の規定にもとづく還付金請求権は，破産財団に属する（最判昭和60・11・15民集39巻7号1487頁〔新倒産百選30事件〕）。また，最判平成17・1・17民集59巻1号1頁は，破産手続において損害保険会社は，その有する損害賠償請求権と，破産管財人の解約にもとづく解約金返戻債務との相殺ができると判断しているが，破産法67条2項後段に対応する規定が存在しない会社更生法においては，停止条件付債務との相殺が認められないから（本書347頁），更生手続においては，このような相殺は認められない。

107) 具体例については，竹内142頁，条解破産法431頁，大コンメンタール247頁〔松下淳一〕，注解破産法（上）300頁〔吉永順作〕，新版破産法508頁〔桃尾重明〕参照。目的物の引渡しを前提とする現物売買などに限らず，反対取引にもとづく差額決済のみを予定する先物取引なども含む。また，破産法58条1項は，「取引の性質上」定期行為性が要求されることを明らかにして，通常の商品取引などが適用対象とされることを排除している。金属のスクラップ取引など，対象となりうる取引の範囲については，新破産法の基本構造316頁参照。

108) すでに履行期が到来している債務があっても，契約関係が更生手続開始時に存続している以上，同様に扱われる。

たがって，当該取引所または市場に別段の定めがあれば，それにしたがう（63，破58Ⅳ）。

損害賠償の額は，履行地またはその地の相場の標準となるべき地における同種の取引であって同一の時期に履行すべきものの相場価格と契約における商品の価格との差額となる（63，破58Ⅱ）。ただし，当該取引所または市場に別段の定め（金商133Ⅱ参照）があれば，それにしたがう（破58Ⅳ）。いずれにしても，相手方の損害賠償請求権は更生債権として扱われ（同Ⅲ），更生会社が差額請求権をもつときには，それは更生会社財産所属の財産となる（2ⅩⅠⅤ）。なお，一括清算条項が設けられている場合の損害賠償額の算定（破58Ⅴ）については，スワップ・デリバティブ契約に関する本書297頁を参照されたい。

法63条が準用する破産法58条2項にいう「同一の時期」については，考え方の対立があり，これを破産手続開始決定，すなわち更生手続開始決定と同一の時期と解するのが有力説である。たとえば，契約内容としては，3月末に1株300円で500株を売買する約束をなしたときに，2月末に売主について更生手続が開始された時点では1株500円に高騰していたとすれば，その差額1株について200円分は売主たる更生会社の負担となり，買主は，500株についての差額10万円を更生債権として行使する。逆に，更生手続開始の時点で1株100円に低落していたとすれば，差額200円は買主の負担となり，売主の管財人は，差額10万円を更生会社財産所属債権として行使するというものである。

しかし，本来は，将来の時期における相場を想定した取引が更生手続開始時の相場を基準とする取引に変更される理由はなく，条文の文言との関係からも，

---

109) 旧破産法には，現破産法58条の前身である旧61条の規定が存在したのに対して，旧会社更生法には，これに対応する規定は存在しなかった。現会社更生法も立法当初は同様であったが（一問一答新会社更生法94頁），現行破産法制定にともなって，破産法58条の規定を準用する現63条が新設された（中田裕康「法律行為」新会社更生法の基本構造212頁参照）。旧破産法61条と現破産法58条の対比については，条解破産法428頁，伊藤293頁参照。

なお，本文の叙述は，法63条（破58Ⅰ）の趣旨を相手方の利益保護と理解するものであるが，これに対して，管財人の選択権を排除することによって，更生会社や更生債権者等の利益が損なわれるおそれの発生を防ぐ趣旨との考え方もある。条解破産法428頁参照。

さらに，法63条（破58Ⅰ）と商法525条との関係についても議論があり，相手方の利益保護を目的とする法63条とは異なって，商法525条は，履行を遅滞した当事者の保護を目的とするものであるから，両者の趣旨は異なるという考え方も有力である。条解破産法428頁。

同一の時期とは，本来の契約で予定された時期を意味し，更生手続開始時[110]に想定される予定時期の時点での相場が差額決済の基礎となると解すべきである[111]。上記の例で2月末の更生手続開始時に契約するとすれば，想定される3月末における1株あたりの相場が，契約時より高騰し，600円となっていれば，その差額300円分は売主の負担になり，買主は，500株についての差額15万円を損害賠償額として，更生債権を行使する。逆に，更生手続開始時に想定される3月末における1株あたりの相場が，1株50円に低落していたとすれば，差額250円は買主の負担となり，管財人は，差額12万5000円を更生会社財産所属債権として行使する。

(3) 交 互 計 算

交互計算とは，商人間または商人と非商人との間の一定期間内の取引にもとづいて生じる総債権と総債務を相殺し合い，残額の支払をなす旨の約定であり（商529）[112]，相互の信用を基礎としているから，一方当事者の更生によって当然に終了し，各当事者は残額の支払を請求できる（63，破59Ⅰ）。残額請求権について，更生会社側のそれは，管財人が更生会社財産所属の財産として相手方に対して行使するし，相手方のそれは，更生債権となる（63，破59Ⅱ）。

(4) スワップ・デリバティブ契約

事業体が資金調達をしようとする場合，各事業体にとって必要な通貨または有利と思われる金利支払方法と，現実に利用可能な通貨や金利支払方法とが一致しないことがある。このような場合に，他の事業体が調達する通貨や利用する金利支払方法と自己が利用できる通貨や金利支払方法とを交換することによって，より有利な条件での資金調達を図る目的，すなわち通貨や金利交換の目的を達するために，相互に金銭の支払を行う契約を一般にスワップ契約と呼

---

[110] 法が損害賠償算定の基準時として予定しているのは，更生手続開始時であるが，更生手続申立時を基準時とする合意があれば，それにしたがうべきである。新破産法の基本構造319頁参照。

[111] 青木・実体規定151頁，加藤・要論133頁，条解破産法432頁，基本法94頁〔宮川知法〕など。

[112] 交互計算は相殺と類似するが，相殺との相違点は，残額債権が交互計算の基礎となる債権とは法的に独立した，交互計算契約にもとづく債権であるところに求められる（大江忠・要件事実商法（下）79頁（1997年））。神作裕之「交互計算の対第三者効についての覚書（上）」曹時62巻4号3頁（2010年）によれば，交互計算の効力のうち，消極的効力として，その基礎となる個々の債権について，行使・譲渡・質入等の処分ができないとされることが，相殺との具体的差異となろう。

ぶ[113]。スワップ契約は，このような目的を達するために，双方当事者が一定期間，定期的に一定の条件で相互に金銭の支払を約するものであるから，その性質としては，法61条以下にいう双方未履行双務契約にあたるが，特に議論される問題としては，次のような点がある。

第1の問題は，契約中に一方当事者についての更生手続開始申立てなどを原因として当事者間の契約関係が当然に終了する旨の条項が含まれていることである。デリバティブと呼ばれる金融取引においても，同様の定めがなされることが通常である。双方未履行双務契約一般についていえば，この種の条項は，法61条1項によって管財人に与えられる履行か解除かの選択権を失わせる結果となるので，無効とすべきであるが，スワップ契約等の多くは，双方当事者の信用を基礎として，基本契約にもとづいて一定期間にわたって取引を行うものであり，先に述べた市場の相場がある商品の取引にかかる契約に含まれるかぎり，更生手続開始とともに契約関係の終了が認められるのであるから（63，破58Ⅰ），更生手続開始申立てなどを理由とする契約終了条項の効力を認めても差し支えない。

第2の問題は，契約の一方当事者について更生手続開始申立てなどの事実が生じたときに，その時点における両当事者間の債権債務であって，履行期や通貨などを異にするものも含めて，弁済期を到来させて，時価による清算を一括して行う旨の条項，いわゆる一括清算条項の有効性である。デリバティブについても，同様のことが問題となる。一括清算は，その実質をみれば，相殺と異ならないので，相殺禁止との関係が問題となるが，法63条（破58Ⅴ）は，円滑な取引の終了についての契約当事者の信頼などを考慮して，一括清算条項の効力を認めている[114]。

また，基本契約にもとづいて相互間に発生する債権債務を順次決済した上で，新たな債権債務に置き換える旨の合意についても[115]，交互計算に近い性質を認められるから，交互計算の終了に関する規定（63，破59Ⅰ）の趣旨を考慮して，この種の条項の効力を認めるべきである。

---

[113] スワップ契約の構造については，岡本雅弘「スワップ契約の法的性質と倒産法」金法1340号25頁（1992年），道垣内弘人「スワップ取引に関する私法上の問題点（上）」金法1343号11頁（1993年）など参照。

(5) 組合契約

組合契約に関しては，組合の更生は，更生能力（本書35頁）との関係でありえないが，組合員たる株式会社の更生は考えられる。組合契約の性質としては，各組合員が出資および共同事業の経営義務を負う双務契約と解されるから（民667），共同事業の継続中に契約当事者たる組合員の1人または数人について更生手続が開始されたときには，組合契約は双方未履行双務契約とみなされる。組合員の破産については，民法に特則が設けられているが（民679②・681)[116]，組合員の更生に関する特則は存在しないから，組合契約関係は，法61条以下の一般原則にしたがって整理される[117]。

(6) 消費貸借の予約

消費貸借の予約は，貸主の貸す債務のみを内容とするものであるとされ，当事者の一方について破産手続が開始されることによって当然に予約が失効する（民589）。破産法の一般原則によるとすれば，片務契約であるから，破産法53条以下の規定の適用はなく，借主の破産のときには，破産管財人が貸主に対して融資義務の履行を求めることになるし，貸主の破産のときには，借主が破産

---

[114] 従来，相殺権の行使について一定の規律が設けられている再生手続や更生手続において（民再92Ⅰ，会更48Ⅰ），特に一括清算条項の効力が問題とされたが，取引の性質を考慮して，破産法と同様に一括清算条項の効力が承認された（民再51，会更63）。なお，金融機関等が当事者となるスワップ契約終了および一括清算条項については，「金融機関等が行う特定金融取引の一括清算に関する法律」（平成10年法律108号）によってその有効性が認められた（山名規雄「金融機関等が行う特定金融取引の一括清算に関する法律の解説」NBL645号20頁（1998年），神田秀樹「一括清算法の成立」金法1517号18頁（1998年），新破産法の基本構造320頁参照）。

また，デリバティブ取引などに付随してなされる担保取引について，破産法58条が適用されるかどうかの議論があるが，取引の内容に即して，定期行為性をもつかどうかを判断する以外にない。論点解説新破産法（上）175頁〔江幡奈歩〕，新破産法の基本構造321頁，竹内149頁。

[115] オブリゲーション・ネッティングまたは単にネッティングと呼ばれる。基本的な考え方については，前田庸＝神田秀樹「オブリゲーション・ネッティングについて」金融法研究資料編(6) 2頁以下（1990年）参照。

[116] 条解破産法402頁，大コンメンタール220頁〔松下淳一〕，伊藤296頁。

[117] 匿名組合の場合には，営業者または匿名組合員の破産は契約の当然終了原因であり（商541③），匿名組合員の破産管財人は出資価額返還請求権を行使する（商542参照）。もっとも，当事者間の特約によって，契約関係の存続を認める余地はある（伊藤297頁注104）。これに対して，更生手続においては，特別の規定がないので，匿名組合契約が双方未履行双務契約とみなされれば，匿名組合員たる更生会社の管財人が，法61条1項にもとづいて履行か解除かの選択をする。

財団に対して融資請求権を破産債権として行使するはずである。しかし，融資を目的とする契約は，相互の財産状態に対する信頼を基礎としているので，民法は，一方当事者に対する破産手続開始を原因として当然にこれを失効させることとしたものである。

これに対して，民法に特則が存在しない更生手続においては，借主の更生のときには，管財人が貸主に対して融資義務の履行を求めることになるし，貸主の更生のときには，借主が更生会社の管財人に対して融資請求権を更生債権として行使する。しかし，当事者間で，一方または双方についての更生手続開始決定やその申立てがなされたことを理由として契約が当然失効する旨の特約を結んでいた場合には，消費貸借の予約の性質を考えれば，その効力を認めるべきであろう。

なお，同じく消費貸借の予約であっても，金融機関などが顧客に対して一定額の与信枠を設定し，顧客が，融資に対する金利とは別に，与信枠設定そのものに対する対価として一定の手数料を支払う旨のコミットメント・ライン契約（特定融資枠契約）と呼ばれるものがある[118]。これは，消費貸借の予約とは異なって，与信枠の設定期間中に契約当事者が破産した場合には，手数料の支払が完了していないかぎり，双方未履行双務契約とみなされる。したがって，本来であれば，破産法53条以下の規定にしたがって破産管財人が履行か解除かの選択権を行使することになるが，民法589条の趣旨を考慮すれば，当然に失効すると解すべきである。

更生手続においては，当然の失効こそ生じないが，消費貸借の予約の場合と同様に，当事者間の特約の効力を認めて差し支えない。いわゆる諾成的消費貸借契約を認めるとすれば，貸主の金銭交付義務と借主の返還義務との双方が未履行の状態で，いずれかについて更生手続が開始されれば，当該契約は，双方未履行双務契約とみなされるが，上記と同様の理由から，当事者間の特約の効力を認めるべきである。

---

[118] 特定融資枠契約に関する法律（平成11年法律4号）2条，金融法委員会「『コミットメント・フィーに関する論点整理』の概要」金法1534号25頁以下（1998年），揖斐潔＝古閑裕二「コミットメントライン契約に関する新法の紹介」金法1545号13頁（1999年）参照。

(7) 委任契約

委任は，それが有償のものであれば双務契約であるし，無償のものであれば片務契約である。したがって，委任関係が継続中に，委任者または受任者のいずれかについて更生手続が開始されたときには，その契約の性質にもとづいた取扱いがなされる。もっとも，破産においては，委任者または受任者の破産を理由とする委任契約の当然終了を定めた民法653条2号があるが，更生については，このような特則がないので，有償委任であれば，法61条1項にしたがって，管財人が履行か解除かの選択を行う[119]。また，双方未履行双務契約とみなされるか否かを問わず，民法651条1項の規定にもとづいて管財人が解除をなすことは可能であるが，その場合には，相手方の損害賠償請求権が共益債権となる可能性がある（127⑤，民651Ⅱ本文参照）。

委任の終了は，その事由を相手方に通知し，または相手方がそれを知ったときでなければ相手方に対抗できないが（民655），法61条1項や民法651条1項にもとづいて管財人が委任契約を解除する場合には，相手方に対する通知がなされるから，この点で問題が生じることは考えられない[120]。ただし，解除による委任終了後であっても，委任事務が更生会社の利益のためになされたときには，事務管理に該当するので，受任者の請求権は共益債権となる（127⑥）。

株式会社と取締役との関係も委任関係に属するので（会社330），破産手続においては，委任者たる会社の破産の場合に，委任関係が終了し（民653②），取締役はその地位を失うかどうかという問題がある[121]。しかし，更生手続においては，委任関係の解除として管財人が取締役を解任すれば別であるが，そうでないかぎりは，取締役の地位が失われることはない（本書115頁参照）。もっとも，管財人の事業経営権および財産管理処分権（72Ⅰ）と抵触するかぎりは，取締役の権限は制限を受けるが，更生会社の事業の維持更生とかかわりのない

---

[119] 委任と類似した法律関係である信託において，法61条1項にもとづいて委託者の管財人による解除がなされたときに信託が終了する旨の定め（信託163⑧）も，このような理解を前提としている。

　もっとも，委任が相互の信頼関係を前提としているという特質から，一方または双方についての更生手続開始申立てなどを理由とする解除特約があれば，その効力を認めて差し支えない。

[120] したがって，委任者の破産を知らずに受任者が委任事務を処理した場合の債権が破産債権となる旨の破産法57条は，更生手続に準用されない。

[121] 条解破産法424頁，大コンメンタール241頁〔三木浩一〕，伊藤299頁。

組織法上の事項などについては、なお取締役の権限が残存し、取締役がその地位にもとづいて更生会社を代表する（会社 349 I II IV。本書 115 頁参照）[122]。

(8) 代理受領

代理受領とは、債権者甲が、債務者乙に対する債権を確保するために、第三債務者丙に対する乙の債権について乙から取立ての委任を受け、丙から受領した金銭を自己の債権の弁済に充てる、担保の一態様である（相殺との関係について、本書 355 頁参照）。第三債務者丙が官庁などである場合に、乙の丙に対する債権の譲渡や質入れを認めないことが多いので、その制限を回避するためにこうした方法が用いられる。

代理受領は、法形式としては、甲乙間の委任契約の形をとるので、当事者について更生手続が開始した場合には、その取扱いが問題となる。しかし、委任者たる乙について更生手続が開始された場合には、当然には甲の代理受領権限が消滅することはない。また、代理受領関係が双方未履行双務契約とみなされないかぎりは、乙の管財人が法 61 条 1 項にもとづいてそれを解除することもありえない。しかし、委任一般の場合と同様に、委任者たる乙の管財人が代理受領契約を解除すれば（民 651 I）、甲の代理受領権限は失われる。代理受領契約の条項として、乙の解除権を制限する定めがあったとしても、更生手続の趣旨や目的を考えれば、管財人に対してその効力を認めるべきではない[123]。

(9) 共 有 関 係

数人が共有財産をもっている場合に、その共有者の 1 人である更生会社について更生手続が開始されると、その共有持分は更生会社財産に属し、管財人の管理処分に服する。管財人は、更生会社の事業のためにその持分を維持するか、

---

[122] 実際には、取締役固有の権限事項とそうでないものの区別は困難であり、取締役としては、管財人の指揮命令または指示を受けて、その権限を行使することになろう。

[123] 代理受領の実体法上の性質については、松本恒雄「代理受領の担保的効果（上）～（下）」判タ 423 号 32 頁、424 号 32 頁、425 号 33 頁（1980 年）、甲斐道太郎「契約形式による担保権」現代契約法大系（6）34 頁など参照。また、破産手続上の取扱いについて本文のような考え方をとるのは、条解破産法 425, 529 頁、大コンメンタール 241 頁〔三木浩一〕、伊藤 299 頁、谷口 233 頁、注解破産法（上）347 頁〔吉永順作〕、山内八郎・実務会社更生法 211 頁（1971 年、第 4 刷 1977 年）などである。代理受領契約に際して、第三債務者の承諾がとられていれば、債権者の代理受領権は、第三債務者に対する対抗力を認められるが、そのことは債務者の差押債権者や管財人などに対する対抗力を意味するものでない以上、このような考え方が支持される。したがって、代理受領権者は、更生担保権者としての地位は認められない。

不要であれば換価する。換価の方法としては，持分を譲渡するか，共有物を分割しなければならない。一般原則としては，共有物の分割は可能であるが（民256Ⅰ本文），不分割の合意がなされていると（同但書），分割が不可能となり，管財人による換価が制限される。しかし，共有者の更生手続においては不分割の合意の効力は認められない（60Ⅰ）。ただし，法律上分割不可能とされている場合（民257・229）は，分割をすることができない。

　分割の手続は，共有物分割の一般手続（民258）による。ただし，この分割は持分換価のために行われるものであるから，他の共有者は相当の償金を払って更生会社の持分を取得することができる（60Ⅱ）。

第3項　更生と労働関係——使用者の更生

　更生手続の労働関係に対する影響については，使用者たる更生会社の更生が問題となる。具体的には，雇用契約の解約，賃金債権や退職金債権の更生手続上の取扱い，あるいは解雇同意条項などを含む労働協約の管財人に対する拘束力などの問題がある。なお，雇用契約は，労働者側の労務提供義務と使用者側の賃金支払義務が対立する双務契約であること（民623），その存続中に使用者について更生手続が開始した場合には，双方未履行双務契約とみなされることが，議論の前提となる。

　使用者の破産については，民法631条の特則があるが，更生手続には，これに対応する規定がないので，法61条以下の規定にしたがって，雇用契約を整理する。使用者たる更生会社の管財人による雇用契約の解約すなわち解雇は，法61条1項を根拠としてなされるが[124]，いったん解雇権を行使する以上，労働者保護の必要性は通常の解雇の場合と変わらないので，解雇予告期間および解雇予告手当など労働基準法上の要件（労基20Ⅰ本文）を満たすことが要求される[125]。また，管財人が解雇権行使の形式をとらず，いわゆる希望退職を募集し，労働者がこれに応じる場合であっても，実質的に解雇と同様にみなされる場合には，解雇権が行使されたものと取り扱われる。なお，雇用契約も継続

---

[124]　労働者の側からは，解雇をするか，雇用契約の存続を選択するかについて確答すべきことを，相当の期間を定めて催告することができ，確答しないときは，管財人が解雇権を放棄したものとみなされる（61Ⅱ）。この場合の相当の期間は，労働基準法の定め（労基20Ⅰ本文）を参考にすると，30日以上とすることが相当であるとされる（会社更生の実務（上）235頁〔佐々木宗啓〕）。

的給付を内容とする双務契約の一種と考えられるが，労務の提供を内容とするという特質を考慮して，法62条1項および2項の適用は排除される（62Ⅲ)[126]。

1 管財人による解雇または労働者の退職の場合における給料債権（給料の請求権）・退職手当債権（退職手当の請求権）の取扱い

管財人によって解雇がなされる場合の中心的問題として，給料債権や退職手当債権[127]の取扱いがある。これについては，理論的にいくつかの考え方が成り立ちうるが[128]，現行法は，まず，更生手続開始前6か月間[129]の給料債権を共益債権（本書236頁参照）とする（130Ⅰ前半部分）。更生手続開始前の原因にもとづいて生じた身元保証金の返還請求権も共益債権となる（同後半部分）。更生手続開始前の原因にもとづく給料債権で，それ以外のものは，一般の先取特権（民306②・308）を根拠として，優先的更生債権となる（168Ⅰ②）。これに対

---

125) 30日の予告期間または予告手当の支払である。なお，使用者についての更生手続開始は，労働基準法20条1項但書にいう「やむを得ない事由」にはあたらない（条解会更法(中)313頁)。また，同法19条による制限も存在する。なお，解雇予告手当の支払は，共益債権（127②）としてなされる。その他，解雇権の行使に関する一般法理，すなわち解雇権の濫用や整理解雇の法理（労基旧18の2，労働契約16）も，管財人による解雇権の行使に適用可能性がある（水元宏典「更生手続開始と労働契約」理論と実務107頁参照)。

　管財人による解雇の場合にも，いわゆる整理解雇の4要件（4要素)，特に解雇の必要性をどのように考えるかという問題がある。更生手続においては，事業部門の削減や再編が常態であり，それが更生計画によって客観的に確認されていることを解雇の必要性判断の前提とすべきである。詳細は，最近の裁判例を含め，概説「倒産と労働」実務研究会編・倒産と労働57頁以下（2012年)，伊藤眞「事業再生手続における解雇の必要性の判断枠組」倒産法改正展望11頁以下参照。

126) 具体的には，更生手続開始前の給付の対価が未払いであることを理由とする義務の履行の拒絶が許されないという規律（62Ⅰ）が，労働契約に適用されると，同盟罷業（労組8）の正当性が否定されるおそれが生じ，また更生手続開始前の未払給料の取扱い，(130Ⅰ）との競合が生じるためといわれる。宮脇＝時岡196頁参照。

127) 種々の退職金制度との関係などについては，黒木和彰「労働債権の財団債権化」論点解説新破産法(下)38頁参照。なお，付随的ではあるが，使用者が労働者の同意を得て労働者の退職手当債権に対してする相殺は，その同意が労働者の自由な意思にもとづいてされたものであると認めるに足りる合理的な理由が客観的に存在するときは，労働基準法24条1項本文に違反しないとの判例（最判平成2・11・26民集44巻8号1085頁〔倒産百選37事件〕）を前提とすれば，管財人も同様の要件の下に退職手当債権を受働債権とする相殺をなしうることになる。

128) 条解破産法966頁，伊藤304頁参照。

129) 6か月分という意味ではないから，たとえば，更生手続開始前から遡って7か月前の月分の給料債権は，他の未払分が5か月分であっても，共益債権とされることはない。他の共益債権や更生債権等への圧迫を避けるために，直近の未払給料債権を6か月に限定して，共益債権とする趣旨である。具体的計算方法については，条解破産法963頁参照。

して，更生手続開始後解雇までの原因にもとづく給料債権は，その全額が共益債権となる（127②）。

次に，退職手当債権については，管財人による解雇を原因とするものであれば，その全額が共益債権となる（127②・130Ⅳ）[130]。

管財人による解雇によるのではなく，労働者が自らの意思にもとづいて退職する場合については，それが更生計画認可の決定前[131]であれば，退職手当債権は，退職前6か月間の給料の総額に相当する額またはその退職手当債権の額の3分の1に相当する額のいずれか多い額が共益債権となる（130Ⅱ）。その退職手当債権が定期金債権であれば，各期における定期金について，その額の3分の1に相当する額が共益債権となる（同Ⅲ）。いずれの場合であっても，残額があれば，それは優先的更生債権になる[132]。なお，更生計画認可の決定後の退職の場合の退職手当債権のうち共益債権は，更生計画とかかわりがなく，その全額が随時に弁済されるが，更生債権部分については，検討の必要がある[133]（本書480，560，645頁）。

2 雇用関係が存続する場合の給料債権および退職手当債権の取扱い

管財人としては，雇用関係を実質的に存続させようとすれば，労働契約をい

---

[130] 破産手続の場合には，破産手続開始の前後を問わず，また，労働者による自発的退職か，それとも使用者または使用者の破産管財人による解雇権の行使の結果かを問わず，労働者の退職手当債権は，退職前3月間の給料総額相当分等が財団債権となり，それ以外の部分は優先的破産債権として扱われる（破149Ⅱ）。これに対して，更生手続においては，管財人の解雇権行使の場合には，それにもとづく共益債権化が先行するために（127②・130Ⅳ），共益債権たる退職手当債権の範囲が限定されない。これは，事業の維持更生を図る更生手続において退職手当債権に対する保護を厚くする趣旨による。

なお，更生手続から破産手続に移行した場合には，他の共益債権も含めて，すべて財団債権となる（254Ⅵ）。給料に関する民事再生法252条5項（その趣旨について，新注釈民再法（下）593頁〔笠井正俊〕，伊藤686頁参照）に対応する規定は，会社更生法では設けられていないが，これは，再生手続と異なって，更生手続においては，更生手続開始前6月間の給料債権等が共益債権となり，当然に財団債権に転換されるから（254Ⅵ），民事再生法252条5項のような規定が必要ないためである（一問一答新しい破産法419頁参照）。

これに対し，定年退職に伴う退職手当請求権は，会社更生法127条2号の共益債権には当たらないとした事例として，東京高決平成22・11・11金商1358号22頁がある。

また，更生手続下で，就業規則改訂により，退職金の支給基準率を従前の20％に削減されたことにつき，労働条件の不利益な変更に当たるものの，合理性が認められるとされたものとして，東京地判平成16・3・9労判875号33頁がある。

[131] 更生手続認可の決定前であればよいから，更生手続開始前の退職も含まれる（条解会更法（中）442頁）。

ったん解除し，新たに締結することもできる。この場合には，新たな労働契約にもとづく給料債権等は，すべて共益債権となる（127②または⑤）。また，管財人が労働契約についてその履行を選択し，労働者も自ら退職しないときには，更生会社と当該労働者との間で存続する。上述のとおり，継続的給付を目的とする双務契約についての特則である法62条1項および2項は，労働契約に適用されないから（62Ⅲ），給料債権および退職手当債権の取扱いについては，法61条4項および130条1項ないし4項を基準として判断する。

　まず，給料債権についていえば，更生手続開始後の労務の対価たる給料債権は共益債権となる（61Ⅳ）。次に，手続開始前の労務の対価である未払給料分は，本来は，雇用関係の存続にともなって共益債権となるはずであるが（同Ⅳ），法130条1項は，これを制限し，共益債権となる給料債権の範囲を更生手続開始前6月間のものに限定している（130Ⅳ参照）[134]。開始前の原因にもとづいて生じた身元保証金返還債権は，共益債権となる（同Ⅰ後半部分）。

3　預り金の取扱い

　近時は，その例が少なくなったが，いわゆる社内預金にみられるように，更生会社がその使用人から預り金を受け入れている場合がある。この預り金返還

132）　したがって，退職後に更生債権としての届出が必要になる（140Ⅰ）。債権届出期間（138Ⅰ）後の退職である場合には，それが更生計画認可の決定前であれば，退職後の1月の不変期間内に限って，更生債権の届出をすることができる（140Ⅱ）。届出が更生計画認可後になった場合には，その内容を更生計画案の審理および決議の対象とすることはできないが，更生計画案に記載された同種債権と同様の権利変更を経たものとして支払うことが可能であり（会社更生の実務（上）237頁〔佐々木宗啓〕），実際には，更生計画案中に，「当該債権が確定したときは，確定債権全額を，更生計画認可決定確定日と新たに更生債権が確定した日のうちいずれか遅い日から3か月以内に一括弁済する」，「当該債権が確定したときは，他の優先的更生債権についての定めを適用する」などの条項を設けることが多い。
　　　ただし，この種の退職手当債権が多額になれば，そのための資金手当てなどの関係から，更生計画の変更（233Ⅰ）をせざるをえなくなる事案もあろう（条解会更法（中）596頁）。
　　　なお，上記のことは，更生会社の取締役，会計参与，監査役，代表取締役，執行役，代表執行役，清算人または代表清算人の退職手当の請求権についても同様に妥当する（140Ⅲ）。
133）　もっとも，更生手続が終了して破産手続に移行した場合に，財団債権となるかという問題がある（254Ⅵ参照）。更生計画認可決定前に退職した者の退職手当債権の一部が共益債権となり，それが財団債権となることとの均衡が問題となるが（条解会更法（中）442頁），共益債権化の対象とならなかった以上，財団債権化は困難であろう。
134）　会社更生の実務（上）236頁〔佐々木宗啓〕。

請求権は，雇用関係上の請求権ではなく，使用人と更生会社との間の手続開始前の消費寄託契約にもとづく債権であり，その性質は，更生債権（2Ⅷ柱書）にほかならない。しかし，旧会社更生法 119 条後段は，源泉徴収所得税等にかかる請求権と同様に，更生手続開始前の原因にもとづいて生じた会社の使用人の預り金にかかる請求権について，特に期間の限定を付すことなく，共益債権として扱うこととしていた。この点については，旧会社更生法の昭和 42 年改正の段階でも改正案が検討されたが，結局実現されなかったという経緯がある[135]。法 130 条 5 項が，この種の預り金返還請求権について，更生手続開始前 6 月間の給料の総額に相当する額またはその預り金の額の 3 分の 1 に相当する額のいずれか多い額を共益債権としているのは，このような経緯を踏まえたものである。

共益債権とならない預り金返還請求権が優先的更生債権となるか，一般の更生債権となるかは，この請求権が「雇用関係に基づいて生じた債権」（民 308）として，一般の先取特権の対象となるかどうかによって決せられる。雇用関係に密接に関連していることは否定できないが，法律上で雇用関係に起因しているとはいえないから，一般の先取特権の対象とならず，したがって，優先的更生債権とすべきではない。

4 労働協約および就業規則の取扱い

労働協約とは，労働組合と使用者またはその団体との間の労働条件その他に関する協定であって，書面に作成され，両当事者が署名または記名押印したものと定義される（労組 14 参照）[136]。そして，その内容が両当事者に法的な義務を課すものであって，使用者である株式会社に更生手続が開始されたときに，両当事者の未履行義務が存在すれば，法 61 条 1 項にしたがって，管財人は，労働協約の履行か解除かの選択をすることができるはずである。しかし，同条 3 項は，これについて特則を設け，管財人の選択権を排除している。

---

[135] 宮脇＝時岡 170 頁，条解会更法（中）431 頁，一問一答新会社更生法 152 頁，新会社更生法の基本構造 122 頁参照。旧条項に対する批判の論拠は，利殖のために用いられている社内預金について特別の保護を与える理由が乏しいという実質的判断を基礎として，預り金返還請求権が「雇用関係に基づいて生じた債権」（民 308）に該当しないのではないか，給料債権や退職手当債権でも共益債権となる範囲は限定されているのに（旧会更 119 後段・119 の 2ⅠⅡ），預り金返還請求権のみを全額について共益債権とすることは，合理的理由に欠けるなどであった。

[136] 菅野 588 頁。

労働協約の内容が更生会社の事業の維持更生にとって桎梏となるような場合には、管財人の解除（解約告知）の選択権を認めることも考えられないではないが、現行法は、旧会社更生法103条4項を引き継いで、双方未履行双務契約に関する一般的規律を労働協約に適用することを避けている。したがって、管財人が労働協約の内容を改訂しようとするときには、労働組合との間の合意によるか、または労働組合法の規定（労組15ⅢⅣ）による以外にない[137]。

就業規則（労基89）の法的性質については、議論があるが、一般には、使用者が職場の秩序や労働条件について定めた規則であり、一定の合理的手続によって定められた場合には、それが労働契約の内容となると理解されている（労契10参照）[138]。したがって、管財人は、その事業経営権および財産管理処分権に含まれるものとして、就業規則を変更することができるが、それが労働契約の内容となるかどうかは、一般の法理による。

5 使用者としての管財人

更生手続開始後の雇用関係自体は、更生会社と労働者を契約主体とするものであるが、管財人は、事業経営権および管理処分権（72Ⅰ）にもとづいて、雇用関係についての使用者としての地位を認められる。したがって、管財人としては、更生会社の事業の維持更生に必要な範囲で、使用者としての更生会社の権限、すなわち労働協約（労組14以下）や就業規則（労基89以下）にもとづく権限、あるいは労使慣行にもとづく配転・出向命令権などを行使する。解雇権などについても同様である。

しかし、その反面として、管財人は、使用者としての義務、たとえば団体交渉応諾義務（労組7②参照）も課される。もっとも、団体交渉の対象となる事項は、通常の労使関係と比較すると、更生手続上で管財人に裁量権が認められる事項に限られる。したがって、法律上管財人に裁量権が与えられていない事項、たとえば優先的更生債権たる給料債権等の地位の変更などについての問題は、

---

[137] 労働協約の中にいわゆる人事協議条項、すなわち組合員である従業員の解雇については、労働組合との協議またはその同意を要求する条項が含まれている場合には、それも管財人に対する拘束力を有する。ただし、破綻に瀕している株式会社の事業の維持更生を目的とする更生手続の特質から、労働組合が協議に応じないことや同意しないことが権利の濫用と評価され、協議または同意のない解雇が有効とされる可能性はある。会社更生の実務（上）238頁〔佐々木宗啓〕。

[138] 菅野119頁参照。

交渉事項とならない。

これに対して，給料債権等のうち共益債権となるもの（130）の弁済時期，更生計画案における優先的更生債権たる給料債権等の取扱いなどについては，管財人に合理的範囲での裁量権が認められているのであるから，団体交渉の対象事項に含まれる（本書157頁参照）。法が手続段階の各段階に応じて労働組合等に意見を述べる機会を与えていること（本書157頁参照）を考えても，これらの事項についての団交応諾義務を認めるべきである。したがって，交渉事項となりうるものについて管財人が，正当な理由なく労働組合との団体交渉を拒否すれば，不当労働行為（労組7②）が成立する[139]。

第3節　係属中の手続関係の整理

　更生手続を遂行するために，更生会社財産の管理処分権が更生手続開始決定にもとづいて管財人に付与され（72Ⅰ），また，更生債権者等は，個別的な権利の実行を禁止され（47Ⅰ・50Ⅰ），更生計画によってのみ満足を受ける。このような更生債権者等に対する更生手続開始の効力は，更生会社にかかわる実体法律関係に様々な影響を与えるが，同時に訴訟手続，強制執行手続，およびその他の手続法律関係にも影響を生じ，これらの手続について中止または失効の効果が生じる。

　中止（中断を含む）または失効の対象となる手続を大別すれば，第1に，強制執行等（24Ⅰ②かっこ書）の手続および企業担保権の実行手続ならびに更生債権等にもとづく財産開示手続（50Ⅰ）や更生会社財産に関する訴訟手続（52Ⅰ）などのように，利害関係人の権利を個別的に実現するための手続が挙げられる。

　基本的考え方としては，実体法律関係と同様に，手続法律関係も更生会社財

---

[139]　これに対して，破産手続中の会社について，更生手続開始申立て（会更17Ⅰ）を求め（本書45頁参照），更生手続による事業継続と雇用確保等を団交事項とする場合には，会社自身に団体交渉応諾義務が課され，取締役が団体交渉の担当者となる（旧強制和議について，徳島地決平成元・3・22労判546号56頁）。
　また，使用者としての管財人が労働組合によるスト権確立に対して慎重な考慮を求めることは，労働組合の運営に対する支配介入（労組7③）と評価される可能性があるが，更生会社に対する出資予定者や融資予定者のストライキに対する意向を客観的情報として伝達するにとどまる場合には，利害関係人たる労働組合に対する情報伝達という管財人の職責（1参照）の遂行とみなされるかぎり，支配介入と評価すべきではない。

産の管理処分権者たる管財人によって整理・収束される（本書110頁参照）。その過程における管財人の地位に関しても，実体法律関係の場合と同様に，基本的には，管財人は更生会社に代わってその管理処分権を行使する者として，手続上の更生会社の地位と同視される。更生会社財産に属する財産に関して中断した訴訟を管財人が受継するのが（52Ⅱ），その例である。同時に，管財人は更生債権者等の利害関係人全体の利益を代表する手続上の機関としての地位を認められる。更生債権等に関する訴訟の取扱い，（156Ⅰ。本書495頁参照），債権者代位訴訟および詐害行為取消訴訟の中断・受継（52の2），あるいは強制執行等の続行（50Ⅴ）などがその例である。

第2に，破産手続，再生手続，特別清算手続のように，集団的権利実現のための手続ではあるが，更生手続に対して劣位に置かれるために（本書718頁），中止または失効の対象とされるものである。ただし，この場合には，先行する手続遂行の結果として生じた債権などを後行の更生手続にどのように引き継ぐかという問題がある（本書720頁）。

第1項　係属中の訴訟手続

更生手続開始後に更生会社財産に関する訴えを提起するときには，管理機構たる管財人に当事者適格が認められる（74Ⅰ）[140]。また，更生会社財産に関する訴訟が係属中に，いずれかの当事者に対して更生手続開始決定がなされると，訴訟手続は中断する（52Ⅰ）。訴訟代理人があっても，中断は避けられない（民訴124Ⅱ参照）[141]。中断は，訴訟係属中に当事者適格の喪失など法定の事由が生

140）　したがって，更生手続開始後に更生会社を当事者とする新たな訴訟を提起することは許されず，訴えを却下すべきである（最判平成13・7・19金法1628号47頁〔破産〕参照）。再生手続が開始され，管理命令が発令された後に再生債権者が再生債務者に代位して訴訟を提起することができないとした東京高判平成15・12・4金法1710号52頁〔民事再生〕も，このような考え方を前提としたものである。藤本利一「再生手続開始後における債権者代位訴訟（転用型）の可否」金商1361号48頁（2011年）参照。

　　また，更生会社の取締役が権限を回復した場合（72Ⅳ）において，新たに提起する訴えについては，管財人ではなく，更生会社が当事者となるが（74Ⅱ），既に管財人が当事者となっている訴訟が更生会社の取締役が権限を回復することにより中断し，更生会社による受継の対象となるかどうかに関しては，明文の規定が存在しない。しかし，法72条4項の趣旨を重視すれば，法52条4項および5項の規定を類推し，中断および更生会社による受継を認めるべきである。取締役の権限を回復する決定が取り消された場合に更生会社を当事者とする訴訟が中断すること（74Ⅲ・52Ⅰ）も，そのことの根拠となろう。

じた場合に訴訟手続が停止することを意味するが，更生手続開始決定がなされると更生会社財産に関する更生会社の管理処分権が失われ（72Ⅰ参照），更生会社は当事者適格を喪失するので（74Ⅰ参照），法はこれを中断事由とする。更生会社財産に関する管理処分権は，積極財産についての当事者適格と消極財産たる更生債権等についての当事者適格双方を含むので，ここでいう更生会社財産に関する訴訟には，更生会社財産に属する財産に関する訴訟および更生債権等に関する訴訟の両者が含まれる。

これに対して，更生会社財産に関する管理処分権と無関係な訴訟，たとえば，更生会社の組織法上の争いについての訴訟については，中断の効果は生じないとするのが通説であるが[142]，更生会社の事業経営権および財産管理処分権を専属的に行使する管財人の職務の視点から，勝訴または敗訴の結果，あるいは訴訟追行費用の負担を考えれば，それと無関係な組織上の訴訟は考えることができず，すべて中断の対象となると解すべきである。

なお，ここでいう中断は，訴訟当事者である更生会社に対して更生手続開始決定がなされた事実にもとづくものであるが，債権者代位訴訟や詐害行為取消訴訟の係属中に債務者に対して更生手続開始決定がなされた場合など，訴訟当事者でない者の更生によっても中断が生じることがある（52の2Ⅰ）。これは，債務者についての更生手続開始によって代位債権者などの当事者適格が失われるためである。

1 更生会社財産に属する財産に関する訴訟

会社を一方当事者として，その財産に関する訴訟が係属中，会社に対して更

---

141) 管財人と更生会社の利害が一致するとはいえないためである。伊藤・民訴法250頁参照。訴訟委任との関係については，本書301頁参照。
　　ただし，中断中も判決の言渡しは可能であり（民訴132Ⅰ），受継をした管財人等が上訴を提起することができる（同Ⅱ参照）。
142) 組織法上の訴えとしては，会社解散の訴え，設立無効の訴え，合併無効の訴え，分割無効の訴え，株主総会決議取消し・無効確認の訴え，新株発行無効の訴えなどが考えられる（会社828以下参照）。もっとも，通説の立場でも，組織法上の訴訟であっても，会社の財産関係に影響をもつ訴訟については，更生会社財産に関するものとして中断を認め，管財人がそれを受継すべきであるとする（松田104頁）。これに対して，谷口202頁は，訴訟が中断せず，管財人が共同訴訟的補助参加をなすべきであるとする。しかし，この種の訴えにもとづく請求認容の確定判決が有する対世効（会社838）を考えても，管財人の会社財産管理処分権や事業経営権に無縁のものは考えにくい。
　　なお，中止命令との関係については，本書60頁，更生会社の機関の権限との関係については，本書113頁参照。

生手続開始決定がなされたときには，当該財産が更生会社財産に属するものであるかぎり，訴訟は中断する（52 I）[143]。会社が原告または被告となって，ある財産の所有権を争っている場合などが，その例にあたる。中断の理論的根拠は，その財産について更生会社が管理処分権を失ったことによって，当事者適格を喪失したことに求められる。当事者適格は，新たに管理処分権を取得した管財人（72 I・74 I）に認められるから，中断した訴訟は，更生債権等に関するものを除いて，管財人が受継する（52 II 前段）[144]。

他方，相手方としても，一方当事者の更生という偶然の出来事によって，それまでの訴訟追行の結果が無駄になるのを受忍すべき理由はないから，管財人に対する受継申立てをなすことができる（同後段）。管財人は，受継を拒絶できない。また，同様の趣旨から，受継した管財人は，中断時までの訴訟状態に拘束され，会社がもはや提出できなくなった攻撃防御方法（民訴157 I など）を提出できないし，攻撃防御方法の提出に関する手続上の義務（民訴167・174・178・301 II など）も履行しなければならない[145]。もちろん，管財人の地位にもとづく固有の攻撃防御方法，たとえば善意の第三者の抗弁や否認の抗弁などの提出が許されることは当然である。

---

[143] 破産手続においては，このような場面での破産財団が法定財団と現有財団のいずれを意味するかについては，考え方の対立があり，中断・受継の範囲を明確にする意味で，現有財団と解するのが妥当であると解されるが（伊藤310頁注131），更生会社財産についても同様に考えるべきであり，現有更生会社財産が基準となる。もちろん，更生会社が存在を主張する請求権なども，ここでいう現有更生会社財産に含まれる。

　なお，更生会社の取締役の権限回復（72 IV）後，更生会社を当事者とする訴訟が係属し，その後に権限の回復を定めた更生計画の定めまたは裁判所の決定が取り消された場合にも，更生会社を当事者とする訴訟が中断するが，（74 III・52 I），その趣旨は，法52条1項の規定するものと同一である。

　また，更生手続に先行する役員責任査定異議の訴え（破180，民再145）も，更生会社財産に関する訴訟として中断・受継の対象となる。

[144] ただし，上告裁判所は，上告状，上告理由書，答弁書その他の書類により上告を理由なしと認める場合には，上告理由書提出期間の経過後に上告人が破産宣告を受けたときであっても，破産法所定の受継手続を経ることなく，口頭弁論を経ずに上告棄却の判決をすることができるものと解するのが相当であるとする判例（最判平成9・9・9判時1624号96頁）がある。旧民事訴訟法401条（現民訴319）の下では，受継によってなすべき訴訟行為が考えられないためであろう。

[145] 訴訟手続上の制約等に関しては，伊藤・民訴法271, 688頁参照。ただし，裁判上の自白がなされているような場合に，それを否認する余地があることについては，本書427頁参照。

受継した訴訟において管財人が敗訴した場合等においては，相手方が訴訟費用償還請求権を取得するが（民訴61），その請求権は受継前の費用まで含めて更生会社に対する共益債権となる（52Ⅲ)146)。相手方に訴訟費用の負担が命じられたときは，その費用償還請求権は更生会社財産所属財産になる。

管財人がいったん受継した訴訟が係属している間に，更生手続が終了すれば，管財人の当事者適格が失われるので，訴訟は中断し（同Ⅳ)，訴訟の目的物について管理処分権を回復した更生会社であった会社またはその相手方の受継申立てにもとづいて，受継決定がなされる（同Ⅴ)147)。管財人が受継する前に更生手続が終了したときには，当然に，すなわち受継の手続を要することなく，受継の効果が生じる（同Ⅵ)。共益債権に関する訴訟や更生債権等に関する訴訟についても，同様である。

2 共益債権に関する訴訟

共益債権の多くは，更生手続開始後の原因にもとづいて生じるものであり，それらについては，更生手続開始時に訴訟係属があることは考えられない。しかし，例外的に更生手続開始前の原因にもとづく債権で共益債権とされるものがあり，それに関しては，開始時の訴訟係属がありうる。たとえば，会社が買主である売買契約について売主が更生手続開始前に売買代金支払請求訴訟を提起していることが考えられる。この売買契約について双方未履行として管財人が履行の選択をすれば（61Ⅰ），代金債権は共益債権となる（同Ⅳ）。しかし，売買代金請求訴訟は，更生手続開始によって中断しているので（52Ⅰ），この訴訟についても，管財人が履行の選択をなした段階で受継が行われる（同Ⅱ)148)。

---

146) 受継後の費用に関する請求権が共益債権となることは当然であるから（127②），法52条3項の意味は，受継前に更生会社が当事者であった部分の費用を共益債権とするところにある（条解会更法（上）601頁）。なお，更生会社の取締役の権限回復（72Ⅳ）後，更生会社を当事者とする訴訟が係属した場合（74Ⅱ）における相手方の訴訟費用償還請求権については，特別の規定がないが，同じく共益債権（127②）となると解すべきである。
147) 受継の手続については，伊藤・民訴法250頁参照。
　法52条5項かっこ書によって，更生計画不認可または更生手続廃止の決定の確定によって更生手続が終了した場合（234③④）における，否認の請求を認容する決定に対する異議の訴え（97Ⅰ）が受継の対象から除外されているのは，牽連破産における破産管財人の受継（256Ⅰ）や当然終了（同ⅢⅣ）という特別の規定があることによる。
　なお，更生会社の取締役の権限回復（72Ⅳ）後，更生会社を当事者とする訴訟が係属している間に，更生手続が終了したときには，訴訟は中断しない。

更生会社に対する債権は，それが更生債権等となるものであれば，更生手続の中で調査・確定されるが，共益債権は調査・確定の手続に服さないので管財人が直ちに受継することとしたものである。相手方にも受継申立権が認められること，相手方の訴訟費用償還請求権が共益債権となることは，更生会社財産所属財産に関する訴訟の場合と同様である。

更生手続開始前の原因にもとづく共益債権として，そのほかに更生手続開始前の原因にもとづく使用人の給料債権等 (130) がある。これについて更生手続開始前から訴訟が係属していた場合には，この訴訟も中断し，管財人が受継する (52ⅠⅡ)[149]。

3 更生債権等に関する訴訟[150]

更生債権者等となるべき者が会社に対して給付訴訟を提起していたり，逆に会社がその種の者に対して債務不存在確認訴訟を提起しているときに，更生手続開始決定がなされると，それらの訴訟は中断する (52Ⅰ)。債権の引当てとなる責任財産の管理処分権者が会社から管財人に変わり，当事者適格が変動することがその理由である[151]。次に中断後の訴訟の取扱いが問題となるが，更生債権等は，共益債権とは異なって，更生手続によらない権利行使が禁止され

---

148) 共益債権性の有無や範囲に起因して受継原因の争いが生じた場合の手続に関しては，伊藤・民訴法 251 頁参照。
149) これに対して優先的更生債権となる部分については，中断後は，更生債権等の調査確定手続により，場合によっては，受継がなされる (本書 315 頁参照)。そのために，受継された共益債権となる部分についての審理や判決を先行してなす必要が生じることが考えられるが，弁論の分離をすることも検討に値する。弁論の分離は，数個の請求が 1 つの手続において審判されていることを前提とするが (伊藤・民訴法 280 頁)，1 つの債権の共益債権部分と優先的更生債権部分とは，それに準じて考えられるからである。

また，破産手続においては，開始前の原因にもとづく租税債権の一部が財団債権とされているので，それに係る訴訟の中断および受継の問題が生じるが (伊藤 311 頁)，更生手続においては，更生手続開始前の原因にもとづいて発生した租税債権は，原則として更生債権 (優先的更生債権) となるために (2Ⅷ柱書)，共益債権となるものは，源泉徴収にかかる所得税などで更生手続開始当時に納期限が未到来のもの (129) に限られている。したがって，これについての訴訟が更生手続開始時に係属していることは想定しにくい。
150) 更生担保権の基礎となる担保権について開始前から係属する担保権不存在確認訴訟や抵当権抹消登記手続請求訴訟を更生債権等に関する訴えとして扱うべきかどうかが問題となる。前者は，更生債権等に関する訴訟として，後者も，紛争の抜本的解決という視点から，更生会社財産上の担保権の負担という意味で，更生会社財産に属する財産に関する訴訟として扱うことも考えられよう。

また，仲裁手続や労働審判手続も，訴訟手続に準じた取扱いをすべきである (条解破産法 850 頁)。

(47Ⅰ)，更生手続内で調査・確定の上で更生計画による弁済などを受けるので，中断した訴訟を管財人が受継するとは限らない（52Ⅱ前段参照）。

手続としては，訴訟中断後，債権者がその更生債権等を届け出（138），それについて調査・確定手続が行われる（144以下）。調査の中で管財人ならびに他の更生債権者等および株主から届出更生債権等に対して異議が述べられなければ，更生債権等の存在および内容は確定し（150Ⅰ），中断した訴訟は終了する[152]。

異議が述べられたときには，通常は，更生債権等査定手続が行われ（151），査定決定に対して不服がある者によって異議の訴えが提起されることになるが（152），中断した訴訟があるときには，中断中の訴訟に係る更生債権等が，有名義債権以外の場合には，更生債権者等によって管財人等の異議者を相手方として受継申立てが（156Ⅰ），有名義債権の場合には，管財人等の異議者によって更生債権者等を相手方として受継申立てがなされ（158Ⅱ），それにもとづいて，以後は受継後の訴訟が異議訴訟として続行される[153]。なお，更生会社財産が更生債権等の確定に関する訴訟によって利益を受けたときは，異議を主張した更生債権者等や株主が，その利益の限度において，共益債権として訴訟費用の償還を受けることができる（162．本書242頁参照）。

4 詐害行為取消訴訟（債権者取消訴訟）および債権者代位訴訟等

債務者が詐害行為をなしたことを理由として，更生債権者[154]が更生手続開

---

151) 最判昭和59・5・17判時1119号72頁〔倒産百選71事件〕〔破産〕。更生債権を執行債権とする債務名義にかかる請求異議の訴え（民執35），更生債権の執行力にかかる執行文付与の訴え（民執33）や執行文付与に対する異議の訴え（民執34）も，更生債権等に関する訴訟の中に含まれる。

152) 当事者から訴訟物たる債権が確定した旨の上申を受け，受訴裁判所は訴訟終了宣言判決をなす。ただし，更生会社も異議を述べていない場合には，訴訟終了宣言判決を要せず，当然に訴訟が終了するとの考えがある（倒産実務講義案93頁）。

153) 賃貸借契約の解除を理由として，賃貸人が賃借人に対して建物収去・土地明渡請求および明渡しまでの賃料相当額損害金支払請求訴訟を提起し，訴訟係属中に賃借人に対して更生手続開始決定がなされたときには，収去・明渡請求は，取戻権の行使にあたるので（64Ⅰ），更生会社財産所属の財産に関する訴訟として，中断・受継がなされ（52ⅠⅡ），損害金請求のうち更生手続開始後の占有にもとづくものは，共益債権（127⑤）にかかわる訴訟として中断・受継がなされるが（52ⅠⅡ），更生手続開始前の占有にもとづく損害金請求権は，更生債権となるために，中断はするが（同Ⅰ），その後は，調査・確定手続に委ねられ（前掲最判昭和59・5・17（注151）〔破産〕），異議が述べられたときに受継の可能性が生じる（156Ⅰ）。

始前に受益者を被告として詐害行為取消訴訟を提起し（民424），その訴訟係属中に債務者に対して更生手続開始決定がなされたとする。訴訟の当事者は，債権者[155]と詐害行為の受益者であり，更生会社は訴訟当事者ではない。それにもかかわらず，詐害行為取消訴訟は中断する（52の2Ⅰ前半部分）。そして，中断した訴訟については，管財人または相手方の受継申立てにもとづいて，管財人が取消債権者側を受継する（同Ⅱ）。更生手続開始当時，更生手続に先行する破産手続や再生手続において，否認訴訟や否認の請求を認容する決定に対する異議の訴えが係属する場合にも，更生会社財産維持の権限と責任が管財人に移転するという意味では，詐害行為取消訴訟と同様であるので，これらの訴訟も中断および受継の対象となる（同Ⅰ後半部分・Ⅱ）[156]。

詐害行為取消訴訟や否認訴訟などは，債務者の責任財産を回復する目的をもつものであるが，いったん更生手続が開始された以上，責任財産の回復は，更生会社財産の増殖に置き換えられ，その目的は，管財人による否認権行使によって実現されるのが適当であるという判断にもとづく。この中断・受継は，責

---

154) 更生会社に対する債権を被担保債権とする更生担保権者が提起した債権者代位訴訟や詐害行為取消訴訟については，法52条の2第1項の「更生債権者の提起した訴訟」に直ちにあてはまらないが，実体法上それが可能であるとすれば（大判昭7・6・3民集11巻1163頁参照），法52条の2の趣旨から，同様に中断および受継を認めるべきであろう。
155) 破産の場合には，ここでいう債権者は，破産債権者のみならず，財団債権者を含む（破45Ⅰ）。債権者代位訴訟についても，同様である。これは，財団債権にもとづく強制執行も禁止されること（破42Ⅰ）と関係がある。伊藤312頁注135参照。これに対して，更生手続では，再生手続の場合（民再40の2Ⅰ）と同様に，更生債権者に限定される（52の2Ⅰ）。これは，破産手続においても，財団債権にもとづく強制執行が禁止されるのに対して（破42Ⅰ），再生手続および更生手続では，共益債権にもとづく強制執行が禁止の対象とならず（民再39Ⅰ，会更50Ⅰ参照），責任財産の回復についての共益債権者の当事者適格が失われないと考えられるためである。

もっとも，管財人が否認請求や否認訴訟を提起することは可能であり，その場合には，更生会社財産からの共益債権に対する弁済が予定されている以上，詐害行為取消訴訟の訴えの利益が失われると解する余地がある。債権者代位訴訟についても，管財人が被代位債権を行使している以上，共益債権者はこれを代位行使する利益が失われると解するべきであろう。このように考えれば，共益債権者の提起した訴訟に管財人が参加するなどの問題の発生は，実際上避けることができる。
156) これに対して，破産手続または再生手続上の否認請求は，破産手続または再生手続の終了により当然に終了するものであり（破174Ⅴ，民再136Ⅵ），破産手続または再生手続の係属中に更生手続が開始して破産手続または再生手続が中断するとこれらの手続も中断し，更生計画認可決定により破産手続または再生手続が失効すると（208），否認請求手続も終了する。

任財産の範囲をめぐる当事者適格が，取消債権者から更生債権者等をはじめとする利害関係人の利益を代表する管財人に移転したことによるものである[157]。

もっとも，詐害行為取消訴訟などの訴訟状態が更生会社にとって有利な場合は，管財人はそれを積極的に受継するが，従来の訴訟状態が更生会社にとって不利で，むしろ管財人が改めて否認手続を開始したほうが有利と判断されるときに，管財人が相手方の受継申立てを拒絶できるかという問題がある。旧法下では，これを肯定する考え方が有力であったが，相手方の受継申立権が明定されている以上，管財人による受継拒絶を認めるべきではない[158]。ただし，受継後に管財人が訴えを変更し，否認訴訟に切り替えることができる[159]。

なお，受継後の訴訟において受益者たる相手方が勝訴した場合などにおける更生債権者，破産管財人または再生手続における管財人もしくは否認権限を有する監督委員（民再128Ⅱ）に対する訴訟費用償還請求権は，受継前のものまでを含めて共益債権となること（52の2Ⅲ．本書240頁），管財人による受継後に更生手続が終了したときに，訴訟手続が再び中断し（同Ⅳ），最初の中断前の訴訟当事者であった更生債権者などが受継すること（同Ⅴ），最初の中断後管財人による受継前に更生手続が終了したときは，更生債権者などが，受継のための手続を経ることなく，当然に受継すること（同Ⅵ）は，更生会社財産所属財産に関する訴えの場合と同様である。

債権者甲が，債務者乙の第三債務者丙に対する債権について債権者代位訴訟

---

[157] したがって，更生手続開始後は，更生債権者が詐害行為取消訴訟を提起することは許されない（大判昭和4・10・23民集8巻787頁〔破産〕，東京地判平成19・3・26判時1967号105頁〔民事再生〕，東京高判平成17・6・30金法1752号54頁〔民事再生〕）。

また，受継後の訴訟において管財人が請求原因として否認権の主張と並んで，またはそれに代えて，詐害行為取消権の主張をすることも許されるかという問題がある。転得者に対する否認（本書430頁）の要件が詐害行為取消権より厳格なことなどを理由として，これを肯定する有力説もあるが（大コンメンタール623頁〔山本和彦〕，条解破産法1012頁注4），制度の趣旨に反する疑いがあり（否認権と詐害行為取消権との関係について，本書373頁参照），また受継した詐害行為取消訴訟に敗訴した管財人がさらに否認訴訟を提起できるかなどの問題もあり，消極に解すべきである。

なお，法52条の2は，保全管理人に準用されていないが，これは，保全管理命令の暫定的性質によるものと理解される。

[158] 破産法についての議論の詳細については，条解破産法358頁，伊藤313頁注137参照。
[159] 条解破産法353頁。これに対して大コンメンタール623頁〔山本和彦〕は，詐害行為取消権の範囲が否認権の範囲より広い場合には，破産管財人は，詐害行為取消訴訟を維持できるとする。

(民423)を提起しているときに，乙に対して更生手続開始決定がなされた場合に関しても，債権者取消訴訟について述べたのと同様の規律が妥当する（52の2）。債権者代位訴訟の目的は債務者の責任財産を保全することにあり，更生手続開始決定がなされることによって，責任財産保全に関する当事者適格が代位債権者から管財人に移ることがその根拠となっている[160]。受継した管財人は，

---

160) 旧会社更生法下では，旧破産法と同様に，詐害行為取消訴訟や否認訴訟などについての中断・受継について規定は置かれていたが（旧93），債権者代位訴訟についての規定は設けられていなかった。解釈論としては，旧会社更生法93条の類推によって，債権者代位訴訟の中断・受継を認めるべきであるとの考え方が有力であったところ（条解会更法（上）596頁），現行会社更生法の平成16年改正によって，現行破産法の規定に合わせ，法52条の2の規定が新設されたという経緯がある（花村良一「会社更生手続の手続関連規定の整備」新会社更生法の基本構造194頁参照）。

　いわゆる転用型債権者代位訴訟については，2つの類型が考えられる。

　第1は，転買主甲が，転売主乙（買主）に対する移転登記請求権にもとづいて，転売主乙（買主）の売主丙に対する移転登記手続請求権を代位行使し，売主丙を被告として転売主乙（買主）への移転登記を求めている訴訟係属中に，転売主乙（買主）に対する更生手続が開始された場合である。この場合の被保全債権は，売買契約にもとづく移転登記手続請求権（売主に対して移転登記手続申請の意思表示を求める請求権）であり，本来の更生債権としての性質を有している。そして，更生会社の売主に対する移転登記手続請求権は，更生会社財産所属の財産であり，売主から更生会社に対して移転登記がなされることは，更生会社財産が充実することを意味する。したがって，この場合には，転用型ではあるが，法52条の2が適用され，当該訴訟は，管財人による中断・受継の対象となる（前掲東京高判平成15・12・4（注140）〔民事再生における管理命令発令事案〕参照）。

　第2は，賃借人甲が賃貸人たる所有者乙の不法占有者丙に対する妨害排除請求権を代位行使して，占有者丙に対して自らに対する明渡しを求める訴訟が係属中に，賃貸人・所有者乙に対して更生手続が開始された場合である。この場合にも，妨害排除請求権自体は，更生会社財産として更生会社に帰属しているといえるが，賃借人甲が，不法占有者丙に対して，賃貸人・所有者乙に対して明け渡すのではなく，自らへの明渡しを請求できると実体法上で解されていることは，賃借人甲が債権者代位を通じてではあれ，不法占有者丙に対して自らへの明渡請求を主張できるのに準じる地位を有するとみなされる。また，甲が管財人に賃借権を対抗できる場合には，管財人としては，たとえ不法占有者丙に対して自らへの明渡しを求めたとしても，賃借人甲に対してその物件を引き渡さざるをえず，更生債権者等の利害関係人にとって，不法占有者丙に対する明渡請求権が財産上の意義を有するということはできない。加えて，甲の乙に対する賃借権またはその内容としての目的物の引渡請求権は，更生債権ということもできるが，第三者丙に対して自らへの明渡しを求める権能が認められる以上，目的物に対する物的支配権ともいうべきであり，そうであるとすれば，取戻権にもとづく訴訟に準じて，当該訴訟の続行を認めても，他の更生債権者等の利益を害するということもできない。

　このように考えると，賃貸人・所有者乙について更生手続が開始されたとしても，不法占有者丙に対する明渡請求権についての当事者適格が，代位債権者たる賃借人甲から管財人に移転するというべきではなく，代位訴訟については，中断が生じない。以上について，条解破産法348頁参照。

請求の趣旨を変更するなど，適切な措置を講じる必要がある。また，債権者代位訴訟に類似するものとして，取立訴訟（民執157）があるが，取立訴訟は，債権執行の一局面であることから，むしろ更生会社財産に対する強制執行として（50Ⅰ後半部分），その中止を考えるべきであろう[161]。

5　株主代表訴訟

株主が取締役等を被告として株主代表訴訟（責任追及等の訴え。会社847）を提起しているときに会社に対して更生手続開始決定がなされると，会社財産の管理処分権は管財人に専属するから，債権者代位訴訟の場合と同様に，法52条の2の規定にもとづいて訴訟が中断し，管財人が原告たる代表株主を受継すると解すべきである[162]。相手方からの受継申立て（52の2Ⅱ後段）についても，同様である。

6　行　政　手　続

更生会社の財産関係の事件で更生手続開始時に行政庁に係属する事件は，開始決定とともに中断し，管財人が受継する（53・52）。その他の手続の細目も，

---

[161]　議論の状況については，破産について，新破産法の基本構造96頁，条解破産法351頁参照。

第1は，取立訴訟の構造が債権者代位訴訟と同様のものであることに着目し，法52条の2を類推適用する可能性である。この場合の理論的根拠は，被差押債権が更生会社財産であり，それを保全するための当事者適格が差押債権者から管財人に移転したことに求められる。この考え方の下では，取立訴訟が更生手続開始によって中断し，管財人が受継することになる（条解破産法351頁）。

第2は，取立訴訟は，差押命令にもとづくものであり，その意味で，更生会社財産たる被差押債権に対する強制執行の一部をなすものであり，したがって，法52条の2ではなく，法50条1項後半部分の規定によって中止するという可能性である。ただし，この場合でも同条5項1号によって続行が認められていることを考えると，差押債権者が取立訴訟を続行し，配当手続がなされないままに換価金が管財人に交付されるから（51ⅠⅡ），実際上の取扱いとしては，第1の可能性と大きな差異は生じない。もっとも，法52条の2の下においては，相手方からの受継申立ても認められるのに対して，法50条1項が適用されるとすれば，相手方からの受継申立ては認められない点が異なる。

債権者代位訴訟の目的が債務者財産の保全にあり，したがって，更生手続が開始されて債務者財産に関する当事者適格が管財人に移転することが，法52条の2の基本的考え方であるとすれば，取立訴訟については，その前提に違いがある。取立訴訟は，他の債権者による配当加入の余地はあるものの（民執165②参照），差押債権者自身が満足を受けるための手段であり，債務者の財産保全の手段ではない。そうであるとすれば，更生手続の開始にともなって，取立訴訟の原告たる差押債権者の当事者適格が管財人に移転するとみることには無理があり，取立訴訟は，差押債権者による強制執行に属するものとして，法50条1項を適用することが適当である。

訴訟の場合と同様である。行政庁を相手方とする事件であっても，訴訟手続によるものは，法52条によって中断および受継の対象となるから，ここで予定されているのは，行政不服審査法や，国税通則法，特許法などの特別法にもとづく不服審査手続である[163]。

第2項　係属中の強制執行等

強制執行手続は，個別的な債権者の権利を満足させるための手続であるから，集団的な権利の調整を通じて株式会社の事業の維持更生を図ることを目的とする更生手続 (1) とは両立しない。担保権実行手続についても，同様である。したがって，更生手続開始時に強制執行等の手続が係属するときには，更生手続を優先させ，個別的な強制執行等の手続を中止させる (50Ⅰ)。中止の対象となる執行保全手続は，いずれも個別的債権の満足や保全を図る手段としての性質をもつものであり，強制執行等（更生債権等にもとづく強制執行，仮差押え，仮処分もしくは担保権の実行または更生債権等を被担保債権とする留置権[164]による競

---

[162]　条解会更法（上）596頁，破産について，条解破産法350頁，伊藤314頁参照。下級審裁判例として，東京地決平成12・1・27金商1120号58頁〔破産〕があり，また，同様の考え方にもとづいて破産手続や更生手続開始後の株主代表訴訟提起を不適法としたものとして，東京地決平成7・11・30判タ914号249頁，大阪高判平成元・10・26判タ711号253頁がある。

　なお，株主代表訴訟の提起について提供される担保（会社847ⅦⅧ）は，代表訴訟が不法行為を構成する場合の相手方の損害賠償請求権を担保するためのものであるから（江頭462頁），管財人が受継するときには，必要があれば，管財人に担保の提供を求め，原告株主については，担保の取消し（民訴81・79Ⅰ）をすべきであろう。もっとも，このような可能性のある代表訴訟を管財人が進んで受継しない余地もあり，また，相手方の申立てにもとづいて受継する場合も，訴訟を維持しないことも考えられるから，管財人に担保の提供が求められる場面は稀と思われる。相手方の申立てにより受継がなされて続行される場合には，原告株主が提供した担保を維持することになろう。

　また，役員等の第三者に対する損害賠償責任（会社429）を内容とする訴訟についても，少なくとも間接損害（取締役の任務懈怠によって生じた会社財産の減少などに起因する債権者や株主の損害）を内容とするものについては，中断・受継を認めるべきであろう（会社更生の実務（下）49頁〔渡邉千恵子〕，大コンメンタール728頁〔田頭章一〕）。

[163]　その他の具体例については，条解会更法（上）606頁，条解破産法362頁，大コンメンタール190頁〔菅家忠行〕参照。

[164]　ここにいう留置権は，商事留置権であるか民事留置権であるかを問わない。ただし，被担保債権が第三者に対する債権である場合には，商事留置権のときのみ更生債権等となり，民事留置権のときには更生債権等とならないので（2Ⅹ本文），第三者に対する債権を被担保債権とする民事留置権は，ここでいう禁止や中止の対象とならない。

売をいう。24 I ②かっこ書），企業担保権の実行（企業担保11），財産開示手続（民執196以下）が含まれる。

1 更生債権等にもとづく強制執行等

更生債権等（更生債権および更生担保権をいう。2 XII）は，更生手続開始とともに個別的権利行使を禁止されるから（47 I），更生手続開始後に更生会社財産（現有更生会社財産）所属財産に対して強制執行等の申立てはすることができないし（50 I 前半部分），すでに更生手続開始前に申し立てられている強制執行等は中止する（同後半部分）[165]。更生債権等にもとづく企業担保権の実行手続や財産開示手続についても同様である。

破産手続の場合には，手続開始とともに強制執行手続等が失効する（破42 II 本文・VI）のと比較すると，更生手続の場合には，再生手続の場合と同様に，中止にとどめられ，更生計画認可決定がなされるとともに失効するのは（208本文），清算型手続である破産手続と異なって，再生型手続の成功が必ずしも保障されていないためである[166]。なお，破産手続においては，破産債権にもとづく強制執行等だけではなく，財団債権にもとづく強制執行等や一般の先取特権の実行等も禁止等の対象となり（破42 I・II本文），再生手続においては，共益債権にもとづく強制執行等が対象から除かれ，再生債権にもとづく強制執行等のみが禁止等の対象となる（民再39 I）のに対して，更生手続においては，共益債権にもとづく強制執行等が対象から除かれることは再生手続と同様であるが，更生担保権の基礎となるべき担保権の実行が対象に含まれる。

また，国税滞納処分等（24 II参照）についても，更生手続開始決定の日から1年間（1年経過前に更生計画が認可されることなく更生手続が終了し，または更生計画が認可されたときは，当該終了または当該認可の時までの間）に限って，禁止または中止の対象となること（50 II）は，破産手続または再生手続にみられない更生手続の特徴である（更生計画における租税等の請求権の取扱いについて，本書558

---

[165] その例として，東京高決平成2・11・15東高民時報41巻9〜12号92頁，東京高判平成2・12・4金法292号26頁，東京高決平成9・11・13判時1636号60頁，東京高判平成10・6・19判タ1039号273頁，東京高判平成10・7・10判タ1003号305頁などがある。

[166] 更生手続開始にともなって破産手続が失効せず，中止にとどめられるのも同様の理由からである。条解会更法（上）578頁参照。更生手続が更生手続開始申立棄却決定または更生手続廃止決定によって終了した場合の中止した再生手続または破産手続の続行については，本書720頁参照。

頁参照)。裁判所は，必要があると認めるときは，あらかじめ徴収の権限を有する者の同意をえた上で，管財人の申立てによりまたは職権で，1年の期間を伸長することができる（同Ⅲ)[167]。この場合には，徴収金の請求権の時効は，禁止または中止の期間中進行しない（同Ⅹ)[168]。

2　強制執行等の続行または禁止の解除

以上の措置は，更生手続の目的を達するために更生会社財産を保全するために行われるが，強制執行等の目的物が遊休資産であるなど，それを換価しても更生に支障を来さないと認めるときは，裁判所は，管財人もしくは租税等の請求権について徴収の権限を有する者の申立てによりまたは職権で，中止した強制執行等，企業担保権の実行や国税滞納処分等の手続の続行を命じることができる（50Ⅴ)[169]。更生担保権にかかる担保権の目的である財産で，更生会社の事業の更生のために必要でないことが明らかなものがあるときにも[170]，裁判所は，更生計画案を決議に付する旨の決定があるまでの間，管財人の申立てによりまたは職権で，当該財産についての担保権の実行の禁止を解除する旨の決定をすることができる（同Ⅶ)[171]。これも，強制執行等の続行と同趣旨の措置

---

[167] ただし，同意を要件としなければならないかどうかについては，租税等の請求権に対する担保の供与や債務の消滅に関する行為を偏頗行為否認の対象外とする法163条3項とともに，立法論として再検討の余地があろう。

[168] なお，罰金，科料および追徴にかかる請求権についても，それらが共益債権として権利行使を認められる場合を除いて，更生手続が終了するまでの間（更生計画認可の決定があったときは，法204条2項に規定する更生計画で定められた弁済期間が満了する時〔その期間の満了前に更生計画にもとづく弁済が完了した場合にあっては，弁済が完了した時〕までの間）は，時効が進行しない（50ⅩⅠ)。更生債権である罰金等にかかる請求権は，免責の対象ともならないことなど（204Ⅰ③など）を考慮し，更生会社に対する刑事制裁としての性質を重視して，刑の時効（刑32⑥⑦）の進行を停止するものである。この規定は，平成16年改正によって新設された。菅家忠行「改正の経緯」新会社更生法の基本構造190頁参照。

[169] 破産手続の場合には，続行する手続の主体は破産管財人であり（破42Ⅱ但書)，したがって，第三者異議の訴えの被告適格を有するのは破産管財人であるが（同Ⅴ)，更生手続の場合には，続行手続の主体に変動はなく，したがって，第三者異議の訴えの被告適格の交代もない。破産手続においては，無剰余執行禁止の規律（民執63・129）が排除される（破42Ⅲ）のに対して，更生手続では，これに対応する規定が存在しないのも，同様の理由からである。もっとも，無剰余執行禁止の規律の排除については，それを類推することも考えられる。伊藤695頁注30参照。

[170] 「明らか」という要件が設けられているのは，このような措置がとられるのが更生計画案確定前の段階であるために，誤った判断がされることを防ぐ趣旨である。一問一答新会社更生法86頁参照。

である。なお，更生担保権者は，管財人に対して実行の禁止を解除する旨の申立てをすることを求めることができ[172]，求められた管財人は，直ちにその旨を裁判所に報告しなければならない（同Ⅷ前段）。また，管財人がその申立てをしないこととしたときは，遅滞なく，その事情を裁判所に報告しなければならない（同後段）。これは，目的物が更生のために必要であるかどうかについての管財人の判断権を尊重しつつ，裁判所が，それにかかわる状況を把握し，必要であれば，職権の発動を可能にするための措置である。

強制執行等が続行され，または禁止が解除されたことによる担保権の実行手続が行われても，配当または弁済金の交付（民執84ⅠⅡ・188参照）の手続は行われない（51Ⅰ本文。更生計画における定め〔167Ⅰ⑥イ〕について本書571頁参照）。続行等がされる手続は，執行債権者や担保権者の利益のためのものではなく，更生手続の利益のためのものだからである（47Ⅰ参照）。ただし，租税等の請求権にもとづく滞納処分の続行の場合には（50Ⅴ②），配当等が実施される（51Ⅰ

---

[171] 時期が更生計画案の付議決定までに限定されているのは，更生計画認可決定以後は，更生計画の定めにしたがって担保権を消滅させて，それを換価することが可能になるためである。また，実行禁止の解除にもとづいて担保権の実行がなされ，更生計画認可の決定後に換価が終了して，配当等に充てるべき金銭が生じた場合にも，更生計画の定めにしたがった処理がなされる（51Ⅱ）。これに対して，更生計画認可の決定前に更生手続が終了した場合には，換価がその前に終了しているときには，弁済禁止の効力（47Ⅰ）が失われるので，配当等が実施され（51Ⅲ），また，換価が未了のときには，担保権の実行が続行され，その手続にしたがって配当等が実施される。法51条3項に「手続又は処分の性質に反しない限り」との文言が定められているのは，留置権にもとづく競売の場合のように，配当要求の可否について考え方の対立があることを踏まえて（中野・民事執行法744頁参照），その点について会社更生法が特段の決定をしないことを明らかにしたものである。一問一答新会社更生法89，91頁参照。

担保権実行禁止の解除の規定は，旧法にはなく，現行法が，更生会社財産のうち事業の維持更生にとって必ずしも必要ではないものがあることなどを考慮して，新たに創設したものである。一問一答新会社更生法86頁参照。なお，実行禁止が解除され，更生担保権にかかる担保権が実行される場合であっても，それは，破産手続や再生手続における別除権の実行とは異なり，更生担保権の地位（2Ⅹ）自体やその届出，調査，確定の手続などには何らの影響も生じない。同87頁参照。

また，強制執行等は，更生計画認可決定によって失効するため（208本文），付議決定後にそれを続行する余地はない。他方，国税滞納処分については，更生計画認可決定により失効せず，中止の効果（50Ⅱ参照）が失われて続行される（第8章649頁参照）。

[172] 担保権の実行が直接に更生担保権者の利益につながるわけではないが（51Ⅰ本文参照），目的物の価値を保全しようとする更生担保権者の行動を尊重する趣旨である。したがって，担保権の実行のために生じた更生担保権者の費用請求権は，共益債権となる（50Ⅸ④）。

但書)。これは，租税等の請求権の優先性と滞納処分の自力執行性を尊重したものである[173]。

配当等の手続が実施されない場合の配当等に充てるべき金銭，または国税滞納処分の配当の剰余金が生じた場合には，その金銭は，管財人または更生会社（更生会社の機関がその権限を回復した場合〔72Ⅳ前段〕または更生手続終了の場合）に交付する（51Ⅱ）[174]。他方，続行された手続または処分に関する更生会社に対する費用請求権は，共益債権とする（50Ⅸ③④）。これらの手続または処分が更生会社の利益のために続行されることによる。

これに対して，更生のために必要があると認めるときは，裁判所は，管財人の申立てによりまたは職権で，担保を立てさせて，または立てさせないで，中止した強制執行等や企業担保権の実行手続または国税滞納処分の取消しを命じることができる（50Ⅵ）。会社の預金債権が差し押さえられたときに，その資金が更生のために必要である場合などが典型例である。

第3項 係属中の倒産処理手続

更生手続開始決定があったときは，破産手続開始，再生手続開始，更生手続開始または特別清算開始の申立てはすることができず，破産手続および再生手

---

[173] 法47条7項1号，旧会社更生法112条但書参照。ただし，他の租税等の請求権者から交付要求がなされた場合には，破産手続に関する最判平成9・11・28民集51巻10号4172頁や最判平成9・12・18判時1628号21頁の趣旨を考慮すれば，交付要求をした者ではなく，管財人に残余金を交付すべきことになろう。

[174] 交付の時期は，すでに更生計画認可の決定がなされていれば，当該金銭が生じたとき，未だ同決定がなされていないときには，その決定時である（51Ⅱ第2かっこ書）。これは，当該金銭をどのように使用するかについては，更生計画の定めによることとされているためである（167Ⅰ⑥イ参照）。

　更生計画において当該金銭の使途に関してどのような定めをするかについての特別の規定はないが，更生担保権間の平等原則（168Ⅰ）を考慮すると，当該更生担保権にかかる担保権を消滅させないのであれば，当該金銭を原資とする早期弁済を行うとか，代担保を供与するなどの定めが必要になる（一問一答新会社更生法88頁）。

　なお，配当の対象となる金銭が民事留置権にもとづく競売の結果としてえられたものである場合には，管財人などに対する交付の対象から除外される（51Ⅱ第1かっこ書）。これは，民事留置権が更生担保権の基礎とならず（2Ⅹ本文参照），会社更生法にこれに関する規律を設けないこととしたためである。一問一答新会社更生法90頁参照。

　もっとも，民事留置権の被担保債権が更生債権である場合には，更生債権についての個別的権利行使の禁止（50Ⅰ）との関係で，配当金を民事留置権者に対して交付することについては，検討の余地があろう。

続は中止し，特別清算手続は失効する（50 I）。このような他の倒産手続開始申立ての禁止およびすでに開始されている手続の中止または失効は，他の手続に対する更生手続の優位性（本書718頁）の理念に立脚するものである。

　禁止の対象となる破産手続開始等の申立てが更生手続開始決定後になされた場合には，その申立ては不適法として却下する。

　また，中止の対象となる破産手続および再生手続は，手続が申立審理の段階にあるか，それともすでに開始決定がなされているかを問わず，いずれの場合であっても，手続を進行させることが法律上許されない。そして，中止した破産手続および再生手続は，更生計画認可決定とともに失効する（208本文）。更生計画認可決定による権利変更の効力が生じ，更生計画を遂行する段階に入る以上，中止状態ではあれ，破産手続や再生手続を存続させる意味が失われるからである。

　これに対して，いったん開始された更生手続が失敗し，廃止決定が確定すると（236・241 I），中止の効果が消滅し，破産手続や再生手続を続行する（本書720頁）。新たに破産手続，再生手続，更生手続または特別清算手続の開始申立てをすることも妨げられない。また，廃止決定後，その確定前でも，破産手続開始申立ての禁止の効果は消滅する（251 I 前段。本書722頁）。

　以上に対して，特別清算の手続は，更生手続開始決定とともに失効するので，後にこれが復活する余地はない[175]。

---

175) 特別清算手続の失効は，旧会社更生法67条1項以来のものであるが，更生手続の挫折に備えるには破産手続で十分であり，破産の予防を目的とする特別清算（萩本修編・逐条解説新しい特別清算11頁（2006年））の復活の可能性を残すべき理由はないところに求められよう。

第6章　更生会社財産の法律的変動

　前章においては，更生手続開始決定の効力として，実体および手続法律関係がいかなる基準にしたがって確定されるかについて説明した。しかし，それを前提としても，なお第三者または管財人の更生手続開始後の権利行使によって更生会社財産に関する法律関係が変動する可能性がある。第三者側からの権利行使についてみれば，管財人が占有する財産について所有権などの権利を主張し，その引渡しなどを求める取戻権の行使（64），更生債権者等が更生会社に対して負担する債務との相殺を主張する相殺権の行使（48以下）などが挙げられる。これに対して，管財人から第三者を相手方とする権利行使としては，否認権の行使（86以下）や更生会社の役員等の責任の追及等（99以下）がある。

第1節　取　戻　権

　取戻権とは，その目的物が更生会社に属さないことを主張する権利を意味するが，その権利が会社更生法以外の実体法にもとづく場合と，会社更生法にもとづく場合とを分け，前者を一般の取戻権（64 I），後者を特別の取戻権（同 II，破63・64）と呼ぶ。

第1項　一般の取戻権

　更生手続開始時を基準時として，更生会社が占有していた動産や更生会社の名義となっていた不動産は，すべて管財人の管理に服する（2XIV・72 I）。しかし，更生手続開始前から第三者が更生会社に対して，ある財産を自己に引き渡すことを求める権利をもっている場合には，第三者は，その権利を管財人に対して主張することができる。このような第三者の実体法上の権利を取戻権と呼ぶ（64 I）。ただし，第三者が更生会社に対してもつ権利は，更生手続開始時を基準時として，目的物についての差押債権者と同視される管財人に対抗できるものでなければならない（本書249頁参照）。

　取戻権の対象となる財産は，更生会社財産に含まれないはずのものであり，

第1節 取戻権　327

取戻権の行使によって，管財人の管理に服する現有更生会社財産は減少するが，その結果，更生会社財産は，責任財産たるべきものによって構成される法定更生会社財産に近づくことになる。これを取戻権の積極的機能と呼ぶ。もっとも，取戻権の行使態様としては，第三者の支配下にある財産について管財人がその引渡しなどを求めたときに，第三者がその目的物についての支配権を主張して管財人の請求を排斥する形をとることもある。これを取戻権の消極的機能と呼ぶ[1]。

1 取戻権の基礎となる権利

取戻権とは，目的物に対して第三者がもつ対抗力ある実体法上の支配権で，更生手続開始決定の効力によって影響を受けないものを意味する。したがって，いかなる権利が取戻権として扱われるかは，実体法による物の支配権が認められるか，その支配権が更生手続に対する関係で認められるかを基準として決定する[2]。民事執行手続との関係でいえば，第三者異議の訴え（民執38Ⅰ）の基礎となる権利に対応する。

(1) 所　有　権

所有権は，目的物に対する排他的支配権を内容とすることから（民206），取戻権の基礎として承認されているものであるが，所有権者が当然に取戻権者とされるわけではなく，所有権者の支配権が制限される場合には，取戻権が否定される。たとえば，更生会社のために賃借権が設定され，その賃借権が更生会社財産に帰属する場合には，所有権者といえども取戻権を否定される[3]。また，

---

1) 竹下守夫「取戻権の行使」斎藤秀夫＝伊東乾編・演習破産法327頁（1973年）。たとえば，第三者が占有する財産について管財人が更生会社の所有権を理由として引渡しを求めるのに対して，第三者が抗弁として，対抗力ある賃借権を主張する場合などがこれにあたる。
2) 対抗要件は更生手続開始決定時に具備されているのが原則であるが，その後に具備される場合もある（56Ⅰ但書参照）。
3) それ以外にも，証券化取引との関係で，目的財産の真正譲渡性が問題とされることがある。目的財産の所有権を特別目的会社（SPC）に移転する外観をとっていても，譲渡人（オリジネーター）がそれを使用管理し，一定時期後に買い戻すことができる旨の約定などが存在するときには，所有者としての支配権を認めるに足らないとの理由から，真正譲渡性が否定され，オリジネーターの更生におけるSPCの取戻権が否定される可能性がある。条解破産法445頁参照。真正譲渡性の判断基準等については，伊藤眞「証券化と倒産法理——破産隔離と倒産法的再構成の意義と限界（上）（下）」金法1657号6頁，1658号82頁（2002年），松下淳一「更生手続開始と証券化取引」理論と実務112頁，坂井秀行＝粟田口太郎「証券化と倒産」講座（4）124頁参照。

所有権は，管財人に対してその効力を対抗できるものでなければならない。対抗要件（民177・178）を備えていない所有権は，差押債権者としての地位と同視される管財人に対抗できないし[4]，また，管財人が，各種の実体規定によって第三者として保護される場合にも，管財人に対する所有権の主張が制限される（本書255頁参照）。

所有権に関して議論が多いのは，所有権の移転を担保の形式として利用する譲渡担保や所有権留保の取扱いである。すなわち，形式的に所有権者となっている譲渡担保権者や所有権留保売主に，その所有権を理由として取戻権を認めるか，それとも譲渡担保権者などの所有権の実質は担保権にすぎないから，目的物についての排他的支配権を否定し，担保権にもとづく更生担保権にとどめるかという争いである。この点は更生担保権の説明（本書208頁）を参照されたい。もちろん，この種の所有権者を担保権者とし，取戻権を否定しても，更生手続開始前に，担保権の実行が開始され，担保権者が確定的に目的物の所有権を取得していれば，通常の所有権者と同様に扱われる（本書208，210頁参照）。

(2) その他の物権

用益物権や担保物権が取戻権の基礎となりうるかどうかは，それらの権利の性質による。地上権や永小作権などの用益物権は，目的物の占有を権利の内容とするので，管財人が目的物を占有するときには，それらの用益物権を有する者は，取戻権の行使として目的物の引渡しを求めることができる。また，占有権も取戻権の基礎となりうる。質権および留置権など，目的物の占有をともなう担保物権に関して，管財人がその返還を求めたときに，質権者や留置権者が取戻権の消極的機能（本書327頁）としてそれを拒む場合についても，同様のことがいえる[5]。これに対して，抵当権や先取特権のような占有をともなわない担保物権については，占有の移転を求めるために取戻権を主張することはできない。

(3) 債　権

債権が取戻権の基礎となるかどうかも，その権利の性質による。ある財産が更生会社財産に属し，管財人の管理処分権に服することを前提として，その給

---

[4] 特許権など無体財産権についても同様である（中山信弘・工業所有権法（上）〈第2版増補版〉173頁（2000年），田村善之・著作権法概説〈第2版〉509頁（2001年）参照）。

付を求める債権的請求権を主張する者は，更生債権者として扱われ（2Ⅷ），取戻権者の地位は与えられない。これに対して，管財人の支配権を否定し，自己への引渡しを求めうる内容の権利である場合には，債権といえども取戻権の基礎とされる。更生会社が転借していた物について，転貸人が転貸借の終了を理由として取戻権を主張する場合などがこれにあたる[6]。そのほかに，形成権である詐害行為取消権などが取戻権の基礎となることも，一般に承認されている。たとえば，更生手続開始前に第三者から会社に対してある財産が譲渡されたとき，第三者の債権者が，譲渡行為を詐害行為として取り消して，管財人に対して目的物の返還を主張することなどが考えられる。

(4) 信託関係上の権利

ある財産が信託財産とされているときに，受託者について更生手続が開始されても，信託財産は，更生会社財産に属しない（信託25Ⅳ Ⅶ）[7]。また，破産

---

[5] これに対して，質権は対象物の占有が成立要件であり（民344），とりわけ動産質については占有の継続が対抗要件となり（民352），占有を失った場合にも占有訴権しか主張できないこと（民353），留置権は占有が成立要件かつ効力要件であること（民295・302，商521など。高木多喜男・担保物権法〈第4版〉36，59頁以下（2005年））から，質権者，留置権者が，取戻権の積極的機能として，更生会社に対して対象物の引渡しを求めるのは，占有訴権を根拠とすることになろう。

　もっとも，消極的機能に関しても，質権や商事留置権が別除権とされ，その実行が認められる破産手続や再生手続（破65Ⅰ，民再53Ⅱ）と異なり，更生担保権の基礎とされて（2ⅩⅩ本文），その実行が禁止される更生手続（50Ⅰ）においては，たとえ質権者などが目的物の占有を保持しても，その実行をすることはできず，担保権消滅許可（104以下），商事留置権の消滅請求（29），あるいは更生計画の定め（204Ⅰ柱書参照）によって担保権が消滅する可能性があるために，目的物を取り戻すことによる利益は限られている。

[6] 賃貸人自身が賃貸借関係の終了を理由として賃借人たる更生会社の管財人に対して取戻権を行使する場合もこれにあたる。なお，この問題は，差押債権者（管財人に相当）に対して第三者（取戻権者に相当）が第三者異議の訴え（民執38）を提起する場合の異議原因に関する問題と内容を同じくする（石川明ほか編・注解民事執行法（上）406頁〔伊藤眞〕（1991年）参照）。

[7] ただし，信託財産であることの登記や登録ができる財産（不動産，自動車，特許権，株券不発行会社の株式など）については，その登記または登録がなければ，信託財産であることを主張できない（信託14）。登記または登録ができない財産については，それが信託財産として分別管理されているかどうかが基準となる。具体例については，条解破産法449頁参照。

　なお，地方公共団体が建築請負業者に対して交付する前払金を原資とする建築請負業者の別口預金口座が，業者の固有財産と区別される信託財産となることから，その一部について地方公共団体に取戻権類似の地位を認めるものとして，最判平成14・1・17民集56巻1号20頁，名古屋高金沢支判平成21・7・22判時2058号65頁がある。

手続開始と異なって（信託56Ⅰ③），更生手続開始によって受託者の任務が終了することはなく（同ⅤⅦ），管財人が受託者の職務の遂行ならびに信託財産に属する財産の管理処分権を行使するから（同ⅥⅦ），信託財産について新受託者などが取戻権を行使することもない。ただし，信託行為に特段の定めがあり（同Ⅴ但書・Ⅶ），受託者である更生会社の任務が更生手続開始とともに終了し，新受託者が選任されれば（信託62Ⅰ），新受託者は，受託者であった更生会社の管財人に対して信託財産に関する取戻権を行使することができる。

また，委任関係において受任者たる会社について更生手続が開始されても，当然に委任関係が終了することはないが（民653参照），当事者間の特約にもとづいて委任が終了する場合には，同様に，委任者であった者が受任者であった更生会社の管財人に対して取戻権を主張する可能性がある。

(5) 問屋の委託者の権利

問屋が，委託者のために物品を買い入れた後に更生手続開始決定を受けた場合に，委託者は目的物の取戻権を認められるかが問題となる。問屋と委託者との関係について代理に関する規定が準用されていることに着目すれば（商552Ⅱ），目的物の所有権は委託者に帰属するが，この規定は，あくまで問屋と委託者との内部関係を規律するにとどまるとされているので，問屋の更生債権者等や管財人に対しては，委託者は所有権を基礎とする取戻権を主張できないとも解される。しかし，判例・通説は，委託者が買入代金をすでに問屋に支払っているときには，取戻権を認める[8]。その理由としては，問屋が買入委託を受けた商品は，経済的には委託者のものであるから，問屋の債権者は，それを責任財産として期待すべきではないこと，問屋の債権者は問屋と一体とみなされるべきであることなどが主張される。

本書もこの結論に賛成するが，その根拠として問屋の更生債権者等を更生会社たる問屋と一体とみるのは，更生債権者等についての一般論と調和しない。理論構成として，問屋は，買入物品についての所有権を自己契約として委託者に移転し（民108），そのための対抗要件として占有改定を用いることができ，

---

[8] 最判昭和43・7・11民集22巻7号1462頁〔倒産百選46事件〕。山木戸154頁，谷口213頁，注解破産法（上）614頁〔野村秀敏〕，基本法134頁〔池尻郁夫〕，条解会更法（上）553頁，注解会更法212頁〔西澤宗英〕，平出慶道・商行為法〈第2版〉381頁（1989年）など。

買入代金があらかじめ委託者から問屋に交付されていた場合には、この所有権移転と占有改定の合意が先行的になされたとみるべきである。ただし、占有改定が認められるためには、委託者のための物品を他の物品と区別して問屋が保管するか、特定して記帳することが要求される。このような要件を設けるのであれば、問屋の債権者の利益を不当に害することがないから、所有権を根拠として委託者の取戻権が認められる[9]。もちろん、代金が支払われていないときには、委託者を保護すべき実質的理由にも乏しいので、取戻権は否定され、問屋と委託者との関係は、代金支払義務と物品引渡義務の双方が未履行の双務契約として、問屋の管財人による選択権行使（61Ⅰ）に委ねられる。

なお、問屋が委託者の所有商品の販売委託を受けているときに問屋に対する更生手続が開始された場合にも、破産手続の場合とは異なって、委任関係が当然に終了することはないが（民653参照）、当事者間の特約によってそれが終了すれば、目的物の所有権が委託者に残っているから、委託者の取戻権が認められる[10]。

2 取戻権の行使

取戻権は、更生会社財産所属の財産に関するものであるから、管財人を相手方として行使する。しかし、行使の方法に関しては、更生手続による必要はなく、訴訟上または訴訟外の適切な方法によればよい。第三者が取戻権の行使として、目的物の引渡しなどを求めるときに、管財人がそれを争えば、第三者が管財人を被告として給付訴訟などを提起するが、争いがなければ、管財人から任意の引渡しを受ける[11]。ただし、裁判所が取戻権の承認を許可事項として指定した場合には、裁判所の許可をえなければならない（72Ⅱ⑧参照）。逆に、管

---

[9] 理論構成は、条解破産法451頁、大コンメンタール262頁〔野村秀敏〕、注解破産法（上）614頁〔野村秀敏〕および平出・前掲書（注8）381頁に詳しい。なお、自己契約は、原則として禁止されるが、商法552条2項および民法646条2項を根拠として、民法108条但書の例外に含まれる。

[10] 問屋がすでに委託品を販売している場合に、問屋が代金を受領してしまえば、取戻権行使の余地はないが、代金受領前であれば、代金債権について代償的取戻権（64Ⅱ、破64Ⅰ）が認められる（条解破産法452頁参照）。

[11] 管財人が取戻権の目的物を取戻権者に引き渡すまでは、善管注意義務を負い、その毀損等について個人責任を負うとの裁判例があるが（東京高判平成9・5・29判タ981号164頁〔破産〕）、むしろ、管財人による債務不履行または不法行為の問題として考えるべきであろう。伊藤眞ほか「破産管財人の善管注意義務」金法1930号64頁（2011年）、本書113頁参照。

財人の側から第三者の占有する目的物について，その引渡しなどを求めて訴訟を提起したときには，第三者は，取戻権を抗弁として用いる。

第2項　特別の取戻権

　一般の取戻権は，目的物について第三者が実体法上の支配権をもつことを根拠とするものであるが，以下に述べる特別の取戻権は，実体法上の支配権とは別に，会社更生法が特別の考慮から創設したものである。

1　売主の取戻権

　売買契約の買主の更生において，売主の目的物引渡義務と買主の代金支払義務との双方が未履行であれば，契約関係は，法61条以下の規定にしたがって整理される。また，売主の引渡義務が履行済みであれば，その代金債権は更生債権，動産売買先取特権が成立すれば，更生担保権となる（本書201頁）。このような一般原則に対して，法64条2項（破63Ⅰ）は，隔地者間の売買についての特則を設け，すでに売主が目的物を発送した場合にも，買主が代金全額を弁済せず，かつ，目的物が買主に到着しない間に買主について更生手続が開始されれば，売主に取戻権を認めることとする。売主が目的物についての所有権など実体法上の支配権をもっているかどうかを問題としないところに，特別の取戻権の意義が認められる。

　この取戻権は，隔地者間の売買における取引の安全を保護しようとする趣旨をもつ。売主は，動産売買先取特権をもち（民311⑤・321），これを基礎として更生担保権者の地位を与えられるが（2Ⅹ），目的物自体を取り戻すことはできないところに，特別の取戻権の独自の意義が認められる。もっとも，目的物の運送中は，売主が運送人に対して運送中止と目的物の返還を求めることもできるから（商582），この権能は，売主の取戻権と競合する。

　(1)　取戻権の要件

　売主に取戻権が認められるためには，①隔地者の間の売買[12]であること，②買主が代金を完済していないこと，③更生手続開始決定の当時に買主が到達地

---

[12]　隔地者間の売買にあたるか否かは，売主が目的物を第三者に運送させるか否かによって決せられる。売主自身またはその代理人が運送するときには，立法趣旨から考えて隔地者にあたらない（条解会更法（上）562頁，条解破産法460頁，大コンメンタール267頁〔野村秀敏〕，注解破産法（上）633頁〔野村秀敏〕）。

で目的物を受領していないことの3つの要件が必要である。この中で,買主の受領は,買主が目的物の現実の占有を取得することを意味し,貨物引換証や船荷証券などの有価証券の交付を受けただけでは足りない[13]。また,受領は本来の到達地でなされることが必要であり,運送の途中で買主が目的物を受領しても,取戻権は成立する。さらに,更生手続開始後に管財人が目的物を受領した場合にも,開始決定時を基準時として売主が取戻権を行使しうる状態にあった以上,開始後に管財人が目的物を受領したからといって取戻権を否定する理由はない[14]。

(2) 法61条との関係

売主の取戻権行使に対抗して買主の管財人は,代金の全額を支払って,取戻権を消滅させ,運送人などに対して目的物の引渡しを請求できる(64Ⅱ,破63Ⅰ但書)。更生手続開始決定時を基準時として考えると,更生会社たる買主の代金未払が取戻権の発生原因事実とされているのに対して,管財人による代金支払が取戻権の消滅事実とされる趣旨である。管財人が代金を支払って,目的物の引渡しを受ければ,売買契約関係は消滅する[15]。

これに対して,売主が取戻権を行使して,目的物の占有を回復すれば,売買契約について目的物の引渡義務と代金支払義務との双方未履行関係が確定するから,契約関係は双方未履行双務契約の法理にしたがって整理される(64Ⅱ・

---

13) したがって売主は,貨物引換証と引換えでなければ運送人に目的物の引渡しを請求できないが(商584・776),取戻権の行使として,目的物の引渡しを買主である更生会社に対して求めることができ,または貨物引換証の返還を求め,運送人から目的物の引渡しを受けることができる。条解破産法461頁参照。

14) 加藤・要論192頁,中野・研究335頁,山木戸157頁,谷口214頁,条解破産法461頁,大コンメンタール267頁〔野村秀敏〕,注解破産法(上)634頁〔野村秀敏〕,基本法138頁〔池尻郁夫〕,原強「売主及び問屋の取戻権」破産・和議の実務と理論224頁など。これに対して条解会更法(上)562頁は,「いったん,取戻権が行使された後に更生会社ないし管財人が目的物を受け取っても」取戻権の行使は妨げられないとする。なお,管財人が取戻権実行前に目的物を処分した場合には,後述するように,代金相当分について代償的取戻権(64Ⅱ,破64Ⅰ)が認められる。

15) 売主の義務が目的物発送によって履行済みとみなされない場合には,買主の管財人が,法64条2項(破63Ⅰ但書)にいう代金支払によるのではなく,法61条1項にもとづいて履行の選択権を行使することもありうる。しかし,管財人は,結局代金を支払って目的物の引渡しを受けることになるので,両者の間に本質的な差異はない(旧会社更生法64条1項但書が管財人による代金支払について裁判所の許可を規定していたことについて,条解会更法(上)566頁参照)。もっとも,法61条1項と64条2項が準用する破産法63条1項との関係については,多少の議論がある。条解破産法461頁参照。

61ⅠⅡ，破63Ⅱ)16)。

(3) 取戻権の法的性質

売主の取戻権の法的性質に関しては，議論の対立がある。考え方としては，取戻権の行使の効果として，所有権が売主に復帰するとか，それとも単に目的物の占有権限が復帰するとか，また，売買契約が解除されるなどの議論に分かれる。しかし，取戻権の行使によって所有権の帰属や売買契約そのものの効力に影響を生じないこと，取戻権を形成権と考えるのは適当でないこと，売主は，状況に応じて，運送人，更生会社，または管財人に対して取戻権を主張しうるので，特定人に対する債権と考えるのは適当でないことなどを考えれば，この取戻権の内容は，管財人にも対抗しうる法定の占有権限を売主に与えたものと解するのが相当である17)。

2 問屋の取戻権

買入委託を受けた問屋が，買い入れた物品を委託者に発送した場合にも，委託者の更生において問屋に取戻権が与えられる (64Ⅱ，破63ⅠⅡ)。すでに，問屋の更生について述べたように，問屋と委託者の関係は代理関係とされ，したがって買入物品の所有権は委託者に属するから，委託者の更生に際しては，問屋には一般の取戻権は認められない。しかし，取引が隔地者間のものであるときには，問屋と委託者との関係は隔地者間の売買と類似しているので，法は，特別の取戻権を与えたものである。取戻権の要件は，売主の場合と同じである。

問屋は取戻権としての占有権限にもとづいて目的物の引渡しを請求する。そ

---

16) 法61条が本来予定するのは，更生手続開始決定当時双方未履行の状態であるが，この場合には，更生手続開始決定後の取戻権の行使によって双方未履行状態が復活したことになるので (条解破産法462頁)，法64条2項 (破63Ⅱ) が法61条1項および2項の適用可能性を規定している。これに対して，大コンメンタール269頁〔野村秀敏〕，注解破産法 (上) 638頁〔野村秀敏〕は，手続開始時において双方未履行双務契約の状態になかった以上，破産法や会社更生法の規定ではなく，民法の一般規定によって解除の可能性などを決すべきであるとする。

17) 学説については，伊藤328頁注15，大コンメンタール268頁〔野村秀敏〕に詳しい。近時の有力説 (谷口215頁，条解会更法 (上) 565頁) は，取戻権の行使によって売主が占有権限を回復するとする，占有権限回復説をとっている。しかし，そこでいう取戻権の行使とは何を意味するのかが必ずしも明確でないので，むしろ，法64条2項 (破63Ⅰ) にいう発生要件事実が満たされれば，売主は目的物についての支配権である占有権限を当然に取得し，その権限にもとづいて運送人や管財人に対して目的物の引渡しを求めうると解する (条解破産法461頁も同旨)。あえて呼称を付するとすれば，占有回復権限説とでも呼ぶことになろう。この取戻権の行使に代えて，代償的取戻権も認められる。

の結果,問屋は,占有の回復によって留置権をも回復し(商557・31),更生担保権者の地位を与えられる(2X)。

取戻権の行使によって問屋が物品の占有を回復したときに,問屋と委託者との関係について法61条の適用可能性があるかどうかが問題となる。問屋と委託者の間の法律関係である有償委任は双務契約であるから,法61条が適用される(64Ⅱにおける破63Ⅲの読替えによる同Ⅱの準用)[18]。ただし,委託者の管財人は,報酬および費用全額を払うことによって問屋の取戻権を消滅させることができる(64Ⅱ,破63Ⅲ Ⅰ但書)。

第3項 代償的取戻権

一般の取戻権であれ特別の取戻権であれ,その目的は,管財人の支配に属する目的物を取戻権者に返還させるところにある。しかし,目的物がすでに会社,保全管理人または管財人によって第三者に譲渡され,更生会社財産中に現存していなければ,返還は不可能になる[19]。この場合に,目的物に代わる反対給付,またはその請求権について取戻権を認めるのが,代償的取戻権の制度である(64Ⅱ,破64)[20]。なお,代償的取戻権を行使してもなお取戻権者に損失が残る場合には,譲渡が会社によってなされたときには更生債権(2Ⅷ柱書),保全管理人または管財人によってなされたときには共益債権(127⑤・128Ⅰ)として損害賠償を求める権利行使が許される。

1 反対給付が未履行の場合

たとえば,第三者所有の動産を占有する会社が更生手続開始前に目的物を譲

---

[18] 破産の場合には,法64条2項によって準用される破産法63条3項が同条2項を準用していないこと,委任関係は委任者の破産によって終了すること(民653②)などから,法61条に相当する破産法53条の適用を否定する考え方が有力である(伊藤328頁,条解破産法463頁参照)。これに対して,旧会社更生法の下では,民法653条の適用がないこともあり,旧103条(現行61条相当)の適用可能性を認める考え方が有力であり(条解会更法(上)568頁,注解会更法220頁〔西澤宗英〕),現行法の立法者は,適用可能性を明らかにしている。民事再生法52条2項の準用読替規定も,同様の趣旨である(伊藤697頁)。

[19] もっとも,譲り渡されたが,未だ引き渡されていない目的物の場合にも代償的取戻権を認める立場では(条解破産法465頁),取戻権と代償的取戻権とが併存することになる。

[20] したがって,目的物の価値についての支配権をもたない取戻権者,たとえば転貸人や所有権をもたない賃貸人には,代償的取戻権が認められない(条解破産法464頁,山木戸159頁,注解破産法(上)642頁〔野村秀敏〕)。

渡し，未だその代金を受け取っていない場合に，代金債権は更生会社財産所属の財産となる。この場合に，第三者は，管財人を相手方として目的物自体について取戻権を行使しえない。また，目的物の代金相当額について損害賠償請求権や不当利得返還請求権を行使する場合であっても，それは，会社の行為を理由とするものであるから，更生債権となる[21]。しかし，会社による譲渡は，無権限でなされたものであり，しかも代金債権は，他の更生会社財産所属財産とは区別された目的物の代位物であることが明らかなので，代金債権すなわち反対給付の請求権について代償的取戻権が認められる（64Ⅱ，破64Ⅰ前段）[22]。具体的には，取戻権者が管財人に対して請求権の移転を請求し，管財人が移転の意思表示および対抗要件としての債権譲渡の通知をなすように求める[23]。

いったん取戻権の目的物が更生会社財産に組み入れられた後に，管財人がそれを第三者に譲渡した場合も同様である（64Ⅱ，破64Ⅰ後段）。この場合には，一般原則によれば，譲渡によって管財人が不法行為をなしたか，更生会社が不当利得をなしたことになるから，取戻権者の権利は共益債権として保護されるはずである（127⑤⑥）。しかし，更生会社財産が不足のときには，共益債権といえども完全な満足を保障されないので，法は，代償的取戻権を与えて，取戻権者の保護を図っている。

2 反対給付が既履行の場合

更生手続開始前に会社または保全管理人が目的物を譲渡し，その反対給付を

---

21) 譲渡が保全管理人によってなされた場合には，第三者の権利は共益債権（128Ⅰ）となり，この場合にも代償的取戻権が認められる（条解破産法467頁）。
22) ただし，同じく代位物であっても，目的物の毀損による損害賠償請求権などは，代償的取戻権の対象とならず，取戻権者は，第三者を相手方として損害賠償請求権などを直接に行使する（条解破産法465頁，大コンメンタール271頁〔野村秀敏〕，注解破産法（上）643頁〔野村秀敏〕など）。
　　なお，会社が販売委託を受けていた商品を第三者に譲渡した場合のように，目的物の処分について無権限でない場合にも，代償的取戻権が成立するかという問題がある。しかし，このような場合には，委託販売関係が存続するかぎりは，委託者は，無条件に目的物を取り戻すことはできず，取戻権の前提要件（64Ⅰ）を満たしていないから，代償的取戻権も認められず，委託販売契約上の権利を更生債権として行使し，または動産売買先取特権が成立する場合にはこれにもとづき物上代位権を更生担保権として行使する以外にない。
23) 管財人が任意に請求に応じない場合には，意思表示を命じる債務名義を取得し，執行（民執174）する。なお，取戻権者は，目的物の譲渡に起因する損害賠償請求権を更生債権として行使することも可能であるが，その際には，移転を受けた請求権の行使によって回収した額を損害賠償額から控除する。

受け取ってしまえば、それは一般財産の中に混入してしまうから、もはや取戻権者たるべき者に特別の地位を与えることはできない。たとえ、給付の目的物が特定物であっても、この結論は変わらない。したがって、取戻権者は、不当利得返還請求権や損害賠償請求権を更生債権（2Ⅷ柱書）として行使する以外にない[24]。

これに対して、いったん取戻権の目的物が更生会社財産に組み込まれた後に、管財人がそれを処分し、反対給付を受け取ったときには、管財人による不法行為または更生会社による不当利得として、取戻権者が共益債権者となるはずである（127⑤⑥）。しかし、先に反対給付が未履行の場合について述べたのと同様の理由にもとづいて、取戻権者には、反対給付について代償的取戻権が与えられる（64Ⅱ、破64Ⅱ）[25]。ただし、代償的取戻権の根拠は、代位物が他の財産から区別しうるところにあるので、反対給付は特定物でなければならない。反対給付が金銭のように不特定のものであるときには、取戻権者は、共益債権者として扱われる。

なお、反対給付が更生手続開始後に会社に対して履行された場合には、履行の効力が認められるかどうかによって取扱いが分かれる。履行をなした債務者が更生手続開始について悪意の場合には、更生会社が利益を受けた限度でしか履行の効力が認められない（57Ⅱ。本書265頁参照）。したがって、効力が認められない部分については、反対給付が未履行として扱われる。しかし、反対給付が更生会社財産に組み入れられた場合には、管財人が反対給付を受領したのと同様に、特定物については代償的取戻権、不特定物については、保全管理人または管財人が処分をした場合には共益債権、更生会社が処分をした場合には更生債権が、それぞれ行使される。債務者が更生手続開始について善意で、更生手続の関係においても履行の効力を主張できる場合（同Ⅰ）にも、目的物が更生会社財産に組み込まれていれば同様の結果となるが、そうでなければ、第三者の損害賠償請求権や不当利得返還請求権は更生債権となる。ただし、更生会社が目的物について返還請求権を有するような場合には、それについて代償

---

24) ただし、保全管理人による譲渡の場合には、相手方は、共益債権として損害賠償請求権を行使できる（128Ⅰ）。
25) 更生手続開始前に会社または保全管理人が目的物を譲渡し、管財人がその反対給付を受け取った場合も同様である。

的取戻権を認めることも考えられる。

3 第三者の権利との関係

会社や保全管理人あるいは管財人が目的物を第三者に譲渡したときに、即時取得(民192)などの理由によって目的物の所有権が第三者に移転すれば、取戻権者は、もはや目的物自体を第三者から取り戻すことはできず、代償的取戻権の行使によって満足する以外にない。しかし、即時取得などが成立していなければ、第三者からの取戻しは可能であり、その場合には、第三者に対する取戻請求権と代償的取戻権を選択的に行使する。

4 特別の取戻権と代償的取戻権

特別の取戻権については、実体法上の所有権の帰属とは別に、目的物についての占有権限が売主などの取戻権者に与えられる。しかし、会社や管財人がその目的物を第三者に譲渡した場合には、取戻権者は、その占有権限を管財人などに対して実行することが不可能になる。したがって、一般の取戻権と同様に、特別の取戻権についても代償的取戻権が認められる。ただし、取戻権の内容たる占有権限は代金債権を確保するためのものであるから、代償的取戻権の範囲も、売主などの代金債権の範囲に限定される[26]。

第2節 相 殺 権

相殺権とは、2人が互いに同種の目的を有する債務を負担し、双方の債務が弁済期にあることを前提とし、それぞれの債務者が相手方に対する相殺の意思表示によって対当額でその債務を免れる権能を意味する(民505Ⅰ本文)。相殺の意思表示をなす債権者、すなわち自働債権の債権者の側は、相殺をなすことによって自己の債務、すなわち受働債権についての履行義務を免れる。ともに金銭債権である自働債権、受働債権について、相殺権者の資力に余裕があり、相手方の資力が不十分である場合を考えると、かりに相殺が認められなければ、相殺権者は、自働債権については満足な弁済を受けられないのに対して、受働

---

[26] 破産における議論については、条解破産法465頁、伊藤331頁注20参照。条文の文言では、破産手続においては、破産法64条にいう取戻権が同62条にいう一般の取戻権に限定されているので(破62かっこ書参照)、以上の考え方は、法64条の類推適用になるが、会社更生法64条1項においては、そのような限定がなされていないので、特別の取戻権に代償的取戻権を認めることについての障害とならない。

債権については，完全な満足を与えなければならず，経済的損失を覚悟しなければならない。

これに対して，相殺が認められれば，実質的価値の低い自働債権と実質的価値の高い受働債権とを名目額で消滅させることによって，経済的損失を免れることができる。金融機関が相殺権者として，貸付金債権を自働債権，預金債権を受働債権として行う相殺において，このような相殺の機能が明瞭に示される。相殺権が認められることによって，相殺権者は，相手方の資力が低下し，自働債権の回収が困難になる危険を回避することができ，この点で相殺は，自働債権について担保権の設定を受けたのと同様の役割を果たす。相殺の担保的機能がいわれるのは，このような理由にもとづく[27]。

自働債権の債務者について更生手続が開始されるという事象も，その資力低下を示す指標であり，この場合に，更生会社財産についての管理処分権が管財人に移転したことを理由として相殺を認めないこととすると，相殺の担保的機能が損なわれるから，法は，更生債権等を自働債権とし，更生債権者等が更生手続開始の当時更生会社に対して負担する債務を受働債権とする相殺を原則的に許容する（48 I 前段）。特定財産上の担保権が更生担保権とされ，更生手続によらない行使が許されないこと（47 I・50 I）と比較すると，相殺権者に担保的機能を超える地位を与えるものともいえるが，自らの意思表示にもとづいて即時に債権の実質的回収を図ることができる相殺権の機能を尊重するという視点から特別の地位を認めたものと理解すべきである。他方，このような特別の地位にもとづく相殺権の行使が他の利害関係人や更生会社の利益を不当に害することのないよう，個々の規律の解釈にあたって配慮しなければならない。

また，民法の原則によれば，双方の債権が同種のものであり，かつ，弁済期が到来していることが相殺権の行使要件とされているが，法は，相殺権者の利

---

[27] このような相殺の担保的機能を確保するために，金融機関が，取引先の支払停止などが窺われる状況になると，相殺の受働債権たる預金債権の払戻しを拒絶することが行われる。これを預金拘束または預金凍結などと呼ぶが，その適法性を認めた裁判例として東京地判平成 19・3・29 金法 1819 号 40 頁，東京高判平成 21・4・23 金法 1875 号 76 頁があり，その妥当性を検討したものとして，伊藤眞「危機時期における預金拘束の適法性」金法 1835 号 10 頁（2008 年），亀井洋一「期限の利益喪失前の預金拘束の適法性」銀行法務 21 711 号 34 頁（2010 年），潮見佳男「普通預金の拘束と不法行為」金法 1899 号 22 頁（2010 年），本多知成「預金の払い戻し拒絶措置の適否」金法 1899 号 32 頁（2010 年），石倉尚「危機時期における預金拘束の法的根拠」銀行法務 21　722 号 24 頁（2010 年）がある。

益を尊重するという理由から，受働債権たる債務の期限について，更生債権者等が期限の利益を放棄して，相殺の意思表示をすることを認める一方（48Ⅰ後段）[28]，相殺期待に対する保護が無制限のものではなく，他の利害関係人や更生会社との関係で合理的範囲にとどめられるべきであるとの理由から，相殺適状の発生時期および相殺権の行使時期に関する規律を設けている。

第1項　相殺権に関する規定の適用範囲

法48条以下の規定が対象としている相殺は，更生債権等を自働債権とし，更生会社財産所属の債権を受働債権とするものである。これに対して以下の債権にもとづく相殺は，これらの規定の適用対象外であり，それぞれの性質にしたがってその可否が判断される。

1　更生会社財産所属債権を自働債権，更生債権等を受働債権とする相殺

対立する債権そのものは，法48条以下の規定が適用される場合と同様であるが，管財人の側から相殺権を行使する点に差異がある。旧法下の多数説は，この相殺を認めると，管財人が特定の更生債権者等に更生手続外で弁済したのと同じ結果となる点を強調し，更生計画によって更生債権者等に公平な満足を与える管財人の職責に反するという理由で，単に管財人の善管注意義務違反の問題を生じるだけでなく，相殺そのものを無効としていた[29]。

しかし，この場合の相手方の更生債権等は，相殺権という一種の担保的利益が付着した債権であり，管財人の側からの相殺を認めたからといって，相手方に不当な利益を与えたことにはならない。このことは，担保目的物による代物弁済が否認の対象とされないことと，その趣旨を共通にする。また，例外的ではあるが，更生会社財産が豊かであり，相手方の資力が不足している場合には，

---

[28]　これは，民法136条2項本文の考え方を基礎としたものであり，破産法の場合（破67Ⅱ。条解破産法506頁，伊藤359頁参照）と異なって，自働債権の現在化や金銭化を前提とした相殺権行使や受働債権が停止条件付きである場合の相殺権行使などは認められていない。条件不成就の機会を放棄して，相殺を認めることは，結果として，更生債権等の優先的回収を許すことになるからである。期限の場合には，それが確定期限であれ，または不確定期限であれ，将来におけるその到来が確実であるために，期限到来前に相殺を認めても，更生債権者等に不当な利益を与えることにはならないという立法者の判断がある。なお，本書343頁注36参照。

[29]　条解会更法（中）890頁。裁判所による弁済許可があった場合（旧112の2，現47ⅡⅤ）が唯一の例外となると解されていた。

管財人が相殺権を行使することが利害関係人や更生会社の利益に合致する。

したがって，管財人としては，相手方からの相殺権の行使（48）を待つだけではなく[30]，自ら積極的に相殺権の行使をすべき場合が存在する。このような理由から現行法の立法者は，旧法下の有力説を立法化し，破産法（破102）および民事再生法（民再85の2）とともに，更生会社財産所属債権と更生債権等との相殺が更生債権者等一般の利益に適合するときは，裁判所の許可をえて，管財人が相殺権を行使することができるものとした（47の2）。更生債権者等一般の利益に適合するとは，上記の場合のように，管財人の相殺権の行使が更生会社財産の維持または増殖につながることを意味する[31]。

2 共益債権と更生会社財産所属債権との相殺

これは，破産手続における財団債権と破産財団所属債権との相殺に対応する[32]。共益債権の性質（132 I II）を考えると，管財人の側からの相殺を制限する理由はない。共益債権者側からの相殺についても，財団債権にもとづく強制執行が禁止される（破42 III）のと比較して，共益債権にもとづく強制執行が当

---

[30] 破産手続においては，破産管財人が破産債権者に対して相殺権の行使に関する催告権を行使できる旨の規定がある（破73）のに対して，会社更生法および民事再生法には，対応規定が置かれていない。これは，相殺権行使の期間が限定されており，（会更48 I，民再92 I），相殺権行使の遷延によって手続の進行が妨げられるという問題が想定されないためである。

[31] 山本和彦「相殺権」新会社更生法の基本構造199頁，条解破産法709頁参照。
　具体例としては，親子会社や関連会社がともに更生手続などの手続に入って，相互の間に更生債権等が成立しているときに，それを相殺することが更生会社財産の保全に資する場合や，受働債権として複数の更生債権等が存在し，そのうちのあるものを相殺によって消滅させれば，更生会社財産が担保権の負担から解放されるなどの場合が挙げられる。
　なお，管財人の相殺権を前提としたときに，主債務者の更生において保証人などが更生会社財産所属の債権と更生債権との相殺を主張できるかという問題がある（民457 II参照）。旧破産法下では，大阪高判昭和52・4・14判時858号74頁，基本法157頁〔山本克己〕などは，破産管財人の相殺権が否定される以上，民法457条2項の適用も否定されるとして，消極に解していたが，現行法下でも，本文に述べたように，管財人の相殺権は更生債権者等一般の利益のために認められるものであるから，保証人の相殺権を認めるべき理由はない。
　保証人による相殺（学説においては，その意義について争いがある。我妻・債権総論483頁，奥田・債権総論398頁参照）は，主債務者自身が相殺権を行使できることを前提としているものであり，すでに更生会社たる主債務者が相殺権行使権限を失っている以上，保証人の相殺権行使も否定されるべきだからである（ただし，物上保証人の相殺権を肯定した裁判例として，大阪高判昭和56・6・23下民32巻5〜8号436頁〔破産〕がある）。

[32] 伊藤361頁参照。

然に禁止されるわけではないこと（132Ⅲ参照）を考えると，相殺を制限する理由に乏しい[33]。

3　開始後債権と更生会社財産所属債権との相殺

開始後債権（134Ⅰ）については，更生手続開始から更生計画で定められた弁済期間が満了する時までの間は，弁済をし，弁済を受け，その他これを消滅させる行為（免除を除く）をすることができないのであるから（同Ⅱ），この期間中は，開始後債権者からも，また管財人からも相殺をすることは許されない。そして，期間経過後は，開始後債権を自働債権とする相殺が許されることになるが，開始後債権たる求償権を自働債権とする相殺については，求償権者が取得した更生債権等が更生計画によって変更された限度でのみ相殺が認められる（本書359頁参照）[34]。

第2項　相殺権行使の時期

更生債権等を自働債権[35]とし，更生会社財産所属債権を受働債権とする相殺は，債権届出期間（138Ⅰ）満了前に相殺適状が発生していることを前提として，当該債権届出期間に限って，更生計画の定めるところによらないで，することができる（48Ⅰ前段）。この規定は，2つの意義を有する。

第1は，相殺権実行の基礎となる相殺適状を債権届出期間満了前のものに限定している点である。これは，相殺の担保的機能が無限定に拡大することを防ぐためである。受働債権に関しては，更生債権者等が期限の利益を放棄することができること（民136Ⅱ本文）を前提とし，期限未到来の場合にも相殺権の行使が許されるが（48Ⅰ後段）[36]，自働債権たる更生債権に関しては，更生手続開始時に存在する債権の本来の弁済期が債権届出期間満了前に到来していなければならない[37]。それにもかかわらず，更生手続開始申立てや更生手続開始を理由とする期限の利益喪失条項にもとづく弁済期の到来をもって，この要件を満たすものといえるかどうかが問題となる。

---

33)　条解破産法503頁，大コンメンタール299頁〔山本克己〕は，破産法152条1項但書（会更133Ⅰ但書相当）の類推適用として，このような結論を認める。
34)　基本的な考え方は，最判平成7・1・20民集49巻1号1頁〔旧和議〕を基礎としている。
35)　更生担保権の基礎となる被担保債権には，更生会社に対するものと第三者に対するものとが含まれるが（2X参照），相殺の自働債権になるのは前者のみであり，後者のいわゆる三角相殺を想定しているものではない。

多数説は，差押えと相殺の関係に関する判例（最判昭和45・6・24民集24巻6号587頁等）などを根拠として，相殺適状の発生を認めるが[38]，相殺適状発生時期を限定している法の趣旨や個別差押えと更生手続などの倒産処理手続との差異などを考えると，期限の利益喪失条項を根拠とする相殺適状の発生を否定し，本来の弁済期にしたがって，それが債権届出期間内に生じたかどうかを判断すべきであるとの考え方も成り立ちうる[39]。

第2は，相殺権の行使が債権届出期間内になされなければならないという点

36) 更生債権者等が更生会社に対して負担する停止条件付債務や解除条件付債務について，条件未成就の間に更生会社から相殺をすることが許されるかという問題が考えられる。まず，停止条件付債務については，破産法においては，この種の債務についての相殺が許容されているが（破67Ⅱ後段），会社更生法には，これに対応する規定が存在しない。問題は，①停止条件不成就の利益を放棄することによって相殺ができるか，②債権届出期間満了前に条件が成就した場合に相殺が許されるかの2つに分けられるが，いずれについても，更生手続開始後の債務負担であること，破産法67条2項後段のような特則が存在しないことから，相殺を否定すべきである。伊藤眞「再生手続廃止後の牽連破産における合理的相殺期待の範囲」門口退官211頁参照。これに対し，解除条件付債務の場合には，更生手続開始時に債務が現存している以上，相殺を否定すべき理由はない。

　なお，更生手続開始後に履行期が到来する賃料債務を停止条件付債務とする考え方も存在するが（条解民再法407頁〔山本克己〕，山本和彦「賃貸借契約」論点解説新破産法（上）100頁），これは，期限付債務であるから，ここでの問題とは区別される。賃料債務を受働債権とする相殺（48Ⅱ）については，本書283頁参照。

37) 停止条件付債権であっても，更生手続開始決定前に停止条件が成就していれば，相殺が許されるし，解除条件付債権であっても，解除条件が成就しないかぎりは，相殺が許される。ただし，後に解除条件が成就すれば，精算が必要になる。概説263頁。なお，更生債権届出期間満了後に相殺適状となる更生債権を更生担保権として扱うことはできないとされた事例として，東京高判平成14・9・25金法1662号67頁がある。

38) 関連する裁判例として，最判平成20・12・16民集62巻10号2561頁〔民事再生〕（田原裁判官の補足意見），東京地判平成14・3・14金法1655号45頁〔民事再生〕，東京地判平成16・6・8判時1883号73頁〔民事再生〕がある。

39) 森田修・債権回収法講義〈第2版〉131頁，概説263頁，伊藤・研究398頁，本間靖規「各種約款の倒産解除特約の効力」河野正憲＝中島弘雅編・倒産法大系566頁（2001年），伊藤眞「集合債権譲渡担保と事業再生型倒産処理手続再考」曹時61巻9号33頁（2009年）参照。双方未履行双務契約の履行請求の機会の確保，更生債権者等の更生計画案についての議決権の平等などとの関係で，より一般的に期限の利益喪失条項の効力を否定することも考えられる（本書276頁参照）。

　ただし，期限の利益喪失条項にもとづく相殺適状発生が否定されるときに，当該更生債権者に対して更生計画上の優先的地位を認めることも許されないかの問題があり，断定を避ける。なお，条解会更法（中）885頁は，差押えと相殺に関する最判昭和39・12・23民集18巻10号2217頁の趣旨に沿って，自働債権の本来の弁済期が受働債権のそれよりも先に到来する場合には，相殺期待が存在するとして，期限の利益喪失条項の効力を認める。

である40)。たとえ相殺適状が債権届出期間内に発生している場合であっても，相殺権の行使が遅れることは，更生計画の立案の基礎となる更生債権等の額や更生会社財産の内容の確定を遅らせ，更生手続の遂行を妨げるおそれがある。相殺権の行使を債権届出期間内に限るのは，このような理由による。ただし，相殺権は，更生債権者等の地位そのもの（2Ⅷ）に認められた権能であり，更生債権者等が更生手続に参加する（135Ⅰ）ことを前提とするものではないから，更生債権等の届出自体が相殺権行使の要件となるわけではない（本書369頁参照）41)。

第3項　相殺権の範囲の制限

　民法や商法の規定によって相殺が禁止されているときには，更生手続上も相殺が無効とされる42)。しかし，更生手続において相殺が有効と認められるためには，さらに他の更生債権者等を害することなく，また更生債権者等平等の理念に反しないことが要求される。更生債権者等に対する詐害性が認められ，また更生債権者等平等の理念に反する場合としては，以下のような類型に分けられる。

　第1に，更生担保権として認められる担保権の有無および範囲が更生手続開始時を基準時として決定される（2Ⅹ）のと同様に，相殺権の範囲も，更生手続開始時を基準時として決定されるのが原則である（48Ⅰ）。したがって，更生手続開始後に相殺の受働債権たる債務を負担しても，それを基礎とする相殺は債権者平等に反するものとされ，その効力が否定される（49Ⅰ①）。この場合には，更生手続開始時を基準時とする画一的な更生債権者等間の平等が基礎となっているから，債務負担の原因に関する例外は認められない（同Ⅱ柱書参照）。

　これに対して，更生手続開始後に取得した更生債権等を自働債権とする相殺については，「他人の更生債権等を取得したとき」（49の2Ⅰ①）として，更生債権等の取得原因が限定されているから，必ずしも画一的な更生債権者等間の

---

40)　債権届出を経ない更生債権を自働債権とする相殺の可否についても議論があるが（条解更法（中）883頁），特にこれを制限する理由がない。もちろん，相殺権そのものが法49条などによって制限される場合は別である。
41)　債権届出期間前の相殺も同様である。伊藤・研究397頁。
42)　債務の性質に反する場合（民505Ⅰ但書），相殺禁止の特約がある場合（同Ⅱ本文），不法行為債権や差押禁止債権を受働債権とする場合（民509・510），株金払込義務を受働債権とする場合（会社208Ⅲ），自働債権に抗弁が付着している場合（潮見・債権総論Ⅱ365頁以下）などが挙げられる。

平等が基礎になっているとはいえず，むしろ第3にいう，相殺期待の詐害的創出という性質を有する[43]。したがって，法49条の2第1項1号に該当しない場合，たとえば，管財人の行為によって更生手続開始後に生じた更生債権（61Ⅴ〔破54Ⅰ〕・63〔破58Ⅰ〕・91の2Ⅱ②等）を自働債権とする相殺を許すかどうかは，これらの債権を更生債権とする趣旨などにもとづいて個別に決定すべきである[44]。

第2に，たとえ更生手続開始時に相殺権を取得している者でも，その取得が支払停止や更生手続開始の申立て後等の危機時期になされている場合には，更生債権者等平等の理念に反するものとして，相殺が否定されることがある（49Ⅰ③④・49の2Ⅰ③④）[45]。もっとも，この場合には，無条件に相殺権が否定されるのではなく，一方で支払停止などの事実についての相殺権者の悪意を要求し，他方で，相殺権の取得原因に関して一定の例外を設けている（49Ⅱ・49の2Ⅱ）。それは，危機時期に取得された相殺期待が真に更生債権者等の平等に反するものであるかどうか，逆に危機時期以前に当該更生債権者等が合理的な相殺期待を取得していたかどうかを判断するためである。

第3に，相殺期待の詐害的創出とでもいうべき類型がある（49Ⅰ②・49の2Ⅰ②）。これは，支払停止または更生手続開始申立てという危機時期の徴表たる行為がなされる前の時期であり，したがって，更生債権者等平等に対する期待は未だ具体化していないが，会社はすでに支払不能の状態にあり，利害関係人のために自らの責任財産を維持することを期待されているにもかかわらず，会社と特定債権者とが通じて相殺期待を創出し，またはこれと同視される行為を行った場合に，責任財産の実質的減少を根拠として，相殺を禁止する[46]。この

---

[43] 民法511条にいう第三債務者を更生会社に対して債務を負担する者，支払の差止め（差押え）を更生手続開始決定と同視すれば，法49条の2第1項1号の趣旨は，民法511条のそれと共通するといえるが（山木戸169頁），自働債権を他人の更生債権等に限定しているところに差異がある。

[44] 本書361頁参照。

[45] 更生手続開始前の危機時期に取得した相殺期待を更生債権者等平等に反するという理由から否定するという意味で，この類型の相殺禁止の趣旨は，偏頗行為否認（86の3）に類似する。

[46] 支払停止や更生手続開始申立て前の債務負担の創出を通じて，相殺権の行使を可能にし，責任財産の実質的減少を理由として否定するという意味で，この類型の相殺禁止の趣旨は，詐害行為否認（86，破160）に類似する（新破産法の基本構造464頁）。立案の経緯については，山本和彦「相殺権」新会社更生法の基本構造203頁参照。

類型の相殺禁止は，旧法には存在せず，現行法によって創設されたものである。

なお，以下の規定によってその効力が否定される相殺は，更生債権者等が管財人に対してする相殺の意思表示だけではなく，更生手続開始前に更生債権者等となるべき者が行った相殺の意思表示，更生手続開始前に更生債権者等となるべき者と会社との間でなされる合意による相殺や，更生手続開始後に管財人と更生債権者等との間でなされる合意による相殺も含む[47]。これらの場合には，相殺の意思表示や相殺の合意は，更生手続開始決定の効力に反するものとして無効となる[48]。

1 受働債権たる債務負担の時期による相殺の禁止

上記のような根拠にもとづく相殺権の禁止は，具体的な態様としては，受働債権たる債務負担の時期による禁止（49）と自働債権たる更生債権等取得の時期による禁止（49 の 2）とに分けられる。まず，前者について説明する。

(1) 更生債権者等が更生手続開始後に更生会社に対して債務を負担したとき（49 Ⅰ①）

相殺権の範囲は更生手続開始時の債権債務を基準として決定される。したがって，更生債権者等が，更生手続開始後に更生会社に対して債務を負担したとしても，それを受働債権として更生債権との相殺をなしえない。具体的に 1 号の禁止に抵触する例としては，以下のようなものが挙げられる。たとえば，管財人との取引によって発生する債務，双方未履行双務契約について管財人の履行選択（61 Ⅰ）がなされた場合の相手方の債務，あるいは弁済の否認など否認権行使の結果として生じる相手方の返還債務（91 Ⅰ）などである。これらの債務は，実質的にみても更生会社に対して現実に履行されなければその意味を失うし，更生債権者等の側でも更生手続開始の当時相殺期待をもっていたわけではないので，相殺権が否定されても相手方たる更生債権者等の利益を不当に侵害することにはならない[49]。

---

47) 旧和議手続開始決定前の相殺について，大判昭和 4・5・14 民集 8 巻 523 頁〔旧和議〕〔倒産百選〈初版〉53 事件〕，合意相殺について，大判昭和 14・6・20 民集 18 巻 685 頁〔旧和議〕，破産手続開始決定後の合意相殺について，前掲最判昭和 52・12・6 民集 31 巻 7 号 961 頁〔破産〕〔倒産百選 60 事件〕）（事案は，破産手続開始前の相殺を有効と認める旨の破産管財人と破産債権者との間の合意）がある。

48) 大判昭和 5・10・15 新聞 3199 号 14 頁〔破産〕，大決昭和 9・5・25 民集 13 巻 851 頁〔旧和議〕，大判昭和 11・6・23 民集 15 巻 1265 頁〔旧和議〕。

更生会社に対して債務を負う第三者からの債務引受けによって更生債権者等が更生会社に対して債務を負担したときにも，本号によって相殺が禁止される。また，金融機関が更生債権者等となっているときに，第三者が更生手続開始後に更生会社の口座に振込みをなした結果として，金融機関が更生会社に対して預金返還債務を負担したときにも，相殺は禁止される[50]。法49条1項2号から4号までの場合と異なって，更生手続開始についての更生債権者等の悪意や債務負担の原因が発生した時期は問題とならない。

更生手続開始前から成立している停止条件付債務について，更生手続開始後に条件が成就したときに，更生手続開始後に更生債権者等が債務を負担したものとして，相殺が禁止されるかどうかについては，議論がある（本書343頁参照）。破産手続においては，停止条件付債務を受働債権とする相殺が認められる以上（破67Ⅱ後段），停止条件が破産手続開始後に成就したときでも法71条1項1号は適用されず，相殺を許すべきであると解される[51]。これは，実質的には，たとえ停止条件が付いていても，債務の発生原因が破産手続開始前に存在するのであれば，合理的な相殺期待が認められるとの判断にもとづく。もっとも，同じ停止条件付債務であっても，合理的相殺期待が認められる場合と否定される場合とがある[52]。

---

[49] 第1のものについて，大判大正15・12・23新聞2660号15頁〔破産〕，第3のものについて，大判昭和11・7・31民集15巻1563頁〔破産〕がある。双方未履行双務契約の履行選択がなされた場合の相手方の債務は，厳密には，更生手続開始後に負担した債務とはいえないが，法61条1項の趣旨からも，これに準じて扱われるべきである（条解会更法（中）892頁，条解破産法521頁参照）。山本克己「倒産法上の相殺禁止規定（1）――判例の整理と検討」民商89巻6号24，26頁（1984年）では，これらの行為を破産管財人の行為によって破産債権者が債務を負担した場合として類型化する。

[50] 条解会更法（中）893頁，条解破産法521頁。山本克己・前掲論文（注49）24，29頁では，破産債権者の債務が破産財団所属財産の価値変形物とみられる場合として類型化する。判例では，破産財団所属財産たる約束手形を破産債権者が破産手続開始決定後に取り立てた場合の取立金返還義務（最判昭63・10・18民集42巻8号575頁〔倒産百選58事件〕），破産手続開始決定後の譲渡担保実行によって生じた清算金支払義務（最判昭和47・7・13民集26巻6号1151頁〔会社整理〕）などがこれにあたる。また，再生手続開始後の再生債権者の定時株主総会の決議にもとづく剰余金配当請求権を受働債権とする相殺が禁止される旨を判示するものとして，大阪地判平成23・1・28金法1923号108頁〔民事再生〕がある。

[51] 最判平成17・1・17民集59巻1号1頁〔破産〕。条解破産法522頁，伊藤365，369頁参照。

[52] 否定例として，前掲最判昭和47・7・13（注50）〔会社整理〕がある。

しかし，先に述べたように，更生手続においては，相殺権の行使についてより厳格な規律が設けられ，更生手続開始当時に停止条件が未成就であり，未だ発生していない債務を受働債権とする相殺は認められていない（48 I 後段）。したがって破産手続とは異なって，更生債権者等も，更生手続開始後に停止条件が成就する債務にもとづく合理的相殺期待を認められず，法 49 条 1 号を適用し，相殺を否定すべきである[53]。

(2) 支払不能になった後に契約によって負担する債務をもっぱら更生債権等をもってする相殺に供する目的で更生会社の財産の処分を内容とする契約を更生会社との間で締結し，または更生会社に対して債務を負担する者の債務を引き受けることを内容とする契約を締結することにより更生会社に対して債務を負担した場合であって，当該契約の締結の当時，支払不能であったことを知っていたとき（49 I ②）

たとえば，支払不能状態にあった更生会社がその有する不動産を更生債権者たるべき者に売却し，更生債権者がその債権と売買代金債務とを相殺する場合を想定すると，すでに経済的価値を失っている更生債権であるにもかかわらず，相殺の手段を通じて，債権の名目額に対応する実質的価値を有する不動産を当該更生債権者が取得する結果となり，他の更生債権者等の犠牲において更生会社の責任財産を減少させる詐害性が認められる。これは，先に述べた相殺期待の詐害的創出にあたる。また，更生債権者である金融機関に預金を設定したり，設定済みの預金口座に更生会社が金銭を振り込み，金融機関が相殺権を行使する場合も同様に考えられる。さらに，更生会社が自らに対して債務を負う第三者に自らの預金口座に振込みを行わせ，それを受働債権として金融機関が相殺権を行使する場合も，実質的にみて更生会社の第三者に対する債権という責任財産を相殺権者の独占的満足に充てる結果となっており，相殺期待の詐害的創出が認められる。

平成 16 年改正前の現会社更生法 49 条 2 号（旧会社更生法 163 条 2 号）による

---

[53] 学説としては，停止条件付債務との相殺を認める考え方と否定する考え方が存在する（肯定説として，山本和彦「賃貸借契約」論点解説新破産法（上）100 頁，新注釈民再法（上）504 頁〔中西正〕，概説 248，263 頁〔沖野眞已〕，否定説として，条解民再法 404 頁〔山本克己〕）。議論の詳細については，伊藤・前掲論文（注 36）211 頁参照。また，更生手続が廃止され，手続が牽連破産に移行しても，相殺が許容されるようになるわけではないことについても，同論文 208 頁参照。

相殺禁止は，もっぱら支払停止または更生手続開始申立て等後の債務負担を対象としていたので，以上のような相殺は規律の対象として捉えられず，支払停止を支払不能と解する議論や相殺に対する否認可能性として問題とされていたにすぎなかった。現行法は，相殺禁止の範囲をより拡充すべきであるとの立法論に応える形で，現行破産法の制定に対応して，新たな相殺禁止の類型を設けたものである[54]。もっとも，支払停止等の時期よりさらに遡って相殺権の行使を禁止することは，その基準が一義的に明らかではなく，正当な相殺期待が遡って覆滅されることによって，かえって更生会社の資金調達の途を塞ぐおそれがあることから，以下に述べるような厳格な要件が規定されている。

第1は，債務負担の原因たる契約が支払不能状態になってから締結されていることである。これを支払不能期における債務負担原因契約と呼ぶ。ここでいう支払不能は，更生会社が，支払能力を欠くために，その債務のうち弁済期にあるものにつき，一般的かつ継続的に弁済することができない状態を意味する（49 I ②かっこ書）。

債務超過とは異なって，積極財産と消極財産との客観的比較を意味するものではなく，借入れの可能性なども考慮されるが，特定の債務を弁済したり，または散発的に債務の弁済を行っていても，すでに一般的かつ継続的に弁済することができない状態に立ち至っていると評価されれば，支払不能状態にあたる[55]。また，債務負担の原因となる契約は，相殺権を主張する更生債権者等と更生会社との間のもので，その内容は更生会社の責任財産に属する財産を処分するものでなければならない。上記の例でいえば，不動産の売買契約や消費寄託たる預金契約，さらに預金口座への振込みの合意がこれにあたる[56]。もっとも，支払不能は，破産手続と異なって，更生手続の開始原因ではないところか

---

[54] 立案の経緯については，一問一答新しい破産法113頁，中間試案補足説明162頁，山本和彦「相殺権」新会社更生法の基本構造199頁に詳しい。なお，旧破産法の下で，破産債権者が支払不能の状態を知って債務を負担した場合に，旧破産法104条2号本文の類推適用により相殺は禁止されるとした事例として，東京高判平成10・7・21金商1053号19頁がある。

[55] 再建計画などとの関係については，「新破産法において否認権および相殺禁止規定に導入された『支払不能』基準の検証事項について（全国銀行協会平16・12・6全業会第78号）」金法1728号50，49頁（2005年）参照。また，債務負担または支払能力のいずれかの理由から，支払不能と同視される状態がありうることについては，本書第2章40頁（注12）参照。

ら（17 I ①参照），更生会社が更生手続開始前に支払不能状態に陥っている事態は例外的であり，本号によって相殺が禁止されるのは，支払不能概念が拡張される場合（本書第2章40頁（注12））などに限られよう。

第2に，契約による債務負担についてもっぱら更生債権等をもってする相殺目的が認められなければならない。これを専相殺供用目的と呼ぶ。専相殺供用目的は，更生債権者等の意思にかかわるものであるから，その認定は，契約締結時の事情をもとにして推認する以外にない（支払不能になった後に更生債権等を取得した場合の相殺禁止との比較について，本書363頁注83参照）。たとえば，経済的合理性が認められないにもかかわらず，当該更生債権者等に対して不動産を売却するとか[57]，従来の預金取引の延長とは金額や時期において異質な振込みがなされているなどの事情が認められれば，専相殺供用目的が認定されよう。

---

56) 預金口座への振込みについても，債権者たる更生会社が債務者に指示して，特定の銀行口座などに振り込ませる行為も，財産の処分にあたる可能性がある。新破産法の基本構造472頁参照。
　　また，預金取引契約自体は支払不能前に締結されていても，金融機関が支払不能の事実を知って，普通預金の払戻しを事実上拒否した上で，残高と相殺するような場合には，支払不能後の合意にもとづく債務負担と同視される可能性がある。新破産法の基本構造475頁，伊藤・前掲論文（注27）19頁参照。支払不能を停止条件とする債務負担の合意が支払不能前に締結されている場合についても，同様に考えられる。

57) 不動産の売買契約のように，債務負担の原因となる財産処分契約の内容自体には，経済的合理性があるようにみえても，その代金を現実に支払うのではなく，更生債権等との相殺によって決済することが予定されていたものとみなされる場合には，契約によって負担する債務，すなわち売買代金支払債務を更生債権等をもってする相殺に供する目的が支配的であるとして，専相殺供用目的の存在を肯定すべきである。新破産法の基本構造469頁，条解破産法525頁，大コンメンタール308頁〔山本克己〕参照。
　　また，再生債権者の債務負担の前後の諸事情を総合して専相殺供用目的を認定した裁判例として，大阪地判平成22・3・15判時2090号69頁〔民事再生〕がある。これに対して，東京地判平成21・11・10判タ1320号275頁〔民事再生〕では，口座振込みが再生債務者の意図にもとづく一方的行為として行われ，金融機関の側の関与や働きかけが認められないことをもって，専相殺供用目的の存在を否定している。
　　しかし，専相殺供用目的が単なる事実概念ではなく，評価概念としての性質をもつことを考えると，当該預金口座に入金される金額や決済使途に関する従前の経緯からみて，更生債権者の側には，当該入金を期待すべき事情が認められず，当該預金返還債務を受働債権とする合理的相殺期待が存在していなかったにもかかわらず，債務者の側の事務上の過誤というべき偶然的事情によって負担した預金返還債務であることを知って，それを受働債権として相殺を行うことは，危機時期において作出された受働債権の負担の原因たる，専相殺供用目的による契約締結と同視すべきものである。したがって，その当時債務者が支払不能の状態にあり，更生債権者もそれを認識していたという前提条件が満たされるのであれば，相殺を禁止するべきである。

第3は，支払不能についての更生債権者等の悪意である。支払停止や更生手続開始申立てと異なって，支払不能は，更生会社の外形的行為ではないので，それについての悪意も上記の専相殺供用目的と同様に，契約締結時の事情から推認するのが通常である。すでに支払停止が先行している場合には，それについての悪意から支払不能についての悪意も事実上推定されるが（破15Ⅱ参照），未だ支払停止該当行為が存在しない段階では，更生会社の資金繰りや財務状態を知悉していたなどの事実から，支払不能についての悪意を推認することになろう。

　なお，更生会社の財産の処分を内容とする契約ではなく，更生会社に対して債務を負担する者の債務を引き受けることを内容とする契約にもとづいて債務を負担した場合であっても，それが支払不能時期に，それを知ってなされていれば，相殺は許されない（49Ⅰ②後半部分)[58]。たとえば，更生会社に対して更生債権をもつ甲金融機関が更生会社に対して預金返還債務を負担する乙金融機関から預金返還債務を引き受け，自らの更生債権と相殺することが考えられる。この場合に，預金債権という更生会社の財産が債務引受けと相殺によって責任財産から逸出し，他方，更生債権者たる甲金融機関が相殺によって独占的満足をえているところから，法定の要件が満たされれば，相殺が禁止される。

(3)　支払停止後に更生債権者等が支払停止を知って更生会社に対して債務を負担したとき（49Ⅰ③）

　支払停止があれば，会社の経済的破綻が広く外部に認識され，債権の実質的価値は下落し，その完全な満足は期待できなくなる。このような状況において，更生債権者等が会社から物を買い受けるなどの法律行為によって債務を負担し，あるいは更生債権者等が会社のために第三者から金銭を受領することによって債務を負担し，その債務と更生債権等との相殺が認められるとすれば，更生債権者等は，実質的価値の低下した更生債権等について完全な満足を受ける結果

---

[58]　この場合には，専相殺供用目的は不要である。債務を引き受ける契約を締結すること自体に相殺目的が内包されているからである。
　なお，支払不能発生前に停止条件付債務引受契約を締結し，支払不能発生後に停止条件が成就した場合がこれに該当するかについての議論がある。新破産法の基本構造478頁。停止条件の内容が更生会社についての支払不能発生やこれに類する事実であるときには，相殺禁止の対象とすべきである（期限の利益喪失条項の効力を前提とする相殺の許否に関する本書342頁参照）。

となる。たとえ更生手続開始前であっても、支払停止発生後の危機時期においては、債権者平等の理念が支配することを考えれば、更生手続開始前の債務負担であるからといって、無制限に相殺を許すことは不合理である。

そこで立法者は、偏頗行為否認の考え方（86の3）と共通するものとして[59]、債務負担について更生債権者等の作為が介在することが多いことを考慮して、更生債権者等が支払停止について悪意の場合には、相殺を認めないこととした（49Ⅰ③本文）[60]。支払停止の事実[61]、およびそれについての悪意の証明責任は、相殺の無効を主張する管財人が負担する。

ただし、上記の要件が満たされているときでも、支払停止があったときに更生会社が支払不能でなかった場合は、相殺は許される（同但書）。更生会社の経済的破綻を示す外形的行為である支払停止があっても、実際には、支払不能状態でなければ、債権者平等の理念を優先させて相殺を禁止する理由に乏しいか

---

59) 中西正「ドイツ破産法における財産分配の基準（1）」法と政治（関西学院大学）43巻2号21、36頁（1992年）は、このことを支払停止等後の財産拘束と表現する。

60) 法49条1項3号および4号に相当する旧会社更生法163条2号は、旧法の昭和42年の改正によって設けられたものであり、それ以前は、支払停止または更生手続開始申立てから更生手続開始決定までの時期に負担した債務を受働債権とする相殺が許されるかどうかは解釈論に委ねられていた。通説は、旧163条旧3号（現49の2Ⅰ③④）の類推にもとづく旧163条旧1号（現49Ⅰ①）の拡張解釈によって相殺の効力を否定していたが、判例（最判昭和41・4・8民集20巻4号529頁〔倒産百選〈初版〉51事件〕）はその解釈を否定し、相殺を有効とした。この判例を契機として、立法の必要が確認され、旧会社更生法163条2号が新設された。

判例が相殺を有効とした理由は次のところにある。すなわち、危機時期における債務負担が生じるには、債務者の加担が前提となるから、その加担行為を否認の対象とすればよく、相殺自体を無効とする必要はないというものである。しかし、第三者による口座振込みのように債務者の加担がない債務負担も考えられるし、債務負担の原因が適正価格による売買である場合のように、債務者の行為に対する否認が成立しないことも考えられる。これらが改正を促す立法論となった（条解会更法（中）895頁、宮脇＝時岡261頁参照）。なお、法49条1項3号に相当する旧破産法104条2号に関する裁判例として、東京高判平成元・10・19金法1246号32頁〔破産〕、大阪高判平成10・8・27判時1675号94頁〔破産〕がある。

61) ここでいう支払停止を破産原因推定事実としての支払停止（破15Ⅱ）と区別し、むしろ支払不能状態と解する有力説があるが（詳細は、基本法161頁〔山本克己〕参照）、条文の文言との関係、および相殺禁止の原因の立証が困難になるという実際的考慮から、このような考え方を採用しない。もちろん、支払不能についての悪意を支払停止についての悪意と同じく扱うのは（前掲東京高判平成10・7・21（注54）、注解破産法（上）720頁〔斎藤秀夫〕）、これとは別の問題である。ただし、支払不能になった後に負担する債務を受働債権とする相殺について規律（49Ⅰ②）が設けられた現行法の下では、このような取扱いには問題もある。

らである。支払不能でないことについては，相殺を主張する更生債権者等が証明責任を負担する。

(4) 更生手続開始，破産手続開始，再生手続開始または特別清算開始の申立て（更生手続開始の申立て等）後に更生債権者等が，更生手続開始の申立て等があったことを知って更生会社に対して債務を負担したとき（49 I ④）

この相殺禁止の趣旨は，法49条1項3号と同様であり，危機時期を画する基準として，更生手続開始の申立て等が用いられている点に違いがある。基準となるのが更生手続開始の申立てのみではなく，破産手続開始の申立て，再生手続開始の申立てまたは特別清算開始の申立てまでが含まれているのは，これらの更生手続以外の手続開始の申立てが先行し，その後に更生手続が開始される状況を想定し（本書42, 718頁），すでにこれらの手続開始申立てがなされている以上，更生会社の危機が明らかになっていることを前提として，更生債権者等間の平等の視点から相殺を禁止しようとするものである[62]。

(5) 3つの例外

更生手続開始後の債務負担を理由とする相殺禁止（49 I ①）は別として，支払不能時期の債務負担を理由とする相殺禁止（同②），および支払停止または更生手続開始申立て等後の債務負担を理由とする相殺禁止（同③④）は，更生債権者等に対する詐害性や更生債権者等平等原則との抵触を根拠とするものである。しかし，債務負担が一定の原因にもとづく場合には，詐害性が否定され，また債権者平等原則にも抵触しないとされる。これが，法が規定する3つの例外である（同Ⅱ）。

それらの例外とは，債務負担が，第1に，法定の原因にもとづくとき（同①），第2に，更生債権者等が支払不能，支払停止または更生手続開始の申立て等について悪意になった時より前に生じた原因にもとづくとき（同②），第3に，更生手続開始の申立て等より1年以上前に生じた原因にもとづくときである（同③）。これらの例外にあたる事実については，相殺を主張する更生債権者等が証明責任を負う。

第1に，債務負担が法定の原因にもとづく（同①）例としては，相続や合併

---

[62] 更生手続や再生手続から破産手続へ移行する場合も同様である（民再252 I，会更254 I 参照）。

のような一般承継，あるいは事務管理や不当利得などによって更生債権者等が更生会社に対して債務を負担することが考えられる[63]。債務負担が法定の原因にもとづく以上，更生債権者等や更生会社の作為や支払不能などについての悪意を理由として相殺を禁止する理由に乏しいというのが，この例外の根拠である[64]。

　第 2 に，支払不能，支払停止または更生手続開始申立て等について更生債権者等が悪意になった時よりも前に生じた原因にもとづく債務負担も例外とされる（同②）。この場合に相殺が許されるのは，相殺禁止の要件が満たされる時期以前に更生債権者等が正当な相殺期待をもっていたとみなされることによる。したがって，ここでいう債務負担の原因にあたるとされるためには，具体的な相殺期待を生じさせる程度に直接的なものでなければならない[65]。

　たとえば，預金契約にもとづいて更生会社が銀行に預金口座をもち，その口座に第三者が振込みを行っても，預金契約は具体的な相殺期待を直接に生じさせるものとは考えられず，ここでいう前に生じた原因とはみなされない。これ

---

63)　これに対して不法行為にもとづく損害賠償請求権は，民法 509 条との関係から相殺の受働債権たりえない。本書 344 頁注 42 参照。

64)　ただし，合併などの場合には，作為が介入する余地があるとの理由で，立法的妥当性を疑問視するのが多数説であり（基本法 162 頁〔山本克己〕，大コンメンタール 309 頁〔山本克己〕，条解破産法 527 頁），概説 255 頁は，合併は合意によるものであるから，法定の原因にあたらないとし，条解会更法（中）899 頁は，相続または合併のいずれについても，そのような偶然的事実にもとづく相殺期待を保護すべき理由がないとする。

65)　破産法 71 条 1 項 3 号（会更 49 Ⅰ ③相当）に関して，第三者が破産債権者たる銀行の破産者名義の口座に振込みをなし，銀行が預金返還債務を負担したときに，その原因が破産者と銀行との間の当座預金契約や普通預金契約にすぎない場合には，破産法 71 条 2 項 2 号（会更 49 Ⅱ ②相当）の例外規定の適用はなく，相殺は許されない（前掲最判昭和 52・12・6（注 47）〔破産〕，最判昭和 60・2・26 金法 1094 号 38 頁〔破産〕）。

　しかし，信用金庫が手形の取立委任契約にもとづいて取立てをなし，取立金返還債務を負ったときには，信用金庫取引約定および取立委任契約は，法 49 条 2 項 2 号にいう前に生じた原因に該当する（最判昭和 63・10・18 民集 42 巻 8 号 575 頁）。本判決の分析として，伊藤眞「破産法 104 条 2 号に基づく相殺制限の意義」金法 1220 号 6 頁（1989 年），反対評釈として，佐藤鉄男「判例評釈」判時 1309 号（判例評論 365 号）229 頁（1989 年）がある。

　また，下級審裁判例では，信託財産返還債務について信託契約を前に生じた原因として認めた大阪高判平成 13・11・6 判時 1775 号 153 頁〔特別清算・破産〕，信託受益権の管理委託契約を前に生じた原因として認めた名古屋高判平成 24・1・31 金法 1941 号 133 頁〔民事再生〕がある。

　なお，取立委任手形の商事留置権の成否と取扱いの問題（最判平成 23・12・15 民集 65 巻 9 号 3511 頁）に関しては，本書 200 頁注 81 参照。

に対して，銀行が更生会社の支払不能等について悪意になる前に，銀行と更生会社および第三者との間で約定がなされ，第三者が更生会社への支払を当該預金口座への振込み以外の方法で行わないことが合意されていれば，悪意になる前に銀行は具体的な相殺期待をもっていたものと認められる。このような約定を振込指定と呼ぶ。振込指定約定を前提とすれば，たとえ支払不能等になった時期において更生手続開始前に第三者からの振込みがなされ，銀行が預金返還債務を負担しても，この振込指定の約定が債務負担の直接の原因とされ，2号の例外規定が適用される結果，相殺が許される[66]。

いわゆる代理受領についても同様に考えられる。更生会社が特定の債権者に第三者からの弁済について代理受領権を与え，これを撤回しない旨を合意し，かつ，更生会社に支払義務を負う第三者もこれを承知しているときには，たとえ支払不能等になった時期に代理受領が行われ，更生債権者等たる受領者が受領金返還義務を負ったときでも，上記の合意にもとづいて2号の例外規定が適用され，受領金返還義務を受働債権とする相殺が許される[67]。

第3に，更生手続開始申立て等より1年以上前に生じた原因にもとづく債務負担についても相殺が認められる（同③）。危機について更生債権者等が悪意となった後に債務負担の原因が生じたときには，第2の例外には該当しないから相殺は許されないはずである。しかし，更生債権者等の立場からすると，相殺が許されないことが確定するのは更生手続が開始されてからであり，それまでは不安定な状態に置かれる。この状態があまりに長く続くのは法的安定性を害するので，原因が生じてから1年を経過してもなお更生手続開始申立て等が

---

[66] 名古屋地判昭和55・6・9判時997号144頁〔第一審〕，名古屋高判昭和58・3・31判時1077号79頁〔控訴審〕。学説としては，青山善充「倒産法における相殺とその制限(1)」金法910号9頁（1979年），谷口239頁，条解会更法（中）905頁，条解破産法528頁，大コンメンタール310頁〔山本克己〕，注解破産法（上）720頁〔斎藤秀夫〕，新版破産法498頁〔深山雅也〕などがこれを支持する。なお，この種の振込指定約定を強い振込指定と呼ぶことがある。これに対して，更生会社（破産者）と第三者との間のみの約定にもとづく振込指定を弱い振込指定と呼び，これについては，銀行に具体的相殺期待が発生することを否定する。ただし，霜島280頁は，このような区別に反対し，振込指定にもとづく相殺期待は，事実上のものにすぎないとする。
[67] 条解会更法（中）905頁，条解破産法529頁，大コンメンタール310頁〔山本克己〕。実体法上も最判昭和61・11・20判タ629号134頁は，代理受領の合意に反して第三債務者が債務者に支払った場合における第三債務者の代理受領権者に対する不法行為にもとづく損害賠償義務を認めている。なお，代理受領と双方未履行双務契約および更生担保権との関係については，本書302頁参照。

なされない場合には，相殺権が認められることとしたものである[68]。

2　自働債権たる更生債権等取得の時期による相殺の禁止

次に自働債権たる更生債権等取得の時期による相殺の禁止（49の 2）について説明する。

(1)　更生会社の債務者が更生手続開始後に他人の更生債権等を取得したとき（49の 2 I ①）

受働債権たる更生手続開始後の債務負担について相殺を禁止する法 49条1項1号について述べたのと同様に，相殺権の範囲は更生手続開始時を基準時とするから，更生会社に対して債務を負担する者が更生手続開始後に更生債権等を取得したときに[69]，相殺を認めるべきかどうかが問題となる。この場合の相殺は，形式的には更生債権等を自働債権とし，更生手続開始当時に更生会社に対して負担する債務を受働債権とするものであるから（48 I 参照），それを一律に禁止すべきであるともいえないが，少なくとも，更生会社に対して債務を負担する者が更生手続開始後に他人の更生債権等を取得した場合には，何らの合理的相殺期待を認めえないから，立法者は，相殺が禁止されることを明らかにしている（49の 2 I ①）。したがって，更生債権等取得の原因が取引によるものか，相続などの法定の原因にもとづくものかなどは問わない（同 II 柱書参照）。機能的には，この相殺禁止は，更生会社に対して債務を負担する者が，実価の下落した更生債権等を取得し，相殺によって更生会社に対する債務の履行を免れ，更生債権者等の利益を害することを防ごうとするものである。

ア　更生手続開始後の弁済にもとづく求償権を自働債権とする相殺

1号にいう，他人の更生債権等の取得に関しては，議論がある。たとえば，更生会社に対して債務を負っている甲が，更生債権者乙に対して更生手続開始

---

68)　旧会社更生法 163条 2号但書（旧破産法 104②但書）は，「破産宣告，和議開始，更生手続開始，整理開始若しくは特別清算開始のいずれの時よりも 1年以上前に生じた原因」と規定していたが，申立てから手続開始までの審理期間によって相殺の成否が左右されることは望ましくないとの理由から，破産法 71条 2項 3号や民事再生法 93条 2項 3号と同様に，現行法のように更生手続開始申立てを基準とするように改められた（一問一答新しい破産法 118頁）。ただし，近年の傾向としては，更生手続開始申立て等から開始決定までの期間が短縮されており，この改正が相殺権の成否に影響する程度は少なくなったと思われる。

69)　更生債権等の取得時期は，画一的処理の要請などから，対抗要件具備を基準として決定される（東京地判昭和 37・6・18下民 13巻 6号 1211頁〔特別清算〕）。

後に更生会社に代わって第三者弁済（民474）をなし，その結果として求償権を取得すれば[70]，求償権の範囲内で乙の債権を代位行使することができる（民501柱書前段）。この場合に，求償権にもとづいて原更生債権を代位行使し，それを自働債権として相殺することが，他人の更生債権取得による相殺とみなされるかどうかが，第1の問題であり，求償権自体を自働債権とする相殺は他人の更生債権等の取得にもとづく相殺ではないにもかかわらず，法49条の2第1項1号を拡張して，相殺を禁止すべきかどうかというのが第2の問題である[71]。

第1の問題については，代位にもとづく原債権の行使が実体法上債権の移転とみなされるので[72]，更生債権である原債権を取得した代位弁済者がこれを自働債権として行う相殺は1号に抵触する。

これに対して第2の問題については，求償権は代位弁済者自身の権利であるので，たとえそれが更生手続開始後の弁済にもとづいて発生したものとしても，これを自働債権とする相殺は，文言上で1号に抵触しない。もっとも，有力な学説は，このような相殺を認めると，上記の例でいえば，更生債権者たる乙が甲の代位弁済によって完全な満足を受け，また，代位弁済者たる甲も，更生債権である求償権を自働債権とする相殺によって更生手続によらない満足を受ける結果となり，更生会社に不利な結果を招来し，また更生債権者間の平等に反するとして，相殺を禁止すべきであると主張する[73]。

　a　第三者弁済　　確かに，純然たる第三者が弁済する場合には，更生会

---

70) 求償権については，明文の規定がある場合（民442以下等）のほか，委任事務処理費用の償還請求権（民650）や事務管理費用の償還請求権（民702）として認められる（平井・債権総論205頁）。
71) 同じく求償権であっても，委託を受けた保証人の事前求償権（民460）の場合には，更生手続開始前にそれを更生債権として行使しうるので（135Ⅱ，破104Ⅲ），法49条の2第1項1号との抵触の問題は生じない。もっとも，更生手続開始申立てを原因とする特約によって事前求償権が発生した場合の相殺の許否については，期限の利益喪失約款の効力などとの関係で，なお検討する必要があろう。
72) 我妻・債権総論247頁，奥田・債権総論543頁，平井・債権総論206頁など。
73) 条解会更法（中）908頁。この考え方にしたがえば，本号によって相殺禁止の対象となるのは，「他人」の更生債権等の取得だけではなく，更生手続開始後の債権の取得一般である。旧破産法下の立法論としては，1号の対象を他人の破産債権取得だけではなく，破産手続開始後の破産債権取得全般に拡張することが考えられたが（山本克己「相殺権と相殺禁止の見直し」ジュリ1111号117，120頁（1997年）），現行法でもこの点について変更はなく，会社更生法についても同様である。

社のための事務管理にあたることが求償権の根拠となるが，求償権は，共益債権（127⑥）には該当せず，また，更生手続開始後の弁済によってはじめて発生する権利であることに着目すれば，更生債権等にも該当せず，むしろ開始後債権（134Ⅰ）とみなすべきである[74]。開始後債権については，更生計画で定められた弁済期間が満了する時等までの間は，それを消滅させる行為をすることができない（同Ⅱ）ところから，それを自働債権とする相殺も許すべきではない。この期間が経過した後も，求償権者が取得した原債権が更生債権としての権利変更を受けている以上，開始後債権としての求償権にもとづく相殺も，権利変更を受けた原債権の限度においてのみ認められるべきである[75]（本書342頁参照）。

b　委託保証人　これと比較して，主債務者から委託を受けた保証人（委託保証人）の求償権のように，保証契約および保証委託契約とともに，将来の弁済に係る停止条件付権利として更生手続開始時前に成立しているときには，更生手続開始時にすでに存在する更生債権等とみなされるべきであるから，更

---

[74] ただし，第三者が更生債権等を弁済したとしても，更生会社は，更生計画による弁済の限度で利益を受けているにすぎないとみられるから，開始後債権の行使も，その限度で認められるにすぎない（民702Ⅰ参照）。

[75] 前掲最判平成7・1・20（注34）〔旧和議〕は，「和議開始決定の後に弁済したことにより，和議債務者に対して求償権を有するに至った連帯保証人は，債権者が債権全部の弁済を受けたときに限り，右弁済による代位によって取得する債権者の和議債権（和議条件により変更されたもの）の限度で，右求償権を行使し得るにすぎないと解すべきである」と判示し，同判決についての八木調査官の解説（最高裁判所判例解説民事篇平成7年度（上）12頁）は，「求償権の行使として和議条件で定められた以上の内容を認めると，和議開始決定の時点で和議債務者の更生を図るために計画して作成した和議条件の設定自体が無意味になってしまい，結局，和議制度の趣旨を没却することになってしまう。……和議制度には，和議開始決定の後の弁済による求償権行使に弁済によって取得する和議債権を基準とする制約を課することが制度上内包されている」と説明するが，この趣旨は，開始後債権たる求償権と更生計画によって変更される原債権との関係にも妥当しよう。
　なお，開始後債権としての制約は，手続法上のものであるから，これによって求償権者が取得する原債権の行使，すなわち更生債権としての更生手続への参加が制限（民501柱書参照）されることはない（第4章注162〔本書234頁〕参照）。他方，上記の平成7年判決や最判平成10・4・14民集52巻3号813頁〔倒産百選43②事件〕（事案は共同企業体の構成員に関する）による判例法理をあてはめれば，開始後債権としての求償権の行使は，更生計画の定めによって変更された更生債権たる原債権の限度でのみ可能になる。実体法上は，求償権の範囲によって求償権者が行使できる原債権の範囲が画される（民501柱書）のに対して，会社更生法上では，更生計画の定めにもとづいて変更後の原債権の範囲によって求償権の行使の範囲が画される結果となるが，これは，上記の判例がいうように，更生手続の目的達成のための必要性によるものである。

生手続開始後の他人の更生債権等の取得として，それにもとづく相殺を禁止すべき理由はない[76]。もちろん，停止条件付の更生債権等である間は，それは未発生の権利であり，それを自働債権とする相殺は認められないが，弁済によって条件が成就した場合には，相殺を禁止すべき根拠は見出しがたい。

　上記の有力説は，本来は，更生債権等として更生計画にしたがった弁済をすれば足りるにもかかわらず，求償権にもとづく相殺を許すことによって更生計画によらない満足を与えることを更生会社が受忍しなければならないという不当な不利益が発生するという。

　しかし，更生手続開始前から停止条件付債権としての更生債権等を有していた者には，更生会社に対して負担する債務との間に合理的相殺期待が認められる。その点で，更生手続開始後に他人の更生債権等を取得する者との間には，違いが存在し，このような相殺期待を保護するためにも，法49条の2第1項1号の文言に忠実に，この種の求償権にもとづく相殺を許すべきである。ただし，現実化の時点については，法48条1項前段の制限がある。

　c　無委託保証人　これに対して，主債務者からの委託を受けない保証人（無委託保証人）が，更生手続開始後に弁済をなした場合に，代位取得した原債権を自働債権とする相殺は，法49条の2第1項1号によって禁止されるが，それに加えて，求償権を自働債権とする相殺までを禁止すべきかどうかが議論される。下級審裁判例は，この場合の求償権も保証契約という更生手続開始前の原因にもとづく停止条件付権利であるとの理由から，禁止の対象とならないとしていたが，最高裁判所は，求償権を更生債権（破産債権）とする前提

---

[76]　更生会社に対する停止条件付債務の停止条件が更生手続開始後に成就した場合には，法49条1項1号によって相殺が禁止されるべきものとしたが（本書343頁参照），停止条件付債務は，更生会社の財産とみなされること，法48条1項後段のような規定が存在しないことなどが，停止条件付債権と停止条件付債務の取扱いを区別する理由になる。

　もっとも，一部の代位弁済をしたにとどまる場合には，法135条2項（破104Ⅱ～Ⅳ）との関係から，求償権をもって自働債権とする相殺は許されない。破産法104条2項ないし4項は，直接には，破産手続への参加に関する規律であるが，原債権の破産債権行使と求償権者の相殺権行使が競合することも，他の破産債権者の利益を損ない，このことは，更生手続にも該当するからである（本書220頁参照）。

　また，本来は事後求償権であるが，更生手続開始申立てなどを理由として事前求償権の成立を認める旨の特約がある場合についても検討の必要がある。更生手続開始申立てなどを理由とする契約解除条項の効力を否定する考え方（本書275頁参照）との関係では，この種の事前求償権にもとづく相殺を否定するとの議論もありえよう。

に立ちながら（本書358頁注75参照），法49条の2第1項1号（破72Ⅰ①）の類推適用によって相殺が禁止されるものとした[77]。

　本書では，相殺を禁止する点では判例を支持し，その理由は，この種の求償権の開始後債権性（本書358頁注75参照）に求める。無委託保証にもとづく求償権の本質は，保証契約の段階では，もっぱら債権者の利益のために行われること，弁済が行われてはじめて主債務者の利益実現に資することなどを考慮して，事務管理者の費用償還請求権と解されていること，保証契約は，債権者に対する保証人の義務成立の根拠となるものではあっても，保証人の主債務者に対する求償権の成立根拠となるものではないことを考えれば，事務管理にもとづく求償権は，保証人の弁済行為によってはじめて成立するものであり，それ以前に停止条件付権利としての成立が認められるものではない。したがって，無委託保証人の更生手続開始後の弁済にもとづく求償権は，純然たる第三者による弁済の場合と同様に，更生債権等とならず[78]，開始後債権として，更生計画で定められた弁済期間が終了する時等までの間は，相殺が許されない。また，その後に許される相殺についても，原債権たる更生債権に対する権利変更の効

---

77) 下級審裁判例として，大阪地判平成20・10・31判時2060号114頁，大阪高判平成21・5・27金法1878号46頁。これに対する批判的見解として増市徹＝坂川雄一「保証人の事後求償権と相殺」倒産実務の諸問題268，276頁，中西正「委託を受けない保証人の求償権と破産財団に対する債務との相殺の可否」同書283頁，佐々木修「委託なき保証による事後求償権と破産手続開始後の相殺の可否」銀行法務21　723号26頁（2010年）などがあり，無委託保証人の事後求償権を更生債権とした上で，法49条の2第1項1号の類推適用による相殺禁止を説く。

　このような議論を受けて最判平成24・5・28金法1947号54頁は，破産法67条1項によって相殺を許容される破産債権と異なって，無委託保証人が破産手続開始後の代位弁済によって取得する求償権を内容とする破産債権については，破産手続開始時における合理的相殺期待が認められず，また，代位弁済を受けた債権者から求償権者に破産債権を行使する主体が実質的に入れ替わったとみられることから，破産法72条1項1号の類推適用によって相殺を禁止すべきものとしている。なお，同判決には，破産債権者間の実質的平等に背馳する場合には，合理的相殺期待を認めるべきでないことを強調する須藤正彦裁判官の補足意見，類推適用の根拠として，この種の破産債権にもとづいて相殺を認めることが，債務者や他の破産債権者の期待に反し，また破産手続開始後に相殺適状を作出したとみられる点で，破産法72条1項1号にいう他人の破産債権の取得と同視すべきであるとする千葉勝美裁判官の補足意見が付されている。

78) 前掲最判平成7・1・20（注34）〔旧和議〕，前掲最判平成10・4・14（注75）〔旧和議〕に関する調査官解説（最高裁判所判例解説民事篇平成7年度（上）10頁以下，同平成10年度（上）445頁以下）参照。ただし，これらの判決のうち，特に平成10年判決が無委託保証に類するものかどうかについては，なお検討の必要がある。

力が及ぶことは，すでに述べた通りである[79]。

　イ　更生手続開始後に原始的に取得した更生債権を自働債権とする相殺

更生会社に対して債務を負担する者が，他人の更生債権を取得するのではなく，更生手続開始後に行われる管財人の行為などにもとづいて更生債権を取得する可能性がある。その例としては，双方未履行双務契約についての解除権行使の結果として生じる相手方の損害賠償請求権（61Ⅴ，破54Ⅰ），更生手続開始後の為替手形の引受けまたは支払等にもとづく支払人等の償還請求権（58），否認の相手方が有する反対給付の価額償還請求権（91の2Ⅱ②）などが考えられるが，これらの更生債権を自働債権とする相殺が許されるかどうかは，法

---

[79] 栗田隆「主債務者の破産と保証人の求償権」関西大学法学論集60巻3号45頁（2010年）参照。ただし，山本和彦「倒産手続における求償権の処遇」関西法律特許事務所開設35周年記念論文集・民事特別法の諸問題（4）265頁（2002年），長谷部由起子「弁済による代位（民法501）と倒産手続」学習院大学法学会雑誌46巻2号239頁（2011年）は，保証契約自体をもって事務管理行為とみなす立場から，更生債権等（破産債権）説をとる。

　もっとも，求償権と原債権との関係についての判例法理，すなわち「代位弁済者はその求償権の範囲内で右の移転を受けた原債権及びその担保権自体を行使するにすぎないのであるから」（最判昭和59・5・29民集38巻7号885頁）という判示，およびこれを踏まえた「原債権（および担保権）は，どこまでも求償権の確保のために存立するものであるから，求償権の範囲内でしかこれを行使することはできない」（奥田・債権総論543頁という学説の理解を踏まえると，求償権が非破産債権または開始後債権となれば，保証人が取得する原債権を破産債権，再生債権または更生債権として行使することは，求償権の範囲を超えるとの議論もありえよう。

　しかし，保証人による原債権の行使が求償権の範囲に限定されるというのは，あくまで実体法の次元での制約にとどまり，非破産債権または開始後債権という手続法上の制約，すなわち，同じく破産者，再生債務者または更生会社に対する債権でありながら，破産手続，再生手続または更生手続上の行使が許されないという制約が求償権に課されたからといって，そのことによって，保証人による原債権の破産債権行使が否定されるべきものではない。大阪高判平成22・5・21判時2096号73頁の「民法は手続法ではなく実体法であることに鑑みれば，民法501条柱書の『自己の権利に基づいて求償をすることができる範囲内』とは，求償権が存する場合にその求償できる上限の額の範囲内（原債権の額が求償権の額を下回っている場合には，原債権の額の範囲内）を意味していると解すべきであり，それ以上に，上記『範囲内』が手続法上の制約を含むとみることは，実体法の解釈として疑問があるというべきである上，民法501条柱書が手続法上の制約についても規定しているとすれば，債権者が原債権に債務名義を有するときは，代位者は，承継執行文の付与を受けてこれを行使することができるとされていること（民事執行法27条2項）と相容れないと解されることなどの点を併せ考慮すれば，民法501条柱書の解釈として，債務者が原債権を行使する代位弁済者に対し，求償権の行使に手続法上の制約が存することをもって対抗できると解するのは相当でない」との判示を踏まえても，このような結論が妥当と思われる。最判平成23・11・24民集65巻8号3213頁もこのような代位を認めた。

49条の2第1項1号の解釈問題としてではなく[80]，これらの債権を更生債権とする法の趣旨との関係から決せられるべきである。

これらの債権を共益債権ではなく，更生債権とする趣旨は，手続によらない弁済を受けることを否定し（132ⅠⅡ参照），更生計画による満足にとどめることにあることを考慮すれば，更生会社に対して負担する債務を受働債権とする相殺を認めることは，その趣旨に反するといえよう。このことは，否認の相手方が有する反対給付の価額償還請求権（91の2Ⅱ②）にもっともよくあてはまる[81]。

これに対して，管財人の解除権行使の結果として生じる相手方の損害賠償請求権（61Ⅴ，破54Ⅰ）や為替手形の引受けまたは支払等にもとづく支払人等の償還請求権（58）については，更生手続開始前の原因にもとづく更生債権を自働債権とする相殺が原則として許されることと比較すれば，相殺を許容することも考えられる。たとえば，法61条5項（破54Ⅰ）にもとづく相手方の損害賠償請求権についていえば，相手方は，管財人の解除権行使そのものによって予期せぬ不利益を受けているのであり，更生債権たる損害賠償請求権を自働債権とする相殺を否定することによってそれ以上の不利益を受忍させるべき理由に乏しい。法58条にもとづく支払人等の償還請求権についても，更生手続開始後に手形の引受けまたは支払等という出捐をしている以上，それに起因して発生した更生債権を自働債権とする相殺までを否定することは合理的とはいえない。

(2) 更生会社の債務者が，更生会社が支払不能になった後にそれについて悪意で更生債権等を取得したとき（49の2Ⅰ②）

更生会社に対して債務を負担する者がその負担を免れようとすれば，すでに経済的価値を失った他人の更生債権等を廉価で買い受け，自らの債務と相殺することが考えられる。また，更生会社に対して預金返還債務を負担する金融機関が，手形所持人たる更生会社が支払不能に陥ったことを知って，更生会社の

---

80) 法49条の2第1項1号に相当する破産法72条1項1号の解釈として類推適用を主張するものとして，条解破産法531頁，条解民再法417頁〔山本克己〕がある。
81) 偏頗行為否認の結果として復活する受益者の更生債権（92）を自働債権とする相殺を許すべきかどうかについては，そもそもの相殺期待を保護すべきであるとの考え方もありえようが，いったん偏頗行為によって利益を受けた者の相殺期待をなお保護する理由に乏しいと考えられるので，相殺を否定すべきである。

所持する手形を割り引いた上で，手形買戻代金債権を取得し，その代金債権と預金返還債務とを相殺するような場合，更生会社に対して預金返還債務を負担する金融機関が，更生会社が支払不能に陥ったことを知って，更生会社振出しの約束手形をその所持人から割引によって取得し，その手形金請求権と預金返還債務とを相殺するような場合（同行相殺。本書366頁）も考えられる[82]。このような相殺を認めることは，更生会社財産所属の財産である当該債務を失わせる結果となる。

　法49条の2第1項2号が，他人の更生債権等の取得を含めて，更生会社が支払不能になった後に取得した更生債権等を自働債権とし，更生会社に対して負担する債務を受働債権とする相殺を禁止するのは，このような理由にもとづく[83]。ただし，このような作為によって更生会社に対する債務を免れようとするのは，更生債権等を取得した者が更生会社の支払不能について悪意である場合に限られるので，相殺を禁止するためには，管財人による悪意の証明が要求される。

(3) 更生会社の債務者が，更生会社について支払停止があった後にそれについて悪意で更生債権等を取得したとき（49の2Ⅰ③）

　更生手続開始までに取得した更生債権等を自働債権とする相殺は，その効力を認められるのが原則である（48Ⅰ・49の2Ⅰ①参照）。しかし，支払停止から更生手続開始までの危機時期においては，すでに更生会社の破綻が外部に明らかになり，更生会社に対する債権の実質的価値が下落していることを考えれば，これを自働債権とし，更生会社に対する債務を受働債権とする相殺を無条件に認めることは，更生会社財産たるべき財産を失わせ，他の利害関係人の利益を害する。このような考慮にもとづいて法は，更生債権等を取得した者が支払停

---

82) 従来（伊藤381頁）は，更生会社に対して預金返還債務を負担する金融機関が，割引手形の買戻請求権を行使して，手形買戻代金債権を取得し，その代金債権と預金返還債務とを相殺するような場合については，相殺権の濫用などの法理によって対処する以外になかったが，現行法は，相殺禁止の範囲を拡張している。

83) 法49条の2第1項2号の相殺禁止は，相殺禁止の範囲を拡張すべきであるとの立法論に応えるために，支払不能になった後の債務負担を理由とする相殺禁止（49Ⅰ②）とあわせて，現行破産法の制定にともなって，現行会社更生法に設けられたものである。法49条1項2号が，専相殺供用目的などの厳格な要件を設けているのと比較すると，法49条の2第1項2号の要件は簡潔であるが，これは，支払不能になった後にそれについて悪意で更生債権等を取得すること自体に，経済的合理性が欠けると判断されたためである。条解破産法532頁参照。

止について悪意の場合に限って，相殺を無効とする。悪意の証明責任は，無効を主張する管財人が負担する。ただし，法49条1項3号但書と同様に，支払停止の事実にもかかわらず，相殺を主張する更生債権者等が支払不能でなかったことを証明すれば，相殺は許される（49の2Ⅰ③但書）。

　また，3号は，1号とは異なって，2号および4号と同様に，他人の更生債権等を取得したことを要件としていない。これは，更生手続開始前後の時期の違いによるものであり，更生手続開始後に自らが原始的に更生債権等を取得するのは例外的な場合にすぎないのに対して，開始前には，他人の更生債権等の取得はもちろん，自らが原始的に更生債権等を取得するのも常態であるために，2号から4号までは，他人の更生債権等を譲り受けた場合だけではなく，更生会社に対して債務を負担する者が自らの行為によって更生債権等を取得した場合にも，適用可能性がある。

　もっとも，その更生債権等の取得が更生会社に対する救済融資などであるときにも，それによって生じた貸付金債権を自働債権とする相殺が許されないかどうかについては，旧法下では争いがあった。たとえば，金融機関が危機に陥った更生会社からの要請に応じて救済融資を行い，その貸付金債権と預金返還債務との相殺を行う場合などである[84]。現行法は，法49条の2第1項にもとづく相殺禁止の例外の一つとして，更生債権等の取得が更生会社に対して債務を負担する者と更生会社との間の契約による場合を規定しており（49の2Ⅱ④），上記の例はこれによって相殺が許される。実質的にみれば，契約によって相殺権者が相当の出捐をしている以上，その出捐にもとづく更生債権等を自働債権とする相殺を認めても，他の利害関係人を害することはないとの判断によるものである[85]。

---

84)　伊藤・破産法〈第3版補訂版〉329頁参照。また，救済融資にともなう担保提供などが偏頗行為否認の対象とならないこと（本書378頁注113，397頁注162）も，同様の考え方にもとづく。

85)　一問一答新しい破産法119頁，条解破産法533頁，大コンメンタール315頁〔山本克己〕参照。もちろん，その契約内容が，実質的価値のない財産を更生会社に買い取らせるような，更生債権者等や更生債権者の利益を害するものであるときには，契約自体に対する否認可能性がある。

(4) 更生会社の債務者が，更生手続開始申立て等があった後にそれについて悪意で更生債権等を取得したとき（49の2Ⅰ④）

この相殺禁止の趣旨も，3号と同様のものであり，更生債権者等の債務負担に係る法49条1項4号に対応する。

(5) 4つの例外

受働債権たる債務負担の時期による相殺禁止の場合（49Ⅱ）と同様に，更生手続開始前の更生債権等の取得の時期による相殺禁止（49の2Ⅰ②～④）については，4つの例外が認められる。更生債権等の取得に関して作為が介在しえないこと，あるいは更生債権等の取得が合理的期待にもとづいていることなどが，これらの例外の趣旨である。第1の例外は，更生債権等の取得が法定の原因にもとづくときである（同Ⅱ①）。法定の原因としては，相続や合併のような，相殺期待の創出のための作為が介在しない一般承継のほかに，事務管理，不当利得，不法行為（民509参照）などが含まれる。ただし，事務管理などについては，相殺権者の作為が認められるときには，相殺は許されない[86]。

第2の例外は，更生債権等の取得が，支払不能や支払停止等について更生会社の債務者が悪意となった時よりも前に生じた原因にもとづく場合である（49の2Ⅱ②）。受働債権たる債務負担に関する法49条2項2号の場合と同様に，危機について悪意となる以前に生じた相殺期待を保護するのが，この例外の趣旨である。したがって，ここでいう原因は，更生債権等の取得を基礎づける直接の法律関係でなければならない。たとえば，割引手形の買戻請求にもとづく買戻代金債権については，手形割引契約が直接の原因にあたるとされ，この更生債権と預金返還債務の相殺が許される[87]。また，更生会社に対する保証人が保証債務の履行にもとづく求償権（民460・462）を自働債権として主張するときにも，保証契約は，更生債権取得を基礎づける直接の法律関係とみなされる（ただし，無委託保証人の求償権については，本書359頁参照）[88]。

---

[86] 前記の通り，更生会社に対する債務者が，他の債権者に対する更生会社の債務を委託なしに弁済し，その結果生じた求償権を自働債権とする相殺は許されない。本書357頁参照。

　また，合併にもとづく更生債権の取得について，作為の介在可能性を理由として合理的相殺期待を認めえないという理由から，相殺禁止の対象とすべきことを主張するものとして，条解会更法（中）912頁および条解破産法527，532頁があり，大コンメンタール309，314頁〔山本克己〕は，立法論として検討の必要を説く。

第3の例外は，更生手続開始申立て時よりも1年以上前に生じた原因にもとづく更生債権等の取得の場合である（49の2Ⅱ③）。その趣旨は，法49条2項3号について述べたのと同様である[89]。

第4の例外は，更生会社に対して債務を負担する者と更生会社との間の契約による更生債権等の取得である（49の2Ⅱ④）。先に挙げた救済融資の例のように，契約関係にもとづいて更生債権等が発生する場合には，債務負担を免れるための作為によって更生債権等を取得するおそれが認められず，また必要な場合には，契約自体を否認する可能性も残されているために，例外とされている[90]。

3 法49条および法49条の2以外の根拠にもとづく相殺権の制限

法49条および49条の2による禁止以外にも，更生債権者等間の公平の視点からは，なお相殺を制限すべき場合があるかどうかが検討の対象となる。具体

---

[87] 最判昭和40・11・2民集19巻8号1927頁〔倒産百選59事件〕。条解破産法532頁，大コンメンタール314頁〔山本克己〕。その他，注文者の請負人に対する違約金債権にもとづく相殺について，請負契約を前に生じた原因とした東京高判平成13・1・30訟月48巻6号1439頁〔破産〕，元請業者の下請業者に対する立替払金求償債権にもとづく相殺について，立替払約款を前に生じた原因とした東京高判平成17・10・5判タ1226号342頁〔民事再生〕などがある。伊藤尚「下請事業者再生申立後の元請事業者による孫請代金の立替払いと，その求償権に基づく相殺について」民事再生の実務と理論137頁。

[88] 連帯債務者の求償権について，前掲最判平成10・4・14（注75）〔旧和議〕が，申立て後の弁済にもとづく求償権を自働債権とする相殺は，和議条件によって変更された原債権の限度で，旧法104条4号（現破72Ⅰ④）に抵触しないと判示する。ただし，無委託保証人の求償権については，保証委託契約が存在せず，保証人と債権者との間の保証契約が主債務者に対する求償権の成立根拠にならないとすれば（注75参照），この時期における弁済によって保証人が更生債権等たる求償権を取得しても，保証契約がそれを基礎づける直接の法律関係とみなされない。

[89] 旧破産法下では，対応する規定である旧104条4号但書の解釈として，1年以上前に生じた原因にもとづく債権取得であっても，その取得当時，債権者が破産者の支払不能状態などを知り，したがって取得債権にもとづく相殺によって破産者に対して負担する債務を免れることで，他の債権者を害することになるという事実を認識していたときには，相殺は許されないとの考え方が有力であった（大判昭和9・1・26民集13巻74頁，基本法165頁〔山本克己〕，大コンメンタール315頁〔山本克己〕）。しかし，相殺禁止の範囲が拡張され，支払不能についての悪意を理由とする相殺禁止（破72Ⅰ②）が認められた現行法の下では，このような解釈をとる理由はない。会社更生法についても同様である。

[90] 偏頗行為否認に関する同時交換的取引の除外（86の3Ⅰ柱書かっこ書。本書397頁）と同趣旨であると説明される。概説259頁，条解破産法533頁，大コンメンタール315頁〔山本克己〕。その例として，元請会社が下請会社との間の立替払約款にもとづいて，下請会社の孫請会社に対する債務を立替払いし，その結果として立替金求償権を取得する例が挙げられる。新版破産法258頁〔加々美博久〕，前掲東京高判平成17・10・5（注87）。

的には，相殺濫用論および相殺否認論がある。
  (1) 相殺権の濫用
　相殺権の濫用法理は，いわゆる同行相殺に対処するために発達したものである。同行相殺の基本的関係は，以下のように整理される。甲銀行Ａ支店に預金口座をもつ乙について更生手続が開始した場合に，甲が乙に対してもつ債権を乙の預金債権と相殺しても，なお乙の預金に余裕があるとする。乙振出しの手形を所持する丙が，その手形を同じく甲銀行の支店であるＢ支店で割り引いていたとき，甲としては，丙に対して手形の買戻しを請求することもできるが，それをせずに，上記の支払人口手形にもとづく債権と乙の残余預金債権とを相殺するのが，同行相殺である。
　丙と甲との間の手形割引が乙の支払不能または支払停止後などの時期になされていれば，危機時期における更生債権等の取得とされる可能性があるが（49の2Ⅰ②・③本文．本書348頁参照），それ以前になされていれば，相殺が禁止されることはない。しかし，更生債権者等による相殺権の行使は，自己の債権保全に必要な範囲内でなすべきであり，丙に十分な買戻能力があるにもかかわらず同行相殺が行われれば，乙の更生による丙の損失を乙の他の更生債権者等に転嫁させる目的が認められ，相殺権の行使が権利の濫用として無効とされるというのが，相殺権濫用法理の内容である[91]。
　権利濫用の一般法理が更生債権者等による相殺権の行使に適用されうること自体は否定すべきではない。したがって，相殺権の濫用法理自体が現行法の下で否定されるものとはいえない[92]。しかし，旧法163条と比較すると，現行法49条および49条の2は，禁止の対象を更生会社が支払不能になった後の債務負担または更生債権等の取得を理由とする相殺にまで拡充しており，それに含まれない場合にまで，さらに権利濫用の法理によって相殺権の行使が規制され

---

91)　好美清光「銀行取引と相殺」銀行取引法講座（中）274頁，青山・前掲論文（注66）(3) 金法916号6頁（1980年），霜島283頁，三木浩一「相殺権の濫用」破産・和議の実務と理論192，194頁，新版破産法501頁〔深山雅也〕，中島413頁。ただし，最判昭和53・5・2判時892号58頁〔倒産百選61事件〕は実質的に相殺濫用論を否定している。これに対して，相殺権の濫用法理を認めた裁判例として，大阪地判平成元・9・14判時1348号100頁がある。議論の状況については，条解破産法510頁，大コンメンタール296頁〔山本克己〕参照。
92)　新破産法の基本構造467頁。いわゆる協力預金に関して相殺権の濫用を否定したものとして大阪高判平成17・9・14金商1235号44頁があるが，疑問が多い。

るのは，例外的な場合に限られよう。上の例でいえば，甲銀行と丙との関係などからみて，もっぱら丙の利益を保全するために相殺が行われたと認められるような場合に相殺権の濫用とされる可能性がある。

(2) 相殺の否認

　上記の相殺濫用論は，自働債権たる更生債権等の取得に関する議論であるが，旧法時代から議論されている相殺の否認は，自働債権の取得に限らず，旧法163条2号（現49Ⅰ②〜④）の適用範囲外である受働債権の負担についても，一定の条件の下に相殺を故意否認（旧78Ⅰ①）の対象としようとする考え方であった。たとえば，支払停止前ではあるが，更生会社の倒産が確実に予想される時点で，更生債権者等を害する目的で振込指定契約が締結され，それにもとづく債務負担が生じている場合などが問題となった。判例および通説は，相殺の否認の可能性を否定していたが，否認を認める考え方も有力であった[93]。相殺の禁止の範囲が，支払不能になった後の債務負担や更生債権等の取得にまで拡大された現行法の下では，相殺の否認を議論する意味が，旧法下に比較して少なくなったことについては，疑問の余地がない。しかし，特に破産手続開始の原因となる事実が生じるおそれがあることが手続開始原因（17Ⅰ①）とされている更生手続の場合には，支払不能になる前でも更生会社の経営危機が認識

---

[93] 伊藤・破産法〈第3版補訂版〉332頁。否認を否定する判例は，最判昭和40・4・22判時410号23頁，前掲最判昭和41・4・8（注60），最判平成2・11・26民集44巻8号1085頁〔倒産百選37事件〕，これを支持する通説は，中田134頁，山木戸170頁，谷口244頁，注解破産法（上）727頁〔斎藤秀夫〕，大コンメンタール297頁〔山本克己〕など。判例に反対する有力説は，条解会更法（中）26頁，石原323頁，基本法115頁〔池田辰夫〕，今中利昭「倒産企業に対する銀行の行なう相殺の効力（上）（下）」NBL118号22頁，120号36頁（1976年），伊藤・研究410頁などがある。
　本文に述べる通り，本書では，相殺の否認可能性を肯定するが，その理由は，第1に，自働債権の取得のみならず，受働債権の負担にも適用されうること，第2に，濫用の要件よりも否認の要件のほうが柔軟性をもつことなどである。ただし，相殺濫用論の適用に適する事案があることを否定するものではない。なお，相殺否認論の問題点を詳細に検討したものとして，基本法156頁〔山本克己〕がある。また，破産法改正に際して立法の検討事項としても掲げられたが（検討事項第4部第4　2(2)ウ，第6　2参照），それ自体としては立法に至らず，法49条1項2号（破71Ⅰ②）や49条の2第1項2号（破72Ⅰ②）による相殺禁止の拡充の形に具体化した。
　なお，この他に相殺の否認が主張される場面として，銀行が債権者代位権の行使として信託受益証券を解約し，受領した解約金返還請求権を受働債権とする相殺に対する否認を主張することが考えられる。これを否定したものとして，前掲名古屋高判平成24・1・31（注65）〔民事再生〕がある。

されるようになった状態での債務負担や更生債権等の取得を基礎として相殺期待が創出される可能性はあり，これに対して詐害行為否認（86 I ①）の成否を議論する意義が失われたわけではない。本書でも，なお相殺の否認可能性を維持する[94]。

議論の第1の争点は，更生債権者等の一方的行為である相殺について否認が考えられるかである[95]。確かに，否認の対象となるのは，原則として更生会社の更生手続開始前の行為であるが（同），相殺適状の創出について更生会社の加功行為が認められるような事案では，それを基礎とした相殺権の行使を否認の対象とすることができる。執行行為の否認（89）が認められていることを考えても，効果において更生会社の弁済と同視され，また債務者の意思を問わない債権の回収という性質において執行行為と類似性をもつ相殺について，否認を排除する理由はない。

第2の争点は，否認の対象およびその効果であり，通説は，相殺そのものを否認しても，相殺適状が復活するのみで，依然として相殺の可能性が残されており，否認の意味がないとする。確かに相殺が否認されることによって債権債務が復活するが，復活した債務は，更生会社に対して現実に履行することを予定されるものであり，相殺適格を否定するべきである（民505 I 但書）[96]。

第3の争点として，相殺そのものを否認の対象としなくとも，その基礎となる更生会社の債務負担行為を否認すれば十分であるとの主張が通説の側からなされる。しかし，自働債権の取得や第三者からの口座振込みなどにもとづく債務負担のように，債務者たる更生会社の直接的な行為が介在しない場合も多いので，相殺否認の必要性は存在する。

第4項 相殺権の実行

更生債権者等は，更生計画の定めるところによらないで相殺権を行使するこ

---

[94] これに対して，現行法による詐害行為と偏頗行為との区別などを理由として，相殺に対する詐害行為否認の可能性を否定する考え方が多数である。新破産法の基本構造387，466頁参照。

[95] したがって，相殺の否認を否定する場合でも，更生会社による相殺の合意については，否認の可能性があろう。東京高判平成14・9・30判例集未登載。

[96] 民法505条1項但書にいう相殺許容性については，相殺をなすことが債務を成立せしめた本旨に反する場合と説明されるが（注釈民法（12）396頁〔中井美雄〕），ここでも，相殺を認めることが債務を復活せしめた本旨に反すると思われる。

とができる（48 I）。更生計画の定めるところによることを要しないということの意味を，通説は，相殺権実行の前提としての自働債権たる更生債権等の届出（138 I）および調査・確定（144以下）を要しないという趣旨であるととらえる。これに対して少数説は，自働債権が更生債権等である点を重視して，それが届出を経て確定されないかぎり，相殺の効力は生じないとする[97]。

通説と少数説との間の実質的な差異は，管財人が自働債権たる更生債権等の存在または額を争った場合の起訴責任の所在に関して生じる。通説によれば，相殺の効力を争う管財人の側から，受働債権の履行を求めて相手方に対して給付訴訟を提起することになり，その訴訟の中で相手方は，相殺の抗弁を提出し，自働債権たる更生債権等の存在および内容を立証する。これに対して少数説の立場では，管財人が自働債権たる更生債権等について調査手続の中で異議を述べることとなり（145），更生債権者等の側が更生債権等査定申立（151）などによって，自働債権たる更生債権等の存在および額を証明する。

少数説をとることは，法48条1項の趣旨と合致せず，また債権届出期間内に限って相殺権の行使を認める同項前段の規律とも矛盾するので，本書でも通説を支持する。もちろん，相殺権者が進んで更生債権等の届出をなすことは可能である。また，自働債権の全額が相殺によって回収できず，同時に更生債権等として更生計画にもとづく満足を望むときには，届出をなさなければならない。届出にあたっては，相殺による回収予定額にかかわらず，更生債権等たる自働債権全額の届出ができる。ただし，相殺の意思表示がなされれば，その効果によって更生債権等の額は減少し，残額が確定額となる[98]。

受働債権は更生会社財産所属の財産であるから，相殺の意思表示は，それについて管理処分権が専属する管財人（72 I）に対してする。相殺権行使の時期

---

97) 通説は，中田134頁，山木戸174頁，谷口244頁，石原333頁，宗田450頁，霜島274頁，条解会更法（中）883頁，条解破産法505頁，大コンメンタール295頁〔山本克己〕など。少数説の内容およびそれに対する批判に関しては，注解破産法（上）694頁〔斎藤秀夫〕，基本法155頁〔山本克己〕が詳しい。
98) 相殺後の自働債権残額が更生債権等として確定すれば（150 I），それを基礎として更生計画による権利変更や弁済などが行われる。これに対して，自働債権全額が更生債権等として確定した後，相殺がなされても，管財人が請求異議訴訟（民執35）などの方法によって勝訴しないかぎり，そのことは更生債権等の額に影響せず，その全額を基礎として更生計画による権利変更や弁済が行われることになるが，相殺権の行使期間が債権届出期間に限られているために（48 I），このような事態が生じることは想定できない。

については，制限が存在しない破産手続と異なって（破67 I），再生手続と同様に（民再92 I），更生債権等についての債権届出期間（138 I・42 I）内に限られる（48 I 前段）[99]。これは，更生計画案の作成等のために更生債権等の額および更生会社が有する債権の額を確定する必要があることによる。債権届出期間開始前，すなわち更生手続開始前（会更規19 I ①参照）に相殺が許されるかどうかについては，相殺権行使の前提要件として，更生債権等の届出が不可欠ではないこと，および行使期間の制限が上記のような必要を満たすためのものであることを考慮すれば，これを否定すべき理由はない[100]。

この期間内に行使しなかった場合には，相殺権の行使は許されない[101]。もちろん，相殺権能が絶対的に失効するわけではないから，更生計画の認可に至る前に更生手続が廃止されるようなときには，牽連破産の場合を別とすれば，相殺権の行使が可能になるが（本書728頁注18参照），更生計画による更生債権等の変更の効力が生じれば（204参照），それを前提として相殺権行使の可否が決せられる。

第3節 否 認 権

否認権とは，更生手続開始決定前になされた更生会社の行為，またはこれと同視される第三者の行為の効力を覆滅する形成権であり（本書434頁参照）[102]，更生会社の管理機構たる管財人に専属する権能である（91 I・95 I）[103]。

---

99) 相殺権行使の期間が限られているために，破産管財人の催告権（破73）に対応する規定は設けられていない。
100) 条解会更法（中）887頁。
101) ただし，更生債権者がその責めに帰すことができない事由によって期間を徒過した場合について，相殺権を認める余地を残すべきであるという立法論として，多比羅誠「民事再生法の立法的課題」民事再生の実務と理論277頁がある。
102) 否認権の法的性質については，民法上の詐害行為取消権（民424）と共通の問題として，①不法行為にもとづく原状回復請求権とする考え方，②不当利得にもとづく返還請求権とする考え方などがある（注解破産法（上）412頁〔宗田親彦〕，注釈民法（10）780頁〔下森定〕）。しかし，否認の対象となる行為は，不法行為（民709）に相当するわけではなく，また，受益者が法律上の原因なく利得をしていること（民703）を前提とするわけでもない。したがって，否認権は，責任財産を回復し，更生債権者等に対する公平な満足を実現するために会社更生法が特別に認めた形成権であると考える以外にない。

第1項　否認権の意義と機能

更生手続開始の効果として，更生会社財産所属財産についての管理処分権が管財人に専属する（72Ⅰ）。更生手続開始前には，保全処分（28Ⅰ）や保全管理命令（30Ⅰ）を度外視すれば，自己の財産に関する更生会社の管理処分権は何ら制限を受けず，更生会社はその財産を第三者に譲渡したり，自己の債権者に対して債務を弁済することを妨げられない。しかし，更生会社の支払能力の不足，すなわち責任財産をもってその債務を完済できず，かつ，借入れによって資力を補うこともできない状態は，開始決定時に生じるものではなく，それ以前の更生手続開始申立てもしくは支払停止または支払不能状態発生時から生じている可能性がある。

たとえば，債務者がその財産を第三者に無償で贈与することも，また廉価で売却することも，本来は財産権の自由な行使として制限を受けないはずであるが，支払能力が不足しているときにこのような行為を自由に認めると，債権者に対する責任財産をますます減少させ，債権者の利益を害する。また，支払能力が不足しているときに，特定の債権者に対してのみ債務者が弁済をなすことを認めると，他の債権者との平等を害する結果を生じる。前者のように，債権者全体に対する責任財産を絶対的に減少させる行為を詐害行為と呼び，後者のように，債権者平等に反する行為を偏頗行為と呼ぶが，これらの行為の効力を否定し，いったん責任財産から失われた財産を更生会社財産に回復し，破産債権者に対する公平な配当を可能にするための制度が否認権である。

否認権のうち，基本類型としては，詐害行為否認（86ⅠⅡ），その特殊類型である無償行為否認（同Ⅲ）および偏頗行為否認（86の3Ⅰ）の3つがある[104]。

1　否認権と詐害行為取消権

否認権と詐害行為取消権（民424）とは，沿革的に共通の起源をもち，また，両者は，責任財産回復の点で共通の目的をもっているが，その目的を実現する権利の内容の点では，いくつかの差異がある。第1に，否認の対象となる行為には，詐害行為（86）と偏頗行為（86の3Ⅰ）の2種類があるが，詐害行為取消

---

103)　更生計画認可決定後に取締役が権限を回復した場合にも（72Ⅳ），否認の請求や訴訟の手続が係属している場合には，そのかぎりでは，管財人の当事者適格が失われないと解すべきであろう。

権は，少なくとも従来は，詐害行為のみを対象とすると考えられていた[105]。第2に，権利行使の要件については，詐害行為取消権の場合には，債務者の詐害意思という主観的要件が必要とされているのに対して（民424 I 本文），否認権の場合には，偏頗行為否認についてだけでなく，詐害行為否認についても，更生会社に関する主観的要件を不要としている場合（86 I ②）がある。第3に，同じく債務者の無資力を前提としながら，詐害行為取消権が個々の債権者による行使を予定しているのに対して（民424 I 本文），否認権は，更生手続内ですべての利害関係人の利益のために管財人が行使する（95 I）。したがって，この2つの権利の間には，目的および内容などの一部について共通性こそ認められるものの，法律上の権利としては，両者は，別個・独立のものとみなされる[106]。

2 否認権行使をめぐる利害関係人

否認権は，更生債権者等を中心とする利害関係人全体の利益のために管財人によって行使される。更生債権者等などとしては，否認権の行使によって更生

---

104) 旧法では，主として詐害行為を対象として想定した，会社の害意を要件とする故意否認（旧78 I ①），主として偏頗行為を対象として想定した，会社の害意を要件としない危機否認（同②）および無償否認（同③）を基本類型としていた。しかし，行為類型と主観的要件とが交錯していたために，旧破産法についてと同様，本旨弁済の故意否認にみられるように，偏頗行為に対して故意否認が認められるか，危機否認の対象とされる「更生債権者又は更生担保権者……を害することを知つてした行為」（旧78 I ①本文）とは詐害行為を含むかなどの解釈問題を生じる原因となった。現行破産法の立法者は，これらの議論を踏まえて，詐害行為と偏頗行為の行為類型の区別を基本としながら，それぞれの内部において，行為の時期などを考慮しながら，主観的要件などを書き分ける手法をとり（一問一答新しい破産法219頁，新破産法の基本構造374，378頁参照），現行会社更生法も平成16年改正によって同様の規律を採用した（山本克己「否認権」新会社更生法の基本構造216頁参照）。

なお，現行法の下においても故意否認と危機否認概念の区別が，詐害行為否認の第2類型（破160 I ②）の理論構成にとって有益であるとするものとして，水元宏典「新しい否認権制度の理論的検討」ジュリ1349号61頁（2008年）がある。

105) 判例および学説について，注釈民法（10）823頁〔下森定〕参照。もっとも，判例は，債務者の害意が認められるときには，弁済なども取消しの対象となるとしており，最近の学説もこれを支持するものが多いので，それを前提とすれば，偏頗行為も取消しの対象となりうる（林錫璋「債権者取消権」星野英一ほか編・民法講座（4）141，167頁（1985年）参照）。しかし，現行会社更生法が詐害行為否認と偏頗行為否認を明確に区別したことが，詐害行為取消権に関する解釈論に対して影響を与える可能性がある。新破産法の基本構造380頁，潮見・債権総論 II 138頁，法制審議会民法（債権関係）部会・民法（債権関係）の改正に関する中間的な論点整理26頁以下（2011年）参照。

会社財産が増殖すれば[107]，それだけ更生計画による分配額が増加する可能性
があるから，適切に否認権が行使されることに利害関係をもつ。否認権を行使
すべきであるにもかかわらず，管財人がこれを怠ったり，また行使の態様が不
適切である場合には，利害関係人は裁判所に対して監督権の発動を促したり
（68Ⅰ），管財人の解任を申し立てたり（同Ⅱ），あるいは管財人の善管注意義務
違反を問うことができる（80）。

　これに対して，否認権が行使されると，対象行為の受益者や転得者は，更生
会社財産を原状に回復すべき義務を負うから（91Ⅰ），債権の復活（92）や反対
給付返還請求権の行使（91の2）などの余地はあるものの，不利益を受けざる
をえない。詐害行為についてみると，たとえ受益者が更生会社から廉価で財産
を譲り受けたとしても，平常時であれば，その法律的効力は何ら問題とされな
いはずである。ところが，更生会社が無資力であったことを理由に，後に売買
が否認されると，売主の財産状態について注意を払わないのが通常である買主
としては，取引の安全を害される。まして，その売買が相当の代金を支払って
なされているときには，取引の安全を重視しなければならない。そこで，この
種の行為に対する否認可能性を検討するにあたっては，更生会社の詐害意思お
よび詐害性についての受益者の悪意を要求するほかに（86Ⅰ①），対価の適正さ
や（86の2），さらに行為の有害性や不当性など一般的要件をも考慮せざるをえ
ない。

　偏頗行為についても同様の考慮が必要である。債務者から弁済を受けること
は，債権者にとって当然の行為であり，ある債権者が他の債権者より優先して

---

106) たとえば，総破産債権者の詐害行為取消権について消滅時効が完成していても（民
426前段），破産管財人の否認権行使は妨げられない（最判昭和58・11・25民集37巻9
号1430頁〔倒産百選24事件〕）。また，詐害行為取消権は抗弁として行使しえないのに対
して（最判昭和36・6・12民集18巻5号764頁），否認権は抗弁として行使しうる（95）
という相違点もある。法律要件事実の視点から詐害行為取消権と否認権の異同を明らかに
したものとして，永石一郎「要件事実的観点からみた改正否認権」法の支配135号62,
82頁（2004年）参照。

　なお，管財人が受継した詐害行為取消訴訟（52の2Ⅱ）において，否認権ではなく，詐
害行為取消権を基礎づける事実を主張できるか，また管財人が否認訴訟に代えて詐害行為
取消訴訟を提起できるかなどの問題があるが，いずれも否定すべきである（本書432頁注
240参照）。

107) したがって，否認権の行使によって回収が見込まれる財産は，管財人による財産評定
（83Ⅰ。本書509頁参照）の対象となり，また，清算価値保障原則（本書631頁参照）の
基礎ともなる。

弁済を受けたからといって，そのこと自体は何ら法的非難に値しない。しかし，更生会社の無資力が明らかになっている危機時期においては，この一般原則をあえて修正して，債権者平等の理念を優先させ，いったん受けた給付を否認権の行使によって更生会社財産に返還させることとしている（86の3Ⅰ）。しかし，この場合にも，受益者が不測の損害を受けないよう，危機時期であることについての受益者の悪意を要求するなどのほかに，債権者平等に実質的に背馳するか（同柱書かっこ書参照），さらに有害性や不当性など一般的要件に照らした検討が必要である。

さらに，否認権行使によってその財産が増殖する更生会社についても，不利益が考えられないわけではない。危機時期において会社としては，その所有財産を売却して事業の運転資金をえたり，また，救済融資を受ける見返りとしてその財産に担保権を設定したりすることによって，破綻を回避しようとする。しかし，こうした行為が後に否認の対象とされる可能性があれば，第三者としては，会社との取引を拒絶するようになり，いったん危機に陥った会社は，破綻回避の手段に窮する。したがって，会社と利害関係人との利益の調和を図るために，行為のなされている時期や行為の目的などを考慮して，否認の成否を決せざるをえない。旧法下の解釈論を前提として，現行法が相当の対価をえてした財産の処分行為の否認についての特則（86の2）や同時交換的取引保護のための規定（86の3Ⅰ柱書かっこ書）を置いている背後には，上記のような意味での会社の利益に対する配慮がある（本書397頁参照）。

また，否認の成立が見込まれる事案でも，更生手続開始後の事業継続にとって相手方の協力を確保することが不可欠な場合においては，和解による解決などの可能性を探らなければならないことも考えられる。

第2項　否認の一般的要件

否認の要件は，詐害行為否認，無償行為否認あるいは偏頗行為否認という，それぞれの行為類型に即して規定されるが，それらの類型を通じる理論上の一般的要件として，行為の有害性と不当性がある[108]。

---

[108] 条解破産法1012頁，大コンメンタール624頁〔山本和彦〕。

1 有 害 性

　否認権が更生債権者等の利害関係人の利益を実現する目的をもつ以上，否認の対象となる行為は更生債権者等にとって有害なものでなければならない。もっとも，否認の対象となる行為に詐害行為と偏頗行為の2種類があることから，有害性もそれぞれの行為の性質に応じてその内容を異にする。有害性は，少なくとも詐害行為については，行為の詐害性の中に内包されるべきものであるが，旧法下の解釈論として有害性が一般的要件として主張されたのは，不動産の適正価格による売却や，本旨弁済など，それ自体をみれば詐害性をもたないと思われる行為について，周辺の事情から詐害性を肯定するための理論枠組みとして，あるいは担保目的物による代物弁済など，行為自体をみれば詐害性を肯定されるものについて，周辺の事情から詐害性を否定するための理論枠組みとして利用されたからにほかならない。

　たとえば，破産手続においては，特定財産の上の担保権は，破産手続によらないでその権利を実行し，満足を受けることが保障される（破2Ⅸ・65Ⅰ）。このことを前提とすれば，破産手続開始前に破産者が担保目的物を担保権者に代物弁済したときでも，被担保債権の弁済期が到来し，かつ，被担保債権額と目的物の価額との均衡がとれているかぎり，破産者の行為は破産債権者にとって有害とはいえないと解されている[109]。しかし，更生手続においては，この種の担保権も更生担保権として（2Ⅹ），更生手続によらない権利行使を禁止され（47Ⅰ・50Ⅰ），その権利を変更される可能性（167Ⅰ①・168Ⅰ①・205Ⅰ等）を前提として，更生計画による配分を受けることを考えると，破産手続と同様に有害性を否定することはできない。担保権消滅許可の可能性（104以下）も，このような結論を補強するものとなろう[110]。

　これに対して，金融機関の相殺期待が存在する預金を更生会社が引き出して，当該金融機関に弁済する行為については，以下の理由から有害性が否定される。

---

[109] 伊藤389頁参照。抵当権の設定された不動産を適正価格で売却し，売却代金を被担保債権の弁済にあてた事案について，否認の成立を否定した裁判例として，東京高判平成5・5・27判時1476号121頁がある。これに対して，所有権留保権者等が対抗要件等を欠く場合には，危機時期における権利行使は否認の対象となることにつき，福田修久「破産手続・民事再生手続における否認権等の法律問題 第1回 所有権留保に基づく自動車引上げがされた場合の否認等について」曹時64巻6号1頁（2012年）参照。

[110] このことは，たとえ担保目的物がいわゆるオーバーローンの状態にあり，また代物弁済が適正価格に相当する場合であっても変わりはない。本書386頁注133参照。

第3節 否 認 権　377

すなわち，相殺禁止規定（49・49の2）に該当せず，また前述の相殺の否認（本書368頁）が成立しないかぎり，更生計画の定めるところによらない相殺権の行使が保障されていることを考えれば（48Ⅰ），当該預金債権の価値が相殺期待によって把握されているとみられる。したがって，合理的相殺期待の対象となっている預金債権を原資とする弁済は，偏頗行為としての有害性を欠くとも考えられる[111]。

現行法の立法者も有害性の概念を前提として，その意義を明らかにするために，偏頗行為の外観をもちながらも詐害行為に該当する行為の否認（86Ⅱ），あるいは相当の対価をえてした財産処分行為の否認（86の2）などの規定を設けている。したがって，解釈論として有害性概念そのものに依拠しなければならない場面は大幅に減少した。しかし，上記の例のように，相殺期待の対象となっている債権を原資とする弁済に対する偏頗行為否認の成否などは，なお有害性をめぐる解釈論の対象として残されており，また，ある行為を否認の対象としてとらえる場合でも，回復されるべき利益の範囲などを検討する際には，基準として機能しうる[112]。

有害性を欠く行為は，詐害行為否認の対象にも偏頗行為否認の対象にもならない。もっとも，その立証に関しては，詐害行為否認では，管財人がする更生会社の行為の詐害性の立証の中に含まれるのに対して，偏頗行為否認では，弁済や代物弁済が原則として否認の対象となるところから，受益者の側で有害性の欠缺を立証すべきである。

2　不 当 性

行為自体が更生債権者等にとって有害なものであるとみなされる場合であっても，その行為がなされた動機や目的を考慮して，更生債権者等の利益を不当に侵害するものでないと認められるときには，否認の成立可能性が阻却されることがある。これを行為の不当性と呼ぶ。有害性と不当性の関係については，

---

[111] また，証券会社の倒産に伴い証券業協会等が特定の投資家に対する債務弁済のため特別融資した融資金による弁済について否認を否定した大阪高判平成元・4・27判タ704号268頁も，このような考え方にもとづくものと理解すべきである。担保目的物の差替えについても，目的物の価額が均衡していれば，原則として，有害性を欠くと考えるべきである。

[112] 否認の対象である行為の目的物が数個であって，可分性が認められる場合などが考えられる。本書445頁注274参照。

以下のように考えるべきである。有害性は，更生会社財産の確保および更生債権者等間の公平の実現にかかわるものである。これに対して不当性は，ある行為が更生債権者等にとって有害なものであっても，更生債権者等の利益より優先する社会的利益，たとえば事業の継続という社会的価値あるいは地域社会経済に果たしている事業体の役割などを考慮して，否認の成立可能性を阻却するための概念である。

有害性の概念が，更生手続の目的を実現するために，受益者などの利益を犠牲にしても更生債権者等のために更生会社財産を充実させなければならないとの要請にもとづくものであるのに対して，不当性の概念は，会社更生法秩序より高次の法秩序や社会経済秩序に照らしたときに，更生債権者等の利益を犠牲にしても受益者の利益を保持させるとの要請にもとづくものである[113]。

従来の判例の中では，事業の運転資金を捻出するための財産売却や担保の設定などが，不当性を欠く行為の例として挙げられていたが[114]，事業資金は，株式会社形態をとる介護施設など社会公益性の高い事業を維持するための資金，たとえば当該施設の運営を維持するために不可欠な労働者の賃金支払のための資金などでなければ，不当性の欠缺を基礎づけるものとはいえない。いずれにしても，不当性の欠缺は，否認の不成立を主張する受益者などの側の証明責任に属する。

3 更生会社の行為

否認権の行使は，法律行為またはこれに準じる行為にもとづく法律効果を更

---

[113] したがって，救済融資にあたって担保権を設定した場合に，貸付額と担保目的物の価額との間に均衡が認められれば，有害性が否定され（破86の3 I 柱書かっこ書），不当性を問題とする必要はない。仙台高判昭和53・8・8下民29巻5～8号516頁〔倒産百選30事件〕参照。また，私的整理における配当が不当性を欠くから危機否認の対象とならないと判示する裁判例として，岐阜地大垣支判昭和57・10・13判時1065号185頁があるが，これも有害性の問題に属する。

[114] 最判昭和42・11・9民集21巻9号2323頁〔債権者取消権〕，最判昭和43・2・2民集22巻2号85頁〔倒産百選〈初版〉94事件〕，最判昭和44・12・19民集23巻12号2518頁〔債権者取消権〕。学説については，注解破産法（上）439頁〔宗田親彦〕，櫻井孝一「否認の一般的要件（否認の対象）」破産・和議の実務と理論90，92頁参照。

　一般論として，不当性の欠缺を否認の成立の阻却事由として認めている判例も，実際には，担保の供与などについて，被担保債権額と目的物の価額との均衡を失し，有害性が認められるときには，「特別の事情がない限り」否認を肯定するとし，不当性の欠缺を理由として否認を否定することに消極的である（前掲最判昭和43・2・2，東京地判昭和51・10・27判時857号93頁）。

生債権者等に対する関係で失わせるものであるが，その行為の主体が更生会社に限定されるかどうかについては，破産法上の議論を反映した考え方の対立がある。行為の意義を広く解して，不作為まで含むものとしても[115]，相殺や代物弁済予約に関する予約完結権の行使については，債権者の行為があるのみで，更生会社の行為があるとはみられないし，また更生会社に代わって第三者が債権者に弁済をなしたときにも更生会社の行為がみられない。これらの場合にも，債権者や第三者の行為の結果が更生債権者等に有害であるとすれば，否認を考える必要があるが，否認の要件を定める法文（86・86の3等）は，更生会社の行為を否認の対象としているので，議論の対立が生まれる。

旧会社更生法下の考え方としては，旧破産法下の議論を引き継いで，①更生会社の行為がある場合に限られるとする説，②更生会社の行為の有無を問わないとする説，③故意否認（旧78Ⅰ①）においては更生会社の行為を要するが，危機否認（同②）においては不要とする折衷説の3つが存在し，近時は，折衷説が多数説となっていた[116]。これに対して，破産法上の否認に関する破産者の行為についての判例の考え方も必ずしも統一されていなかった。一方では，執行行為の否認（旧81）を故意否認として主張する場合には，破産者が悪意をもって強制執行を招致したか，破産者が自ら弁済をなしたとすれば悪意をもってなしたと認められる状況にあったかのいずれかを要求するが，危機否認を主張するのであれば，破産者の加功行為またはこれと同視される状況は必要がないとした[117]。また，破産者が加功して債権者の代物弁済予約完結権行使（民556Ⅰ）を誘致した場合にも，債権者の予約完結行為を危機否認の対象とする[118]。他方では，破産者の行った債権譲渡についてなされた第三債務者の承

---

115) 時効中断をなさなかった不作為が否認の対象となるものとして，大判昭和10・8・8民集14巻1695頁がある。

116) 山木戸189頁，谷口255頁，条解会更法（中）24頁。ただし，②の不要説もなお有力である（注解破産法（上）442頁〔宗田親彦〕，櫻井・前掲論文（注114）93頁など）。

117) 故意否認について，大判昭和14・6・3民集18巻606頁，最判昭和37・12・6民集16巻12号2313頁〔倒産百選〈初版〉40事件〕。危機否認について，最判昭和48・12・21判時733号52頁，最判昭和57・3・30判時1038号286頁〔倒産百選35事件〕がある。また，仮登記仮処分の方法によってなされた抵当権仮登記を旧会社更生法80条（現会更88）にもとづいて否認する場合にも，破産者に相当する更生会社の行為は必要ないとする下級審裁判例がある（東京地決昭和53・3・3下民29巻1～4号115頁〔新倒産百選42事件〕）。

118) 最判昭和43・11・15民集22巻12号2629頁。

諾（民467 I），あるいは債権者による相殺の意思表示（民506 I 前段）などの危機否認に関しては，破産者の行為が認められないから，否認の余地がないとしている[119]。このような判例は，いずれも更生会社の行為に置き換えることができよう。

現行法は，否認類型として故意否認と危機否認に代えて，詐害行為否認と偏頗行為否認とを採用した。詐害行為否認のうち，更生会社の害意を要件とする場合には（86 I ①・86の2 I ②），それを認定するための資料としても，更生会社自身の行為もしくは更生会社の加功行為またはそれと同視される第三者の行為が要求される[120]。これに対して，詐害行為否認でも更生会社の主観的要件が不要とされる場合（86 I ②），無償行為否認（同Ⅲ）の場合および偏頗行為否認などの場合（86の3 I）には，たとえ第三者の行為であっても，その効果において更生会社の行為と同視されるものが認められれば，それについて否認の成立を認めてよい。法文からみても，更生会社の行為をまったく不要とするのは，解釈論として行き過ぎであるが，第三者の行為が債務消滅などの効果の点で更生会社の行為と同視されるものであれば，否認が認められる[121]。

4 更生会社の組織法上の行為——会社分割の否認可能性

否認権は，更生手続開始前になされた行為の効果を覆減し，逸出した財産を更生会社に取り戻すための手段であるから，その対象となるべき行為も，会社財産に関する財産上のものを想定している。しかし，会社の組織再編行為，すなわち合併や会社分割などの行為は，その法的性質は財産上のものではなく，会社の組織を変更する組織法上のものであるが，更生会社財産の包括承継または一般承継という効果を生じさせるところから，場合によっては，更生債権者等を害するものとして，否認の可能性を検討しなければならない。以下では，

---

119) 最判昭和40・3・9民集19巻2号352頁〔倒産百選〈初版〉37事件〕（債権譲渡における債務者の承諾），前掲最判昭和41・4・8（注60）〔相殺〕。立法論としてこの点を問題とするのは，加藤哲夫・研究295, 303頁である。
120) 条解破産法1016頁，中島335頁も同旨。なお，形式的には第三者の行為であるが，更生会社の依頼にもとづいて更生会社の計算によってなされた代位弁済のように，実質的に更生会社の行為とみられるときには，否認の対象となる（大阪地判昭52・9・21判時878号88頁〔破産〕）。

なお，行為の主体と認識の主体は別であるとして，旧破産法下の故意否認において破産者の認識は要求されるが，破産者の行為は不要とする有力説があったが（宗田・研究20頁，注解破産法（上）443頁〔宗田親彦〕），しかし，法文上では（破160 I ①・旧破72 ①），認識の主体と行為の主体が一致しているとみるべきである。

濫用的会社分割として近時議論が多い単独新設会社分割を主たる検討の対象とする。

(1) 事業譲渡

事業譲渡は，事業目的のために一体として組織化された財産の移転であり，その実際的効果についてみると，会社分割などの組織再編行為と類似する側面を有するが[122]，行為の性質自体としては，財産上の行為であり，また，事業を構成する債務や契約上の地位等の移転に関しては，相手方の個別的同意を要するのが原則である[123]。しかし，承継の対象とならない会社債権者の利益は，その対価が不当に廉価であれば，害されることになるので，詐害行為否認（86Ⅰ）の可能性がある。その対価の種類としては，債務が承継されることによって譲渡会社が免れる債務あるいは譲渡会社から交付される金銭や譲受会社の株式等が考えられる。また，相当な価額であっても，対価の隠匿等の処分をする

---

[121] 現行法でも，更生会社または破産者の行為の要否については，立法的解決が図られてはいない（立案過程における議論については，大コンメンタール 623 頁〔山本和彦〕参照）。なお，具体的問題として，第三者による債権者の銀行口座への振込みを破産者による弁済と同視して危機否認の対象とできるかどうかという点がある。下級審判例では，考え方が分かれていた。福岡高判昭和 62・2・25 判タ 641 号 210 頁〔新倒産百選 34①，山本克己解説〕，名古屋高金沢支判昭和 62・6・24 判時 1242 号 59 頁〔新倒産百選 34 事件，山本克己解説〕，伊藤眞「退職金の共済組合への払込みと危機否認の成否」私法判例リマークス 1 号 257 頁（1990 年）参照。しかし，最高裁判例は，危機否認については破産者の主観的意図は問題とならず，その効果として破産者による弁済と同視される第三者の行為が否認の対象となるという判断を示した（最判平成 2・7・19 民集 44 巻 5 号 837 頁〔倒産百選 25①事件〕，最判平成 2・7・19 民集 44 巻 5 号 853 頁〔倒産百選 25②事件〕，最判平成 2・10・2 判時 1366 号 48 頁）。

これに対して，孫請業者の債権者代位権行使に応じて元請業者が破産者である下請業者に対する債務を孫請業者に支払う行為は，破産者による弁済と同視されないので，否認の対象とならない（大阪高判平成 16・6・29 金法 1727 号 90 頁〔破産〕）。

[122] 最判昭和 40・9・22 民集 19 巻 6 号 1600 頁は，事業譲渡（営業譲渡）について，「一定の営業目的のため組織化され，有機的一体として機能する財産（得意先関係等の経済的価値のある事実関係を含む。）の全部または重要な一部を譲渡し，これによつて，譲渡会社がその財産によつて営んでいた営業的活動の全部または重要な一部を譲受人に受け継がせ，譲渡会社がその譲渡の限度に応じ法律上当然に同法 25 条〔平成 17 年改正前商法 25 条，現行商法 16 条，会社法 21 条相当──筆者注〕に定める競業避止義務を負う結果を伴うものをいう」と定義する。しかし，会社法の解釈としては，競業避止義務より得意先関係の移転があることを事業譲渡該当性の要件とすべきであるとの見解が有力であり（江頭 884 頁），否認の対象とすべき事業譲渡についても，このような考え方をとるべきであろう。なお，更生計画の定めによらない事業譲渡（46）および更生計画による事業譲渡については，本書 518, 598 頁参照。

[123] ただし，特別法上の例外はある。江頭 883, 886 頁参照。

おそれを現に生じさせるものであれば，なお，否認（86の2）の可能性がある[124]。

そして，事業譲渡が否認されたときには，その効果が一体として覆滅され（91 I），譲渡の対象となった財産全体が更生会社に復帰する一方[125]，相手方は，その対価を返還する請求権を共益債権または更生債権として行使する（本書452頁）。

(2) 会 社 分 割

事業譲渡と異なり，会社分割は，資産や債務の移転という財産法上の効果の前提として，新設分割計画による新会社の設立という組織法上の行為がある（会社2③⓪参照）。そして，消滅会社の資産および債務が包括的に存続会社や新会社に移転する合併（会社2㉗㉘・750 I・754 I）と異なって，新設会社分割の場合には，分割会社がその事業に関して有する権利義務の全部または一部を新設会社に包括的に移転させることができる（会社764 I）。その経営が困難に直面している会社の場合には，収益性の良い事業部門と悪い事業部門とを切り離し，前者のみを承継会社または設立会社に移転し，後者は，分割会社に残すことによって事業の再生を図ろうとするために，会社分割，特に単独新設分割の手法が多用されるといわれる。

加えて，会社法制定前は，分割会社および新設会社がそれぞれ負担する債務の履行の見込みがあることが会社分割の実体的な要件と解されていたこととの

---

124) 詐害行為否認を認めた裁判例として，東京地決平成22・11・30金商1368号54頁がある。

なお，事業譲渡に際して，一部の更生債権等が譲受会社に免責的に承継される場合がある。このような場合には，実際上，承継された更生債権者等と残存する更生債権者等との間に不平等が生じ，事業譲渡が偏頗的色彩を帯びることは否定できない。しかし，行為の法的性質としては，あくまで譲受人に対する財産移転行為であり，承継債権者に対する債務消滅や担保提供ではないので，詐害行為否認，すなわち事業譲渡が廉価で行われたか（86），相当の対価によるものであっても，隠匿等の処分をするおそれを現に生じさせるものであったか（86の2）という判断枠組の中で否認の成否を検討すべきである。

125) たとえば，事業譲渡にともない，買掛金等の債務が承継され，譲受人が更生手続開始前にそれを弁済した後に，事業譲渡が否認されたとする。その結果として，譲受人のした弁済は，第三者弁済となるから，譲受人は求償権を行使できる（民702 I Ⅲ）。この求償権は，更生債権となる。

実際には，事業譲渡を否認して，譲受人に移転した権利義務を更生会社に戻すことは，取引関係に混乱を生じ，更生会社の事業価値を損なうおそれが大きく，否認対象行為の目的物そのものを更生会社に回復することがその財産価値保全という意味で困難であるという理由から，価額償還請求（本書449頁）を認めるべきである。

関係で[126]，債務超過会社を分割会社とする会社分割は実際上困難であったが，会社法下では，そのような制約が消滅したことにともない[127]，会社分割の手法によって，債務超過会社の事業部門の再生を図る実例が激増している。

　問題は，このような形で行われる新設分割が会社債権者の利益を害さないかどうかである。新設分割に対して異議を述べることができるのは，分割会社の債権者のうち会社分割後に分割会社に対し債務の履行を請求できなくなる者に限られる（会社810 I ②）[128]。これらの者は，その意思にかかわらず，新設会社の債権者とされ，かつ，分割会社が当該債務について重畳的債務引受けも連帯保証も行わない場合には，免責的債務引受け類似の効果を甘受せざるをえないためである。これに対して，分割会社に対し債務の履行を請求できる債権者は，分割会社が新設会社から，移転した純資産の額に等しい対価を取得するはずであるから，会社分割に対する異議を述べる資格を与えられない[129]。

　ところが実際には，新設会社に移転されるのは収益性の高い事業部門であり，そこに承継される債権者は，既存の債権の弁済のみならず将来の取引利益をも期待できるにもかかわらず，分割会社に残されるのは，収益性のない事業部門であり，分割会社は，早晩清算され，分割会社に残された債権者は，その清算価値から比例的満足を受けるにすぎないという結果が生じやすく，分割会社に残された債権者と新設会社に承継された債権者との間に不公平感が生じ，これに加えて，分割の対価として受領した新設会社の株式が分割会社の財産として保全されていないことが多く，会社更生などの手続に入った分割会社の管財人が否認権を行使することを通じて，新設会社へ移転した財産の返還またはそれに代わる価額賠償を求められないかというのが，問題の背景である[130]。

　最高裁判例および下級審裁判例も，会社分割に関して否認権または詐害行為

---

126)　したがって，債務の履行の見込みが認められないことは，分割無効の理由とされていた。会社法コンメンタール（17）268頁〔神作裕之〕参照。
127)　会社法施行規則183条6号などでは，事前開示事項の一つとして，債務の履行の見込みに関する事項が定められているが，これを根拠として，債務の履行の見込みを会社分割の効力要件とするのは困難といわれる。神田352頁，会社法コンメンタール（17）271頁〔神作裕之〕，相澤哲ほか編著・論点解説新・会社法　千問の道標674頁（2006年）参照。ただし，江頭840頁は反対。
128)　もっとも，会社法制定前のいわゆる人的分割に相当する場合，すなわち，分割会社が分割対価である株式等を株主に分配する場合には，分割会社の債権者も異議を述べることができる（会社810 I ②第2かっこ書。江頭833頁）。
129)　以上は，江頭845頁，会社法コンメンタール（18）347頁〔伊藤壽英〕による。

取消権の行使を認め[131]，会社分割を詐害行為として，分割計画書の内容として設立会社に移転した資産の返還またはその価額相当額の金銭の償還を命じている。

検討すべき問題としては，第1に，組織法上の行為としての性質を有する会社分割が更生会社財産の回復を目的とする否認権の行使対象たりうるか，第2に，否認の対象たりうるとすれば，否認の類型は，詐害行為否認か偏頗行為否認か，第3に，否認の要件として捉えるべき事実は何か，第4に，否認の効果として，管財人はどのような給付を求めることができ，逆にどのような義務を負うかという4点に集約できる[132]。第1の問題については，否認の目的は，組織法上の行為である新設会社の設立を否定することではなく，分割会社から新設会社への資産の移転の効果を覆滅することであるから，組織法上の行為は否認の対象たりえないという原則と矛盾するものではない（本書259頁注26参照）。

第2および第3の問題については，新設会社に承継される債権者（承継債権者）は，その債権を全額弁済される見込みがあるのに対して，分割会社に残される債権者（非承継債権者）は，残存の不良資産と分割にあたって交付される新設会社の株式（交付株式）の清算価値から満足を受ける以外になく，両者の間に不平等が生じることに着目して偏頗行為否認の成立を主張する学説も有力

---

130) 議論の内容は，岡伸浩「濫用的会社分割と民事再生手続」NBL922号6頁（2010年），内田博久「倒産状態において行われる会社分割の問題点」金法1902号54頁（2010年），難波孝一「会社分割の濫用を巡る諸問題」判タ1337号20頁（2011年），神作裕之「濫用的会社分割と詐害行為取消権（上）（下）」商事法務1924号4頁，1925号40頁（2011年），岡正晶「濫用的会社分割」ジュリ1437号66頁（2012年），第一東京弁護士会総合法律研究所倒産法研究部会編著・会社分割と倒産法（2012年）など参照。

131) 最判平成24・10・12裁判所ウェブサイト〔詐害行為肯定〕，福岡地判平成21・11・27金法1911号84頁〔否認肯定〕，福岡地判平成22・9・30判タ1341号200頁〔否認肯定〕，大阪高判平成21・12・22金法1916号108頁〔詐害行為取消肯定〕，東京地判平成22・5・27判時2083号148頁〔詐害行為取消肯定〕，東京地判平成23・1・14判例集未登載〔否認肯定〕，名古屋地判平成23・7・22判時2136号70頁〔否認肯定〕，福岡高判平成23・10・27金法1936号74頁〔詐害行為取消肯定〕など。

その他，法人格否認の法理を適用して，新設会社が分割会社の債権者に対して責任を負うべきことを判示するものとして，福岡地判平成22・1・14金法1910号88頁，東京地判平成22・7・22金法1921号117頁，会社法22条1項の類推適用によって設立会社の責任を認めるものとして，東京地判平成22・11・29判タ1350号212頁がある。

132) 以下の議論の詳細については，伊藤眞「会社分割と倒産法理との交錯——偏頗的詐害行為の否認可能性」（第一東京弁護士会総合法律研究所倒産法研究部会編著・前掲書〔注130〕18頁以下所収）参照。

である。確かに，経済的実質からみると，交付株式が十分な価値を有しない場合には，分割によって承継債権者と非承継債権者との間に偏頗な状態が生じることは否定できない。しかし，法律的には，分割によって承継債権者が弁済や担保の提供を受けるという構成をとることは困難であり，また管財人が新設会社ではなく，承継債権者を受益者として偏頗行為否認を主張することも現実性がない。したがって，会社分割を偏頗行為否認の対象とすることはできず，詐害行為否認を検討する以外にない。

　分割会社から新設会社への資産の移転を詐害行為否認の判断枠組でとらえようとすれば，その対価が何であるかが問題となる。対価としては，承継される債務と交付株式の2種類が考えられるが，分割会社がすでに債務超過の状態にあることを前提とすれば，債務を免れることによる利益は，その額面額ではなく，分割会社の資産のうち承継債務の責任財産となるべき部分の対価（実価）に基づいて判断されるべきであるから，それを超える資産の移転は，正当な対価なくして行われたものとみるべきである。

　次に，交付株式については，管財人の側からは，詐害行為性の評価根拠事実として，新設会社の純資産額にもとづいて，それが十分な価値を有するものでないことを主張し，新設会社の側からは，評価障害事実として，株式に表象される新設会社の事業価値にもとづいて，それが十分な価値を有することを主張することとなる。その際には，分割会社が交付株式を廉価で処分したことや，新設会社が直後に第三者割当増資を行って，交付株式の価値が下落したことなどが評価障害事実の信憑性を判断するための材料となる。

　上記の結果として，債務の承継および交付株式が資産の移転の相当な対価とみなされれば，法86条にもとづく詐害行為否認の成立が阻却され，管財人がなお否認を主張しようとすれば，法86条の2にもとづいて，資産が交付株式に代わったことが，隠匿等の処分をするおそれを現に生じさせたことや，分割会社の隠匿等の処分意思の存在を主張立証する（本書392頁）。その際には，分割計画が秘密裡に立案遂行されたことなどが，隠匿等の処分意思の認定にかかる事情となろう。

　第4の問題についてみると，法86条または86条の2にもとづく否認が成立する場合には，管財人は，新設会社に対して移転資産の返還を求めることになるが，すでに新設会社の事業がその資産を基礎として行われている以上，資産

そのものの返還は不可能または困難であると思われるので，その価額の償還を請求することになる（本書449頁）。これに対して新設会社は，対価として承継した債務（実価）の引受けや交付株式の返還を管財人に対して求めることとなるが，実際には，それらの金額を控除した金額が資産に代わる価額償還請求権の内容となろう（本書453頁）。

第3項　否認の個別的要件

以上の一般的要件を前提として，以下では，詐害行為否認，偏頗行為否認および無償行為否認の3類型に即して，それぞれの個別的な要件について説明する。

1　詐害行為否認

詐害行為否認（86 I）については，行為の時期に応じて，2つの類型に分けられる。第1類型は，時期を問わず詐害行為を対象とするものであり，詐害行為および更生会社の害意の2つが否認の積極要件であり，詐害についての受益者の善意が消極要件である（同①）。第2類型は，支払停止または更生手続開始，破産手続開始，再生手続開始もしくは特別清算開始の申立て（支払停止等と呼ばれる）後の詐害行為であり，詐害行為の存在が積極要件であり，支払停止等および詐害についての受益者の善意が消極要件である（同②）。

(1)　詐害行為否認の共通要件——詐害行為

詐害行為の存在は，いずれの場合にも共通の要件とされているが，その意義は，更生会社財産を絶対的に減少させる行為[133]であり，その点に詐害性が認められる。財産の廉価売却などがその代表例である。ただし，そうした行為が詐害性を帯びるのは，債務者である更生会社が債権者に対して責任財産を維持することが求められる時期に入っていることが前提となる。平常時であれば，債務者は自らの財産処分の自由を認められるから，たとえ廉価売却であっても，それが詐害行為とされることはない。しかし，破産原因たる支払不能や債務超過状態が発生し，またはその発生が確実に予測される時期（これを実質的危機時期と呼ぶ）が到来すれば，合理的理由のないままに債務者が責任財産を減少させる行為は，詐害行為と評価される[134]。

旧法下では，弁済のような債務消滅行為について故意否認が成立するかどうかが争われ，判例・通説はこれを肯定していた[135]。しかし，現行法は，詐害行為否認と偏頗行為否認とを区別する立場から，偏頗行為，すなわち担保の供

与および債務消滅行為は，詐害行為否認の対象としないことを明らかにしている（86 I 柱書かっこ書）。旧法下で債務消滅行為，特に本旨弁済の故意否認が肯定されたのは，偏頗行為に対する危機否認が，原則として支払停止または破産，再生手続開始，更生手続開始，整理開始もしくは特別清算開始の申立て（支払の停止等と呼ばれる）後に限定され（旧78 I ②本文），それ以前の実質的危機時期

---

133) ここで絶対的にという意味は，廉価売却にみられるように，当該行為自体にもとづいて更生会社財産の減少を生じさせることを意味し，偏頗弁済のように，消滅する債務の実価と減少する財産との経済価値を比較してはじめて，更生会社財産の減少が認められるものと区別する趣旨である。
　したがって，債権者に対する責任財産に含まれない会社財産の処分などは，詐害行為にあたらない。この点に関してしばしば議論されるのが，保険金受取人の変更行為である。具体例としては，代表取締役を被保険者，会社を保険契約者兼保険金受取人とする生命保険契約がある場合に，会社が保険金受取人を代表取締役の近親者に変更する行為が，詐害行為として否認の対象となるかどうかが争われる。保険金受取人の指定変更権の性質などを理由とする否定説も有力であるが（東京高判平成 17・5・25 金法 1803 号 90 頁），この種の保険契約は，もっぱら会社の財産上の利益実現を目的とするものとみられるから，否認の対象たりうるとするのが相当である。詳細については，岡山忠広「保険契約の保険金受取人変更と詐害行為取消権・否認権の行使」判タ 1267 号 30 頁（2008 年）参照。
　また，形式的には破産者の関連会社の預金債権であっても，実質的出捐が破産者によることを理由として，預金債権が破産者に帰属する財産であるとし，それについての質権設定を詐害行為とした裁判例として，東京地判平成 20・6・30 判時 2014 号 96 頁があり，更生会社についても同様に考えるべきである。
　なお，オーバーローンの物件を無償で第三者に譲渡する行為も，担保権消滅許可の可能性や更生計画による更生担保権の変更可能性を考慮すれば，否認可能性が当然に排除されるとはいえない（本書 376 頁注 110 参照）。
134) 破産手続開始原因たる事実の発生が確実に予測される時期においては，詐害行為を禁止するという範囲で，債権者が債務者の財産管理に介入できることを意味する。支払不能状態または債務超過状態における更生会社の行為のいずれもが詐害行為とされうる趣旨である。新破産法の基本構造 385 頁参照。これに対して，詐害行為の基礎を債務超過のみに限定し，さらにそれが現に発生している場合にのみ詐害行為の成立を認める有力説がある。同 386 頁。なお，債務超過の判断基準は，時価により（本書 512 頁参照），行為の結果として債務超過に陥った場合を含む。
　更生手続の場合には，破産手続開始の原因となる事実が生じるおそれがある場合が開始原因事実とされており（17 I ①），このようなおそれが生じたと認められる時点以降の行為を詐害行為として捉えることも十分に可能であろう。したがって，ここでいう実質的危機時期は，支払不能と同視される状態よりも広く，破産原因前兆事実が生じた状態と対応する（本書 39 頁参照）。
135) 条解会更法（中）51 頁，伊藤・破産法〈第 3 版補訂版〉342 頁，条解破産法 1019 頁，大コンメンタール 622 頁〔山本和彦〕参照。判例は，大判昭和 7・12・21 民集 11 巻 2266 頁，大判昭和 8・12・28 民集 12 巻 3043 頁，大判昭和 15・9・28 民集 19 巻 1897 頁〔倒産百選〈初版〉7 事件〕，最判昭和 42・5・2 民集 21 巻 4 号 859 頁〔倒産百選〈第 3 版〉26 事件〕がある。

における否認可能性がないことを補完するためであった。現行法は，債務消滅行為を詐害行為否認の対象としないことによって，否認の範囲を限定しているが，他方，偏頗行為否認について，支払停止発生前の支払不能状態における行為も対象とすることによって（86の3Ⅰ①），旧法下の債務消滅行為の故意否認の実質を立法化している。

ただし，債務消滅行為であっても，債務額を超過する価値をもつ目的物による代物弁済などは，その超過部分に関するかぎり詐害行為としての性質をもつ[136]。これを詐害的債務消滅行為と呼ぶ。これについては，当該行為がなされた時期に応じて詐害行為否認が認められる（86Ⅱ）。超過部分の有無を判定するための目的物の評価は，行為時を基準とする。

(2) 詐害行為否認の第1類型固有の要件——詐害意思および受益者の悪意

次に，詐害行為否認の第1類型に固有の要件としての更生会社の詐害意思について説明する。かつては，旧破産法に関して，故意否認の要件としての詐害意思の内容について，債権者に対する加害の認識をもって足りるとする認識説と，より積極的な加害の意図を要求する意思説とが対立していた。前者は通説が採用するもので，行為の結果として破産債権者のための共同担保たる責任財産が減少し，破産債権者の満足が低下する旨の認識があれば十分とする。後者は，かつての判例が採用するもので，いずれも旧法下の本旨弁済に対する故意否認に関する事案において，否認を可能にするための加重的要件として，加害の意思を求めていたと理解される。しかし，判例も近時は，一般論として認識説をとることを明らかにし，この対立は解消された[137]。

本書も，破産法に関する解釈と同様に，詐害行為否認の第1類型における詐

---

136) 一問一答新しい破産法233頁参照。たとえば，債務額が100万円で代物弁済の目的物の価値が100万円であれば，両者が均衡しており，超過部分はなく，法86条2項の否認は成立しない。危機時期においては，債権の実価が低落するから，均衡に欠けるとの議論もありうるが，法86条2項が基準としているのは，あくまで法律上の債務額である。

137) かつての判例は，前掲大判昭和8・12・28（注135），前掲大判昭和15・9・28（注135），近時の判例は，最判昭和35・4・26民集14巻6号1046頁〔詐害行為取消権〕，通説は，中田156頁，山木戸192頁，谷口257頁，注解破産法（上）464頁〔宗田親彦〕，基本法115頁〔池田辰夫〕である。現行法下の学説としては，条解破産法1020頁，大コンメンタール628頁〔山本和彦〕参照。なお，詐害行為取消権についても，詐害行為否認についても，行為の類型ごとに詐害の認識を判断すべきであるとする相関関係説が有力であるが（潮見・債権総論Ⅱ136頁，条解会更法（中）53頁など），詐害意思を認定する際の事情ととらえれば足りる。

害意思の内容について認識説を前提とする。旧法と異なって偏頗行為がこの類型の否認の対象とされないことが明らかになったことを踏まえれば、自らが実質的危機時期の状態にあること、および当該行為が責任財産を減少させる効果をもつことの認識があれば、詐害意思が肯定される。

　詐害行為否認の第1類型における消極的要件は、詐害、すなわち更生会社の行為が責任財産減少につながることに関する受益者の善意である。受益者の側で善意であることの証明責任を負う[138]。善意であったことについて受益者に過失があったかどうかは問題とならない。受益者は、更生会社の財産状態について注意義務を負っているわけではないからである[139]。

　詐害的債務消滅行為についても、詐害の限度で、第1類型による否認が認められる（86Ⅱ）[140]。なお、偏頗行為には債務消滅行為と担保供与行為が含まれるが（86の3Ⅰ柱書かっこ書参照）、ここで債務消滅行為のみが対象とされているのは、代物弁済などの債務消滅行為の場合には、目的物の価値が更生会社財産から逸出するのに対して、過剰な担保供与がなされても、それが担保である以上、過剰部分の価値は更生会社財産に保持されているとみられるからである[141]。

---

138) 前掲最判昭和37・12・6（注117）。
139) 最判昭和47・6・15民集26巻5号1036頁〔倒産百選〈初版〉35事件〕。もっとも、合理的取引人として、詐害の事実を当然知りうる状況にあったときには、悪意が推定される。その例として、東京地判昭和57・1・21判時1053号169頁がある。なお、倒産実体法の研究（7）145頁〔我妻学〕は、立法論として、受益者に重過失不存在の証明を要求する。
140) 法86条2項は、本来は詐害行為否認の対象とならない債務消滅行為であっても、詐害性を有する部分を限度として否認を認める意義を有する。適用対象となる詐害的債務消滅行為は、支払不能等前のものと後のものの双方を含むが、支払不能後のものについては、債務消滅行為全体に偏頗行為否認の規定（86の3）が適用されるから、その否認の成立が見込まれるかぎり（条解破産法1023頁参照）、実際には、法86条2項の適用を主張する意義は少ない。ただし、法86条2項にもとづく超過部分のみの否認は、無償否認に類するものであるから、それによって相手方の債権が復活することはないが、法86条の3にもとづいて全体が否認されれば、給付の返還または価額の償還によって相手方の債権が復活する（92）。
　　なお、債務額を超えた価値を有する目的物による支払不能前の代物弁済が詐害的債務消滅行為として否認された場合には、相手方は、目的物が不可分であれば、超過部分相当の金銭を支払う義務を負うものと解される。新破産法の基本構造388頁参照。
141) 過大な質物の提供とともに、流質契約（商515、民349）が締結され、質流れの際の清算義務も課せられないような場合は、代物弁済に類すると考えるべきである。

(3) 詐害行為否認の第2類型固有の要件――形式的危機時期および受益者の悪意

同じく詐害行為であっても，支払停止[142]等の発生後になされたものについては，詐害意思は否認の要件とされない。支払停止等の事実の発生によって債務者の財産状況の悪化が決定的な段階になった以上，財産を維持すべき債務者の責任も，その主観的認識を離れて，客観的なものとなることが，詐害意思を要求しない理由である[143]。ただし，受益者の利益を不当に害することは許されないので，受益者が，行為の当時支払停止等の事実および更生債権者等を害する事実について善意であることを主張・立証した場合には，否認を免れる。また，更生手続開始申立て等（更生手続開始，破産手続開始，再生手続開始または特別清算開始の申立て。86の3Ⅰ①柱書かっこ書）の日から1年以上前にした詐害行為は，支払停止後の行為であること，または支払停止の事実を知っていたことを理由として否認することはできない（90）。更生手続等の手続と牽連性の薄い支払停止後の行為を否認の対象外とすることによって，受益者を保護する趣旨である（本書399頁参照）。

なお，詐害的債務消滅行為についても，詐害の限度で，第2類型による否認が認められる（86Ⅱ）。

(4) 相当の対価をえてした財産の処分行為の否認

弁済資力が不足している実質的危機時期において，更生会社がその財産を廉価で売却することは，責任財産を絶対的に減少させる行為として，詐害行為否認の対象となる。これに対して，財産を適正価格で売却したときになお詐害行為否認の余地があるかどうかについては，旧法下で考え方の対立があった。適正価格で売却すれば，当該財産は責任財産から失われる代わりに，その対価が責任財産に組み入れられるから，更生会社の行為は詐害性を欠くはずである。事実，動産の適正価格による売却については，否認の可能性が認められな

---

142) 支払停止の意義については，本書398頁参照。法88条に相当する旧破産法74条にいう支払停止の意義につき，最判昭和60・2・14判時1149号159頁は，債務者が債務整理の方法等について債務者から相談を受けた弁護士との間で破産申立ての方針を決めただけでは，他に特段の事情のないかぎり，未だ内部的に支払停止の方針を決めたにとどまり，債務の支払をすることができない旨を外部に表示する行為をしたとすることはできないと判示する。

143) したがって，債権者や株主による更生手続開始申立て（17Ⅱ）がなされ，その事実を会社が知る前になされた詐害行為も否認の対象になりうる。

い[144]。ところが、不動産に関しては、判例・通説は否認の可能性を認める[145]。すなわち、不動産は、債権者に対する責任財産としてもっとも確実なものであるが、それが売却されたり融資の担保とされると、更生会社が、金銭化された不動産の価値を費消、隠匿しやすくなり、責任財産の実質的減少とみなされるというのである。したがって、売却が私的整理の一環として公正な方法で行われるとか、対価たる金銭がそのまま保管されているなど、有害性を否定すべき特別の事情がないかぎり、不動産の適正価格による売却および融資額に見合った担保の設定も詐害行為とする。

これに対する批判としては、適正価格で買い受けたにもかかわらず、後に売主について更生手続が開始したことによって否認が認められるのでは、買主の地位が不安定になり、取引の安全を害し、ひいては危機に陥った者が、不動産を売却したり担保を設定したりして金融をえる途を閉ざすことになると主張される。しかし、近年の通説は、受益者が詐害についての善意を立証すれば故意否認の成立は阻却されるから（旧78Ⅰ①但書）、むやみに取引の安全が害されることはないとし、また、真にやむをえない目的のために更生会社が行った売却等であれば不当性が否定されるから（本書377頁参照）、その面で否認の成立可能性が阻却され、更生債権者等の利益を害することはないとして、判例に賛成する。

以上のような旧法下の議論を前提として、現行法は新たに、相当の対価をえてした財産の処分行為の否認という規律を、詐害行為否認に関する特則として設ける（86の2）。すなわち、更生会社の財産処分行為[146]において相手方が相当の対価[147]を支払っている場合には、以下の特別の要件が具備されている場合に限って、否認が認められる（同Ⅰ柱書）。これらの要件は、一方では責任財産の実質的減少を防ぐために、当該行為についての否認可能性を認め、他方では、受益者の利益を害しないために、一般の詐害行為否認よりも厳格な要件を設ける趣旨である[148]。

---

144) 大判昭和7・12・23法学2巻845頁。
145) 否認を認める判例としては、大判昭和9・4・26新聞3702号9頁があり、これを支持する通説は、山木戸186頁、谷口249頁、石原170頁、注解破産法（上）433頁〔宗田親彦〕、基本法114頁〔池田辰夫〕などである。条解会更法（中）37頁は、清算価値としては時価相当な売却であっても、継続事業価値による評価を前提として否認の可能性を認める。

第1の要件は，不動産の金銭への換価等，財産の種類の変更[149]によって更生会社が隠匿，無償の供与その他の更生債権者を害する処分[150]（隠匿等の処分と呼ばれる）をするおそれを現に生じさせることである（同①）。この要件は，詐害行為否認一般の要件との関係では，詐害行為の特殊類型にあたる。すなわち，相当の対価が支払われている点からみれば[151]，当該行為による責任財産の減少は認められないが，隠匿等の処分のおそれが現に生じたことを踏まえれば，実質的な詐害性が認められるからである。隠匿等の処分については，そのおそれで足り，隠匿等がなされたことを要するものではないが，他方，抽象的なおそれでは足りず，処分前後の事情や財産の種類の変更などから隠匿等が行

---

146) 財産処分行為には，売買の他，相当の融資を受けて担保権を設定する行為も含まれる。新破産法の基本構造394頁，条解破産法1028頁，大コンメンタール637頁〔山本和彦〕。この否認類型が詐害行為否認の特則であることを前提とすると，法86条1項柱書かっこ書との関係が問題になるが，否認要件が加重されていること，経済的実質は変わらないことを考えると，担保設定行為を含ませるのが正当である。また，用益権設定については，見解が分かれるが（否定説として，大コンメンタール637頁〔山本和彦〕，肯定説として，条解破産法1028頁），用益権の設定も財産の処分行為の一種であること，対価としての賃料や敷金等について隠匿等の処分をするおそれが存在することを考えれば，これを肯定すべきである。

　　なお，詐害行為否認の本則（86Ⅰ）と法86条の2による否認との関係については，概説284頁参照。
147) 対価の相当性は，移転された財産権の正常な取引価格を基準として決定される。したがって，更生会社が賃貸物件を有し，敷金を預かっている場合に，対象物件の評価額から敷金債務額面相当額を控除した額において売買する場合には，対価の相当性が認められる。
148) 詐害行為否認の特則である以上，行為が実質的危機時期になされていることが前提となる。ただし，法文の要件との関係では，隠匿等の処分をするおそれを現に生じさせることと重なるといえよう。
149) どのようなものの処分が否認の対象となるかについては，当該財産の種類の変更により隠匿等の処分をするおそれを現に生じさせるかどうかによって決まるものであり，不動産に限らず，債権者から容易に認識できる財産が金銭に換えられた場合には，これにあたる。新破産法の基本構造395頁，条解破産法1029頁，大コンメンタール639頁〔山本和彦〕参照。預金債権を現金化する行為もここに含まれうるかが問題とされることがあるが，たとえ隠匿等処分意思が存在したとしても，処分の相手方たる受益者が想定されないために，否定すべきである。
150) 「その他の更生債権者等を害する処分」の中に，本旨弁済が含まれるかどうかが議論される。破産法について，新破産法の基本構造399頁，条解破産法1030頁，大コンメンタール640頁〔山本和彦〕。しかし，ここで否認の対象となるのは，本旨弁済ではなく，その資金をうるための財産の処分行為であるから，その対価が相当である場合にまで，本旨弁済を更生債権者等を害する行為として，財産の処分行為の否認を認めることは，本条の立法趣旨に反する。もっとも，本旨弁済を受ける者と更生会社とが特別な関係にあり，本旨弁済が実質的には隠匿と同視されるべき特段の事情がある場合は別である。

われたであろうことが推認される場合でなければならない[152]。

第2の要件は，更生会社が行為の当時隠匿等の処分をする意思（隠匿等処分意思と呼ぶ）を有していたことである（同②）。これは，詐害行為否認一般の要件との関係では，詐害意思の特殊類型にあたる。詐害意思は，自らが実質的危機時期の状態にあること，および当該行為が責任財産を減少させる効果をもつことの認識を意味するが，隠匿等処分意思は，より積極的に，処分の対価等を隠匿するなどして，債権者の権利実現を妨げる意図を意味する。

第3の要件は，相手方が行為の当時，更生会社の隠匿等処分意思について悪意であったことである（同③）。詐害行為否認一般の場合と異なって，悪意の証明責任は，否認の成立を主張する管財人の側にある。

もっとも，行為の相手方がいわゆる内部者である場合には，隠匿等の処分行為であると認められる蓋然性が高く，また隠匿等処分意思について悪意であることが少なくないものと考えられる。そこで法は，公平の見地から，行為の相手方が以下の者であるときには，隠匿等処分意思について相手方の悪意を推定する（86の2Ⅱ柱書）。相手方は，善意を立証して，推定を破る負担を課される。反対給付に起因する相手方の権利に関する法91条の2第3項も同様の趣旨にもとづくものである（本書454頁参照）。

内部者たる相手方としては，更生会社の取締役，会計参与（会計参与が法人であるときは，その職務を行うべき社員を含む），監査役，執行役，会計監査人（会計監査人が法人であるときは，その職務を行うべき社員を含む）または清算人（86の2

---

151) 相当の対価にあたるかどうかについては，当該財産の公正な市場価格が一応の基準となるが，処分の時期などの事情から，早期処分価格でも相当の対価とみられる場合がある。これに対して，形式的には相当価格による売却であるが，実質的には対価が支払われない場合，たとえば買主が更生債権者等の一人であり，その債権と売買代金債務との相殺がなされることにより売買を決済する場合には，対価の相当性を欠くという意味で法86条にもとづく否認の対象にも，また実質的な代物弁済にあたるという意味で法86条の3にもとづく否認の対象となりうる。最判昭和46・7・16民集25巻5号779頁，条解破産法1028頁，大コンメンタール638頁〔山本和彦〕参照。もちろん，相殺禁止（49Ⅰ②参照）は別の問題である。

　また，相当の対価が未払いである場合には，隠匿等の処分をするおそれが現に生じているとは認められないために，否認は成立せず，管財人は，相手方から対価を受領する。

152) もっとも，実際には隠匿等がなされず，代金がそのまま更生会社財産に組み込まれたような事案では，否認の一般的要件である有害性が欠けることになろう。新破産法の基本構造398頁，条解破産法1030頁。また，代金が更生会社によって更生債権者等に対する弁済に用いられた場合には，偏頗行為否認の問題となる。

Ⅱ①），更生会社の総株主の議決権（5Ⅲ）の過半数を有する者（86の2Ⅱ②），更生会社の総株主の議決権の過半数を子株式会社（法人が株式会社の総株主の議決権の過半数を有する場合における当該株式会社をいう）または親法人（子株式会社である株式会社の総株主の議決権の過半数を有する法人をいう）および子株式会社が有する場合における当該親法人（同③）のいずれかが，これにあたる。

2 偏頗行為否認

支払不能または更生手続開始の申立て等（更生手続開始，破産手続開始，再生手続開始もしくは特別清算開始の申立て）から更生手続開始までの時期を形式的危機時期とし，この時期になされた既存債務についての偏頗行為，すなわち担保の供与や債務の消滅にかかる行為については，更生会社の詐害意思にかかわりなく，更生債権者等にとって有害なものとされ，否認の対象とする（86の3Ⅰ）。これを偏頗行為否認と呼ぶ。

旧78条1項2号では，危機否認の概念の下に，支払停止または更生手続開始等の申立て後の担保供与，債務消滅行為およびその他更生債権者等を害する行為が否認の対象とされていた。これに対しては，実質的偏頗行為をとらえるためには，否認対象行為の時期をより遡らせるべきではないか，あるいは更生債権者等を害する行為をも対象とすることは，詐害行為と偏頗行為との境界を曖昧にするものではないかなどの立法論的批判がなされたところである[153]。現行法は，このような批判を踏まえ，形式的危機時期を画する基準として支払停止の概念に代えて支払不能を採用し，否認の対象時期を実質的に拡大する一方，対象行為を偏頗行為に限定したものである[154]。したがって，旧法下で危機否認の対象とされた詐害行為は，現行法では，詐害行為否認の第2類型の対象となる（86Ⅰ②・Ⅱ）。

なお，偏頗行為否認は，その根拠となる支払不能または更生手続の申立て等にもとづいて更生手続開始決定がなされた場合にのみ認められるべきである

---

[153] 立法論としては，危機時期を遡らせ，破産手続開始申立て前60日，90日，または6か月とするなどの提案がなされていた（倒産実体法の研究（6）763頁〔遠藤功＝荒木隆男〕，検討事項第4部第4 2(2)アb参照）。

[154] 中間試案補足説明142頁以下，一問一答新しい破産法226頁，新破産法の基本構造403頁，条解破産法1034頁参照。支払不能の発生が必ずしも債務不履行の現実化を前提とするものではなく，場合によっては，支払停止の発生よりも遡りうることについては，本書398頁，新破産法の基本構造405頁参照。

(90参照)。いったん支払不能が発生したが，その後に支払不能状態が解消され，再度発生した支払不能にもとづいて更生手続が開始されたときには，第1の支払不能発生後の行為であることを根拠として偏頗行為否認を認めるのは不合理であるし，また，更生手続開始の申立て等がいったん取り下げられ，再度更生手続開始の申立て等がなされて更生手続が開始されたときに，第1の更生手続開始の申立て等後の行為であることを理由として偏頗行為否認を認めるのは，更生手続開始の申立て等と更生手続開始までの期間になされた行為を対象とする偏頗行為否認の趣旨に反するからである。

(1) 偏頗行為否認の基本要件

偏頗行為否認の対象は，既存の債務についてされた担保供与または債務消滅に関する行為である。担保の供与には，更生会社が更生会社財産所属財産について質権または抵当権などの典型担保を設定する行為のほかに，譲渡担保など非典型担保を設定する行為も含まれる。担保の供与は，更生会社がその義務を負う場合と負わない場合とを含むが，担保供与の義務を負っているときでも，その供与時期が支払不能または更生手続開始申立て等後の危機時期であれば，偏頗行為否認の対象となりうる。更生債権者等平等の理念が担保供与義務に優越するからである。

債務の消滅に関する行為に含まれるものとしては，弁済（民474参照）[155]，相殺（民505）[156]，更改（民513），代物弁済（民482）[157]が挙げられる[158]。弁済に関して議論があるのが，第三者から新たに借り入れた資金による弁済が否認の対象となるかどうかである。借入れと弁済が分離したものとみれば，いった

---

[155] 債務消滅行為たる弁済は，更生会社自身が行うものであるが，更生会社に代わって第三者が弁済を代行する場合にも否認が認められる。破産手続においては，公務員たる破産者に代わって国や地方公共団体が共済組合に対して貸付金を弁済するために退職金を払い込む行為も否認の対象となるとされている（前掲最判平成2・7・19民集44巻5号837頁（注121），前掲最判平成2・7・19民集44巻5号853頁（注121），条解破産法1035頁，大コンメンタール646頁〔山本和彦〕，伊藤・前掲論文（注121）257頁）。更生手続においても，更生会社に対して債務を負う第三者が更生会社の債権者に対して更生会社の弁済を代行したと見られる場合には，同様に扱われよう。なお，保証人による代位弁済は，弁済原資を更生会社が出捐したという特別事情がないかぎり，更生会社による弁済を代行したものとはみなされない。

[156] ここでの相殺は，更生会社の意思表示による相殺および更生会社と相手方との合意にもとづく相殺を意味する。

[157] 代物弁済に類するものとして，退職金の支払に代えて保険契約者の地位の移転をしたものがある（東京高判平成12・9・27判例集未登載）。

ん更生会社財産に組み入れられた資金によって弁済がなされるのであるから，偏頗行為として否認の対象になる。これに対して，両者を一体としてみれば，第三者が受益者に対価を支払って，その更生債権等を譲り受けたのと変わりがないから，特段の事情がないかぎり，他の更生債権者等に対する有害性が否定される。

破産法に関する判例は，否認肯定説をとったが，学説は，考え方が分かれている[159]。本書では否認否定説をとるが，否認を免れるためには，借入れと弁済とが密着してなされていること，および借入れにあたって受益者への弁済目的が明確にされていることなどの事情があり，借入金が他の債権者のための共同担保とみなされる余地がないこと，ならびに借入れによる新債務の内容が利率などの点において旧債務より重くないことなどから，当該行為が他の更生債権者等に対する有害性を欠くことが必要である[160]。

なお，担保の供与または債務の消滅に関する行為が，租税等の請求権または罰金等の請求権について，その徴収の権限を有する者に対してなされた場合に

---

[158] 筆者の見解としては，免除（民519）を含めていたが（伊藤401頁），更生債権者等からする免除は，有害性を欠くところから，説を改める。条解破産法1038頁，大コンメンタール648頁〔山本和彦〕参照。更生会社の側からする免除は，詐害行為否認（86Ⅰ）や無償行為否認（86Ⅲ）の対象となりうる。

[159] 大判昭和8・4・26民集12巻753頁は否認を否定し，大判昭和10・9・3民集14巻1412頁，大判昭和15・5・15新聞4580号12頁，大阪高判昭和61・2・20判時1202号55頁〔新倒産百選35事件〕は否認を肯定する。学説では，山木戸201頁，石原191頁，条解会更法（中）42頁，注解会更法255頁〔櫻井孝一〕，基本法115頁〔池田辰夫〕，井上治典「借入金による弁済の否認」破産・和議の実務と理論100頁，注解破産法（上）436頁〔宗田親彦〕，条解破産法1036頁，大コンメンタール648頁〔山本和彦〕など，否定説が通説である（ただし，中田162頁，谷口201頁）。

このような状況の中で，最判平成5・1・25民集47巻1号344頁〔倒産百選26事件〕は，故意否認に関して否定説をとった。有害性は一般的要件であるから，無担保が有担保に変わるなどの変化がないかぎり，危機否認にもこの判例の考え方が適用される（伊藤眞「判例評論」私法判例リマークス8号165頁（1994年）参照）。なお，新版破産法483頁〔岡正晶〕は，現行法の下では，この種の行為が「債務の消滅に関する行為」（破162Ⅰ柱書かっこ書）にあたらないとする。

[160] 新旧債務の態様，あるいは第三者の融資の目的などの特別事情から詐害性を否定した裁判例として，前掲大阪高判平成元・4・27（注111）がある。もちろん，更生債権者等が更生会社に対して第三者からの借入れを要求し，更生会社がこれに応じたなどの事情が認定される事案では，有害性が肯定される可能性がある。

また，ここでの問題は，借入金が会社財産に組み入れられたとみるべきかどうかというものであり，借入れに際しての事情にもとづいて否認の成否を問題とする同時交換的取引（86の3Ⅰ柱書かっこ書）とは異なる。

は，偏頗行為否認は成立しない（87Ⅲ）[161]。

ア　同時交換的取引の除外

　偏頗行為否認の対象は，既存債務についての担保供与や債務消滅行為に限る（86の3Ⅰ柱書かっこ書参照）。たとえば，更生会社が第三者から新たに資金を借り入れ，その担保のために担保権を設定する行為は，対象に含まれない。偏頗行為否認の根拠となるのは，更生債権者等間の平等の確保であるが，新規に出捐して債権を取得する者については，従来の責任財産の平等分配を期待する既存債権者との間の平等を確保する必要がないからである[162]。新規債務か既存債務かの判断基準は，取引としての一体性に求められる。論理的には，借入れが先行していれば，その後の担保設定はすべて既存債務に対するものとされうるが，社会通念上一体の取引とみなされるかぎり，債務発生と担保設定の間に若干の時間差が存在しても，新規債務に対するものとみなされる[163]。

---

[161]　租税等の請求権に自力執行権が認められていることやこれらの請求権が公的性質をもつことが，その根拠としていわれるが，立法論としての疑問も呈されている。新破産法の基本構造419頁，条解破産法1049頁。なお，ここで対象とされているのは，更生債権等たる租税等の請求権に対する弁済であり，共益債権に対する弁済は，一般的に偏頗行為否認の対象とならない。

[162]　詳細については，中西正「同時交換的取引と偏頗行為の危機否認」法学62巻5号1，32頁（1998年），破産・和議の実務（上）180頁参照。実質的には，これを否認の対象とすると，更生会社が救済融資を受ける途を閉ざすことが根拠となる。なお，関連するものとして，否認の一般的要件としての不当性（本書377頁）や相殺禁止の例外（本書364頁）がある。

[163]　条解破産法1039頁，大コンメンタール649頁〔山本和彦〕。なお，新規融資に際して，新規債務のみならず，既存債務についても担保を設定する行為が同時交換的取引とみなされるかどうかが問題となる。新規債務に対する担保設定が既存債務に対するそれと区分できれば，その部分に限っては，同時交換的取引として否認を免れるが，一体として区分できない場合には，同時交換的取引とは認められない。具体的取扱いに関しては，新破産法の基本構造409，411頁，条解破産法1040頁，大コンメンタール650頁〔山本和彦〕参照。特に，根担保のように，新規融資の保全とあわせて極度額の範囲で既存債務を担保する結果となる取引形態では，開始決定時点で，同時交換の融資債務を担保する範囲においてのみ更生担保権として認め，それを超える部分は更生担保権とならないとともに，管財人は否認により極度額変更の登記を求めることができる。

　また，担保設定は，当該担保権のための対抗要件具備までを含む意味で，新規債務と一体のものとみなされる必要があるとの見解がある（一問一答新しい破産法230頁参照）。しかし，遅延した対抗要件具備は，対抗要件の否認の可能性（164）を生じさせるから，対抗要件の具備が遅れたことのみを理由として同時交換取引性を否定するのは不合理である。条解破産法1039頁。

イ 行 為 の 時 期

　偏頗行為は，更生会社が支払不能になった後または更生手続開始申立て等があった後のものでなければならない（86の3Ⅰ①柱書本文）。更生手続開始申立て等後の行為については，その基準が一義的に明らかであるが，支払不能後の行為については，支払不能概念との関係で考え方が分かれる余地がある。支払不能とは，「更生会社が，支払能力を欠くために，その債務のうち弁済期にあるものにつき，一般的かつ継続的に弁済することができない状態」（49Ⅰ②かっこ書）である。支払停止が更生会社の一回的行為であるのに対して，支払不能は，一定期間継続する状態を意味する。支払不能が支払停止（ただし，更生手続開始申立て等の前1年以内のものに限る）によって推定されること（86の3Ⅲ）から理解されるように，立法者は，支払不能状態が発生し，それが一定期間継続する中で，支払停止行為が生じることが通常であることを前提としている[164]。

　したがって，偏頗行為否認の成立を主張する管財人は，推定規定を利用して，ある行為がなされたのが支払停止後であることを立証することを通じて，支払不能後の行為であることを立証することもできるが，それ以前に支払不能またはそれと同視される状態（本書40頁注12参照）が発生していたことを直接に立証して，支払停止前の行為をも偏頗行為否認の対象とすることができる[165]。その場合には，弁済期の到来する債務のうち，一部のものについて会社が弁済を行っていても，債務全体についての弁済資力が失われていると評価されれば，支払不能状態の存在が肯定される。

　また，支払不能発生前に担保のために債権の譲渡をなし，支払停止などの事実が生じたことを停止条件として譲渡の効力を生じさせる旨の契約は，行為自体は，支払不能発生前に行われているが，その実質は，支払不能後の担保供与

---

164) 一問一答新しい破産法228頁参照。法律上の推定一般の考え方については，伊藤・民訴法359頁参照。

165) 旧破産法72条2号（旧会更78Ⅰ②）にもとづく危機否認は，支払停止または破産手続開始申立て等後の偏頗行為を主たる対象としており，それを支払停止前一定期間まで遡らせるべきであるとの解釈論（中西正「危機否認の根拠と限界（2・完）」民商93巻4号516，538頁（1986年））および立法論が有力であった。現行法は，そうした議論と偏頗行為の受益者の利益保護を調和させるために，支払停止前の一定期間を一律に偏頗行為否認の対象とするのではなく，支払停止に代えて，支払不能を基準とすることによって，実質的に偏頗行為否認の範囲を拡大しようとするものである。中間試案補足説明143頁，一問一答新しい破産法228頁，新会社更生法の基本構造223頁〔山本克己〕参照。なお，再建計画などとの関係については，前掲金法1728号49頁（注55）が参考になる。

行為と同視されるから，偏頗行為否認の対象となりうる[166]。

　ウ　受益者の悪意

　否認の成立のためには，アおよびイの要件に加えて，以下の事実に関する受益者たる債権者の悪意を立証しなければならない（86の3Ⅰ①柱書但書）。第1に，支払不能後の行為である場合には，受益者が支払不能または支払停止について悪意でなければならない（同イ）。受益者の悪意の対象として支払停止が定められているのは，更生会社の財産状態である支払不能を受益者が認識していたことを立証するのは容易ではないことを考慮し，行為の当時すでに支払停止が発生している場合には，外界への表示行為である支払停止の認識をもってそれに代えることを認めたものであり，行為の時期についての支払停止にもとづく支払不能の推定（86の3Ⅲ）とその趣旨を共通にする。ただし，この場合にも法90条の制限（本書390頁参照）が働く[167]。第2に，更生手続開始申立て等後の行為である場合には，受益者が申立て等について悪意でなければならない（同Ⅰ①ロ）。

　受益者が内部者（86の2Ⅱ）である場合には，支払不能等についての悪意が推定され，その結果として，受益者が善意についての証明責任を負担する（86の3Ⅱ①）。これらの者については，更生会社の破綻状態についての認識が事実上推定され，しかも，破綻について何らかの責任があることも多いから，証明責任を転換するのが公平に合致すると考えられたためである。

　また，支払不能後の偏頗行為で更生会社の義務に属しないもの，またはその方法もしくは時期が義務に属しないものについては，支払不能等についての悪意を推定する（同②）[168]。非義務偏頗行為の有害性が強いことを考慮して，証明責任を転換したものであり，次に述べる支払不能前の非義務偏頗行為の扱い

---

166) 旧破産法72条2号（旧会更78Ⅰ②）の危機否認について，支払停止等を停止条件とする担保のための債権譲渡契約を支払停止後の行使と同視できるとの理由から否認を認めたものとして，最判平成16・7・16民集58巻5号1744頁，最判平成16・9・14判時1872号64頁，東京地判平成10・7・31判時1655号143頁がある。また，同様の理由により破産法162条1項1号イに基づく否認を認めたものとして，東京地判平成22・11・12判時2109号70頁参照。
167) したがって，更生手続開始申立ての日から1年以上前の日にした行為について否認するときは，法86の3第1項1号イによる否認（支払不能を理由とするもの）は可能であるが，その際に受益者の認識は，支払不能の認識でなければならず，支払停止の認識では足りない。

(2) 支払不能前30日以内の非義務偏頗行為

同じく偏頗行為であっても、弁済期未到来の債務について期限前弁済をするとか、特約が存在しないにもかかわらず担保を供与するなどの行為は、強度の偏頗性をもつ。この種の行為のうち弁済などは、詐害的債務消滅行為とみなされる余地があるが、偏頗行為としての性質に着目し、非義務偏頗行為として、否認の要件が緩和され、支払不能になる前30日以内の行為も否認の対象とする（86の3Ⅰ②本文）。また、受益者の悪意について証明責任が転換されるから（同但書）、受益者たる債権者の側で、行為の当時、他の更生債権者等を害する事実を知らなかったことを証明して[169]、はじめて否認の成立が阻却される。

担保供与が義務に属すると認められるためには、更生会社と債権者との間にその旨の特約が存在する必要があり、単に債務が存在するだけでは、担保供与義務は認められない[170]。また、債務の消滅については、弁済期が到来していない債務の弁済、および特約がないにもかかわらず行われる更改は、いずれも義務に属しないものとされる。

したがって、非義務偏頗行為は、行為自体が更生会社の義務に属さない場合と、時期が義務に属さない場合とに分けられる。上記のように事前の特約がないにもかかわらず担保を供与する行為などは、行為自体が義務に属さない例であるし、また、期限前弁済は、時期が義務に属さない例である[171]。これに対

---

168) 管財人がこの推定規定を利用とするときには、支払不能後の非義務行為であるという前提事実を証明すれば、受益者が支払不能等について善意であることを証明しないかぎり、否認が成立する。

169) 「他の更生債権者等を害する事実」とは、偏頗行為否認の基礎である債権者平等を害する事実を意味し、具体的には、30日内の支払不能の発生が確実に予測された事実と解される。新破産法の基本構造416頁、条解破産法1043頁、大コンメンタール656頁〔山本和彦〕。なお、担保設定時の状況などから担保権者の善意の立証を否定した裁判例として、東京高判平成23・10・27判タ1371号243頁〔民事再生〕がある。

170) 谷口258頁、条解会更法（中）65頁、注解会更法272頁〔櫻井孝一〕、注解破産法（上）476頁〔宗田親彦〕、条解破産法1043頁、大コンメンタール655頁〔山本和彦〕など。これに対して、山木戸195頁は、弁済期の到来した債務に対する担保の供与は特約がなくとも義務に属する行為であるという。

ただし、特約といっても、当初は、銀行取引約定書にもとづく抽象的義務であったものが、その後に担保差入確約書などが取り交わされたり、当事者間の交渉や合意によって具体的義務に変質することもありうる。近時もこの点が争われた下級審裁判例があると仄聞する。

して，債務の消滅や担保の供与等の行為の方法が義務に属しない場合は含まれない（267条に規定する更生犯罪との関係については，本書709頁参照）[172]。

(3) 集合物譲渡担保の否認

集合動産および集合債権譲渡担保の設定も否認の対象となりうる。ただし，否認の対象としては，譲渡担保設定契約そのもの，対抗要件の具備，集合物を構成する個別的な動産や債権についての担保設定という3つのものを考える必要がある。このうちで，対抗要件の具備については，対抗要件の否認に関連して説明するので（本書407頁参照），ここでは，集合物譲渡担保設定契約および個別動産または債権についての担保設定について説明する。

まず，譲渡担保設定契約自体については，それが支払不能後の行為であるなど所定の要件を満たせば，偏頗行為否認の対象となりうる[173]。担保設定の特約がないときに，更生会社が債権者と譲渡担保設定契約を締結すれば法86条の3第1項1号・2号・2項2号が適用されるし，担保設定の特約があるときでも，同条1項1号の適用可能性がある。もちろん，担保設定の特約自体についての否認は別である。

次に，集合物譲渡担保設定契約自体は否認の対象とならないときであっても，

---

171) 期限前弁済の程度が軽微である場合の否認成立阻却可能性については，新破産法の基本構造414頁参照。また，本来の弁済期が支払不能後に到来する債務について，支払不能発生前30日以内に期限前弁済をする行為だけではなく，本来の弁済期が支払不能発生前であり，その後に発生した支払不能からさかのぼって30日以内に期限前弁済がなされた場合も，否認の対象となりうる。条解破産法1043頁，大コンメンタール655頁〔山本和彦〕。ただし，受益者は，期限前弁済を受けた当時，支払不能発生の蓋然性を予測できる状態になく，他の更生債権者等を害する事実を知らなかったことを立証すれば，否認を免れる（86の3Ⅰ②但書）。

172) 一問一答新しい破産法232頁，新会社更生法の基本構造225頁〔山本克己〕参照。法86条の3第2項2号と異なって，方法が義務に属しない程度で，支払不能になる前30日以内に遡って否認を認めるのが行き過ぎであると考えられたためであろう。したがって，代物弁済（最判平成9・12・18民集51巻10号4210〔倒産百選29事件〕頁参照）は，方法が義務に属さないものとして，この類型の否認の対象外になる。新破産法の基本構造414頁。もちろん，目的物の価額が債務額を上回っているときは，詐害的債務消滅行為としての否認（86Ⅱ）の可能性は残される。

173) 有効な設定契約と認められるためには，目的物が集合物として特定されていなければならない（集合動産について，最判昭和62・11・10民集41巻8号1559頁〔執行・保全百選21事件〕，集合債権について，最判昭和53・12・15判時916号25頁，最判平成11・1・29民集53巻1号151頁参照）。契約は締結されたが特定はその後になされている場合には，特定時が設定時とみなされる。

集合物を構成する動産や債権について否認が成立する余地がある。個別動産や債権について譲渡担保権が成立するのは，それらが集合物に混入したときであり[174]，それ自体については更生会社の行為が存在しないが，担保権の成立または担保権の効力が及ぶ点では，更生会社の行為による担保権の設定と同視されるからである。更生会社が譲渡担保権者の利益を図るために，意図的に在庫商品や売掛金債権を増加させるような事案では，更生会社の害意が認められるから，増加分の目的物について追加的担保供与とみなし，法86条の3の規定を適用する余地がある。

もっとも，設定契約の存在を前提とすれば，法86条の3第1項2号の適用可能性はなく，もっぱら同項1号および同条2項が問題となるにすぎない。この場合には，たとえ担保供与義務が存在するときでも，支払不能等の後の担保設定は否認の対象となるから，この時期以降に更生会社が取得した動産や債権に対する譲渡担保権の成立については，偏頗行為否認の対象となりうる[175]。

3 無償行為否認

支払停止等（86 I ②かっこ書）があった後，またはその前6月以内に更生会社がなした無償行為またはこれと同視すべき有償行為は否認の対象となる（同Ⅲ）。更生会社の詐害意思や支払停止等についての受益者の認識など，主観的要件を満すことは必要とされない。

これは，第1に，危機時期において無償でその財産を減少させる更生会社の行為がきわめて有害性の強いこと，第2に，受益者の側でも無償で利益をえているのであるから，緩やかに否認を認めても公平に反しないことにもとづいている。ここでいう無償行為とは，更生会社が対価をえないで財産を減少させ，または債務を負担する行為であり，具体的には，更生会社が行う贈与（民549），債務免除（民519），あるいは権利の放棄などを指す。名目的な対価が存在する

---

[174] 集合動産譲渡担保について最判平成18・7・20民集60巻6号2499頁，集合債権譲渡担保について最判平成19・2・15民集61巻1号243頁参照。後者では，「将来発生すべき債権を目的とする譲渡担保契約が締結された場合には，債権譲渡の効果の発生を留保する特段の付款のない限り，譲渡担保の目的とされた債権は譲渡担保契約によって譲渡担保設定者から譲渡担保権者に確定的に譲渡されているのであり，この場合において，譲渡担保の目的とされた債権が将来発生したときには，譲渡担保権者は，譲渡担保設定者の特段の行為を要することなく当然に，当該債権を担保の目的で取得することができるものである」と判示している。

[175] 以上についての詳細は，伊藤・研究364頁以下参照。

ときでも，経済的にみて無償行為と同視される場合には，無償行為否認の対象となる。無償行為否認は，詐害行為否認の特殊類型である。

　無償性について議論があるのが債務保証である。たとえば，乙が甲に対して融資を行おうとしているときに，丙が甲の乙に対する債務の保証人となった場合，丙について更生手続が開始すると，丙の管財人は，債務保証行為を無償否認の対象として，保証債務やそれについて設定された担保を否認できるかどうかが問題となる。さらに，丙が物上保証をした場合も同様の問題が生じる。

　保証をなすについて丙が，甲から合理的な額の保証料などの対価をえていれば，債務保証は無償行為といえない。しかし，丙が保証の対価をえていなければ，保証は無償行為とみなされる。もっとも，かつての多数説は，次のような理由にもとづいて無償行為性を否定していた。すなわち，受益者たる債権者乙は，丙の保証と引換えに甲に対して融資を行っているから，受益者の側についてみれば，無償で債務保証の利益をえたことにならないというのである。これは，無償否認の根拠たる第2の理由，受益者にとっての無償性を重視したものである。また，無償性を否定する他の根拠としては，保証人は主債務者に対する求償権を取得するから（民459・460・462），債務保証は無償行為とはいえないとも主張される。

　旧破産法以来の判例は，一貫して債務保証行為の無償性を肯定し，最近の有力説も判例に賛成する[176]。本書も，次の理由からこれに賛成する。すなわち，無償否認の根拠は，更生会社と受益者との双方にとっての無償性に求められるが，行為の有害性という意味では，更生会社にとっての無償性が基本であり，受益者にとっての無償性は補強的なものにすぎないこと，また，求償権は，債権者に対する弁済という出捐回復の手段にすぎず，保証の対価としての意味をもたないことである。

第4項　否認に関する特別の要件

　以上に説明した否認の一般的要件，および詐害行為否認や偏頗行為否認などの個別的要件にしたがって否認の成否を決定するが，そのほかに，否認の対象となる法律関係の特質などを考慮して，法はいくつかの特別の要件を置いている。

1 手形支払に関する否認の制限

手形債務の支払も，債務消滅行為として偏頗行為否認の対象とされうるものであるが，法は，手形法律関係の特質を考慮して，以下のような特則を置いている。

(1) 意義と適用範囲

更生会社が約束手形の振出人または為替手形の支払人もしくは引受人であるときに，手形の所持人が更生手続開始決定前に更生会社から手形金の支払を受けたとすれば，偏頗行為否認（86の3 I ①）の対象となることが考えられる。しかし，手形の支払を受けた者が，支払を受けなければ，債務者の1人または数人に対する手形上の権利を失うべき場合には，否認の対象から除外する（87 I ）[177]。

ここでいう債務者の1人または数人に対する権利とは，手形法上の遡求権（手43・77 I ④）を指す。すなわち，所持人の立場からすると，手形の満期が到

---

[176] 判例（大判昭和11・8・10民集15巻1680頁，最判昭和62・7・10金法1174号29頁〔物上保証〕）に賛成する学説としては，谷口260頁，注解破産法（上）481頁〔宗田親彦〕，条解会更法（中）69頁，注解会更法274頁〔櫻井孝一〕，条解破産法1025頁，大コンメンタール633頁〔山本和彦〕などがある。もっとも，中西正「無償否認の根拠と限界」法と政治（関西学院大学）41巻2＝3号1，44頁（1990年）は，公平の視点から受益者にとっての無償性を重視し，原則として保証を否認の対象から除外する。なお，最判昭和62・7・3民集41巻5号1068頁〔倒産百選31事件〕，前掲最判昭和62・7・10も，判例理論を再確認するが，主債務者が会社であり，保証人がその代表者であるという特別事情があるときには，会社に対する融資によって，保証人が出資の保全などの利益を受けたとみて，無償性が否定されるという反対意見がある。この反対意見は合理的なものと思われる。詳細については，伊藤眞「判例評論」判時1273号（判例評論353号）205頁（1988年），基本法117頁〔池田辰夫〕参照。

その後の下級審裁判例や学説には，このような考え方を採用するものがある（東京高判平成4・6・29判時1429号59頁，破産・和議の実務（上）188頁，西澤宗ева「無償否認」破産・和議の実務と理論102頁参照）。大コンメンタール633頁〔山本和彦〕では，保証人の一般債権者の立場からみても，保証にもとづく融資が保証人にとって現実的な経済的価値を有すると認められる場合に限って，無償性を否定すべきとされる。関連する裁判例として，無償性を肯定した名古屋高判平成17・12・14裁判所ウェブサイト，会社の代表者が会社のために生命保険の解約返戻金について根質権を設定した行為について無償性を否定した東京高判平成12・12・26判時1750号112頁〔破産〕などがある。なお，立法論的検討の必要性について，新破産法の基本構造391頁参照。

また，すでに負担していた保証債務を実質的に肩代わりするものとして新たな保証債務を負担する場合には，有害性欠缺の理由から無償否認の対象とならない（大阪地判平成8・5・31金法1480号55頁，最判平成8・3・22金法1480号55頁，吉岡伸一「代表者の保証と無償否認」金法1498号14頁以下（1997年）参照）。

来している時に，後に否認されることをおそれて，振出人などに対する手形の呈示による拒絶証書（手38・44・77Ⅰ④）の作成を受けなければ，裏書人に対する遡求権を失うことになるし（手53Ⅰ・77Ⅰ④），逆に，呈示をして支払を受けたとしても，後にそれが否認されたとすれば，もはや拒絶証書の作成は不可能であり（手44Ⅲ・77Ⅰ④），やはり遡求権行使の機会は失われる。すなわち，手形の所持人としては，一方で，遡求権保全のためには支払を求めざるをえず，他方で，支払を受けてもそれが否認されると遡求権を失うという二律背反状態に置かれる。これを解消するために，法87条1項は否認を制限することとしたものである[178]。

したがって，手形の所持人に対する支払であっても，上記のような二律背反状態が認められないときには，更生会社たる振出人による弁済に対する否認が認められる。たとえば，約束手形の所持人が同時に手形の受取人であるときには，裏書人等に対する遡求権の問題が存在しないし，満期前の支払，または支払呈示期間経過後の支払の場合には，遡求権を保全するために支払を求めざるをえないという事情がない（手77Ⅰ④・43柱書前段）。さらに，わが国に一般的な拒絶証書作成免除手形の場合には，遡求権行使のために支払呈示せざるをえないという事情こそあるものの（手46Ⅱ前段・53Ⅰ③・77Ⅰ④），否認された後に所持人が手形の返還を受けて，満期における支払がなかったものとして遡求権を行使することが可能なため（手43柱書前段・77Ⅰ④），やはり更生会社たる振出人による弁済は否認の対象となる。

(2)　手形の買戻し

手形の買戻しに関する否認の可能性についても議論がある。すなわち，更生会社が約束手形の裏書人であり，被裏書人である所持人がその手形を更生会社に買い戻させたとき，それが否認されると，すでに更生会社が買戻手形を振出人などに返還していた場合には，所持人としては手形の返還を受けることが不可能なことがあり，改めて手形上の権利を行使することができなくなる。そこ

---

[177]　小切手の場合にも，問題となる法律関係は同様であるので（小39参照），手形と同様に否認の制限が適用される（条解会更法（中）74頁，注解破産法（上）484頁〔宗田親彦〕，基本法117頁〔池田辰夫〕，条解破産法1046頁，大コンメンタール660頁〔山本和彦〕）。

[178]　旧破産法73条について，改正破産法理由書45頁，青木・実体規定180頁，加藤・要論161頁，中野・研究307頁参照。

で，法87条1項を類推適用して，否認を制限すべきであるという議論がある。しかし，判例はこれを否定し，また通説も判例を支持して，否認を制限すべきではないとしている[179]。

この場合には，否認されると権利行使が不可能になるという事情はあるものの，買戻しを要求しないと後の権利行使が不可能になるというもう一方の事情が存在せず，所持人にとっての二律背反状態が認められないから，判例・通説の結論が支持される。もっとも，更生会社が買戻手形にもとづいて振出人などから手形金の支払を受けているときには，買戻しによって更生会社の責任財産が減少したとはいえないから，有害性の一般原則（本書375頁参照）によって否認は否定される[180]。

(3) 否認が制限される場合の措置

法87条1項が適用される場合には，否認が否定されるが，これを予測する債権者が，支払停止等があったことを知り，または過失によってこれを知らず，更生会社に約束手形を振り出させ，自己が受け取った手形を第三者に裏書譲渡し，第三者に更生会社から弁済を受けさせることによって，間接的に自己の債権の回収を図ることが考えられる。そこで，法は，このような場合に，その債権者から管財人に，第三者に対して更生会社が支払った金額を償還させることとしている（87Ⅱ）。管財人の償還請求権は，手形金の受取りに対する否認権に代わるものであるから，管財人は，償還請求権の行使の前提として手形金受取りについて否認の要件が満たされていることを主張・立証しなければならない[181]。

---

179) 最判昭和37・11・20民集16巻11号2293頁〔倒産百選32事件〕。これに対して，否認されると遡求権行使が不可能になる場合すべてに破産法163条1項（会更87Ⅰ）の適用対象を拡張したり，遡求権以外の権利行使が不可能になる場合にも拡張しようとする少数説がある。前者の立場では，裏書人である破産者（更生会社）から支払を受けたときにも否認が否定されるし，後者の立場では，手形の買戻しについても否認を否定することになる。学説の詳細は，条解会更法（中）76頁，注解破産法（上）484頁〔宗田親彦〕，条解破産法1047頁に詳しい。

180) 最判昭和44・1・16民集23巻1号1頁〔倒産百選A5事件〕，条解会更法（中）81頁，谷口248頁，石原213頁，注解破産法（上）486頁〔宗田親彦〕，基本法118頁〔池田辰夫〕，条解破産法1047頁。なお，現実に破産者が手形金の支払を受けていない場合でも，手形の支払が確実であることを立証すれば，有害性は否定される（原強「否認と手形支払の例外」破産・和議の実務と理論104，106頁参照）。有害性の証明責任は，偏頗行為否認の場合であるから，受益者がその欠缺について負担する。

管財人に対して義務を負うのは，手形法上の最終償還義務者または手形の振出しを委託した者である。最終の償還義務者とは，約束手形では，第1裏書人，為替手形では振出人である（手43柱書前段・49・77 I ④）。債権者が，更生会社に委託して債権者を受取人とする約束手形を振り出させ，債権者がその手形を第三者に裏書譲渡し，第三者が更生会社から手形金の支払を受けた場合，債権者が更生会社を支払人，第三者を受取人とする為替手形を振り出し，これを第三者に交付してその対価を収め，第三者は更生会社から為替手形の支払を受ける場合がこれにあたる[182]。

　債権者が最終の償還義務者とならない場合であっても，なお手形を利用して，更生会社の出捐において債権の回収を図る場合があり，これが手形の振出しを委託した者を管財人に対する償還義務者とする趣旨である。たとえば，債権者が更生会社に委託して更生会社を振出人，他人を受取人とする約束手形を振り出させ，その他人から債権者が手形の裏書譲渡を受け，更生会社から手形の支払を受ける場合，債権者自身が振出人たる更生会社から支払を受ける代わりに，第三者に裏書譲渡してその対価を収める場合などが考えられる[183]。

2　対抗要件の否認

　権利変動の原因となる法律行為は，詐害行為否認または偏頗行為否認の対象となりうるが，権利変動に付随して行われる対抗要件具備行為についても，原因行為についての否認とは区別して，否認可能性を認めるのが，対抗要件の否

---

181)　管財人は，手形金受領者について否認の要件が満たされているにもかかわらず，法87条1項の規定によって否認が成立しないこと，および最終償還義務者等についての主観的要件を主張・立証する必要がある。これに対して，最終償還義務者等の側からは，否認成立の阻却事由（90・98）を抗弁として主張・立証する。なお，償還義務を果たせば，その者の債権は復活するし（92類推），償還請求権の行使も訴え，否認の請求または抗弁によらなければならない（95類推。条解会更法（中）83頁，条解破産法1048頁参照。ただし，注解破産法（上）489頁〔宗田親彦〕，基本法118頁〔池田辰夫〕は反対）。また，大コンメンタール660頁〔山本和彦〕は，通説の考え方に立ちつつ，否認の請求および否認権のための保全処分は適用されないとする。

182)　本文に述べた場合以外に，①債権者が他人に委託して，他人を振出人，更生会社を支払人，自己を受取人とする為替手形を振り出させる場合，②債権者が更生会社に委託して，更生会社を振出人，他人を受取人とする約束手形を振り出させ，債権者がその他人から白地裏書を受けてさらに第三者に譲渡する場合，③債権者が他人に委託して，他人を振出人，更生会社を支払人，第三者を受取人とする為替手形を振り出させ，債権者がそれを第三者に有償で交付する場合などが挙げられる。

183)　以上の例については，条解会更法（中）82頁によっている。

認の趣旨であり，否認の対象となるのは，更生会社の対抗要件具備行為である。対抗要件具備行為が否認されると，権利の設定などの効力は管財人に対して対抗できないものとなる。

　法が，原因行為に対する否認とは別に対抗要件の否認を認める趣旨は，次のように理解される。行為の有害性は，第1次的には，原因行為について考えられるべきものであるから，原因行為が更生債権者等にとって有害といえなければ，その結果たる権利変動などについて対抗要件を備えさせるのが妥当といえる。このように考えれば，原因行為の否認と別に対抗要件の否認を認める理由はない。しかし，更生会社財産に属する財産について売買や担保設定などの原因行為がなされたにもかかわらず，対抗要件による公示がなされなければ，更生会社の債権者としては，その取引がなされていないもの，いいかえれば，原因行為の対象財産が更生会社財産から逸出していないものと信頼する。

　ところが，更生手続開始前の危機時期に至ってはじめて対抗要件が具備され，権利の移転などの効力が更生債権者等に対抗できるものとなるのであれば，このような債権者の信頼が裏切られる。この意味では，合理的限度を超えた対抗要件具備の遅延は，それ自体が有害性を有する。そこで法88条は，原因行為から15日を経過し，かつ，支払停止等後に悪意で対抗要件具備行為がなされたことが，更生債権者等の信頼を裏切る秘密取引であり，また債権者平等の理念に反するものとして，原因行為について否認が成立するか否かとかかわりなく，対抗要件の否認を認めたものである[184]。

　対抗要件の否認制度の源流に溯ると，フランス商法（当時）の規定に倣って，旧商法破産編922条の規定が，「有効ニ取得シタル抵当権其他合式ノ登記ニ因リテ法律上効力ヲ有ス可キ権利ハ支払停止後ニ在テハ其取得ノ時ヨリ十五日ヲ過キサルトキニ限リ破産ノ宣告ノ日マテ登記ヲ為スコトヲ得」と規定したこと

---

184) 中西正「対抗要件否認の再構成」新堂古稀（下）670頁，条解破産法1050頁，大コンメンタール662頁〔三木浩一〕，伊藤・破滅か更生か199頁参照。会社が更生手続開始申立て前に登記手続に要する資料を相手方に交付してしまっている場合における実務上の対応策として，更生手続開始申立てとともに，更生会社の業務および財産に関する保全処分（28）として，相手方を名宛人として対抗要件具備行為を禁止する保全処分の発令をえることがあり（再生手続における保全処分の申立書式例として，実践マニュアル316頁参照），手続開始後に対抗要件否認の手続をとるまでもなく，未然に財産を保全できるという利点がある。
　なお，更生手続開始後の登記の効力などについては，本書262頁参照。

に端を発し，旧破産法が否認制度を整備したのにともなって，旧破産法74条が対抗要件の否認制度を設け，旧会社更生法80条がそれを受け，法88条がその実質を変更することなく引き継いだものであるが[185]，対抗要件の中に，仮登記または仮登録が含まれることを明らかにし（88 I 本文かっこ書），また，受益者の悪意の内容が，支払停止等のあったことを知ってしたものであることを規定した点で，規定内容の明確化が図られている[186]。

なお，法88条の要件を満たさない場合にも，なお対抗要件具備行為が法86条1項または86条の3第1項にもとづく否認の対象となりうるかという問題があるが，これについては，(6)で説明する。

(1) 対抗要件の否認の性質

更生会社がなす対抗要件具備行為またはこれと同視される第三者の行為が，その性質として，詐害行為に属するのか，それとも偏頗行為とみられるのかは，法88条にもとづく対抗要件の否認やそれ以外の規定による対抗要件具備行為の否認の成否を考える上の根本問題であるが，旧法下では，故意否認と危機否認という否認類型が立てられ，偏頗行為についても故意否認の成立可能性が認められていたところから，対抗要件具備行為の性質について立ち入った検討をすることは少なかったといってよい[187]。そして，現行法が，否認類型として詐害行為否認と偏頗行為否認とを峻別したことから（86 I 柱書かっこ書・86の3 I 柱書かっこ書参照），この議論は，旧法下とは比較にならない重要性を認められる。

有力説（注187）は，原因行為の効力を覆すことなく対抗要件具備行為のみを否認しうる唯一の否認類型は，偏頗行為の否認であるという基本認識に立ち，旧80条（旧破74）は，旧78条1項2号（旧破72②）の危機否認の特殊類型で

---

185) 加藤・研究(9) 168頁，梅謙次郎・改正商法講義（日本立法資料全集別巻18）730頁（1893年），条解会更法（中）88頁など参照。
186) もっとも，現行会社更生法の規定の基礎となっている現行破産法の立案過程では，不動産登記法が共同申請主義をとっていることなどとの関係で，原因行為から対抗要件具備まで一定の日時を要するのが通常であることを理由として，対抗要件の否認制度の廃止を求める議論もあったが（山本克己「否認制度に関する考察」別冊NBL 69号116頁（2002年）），わが国における登記手続申請行為の実態をみれば，15日内に登記手続申請行為の実行を求めることが無理とはいえないなどの判断から，立法者は，対抗要件の否認制度を維持している。
187) しかし，現行破産法の立案過程の時期に至って，対抗要件具備行為を偏頗行為としてとらえる有力説が登場した。中西・前掲論文（注184）669，698頁。

あるとする。その特殊類型である所以は，支払停止等後の対抗要件具備行為のすべてを危機否認に服せしめることは合理性を欠くことに求められる。なぜならば，原因行為から対抗要件充足までは，通常一定の期間を要するにもかかわらず[188]，この時期における対抗要件具備行為を当然に危機否認の対象とするのは，不合理な結果を招くからであるという。これを前提とすると，旧 80 条 1 項本文がいう 15 日の期間は，危機否認の猶予期間としての位置づけが与えられる。

対抗要件具備行為が更生会社の義務の履行という側面を有していることから，原因行為とは区別された偏頗行為としての性質を有していることに着目し，旧 80 条を旧 78 条 1 項 2 号の危機否認を制限したものであるという指摘は，首肯できるところであるが，対抗要件具備行為自体は義務の履行であるとしても，その効果は，当該財産または当該財産の価値を更生会社財産から逸出させるものであり，偏頗行為という形式のみでとらえられるものかどうかという問題もある。特に，担保権設定についての対抗要件具備ではなく，所有権移転に関する対抗要件具備については，この問題を検討する必要があろう。

すなわち，登記手続申請などの対抗要件具備行為がなされるについては，通常の場合，受益者との間の合意によって更生会社がそれをすることを義務づけられていることからすれば，その義務または債務の履行，すなわち債務の消滅に関する行為（86 I 柱書かっこ書・86 の 3 I 柱書かっこ書）とみることができる。代表的な債務の消滅に関する行為である金銭債務の弁済と比較したときに，対抗要件具備行為は，それがなされることにより，対抗要件具備請求権が消滅し，受益者が対抗要件具備という利益をうる限度では，金銭債権に対する弁済と変わるところはなく，債務消滅に関する行為という以外にない。

しかし，対抗要件具備の効果はそれにとどまらない。対抗要件が具備されないかぎり，当該権利は，管財人に対抗することができず，受益者は，当該権利の目的物またはその価値を更生会社に返還しなければならないのに対して，いったん対抗要件が具備されれば，受益者の権利は，管財人に対抗できるものと

---

[188] ただし，この点については，対抗要件の否認が対象としているのは，登記などの対抗要件の充足そのものではなく，その前提となる登記手続申請などの更生会社の行為であるから，それがなされるまでに相当の時間を要するのが通例であるといえるかという疑問がある。

なり，目的物が更生会社財産に戻ることはない。したがって，効果に着目すれば，対抗要件具備行為は，更生会社の財産を絶対的に減少させる行為，すなわち詐害行為としての側面を持っているといえる。

このように考えると，対抗要件具備行為が詐害行為か偏頗行為かを一律に決定することはできず，むしろ，対抗要件が具備された場合の効果に着目して，その性質を考えることが適切であるといえよう。

(2) 支払停止等後の対抗要件具備行為

支払停止等後に更生会社が行った対抗要件具備行為は，すべて否認の対象となりうる。不動産物権変動や動産や債権の譲渡などについての登記（民177・605，立木1・2，借地借家10，債権譲渡特2～4，農動産13，建抵7など），商号登記（商9・15Ⅱ），船舶登記（商687），自動車抵当についての登録（自抵5）はもちろん，動産物権変動についての占有移転（民178），あるいは債権譲渡についての確定日付ある通知（民467Ⅱ）なども含まれる[189]。権利取得の効力を生ずる登録（特許66Ⅰ・98，意匠20Ⅰ・36など）についても同様である（88Ⅱ）。

問題となるのは，更生会社がその債権を第三者に譲渡した場合に，債務者がする承諾（民467）が否認の対象となるかどうかである。旧破産法下の判例[190]は，対抗要件具備行為の否認は故意否認（旧破72①）を制限したものであり，両者は，その本質を同じくするという理由から，破産者の行為またはこれと同視しうるものだけが否認の対象となるとして，否認可能性を否定している。しかし，対抗要件の否認は，破産者や更生会社の詐害意思の有無を問題としていないのであるから，加功などを理由として更生会社の行為と同視される場合だ

---

189) ゴルフ会員権の譲渡担保設定についても，指名債権譲渡の対抗要件によることとされているので（最判平成8・7・12民集50巻7号1918頁），本条の適用可能性がある（東京地判平成7・5・29判時1555号89頁，東京地判平成7・9・28判時1568号68頁など）。立木についてされた明認方法も同様である（東京高判平成8・3・28判時1595号66頁）。

これに対して，株式の譲渡について，株主名簿の名義書換えは対抗要件とはされていないので，本条の適用可能性はない（条解会更法（中）91頁，注解破産法（上）498頁〔宗田親彦〕，条解破産法1054頁，大コンメンタール667頁〔三木浩一〕など）。

仮登記も対抗要件の否認の対象となりうることは，旧80条の下でも解釈として確立されていたが（最判平成8・10・17民集50巻9号2454頁〔倒産百選36事件〕），本条1項本文かっこ書は，その点を明らかにした。仮登記が否認の対象となるときは，当該仮登記にもとづく本登記も否認される（注解破産法（上）500頁〔宗田親彦〕，大コンメンタール668頁〔三木浩一〕）。

190) 前掲最判昭和40・3・9（注119）。

けではなく，その効果において更生会社による対抗要件具備行為と同視される債務者の承諾も否認の対象となりうると解すべきである[191]。

なお，更生会社からの譲受人がなす未登記建物の保存登記（不登 74 参照）についても，同じ問題がある[192]。下級審裁判例の中に対立があり[193]，破産者の行為と同視されることを条件とすべきであるという見解があるが，上記の考え方から，効果において更生会社の行為と同一であれば，否認の成立を認める考え方をとるべきであろう。仮登記仮処分についても同様に考えられる[194]。

(3)　権利の設定等の日から 15 日の経過

登記または仮登記等の対抗要件具備行為は，原因行為にもとづく権利の設定，移転または変更があった日の翌日から起算して（13，民訴 95 I，民 140 本文）15 日を経過した後になされた場合に，否認の対象となる。15 日は，原因行為がなされた日ではなく，行為の効果が発生した日から起算する[195]。原因行為にもとづく法律効果が生じて，対抗要件を備えられるにもかかわらず，それを危機時期まで怠ったことが否認の理由であるから，当然である[196]。

この点に関して特に問題となるのは，集合債権譲渡担保である。集合債権譲

---

191)　注解破産法（上）498 頁〔宗田親彦〕，青山ほか 192 頁，条解会更法（中）91 頁，注解会更法 288 頁〔櫻井孝一〕，基本法 119 頁〔池田辰夫〕，髙地茂世「対抗要件の否認」破産・和議の実務と理論 107 頁，条解破産法 1054 頁，大コンメンタール 666 頁〔三木浩一〕。

192)　建物の保存登記による借地権の対抗力（借地借家 10 I）についても，同じ問題がある。

193)　無条件に否認を肯定するものとして，大阪高判昭和 36・5・30 判時 370 号 32 頁，破産者（更生会社）の協力・加功があり，破産者（更生会社）の行為と同視される場合に限るとするものとして，大阪高判昭和 40・12・14 金法 433 号 9 頁がある。

194)　条解破産法 1054 頁，大コンメンタール 667 頁〔三木浩一〕。前掲最判平成 8・10・17（注 189）は，「仮登記仮処分命令を得てする仮登記は，仮登記権利者が単独で申請し，仮登記義務者は関与しないのであるが（不動産登記法 32 条），その効力において共同申請による仮登記と何ら異なるところはなく，否認権行使の対象とするにつき両者を区別して扱う合理的な理由はないこと，実際上も，仮登記仮処分命令は，仮登記義務者の処分意思が明確に認められる文書等が存するときに発令されるのが通例であることなどにかんがみると，仮登記仮処分命令に基づく仮登記も，破産者の行為があった場合と同視し，これに準じて否認することができるものと解するのが相当であるからである」と判示する。

195)　最判昭和 48・4・6 民集 27 巻 3 号 483 頁，東京高判昭和 62・3・30 判タ 650 号 249 頁。

196)　ただし，中間省略登記については，破産者から中間者への権利移転の効果が生じた時が起算点となる（東京地判昭和 33・8・21 新聞 113 号 8 頁）。なお，効力要件としての登録（特許 66 I，意匠 20 I など）の場合には，原因行為の時から 15 日を起算するが（基本法 120 頁〔池田辰夫〕），立法論としては問題が指摘される（注解破産法（上）500 頁〔宗田親彦〕，条解破産法 1055 頁）。

渡担保自体の効力は判例によって確認されているが（本書216頁），集合債権譲渡担保設定契約が締結された後に譲渡人たる譲渡担保設定者から債務者に対する通知（民467）がなされれば，設定契約にもとづく担保権設定の時から譲渡通知到達の時（民97 I 参照）まで15日の期間が経過したか否かによって対抗要件否認の成否が決せられる。

　ところが，譲渡担保設定者の信用下落をおそれるとか，通知の費用を節約するなどの理由によって，しばしば通知の留保がなされる。すなわち，譲渡担保権者は設定者から日付等の記入されていない包括的債権譲渡通知書を差し入れさせ，支払停止等の事実が発生した場合にはじめて，設定者の代理人として通知書を債務者に発送する。しかし，このような慣行の下では，譲渡担保設定の効力発生時から通知発送時までに15日の期間が経過することが多くなるから，対抗要件具備行為が否認の対象となる。これを回避するための実務上の方策として，あらかじめ譲渡担保設定予約を締結し，支払停止等後の危機時期になって予約完結権の行使をするとか，譲渡担保設定契約について支払停止等の事由を停止条件とするとかの合意がなされる。

　このような形式をとれば，譲渡担保設定の効力の発生は，予約完結権行使時または停止条件成就時になるから，それに引き続いてなされる対抗要件具備行為たる通知は否認の対象とならないとする有力説がある[197]。もちろん，原因行為の否認を問題とする余地はあるが，停止条件付譲渡担保設定契約や譲渡担保設定予約は危機時期前になされ，停止条件成就時や予約完結権行使時には，否認されるべき破産者や会社の行為が存在しないとする[198]。

　しかし，これを認めると，実質的には譲渡担保が設定されているにもかかわらずそれが明らかにされず，危機時期になって突如対抗要件が備えられることになり，破産債権者や更生債権者等の利益を著しく害するので，この場合の原因行為は停止条件付譲渡担保設定契約時または譲渡担保設定予約時であるとみて，その効力が生じた時点から15日を経過してなされた対抗要件具備は，本

---

197)　宮廻美明「将来債権の包括的譲渡予約と否認権の行使」法時55巻8号117頁（1983年）。
198)　もっとも，このような契約が，実質的に支払停止等後の設定契約と同視されれば，否認の対象となりうる。前掲最判平成16・7・16（注166），最判平成16・9・14判時1891号200頁，前掲東京地判平成10・7・31（注166），前掲東京地判平成22・11・12（注166）。本書399頁注166参照。

条の適用対象となると解する考え方[199]をとるべきである。なお，債権譲渡の対抗要件に関する民法の特例等に関する法律にもとづく債権譲渡登記についても，同様の考え方が適用される。

ただし，対抗要件具備行為が更生手続開始申立ての日より1年以上前であれば，支払停止後の行為であることまたは支払停止を知ってしたことを理由とする否認は許されない（90。本書390頁参照）。

(4) 支払停止等についての悪意

対抗要件の否認が成立するための主観的要件として，支払停止等（86Ⅰ②）についての悪意がある（88Ⅰ本文）。この悪意の主体が誰を意味するかについては，考え方の対立がある。判例・通説は，受益者の悪意とする[200]。詐害行為否認や偏頗行為否認の場合（86Ⅰ②・86の3Ⅰ①柱書但書）と同様に考えれば，受益者の悪意になる。これに対して，規定の文言に即して，受益者の悪意ではなく，対抗要件具備行為をした者の悪意を意味するとする少数説がある[201]。更生会社と受益者が共同で行う登記申請のように，両者が一致することも多いが，たとえば債権の譲渡人たる更生会社による通知のように，受益者たる譲受

---

[199] 霜島331頁，伊藤・研究384頁，髙地・前掲論文（注191）108頁参照。いいかえれば，債権譲渡自体の効力は停止条件成就時などに生じるが，それは担保権の実行に相当し，集合債権についての非典型担保権の設定自体は契約時や予約時になされたものとみなされ，その対抗要件たる通知の否認に関する15日の期間は，契約時や予約時から起算されると考えるものである（長井秀典「停止条件付集合債権譲渡の対抗要件否認」判タ960号37頁（1998年），同「停止条件付集合債権譲渡と否認」金商1060号104頁（1999年），条解破産法1056頁，大コンメンタール669頁〔三木浩一〕参照。下級審裁判例としては，大阪地判平成10・3・18判時1653号135頁，大阪高判平成10・7・31金法1528号36頁などがある）。

これに対して，前掲最判平成16・7・16（注166）や前掲最判平成16・9・14（注198）は，破産者があらかじめ将来債権の譲渡契約を締結し，譲渡の効力発生は，譲渡人に破産手続開始申立てや支払停止の事実が生じたときとする契約について，「上記契約は，破産法72条2号の規定の趣旨に反し，その実効性を失わせるものであって，その契約内容を実質的にみれば，上記契約に係る債権譲渡は，債務者に支払停止等の危機時期が到来した後に行われた債権譲渡と同視すべきものであり，上記規定に基づく否認権行使の対象となると解するのが相当である」と判示するが，このような考え方を前提とすれば，譲渡担保の設定自体を偏頗行為否認の対象とすることとなり，条件成就から15日内に対抗要件が具備されていることとなるので，本条による否認の余地はないという結果になろう（松下淳一「重要判例解説」ジュリ1291号142頁（2005年）参照）。

[200] 大判昭和6・9・16民集10巻818頁。注解破産法（上）499頁〔宗田親彦〕，基本法118頁〔池田辰夫〕など。

[201] 条解破産法1056頁，大コンメンタール670頁〔三木浩一〕。

人が関与しない対抗要件具備行為も考えられる。この場合に，受益者が支払停止等について悪意でないことを理由として，否認の成立を否定することは，秘密取引を抑止するという本条の趣旨に沿わないとするのが，少数説の根拠であり，本書はこれを採用する[202]。

(5) 仮登記または仮登録後の本登記または本登録

すでになされている仮登記（不登105）または仮登録にもとづいて本登記または本登録がなされているときには，たとえ以上の要件を満たしても否認は成立しない（88Ⅰ但書）。仮登記などがなされていれば，権利変動が公示されるから，後に仮登記などにもとづいて本登記などがなされても更生債権者等の期待が害されるとはいえないことがその根拠となっている[203]。もちろん，仮登記など自体が対抗要件具備行為として否認されるのは，別問題である。

(6) 対抗要件具備行為の詐害行為否認および偏頗行為否認の可能性

本条の要件が満たされない場合であっても，なお，対抗要件具備行為の否認可能性があるかどうかについては，詐害行為否認（86Ⅰ）と偏頗行為否認（86の3Ⅰ）のそれぞれについて考える必要がある。具体的状況については，原因行為の内容に応じて，以下のような状況が想定できよう。

ア 対抗要件具備行為の否認が問題となる場面

① 甲は，乙から1億円の融資を受け，その担保として，自ら所有する不動産について抵当権を設定することを約束し，委任状を含め，必要書類を乙に交付したが，その際，別途十分な担保を提供するので，抵当権の設定登記手続申請の実行をしばらく待ってほしい旨を乙に懇請した。乙は，甲の懇請を容れて，登記手続申請の実行を留保していたが，抵当権設定契約後20日ほど経過した時点で，甲について手形の不渡りが発生したとの情報に接し，抵当権設定登記手続申請を行った[204]。その3日後，甲は，更生手続開始の申立てをなし，3

---

202) 受益者たる登記権利者が登記義務者である会社から預かっていた登記関係書類を用いて対抗要件具備行為をした場合などは，受益者が会社のなすべき行為を代行している関係にあるから，受益者の悪意をもって会社の悪意と同視することが考えられる。
203) 前掲最判昭和43・11・15（注118）参照。仮登記は，不動産登記法105条1号および2号によるものの双方を含む。なお，法56条1項における両者の区別については，本書262頁参照。
204) 抵当権設定登記手続申請は，登記権利者である乙と共にする，登記義務者たる甲自身の行為であるが，ここでは，乙が甲からの委任を受け，甲の代理人として共同申請をすることを想定している。

週間後に更生手続開始決定がなされたところ（保全管理命令，監督命令，調査命令部分は省略。以下の設例においても同様である），管財人は，抵当権設定契約締結の時点では，甲は，未だ支払不能に陥っていなかったとの判断を前提として，設定契約から設定登記手続申請まで20日を経過していることに着目し，設定登記手続申請の時点で乙が甲の支払停止を知っていたものとして，法88条1項本文にもとづいて，乙が甲に代わってなした抵当権設定登記手続申請を否認する旨を主張し，否認の登記（262 I 後段）を求める訴えを提起した。

② 基本的事実関係は，①と同様であるが，手形の不渡りという事実は発生しなかったものとする。しかし，乙は，甲の資金繰りが決定的に悪化しているとの情報に接し，急遽，抵当権の設定登記手続申請を実行したが，その時点は，①と同様に，抵当権設定契約から20日を経過していた。その3日後，甲は，更生手続開始申立てをなし，3週間後に更生手続開始決定がなされたところ，管財人は，抵当権設定契約締結の時点では，甲は，未だ支払不能に陥っていなかったが，抵当権設定登記手続申請の時点では，支払不能の状態にあり，乙もそれを知っていたと判断し，法88条1項本文ではなく，法86条の3第1項1号イにもとづいて，乙が甲に代わってなした登記手続申請行為の否認の可能性を検討している。

③ 丙は，その所有不動産を丁に売却することとし，代金を1億円とする売買契約を締結した。丙は，丁から代金の支払を受けるのと引換えに所有権移転登記手続申請に必要な書類を丁に交付したが，その際，当該不動産を買い戻す意思があり，近く買戻資金の手当てができる見通しがあるので，登記手続申請の実行を暫時猶予してほしい旨の申入れをなした。丁は，丙の申入れを信じて20日ほど待ったところ，丙が取引金融機関数行に対して，期限が到来する債務についての資金手当てができないことを理由として返済猶予の申入れをしているとの情報に接し，その翌日に所有権移転登記手続申請を実行した。

丙は，その3日後に，更生手続開始申立てをなし，3週間後に更生手続が開始された。管財人は，売買契約締結の時点では，丙は，未だ支払不能に陥っていなかったとの判断を前提として，売買契約から所有権移転登記手続申請まで20日を経過していることに着目し，丙の取引金融機関に対する返済猶予の申入れが支払停止にあたり，丁がそれについて知っていたものとして，法88条1項本文にもとづいて，丁が丙に代わってなした丁への所有権移転登記手続申

請を否認する旨を主張し、否認の登記を求める訴えを提起した。

④ 基本的事実関係は、③と同様であるが、丙による取引金融機関に対する返済猶予の申入れという事実は存在しなかったものとする。しかし、丁は、丙の資金繰りが決定的に悪化しているとの情報に接し、急遽、所有権移転登記手続申請を実行したが、その時点では、③と同様に、売買契約から20日を経過していた。その3日後、丙は、更生手続開始申立てをなし、3週間後に更生手続開始決定がなされたところ、管財人は、売買契約締結の時点では、丙は、未だ支払不能に陥っていなかったが、所有権移転登記手続申請の時点では、支払不能の状態にあり、丁もそれを知っていたと判断し、法88条1項本文ではなく、法86条1項1号にもとづいて丁が丙に代わってなした登記手続申請について否認の可能性を検討している。

イ 対抗要件具備行為の否認の根拠と成否

①は、法88条1項本文が適用される典型的場面と理解されている。原因行為たる抵当権設定契約は担保の供与にあたり、偏頗行為否認（86の3Ⅰ）の対象たりうるが、この設例では、甲が支払不能になった後の行為ではないとの判断であるので、否認は成立しない。しかし、抵当権設定登記手続申請という対抗要件具備行為が、抵当権設定契約があった日から15日を経過した後、乙が甲の支払停止を知ってなされているところから、甲の管財人は、乙が甲に代わってなした抵当権設定登記手続申請を否認することができる。抵当権設定契約自体は、支払停止前の行為であるが、旧80条1項本文も現行88条1項本文も、原因行為のなされた時期を問題とせず、対抗要件具備行為がなされた時期のみを問題としているので、この点は、否認の成否に影響するところはない。

否認が認められれば、甲の申請の効力は失われ、その結果として乙の抵当権設定登記について否認の登記がなされるから、乙は、その抵当権を管財人に対して主張することは認められないために、更生手続において更生担保権を主張しえず、1億円の貸金債権は、更生債権となる。

②は、対抗要件具備行為の偏頗行為否認が主張され、後に述べる制限説と創設説とが対立する場面の一つである。原因行為たる抵当権設定契約が否認の対象にならない場合に、対抗要件具備行為たる抵当権設定登記手続申請行為が否認されるのは、法88条1項本文が適用される場合のみ、すなわち、原因行為があった日から15日を経過した後、支払停止があったことを知ってしたとき

に限られるとすれば，この場合には，否認は成立しえない。しかし，抵当権設定登記手続申請も甲の乙に対する債務の履行にあたると考え，それが行われた時点で甲が支払不能状態に陥っていたとすれば，法86条の3第1項柱書かっこ書にいう「既存の債務についてされた……債務の消滅に関する行為」に該当することになる。かりに否認が成立するとすれば，その結果は，①について述べたのと同様のものとなる。

③も，従来から対抗要件の否認の一場面とされてきたものである。否認が成立すれば，丙から丁への所有権移転登記について否認の登記がなされることになるが，問題は，むしろその後の処理にある。売買契約自体が否認されたわけではないので，丁から丙への代金支払および丙から丁への所有権移転が否認によって影響を受けることはないが，丁の所有権は，対抗要件を具備せず，管財人に対抗できないものとなるから[205]，管財人の求めに応じて丁は，目的物を返還しなければならない。その結果として，丁の丙に対する移転登記手続請求権が復活するとしても，それは更生債権（2Ⅷ）にとどまる。丁としては，売買契約そのものが否認されたとすれば，代金返還請求権を共益債権として行使できるのに対し（91の2Ⅰ②）[206]，所有権移転登記のみが否認されたときには，支払済代金の返還を求めることはできず，移転登記請求権を更生債権として行使するにとどまるという差異が生じる。果たしてこのような差異が合理的なものかどうかについて検討する必要がある[207]。

④は，旧法下で対抗要件具備行為に対する故意否認（旧78①）の可否として争われていたところである。現行法は，故意否認と危機否認（旧78②）の区別に代えて，詐害行為否認と偏頗行為否認という類型を立てたために，なお対抗要件具備行為に対する詐害行為否認を論じる意味があるかどうかを検討しなければならない[208]。あわせて，否認の成立可能性を認めるとすれば，その効果についても③と同様の検討が必要になる。

---

205) 伊藤250頁参照。
206) 反対給付が金銭の場合，その返還請求権は，原則として共益債権（財団債権）となる。伊藤440頁参照。
207) 畑瑞穂「対抗要件否認に関する覚書」井上追悼551頁，条解破産法1060頁参照。また，相当な対価をえてした財産の処分行為について厳格な要件が設けられていること（86の2）との均衡も問題となろう。

ウ　制限説と創設説

　議論の出発点は，旧80条（旧破74）にもとづく否認が旧91条（旧破84）によって妨げられるときに，なお旧78条1号（旧破72①）の故意否認として破産者のなした対抗要件具備行為を否認できるかどうかという問題であった。これをより一般化すれば，対抗要件具備行為の故意否認可能性ということになろう。

　この問題について大審院判例は，対抗要件具備行為の故意否認可能性を排斥し，その前提としては，この種の行為も故意否認の対象となりうるものであり，ただ，対抗要件の否認に関する特則がある以上，否認はそれに委ねられるべきであるとの理由を示している[209]。

　いわゆる創設説は，結論としては大審院判例を是認しながらも，その理由として，登記については，故意否認の適用可能性がそもそもありえないと論じる[210]。すなわち，対抗要件具備行為は，本来的に故意否認の対象とならないことを前提としながら，支払停止後の時期に，しかも原因行為から相当期間を超えてなされる対抗要件具備行為が他の債権者に対する有害性をもつことに着目して，特別に否認可能性を認めたのが対抗要件の否認の意義と捉える考え方である。

　ただし，創設説がその立論の理由として，登記は債務者の義務であることに求めた点については，それが故意否認を排除する理由にはなっても，危機否認

---

[208]　旧法下の議論については，注解破産法（上）490頁〔宗田親彦〕（1998年），基本法118頁〔池田辰夫〕，伊藤眞・破産法〈第3版補訂版〉362頁参照。現行法に関して，対抗要件具備行為の詐害行為否認を肯定するものとして，条解破産法1064頁，大コンメンタール664頁〔三木浩一〕，中島356頁，伊藤415頁があり，否定するものとして，条解会更法（中）86頁，加藤哲夫307頁，条解民再法598頁〔加藤哲夫〕などがある。

[209]　前掲大判昭和6・9・16（注200）は，登記または登記申請行為も本来であれば，旧72条1号にもとづく故意否認の対象となりうるものであるが，旧破産法の趣旨は，原因行為に否認の理由がない以上，対抗要件の具備を認めるのが本則であるとの考え方を基礎として，「物権変動ノ行為ソノモノカ否認セラルル場合ハ之ヲ措キ単ニ登記ノミヲ否認スルハ唯同法第七四条第一項ノ能クスルトコロニシテ他ノ法条ニ依ル否認ノ如キハ之ヲ許サザル法意ナルコト之ヲ窺フニ難カラス」と判示した。

[210]　加藤・研究（9）170, 171頁は，「何トナレハ抵当権ノ設定行為カ有効ニ為サレタル以上ハ之ニ伴フ登記ハ債務者ノ当然ノ義務ニ属シ」とし，義務の履行たる登記については，元来旧72条1号の適用がないために，旧74条の規定が設けられたという。大審院判決では，旧74条の規定が存在するために，旧72条1号の適用がないとされているが，これはいわば逆転した発想であるというのが加藤博士の批判である。

の対象である「債務ノ消滅ニ関スル行為」にあたらないとする理由にはならないのではないかという疑問を残すことになった。また，ここでは，抵当権設定登記を問題としているが，対抗要件の否認の適用範囲は，それを超えて，物権変動の対抗要件一般となっていることを考えれば，対抗要件の具備が義務の履行にあたるとの理由づけが一般的通用性を有するかについても，なお検討の余地があったといってよい。

これに対して，いわゆる制限説[211]の出発点は，不動産の譲渡を原因とする所有権移転登記にあった。すなわち，所有権移転登記は，所有権の移転それ自体とは区別されるが，破産財団所属財産（更生会社財産）という視点からみれば，「所有権の移転自体と其の価値を同じうし，従つて所有権移転の登記も亦，破産債権者を害する行為たり得る」とし，対抗要件具備行為も故意否認によつて否認しうるが，対抗要件の否認は，特にこれを制限し，その否認を困難ならしめたものであると論じる[212]。

以上にみたように，創設説も制限説も，対抗要件の否認による場合を除いて，対抗要件の具備行為の否認がありえないとの結論においては共通であるが，故意否認の適用可能性を排除するための創設説の論拠，すなわち対抗要件具備行為が義務の履行にあたるとの説明は，危機否認との関係で問題を含むのに対して，制限説の論拠，すなわち詐害性の視点からみた対抗要件具備行為と原因行為の比重の軽重は，故意否認についても，危機否認についても否認可能性を制限すべき一般的通用性があると認められ，これが，その後に制限説が通説化した理由と考えられる。

---

211) 井上直三郎「破産法第七四条に就いて」（同・破産・訴訟の基本問題290頁（1971年）所収）。なお，板木郁郎・否認権に関する実証的研究64頁（1943年）も同様の考え方をとる。

212) 井上・前掲書（注211）292頁。これは，旧破産法に関する説明であるが，旧74条（旧会更80）の要件に対応するのは，旧72条2号または3号（旧会更Ⅰ②③）であり，2号では，支払停止等後に受益者が支払停止等について悪意であることを要件として否認を認めるが，旧74条（旧会更80）は，これらの要件に加え，原因行為から15日を経過してなされた対抗要件具備行為を対象にしている。その理由は，対抗要件具備が，それ自体で権利変動を引き起こすものではなく，既に生じている権利変動を完成する性質のものであり，債権者に対する詐害性が弱いとみなされることにある。そのために，15日の経過という加重的要件が設けられ，また，旧74条1項本文（旧会更80Ⅰ本文）にいう「悪意」とは，単に支払停止等の事実を認識しているという意味ではなく，「権利の変動を公示せざる儘に放置し，いざと云ふ間際になつて債権者の満足を遮断せんとするの意思」と解さなければならないとする（井上・前掲書295頁）。

しかし，制限説が検討の対象としているのが，不動産の譲渡にともなう所有権移転登記であり，その詐害性が所有権の移転自体と同価値とみなされるにもかかわらず，対抗要件の否認規定の適用場面以外では，否認の可能性が一切排除されることが合理的といえるかどうか，なお疑問の余地があり，それが次に述べるような制限説の変質につながったと考えられる。

制限説が通説化[213]するとともに，判例は，これを前提として個別的な解釈問題を判断するようになったが[214]，学説は，これを超えて，対抗要件の否認規定の適用対象でない場面においても，対抗要件具備行為の故意否認が可能であるとする論拠として，制限説を援用するようになった[215]。特に，その中で，対抗要件の否認規定は，危機否認の特則であるから，対抗要件具備行為の故意否認が制限されるものではないとの指摘が注目される。これが変質した制限説である。

すなわち，本来の制限説は，対抗要件具備行為がそれ自体否認の対象となりうる行為であることを確認しながら，その否認可能性は，故意否認や危機否認の規定によるのではなく，対抗要件の否認規定のみによって，すなわち支払停止等後になされたもので，原因行為から15日を経過している場合にのみ認められるとしていた。ここでいう制限とは，故意否認，危機否認，無償否認という旧破産法下の各種否認類型全体との関係で，否認可能性を対抗要件の否認規定の要件に限定することを意味していた。これに対して変質した制限説のいう制限とは，対抗要件の否認規定は，対抗要件具備という行為の性質を考えても，また，否認の要件を考えても，危機否認を制限したものと理解する。

すなわち，支払停止等後の対抗要件具備は，それが受益者の有する対抗要件

---

213) 中田165頁。
214) 前掲最判昭和40・3・9（注119）や最判昭和45・8・20民集24巻9号1339頁が，旧破産法74条にもとづく否認も否認の一般原則にしたがうべきであるから，その対象は破産者の行為であることを要するとか，旧破産法72条による否認が主張されているときに，旧破産法74条による否認の主張の有無についても裁判所の釈明を要するとかの判断をする際に，制限説の考え方が援用されている。
　伊藤眞「破産管財人に対抗できる登記の範囲」法教53号74頁（1985年）では，これを制限説の拡散現象と呼んでいる。
215) 山木戸214，215頁では，疑問形で対抗要件具備行為の旧72条による否認可能性を示唆し，「74条は72条2号の特則たるにとどまり，破産者に詐害の意思があれば，72条1号による否認を認めえないであろうか」と説く。これに対して，谷口262頁，伊藤・前掲論文（注214）75頁は，72条1号による否認可能性の存在を断定する。

具備請求権との関係でいえば，債務消滅行為にあたるから，受益者が支払停止等について悪意であれば否認が成立するにもかかわらず，対抗要件の否認規定は，原因行為から15日を経過する前になされた対抗要件具備行為は否認の対象とならないという意味で，危機否認の成立可能性を制限している。しかし，この規定は，故意否認についての制限ではないから，故意否認の要件が満たされる場合には，本来の原則通り，対抗要件具備行為が否認される可能性があるというものである。これは，本来の制限説とは異なった帰結であり，いわばそれを換骨奪胎したものともいえるが，創設説の発想からは，このような帰結は考えられないから，やはり制限説が変質したものという以外にない。

エ　制限説の再構成

現行法下の解釈としては，対抗要件の否認は，法88条の要件によってのみ可能であるとする見解が多数となっているが，対抗要件具備行為の有害性を強調し，他の法条による否認も可能であるとするのであれば，以下のように考えることができよう。

　　a　対抗要件具備行為の偏頗行為否認　　②の設例について，甲の抵当権設定登記手続申請が支払不能状態でなされたことを理由として，法86条の3第1項1号によって否認できる可能性について検討する。この問題は，現行法が偏頗行為否認の対象行為の範囲を，支払停止等後の行為だけではなく，支払不能になった後の行為まで拡張したことに起因する。すなわち，法88条にもとづく対抗要件の否認は，甲が支払停止等後になした行為についてのみ可能であるが，支払不能発生から支払停止等までの期間については，対抗要件具備行為が債務の消滅に関する行為としての性質をもつことを踏まえれば，法86条の3第1項1号にもとづく否認も考えられるからである[216]。

しかし，詐害行為否認と異なって，詐害意思の存在を要件としない偏頗行為否認において，支払停止発生前の支払不能状態における対抗要件具備行為を否認の対象とすることとなれば，15日の期間は何らの意味をもちえず，原因行為から若干でも後れる対抗要件具備行為は，すべて偏頗行為否認の対象となりうる。このような結果は，法88条の存在意義を失わせるおそれがあり，支払

---

216)　法86条の3第1項2号の適用についても，同様である。このような問題の発生を避けるために，法88条（破164）にいう支払停止を支払不能と読み替えるべきであるとの見解も存在する。畑・前掲論文（注207）555頁参照。立法論としては，検討に値しよう。

不能後の行為であることを理由とする対抗要件具備行為の偏頗行為否認を認めるべきではない。

　　b　対抗要件具備行為の詐害行為否認　　対抗要件具備行為の詐害行為否認が問題となる局面は，冒頭の設例に即していえば，支払不能時期に抵当権設定登記がなされた場合（②）と所有権移転登記がなされた場合（④）とに分けられる。前者については，かりに否認が認められないとすれば，乙の抵当権が管財人に対抗できるものとなり，後者については，同様に，丁の所有権が管財人に対抗できるものとなる。それでは，これらの登記の前提となる甲や丙の登記手続申請行為を詐害行為否認の対象とすることができるであろうか。

　甲の抵当権設定登記手続申請行為については，これを詐害行為否認の対象とすることは認められないと考えるべきである。もちろん，甲と乙とが通謀して，甲の債権者を害する意思の下にあえて抵当権設定登記を遅らせるような事案では，甲の詐害意思が認められ，乙もそれについて悪意であったといってよい。しかし，このような状況の下にあっても，甲の抵当権設定登記手続申請行為について詐害行為否認を認めることは，甲の抵当権設定行為そのものを否認するのと，実質的に変わりがない結果となる。したがって，担保の供与を詐害行為否認の対象から除外した法86条1項柱書かっこ書の趣旨を考えれば，この場合に詐害行為否認を認めることは，解釈論として不合理と考えられる。これを一般化すれば，原因行為が詐害行為否認の対象適格を備えない場合には，対抗要件具備行為も詐害行為否認の対象たりえないといってよい[217]。

　しかし，④の設例における丙の所有権移転登記手続申請行為については，同じく対抗要件具備行為であっても，詐害行為否認の成立可能性を肯定すべきである。丙が，当該不動産が自らの責任財産から逸出した事実を隠蔽するなどの意図にもとづいて，所有権移転登記手続の申請を遅らせ，また丁もそれについて悪意であり，しかも，その時期に丙が支払不能の状態にあったとすれば，詐

---

[217]　このような考え方に沿って，自らの債務についての根抵当権設定登記の具備行為にかかる詐害行為否認（86 I ①）を否定し，他方，第三者の債務についての物上保証としての根抵当権設定登記の具備行為についてその成立可能性を認めるものとして，東京地決平成23・11・24金法1940号148頁がある。
　　もっとも，いわゆる登記留保の詐害性を重視すれば，担保供与の形式をとっても，財産処分行為とみられる場合には，原因行為自体が詐害行為否認の対象となりうるとすれば，その対抗要件具備行為も詐害行為否認の対象とする考え方もありえよう。

害行為否認の対象として扱うべきである。通常の詐害性は，廉価売却のように，正当な対価をうることなく更生会社が責任財産を減少させることを意味するが，この場合には，原因行為たる売買自体については，正当な対価をえていたとしても，その取引の存在を隠蔽して，他の債権者から信用供与を受けるなどすれば，会社財産の絶対的減少を隠匿して会社が利益を受けたという意味で，債権者に対する詐害性においては，径庭ないからである。廉価売却が，いわば表の詐害性であるとすれば，債権者を害する認識をもちながら対抗要件具備行為を遅らせる行為は，裏の詐害性であり，表裏いずれとも詐害行為否認の対象たりうると思われる[218]。

もっとも，同じく丙の対抗要件具備行為であっても，これを法86条1項2号によって否認できるかどうかについては，さらに検討を要する。同号も詐害行為否認を規定したものであるが，更生会社の詐害意思を要せず，その主観的認識を離れて，支払停止等後の行為という客観的な要素にもとづいて否認を認めるものである[219]。法88条が定める要件とは，若干の差異はあるものの，要件に共通するところがあり，法88条による否認が成立しない場合，たとえば原因行為から15日内に対抗要件具備行為がなされているときに，なお法86条1項2号による否認の可能性を残すことは，法88条の法意に反するといわざるをえない。したがって，対抗要件具備行為の詐害行為否認は，法86条1項1号にもとづくものに限るべきである。

---

[218] この場合に，原因行為から対抗要件具備行為がなされるまでの期間は，それ自体が法律要件事実ではないが，更生会社の詐害の意思を推認するための間接事実としての意味があり，その際には，法88条がいう15日の期間も参考になろう。大コンメンタール664頁〔三木浩一〕も同旨。ただし，相当期間の経過を詐害行為性を基礎づけるものとし，会社がその時点で自らの支払不能状態を認識していたことをもって詐害意思にあたるとする考え方もあろう。

なお，原因行為たる売買などが適正価格によってなされている場合には，その否認は，法86条の2の要件によってなされるが，対抗要件具備行為の詐害行為否認は，法86条の要件による。対抗要件具備行為の詐害行為否認が成立すると，相手方は，その権利を実質的に失うに等しいことを考えると，このような結果は，やや公平に反するように思われるが，適時に対抗要件を具備することが可能であった以上，やむをえない結果である。

また，債権譲渡における債務者の承諾（民467）のような第三者の行為については，それが会社の行為と同視されるべき場合（本書345頁参照）にのみ，詐害行為否認が成立しうる。

[219] 伊藤397頁。

(7) 否認の効果

否認の効果については，詐害行為否認および偏頗行為否認のそれぞれについて，法91条の2および92条が規定するが，法88条にもとづく対抗要件の否認および対抗要件具備行為の詐害行為否認の効果に限って，以下に説明を加える。

ア 担保権設定を原因行為とする対抗要件の否認の効果

これについては，先の①の設例（本書415頁参照）に即していえば，以下のように考えられる。否認が認められれば，甲の申請の効力は失われ，その結果として乙の抵当権設定登記について否認の登記がなされるから，乙は，その抵当権を管財人に対して主張することは認められないために，更生手続において更生担保権を主張しえず，1億円の貸金債権は，更生債権となる。なお，否認の登記がなされた結果として，乙の甲に対する抵当権設定登記手続請求権が復活することとなるが（92），これは，更生手続開始前の原因にもとづく財産上の請求権として更生債権となる（2Ⅷ）。その議決権の評価（136Ⅰ③ハ参照）は，目的物の価額を基準とすることとなろう[220]。

イ 所有権移転を原因行為とする対抗要件の否認の効果

これについては，先の③の設例（本書416頁参照）に即していえば，以下のように考えられる。すでに所有権移転登記について否認の登記がなされ，丁の所有権が管財人に対抗できないものとなっている以上，更生手続との関係では，原因行為たる売買契約が否認されたものと同視すべきである[221]。したがって，丁は，丙の移転登記手続申請が否認され，移転登記について否認の登記がなされたことを理由として，丙に対する移転登記手続請求権を更生債権として行使するのではなく，管財人に対して共益債権の行使として代金の返還を求められると解すべきである（91の2Ⅰ②）。なお，この結論は，④の場合，すなわち丙の移転登記手続申請について法86条1項1号にもとづく対抗要件具備行為の否認が認められた場合にも妥当する。

(8) 権利取得要件としての登録への準用

以上に述べたことは，権利取得の効力を生じる登録にも妥当する。その例と

---

[220] しかし，この場合の対抗要件具備行為請求権は，無価値のものという評価もありえよう。

[221] なお，売買契約の実体法上の効力については，別途の検討が必要となろう。

しては，特許権（特許66Ⅰ・98），実用新案権（実用新案26），意匠権（意匠20Ⅰ・36），商標権（商標18），鉱業権（鉱業60），租鉱権（鉱業85）などがある。もっとも，この種の登録の場合は，権利の設定や移転が登録とともに生じるので，それから15日を経過した後に登録がなされるという事態は想定しえず，法88条1項を準用する趣旨についての議論が存在する。公示が遅れることによって第三者の利益が害されることを防ぐという本条1項の趣旨を考えれば，この種の登録の場合には，その原因行為である権利の設定や移転の合意がなされた日から15日を経過した時点でなされた登録が否認の対象になりうると解すべきである[222]。

3 執行行為の否認

詐害行為や偏頗行為は，それぞれ否認の対象とされるが，同じ行為が債務名義をもつ債権者を受益者として行われる場合，または執行機関による執行行為を通じてなされる場合でも，更生債権者等に対する有害性の点では差異がない。そこで，否認対象行為について執行力ある債務名義[223]があるとき，またはその行為が執行行為にもとづくときにも，否認権の行使は妨げられない（89）。いいかえれば，執行行為の否認とは，執行行為自体について新たに否認の類型を設けたものではなく，債務名義や執行行為が介在する場合であっても，更生会社等の行為について詐害行為否認や偏頗行為否認が可能であることを明らかにしたものである。したがって，問題となる執行行為としては，金銭執行だけではなく，物の引渡しを求めるなどの非金銭執行も，更生会社財産を減少させるものであればすべて含まれる[224]。

---

222) 条解破産法1066頁，大コンメンタール668頁〔三木浩一〕。ただし，質権の場合にも，債権者への目的物の引渡しが効力要件とされているのであるから（民344），同様に解さないと不合理な結果となるとの指摘がなされている。他の例としては，商法519条，573条，604条，会社法128条1項本文，手形法12条，小切手法14条，抵当証券法15条，企業担保法4条1項が挙げられる。条解会更法（中）92頁，注解破産法（上）500頁〔宗田親彦〕，大コンメンタール668頁〔三木浩一〕参照。

223) 債務名義として執行力が認められるものであれば足り（民執22各号），執行文の付与（民執25本文）を受けていることまでは要しない（条解会更法（中）101頁，基本法120頁〔池田辰夫〕，条解破産法1068頁，大コンメンタール672頁〔三木浩一〕）。有名義債権に関する債権の調査確定手続の特則（158）との対比については，本書497頁参照。

(1) 否認しようとする行為について執行力ある債務名義があるとき（89前半部分）

これについては，さらにいくつかの場合に分けられる。第1は，債務名義の内容である義務，たとえば金銭の支払義務や物の引渡義務を生ぜしめた更生会社の行為を否認しようとする場合である。管財人がこれらの行為について詐害行為否認を主張したときに，受益者は，行為にもとづく義務が債務名義上確定されていることをもって抗弁とすることはできない。行為が否認される場合には，債務名義の内容である義務が消滅する[225]。

第2は，債務名義を成立させる行為を否認しようとする場合であり，たとえば，裁判上の自白（民訴179），請求の認諾（民訴266），裁判上の和解（民訴267・275），あるいは執行受諾（民執22⑤）など，債務名義を成立させる訴訟行為の効力を否認によって覆すことが可能である。この場合には，否認の効果として債務名義の執行力が失われる[226]。

第3は，債務名義にもとづく権利の実現を否認しようとする場合である。金

---

[224] 破産手続においては，担保権実行（民執180以下）は，それが別除権として保護される関係で（破65Ⅰ），ここに含まれない（基本法121頁〔池田辰夫〕，条解破産法1067頁）。民事再生の場合（民再130・53Ⅱ）も同様である。もちろん，担保権設定行為自体の否認は別である（ただし，東京高判昭和31・10・12高民9巻9号585頁〔倒産百選〈初版〉41事件〕は，担保権実行の否認を認める）。これに対して，更生手続においては，担保権が更生担保権とされる関係で，担保権実行も執行行為否認（会更89）の対象となる（大阪地判平成9・12・18判時1651号137頁，高見進「質権の直接取立てと執行行為の否認」金商1060号131頁（1999年）参照）。

しかし，取戻権の実行としての引渡執行については，破産手続，再生手続，更生手続共通に，否認の対象とならない。

[225] ただし，債務名義の執行力が当然に消滅するわけではないので，管財人は取戻権の行使としての強制執行などを防ごうとすれば，請求異議の訴え（民執35）を提起しなければならない。条解破産法1068頁，大コンメンタール672頁〔三木浩一〕。

[226] 第三者から物の引渡しを訴求された更生会社が，債権者を害するために，引渡義務の基礎となる事実について自白をなし，請求を認容する判決が確定したとする。管財人が自白について詐害行為否認を主張し，それが認められたとすれば，判決の既判力や執行力が更生手続に対する関係で消滅する（条解会更法（中）102頁，注解会更法294頁〔櫻井孝一〕参照）。執行力を排除するためには，請求異議の訴えを要することは，上記と同様である。また，債務名義の内容たる義務そのものには，否認の効果が及ばないから，なお更生債権等が認められる余地は残されている（条解破産法1068頁，大コンメンタール673頁）。

また，更生会社財産にかかる訴訟手続において請求の成否にかかる事実について自白がなされ，更生手続開始決定によって当該訴訟手続が中断し，管財人がそれを受継した後（本書495頁参照），自白の効力を否認によって覆すことも考えられる。

銭執行による債権者の配当受領（民執87等）を否認したり，登記の移転登記手続を命じる判決にもとづく移転登記手続申請（不登63Ⅰ）を否認するのがこれにあたる[227]。これらの行為が債務消滅に関する行為とみなされれば，偏頗行為否認（86の3）の可能性もある。

(2)　否認しようとする行為が執行行為にもとづくとき（89後半部分）

ここでいう否認しようとする行為とは，更生会社から受益者への権利の移転などを指し，それが債務名義をもつ債権者の申立てにもとづいてなされる執行機関の行為（民執2）を介在して行われたときにも否認が認められる。すなわち，執行による債権者の満足は，否認の対象となることが明らかであるが（89前半部分），状況によっては，更生債権者等の満足ではなく，執行機関の行為を通じて実現された法律効果自体を否認する必要が生じる。次に述べる転付命令にもとづく債権の移転や競売による所有権の移転がその例である。このような場合を想定して，法は，執行機関による執行行為を通じて実現された効果を更生会社等の行為によって実現されたものと同視して，その否認を認めたものである[228]。

この否認類型が適用される典型例は，差押債権者の申立てにもとづいて更生会社の財産たる被差押債権について転付命令（民執159）が発令された場合である。転付命令にもとづいて，差押債権者が第三債務者からすでに弁済を受けていれば，管財人としては，債権者の満足を否認して弁済金の返還を受ける（89前半部分）。これに対して，第三債務者の弁済が未だなされていないか，または第三債務者が弁済金を供託した場合（民494）には，転付命令による被転

---

[227]　もっとも，移転登記が法律行為にもとづく物権変動の対抗要件具備行為とみなされるとすれば，対抗要件の否認（884）によるべきである（条解破産法1068頁，大コンメンタール674頁〔三木浩一〕）。仮登記仮処分（不登108）についても同様の問題があり，判例（最判平成8・10・17民集50巻9号2454頁〔倒産百選36事件〕）は，仮登記も対抗要件たる本登記に準じるものとして，対抗要件の否認の対象となるとし，仮登記仮処分にもとづく仮登記申請行為が破産者（更生会社）の行為と同視されるとしている（ただし，学説は，執行行為の否認の対象とする考え方が有力である。注解破産法（上）504頁〔宗田親彦〕，基本法121頁〔池田辰夫〕）。民事保全法制定後の仮登記仮処分の意義については，紺谷浩司「仮登記仮処分の対抗要件否認」金商1060号128頁（1999年）参照。

[228]　かつては，判例・学説の間に，この否認類型の趣旨をめぐって議論の混乱があったが，条解会更法（中）96頁以下によって本文に述べた趣旨が通説化した。

なお，更生手続開始時に執行手続が係属していれば，それは中止するので（50Ⅰ），ここでは，すでに終了している場合，不動産の強制競売でいえば，配当や弁済金交付の完了（中野・民事執行法349頁）後に更生手続が開始することを前提としている。

付債権の債権者への移転自体を更生会社から転付債権者への債権譲渡と同視して否認し，管財人が第三債務者に対して被転付債権または供託金還付請求権の支払や還付を求めることとなる[229]。また，不動産の競売においても，債権者の満足とは別に，更生会社から買受人への目的物の所有権移転（民執79）を両者間の譲渡と同視して，否認によって覆す可能性がある。この場合には，執行裁判所による売却許可決定（民執69）が権利移転の効果を生じさせる執行機関の行為にあたる[230]。

ただし，否認の対象となるのは，執行機関の執行行為ではなく，効果においてこれと同視される更生会社等の行為であるから，否認の要件，たとえば支払停止等後の行為にあたるか否かは，転付命令申立て（民執159 I）や強制競売申立て（民執45参照）などの執行機関への執行申立行為を基準として決定すべきである。

(3) 更生会社の行為の要否

詐害行為否認の第1類型において更生会社の詐害意思が要求される場合には，詐害意思を推認させる更生会社自身の行為またはこれと同視される第三者の行為が要求される。これに対して詐害行為否認の第2類型および偏頗行為否認においては，詐害意思が不要とされることから，効果において更生会社の行為と同視される第三者の行為も否認の対象行為に含まれる。したがって，執行行為の否認の内容として，詐害行為否認の第2類型または偏頗行為否認の要件が主張されているかぎり，更生会社自身の行為の存在は必要でない[231]。

---

[229] この場合に，民法467条を類推し，受益者たる債権者が第三債務者に対する通知を義務づけられるとするものとして，福岡高判昭和32・11・26下民8巻11号2191頁がある。

[230] もっとも，買受人の権利の安定を害することは妥当ではないが，競売による相当の対価をえてした財産の処分行為（86の2）とみなされるために，隠匿等の処分意思が要求され，否認が成立することは稀であろう。否認が認められるのは，債権者自身が買受人となっている場合（前掲東京高判昭和31・10・12（注224）），買受人が債権者の計算で買い受けた場合，買受人についても受益者の主観的要件（86 I・86の2③）が満たされる場合などに限られよう。条解破産法1070頁，大コンメンタール674頁〔三木浩一〕。

否認が成立するときには，買受人が執行機関に納付した代金（民執78 I）は，配当前であれば，配当手続は中止し（50 I），更生計画認可決定による執行手続の失効（208本文。本書649頁）により，買受人が執行機関に対してその返還を求められるし，配当後であれば，執行手続は終了しているので，更生会社に対して共益債権（91の2 I ②）として返還を求め，または配当を受けた債権者に対して不当利得返還請求をすることになろう（最判平成8・1・26民集50巻1号155頁参照）。また，これとは別に，配当を受領した債権者に対する偏頗行為否認の問題もある。

しかし，執行行為の否認の内容として，詐害行為否認の第1類型が主張される場合には，更生会社の詐害意思の存在を推認させる程度の加功行為，またはそれと同視される第三者の行為が要求されるので，旧破産法下の故意否認に関する判例も，破産者が故意に執行を招致したか，自ら弁済をなしたとすれば悪意をもってなしたものと認められることが必要であるとする[232]。

4 支払停止を要件とする否認の制限

詐害行為否認の第2類型（86 I ②），詐害的債務消滅行為否認（同Ⅱ），偏頗行為否認（86の3 I）および対抗要件の否認（88）においては，否認対象行為が支払停止後のものであること，または支払停止についての受益者の悪意が否認要件の一つとされている。しかし，支払不能と異なって支払停止は，継続的状態ではなく，更生会社の一回的行為であり，更生手続開始からみて合理的範囲を超えて遡ることを認めるのは，取引の安全を害する結果となる。

そこで，手続開始より遡って一定期間を超えた行為については，支払停止の事実を知ったことを理由として否認できないものとすべきであり，加えて，更生手続開始申立てから開始決定までに要する時間によって否認の成否が左右されるのは合理的ではないこと，また支払停止についての認識だけではなく，支払停止後の行為そのものについても，期間制限を設けるべきであることを考慮して，更生手続開始申立て等[233]の日から1年以上前にした行為は，それが支払停止後の行為であること，または支払停止について悪意でなされたことを理由として否認することができないとしている（90）[234]。ただし，有害性が強い無償否認（86Ⅲ）は，この制限の対象外である（同かっこ書）。

5 転得者に対する否認

否認権は，更生会社財産に属すべき財産が更生会社の行為などによって逸出

---

231) 旧法下の危機否認について，前掲最判昭57・3・30（注117），東京地判昭和56・12・18判時1065号152頁参照。

232) 前掲大判昭和14・6・3（注117），前掲最判昭和37・12・6（注117）。学説では，破産者（更生会社）の行為を要しないとするものも有力である（条解会更法（中）24頁，谷口264頁，注解破産法（上）502頁〔宗田親彦〕など）。しかし，判例も破産者（更生会社）の行為そのものを必要としているわけではないので，結論においてそれほど大きな違いは生まれない。条解破産法1071頁，大コンメンタール671頁〔三木浩一〕。

233) 更生手続開始の申立て等であるので，更生手続開始の申立てだけではなく，先行する破産手続開始，再生手続開始または特別清算開始の申立てを含む（86の3 I ①柱書本文かっこ書）。

した場合に，その財産を取得した者，すなわち受益者から当該財産を更生会社に復帰させることを目的とする。しかし，更生会社から受益者へ移転された財産がさらに第三者（転得者）へと移転されたとき，または当該財産について第三者が制限物権の設定を受けたときに[235]，その第三者に対して否認の効力を主張できないとすると，否認制度の実効性が制限される。もちろん，否認によって受益者に対する財産権の移転が絶対的に無効とされれば，管財人は，その無効を転得者に対しても主張できるが，後に説明するように，否認の効力は，更生手続の管財人と受益者との間の相対的無効であると解されるので，管財人は，当然には，受益者に対する否認の効果を転得者に対して主張できない。そこで法は，管財人が転得者に対して否認権を行使することについて特別の要件を設けている（93）[236]。

したがって，転得者に対する否認における否認権行使の相手方は転得者であるが，否認権を基礎づける事由は，受益者など，転得者に対して権利を移転した者に対する関係で否認原因が存在すること，およびそれについての転得者の認識などであり，転得者自身の行為についての否認原因が問題となるわけではない[237]。また，否認の対象となるのは，更生会社と受益者との間の法律行為など，転得者の権利取得の前提となる受益者の権利を基礎づける行為であり，受益者と転得者との間の行為ではない。転得者に対する関係で受益者を相手方

---

234) 偏頗行為否認が支払不能を基準としていること（86の3 I ①柱書本文）との関係で，支払不能を知ったこと，または支払不能後の行為であることを理由とする否認についても，法90条を類推適用すべきであるとの議論が有力である。新破産法の基本構造418頁。しかし，支払不能は，更生会社の財産状態が決定的に破綻している状況を示すものであり，否認権の要件との関係で，支払停止とはその比重が異なることなどを重視して，類推適用を否定するのが多数説である。条解破産法1073頁，大コンメンタール677頁〔三木浩一〕。なお，法90条にもとづく否認の制限は，受益者を長期間にわたって不安定な地位に置くことを避けるという趣旨において，支払停止にもとづく支払不能の推定の制限（86の3 Ⅲかっこ書）と共通するところがあるといわれるが（条解破産法1041頁，大コンメンタール658頁〔山本和彦〕），前者は，更生手続開始申立てから行為までの間隔を理由として，支払停止後の行為であることを理由とする否認を制限し，受益者を長期間不安定な状態に置くことを防ごうとするものであり，後者は，更生手続開始申立てから支払停止までの間隔を理由として，支払停止にもとづく支払不能の推定機能を制限しようとするものであって，その目的と趣旨とを異にする。

235) 受益者が目的物の所有権を取得し，転得者がそれについて抵当権や賃借権を取得するなどの場合が考えられる。このような場合にも，転得者との関係で更生会社と受益者との間の行為の効力が覆滅されると，転得者の権利取得の効果が覆され，抵当権や賃借権の負担のない所有権が更生会社財産に復帰する。

とする更生会社の行為が否認されると[238]，転得者の権利取得の効果が覆され，財産権が更生会社財産に復帰する（91 I）ところに，この否認類型の特色がある[239]。

(1) 転得者に対する否認の要件

転得者に対する否認は，以下の3つの場合に認められる[240]。第1は，受益者および中間転得者のすべてについて否認原因が存在し，かつ，転得者が転得

---

236) なお，受益者に対する否認訴訟係属中に目的物が転得者に譲渡されたような場合には，当事者適格の移転を理由として訴訟承継が認められる（民訴49～51。伊藤・民訴法663頁参照）。

　また，通常は，詐害行為否認に関して転得者に対する否認が議論されるが，代物弁済や担保設定のような偏頗行為について，転得者や転担保権者に対する否認が成立しうるか，否認が成立しうるとすれば，受益者の債権が復活するのかどうか（92参照）などについて議論がある。条解会更法（中）201，202頁，新破産法の基本構造423頁，条解破産法1096頁。

　いずれにしても，管財人が転得者の否認を主張することは，相当の負担になるので，そのような事態の発生を防ぐための手段として否認権のための保全処分（39の2。本書88頁）がある。

237) 転得者に対して否認を主張する前提として，受益者に対する否認の意思表示が要求されるわけではなく，管財人は，受益者または転得者のいずれか一方に対する否認を選択することができる（大判昭和15・3・9民集19巻373頁）。

238) 転得者に対する否認は，否認対象行為に関与した受益者ではなく，受益者の権利を基礎とする権利取得者である転得者を相手方として，対象行為について否認権を行使するものである。否認の請求や訴えによる場合には，管財人は，法93条1項各号のいずれかの要件に該当する事実，および転得者に対して訴訟上否認の意思表示がなされた事実を主張して，その意思表示によって受益者を相手方とする更生会社の行為などが否認されたことにもとづいて，転得者からの財産回復などを請求する。

239) 判例（大判昭和9・12・28法学4巻634頁）および通説は，否認の対象となるのは，あくまで受益者に対する破産者の行為などであるとする（学説については，条解会更法（中）197頁，宗田・研究46頁以下，注解破産法（上）541頁〔宗田親彦〕，条解破産法1095頁，大コンメンタール696頁〔加藤哲夫〕が詳しい）。転得行為が否認の対象とならないとする根拠の一つは，これを否認によって無効としても，財産が受益者に復帰するのみで，破産財団に益するところがないとする点にある（板木郁郎・否認権に関する実証的研究74頁（1943年））。

240) 転得者に対する否認の要件（93 I ①）の要件が転得者に対する詐害行為取消しの要件（民424 I 但書）よりも厳格なことから，管財人が詐害行為取消訴訟を提起できるかまたは詐害行為取消訴訟を受継した管財人が詐害行為取消権を行使できるか（本書373頁注106）という問題がある。

　なお，転得者に対する否認が成立したときには，転得者は，受益者に対して担保責任を追及でき（民561・567類推，条解会更法（中）164頁，基本法128頁〔池田辰夫〕，大コンメンタール702頁〔加藤哲夫〕），そのために転得者から受益者に対して訴訟告知（民訴53。伊藤・民訴法644頁参照）をすることが考えられる（条解破産法1101頁）。

の当時,その前者に対する否認原因の存在を知っている場合である(93 I ①)[241]。

第2は,転得者が更生会社の内部者(86の2Ⅱ各号)の場合である(93 I ②本文)。ただし,転得者の側で,転得の当時それぞれ前者について否認原因があることを知らなかったことを立証したときは,否認の成立が阻却される(同但書)。転得者といっても,更生会社の役員や支配的株主または子株式会社などは,更生会社と密接な関係にあり,更生債権者等を害する行為がなされやすいことなどを根拠として,否認原因の存在に関する転得者の認識について証明責任を転換するものである。

第3に,無償行為またはこれと同視すべき有償行為によって転得がなされた場合には,それぞれの前者に関する否認原因の存在のみが要件であり(同③),否認原因に関する転得者の認識は問題とされない。転得者を保護する必要が薄いことが根拠である。なお,善意の転得者に対して否認が成立する場合には,現存利益の償還のみが義務づけられる(同Ⅱ・91Ⅱ)。

(2) 転得者に対する否認の効果

廉価売却された不動産の転得者に対して否認権を行使する場合には,管財人は,訴えまたは否認の請求をもって,転得者に対して否認の登記や不動産の返還を求める。その訴えまたは否認の請求が認められると,当該不動産は更生会社財産に復帰することとなるが(91 I),更生会社財産としての管理処分をするためには,否認の登記を申請することを要する[242]。

---

[241] 否認原因の存在とは否認の要件事実を意味するから,管財人は,詐害行為否認の第1類型の場合であれば,詐害行為および詐害意思の存在(86 I ①本文),およびそれらについての転得者の悪意を主張・立証する。ただし,詐害についての受益者の悪意を転得者が認識していたことまで管財人が主張・立証しなければならないかについては,旧法の故意否認以来争いがある。受益者に対する詐害行為否認においては,管財人は受益者の悪意について証明責任を負っていないからである(同但書)。それにもかかわらずかつての多数説は,証明責任の転換を認め,管財人が受益者の悪意およびそれについての転得者の認識を立証しなければならないとする(条解会更法(中)195頁,注解会更法315頁〔池田辰夫〕)。しかし,この結論では,管財人の負担が過重となり,公平に反するという理由から,転得者が受益者の善意について証明責任を負うとすべきである(注解破産法(上)544頁〔宗田親彦〕,伊藤眞「転得者に対する否認と転得者・受益者間の法律関係」基礎249,251頁,条解破産法1098頁,大コンメンタール699頁〔加藤哲夫〕)。裁判例として,東京地判平成19・3・15判タ1269号17頁〔会社更生〕がある。

また,立法論として,詐害行為取消権の場合と比較して,受益者の悪意を要求する合理性があるかどうかという議論がある。新破産法の基本構造422頁,条解破産法1098頁。

代物弁済のような偏頗行為の転得者に対する否認を認めるとすれば，転得者は，受益者に対して追奪担保責任を追及し，その責任を果たした受益者は，自らが代物弁済の目的物を返還したのと同様に扱われ，受益者の債権が復活する(92)[243]。

第5項　否認権の行使とその効果

以下では，否認権の行使，その効果および相手方の地位について説明する。

1　否認権の行使

否認権は，詐害行為または偏頗行為によって逸出した財産を更生会社財産に回復する目的で管財人が行使する権利であるが，その法的性質および主体に関しては，議論がある。

(1)　否認権の性質

否認権の法的性質に関しては，請求権説と形成権説とが対立する。請求権説は，否認権の要件が具備されれば，管財人による特別の意思表示なしに当然に否認の効果が発生すると説く。これに対して，形成権説は，一定の行為を否認する旨の管財人の意思表示によって，はじめて否認の効果が発生すると説明する。「否認権の行使は，更生会社財産を原状に復させる」として，法が否認の効果たる原状回復を否認権行使にかからしめていることから（91Ⅰ），形成権説が妥当である。

形成権説は，さらにその効果の点から，物権説と債権説に分かれる。両者の違いは，否認の意思表示によって当然に財産権が更生会社財産に復帰し，管財人がそれについて管理処分権（62Ⅰ）を行使しうるとするか，それとも受益者などの相手方が財産権を更生会社財産に返還する債権的義務を負うにすぎないかという点であるが，法91条1項の文言を根拠とすれば，物権説が相当である。もっとも，物権説の中でも，その物権的効果が否認の相手方に対してのみ，かつ，更生手続の限りで生じるのか，それとも第三者との関係においても一般

---

242)　否認の登記に関する詳細については，条解破産法1100，1669頁参照。
243)　受益者が無資力のために追奪担保責任を追及できない場合には，転得者が受益者の債権を代位行使できるなど，他の考え方については，条解破産法1100頁参照。
　これに対して，否認対象行為が詐害行為である場合に，転得者に対する否認がなされた後，転得者から受益者に対して追奪担保責任が追及され，受益者がこれを履行した場合には，法91条の2により，受益者が更生会社に対して反対給付の返還請求権等を取得する。

的に効果が生じるのかで，相対無効説と絶対無効説とに分けられる。しかし，すでに述べたように，転得者に対する否認が受益者に対する否認とは別に規定されていること，あるいは否認は更生手続との関係でのみその効果を認めれば十分なことなどを考慮すれば[244]，相対無効説の考え方（本書431頁参照）が正当である。

(2) 否認権の行使主体

否認権は，管財人が行使する（95Ⅰ）。管財人がいかなる資格にもとづいて否認権を行使するかについては，破産法に関して議論があり，これは，管財人の法的地位に関する議論を否認の場面に投影したものである[245]。本書では，更生会社の管理機構たる管財人に法主体性を認めるので（本書128頁），否認権の帰属および行使主体を管財人と考える。

(3) 否認権の行使方法

管財人は，訴え，否認の請求または抗弁によって否認権を行使する（95Ⅰ）[246]。したがって，否認権の行使適格は管財人に限られ，たとえ管財人が行使しない場合でも，更生債権者等がそれを代位行使することはできない[247]。更生会社財産の管理処分は，管財人の専権に属するからである（62Ⅰ）。更生債権者等としては，更生債権者委員会等（117ⅢⅥ），関係人集会（114），または裁判所（68Ⅰ）を通じて，管財人が適切に否認権を行使するよう促すべきである。

管財人が訴え，否認の請求または抗弁によって否認権を行使するときの相手方当事者は，否認によって回復すべき財産権に関する当事者適格をもつ受益者

---

244) したがって，更生手続開始決定が取り消されたり，更生手続が廃止された場合など（234①～④参照）にはもちろん，想定しえないことであるが，更生計画の履行が完了して更生手続が結結した場合において，否認権の行使により回復された財産がなお残存し，予想超過収益金の使途としても定めがないとき（167Ⅰ⑤参照）は，その残存している財産を更生会社財産として保持させるのではなく，否認の相手方に返還するべきである（浦和地判昭和57・7・26判時1064号122頁〔破産〕参照）。

245) 伊藤424頁参照。

246) 更生手続においては，旧会社更生法82条1項以来，訴えまたは抗弁による行使の他に，否認をめぐる争いの長期化を防ぎ，より機動的な否認権行使の機会を与えるために，否認の請求すなわち決定手続による否認権行使を認めており（特に，否認の請求について条解会更法（中）110頁参照），現行会社更生法95条1項は，これを引き継いでいる。破産法や173条1項や民事再生法135条1項は，これにならったものである。中間試案補足説明153頁，一問一答新しい破産法241頁参照。なお，否認権のための保全処分については，本書88頁参照。

または転得者である。更生会社は当事者適格を有しない。行使の方法を訴訟およびこれに準じる手続に限った趣旨は，行使の要件の有無を明らかにしようとするところにあるが，後に述べるように，訴訟外の行使が認められないかどうかについては争いがある。

(4) 訴えによる行使

更生会社が行った詐害行為を否認して財産の取戻しを請求するとか，偏頗行為の否認にもとづいて金銭の返還を請求する場合には，管財人が原告となり[248]，受益者や転得者を被告として訴えを提起する。この訴えの性質に関しては，判決主文において否認の宣言をするという形成訴訟説と，否認の宣言を不要として，金銭の支払または物の返還など，否認にもとづいて生じる相手方の義務のみを判決主文に掲げれば足りるとする給付・確認訴訟説との対立がある。旧破産法に関する判例は形成訴訟説をとっていたが，最近の判例・通説は給付・確認訴訟説をとり，実務もこれにしたがう[249]。

給付・確認訴訟説の根拠は，次のところにある。第1に，形成訴訟説では，判決主文に否認の宣言のみが掲げられることになり，管財人が現実に財産の返

---

[247] 条解破産法1113頁，大コンメンタール712頁〔加藤哲夫〕。ただし，基本法122頁〔池田辰夫〕は，破産債権者が破産管財人に代位して，否認権を行使することを認める。もっとも，本書のような考え方の下でも，管財人が否認訴訟の当事者になっているときに，更生債権者等が補助参加することはできる。この参加は，判決の効力が破産債権者に及ぶので，共同訴訟的補助参加である。補助参加を認めたものとして，大阪高決昭和58・11・2下民33巻9～12号1605頁〔倒産百選〈第3版〉41事件〕がある。

詐害行為取消訴訟が係属中に更生手続開始決定がなされると，取消訴訟は中断し（52の2Ⅰ），管財人がこれを受継し（同Ⅱ），否認権を行使することができる（本書373頁注106参照）。また，いったん更生手続が開始されれば，更生会社財産の増殖は管財人の否認権に委ねられるから，更生債権者等は詐害行為取消訴訟を提起できない（大判昭和4・10・23民集8巻787頁〔破産〕）。

以上と比較し，保全管理人には否認権の行使が認められないために，更生債権者等は，保全管理期間中，詐害行為取消訴訟を提起することが可能である。

[248] 更生会社の取締役の権限が回復されている場合には（72Ⅳ），他の訴訟の当事者適格は更生会社となるが（74Ⅱ），否認訴訟等の当事者適格は管財人のみに帰属する。

[249] 形成訴訟説をとるのは，大判昭和7・6・2新聞3445号12頁，給付・確認訴訟説をとるのは，大判昭和14・5・19新聞4448号12頁など。近時の通説は，中田169頁，山木戸219頁，谷口265頁，注解破産法（上）511頁〔宗田親彦〕，坂原正夫「否認権の行使」破産・和議の実務と理論115頁，条解破産法1110頁，大コンメンタール712頁〔加藤哲夫〕，会社更生の実務（下）33頁〔佐々木宗啓〕など。これに対して，条解会更法（中）123頁，基本法122頁〔池田辰夫〕，霜島339頁などは，形成の訴えを完全に排斥する必要はないとして，折衷説をとる。

還を受けるためには、さらに給付訴訟などを提起する必要があり、管財人に無用の負担をかける。第2に、たとえ形成訴訟と給付・確認訴訟の併合を認めても、論理的には形成判決の確定まで給付・確認判決ができないという不都合が生じる。第3に、否認権は抗弁の形でも主張が可能であり、その場合には、否認の成否は判決理由中で判断される。これは形成訴訟説と調和しない。以上の理由から本書でも、給付・確認訴訟説を支持する。したがって、否認訴訟の訴訟物は否認の効果として生じる権利関係であり、否認の要件の存在、および否認の意思表示がなされたことについては、訴訟物を基礎づける攻撃防御方法として判決理由中において判断する。

　否認訴訟の職分管轄に関しては、破産法や民事再生法の場合（破173Ⅱ、民再135Ⅱ）と同様に、更生裁判所の専属管轄が定められる（会更95Ⅱ・6)[250]。更生裁判所とは、更生手続開始決定をなし、更生手続にかかわっている裁判体そのものではなく、更生事件が係属している地方裁判所を指す（2Ⅳ）。一般の管轄規定によらず更生裁判所に否認訴訟の専属管轄を認めるのは、否認に関する判断をできるかぎり統一的に行うためである[251]。なお、管財人が訴訟を提起するについては、裁判所の許可をえなければならないものと定めることが通例である（72Ⅱ⑤参照）。否認訴訟の提起が更生手続の進行に重大な影響を生じることを踏まえて、その成否の判断に慎重を期する趣旨である。

　被告としては、受益者もしくは転得者、またはその双方を相手方とすることができるが、双方を被告とした場合でも合一確定の必要はないので、通常共同訴訟（民訴38）である。また、受益者を被告とする否認訴訟の係属中に転得者が生じた場合には、訴訟承継がなされるし（民訴49～51）、口頭弁論終結後の転得者に対しては、受益者に対する判決の既判力が拡張される（民訴115Ⅰ③)[252]。

　管財人は、訴訟中に訴えの取下げ、訴訟上の和解、あるいは請求の放棄などをなすこともできるが、訴え提起の場合と同様に、裁判所の許可をえなければ

---

250) 否認訴訟および否認の請求に関する更生裁判所の専属管轄は、旧会社更生法82条2項以来のものであり、現行破産法および民事再生法の規定（破173Ⅱ、民再135Ⅱ）は、これにならっている。

251) 条解会更法（中）110頁参照。法がいう「裁判所」、すなわち現に当該更生事件を担当している裁判体が否認訴訟を担当することは、否認訴訟の提起などについて裁判所が許可を与えることを考えると、公平中立性の問題がある。ただし、裁判官の数が少ない裁判所では、やむをえない場合がある。新破産法の基本構造429頁。

ならない旨定められることが通例である（72Ⅱ⑥⑦参照）。また，訴訟において管財人が否認の主張を撤回したり，訴えを取り下げたりすれば，否認の効果も遡及的に消滅する。

(5) 抗弁による行使

管財人を被告として，取戻権にもとづく物の引渡請求訴訟が提起されたり，更生債権者等から更生債権等査定の申立てがなされ，更生債権等査定決定に対する異議訴訟が提起され，または，更生債権等に関する訴訟の受継がなされたときに，管財人は，防御方法として，引渡請求権や債権の発生原因たる契約を否認することができる。また，管財人が原告となっている訴訟で，再抗弁として否認が主張されることもありうる。たとえば，更生会社に対して債務を負う者に対して管財人が履行の請求をなし，被告が免除の抗弁を提出したときに，管財人が，更生会社による免除の意思表示を否認する場合などである[253]。なお，否認権を抗弁または再抗弁として主張することは，許可事項とはされないのが通例である。

(6) 否認の請求による行使

判決手続による否認権の行使には，その帰結が明らかになるまでに長期間を要することが多く，そのことが管財人の否認権行使をためらわせたり，また受益者など相手方に不当な負担を生じさせるおそれがある。法が，否認の請求という，決定手続による簡易な否認権行使を認めるのは（96），このような理由からである。もちろん，否認権行使によって，すでに発生している法律効果が覆滅されることは，相手方の法的地位そのものにかかわることであるので，否

---

[252] したがって，口頭弁論終結後の転得者は，転得者に対する否認（93）が主張される場合に，受益者に対する否認原因が存在することを争いえない。これに対して，執行力の拡張（民執23Ⅰ③）に関しては，否認の効果が相対的とされていること，および転得者に対する否認について特別の要件が定められていること（93Ⅰ）を考慮すると，一般論として，執行力の拡張に関して，いわゆる起訴責任転換説（伊藤・民訴法566頁参照）をとるとしても，承継執行文の手続による執行力の拡張を認めることはできない（ただし，破産法に関する学説では，同条の要件を破産管財人に証明させることによって，承継執行文付与を認める考え方が有力である（吉村徳重「否認訴訟の判決の転得者に対する効力」基礎274頁，注解破産法（上）516頁〔宗田親彦〕，大コンメンタール701頁〔加藤哲夫〕参照）。

[253] 管財人が所有権にもとづく目的物の引渡請求訴訟を提起したのに対して，被告が更生会社との間の売買契約を抗弁として提出した場合に，管財人が，再抗弁としてその契約の否認を主張する場合も，同様である。条解破産法1112頁。

認の請求を認容する決定に対しては，異議の訴えを認めることによって (97)，判決手続による相手方の救済手続を設けている[254]。なお，許可事項として訴えの提起および保全，調停，支払督促その他これに準ずるものの申立てならびにこれらの取下げが定められることが一般的であり[255]，このような定めの下では否認の請求をすることも許可事項に含まれると解される。

ア　否認の請求

管財人は，否認の請求をするときには，その原因となる事実を疎明（民訴188）[256]しなければならない（96 I）。請求にあたって，管財人に疎明責任を課す趣旨である。他方，否認の相手方たる受益者および転得者については，決定手続における審理の特則として（民訴87 II 参照），必要的審尋が求められる（96 III）。相手方などの利益を重視することによる。裁判所[257]は，管財人による疎明と相手方の審尋の結果にもとづいて否認の成否を裁判するが，その裁判は，理由を付した決定で行わなければならない（同 II）[258]。理由付記が強制されるのは，否認の成否が実体的権利義務にかかわるからであり，また否認の請求を認容する決定に対しては，異議の訴えが認められるから（97 I），不服申立ての手がかりを明らかにするためである[259]。

否認の請求を認容する決定があった場合には，その裁判書を当事者に送達する（96 IV 前段）。この場合には，送達代用公告（10 III 本文）の規定は適用しない（96 IV 後段）。異議の訴え提起の機会を確保するための措置である。これに対し

---

254) 決定には既判力が認められないが，実際には，多くの紛争が否認の請求についての決定によって解決され，異議の訴えが提起されることは必ずしも多くないというのが，現行法がこの制度を新設した背後にある立法事実である。なお，破産法174条および民事再生法136条以下の手続もほぼ同様の内容である。
255) 会社更生の実務（上）329頁〔森岡泰彦〕参照。
256) 疎明における証拠方法の制限，いわゆる疎明の即時性については，伊藤・民訴法331頁参照。
257) 管轄裁判所は，否認の訴えの場合と同様に更生裁判所であるが（95 II），実務では，更生事件を担当する裁判体に配点するのが通常といわれる。否認の請求についての許可（72 II ⑤⑩）を与えた裁判体が否認の請求の当否について裁判をすることには，中立性の視点からすると問題がないとはいえないが，法律的には両者は別であることと，迅速な判断を可能にするための措置と考えられる。
258) 一般的には，決定においては，必ずしも理由を記載することは要求されないが（民事訴訟法122条の趣旨について，秋山ほか II 526頁参照），その特則になる。
259) したがって，不服申立ての対象とならない否認請求棄却決定の理由は，比較的簡略でよいとされる。条解会更法（中）143頁，条解破産法1117頁，大コンメンタール715頁〔田頭章一〕参照。

て，否認請求棄却決定については，このような措置はとられず，相当の方法で告知すれば足りる（民訴119）。決定に既判力がなく[260]，また不服申立ても認められないためである。

否認の請求の手続は，更生手続が終了したときは，終了する（96Ⅴ）。訴え等によって否認権が行使されている場合には，更生手続の終了にともなって，訴訟手続は中断し，受継されることになるが（52ⅣⅤ・52条の2ⅣⅤ），否認の請求は，実体的権利義務を確定する目的のものではなく，更生手続内部の手続にとどまるので，その当然終了を定めたものである[261]。

イ　否認の請求を認容する決定に対する異議の訴え

否認の請求を認容する決定に不服がある者は，その送達を受けた日から1月の不変期間内に，異議の訴えを提起することができる（97Ⅰ）。管轄は，否認の訴えの場合（95Ⅱ）と同様に，更生裁判所の専属管轄である（97Ⅱ・6）。認容決定は，否認権の行使によって相手方の法律上の地位を覆滅する効果をもつものであるから，判決手続によって相手方の裁判を受ける権利を保障しようとするものである。これに対して否認の請求を棄却または却下する決定に対して管財人の側から異議の訴えを提起することは認められない。このような決定は，実体的権利関係に変動を生じさせるものではないからである。また，抗告も許されない（9前段参照）。ただし，改めて否認訴訟を提起することは否定されるものではないが，前述のような問題がある[262]。

否認の請求を一部認容する決定，たとえば詐害的偏頗行為（86Ⅱ）とされた給付の一部について否認を認めた決定に対しては，相手方が異議の訴えを提起できるのはもちろんであるが，管財人も異議の訴えを提起できるかどうかについて，多数説はこれを肯定する。これを否定すると，管財人は棄却部分について別訴を提起せざるをえなくなり，判断の矛盾を生じる可能性があることを理

---

[260] 既判力がないことから，管財人が同一の対象行為について，改めて訴えまたは抗弁をもって否認を主張することは可能であるが（条解会更法（中）138，143頁，会社更生の実務（下）35頁〔佐々木宗啓〕，条解破産法1120頁），管財人の善管注意義務（80Ⅰ）からも，また信義則からも，訴えなどによる否認権行使は，否認の請求手続では提出を期待できなかった証拠が存在するなどの例外的な場合に限られるべきである。否認の請求制度を創設した立法者の意思は，それを否認訴訟のための小手調べに利用することを認めるものではない。

[261] 破産法174条5項および民事再生法136条5項も同趣旨の規定である。

[262] 注260参照。

由とする[263]。しかし，条文の文言上問題があるし，管財人による別訴提起を前提とすることも不合理である。本書では否定説をとる。

異議の訴えに対する判決の内容は，不適法却下を除いて，否認の請求を認容する決定の認可，変更または取消しである（97Ⅲ）。認可は，実質的には請求棄却にあたるものであるが，決定の効力を明らかにし，仮執行宣言の可能性（同Ⅴ）を与えるところから，積極的な判断の形式をとることとしたものである。

否認の請求を認容する決定を認可する判決が確定したときには，決定が確定判決と同一の効力を有する（97Ⅳ前段）。決定内容にしたがって既判力や執行力が生じる趣旨である[264]。異議の訴えが期間内に提起されなかったとき，取り下げられたとき，または却下されたときも同様である（同後段）[265]。

異議の訴えに係る訴訟手続は，更生手続開始決定の取消決定の確定（234②）または更生手続終結決定（同⑤）によって更生手続が終了したときは，当然に終了する（97Ⅵ）。これは，否認の請求に関する規律（96Ⅴ）と類似のものであり，判決手続の形をとっていても，異議訴訟手続は，否認の請求を認容する決定の当否を判断するためのものであり，更生手続限りでその意義を認めるべき

---

[263] 条解会更法（中）146頁，新注釈民再法（上）682頁〔中西正〕，条解民再法641頁〔髙地茂世〕，大コンメンタール717頁〔田頭章一〕など。また，否認の請求を全部認容する決定がなされたときに，管財人が請求の拡張のために異議の訴えを提起できるとする見解も有力である。条解破産法1120頁。

[264] 否認の請求手続では決定に判決と同じ効力が認められる（97Ⅳ）のに対して，役員責任査定決定の場合には認可判決に執行力を付与する（102Ⅴ）という差異がある（条解破産法1147頁）。これは，否認の請求を認容する決定が否認訴訟の認容判決に等置されることによるものと考えられる。

また，「決定は，確定判決と同一の効力を有する」とされているところから，決定の内容である給付義務などの既判力の基準時が問題となる。役員責任査定決定に対する異議の訴えにおいて，決定を認可する「判決は，強制執行に関しては，給付を命ずる判決と同一の効力を有する」（102Ⅴ）とされていることとの差異に注意が必要である。すでに，旧会社更生法について，この問題が指摘されていた（条解会更法（中）153頁）。

債務名義としての執行力は，認可判決付決定に生じると解されるが，給付義務についての既判力の基準時は，認可判決の口頭弁論終結時と解すべきである（大コンメンタール719頁〔田頭章一〕）。変更判決の場合にも，変更判決付決定が債務名義となり，既判力の基準時は，同様に口頭弁論終結時となる。なお，異議訴訟が提起されず，否認の請求を認容する決定が確定し，それについて既判力が生じる場合には（決定の既判力について秋山ほかⅡ443頁，条解民訴法〔竹下守夫〕516頁），決定時が基準時となろう。

[265] 訴えが取り下げられ，再訴が不可能になった場合も同様である。条解会更法（中）154頁。

ものであるところから，否認訴訟に関するそれ（52Ⅳ）とは異なった取扱いをするものである[266]。

(7) 否認権の裁判外行使

訴えもしくは抗弁または否認の請求による以外に，否認権の裁判外行使が認められるかどうかについては，争いがある。判例および通説は，法95条の文言，ならびに否認要件の存在が裁判によって確定されないことなどを理由として，裁判外の否認権行使を認めず，管財人が裁判外で否認の意思表示をなし，それにもとづいて受益者などとの間で和解が成立したときには，和解契約の効力は認められるが，否認の効果は発生しないとする[267]。

判例および通説が裁判外の意思表示にもとづく否認の効果を認めない意味は，2つに分けられる。第1は，登記原因行為や対抗要件具備行為について裁判外で否認の意思表示がなされ，相手方との間に合意が成立したときでも，通常の抹消登記等がなされるのみで，否認の登記がなされない点である。第2は，弁済に対する否認の意思表示が裁判外でなされても，受益者の債権が復活すること（92）にともなって，更生会社の連帯債務者の責任などが当然に復活するわけではなく，連帯債務者としては，否認の要件が存在することを争えるという点である。

しかし，これらの点は，否認権の裁判外行使を否定するほどの意味があるか疑わしい。後に述べるように，裁判上の否認においても否認の登記ではなく，通常の抹消登記等がなされるという考え方もあるし，また，すでに否認訴訟の性質に関して述べたように，現在の判例・通説である給付・確認訴訟説では，否認の成否は判決理由中の判断にすぎないから，連帯債務者などの第三者が判決確定後も否認を争えることは，裁判上の否認の場合でも同様である。

---

266) ただし，否認の請求の場合（96Ⅴ）と異なって，更生手続開始申立て棄却決定の確定による終了（234①）は別として，更生計画不認可決定の確定または更生手続廃止決定の確定による更生手続の終了（同③④）の場合には，牽連破産手続開始の可能性があるので，異議訴訟は中断し（52Ⅳ），破産管財人による受継の可能性がある（256Ⅰ）。相当程度進行した手続を後の手続に生かす趣旨である。中断していた再生手続が続行される場合（257Ⅰ参照）にも，同様に解すべきである。なお，否認訴訟については，注273参照。

267) 大判昭和5・11・5新聞3204号15頁，大判昭和6・12・21民集10巻1249頁，大判昭和11・7・31民集15巻1547頁。学説は，中田170頁，山木戸222頁，谷口275頁，注解破産法（上）518頁〔宗田親彦〕，基本法123頁〔池田辰夫〕，条解破産法1112頁，大コンメンタール713頁〔田頭章一〕など。ただし，条解会更法（中）120頁，霜島338頁は，裁判外での和解における否認権行使も認められるという。

したがって，否認にもとづく原状回復（91 I）や相手方の地位（91の2），あるいは相手方の債権の復活（92）などの効果に関しては，裁判上の否認に限って認められるとしても，管財人の権能としての否認権行使については，裁判外のものも裁判上のものに準じて取り扱うべきである[268]。たとえば，管財人が裁判外で否認の意思表示をしようとするときは，訴えの提起等（72 II ⑤）が許可事項と定められているとすれば，その類推により裁判所の許可を求めるべきであるし[269]，否認の意思表示の結果として和解が成立し，財産が更生会社財産に復帰し，移転登記が抹消されたときにも，その効果は，更生手続の限りで認められるものであるから，更生手続開始決定が取り消される場合などには，管財人は回復登記をなすべきである。

2　否認権の消滅

更生手続開始の日（更生手続開始の日より前に破産手続または再生手続が開始されている場合にあっては，破産手続または再生手続開始の日）から2年間を経過したとき[270]，また否認の対象となる行為の日から20年を経過したときは，否認権を行使することはできない（98）。2年または20年の期間は，除斥期間であるので，時効援用（民145）の必要もなく，また中断の可能性（民147）もない[271]。

否認権行使の方法としては，訴えによるもの，抗弁によるもの，あるいは否認の請求によるものなどが考えられるが，訴えや否認の請求による場合であれば，訴え提起や申立て時（民訴147・122），抗弁による場合であれば，準備書面の直送もしくは送達時（民訴規83・47 IV），または口頭弁論における陳述時が期間遵守の有無を決定する基準となる[272]。ただし，訴えが却下または取り下げ

---

[268]　不動産の売却許可決定に対する抗告事由として，破産管財人が担保権の設定を否認することは許されないとする下級審裁判例があるが（大阪高決昭和58・5・2判タ500号165頁），この場合には，むしろ裁判上の否認と同視されるべきものであり，その結論に賛成できない。

[269]　ただし，実務運用の問題ともいえる。抗弁による否認権行使についても同様である。

[270]　2年の期間が，先行する破産手続または再生手続開始決定の日から起算されるのは，破産や民事再生においても，同様の要件の下に否認権の行使が認められている以上，先行手続と更生手続との連続性が重視されるためである。なお，関連裁判例として，前掲東京地判平成20・6・30（注133）がある。

[271]　旧破産法85条は，否認権について2年または20年の時効期間を定め，現行破産法176条は，これを除斥期間に改めているが，旧会社更生法92条は，旧破産法85条と異なって，これらを除斥期間として規定し（条解会更法（中）211頁），現行法もこれを引き継いでいる。

られたときには，期間遵守の効果は発生しない（民149参照）。

　否認権は，更生手続の目的を実現するために認められている権利であるから，手続が何らかの事由によって終了すれば，消滅する。すでに否認権が行使された後に，これらの事由が生じて，なお行使の結果として更生会社財産に回復された財産が現存していれば，それは否認の相手方に返還される[273]。また，管財人の放棄によって否認権が消滅することも考えられるが，放棄は，相手方との間に和解が成立した場合など，更生債権者等の利益に合致するよう，個別的事案に応じてなされなければならないし，裁判所の許可を要するのが通例である（72Ⅱ⑥⑦参照）。

---

[272] 抗弁によって否認権を行使する際には，いわゆる抗弁権の永久性（幾代通・民法総則〈第2版〉526頁（1984年）参照）との関係が問題となるが，法98条の期間制限に服するものと解する。ただし，更生債権等の届出に対して管財人が債権の発生原因行為を否認しようとする場合に，それが無名義債権であれば更生債権者等の側に査定申立て等を行う責任があるにもかかわらず（151Ⅰ），除斥期間によって否認権を抗弁として行使する機会を失うことをおそれる管財人が，自ら否認訴訟を提起せざるをえなくなるのは不合理であるとして，債権調査期日において管財人が届出更生債権等を認めず（150Ⅰ参照），後の更生債権等査定申立てについての決定に対する異議訴訟において否認権が抗弁として主張されるときには，異議の時点を基準として期間遵守を判断すべきであるとする有力説がある（条解会更法（中）215頁，基本法130頁〔池田辰夫〕）。本書もこれに賛成する（ただし，注解破産法（上）553頁〔宗田親彦〕は反対）。

　その他，債務免除の否認などの場合に，否認の効果として復活する更生会社の債権について，管財人が相手方の破産や会社更生における破産債権や更生債権等として届け出ることも，これらの債権にもとづく個別訴訟が許されないこととの関係で，期間遵守の効果が認められる（注解破産法（上）553頁〔宗田親彦〕，酒井一「否認権の消滅」破産・和議の実務と理論129頁）。

　また，管財人の債務履行請求に対して債務者が除斥期間満了後に免除の抗弁を提出したときには，相手方である債務者は，信義則上，除斥期間満了による否認権の消滅を主張できないと解する余地がある。

[273] 前掲浦和地判昭57・7・26（注244）。予想超過収益金の使途等として，更生会社の資金繰り等に使用する旨の更生計画の条項がある場合の取扱いについては，本書435頁注244参照。

　なお，否認訴訟が係属中に更生手続が終了したとき（234）には，更生会社財産の管理や増殖に関する管財人の当事者適格が失われるから，訴訟が中断する（52Ⅳ）。訴訟は，財産について当事者適格を回復した更生会社であった株式会社によって受継されるが（同Ⅴ），否認権そのものは管財人以外の者が行使することはできないから，訴訟を維持するためには，更生会社であった株式会社は，その他の主張をせざるをえない。ただし，引き続いて破産手続や再生手続が行われるときには，法52条の2第4項および5項を類推して，破産管財人や再生手続の管財人に受継させることが考えられる。異議訴訟については注266参照。

3 否認権行使の効果

　訴えの提起などの形で管財人が否認権を行使すると，更生会社から受益者などに移転した財産権は当然に更生会社財産に復帰する（91Ⅰ。本書434頁参照）[274]。もっとも，この復帰は観念的な権利の移転を意味するので，実際に管財人がその財産権を管理処分するためには，相手方から任意に目的物の返還を受けるとか，引渡しなどを求める強制執行をするとかの具体的行為が必要になる。また，財産権自体の復帰が不可能または著しく困難な場合には，管財人は，その返還に代えて価額の償還を求めることができる。

(1) 金銭給付の返還

　偏頗行為である弁済の否認などの場合には（86の3等参照），相手方は，管財人に対して更生会社から受領したのと同額の金銭の返還義務を負う。加えて，相手方は，受領した日[275]から起算した遅延利息を支払わなければならない。遅延利息の利率に関しては議論があるが，判例は，金銭が授受された理由が商行為であれば，反証がないかぎり，その金銭を商行為に利用できたはずであるという理由から，年6分の商事法定利率（商514）が適用されると解し，通説もこれを支持する[276]。受益者に不当な利益を生じさせないという理由で，本書もこれにしたがう。金銭が授受された理由が商行為以外の場合には，民事法

---

[274] この効果は，管財人と相手方との関係において（人的相対効），また更生手続との関係において（手続的相対効）生じるものである（条解会更法（中）162頁，注解破産法（上）521頁〔宗田親彦〕，基本法123頁〔池田辰夫〕，条解破産法1077頁，大コンメンタール680頁〔加藤哲夫〕）。手続的相対効は，更生手続終了の場合に否認権行使の効果が消滅することを意味するし，人的相対効は，第三者に譲渡された動産が否認によって更生会社財産に取り戻されても，いったん失効した動産売買先取特権（民333）が復活するものではないこと，相殺によって消滅したはずの債権に対する転付命令が，相殺の否認によってその効力を復活するものでないこと（大判昭和9・3・16民集13巻461頁）などを意味する。
　なお，旧会社更生法78条1項1号（現86Ⅰ①相当）にもとづく否認について，目的物が複数で可分のときも，目的物すべてに否認の効果が及ぶとするのが判例であるが（最判平成17・11・8民集59巻9号2333頁〔倒産百選41事件〕），当該事案は，ゴルフ場の敷地としての数十筆の土地にかかわるものであり，機能的には一体のものとみなされる。
[275] 否認対象行為がなされなければその日から更生会社が金銭を利用できたはずであるから，行為の当日から起算する（条解破産法1076頁）。
[276] 大判昭和8・6・22民集12巻1627頁，最判昭和40・4・22民集19巻3号689頁，最判昭和41・4・14民集20巻4号611頁。条解破産法1076頁。もっとも，受益者のみが商人であるときは，なお商事法定利率を適用すべきかなどの問題が残されているが，株式会社である更生会社については，このような問題は生じえない。

定利率（民404）が適用される[277]。

(2) 物または権利の返還

否認の結果として，管財人が物または権利を管理処分するためには，それらの引渡しを受けること，あるいは更生会社財産への復帰について対抗要件を備えることが必要になる。対抗要件に関しては，登記または登録の制度がある権利について，その原因たる行為が否認された場合や登記または登録自体が否認された場合には，管財人は否認の登記または登録をなすことを要する（262 I・265）。

否認の登記の性質については，旧破産法に関して，古くから争いがあった。判例理論にも変遷があり，古くは，訴えまたは抗弁により否認権を行使した破産管財人が単独でできることを特徴とする予告登記であり，破産管財人が勝訴したときには，抹消登記などがなされるとする判例があったが，その後に，抹消登記や移転登記など，否認を原因とする権利変動を公示する登記を総称するものであるという判例が現れ，さらに学説の批判を受けて，破産法が抹消登記に代えて認めた特別の登記であるとする特殊登記説に転換した[278]。この特殊登記説は，否認の相対効とも調和するので，学説によっても支持され，本書も，更生手続における否認の登記に関して，これを採用する。現行会社更生法は，現行破産法と同様に，以下に述べるように，特殊登記説を前提として否認の登記がなされた後の取扱いを明確にしている。

管財人は，否認の登記を命じる確定判決にもとづいて目的不動産について否

---

277) ただし，川嶋四郎「破産法における否認の効果」破産・和議の実務と理論 117 頁は，商行為性の有無を問わず，受益者による金銭運用益を返還させるために商事法定利率を適用すべきであるとする。

278) 予告登記説は，大判昭和 8・4・15 民集 12 巻 637 頁。これに対しては，否認訴訟の提起とともに破産管財人が単独で予告登記をなしうるとすると，相手方の利益が害されるという批判がなされた。通常登記説は，大判昭和 17・7・31 新聞 4791 号 5 頁，最判昭和 23・10・12 民集 2 巻 11 号 365 頁。これに対しては，否認の効果は破産手続中でのみ認められる相対的なものであり，抹消登記などの通常登記をなすと，この相対効と矛盾するという批判がなされた。現在の特殊登記説を明らかにしたのは，最判昭和 49・6・27 民集 28 巻 5 号 641 頁〔倒産百選〈第 3 版〉42 事件〕である（判例および学説の詳細については，川嶋・前掲論文（注 277）117 頁参照）。現行不動産登記法は，予告登記制度を廃止したので（河合芳光「新しい不動産登記法について」NBL 793 号 14，18 頁（2004 年）），もはや予告登記説はありえない。なお，現行法が特殊登記説を前提としていることについては，一問一答新しい破産法 356 頁，新破産法の基本構造 444 頁，条解破産法 1665 頁，大コンメンタール 1117 頁〔高山崇彦〕参照。

認の登記を申請する[279]。なお，否認の登記については，登録免許税は不要である（264Ⅰ・265）。否認の登記は，更生手続の目的を実現するための否認の効果を公示するためのものであるので，否認の登記にかかる権利の登記，たとえば否認によって更生会社財産に復帰した不動産の所有権を管財人が第三者に譲渡する場合には，否認の登記自体は登記官の職権で抹消される（262Ⅱ①）。否認された行為を登記原因とする登記や対抗要件の否認によって否認された登記も同様である（同②）。さらに，それらに後れる登記も登記官の職権によって抹消される（同③）[280]。

これに対して，否認された行為の後否認の登記がなされるまでの間に，当該行為を登記原因とする登記にかかる権利を目的とする第三者の権利に関する登記（更生手続の関係において，その効力を主張できるものに限る[281]）がなされているときは，登記官の職権で，否認の登記の抹消および登記にかかる権利の更生会社への移転登記がなされる（262Ⅲ）。たとえば，不動産の売買が詐害行為否認の対象となり，その否認の登記がなされるまでの間に，受益者が当該不動産に

---

[279] したがって，抗弁によって否認権が行使されたときには，否認の登記はなされえない。その他，否認の登記の手続に関して竹下守夫「破産・会社更生における否認の登記」一橋論叢75巻4号49，65頁（1976年），破産・和議の実務（上）194頁，一問一答新しい破産法357頁，条解破産法1667頁，大コンメンタール1119頁〔高山崇彦〕参照。
[280] たとえば，抵当権の設定が偏頗行為として否認されたときには，まず登記簿上に否認の登記がなされ，次に，管財人が当該不動産を第三者に売却する際には，否認の登記の抹消（262Ⅱ①），抵当権設定登記の抹消（同②）および否認対象たる抵当権より後順位で，否認権の行使に対抗することができない抵当権設定登記の抹消（同③）がすべて登記官の職権によってなされる。ただし，後順位抵当権が否認権の行使に対抗することができるかどうかは，登記官が登記簿の記載から客観的に判断できる場合に限られるから，登記官の職権による抹消は，後順位抵当権についても否認の登記がなされている場合に限られる。受益者に対して更生会社から所有権移転登記がなされ，その後に第三者に対する移転登記がなされている場合も同様である。条解破産法1671頁，大コンメンタール1121頁〔高山崇彦〕。このような改正が実務に与える影響および登記の具体例については，新破産法の基本構造445，446頁参照。
　　また，後順位抵当権に対する否認が成立しない場合の順位上昇などについては，同448頁，条解破産法1076頁参照。更生手続においては，後順位抵当権にもとづく更生担保権額の評価の問題になるが，あえて後順位抵当権の順位が上昇するものとして評価すべき理由はない。ただし，否認された先順位抵当権に代わるものとして，共益債権のために先順位抵当権を設定することができるかどうかは，否認された先順位抵当権が更生会社の自己抵当権として残るものと考えられるかどうかによる。
[281] 具体的には，否認の登記がされていない登記を意味する。大コンメンタール1122頁〔高山崇彦〕。

抵当権を設定し，売買による更生会社から受益者への移転登記（同Ⅱ②）および第三者のための抵当権設定登記がなされている場合に，否認の登記にかかる権利に関する登記をするときは，否認の登記を抹消し，受益者から更生会社への移転登記がなされる。通常の場合と同様に，更生会社から受益者への移転登記を抹消すると（同），抵当権の設定登記の基礎が失われ，抵当権者の利益を害するからである。したがって，登記が更生会社に復帰した後も，抵当権者はその地位を管財人に対して主張しうる。もちろん，抵当権設定またはその登記自体が転得者に対する否認（93）の対象となる場合は別である（262Ⅲかっこ書）[282]。

　否認訴訟などの結果として，否認の登記がなされても，更生計画認可決定が確定したときに，その時点で当該財産が更生会社財産中に現存していれば，否認の登記も裁判所書記官の嘱託にもとづいて抹消する（262Ⅳ・265，会更令19Ⅰ・20）。更生計画認可決定の確定によって更生計画が効力を生じ（201），以後の更生手続は，否認権行使の効果を含めた更生計画の内容に沿って進められるために，裁判所書記官が否認の登記の抹消を嘱託し，それを受けた登記官が，あわせて否認された登記やそれに後れる登記を抹消する（262Ⅴ前段・265）ための措置である。否認された行為の後否認にかかる権利を目的とする第三者の権利に関する登記がされているときは，これらの登記の抹消に代えて，更生会社への移転登記がなされること（262Ⅴ後段・265）は，先の場合と同様である。

　更生会社について，更生手続開始決定の取消決定の確定（234②）もしくは更生計画不認可決定の確定（同③）または更生が困難な場合の更生手続廃止決定（236）もしくは更生手続開始原因が消滅した場合の更生手続廃止決定の確定（237Ⅰ）の事実が生じたときにも，裁判所書記官は，職権で，遅滞なく，否認の登記の抹消を嘱託しなければならない（262Ⅵ・265，会更令19Ⅱ・20）[283]。これらの場合には，更生手続の続行が不可能となり，したがって，否認の効果を残すことが不合理になり，受益者などの利益を回復するために，否認の登記を抹消する。

　なお，更生手続開始決定前の譲渡にともなって，会社がその不動産の登記名

---

[282] 転得者否認が成立する場合の登記手続について，新破産法の基本構造446頁参照。また，受益者が抵当権者であり，その者が転抵当権を設定した場合の取扱いについては，同450頁，条解破産法1673頁参照。

義を第三者に移転したことについて，管財人が，主位的に譲渡を虚偽表示として無効であると主張し，予備的に譲渡を否認する場合には，主位的請求として抹消登記手続を，予備的請求として否認の登記手続を請求する[284]。
(3) 無償否認の例外

無償否認（86Ⅲ）は，更生債権者等を害すること，および支払停止等について受益者が善意であるときにも成立するが，善意の受益者にも完全な原状回復義務を負わせると酷な結果となるので，行為の当時，詐害の事実および支払停止等について善意であった者[285]は，現に受けた利益のみを償還すれば足りる（91Ⅱ）。現に受けた利益とは，現存している目的物，その果実，あるいは目的物の滅失による保険金請求権などである。ただし，善意であることは受益者が立証しなければならない。転得者が無償行為によって目的物を転得した場合において転得者に対して否認がなされたとき（93Ⅰ③）にも，同様の取扱いがなされる（同Ⅱ）。

---

[283] 更生計画によって当該目的物についての定めがなされないままに，更生手続が終了したときには，当該目的物は，否認の相手方である受益者または転得者に返還されるが（本書 435 頁注 244），その場合にも同様の処理がされることが望ましい。
　なお，破産の場合には，破産管財人が否認の対象とされた権利を放棄して，否認の登記の抹消の嘱託の申立てをしたときも，裁判所書記官が否認の登記の抹消嘱託をすべきことが定められる（破 260Ⅳ後段）。これは，破産管財人が当該財産（権利）について破産手続の終了までに換価処分をしないで，破産財団から放棄することを想定したものであるが（条解破産法 1674 頁），更生手続ではこのようなことは考えられないので，対応する規定が設けられていない。再生手続についても同様である。
　また，否認の登記等の抹消嘱託に際して必要な情報または嘱託書もしくは申請書に添付すべき書類等について，破産手続においては，破産規則 81 条が，再生手続においては，民事再生規則 8 条 1 項 5 号以下，同条 2 項がこれを定めるが，更生手続においては，法 263 条によって政令に委任され，会社更生法施行令（平成 15 年政令 121 号）19 条が，嘱託の添付情報を定める。
[284] 櫻井孝一「否認訴訟の諸問題」実務民事訴訟講座 (10) 163, 178 頁。したがって，管財人が否認権行使にもとづいて抹消登記など通常登記の手続を請求する場合には，受訴裁判所が釈明権を行使して，請求を改めさせるべきである。ただし，請求の趣旨を善解して，否認の登記手続請求と解することも不可能ではない（前掲最判昭和 49・6・27（注 278））。
[285] 行為の当時は，2 つの事実について善意であったが，その後にいずれかまたは両者の事実について悪意となった者について法 91 条 2 項が適用されるかどうかについては，これを肯定せざるをえないが（条解破産法 1082 頁），受益者の悪意を抑止するという視点から，損害賠償責任を認めるべきであるとの有力説がある（条解会更法（中）182 頁）。

(4) 価額償還請求権

　たとえ受益者などに対する否認の要件が整っていても，目的物が滅失していたり，または第三者に譲渡されたりした場合には，目的物自体を更生会社財産に回復することが不可能または困難である。否認権行使の目的は，更生会社財産の価値を増殖することであるから，このような場合には，管財人が，目的物に代えてその価額の償還を請求することができる。この権利を価額償還請求権と呼ぶ（91の2Ⅳ・92参照）。

　また，目的物を更生会社財産に取り戻すことは可能であるが，すでにその価値が減少しているような場合にも，減価分について価格償還請求権が認められる。目的物自体を取り戻すことだけでは，逸出した財産の価値を回復する目的を達しないからである[286]。したがって，価額償還請求権の発生原因事実としては，否認の要件事実のほかに，目的物の返還が不可能もしくは困難なこと，または目的物の返還だけでは破産財団が原状に回復しないことが挙げられる[287]。

　ただし，価額償還請求権が認められる場合にも，償還の対象となる価額の算定基準時に関しては，考え方の対立がある。たとえば，更生会社を売主とする土地の売買契約が否認されたことを前提として，その土地がすでに受益者たる買主から第三者に転売されているときに，否認の対象行為たる売買契約時の土地価額を1000万円，転売，すなわち受益者による処分時の価額を2000万円，更生手続開始時の価額を3000万円，管財人が否認の請求または否認訴訟を提起したときの価額を4000万円，否認請求等の審理終結時の価額を2500万円とすると，いずれを基準時として償還価額を決定するのかが，争いの内容である。

---

[286] 詐害行為取消権について通説は，これを否定するが（注釈民法（10）849頁〔下森定〕），これを肯定する有力説もある（辻正美「詐害行為取消権の効力と機能」民商93巻4号474，485頁（1986年））。有力説を前提とすれば，否認権についても本文に述べた考え方が支持される（伊藤眞「否認権行使をめぐる公平の理念」法教55号125，128頁（1985年），基本法124頁〔池田辰夫〕）。ただし，通説は，目的物そのものの回復が不可能または困難であることが，価額償還請求権発生の要件とする。条解破産法1080頁参照。
　本書の考え方を前提とすれば，事業譲渡の詐害行為否認が成立するときに，事業の価値が低落してしまっている場合にも，価額償還請求権が成立しうる。

[287] ただし，差額償還請求権（91の2Ⅳ）の趣旨を重視し，否認対象行為によって受益者に移転した経済価値を更生会社財産に回復することが否認権行使の目的であるととらえるのであれば，目的物の返還請求権と価額償還請求権との選択的行使を認めることも考えられる。

まず，下級審裁判例および少数説として，否認の対象たる行為時を基準とする考え方がある[288]。否認権が行使されると，遡って行為がなかったことになる点を理論的根拠とし，かつ，行為後の事情によって償還額が左右されないことを実際上の根拠とする。しかし，上の例にみられるように，行為後に目的物の価額が高騰している場合には，受益者が不当な利益をうる難点が存在する。

同様に下級審裁判例および有力説によって説かれるものとして，受益者による処分時を基準時とする考え方がある[289]。理論的には，目的物が返還不能になるのは受益者による処分の時であるから，それを基準時とすべきであるとし，実際的には，処分による不当な利得を受益者に発生させるべきでない点を根拠とする。もっとも，動産にしばしばみられるように，処分時の価額が行為時よりも低落している場合には，逆に，更生会社財産が原状に回復しないという問題が生じる。

次に，破産手続に関する有力説として，破産手続開始時を基準時とするものがある[290]。破産財団の範囲が，破産手続開始時を基準時として決定されること（破34Ⅰ）を理論的根拠とする。しかし，開始時は，破産手続開始申立ての時期あるいは申立審理の状況などによって左右されるので，必ずしも客観的基準時たりえないという難点がある他に，更生手続においては，更生会社財産の範囲が更生手続開始時によって画されるわけではないから（2Ⅺ参照），このような考え方をとる余地はない。

さらに，管財人が訴えなどの方法によって否認権を行使した時を基準時とする，いわゆる行使時説がある。この考え方は，判例によって採用され，学説の多数によっても支持されている[291]。形成権たる否認権の行使によってはじめて，目的物が更生会社財産に復帰し，管財人の管理処分が可能になるはずであ

---

288) 東京高判昭和38・5・9下民14巻5号904頁，熊本地判昭和59・4・27判タ528号268頁など。学説は，松田安正「代物弁済の否認と賠償価額算定の基準時」基礎285頁。
289) 名古屋地判昭和46・10・28判時673号68頁，東京高判昭和41・8・5金法450号7頁など。学説は山木戸226頁。
290) 谷口268頁。
291) 最判昭和42・6・22判時495号51頁，最判昭和61・4・3判時1198号110頁〔倒産百選〈第3版〉45事件〕。中田171頁，石原257頁，霜島353頁，破産・和議の実務（上）192頁，注解破産法（上）523頁〔宗田親彦〕，基本法125頁〔池田辰夫〕，条解破産法1081頁。新株引受権の贈与に関して行使時説を適用し，株式の価額を基準とした裁判例として，名古屋地判平成19・11・30判時2005号40頁がある。

るから，目的物自体の返還がなされないときであっても，復帰の時点における価額を償還させるべきであるとするのが理論的根拠である。しかし，相手方の立場からすると，管財人がいつの時点を選んで否認権を行使するかによって償還価額が変動することになり，不測の損害が発生する危険があることが問題である。

また，大審院の判例によって採用されたものとして，否認訴訟の口頭弁論終結時を基準時とするものがある[292]。否認訴訟において目的物の返還が命じられるかそれとも価額の償還が命じられるかは，事実審の口頭弁論終結時を基準として決められるから，その時点を価額償還の基準時とすべきであることを理論的根拠とする。しかし，この説の難点としては，訴訟の進行状況という偶然的要素によって価額が決定される点が指摘される。

最後に，管財人は，行為時から否認訴訟の口頭弁論終結時までの中で，目的物を最高価で換価できた時点を選んで償還価額の基準時とすることができるとする説がある。ただし，行為時と処分時の中間の最高価を選ぶ場合，または否認権行使時の最高価を請求しようとするときには，相手方が価額高騰を予見できたことを管財人が立証する必要があるとする[293]。この説は，完全賠償の原則という民法上の履行不能における塡補賠償の考え方を否認について適用したものであるが，受益者などの相手方に必ずしも帰責事由のない否認の場合にまで，最高価による償還義務を負担させるのが公平かどうかという疑問がある。

否認の効果としての原状回復（91 I）は，否認対象行為にもとづく法律効果を無効とし，当該行為がなされなかったのと同様の状態に更生会社財産に復元するものであるから，目的物の返還に代わる価額の償還は，原則として否認対象行為時とすべきである。ただし，処分時までに目的物の価額が高騰しているときには，その高騰分を受益者などに帰属させることは公平に反するから，その高騰分も合わせて更生会社財産に償還させるべきものであり，この意味で，例外的に処分時の価額も基準時として用いるべきである。

---

292) 大判昭和4・7・10民集8巻717頁。これを支持する学説として，条解会更法（中）179頁，注解会更法310頁〔池田辰夫〕がある。
293) 鈴木正裕「否認権をめぐる諸問題」新・実務民事訴訟講座（13）150頁，川嶋・前掲論文（注277）119頁。

4 相手方の地位

 詐害行為否認の場合には，否認権が行使されて，目的物が更生会社財産に復帰するときには，否認された行為に際して相手方が更生会社に対して行った反対給付を，相手方に返還する必要がある[294]。そうしないと，否認によってかえって更生会社財産が不当な利得をすることになるからである。この点に関するかぎり，旧法と現行法との間に違いはない。しかし，更生会社が反対給付を事業のために使用し，あるいは隠匿または費消した場合など，反対給付が更生会社財産中に現存しない場合について，相手方の地位をどの程度保護するかについては，旧法は，他の更生債権者等との平等を重視して更生債権としていた（旧会更88Ⅱ）のに対して，平成16年改正後の現行法は，相手方との公平を重視して，原則として共益債権としている（91の2Ⅰ②）。

(1) 反対給付の返還

 第1に，反対給付が更生会社財産中に現存しているときには，相手方がその返還を請求できる（91の2Ⅰ①）。反対給付の返還について相手方に取戻権を認める趣旨である。現存するか否かの判断の基準時は，事実審の口頭弁論終結時である[295]。第2に，反対給付が更生会社財産中に現存しない場合には，反対給付の価額償還請求権を共益債権として行使できる（同②）。したがって，相手方は，たとえ反対給付が現存しなくとも，他の更生債権者等に先立って更生手続によらずにその価額の償還を求められる。価額の評価基準時は，管財人の価額償還請求権の場合と同様に，否認対象行為時を基本として，更生会社の側に不当な利益を発生させることを防ぐために，処分時をもってすることも許される。

---

294) これに対して偏頗行為否認の場合には，偏頗行為にともなって受益者に対してなされた弁済や担保の供与を財団に返還させ，それにともなって相手方の債権を復活させれば足りるから（92），反対給付の返還を求める相手方の地位を考慮する必要はない。現行法は，詐害行為否認と偏頗行為否認の区別を明確にしたために，この点が明らかになった（91の2Ⅰ柱書参照）。なお，詐害的偏頗行為否認（86Ⅱ）の場合には，詐害行為に該当する部分について受益者の返還義務が生じるのみであり，それ以上に，相手方の地位を保護する必要は存在しない。

295) 基本法125頁〔池田辰夫〕，条解会更法（中）187頁，条解破産法1086頁，大コンメンタール686頁〔加藤哲夫〕。これに対して，注解破産法（上）528頁〔宗田親彦〕は，形成権たる否認権の性質を根拠として，否認権行使時とする。しかし，否認権行使時に現存しても，弁論終結時に現存していなければ，取戻権にもとづく請求を認容する余地はない。

問題は，更生会社が反対給付としてえた財産について行為の当時隠匿等処分意思（86の2Ⅰ②①）を有し，かつ，相手方がそれについて悪意であった場合（同③）である。この場合には，一律に相手方に共益債権者としての保護を与える必要性はない。そこで，法は，反対給付によって生じた利益が更生会社財産中に現存する場合に限って，相手方の現存利益返還請求権を共益債権とし（91の2Ⅱ柱書・①），反対給付によって生じた利益が更生会社財産中に現存しない場合には，反対給付の価額償還請求権を更生債権としている（同②）。利益の一部が現存する場合には，その限度で現存利益返還請求権が共益債権となり，その部分を控除した反対給付の価額償還請求権が更生債権となる（同③）。すなわち法は，反対給付が更生会社財産中に現存しない場合について，相手方の価額償還請求権を原則として共益債権とすることによって保護し，ただし，更生会社の隠匿等の処分意思およびそれについての相手方の悪意が認められるときには，反対給付によって生じた利益が現存する場合に限って，その現存利益返還請求権を共益債権とし，それ以外の場合には，反対給付の価額償還請求権を更生債権に格下げしている[296]。

なお，旧法下では，反対給付が金銭によってなされたときに，現存利益の存在が認められるかどうかについて考え方の対立がみられた[297]。しかし，現行法下では，反対給付たる金銭の価額償還請求権は，それにもとづく現存利益の有無を問わず，原則として共益債権となり，更生会社の隠匿等処分意思およびそれについての相手方の悪意が認められる場合に限って，現存利益の有無を基準として，共益債権と更生債権とに分けられる。

---

296) 旧会社更生法（旧破産法）では，反対給付が現存しない場合には，相手方に共益債権（財団債権）の地位を認めないことを前提とし，ただ，反対給付によって生じた利益が現存する場合に限って，相手方に共益債権（財団債権）の地位を認め（旧会更88Ⅰ，旧破78Ⅰ），利益が現存しない場合には，相手方の地位を更生債権（破産債権）とした（旧会更88Ⅱ，旧破78Ⅱ）。したがって，現行法と比較すると，隠匿等の処分意思が存在しない場合でも，反対給付によって生じた利益が現存しなければ相手方の地位は更生債権（破産債権）にとどまったという違いがある。一問一答新しい破産法236頁参照。

なお，相当の対価をえてした財産の処分行為の否認の場合だけではなく，詐害行為否認（86Ⅰ）や無償否認（同Ⅲ）の場合で，かつ更生会社が隠匿等の処分の意思を有し，相手方がそれを認識していた場合にも，本文に述べたことがあてはまる。

297) 消極説は，条解会更法（中）188頁，森勇「否認の相手方の地位」破産・和議の実務と理論125,126頁，積極説は，谷口269頁，折衷説は，注解破産法（上）528頁〔宗田親彦〕，須藤英章「否認権行使の効果」基礎290頁。東京地判昭和32・12・9下民8巻12号2290頁は，消極説または折衷説によるものと思われる。

現存利益の有無について旧法下では消極説，すなわち特定性のない金銭は一般財産の中に混入してしまうから，一般に現存利益は認められず，また当該金銭によって買い入れられた財産が現存していても，それは現存利益とはいえないとする考え方を正当としたが，現行法下では，法が隠匿等処分意思を問題にしていることなどを重視して，積極説，すなわち一般財産の中に組み込まれた金銭が，更生会社によって費消されずに分別・管理されている場合はもちろん，費消されても財産購入の資金として使われたとか債務の支払に充てられた場合には，金銭によってえた利益が更生会社財産に組み入れられ，あるいは他の財産の減少を免れたという意味で，利益が現存するとの考え方に改める[298]。

　否認対象行為の相手方が内部者（86の2Ⅱ各号）のいずれかであるときは，更生会社の隠匿等処分意思に関する悪意を推定する（91の2Ⅲ）[299]。したがって，通常の場合であれば，反対給付の価額償還請求権が共益債権として主張されるのに対して，管財人が更生会社の隠匿等処分意思および相手方が内部者であることを立証して，それが更生債権にとどまることを主張すれば，相手方は，隠匿等の処分意思に関する善意を立証しなければならない。

　以上の場合において，管財人は，否認権の行使として財産の返還を求め，他方，共益債権である相手方の反対給付の価額償還請求権等に対する履行義務を負う。この2つの義務は同時履行の関係に立つことになるが[300]，更生会社財産増殖という目的から考えれば，管財人としては，返還されるべき財産の価額から相手方の価額償還請求権額を控除した差額の支払を求めることが，より簡明な手段たりうる。そこで法は，財産自体の返還を求めるか，財産の返還に代

---

298)　消極説の論拠の一つは，積極説をとると，隠匿や費消の場合以外は相手方の権利が共益債権（財団債権）となり，旧会社更生法88条2項の趣旨が没却されるという点にあったが，現行法は，同項の趣旨そのものを改めるとの考え方に立つ以上，この論拠はもはや妥当しえない。新破産法の基本構造439頁，中島386頁，条解破産法1088頁，大コンメンタール688頁〔加藤哲夫〕。

　なお，このような考え方は，否認の一般的要件としての有害性（本書375頁参照）とも通じるものである。

299)　趣旨は，相当な対価をえてした財産の処分行為の否認における内部者に関する特則（86の2Ⅱ。本書399頁参照）と共通する。したがって，法91条の2第3項の特則が実際上意義を有するのは，詐害行為否認（86Ⅰ）や無償否認（同Ⅲ）の場合で，かつ更生会社が隠匿等の処分の意思を有し，相手方がその認識をしていた場合であろう。

300)　もっとも，更生会社財産に十分な資金が現存しない場合などを考えると，否認権行使の目的を達するためには，相手方の返還義務を先履行とする考え方もありえよう（92参照）。

えて，相手方に対して，当該財産の価額から相手方に対して共益債権として履行すべき額を控除した差額の償還を求めるのかの選択権を管財人に与えている（91の2Ⅳ）[301]。

以上の説明を1000万円の価値をもつ不動産を500万円で廉価売却した行為を詐害行為として否認する例にあてはめると（86Ⅰ），相手方は当該不動産を返還しなければならないが，その代わりに500万円の代金返還を求める権利を共益債権として行使できる（91の2Ⅰ②）。しかし，管財人が更生会社の隠匿等の処分意思およびそれについての相手方の悪意を立証すると，相手方が，その反対給付によって生じた利益の全部が，購入資産や預金債権などの形で現存していることを立証しないかぎり，相手方の代金返還請求権は，更生債権となる（同Ⅱ②）。相手方の立証が成功すれば，相手方の現存利益500万円返還請求権は共益債権となる（同①）。ただし，管財人は，相手方の権利が共益債権となることを前提とすれば，当初から，不動産そのものの返還に代えて，不動産の価額と共益債権額の差額の500万円の償還を相手方に求めることができる（同Ⅳ）。

(2) 相手方の債権の復活

弁済その他の債務消滅に関する行為が偏頗行為否認の対象とされ，相手方が

[301) 管財人は，更生会社にとっていずれが有利かを判断の上，選択権を行使する。立案段階では，相手方にも選択権を認めるとの考え方も議論されたが（法制審議会倒産法部会第33回会議（平成15・7・11）議事録参照），かえって管財人の選択権を制約する結果となることなどの理由から，採用されなかった。なお，差額の算定にあたっては，当該財産の価額算定の基準時が問題となるが，価額償還請求権算定の基準時の場合（本書449頁）と同様に考えられる。一問一答新しい破産法237頁，新破産法の基本構造442頁，条解破産法1091頁，大コンメンタール691頁〔加藤哲夫〕参照。

また，差額償還請求権の対象から詐害的債務消滅行為（86Ⅱ）が除かれているのは（91の2Ⅳ），相手方の共益債権が存在しえないためである。もちろん，過大な給付自体の回復が困難な場合において価額償還請求権が否定されるわけではない。

さらに，管財人が目的財産自体の返還に代えて差額償還請求権を行使した場合に，相手方が目的財産の自らへの帰属を主張できるかという問題がある。東京地判平成23・9・12金法1942号136頁〔破産〕は，破産者の債権についての悪意の転得者に対する否認の事案において，転得者は，価額（差額）の返還に応じるまでは，否認権の行使により破産財団に復した権利を行うことはできないと判示している。法律構成については，なお検討の余地があるが，管財人に価額（差額）償還請求権の行使を認める趣旨は，簡便な方法で否認権行使の結果を実現しようとするものであるから，たとえ目的債権が受益者や転得者に帰属するとしても，管財人の権利や権限の行使を妨げるためにそれを用いることは許されないとすべきである。

更生会社から受けた給付を返還し，またはその価額を償還した場合には，相手方の債権[302]が復活する（92）。相手方が一部の給付を返還したときには，その割合に応じて債権も復活する[303]。否認によって当然に復活するとしなかったのは，相手方が否認の結果として生じた義務を履行することを確実にするためである。したがって，相手方の返還・償還義務と復活する債権との間に同時履行の関係は成立しえないし，また相殺もありえない。

相手方の債権が復活すると，それに付されていた物的担保や人的担保も復活する。すなわち，更生会社に対する債権に付されていた物的担保や保証債務は，更生会社による弁済によっていったんは消滅したはずであるが，否認によって相手方が更生会社からの給付を更生会社財産に返還すると，債権の復活にともなって物的担保や保証人の責任なども復活する[304]。抵当権など物的担保が更生会社財産に設定されており，弁済にともなってその登記が抹消されていたときには，管財人は回復登記の義務を負う。

ただし，担保権の登記が抹消された後に目的物が第三者に譲渡され，その登記がなされた場合や，抹消登記後に第三者のための担保権設定登記がなされた場合には，第三者の信頼を保護しなければならないので，第三者は回復登記承諾義務を負わず（不登72）[305]，管財人が新たな担保権設定など，担保権復活と同一の経済的利益を提供する義務を負うにとどまる[306]。なお，物上保証人が設定していた担保権登記が弁済等によって抹消され，その弁済が否認された場合も同様であり，物上保証人は，原則として回復登記をなすべき義務を負う。

弁済等の否認によって相手方の更生会社に対する債権が復活することにとも

---

302) 更生会社が保証人としてした弁済なども考えられるので，相手方の債権は，更生会社に対する債権には限られない（条解更法（中）192頁，注解破産法（上）530頁〔宗田親彦〕）。

303) 大コンメンタール693頁〔加藤哲夫〕。これに対して条解破産法1093頁では，保証や物上保証の復活との関係で複雑な問題を生じるおそれがあること，条文の文言も全額の給付の返還や価額の償還を前提としていることなどを理由として，一部の返還などによる復活を認めない。問題の存在は確かであるが，給付全部を返還しないかぎり相手方の債権の復活を一切否定することは，公平に反すると思われる。

304) 前掲大判昭和11・7・31（注267），最判昭和48・11・22民集27巻10号1435頁〔倒産百選39事件〕。

305) 実体法的には，担保権を復活した相手方が登記なくしてこれらの第三者に対して担保権を対抗できないことを意味する。ただし，これらの第三者が否認について悪意である場合には，対抗力を認め，回復登記承諾義務を課することも考えられる（東條敬「弁済否認と担保・保証」金商別冊1号206，207頁（1980年）参照）。

なって，それに付されていた保証債務も復活する。保証人がそれによって不測の不利益を受けるわけではなく，また，相手方との公平の関係でも復活を認めることが必要である[307]。

第4節　更生会社の役員等の責任の追及等

　株式会社の事業が危機に瀕し，破綻に至るまでの過程では，その役員の事業執行等について違法行為がみられることが多い。違法行為に起因する役員に対する株式会社の損害賠償請求権など（会社52 I・53 I・213 I・286 I・423・486）は，更生会社財産所属の財産となるから，管財人としては，それを行使することによって更生会社財産を増殖することが求められる。しかし，一方では，一般の訴訟手続によって損害賠償請求権を訴求することは時間を要し，かえって管財事務の負担となる可能性もある。他方，更生手続開始の前後には，損害賠償責任を負う役員がその財産を隠匿するなどの事態も多く，訴訟による追及が実際上の効果をもたない危険もある。こうした可能性や危険に対処するために，現行法は，旧法（旧会更72）の規定内容を拡充して，破産手続（破177以下）や再生手続（民再142以下）と同様に[308]，決定手続による損害賠償請求権の査定手続を設け，また更生手続開始前後において損害賠償請求権の実現を担保するための保全処分の制度を設けている。

---

306)　条解会更法（中）193頁。ただし，先順位担保権抹消登記時に設定されていた後順位担保権に関しては，順位の上昇を保護する必要はないから，後が順位担保権者に回復登記承諾義務を課し，先順位担保権登記の回復を認めるべきであるが（森勇「否認の相手方の地位」破産・和議の実務と理論125，127頁など），反対説が有力である（条解会更法（中）193頁，破産・和議の実務（上）194頁）。議論の詳細については，条解破産法1094頁，大コンメンタール695頁〔加藤哲夫〕。
　　　また，管財人が更生会社の別の同価値の財産に担保権を設定する場合であっても，その性質は，従来の担保権が回復したものであるから，更生担保権として更生計画による権利変更の対象となる。
307)　相手方が保証債務などの履行を求める場合には，弁済の否認，および給付の返還などの事実を主張する必要がある。ただし，否認訴訟の既判力が保証人などに拡張されるわけではないので，相手方としては，保証債務履行請求訴訟における敗訴の危険を避けるためには，否認訴訟において保証人などに対して訴訟告知（民訴53）をする必要がある（加々美博久「債務の弁済否認と保証債務の復活」金商1060号135，138頁（1999年））。
308)　ただし，子細にみると，責任追及の対象となる役員が株式会社のそれに限られることから，多少の差異がある。

1 役員等の財産に対する保全処分

　裁判所は，更生手続開始の決定があった場合において，必要があると認めるときは，管財人の申立てによりまたは職権で，当該更生会社の発起人，設立時取締役，設立時監査役，取締役，会計参与，監査役，会計監査人または清算人（役員等という）の責任にもとづく損害賠償請求権を保全するための当該役員等の財産に対する保全処分，および役員等（設立時監査役，会計参与，監査役，会計監査人および清算人を除く）に対する出資に関する不足額支払請求権（会社52 I），取締役等に対する出資不足額支払請求権（会社213 I），新株予約権の行使にともなう取締役等に対する出資不足額支払請求権（会社286 I）を保全するための当該役員等の財産に対する保全処分をすることができる（99 I。申立ての方式等について会更規1・2参照）。

　更生手続開始申立てから手続開始についての裁判がなされるまでの間においても，緊急の必要があると認めるときは，裁判所は，開始前会社，保全管理人の申立てによりまたは職権で，財産保全処分をすることができる（40 I II。本書91頁参照）。更生手続開始申立て棄却決定に対して即時抗告がなされ（44 I），それについての裁判があるまでの期間についても同様である（同 II）。

　この保全処分の目的は，上に述べた通りであり，会社更生法上の特殊保全処分（28等）の一種に属するものであるが，更生会社ではなく，役員等という第三者を相手方とするところに，否認権のための保全処分（39の2）と同様の特色がある。

　保全処分の被保全権利は，役員等に対する損害賠償請求権や不足額支払請求権であり，それが金銭債権であることから，保全処分の内容は仮差押えが通常である[309]。申立権者は，更生会社の財産について管理処分権をもつ者であり，更生手続開始後は管財人，開始前は，保全管理人が選任されていれば，保全管理人，選任されていなければ開始前会社である。発令の要件は，更生手続開始後は「必要があると認める」（99 I 柱書）ことである。裁判所は，被保全権利たる損害賠償請求権や不足額支払請求権の存在の蓋然性を前提として，役員等の財産の状況などを判断して，保全処分発令の要否を決定する。また，開始前の

---

[309]　それ以外の処分の例として，毀損のおそれのある財産についての執行官保管，役員所有のビル等についての管理命令，取締役責任保険契約の保全措置などが考えられる。会社更生の実務（下）44頁〔渡邉千恵子〕。

発令の要件である「緊急の必要があると認めるとき」(40Ⅰ)とは，その段階で直ちに保全処分を発令しなければ，財産の隠匿や費消などの事態が生じるおそれが存在することを意味する。

同じく第三者を相手方とする否認権のための保全処分の場合には，立担保が要求される可能性があるが（39の2Ⅱ），この保全処分については，立担保は要求されない。これは，第三者である否認の相手方と異なって，役員等が更生会社の内部者（86の2Ⅱ①参照）に類する者とみなされることや，保全管理人などが申立人となることなどを考慮したものである[310]。

申立てまたは裁判所の職権によって保全処分が発令されれば，裁判所書記官の嘱託にもとづいて当該財産について保全処分の登記がなされる（260Ⅰ②，会更令17Ⅰ）。また，裁判所は，必要に応じて保全処分を変更し，または取り消すことができる（99Ⅱ）。変更または取消しについても，登記嘱託がなされる（260Ⅱ，会更令17Ⅱ）。申立ての取下げ等の理由によって保全処分が失効した場合も同様である。

更生手続開始前後の保全処分決定，その取消しまたは変更決定に対しては，即時抗告による不服申立てが認められるが（99Ⅲ・40Ⅱ），執行停止の効力はない（99Ⅳ・40Ⅱ）。これらの決定および即時抗告についての裁判があった場合には，その裁判書を当事者に送達する（99Ⅴ前段・40Ⅱ）。送達代用公告の規定（10Ⅲ本文）は適用しない（99Ⅴ・40Ⅱ）。

2　役員等の責任の査定手続

更生会社の役員等に対する損害賠償請求権や不足額支払請求権の有無およびその内容について，簡易な手続によって迅速に判断するために，法は，責任の査定の手続を設ける（100・101。保全処分については，本書91頁参照）。他方，事柄の性質は，実体権である損害賠償請求権や不足額支払請求権の存否および内容にかかわるために，判決手続による判断を求める機会を保障する必要があり，そのために査定決定に対する異議の訴えが許される（102）[311]。

裁判所は，更生手続が開始された場合において，これらの請求権が存在し，かつ，必要があると認めるときは，管財人の申立てにより[312]または職権で，決定をもって，役員等の責任にもとづく損害賠償請求権等の査定の裁判（役員

---

[310]　これに対して，株主代表訴訟の場合には，本案訴訟についても担保提供命令の可能性がある（会社847ⅦⅧ）。

等責任査定決定と呼ぶ）をすることができる（100Ⅰ）[313]。必要があると認めるときとは、この手続によって損害賠償請求権等についての債務名義を取得する必要を意味する。

　査定の手続を開始するために管財人が申立てをするときは、その原因たる事実を疎明しなければならないし（同Ⅱ。申立ての方式等について会更規1Ⅰ・2参照）、また職権によるときには、裁判所は手続開始の決定をしなければならない（100Ⅲ）。申立ておよび職権による手続開始決定には、裁判上の請求としての時効中断効が与えられる（同Ⅳ）。なお、この手続は更生手続に付随するものであるから、役員責任査定決定があるまでに更生手続が終了したときには、査定手続も終了する（同Ⅴ）[314]。

　損害賠償請求等を受ける役員等に対する手続保障のために、査定に関する裁判をする際には、裁判所は役員等を審尋しなければならないし（101Ⅱ）[315]、役員等責任査定決定およびその申立てを棄却する決定には、理由を付さなければならない（同Ⅰ）。また役員等責任査定決定については、異議の訴えが認めら

---

311) 役員等の会社に対する損害賠償請求権を実現する方法として他に、管財人が通常訴訟によって役員等の責任を追及する訴えを提起することもできる。また、株主代表訴訟（会社847）などの制度がある。しかし、更生手続が開始されているときは、更生会社の損害賠償請求権についての管理処分権は管財人に専属すること、および損害賠償請求権の簡易な実現方法として役員責任査定決定手続が存在することを考慮すると、株主代表訴訟の提起は許されないと解すべきである。また、係属中の株主代表訴訟は、それが債権者代位訴訟と類似の性質をもつことを考慮すれば、法52条の2の規定を類推し、中断および管財人による受継を認めるべきである（本書319頁参照）。なお、再生債務者が管理処分権を保持する民事再生については、考え方が分かれる。新注釈民再法（上）707頁〔阿多博文〕参照。

312) 否認の請求の場合と同様に（本書439頁参照）、管財人の申立てについては、裁判所の許可を要する（72Ⅱ⑤類推）。保全管理人による保全処分の申立てについても同様である（32Ⅲ・72Ⅱ⑤類推）。

313) ここでいう損害賠償請求権等は、更生会社のその役員に対するものであるが、更生計画によって合併がなされたような場合には、消滅会社の役員であった者も含まれよう。また、損害賠償請求権等のみならず取締役と会社との間の取引に起因する会社の請求権が含まれるかどうかという問題もある（最判平成21・3・10民集63巻3号361頁、江頭458頁参照）。

314) また、決定によらない査定手続の終了原因として、裁判上の和解もありうるが（条解破産法1142頁）、実務上では、手続外で和解契約を締結し、その合意内容を調書に記載した上で役員責任等査定申立てを取り下げるという取扱いがなされる。会社更生の実務（下）47頁〔渡邉千恵子〕。役員等責任査定決定があった後の更生手続の終了にもとづく手続については、本書699頁参照。

れ，申立人がそれに対する防御をする必要があるところから，決定の裁判書が，役員等や申立人という当事者に送達される（同Ⅲ前段）[316]。送達代用公告の規定（10Ⅲ本文）は適用しない（101Ⅲ後段）。

3　役員等責任査定決定に対する異議の訴え

役員等責任査定決定は，当該役員の更生会社に対する損害賠償請求権等の存在および内容を確定する効果をもちうるので（103参照），その当否については，判決手続による判断を受ける機会を保障しなければならない。これが，役員等責任査定決定に対する異議の訴え（102）を認める趣旨である[317]。

役員等責任査定決定に不服がある者は，その送達を受けた日から1月の不変期間内に，異議の訴えを提起することができる（同Ⅰ）。この訴えについては，更生裁判所（2Ⅳ）が管轄裁判所になる（102Ⅱ）。訴えの当事者は，管財人および役員等である。すなわち，申立てを一部認容した役員責任査定決定が典型であるが，それを不服とする役員等が原告となるときは，管財人を被告として，それを不服とする管財人が原告となるときは，役員等を被告として訴えを提起する（同Ⅲ）[318]。

訴えにおける請求の趣旨には，役員等責任査定決定の取消しまたは変更を求める旨を明示すべきであり，その限りでは，決定の効力にかかる形成的宣言を求める形成訴訟としての性質をもつ[319]。したがって，この訴えに対応する判決は，出訴期間の徒過などを理由とする訴え却下の場合を除いて，役員責任査定決定を認可し，変更し，または取り消す旨を宣言する（同Ⅳ）。ただし，認可または変更判決自体が債務名義としての効力をもち（同Ⅴ），仮執行宣言も

---

315)　決定手続一般は，任意的口頭弁論として，口頭弁論を開くことも許されるが（民訴87Ⅰ但書），この場合には，迅速な手続進行の必要性および異議の訴えが認められているところから，口頭弁論を開くことは許されない（民事再生法144条について，新注釈民再法（上）710頁〔阿多博文〕，条解民再法681頁〔中島弘雅〕，最新実務223頁）。否認請求手続や更生債権等の査定手続についても，同様に解される。

316)　査定申立てを棄却する決定については，送達を要せず，相当と認める方法による告知で足りる（13，民訴119）。

317)　査定申立てを全部棄却する決定は，役員等責任査定決定にあたらないので（101Ⅰ参照），これに対して異議の訴えを提起することは認められず（102Ⅰ・100Ⅰかっこ書参照），管財人は，別途訴えの方法によって損害賠償を訴求する以外にない。棄却決定には既判力がないから，訴えの提起自体は妨げられない。しかし，相手方たる役員の立場を考えれば，いったん査定申立てが棄却された後に，さらに損害賠償請求訴訟を提起するのは，例外的な場合に限られるべきであり，裁判所の許可（72Ⅱ⑤）にも慎重な運用が求められる。これは，否認の請求と否認の訴えの関係について述べたところ（注260）と同様である。

付されうる関係から（同Ⅵ）[320]，判決主文においては，役員に対して命じられる給付の内容を明確にすべきである。

なお，異議の訴えが１月の出訴期間内に提起されなかったとき，取り下げられたとき，または出訴期間の徒過などによって却下されたときは，役員等責任査定決定は，確定給付判決と同一の効力，すなわち決定時を基準時とする既判力と執行力とを認められる（103）。

---

318) 否認請求認容決定に対する異議訴訟（97）については，一部棄却がなされた場合にも管財人は異議の訴えを提起しえないのに対して（本書440頁参照），この場合に管財人が異議の訴えを提起できるのは，法102条3項がそれを予定しているためである。

 もちろん，申立てを全部認容した役員責任査定決定の場合には，役員のみが原告となりうる。なお，査定手続が職権によって開始されたときでも，この点に変わりはない（ただし，条解破産法1144頁は，いずれの場合でも，訴えの変更に準じて管財人による異議の訴えの提起を認めるが，査定手続の趣旨を考えると，疑問がある）。

 また，ある役員についての役員責任査定決定に対して管財人および当該役員の双方が互いを被告として異議の訴えを提起した場合には，必要的共同訴訟（民訴40Ⅰ～Ⅲ）として併合審判がなされる（一問一答新会社更生法119頁。民再146Ⅱ参照）。なお，旧会社更生法75条3項は，審理の併合を強制する規定を設けていたが，これに相当する規定が設けられなかったことは，上記の結論を左右するものではない。

 役員または管財人が提訴期間内に異議の訴えを提起した場合に，被告が提訴期間経過後に反訴として異議の訴えを提起することができるかについては，提訴期間の規律を重視して，これを否定する見解（条解会更法（上）624頁）と，附帯控訴に関する民事訴訟法293条1項を類推して肯定する見解（谷口安平「損害賠償の査定」金判1086号106頁（2000年），条解破産法1145頁，条解民再法685，687頁〔中島弘雅〕ほか）に分かれている。すでに異議の訴えの手続が係属している以上，提訴期間の規律を絶対視する必要はないので，後者の考え方を支持する。もちろん，原告が異議の訴えを取り下げれば，附帯して提起した異議の訴えも当然に終了する（条解破産法1145頁）。

 再生手続における異議訴訟の裁判例としては，東京地判平成16・9・28判時1886号111頁，東京地判平成16・10・12判時1886号132頁，東京地判平成17・6・14判時1921号136頁などがある。

319) ただし，一部認容を内容とする役員責任査定決定を変更し，追加的給付を求める場合には，給付訴訟としての性質を併有する。

320) 認可を内容とする判決であるために，「財産権上の請求に関する判決」（民訴259Ⅰ）にあたるかどうか，疑問が生じる余地があるために，仮執行宣言の可能性を明らかにしたものである。新破産法の基本構造226頁参照。

第7章　更生手続の進行

　更生手続は，更生計画にもとづいて，更生債権者等をはじめとする利害関係人の利害関係を適切に調整し，更生会社財産および更生会社の事業組織を基礎として維持形成される事業価値の一定部分を利害関係人に配分することを通じて，更生会社の事業の維持更生を図ることを目的とする（1参照）。この目的を実現するための更生計画案の策定に際しては，一方で，利害関係人たる更生債権者等の権利内容を調査・確定するとともに，他方で，更生会社財産の内容を調査・確定し，事業継続のために維持すべき財産を確定する一方で，担保権を消滅させて不要な資産を売却するとか，あるいは事業価値の毀損を避けるために，早期に会社の事業を別の経営主体に譲渡するなどの作業を行う必要がある。

第1節　更生債権等の届出・調査・確定

　更生債権は，更生会社に対して更生手続開始前の原因にもとづいて生じた財産上の請求権であり，更生担保権または共益債権に該当しないものであることを原則とする（2Ⅷ柱書）。また，更生担保権は，更生手続開始当時更生会社の財産について存する担保権（特別の先取特権，質権，抵当権および商法または会社法にもとづく留置権）の被担保債権であって更生手続開始前の原因にもとづいて生じたものを原則とする（同Ⅹ）。そして，更生債権と更生担保権とをあわせて，更生債権等という（同Ⅻ）。

　しかし，性質としては更生債権等であっても，更生手続上で議決権などを行使し，また更生計画による弁済を受けるためには，その存在および内容が確定されたものでなければならない。そこで法は，更生手続の迅速な遂行のために，個別的にではなく，集団的な確定を図ることを目的として，更生手続内部に届出，調査および確定のための手続を設けている。

第1項　更生債権等の届出

　更生債権者および更生担保権者，すなわち更生債権者等（2ⅩⅢ）が更生手続

第1節　更生債権等の届出・調査・確定　465

上認められる様々な権能や地位，すなわち更生計画案の決議をはじめとする議決権（136 I），更生債権等の調査手続における異議権（147 I・148 IV），更生計画において変更された具体的権利（170・205），あるいは各種の申立権などを行使するためには（135 I），まず更生債権者等としての届出をなすことを要する[1]。もっとも，更生債権等たること自体について生じる手続上の法律効果，たとえば個別的権利行使の禁止（47 I）や免責（204 I 柱書）は，届出の有無にかかわりなく生じる[2]。なお，更生手続開始前の罰金等の請求権についても届出義務が課されるが（142 ②，会更規 41）[3]議決権，更生計画による権利変更，届出期間経過による失権，更生計画による弁済の時期については，特別の取扱いがなされる（136 II ⑤・164・168 VII・204 I ③・II）。

　また，届出には，更生手続上の効果とは別に，更生手続終了まで時効中断の効果が認められる（民 152）[4]。届出更生債権等に対して異議が述べられたこと

---

[1] 共益債権としての地位を主張するが，それが認められない場合に備えるなどの目的から，本来的地位が認められることを解除条件として更生債権等の届出がなされる場合がある。実務慣行上，これを予備的債権届出と呼ぶが，その適法性については，条解会更法（中）402，564頁，詳解民再法 455頁〔森宏司〕，最新実務 179頁参照。適法性を認めた裁判例として，東京地判平成 21・10・30 判時 2075号 48頁がある。これに対して，ある債権を無条件に再生債権として届け出て，これが確定したときは，その後に当該債権を共益債権であると主張することはできないとしたものとして，大阪高判平成 23・10・18 金法 1934号 74頁〔民事再生〕参照。

　また，相殺の有効性を主張しながら，それによって消滅したはずの自働債権についてする届出，管財人による否認権の行使を争いながら，復活することがありうる債権（92）についてする届出，更生担保権として認められることを解除条件としてする目的物の時価を超える部分の更生債権としての届出（本書 467頁注 11）についても，同様にその適法性が問題となる。会社更生の実務（下）130頁〔今玲子〕参照。

　なお，更生債権等の届出は，裁判上の手続においてその確定および実現を求めるという視点からすると，訴訟行為（伊藤・民訴法 313頁）としての性質を有し，停止条件付届出が許されないなどの規律に服する。

[2] 再生手続においては，届出がなされない再生債権についても，一般的基準（民再 156）にしたがって再生計画による権利変更の効果が生じるが（民再 181），更生手続においては，更生計画による権利変更の対象となるのは，届出をした更生債権等のみであり（205 I），届出のない更生債権等は，一定の例外を除いて免責の対象となるので（204 I 柱書），会社更生法には，民事再生法 156条や 181条に対応する規定が置かれていない。

[3] 共益債権であるものは除く（142 ②かっこ書）。その例については，対応する規定である民事再生法 97条について，条解民再法 442頁〔岡正晶〕，新注釈民再法（上）559頁〔大川治〕参照。

[4] 最判平成 7・3・23 民集 49巻 3号 984頁〔破産〕，最判平成 9・9・9 金法 1503号 80頁〔破産〕。

は,「その届出が却下されたとき」(同)に該当しない[5]。
1 届出の手続

　届出は,更生債権等について管理処分権をもつ者によってなされる。したがって,通常は更生債権者等自身によってなされるが,その債権について差押命令が発せられたり債権者代位権の行使があったりすると,取立権限を有する差押債権者や代位債権者が届出資格をもつ(民執145Ⅰ・155Ⅰ本文,民423Ⅰ本文参照)[6]。もちろん,代理人によって届出をなすことも可能であり,更生債権者等が広い地域に所在し,かつ,多数にのぼるときには,共通の代理人によって届出をなすことが裁判所にとっても便宜である(会更規36Ⅴ参照)。また,更生債権者等は,裁判所の許可をえて,共同してまたは各別に,1人または数人の代理委員を選任することができるし(122Ⅰ)[7],裁判所は,更生手続の円滑な進行を図るために必要があると認めるときは,更生債権者等に対し,相当の期間を定めて,代理委員の選任を勧告することができる(同Ⅱ)。さらに,裁判所は,その必要が認められる場合には,職権によって代理委員を選任することができる(123)。

　代理委員は,これを選任した更生債権者等のために,更生手続に属する一切の行為をすることができるから(122Ⅲ),更生債権等の届出もなすことができる[8]。なお,代理委員の権限は,書面で証明しなければならず(会更規31Ⅰ),代理委員を解任したときは,更生債権者等は,遅滞なく,裁判所にその旨を届け出なければならない(同Ⅱ)。

(1) 届出の方式

　更生債権等の届出は,写しを添付した書面によって(会更規1Ⅰ・37Ⅰ)[9]裁判

---

5) 最判昭和57・1・29民集36巻1号105頁〔破産〕。また,却下された場合でも,裁判上の催告(民153)としての効果は認められる(条解破産法749頁)。
6) この場合の差押債権者などの届出は,更生債権者等に代わって行うというのではなく,差押債権者など自身が更生債権者等として行い,以後の手続にも参加することとなる。条解会更法(中)561頁参照
7) 代理委員制度の趣旨や機能については,条解会更法(中)857頁,森恵一「債権者の手続関与のあり方」講座(3)333頁参照。また,破産手続や再生手続における代理委員制度との差異などについては,新破産法の基本構造142頁参照。現行会社更生法は,裁判所による代理委員の選任勧告(122Ⅱ)や裁判所による代理委員の選任(123)の規定を新設して,その機能を強化している。本書149頁参照。
8) 手続に関しては,新しい会社更生法168頁〔永野厚郎〕,詳解民再法464頁注2〔森宏司〕参照。

所に対して行う(138Ⅰ)。更生債権の場合の届出の内容は、各更生債権の内容および原因(同①。民訴133Ⅱ②参照)、一般の優先権がある債権(優先的更生権)または約定劣後更生債権(43Ⅳ①)であるときは、その旨(138Ⅰ②)、各更生債権についての議決権の額(同③)、その他会社更生規則で定める事項である(同④、会更規36Ⅰ各号)[10]。

更生担保権の場合の届出の内容は、各更生担保権の内容および原因(138Ⅱ①)、担保権の目的である財産およびその価額(同②)、各更生担保権についての議決権の額(同③)、その他会社更生規則で定める事項である(同④、会更規36Ⅱ各号)[11]。

更生債権等の届出書には、更生債権者および代理人の氏名または名称および住所等(会更規36ⅠⅡ)のほか、更生債権者等の郵便番号、電話番号(ファクシミリの番号を含む)その他更生手続における通知、送達または期日の呼出しを受けるために必要な事項として裁判所が定めるものを記載するものとされ(同Ⅲ)、また、更生債権等が執行力ある債務名義または終局判決のあるものであるときは、届出書にその写しを添付しなければならない(同Ⅳ)[12]。さらに、

---

[9] 写しは管財人に送付し(会更規37Ⅱ)、債権調査のための資料となる。条解会更規124頁。

[10] 更生債権の内容とは、金銭債権か非金銭債権かの別にしたがって、債権の額、目的、弁済期、履行期、利息、損害賠償の予定などを意味し、更生債権の原因とは、当該更生債権等の同一性を認識できるだけの発生原因事実、たとえば、○年○月○日付の売買契約にもとづく売掛代金である旨などを意味する(会社更生の実務(下)117頁〔今玲子〕、最新実務173頁)。敷金債権については、敷金契約が発生原因となる。
 内容等が記載されず、更生債権としての特定を欠く届出書に対しては、補正が命じられ、これに応じないと届出書が却下される可能性がある(13、民訴137)。複数の貸金債権やリース債権を1個の債権であるかのようにしてする届出も不適法であることはいうまでもない(最判平成22・3・16民集64巻2号523頁参照)。これに対して更生計画案の別表として添付される更生債権者等一覧表は、すでに調査を経た更生債権等についての権利変更の内容を明らかにするためのものであるから、複数の更生債権等を有する1名の更生債権者等ごとにまとめて表記することも許されよう。

[11] 更生担保権の内容および原因は、金銭債権である更生債権の内容および原因と同様のものになるが、正確には、担保目的財産の時価によって担保された範囲のものとなる。これに対して、担保されていない部分は、更生債権としての届出になるが、実務上では、同一の書面による届出を認めている(会社更生の実務(下)127頁〔今玲子〕、最新実務177頁)。その他の届出事項も、基本的には、更生債権と同様である(会更規36Ⅱ)。ただし、更生担保権の基礎となる担保権の成立自体が否定されることもありうるから、届出書式の文言としては、「担保権によって担保されず、または、担保権の目的である財産の価額を超える部分」を更生債権として届け出るとの表現が適切であろう。

更生債権者等が代理人をもって更生債権等の届出をする場合には，その届出書に代理権を証する書面を添付しなければならない（同Ⅴ）。

(2) 更生債権等届出期間

更生債権等届出期間は，裁判所が更生手続開始決定と同時に定める（42Ⅰ）。届出期間は，原則として，更生手続開始決定の日から2週間以上4月以下である（会更規19Ⅰ①。ただし，知れている更生債権者等で日本国内に住所，居所，営業所または事務所がないものがある場合には，4週間以上4月以下である。同かっこ書）。この期間は，裁判所によって公告され（43Ⅰ③），かつ，管財人，更生会社および知れている更生債権者等ならびに知れている株主等に対して通知するのを原則とする（同Ⅲ①②）。

更生債権等の届出は，その届出期間内にしなければならない（138）。遅延した届出は，迅速な手続の遂行を妨げる結果となる。これは破産手続の場合も同様であるが，特に，会社更生や民事再生のような再生型手続の場合には，更生計画や再生計画の立案が後れるという重大な結果を生じるおそれがある。破産手続においては，一般調査期間または一般調査期日を基準として，それに後れた届出については，責めに帰することができない事由によるものであり，かつ，その事由が消滅した後1月以内に限って，届出の追完を認めているのに対して（破112Ⅰ），更生手続では，再生手続（民再95Ⅰ）と同様に，さらにこれを厳格にし，更生債権等届出期間を基準として，それに後れた届出については，責めに帰することができない事由によるものであり，かつ，その事由が消滅した後1月以内に限り，届出の追完を認めているのは（139Ⅰ），このような理由による。

1月の期間は，伸張し，または短縮することができない（同Ⅱ）。また，追完の可否の判断を迅速に行うために，追完のための更生債権等届出書には，届出期間内に届出をすることができなかった事由およびその事由が消滅した日をも記載しなければならない（会更規39Ⅰ）。

ただし，管財人が双方未履行双務契約を解除した結果として生じる相手方の損害賠償請求権のように（61Ⅴ，破54Ⅰ），届出期間経過後に生じた更生債権等

---

12) 破産の場合（破規32Ⅳ。伊藤453頁）と異なって，更生債権等に関する証拠類の添付は義務づけられないが，管財人によって証拠書類の送付を求められれば，更生債権者等はこれに応じなければならない（会更規44Ⅰ）。最新実務179頁参照。

については，その権利の発生した後1月の不変期間内に届出をしなければならない（139Ⅲ）。この場合には，届出書に当該更生債権等が生じた日を記載しなければならない（会更規39Ⅱ）。

しかし，いずれの場合であっても，更生計画案を決議に付する旨の決定（189Ⅰ）がされた後は，届出をすることは許されない（139Ⅳ）。更生計画案の内容が確定した段階になって，その基礎となる更生債権等に変動を生じさせることが不合理なためである。

更生債権等の届出が追完された場合，それが適法と認められるときには，裁判所は，特別調査期間を定めなければならない（148Ⅰ）。その費用は，当該更生債権者等の負担になる（同Ⅱ）。これに対して，適法と認められないときの措置については，考え方が分かれるが，届出に対する却下決定をすべきである[13]。

(3) 届出事項の変更と取下げ

届出事項の変更に関する取扱いは，それが他の更生債権者等の不利益になるものかどうかによって分かれる。更生債権等の額を増額するなど他の更生債権者等の不利益になるものは，実質的に新たな更生債権等の届出と同視されるから，更生債権等の届出期間内であれば特別の制限を受けないが，届出期間経過後は，上記の規律に服する（139Ⅴ）。

これに対して，変更が他の更生債権者等の不利益にならない場合については，さらに更生債権等の内容の変更とその帰属主体の変更とに分けられる。更生債権等の内容の変更のうち，債権等の額の消滅や減額は，実質的には，更生債権等の届出の全部または一部の取下げとみなされるが，手続としては，届出をした更生債権者等がその旨を裁判所に届け出なければならない（会更規38Ⅰ）。また，管財人は，届出事項についてその種の変更が生じたことを知っている場合には，当該変更の内容および原因を裁判所に届け出なければならない（同Ⅲ前段）。

更生債権者等からの変更届出については，届出書の写しの添付についての定めがあり（会更規38Ⅱ・37Ⅰ），また管財人からの変更届出については，証拠書

---

[13] 会社更生の実務（下）139頁〔今玲子〕，最新実務182頁。単に特別調査期間を定めないという処理も考えられるが，時効中断効の有無を明らかにするために（民152参照），却下決定をすべきである。ただし，却下決定に対する即時抗告は許されない（9参照）。

類の写しの添付が求められる（会更規38Ⅲ後段）。いずれの場合であっても，裁判所書記官は，変更届出の内容を更生債権者表または更生担保権者表に記載する（同Ⅳ）。

　帰属主体の変更は，届出名義の変更と呼ばれる。届出後に債権譲渡，法定代位，あるいは任意代位などの原因によって更生債権等の移転を生じたときには，更生債権等の届出期間が経過した後でも，届出名義の変更を受けることができる（141）[14]。届出書の記載事項や添付書類等については，規則の定めるところによる（会更規40）。

　なお，更生債権等の届出の取下げも，更生手続参加を撤回する旨の裁判所に対する意思表示として可能であり，その効力については，取下げの時期によって区別される。更生債権等としての確定（150Ⅰなど）前に取り下げた場合には，最初から届出がなかったものとみなされる。したがって，時効中断の効力も失われるが（民152）[15]，他方，期間制限等の要件を満たすかぎり，再度の届出も可能である[16]。これに対して，確定後の取下げについては考え方が分かれ，消極説は，届出更生債権等について確定判決と同一の効力が生じること（150Ⅲ）を根拠として，取下げの効力を否定する[17]。しかし，消極説を前提としても，取下げの意思表示を将来の弁済受領権の放棄と構成すれば，その効力まで否定する理由はない[18]。もちろん，再度の届出は許されないが，放棄がなされても，すでに受領した弁済金を返還する必要はない。届出にもとづく時効中断の効力も放棄によって影響を受けず，更生手続の終了の時から新たな時効期間（民

---

[14]　ただし，更生計画認可決定がなされれば，更生債権等は，その定めによって変更されるから（205Ⅰ），もはや届出更生債権等の移転およびそれにもとづく名義変更は意味をもたず，変更された権利の移転のみが考えられる。したがって，通常の債権譲渡の方法によれば足り，更生手続上の手続をとる必要はない。会社更生の実務（下）155頁〔船橋寿之〕。ただし，再生債権に関し，再生手続の終了時までは届出名義の変更等が許されるとする有力説がある。赫高規「再生債権認否書および再生債権者表をめぐる諸問題」今中古稀222頁。

[15]　裁判上の催告としての効力（民153）は否定されない（最判昭和45・9・10民集24巻10号1389頁〔倒産百選〈第3版〉9①事件〕〔破産手続開始申立て〕）。

[16]　管財人が認否書を提出したり，他の更生債権者等が債権調査期間に異議を述べたりした場合には，それらの者の同意を要するとの考え方（13，民訴261Ⅱ）もありえようが，債権届出期間の経過後は再度の債権届出が制約されること（139Ⅰ）を考えると，取下げについての同意まで要求する必要はない。

[17]　破産債権届出の取下げに関する学説の分布については，注解破産法（下）489頁〔高橋慶介〕，条解破産法757頁参照。

174の2Ⅰ後段)が進行する。

2 更生債権者表および更生担保権者表の作成

届出を受けた裁判所の裁判所書記官は，届出があった更生債権等について，更生債権者表および更生担保権者表を作成しなければならない（144Ⅰ)[19]。作成時期については，再生手続の場合と違って特段の定めがないが[20]，一般調査期間の開始に遅れない時期までに作成すべきであろう。

更生債権者表には，各更生債権について，その内容および原因（138Ⅰ①），一般の優先権がある債権または約定劣後更生債権であるときは，その旨（同②），議決権の額（同③）の他に，更生債権者の氏名または名称および住所（会更規43Ⅰ①），議決権のない更生債権（136Ⅱ）であるときは，その旨（会更規43Ⅰ②），執行力ある債務名義または終局判決のある更生債権であるときは，その旨（同③）を記載しなければならない（144Ⅱ）。更生担保権者表についても，ほぼ同様に，各更生担保権について，その内容および原因（138Ⅱ①），担保権の目的である財産およびその価額（同②），議決権の額（同③）の他に，更生担保権者の氏名または名称および住所（会更規43Ⅱ①），議決権のない更生担保権（136Ⅱ）であるときは，その旨（会更規43Ⅱ②），執行力ある債務名義または終局判決のある更生担保権であるときは，その旨（同③）を記載しなければならない（144Ⅲ）。

更生債権者表および更生担保権者表作成の目的は，更生債権等の調査の対象や調査の結果を明らかにし（150Ⅱ），議決権の行使や更生計画立案の資料とすること，また確定更生債権等について更生債権者等および株主の全員に対する

---

18) 広島高岡山支決昭和29・12・24高民7巻12号1139頁〔破産〕。岩瀬英雄「届出名義・届出事項の変更及び届出の取下げ」破産・和議の実務と理論174，175頁。ただし，更生計画認可による権利変更の効力が生じれば（205Ⅰ），取下げは，その意義を失う。会社更生の実務（下）125頁〔今玲子〕，最新実務180頁。
19) ただし，実務においては，管財人が作成したものを利用していると仄聞する。
20) 民事再生規則36条1項は，「一般調査期間の開始後遅滞なく，作成するものとする」旨を規定する。これに対して更生手続においては，対応する規定が設けられていない。再生手続においては，一般調査期間の開始前に簡易再生または同意再生の決定があれば，再生債権者表を作成する必要がないこと（民再216または220による同第4章第3節の適用排除。伊藤863，870頁参照）などを考慮したものである（条解民再92頁参照）。これに対して更生手続では，簡易再生などに対応する手続はなく，債権届出期間満了後一般調査期間において調査の用に供することができるよう，適切な時期までに更生債権者表等を作成すべきことは当然であるというのが，規定が設けられていない理由である（条解会更規141頁注1）。

確定力（同Ⅲ）を付与すること，および更生会社などに対する確定力および執行力を付与するところにある（206Ⅱ・240）。

更生債権者表または更生担保権者表の記載に誤りがあるときは，裁判所書記官は，申立てによりまたは職権で，いつでもその記載を更正する処分をすることができるし（144Ⅳ），さらに裁判所書記官の処分に対して不服のある更生債権者等は，裁判所に異議の申立てをすることができる（13，民訴121。本書137頁参照）。また，作成された更生債権者表や更生担保権者表は，利害関係人による閲覧等の対象となる（11）。更生債権者等の異議権行使の機会を与えるためである。

第2項　更生債権等の調査

更生債権等の調査は，届出にもとづいて作成される更生債権者表および更生担保権者表に記載の各更生債権および各更生担保権の内容等（144ⅡⅢ）について，管財人が作成した認否書ならびに更生債権者等，株主および更生会社の書面による異議にもとづいてなされる（145）[21]。破産の場合には，手続の種類として調査期間および調査期日が分けられ，手続の方式として書面方式と口頭方式に分けられ，その両者が組み合わされるのと比較すると（破116参照。伊藤458頁），更生手続においては，再生手続と同様に，手続の簡素化のために調査期間における書面方式のみが採用されている。

管財人が認め，かつ，届出をした更生債権者等および株主の異議がなかったときは，その更生債権等の内容および議決権の額は確定し（150Ⅰ），裁判所書記官による確定した更生債権等についての更生債権者表および更生担保権者表の記載（同Ⅱ）は，更生債権者等および株主の全員に対して確定判決と同一の効力を有する（同Ⅲ）。破産式確定や再生式確定に準じて，これを更生式確定と呼ぶこととする。

管財人が認めず，もしくは異議（149Ⅲ前段）を述べ，または届出をした更生

---

21)　調査の対象は，更生債権等の届出書の記載ではなく，それにもとづいて裁判所書記官が作成した更生債権者表または更生担保権者表の記載である。したがって，届出書の内容が更生債権者表または更生担保権者表に記載されていないために管財人による認否がなされなかった場合には，認めたもの（146Ⅳ）とはみなされず，更生債権者等としては，更生債権者表または更生担保権者表の更正（144Ⅳ）を求め，改めて認否がなされるべきである。

債権者等もしくは株主が異議を述べると、その更生債権等は、当該更生債権者等と異議者との間の査定手続および査定決定に対する異議訴訟を通じて確定する（151以下）。そして、更生計画認可の決定が確定したときは、更生計画によって認められた権利については、更生債権者表または更生担保権者表の記載は、更生会社などに対する確定判決と同一の効力が認められ（206Ⅱ）、また、更生手続終了の後においては、更生会社であった株式会社および更生会社の事業の更生のために債務を負担した者に対する執行力を生じる（240本文）。

1 管財人による認否等

管財人による調査は、債権届出に対する認否の方法によって行われる[22]。

(1) 管財人による認否

管財人は、債権届出期間（138Ⅰ）内に届出があった更生債権等について、以下の事項についての認否を記載した認否書を作成しなければならない（146Ⅰ柱書）。認否を記載すべき事項は、更生債権の場合には、内容、一般の優先権がある債権または約定劣後更生債権であることおよび議決権の額であり（同①）、更生担保権の場合には、その基礎である被担保債権および担保権を含む内容、担保権の目的である財産の価額および議決権の額である（同②）[23]。

また、管財人は、届出期間経過後に届け出られた更生債権等（139ⅠⅢ）または他の更生債権者等の利益を害すべき届出事項の変更があった更生債権等（同

---

[22] 再生手続と異なって、自認の制度（民再101Ⅲ）は設けられていない。この制度は、機関としての再生債務者が手続開始前から管理処分権を保持していたことを考慮するものであるが（伊藤741頁）、更生手続の機関である管財人は、更生会社の機関ではない（本書106頁）ところから、破産手続と同様に、自認制度を設けるべき理由に乏しい。一問一答新会社更生法170頁参照。ただし、従来の会社の機関が管財人に任命される、いわゆるDIP型更生においては、運用について留意すべき点があろう。注31参照。

[23] 認否書作成のための証拠書類送付の求めについては、会社更生規則44条1項が定める。これに対して、認めない債権についての理由付記については、民事再生規則38条1項に対応する規定が設けられていない。その理由は、民事再生規則の規定は、実務上の取扱いを確認するものにすぎないために、あえて規定を設ける必要に乏しいと判断されたためである。条解会更規144頁。

なお、更生債権等の届出事項には、その内容だけではなく、原因も含まれている（138Ⅰ①・Ⅱ①）のに対して、認否の対象は内容とされているのは、届出によって特定された更生債権等の内容が調査の対象となることを意味している。したがって、原因の変更は、管財人の同意がない場合でも、債権としての同一性に影響を及ぼさないかぎりで認められる。

また、優先権の有無や約定劣後更生債権であることも、更生債権者表などの記載事項であるから（144Ⅱ、会更規43）既判力（206Ⅱなど）による確定の対象となる。

Ⅴ）についても，更生債権と更生担保権それぞれについて上記と同様の事項（届出事項の変更があった場合には，変更後の内容等）についての認否を認否書に記載することができる（146Ⅱ）。この認否は裁量的であるが，認否書にこの記載があれば，追完がなされた更生債権等も一般調査期間における調査の対象となり（147Ⅰ），特別調査期間を定める必要がなく（148Ⅰ但書），手続の迅速化を図ることができるためである[24]。

認否書に，更生債権の内容等，認否すべき事項について認否の記載がないときは，管財人において当該事項を認めたものとみなす（146Ⅳ）。認否書に，届出の追完がなされた更生債権等について，認否の対象となるべき事項の一部についての認否の記載があるときは，認否の記載のないものを管財人において認めたものとみなす（同Ⅴ）[25]。

管財人は，一般調査期間（42Ⅰ）前の裁判所が定める期限までに，認否書を裁判所に提出しなければならない（146Ⅲ）[26]。管財人がこの義務を怠ると，利害関係人は，裁判所に対して監督権の発動を求めることができる（68ⅠⅡ）[27]。

管財人の作成した認否書等は，更生債権者等や株主が異議を述べるための前提として，裁判所における閲覧や謄写の対象となるが（11ⅠⅡ），閲覧または謄写は，提出された写しによってさせることができる（会更規8Ⅲ）。また，管財人は，一般調査期間（146Ⅲ・42Ⅰ）内は，裁判所に提出した認否書等（146Ⅲ，

---

[24] 債権届出期間経過後に届け出られた債権について，追完事由の記載がされていない場合であっても，管財人が認否を記載できるかという問題があり，再生手続においてこれを認めるべきであるとする考え方が有力である。赫・前掲論文（注14）207頁。実務上の運用の問題であろう。

また，管財人による認否は裁量的であるが，債権届出期間後の同じ時期に届け出た更生債権等の一方は認否書に記載し，他方は記載しないといった恣意的な取扱いは許されない。

[25] 届出期間経過後の届出にかかる事項について認否の対象となるべき事項のいずれについても記載がなければ，この効果は生じない。法146条5項は，破産法117条5項と同内容であり，届出期間経過後の届出にかかる事項についての認否は裁量的であるが，認否を行う以上は，届出事項全体についてなすべきであるとの考え方にもとづいている（条解破産法790頁）。民事再生法101条6項後段は，規定の文言は異なるが，同趣旨と解されている。伊藤740頁注11参照。

[26] 民事再生規則38条が認否書の正本に副本を添付すべきことを定めているのに対して，会社更生規則には，対応する規定が設けられていないのは，同規則1条4項に総則的に写しの提出を求められる旨の規定を設けていることによる。条解会更規144頁。

[27] 再生手続においては，再生債務者の義務違反は，再生手続廃止の原因となりうる（民再193Ⅰ柱書・③）が，管財人型である更生手続には，このような規律は設けられていない。

会更規44Ⅱ）に記載されている情報の内容を表示したものを，届出更生債権者等および株主が更生会社の主たる営業所において閲覧することができる状態に置く措置をとらなければならず（会更規45Ⅰ），それに加えて，インターネットによる提供等の適当な措置をとることができる（同Ⅱ）。また，届出をした更生債権者等は，それらの措置の対象となる情報のうち自己の更生債権等に関する部分の内容を記録した書面の交付を，認否書等を閲覧することができる状態に置く措置がとられた営業所において，管財人に対して求めることができる（同Ⅲ）。

なお，管財人は，いったん「認めない」旨を認否書に記載したときであっても，その後に「認める」旨に変更することができる（会更規44Ⅱ参照）[28]。その場合には，当該変更の内容を記載した書面を裁判所に提出するとともに，当該変更にかかる更生債権等を有する更生債権者等に対し，その旨を通知しなければならない（会更規44Ⅱ）[29]。

逆に，認否書に「認める」旨を記載した後に，それを「認めない」旨に変更することは原則として許されない。確定の効果（150Ⅰ）とも矛盾するし，当該更生債権者等に対して不測の不利益を与えるおそれもあるからである[30]。

[28) 条解会更規144頁，条解会更法（中）651頁，理論と実務191頁〔多比羅誠〕。会社更生の実務（下）182頁〔鈴木和成〕，最新実務185頁。
　変更の許される時的限界については，再生手続に関して，再生計画案の修正が許される期間（民再167但書）とする有力説および実務がある。再生債権者による異議の撤回についても，同様である。新注釈民再法（上）575頁〔久末裕子〕，詳解民再法470，474頁〔森宏司〕，森倫洋「再生債権の調査・確定」講座（3）390頁，赫・前掲論文（注14）216頁。これに対して，査定申立期間（民再105Ⅱ）の経過後は，再生債権としての手続参加が認められないことが確定したとして，「認める」旨への変更や異議の撤回を許さない見解も有力である（新破産法の基本構造163頁）。前者の考え方は，査定申立期間を徒過した再生債権者を変更や撤回によって救済するという意図にもとづくものと理解される。しかし，申立期間の徒過によって上記のような意味での確定効が生じるとすれば，後者の考え方が正当と思われる。新破産法の基本構造166頁〔伊藤眞発言〕。
　これを前提とすれば，更生手続においても，変更が許されるのは，更生計画案の修正が許される期間（186）までではなく，査定申立期間（151Ⅱ）の経過前までとすべきことになる。ただし，査定申立期間内に査定申立てがなされ，その手続が係属している場合，あるいは更生債権等査定決定に対する異議訴訟が係属する場合は，未だ確定効が生じていない以上，別である。
　なお，上記のこととは別に，債権調査期間前に認否書の誤りを修正できるかという問題があり，再生手続に関する有力説はこれを積極に解するが（赫・前掲論文（注14）211頁），更生手続においても，同様に解される。

(2) 管財人による債権届出期間の末日の通知

更生手続においては，再生手続の債権調査におけるような自認の制度（民再101Ⅲ）が存在しない。これは，再生債務者等が自認する再生債権について，その届出がないことのみを理由として免責するのは，再生債務者と再生債権者との間の公平に反するという判断にもとづくものである。しかし，更生手続においては，管財人が比較的大規模な更生会社の更生債権等を短期間に把握して自認するのは困難であること，管財人と更生債権者等との関係を考えると，届出のない更生債権等を失権させても，必ずしも公平に反するとはいえないことなどの理由から，これに対応する制度は設けられていない[31]。

その結果として，管財人に知れている更生債権者等であっても，届出のないものは失権することになる（204Ⅰ）。しかし，当該更生債権者等の存在を知りながら管財人が何らの対応をとらないままに失権させてしまうのは，やはり手続的合理性に欠けるために，管財人による債権届出期間の末日の通知の制度が設けられている（会更規42）。すなわち，管財人は，知れている更生債権者等であって，未だ更生債権等の届出をしておらず，かつ，債権届出期間（138Ⅰ）内に当該届出をしないおそれがあると認められる者に対し，当該債権届出期間の末日を，当該末日までの間に当該届出をするのに必要な期間[32]をおいて通知するものとする（会更規42本文）[33]。もっとも，債権届出期間内に届出をする

---

29) 認否書に「認めない」旨の記載がなされたこと自体は，届出更生債権者等に対して通知されない（他の更生債権者等または株主による異議の通知に関する会更規46Ⅱ，条解会更規151頁参照）。したがって，届出更生債権者等としては，裁判所において認否書を閲覧し（111Ⅰ），また更生会社の主たる営業所などにおいて管財人によって開示された認否書等の閲覧等（会更規45）を通じて，自己の届出更生債権等に対する管財人の認否を確認する必要がある。ただし，実務上では，無用な争いの発生を避けるために，「認めない」旨の記載がなされたことを通知し，あわせて更生債権等査定申立期間を告知する場合が多い（最新実務184頁参照）。

30) 会社更生の実務（下）182頁〔鈴木和成〕，最新実務185頁，理論と実務191頁〔多比羅誠〕。ただし，認否書提出後，債権調査期間の満了時までに第三者弁済などの事由によって当該更生債権等が消滅したと管財人が主張する場合には，債権調査期間の末日が経過していない以上，認めない旨への変更が許されるとの考え方もありえよう。更生債権等の確定の基準時を債権調査期間の末日と解することについて，本書483頁注50参照。

31) 一問一答新会社更生法170頁，理論と実務191頁〔多比羅誠〕参照。ただし，従来の経営者が管財人となるいわゆるDIP型会社更生は，その実質において再生手続と近いものがあり，失権効（204Ⅰ）の例外はともかく（民再181Ⅰ③参照），管財人の行為規範としては，その存在を認識している更生債権等については，積極的に届出を促すべきであろう。

意思がないことが明らかであると認められる者，および債権届出期間内に届出をしなくとも更生債権者等として権利の行使に支障を生じることがないと認められる者[34]については，通知を要しない（同但書）。

2 債権調査期間における異議

債権調査期間とは，届出更生債権等について他の更生債権者等が書面による異議を述べるべき期間を意味する。債権調査期間には，一般調査期間と特別調査期間とがある。一般調査期間は，債権届出期間内に届出をした更生債権等を中心とするものであり，開始決定と同時に定められ（42Ⅰ），特別の事情がある場合を除き，債権届出期間の末日から１週間以上４月以下の期間をおき，１週間以上２月以下の範囲内で定められる（会更規19Ⅰ②）。これに対して，特別調査期間は，債権届出期間後の届出などに関するものである（148Ⅰ本文）。

(1) 一般調査期間

届出をした更生債権者等および株主は，一般調査期間内に，裁判所に対し，他の届出更生債権等[35]の内容や議決権等について，書面で異議を述べることができる（147Ⅰ）[36]。更生会社も，一般調査期間内に，更生債権等の内容について異議を述べることができる（同Ⅱ）。ただし，更生会社の異議は，更生債権等の確定を妨げる効力を有せず（150Ⅰ参照），更生計画不認可の決定が確定し

---

32) 通知が相手方に到達し，相手方が届出書を準備して，裁判所に提出する期間を見込んで判断される。条解会更規139頁。
33) 管財人が必要な通知を怠ったことは，善管注意義務（80）違反の問題を生じる他，届出期間後の届出の要件である「責めに帰することができない事由」（139Ⅰ）の判断に影響しよう。また，場合によっては，届け出られず，更生計画に記載されなかった更生債権について，更生会社が失権を主張すること（204Ⅰ柱書）が信義則に反しないかどうかという判断にも影響する可能性がある。最判平成21・12・4金法1906号68頁参照。
34) 前者の例として，管財人に対して，手続上の権利行使をしない意思を表明している者等，後者の例として，租税等の請求権および更生手続開始前の罰金等の請求権を有する更生債権者等（204Ⅰ③参照），退職金請求権を有する者で債権者届出期間内に退職する予定がない者（140・204Ⅰ②参照）が挙げられる（条解会更規139頁）。租税等の請求権については，届出や調査の特例（164Ⅰ），更生計画による権利変更の特例（169），免責の特例（204Ⅰ④）も背景にあろう。
35) 更生債権等の中には，債権届出期間内に届出をした更生債権等（146Ⅰ）と，届出期間後の届出や他の更生債権者等に対する不利益変更の届出であるが管財人が認否書に記載した更生債権等（同Ⅱ）とが含まれる。
36) 一般調査期間内に異議を述べなかった場合には，その後に他の更生債権等の調査のために特別調査期間などが設定されても，もはや異議を述べることはできない。福岡高決平成8・6・25判タ935号249頁〔破産〕参照。

たときに，更生債権者表等の記載が確定判決と同一の効力および執行力を生じることを妨げる効力を有するのみである（235Ⅱ。本書696頁参照）。

異議を述べる書面には，異議の内容のほか，異議の理由を記載しなければならず（会更規46Ⅰ），また正本の他にその写しの提出を求めることがある（会更規1Ⅳ）。裁判所書記官は，届出更生債権者等または株主から異議があったときは，当該異議にかかる更生債権等を有する更生債権者等に対し，その旨を通知しなければならない（会更規46Ⅱ）。

一般調査期間を変更する決定をしたときは，その裁判書は，管財人，更生会社，届出更生債権者等および株主（債権届出期間経過前にあっては，管財人，更生会社ならびに知れている更生債権者等および株主）に送達しなければならない（147Ⅲ）[37]。この送達は，通常郵便や信書便の方法によることができる（同Ⅳ）。その方法による送達がなされたときは，その郵便物等が通常到達すべきであった時に，送達があったものとみなす（同Ⅴ。なお，会更規46Ⅳ，民再規19Ⅱ参照）。

(2) 特別調査期間

債権届出期間経過後の届出（139ⅠⅢ）または届出事項の変更で他の更生債権者等の不利益になるもの（同Ⅴ）があった場合には，裁判所は，届出またはその変更にかかる更生債権等の調査をするための期間を定めなければならない（148Ⅰ本文）。これを特別調査期間と呼ぶ[38]。ただし，管財人が，これらの更生債権等の内容または議決権等について認否書に認否を記載している場合には，一般調査期間における調査の対象となるから（147Ⅰ・146Ⅱ），特別調査期間を定める必要はない（148Ⅰ但書）。特別調査期間を定めた場合またはそれを変更した場合には，それらの決定書について管財人等への送達の措置などがとられることは，一般調査期間が変更された場合と同様である（148Ⅴ・147Ⅲ～Ⅴ，会更規46Ⅳ，民再規19Ⅱ）。

特別調査期間は，当該届出更生債権者等のために定められるものであるので，それに関する費用は，その者の負担とする（148Ⅱ）。費用については，裁判所

---

[37] ただし，送達代用公告（10Ⅲ本文）によることは排除されないし，実務上は，その方法がとられることが多いと仄聞する。

[38] 特別調査期間の長さについて法や規則の明文の規定はないが，再生手続においては，通常，1週間程度であるとされる。詳解民再法473頁〔森宏司〕。数人の届出更生債権者等のために特別調査期間を定める必要がある場合には，併合して1つの期間を定めても差し支えない（同書473頁〔森宏司〕）。

書記官(本書137頁参照)によって予納が命じられ(148の2Ⅰ。処分の方式について会更規46の2)[39]、予納を命じる処分は、相当と認める方法[40]で告知することによって、その効力を生じる(148の2Ⅱ)[41]。予納を命じられた更生債権者等が予納をしないときは、裁判所は、決定で、その者がした更生債権等の届出または届出事項の変更にかかる届出を却下しなければならない(同Ⅴ)。却下の決定に対しては、即時抗告をすることができる(同Ⅵ)。即時抗告の理由としては、予納をしたことが考えられる。

特別調査期間における調査の方法は、一般調査期間の場合と同様であり、対象となる更生債権等の内容や議決権等について管財人が認否書による認否をし、特別調査期間前の裁判所の定める期限までに、これを裁判所に提出しなければならない(148Ⅲ前段)。認否書に認否を記載すべき事項であって提出された認否書に記載がないものがあるときは、管財人において当該事項を認めたものとみなす(同後段・146Ⅳ)。

他の届出更生債権者等および株主も、一般調査期間の場合と同じく、当該更生債権等の内容や議決権等について書面で異議を述べることができる(148Ⅳ前半部分、会更規46Ⅰ前段。なお、会更規46Ⅱ)。更生会社が更生債権等の内容について異議を述べる場合も同様である(148Ⅳ後半部分、会更規46後段)。

(3) 異議の撤回

管財人が認否を認める旨に変更することができる(方式について、会更規44Ⅱ参照)のと同様に、更生債権者等や株主が債権調査期間に提出した異議を撤回することは、原則として自由である。撤回に際しては、その旨を記載した書面を裁判所に提出するとともに、異議を述べた更生債権等を有する更生債権者等に対しその旨を通知しなければならない(会更規46Ⅲ前半部分・44Ⅱ)。裁判所への撤回書面には、写しの提出を求められることがある(会更規1Ⅳ)。更生会社の異議の撤回についても同様である(会更規46Ⅲ後半部分・44Ⅱ)。異議の撤

---

[39] 裁判所書記官の予納に関する処分の規定(148の2)は、裁判所書記官権限の拡大の一つとして、現行破産法の制定にともない(破産法120条に関して条解破産法806頁参照)、平成16年改正によって加えられたものである。伊藤462頁参照。

[40] 相当と認める方法(民訴119)とは、送達の方法によるのではなく、直接の言渡しや書面の交付、通常郵便などが含まれる。秋山ほかⅡ520頁。

[41] ただし、処分に対しては、告知を受けた日から1週間の不変期間内に、異議の申立てをすることが認められ(148の2Ⅲ)、異議には執行停止の効力が認められる(同Ⅳ)。異議に対しては、裁判所が決定で裁判をする(13、民訴121)。

回時期については，管財人の認否の変更に関して述べたのと同様の議論があるが（本書475頁注28），更生会社の異議については，債権確定手続とは無関係であり，単に更生債権者表の既判力および執行力を排除する意味しかないことを考えると（235Ⅱ），時期の制限を設ける理由に乏しい。

3 債権届出期間経過後の退職による退職手当の請求権の調査の特例

退職手当の請求権は，退職の時期および事由によって共益債権となる部分と優先的更生債権等となる部分とがある（本書304頁。管財人の情報提供義務について法80の2参照）。共益債権となる部分は，債権届出の必要はない。これに対して，優先的更生債権となる部分は，届出がなされず，更生計画に記載されなければ失権の対象となるのが原則である（204Ⅰ柱書）。しかし，以下にみるように，法は，これについて特別の規定を設けている。更生会社の取締役，会計参与，監査役，代表取締役，執行役，代表執行役，清算人または代表清算人の退職手当についても，同様である（140Ⅲ）[42]。

まず，更生会社の使用人の退職手当の請求権についての更生債権等の届出は，退職した後にするものとされる（同Ⅰ）。退職手当の請求権の法律上の性質は，退職を含む支給条件の成就という将来の不確定な事実にかかる条件付請求権であり，本来であれば，退職前にその届出を求めることになるが，雇用関係の特質を考慮しても，また使用人や更生会社の負担の点でも，不合理な結果を生じるおそれがあるので，退職という事実が生じ，退職手当の請求権が現実化した後に届けるものとするというのが，この特則の趣旨である。したがって，退職前に条件付請求権たる更生債権等（136Ⅰ②ホ）として退職手当の請求権を届け出ることは許されない[43]。

これを前提としても，使用人が債権届出期間の経過前に退職した場合には，他の更生債権等と同様の規律（138・139）を適用して差し支えない[44]。しかし，債権届出期間経過後更生計画認可決定以前の退職の場合には，その規律に服せ

---

[42] 取締役の退職慰労金は，株主総会の決議によって定めることとなっているが（会社361），更生手続開始後に退職する者については，管財人の権限としてこれを定めることになろう。組織法上の事項に関する管財人の権限について本書302頁参照。ただし，更生会社の機関の権限回復後（72Ⅳ）は，会社法上の手続によることになる。なお，退職慰労金の発生時期や支給決議の否認可能性に関する裁判例として，東京高判平成12・6・21判タ1063号185頁，東京高判平成元・12・14金法1249号24頁がある。

[43] 条解会更法（下）596頁。

しめる根拠がないので，法は，退職後1月の不変期間内に限り，更生債権等の届出をすることができるという特則を設ける（140Ⅱ）。この種の退職手当の請求権についても，調査手続を経て，権利変更の内容が更生計画案に記載されることになるが，更生計画案の付議決定後更生計画認可決定前に届け出られるものについては，それを更生計画案の内容に反映することはできない。そこで，実務上では，この種の請求権について，「確定した債権額に限り，更生計画認可決定確定後〇日以内にその全額を一括弁済する」などの条項を設けて，他の優先的更生債権と同様の弁済条件を記載した条項を設けることがある（本書562頁参照）[45]。

これに対して，更生手続開始前から雇用されていた使用人が更生計画認可決定後に退職した場合については，その退職手当の請求権のすべてが優先的更生債権となるか，それとも，手続開始後の賃金の後払いに相当する部分は共益債権となるか，理論的には考え方の分かれる余地がある[46]。しかし，優先的更生債権としても，更生計画に記載されていないという理由で失権することはない（204Ⅰ②）。更生会社の取締役等についても，同様である。加えて，認可決定後は，更生債権等について更生計画にしたがった弁済がなされることになる[47]。

退職手当の請求権のうち，債権届出期間経過後更生計画認可の決定以前に退

---

[44] 責めに帰することができない事由による届出の追完（139Ⅰ）または届出事項の変更（同Ⅴ）に関しては，債権届出期間が経過する直前に退職させられたとか，退職金額が確定せず，届出が不可能であった例などが考えられる。会社更生の実務（下）143頁〔村松忠則〕，最新実務196頁参照。

[45] 会社更生の実務（下）144頁〔村松忠司〕，最新実務197頁参照。認可決定後に退職する者の更生債権たる退職手当の請求についても同様である。これを前提とするかぎり，認可決定後の退職者の退職手当の請求権の届出は，法140条1項にしたがい，退職後にすることになろう。条解会更法（下）596頁参照。

[46] 全額を優先債権とするものとして，条解会更法（中）596頁，（下）739頁がある。

[47] これに対して，更生計画認可後は，弁済禁止の効果が消滅するとして，管財人は随時全額弁済することができ（最新実務196頁），認可前に退職した使用人の退職金との均衡を考慮して，管財人が弁済率や弁済期について個別的に和解することもありえるとする考え方もある（会社更生の実務（下）142頁〔村松忠司〕）。しかし，そもそも更生手続終結前であれば，たとえ認可決定後であっても，更生債権に対する個別の弁済禁止の効果が消滅するという前提自身に疑問がある。理論的には，退職金を更生手続開始前の賃金の後払部分と開始後の賃金の後払部分に分け，後者は，共益債権として全額を支払い，前者は，更生計画付議決定後に届け出られた退職手当の請求権と同様の条項を設けて，他の優先的更生債権と同様の条件で弁済すべきである。上にいう和解も，このような考え方を基礎にした簡便な処理と位置づけられる。

職し,その後1月の不変期間内に届け出られたもの(140ⅡⅢ)については,調査についても特則が設けられている(149Ⅰ前段)。いったん届け出られた退職手当の請求権について他の更生債権等の不利益となる変更を加える場合(139Ⅴ)も同様である(149Ⅰ後段)。すなわち,この種の届出または届出事項の変更があった場合には,裁判所は,それについての調査を行うために,直ちに,その旨を,管財人および更生会社に通知しなければならない(同Ⅱ)。管財人は,その通知があった日から3日以内に,裁判所に対し,書面で,当該退職手当の請求権について,その内容,優先劣後の有無および議決権の額などの事項(146Ⅱ各号)について,異議を述べることができる(149Ⅲ前段)[48]。更生債権等の内容に関する更生会社の異議についても,同様である(同後段)。管財人による異議があったときは,裁判所書記官は,直ちに,その旨を,届出または届出事項の変更をした更生債権者等に通知しなければならない(同Ⅳ)。

　以上の規律は,退職手当の請求権以外の更生債権等についての調査と比較すると,異議権の行使が管財人に限定され,更生債権者等や株主が除外されている点に特徴がある。これは,退職手当の請求権の額は,退職金規定上の支給条件によって明確になっており,通常は,争いを生じないことから,あえて特別調査期間を設けることなく,簡易な調査手続によらせるとの趣旨にもとづいている[49]。

第3項　更生債権等の確定

　更生債権等の調査において,管財人が認め,かつ,調査期間内に届出更生債権者等や株主の異議がなかったときは,その更生債権等の内容,優先的更生債権または約定劣後更生債権であること,担保権の目的である財産の価額および議決権の額は確定する(150Ⅰ・146Ⅱ各号)。退職手当の請求権の場合には,管財人が異議を述べなかった場合も,同様である(150Ⅰかっこ書)。

---

[48]　届出時期の関係から,異議の撤回時期についての制限(本書475頁注28参照)はないと解すべきであろう。また,付議決定後に退職手当を内容とする更生債権の届出がなされると,議決権額も増加する。基準日(194。本書611頁)が定められている場合でも,その制度趣旨からして,議決権の行使を認めるべきである。

[49]　考え方としては,昭和42年改正による旧127条の2および旧143条の2(宮脇=時岡158,162頁,条解会更法(中)593,685頁)を引き継いでおり,手続の明確化を図っている。一問一答新会社更生法172頁参照。

調査の結果が裁判所書記官によって更生債権者表および更生担保権者表に記載されると（同Ⅱ），確定した更生債権等の内容等は，更生債権者表および更生担保権者表の記載にしたがって，更生債権者等および株主の全員に対して確定判決と同一の効力を有する（同Ⅲ）[50]。以後の更生計画案の立案や更生計画の遂行についても，確定された更生債権等の内容等が基礎となる。なお，ここでいう確定判決と同一の効力は，確定された権利そのものについて生じるものであり，更生計画の条項にしたがった更生債権者表等の記載にもとづく確定判決と同一の効力（206Ⅱ）とは区別される。

更生手続の機関としての管財人に対しても確定の効力が及ぶので，管財人は，更生債権等の存在や内容等を否認することも許されなくなる。議決権の額についても，確定されたものにしたがう（191Ⅰ但書・Ⅱ①）。

1 更生債権者表または更生担保権者表の記載に対する不服申立て

更生債権者表または更生担保権者表の記載に誤りがあるときは，それが明白であるか否かにかかわりなく，裁判所書記官は，申立てによってまたは職権で，いつでもその記載を更正する処分をすることができる（144Ⅳ）。更正処分に不服があれば，裁判所に対して異議の申立てができる（13，民訴121）。さらに，更生債権者表または更生担保権者表の内容について瑕疵があるときは，管財人が再審の訴えや請求異議の訴えを提起できる。たとえば，債権届出に際して偽造の証拠書類が提出されたとか，詐欺・脅迫など刑事上罰すべき他人の行為によって債権調査期日における異議の提出が妨げられた場合などに関しては，それぞれ再審事由を類推適用して再審の訴えが認められる（13，民訴338Ⅰ⑤⑥）[51]。

また，更生債権者表に記載された債権が保証人などからの弁済によって確定の基準時後（本書476頁注30参照）に消滅したにもかかわらず，届出更生債権

---

50) 破産の場合（伊藤455頁）と同様に，ここでいう確定判決と同一の効力は，既判力を意味する。既判力の基準時は，更生債権等の内容等を争う機会を保障されているという意味で，債権調査期日の末日と解することになろう。なお，更生債権者等や株主に対する判決効の拡張は，民事訴訟法上の対世効の一例である（伊藤・民訴法553頁）。

また，この場合には，更生債権等についての時効期間は，弁済期が到来していない場合を除いて，10年となる（民174の2。旧破産法274条に関して注釈民法（5）371頁〔平井宜雄〕参照）。さらに，主債務者である更生会社に対する関係で時効期間が10年となったときは，更生手続外の保証人との関係でも時効期間が10年となる（最判昭和43・10・17判時540号34頁）。

者が弁済受領権の放棄の申出（本書470頁参照）をなさず，更生計画による弁済を求める場合には，管財人は，その者を被告として請求異議の訴え（民執35）を提起できる[52]。

2 更生会社に対する更生債権者表および更生担保権者表の効力

更生手続の機関としての管財人が認めず，または更生債権者等や株主が異議を述べれば，更生債権等の内容等は確定しない（150Ⅰ参照）。これに対して，更生会社は，更生計画による事業価値の配分にかかる意思決定に参加する地位を認められないために，その異議（147Ⅱ・148Ⅳ後半部分・149Ⅲ後段）は，更生債権等の内容等について確定遮断効をもたない（150Ⅰ参照）。ただし，更生計画不認可決定が確定した場合における更生債権者表および更生担保権者表の執行力を排除する効果を有する（235Ⅱ）[53]。

3 異議等のある更生債権等の確定手続

異議等のある更生債権等の確定のための手続は，更生債権等査定決定（151），査定の決定に対する異議訴訟手続（152），担保権の目的である財産についての価額決定の裁判（153・154・155），更生手続開始時に係属する訴訟の更生債権等確定訴訟としての受継（156）および有名義更生債権等を争う訴訟手続（158）

---

51) 再審裁判所は当該更生事件を担当する裁判所である（13，民訴340Ⅰ）。再審の訴えが認められるときには，当該更生債権等が確定した旨の記載が取り消された上，更生債権者表または更生担保権者表の記載が改められる。

　なお，すでに確定判決をえていた更生債権等の届出に対して，債権調査手続において異議が述べられなかった場合には，確定判決の既判力と更生手続における更生債権等の確定力が二重に存在するために，まず，管財人が上記の確定判決に対して再審の訴えを提起し，確定判決を取り消した上で，さらに更生債権者表または更生担保権者表の記載に対して再審の訴えを提起し，異議を記載させることができる（大判昭和16・12・27民集20巻1510頁〔破産〕〔倒産百選〈初版〉58事件〕）。

52) 請求異議の訴えの請求の趣旨としては，たとえば「更生債権者表にもとづく更生債権を更生手続上で行使してはならない」などが考えられる。

53) 確定判決と同一の効力（235Ⅰ前段）の中に既判力を含むかどうかについて，後段との関係および公平の見地から執行力に限るとする見解が有力である（条解会更法（下）1052頁参照）。しかし，更生債権者等に対して更生債権者表等の記載が既判力を有すること（150Ⅲ。本書482頁）との関係からも，法235条1項の「確定判決と同一の効力」に既判力を認めるとすれば，同条2項により執行力とともに既判力も排除することになる。

　また，破産手続の場合には，破産債権の権利変更を予定しないために，破産手続廃止または破産手続終結のいずれの場合でも，破産者の異議によって破産債権者表にもとづく確定判決と同一の効力が排除されるが（破221Ⅱ），更生手続の場合には，再生手続と同様に，更生計画による権利変更を予定するために，認可決定確定後や更生手続終結後の更生債権者表等の効力（206Ⅱ・240本文）は，更生会社の異議によって影響を受けない。

の5つから構成される[54]。ただし，異議等が提出された議決権については，このような厳格な方法によらず，裁判所が定める額によって決定する（191Ⅱ④・192Ⅰ②）。

(1) 更生債権等の査定の決定

更生債権等の調査において，届け出られた更生債権等の内容（一般の優先権がある債権または約定劣後更生債権であるかどうかの別を含む[55]）について管財人が認めず（146ⅠⅡ・148Ⅲ参照），もしくは異議を述べ（149Ⅲ前段），または届出更生債権者等や株主が異議を述べた場合（147・148Ⅳ）には，当該更生債権等（異議等のある更生債権等と呼ばれる）を有する更生債権者等は，その内容の確定のために，認めない旨または異議を述べた当該管財人および当該異議を述べた更生債権者等および株主（異議者等と呼ばれる）の全員を相手方として，裁判所にその内容についての査定の申立て（更生債権等査定申立てと呼ばれる）をすることができる（151Ⅰ本文）[56]。ただし，更生手続開始時に係属する訴訟の更生債権等確定訴訟としての受継（156Ⅰ）および有名義更生債権等を争う訴訟手続（158ⅠⅡ）によるべき場合は除かれる（151Ⅰ但書）。

査定の申立ては，異議等のある更生債権等にかかる調査期間（42Ⅰ・146Ⅲ・148Ⅰ本文）の末日から（13，民訴95，民140但書）または退職手当の請求権の届出等に対する異議の通知（149Ⅳ）があった日から1月の不変期間内にしなければならない（151Ⅱ）[57]。申立書には，当事者の氏名または名称および住所ならびに法定代理人の氏名および住所（会更規2Ⅰ①），および申立ての趣旨（同②）を記載しなければならず（同柱書），また，申立てを理由づける具体的な事実

---

54) 更生手続開始前に更生会社と更生債権者等との間で仲裁契約が締結されていたときに，これらの手続に代えて，仲裁手続によって異議等のある更生債権等を確定することが許されるかどうかは，仲裁契約の拘束力の問題である。本書314頁注150参照。
　また，労働審判の手続もここでいう訴訟手続に準じる。条解破産法850頁参照。
55) 一般の優先権があるかどうかや約定劣後更生債権にあたるかどうかは，当然に更生債権等の内容に含まれるものではないために（138Ⅰ①②・146Ⅰ①など参照），ここでは査定申立ての対象となることを明らかにしている。
56) 査定の制度は，現行法が創設したものであり，旧法下では，異議の対象となった更生債権等の確定のためには，訴訟手続による必要があるとされ（旧147Ⅰ・149Ⅰ・151Ⅰ・152Ⅰ），特に更生担保権の確定に長期間を要する現象がみられ，更生手続全体の遅延を招いているとの批判があった。決定手続による査定の裁判は，このような批判に応え，簡易かつ迅速に更生債権等の内容等を定め，これに不服がある場合にのみ，異議の訴えを提起することを認めるものである。一問一答新会社更生法175頁参照。実務運用について最新実務188頁参照。

(同Ⅱ①)，立証を要する事項ごとに証拠（同②）[58]，申立人または代理人の郵便番号および電話番号（ファクシミリの番号を含む）（同③）を記載するものとされ（同Ⅱ），さらに，申立書には，立証を要する事由についての証拠書類の写しを添付するものとする（同Ⅲ）。また，相手方に対する申立書および証拠書類の写しの直送も義務づけられる（同Ⅳ）。

　ただし，査定申立てをなす更生債権者等は，異議等のある更生債権等の内容および原因等（138Ⅰ①②・Ⅱ①②）について，更生債権者表または更生担保権者表に記載されている事項のみを主張することができる（157）。新たな内容または原因等の主張を許すことは，管財人や他の更生債権者等の異議権等の行使の機会を否定する結果となるためである[59]。

　もっとも，法律上の性質は異にしても，発生原因事実から同一の債権と評価される場合であれば，更生債権者表または更生担保権者表に記載された届出事項と異なる主張をすることも許される。たとえば，売買代金債権として届け出たものを請負代金債権へと変更する場合などがこれにあたる[60]。ただし，発生原因事実から別個の債権とみなされるものの確定を求めることは，異議者等以外の管財人や更生債権者等の異議権等の保障，および調査・確定手続の趣旨に反するから許されない。

　また，異議者等の側も，更生債権者表または更生担保権者表に記載された異議事項以外の新たな事項に対して異議を提出することはできないが，異議等の

---

57) この不変期間を徒過した場合には，更生債権等の確定を求める方法がなくなり，届出がなかったものとみなされるから（151Ⅵ），当該更生債権者等の手続参加は否定される一方，免責（204Ⅰ柱書）の効果は及ぶ。ただし，届出の事実自体は残るので，時効中断効は存続する。再生手続について花村297頁，詳解民再法481頁〔森宏司〕参照。もっとも，151条6項の効果として，時効中断効自体も消滅するとの考え方もあろうが，やや行き過ぎであろう。
58) 証明の程度は，更生債権等の存否内容にかかわるものであることを考えると，疎明ではなく証明になろうが，手続が長期化するおそれも指摘される。
59) 主張の制限の詳細については，対応する破産法128条に関して，条解破産法857頁，大コンメンタール532頁〔橋本都月〕参照。債権の同一性を否定し，変更を許さなかった裁判例として，仙台高判平成16・12・28判時1925号106頁〔民事再生〕がある。
60) 大判昭和11・10・16民集15巻1825頁。大阪高判昭和56・6・25判時1031号165頁〔新倒産百選71事件〕。基本法284頁〔栗田隆〕。これに対して，大コンメンタール533頁〔橋本都月〕は，届出または認否の段階で補正の余地がある以上，査定申立ての手続においては，同一性について厳格に解すべきであるとし，条解破産法858頁は，事実関係の不明確さや権利の法的理解の困難性などと，破産管財人や他の破産債権者が破産債権者表の記載から予想しうる範囲とを総合勘案して決する以外にないという。

理由に関しては，管財人の場合と更生債権者等または株主の場合とで区別して考えなければならない。管財人が更生債権者等の届出事項について認めない旨の意思を表明するときには，理由を述べる義務はない。実務上では理由を述べることが多いと思われるが[61]，更生債権等査定異議の訴えなどにおける管財人の主張がそれに拘束されるべき理由はない。これに対して，更生債権者等または株主の異議の場合には，理由付記が手続上の義務とされており（会更規46Ⅰ前段），後にそれと異なる理由を主張することは，信義則違反とされる可能性がある（13，民訴2）。

具体的な異議事由等として，管財人が認めない旨の意思を表明するときは，否認権行使を理由とするほかに，更生会社が当該更生債権者等に対してもっているあらゆる抗弁を主張することが可能である[62]。これに対して，異議者が更生債権者等または株主である場合には，更生会社のもつ形成権，すなわち取消権や解除権などについては，その行使が管財人の管理処分権に専属する（72Ⅰ）という理由から，主張可能性を否定すべきである[63]。留置権や同時履行の抗弁権などの権利抗弁についても，異議者がそれを行使することによって更生会社に不利益が生じることは，通常考えにくいが，やはり管財人の管理処分権を尊重するという理由から，同様に解すべきである。

査定申立てがなされると，裁判所は，異議者等を審尋の上（151Ⅳ），申立期間の徒過などを理由としてこれを不適法却下する場合を除いて，決定で，異議等のある更生債権等について，その存否および内容（一般の優先権がある債権または約定劣後更生債権であるかどうかの別を含む）を査定する裁判（更生債権等査定決定）をしなければならない（同Ⅲ）。たとえば，当該更生債権の全額が存在しないとの判断に達したときは，査定申立てを棄却するのではなく，その更生債権が存在しない旨の査定決定を行う。査定申立てについての裁判書は，当事者

---

[61] 民事再生規則38条1項（理由の付記）に相当する規定を会社更生規則に設けなかったことは，実務運用としての理由の付記を排斥する趣旨ではない。条解会更規144頁参照。
[62] 更生担保権の被担保債権が第三者に対する債権であり，債務者である第三者が取消し，解除あるいは相殺など，何らかの抗弁を有するときも考えられるが，この場合には，管財人の管理処分権の範囲外であるので，その抗弁を援用することはできない。
[63] もっとも，消滅時効の抗弁については，更生手続にとって不利になりえないという理由から，主張を認める考え方が有力である（条解会更法（中）744頁，注解会更法539頁〔三上威彦〕，注解破産法（下）527頁〔中島弘雅〕，基本法281頁〔栗田隆〕，条解破産法859頁など）。

に送達しなければならない（同Ⅴ前段）。送達代用公告の規定（10Ⅲ本文）は適用しない（151Ⅵ後段）。

異議等のある更生債権等について，1月の不変期間内に査定申立てがないときは，当該異議等のある更生債権等についての届出は，なかったものとみなす（同Ⅵ）[64]。これは，査定申立ての責任を果たさなかった更生債権者等を更生手続への参加から排除するための措置である[65]。ただし，有名義債権については，異議者等の側に起訴責任があるから（158Ⅰ），このような効果は生じない（151Ⅵ第1かっこ書）。

(2) 更生債権等査定申立てについての決定に対する異議の訴え

更生債権等査定申立てについての決定に不服がある者は，その送達を受けた日から1月の不変期間内に，異議の訴えを提起することができる（152Ⅰ）。これを更生債権等査定異議の訴えと呼ぶ（同かっこ書。以下，単に異議の訴えとする）。更生債権等の確定は，その基礎である実体権そのものの存否にかかわるところから，判決手続による不服申立てを保障する趣旨である。ただし，この訴えが遅れて提起されることによる更生手続の遅延を避けるために，1月の出訴期間の制限が設けられている。この訴えの訴訟物は，更生債権等査定申立てについての決定に対する異議権であり，訴訟上の性質は，決定の効果を認可し，または変更するための形成の訴えである[66]。なお，提訴手数料算定の基礎となる訴額は，更生計画によって受ける利益の予定額を標準として受訴裁判所が定める（会更規47，民再規46）。

異議の訴えは，更生裁判所の専属管轄に属する（6・152Ⅱ）。ただし，訴えの提起を受けた第1審の受訴裁判所は，異議等のある更生債権等を有する者の訴訟追行上の不利益を救済するために，事件を他の裁判所に移送することが認め

---

64) 旧会社更生法下では，異議等のある更生債権者等が起訴責任を果たさなかった場合の効果について，届出の効果が失われ，手続への参加資格が否定されるとする考え方（条解会更法（中）747頁）と，さらに進んで，当該更生債権等の不存在が確定されるとの考え方の対立が存在した。現行法は，前者の考え方をとることを明らかにした。

65) 民事再生法においては，これに対応する規定が存在しないが，異議等のある再生債権者が不変期間内に査定の申立てをしなかったときは，再生手続へ参加できない状態が確定するから，届出がなされなかったのと同様の状態になると解される。条解民再法481頁〔笹浪恒弘〕，詳解民再法481頁〔森宏司〕参照。これに対して更生手続では届出の不存在が擬制されているので，届出にもとづく時効中断の効力（民152参照）が失われると解する余地があるが，前述の通り（本書486頁注57），本書では，そこまでの効果を認めるべきではないとの考え方をとる。

られる。すなわち，東京地方裁判所または大阪地方裁判所の競合的土地管轄（5Ⅵ）のみによって更生裁判所の管轄が認められているときには（東京または大阪地方裁判所が法7条3号による移送を受けた場合を含む），更生裁判所から遠隔地に居住する更生債権者等が存在することが予想されるので，訴えを提起する異議等のある更生債権等を有する者の訴訟追行に関して，著しい損害または遅滞を避けるため必要があると認めるときは，受訴裁判所は，職権で，原則的土地管轄を有する裁判所（5Ⅰ）に当該訴えに関する訴訟を移送することができる（152Ⅲ）。

異議等のある更生債権等を有する更生債権者等が異議の訴えを提起するときは，異議者等の全員を共同被告とし，当該異議者等が訴えを提起するときは，当該更生債権者等を被告とする（同Ⅳ）。前者の場合には，被告となる異議者等の全員[67]について固有必要的共同訴訟が成立するが，後者の場合には，当該更生債権等に対する異議者等が複数存在する場合であっても，当事者適格は個別的に認められる。ただし，判決は，更生債権者等および株主の全員に対する対世効を与えられる関係から（161Ⅰ），類似必要的共同訴訟の成立が認められる。したがって，いずれの場合でも，数個同時に係属する訴訟の弁論および裁判は併合され，審理については，必要的共同訴訟の特則（民訴40Ⅰ～Ⅲ）が準用される（152Ⅵ）。また，異議の訴えの口頭弁論は，1月の出訴期間経過後でなければ開始することができないとの規律（同Ⅴ）も，併合審判を担保するためのものである[68]。

異議の訴えに対する判決は，出訴期間の徒過などの理由から訴えを不適法として却下する場合を除いて，査定の裁判を認可し，または変更する（同Ⅶ）。変更とは，たとえば，更生債権の内容を認定した裁判に対して異議者等が異議

---

66) 更生担保権の主張をしている者に対して，管財人が基礎となる担保権について対抗要件否認の請求をし，それを認める決定に対して異議訴訟が係属しているとする。他方，その者が更生担保権の届出をなしたことについて，管財人が認めない旨を述べ，こちらも零査定の裁判がなされ，それに対する異議訴訟が係属しているとする。両者は，形式的な訴訟物は別であるものの，紛争の実体は同一と思われるが，特別に両者の進行を調整する手続はない。しかし，実務上の運用によって矛盾のない解決を実現することが望まれる。担保権の否認請求が認容される一方で，当該担保権者による更生担保権の査定申立てが認められた事例として，東京地決平成23・8・15判例集未登載，東京地決平成23・11・24金法1940号148頁がある。類似の問題について，第5章314頁注149参照。

67) 管財人が複数存在するときは，職務分掌（69Ⅰ但書）がなされていないかぎり，その全員を被告とする。

の訴えを提起したときに，更生債権が存在しないとの判断に至ったときは，査定の裁判を取り消すとともに，「○○の債権を0円と査定する」旨の査定をすることを意味する[69]。

(3) 担保権の目的である財産についての価額決定の申立て

更生担保権は，更生手続開始当時更生会社財産について存する抵当権など，特定財産を目的とする担保権の被担保債権であって，更生手続開始前の原因にもとづいて生じたものなどのうち，更生手続開始時を基準時とする目的財産の時価によって担保された範囲のものをいう（2X本文）から，届出にかかる更生担保権について，被担保債権，担保権および目的物の時価評価額の全部またはいずれかについて異議等が提出される可能性がある。したがって，被担保債権の内容について争いがない場合であっても，目的物の時価評価額が争われれば，更生担保権の内容は確定しないこととなる[70]。

しかし，争いの性質について考えると，被担保債権の内容についての争いは，実体権そのものにかかわり，終局的には，訴訟手続による解決可能性（152 I）を用意する必要があるが，目的物の時価評価額に関する争いは，非訟的性質の

---

68) 異議を述べなかった更生債権者等が更生債権等査定異議訴訟の被告側に補助参加（民訴42）できるかどうかという問題がある。旧破産法下の破産債権確定訴訟について下級審裁判例にはこれを肯定するものがあり，多数説もそれを支持するが，有力な反対説もある。補助参加を認めるのは，名古屋高決昭和45・2・13高民23巻1号14頁〔倒産百選〈初版〉59事件〕，これを支持するのは，山木戸252頁，注解破産法（下）529頁〔中島弘雅〕，井上治典「判例解説」倒産百選〈初版〉124頁，基本法281頁〔栗田隆〕，破産・和議の実務（下）90頁，大コンメンタール527頁〔橋本都月〕など，否定するのは，条解会更法（中）740頁などである。

債権調査手続で異議を述べなかった以上，更生債権者等は異議権を失うから，訴訟の結果について法律上の利害関係（伊藤・民訴法632頁）を有する者とはいえず，補助参加の利益を否定すべきである。更生債権等査定異議訴訟の結果が他の更生債権者等に影響するのは，事実上の利益にすぎない。訴訟を不必要に長引かせない点でも反対説が優れている。

69) その他の変更の態様としては，更生債権等の内容の一部を変更するもの，更生債権等がない旨の査定を取り消して，新たに更生債権等の内容を認定するものなどが含まれる。民事再生法106条に関して，新注釈民再法（上）603頁〔島崎邦彦〕参照。

70) 旧法では，この場合にも，訴訟手続で更生担保権の内容に関する争いを解決することとしており（旧147 I・149 I・151 I・152 I），それが，手続の遅延を招いているとの批判があった。一問一答新会社更生法177頁参照。なお，関連する制度として，担保権消滅請求における価額決定の請求（本書533頁参照）がある。担保権消滅請求における価額決定の申立てが更生裁判所の管轄とされる（105 III）のに対して，更生担保権の価額決定の申立てが現に更生事件を担当する裁判体の管轄とされるのは（153 I），更生債権等査定申立ての手続の一環とみなされるためである。

第1節　更生債権等の届出・調査・確定　491

ものと考えることができるから，決定手続によって終局的解決を図ることも許される。そして，更生担保権の内容に関する争いの多くは，目的物の時価評価額を対象とするものであるところから，これを決定手続によって完結させることができれば，更生手続の迅速な進行に資することとなる。このような考慮にもとづいて現行法が創設したのが担保権の目的である財産についての価額決定手続である（153～155）[71]。

　　ア　価額決定の申立て

　更生担保権の届出に対して異議等が出され，それに対して更生担保権者が更生債権等査定申立て（151Ⅰ本文）をした場合に[72]，異議者等（管財人，更生債権者等，株主）のうちに，当該更生担保権の調査において担保権の目的である財産の価額について認めず，または異議を述べた者があるときは，届出更生担保権者は，当該者の全員を相手方として，査定申立てをした日から2週間以内に，裁判所（2Ⅴ）に，当該財産についての価額決定の申立てをすることができる（153Ⅰ）[73]。価額決定の申立ては，更生債権等査定申立手続に付随し，担保権の目的である財産の時価評価額を簡易に確定するためのものであるから，すでに更生債権等査定申立てをしていることが，価額決定申立適格を基礎づけるものとされている[74]。なお，価額決定の申立てをした更生担保権者は，管財人に対し，その旨を通知しなければならない（会更規48，民再規75Ⅲ）[75]。

　価額決定の申立てをする更生担保権者は，その手続の費用として裁判所の定める金額を予納しなければならず（153Ⅲ），予納がないときは，裁判所は，価額決定の申立てを却下しなければならない（同Ⅳ）。予納金は，担保目的物の評価を行う評価人の費用に充てることを予定している。また，申立更生担保権者は，担保目的物の評価をし，その評価を記載した文書を保有するときは，裁

---

71) 山本和彦「更生債権および更生担保権の調査・確定」金法1673号18頁（2003年）参照。
72) 更生担保権に関する訴訟が係属しており，その受継の申立て（156）がなされる場合，更生担保権が有名義債権である場合（158）には，価額決定の申立ての制度は利用できず，更生担保権の存否を争う訴訟手続の中で価額についても争われる。立法論としては，検討の余地があろう。
73) 申立書の書式例は，会社更生の実務（下）202頁〔渡邉千恵子〕に掲載されている。裁判所は，やむをえない事由がある場合に限り，当該更生担保権者の申立てによって，2週間の期間を伸長することができる（153Ⅱ）。やむをえない事由の例としては，目的財産の評価に特に時間を要する場合などが考えられる。

判所に対し，その文書を提出するものとする（会更規48，民再規75Ⅳ）。適正かつ迅速に評価額を決定するための資料を求める趣旨である。同様の趣旨から，裁判所は，必要があると認めるときは，管財人に対し，対象土地上の建物の登記簿謄本，対象建物が存する土地の登記簿謄本，対象不動産にかかる不動産登記法14条の地図および建物所在図の写し，現地案内図，固定資産税評価証明書を提出させることができる（会更規48，民再規76）。

　　イ　価額決定の手続

　価額決定の申立てがあった場合には，裁判所は，これを不適法として却下する場合を除いて，評価人を選任し，担保目的物の評価を命じなければならない（154Ⅰ）。評価命令には，評価書を提出すべき日を定める。

　評価人が選任されると，管財人，価額決定の申立てをした更生担保権者および当該更生担保権の調査において目的物の価額について異議を述べた者は，評価人の事務が円滑に処理されるようにするため，必要な協力[76]をしなければならない（会更規48，民再規78Ⅰ）。

　評価人のする評価の基準は，担保目的物の更生手続開始時における時価[77]で

---

[74]　特定の更生担保権者に対する弁済について，更生計画において処分連動方式（本書551頁注8）が採用されたときには，担保目的物が実際に処分されてはじめて更生担保権額が確定するとみれば，価額決定の申立てがなされ，その手続係属中に，対象物件について処分連動の処理を内容とする更生計画が可決，認可されたときには，価額決定の申立ての利益が消滅すると解される。更生計画の実務と理論251頁，会社更生の実務（下）199頁〔渡邉千恵子〕。これに対して，処分連動の定めの内容として，処分額をもって弁済額とするのであれば，価額決定が無意味となるから，申立ての利益が消滅し，確定更生担保権額を超える処分額の全部または一部を更生会社財産に組み入れるのであれば，申立ての利益はなお失われないという考え方もあろう（最新実務190頁参照）。更生担保権に関する訴訟が受継され（156Ⅰ），その内容が目的物の時価に限られている場合についても，同様に考えられる。

[75]　管財人が一定の書面の提出を求められる可能性があること（会更規48，民再規76Ⅰ），価額決定の手続において評価人が選任され（154Ⅰ），評価人に対して管財人が協力義務を負うこと（会更規48，民再規78Ⅰ）によるものである。条解会更規159頁。

[76]　必要な協力の例としては，参考資料の提出，現地への案内，あるいは立会いなどが挙げられる。条解会更規160頁，会社更生の実務（下）200頁〔渡邉千恵子〕参照。また，民事再生規則78条2項は，他の担保権者に対する協力の求めを規定しているが，価額決定が同一の物を担保目的物とする他の更生担保権者に影響を及ぼさないために（159②），他の担保権者に協力義務を課す理由がないとの判断から，民事再生規則78条2項は，会社更生規則48条において準用されていない（条解会更規162頁）。ただし，任意の協力は別である。その他，会社更生規則48条において民事再生規則77条や80条が準用されていない理由についても，条解会更規162頁参照。

ある（2Ⅹ）。目的物が不動産である場合には，その時価評価をするに際して，評価人は，当該不動産の所在する場所の環境，その種類，規模，構造等に応じ，取引事例比較法，収益還元法，原価法その他の評価の方法を適切に用いなければならない（会更規48，民再規79Ⅱ）[78]。不動産の評価をした場合には，評価人は，評価書を裁判所に提出しなければならない（会更規48，民再規79Ⅲ，民執規30Ⅰ）。また，担保目的物が不動産でない場合も，これに準じた取扱いをしなければならない（会更規48，民再規79Ⅳ）。

　裁判所は，評価人の評価にもとづいて，決定で，担保目的物の価額を定めなければならない。もっとも，裁判所の決定は，評価人の評価を基礎とすればたり，それに拘束されるわけではない。また，価額決定の申立人や相手方の主張にも拘束されず，たとえば，申立人による届出更生担保権額を上回る決定をすることも許される[79]。価格決定の申立てについての決定があった場合には，その裁判書を当事者，すなわち申立人と相手方に送達しなければならない（154Ⅳ前段）。送達代用公告の規定（10Ⅲ本文）の規定は，適用しない（154Ⅳ後段）。

　ウ　費 用 負 担

　費用の予納は，価額決定の申立てをした更生担保権者の義務であるが（153Ⅲ），最終的な費用の負担は，以下の基準にしたがって，裁判所が決定する（154Ⅴ柱書）。

---

77)　時価とは，一般的にいえば，基準時において特定の財産または特定の財産集合体が有する公正な価額を意味するが，管財人が更生会社財産について行う評定の基準としての時価（83Ⅱ）と担保目的物の評価基準としての時価（2Ⅹ）とが同一の概念か，また担保目的物の評価基準としての時価は，担保権の実行を想定した処分価額か，それとも会計上の時価かという考え方の対立がある。さらに，会計上の時価についても，当該資産を評価時点現在において購入すると仮定した取替原価，当該資産の評価時点における売却価格から売却費用を控除した正味実現可能価額，当該資産を事業活動に使用することによって実現されるべき将来キャッシュフローの割引現在価値という，3つの考え方が説かれている。詳細については，事業再生研究機構財産評定委員会編・新しい会社更生手続の「時価」マニュアル69頁以下（2003年）参照。なお，評価の基準を定める会社更生規則48条は，民事再生規則79条1項を準用していないところから，少なくとも一般的基準としては，処分価額をもって時価とする考え方は妥当しない。

78)　取引事例比較法などは，例示であり，用いるべき評価手法がこれらに限定されるわけではない。条解会更規161頁参照。評価の正当性に関する裁判例として，東京高決平成17・9・14判タ1208号311頁，東京高判平成13・12・20金商1134号13頁がある。

79)　価額決定の申立てにかかる手続費用の負担に関する規律（154Ⅴ）でも，このような可能性が予定されている。新会社更生法の基本構造108頁参照。ただし，実際には，届出更生担保権額が上限となり，管財人が認めた額が下限となろう。

まず，決定価額（154Ⅱ）が届出価額（138Ⅱ②）と等しいか，またはこれを上回る場合には，当該価額決定の申立ての相手方である異議者等（151Ⅰ本文）の負担とする。これは，実質的にみると，価額決定の申立人が勝訴した場合に類するとの考え方にもとづいている（民訴61参照）。

次に，決定価額が異議等のない価額（異議者等が更生担保権の調査において述べた財産の価額のうち最も低いものをいう）と等しいか，またはこれを下回る場合には，価額決定の申立人たる更生担保権者の負担とする（154Ⅴ②）。この場合は，異議者等が実質的な勝訴者とみられるからである。

さらに，上記の２つ以外の場合，すなわち決定価額が届出価額を下回り，かつ，異議等のない価額を上回る場合には，裁判所が，異議者等と申立人の全部または一部に，その裁量で定める額を負担させる（同③）。この場合は，両者にとって一部勝訴的な結果となっているからである。

　　エ　不服申立て

価額決定についての申立てに対しては，当該価額決定事件の当事者は，即時抗告をすることができる（154Ⅲ）。訴訟によって争うことはできない。即時抗告にかかる手続に要した費用は，当該即時抗告をした者の負担とする（同Ⅵ）。即時抗告についての裁判があった場合には，その裁判書を当事者に送達しなければならず（同Ⅳ前段），この場合には，送達代用公告の規定（10Ⅲ本文）は，適用しない（154Ⅳ後段）。

　　オ　価額決定手続と更生債権等査定決定の手続との関係

担保目的物の時価評価額を定めることを目的とする価額決定手続と当該時価評価額を基準とする更生担保権の内容を定める更生債権等査定決定の手続とは，密接不可分の関係にある。そこで法は，両者の関係を調整するために，以下の規律を設けている。

まず，更生担保権者がした更生債権等査定申立てについての決定は，当該更生担保権の目的物にかかる価額決定の申立てをすることができる期間（153ⅠⅡ）が経過した後でなければ，することができない（155Ⅰ）。価額決定の申立てがあったときは，当該価額決定の申立てが取り下げられ，もしくは却下され，または価額決定の申立てについての決定が確定した後でなければ，更生債権等査定申立てについての決定をすることができない（同第２かっこ書）[80]。これは，次に述べる価額決定の拘束力を前提として，価額決定の内容と更生債権等査定

決定による更生担保権の内容との間に矛盾が生じる可能性を生じないようにするための規律である。

次に，更生担保権の目的である財産について確定した価額決定がある場合には，その決定によって定められた価額は，当該更生担保権を有する更生担保権者がした更生債権等査定申立てまたは当該申立てについての決定にかかる更生債権等査定異議の訴えが係属する裁判所を拘束する（同Ⅱ柱書・①）。これは，価額決定による価額の定めに特別の拘束力を付与することを通じて，それが更生債権等査定決定の手続等に反映されることを確保し，もって，価額決定手続の実効性を確保しようとするものである。

なお，更生債権等査定申立てをしている更生担保権者が価額決定の申立てをせず，またはいったん申立てをしても，それを取り下げ，または却下された場合には，異議等のない価額（154Ⅴ②かっこ書）が，当該更生担保権を有する更生担保権者がした更生債権等査定申立てまたは当該申立てについての決定にかかる更生債権等査定異議の訴えが係属する裁判所を拘束する（155Ⅱ柱書・②）。更生債権等査定申立てをした更生担保権者が価額決定の申立てをせず，または適法な申立てをしなかった場合には，異議者等が更生担保権の調査において述べた当該財産の価額のうち最も低いものを争わなかったとみなされるところから，異議等のない価額を基準として更生債権等査定決定をすることとしている。

ただし，上記の裁判所が拘束されるのは，価額決定または異議等のない価額であって，更生担保権の存否および内容については，自らの判断によって行う。したがって，当該更生担保権者の届出内容が，被担保債権額3億円，担保目的物の価額2億円として，更生担保権額を2億円としているのに対して，管財人が被担保債権額0円，担保目的物の価額1億円として争っている場合に，価額を1億円とする決定がなされた後に，被担保債権額を0円と認定すれば，上記の裁判所は，更生担保権額を0円と査定する[81]。

(4) 異議等のある更生債権等に関する訴訟の受継

ある更生債権等を訴訟物とする訴訟が更生手続開始当時係属するときには，

---

80) 更生債権等査定申立てについての決定をすることができないだけであり，更生債権等査定申立てにもとづく手続を進めることは妨げられない。実務でも，両手続の審理を並行して進めている（会社更生の実務（下）205頁〔渡邉千恵子〕，最新実務192頁）。ただし，被担保債権や担保権の不成立の心証をえても，価額決定の手続が係属している以上，査定申立てについての決定をすることはできないという問題がある。

審理のいずれの段階にあっても，その訴訟は，手続開始とともに中断する（52Ⅰ。本書314頁参照）。そして，当該更生債権等の届出に対して異議等が提出されたときには，係属中の訴訟を更生債権等確定の手続として続行させる。すなわち，当該更生債権者等は，その更生債権等の内容（一般の優先権がある債権または約定劣後更生債権であるかどうかの別を含む）の確定を求めようとするときは，異議者等の全員を当該訴訟の相手方として，訴訟手続の受継の申立てをしなければならない（156Ⅰ）[82]。ただし，更生債権等の成立を認める終局判決があり，未確定の場合や上訴審に係属中の場合には，有名義債権として扱われ，異議者等が受継の責任を負う（158Ⅱ）。

受継の申立ては，異議等のある更生債権等にかかる調査期間の末日または届出事項の変更にかかる異議の通知（149Ⅳ）があった日から1月内の不変期間内にしなければならない（156Ⅱ・151Ⅱ）[83]。受継の申立てをする更生債権者等は，

---

[81] 山本和彦・前掲論文（注71）19頁，会社更生の実務（下）204頁〔渡邉千恵子〕，最新実務192頁による。このような結果となる場合，価額決定は，その意義をもたなかったこととなるが，なお，更生債権等査定異議の訴えで被担保権額の認定が変更される可能性もあり，価額決定が無意義であるとはいえない。なお，受継申立てがなされなかった場合の取扱いに関しては，注83参照。

[82] 破産の場合には，受継後に給付訴訟を優先的破産債権であることの確認訴訟に変更する必要が生じる場合があるが（伊藤472頁），再生の場合には，その種の債権が一般優先債権とされる関係で（民再122Ⅰ），このような問題を生じない。しかし，更生の場合には，破産手続と同様に，異議等の対象が優先権であれば，受継後に給付訴訟を優先的更生債権であることの確認訴訟に変更する必要が生じる。また，係属中の訴訟が更生会社の更生債権者等に対する債務不存在確認である場合も受継の対象となるが，受継後に更生債権者等から更生債権の確定を求める反訴に切り替える必要がある。破産手続について同様の問題を扱ったものとして，広島高判平成9・12・2判タ1008号258頁〔破産〕がある。

なお，更生債権等について外国の裁判所において訴訟が係属し，届け出られた当該債権について異議等が出されたときに，当該債権者としては，わが国において更生債権等の査定申立て（151）をすべきか，それとも異議者等を相手方として外国訴訟手続の受継の申立て（156）をすべきかという問題がある。異議等のある更生債権等に関する訴訟の受継の規定（156）は，わが国の訴訟手続を想定したものであるから，原則は，更生債権等の査定申立てによるべきであるが，わが国の更生手続の効力が当該外国において承認されているような場合には，その国の訴訟手続の受継によることも許されよう。

[83] 受継の申立てを懈怠すると，更生債権等の届出がなかったものとみなされ（151Ⅵ），債権は未確定の状態で固定され，更生計画認可決定によって失権する（204Ⅰ）。大阪高判平成16・11・30金法1743号44頁〔民事再生〕は，受継申立期間経過後も訴訟は存続し，再生計画案の付議決定により当然に再生債務者により受継される旨を判示するが，更生債権者等が起訴責任を果たさなかったのであるから，更生債権等の不存在が確定したものとして，訴訟を終了させるべきであろう。

異議等のある更生債権等の内容および原因について，更生債権者表または更生担保権者表に記載されている事項のみを主張することができる（157．本書486頁参照）。

(5) 有名義更生債権等に関する特則

異議等のある更生債権等について執行力ある債務名義または終局判決（有名義更生債権等と呼ぶ）が存在するときには，異議者等は，更生会社がすることのできる訴訟手続によってのみ異議を主張することができる（158 I）。有名義更生債権等についてこのような取扱いがなされるのは，更生手続開始までにこれらの更生債権者等が取得した訴訟上の地位を尊重し，管財人などの異議者等が届出更生債権等を争う手段を更生会社ができる範囲に限ろうとする趣旨である[84]。

　ア　執行力ある債務名義のある更生債権等

債務名義（民執22）は執行力を内包するものであるが，執行力ある債務名義[85]として認められるためには，執行力存在の公証が要求されるのが原則である（民執25本文）。したがって，少額訴訟の確定判決や仮執行宣言付支払督促など例外的な場合（同但書）を除くと，有名義更生債権等として認められるためには，債務名義について執行文の付与（民執26）を受けていることが前提と

---

[84]　したがって，有名義更生債権等についてその優先権についてのみ異議等が提出されたときには，届出更生債権者等が債権確定手続を開始しなければならない（条解会更法（中）785頁，石原573頁，基本法279頁〔栗田隆〕）。優先権の存在は債務名義などによって確定されていないからである。

　　もっとも，更生担保権の場合には，被担保債権のほかに，担保権の存在などに関して争いが生じることが考えられ，被担保債権について債務名義が存在するとしても，他の争いについても同様の結果となるとはいえない。理論的には，債務名義によって確定された事項以外の事項については，起訴責任は転換されないとの考え方（条解会更法（中）768頁）が正当であるが，混乱を避けるために，全体として起訴責任が転換するとの考え方もあろう。

　　また，ここで問題としているのは，あくまで起訴責任であるから，いったん起訴された以上，その訴訟の中では，更生債権等の内容にとどまらず，優先権の有無も争うことができる。

[85]　先行する破産手続や再生手続から更生手続に移行した場合（本書733頁参照）における破産債権者表や再生債権者表も，破産者や再生債務者が異議を述べている場合は別として，執行力ある債務名義に含まれる（破221，民再185参照）。ただし，破産法221条1項や民事再生法185条1項が前提とする場合以外の事由によって破産手続または再生手続から更生手続に移行した場合には（50 I参照），破産債権者表等は執行力ある債務名義に含まれない。

なる[86]。

なお，届出更生債権者等が更生手続開始前に執行文の付与を受けているときには，有名義更生債権者等として認められることに問題はないが，更生手続開始後に執行文の付与を受けることができるか，また執行文付与を受けたときに有名義更生債権者等として扱われるか否かについては，見解の対立がある。更生手続中では，更生債権者等の個別的権利行使が許されないことを理由として否定する見解も有力であるが，有名義更生債権等について特別の取扱いをする理由が，届出更生債権者等が更生手続開始前に取得した有利な地位を尊重することにあるとすれば，執行文の有無によって決定的な差異を設けるのは適当でないし，執行文は，債務名義にもとづく執行力の現存を公証するものにすぎないことを考えれば，届出更生債権者等は更生手続開始後にも執行文の付与を受けて，有名義更生債権者等として扱われるとすべきである[87]。

　イ　終局判決のある更生債権等

終局判決は，訴訟物として届出更生債権等の存在を認める趣旨のもの，またはこれに準じるものであればよく，給付判決に限られず，債務存在確認判決，債務不存在確認請求棄却判決，あるいは請求異議棄却判決などのいずれも含まれる。外国の確定判決や仲裁判断が，終局判決に準じるものとして扱われるかどうかは問題であるが，仲裁判断は，確定判決と同一の効力が認められるので（仲裁45Ⅰ本文），終局判決と同視される[88]。

これに対して，外国裁判所の確定判決は，直ちにわが国の終局判決としての効力が認められるものではないが，法定の要件が満たされていれば（民訴118），外国裁判所の確定判決の効力がわが国においても自動的に承認されるのであるから[89]，理論的には，承認要件を満たす外国裁判所の判決は，終局判決として

---

86)　最判昭和41・4・14民集20巻4号584頁。
87)　条解会更法（中）783頁。ただし，条件成就執行文や承継執行文（民執27）については，執行文付与の訴え（民執33）の被告を誰とすべきかという問題がある。破産手続においては，破産者が適格をもつとする説（加藤・研究（7）316頁），この種の特殊執行文については，破産手続開始後に付与を求めることは許されないとする説（基本法285頁〔栗田隆〕，条解破産法862頁）などがある。執行文の付与を目的とするといっても，更生手続中に更生会社や管財人を被告として訴えを提起することを認めるのは，法47条1項との関係でも問題があるので，後者に賛成する。

　もっとも，更生手続開始時に係属する執行文付与の訴えについては，更生債権等にかかわるものとして中断し（52Ⅰ），受継の対象とすべきであろう（156）。

扱ってよい。また，問題となる外国裁判所の確定判決が給付判決に限定されるものでもないから，執行判決（民執24）を要求すべきではない。

ただし手続的には，外国裁判所の確定判決が承認要件を満たしているかどうかは，必ずしも明らかではない。したがって，外国裁判所の確定判決をともなう更生債権等の届出がなされ，これに対して異議等が提出された場合には，異議者等の側で，法158条1項に準じて，外国裁判所の判決不承認の訴えを提起することを認めるべきである[90]。

　ウ　異議者等が開始すべき手続

有名義更生債権者等に対しては，管財人などの異議者等は，更生会社がすることのできる訴訟手続によってのみ，異議を主張することができる（158Ⅰ）。たとえば，届出更生債権者等が確定判決をもっている場合には，判決の更正申立て（民訴257），あるいは再審の訴え（民訴338）などが[91]，それぞれの異議事

---

[88]　和解調書などに認められる確定判決と同一の効力（民訴267）とは，既判力を含まないとする見解も有力であるが，ここで問題となるのは終局判決にあたるかどうかであって，既判力の有無ではないから，この種の調書は，たとえ執行力ある債務名義にあたらないときでも，終局判決に準じるものと扱ってよい（基本法285頁〔栗田隆〕，破産・和議の実務（下）90頁，条解破産法863頁）。これに対して，大コンメンタール539頁〔橋本都月〕は反対し，条解会更法（中）783頁は両論を併記する。
　なお，終局判決については，条件成就執行文や承継執行文を含め，執行文は不要であるが，条件や承継が争われる場合には，特殊執行文の制度趣旨から考えても，起訴責任は，更生債権者等の側にある。
[89]　わが国における承認の考え方が自動承認であることについては，高田裕成「財産事件に関する外国判決の承認」澤木敬郎＝青山善充編・国際民事訴訟法の理論365，385頁（1987年）参照。ただし，執行判決を備えてはじめて，終局判決と同視されるとする考え方も有力である（条解会更法（中）784頁，基本法285頁〔栗田隆〕）。
[90]　外国裁判所の判決不承認の訴えが許されることについては，鈴木忠一＝三ケ月章編・注解民事執行法（1）390，425頁〔青山善充〕（1984年）参照。東京地判昭和51・12・21下民27巻9～12号801頁〔新倒産百選119事件〕は，外国裁判所の確定判決ある債権を有名義債権に準じるものとして，破産管財人が，旧破産法248条1項（現破129Ⅰ）にもとづいて外国裁判所の判決不承認の訴えを提起することを認めた。ただし，高桑昭「外国判決の承認及び執行」新・実務民事訴訟講座（7）125，159頁は反対。
[91]　請求異議の訴えについては，異議者等が債務名義にもとづく強制執行を排除することを求めるより，債務自体の不存在確認を求めるほうが合理的であるとして，これを否定する有力説がある（加藤・研究（7）56頁，基本法286頁〔栗田隆〕）。請求異議の訴えに関する形成訴訟説を前提とし，また，請求異議の訴えの目的が債務名義の執行力の排除にあることに鑑みれば，この考え方が合理的と思われる。これに対して，条解会更法（中）789頁，条解破産法864頁は，請求異議の訴えの本案にかかる確定判決が，債務名義に表示された請求権の存否をも既判力によって確定するという前提をとれば，それを排斥する理由はないとする。

由に応じて考えられる。これらの訴訟等の管轄は、それぞれについての一般原則によって定まる。これに対して、届出更生債権者等が未確定の終局判決をもつ場合には、訴訟が係属中であるので、異議者等から受継の申立て（158Ⅱ）、またはそれを前提とした上訴もしくは異議申立てなどをなすことができる。

異議者等がこれらの方法によって異議を主張するについても、出訴期間の制限（151Ⅱ Ⅰ）が課される（158Ⅲ）。出訴期間を徒過すると、更生債権者等や株主の異議はなかったものとみなされ、管財人は当該更生債権等を認めたものとみなされる（同Ⅳ）。また、口頭弁論開始時期の制限（152Ⅴ）、弁論および裁判の併合（同Ⅵ）および主張の制限（157）についても、更生債権等査定異議の訴えの場合と同様の取扱いがなされる（158Ⅲ）。

もっとも、更生会社に対する債権の存在や額以外の事項、すなわち債務名義などで確定されていない優先権などの事項が異議の理由であるときには、届出更生債権者等が手続を開始する責任を負担し、優先権の存在を主張し、更生債権等の査定申立てをする。

(6) 目的財産を共通にする複数の更生担保権がある場合の特例

更生担保権とは、更生会社の特定財産上の担保権の被担保債権であって、当該目的財産の更生手続開始時の時価によって担保された範囲のものをいい（2 Ⅹ本文）、更生担保権の届出、更生債権等査定手続および価額決定手続によって、その存否と内容が決定される。しかし、同一の目的物について複数の更生担保権が成立する場合に、それぞれの更生担保権の調査および確定手続が各別に進められるとすると、その間に調整を必要とする場面が生じることが考えられる。

たとえば、更生会社所有の不動産に第1順位（被担保債権3億円）および第2順位（被担保債権3億円）の2つの抵当権が設定されており、両者について3億円の更生担保権の届出がなされたところ、管財人は、更生手続開始時の目的物の時価を2億円と評価し、第1順位の抵当権にかかる更生担保権を2億円とし、その余の1億円部分および第2順位の抵当権にかかる更生担保権を認めなかったとする。そして、第1順位の抵当権者は、管財人の認否を争わず、第2順位の抵当権者のみが更生債権等査定申立てをなし、価額決定手続を経て、裁判所が当該不動産の時価を3億円と評価した場合に、第1順位および第2順位にかかる更生担保権額がどのように定まるかという問題がある[92]。

旧法下では，第1順位の抵当権にかかる更生担保権額が2億円として確定している以上，目的物の評価額3億円のうち1億円は第2順位の抵当権者の更生担保権額となるとする考え方と，目的物の評価額が3億円である以上，第2順位の抵当権者の更生担保権額を認めるのは背理であり，確定した第1順位の更生担保権額を超える価値は更生会社に留保されるものとして，第2順位の抵当権者による更生債権等査定申立てについて0円と査定するとの考え方が有力であった[93]。

法159条は，この問題の立法的解決を図ろうとしたものであり，その内容は，既に確定した更生担保権にかかわる①更生担保権の内容，②担保権の目的である財産の価額，③更生担保権が裁判によって確定した場合においては，①および②に加えて，当該裁判の理由に記載された事項は，他の更生担保権についての更生債権等査定申立てまたは更生債権等の確定に関する訴訟（更生債権等査定異議の訴えにかかる訴訟，異議等のある更生債権等に関する訴訟で受継がなされたもの〔156Ⅰ・158Ⅱ〕，および有名義更生債権等に対する異議の主張にかかる訴訟〔158Ⅰ〕）が係属する裁判所を拘束しないというものである。

その基本的考え方は，更生担保権の相対的確定ともいうべきものであり，ある更生担保権が確定したとしても（150Ⅲ参照），その内容，その基礎となっている目的物の価額および裁判による確定の理由は，他の更生担保権の確定にかかわる裁判手続に対する拘束力を認められない，すなわち上記の例に即してみると，すでに第1順位の抵当権者の更生担保権額が2億円と確定されていること，目的物の価額が2億円と確定されていることは，第2順位の抵当権者の更生担保権額を確定すべき裁判所を拘束しないから，裁判所は，目的物の価額が3億円であるとの判断を前提とした上で，第2順位の抵当権者の更生担保権額を0とする。また，第1順位の抵当権者の更生担保権額は，すでに2億円として確定しているために，それが変動することはなく，結局，目的物の価額のうち，第1順位の抵当権の更生担保権に帰属すべき1億円部分は，更生会社に留保される結果となる。

---

92) 山本和彦・前掲論文（注71）20頁による。
93) 伊藤眞「更生担保権確定の意義と確定訴訟の結果の取扱い」竹下古稀540頁以下参照。現行法の立案の経緯については，山本和彦・前掲論文（注71）21頁に詳しい。また，抵当権設定行為の否認における後順位者の順位上昇に関しても類似の問題がある（本書447頁注280参照）。

(7) 更生債権等の確定に関する訴訟の判決等の効力

　査定の申立てについての裁判に対する異議の訴えなど，更生債権等の確定に関する訴訟についてした判決は，更生債権者等および株主の全員に対してその効力を有する（161Ⅰ）[94]。更生債権等査定の申立てについての決定がなされ，それに対する異議の訴えが出訴期間（152Ⅰ）内に提起されなかったとき，取り下げられたとき，または却下されたときにも，当該決定は，更生債権者等および株主の全員に対して，確定判決と同一の効力を有する（161Ⅱ）。

　裁判所書記官は，管財人，更生債権者等または株主の申立てにより，更生債権等の確定に関する訴訟の結果（更生債権等査定申立てについての裁判に対する異議の訴えが提訴期間〔152Ⅰ〕内に提起されなかったとき，取り下げられたとき，または却下されたときは，当該裁判の内容）を更生債権者表または更生担保権者表に記載しなければならない（160）。

　なお，更生会社財産が更生債権等の確定に関する訴訟（更生債権等査定申立てについての決定を含む）によって利益を受けたとき，すなわち異議者たる更生債権者等または株主が勝訴したときは，その者は，相手方に対する訴訟費用償還請求権（民訴61）とは別に，その利益の限度において[95]，更生会社財産から訴訟費用の償還を共益債権として求められる（162）。

(8) 更生手続終了の場合における取扱い

　更生債権等の確定手続の係属中に更生手続が終了した場合の取扱いについては，本書700頁以下で説明する。

第4項　租税等の請求権等についての特例

　租税等の請求権とは，国税徴収法または国税徴収の例によって徴収すること

94）　ただし，異議等のある更生債権等を有する者が複数の異議者等を被告として訴えを提起すべきであったにもかかわらず（152Ⅳ），一部の者のみを被告として更生債権査定異議の訴えなどを提起し，固有必要的共同訴訟の点が看過されて，請求認容判決が確定しても，その効力は他の異議者に対して拡張されず，当事者間でも効力を有しないと解すべきであろう（条解会更法（中）806頁，基本法287頁〔栗田隆〕，条解破産法873頁，大コンメンタール542頁〔橋本都月〕，伊藤・民訴法497頁参照）。

95）　ここでいう利益とは，異議の対象となった更生債権等が手続から排除され，その者が更生計画によって受けたであろう額を意味する。条解会更法（中）808，810頁。破産法132条については，その者が受けたであろう配当額が基準になる。条解破産法876頁，大コンメンタール542頁〔橋本都月〕参照。

ができる請求権であって，共益債権に該当しないものをいい（2XV)[96]，更生手続開始前の罰金等の請求権とは，更生手続開始前の罰金，科料，刑事訴訟費用，追徴金または過料の請求権であって，共益債権に該当しないものをいう（142②）。これらは，いずれも更生債権等としての性質を有するから，更生債権者表および更生担保権者表には記載されるが（164Ⅰかっこ書），その公法的性質および請求権の確定について特別の手続が設けられていることを重視して，通常の調査および確定手続に服さず，管財人による認否や更生債権者等または株主による異議の対象とはされない（同Ⅰ）。

これらの請求権については，その主体である国または地方公共団体が，遅滞なく，当該請求権の額，原因および担保権の内容を裁判所に届け出なければならない（142）。届出書には，それに加えて，届出にかかる請求権を有する者の名称および住所ならびに代理人の氏名および住所（会更規41①），更生手続開始当時届出にかかる請求権に関する訴訟または行政庁に係属する事件があるときは，その訴訟または事件が係属する裁判所または行政庁，当事者の氏名または名称および事件の表示（同②）をも記載しなければならない（同柱書）。

届出があった請求権の中で，刑事訴訟手続によって確定されるべき罰金，科料および刑事訴訟費用の請求権を除いて，請求権の原因が審査請求，訴訟（刑事訴訟を除く）その他の不服申立てをすることができる処分である場合には，管財人は，当該届出のあった請求権について，当該不服の申立てをする方法で，異議を主張することができる（164Ⅱ）。たとえば，届け出られた更生債権が法人税の請求権であるときには，管財人が国税通則法や行政事件訴訟法の手続によって異議を主張することができる。この方法で異議を述べられるのは，管財人のみであり，更生債権者等や株主による異議は認められない。この種の請求権の性質を重視して，管財人に更生債権者等や株主の利益を代表して異議権を認め，かつ，異議者である管財人の側が確定のための手続を開始しなければならないとする趣旨である。

また，当該届出のあった請求権に関し更生手続開始当時訴訟が係属するとき

---

[96] 具体例として，国税（税徴2①），地方税（地税68Ⅵ・72の68Ⅵ），社会保険料等（健保180Ⅳ，厚年86Ⅴ，介保144，地税231の3）などがあり，その優先的更生債権性の根拠となる優先権を定めるものとして，国税（税徴8），地方税（地税14），社会保険料等（健保182，厚年88，介保144，地税231の3Ⅲ）などがある。

は，異議を主張しようとする管財人は，当該届出があった請求権を有する更生債権者等を相手方とする訴訟手続を受け継がなければならない（164Ⅲ前段）。当該請求権について行政庁に事件が係属する場合も同様である（同後段）。

管財人による異議の主張や受継は，当該請求権の届出があったことを知った日から1月の不変期間内に行わなければならない（同Ⅳ）。管財人による不服申立てや受継の有無は，裁判所書記官によって更生債権者表または更生担保権者表に記載される（同Ⅴ・150Ⅱ）。また，不服申立て等の手続において租税等の請求権者は，これらの請求権者によって届け出られ，更生債権者表または更生担保権者表に記載されている事項のみを主張することができる（164Ⅴ・157）。不服申立ての結果は，更生債権者表または更生担保権者表に記載され（164Ⅴ・160），その結果は，更生債権者等の全員に対して効力を有する（164Ⅴ・161Ⅰ）。更生手続終了時に管財人による不服申立手続や管財人が受継した手続が係属するときは，中断し（52Ⅳ・53），更生会社であった株式会社が受継する（52Ⅴ・53）。

第2節　株主の権利の調査・確定

株主，すなわち株式会社の出資者である社員は，更生手続の利害関係人であり（1），その地位を表象する株式をもって更生手続に参加することができる。株主の本来の地位は，剰余金配当請求権（会社105Ⅰ①）や残余財産分配請求権（同②）などから構成される自益権と，株主総会における議決権（同③）などによって構成される共益権をその内容とするものであるが，更生手続が開始されると，更生会社の事業経営権および財産管理処分権は，管財人に専属し（72Ⅰ），株主の地位は大幅に制限を受けることとなり，また，更生計画においては，株主の権利の変更が必要的記載事項とされ（167Ⅰ①），さらに相対的必要的記載事項として，会社の組織にかかる事項や資本構成の変更にかかる事項が定められるので（173～183），株主を手続に参加させ，更生計画案についての意思を問うことが必要になる。

なお，現行会社更生法制定当時には，旧商法において端株制度が存在したために，株主の用語の他に，株主および端株主をあわせて株主等と呼び（旧2ⅩⅣ），更生手続への参加についても，株主等の地位として定められていたが（旧165

Ⅰ），会社法では，端株制度が廃止されたために，株主等の用語が株主に改められた[97]。

第1項　株主の手続参加

株主は，その有する株式をもって更生手続に参加することができる（165Ⅰ）。株式とは，社員たる株主の地位を細分化して，割合的地位の形にしたものであるから，それぞれの株主は，その有する株式の数に応じて更生手続に参加することができる[98]。更生債権等と異なって，株主として更生手続に参加できる者は，届出，調査，確定という手続によることなく，その種類（168Ⅰ⑤）も含め，株主名簿の記載または記録によって定まる（165Ⅱ）[99]。株主名簿とは，株主とその持株等に関する事項を記載または記録するため，株式会社に作成が義務づけられた帳簿であり（会社121），株主としての権利行使の基準とされているものであるために，これを株主の更生手続参加の基礎とする合理性が認められる[100]。

---

[97]　村松秀樹＝世森亮次「会社法の施行に伴う破産法・民事再生法・会社更生法の改正の概要」金法1753号17頁（2005年）参照。端株制度の廃止については，江頭279頁参照。

[98]　単元株制度（会社188）を採用している場合には，更生手続への参加もそれを基準とすることになる（166Ⅰ但書参照）。なお，更生手続開始後に定款を変更して，単元株制度を創設することについては，法45条2項の規律が存在する。
　　また，株主の相続等によって株式が共有となった場合には，原則として，権利行使をする者の定めが必要になり（会社106本文），その定めがなされていなければ，権利の行使ができない。これを議決権にあてはめれば，更生手続上でも，この種の株主は，「議決権を行使することができる株主の議決権の総数」（198Ⅰ③）の算定の基礎とならない。ただし，株主総会における議決権行使と関係人集会におけるそれとを区別する立場に立てば（条解会更法（中）606頁），異なった結論になろう。

[99]　昭和42年改正前の旧会社更生法は，更生債権等と同様に，株主についても，株式の届出（旧130）および株主表の作成（旧132）を規定し，議決権の行使は，これを基準とすることとしていた。他方，更生計画にもとづく分配については，株式の流通性が高いことから，届出と株主表の記載によらず，株主名簿の記載を基準とすることとしていた（旧244参照）。しかし，会社に破産の原因があるときには，株主の議決権は認められないために（旧129Ⅲ，現166Ⅱ相当），株式の届出および株主表の作成の制度は昭和42年改正によって廃止され，株主の更生手続参加についても株主名簿の記載によることとなり，現行法も，基本的にこれを受け継いでいる。宮脇＝時岡275頁，条解会更法（中）611頁参照。

[100]　無記名株式の制度が存在した時代には，その更生手続参加について特別の規定が設けられていたが（旧131），平成2年商法改正によって無記名株式の制度が廃止されたため，現行法には，これに対応する規定は存在しない。

もっとも，株主名簿の記載または記録といえども，その内容が変動することが予想されるために，一定の日を定めて，その基準日における株主名簿に記載または記録されている株主を議決権者と定めることができるし（194Ⅰ）[101]，また，株主名簿に記載されていない者であっても，実質上の株主が手続に参加することが望ましいところから，裁判所は，株主名簿に記載または記録のない株主の申立てによって，当該株主が更生手続に参加することを許可することができる（165Ⅲ前段）。更生手続参加の許可を申し立てることができるのは，株式の帰属に争いがあって名義書換えの手続（会社133，会社則22Ⅱ①など）ができない場合，名義書換えの手続が不当に拒絶された場合，株券を喪失して株券喪失登録手続（会社223以下）中の場合などが考えられる[102]。

参加許可の申立てについての裁判は，決定の方式でなされ，その裁判書は，当事者すなわち申立人に送達しなければならない。また，申立ての許可決定の場合には，その結果として反射的に参加の地位を失う株主に対しても送達すべきである[103]。送達代用公告の規定（10Ⅲ本文）は，適用しない。

裁判所は，利害関係人の申立てによってまたは職権で，許可の決定を変更し，または取り消すことができる（165Ⅳ）。参加申立てについての裁判および許可決定の変更または取消決定に対しては，即時抗告が認められる（同Ⅴ）。即時抗告についての裁判も，その裁判書を当事者に送達しなければならず，送達代用公告の規定（10Ⅲ本文）は，適用しない（165Ⅵ）。

参加を許可する裁判があった場合には，当該許可にかかる株式については，当該許可を受けた者以外の者は，たとえ株主名簿に記載または記録されている者（165Ⅱ）であっても，許可の裁判の効力の反射的効力として株主として更生手続に参加することができない（同Ⅲ後段）[104]。

---

101) 昭和42年改正後の旧法では，更生手続に参加できる株主を定めるために，株主名簿の閉鎖の制度が設けられていたが（旧130Ⅱ），基準日の制度が設けられたために，株主名簿の閉鎖の制度は廃止された。一問一答新会社更生法188頁参照。
102) 名義書換えを失念したにすぎない場合には，名義書換えによれば足りるから，参加許可の申立適格は認められない。条解会更法（中）620頁。以前には，株主名簿の閉鎖期間中のために名義書換えができない場合も問題となったが，基準日の制度が設けられたために（会社124），この問題は消滅した。
103) 条解会更法（中）621頁参照。

第2項　株主の議決権

　更生手続が開始されると，更生会社の事業経営権および財産管理処分権は，管財人に専属するが（72Ⅰ），それと抵触しないかぎりで（45参照），会社の社団的活動は可能であり，株主が株主総会を通じて社員としての意思決定をすることも不可能ではない。また，自益権の中で，株主名簿の名義書換請求（会社133，会社則22Ⅱ①）などは，更生手続中でも，株主が会社に対して行うことが可能である[105]。しかし，これらは極めて限定されたものであり，株主の地位は，利害関係人として更生手続に参加することが中心となる。

　株主の更生手続上の地位は，関係人集会における議決権の行使，更生債権等調査手続における異議権の行使，および更生計画において分配を受けることなどを含む。もっとも，更生会社が更生手続開始時において債務超過の状態にあるときは，株主の実質的持分はないと考えられるから，更生手続における意思決定に参画する資格，すなわち議決権を認められない（166Ⅱ）[106]。また，更生計画における取扱いについても，債務超過会社の場合には，いわゆる100％減資，すなわち既存株式の取得と償却（174①・174の2），資本金額の減少（174

---

[104]　許可の裁判は，更生手続に参加する資格（議決権）を形成する効果をもつのみであるから，当然に更生計画による受益にあずかることはできないとする見解が有力である（条解会更法（中）621頁）。しかし，他に更生計画による受益にあずかるための手続が存在しない以上，このような見解をとることはできない。議決権を確定するための手続（191Ⅰ本文・Ⅱ③④）との関係も問題となろう。もちろん，許可の裁判は，更生手続外の会社に対する関係での株主資格とはかかわりがない。

　また，株主名簿に記載のない株主が，株主の地位を定める仮処分などによって更生手続に参加できるかという問題がある。法165条3項前段にもとづく許可の手続が設けられている以上，株主の地位を定める仮処分などをえても，当然に更生手続への参加資格が与えられると解することはできない（条解会更法（中）621頁，宮脇＝時岡285頁）。もちろん，仮処分の存在は，許可の裁判にとっての資料となる。

[105]　もっとも，更生計画による株式の取得，株式分割や併合，募集株式の発行などの事項を考えれば，管財人が会社財産の管理処分権の内容として株主名簿の管理権を有していると解すべきであるともいえ，少なくとも，名義書換請求などについての対応は，管財人の指示の下に更生会社が行うべきものといえよう。なお，この問題は，譲渡制限株式についての名義変更請求に対する取締役会等の譲渡承認手続（会社136以下），名義書換請求訴訟の被告適格（74Ⅰ）や中断（52Ⅰ，本書311頁注142参照），株主名簿管理費用や名義書換費用の共益債権性（127①，本書235頁参照）などに波及する。

[106]　株主に対して更生手続開始の通知がなされず（43Ⅳ②，本書96頁参照），事業譲渡の意向聴取の対象とならず（46Ⅷ，本書523頁参照），関係人集会の呼出しがなされない（115Ⅱ，本書141頁参照）のも，同様の理由による。

③)と組み合わせた新たな株式の発行(175・177の2)が行われるのが通例であるから,更生計画において株主が何らかの配分を受けることは,稀である。

株主は,その有する株式1株について1個の議決権[107]を有する(166 I 本文)。ただし,更生会社が単元株式数を定款に定めている場合においては,1単元の株式について1個の議決権を有する(同但書)。単元株とは,定款によって,一定の数の株式を1単元の株式と定め,1単元の株式について株主総会における1個の議決権を認める一方で,単元未満の株式には,議決権を認めないこととする制度である(会社188 I・308 I 但書・325)。単元株制度の目的は,少額出資者の権利,特に共益権を限定し,会社に生じる株主管理費用を削減することにあるといわれ[108],本来は,会社の意思決定に関する株主の権能にかかわるものである。しかし,関係人集会における議決も,それに類似した性質をもち,同じく管理費用削減の合理性が認められるところから,更生手続における議決権についても,単元株を単位とすることとしている。

なお,同じく株主であっても,残余財産の分配に関し優先的内容を有する種類の株式(会社108 I ②参照)とそれ以外の株式を有する株主とでは,更生会社財産についての法的利益の内容が異なるので,更生計画案に対する議決権行使も,分かれて行うことが原則である(196 I・168 I ⑤⑥)[109]。

第3節 更生会社財産の管理と業務の遂行

更生手続の目的である更生会社の事業の維持更生を図るためには,一方で更生計画による権利変更や満足を受ける更生債権等や株主の範囲などを確定するとともに,他方で,更生会社の事業経営を継続し,事業の基礎となる更生会社

---

107) ここでいう議決権は,更生手続上のものであり,会社法上の議決権とは異なるが(条解会更法(中)606頁),自己株式のように会社法上議決権を否定されている株式(会社308 II)については,更生会社の事業遂行についての意思決定に参画しえないという意味で,更生手続上の議決権も否定すべきである。
108) 江頭283頁,神田118頁。したがって,単元未満の株式しかもたない株主には,総会出席権,質問権,総会決議取消訴権を含む,一切の総会関与権がないと解されている。
109) 更生会社が債務超過ではないものの,残余財産の分配に関する優先株式にのみ残余財産が分配される場合には,法166条2項の趣旨から,普通株式には議決権を認めるべきではないとの議論があり(会社更生の実務(下)228頁〔真鍋美穂子〕),妥当な考え方と思われる。

財産を適切に管理するのが，手続機関たる管財人の職務となる。管財人に与えられる事業経営権および財産管理処分権（72Ⅰ）は，この職務遂行のための権能である。

清算を目的とする破産手続の場合には，破産財団所属の財産を換価することが破産管財人の管理処分権行使の目的であるのに比較し，更生手続の場合には，再生手続と同様に，事業の維持更生に不要な資産を換価するとか，更生会社の下では再生が困難な事業を第三者に譲渡するなどの場合もあるが，可能なときには，更生会社財産を管財人の管理下に置きながら事業の維持更生を実現するための更生計画案を策定する。特に事業用資産は，それを放置すれば，価値の毀損が著しいので，更生会社の事業経営と財産管理とは，不可分一体のものとしてなされることが必要である。

第1項　更生会社財産の管理

更生手続が開始すると，管財人は，手続機関として更生会社財産を基礎とする事業経営権および財産管理処分権を行使する（72Ⅰ）。管財人は，その事業経営権および財産管理処分権にもとづいて，就職の後直ちに更生会社の業務および財産の管理に着手しなければならない（73）。

1　財産管理のための措置

管財人は，更生手続開始後遅滞なく，更生会社に属する一切の財産についてその価額を評定しなければならない（83Ⅰ）。その評定は，更生手続開始の時における時価によるものとする（同Ⅱ）。

(1)　財産評定の意義と基準

財産価額の評定は，更生手続のみならず，破産手続や再生手続においても行われるが，その意義は，それぞれの手続の特質に応じて異なる。破産手続における評定（破153Ⅰ）は，破産管財人が破産財団の金銭的価値を把握し，財団債権に対する弁済や破産債権者に対する配当の目途を立てるために行われる。したがって，評定の基準は，破産財団所属財産が破産手続開始時において有する処分価値である。しかし，最終的には，処分価値は，破産管財人による財産の換価によって具体化されることになるから，評価によって明らかにされた処分価値は，あくまで破産手続遂行にとっての目安にすぎず，手続を規律する意義を有するものではない。

再生手続は，再生債務者の事業の再生を目的とするという点では，更生手続と共通性を有するが，約定劣後再生債権を除けば，再生計画の内容に関しては，再生債権者という1種類の利害関係人しか存在しないことを考慮すると，再生債務者財産の価値を厳密に評定して，それが利害関係人の間に公正かつ衡平に配分されているかどうかを再生計画認可の要件とする必要はない。

　再生債権者としては，開示されている情報を基礎として，再生計画案の内容が合理的なものであるかどうか，それが遂行可能であって，自己の債権に対する弁済が期待できるかどうかを判断して，再生計画案に対する可否を決すれば足りるから，その前提として，かつての会社更生について説かれた「観念的清算」[110]，すなわち財産評定によって会社財産の継続事業価値を算定し，それを優先順位にしたがって各種の利害関係人に配分することが更生計画の内容となるとの考え方を，再生手続に持ち込む余地はない。また，特定財産についての担保権が別除権とされ（民再53 I），再生手続に参加することを義務づけられないから，その優先権の範囲を確定するために担保目的物の時価を評定する必要もない。

　もっとも，再生手続は，再生債権者に対して破産手続以上の満足を与えるところに存在意義があり，再生手続の開始にともなって破産手続が中止され（民再39 I），再生計画認可決定の確定によってそれが失効するのも（民再184本文），そのことが根拠になっている。したがって，再生計画に関しては，その決議が再生債権者一般の利益に反することが不認可事由の一つとされ（民再174 II ④），その解釈として，いわゆる清算価値保障原則，すなわち再生計画による再生債権者の満足が破産の場合の配当を下回ってはならないとされていることとの関係で，再生債務者財産の清算価値による評定は不可欠のものである[111]。

　これらと比較して，更生手続において管財人が手続開始後遅滞なく行う財産評定の目的は，①早期に会社の正確な財産状態を把握し，更生計画案作成に向

---

110) 兼子一＝三ケ月章・条解会社更生法446頁（1965年）参照。
111) 評定の機能としては，それ以外にも，事業の譲渡（民再43 I），資本の減少（民再154 III・166 III），募集株式の発行（民再162・166の2 III）に際しての債務超過の判断，別除権者による予定不足額届出（民再94 II）への対応（民再160 I），担保権消滅許可申立てに際しての目的物の価額（民再148 II ②）の決定などがある。詳解民再法348頁〔中井康之〕。評定の実務については，林圭介「民事再生事件における財産評定の参考書式について」NBL781号24頁（2004年），同「企業倒産における裁判所による再建型倒産手続の実務の評価と展望」ジュリ1349号45頁（2008年）参照。

けて更生会社の事業経営および財産管理の方針を定める[112]，②利害関係人に対してこれを開示し，適切な意思決定のための資料を提供する，③更生会社が債務超過の状態にあるかどうかを明らかにして，株主の議決権（166Ⅱ参照）など利害関係人の権利範囲を明確にする，④更生会社の資産および負債の状況を会計帳簿上に反映し，その後の会計処理の基礎とする（会更規1ⅠⅡ参照），の4つに整理できる[113]。旧法の下では，継続事業価値を基準とするという規定（旧177Ⅱ）から明らかなように，更生計画によって配分されるべき更生会社財産の事業価値を確定することが財産評定の目的とされていたが[114]，現行法は，更生手続開始時における更生会社財産の状態を管財人が正確に把握し，その後の更生手続遂行および更生計画立案の基礎を確定することを財産評定の目的と

---

[112] 会社更生法施行規則1条2項が，更生手続開始時における時価評価額を取得価額（会社計算規則5）とみなすと規定するのも，財産評定のこのような目的を表したものである。

[113] 一問一答新会社更生法109頁参照。沿革を遡ると，昭和42年改正前の旧会社更生法177条では，「管財人は，更生手続開始後遅滞なく，裁判所書記官，執行官又は公証人の立会のもとに，会社に属する一切の財産の価額を評定しなければならない。この場合においては，遅滞の虞のある場合を除く外，会社の立会を求めなければならない」と規定していた。これが昭和42年改正によって，同条1項を，「管財人は，更生手続開始後遅滞なく，裁判所書記官，執行官又は公証人の立会のもとに，会社に属する一切の財産につき手続開始の時における価額を評定しなければならない。この場合においては，遅滞の虞のある場合を除く外，会社の立会を求めなければならない」と改め，「前項の規定による評定は，会社の事業を継続するものとしてしなければならない」という2項を付加した（いずれも，下線は筆者による）。すなわち，実質的な改正部分は，評定の基準時を手続開始時としたことと，評定の基準を「会社の事業を継続するもの」，いわゆる継続事業価値としたことの2点である。これは，この2点をめぐって改正前に考え方が対立していたところを解決することを目的としていた（宮脇＝時岡300頁以下参照）。

評価の基準時を更生手続開始時としたことの根拠については，①更生手続が手続開始時における更生会社の価値を利害関係人に分配するものであるという，いわゆる観念的清算論，②更生担保権の範囲が更生手続開始時の目的物の価値で固定する以上（旧123Ⅰ），財産評定の基準時もそれにあわせるべきであるということが挙げられる（同書305頁）。また，評価の基準を継続事業価値としたことの根拠については，事業の維持更生という更生手続の目的との関係が強調される（同書306頁）。現行法は，評価の基準時については，昭和42年改正を引き継いでおり，評価の基準については，継続事業価値を時価に代えているが，財産評定の目的が本文のように整理されたことは，立法者が更生手続開始時における継続事業価値の観念的配分という思想そのものから訣別したことを意味する。なお，旧法下の継続事業価値の算定の手法と問題点については，事業再生研究機構財産評定委員会編・前掲書（注77）5頁参照。

[114] もっとも，このような考え方に対して，更生手続開始時における財産評価と更生計画案の作成または更生計画の認可時における財産評価とを観念的清算という概念を媒介として一致させることについては，改正直後から有力な批判が存在した。条解会更法（下）101頁参照。現行法の立法者は，このような批判を考慮したものと理解される。

し，継続事業価値の確定および配分は，更生計画に委ねているものと理解すべきである[115]。

(2) 時価の意義

財産評定の基準たる時価は，更生会社財産を構成する個別財産の市場価格を意味する。さらに市場価格とは，財産評定の目的を考えれば，会計上の時価概念に即して，資産の性質に応じて，当該資産を購入するとの視点に立った取替原価，当該資産を売却するとの視点に立った正味実現可能価額，当該資産を使用するとの視点に立った，将来キャッシュフローの割引現在価値に分けられる[116]。

時価に関するもう一つの問題は，財産評定の基準としての時価と更生担保権の目的物の評価の基準としての時価（2Ⅹ本文）との関係である。旧124条の2は，後者について，「会社の事業が継続するものとして評定した更生手続開始の時における価額」とし，財産評定の基準（177Ⅱ）と同一のものとしていた[117]。現行法も，財産評定と更生担保権の目的物の評価について，時価という同一の概念を用いているが，両者の関係については，いくつかの考え方がありうる。一つは，両者を同一の意味のものとして把握し，更生担保権の目的物についても，その性質と更生会社の事業にとっての役割を考慮して，取替原価などの評価方法を用いるという考え方である。これによれば，更生担保権の目的物の評価は，財産評定の中に含まれることになる。

---

115) 現行法がこのような転換を図った理由としては，更生会社の事業部門をどのように再編するかなど，更生計画案の内容が固まる前に更生会社財産の継続事業価値を明らかにすることは困難であることなどの理由がある。一問一答新会社更生法110頁，出水順「財産評定のあり方，更生担保権の評価をめぐる諸問題」講座（3）223頁参照。なお，更生計画認可の決定があったときは，管財人は，その時点における貸借対照表および財産目録を作成し，これを裁判所に提出しなければならない（83Ⅳ）。そこに記載または記録すべき財産の評価については，更生計画の内容としての事業計画が前提となる。

116) 事業再生研究機構財産評定委員会編・前掲書（注77）84頁では，「財産の評価基準とされた時価も，その物差しはひとつではなく，複数の物差しが存在し，会計上，状況に応じて，公正妥当な評価方針もしくは評価方法として許容される物差しを選択しなければならない」とされる。

117) 財産評定の基準と同様に，昭和42年改正によって設けられた。継続事業価値によることとされた理由は，更生手続が会社事業の存続を前提とするものである以上，更生担保権の目的物の評価基準も継続事業価値によることが当然であるというものである。宮脇＝時岡313頁，条解会更法（中）554頁参照。その結果として，管財人としては，財産評定の結果としての更生会社財産全体の継続事業価値を，それを構成する担保目的物の継続事業価値に割り付けるという見解が有力であった。

他の考え方としては、更生担保権の基礎たる担保権が把握しているのは、目的物の交換価値、すなわち処分価額であり、より具体的にいえば、担保権実行としての競売手続による売却価額であるとする。これによれば、同一目的物であっても、財産評定の一環とされた場合と、更生担保権の目的物の評価としてされた場合とでは、価額に差異が生じる可能性がある[118]。

しかし、時価が会計上の市場価格であるという前提をとるかぎり、財産評定と更生担保権の目的物の評価において、相異なる内容を想定すべき理由はない[119]。更生担保権の目的物といえども、担保権実行としての競売によって売却されるのは、むしろ例外であり、当該目的物に市場性が認められるかぎりは、その処分を予定する場合でも、正味実現可能価格による。

(3) 財産評定の結果

管財人は、財産評定を完了したときは、直ちに更生手続開始の時における貸借対照表および財産目録を作成し、これを裁判所に提出しなければならない（83Ⅲ）[120]。これは、財産評定にもとづく更生会社財産の状況を会計上明らかにし、管財業務に対する裁判所の適切な監督（68Ⅰ）を可能にするためである。利害関係人は、裁判所に対して提出された貸借対照表等の閲覧等を請求することができる（11ⅠⅡ）。また裁判所は、管財人に対し、財産評定の基礎となった資料や評定において用いた資産の評価の方法その他の評定の方法を記載した書面であって、更生手続の円滑な進行を図るために利害関係人の閲覧に供する必要性が高いと認められるものを提出させることができる（会更規23）[121]。これも、更生担保権の目的物の評価や更生計画案の妥当性などについての利害関係人の判断資料を充実させるための措置である。提出された資料は、閲覧等の請求の対象となる（会更規8Ⅰ、法11ⅠⅡ）[122]。

さらに管財人は、次のいずれかの事由が生じるまで、裁判所に提出した貸借

---

118) 事業再生研究機構財産評定委員会編・前掲書（注77）75頁では、このような考え方を相対的時価概念と呼んでいる。
119) 会社更生規則23条にもとづいて財産評定の基礎となった資料や評価の方法等を記載した書面の提出が求められることの根拠の一つとして、更生担保権の目的物の評価の妥当性の判断に資することが挙げられるのも（条解会更規76頁）、時価概念が共通していることを前提としている。
120) 資産の中に、否認権の行使や役員の損害賠償査定により回収が見込まれる財産も計上する。更生計画の基礎となる資産の内容を明らかにし、清算価値保障原則に関する判断の基礎などを明確にするためである。

対照表および財産目録を，更生債権者等または株主が更生会社の主たる営業所において閲覧することができる状態に置く措置をとらなければならない（会更規24Ⅰ柱書）。その事由とは，更生計画認可決定の確定（同①），更生手続開始決定の取消決定の確定（同②，234②），更生計画不認可決定の確定（同②，234③），更生手続廃止決定の確定（236・237Ⅰ）の4つである（会更規24Ⅰ③）。利害関係人が裁判所において貸借対照表などの閲覧等ができることは，上記の通りであるが，利害関係人にとっては，裁判所よりも，更生会社の主たる営業所において閲覧できることが便宜であることを考慮して，閲覧の機会を拡充することを目的としている[123]。

これらの事由のうち更生計画認可決定の確定（同①）は，開示が利害関係人の更生計画案に対する意思決定（196Ⅰ）や更生計画認可決定に対する即時抗告（202Ⅰ）を検討する際の資料となるものであるが，その必要性が消滅したこと，更生手続開始決定の取消決定，更生計画不認可決定の確定および更生手続廃止決定の確定は，更生手続が終了して，やはり開示の必要性が消滅したことを考慮したものである[124]。

さらに，管財人は，更生会社の主たる営業所以外の営業所において，同様の措置をとることその他開示の対象となる情報の内容を周知させるための適当な措置をとることができる（会更規24Ⅱ）。これは，利害関係人に対する情報開示の必要を満たすために，管財人の判断において，開示の場所を拡大し，また適切な開示の方法を工夫することを認めるものである[125]。

なお，財産の価額の評定に関する書類として管財人が裁判所に提出するもの

---

121) 基礎となった資料の例としては，不動産鑑定士や公認会計士作成の鑑定評価書が，また，評価の方法を記載した書面の例としては，時価の算定について用いた収益還元法などについての補足説明書，取引事例比較法や原価法などの適用過程を説明した書面などが考えられる（条解会更規78頁）。これに対し，評定結果に反映されなかった評価書や入札時の入札価額など評定の基礎となったとはいえないものは，提出を求められる書類にあたらないし，価額について争いのない財産に関する資料などについては，開示の必要性が認められないといわれる（同書77頁）。しかし，個別具体的な判断は，裁判所の合理的裁量に委ねざるをえないと思われる。
122) 閲覧または謄写等の手続に関しては，会社更生規則8条2項および3項参照。また，情報開示の基本的考え方については，奈良道博「倒産手続における情報開示」講座（4）219頁参照。
123) 特に，法5条2項以下の規定にもとづいて主たる営業所の所在地以外の裁判所に更生手続開始申立てがなされた場合などに大きな意味がある。条解会更規80頁。
124) 条解会更規81頁。

(会更規23)についても，主たる営業所において閲覧できる状態にする措置（会更規24Ⅰ），主たる営業所以外の営業所において閲覧できる状態にする措置（同Ⅱ前半部分），および周知のための適当な措置（同後半部分）に関する規定を準用する（同Ⅲ）。これも，財産評定に関する資料について，利害関係人への開示を充実させるための規定である[126]。

(4) 裁判所への報告

管財人は，更生手続開始後遅滞なく，更生手続開始に至った事情，更生会社の業務および財産に関する経過および現状，役員等の財産に対する保全処分（99Ⅰ）または役員等責任査定決定（100Ⅰ）を必要とする事情の有無，その他更生手続に関し必要な事項を記載した報告書を裁判所に提出しなければならない（84Ⅰ）[127]。その他に，管財人は，裁判所の定めるところにより，更生会社の業務および財産の管理状況その他裁判所の命じる事項を裁判所に報告しなければならない（同Ⅱ）。これらの報告書提出義務や報告義務は，裁判所の管財人に対する監督権限（68Ⅰ）の実効性を確保するためのものである。

(5) 財産状況報告集会への報告等

財産状況報告集会（更生会社の財産状況を報告するために招集された関係人集会）においては，管財人は，裁判所に提出した報告書記載の事項（84Ⅰ各号）の要旨を報告しなければならない（85Ⅰ）。財産状況報告集会の期日は，特別の事情がある場合[128]を除いて，更生手続開始決定の日から2月以内の日とするも

---

[125] 周知措置の例としては，書類に記載された情報の内容を電子メールによって送付したり，インターネットによって閲覧可能とすることなどが挙げられる。条解会更規81頁。

[126] 財産の価額の評定に関する資料の提出は，無用な更生担保権査定申立てがなされることを防ぎ，更生手続の円滑な進行を図るためのものであるから，それについてどのような形で周知措置を講じるかは，管財人の判断に委ねられよう。条解会更規83頁参照。

[127] 再生手続と異なって，財産状況報告集会が招集されない場合の報告書の提出時期等に関する定め（民再規57）は置かれていない。これは，再生債務者と異なって，管財人が報告書の内容たるべき事項を把握するには，相当の時間を要すること，更生会社の規模が大きな事件が予想されることなどを考慮したものである。もちろん，管財人は，更生手続開始後遅滞なく報告書を提出しなければならないとされているから，それが遅れる場合には，裁判所が適切に監督権（68Ⅰ）を行使する。

また，貸借対照表等の報告書への添付（民再規58）に対応する規定が存在しないのは，必要があれば，裁判所が管財人に対して，法84条1項2号または4号にもとづいて比較貸借対照表などの提出を求められること，株式会社たる更生会社は，貸借対照表などの計算書類を備え置くことが義務づけられている（会社442）以上，特別に報告書の添付の形でその開示を求める必要性に乏しいためである。条解会更規88頁。

のとし（会更規25Ⅳ），更生手続開始決定と同時に財産状況報告集会招集の決定をしたときは，更生手続開始時の公告（43Ⅰ）にあわせて関係人集会の期日および会議の目的である事項の公告（115Ⅳ）をすることができる（会更規25Ⅴ）。

　財産状況報告集会における報告は，利害関係人に対して更生会社および更生手続に関する事項の概要を開示するための措置であり，したがって，裁判所は，財産状況報告集会において，管財人，更生会社，届出をした更生債権者等または株主から，管財人の選任ならびに更生会社の業務および財産の管理に関する事項について，意見を聴かなければならない（85Ⅱ）とされるのは，情報の開示を受けた利害関係人の側から更生手続に関する意見を述べさせるのを主たる目的とする。また，労働組合等（46Ⅲ③）が管財人の報告事項について意見を述べることができる（85Ⅲ）とされているのも，同様の趣旨にもとづく。

　なお，更生手続に関する情報の開示措置としては，この他に，管財人が，裁判所に提出した報告書（84Ⅰ）の要旨を知れている更生債権者等および株主に周知させるため，当該報告書の要旨を記載した書面の送付，関係人説明会（更生会社の業務および財産に関する状況または更生手続の進行に関する事項について更生債権者等および株主に対して説明する会をいう）の開催その他の適当な措置[129]をとらなければならない（会更規25Ⅰ本文）。もっとも，更生会社が債務超過の状態にあることが明らかであるときは[130]，株主は実質的な利害関係人とみなされないので，株主に対する開示措置は不要である（会更規25Ⅱ。43Ⅳ②参照）。

　また，このような措置は，財産状況報告集会に代わるものであるので，裁判所が財産状況報告集会を招集する決定をしたときは，その必要はない（会更規25Ⅰ但書）[131]。

---

128) 特別の事情がある場合の例としては，調査すべき資産が多数に上り，その調査や評定に時間を要する案件などが考えられる。条解会更規86頁。
129) 適当な措置の例としては，更生債権者委員会等を通じての情報の提供，主要な更生債権者等に対する個別の説明，電子メールやウェブサイト等による報告書の内容の提供などが挙げられる。条解会更規85頁。
130) 管財人が債務超過の明白性を判断するのは，財産評定の結果によることになるが，場合によっては，開始決定の通知が株主に対してなされているか（43Ⅳ②参照）を基準とすることもあろう。
131) 再生手続でも同様の規律が存在するが（民再126，民再規63），更生手続では，利害関係人の数が多く，かつ，広い地域に所在する事案が少なくないので，財産状況報告集会の招集に代えて，要旨書面の送付などの措置がとられることが多いと思われる。条解会更規84頁。

さらに，労働組合等との関係では，管財人は，更生会社の使用人の過半数で組織する労働組合があるときはその労働組合，それがないときは更生会社の使用人の過半数を代表する者に対して，報告書の要旨を記載した書面の送付や関係人説明会の日時および場所の通知をする措置をとらなければならない（会更規25Ⅲ)[132]。

(6) 財産の保管方法

旧185条は，財産の保管方法等に関して裁判所が必要な定めをすることができる旨を規定していたが，現行法は，それが手続の細目的事項に関するものであるとの理由から，対応する規定を設けていない[133]。

2 事業の譲渡

更生会社の事業[134]を再生する方法としては，更生会社財産を更生会社の経営組織下にとどめながら事業の再生を図るものと，更生会社財産を基礎とする事業の全部または一部を第三者に譲渡し，第三者の経営組織下で事業の再生を図るものとがある[135]。しかし，事業の譲渡は，更生債権者等のみならず，株主など株式会社の社員の利害関係にも重大な影響を及ぼす。したがって，通常の更生会社財産の処分のような，管財人が自由にできることを原則とし，特に指定した事項についてのみ裁判所の許可をうる（72Ⅱ）という監督のあり方を超えて，より厳格な監督が求められる（46)[136]。

株式会社は，原則として株主総会の特別決議によって事業の譲渡にかかる契約の承認を受けなければならないが（会社467Ⅰ等），すでに更生手続が開始されているところから，更生会社の事業経営権および財産管理処分権は，管財人

---

132) 利害関係人の場合（会更規25Ⅰ本文）と異なって，「その他の適当な措置」についての定めがないのは，適切な運用に委ねる趣旨である。条解会更規86頁。
133) 一問一答新会社更生法109頁。再生手続については，民事再生規則65条がその旨の規定を設けている。
134) 会社法は，従前の営業譲渡の語を事業の譲渡に変えたが，用語の整理にすぎないとされている。江頭884頁，神田315頁，落合193頁。
135) 事業の譲渡（営業譲渡）に関する各種の規律の全体像については，遠藤賢治「倒産法における営業譲渡」櫻井古稀247頁，永石一郎「倒産と営業譲渡・会社分割」同261頁，相澤光江「事業譲渡と会社分割，増減資――民事再生とM＆A」講座(3)421頁参照。田原睦夫「会社更生手続における営業譲渡」新・裁判実務大系(21)110頁参照。また，事業の譲渡（営業譲渡）がどのような法律効果を生じるかは，実体法の規律にしたがって決定される。雇用契約の承継の点からこの点を論じたものとして，中島弘雅「営業譲渡による倒産処理と労働者の権利保護」谷口古稀545頁がある。なお，事業譲渡の効果に関する最近の判例として，最判平成23・3・22金商1374号14頁がある。

に専属し（72Ⅰ），事業の譲渡は，更生会社の事業の維持更生の根幹にかかわるものとして，更生計画によってなすことを原則とする（46Ⅰ本文・167Ⅱ）[137]。しかし，更生会社の事業の種類や状況によっては，早期に事業の全部または一部の譲渡を行うことが，事業価値の毀損を防ぎ，利害関係人の利益にも合致する場合があることを考慮して，法は，その例外を認めている。

更生手続開始後その終了までの間においては，更生計画の定めるところによらずに更生会社の事業の全部の譲渡または事業の重要な一部[138]の譲渡（会社467Ⅰ②）をするには，(2)の手続によらなければならない（46Ⅰ但書）。したがって，管財人が行う事業の譲渡については，更生計画によるものと，更生計画外のものとに大別される。また，更生計画外の事業の譲渡は，その時期に応じて，更生計画認可前に行われるものと，認可後に行われるものとに分けられる[139]。

(1) 更生計画による事業の譲渡

更生計画による事業の譲渡の場合には，更生手続が行われていないときに事

---

136) 会社分割（会社2㉙㉚）は，法律的構成は事業の譲渡と異なるが，実質においては類似する面がある。そこで，管財人が行う会社分割について，法45条1項7号の例外として，法46条を類推適用すべきであるとの見解が有力である。ただし，分割無効の訴え（会社828Ⅰ⑨⑩）の提訴可能性についても，検討する必要があろう。また，更生会社が吸収分割承継会社となる吸収分割については，事業の譲受けが裁判所の許可によってなしうるとの見解に立ち，これと同様に考えて，裁判所の許可（72Ⅱ②）によって可能であるとの考え方もあろうが，法45条7号との関係が問題となろう。

なお，事業の譲渡について，譲渡禁止特約が付されている場合であっても，法の定める手続によって事業の譲渡を行うことができる。東京地判平成15・12・5金法1711号43頁〔民事再生〕，東京高判平成17・9・29東高民時報56巻1～12号11頁。

137) 旧法には，更生計画によらない事業（営業）の譲渡について明文の規定がなかったが，通説は，特段の禁止規定がない以上，裁判所の許可（旧54）をえれば，可能と解しており，実務上も行われていたといわれる。条解会更法（上）501頁，神作裕之「更生計画外の営業譲渡」判タ1132号91頁（2003年）。現行法の立法者は，事業の譲渡が更生会社の事業再生の根幹にかかわり，また，その対価をどのように分配するかは，利害関係人の権利に重大な影響を及ぼす事項であることを考慮し，原則として，更生計画案についての議決の形で利害関係人の意思を問うこととし，一定の要件と手続を満たす場合に，その例外を認めることとしている。一問一答新会社更生法80頁。

138) 重要な一部にあたるかどうかの判断は，量的および質的双方の側面で判断される。江頭885頁，神田318頁，会社法コンメンタール（12）31頁〔齊藤真紀〕。重要な一部にあたらない場合には，管財人による通常の更生会社財産の処分の手続（72Ⅱ①）による。

139) 更生計画認可後の事業の譲渡については，それが関係人に不利な影響を与える場合には，更生計画の変更の手続により（233Ⅱ），不利な影響を与えるものでない場合には，裁判所の許可によることになる（同Ⅰ）。

業の譲渡を行おうとすれば，株主総会の決議その他の株式会社の機関の決定が必要となる事項を定めなければならない（174柱書・⑥）。本来は，株主総会その他の株式会社の機関の決定によって行うべき事業の譲渡を更生計画案についての関係人集会の議決および裁判所の認可決定によって行おうとするものであるから[140]，更生計画によって事業の譲渡を行おうとする場合には，同様の事項を明らかにすることを求める趣旨である[141]。したがって，更生計画において定められるべき事項は，事業の譲渡契約の内容であり，譲渡対象事業部門，譲渡期日，譲渡財産，対価およびその支払方法などを中核とする[142]。

事業の譲渡を定める更生計画案が作成され，関係人集会に付議されて（189Ⅰ柱書），可決（196参照）の上[143]，裁判所によって認可されれば（199Ⅱ柱書），認可のときに事業の譲渡の効力が生じる（201参照）[144]。株主総会の決議は不要である（210Ⅰ参照）。

(2)　更生計画によらない事業の譲渡（更生手続開始後・更生計画案付議決定前）

更生計画によらない事業の譲渡は，その時期に応じて，更生手続開始申立て

---

140)　反対株主の株式買取請求権（会社469Ⅰ本文）は認められない（210Ⅱ）。
141)　会社の営業の譲渡に関する更生計画の条項を定めた旧217条は，「その目的物，対価，相手方その他の事項及びその対価を更生債権者，更生担保権者又は株主に分配するときは，その分配の方法を定めなければならない」と規定していた。

なお，更生計画による事業の譲渡等は，会社法468条の「事業譲渡等」を意味するから（174⑥・167Ⅱ），事業の全部の譲渡（会社467Ⅰ①），事業の重要な一部の譲渡（同②）だけではなく，他の会社の事業の全部の譲受け（同③），事業の全部の賃貸等（同④）を含む。これと比較して，更生計画によらない事業の譲渡は，事業の全部の譲渡または重要な一部の譲渡に限られる。事業の譲受けや賃貸は，財産の譲受けや財産の処分（72Ⅱ①②）に類似するものであるから，裁判所の許可によることが可能である。

他方，会社法上で株主総会の特別決議を要しない簡易事業譲渡については，更生計画の定めによる必要もなく，また事業譲渡としての裁判所の許可（46Ⅰ）も要せず，一般的な財産の処分の許可（72Ⅱ①）で足りる。
142)　詳細については，江頭886頁注5参照。したがって，上記の旧217条と異なって，対価の分配の方法まで定める必要はない。分配は，事業の譲渡固有の事項ではないと考えられたためである。理論と実務261頁〔小塚荘一郎〕参照。
143)　更生会社が債務超過の状態にあるときは，株主は，更生計画案についての議決権を有しない（166Ⅱ）。
144)　もちろん，相手方との事業譲渡契約は前提であり，更生計画の認可は，その効力発生要件と解される。ただし，更生計画によって新会社を設立し，更生会社の事業を譲渡する場合には，新会社にも更生計画の効力が及び（203Ⅰ⑤・183），かつ，新会社における会社法上の手続も不要であること（210Ⅰ）を考えれば，更生計画の定めのみにもとづいて事業譲渡の効力が生じると解することもできよう。

から開始決定まで，更生手続開始から更生計画案付議決定まで，更生計画案付議決定後の3つに分けられるが，まず更生手続開始から更生計画案付議決定までの期間における事業の譲渡について説明する。

　更生手続の目的である更生会社の事業の維持更生は，本来であれば更生計画案についての決議を経て，裁判所の更生計画認可決定によって実現されるべきものである。更生会社の経営組織の下での事業の維持更生が困難であり，第三者の経営組織による以外にないと判断されるときは，事業の全部またはその重要な一部を譲渡することになるが，それも更生計画を通じて行うのが本則である。しかし，いったん更生手続が開始されれば，事案によっては，事業価値が急激に毀損するおそれがある。このようなときには，更生計画案の決議や裁判所の認可を待たずに，早期に事業等の譲渡を行い，事業価値を保全することが更生に資すると考えられる。ただし，それを認めるとすれば，事業の譲渡の必要性や対価の適正さなどについて利害関係人の判断を問う機会が存在しないので，それに代わる措置を講じる必要がある。事業の譲渡に関する裁判所の許可制度は，そのためのものである。会社法の事業の譲渡に関する規定（第2編第7章）は適用されない（46Ⅹ）。

　具体的には，更生手続開始後更生計画案を決議に付する旨の決定（189Ⅰ柱書）がされるまでの間において[145]，管財人は，裁判所の許可をえて，更生会社の事業の全部の譲渡または事業の重要な一部の譲渡をすることができる（46Ⅱ前段）[146]。裁判所の許可に関しては，実体的要件と手続的要件の2種類がある。なお，許可をえないでした事業の譲渡は，無効である（46Ⅸ本文）。ただし，その無効は，善意の第三者に対抗できない（同但書）。

　　ア　許可の実体的要件

　裁判所は，当該譲渡が当該更生会社の事業の更生のために必要であると認める場合に限り，許可をすることができる（同後段）。ここでいう必要性は，更生

---

[145]　更生計画案の付議決定の時期までに限定されているのは，更生計画による事業の譲渡との関係である。

[146]　前記（注141）のように，事業の賃貸等は，法46条2項にもとづく裁判所の許可対象とされていないが，事業譲渡に随伴して譲渡の実行までの期間に限って事業の賃貸借や事業上の損益の全部を共通にする契約（江頭892頁参照）が締結されることがある。本体としての事業譲渡が法46条2項による許可の対象となることを前提とすれば，これらの契約は，一般的な財産の処分の許可（72Ⅱ①）によって行うことが許されよう。

計画の認可を待たずに当該事業の譲渡を行わなければ，事業価値が毀損するおそれが認められ，いいかえれば，更生会社の経営組織の下で当該事業を継続するよりも，他の経営主体によって当該事業を行うことによって，事業価値の毀損を防ぐことができると認められることを意味する[147]。また，事業の重要な一部の譲渡の場合には，当該譲渡の対価を更生会社の事業資金として活用することなども，必要性を基礎づける補助的な事情となろう。

  イ　許可の手続的要件

 事業の譲渡については，会社法上の手続があり（会社467Ⅰ①②・309Ⅱ⑪），更生計画による事業の譲渡の場合には，そのための決議および認可の手続がある（196・199）。更生計画によらない事業の譲渡は，いずれの手続をふむことなく，裁判所の許可によって譲渡の効力を発生させるものであるから，利害関係人の利益を保護するために，上記の実体的要件の他に，下記の手続的要件を遵守しなければならない。

  a　株主の保護手続　　管財人は，更生会社の事業の全部の譲渡または事業の重要な一部の譲渡をしようとする場合には，あらかじめ，以下の事項を公告し，または株主に通知しなければならない（46Ⅳ柱書）。公告または通知する事項は，当該譲渡の相手方，時期および対価ならびに当該譲渡の対象となる事

---

[147]　いわゆるプレパッケージ型会社更生においては，更生計画によらない事業の譲渡が増える傾向にある（深山雅也「プレパッケージ型民事再生における支援企業の保護をめぐる考察」民事再生の実務と理論181頁，四宮章夫「会社更生とスポンサー」講座（3）257頁など参照）。しかし，事業の譲渡の必要性を緩やかに認めすぎると，更生計画によって経営組織の再編を図ることを通じて，事業価値の維持更生を目指すという更生手続の本質との関係が問題となる。事業の重要な一部の譲渡よりも，事業の全部の譲渡の場合に，このような問題が顕在化する。新会社更生法の基本構造41頁参照。

　なお，収益力の低い旅客運送事業の場合であっても，事業価値が資産の解体清算価値を上回っているのであれば，その価値を保全する手段として事業譲渡の許可をして差し支えない。

　さらに，会社分割にもみられるように，事業譲渡に際して，更生債権のうち敷金返還請求権，リース料債権，預託金返還請求権など，その後の事業価値の維持にとって不可欠な更生債権のみを承継する例がみられる。その承継が事業価値の維持にとって不可欠なこと，維持される事業価値が譲渡の対価に反映されること，更生計画によってその対価が公正衡平に分配されることが確保されるのであれば，許可の対象として差し支えない。もっとも，場合によっては，譲渡代金を原資とする更生計画案の作成に至らず，更生手続を廃止して，牽連破産において配当を行う事例も存在するようであるが，法46条2項による許可が更生計画案の付議決定を前提としていることから，更生計画認可の見込みがない場合にまで許可をすることには問題があろう。

業の内容(同①)と,当該譲渡に反対の意思を有する株主は,当該公告または当該通知のあった日から2週間以内にその旨を書面をもって管財人に通知すべき旨(同②)である。これは,株主が更生手続の利害関係人であり,事業の譲渡が更生計画によって行われるときには,更生計画案の決議にも参加するのであり(196V③),実質的にみても,事業の譲渡については,更生債権者等以上に,事業の主体である更生会社の社員である株主が重大な利害関係を有していることに着目している[148]。

株主に対する通知は,株主名簿に記載され,もしくは記録された住所または株主が更生会社もしくは管財人に通知した場所もしくは連絡先にあてて,することができる(46V)。株主に対する通知は,その通知が通常到達すべきであった時に,到達したものとみなす(同Ⅵ)。

株主に対する通知等は,管財人が裁判所に事業の譲渡の許可を求めることについての株主の意思を問うためのものであるから,公告または通知があった日から1月を経過した後に許可の申立てがあった場合には,裁判所は,許可をすることができない(同Ⅶ柱書・①)。これは,通知等の後に適時に許可の申立てがなされるべきであるとの考え方にもとづいている。また,株主が事業の譲渡に対する反対の旨を通知すべき期間(同Ⅳ②)内に,更生会社の総株主の議決権の3分の1を超える議決権を有する株主が,書面をもって管財人に反対の意思を有する旨の通知をしたときも,裁判所は,許可をすることができない(同Ⅶ柱書・②。更生計画による事業譲渡に関する法196条5項3号参照)。これは,会社法上の事業の譲渡に関する特別決議の要件(会社309Ⅱ前段)を踏まえて,反対株主の議決権額が3分の1を超える場合においてまで,裁判所の許可による事業の譲渡を認めることは適当ではないとの判断によるものである[149]。

---

[148] 立案過程においては,債務超過の状態でない更生会社においては,事業の譲渡について株主総会の特別決議を要することを原則としつつ,債務超過の場合には裁判所の許可をもってそれに代替するという考え方(甲案)と,更生会社の事業経営権および財産管理処分権が管財人に専属している以上,特別決議の必要はなく,ただ,管財人の権限行使についての裁判所の許可の判断の基礎として株主の意思確認を必要とするという考え方(乙案)とがあり(会社更生法改正要綱試案第18・2〔ジュリ1220号150頁(2002年)〕),両者を調和するものとして,法46条2項以下の規定が設けられた。新会社更生法の基本構造36頁参照。この規定の趣旨については,乙案的な理解が有力である(会社更生の実務(上)163頁〔真鍋美穂子〕)。

なお,再生手続上の営業等の譲渡の許可(民再42)との相違について,新注釈民再法(上)220頁〔三森仁〕参照。

b　株主の保護手続が不要の場合　　株主の保護手続は，2つの場合に不要とされる。第1は，事業の譲渡にかかる契約の相手方が更生会社の特別支配会社（会社468 I）の場合である（46Ⅷ前半部分）。会社法上の事業の譲渡の場合にも，譲渡の相手方が特別支配会社であるときには，株式の保有比率からして，株主の意思を問う意味が認められない（会社468 I）[150]。更生手続においても同様の判断が妥当するので，株主への通知等の手続を不要としている。

　第2は，更生会社が債務超過の状態の場合である（46Ⅷ後半部分）。債務超過に陥っている更生会社[151]においては，株主の持分について実質的価値が認められないので，その利益を保護する必要も存在しないと考えられるためである。更生手続開始の通知が不要とされる（43Ⅳ②）のと同趣旨の取扱いである。

　ウ　更生債権者等および労働組合等の意見聴取

　裁判所は，事業の譲渡の許可をする場合には，以下の者の意見を聴かなければならない（46Ⅲ柱書）。意見聴取の相手方は，知れている更生債権者，知れている更生担保権者および労働組合等である。これらの者は，更生計画によらない事業の譲渡について重大な利害関係を有するために，その意見聴取が義務づけられている[152]。

　意見聴取の相手方は，第1に，知れている更生債権者である（46Ⅲ①本文）。ただし，更生債権者委員会（117Ⅱ）があるときは，その意見を聴けば足りる（46Ⅲ①但書）。更生債権者委員会が，更生債権者全体の利益を適切に代表すると認められるためである（117 I ③参照）。

　また，約定劣後更生債権者（43Ⅳ①かっこ書）については，更生会社がその財産をもって約定劣後更生債権に優先する債権を完済することができない状態に

---

149)　ただし，反対株主の株式買取請求権（会社469 I 本文）は認められない（210Ⅱ参照）。株式買取請求権は，会社の基礎の変更等の行為に反対する株主が，その請求権の行使を通じて，投下資本の回収を図る権利であるところ（江頭774頁），更生手続においては，更生計画を通じてしか投下資本の回収を図ることが認められないからである。

150)　神田316頁では，株主総会を「開催したとしても承認される可能性が高い」ことが理由とされている。特別支配会社の意義については，会社法コンメンタール（12）86頁〔齊藤真紀〕参照。

151)　債務超過の判断時期は，許可の時であり（46Ⅷ後半部分），約定劣後更生債権者の意見陳述権に関する判断時期が更生手続開始時である（同Ⅲ①かっこ書）のと異なるのは，株主の利益を保護しようとする趣旨と理解される。

152)　法律上は，これらの者の意見が裁判所を拘束するわけではないが，実際には，有力な反対意見があるときには，裁判所は，許可について慎重にならざるをえない。

ある場合には，意見聴取の必要はない（46Ⅲ①かっこ書）。約定劣後更生債権者が，事業の譲渡について実質的な利害関係を有しないとみられるためであり，更生手続開始の通知が不要とされる（43Ⅳ①）のと同趣旨の取扱いである。

第2は，知れている更生担保権者である（46Ⅲ②本文）。ただし，更生担保権者委員会（117Ⅵ）があるときは，その意見を聴けば足りる（46Ⅲ②但書）。更生債権者委員会について述べたのと同様の理由による。

第3は，労働組合等である（46Ⅲ③）。労働組合等とは，更生会社の使用人の過半数で組織する労働組合があるときは，その労働組合を，それがないときは，更生会社の使用人の過半数を代表する者をいう（同かっこ書）。労働組合等は，更生会社財産について直接に法律上の利害関係を有するものではないが（本書157頁参照），使用人の利益を代表し，事業の譲渡についてもその協力が不可欠であるところから，意見聴取の相手方とされている。

　　エ　許可または不許可の裁判に関する不服申立て

許可または不許可の裁判に対する不服申立ては，認められない（9前段参照）。管財人が不許可の裁判に対する不服申立てを認められないことは，財産の処分等に関する法72条にもとづく不許可の場合と同様であるし，許可の裁判についてみると，株主については，反対株主の意思が尊重されているし，更生債権者等については，その意見聴取の機会が保障されているためである[153]。ただし，更生計画認可の決定に対する即時抗告（202Ⅰ）の理由として，許可の違法を争う（199Ⅱ①）ことは考えられる。

　(3)　更生計画によらない事業の譲渡（更生手続開始前）

更生手続開始前，特に保全期間中に事業の譲渡をすることは，法が本来予定するところではないが，その許容性については考え方が対立する（本書81頁注114参照）。

事業価値の毀損を防ぐためには，早期の事業の譲渡を認める必要は否定できない。また，株主総会の特別決議など会社法上の手続がふまれていれば，これ

---

[153]　もっとも，株主については，更生会社が債務超過の状態にあれば，その反対意思を表明する機会が否定されること（46Ⅷ後半部分）を考えると，債務超過を争う利益は否定できない。新会社更生法の基本構造40頁参照。また，更生債権者等についても，事業譲渡が事実上，不可逆的な効果を生じること，更生計画による事業譲渡に際しては，即時抗告権が認められること（202Ⅰ），再生手続における代替許可に対して即時抗告権が認められること（民再43Ⅵ）を考えると，立法論としては再検討の必要がある。

を制限する根拠に乏しいともいえる[154]。しかし、保全期間中、更生会社財産についての管理処分権は、保全管理人に専属していることを考えると（32Ⅰ本文）、更生会社の機関による会社法上の手続によって事業の譲渡を認めることはできず、また保全管理人の権限に内在的制約が存在すること（本書81頁）、さらに裁判所の許可についての明文の規定を欠くことを考えると[155]、保全管理人による事業譲渡は、緊急にそれをしなければ更生会社の事業価値が著しく毀損されるなど、価値保全行為とみなされる場合に例外的にのみ認められるべきである。その手続は、法46条の定めに準じることになろう。

(4) 更生計画認可決定後の事業の譲渡

更生会社が事業を継続することを内容とする更生計画認可決定の効力が生じた（201）後の事業の譲渡についても、議論がある。更生手続終結決定（239Ⅰ）によって更生手続が終結すれば、それ以降の事業の譲渡については、更生手続上の制約は存在せず、会社法上の手続（第2編第7章）によることとなる。これに対して、更生手続が終了していない場合には、更生計画変更（233。本書686頁）の手続による。更生計画による事業の譲渡の場合と同様に、法46条1項による許可は不要である[156]。

---

154) 事業価値毀損を防ぐための実務上の必要性については、髙橋典明「倒産手続における保全管理人の地位と事業譲渡」倒産実務の諸問題75頁参照。同論文20頁では、債務超過状態であることを原則とし、更生会社の経営者や債権者の意向を踏まえて、裁判所が保全管理人に対して許可をすることができるとする。また、松下祐記「倒産手続における保全管理人による事業譲渡について」青山古稀861頁以下は、株主総会の特別決議を要するとし、債務超過が明らかな場合には株主総会の特別決議を省略する余地があるとしても、立法論として債務超過かどうかについては即時抗告で争う機会を確保するべきであるとし、また債権者の意見聴取制度を設けることが検討に値するとする。
155) 新会社更生法の基本構造44頁参照。法32条1項但書による裁判所の許可がその根拠となるとの考え方もありえようが、この許可は、管財人についていえば、法72条2項の許可に対応するものであって、法46条2項にもとづく許可に対置されるべきものではない。
156) もっとも、事業の譲渡がなされる場合には、更生債権者等に対して一括弁済がされることが通常であるから（一括弁済型の更生計画が多数を占めることにつき、有田浩規「東京地方裁判所商事部の事件処理の現状」NBL 945号28頁（2011年））、収益弁済を内容とする更生計画が更生債権者等の不利に変更されることにはならず（233Ⅱ Ⅰ参照）、したがって、更生計画変更手続を不要とし、対価の適正さを確認するために、法42条1項の許可をえればよいとするのが多数説である。再生手続について詳解民再法440頁〔山本弘〕、条解民再法190頁〔松下淳一〕、新注釈民再法（上）225頁〔三森仁〕など。

第2項　担保権消滅許可制度

　各種の倒産処理手続における担保権消滅許可制度は，それぞれの手続の目的および基本構造を反映した特質を持っている[157]。破産手続および再生手続における担保権消滅許可制度は，それぞれの手続において特定財産上の担保権が別除権の地位を与えられ（破2Ⅸ，民再53Ⅰ），手続によらない権利の実行が認められていること（破65Ⅰ，民再53Ⅱ）を背景として，破産財団の適正な換価を図り，再生債務者財産を保全して，それを基礎とする事業の継続を実現するために，担保権を消滅させて，目的物を破産管財人や再生債務者等の管理処分権下にとどめ，担保権者には，目的物の価額相当の満足を与えるものである（破191，民再153）。

　これに対して，会社更生における担保権消滅許可は，その目的が異なり，それが手続の基本構造にも反映する。すなわち，特定財産上の担保権は更生担保権の基礎となり，その実行権能を制限され，更生担保権は，更生計画によって更生会社財産全体の価値から満足を受ける権利とされる（2Ⅹ～ⅩⅡ・47Ⅰ等）。しかし，更生計画によって変更または消滅させられるものを別にすれば，担保権そのものは，更生手続中を通じて更生計画認可後も存続し，いわば休眠状態の担保権となる。会社更生法上の担保権消滅許可制度（104以下）は，この休眠状態の担保権を消滅させることを目的とするものであり，この点で，同じく事業再生型手続における担保権消滅許可ではあるが，民事再生法上のそれとは趣旨を異にする。なお，担保権消滅許可と密接な関連をもつものとして，更生手続開始前の商事留置権の消滅請求（29）がある（本書74頁）。

　会社更生法上の担保権消滅許可の基本的要件は，「更生会社の事業の更生のために必要であると認めるとき」であるが（104Ⅰ），ここでいう必要性は，担保権の存在自体を消滅させる必要を指し，民事再生法における「当該財産が再生債務者の事業の継続に欠くことのできないものであるとき」という基本的要件（民再148Ⅰ）が，担保権の実行を阻止する必要性を指しているのと異なる。具体的には，更生手続において担保権消滅許可が認められうるのは，事業の譲渡や遊休資産の処分に際して，担保権の存在そのものが妨げとなる場合などで

---

[157] 民法379条以下，破産法186条以下，民事再生法148条以下，会社更生法104条以下のそれぞれにもとづく担保権消滅許可制度の比較について，伊藤494頁参照。

ある。

　破産法上のそれと比較すると，会社更生法上の担保権消滅許可制度は，担保権者が目的物の換価権を行使しうることを前提とするものではないから，担保権消滅許可に対して担保権者が競売申立てをもって対抗すること（破187Ⅰ）はできない。また，目的物について担保権者がもつ優先弁済権自体も更生手続の開始によって凍結状態にあり，したがって，消滅許可手続の中で，目的物の価額に相当する金銭が納付されたときに，担保権は消滅するが（108Ⅳ），金銭は，更生計画認可後に管財人に交付され，更生会社の事業資金または更生計画遂行の資金に使用されるのが原則である（109）。担保権者であった者は，更生担保権者として，更生計画にしたがった満足を受けるにすぎない[158]。この点で，目的物の価額相当の金銭が担保権者に交付または分配される民事再生法上の担保権消滅許可制度（民再153）と異なる。

　更生手続上の担保権消滅許可制度は，管財人による担保権消滅許可申立て（104，会更規2），目的物の価額に異議のある担保権者による価額決定の請求（105，会更規27，民再規75～77），裁判所による価額の決定（106，会更規27，民再規78・79），価額に相当する金銭の納付等（108）および納付された金銭の取扱い等（109～112，会更規28）からなる。

　なお，再生手続上の担保権消滅許可制度の法律構成としては，裁判所の許可を前提とし，価額に相当する金銭を裁判所に納付することを停止条件とする実体法上の形成権であり，その目的は，当該財産の上に存するすべての担保権を消滅させることにあるという説明がされている[159]。しかし，これに対立するものとして，再生債務者財産についての管理処分権を有する再生債務者等が，目的物が有する収益価値を保全するために，別除権者の権利行使に介入し，別除権者に目的物の価額相当の金銭を交付することによって，その担保権を消滅させる再生手続上の権能を認めたものであるという，介入処分または介入権説が唱えられている[160]。

　両説は，主として理論的な説明を目的とするものであるが，更生手続におい

---

[158]　詳細については，一問一答新会社更生法129頁，新会社更生法の基本構造96頁参照。
[159]　花村402頁。
[160]　新会社更生法の基本構造97頁，民事再生法逐条研究129頁，詳解民再法406頁〔山本和彦〕など参照。

ても，担保権消滅の効果が，裁判所の許可決定を前提とする代金納付によって生じること（108Ⅲ），消滅した担保権にかかる登記または登録の抹消について裁判所書記官による嘱託がなされること（同Ⅳ），および納付された金銭が管財人に交付され（109）または担保権者に対する配当等が実施されること（110）を考慮すると，管財人の担保権消滅許可の申立てにもとづく許可決定によって，担保目的物について観念的売却がなされ，その効果として担保権が消滅するものとみるのが相当であり161)，更生担保権の基礎たる担保権の存在そのものに介入する特別の手続上の権限を認めたものという意味で，介入権説を妥当とする。

1 担保権消滅許可申立て

更生手続開始の時において更生会社財産162)について特別の先取特権163)，質権，抵当権または商事留置権（商法または会社法の規定による留置権）がある場合において，更生会社の事業の更生のために必要であると認めるときは，裁判所は，管財人の申立てにより，当該財産の価額に相当する金銭を裁判所に納付して当該財産を目的とするすべての担保権を消滅させることを許可する旨の決定をすることができる（104Ⅰ）。

(1) 消滅許可申立ての対象となりうる担保権

担保権消滅許可申立ての対象となりうるのは，更生手続開始の時に存在する典型担保のほかに，仮登記担保がある（仮登記担保19Ⅲ）164)。それ以外の譲渡担保や所有権留保などの非典型担保が消滅許可申立ての対象となりうるか否かについては，一律にこれを否定する理由はない。下級審裁判例も，ファイナン

---

161) 民事執行法にもとづく強制競売や担保競売における消除主義（民執59Ⅰ・188）に相当する。
162) 更生会社財産に相当する再生債務者財産に関して，実体上再生債務者の所有に属するものであれば足り，再生債務者の登記名義を必要とするものでないとする裁判例として，福岡高決平成18・3・28判タ1222号310頁〔民事再生〕がある。
163) 動産の先取特権には，追及効がないために（民333），担保権消滅許可の対象とする必要は大きいとはいえない。
164) したがって，管財人が共益債権を被担保債権として設定した担保権は対象とならないし，保全管理人設定の担保権についても，同様に考えるべきであろう。
　なお，担保権の成否が否認権行使に関わるような場合であっても，この手続の対象とすることは妨げられない。この手続によって消滅させられた担保権について設定行為の否認が成立したときには，更生担保権の地位が否定され，納付された金銭の分配を求める地位（109）も与えられない。

ス・リースにおけるリース会社の権利を，リース料債権を被担保債権とする担保権としているので[165]，担保権消滅許可申立ての対象となりうるものと解される。もっとも，担保目的物の価額相当額が納付されたときに，どのような手続でそれを配当するか，また，不動産譲渡担保の場合に，移転登記の抹消が認められるかなどの問題が残されており，未だ考え方が確立されているとはいえない[166]。

　また，対象となるのは，当該財産を目的とするすべての担保権に限られ，一部の担保権のみを対象とすることはできない。これは，担保権を消滅させて，目的物を更生会社の事業の更生のために用いるという目的を反映したものであり，また，目的物について観念的売却が行われるという法律構成の帰結でもある。

　これに対して用益権は消滅許可申立ての対象とならず，また，先順位の担保権がこの制度によって消滅する場合であっても，それに後れる用益権が消滅することはない[167]。

(2)　事業の更生のための必要性

　担保権消滅許可申立てが認められるのは，当該財産を目的とするすべての担

---

165)　すべて再生手続に関するものであるが，大阪地決平成13・7・19判時1762号148頁〔民事再生〕，東京地判平成15・12・22判タ1141号279頁〔民事再生〕，東京地判平成16・6・10判タ1185号315頁〔民事再生〕（最判平成20・12・16，東京高判平成19・3・14の一審判決である）。いずれも，ユーザーが目的物の上にもつ利用権についてリース会社が担保権を有するとの法律構成を前提としている。ただし，解除権留保特約にもとづいて，再生手続開始前に解除がなされれば，ユーザーの利用権が消滅し，目的物は再生債務者財産に属しないものとなるという理由で，担保権消滅許可申立てが否定される。以上に対して，遠藤元一「リース契約における倒産解除特約と民事再生手続（上）」NBL 893号20頁（2008年）は，実効性の視点などから担保権消滅許可の対象とする意義が少ないと指摘する。

　　なお，上記のような法律構成を前提とすれば，担保権消滅許可がなされた場合には，担保権の負担のないユーザーの利用権が存続することになるが，リース期間満了後に所有権がユーザーに移転するかどうかは，リース契約の内容による（リース物件の所有権に関する更生計画の条項について本書550頁注6参照）。

166)　新会社更生法の基本構造102頁，会社更生の実務（下）53頁〔村松忠司〕，民事再生法逐条研究134頁。田原睦夫「担保権消滅請求制度の機能と課題」民事手続法133頁では，各種の非典型担保について，類推適用の可否が検討されている。譲渡担保について，所有権移転の形式をとることの特質などを理由として消極説をとるものとして，西謙二「民事再生手続における留置権及び非典型担保の扱いについて」民事訴訟雑誌54号71頁（2008年）がある。

保権を消滅させることが，更生会社の事業の更生のために必要であると裁判所が認めるときに限られる（104 I）。これを更生にとっての必要性と呼ぶ。先に述べたように，更生手続においては，再生手続と異なって，更生担保権の基礎たる担保権の実行は許されず，また，更生計画の定めによって担保権を消滅させることも可能なのであるから，更生にとっての必要性とは，当該財産上の担保権の存在自体が更生の妨げとなり，しかも，更生計画の効力発生前にそれらの担保権を消滅させるべき必要性があることを意味する。したがって，典型的には，遊休資産上の担保権を消滅させて，その売却資金を更生会社の事業に用いるとか，当該財産を基礎とする事業部門を更生計画によらないで譲渡する（46 I 但書）ために担保権を消滅させるなどの例が考えられる[168]。

いずれにしても，担保権消滅申立てを許可することは，更生担保権の基礎となっている担保権を更生計画の定めによらないで消滅させることを意味し，担保権を更生担保権という手続上の地位のみに減縮する結果となるから，裁判所の判断は，当該時期において担保権の消滅を認めることが，更生会社の事業ま

---

[167] 観念的売却という考え方であれば，強制競売の場合などと同様に（民執59 II），中間の用益権は消滅するという立法をすることも考えられないではない。しかし，更生手続の中で担保権を消滅させて対象財産を処分する場合に，用益権を消滅させることまでが不可欠とはいえないなどの理由から，このような考え方は採用されていない（田原・前掲論文（注166）137頁）。したがって，財産の価額（104 III ②）も，用益権の負担付きで評価することとなる（注186にいう有力説の考え方による）。ただし，抵当権者自身が担保目的物の価値を維持するために設定しているような，いわゆる併用賃貸借については，抵当権の消滅とともに消滅し，抹消登記嘱託の対象となりうるという考え方はありうる。会社更生の実務（下）53頁〔村松忠司〕。最判昭和52・2・17民集31巻1号67頁参照。

[168] 再生手続における担保権消滅許可の要件たる，当該財産の事業継続にとっての不可欠性（民再148 I）は，再生債務者の営業等の譲渡（民再42）の場合には，更生手続における更生にとっての必要性と重なり合うが，遊休資産の処分は含まれないと解されるので（伊藤766頁），その点では，更生手続との違いが存在する。新会社更生法の基本構造98頁，新注釈民再法（上）851頁〔木内道祥〕，詳解民再法418頁〔山本和彦〕など参照。これに対して，条解民再法701頁〔小林秀之〕は，許可の要件を満たしうるとする。もっとも，再生手続においても，不動産の売買等を事業目的とする再生債務者の場合に，売却対象不動産について担保権消滅許可申立てを認めた裁判例として，名古屋高決平成16・8・10判時1884号49頁〔民事再生〕，東京高決平成21・7・7判時2054号3頁がある。

なお，しかるべき担保変換が可能であり，担保権者もこれに応じる姿勢を示しているにもかかわらず，管財人が担保権消滅許可申立てを強行するときには，担保権消滅許可制度を用いるべき必要性に欠けるといえよう。また，更生計画認可の見込みが存在しないような場合にも，牽連破産に至った場合に想定される担保権者の不利益を受忍させるべき理由に欠けるという意味で，必要性が疑われる。

たは譲渡される事業にとって必要かどうかの見地からなされなければならない。

(3) 許可申立ての時期および許可申立書の記載事項等

許可決定の時期は，更生計画案の付議決定（189 I）があるまでの間に限られるから（104 II），許可決定の申立ても，それを踏まえてなされなければならない。これは，付議決定があった後は，更生計画によって担保権を消滅させるべきであるし，また，担保権消滅の結果は，更生計画案の内容にも影響するため，付議決定後に許可決定を認めることは合理性に欠けるためである[169]。

担保権消滅許可申立書には，以下の事項を記載しなければならない（同 III）[170]。すなわち，担保権の目的である財産の表示（同①），その財産の価額（同②），および消滅すべき担保権の表示（同③）である[171]。消滅すべき担保権としては，目的財産上のすべての担保権を記載しなければならず，記載されなかった担保権は消滅しない（同IV第2かっこ書・108 III参照）[172]。

許可申立てをするときには，目的財産の価額の根拠を記載した書面（会更規 2 II①参照）[173]，商事留置権のように登記または登録をすることができない担保権の存在を証する書面の提出（同III参照），登記または登録をすることができる目的財産についての登記事項証明書などの提出が求められることがある（同

---

[169] したがって，すでに許可決定の申立てがなされている場合には，付議決定の時期との調整が必要になろう。このことは，特に，付議決定に対する即時抗告（104 V）がなされた場合に問題となる。

[170] 法104条3項に定める事項の他に，一般的な記載事項として，当事者の氏名等や申立ての趣旨の記載が義務づけられ（会更規2 I），さらに申立てを理由づける具体的な事実などの記載が求められる（同 II）。

[171] 民事再生法148条2項4号では，消滅すべき担保権の被担保債権額の記載も求められるが，会社更生法では，それに対応する規定がない。これは，再生手続においては，被担保債権額が担保権の目的物である財産の価額よりも少額であれば，担保権消滅許可制度によらず，別除権の目的物の受戻し（民再41 I⑨）をすれば足りるのに対して，更生手続においては，更生計画の定めによらないで更生担保権者に対する弁済が禁止されており（47 I），受戻しの可能性がないために，被担保債権額の表示を求める理由がないからである。一問一答新会社更生法123頁。

[172] 当該財産上の担保権の一部の記載が漏れていることが明らかなときは，申立てを不適法として却下すべきである。また，その有効性について係争中である担保権，否認の対象となる担保権についても，それらが現に当該財産上の負担として存在する場合には，担保権消滅許可申立ての対象とすることができる。これらの担保権が後順位抵当権であるような場合には，担保権消滅許可の手続によることが便宜であろう。

[173] 価額の根拠を示すことが義務づけられるのは，不当に低い価額での許可申立てがなされることを間接的に抑止し，また担保権者が書面を閲覧して，価額決定の請求（105 I）をするかどうかの判断資料とするためである。

Ⅴ)。

　許可申立書の送達は，管財人から提出された副本によってする（会更規10，民訴規40Ⅰ)[174]。また，許可申立てが取り下げられたときは，裁判所書記官は，裁判書等の送達を受けた被申立担保権者（104Ⅳ前段）に対して，その旨を通知しなければならない（会更規26）。

2　許否決定の手続

　管財人から適法な担保権消滅許可申立てがなされると，裁判所は，許否の決定を行う（104Ⅰ)[175]。許可決定があった場合には，その裁判書を，許可申立書面とともに，消滅すべき担保権者（被申立担保権者）に送達しなければならない（同Ⅳ前段）。送達代用公告の規定（10Ⅲ本文）は，適用しない（104Ⅳ後段）。

　許可決定に対して，被申立担保権者は，即時抗告をすることができる（同Ⅴ）。即時抗告の理由は，許可の要件にかかるものであるが，相手方の権利が担保権に該当するか，消滅許可の対象となりうる担保権かどうかや，事業の更生のための必要性が中心となろう[176]。

　即時抗告についての裁判があった場合には，その裁判書を被申立担保権者に送達しなければならない（同Ⅵ前段）。送達代用公告の規定（10Ⅲ本文）は，適

174）　民事再生規則72条1項に対応する規定が置かれていない理由については，条解会更規89頁参照。さらに，会社更生規則には，民事再生規則72条2項および73条に対応する規定も置かれていないが，他の規定で足り，規定を設ける意義に乏しいと考えられたためである（条解会更規90頁参照）。会社更生規則と民事再生規則との類似の関係について，注193参照。

　　なお，法104条4項では，許可決定の裁判書とともに許可申立書を被申立担保権者に送達することを予定しているように思われるが，被申立担保権者にとっての手続保障を考えれば，申立て後，直ちに申立書を送達することが望ましいし，再生手続では，そのような実務運用もなされている（新注釈民再法（上）857頁〔木内道祥〕）。更生手続においても，同様の取扱いをすべきであろう。また，このこととの関係で，価額決定の請求期間の起算点は，法105条1項の文言からは離れるが，担保権消滅許可決定の送達を受けた日から1月内と解すべきであろう。予納金（105Ⅳ）の負担などを考えれば，被申立担保権者に価額決定の請求をするかどうか熟慮期間を保障する趣旨である。

175）　決定に際して書面または口頭によって担保権者の意見を聴取するための手続は設けられていないが，実務運用としては，原則として意見を聴取すべきとする考え方が有力である。再生手続について，詳解民再法414頁〔山本和彦〕。また，実際の実務運用も分かれている。新注釈民再法（上）857頁〔木内道祥〕。

　　なお，再生手続における担保権消滅許可申立てについて，再生債務者が申し出た財産の価額が適正な価額より高い場合には，申立てを棄却するとの見解があるが（概説437頁〔笠井正俊〕），このような申立ては更生債権者等の利益に反するので，更生手続においても同様に解すべきである。

用しない（104 Ⅵ後段）。

なお，消滅すべき担保権が根抵当権である場合には，その確定について特則が置かれている。破産手続開始の場合と異なって（民398の20 Ⅰ ④参照），設定者について更生手続が開始されても根抵当権の被担保債権の元本は確定しない。しかし，根抵当権を消滅許可の対象とするには，元本の確定が必要であるので，許可決定の裁判書等の送達（104 Ⅳ）を受けた時から2週間が経過したときは，根抵当権の元本が確定する（同Ⅶ）。ただし，許可申立てが取り下げられ，または許可決定が取り消された場合には，元本確定の効力は失われる（同Ⅷ，民398の20 Ⅱ）。

3 価額決定の請求手続

担保権消滅許可決定がその要件を欠いていると判断する場合には，担保権者は，即時抗告（104 Ⅴ）をもって不服を申し立てることになるが，管財人が提示した目的物の価額（同Ⅲ②）が不相当であると判断する場合には，被申立担保権者は，裁判所に対して価額決定の請求をすることができる（105 Ⅰ）。破産手続における担保権消滅許可の場合には，価額の相当性を争う担保権者は，担保権実行の申立てや買受けの申出によって対抗することができるが（破187 Ⅰ・188 Ⅰ）[177]，更生手続における担保権消滅許可の場合には，更生担保権者にその担保権を実行し，またはそれに代えて目的物を取得する権能が認められないために，価額決定の請求によって，担保権者が目的物の適正な価額を争う機会を保障しようとするものである[178]。制度の目的等には違いがあるが，再生手続においても類似の規定が設けられている（民再149）。

(1) 価額決定の請求

被申立担保権者は，担保権消滅許可申立書に記載された目的物の価額（申出額という）について異議があるときは，当該申出書の送達を受けた日から1月

---

[176] 共同担保となっている複数の不動産のうちの一部についての担保権消滅許可申立てが，担保権者の利益を著しく害することを理由として，申立権の濫用とされる可能性もある。札幌高決平成16・9・28金法1757号42頁〔民事再生〕。
　　なお，当該担保権についてすでに更生担保権が確定している場合には，法150条3項や161条の趣旨からして，裁判所は，担保権の成立については，それに拘束されると解すべきである。

[177] 破産手続においては，手続によらない担保権の実行が保障され（破65 Ⅰ），かつ，目的物が適正な価額によって換価されれば，破産債権者に不利益が生じないことが，その根拠となっている。条解破産法1201，1210頁，伊藤503頁参照。

以内に，担保権の目的である財産について価額決定の請求をすることができる（105Ⅰ。更生担保権の査定申立てに伴う価額決定申立手続について，本書492頁参照）。やむをえない事由[179]がある場合に限り，許可決定をした裁判所は，被申立担保権者の申立てによって1月の期間を伸長することができる（同Ⅱ）。価額決定の請求についての管轄は，更生裁判所に専属する（同Ⅲ・6）[180]。価額決定の請求には，費用[181]の予納が求められ（同Ⅳ），予納がないと，更生裁判所は，価額決定の請求を却下しなければならない（同Ⅴ）。

　価額決定の請求書には，更生事件の表示，当事者の氏名等，財産の表示および価額決定を求める旨を記載し（会更規27，民再規75Ⅰ），許可決定の裁判書などの写しを添付しなければならない（会更規27，民再規75Ⅱ）。また，価額決定の請求をする被申立担保権者が財産の評価をした場合において当該評価を記載した文書を保有するときは，更生裁判所に対して，その文書を提出するものとする（会更規27，民再規75Ⅳ）。なお，被申立担保権者は，管財人に対して，価額決定の請求をした旨を通知しなければならない（会更規27，民再規75Ⅲ）。

(2) 財産の評価

　価額決定の請求があった場合には，更生裁判所は，請求期間の徒過や手続費用の予納がないことなどを理由として当該請求を却下する場合を除いて，評価

---

178) 更生担保権の額は，更生手続開始時の目的物の時価を基準として定められ，それに関する争いは，「担保権の目的である財産についての価額決定手続」（153以下）によって定められるのに対し，担保権消滅許可制度における価額は，決定の時における財産の価額を基準とするものであり（106Ⅱ），両者は目的が異なる（会社更生の実務（下）52頁〔村松忠司〕）。前者は，更生計画による分配の基準にかかわるのに対して，後者は，目的物に代わるものとして，更生手続が頓挫した場合の担保権者の利益保護の基準（110など）にかかわる。一問一答新会社更生法126頁参照。

179) 申出額の適正さを判断するための調査などに時間を要するなどの事情が，やむをえない事由の例として挙げられるが，担保目的物の管理に求められる合理的注意からしてやむをえないとされる場合でなければならない。再生手続について新注釈民再法（上）862頁〔木内道祥〕。他方，担保権消滅許可決定を争っており，その帰結が明らかになってから価額決定の請求をするかどうかの判断をしたいとの事情も，価額決定の請求にかかる経済的負担（予納金）を考えれば，やむをえない事由に該当する可能性がある。

180) 更生裁判所（2Ⅳ）が管轄裁判所とされる理由は，当該更生事件を担当する裁判体とは異なった裁判体による判断の機会を保障しようとするものであるが，現に更生事件を担当する裁判体に配点しても，違法とはいえない。再生手続について民事再生法逐条研究150頁。

181) 費用としては，評価人による評価（106Ⅰ）の費用が中心になる。再生手続について新注釈民再法（上）864頁〔木内道祥〕。

人を選任し，財産の評価を命じなければならず（106Ⅰ），その評価にもとづいて，決定で，当該決定の時における財産の価額を定めなければならない（同Ⅱ）[182]。

更生裁判所は，必要があると認めるときは，管財人に対して登記事項証明書や固定資産税評価証明書などの書面を提出させることができる（会更規27，民再規76）。評価人による評価の資料とするためである。また，管財人および価額決定の請求をした被申立担保権者は，評価人の事務が円滑に処理されるようにするため，必要な協力を義務づけられるし（会更規27，民再規78Ⅰ），評価人は，価額決定の請求をしなかった被申立担保権者に対しても，財産の評価のために必要な協力を求めることができる（会更規27，民再規78Ⅱ）。

評価は，価額決定の時における財産の処分価額[183]を基準とする（会更規27，民再規79Ⅰ）。処分価額の意義については，担保権者がその独自の権能として実現できる競売価額とする説が有力であるが[184]，担保権消滅許可を目的財産について管理処分権を有する管財人による観念的売却としてとらえる本書の立場からは，この状況における売却を前提とした，いわゆる早期売却価額と理解する[185]。財産が不動産である場合には，評価に際して，不動産が所在する場所の環境等に応じ，取引事例比較法，収益還元法，原価法その他の評価の方法

---

[182] 対応規定である民事再生法150条においては，価額決定の基準時が明記されていないのに対して，法106条2項では，「当該決定の時における」とされているのは，更生担保権の目的財産の価額評価の基準時（2X本文）と区別するためであり（一問一答新会社更生法126頁），実質において差異を設けるものではない。

　価額決定の時が基準時とされているのは，被申立担保権が消滅することを予定する時点（108Ⅲ）において，当該担保権が把握する目的物の担保価値を明らかにするためである。場合によっては，目的物の価額が更生手続開始時より下落していることもありうる。したがって，更生手続開始決定時を基準時とする更生担保権の目的物の評価（2X本文）は，参考資料にとどまる。ただし，経済状況の変動などによる下落はともかくとして，集合動産や集合債権の譲渡担保の場合のように，管財人が担保目的物を処分した結果として，価額が下落した場合については，管財人の処分権限との関係などから，なお検討する必要がある。

[183] 価額決定の請求がなされない場合における消滅許可申立てにおける申出額（104Ⅲ②）とは，基準時において差が生じる。再生手続について民事再生法逐条研究160頁。

[184] 再生手続について詳解民再法417頁〔山本和彦〕，新注釈民再法（上）868頁〔木内道祥〕など。

[185] 会社更生の実務（下）55頁〔村松忠司〕。不動産について，社団法人日本不動産鑑定協会「会社更生法に係る不動産鑑定の評価上の留意事項」判タ1126号13頁（2003年）など参照。

を適切に用いなければならない（会更規27，民再規79Ⅱ）[186]。財産が不動産でない場合も同様である（会更規27，民再規79Ⅳ前半部分）。なお，評価人には，評価書の提出が義務づけられる（会更規27，民再規79Ⅲ・Ⅳ後半部分，民執規30Ⅰ）。

(3) 価額決定の手続

価額決定の請求がなされた財産について被申立担保権者が数人ある場合には，裁判所書記官は，その全員（価額決定の請求をした者を除く）に対して，価額決定の請求があった旨を通知しなければならない（会更規27，民再規77Ⅰ）。ただし，数個の価額決定の請求事件が同時に係属するときは，その通知は，最初の価額決定の請求があったときにすれば足りる（会更規27，民再規77Ⅱ）。

また，被申立担保権者が数人ある場合には，そのすべての担保権を消滅させて配当等を実施する関係から，価額は合一に確定する必要がある。そこで，被申立担保権者の全員について価額決定の請求期間（105ⅠⅡ）が経過しなければ，更生裁判所は価額決定をなしえないし（106Ⅲ前段），数個の価額決定の請求事件が同時に係属するときは，事件を併合して裁判しなければならない（同後段）。そして，価額決定は，その請求をしなかった担保権者に対しても，その効力を有する（106Ⅳ）[187]。

価額決定の請求についての決定に対しては，管財人および被申立担保権者は，即時抗告をすることができる（同Ⅴ）。価額決定の請求をしなかった被申立担保権者にも即時抗告権が認められる。したがって，価額決定の請求についての決定または即時抗告についての裁判の裁判書は，管財人およびすべての被申立担保権者に対して送達しなければならず（同Ⅵ前段），送達代用公告の規定（10Ⅲ本文）は，適用しない（106Ⅵ後段）[188]。

[186) 当該財産に用益権が設定されており，それが消滅しないことを前提とすれば，評価も用益権の負担付きのものとしてなされるという意見も有力であるが（民事再生法逐条研究162頁〔福永有利発言〕），担保権を実行した場合に担保権者がえられたはずの利益を奪うことは相当でないとの理由から，用益権の負担のないものとして評価をすべきであるとの考え方が多数である。会社更生の実務（下）55頁〔村松忠司〕，再生手続について花村415頁，詳解民再法417頁〔山本和彦〕，新注釈民再法（上）870頁〔木内道祥〕。

187) この点は，目的財産を共通にする複数の更生担保権がある場合において，ある更生担保権者が行った更生債権等の確定に関する訴訟などが他の更生担保権に影響しない（159．本書501頁参照）のと異なる。担保権消滅許可にかかる価額決定は，後に配当などの基礎となりうるためである。

(4) 価額決定請求手続の費用の負担

価額決定の請求手続の費用は、請求をなす者が予納するが（105Ⅳ）、最終的な負担については、以下のように決定する。第1に、更生裁判所の決定によって定められた価額（106Ⅱ）が、管財人による申出額（104Ⅲ②）を超える場合には、申出額が低廉にすぎたことを意味するから、費用は、更生会社の負担とする（107Ⅰ本文前半部分）。第2に、決定額が申出額を超えない場合には、申出額が相当以上であったことを意味するから、費用は、価額決定を請求した者の負担とする（同後半部分）。

ただし、第1の場合でも、申出額を超える額が費用の額に満たないときは、当該費用のうち、その超える額に相当する部分は更生会社の負担とし、その余の部分は価額決定の請求をした者の負担とする（同Ⅰ但書）。実質的にみれば、超える部分に相当する部分については、価額決定の請求が意味を持ったのに対して、その余の部分は意味がなかったとみられるからである[189]。なお、即時抗告にかかる手続に要した費用は、その即時抗告をした者の負担とする（同Ⅱ）[190]。

以上の結果として、更生会社の負担とされた費用について、費用請求権を有する者は、その費用に関し、納付された金銭（108Ⅰまたは112Ⅱ）について、

---

[188] 担保権者全員に対する送達がされた旨を裁判所書記官が再生債務者等に通知しなければならないとする民事再生規則80条1項、担保権消滅許可申立てについて提出すべき書面等としての登記事項証明書等の提出義務を定める民事再生規則71条2項および担保権消滅許可申立て後の担保権の移転等の届出義務を定める民事再生規則73条を、価額決定の請求があった場合および当該請求についての決定があった場合について準用する民事再生規則80条2項は、会社更生規則27条による準用の範囲から除外されている。民事再生規則80条1項および73条を準用しない理由は、担保権消滅許可および価額決定の手続を迅速に進めることについてもっとも重大な利害関係を有するのは、管財人であるところから、担保権の移転にともなって価額決定の送達先が変わっていれば、当然届け出るべきであり（民再規73の不準用）、送達完了について管財人に通知する必要もなく（民再規80Ⅰの不準用）、また登記事項証明書等の提出は、会社更生規則2条5項にもとづいて更生裁判所の職権によってなされること（民再規71Ⅱの不準用）による。条解会更規97頁参照。

[189] 再生手続について詳解民再法419頁〔山本和彦〕の例によれば、申出額800万円、決定額850万円、費用額が70万円の場合、申出額を超える50万円部分に相当する費用額50万円は、価額決定請求の成果とみなして、更生会社に負担させ、その余の費用20万円は、実益のない価額決定請求の費用として請求者に負担させる結果となる。

[190] 非訟事件における手続負担の原則（非訟26Ⅰ）を反映したものである。条解民再法717頁〔泉路代〕。

他の担保権者に先立ち弁済を受ける権利を有する（107Ⅲ)[191]。しかし，更生会社が金銭の納付をしなかったために，裁判所が担保権消滅許可決定を取り消したときは（108Ⅴ），価額決定の請求にかかる手続費用も，即時抗告にかかる手続費用も，すべて更生会社の負担とする（107Ⅳ前段）。金銭の不納付によって手続を終了させた管財人に帰責性が認められるためである。この場合の更生会社に対する費用請求権は，共益債権とする（同後段)[192]。

4 価額に相当する金銭の納付等

目的財産の価額が確定したときは，管財人は，それに相当する金銭を，裁判所の定める期限までに裁判所に納付しなければならない（108Ⅰ)[193]。裁判所は，その期限の到来前においては，その期限を変更することができる。

納付すべき金額は，請求期間内に価額決定の請求がなかったとき，または価額決定の請求がすべて取り下げられ，もしくは却下されたときは，申出額（104Ⅲ②）であり（108Ⅰ①），価額決定が確定したときは，その決定によって定められた額（106Ⅱ）である（108Ⅰ②）。

---

191) 納付された金銭から費用を支弁すると，実質は，担保権者が費用を負担したのと同様の結果となり，共益債権と異なって，更生会社の負担を求めたことにならない。詳解民再法 427 頁注 52〔山本和彦〕参照。

192) 担保権消滅許可決定が確定してから価額決定申立ての手続が開始されるのが通常と思われるが，場合によっては，それ以前に価額決定申立ての手続が開始される可能性もある（105Ⅰ参照）。その場合に，担保権消滅許可決定が即時抗告によって取り消されたときの費用負担についても，本文に述べたところと同様に考える余地もあろう。

193) 担保権者が実体法上の権利として更生会社に対して対価請求権を取得する趣旨ではない。東京地判平成 16・2・27 判時 1855 号 121 頁〔民事再生〕。なお，金銭の納付期限について民事再生規則 81 条に対応する規定は，会社更生規則には設けられていない。これは，再生手続においては，納付された金銭を即時に配当または交付することから（民再 153Ⅰ Ⅱ），納付期限について規律を設ける必要があるのに対して，更生手続においては，手続が順調に進み，更生計画認可決定がなされれば，納付金銭が管財人に交付されることになる関係で，短期に期限を設定する必要に乏しいこと，および納付期限の変更がみとめられていること（108Ⅱ）を考えると，民事再生規則 81 条 1 項に対応する規律を設ける必要性に乏しいと判断されたためである。

また，民事再生規則 81 条 2 項（裁判所書記官による再生債務者等に対する納付期限の通知）について，これに相当する規定が設けられなかったのは，期限を定める決定の管財人に対する告知（13，民訴 115）の問題と捉えれば，特別の規定を要しないと考えられたためである。さらに，民事再生規則 81 条 4 項による民事訴訟規則 4 条 5 項の準用除外については，一般的準用規定の存在にもかかわらず（会更規 10），管財人の所在が明らかでないとか，外国にあるという事態が想定しがたいために，準用を排除するための規定を置くまでもないと判断されたためである。以上について，条解会更規 102 頁参照。

被申立担保権者の有する担保権は，金銭（108Ⅰ・112Ⅱ）の納付[194]があった時に消滅する（108Ⅲ）。消滅する担保権は，担保権消滅許可申立書に記載された被申立担保権である（104Ⅲ第2かっこ書参照）。仮登記担保や譲渡担保のように，登記または登録の外形上では担保権かどうかが一義的に明らかでないものについても，申立書に消滅すべき担保権として記載され，許可決定の対象となったものについては，消滅するものとして扱われ，次に述べる抹消登記嘱託の対象となる。ただし，権利者の側から担保権でないことを主張して，別訴によって登記の回復を求める余地は認められる。

担保権の消滅にともなって，裁判所書記官は，その担保権にかかる登記または登録の抹消を嘱託しなければならない（108Ⅳ）。嘱託は，嘱託書に，担保権消滅許可決定の裁判書の謄本を添付してしなければならない（会更令1）[195]。

これに対して，管財人が金銭（108Ⅰ・112Ⅱ）の納付をしないときは，裁判所は，担保権消滅許可決定（104Ⅰ）を取り消さなければならない（108Ⅴ）。管財人が金銭の納付をしない以上，担保権消滅許可決定を維持すべき理由はないからである。また，管財人が金銭（108Ⅰ・112Ⅱ）の納付をする前に更生計画認可の決定があったときも，裁判所は，同様に担保権消滅許可決定を取り消さなければならない（108Ⅴ）。担保権の消滅は，本来は更生計画の定めによって行うべきものであることを考えると，すでに更生計画認可決定があった以上，この手続を進める法的利益が消滅するとの判断にもとづいている[196]。

5 管財人に対する金銭の交付

更生手続における担保権消滅許可制度は，当該財産上の担保権を消滅させるという点では，再生手続のそれと共通であるが，対象となる担保権に別除権の地位が保障されている再生手続では，配当等（民再153Ⅰ Ⅱ）によって納付され

---

[194] 金銭の納付とは，価額相当額の金銭を一括して裁判所に納付することを意味する。第三者からの借入れによる事実上の借換えなどの方式に関しては，再生手続について詳解民再法420頁〔山本和彦〕参照。

[195] 民事再生規則81条3項に相当する規定が会社更生規則に設けられていないのは，会社更生法施行令1条がその内容を規定しているためである。

[196] 一問一答新会社更生法129頁。民事再生法152条4項には，これに相当する規定が設けられていないのは，再生計画による担保権消滅が予定されないためである。

なお，担保権消滅許可決定または財産の価額の決定に対して即時抗告がなされ，その審理期間中に更生計画案の付議決定を経て認可決定がなされたときには，担保権消滅許可決定を取り消さざるをえない（108Ⅴ）。実際には，そのような可能性を考慮しつつ，2つの手続の進行を調整することになろう。価額決定申立ての手続との関係も同様である。

た金銭を担保権者に交付することになるのに対し，更生担保権に対する弁済が禁止される更生手続では（47Ⅰ参照），納付された金銭を更生会社に留保，すなわち管財人に交付することが原則になる。

したがって，裁判所は，更生計画認可の決定があったときは，管財人または更生会社（72Ⅳ前段の規定により更生会社の機関がその権限を回復した場合）に対して，納付された金銭（108Ⅰ）に相当する額の金銭を交付しなければならない（109）。後述の剰余金交付にかかる額（111Ⅵ）を控除した金銭に相当する額または剰余金額を差し引いた後に納付された金銭（112Ⅱ）に相当する額についても，同様に管財人に交付する（109）。

交付された金銭の使途は，更生計画の中で定められることになるが（167Ⅰ⑥ロ），具体的にどのような使途を定めるかは，更生担保権者の権利の変更（同①）を考慮しつつ，担保権が存続する更生担保権者と担保権消滅許可制度によって被申立担保権を消滅させられた更生担保権者との間の平等原則（168Ⅰ柱書本文。本書550頁参照）にしたがって判断すべきである[197]。

6 更生計画認可前に更生手続が終了した場合の配当等の実施

更生計画認可決定前に更生手続が終了した場合（235以下）には，納付された金銭を更生計画の定めにしたがって被申立担保権者に弁済したり，更生会社の事業のために使用したりすることはできないので，担保権を消滅させられた被申立担保権者にこれを交付することとなる。交付の方法としては，配当と弁済金交付の2種類がある。

(1) 弁済金交付

被申立担保権者が1人である場合または被申立担保権者が2人以上であって納付された金銭（108Ⅰ・112Ⅱ）で各被申立担保権者の被担保債権および更生会社の負担すべき費用（107Ⅰ）を弁済することができる場合には，裁判所は，当該金銭の交付計算書を作成して，被申立担保権者に弁済金を交付し，剰余金を更生会社に交付する（110Ⅱ）。この場合には，配当の厳格な手続をふむ必要がないために，簡易な交付手続によらせる趣旨である。手続については，民事執行法88条，91条および92条の規定を準用し（110Ⅲ後半部分），また，民事執行規則12条，59条（1項後段を除く[198]），60条および61条の規定も準用す

---

[197] 例としては，被申立担保権者に対して，交付を受けた金銭を原資とする早期弁済を行うとか，相当額の代担保を供与するなどが考えられる。一問一答新会社更生法130頁参照。

る（会更規28Ⅰ前段）。

なお，弁済金交付の日が定められたときは，裁判所書記官は，被申立担保権者および更生会社に対し，その日時および場所を通知しなければならない（会更規28Ⅰ，民執規59Ⅲ）。この場合に，所在不明者または外国にある者に対する通知省略を定める民事訴訟規則5条4項の準用（会更規10）は排除する（会更規28Ⅱ）[199]。

(2) 配　　当

裁判所は，弁済金交付が許される以外の場合においては，納付された金銭について，配当表にもとづいて，被申立担保権者に対する配当を実施しなければならない（110Ⅰ）。民事執行法85条および88条から92条までの規定は，配当の手続について準用する（110Ⅲ）。配当の実施については，弁済金交付の場合と同様に，民事執行規則12条，59条（1項後段を除く[200]），60条および61条の規定を準用する（会更規28Ⅰ）[201]。

なお，更生会社財産の上に設定されている担保権が共同担保の場合，たとえば数個の不動産上に共同抵当が設定されている場合には，納付金銭の割付などの問題が生じる。共同抵当の目的不動産のすべてについて担保権消滅許可申立てがなされるときには，割付配当の規律（民392Ⅰ）が適用される[202]。また，

---

[198]　民事執行規則59条1項後段は，差引納付の申出（民執78Ⅳ本文）がなされたときに，配当期日または弁済金交付の期日を定めなければならないとするものであるが，更生手続においては，管財人が差引納付（112Ⅱ）をした場合であっても，配当等が実施されるかどうかは，更生計画認可前に更生手続が終了するかどうかにかかっているから（110参照），その段階で配当期日等を指定すれば足りるとの判断から，準用の対象から除外されている。条解会更規100頁参照。

[199]　通知内容の重要性を考慮したものであり，民事執行規則3条2項後半部分と同趣旨である。条解会更規101頁参照。

[200]　注198参照。

[201]　実際には，民事および商事留置権の取扱いについての問題があるが（再生手続について西謙二「民事再生手続における留置権及び非典型担保の扱いについて」民事訴訟雑誌54号59頁（2008年）），不動産執行と同様に，留置的効力の故に事実上最優先の満足を受けられることになろう。商事留置権の更生担保権としての取扱いについては，本書200頁注81参照。

[202]　その結果として，一方の不動産についてのみの後順位担保権者にも他の不動産の価額を争う利益が生じるから，許可決定の裁判書の送達（104Ⅳ）などの措置をとるべきである。なお，一括売却（民執61）が相当である複数の不動産については，一括売却を前提とした価額申出や価額決定がなされる。詳細については，再生手続について民事再生法逐条研究140頁，詳解民再法421頁〔山本和彦〕参照。

共同抵当の目的物の一方のみについて担保権消滅許可の申立てがなされたときには[203]，異時配当の規律（同Ⅱ）が適用される[204]。

7 更生計画認可前の剰余金等の管財人への交付

管財人が被申立担保権を消滅させるために納付する金銭（108Ⅲ）は，更生計画認可の決定があってはじめて管財人に交付される（109）。これは，更生計画認可前に更生手続が終了した場合には，納付された金銭を被申立担保権者に配当し，または弁済金として交付しなければならないためである（110）。しかし，このような規律は，被申立担保権者の利益を保護するためのものであるから，担保目的物の価額が被申立担保権の被担保債権額を上回る結果として，納付された金額が被申立担保権者への配当等の見込額を超える場合にも，なお納付された金額の全額についてその交付を留保すべき理由はない。また，すべての被申立担保権者が管財人への交付に同意する場合も，同様である。これらの場合には，更生計画認可決定を待たずに，裁判所に納付された金銭を管財人に交付することが合理的である。

(1) 交付決定の手続

裁判所は，更生計画認可決定の前において，次のいずれかの場合に該当するときは，管財人の申立てにより，それぞれの金額を管財人に交付する旨の決定をすることができる（111Ⅰ柱書）。

　ア　配当等見込額を超える剰余金額

被申立担保権者に配当等（配当または弁済金交付）をすべきこととなる可能性のある金額（配当等見込額という）を納付される金銭（108Ⅰ）に相当する金額から控除しても，剰余がある場合には，当該剰余金額である（111Ⅰ①）。

配当等見込額は，以下の金額の合計額である（同Ⅱ柱書）。第1に，各被申立

---

[203] 前掲札幌高決平成16・9・28（注176）〔民事再生〕は，一部のみを担保権消滅許可申立ての対象とすることが，残部について担保権者が把握する価値を著しく損なう場合には，権利濫用として許されないとする。

[204] もっとも，共同抵当の目的物が，更生会社所有の物件と更生会社の代表者たる第三者所有の物件という場合がある。担保権消滅許可申立ての対象となりうるのは，更生会社所有の物件上の担保権のみであるが，許可申立てを否定する考え方（再生手続について民事再生法逐条研究140頁〔福永有利発言〕）と，これを肯定した上で第三者やその不動産の後順位担保権者にも価額決定の請求適格を認める考え方（再生手続について詳解民再法422頁〔山本和彦〕）とがある。実際上の必要からいえば，後者の考え方にも理由があるが，法105条などの文言からみると，問題がある。

担保権者が届け出た更生債権等（確定したものを除く）についての届出額のうち，当該届出の内容によれば担保権の被担保債権となるもので（同①イ），その担保権によって担保された範囲のもの（同ロ）[205]である（同柱書）。ただし，利息または不履行による損害賠償もしくは違約金にかかる被担保債権にあっては，更生手続開始後2年を経過する時までに生ずるものに限る（同イかっこ書前段）[206]。

第2に，各被申立担保権者が届け出た更生債権等であって確定したものについての確定額のうち，確定した更生債権等の内容によれば各被申立担保権者の有する担保権の被担保債権となるもので（同②イ），その担保権によって担保された範囲のもの（同ロ）である（111Ⅱ②柱書）。ただし，第1と同様に，利息または不履行による損害賠償もしくは違約金にかかる被担保債権にあっては，更生手続開始後2年を経過する時までに生ずるものに限る（同①同イかっこ書後段）。

第1および第2は，被申立担保権者の更生債権等の中で当該担保権の被担保債権と認められるもののうち，未確定のものと確定済みのものとを合算した合計額であり，いわば被申立担保権者の被担保債権の最大限の範囲を示すものといえる。これに加えて，第3に，価額決定請求の予納額（105Ⅳ・111Ⅱ③）を含めたものが配当等見込額として，被申立担保権者が，納付された金銭から受領しうる最大限の額に相当する（107Ⅲ参照）。したがって，担保権消滅のために納付される金銭からこの配当等見込額を控除した剰余の金額を管財人に交付しても，被申立担保権者の利益が害されることはないというのが立法者の判断である[207]。

---

205) 普通抵当については，民法375条による被担保債権の範囲の限定があり，根抵当については，民法398条の3による。
206) 実際に配当等が実施されるのは，更生計画認可前に更生手続が終了した場合であるから，それまでに発生しうべき利息や損害金の額の増大を見込む必要がある。立法者は，更生計画案の提出が原則として更生手続開始後1年以内とされていること（184Ⅲ）などを考慮して，更生手続開始後2年を経過する時までに生じるものに限っている。一問一答新会社更生法132頁参照。また，更生担保権の範囲については，更生手続開始後1年を経過する時までに生じる利息等に限られる（2Ⅹ但書。本書195頁参照）のに対して，ここでは，2年を経過する時までの利息等が含まれるのは，更生手続が手続廃止等によって終了した場合の担保権者の利益を重視するためである。なお，更生担保権の届出に含まれない利息等については，改めてその算定をする必要が生じる。
207) また，未確定の被担保債権について争う余地を認めると，それが手続の遅延を招き，また更生債権等の調査確定手続との関係も問題となるところから，届出額をそのまま配当等見込額の基礎としている。一問一答新会社更生法133頁。

イ　すべての被申立担保権者の同意金額

すべての被申立担保権者が納付される金銭（108Ⅰ）に相当する金額の全部または一部を管財人に交付することに同意している場合には，当該同意のある金額である（111Ⅰ②）。この場合には，すべての被申立担保権者が同意している以上，納付された金銭に相当する金額の全部または一部を管財人に交付しても，被申立担保権者の利益が害されるとはいいがたいからである。

(2)　交付決定の時期

裁判所は，債権届出期間（138Ⅰ・42Ⅰ）が経過し，かつ，納付すべき金銭の額が定まった後でなければ（108Ⅰ各号参照），剰余金等の管財人への交付決定をすることができない（111Ⅲ）。債権届出期間が経過しなければ，配当等見込額の基礎となる被申立担保権者の被担保債権額が定まらず，また，納付すべき金銭の額が定まらなければ，剰余金等の額が確定しないからである。

(3)　交付申立てについての裁判に対する即時抗告

管財人による交付申立てについての裁判，すなわち交付申立てを却下する裁判や交付決定に対して，管財人または被申立担保権者は，即時抗告をすることができる（111Ⅳ）。交付決定に対する即時抗告は，剰余金額の多寡をめぐるものが中心となろう。

なお，交付申立てについての裁判または即時抗告についての裁判があった場合には，その裁判書を管財人および被申立担保権者に送達しなければならない（同Ⅴ前段）。この場合において，送達代用公告の規定（10Ⅲ本文）は適用しない。

(4)　剰余金等の交付

交付決定に対しては，即時抗告が認められるところから，裁判所は，交付決定が確定したときは，当該決定において定める金額に相当する金銭を管財人または更生会社（72条4項前段の規定によって更生会社の機関がその権限を回復した場合）に交付しなければならない（111Ⅵ）[208]。ただし，8に述べる差引納付がなされた場合を除く。この場合には，実質的に交付がなされたのと同様の結果が生じているからである。

---

[208]　更生会社の機関がその権限を回復するのは，更生計画認可後であるから（74Ⅳ前段），法111条6項かっこ書が適用されるのは，更生計画認可前にいったん管財人に対する交付が決定され，その後，現実の交付までに認可決定がなされて更生会社の機関が権限を回復した場合が考えられる。

8 差引納付

担保目的物の価額に相当する金銭の納付（108Ⅰ）と剰余金等の交付は，管財人からみれば，いったん自らが納付した金銭の全部または一部の還付を受けることを意味するから，金銭の納付をする前に剰余金等の交付決定が確定すれば，その差額を納付させれば足りる。差引納付の制度の趣旨はこのようなものである。

裁判所は，管財人が金銭の納付（108Ⅰ）をする前であっても，剰余金等の交付決定をすることができる（112Ⅰ）[209]。そして管財人は，金銭の納付をする前に剰余金等の交付決定が確定したときは（111Ⅵ参照），108条1項の規定にかかわらず，納付すべき金銭の額から交付決定において定める金額を控除した額を，納付すべき期限（108Ⅰ柱書）までに，裁判所に納付すれば足りる（112Ⅱ）。

第3項　債権質の第三債務者の供託

更生担保権の基礎となっている担保権が更生会社の第三者に対する金銭債権を目的物とする質権である場合に，更生手続が開始されれば，当該債権の債務者（第三債務者という）が更生担保権者である質権者に弁済することは，更生担保権の個別的権利行使の禁止（47Ⅰ）に反する。また，第三債務者は，質権設定者である更生会社に対して弁済したとしても，質権が存続している以上，その効力を更生担保権者である質権者に対抗することはできない。かといって，第三債務者としては，弁済をしないままに放置すれば，利息や遅延損害金発生の負担を引き受けなければならない[210]。

現行法が創設した債権質の第三債務者の供託制度は，権利供託として，第三債務者が担保目的物である当該金銭債権の全額に相当する金銭を供託して，その債務を免れることを認めるものである（113Ⅰ）。その結果として，更生担保権者である質権者は，当該金銭債権に代わって，供託金について質権者と同一

---

[209] 債権届出期間が満了している場合や，納付する金銭の全部または一部を管財人に交付することについて，被申立担保権者全員が同意している場合が考えられる。一問一答新会社更生法134頁参照。

[210] 第三債務者が受領不能を理由とする供託（民494前段）をすることができれば，このような負担は解消されうるが，旧法下では，更生会社が第三債務者の弁済を受領できないわけではなく，ただ，それを質権者に対抗できないだけであるという理由から，供託を認めなかったといわれる。一問一答新会社更生法134頁参照。

の権利を有する(同Ⅱ)。したがって、この制度は、更生担保権者である質権者の担保目的物を更生計画の定めによらないで当該金銭債権から更生会社の有する供託金返還請求権に転換する趣旨のものである[211]。

---

[211] この制度は、供託するかどうかを第三債務者の判断に委ねているから、基本的な目的は、第三債務者の保護にあり、質権者としては、第三債務者に供託をするよう促すことができるにとどまる。立案段階では、平成17年改正前民法旧367条3項(現366条3項相当)を参考として、質権者による供託請求を認めようとする議論があったが、実現されなかった。一問一答新会社更生法135頁参照。

第8章 更生計画

　更生計画は，全部または一部の更生債権者等または株主の権利を変更する条項，更生会社の取締役等，その他更生会社の事業の維持更生を図るための基本的事項（167）を定めるものであり（2Ⅱ），更生手続の根本規範である。
　管財人またはその他の者が，更生債権等や株主の権利変更，更生会社の組織再編や事業計画などを内容とする更生計画案を作成し[1]，裁判所に提出すると（184ⅠⅡ），それが関係人集会の決議に付され（189Ⅰ柱書），可決されると（196Ⅴ），裁判所が更生計画認可または不認可の決定をなし（199Ⅰ），認可決定がなされると，更生計画の内容にしたがった権利変更等の効力が生じ（201・205Ⅰ），以後の更生手続は，管財人による更生計画の遂行として進められる（209Ⅰ）。
　なお，一部の権利者の組において，要件を満たす同意（196Ⅴ）がえられなかったために更生計画案が可決されなかった場合においても，裁判所は，更生計画案を変更し，同意をえられなかった種類の権利を有する者のために権利保護条項を定めて，更生計画認可の決定をすることができる（200Ⅰ）。

第1節　更生計画の条項

　更生計画の条項は，第1に，絶対的必要的記載事項，すなわちその記載がないと，原則として更生計画が不適法なものとなり，不認可の理由（199Ⅱ①）とされるもの，第2に，相対的必要的記載事項，すなわち更生計画に記載しなければ所定の効力が生じないもの，第3に，それ以外の任意的記載事項とに分けられる。

---

[1]　更生計画案の内容としての事業計画を類型化すると，存続型，再編型，清算型とに分けられ，再編型では，会社分割や事業譲渡の手法がとられることが多いといわれる。池田靖「再建計画」講座（3）171頁。また，更生会社の具体的事業計画などは，更生計画そのものに定めることは多くなく，付属書類（会更規51Ⅰ。条解会更規169頁参照）の内容とされるのが通例である。本来の更生計画とこれらの内容とをあわせて実質的意義での更生計画と呼ぶこととする（伊藤眞「事業再生手続における解雇の必要性の判断枠組み」倒産法改正展望2頁参照）。この概念は，管財人の更生計画遂行義務（209Ⅰ）の範囲などに関係する。

第1項　絶対的必要的記載事項

　更生計画においては，①全部または一部の更生債権者等または株主の権利の変更（167 I ①），②更生会社の取締役，会計参与，監査役，執行役，会計監査人および清算人（同②），③共益債権の弁済（同③），④債務の弁済資金の調達方法（同④），⑤更生計画において予想された額を超える収益金の使途（同⑤），⑥-1 続行された強制執行等における配当等に充てるべき金銭（51 I 本文）の額または見込額およびその使途（167 I ⑥イ），⑥-2 担保権消滅のために納付された金銭（108 I）の額（差引納付〔112 II〕が認められた場合には，差引納付の金銭の額と交付決定による剰余金等の合計額[2]，167 I ⑥ロ）およびその使途，⑦知れている開始後債権があるときは，その内容（同⑦）の7つを必ず定めなければならない（167 I）。

1　全部または一部の更生債権者等または株主の権利の変更

　ここでいう更生債権者等は，届出をなした更生債権（2 VIII）および更生担保権（同 X）をあわせたもの（同 XII）の主体をいう（同 XIII）。更生債権は，優先的更生債権（168 I ②），一般の更生債権（同③）および約定劣後更生債権（同④）からなる。株主は，更生会社の株式の主体をいい，残余財産の分配に関し優先的内容を有する種類の株式の主体を含む（同 I ⑤⑥）。更生手続への参加資格は，株主名簿の記載または記録（165 II 参照）によることを原則とする（同 I II）。

　権利の変更とは，更生債権であれば，債権の全部または一部の免除，期限の猶予，権利内容の変更（債権を株式に振り替える，いわゆるデット・エクイティ・スワップ[3]など），第三者による債務引受けや担保の提供など，債権の権利内容に関するあらゆる変更を含む[4]。更生担保権であれば，被担保債権の権利内容に関するあらゆる変更の他に，担保権の消滅や担保目的物の変更がありうる。また，株式であれば，その消却，併合，分割等がありうる。

　なお，再生手続においては，再生債権者の権利を変更する条項において，債務の減免等の権利変更の一般的基準を定め（民再156），それを受けて届出再生

　2）　この合計額は，担保権消滅許可にかかる目的物の価額（108 I）に相当する。
　3）　事業再生における税務・会計 Q&A 109頁〔富永浩明〕参照。
　4）　更生計画における権利変更の類型については，更生計画の実務と理論 257頁以下（更生担保権），306頁以下（更生債権）参照。

債権者等の権利について一般的基準を適用した後の権利の定めをすることとしている（民再157Ⅰ本文）。これに対して，更生手続においては，権利変更の一般的基準は，更生計画の必要的記載事項ではない。再生手続においては，届出のない再生債権等についても，一定の範囲のものについては，一般的基準にしたがった権利変更の効力を生じさせるために（民再181Ⅰ），一般的基準が必要的記載事項とされているのであるが，更生手続においては，更生計画に定められた権利以外の権利については，原則として免責されるので（204Ⅰ柱書），一般的基準は必要的記載事項とされておらず，全部または一部の更生債権者等または株主の権利に関する変更後の権利の内容が定められなければならない（170Ⅰ本文）[5]。

　一部についてのみ定めることが許されるのは，更生手続開始前の罰金等で，共益債権でないもの（142②）については，権利変更を定めることができないこと（168Ⅶ），租税等の請求権についてその権利に影響を及ぼす定めをするには，徴収の権限を有する者の同意をえなければならないこと（169Ⅰ本文），少額の更生債権者などについては，その権利を変更しない場合があること（168Ⅰ柱書但書）による。

　全部または一部の更生債権者等または株主の権利の変更に関する条項においては，届出更生債権者等および株主の権利のうち変更されるべき権利を明示し，かつ，変更後の権利の内容を定めなければならない（170Ⅰ本文）[6]。ただし，未確定の更生債権等については，後述のような特別の取扱いがなされる（同但書・172。本書509頁参照）。また，更生手続開始前の罰金等（142②・168Ⅶ）や少額債権など（168Ⅰ柱書但書）のように，権利内容に変更を加えず，更生計画によって影響を受けないものがあるときは，その権利を明示しなければならない（170Ⅱ）。

　変更後の権利の内容および変更されない権利の内容が記載された更生計画の認可決定が確定すると，裁判所書記官は，その条項を更生債権者表および更生担保権者表に記載しなければならず（206Ⅰ），その記載は，債権調査期間の末日を基準時として，更生会社等に対して確定判決と同一の効力を生じるとともに

---

[5]　ただし，権利の具体的内容が確定していない退職手当の請求権などについては，一般的基準を定めて権利変更の効果を及ぼすことが必要になる場合があるが，民事再生法181条に対応する規定をもたない会社更生法では，問題がある。本書470参照。

に(同Ⅱ),更生手続終結後においては,それらを債務名義として強制執行をすることができる(240本文)。

(1) 各種の権利の変更に関する平等原則[7]

各種の権利(168Ⅰ各号)を有する者についての更生計画の内容は,同一の種類の権利を有する者の間では,それぞれ平等でなければならない(168Ⅰ柱書本文)。そこでいう種類とは,更生担保権(168Ⅰ①),一般の先取特権その他一般の優先権がある更生債権(同②),一般の更生債権(同③),約定劣後更生債権(同④),残余財産の分配に関し優先的内容を有する種類の株式(同⑤),それ以外の株式(同⑥)の6つをいう。それぞれの種類に属する権利者間の平等原則は,更生会社財産について有する法的利益の同質性を基礎としている。

更生担保権の基礎となる担保権(2X本文参照。解釈上では非典型担保も含む)についていえば,担保権としての法的性質,担保目的物の種類,あるいは目的物を共通にする担保権の間の順位など,様々な差異は存在するが,更生担保権そのものは,それらの担保権にもとづいて更生手続開始時における目的物の価額(時価)によって担保された範囲の被担保債権を指すのであるから,特定の更生会社財産からの優先弁済を保障されているという法的利益の点では,同質

---

6) 例としては,一般的な権利変更の定めとして,「更生担保権については,処分連動方式(本書551頁注8参照)による弁済を実施する」,「優先的更生債権たる労働債権については,更生計画認可決定確定後1か月以内に一括して弁済する」,「更生手続開始後1年経過後の利息および遅延損害金は免除を受ける」,「それ以外の一般更生債権のうち,50万円以下のものについては,その確定債権全額を,50万円を超え150万円以下のものについては,50万円を,150万円を超えるものについては,確定債権額の3分の1相当額を,更生計画認可決定確定後1か月以内に一括して弁済し,残額については免除を受ける」,「更生会社は,新たに発行される募集株式にかかる金銭の払込みがされた日に,発行済株式○○○○万株全部を無償で取得し,同日,その全部を消却する」,などの条項を設け,これを受けて,更生計画の別表として,各権利者について確定債権額,免除額,弁済額を定めるのが通例である(更生計画の実務と理論181, 257, 306頁参照)。いわゆる優先株式は,剰余金の配当または残余財産の分配について優先的内容を有する種類の株式を含むが(会社108Ⅰ①②。江頭135頁),更生手続の性質上から,残余財産の分配について優先的内容を有する株式のみを特別の種類のものとしている。

また,ここでいう変更には,権利内容の量的変更だけではなく,債権を株式に,ゴルフ場における預託金債権をプレー権に振り替えるなどの質的変更をも含む。なお,「リース債権たる更生担保権について更生計画による全額の弁済を行うことにより,更生会社が目的物件の所有権を取得する」旨の条項もみられるが,厳密な意味での権利変更にあたるかどうかは疑問もあろう。

7) 権利変更に関する原則としては,平等原則と並んで,公正・衡平原則(本書628頁)および清算価値保障原則(本書631頁)がある。

性が認められる[8]。

　一般の優先権がある更生債権についても，国税徴収法8条，地方税法14条，民法308条など，その優先権の根拠や相互の順位などについてみれば，違いが認められるが，更生会社財産全体から優先権のない債権に先立って満足を受けるという法的利益には，同質性が存在する。優先権のない更生債権の同質性については，いうまでもない。もっとも，優先権のない更生債権のうち，約定劣後更生債権（43Ⅳ①）は，更生債権者と更生会社との間において，会社について破産手続が開始されたとすれば，当該破産手続におけるその配当の順位が劣

---

[8] 更生担保権の平等原則に関する問題として，いわゆる処分連動方式がある（本書550頁注6参照）。すなわち，更生計画上で売却処分が予定される担保不動産の売却価格と更生担保権に対する弁済額とを連動させ，売却価格から必要経費等を控除した金額（売得金額）を当該担保不動産についての更生担保権者に弁済するという方式である。このような方式がとられるのは，担保不動産の時価評価（2Ⅹ本文）について争いが生じ，それを解決するための手続（151以下）に時間を要することを避けるためである。この方式の下では，いったん更生担保権額が定められても，売得金額がそれを上回れば，当該更生担保権者の有する更生債権部分の弁済に充て，売得金額が更生担保権額を下回れば，その差額については，一般更生債権と同様の取扱いにするというものである。会社更生の実務（下）242頁〔真鍋美保子〕，永石一郎編集代表・倒産処理実務ハンドブック488頁〔長島良成，上野保，縣俊介，伊達雄介〕（2007年），更生計画の実務と理論181頁，髙木新二郎「更生担保権の処遇についての再検討」金法1408号23頁（1995年），多比羅誠「会社更生法の運用事例からみた諸問題」債権管理91号125頁（2001年），澤野正明＝朝田規与至「スポンサー選定と更生計画案をめぐる諸問題」NBL956号93頁（2011年），最新実務261頁など参照。

　具体例として，「更生会社は，別表記載の不動産等を売却等の方法により処分したときは，原則として，実質売却代金全額の入金後6か月以内に実質売却代金を更生計画で定める順位に従い一括弁済する。ただし，実質売却代金が確定更生担保権額を上回る場合は，実質売却代金全額を弁済し，超過分については，一般更生債権に対する弁済と扱うものとし，超過分相当額の一般更生債権に対しなされていた免除は効力を失う。実質売却代金額が確定更生担保権額を下回る場合には，実質売却代金を弁済し，不足分は，一般更生債権の権利変更および弁済方法を適用する」などの定めがある。

　平等原則という視点からこの方式をみると，同じく更生担保権でありながら，期限の猶予や減免の対象となりうる他の更生担保権との不平等が問題となる。しかし，担保目的物が更生会社の事業用資産として保持されるか，それとも不要なものとして処分されるかによって，弁済条件についての差が生じるのは，「同一の種類の権利を有する者の間に差を設けても衡平を害しない場合」に該当すると思われるし，また，売得金額が更生担保権額を上回れば，当該更生担保権者は，他の更生担保権者よりも有利な満足を受けるが，更生担保権額を下回れば，他の更生担保権者よりも不利な結果となる可能性があることも，衡平を損なうものではないという理由になろう。もちろん，同じく処分予定の資産について，ある更生担保権者について処分連動方式をとり，他の者については，それを採用しない場合には，特段の事情がないかぎり，平等原則違反の問題を生じよう。

後的破産債権（破99Ⅰ）に後れる旨の合意がされた債権をいうから，一般の優先権のない更生債権等とは区別され，更生会社財産の分配について劣後的分配に甘んじざるをえないという意味での同質性が認められる。

　株式の中で，残余財産の分配に関し優先的内容を有する種類の株式は，それ以外の株式とは区別され，優先的分配を求める法的利益が保障されており，その種の株式を保有する者の権利には，同質性が存在する。また，それ以外の株式にも様々な種類のものがあるが，更生会社財産の分配という視点からは，同質なものとみなされる。

　以上に挙げた6つの種類の権利に属するかぎり，各権利者の権利についての更生計画の内容は，平等でなければならない。平等とは，金銭債権の場合であれば，弁済率や弁済期間などに照らし，更生債権者等が受ける経済的利益が同一であることを意味する[9]。また，非金銭債権であれば，目的たる給付の財産的価値[10]を基準として金銭債権との間の平等を判断することとなる。株主であれば，消却の割合などを基準とすることになろう。

(2)　平等原則の例外

　もっとも，平等原則の例外として，以下のようなものを法が認めている。

　第1に，不利益を受ける者の同意がある場合には，その者に対する弁済率を低くするなどの不平等な取扱いが許される（168Ⅰ柱書但書）。親会社や旧経営者が更生債権者等となっているときに，管財人が，交渉によってそれらの者の同意を取り付けて，不利益な取扱いをする場合などが，これにあたる。

　第2に，少額の更生債権者等について別段の定めをしても衡平を害しない場合が挙げられる（同）。ここでいう別段の定めは，他の更生債権者等よりも弁済率や弁済期間などにおいて有利な定めをすることを意味する[11]。そもそも，

---

9)　議決権額（191Ⅱ④・192Ⅰ②など）が一つの参考となろう。また，一部の更生債権者等が計画外で満足を受けている場合（47Ⅱ・47の2・137Ⅰ参照）には，そのことも平等原則の適用に関して判断の資料となる（会更規51Ⅱ。本書603頁参照）。

10)　平等原則違反があっても，それが軽微であり，実質的不公平が明白とまではいえないときには，更生計画を認可することが許される。東京高決平成13・9・3金商1131号24頁〔民事再生〕〔倒産百選81事件〕。

11)　別段の定めの例としては，50万円以下の更生債権について全額を弁済するとか，他の一般更生債権については免除後の金額を分割弁済をする場合に，50万円以下の更生債権については免除後の金額を一括弁済するなどの条項がある。更生計画の実務と理論311頁参照。

少額の更生債権等について，有利な取扱いをすることを正当化する根拠としては，更生手続にとっての利益と少額の更生債権者等にとっての利益が考えられる。

更生手続にとっての利益とは，議決権者の頭数を減らすことによって，手続費用を節減すること[12]や，少額の更生債権等を早期に弁済することによって更生会社の事業の継続にとっての支障を取り除くことなどを意味する。更生計画認可決定前の少額の更生債権等の弁済（47Ⅴ）は，このような考え方にもとづくものであるが，更生計画における権利変更に関しても，その円滑な遂行を実現するために別段の定めをすることが許される。

これに対して，少額の更生債権者等にとっての利益とは，早期の弁済や高い率の弁済を受けることによって権利の実質を確保できることなどを意味する。更生計画による権利変更に関する別段の定めの許容は，このような利益を考慮することを認めるものである[13]。

第3に，手続開始後の利息の請求権等（136Ⅱ①～③）について劣後的取扱いを内容とする別段の定めをしても，衡平を害しない場合が挙げられる（168Ⅰ柱書但書）。これらの請求権等が他の更生債権等に比較して劣後的性質をもっており（本書142頁），議決権も認められないこと（136Ⅱ）を考慮したものである。

第4に，以上の場合以外であっても，同一の種類の権利を有する者の間に差を設けても衡平を害しない場合が挙げられる。ここでいう衡平とは，権利の性質や発生原因を考慮したときに，当該権利者を他の権利者より有利に，または不利に扱うことに合理的理由が認められることを意味する。有利に扱うことができる例としては，人身被害にもとづく損害賠償債権たる更生債権について，他の更生債権よりも弁済率を高め，また弁済期を繰り上げることがありうるし，逆に不利に扱うことができる例としては，同意がない場合でも，親会社や内部

---

[12] 再生手続の場合には，再生計画案の可決について頭数要件があるために（民再172の3Ⅰ①），少額の再生債権者に対する手厚い弁済を行うことが再生計画案の可決を容易にする効果を生じうるが，更生計画案については，頭数要件がないために（196Ⅴ参照），このような効果をもつことはない。

[13] また，法47条5項にもとづく少額弁済（本書182頁参照）や，開始決定前において弁済禁止保全処分の一部解除の方法による少額債権の弁済（本書72頁参照）を行っている場合には，そのような弁済を受けた債権者との平等を図る意味から，更生債権者の債権のうち少額債権部分について，同一の水準による弁済を定めることは，衡平を害しないといえる（実践マニュアル259頁）。

者の更生債権等についてのみ弁済率を低め，あるいは全額免除とすることがありうる[14]。さらに，更生手続開始申立て前の事業再生 ADR などの私的整理段階において，主要債権者の合意をえて，更生会社に対して事業継続のための資金を供給した者の更生債権を，他の更生債権より有利に扱うことも考えられる[15]。

(3) 公正・衡平の原則

更生計画においては，異なる種類の権利を有する者の間においては，権利の順位（168 I ①～⑥）を考慮して，更生計画の内容に公正かつ衡平な差を設けなければならない（同Ⅲ前段。本書 628 頁参照）。この場合における権利の順位は，各号の順位による（同後段）。ただし，租税等の請求権（2 XV）および更生手続

[14] 親会社やスポンサーの更生債権の返済を劣後させたり，メインバンク等の大口債権者の更生債権の弁済率を低くしたりするなどの措置がとられることが多い。会社更生の実務（下）240 頁〔真鍋美穂子〕，田原睦夫「企業グループの倒産処理」講座（3）104 頁，小畑英一「再生債権をめぐる諸問題」民事再生の実務と理論 117 頁。

これに関連して，ゴルフ場の再生事件について，平等原則違反を判示するものとして，東京高決平成 16・7・23 金法 1727 号 84 頁〔民事再生〕があり，平等原則違反を否定するものとして，前掲東京高決平成 13・9・3（注 10）〔民事再生〕，大阪高決平成 18・4・26 金法 1789 号 42 頁〔民事再生〕，東京高決平成 14・9・6 判時 1826 号 72 頁〔民事再生〕がある。これに関する検討として，服部弘志「ゴルフ場事業者の再生手続における会員債権者の処遇と債権者平等の原則——東京高裁 16 民事部平成 16 年 7 月 23 日決定を契機として」今中古稀 489 頁，辻川正人「再生計画における債権者平等について」同 284 頁がある。

また，従業員に対する年金給付のために更生会社が企業年金基金に対して掛金支払義務を負っており，基金の掛金支払請求権の法律上の性質が一般の更生債権であるとみなされる場合に，更生計画における弁済率を他の一般の更生債権よりも有利にする実務例がある（腰塚和男ほか「事業再生 ADR から会社更生への手続移行に際しての問題点と課題（2）——日本航空，ウィルコム，林原の事案を参考にして」NBL 954 号 61 頁（2011 年））。この種の掛金支払請求権を雇用関係にもとづいて生じた債権（民 308）ということはできないが，雇用関係に密接な関連があるものとして，平等原則の例外とすることは許されよう（山本和彦「Hot Issue——JAL 更生手続に関する若干の法律問題　日本における本格的な事前調査型会社更生手続の幕開きへ」事業再生と債権管理 128 号 7 頁（2010 年）参照）。

[15] 産業活力の再生及び産業活動の革新に関する特別措置法（平成 11 年法律 131 号・平成 21 年改正）54 条では，特定認証紛争解決手続によって事業再生を図ろうとする事業者が，事業再生のために行う資金の借入れについて，あらかじめ特定認証紛争解決事業者によって法定の要件に適合していることの確認（産業再生 52）をえた上で，更生計画案においてその資金の借入れにかかる更生債権と他の更生債権との間に権利の変更の内容に差を設けている場合には，裁判所は，確認がなされていることを考慮して，衡平に反しないかどうかの判断をするものとしている。これは，特定認証紛争解決事業者による確認を尊重することを通じて，いわゆる DIP ファイナンスを促進するための措置と理解される。これを理由とする優先的取扱いの可能性について，最新実務 235 頁，経済産業省経済産業政策局産業再生課編・逐条解説産活法 279 頁（2011 年）参照。

開始前の罰金等の請求権（142②）については，公正・衡平の原則の適用対象から除外され（168Ⅳ），前者については，その権利に影響を及ぼす定めをするためには，徴収の権限を有する者の同意をえなければならないことを原則とするという（169），後者については，更生計画において減免の定めその他権利に影響を及ぼす定めをすることができないという（168Ⅶ），それぞれの請求権の公的性質を考慮した特別の取扱いがなされる。

ア　絶対的優先説と相対的優先説

公正・衡平の原則の意義については，絶対的優先説と相対的優先説とが対立する（本書628頁参照）[16]。絶対的優先説は，更生担保権に始まり株式に至る順位（168Ⅰ①～⑥）を実体法上の優先劣後の関係と同視し，先順位の権利が完全に満足させられないかぎり，後順位の権利に満足を与えることを禁止するのが公正・衡平の原則の意義であるとする。したがって，絶対的優先説の下では，更生担保権について期限の猶予や債権額の減免をする場合には，優先的更生債権以下の権利に対して何らかを受ける期間中の満足を与える内容の更生計画は，公正・衡平の原則違反となる。

これに対して相対的優先説は，先順位の権利者に与える満足が後順位の権利者に与える満足よりも相対的に大きくなければならないというのが，公正・衡平の原則の意義であるとする。したがって，相対的優先説の下では，更生担保権について一部免除を定める場合であっても，その免除率が優先的更生債権や一般の更生債権の免除率より低ければ，公正・衡平の原則違反とはならない。

絶対的優先説と相対的優先説とを比較検討するときに，その前提となるのは，いずれもが分配の基準をいうのであれば，分配の対象は何かという問題である。いわゆる観念的清算という概念に端的に現れているように，更生会社の継続事業価値を権利の順位にしたがって分配することが更生手続の目的であると考えれば，絶対的優先説に近づくことになる。これに対して，継続事業価値は，清算価値とは異なって，将来に実現されうる不確定な価値であり，後に述べる清算価値保障原則（本書631頁）との関係からいえば，継続事業価値が清算価値を上回ること自体は確実であるが，継続事業価値の性質上，それを権利の順位

---

[16]　公正・衡平の原則の沿革を含めた詳細については，条解会更法（下）534頁，三ケ月・研究132頁以下，青山善充「会社更生の性格と構造（4・完）」法協86巻4号418頁以下（1969年）参照。

にしたがって機械的に分配することは，継続事業価値を絶対視するものといわざるをえない。

それにもかかわらず，絶対的優先説が一定の説得力をもちえたのは，それが更生計画による分配の総額を画するという役割を期待されていたからに他ならない。すなわち，相対的優先説の下では，順位に拘束された継続事業価値の分配という枠組が存在しない結果として，上位の権利者だけではなく，下位の権利者にも更生計画による満足を与えることが可能になり，関係人集会において可決をえやすくするために，いわば八方美人的な更生計画案が作成されがちになる。客観的な継続事業価値の枠を超えて，各種の権利者に満足を与える更生計画案は，関係人集会における可決をえやすくなるという側面があるものの，遂行可能性に欠け，結局は，事業の維持更生という更生手続の目的が実現できない，あるいは各権利者に対する計画上の満足が実現されないおそれを生じさせる[17]。

確かに，相対的優先説の下で生じうる悪弊として上記のような問題があることは否定できない。しかし，そのような問題は，更生会社財産の処分や，それを基礎として実現される将来収益について管財人が正確な判断をなし，裁判所がそれを適切に監督することによって，そして最終的には，更生計画の遂行可能性（199Ⅱ③）の判断によって解決すべきものであり，絶対的優先説をとることの根拠にすべきものではない[18]。

　　イ　相対的優先説と公正・衡平の原則

公正・衡平の原則を規定する法168条3項の文言が，「第1項各号に掲げる種類の権利の順位を考慮して」と定め，権利の順位は差を設ける際の考慮要素とされていることからも，それぞれの種類の権利の基礎にある実体法上の権利の性質のみを基準として分配の優先劣後が定まるという，絶対的優先説はとりえない。また，絶対優先説を前提とするのであれば，更生計画案についての関係人集会の決議の意義も失われるか，少なくとも大幅に減殺されることになろ

---

[17]　旧和議の問題点として，「一方的に債権者の犠牲を強いるのみならず，債務者自身の体質改善が図られないため履行の可能性も薄いものとなる」（麻上正信＝谷口安平編・注解和議法12頁〔谷口安平〕(1985年)）といわれたのも，このことを意味する。

[18]　権利保護条項の制度（200。本書637頁）が存在し，先順位権利者に最低限の利益が保障されることによって，相対的優先説の悪弊が抑止されることを説くものとして，松下淳一「一部の組の不同意と権利保護条項」理論と実務239頁がある。

う。

　相対的優先説の下での公正な差とは，更生担保権など各権利の基礎にある実体法上の権利の性質を反映した取扱いを意味する。したがって，更生債権に対する弁済率よりも更生担保権に対する弁済率を低く設定する更生計画の条項は，公正なものとはいえない[19]。これに対して，衡平な差とは，当該更生会社の事業計画や更生計画案に対する各権利者の対応などの具体的状況を反映した取扱いを意味する。長期にわたる弁済に耐えられる更生担保権者に対しては，期限の猶予を前提として，将来の収益を財源とする弁済を定める一方で，一般の更生債権については，相当額の免除を前提として，早期の一括弁済をするなどが，衡平な差の例として考えられる（本書第1章7頁参照）。衡平な差は，公正な差にもとづく取扱いを調整する原理として働くといってよい。

　更生会社が債務超過の状態にある場合には，更生会社財産についての株主の持分はないと考えられる（46Ⅷ後半部分・166Ⅱ参照）。したがって，更生債権者等の権利に変更を加える場合には，絶対的優先説を前提にすれば，株主の地位を完全に消滅させる，いわゆる100％減資[20]をしないかぎり，公正・衡平の原則違反となる。しかし，相対的優先説の下では，株主の権利の変更割合が約定劣後更生債権を含む更生債権等についての変更割合よりも不利でありさえすれば，株主の権利を残しても，不公正とはならない。したがって，更生会社の既存株主の権利を若干でも残存させることが更生会社の事業価値を維持するのに役立つと認められる場合には，そのような内容の条項を設けることが衡平な差

---

19)　もっとも，一般の更生債権者たる被害者救済のために第三者が更生会社に対して資金を提供した場合のように，その資金の用途がもっぱら特定類型の更生債権者に対する弁済のためのものであり，かつ，それが社会的に相当と認められる場合には，更生会社財産一般を基礎とする弁済と異なって，一般の更生債権者に対する弁済率が優先的更生債権者や更生担保権者に対するそれよりも高いとしても，公正原則違反とはいえない。この場合には，更生計画による弁済の基礎となる更生会社財産が実質的に区別され，更生会社が社会的責任を果たす上で，その区別が相当と認められるからである。

20)　従来いわれていた100％減資とは，会社法の下では，法律上の意義を失っているが，それに対応する結果，すなわち既存株主の株式を消滅させようとすれば，発行済株式のすべてを全部取得条項付種類株式に変更し，それを更生会社が無償で取得した上で消却する旨を更生計画に定めることになる（江頭153，639頁参照）。また，法174条の2にもとづいて株式を取得する条項を定めた上で，消却することもできる。したがって，既存株主の権利を消滅させるために必ずしも資本金の額そのものを0円にする必要はないが，新規出資者（いわゆるスポンサー）に対する剰余金配当を容易にするために，資本金または準備金の額を減少させることもあるといわれる。

とみなされよう[21]。

(4) 罰金等の請求権（142②）の取扱い

更生計画における更生債権等の権利の変更に関する特則として，更生手続開始前の罰金等の請求権については，減免の定めその他権利に影響を及ぼす定めをすることができない（168Ⅶ）。罰金等の請求権は，更生会社の違法行為から生じた公法上の請求権であり，更生会社の事業の維持更生のために，更生計画によってそれを変更することは不合理だからである[22]。

(5) 租税等の請求権（2XV）の取扱い

更生計画において，租税等の請求権についてその権利に影響を及ぼす定めをするには，徴収の権限を有する者の同意をえなければならない（169Ⅰ柱書本文）[23]。租税等の請求権とは，一般の優先権のある更生債権を意味するから（2XV，税徴8，地税14，健保182，厚年88，介保144，地自231の3Ⅲ）[24]，本来であれば，優先的更生債権として権利変更の対象となりうるが（168Ⅰ②），租税等の請求権の公益的性質を考慮した他の規定（8Ⅲ・24Ⅱ・47Ⅶ・50Ⅱ～Ⅴ・87Ⅲ・142・204Ⅰ④など）とともに，権利変更の態様についても，特則が設けられている[25]。

しかし，罰金等の請求権と異なって，租税等の請求権は，違法行為に対する制裁ではなく，会社の経済活動にともなって生じる公的費用としての性質をもつものであるから，権利変更のすべてにわたって，徴収の権限を有する者の同意を要件とすることには，合理性が認められない。そこで，以下の3つの場合においては，同意は不要であり，徴収の権限を有する者の意見を聴けば足りる

---

21) 最新実務243頁でも，「上場会社において，上場を維持することで事業価値の毀損を防止し，ひいては債権者の弁済率の向上に資するのであれば，いわゆる100％減資をしないとしても，株主の権利を大幅に希釈することにより，公正・衡平の原則を満たすと解釈する余地はありうる」とされている。
22) 再生手続においても同様であり（民再155Ⅳ），破産手続において罰金等の請求権が非免責債権とされるのも（破253Ⅰ⑦），同様の理由による。
23) 法169条2項は，「徴収の権限を有する者は，前項本文の同意をすることができる」旨を規定するが，これは，財政法8条との関係である。なお，同意が更生計画案作成の要件か，それとも認可の要件かという問題があり，前者であるとすれば，付議決定までに同意をえる必要がある（189Ⅰ③・199Ⅱ①）。法169条1項柱書本文の文言は，更生計画案作成の要件としているように思われるが，実務上では，付議決定までに内諾をえ，その後に正式な同意を取得するという運用もありえよう。
24) 共益債権となるもの（127②・129）は，除かれる（2XV後半部分）。

(169Ⅰ柱書但書)26)。

　第1は，当該請求権について3年以下の期間の納税の猶予または滞納処分による財産の換価の猶予の定めをする場合である（169Ⅰ柱書但書）。ここでいう程度の猶予であれば，租税等の請求権の内容を本質的に変更するものではないとの判断にもとづくものである。

　第2は，更生手続開始決定の日から1年を経過する日（その日までに更生計画認可決定があるときは，その決定の日）までの間に生ずる延滞税，利子税または延滞金について，猶予や減免などその権利に影響を及ぼす定めをする場合である（169Ⅰ①。滞納処分の禁止または中止に関する法50条2項について本書321頁参照）。これらは，本税との関係では，いずれも付随的なものであり，しかも期間も限定されているところから，同意を要するまでもないと判断されたためである。

　第3は，納税の猶予または滞納処分による財産の換価の猶予の定めをする場合におけるその猶予期間にかかる延滞税または延滞金について，権利に影響を及ぼす定めをする場合である（169Ⅰ②）。これも，第1および第2と同旨の例外であり，比較的軽微な影響のために同意不要とされたものである。

(6) 債務の期限

　更生計画において，事業収益など更生会社の収入を基礎として更生債権者等に対する弁済をする場合には，その期限も一定期間にわたるものとならざるをえない。しかし，合理的範囲を超えて長期間にわたることは，遂行可能性についての判断を困難にし，また更生債権者等の権利を有名無実のものとするおそ

---

25) 法169条の前身である旧会社更生法122条の沿革などについては，条解会更法（中）500頁参照。旧会社更生法122条の原案では，権利の変更を及ぼす事項を定めるためには，徴収の権限を有する者の同意をえなければならないこととされていたが，国会審議の結果として，2年以下の徴収の猶予または滞納処分の執行の猶予については，同意を不要とし，意見の聴取をするものとされた。さらに，昭和42年改正によって，3年以下の納税の猶予または滞納処分による財産の猶予の定めをするには徴収権者の意見を聞けばよいものとするなど，租税等の請求権に関する権利変更の要件について大幅な緩和がなされ（宮脇＝時岡206頁），それが現行法に引き継がれている。

　なお，同意にもとづくものであれ，意見聴取にもとづくものであれ，更生計画認可の決定があったときは，租税等の請求権についての時効は，以下の規定によって納税の猶予または滞納処分による財産の換価の猶予がされている期間中は，進行しない（207。民166Ⅰ参照）。

26) 同意を要する事項と要しない事項があるために，租税等の請求権に関する更生計画の定めは，やや複雑になる。その例として，更生計画の実務と理論336頁では，要同意事項と求意見事項とに分けたモデル文例が紹介されている。

れがある。また、更生計画の定めにもとづいて更生会社が新たに債務を負担する場合にも、同様の問題がある。そこで、更生計画によって債務が負担され、または債務の期限が猶予されるときは、その債務の期限に合理的な上限を設ける必要がある[27]。更生計画の内容がこれに反するときは、更生計画不認可の事由（199Ⅱ①）となる。

　ア　債務の期限の上限

　第1に、担保物（その耐用期間が判定できるものに限る）がある場合は、当該耐用期間または15年のいずれか短い期間が、原則として上限となる（168Ⅴ柱書・①）。ここでいう担保物とは、更生計画の内容に即して、従来からの担保権が存続させられる場合、および新たに担保権が設定される場合の目的物を意味するが[28]、いずれにしても、債務の期限がその担保物の経済的価値が認められる期間を超えることを認めるのは不合理であり、また、その期間の範囲内であっても、15年という長期を超えることは、更生債権者等の利益保護の点からも認めがたいという立法者の判断にもとづいている。15年の起算点は、更生計画の効力発生時期、すなわち更生計画認可決定の時（201）である[29]。

　第2に、それ以外の場合、すなわち担保物があっても、その耐用年数が判定できないとき、および担保物がないときは、原則として15年が上限となる（168Ⅴ柱書・②）[30]。

　ただし、第1および第2のいずれについても例外があり、更生計画の内容が更生債権者等に特に有利なものになる場合その他の特別の事情がある場合は、20年が上限となる（168Ⅴ①第2かっこ書・②かっこ書）。特別の事情の意義としては、15年を超える期限を定めることに合理性がある場合を指すと解され、

---

27) 旧会社更生法213条も、このような考え方から、担保があるときはその担保物の耐用期間、担保がないとき、または担保物の耐用期間が判定できないときは、20年を超えてはならないと規定していたが、現行法は、経済合理性の視点から、それを短縮している。一問一答新会社更生法192頁参照。
28) 旧会社更生法213条の下では、担保があるときは、その担保物の耐用期間が唯一の基準とされていたので、担保物が土地である場合には、期限についての制限が存在しない結果となるといわれていた（条解会更法（下）438頁）。しかし、現行法では、その場合であっても、15年の期間を適用する。
29) 条解会更法（下）438頁。したがって、更生計画案作成の時からいえば、将来の認可時点を予想して、15年の期間との関係を判断することになる。
30) 再生手続においては、原則として上限が再生計画認可決定の確定時から10年とされている（民再155Ⅲ）。

収益弁済が軌道に乗るまでに一定の期間を要し，15年を超える期間を定めれば，更生債権者等に対する弁済率が大幅に高まるときが，更生債権者等に特に有利なものになる場合の例であり，また，主要な更生債権等が当初から15年を超える長期信用にもとづくものであるときが，特別の事情がある例として考えられる[31]。

　イ　社債についての特例

　更生会社は，事業資金の調達の一手段として，社債（会社2㉓）を発行することが認められる（167Ⅱ・45Ⅰ⑥・177）。更生計画の定めにもとづいて社債を発行する場合にも，担保付きであれ，無担保であれ，社債が更生会社の債務負担に属する以上，法168条5項にもとづく債務の期限に関する規律が妥当する。しかし，社債の中には，長期の償還期限を予定するものもあり[32]，また，社債権者としては，社債の流通性が強化されているところから，売却によって投下資金を回収することも容易になっている。立法者は，このような社債の特質を重視して，債務の期限に関する規律を社債に適用しないこととしている（168Ⅵ）[33]。

(7)　敷金返還請求権に関する権利変更の態様

　敷金返還請求権は，それが更生手続開始前の敷金契約という原因にもとづく財産上の請求権であることから，更生債権として扱われるが（2Ⅷ柱書），更生計画の効力発生後に具体化する敷金返還請求権に関する更生計画における権利変更の態様については，考え方の対立がある。これは，敷金返還請求権が賃貸借終了後家屋明渡しまでの未払賃料や損害金等を控除して，なお残額があるこ

---

31)　一問一答新会社更生法193頁参照。同書では，期限を伸長することにより，清算価値を上回る弁済が可能になるときが，特に有利なものになる場合の例として挙げられているが，更生計画に清算価値保障原則が妥当することを前提とすれば，清算価値を上回る弁済が可能になることは当然であり，特に有利なものとなる場合の例としては不適当であろう。
　なお，実際の更生計画では，継続使用を予定する不動産にかかる更生担保権について相当期間にわたる分割弁済を定めるものも存在するが，処分を予定する不動産にかかる更生担保権については，処分連動方式（本書551頁注8）を採用することによって，早期の一括弁済を定める例が一般化している。また，前者の場合でも，実際には，事業譲渡やファイナンスによる繰上弁済条項が設けられ，実行されることが多い。

32)　会社法676条4号参照。償還期限の定め方については，会社法コンメンタール（16）25頁以下〔今井克典〕参照。場合によっては，社債発行会社が存続するかぎり償還の必要なしとする永久債も認められる。

33)　一問一答新会社更生法193頁。旧会社更生法213条では，社債についての特例が設けられておらず，不具合を生じる可能性があったことについても，同書同頁参照。

とを条件として発生するという判例法理[34]と関係する。

一つの考え方は，当然充当先行説と呼ばれるもので，明渡し時における未払賃料等を敷金額から控除し，残額について平等原則や公正・衡平の原則にしたがった権利の変更を更生計画に定めるべきであるとする。これに対して，権利変更先行説と呼ばれる考え方の下では，当初の敷金額について上記の原則にしたがった権利の変更を更生計画において定め，明渡し時の未払賃料等は，その変更後の敷金額から控除すべきであるとする[35]。

当然充当先行説は，充当後にはじめて具体的な敷金返還請求権が発生するという理論的根拠，更生計画の効力発生前後で敷金返還請求権の権利変更の態様が異なるのは不当であるという実際的根拠を強調するが，他の更生債権者と比較して，敷金返還請求権者に有利な取扱いを認める結果になること，権利変更後の具体的内容が更生計画において定まらず，遂行可能性の点で問題があること，また，判例法理も，明渡し前でも条件付権利としての敷金返還請求権の存在自体は認めていることなどを考慮すると，権利変更先行説を妥当とする[36]。

(8) 退職手当の請求権に関する権利変更の条項

更生会社の使用人および更生会社の取締役，会計参与，監査役，代表取締役，執行役，代表執行役，清算人または代表清算人の更生債権等たる退職手当の請求権については，届出に関する特例が定められており（140），更生計画認可決定前に退職した場合にも付議決定後に届出がなされる場合がある。そのような場合に備えて，「当該債権が確定したときは，更生計画認可決定の日または当該債権の確定の日のいずれか遅い日の後〇日以内にその全額を一括弁済する」などの条項を設けて，他の更生債権と同様の弁済条件を記載した条項を設けることが考えられる。

---

34) 最判昭和48・2・2民集27巻1号80頁など。
35) さらに，賃借人が更生手続開始決定後に賃料を支払ったことによって共益債権化された敷金返還請求権部分（48Ⅲ）が更生計画による権利変更の対象となるかという点についても，考え方の対立がある。しかし，いったん共益債権化された以上，その部分について更生計画による権利変更を考える余地はない。以上の詳細については，本文の説明部分を含め，伊藤眞「民事再生手続における敷金返還請求権の取扱い」青山古稀627頁において再生手続について述べたところが，更生手続にも妥当する。
36) ただし，実務上の取扱いとしては，いずれの方式も適法として，他の更生債権者等との平等に配慮して，いずれかを採用すべきとする見解が有力である。最新実務238頁，簑毛良和「再生計画による敷金返還請求権の権利変更の範囲について」民事再生の実務と理論115頁参照。

さらに，更生計画認可決定後の退職者の退職手当の請求権については，退職金を更生手続開始前の賃金の後払い部分と開始後の賃金の後払い部分に分け，後者は，共益債権として全額を支払い，前者は，更生計画付議決定後に届け出られた退職手当の請求権と同様の条項を設けて，他の更生債権と同様の条件で弁済するのが合理的である（以上につき，第 7 章 480 頁以下，481 頁脚注 47 参照。また更生計画認可決定による免責につき，第 8 章 645 頁参照）。

2 更生会社の取締役，会計参与，監査役，執行役，会計監査人および清算人（167 I ②・173）

更生手続によって事業の維持更生という目的を実現するためには，更生会社の経営組織の再編が不可欠である。そのために，本来は会社法上の手続に則って行われる取締役などの機関[37]の選任を更生計画の定めによって行うべきものとされている。

更生計画においては，更生会社の取締役，会計参与，監査役，執行役，会計監査人および清算人に関する条項を定めなければならない（167 I 柱書・②）[38]。更生会社の事業経営権および財産管理処分権は管財人に専属するが（72 I），更生手続が終結すれば，これらの権限は，取締役などの機関が行使することになるし，また更生手続終結前であっても，会社の機関の権限が回復される可能性がある（72 Ⅳ Ⅴ・167 Ⅱ 前半部分）。法は，このような理由から，取締役などに関する定めを更生計画の絶対的必要的記載事項としている[39]。

取締役，会計参与および監査役は，いずれも株式会社の役員として（会社 329 I かっこ書），株式会社の経営に関与する者であり（会社 348 I・374 I・381 I），株主総会の決議によって選任する（会社 329 I）。会計監査人（会社 396）も同様である（会社 329 I）。これは，株主総会が社団の構成員である株主の最高意思

---

[37] 取締役会設置会社（会社 2 ⑦）では，個々の取締役は機関ではないと解されているが（江頭 288 頁），ここではその点には立ち入らない。
[38] もちろん，会社の組織形態によって，これらの機関のうち設置されるものとされないものとがあるから，具体的な更生計画においては，これらのすべてについて条項を設けなければならないわけではない。
[39] 旧会社更生法 211 条では，任意的記載事項とされていたが，実際には，ほとんどの更生計画において記載がなされ，必要的記載事項とする考え方も有力であった。条解会更法（下）409，471 頁参照。ただし，代表取締役，監査役，執行役，会計監査人，清算人に関する定めなどは，それを置く場合に限られるので，実質的には相対的必要的記載事項である。

決定機関であることによる。執行役は、委員会設置会社における業務執行機関であり（会社418）、取締役会の決議によって選任する（会社402Ⅱ）。清算人は、清算会社の業務執行機関であり、取締役、定款で定める者または株主総会の決議によって選任された者がなる（会社478Ⅰ）。

以上のことは、社団の一種である株式会社の基本的組織にいかなる者をあてるかは、株主総会などの形で社団構成員である社員自らの意思によって決定するとの考え方にもとづいている。しかし、更生会社の場合には、事業の維持更生という目的を実現するために必要かつ不可欠なものとして、従前の取締役、会計参与、監査役、執行役、会計監査人または清算人は、更生計画認可の決定の時に退任することとしたうえで（211Ⅳ本文）、これらの選任または選定等の事項も更生計画に定め、更生計画案に対する関係人集会における決議および更生計画についての裁判所の認可決定を通じて、その効力を生じさせることとしている[40]。

(1) 取締役にかかる事項

更生会社の取締役に関する条項においては、第1に、取締役の氏名または選任の方法および任期を定めなければならない（173Ⅰ柱書・①）。以下と同様に、この定めは、絶対的必要的記載事項である。ここで定めなければならないのは、更生会社の取締役にかかる事項であるから、更生計画によって新たに設立される会社や更生会社を吸収合併する会社の取締役に関する事項は、対象外である[41]。

取締役の氏名を定めた場合には、更生計画の効力が発生するとともに（201）、その者が取締役の地位に就く（211Ⅰ）[42]。これに対して、選任の方法を定めるとは、取締役に選任されるべき者を決定する主体を明らかにすることなどを意

---

[40] なお、このような考え方を踏まえれば、取締役の選任等は更生計画の定めによらなければできない事項とはされていないが（45参照）、更生計画認可決定前の段階においても、必要があれば、管財人の指揮にしたがって行われるべきである（本書302頁注122参照）。

[41] 更生計画によって新会社を設立する場合の取締役にかかる事項については、法183条8号の規定がある。併合処理されている数個の更生会社の合併を更生計画で定める場合には、存続会社となる更生会社の取締役にかかる事項を更生計画において定めることが許される。条解会更法（下）471頁参照。

[42] 従前の取締役は、更生計画認可決定の時に退任するが（211Ⅳ本文）、留任、すなわち従前の取締役を引き続き取締役に選任することも許される（同但書）。なお、取締役の資格等は、会社法の規律（会社331）にしたがう。

味する[43]。なお，取締役の任期は更生計画の定めるところによるとされるので（211Ⅵ）[44]，会社法の規定（会社332）を参考にして，選任後2年以内に終了する事業年度のうち最終のものに関する定時株主総会の時を一応の基準とすることになろう。

　ア　代表取締役を定める場合

　更生会社が更生計画認可決定の時において新たに，または引き続き代表取締役を定める場合における更生会社の取締役に関する条項としては，取締役および代表取締役の氏名またはその選任もしくは選定の方法および任期を定めなければならない（173Ⅰ柱書・②）。ここで選任とは，取締役の選任をいい（会社329Ⅰ），選定とは，代表取締役の選定をいう（会社362Ⅲ）。その他の点は，取締役の選任について述べたところに準じる。なお，旧法下では，数人の代表取締役の共同代表に関する定めの規定が存在し（旧220Ⅲ），制定時の現行会社更生法173条1項3号もこれを引き継いでいたが，会社法の制定によって共同代表制度が廃止されたために，現行規定は，それにあわせて，共同代表に関する規定を設けていない。

　イ　委員会設置会社における取締役および各委員会の委員を定める場合

　更生会社が更生計画認可決定の時において委員会設置会社（会社2⑫）となる場合における更生会社の取締役に関する条項としては，取締役および各委員会の委員の氏名またはその選任（会社329Ⅰ）もしくは選定（会社400Ⅱ）の方法および任期を定めなければならない（173Ⅰ柱書・③）。委員会設置会社では，取締役会ならびに指名委員会，監査委員会および報酬委員会が置かれるため（会社2⑫・327Ⅰ③），更生計画においては，取締役および各委員会の委員に関する事項を定めなければならないものとしている。

　ここでいう選任とは，更生計画において取締役の選任に関する事項を定めることを意味し，選定とは，取締役の中から，取締役会の決議による委員の選定

---

[43]　管財人に選任を一任する旨の定めが許されるかどうかについての議論がある。このような定め自体を排除すべき理由はないが，管財人による選任の基準や候補者の範囲などについては，裁判所が適切に監督権（68Ⅰ）を行使する必要がある。条解会更法（下）476頁。
　　いずれにしても，定められた選任方法にしたがって更生計画認可時に選任を行わないと，取締役の欠けた会社になるので（211Ⅳ本文参照），更生計画の遂行として，選任を行う必要が生じる。

[44]　旧会社更生法220条4項では，1年を超えることができないと定めていた。

に関する事項を定めることを意味する。したがって，更生計画の定めとしては，取締役および委員の氏名自体を定める，取締役の選任の方法を定め，あわせて委員の選定の方法を定めるなどの選択肢がありうる。

また，取締役の任期は更生計画の定めるところによるとされるので（211Ⅵ），会社法の規定（会社332Ⅲ）を参考にして，選任後1年以内に終了する事業年度のうち最終のものに関する定時株主総会の時を一応の基準とし，委員の任期もその範囲内で定められることになろう。

(2) 会計参与にかかる事項

更生会社が更生計画認可決定の時において新たに，または引き続き会計参与設置会社（会社2⑧）となる場合における更生計画の会計参与に関する条項としては，会計参与の氏名もしくは名称またはその選任の方法および任期を定めなければならない（173Ⅰ柱書・④）。会計参与とは，取締役または執行役と共同して，計算書類およびその付属明細書，臨時計算書類ならびに連結計算書類を作成する会社の機関であり（会社374ⅠⅥ），公認会計士，監査法人，税理士または税理士法人でなければならない（会社333Ⅰ）。すべての株式会社は，定款の定めによって会計参与を置くことができるし（会社326Ⅱ），委員会設置会社でない取締役会設置会社で，公開会社（会社2⑤）でないものについては，監査役を置かない場合には会計参与を置かなければならない（会社327Ⅱ参照）。

法173条1項柱書および4号は，会計参与設置会社について，会計参与の氏名（公認会計士・税理士の場合）もしくは名称（監査法人・税理士法人の場合）またはその選任の方法および任期を定めることを必要的とする。任期は，取締役と同様に，会社法の規定（会社332）を参考にして，選任後2年以内に終了する事業年度のうち最終のものに関する定時株主総会の時を一応の基準とすることになろう。

(3) 監査役にかかる事項

更生会社が更生計画認可決定の時において監査役設置会社（会社2⑨。ただし，監査役の監査の範囲を会計に関するものに限定する旨の定款の定めがある株式会社を含む）となる場合における更生会社の監査役に関する条項としては，監査役の氏名またはその選任の方法および任期を定めなければならない（173Ⅰ柱書・⑤）。

監査役設置会社とは，監査役を置く株式会社（監査役の監査の範囲を会計監査に限定する旨の定款の定めがあるものを除く）または会社法の規定により監査役を

置かなければならない株式会社を意味するが（会社2⑨），ここでは，監査の範囲が会計監査に限定された場合を含め，監査役の設置が必要的である場合（会社327Ⅱ本文・Ⅲ・328Ⅰ）のみならず任意的（会社326Ⅱ）である場合を含む。監査役の任期は，会社法上では，選任後4年以内に終了する事業年度のうち最終のものに関する定時株主総会の終結の時までであるが，更生計画の定めによる（211Ⅵ）の場合にも，これを参考にすることになろう。

(4) 会計監査人にかかる事項

更生会社が更生計画認可決定の時において会計監査人設置会社（会社2⑪）となる場合における更生会社の会計監査人に関する条項としては，会計監査人の氏名もしくは名称またはその選任の方法および任期を定めなければならない（173Ⅰ柱書・⑥）。会計監査人は，計算書類等の監査を職務とする者であり（会社396Ⅰ），大会社および委員会設置会社では，その設置が必要的とされ（会社328・327Ⅴ），それ以外の会社では，任意的である。会社法上では，会計監査人の選任は，株主総会の普通決議によってなされるが（会社329Ⅰ・309Ⅰ），その資格は，公認会計士または監査法人に限定される（会社337Ⅰ）。したがって，更生計画において，会計監査人またはその選任の方法を定める場合にも，有資格者に限定される。

定めるべき条項の内容は，会計監査人の氏名（公認会計士の場合）もしくは名称（監査法人の場合）またはその選任の方法および任期である。任期は，会社法上では，選任後1年以内に終了する事業年度のうち最終のものに関する定時株主総会の終結の時までであるが，更生計画の定めによる（211Ⅵ）の場合にも，これを参考にすることになろう。

(5) 執行役にかかる事項

更生会社が更生計画認可決定の時において委員会設置会社となる場合における更生計画の執行役に関する条項としては，執行役および代表執行役の氏名またはその選任もしくは選定の方法および任期を定めなければならない（173Ⅰ柱書・⑦）。執行役は，委員会設置会社における業務執行等をその職務とする（会社418）必置の機関であり（会社402Ⅰ），会社法上では，取締役会の決議によって選任する（同Ⅱ）。代表執行役は，執行役の中から選定される者であるが（会社420Ⅰ），これらについての更生計画の定めの内容は，取締役および代表取締役に関して述べたところによる。任期は，更生計画の定めるところによるとさ

れるので（211Ⅵ），会社法の規定（会社402Ⅶ）を参考にして，選任後1年以内に終了する事業年度のうち最終のものに関する定時株主総会の終結後最初に招集される取締役会の終結の時を一応の基準とすることになろう。

(6) 更生会社が清算株式会社となる場合の清算人にかかる事項

更生会社が更生計画認可決定の時において清算株式会社となる場合における更生計画の清算人に関する条項においては，以下のような事項を定めなければならない（173Ⅱ柱書）。更生会社が清算株式会社となる場合とは，清算中の株式会社について更生手続が開始された場合，および更生計画によって更生会社が更生計画認可の時に解散する場合の双方を含む[45]。

　ア　更生会社の清算人に関する事項

イに掲げるものを除いて，清算人の氏名またはその選任の方法および任期である（173Ⅱ①）。任期については，法定の期間がないので，適切な任期を定めるべきである（211Ⅵ）。

　イ　更生会社が更生計画認可決定の時において代表清算人を定める場合における更生会社の清算人に関する事項

清算人および代表清算人の氏名またはその選任（清算人の場合）もしくは選定（代表清算人の場合）の方法および任期である（173Ⅱ②）。

(7) 更生会社が更生計画認可決定の時において監査役設置会社となる場合における更生会社の監査役に関する事項

監査役の氏名またはその選任の方法および任期である（173Ⅱ③）。更生会社が新たに，または引き続き監査役設置会社（会社2⑨）となる場合には，これらの事項を定めなければならないという趣旨である。更生会社が引き続き監査役設置会社となる場合にも，従来の監査役はいったん退任する（211Ⅳ本文）。

3　共益債権の弁済

共益債権は，更生計画による権利変更の対象となるものではない（167Ⅰ①・168Ⅰ参照）にもかかわらず，その弁済が絶対的必要的記載事項とされるのは（167Ⅰ柱書・③），共益債権の中心となるのが，いわゆるDIPファイナンスなどの手続開始前後の経営等に要する費用であり（127②・128Ⅰⅳ），その弁済資金

---

[45] 更生計画において一定の日時に更生会社を解散する旨の条項を定める場合も考えられ（178），その場合も更生計画で清算人を選任することができる。これは，法173条2項の問題では，更生計画中の解散に関する定めに属する。

の調達は，更生会社の経営と密接に関連し，更生計画の遂行可能性（199Ⅱ③）の重要な判断資料となるためである。この点に関して，求められる記載内容も，「営業上の収入金をもって随時弁済する」などの概括的なものではなく，具体的に予定する収入と共益債権の弁済期と額とを明らかにしたものでなければならないとの考え方が有力であるが[46]，本質的には，更生計画の遂行可能性の判断資料となるものであるから，すでに発生したものについては，費目ごとにその金額を明らかにし，事業収益金などその支払財源を明らかにすれば足りる[47]。

4 債務の弁済資金の調達方法

債務の弁済資金の調達方法に関する条項も，更生計画の絶対的必要的記載事項である（167Ⅰ柱書・④）。この条項も，更生計画の遂行可能性（199Ⅱ③）の重要な判断資料となるためである。資金の調達方法としては，事業収益，借入れ，資産の売却，募集株式の発行などが考えられるが，それぞれの内容を相当程度に具体的に明らかにした上で，更生計画による権利変更後の更生債権等の弁済期や額に対応させて記載することが求められる[48]。

5 更生計画において予想された額を超える収益金の使途

いわゆる予想超過収益金の使途に関する条項も，更生計画の絶対的必要的記載事項である（167Ⅰ柱書・⑤）。更生計画の内容，特に更生債権者等の権利変更と変更後の権利に対する弁済は，予想収益金などを基礎としてなされるものであるが，現実には，経営努力や経済情勢の好転などの要因によって，予想超過収益金が発生する可能性がある。更生計画にその使途についての条項を置かないとすれば，使途についての判断は，管財人や経営者に委ねられることとな

---

46) 条解会更法（下）403頁参照。
47) 実際には，支払済共益債権と未払共益債権とを項目別に分けて金額を明らかにし，未払共益債権および将来生ずべき共益債権については，事業収益金その他をもって弁済期に随時弁済する旨を定めるのが通例である。なお，再生手続においては，将来弁済すべきものを明示するものとする旨の定めがある（民再規83）のに対して，更生手続においては，対応する規定がない。これは，共益債権の弁済が本質的には更生計画の遂行可能性の判断に影響を与えるものであり，必要があれば，更生計画案についての参考資料（会更規51）によって明らかにされること，更生計画案の提出者が会社の事業計画や資金計画を踏まえて合理的に判断すれば足りることなどを考慮した結果である（条解会更規165頁）。
48) 条解会更法（下）404頁，更生計画の実務と理論400頁参照。具体例としては，「手元現預金，資産売却処分による売得金および営業活動から生じる収益金，募集株式の発行による増資払込金ならびにスポンサー等から予定する貸付金をもってこれに充てる」との一般条項を設け，営業活動から生じる収益の予想については，別表記載の通りとするものなどがある。

るが，予想超過収益金の発生可能性がある以上，その使途を更生計画に記載することを義務づけて，更生計画案についての関係人の賛否の判断資料とすることが適当であるというのが，立法者の意図である。

　使途についての記載内容としては，事業資金に充てる，債務の繰上弁済資金とする，株式の配当に充てる，免除された債務を復活するなどのうちの一つ，またはいずれかを組み合わせるなどのことが考えられるが，予想超過収益金の金額までを明示して定めるべきかどうかについては，議論がある。しかし，その発生自体が可能性にすぎないことを考えれば，金額の明示が意義を有するかどうかは疑問であり，かえって更生計画の柔軟な運用を妨げるおそれもあるので，予想超過収益金が発生した場合の概括的定めで足りると解すべきである[49]。

　更生計画において予想超過収益金の使途を定めたにもかかわらず，後にそれを変更する必要が生じたときには，更生計画の変更の手続（233）によることになる。しかし，予想超過収益金の使途という条項の性質上，変更に該当するかどうかの判断には，弾力性が求められる。

6　続行された強制執行等における配当等に充てるべき金銭の額または見込額および担保権消滅のために裁判所に納付された金銭の額，ならびにこれらの使途（167Ⅰ⑥）

　これらの金銭の額または見込額は，目的物の価値に代替する性質のものであるから，その取扱いも，担保権者の利益を不当に損なうことがないよう，一般の更生会社財産とは区別してなされるべきであるために，これに該当する場合には，絶対的必要的記載事項とされている[50]。

---

[49]　条解会更法（下）407頁では，原則としては，金額の明示がなされるべきであるとする。しかし，一般には概括的定めで足りるとされ（更生計画の実務と理論402頁参照），たとえば，「(1) 更生計画の遂行上必要欠くべからざる運転資金および設備投資に使用する。(2) さらに余裕がある場合には，裁判所の許可を得て，更生担保権，優先的更生債権または一般更生債権の繰上弁済資金に使用する」などの定めがある。
　なお，金額を明示し，かつ，その分配についても具体的内容を定めた場合であっても，利害関係人が予想超過収益金の配分を求める具体的権利を取得するわけではない。札幌地判昭和45・9・7下民21巻9＝10号1276頁。否認権行使の結果との関係について，本書435頁注244参照。

[50]　旧法には，これに対応する規律は存在しなかったが，現行法において担保権の実行禁止の解除（50Ⅶ）および担保権消滅許可（104以下）等を新たに設けたことにともない，関係人に対する情報提供等のために新設された。一問一答新会社更生法189頁参照。

第 1 節　更生計画の条項　571

(1) 続行された強制執行等における配当等に充てるべき金銭の額または見込額（51Ⅰ本文・167Ⅰ⑥柱書・イ）

　続行された強制執行等（本書323頁）における配当に充てるべき金銭は，管財人等に交付され，または交付されることになるが（51Ⅱ），担保権に関していえば，その使途については，更生担保権者間の平等原則（168Ⅰ）を考慮すると，当該更生担保権にかかる担保権を消滅させないのであれば，当該金銭を原資とする早期弁済を行うとか，代担保を供与するなどの定めが必要になる。そのために，この金銭の額または見込額およびこれらの使途についての条項が絶対的必要的記載事項とされている。

(2) 担保権消滅のために裁判所に納付された金銭の額（108Ⅰ・167Ⅰ⑥柱書・ロ）

　担保権消滅許可の裁判（本書526頁）にもとづいて裁判所に納付された金銭の額（差引納付の場合〔112Ⅱ〕にあっては，差引納付額と剰余金等〔111Ⅰ①②〕の額の合計額）およびその使途に関する条項も，絶対的必要的記載事項とされる。上記(1)の場合と同様に，この金銭の額の使途については，更生担保権者の権利の変更（167Ⅰ①）を考慮しつつ，担保権が存続する更生担保権者と担保権消滅許可制度によって被申立担保権を消滅させられた更生担保権者との間の平等原則（168Ⅰ柱書本文）にしたがって定めなければならないからである。

　7　知れている開始後債権があるときは，その内容（167Ⅰ柱書・⑦）

　開始後債権（134Ⅰ）は，更生計画による権利変更の対象とならない反面，更生手続期間中はその権利行使が認められないが（同Ⅱ Ⅲ），その内容に関する条項を更生計画において定めなければならないとされるのは，更生計画で定められた弁済期間が満了した後の更生会社の負担（同Ⅱ参照）について利害関係人への情報開示をするためであり，したがって記載の有無を問わず，更生計画認可決定にもとづく免責の効力（204Ⅰ柱書）は生じない。

第 2 項　相対的必要的記載事項

　絶対的必要的記載事項と異なって，相対的必要的記載事項は，その事項に関する条項を定めなくとも，更生計画が不適法となるわけではないが，その事項についての効力を生じさせるためには，更生計画における定めが必要とされる。

1 更生会社の機関の権限の回復 (167Ⅱ前半部分)

更生会社の事業経営権および財産管理処分権の管財人への専属 (72Ⅰ), 重要な行為についての裁判所の許可 (同Ⅱ) および許可をえない行為の無効 (同Ⅲ) の規定 (本書111頁参照) は, 更生計画の定めまたは裁判所の決定で, 更生計画認可後の更生会社に対しては適用しないこととすることができる (同Ⅳ前段)。すなわち, このような内容の更生計画の定めが効力を生じれば, 更生会社は, 自らの事業経営権および財産管理処分権を回復し, ただ, 管財人の監督を受けるにとどまる (同後段)。このような効果を生じさせるためには, 裁判所の決定を別とすれば, 更生計画の定めが必要となる。

2 更生会社の組織に関する基本的事項

株式会社は, 社員たる株主によって組織される社団法人の一種である[51]。また, 社員たる株主の地位が株式であるから, 株式の消滅, 変更, 発行などは, 株式会社の組織に関する基本的事項と考えられる。そして, 事業の維持更生という目的を実現するためには, 従来の株主を排除し, 新たな株主に入れ替え, 新規資金を導入するなどの措置が必要になる場合がある。通常は, このような措置は, 会社法上の手続によって行われるが, 更生手続においては, 株主も利害関係人として組み込まれているところから, 更生計画の定めによって組織に関する基本的事項の変更を行うものとしている (45Ⅰ柱書。株主総会決議等に関する会社法の規定の排除について210, 本書659頁参照)。

(1) **株式の消却, 併合もしくは分割, 株式無償割当てまたは募集株式を引き受ける者の募集**

これらの行為は, 更生手続開始後その終了までの間においては, 更生計画の定めるところによってのみ行うことができる (45Ⅰ柱書・①)。

ア 株式の消却, 併合もしくは分割または株式無償割当て

これらの行為に関する更生計画の条項においては, 更生手続が行われていない場合に当該行為を行うとすれば株主総会の決議その他の株式会社の機関の決定が必要となる事項を定めなければならない (174柱書・①)。株式の消却と併合は, 発行済株式総数を減少させる行為であり, 株式の分割と株式無償割当ては, 発行済株式総数を増加させる行為であり, いずれも, 更生会社の基本的組

---

[51] 一人会社が許容されることは, 株式会社の社団性と矛盾するものではない。江頭24頁参照。

織を変動させる効果を有する。

　株式の消却とは，会社が保有する自己株式を消滅させる行為であり（会社178Ⅰ前段），その効果として，発行済株式総数が減少する[52]。そのための手続としては，更生計画において消却する自己株式の数（種類株式発行会社にあっては，自己株式の種類および種類ごとの数）を決定しなければならない（174柱書・①，会社178Ⅰ後段）[53]。

　更生会社がすでに保有する自己株式を消却する場合には，上記の手続によることになるが，消却の前提として更生計画によって自己株式を取得しようとする場合には，更生会社が取得する株式の数（種類株式発行会社にあっては，株式の種類および種類ごとの数）（174の2①）および更生会社がその株式を取得する日（同②）を定めなければならない（174の2柱書）[54]。

　株式の併合（会社180Ⅰ）とは，数個の株式を合わせてそれより少数の株式とする会社の行為である[55]。その結果として，発行済株式総数が減少する。株式の併合をするための会社法上の手続としては，株主総会の特別決議によって，併合の割合，株式の併合がその効力を生じる日，種類株式発行会社においては併合する株式の種類を定めなければならないので（会社180Ⅱ・309Ⅱ④），更生計画においても，同様の事項を定める必要がある（174柱書・①）[56]。

---

[52] 定款で定めた発行可能株式総数（会社37Ⅰ・98・113Ⅰ）は，影響を受けない。江頭259頁参照。

[53] 会社法の手続では，取締役会の決議（会社178Ⅱ）または株主総会の普通決議を要する。江頭260頁。その他の手続についても，同書261頁注4参照。ただし，実務では，取締役の過半数による決定（会社348Ⅱ）で足りるとする（法務省民事局長通達平成18・3・31民商782号）。

[54] 会社が自己株式を取得できるのは，取得条項付株式（会社2⑲・107Ⅱ③）や全部取得条項付種類株式（会社108Ⅰ⑦）などの場合である。したがって，いわゆる100％減資を実現して，全部の株式を消却するためには，場合によっては，更生計画において，定款を変更して，株式を全部取得条項付種類株式として，それを取得した上で消却する旨を定めるか，より直截には，法174条の2にもとづいて更生計画において株式の取得を定める必要がある。

[55] その結果として，各株主の所有株式数を一律・按分比例的に減少させ，かつ，会社財産・資本金の額・発行可能株式総数には変動を生じさせない。江頭268頁。併合が行われる理由としては，種々のものが考えられるが，更生会社の場合には，合併や新設分割等に際して，株式の割当比率を調整するために行われる可能性がある。

[56] 会社法の手続の場合には，株主に対する通知等（会社181）が必要であるが，更生計画による場合には，不要である。効力については，会社法132条2項，182条，社債，株式等の振替に関する法律136条の規定が適用される。

株式の分割（会社183 I）とは，発行済株式を細分化する会社の行為であり，株式無償割当て（会社185）とは，ある株主（種類株式発行会社にあっては，ある種類の種類株主）に対して，新たに払込みをさせないで，当該会社の株式の割当てをする行為を意味する[57]。いずれの行為の結果としても，発行済株式総数が増加する。

株式の分割にあたっては，分割によって増加する株式の総数の株式の分割前の発行済株式（種類株式発行会社にあっては，分割する株式の種類の発行済株式）の総数に対する割合および当該株式の分割にかかる基準日（会社183 II①），株式の分割がその効力を生じる日（同②），株式会社が種類株式発行会社である場合には，分割する株式の種類（同③）を，更生計画において定めなければならない（174柱書・①，会社183 II柱書）[58]。

株式無償割当てにあたっては，株主に割り当てる株式の数（種類株式発行会社にあっては，株式の種類および種類ごとの数）またはその数の算定方法（会社186 I①），当該株式無償割当てがその効力を生じる日（同②），株式会社が種類株式発行会社である場合には，当該株式無償割当てを受ける株主の有する株式の種類（同③）を，更生計画において定めなければならない（174柱書・①，会社186 I）。

　イ　募集株式を引き受ける者の募集

募集株式の発行は，会社が資本市場から資金を調達する方法の一つであるが，それが行われることによって，発行済株式総数が増加することになり，会社の基本的組織に変更を生じる。更生会社の場合には，既存株主の株式を消却する一方で新株を発行し，株主構成を刷新するとともに，新たな資金を導入するための方法として，募集株式の発行が必要になることが多い。

募集株式とは，募集に応じて，会社が発行する株式またはその処分する自己株式の引受けの申込みをした者に対して割り当てる株式をいい（会社199 I柱書かっこ書），会社法上の手続としては，株主総会または取締役会で募集事項を定

---

57)　株式の分割と株式無償割当てとの異同については，江頭275頁参照。
58)　なお，分割によって株式の数が1株に満たない端数が生じる場合において，端数の合計額に相当する数の株式の市場価格がないときは，裁判所の許可をえて，競売以外の方法によって売却することができるが（会社234 II・235 II），その場合の管轄については，本来の管轄規定（会社868 I）にかかわらず，更生裁判所が管轄する（227）。株式の併合，株式無償割当ての場合も，同様である。

めて行うが（会社199Ⅱ・201Ⅰ），更生手続においては，更生計画の定めによって募集株式の発行を行うことができる。

更生計画における募集株式を引き受ける者の募集に関する条項においては，以下の事項を定めなければならない（175柱書。その遂行について215，本書663頁参照）。

第1は，会社法199条2項に規定する募集事項，すなわち募集株式の数（種類株式発行会社にあっては，募集株式の種類および数。会社199Ⅰ①），募集株式の払込金額またはその算定方法（同②），金銭以外の財産を出資の目的とするときは，その旨ならびに当該財産の内容および価額（同③），募集株式と引換えにする金銭の払込みまたは財産の給付の期日またはその期間（同④），株式を発行するときは，増加する資本金および資本準備金に関する事項（同⑤）である（175①）。

第2は，更生計画の定めに従い，更生債権者等または株主の権利の全部または一部が消滅した場合（205Ⅰ参照）において，これらの者が募集株式の申込み（会社203Ⅱ参照）をしたときは募集株式の払込金額の全部または一部の払込みをしたものとみなすこととするときは，その旨である（175②）。これは，いわゆるデット・エクイティ・スワップまたはエクイティ・エクイティ・スワップと呼ばれる実務運用の基礎となるものであるが，更生計画の定めによって消滅する更生債権者等または株主の権利をもってする現物出資（会社208Ⅱ）の一種である[59]。

そして，これに対応して発行に関する条項において定めなければならない事項は，①発行する株式の数（種類株式発行会社にあっては，発行する株式の種類および種類ごとの数），②増加する資本金および資本準備金に関する事項，③更生債権者等または株主に対する発行する株式の割当てに関する事項である（177の2Ⅰ）。

第3は，更生債権者等または株主に対して募集株式の引受けの申込み（会社203Ⅱ）をすることによって更生会社の募集株式の割当てを受ける権利[60]を与

---

[59] デット・エクイティ・スワップは，会社法上も認められている（会社199Ⅰ③・207Ⅸ⑤）。江頭703頁参照。
[60] 募集株式の割当てを受ける権利は，以前は新株引受権と呼ばれていたものに相当する。神田133頁参照。

えるときは，その旨および当該募集株式の引受けの申込みの期日である（175③）。この場合には，更生債権者等または株主に募集株式の割当てを受ける権利が与えられるから，その旨を明らかにし，かつ，引受けの申込みの期日を定めることによって，その権利を行使する機会を確保する趣旨である（会社204Ⅳ参照）。

第4は，第3の場合における更生債権者等または株主に対する募集株式の割当てに関する事項である（175④）。割当てに関する事項とは，それを受ける更生債権者等や株主に割り当てる株式の数（種類株式発行会社にあっては，募集株式の種類および数）を意味する（会社204Ⅰ・199Ⅰ①参照）。

(2) 募集新株予約権を引き受ける者の募集，新株予約権の消却または新株予約権無償割当て

新株予約権とは，株式会社に対して行使することにより当該株式会社の株式の交付を受けることができる権利をいう（会社2㉑）。また，新株予約権付社債とは，新株予約権を付した社債をいう（同㉒）。いずれも，会社の資金調達の方法として用いられるが，更生会社が募集新株予約権（募集新株予約権付社債を含む[61]）を発行しようとする場合には，これを引き受ける者の募集に関する更生計画の条項において，以下の事項を定めなければならない（176。遂行に関しては，216，本書667頁参照）。

ア 会社法238条1項に規定する募集事項

会社法238条1項に規定する募集事項（同①〜⑦）は，募集新株予約権の内容および数（同①）から始まり，募集新株予約権および募集新株予約権付社債の内容および行使の方法にかかる基本的事項を含むものであるから，更生計画においてもこれを定めなければならないものとしている（176①）。

イ 更生計画の定めによって消滅する権利の権利者の募集新株予約権の申込みにもとづく払込擬制

更生計画の定めにしたがい，更生債権者等または株主の権利の全部または一部が消滅した場合（205Ⅰ参照）において，これらの者が募集新株予約権の申込み（会社242Ⅱ参照）をしたときは募集新株予約権の払込金額の全部または一部の払込みをしたものとみなすこととするときは，その旨である（176②）。先に

---

[61] 会社法上，募集新株予約権付社債の募集は，募集社債に関する規定の適用を受けず（会社248）募集新株予約権の規律に従うこと（江頭730頁注11）を反映したものである。

募集株式について述べたのと同様に，デット・エクイティ・スワップまたはエクイティ・エクイティ・スワップと呼ばれる実務運用の基礎となるものであるが，更生計画の定めによって消滅する更生債権者等または株主の権利にもとづく払込擬制（会社246Ⅱ参照）の一種である。

そして，発行に関する条項において定めなければならないのは，①発行する新株予約権の内容および数，②発行する新株予約権を割り当てる日，③発行する新株予約権が新株予約権付社債に付されたものである場合には，募集社債に関する事項（会社676各号），④新株予約権付社債に付された新株予約権についての買取請求（会社118Ⅰ・777Ⅰ・787Ⅰ・808Ⅰ）の方法について別段の定めをするときは，その定め[62]，⑤新株予約権付社債についての社債が担保付社債であるときは，その担保権の内容および担保付社債信託法2条1項に規定する信託契約の受託会社の商号，⑥更生債権者等または株主に対する発行する新株予約権の割当てに関する事項である（177の2Ⅱ）。

　ウ　新株予約権の割当てを受ける権利

更生債権者等または株主に対して募集新株予約権の引受けの申込み（会社242Ⅱ）をすることによって更生会社の募集新株予約権の割当てを受ける権利を与えるときは，その旨および当該募集新株予約権の引受けの申込みの期日である（176③）。この場合には，更生債権者等または株主に募集新株予約権の割当てを受ける権利が与えられるから，その旨を明らかにし，かつ，引受けの申込みの期日を定めることによって，その権利を行使する機会を確保する趣旨である（会社243Ⅳ参照）。

　エ　割当てに関する事項

更生債権者等または株主に対して募集新株予約権の割当てを受ける権利を与えるときは，割当てに関する事項である（176④）。

　オ　担保付社債である場合の事項

募集新株予約権が新株予約権付社債に付されたものである場合において，当該新株予約権付社債についての社債が担保権付社債であるときは，その担保権の内容および担保付社債信託法2条1項に規定する信託契約の受託会社の商号

---

[62] 更生計画の遂行については，株式買取請求権は認められないため（210Ⅱ），ここでいう別段の定めは，更生手続終結後に新株予約権付社債に付された新株予約権について買取請求を行う際に，その社債部分の買取請求をしないことができる旨を定めるものとなる。

である（176⑤）。担保付社債は、社債を担保するために発行会社または担保提供者と受託会社との間の信託契約にもとづいて、受託会社が担保権を取得し、社債権者は、その受益者となるものであるので、担保権の内容および受託会社の商号という基本的事項を更生計画において明らかにさせる趣旨である。

(3)　資本金または準備金（資本準備金および利益準備金）の額の減少

資本金または準備金（資本準備金および利益準備金をいう。45 I ③かっこ書）の額の減少も、それを行おうとすれば、更生計画の定めによらなければならないから（45 I ③）、相対的必要的記載事項である。事業経営の悪化のために更生会社財産が減少し債務超過状態に陥り、またはそれに近い状態となり、純資産の額（資産と負債の差額）が資本金の額を満たさないという、資本欠損が生じている場合に、これを解消し、同時に株式の消却を実施することによって、新規の資本調達の条件を整えることを目的として行われるのが通例である[63]。

資本金または準備金の額の減少に関する条項においては、更生手続が行われていない場合に当該行為を行うとすれば株主総会の決議その他の株式会社の機関の決定が必要となる事項を定めなければならない（174柱書・③）。必要となる事項は、資本金の額の減少については、①減少する資本金の額、②減少する資本金の額の全部または一部を準備金とするときは、その旨および準備金とする額、③資本金の額の減少がその効力を生じる日である（会社447 I 各号）。準備金の額の減少については、①減少する準備金の額、②減少する準備金の額の全部または一部を資本金とするときは、その旨および資本金とする額、③準備金の額の減少がその効力を生じる日である（会社448 I 各号）。

(4)　剰余金の配当その他の会社法461条1項各号に掲げる行為

会社法上の分配可能額（原則としてその他資本剰余金とその他利益剰余金の合計額）の範囲内で剰余金の配当その他の会社法461条1項各号に掲げる行為をしようとする場合には、更生手続が行われていない場合に当該行為を行うとすれば株主総会の決議その他の株式会社の機関の決定が必要となる事項を定めなければならない（174柱書・④）。

---

63)　会社法上の資本金および準備金の額の減少は、純資産の額が減少した場合に、法定の基準にしたがって固定された金額である資本金および準備金の額を減らすことによって、分配可能額を増加させるという機能があるが（江頭625、635頁）、更生会社については、通常、このような機能は期待されない。

必要となる事項とは，剰余金の配当（会社461Ⅰ⑧）についていえば，①配当財産の種類（当該株式会社の株式等を除く）および帳簿価額の総額，②株主に対する配当財産の割当てに関する事項，③当該剰余金の配当がその効力を生じる日（会社454Ⅰ各号）を意味する。

会社法461条1項各号に掲げるその他の行為，すなわち1号の譲渡制限株式の買取り（会社138①ハ・②ハ参照）から7号の端数処理手続における自己株式の買取り（会社234Ⅳ・235Ⅱ参照）に至る事項についても，それぞれ所定の事項を更生計画に定めなければならない。

(5) 解散または会社の継続

会社の解散とは，会社の能力を清算の目的の範囲内に限定する行為であり（会社476参照），継続とは，いったん解散した会社の能力を解散前の状態に復帰させる行為である（会社473参照）。会社法上では，株主総会の特別決議によって解散し（会社471③・309Ⅱ⑪），また継続することができるが（会社473・309Ⅱ⑪），更生手続中は，更生計画の定めによらなければならない（45Ⅰ⑤・174⑦・178。遂行については，218，本書671頁参照）。

解散するのは，会社分割や事業譲渡などによって，更生会社を存続させる意味が失われた場合[64]や事業の維持更生の目的が果たされず，清算を目的とする更生計画が作成される場合の2種類が考えられるが[65]，いずれの場合でも，解散する旨および解散の時期[66]を定めなければならない（178本文）。ただし，合併による解散の場合は，この限りではない（同但書）。合併に関する条項に含まれるためである。

(6) 募集社債（会社676）を引き受ける者の募集

更生会社が，資金調達の方法として，その発行する社債（会社2㉓）を引き受ける者の募集をしようとするときは，更生計画の条項において，以下の事項を定めなければならない（45Ⅰ⑥・177柱書）。ただし，新株予約権付社債につい

---

[64] 事業譲渡等後の解散による債務免除益課税の回避も目的の一つとしていわれたが，平成22年の税制改正（金子宏・租税法〈第16版〉414頁（2011年））により，清算所得課税が廃止されたために，このような目的実現のための解散の意義が減少した。

[65] 旧会社更生法227条について，条解会更法（下）529頁参照。具体的には，新会社や他会社への事業譲渡や清算を内容とする更生計画を作成する場合が考えられる。

[66] 解散の時期に関しては，上記の解散の理由によって異なるが，新会社設立の時，事業譲渡の履行が終了した時，あるいは更生計画認可決定確定の時などの例がある。条解会更法（下）531頁参照。

てのものは除く（177柱書かっこ書。176柱書かっこ書参照）。

　　ア　会社法676条各号に掲げる募集事項

　会社法676条各号に掲げる募集事項（同①～⑫）は，募集社債の総額（同①）から始まり，募集社債の内容および行使の方法にかかる基本的事項を含むものであるから，更生計画においてもこれを定めなければならないものとしている（177柱書・①）。

　　イ　担保付社債の担保権の内容等

　募集社債が担保付社債であるときは，その担保権の内容および担保付社債信託法2条1項に規定する信託契約の受託会社の商号を定めなければならない（177柱書・②）。その趣旨は，(2)オにおいて述べたところと同様である。

　　ウ　更生計画の定めによって消滅する権利の権利者による募集社債の申込みにもとづく払込擬制

　更生計画の定めにしたがい，更生債権者等または株主の権利の全部または一部が消滅した場合（205Ⅰ参照）において，これらの者が募集社債の申込み（会社677Ⅱ参照）をしたときは募集社債の払込金額の全部または一部の払込みをしたものとみなすこととするときは，その旨である（177③）。先に募集株式や募集新株予約権について述べたのと同様に，デット・デット・スワップまたはエクイティ・デット・スワップと呼ばれる実務運用の基礎となるものであるが，更生計画の定めによって消滅する更生債権者等または株主の権利をもってする現物払込み（会社676⑫，会社則162③）の一種である。

　そして，発行に関する条項として定めなければならないのは，①発行する社債の総額，②発行する各社債の金額，③発行する社債の利率，④発行する社債の償還の方法および期限，⑤会社法676条5号から8号までおよび12号（会社則162）に掲げる事項，⑥発行する社債が担保付社債であるときは，その担保権の内容および担保付社債信託法2条1項に規定する信託契約の受託会社の商号，⑦更生担保権者等または株主に対する発行する社債の割当てに関する事項である（177の2Ⅲ柱書・各号）。

　　エ　更生債権者等または株主の募集社債の割当てを受ける権利に関する事項

　更生計画の定めに従い，更生債権者等または株主に対して募集社債の引受けの申込み（会社677Ⅱ）をすることにより更生会社の募集社債の割当てを受ける

権利を与えるときは，その旨および当該募集社債の引受けの申込みの期日を定めなければならない（177柱書・④）。更生債権者等または株主の権利を更生会社の社債権者の地位に振り替えることを内容とする場合の措置である。

　　オ　募集社債の割当てに関する事項
　更生債権者等または株主に対して募集社債の割当てを受ける権利を与える場合には，その割当てに関する事項を定めなければならない（177柱書・⑤）。割当てに関する事項とは，それを受ける更生債権者等または株主に割り当てる募集社債の金額を意味する。

(7)　持分会社への組織変更または合併，会社分割，株式交換もしくは株式移転

　更生手続の目的である更生会社の事業の維持更生を図るためには，株式会社から持分会社（合名会社・合資会社・合同会社。会社575Ⅰ）への組織変更を行ったり，合併によってより競争力の高い事業体へと脱皮したり，会社分割によって優良事業部門と不採算事業部門とを分離したり，株式交換または株式移転によって事業主体間の連携を強化することが必要になる。これらの組織再編行為は，本来は，会社法上の手続に則って行われるべきものであるが，更生手続においては，更生計画によらなければそれを行うことができないものとしている（45Ⅰ柱書・⑦）。

　　ア　持分会社への組織変更
　持分会社への組織変更に関する条項においては，組織変更計画において定めるべき事項を定めなければならない（179。組織変更に関する会社法の規定の適用排除について219，本書671頁参照）。組織変更計画において定めるべき事項は，会社法744条1項各号に列挙されるものであり，組織変更後の持分会社の種類（同①）から始まり，組織変更がその効力を生じる日（同⑨）までを含んでいる。

　　イ　合　　併
　合併とは，2以上の会社が合併契約を締結して行う行為であって，合併によって消滅する会社の権利義務の全部を合併によって存続する会社に承継させる吸収合併（会社2㉗）と，合併によって消滅する会社の権利義務の全部を合併によって設立する会社に承継させる新設合併（会社2㉘）とを含む。

　　　　a　吸収合併（吸収合併消滅会社が更生会社であり，吸収合併存続会社が株式会社である場合）　　更生計画による吸収合併において，株式会社である更生会社

が消滅し（吸収合併消滅会社という。会社749 I ①第2かっこ書），吸収合併後存続する会社（吸収合併存続会社という。180 I 柱書かっこ書）が株式会社である場合の吸収合併に関する条項においては，以下の事項を定めなければならない（同柱書）[67]。

　　i　吸収合併契約において定めるべき事項（180 I ①）　吸収合併契約において定めるべき事項は，会社法749条1項各号に法定されており，吸収合併存続会社および吸収合併消滅会社の商号および住所（749 I ①）から始まり，吸収合併消滅会社の株主に対してその株式に代わる金銭等[68]を交付するときの金銭等の内容（同②），吸収合併消滅会社の株主に対する金銭等の割当てに関する事項（同③），吸収合併消滅会社の新株予約権者に対して交付する吸収合併存続会社の新株予約権または金銭に関する事項（同④），その新株予約権または金銭の割当てに関する事項（同⑤），吸収合併がその効力を生じる日（同⑥）にわたっている。

　これは，吸収合併契約の概要とともに，合併の対価が株主に対する金銭等として交付されるときに，その内容を明らかにすることを求めるものである。

　　ii　吸収合併存続会社が吸収合併に際して更生債権者等に対して金銭その他の財産（以下，金銭等）を交付するときは，当該金銭等についての以下の事項（180 I ②柱書）　これは，合併の対価が更生債権者等に対する金銭等の形で交付されるときに，その内容等を更生計画において明らかにすることを求めるものである。

　第1は，当該金銭等が吸収合併存続会社の株式であるときは，当該株式の数（種類株式発行会社にあっては，株式の種類および種類ごとの数）またはその数の算定方法ならびに当該吸収合併存続会社の資本金および準備金の額に関する事項である（180 I ②イ）。

　第2は，当該金銭等が吸収合併存続会社の社債（新株予約権付社債についてのものを除く）であるときは，当該社債の種類および種類ごとの各社債の金額の

---

[67]　また，会社が合併によって一定の取引分野における競争を実質的に制限する結果となる場合には，独占禁止法による規制が課される（独禁15。白石忠志・独占禁止法299頁（2006年）参照）。
[68]　金銭等は，金銭その他の財産をいい（会社151柱書かっこ書），その種類に制限はないから，吸収合併存続会社の株式，社債，新株予約権，新株予約権付社債，またはそれ以外の財産を含む。江頭795頁参照。

合計額またはその算定方法である(同ロ)。

　第3は，当該金銭等が吸収合併存続会社の新株予約権(新株予約権付社債に付されたものを除く)であるときは，当該新株予約権の内容および数またはその算定方法である(同ハ)。

　第4は，当該金銭等が吸収合併存続会社の新株予約権付社債であるときは，当該新株予約権付社債についての上記第2に規定する事項および当該新株予約権付社債に付された新株予約権についての上記第3に規定する事項である(同ニ)。新株予約権付社債については，社債について定めるべき事項(同ロ)と新株予約権について定めるべき事項(同ハ)とをあわせて明らかにすることを求める趣旨である。

　第5は，当該金銭等が吸収合併存続会社の株式等(株式，社債および新株予約権をいう)以外の財産であるときは，当該財産の内容および数もしくは額またはこれらの算定方法である(同ホ)。

　　iii　吸収合併存続会社が吸収合併に際して更生債権者等に対して金銭等を交付する場合には，その割当てに関する事項(180 I ③)　ここでは，更生債権者等に対して金銭等を交付する場合に，平等原則(168 I 柱書本文)や公正かつ衡平な差を設けるべきこと(同Ⅲ前段)などを考慮した割当てに関する事項を定めることを求めるものである。

　b　吸収合併(吸収合併消滅会社が更生会社であり，吸収合併存続会社が持分会社である場合)

　　i　吸収合併契約において定めるべき事項(180 Ⅱ ①)　吸収合併契約において定めるべき事項は，会社法751条1項各号に法定されており，吸収合併存続会社および吸収合併消滅会社の商号および住所(751 I ①)から始まり，吸収合併消滅会社の株主が吸収合併に際して吸収合併存続会社の社員となるときは，持分会社の区分(合名会社・合資会社・合同会社)に応じて，社員の氏名または名称および住所ならびに出資の価額など(同②イ～ハ)，吸収合併存続会社が吸収合併に際して，吸収合併消滅会社の株主に対してその株式に代わる金銭等(吸収合併存続会社の持分を除く)を交付するときは，当該金銭等についての事項として，吸収合併存続会社の社債の種類等または社債以外の財産の内容等(同③)，吸収合併消滅会社の株主に対する金銭等の割当てに関する事項(同④)，吸収合併存続会社が吸収合併消滅会社の新株予約権者に対して交付する当該新

株予約権に代わる金銭の額またはその算定方法（同⑤），新株予約権者に対する当該金銭の割当てに関する事項（同⑥），効力発生日（同⑦）である。

　　　ⅱ　持分会社の社員等に関する事項　　更生債権者等が吸収合併に際して吸収合併存続会社の社員となるときは，吸収合併存続会社の区分（合名会社・合資会社・合同会社）の区分に応じて，以下の事項を定めなければならない（180Ⅱ②柱書）。

　第1に，合名会社の場合には，当該社員の氏名または名称および住所ならびに出資の価額である（同イ）。

　第2に，合資会社の場合には，当該社員の氏名または名称および住所，当該社員が無限責任社員または有限責任社員のいずれであるかの別ならびに当該社員の出資の価額である（同ロ）。

　第3に，合同会社の場合には，当該社員の氏名または名称および住所ならびに出資の価額である（同ハ）。

　　　ⅲ　吸収合併に際して更生債権者等に対して交付する金銭等に関する事項
　　　吸収合併存続会社が吸収合併に際して更生債権者等に対して金銭等（吸収合併存続会社の持分を除く）を交付するときは，当該金銭等について以下の事項を定めなければならない（180Ⅱ柱書・③柱書）。

　第1に，当該金銭等が吸収合併存続会社の社債であるときは，当該社債の種類および種類ごとの各社債の金額の合計額またはその算定方法である（同③イ）。

　第2に，当該金銭等が吸収合併存続会社の社債以外の財産であるときは，当該財産の内容および数もしくは額またはこれらの算定方法である（同ロ）。

　　　ⅳ　金銭等の割当てに関する事項　　更生債権者等に対して金銭等を交付する場合には，その割当てに関する事項を定めなければならない（180Ⅱ柱書・④）。

　　ｃ　吸収合併（更生会社が吸収合併存続会社となる場合）
　吸収合併（更生会社が吸収合併存続会社となるものに限る）に関する条項においては，吸収合併契約において定めるべき事項を定めなければならない（180Ⅲ）。この場合の吸収合併契約において定めるべき事項の内容は，会社法749条1項各号による。更生会社が吸収合併消滅会社となる場合と異なって，それ以外の事項を定める必要がないのは，合併の対価を吸収合併消滅会社の株主等に交付すれば足り，更生会社の株主や更生債権者等に対する交付や割当ては，権利の

変更に関する条項（167 I ①）をもって対応することができるためである。

　　d　新設合併（消滅会社が更生会社であり，新設合併設立会社が株式会社である場合）　新設合併とは，2以上の会社がする合併であって，合併によって消滅する会社の権利義務の全部を合併によって設立する会社に承継させるものをいう（会社2㉘）。消滅会社が株式会社である更生会社であり，新設合併設立会社も株式会社である場合に，更生計画において新設合併に関する条項を設けるときには，以下の事項を定めなければならない（181 I 柱書）。

　　i　新設合併契約において定めるべき事項（181 I ①）　株式会社を設立する新設合併契約において定めるべき事項（181 I ①）は，会社法753条1項各号に法定されており，新設合併消滅会社（会社753 I ①かっこ書）の商号および住所（同①）から始まり，新設合併設立株式会社の目的，商号，本店の所在地および発行可能株式総数（同②），その他の新設合併設立株式会社の定款で定める事項（同③），新設合併設立株式会社の設立時取締役の氏名（同④），新設合併設立株式会社の種類（会計参与設置会社・監査役設置会社[69]・会計監査人設置会社）に応じて，設立時会計参与の氏名もしくは名称，設立時監査役の氏名または設立時会計監査人の氏名もしくは名称（同⑤），新設合併消滅会社である更生会社および相手方である新設合併消滅会社の株主に対して交付する新設合併設立株式会社の株式の数等（同⑥），その株式の割当てに関する事項（同⑦），新設合併消滅会社である更生会社および相手方である新設合併消滅会社の株主に対して交付する社債等に関する事項（同⑧），その社債等の割当てに関する事項（同⑨），新設合併消滅会社の新株予約権者に対して交付する新設合併設立株式会社の新株予約権または金銭に関する事項（同⑩），その新株予約権または金銭の割当てに関する事項（同⑪）である。

　　ii　更生債権者等に交付する株式等に関する事項（181 I ②）

　新設合併設立株式会社が新設合併に際して更生債権者等に対して株式等を交付するときは，当該株式等について以下の事項を定めなければならない（181 I 柱書・②柱書）。

　第1に，当該株式等が新設合併設立株式会社の株式であるときは，当該株式の数（種類株式発行会社にあっては，株式の種類および種類ごとの数）またはその数

---

[69]　会社法上の一般的な定義（2⑨）と異なり，監査の範囲を会計に関するものに限定する旨の定款の定めのある株式会社を含む（会社753 I ⑤ロかっこ書）。

の算定方法ならびに当該新設合併設立株式会社の資本金および準備金の額に関する事項である（同②イ）。

　第2に，当該株式等が新設合併設立株式会社の社債（新株予約権付社債についてのものを除く）であるときは，当該社債の種類および種類ごとの各社債の金額の合計額またはその算定方法である（同ロ）。

　第3に，当該株式等が新設合併設立株式会社の新株予約権（新株予約権付社債に付されたものを除く）であるときは，当該新株予約権の内容および数またはその算定方法である（同ハ）。

　第4に，当該株式等が新設合併設立株式会社の新株予約権付社債であるときは，当該新株予約権付社債についての社債に関する事項（同ロ）および新株予約権に関する事項（同ハ）である（同ニ）。

　　　iii　更生債権者等に株式等を交付する場合（181Ⅰ②）には，更生債権者等に対するその割当てに関する事項（同③）

　　e　新設合併（消滅会社が更生会社であり，新設合併設立会社が持分会社である場合）　消滅会社が株式会社である更生会社であり，新設合併設立会社（181Ⅰ柱書第2かっこ書）が持分会社である場合に，更生計画において新設合併に関する条項を設けるときには，以下の事項を定めなければならない。（同Ⅱ柱書）。

　　　i　新設合併契約において定めるべき事項（181Ⅱ①）　持分会社を設立する新設合併契約において定めるべき事項は，会社法755条1項各号に法定されており，新設合併消滅会社の商号および住所（755Ⅰ①）から始まり，新設合併設立持分会社（会社同②かっこ書）が合名会社，合資会社または合同会社のいずれであるかの別（同②），新設合併設立持分会社の目的，商号および本店の所在地（同③），新設合併設立持分会社の社員についての氏名または名称および住所，責任の性質および出資の価額（同④），その他新設合併設立持分会社の定款で定める事項（同⑤），新設合併株式会社である更生会社の株主に対して交付する新設合併設立持分会社の社債に関する事項（同⑥），その社債の割当てに関する事項（同⑦），新設合併株式会社である更生会社の新株予約権者に対して当該新株予約権に代えて交付する金銭の額またはその算定方法（同⑧），その金銭の割当てに関する事項（同⑨）である。

　　　ii　更生債権者等が新設合併設立持分会社の社員となるときは，その氏名または名称および住所，責任の性質および出資の価額（181Ⅱ②，会社755Ⅰ④）

ここでは，いわゆるデット・エクイティ・スワップの一種として，更生債権者等に対して新設合併設立持分会社の社員たる地位を与える場合を想定している。

ⅲ　更生債権者等が新設合併設立持分会社の社債の交付を受けるときは，当該社債の種類および種類ごとの各社債の金額の合計額またはその算定方法（181Ⅱ③）　ここでは，いわゆるデット・デット・スワップの一種として，更生債権者等に対して新設合併設立持分会社の社債権者たる地位を与える場合を想定している。

ⅳ　その社債の割当てに関する事項（181Ⅱ④）　ⅲによって，更生債権者等に対して新設合併設立持分会社の社債を交付するときに，平等原則（168Ⅰ柱書本文）と公正・衡平の原則（同Ⅲ前段）にしたがって，どのように社債を割り当てるかを定めなければならない。

　ウ　会　社　分　割

　会社分割とは，株式会社が，その事業に関して有する権利義務の全部または一部を他の会社または分割によって設立する会社に承継させることを目的とする組織法上の行為であり，他の会社に承継させる場合を吸収分割（会社2㉙），分割によって設立する会社に承継させる場合を新設分割（会社2㉚）という。合併と同様に，更生会社が分割会社となり，採算性などを考慮して，事業部門の全部または一部に関する権利義務を承継会社または新設会社に包括的に移転するという組織再編を通じて，事業の維持更生を図ろうとする場合には，更生手続中は，更生計画の定めによってそれを行わなければならない（45Ⅰ⑦)[70]。もちろん，更生会社が吸収分割承継会社となることを更生計画によって定める場合も同様である。

---

70)　会社法制定前は，会社分割について，分割の対価となる株式等が分割会社に交付される物的分割と，分割会社の株主に交付される人的分割とが区別されたが，会社法においては，後者について，全部取得条項付種類株式の取得対価または剰余金の配当（現物配当）として，分割会社の株主に交付するものとして整理されたので，人的分割という概念は存在しない。江頭824, 826頁，会社法コンメンタール（17）237頁〔神作裕之〕参照。したがって，更生計画において会社分割を定める条項においても，分割会社たる更生会社による吸収分割承継会社または新設分割設立会社の株式の取得に関する定めをすれば足り，その株式を更生会社の利害関係人に配分するについては，権利変更の内容（167Ⅰ①）として定めることになる。更生会社が吸収合併存続会社となる場合（180Ⅲ）も同様である。この点が，更生会社が消滅する結果となる吸収合併（同Ⅰ柱書・Ⅱ柱書参照）や新設合併（181Ⅰ柱書・Ⅱ柱書参照）の場合と異なる。

a　吸収分割　　吸収分割に関する条項においては，吸収分割契約において定めるべき事項を定めなければならない（182）。吸収分割契約において定めるべき事項は，法定され，吸収分割承継会社（会社757第2かっこ書）が株式会社か（会社758），持分会社か（会社760）によって分けられている。法定記載事項は，吸収分割承継会社が株式会社である場合についていえば，当事会社の商号および住所（会社758①），吸収分割承継会社が承継する権利義務に関する事項（同②），吸収分割会社または吸収分割承継会社の株式に関する事項（同③），吸収分割対価（同④），吸収分割会社の新株予約権者の取扱い（同⑤⑥），効力発生日（同⑦），事実上の人的（分割型）吸収分割（同⑧）である[71]。

　　b　新設分割　　新設分割に関する条項においては，新設分割計画において定めるべき事項を定めなければならない（182の2）。新設分割計画において定めるべき事項は，法定され，新設分割設立会社（会社763柱書かっこ書）が株式会社であるか（会社763），持分会社か（会社765）によって分けられている。法定記載事項は，新設分割設立会社が株式会社である場合についていえば，新設分割設立会社の定款記載事項（会社763①②），新設分割設立会社の機関の構成員に関する事項（同③④），承継する権利義務（同⑤），分割対価たる株式等に関する事項（同⑥〜⑨），新設分割会社の新株予約権者の取扱い（同⑩⑪），事実上の人的（分割型）新設分割（同⑫）である[72]。

　　エ　株式交換
　株式交換とは，ある株式会社の株主が有する全株式を完全親会社となる既存の株式会社または合同会社に移転し，完全親子会社関係を形成する行為を指す（会社2㉛）[73]。この行為によって更生会社が既存の株式会社の完全子会社となることを通じて，完全親会社の信用などを利用する形で更生会社の事業価値を維持または向上させるために，更生計画において株式交換に関する条項を設けることが考えられる。

---

71) 以上は，会社法コンメンタール（17）293頁以下〔神作裕之〕によっている。承継する権利義務の特定の程度については，同書299頁参照。
72) 以上は，会社法コンメンタール（17）374頁以下〔神作裕之〕によっている。承継する権利義務の特定の程度については，同書376頁参照。
73) 株式交換制度の意義と導入の経緯については，会社法コンメンタール（17）407頁〔中東正文〕参照。完全親会社が完全子会社の株式を取得することによって，その経営を支配する点では，合併との間に共通性が認められるが，簿外債務承継の危険がないこと，労働条件統合の必要ないことなどが，株式交換の長所として指摘される。江頭860頁参照。

第1節　更生計画の条項　589

　　a　更生会社が株式交換完全子会社であり，株式交換完全親会社が株式会社である場合　　更生会社が株式交換をする株式会社（株式交換完全子会社。182の3Ⅰ柱書第2かっこ書）であり，その発行済株式の全部を取得する株式交換完全親会社（同第3かっこ書）が株式会社である場合においては，以下の事項を定めなければならない（同柱書）。

　　　i　株式交換契約において定めるべき事項（182の3Ⅰ①）　　株式会社を株式交換完全親会社とする株式交換契約において定めるべき事項は，会社法768条1項において法定され，株式交換完全子会社および株式交換完全親会社の商号および住所（768Ⅰ①）から始まり，株式交換完全親会社が株式交換に際して株式交換完全子会社の株主に対してその株式に代わる金銭等を交付するときは，当該金銭等が株式交換完全親会社の株式であるか，社債であるか，新株予約権であるか，新株予約権付社債であるか，それ以外の財産であるかの区別に応じて必要な事項（同②），株式交換完全子会社の株主に対するその金銭等の割当てに関する事項（同③），株式交換完全親会社が株式交換に際して株式交換完全子会社の新株予約権者に対して当該新株予約権に代わる当該株式交換完全親会社の新株予約権を交付するときは，交付を受ける株式交換完全子会社の新株予約権者が有する新株予約権の内容，交付の対象である株式交換完全親会社の新株予約権の内容等，交付を受ける株式交換完全子会社の新株予約権が新株予約権付社債であるときは，社債にかかる債務の承継等に関する事項（同④），その新株予約権の割当てに関する事項（同⑤），株式交換がその効力を生じる日（同⑥）にわたっている。

　　　ii　株式交換完全親会社が株式交換に際して更生債権者等に対して金銭等を交付するときは，当該金銭等についての事項（182の3Ⅰ②柱書）　　これは，株式交換の対価が更生債権者等に対する金銭等の形で交付されるときに，その内容等を更生計画において明らかにすることを求めるものである。

　　第1は，当該金銭等が株式交換完全親会社の株式であるときは，当該株式の数（種類株式発行会社にあっては，株式の種類および種類ごとの数）またはその数の算定方法ならびに当該株式交換完全親会社の資本金および準備金の額に関する事項である（182の3Ⅰ②イ）。

　　第2は，当該金銭等が株式交換完全親会社の社債（新株予約権付社債についてのものを除く）であるときは，当該社債の種類および種類ごとの各社債の金額

の合計額またはその算定方法である（同ロ）。

　第3は，当該金銭等が株式交換完全親会社の新株予約権（新株予約権付社債に付されたものを除く）であるときは，当該新株予約権の内容および数またはその算定方法である（同ハ）。

　第4は，当該金銭等が株式交換完全親会社の新株予約権付社債であるときは，当該新株予約権付社債についての社債に関する事項（同ロ）および新株予約権に関する事項（同ハ）である（同ニ）。

　第5は，当該金銭等が株式交換完全親会社の上記以外の財産であるときは，当該財産の内容および数もしくは額またはこれらの算定方法である（同ホ）。

　　　iii　株式交換完全親会社が株式交換に際して更生債権者等に対して金銭等の交付をする場合（182の3Ⅰ②）には，その割当てに関する事項（同③）

　ここでは，更生債権者等に対して金銭等を交付する場合に，平等原則（168Ⅰ柱書本文）や公正・衡平の原則（同Ⅲ前段）などを考慮した，割当てに関する事項を定めることを求めるものである。

　　b　更生会社が株式交換完全子会社であり，株式交換完全親会社が合同会社[74]である場合　更生会社が株式交換をする株式会社（株式交換完全子会社）であり，その発行済株式の全部を取得する株式交換完全親会社が合同会社である場合においては，以下の事項を定めなければならない（182の3Ⅱ柱書）。

　　　i　株式交換契約において定めるべき事項（182の3Ⅱ①）　合同会社を株式交換完全親会社とする株式交換契約において定めるべき事項は，会社法770条1項において法定され，株式交換完全子会社および株式交換完全親会社の商号および住所（770Ⅰ①）から始まり，株式交換に際して株式交換完全子会社の株主が株式交換完全親会社の社員となるときは，当該社員の氏名または名称および住所ならびに出資の価額（同②），株式交換完全親会社が株式交換に際して株式交換完全子会社の株主に対してその株式に代わる金銭等（株式交換完全親会社の持分を除く）を交付するときは，当該金銭等が当該株式交換完全親会社の社債であるか，社債以外の財産であるかの区別に応じて必要な事項（同③），その金銭等の株式交換完全子会社の株主（株式交換完全親会社を除く）に対する割当てに関する事項（同④），株式交換の効力発生日（同⑤）にわたってい

---

[74]　持分会社のうち，株式交換完全親会社となりうるのは，合同会社のみである。会社2㉛。

る。

　ⅱ　更生債権者等が株式交換に際して株式交換完全親会社の社員となるときは，当該社員の氏名または名称および住所ならびに出資の価額（182の3Ⅱ②）　更生計画の定めによって更生債権者等が株式交換完全親会社の社員としての地位をうることは，いわゆるデット・エクィティ・スワップの一種である。

　ⅲ　株式交換完全親会社が株式交換に際して更生債権者等に対して金銭等（株式交換完全親会社の持分を除く）を交付するときは，当該金銭等についての事項（182の3Ⅱ③柱書）　これは，株式交換の対価が更生債権者等に対する金銭等の形で交付されるときに，その内容等を更生計画において明らかにすることを求めるものである。

　第1は，当該金銭等が株式交換完全親会社の社債であるときは，当該社債の種類および種類ごとの各社債の金額の合計額またはその算定方法である（182の3Ⅱ③イ）。

　第2は，当該金銭等が当該株式交換完全親会社の社債以外の財産であるときは，当該財産の内容および数もしくは額またはこれらの算定方法である（同ロ）。

　ⅳ　株式交換完全親合同会社が株式交換に際して更生債権者等に対して金銭等の交付をする場合（182の3Ⅱ③）には，その割当てに関する事項（同④）

　ここでは，更生債権者等に対して金銭等を交付する場合に，平等原則（168Ⅰ柱書本文）や公正・衡平の原則（同Ⅲ前段）などを考慮した，割当てに関する事項を定めることを求めるものである。

　c　更生会社が株式交換完全親会社となる場合　更生会社が株式交換完全親会社となる場合の株式交換に関する条項においては，株式交換契約において定めるべき事項を定めなければならない（182の3Ⅲ）。この場合には，株式交換こそなされるが，aやbの場合と異なって，更生会社の組織に変更を生じるわけではないので，株式交換契約において定めるべき事項を定めれば足りるとされたものである。定めるべき事項は，aと同じく，会社法768条1項に法定されている。

　　オ　株式移転
　株式移転とは，1または2以上の株式会社がその発行済株式の全部を新たに

設立する株式会社に取得させることをいい（会社2㉜），株式交換と同様に，更生会社と新たに設立される会社との間に親子関係を作ることを通じて，更生会社の株主や更生債権者等が完全親会社の株主や社債権者などとなることを通じて，利害関係人の権利変更を実現する方策の一つである[75]。なお，株式移転は，株式移転によって設立する会社（株式移転設立完全親会社。182の4②柱書かっこ書）も株式移転完全子会社（会社773Ⅰ⑤第1かっこ書）も株式会社でなければならない（会社2㉜）。

　株式移転に関する条項においては，以下の事項を定めなければならない（182の4柱書）。

　　　a　株式移転計画において定めるべき事項（182の4①）　株式移転計画において定めるべき事項は，会社法773条1項各号に法定されており，株式移転設立完全親会社の目的，商号，本店の所在地および発行可能株式総数（773Ⅰ①）から始まり，その他株式移転設立完全親会社の定款で定める事項（同②），株式移転設立完全親会社の設立時取締役の氏名（同③），株式移転設立完全親会社の区分（会計参与設置会社・監査役設置会社・会計監査人設置会社）に応じて，設立時会計参与の氏名または名称，設立時監査役の氏名，設立時会計監査人の氏名または名称（同④イ～ハ），株式移転設立完全親会社が株式移転に際して株式移転完全子会社である更生会社の株主に対して交付するその株式に代わる当該株式移転設立完全親会社の株式の数（種類株式発行会社にあっては，株式の種類および種類ごとの数）またはその数の算定方法ならびに当該株式移転設立完全親会社の資本金および準備金の額に関する事項（同⑤），その株式の割当てに関する事項（同⑥），株式移転設立完全親会社が株式移転に際して株式移転完全子会社の株主に対してその株式に代わる当該株式移転設立完全親会社の社債等を交付するときは，それが社債であるか，新株予約権であるか，新株予約権付社債であるかの区別に応じて，種類，数，あるいは算定方法などの事項（同⑦イ～ハ），その社債等の割当てに関する事項（同⑧），株式移転設立完全親会社が株式移転完全子会社たる更生会社の新株予約権者に対して当該新株予約権に代わる当該株式移転設立完全親会社の新株予約権を交付するときは，株式移転完全子会社の新株予約権者の有する新株予約権（株式移転計画新株予約権）の内

---

[75]　複数の株式会社が川上に持株会社を創設するために便利な手法であるといわれる。会社法コンメンタール（17）428頁〔中東正文〕。

容，その者に対して交付する株式移転設立完全親会社の新株予約権の内容等，株式移転計画新株予約権が新株予約権付社債に付されたものであるときは，株式移転設立完全親会社がその社債にかかる債務を承継する旨ならびにその承継にかかる社債の種類等（同⑨イ〜ハ），その新株予約権の割当てに関する事項（同⑩）である。

　b　株式移転設立完全親会社が株式移転に際して更生債権者等に対してその株式等を交付するときに定めるべき事項（182の4②柱書）　これは，株式移転の方法によって，更生債権者等の権利についていわゆるデット・エクイティ・スワップまたはデット・デット・スワップを行うためのものである。

　第1は，当該株式等が株式移転設立完全親会社の株式であるときは，当該株式の数（種類株式発行会社にあっては，株式の種類および種類ごとの数）またはその数の算定方法ならびに当該株式移転設立完全親会社の資本金および準備金の額に関する事項である（182の4②イ）。

　第2は，当該株式等が株式移転設立完全親会社の社債（新株予約権付社債についてのものを除く）であるときは，当該社債の種類および種類ごとの各社債の金額の合計額またはその算定方法である（同ロ）。

　第3は，当該株式等が株式移転設立完全親会社の新株予約権（新株予約権付社債に付されたものを除く）であるときは，当該新株予約権の内容および数またはその算定方法である（同ハ）。

　第4は，当該株式等が株式移転設立完全親会社の新株予約権付社債であるときは，当該新株予約権付社債についての社債に関する事項（同ロ）および新株予約権に関する事項（同ハ）である（同ニ）。

　c　株式移転設立完全親会社が株式移転に際して，更生債権者等に対する株式等の割当てをするときに定めるべき事項（182の4③）　ここでは，平等原則（168Ⅰ柱書本文）や公正・衡平原則（同Ⅲ前段）にしたがって割当てに関する事項を定めることが求められる。

(8)　定款の変更

　定款とは，会社の根本規範であり，設立の際にその作成が要求される（会社26Ⅰ）。定款の内容としては，会社の目的，商号，本店の所在地などの絶対的記載事項（会社27）と定款の定めがなければ効力が生じない相対的記載事項（会社28・29前半部分），さらに，定時株主総会の招集時期や取締役等の員数な

ど，他の方法で定めることができる事項を定款において定める任意的記載事項（会社29後半部分）とが含まれる。しかし，更生会社の場合には，事業の維持更生という目的を実現するために，会社の事業目的を変更したり，組織体制に修正を加えたりする必要があり，これに応じるために定款の変更が求められる場合がある。

定款の変更は，会社法上では，株主総会の特別決議（会社466・309Ⅱ⑪）などの手続によって行われるが[76]，更生手続開始後その終了までの間においては，更生計画の定めるところによるか，または裁判所の許可をえて行わなければならない（45Ⅱ・167Ⅱ）。そして，更生計画において定款を変更する場合には，更生手続が行われていない場合に当該行為を行うとすれば株主総会の決議その他の株式会社の機関の決定が必要となる事項を定めなければならないから（174柱書・⑤），会社の目的，本店所在地あるいは株式の種類などの変更すべき事項を更生計画の条項として定めなければならない。

3 新会社の設立

新会社の設立を更生計画の条項として定めることは，いわゆる第二会社方式として，旧法以来広く行われてきた。現行法も，規律の内容について変更を加えた上でこれを引き継いでいる。具体的には，新会社を設立し，更生会社の事業の全部または一部を新会社に譲渡するなどの場合が考えられる。ただし，新設合併，新設分割または株式移転によって株式会社を設立する場合は，それぞれについて特別の規律が設けられているので（181・182の2・182の4），ここでの対象からは除外される（183柱書但書）。

株式会社の設立に関する更生計画の条項においては，以下の事項を定めなければならない（183柱書本文）。

(1) 設立する株式会社（新会社）についての会社法27条1号から4号までに掲げる事項，新会社が発行することができる株式の総数ならびに新会社の資本金および資本準備金の額に関する事項（183①）

会社法27条各号は，設立に際して作成する定款の基本的内容を定めるものであるが，更生計画に記載すべき事項としては，このうち，目的（会社27①），商号（同②），本店の所在地（同③），設立に際して出資される財産の価額また

---

76) 詳細については，江頭771頁以下参照。

はその最低額（同④）が記載される（183①前半部分）。発起人の氏名等が記載されないのは、更生計画による設立という特殊性のためである[77]。

それに加えて、新会社の発行可能株式総数と資本金および資本準備金の額に関する事項を記載しなければならない。このうち発行可能株式総数は、定款の絶対的必要的記載事項でもある（会社37Ⅰ参照）。資本金の額は、原則として、設立または株式の発行に際して株主となる者が当該株式会社に対して払込みまたは給付をした財産の額であり（会社445Ⅰ）、資本準備金の額とは、そのうちの2分の1を超えない限度で資本金の額としないものである（同Ⅱ）。現行会社法下では、これらは定款には記載されず、資本金の額が設立の登記事項とされているだけであるが（会社911Ⅲ⑤）、新会社の内容を更生計画に開示するという目的から、記載事項とされている[78]。

(2) (1)に掲げる事項にかかるものを除いて、新会社の定款で定める事項（183②）

ここでいう事項は、いわゆる相対的記載事項や任意的記載事項（会社29）を意味し、その例としては、株式の名義書換手続や定時株主総会の招集時期などがある[79]。

(3) 新会社の設立時募集株式を引き受ける者の募集をするときは、会社法58条1項各号に掲げる事項（183③）

株式会社の設立の方法としては、発起設立（会社25Ⅰ①）と募集設立（同②）の2種類があるが、法225条6項は、発起設立を排除しているので、更生会社による発起設立は認められない。募集設立に際して設立時募集株式（会社58Ⅰ

---

[77] 法225条6項は、発起設立（会社25Ⅰ①）を排除しているので、更生会社による発起設立は認められない（山本克己「更生計画による新会社の設立――『発起人』をめぐって」青山古稀939頁以下）。他方、法183条においては、株式を利害関係人その他の者が引き受けることが予定されている（条解更法（下）520頁）こととの関係で、管財人による更生会社の単独出資にもとづいて新会社を設立することが許されるかという問題がある。更生計画において、設立時募集株式の数等の募集設立にかかる事項と併せて、設立時募集株式の引き受けに関する事項として更生会社と定めることが考えられよう。

[78] 平成14年法律155号による改正前旧会社更生法226条1項7号では、「新会社の資本及び準備金の額」が更生計画の記載事項とされていたが、現行会社法更生法制定時には、1株あたりの発行価額中資本に組み入れない額を控除して発行総数を乗ずれば算出されるから、これらを記載事項としないこととした（一問一答新会社更生法197頁）。平成17年法律87号による改正後の現行法が、再びこれらを記載事項としているのは、関係人に対する開示機能を重視したものと思われる。

[79] 江頭69頁参照。

柱書かっこ書）を引き受ける者の募集をするときは，必要事項（同各号）に掲げる事項を定めなければならない。必要事項は，設立時募集株式の数（会社同①），設立時募集株式の払込金額（同②），設立時募集株式と引換えにする金銭の払込みの期日またはその期間（同③），一定の日までに設立の登記がなされない場合において，設立時募集株式の引受けの取消しをすることができることとするときは，その旨およびその一定の日（同④）である。

(4) 更生計画の定めによって消滅する更生債権者等または株主による引受けの申込みにもとづく払込擬制（183④）

更生計画の定めにしたがい，更生債権者等または株主の権利の全部または一部が消滅した場合（205 I）において，これらの者が募集株式の引受けの申込み（会社59Ⅲ）をしたときは新会社の設立時募集株式の払込金額の全部または一部の払込みをしたものとみなすこととするときは，その旨を定めなければならない。この場合の払込みは，消滅する権利をもってするものであるから，現物出資に類似する性質をもつ。

会社法上では，現物出資は，発起人のみに許されているが（会社34 I 本文・63 I 参照），会社更生法は，いわゆるデット・エクイティ・スワップやエクイティ・エクイティ・スワップを可能にするために，設立時募集株式の引受申込みをする更生債権者等や株主にも，更生計画によって消滅する権利をもってする現物出資を認めている。

(5) 更生債権者等または株主に対する設立時募集株式の割当てを受ける権利の付与に際して定めるべき事項（183⑤）

更生計画により更生債権者等または株主に対して，設立時募集株式の引受申込み（会社59Ⅲ）をすることによって新会社の設立時募集株式の割当てを受ける権利を与えるときは，その旨および当該設立時募集株式の引受けの申込みの期日を定めなければならない。会社の成立後は，株主に対して株式の割当てを受ける権利を与えることができるが（会社202 I 柱書前段），更生計画においては，更生債権者等または株主に対してこの権利を与えることができることを前提としたものである。

(6) (5)の場合における更生債権者等または株主に対する設立時募集株式の割当てに関する事項（183⑥）

上記の割当てを受ける権利を付与するについて，平等原則（168 I 柱書本文）

や公正・衡平原則（同Ⅲ前段）にしたがって割当てに関する事項を定めることが求められる。

(7) 更生会社から新会社に移転すべき財産およびその額（183⑦）

新会社、いわゆる第二会社を設立することは、更生会社の事業部門の全部または一部を新会社に移転し、新会社の下で事業の維持更生を図ることを目的とする場合が多い。この条項は、そのためのものであり、移転すべき財産には、個別的な財産のみならず、事業そのものも含まれる[80]。

(8) 新会社の設立時取締役の氏名またはその選任の方法（183⑧）

新会社は、株式会社であるので、取締役は必置の機関であり（会社326Ⅰ）、通常は、発起人または創立総会によって定めるべき設立時取締役（会社38Ⅰ・88）の氏名またはその選任の方法を更生計画によって定めなければならない。

(9) 機関等による会社の区分に従い、それぞれに必要となる機関等の氏名等（183⑨柱書）

第1に、新会社が代表取締役を定める場合（新会社が委員会設置会社である場合を除く）には、設立時代表取締役の氏名またはその選定の方法である（183⑨イ）。取締役会設置会社においては、業務執行をし、会社を代表する機関として代表取締役が必置であるために（会社362Ⅲ）、これを更生計画において定めなければならない。

第2に、新会社が会計参与設置会社である場合には、設立時会計参与の氏名もしくは名称またはその選任の方法である（183⑨ロ）。

第3に、新会社が監査役設置会社（監査役の監査の範囲を会計に関するものに限定する旨の定款がある株式会社を含む）である場合には、設立時監査役の氏名またはその選任の方法である（同ハ）。

第4に、新会社が会計監査人設置会社である場合には、設立時会計監査人の氏名もしくは名称またはその選任の方法である（同ニ）。

第5に、新会社が委員会設置会社である場合には、設立時委員、設立時執行役および設立時代表執行役の氏名またはその選任もしくは選定の方法である（同ホ）。

---

80) なお、この規定による不動産所有権の移転については、不動産取得税の特例として、非課税とする規定がある（地税73の7②の4）。また、事業譲渡を定める場合には、別途、事業譲渡に関する条項（本書598頁）を設けることが必要になる。

(10)　新会社の設立後の取締役等の任期（183⑩）

新会社の設立時取締役，設立時会計参与，設立時監査役，設立時代表取締役，設立時委員，設立時執行役，設立時代表執行役または設立時会計監査人（以上を，設立時取締役等という。183⑩第1かっこ書）が，新会社の成立後において取締役，会計参与，監査役，代表取締役，各委員会の委員，執行役，代表執行役または会計監査人（以上を，新会社取締役等という。同第2かっこ書）となった場合における当該新会社取締役等の任期を定めなければならない。

(11)　募集新株予約権を引き受ける者の募集に関する事項（183⑪）

新会社が募集新株予約権（当該募集新株予約権が新株予約権付社債に付されたものである場合にあっては，当該新株予約権付社債についての社債を含む。176柱書かっこ書）を引き受ける者の募集をするときは，更生会社が同様の募集をする際に定めるべき事項（同各号。本書576頁）を定めなければならない。

(12)　募集社債を引き受ける者の募集に関する事項（183⑫）

新会社が募集社債（新株予約権付社債についてのものを除く。177柱書かっこ書）を引き受ける者の募集をするときは，更生会社が同様の募集をする際に定めるべき事項（同各号。本書579頁）を定めなければならない。

(13)　更生債権者等または株主の権利の消滅と引換えにする株式等の発行に関する事項（183⑬）

新会社が更生債権者等または株主の権利の全部または一部の消滅と引換えに新会社の設立時発行株式，新株予約権または社債の発行をするときは，更生会社が同様の発行をする際に定めるべき事項（177の2。本書576頁）を定めなければならない。

4　事業譲渡等

ここでいう事業譲渡等とは，会社法468条1項にいう事業譲渡等，すなわち，事業の全部の譲渡（会社467Ⅰ①），事業の重要な一部の譲渡（同②）[81]，他の会社の事業の全部の譲受け（同③），事業の全部の賃貸，事業の全部の経営の委任，他人と事業上の損益の全部を共通にする契約その他これらに準じる契約の締結，変更または解約をいう（167Ⅱ・174⑥）。これらの行為は，いずれも財産取引行為としての性質をもつものであり，合併や会社分割と異なって，更生会

---

81)　会社法467条1項2号かっこ書によって株主総会の決議による承認が不要とされる場合は除かれる。

社の法人格や組織そのものに関わる行為ではないが、他方、個々の権利義務の移転や承継と区別され、一定の事業目的のために組織化され、有機的一体として機能する財産の譲渡もしくは譲受けに類似する効果をもつために、更生会社の事業の維持更生に重大な影響を与えることを考慮し、更生手続の根本規範である更生計画の定めによって行うことができるものとされている（167Ⅱ)[82]。

　更生計画の定めによって事業譲渡等を行う場合には、その条項において、更生手続が行われていない場合に当該行為を行おうとすれば株主総会の決議その他の株式会社の機関の決定が必要となる事項を定めなければならない（174⑥）。その事項とは、それぞれの行為の内容に即した事業譲渡等の契約内容を意味し、事業譲渡等の目的物、対価、相手方などを中心とする。

5　未確定の更生債権者等の権利

　異議等のある更生債権等（151Ⅰ本文）で更生計画作成時にその確定手続が終了していないものがあるときは、更生計画においてその権利確定の可能性を考慮し、これに対する適確な措置を定めなければならない（172）。未確定の更生債権については、権利変更についての具体的定めをすることはできないが（170Ⅰ但書参照）、更生計画に定めをしなければ、免責の対象となることから（204Ⅰ柱書）、確定した場合に備えて、同種の更生債権者等との平等を確保できるような措置を定める必要がある[83]。

　適確な措置とは、当該更生債権等の存否および内容が確定した場合には、他の同種の更生債権者等の権利変更の内容に照らして、平等原則（168Ⅰ柱書本文）および公正・衡平原則（同Ⅲ前段）を満たすような定めをすることを意味する[84]。未確定の更生債権等について適確な措置を定めないことは、平等原則や公正・衡平原則に違反する結果となる。

---

[82] 事業譲渡等のうち、事業の全部または事業の重要な一部の譲渡は、原則として更生計画の定めによらなければ、することができないが（46Ⅰ本文。本書518頁参照）、それ以外の他社の事業の全部の譲受けや更生会社の事業の全部の賃貸などの行為については、特段の定めがない。第1の考え方としては、これらの行為は、更生計画の定めによってすることもできるが、それによらなくても、裁判所の許可（72Ⅱ①②）をえて、これを行うことができるというものであり、第2の考え方としては、基本的には同様の立場をとりながらも、行為の重要性に鑑み、法46条2項以下による裁判所の許可をえなければならないとするものであり、第3の考え方としては、更生計画の定めによる以外は、これらの行為をすることはできないというものである。事柄の実質を考えれば、第2または第3の考え方にも理由があるが、条文の文言との関係では、第1の考え方によるべきであろう。

6 債務の負担および担保の提供に関する定め

　更生債権等について人的または物的担保を提供する場合には，それに関する事項を更生計画に明示させ，一方で，更生計画の履行を確実にするとともに，他方で，更生債権者等の担保設定者に対する権利実行を確保する必要がある（171 I）。そのために，これらの者に関わる債務などの条項を更生債権者表および更生担保権者表に記載し（206 I），その記載には，確定判決と同一の効力が認められ（同 II），更生手続終結後は債務を負担した者に対する執行力も付与される（240本文）。

　まず，人的担保については，更生会社以外の者が更生会社の事業の更生のために債務を負担するとき[85]は，更生計画において，その者を明示し，かつ，その債務の内容を定めなければならない（171 I 前段）。また，物的担保についても，更生会社または更生会社以外の者が，更生会社の事業の更生のために担保を提供するときは，更生計画において，担保を提供する者を明示し，かつ，担保権の内容を定めなければならない（同前段・後段）。更生計画において，このような定めをするには，当該債務を負担し，または当該担保を提供する者の同

---

[83]　最判平成23・3・1判タ1347号98頁は，届出がなされなかった再生債権（過払金返還請求権）について，それが確定したときは，届出があった再生債権と同じ条件で弁済する旨の条項が設けられている再生計画の認可決定の効力が生じた（民再176）後に，届出をしなかった再生債権の履行を求める訴えが提起された事案において，同再生債権は，再生計画認可決定の確定とともに権利変更の一般的基準にしたがって変更されているから（民再181 I ①），再生計画によって変更されたことを前提として，その支払を命じるべき旨を判示する。しかし，再生手続においても，また更生手続においても，届出再生債権または届出更生債権について債権確定手続が係属するために，未確定の再生債権または更生債権として同様の条項が設けられた場合には，債権確定手続の目的に照らすと，その手続においては，再生計画または更生計画による権利変更の前提となる当該再生債権または更生債権の額そのものを確定し，それについて再生計画または更生計画による権利変更の効力を生じさせるべきである。

[84]　もっとも，未確定更生債権等の確定時期が他の同種の確定更生債権等の最初の分割弁済期日より後になった場合には，次の弁済期日に最初の分割弁済分も合わせて支払うとか，更生債権者等の消滅する権利と引換えに株式等を交付する場合に，確定時期においてそれをすることが不可能または煩瑣であるときは，免除率などの面で未確定更生債権者等を有利に扱った上で現金弁済をするとか，実質的に平等原則に反しないと評価される取扱いが求められる。条解会更法（下）442, 443頁参照。
　　この種の権利が存在する場合には，この条項を定めなければ更生計画自体が違法となるという意味では，絶対的必要的記載事項に近い性質がある。

[85]　旧会社更生法214条2項は，「会社以外の者が債務を引き受け，又は保証人となる等更生のために債務を負担するときは」と規定していた。条解会更法（下）440頁参照。

意をえなければならず（同Ⅱ)[86]，また，これらの者は，債権者集会の期日に呼び出される（115Ⅰ本文）。

なお，ここでいう債務の引受け等や担保の提供は，更生計画によって新たに行われるものを意味し，従前からの人的または物的担保を対象とするものではない[87]。

第2節　更生計画案の提出および決議

　更生計画は，更生手続の根本規範であり，第1節で述べたように，更生会社財産を基礎とする事業価値をいかに実現し，そのために更生債権者等や株主の権利をどのように変更し，また，更生会社の組織にいかなる変容を加えるかを中核とするものであるから，管財人などがその内容を更生計画案として提出し，それについての利害関係人の意思を問う必要がある。更生計画案の提出および決議は，そのための手続である。

第1項　更生計画案の提出

　管財人は，債権届出期間（138Ⅰ・42Ⅰ）の満了後裁判所の定める期間内に，更生計画案を作成して裁判所に提出しなければならない（184Ⅰ）。更生計画案の提出は，手続機関としての管財人の義務である。したがって，更生計画案の提出義務は，管財人の事業経営権および財産管理処分権（72Ⅰ）ならびに更生計画遂行義務（209Ⅰ）と一体のものとして位置づけられる。

　また，更生会社，届出更生債権者等または株主は，裁判所の定める期間内に，更生計画案を作成して裁判所に提出することができる（184Ⅱ)[88]。これらの者

---

[86]　同意は書面によることを要し，同意書面を更生計画案に併せて提出する（会更規49）。ただし，あらかじめの同意がない場合でも，当然に更生計画が不認可とされるわけではない。東京高決平成15・7・25金法1688号37頁〔民事再生〕〔倒産百選82事件〕。

[87]　更生担保権者の有する担保の変換に関する条項として，旧担保の消滅と新担保の設定を定めた場合には，新担保の設定部分は，ここでいう担保の提供にあたる。

[88]　もっとも，届出をしたが管財人が認めず，または他の更生債権者等の異議が出たのち，更生債権等査定の申立期間経過までに査定の申立てをしなかった場合には，届出はなかったものとみなされる結果（151Ⅵ），更生計画案の提出権限も認められない。また，提出権を認められる株主は，株主名簿に記載もしくは記録された者，または裁判所によって更生手続に参加することを許可された者である（165ⅠⅡ）。

は，更生手続の機関ではないが，利害関係を有するところから，独自の更生計画案提出権を認められる。さらに，外国管財人にも，管財人と同様に更生計画案の提出権が認められる（244Ⅲ）[89]。その結果として，管財人提出の更生計画案とそれ以外の者が提出した更生計画案とが決議に付される可能性があるが，決議の方法については，後に説明する。

1 提出時期等

提出時期は，債権届出期間の満了後裁判所の定める期間内である。裁判所の定める提出期間の末日は，特別の事情がある場合を除いて，更生手続開始決定の日から1年以内の日でなければならない（184Ⅲ）。具体的提出期間は，更生会社の事業規模や利害関係人の数等の事情を考慮して，裁判所が定める[90]。裁判所の定めは，通常，更生手続開始決定と同時になされる。更生会社や届出更生債権者等または株主による更生計画案提出期間も，同様である[91]。

裁判所は，特別の事情がある場合には申立てによってまたは職権で，これらの期間を伸長することができる（184Ⅳ）。更生手続の進行状況を踏まえて，更生計画案の作成および提出に柔軟に対処するためである。ただし，期間の伸長は，やむをえない事情がある場合を除いて，2回を超えてすることはできない

[89) 実務上，法184条1項の期間は同条2項の期間より長く設定され，さらには，更生計画案の提出期間を伸長する場合にも，法184条1項の期間だけを伸長し，同条2項の期間を伸長しない事案が比較的多いと仄聞している。それを前提とすると，外国管財人は，更生計画の提出期間に関しては，更生債権者等より優遇されているといえる。

90) 更生手続開始決定の日から起算して，10か月までの例が多いといわれる（会社更生の実務（下）252頁〔神戸由里子〕）。最近の東京地裁においては，10か月以内に更生計画案が提出される事件が75％を超え（有田浩規「東京地方裁判所商事部の事件処理の現状」NBL 945号28頁（2011年）），大阪地裁においては，更生計画案提出まで8か月ないし9か月を標準としているとの報告（小久保孝雄ほか「大阪地方裁判所第6民事部における倒産事件処理の概況」判タ1340号29頁（2011年）がされている。

また，提出時期が定められたときに，「実務上は，管財人から，更生計画案の提出期間の末日の約1か月前に，まず更生計画案の骨子が提出され，裁判所において当該計画案を決議に付すること（法189条1項）ができるかどうか等を検討している。管財人は，スポンサーや債権者その他の利害関係人と権利関係の調整をし，裁判所と打合せを重ねながら，具体的に更生計画案を作り上げる作業をした上で，提出期間内に更生計画案を提出することとなる」といわれる。最新実務245頁。

91) 特別の規律は存在しないが，これらの者から提出される更生計画案は，管財人が提出する更生計画案の対案としての実質をもつことが多いことを考慮して，本来の提出義務者である管財人がそれを参考とすることができるよう，管財人案の提出時期より短く定める例が多いといわれる。会社更生の実務（下）252頁〔神戸由里子〕。

(会更規50Ⅱ)。これは,合理的理由がないままに,更生手続が遷延することを防ぐためである。また,本来の期間(184ⅠⅡ)または伸長された期間(同Ⅳ)内に更生計画案を裁判所に提出することができないときは,管財人は,当該期間内にその旨およびその理由を記載した報告書を裁判所に提出しなければならない(会更規50Ⅰ)。

2 更生計画案についての参考資料の提出

裁判所は,必要があると認めるときは,更生計画案を提出した者または提出しようとする者[92]に対し,更生手続開始時の時価を基準とした更生会社財産の価額の評定(83Ⅰ)とは異なる時点または異なる評価の基準による更生会社財産の評価その他の更生計画案の当否の判断[93]のために参考となるべき事項を記録した書類を提出させることができる(会更規51Ⅰ)。ここでいう異なる時点とは,更生計画案作成の基準日などを指し,また,異なる評価の基準とは,事業の解体清算を前提とした処分価額などを意味する。このような事項を記録した書類の例としては,基準日現在における貸借対照表,開始決定から基準日に至るまでの期間損益計算書,事業損益計画表,資金計画表などが挙げられる[94]。

また,管財人は,更生計画案を裁判所に提出するときは,以下の事項を記載した報告書を併せて提出しなければならない(会更規51Ⅱ柱書)。第1は,更生会社を主要な取引先とする中小企業者に対する更生計画認可前の許可弁済(47Ⅱ)または少額の更生債権等に対する許可弁済(同Ⅴ。本書182頁)である(会更規51Ⅱ①)。第2は,管財人による許可相殺(47の2。本書340頁)である(会更規51Ⅱ②)。第3は,更生債権者等が外国で受けた弁済(137Ⅰ。本書165頁)である(会更規51Ⅱ③)。これらの弁済または相殺は,いずれも更生債権者等間の平等原則(168Ⅰ柱書本文。本書550頁)との関係が問題となりうるものであるから,更生計画においてそれらを開示し,更生債権者等が更生計画案に賛成するかどうかの参考資料としなければならないという趣旨である[95]。

---

92) 管財人は,更生計画案を提出しなければならないから,常に参考書類の提出を求められる可能性がある。また,更生会社,届出更生債権者等または株主のうち,更生計画案を提出した者あるいはこれから提出しようとする者も含まれる。条解会更規169頁。
93) 更生計画案の当否の判断の中心となるのは,更生計画認可の要件のうち,公正・衡平原則(199Ⅱ②)や遂行可能性(同③)である。当否の判断の主体としては,裁判所はもちろんであるが,関係人集会において議決に参加する更生債権者等や株主も含まれる。条解会更規170頁。
94) 条解会更規169,170頁参照。これらは,旧法下の実務を規則化したものと説明される。

3 更生計画案の事前提出

近時の実務においては，プレパッケージ型の会社更生が説かれ，更生手続開始申立て前から会社と主たる利害関係人との間で事業再生についての交渉が行われ，いわゆるスポンサーを含めた更生計画案の実質が固まっているときには，更生手続開始申立てと同時に更生計画案の提出が可能であり，以後の手続においてもそれを尊重した取扱いが求められることがある[96]。再生手続においては，このような必要に応じて，提出期間前の再生計画案の提出が可能であるが（民再164）[97]，更生手続においては，これに対応する規定が設けられていない。したがって，プレパッケージ型会社更生といっても，更生計画案の内容を裁判所および利害関係人に事実上提示するにとどまる（更生計画案の付議時期に関する法189条1項1号の制限について，本書615頁）[98]。

4 更生計画案の修正

更生計画案の提出者は，裁判所の許可をえて，更生計画案を修正することができる（186本文）。修正は，提出した更生計画案の不備を補ったり，行政庁の意見（187）や労働組合等の意見（188）を反映したり，経済情勢等の変化に対

---

95) 条解会更規170頁参照。近時のように，法47条5項を理由として商取引債権の100%保護がなされる状況においては，この規定の重要性が認められる。なお，更生債権者等が外国において受けた弁済を把握するについては，会社更生規則35条にもとづく，当該更生債権者等の管財人に対する弁済の内容の通知が意義を有する。

96) 中村清「倒産手続におけるスポンサー募集上の留意点」今中古稀254頁は，プレパッケージ型申立てにおけるスポンサー募集上の問題点と考え方を説明する。なお，スポンサーの役割や選定自体については，松嶋英機ほか「事業再生におけるスポンサー選定等をめぐる諸問題（上）（下）」銀行法務21　619号4頁，620号10頁（2003年），四宮章夫「会社更生とスポンサー」講座（3）257頁，澤野正明＝朝田規与至「スポンサー選定と更生計画案をめぐる諸問題」NBL956号90頁（2011年）に詳しい。四宮論文では，自ら事業の経営を引き受ける事業スポンサーと出融資によって更生会社を支援する金融スポンサーなどの区別，スポンサー決定手続としての競争入札，特定のスポンサーを想定したプレパッケージ型更生手続申立てに関する問題などが分析されている。

さらに，プレパッケージ型の中核をなすスポンサー契約が更生手続開始前に締結されている場合に，それが管財人を拘束するか，いいかえれば，管財人がスポンサー契約を双方未履行双務契約として解除すること（61 I）が制約されるかどうかについて，通称，お台場アプローチと呼ばれる考え方がある。これは，あらかじめスポンサーを選定しなければ事業が劣化してしまう状況にあること，スポンサー選定のための手続が適正に行われていることなどの条件が満たされているときに，スポンサー契約の管財人に対する拘束力を認めようとするものである。須藤英章「プレパッケージ型事業再生に関する提言」事業再生研究機構編・プレパッケージ型事業再生101頁（2004年），四宮・前掲論文271頁参照。

97) 伊藤791頁参照。

応したりするために行われる。修正の内容は，更生債権者等や株主にとっての有利不利を問わないが，提出されたものと本質的に異なる内容の修正は，新たな更生計画案の提出とみなされる[99]。

更生計画案の修正が許されるのは，更生計画案を決議に付する旨の決定がされるまでである（186但書）。もっとも，更生計画案の変更は，一定の要件の下に関係人集会においてすることが認められる（197）。また，更生計画認可決定があった後で，やむをえない事由によって更生計画を変更することもできる（233）。

提出された更生計画案が更生計画認可の要件（199 II 各号）のいずれかを満たさないものと認められ，それを決議に付する決定をすることができないと考えられる場合（189 I ③）などには，裁判所は，提出者に対して更生計画案を修正すべきことを事実上促し[100]，提出者がその促しにしたがわなければ，更生計画案を決議に付する決定がなされないことになろう。

5　行政庁の意見聴取

裁判所は，行政庁の許可，認可，免許その他の処分を要する事項[101]を定めた更生計画案については，当該事項につき当該行政庁の意見を聴かなければならない（187前段）。修正後の更生計画案（186）についても，同様である（187後段）。行政庁の意見の聴取義務が設けられたのは，更生計画案に定められた

---

98)　米国におけるプレパッケージ型第11章手続は，申立て前に法定多数の債権者が同意した再建計画案について，裁判所が直接に認可決定をするものであるが（米国連邦倒産法1126条(b)項・1125条），これと区別されるものとして，プレアレンジ（プレネゴシエート）型と呼ばれ，申立債務者が重要な大口債権者やスポンサーとの事前交渉を済ませた上で第11章手続の申立てをなし，決議および認可決定を経て，再建計画の効力を生じさせるものがある。わが国でいうプレパッケージ型は後者に近い。以上について，森倫洋ほか・アメリカ事業再生の実務237，240頁（2011年）参照。

99)　会社更生の実務（下）258頁〔鹿子木康〕。したがって，更生計画案の提出期間経過後は許されない。

100)　旧会社更生法197条や民事再生規則89条に規定される修正命令の制度は設けられていない。その理由としては，更生計画案審理のための関係人集会（旧192）の制度が廃止されたところから，集会後の更生計画案の修正に特段の制限がなくなったこと（旧198 I参照），管財人と裁判所との意思疎通が円滑であれば，修正命令の必要は存在しないこと，修正命令に応じた修正がなされるかどうかを見極めるために，かえって手続が遅延するおそれがあることが指摘されている。条解会更172頁。

101)　ホテル業を行う更生会社に関する旅館業の許可（会社更生の実務（下）262頁〔鈴木和成〕），地方鉄道業，一般道路運送事業，銀行業，信託業，保険業，証券業の免許（条解会更法（下）215頁）などがある。

事項にかかる事業に関して行政庁の許可等の処分が必要な場合には，あらかじめ当該行政庁の意見を聴くことが，更生計画の遂行可能性などについて適切な判断をするために必要であるという理由にもとづいている。行政庁が更生計画案について意見を述べた場合には，その修正（186本文）などに反映される可能性がある。

6 労働組合等の意見聴取

裁判所は，提出された更生計画案について，労働組合等（46Ⅲ③）の意見を聴かなければならない（188前段）。更生計画案について修正があった場合においても，同様である（同後段）。労働組合等の意見の聴取義務が設けられたのは，更生にとって従業員の協力が不可欠であること，更生計画案の内容や遂行可能性について労働組合等が適切な情報を提供することが期待されることなどによるものであり，更生手続開始に関する意見聴取（22Ⅰ），事業の譲渡に関する意見聴取（46Ⅲ③），財産状況報告集会における意見陳述（85Ⅲ）と同様の考え方にもとづいている。

労働組合等が更生計画案について意見を述べた場合には，その修正（186本文）などに反映される可能性がある。

第2項　事業の全部の廃止を内容とする更生計画案

更生手続は，更生会社の事業の維持更生を目的として開始されるものであるが（1・41Ⅰ③参照），実際には，更生会社の事業組織の下でも，また，事業譲渡，合併，会社分割または新会社の設立による他の事業組織の下でも，事業の維持更生が困難であると判断される状況が生まれるのを皆無とすることはできない。そうした状況に立ち至った場合には，更生手続を廃止するなどして，手続を破産手続に移行させる可能性もあるが（251・252参照），更生計画案作成の段階でそうした事情が明らかになった場合には，事業を廃止し，更生会社財産を清算する更生計画案を作成することが認められる[102]。これは，旧会社更生法下では，清算を内容とする更生計画案と呼ばれたものであるが（旧191），現

---

[102] 破産手続に移行する場合と比較した得失については，条解会更法（下）182頁参照。要約すれば，手続移行にともなう費用や混乱を避ける一方，破産手続において保障される利害関係人の地位と清算的更生計画案の内容として定められる利害関係人の地位との間に差異が生じるのをどのように防げるかというのが，問題の核心である。会社更生の実務（下）255頁〔鹿子木康〕。

行法は，これを事業の全部の廃止を内容とする更生計画案（185）として引き継いでいる[103]。

1 事業の全部の廃止を内容とする更生計画案の意義

更生会社の事業の全部の廃止を内容とする更生計画案（以下，事業の全部廃止更生計画案）とは，更生計画の遂行の完了までに実質的な意味で更生会社財産のすべてを清算し，更生債権者等や株主に清算金を分配する内容を意味し，更生会社の法人格の存続とはかかわりがない。したがって，更生会社自身が事業を継続する場合はもちろん，事業の譲渡，合併，会社分割または新会社の設立によって，更生会社の事業の全部または一部が存続し，更生会社はその対価をえて，それを利害関係人に配分して消滅するときも，ここでいう事業の全部の廃止を内容とする更生計画案には含まれない。もっとも，存続するのが更生会社の事業のごく一部であり，大部分を解体清算する場合には，事業の全部を廃止するのと同視する余地があり，また，実質は，資産の処分と異ならない場合にも，同様に扱う可能性がある。この種の計画案については，その作成について裁判所の許可を要するだけではなく，更生計画案の可決要件が厳格化されていること（196Ⅴ②ハ）を考えても，このような余地を認めておく方が合理的である[104]。

2 事業の継続を内容とする更生計画案の作成が困難であることが更生手続開始後に明らかになったこと（185Ⅰ本文）

更生手続開始の条件の一つは，「事業の継続を内容とする更生計画案の作成」等の見込みがないことが明らかとはいえないときとされているから（41Ⅰ柱書・③．本書41頁），事業の全部廃止更生計画案の作成が許可されるのは，開始後に事業の継続を内容とする更生計画案（以下，事業の継続更生計画案）作成の見込みがないことが明らかになった場合に限られる。その原因としては，一般的な経済環境の変化なども考えられるが，更生会社の事業価値の毀損が当初よりも著しいことが明らかになり，更生会社自体による事業継続はもちろん，合併や分割等の手段によって他の主体が事業の継続更生計画案を作成することも困難であることが明らかになった場合が挙げられよう[105]。

---

103) 一問一答74，210頁参照。
104) 条解会更法（下）187頁も，「限界の事例については，広く本条の手続をふむことを考慮し，認可にあたっても同様の考慮をなすべきであろう」とする。

3 債権者一般の利益を害するものでないこと（185Ⅰ但書）

　先に述べたように，事業の継続更生計画案作成の見込みがない場合には，本来であれば，手続を破産手続に移行させるべきものである。それにもかかわらず，更生手続を継続し，その中で事業の全部更生計画案の作成を認めるのは，それが更生債権者等の利益に資するからに他ならない。事業の全部廃止更生計画案作成許可の要件として，それが債権者一般の利益を害するものでないことが挙げられているのは，そのことを示すものである。

　事業の全部廃止更生計画案の可決要件としては，議決権を行使することができる更生担保権者の議決権の総額の10分の9にあたる議決権を有する者の同意を要するとされているが（196Ⅴ②ハ），これも多数決要件であり，また，更生債権者については，通常の多数決要件で可決がなされる（同①）。したがって，多数決によって奪うことを許さない利益を保障するというのが，この消極要件の意義であり，事業の全部廃止更生計画案による配分が破産手続によって与えられる清算価値を下回ることは許されないという，いわゆる清算価値保障原則（本書631頁）とその趣旨を共通にするものと理解すべきである。なお，ここでいう債権者の中には，更生担保権者も含まれるので，破産手続において更生担保権の基礎である担保権を別除権として実行した場合にえられるべき利益も下回ってはならない。

4 事業の全部の廃止を内容とする更生計画案の作成許可の手続

　裁判所は，更生計画案の提出権者，すなわち管財人や届出更生債権者等（184ⅠⅡ）の申立てによって事業の全部の廃止を内容とする更生計画案の作成を許可することができる（185Ⅰ本文）。許可を申し立てうる期間は，更生計画案の提出期間（184）内が原則であるが，事業の全部廃止更生計画案は，更生手続の廃止から牽連破産に至る事態の発生を避けるためのものであることを考えると，その期間経過後であっても更生計画案の提出期間の伸長の申立て（同Ⅳ）および許可の申立て（185Ⅰ）をなし，裁判所が，新たに提出期間を定め，事業の全部廃止更生計画案の提出を許可することも許されよう[106]。

---

105) その他に，法定多数の同意（196Ⅴ）がえられる見込みがないとか，権利保護条項を付加すると，事業の継続が図りえない場合が挙げられる（条解会更法（下）187頁）。しかし，事業の継続更生計画案が相当の合理性を有するものであれば，同意がえられるかどうかは，更生計画案の提出者の努力にかかっているから，このような場合は例外的であろう。

許可の申立てにあたっては，事業の全部廃止更生計画案を示すことは必要ではないが，2および3で述べた要件が満たされていることを示すためには，事業の全部の廃止を内容とする更生計画案の実質的内容を明らかにする必要があろう。許可の申立てを受理した裁判所は，要件の具備を審査するが，その際には，管財人，更生会社，更生債権者等あるいは株主の意見を聴くことができる[107]。

裁判所は，許可をした場合において，すでに事業の全部の廃止を内容とする更生計画案が提出されていれば，事業の継続更生計画案と同様に，所定の手続を進めるが，未だ提出されていないときは，必要に応じて，その提出期間を伸長する。

ただし，裁判所は，更生計画案を決議に付する旨の決定をするまでは，いつでもその許可を取り消すことができる（185Ⅱ）。別に事業の継続更生計画案が提出されたとき，事業の全部の廃止を内容とする更生計画案の内容がその許可要件を満たさないことが明らかになったときなど，その例として考えられる[108]。

第3項　更生計画案の決議

管財人などが提出した更生計画案は，決議という形で関係人の集団的意思決定に委ねられ，それが可決されたときには，関係人全体の意思にもとづく更生計画となり，更生手続の根本規範として成立し，裁判所の認可によって，その効力を生じる。

1　決議の議決権者

更生計画案の決議において議決権を行使しうる者は，届出をなし，議決権を

---

106) 条解会更法（下）196頁では，事業の全部の廃止を内容とする更生計画案が補充性をもつことをこのような取扱いの根拠とする。また，事業の継続更生計画案を提出し，付議決定をえたが，関係人集会において否決された場合に，更生計画案を事業の全部の廃止を内容とする更生計画案に変更して（197．本書605頁参照），決議に付することも検討に値する。さらに，大口の更生債権者等の意向が分かれているような場合に，事業の継続更生計画案と事業の全部の廃止を内容とする更生計画案の双方を作成し，前者を主位的に，後者を予備的に付議を求めることも考えられる。

107) 旧会社更生法191条3項および159条3項は，管財人等の意見陳述権を規定していたが，現行法および規則には，これに対応する規律が存在しない。しかし，裁判所がこれらの者の意見を聴くことまでが排除されているわけではないと解される。

108) 付議決定前であっても，すでに事業の全部の廃止を内容とする更生計画案が提出されているときは，許可の取消しよりも，更生計画案の排除（旧199）による方が適切であるとの有力説が存在した（条解会更法（下）197頁）。現行法下でも，場合によっては，189条1項3号の規定を根拠として，提出された事業の全部廃止更生計画案を決議に付さない旨の決定をすることも考えられる。

認められた更生債権者等および議決権を認められた株主である[109]。更生会社に対する債権者であっても，共益債権者（127等）や開始後債権者（134Ⅰ）は，決議に参加しえない。更生債権者等が外国で弁済を受けた場合にも，議決権行使について制限が課される（137Ⅲ）。また，更生手続開始後の利息の請求権，租税等の請求権，更生手続開始前の罰金等の請求権のように，届出更生債権者等であるにもかかわらず，法の規定によって議決権を否定される者も存在する（136Ⅱ）。さらに，約定劣後更生債権は，更生会社が更生手続開始の時においてその財産をもって約定劣後更生債権に優先する債権に係る債務を完済することができない状態にあるときは[110]，議決権を否定される（同Ⅲ）。

(1) 議決権の確定

届出更生債権者等の議決権の額は，更生債権および更生担保権の調査の結果として管財人が認め，かつ，調査期間内に届出更生債権者等および株主の異議がなければ，確定し（150Ⅰ），その額をもって議決権を行使できる（191Ⅱ①・192Ⅰ①）。関係人集会が開催された場合でも，その額が確定した届出をした更生債権者等（150Ⅰ）については，管財人，届出更生債権者等または株主は，すでに確定した議決権について異議を述べることはできない（191Ⅰ但書）。

更生債権および更生担保権の調査によって確定しなかった更生債権者等または株主の議決権については，関係人集会が開催されるときは，その期日において，管財人，届出更生債権者等または株主が議決権について異議を述べることができ（同本文），異議があれば，裁判所が議決権行使の可否および議決権の額

---

109) ただし，議決権は，届出更生債権者等の権利であるから，放棄することは可能であり，放棄がなされると，その議決権は議決権総額・総数（196Ⅴ各号）から控除される。また，会社の代表者など，更生会社と特別の関係がある者の議決権についても，それが確定している以上，否定することはできない。
　なお，各種の更生債権者等や株主の議決権については，更生債権の議決権について本書第3章141頁，第4章188頁，更生手続開始後の利息の請求権，更生手続開始後の不履行による損害賠償または違約金の請求権，および更生手続参加の費用の請求権（2Ⅷ①～③）の議決権について第4章191頁，更生手続開始前の罰金等の請求権の議決権について第4章191頁，租税等の請求権（2ⅩⅤ）の議決権について第4章192頁，約定劣後更生債権の議決権について第4章192頁，更生担保権の議決権について第4章196頁注73，株主の議決権について第7章第2節第2項507頁参照。
110) 更生手続開始時を基準時とするから，かりに更生手続開始決定後に更生会社財産が増殖し，約定劣後更生債権への弁済が可能となったとしても，議決権は認められない。計画前事業譲渡の許可において，約定劣後更生債権者の意見聴取の要否の判断基準時が更生手続開始時とされるのも（46Ⅲ①かっこ書。本書118頁），同様の趣旨による。

または数を定める（同④）[111]。裁判所は，利害関係人の申立てによってまたは職権で，いつでもその決定を変更することができる（同Ⅲ，会更規54Ⅰ）。異議がなければ，更生債権者等については，届出額によって（191Ⅱ②），株主については，株主名簿に記載されもしくは記録され，または裁判所の許可によって定める数（165Ⅲ）によって（191Ⅱ③），議決権を行使できる（同柱書）。

関係人集会が開催されない場合においては，集会における異議がありえないので，裁判所が，未確定の届出更生債権者等については，議決権を行使させるかどうか，および議決権額を定め（192Ⅰ②），株主については，株主名簿に記載され，もしくは記録され，または裁判所の許可によって定める数に応じて議決権を行使することができる（同③）。ただし，未確定の届出更生債権者等の議決権または議決権額に関する定めについては，裁判所は，利害関係人の申立てによりまたは職権で，いつでもそれを変更することができる（同Ⅱ）。

(2) 基準日による議決権者の確定

更生債権等の調査の結果や株主名簿の記載などによっていったん議決権が確定しても，譲渡や代位などの原因によって届出更生債権等や株式の帰属が変動する可能性がある。このような場合には，新たに更生債権等を行使しようとする者は，届出名義の変更を受けることができる（141）。しかし，決議の直前まで議決権者が確定しないと，円滑な手続の進行を妨げるおそれがある[112]。そこで，裁判所は，相当と認めるときは，更生計画案を決議に付する旨の決定（189Ⅰ）と同時に，一定の日（基準日）を定めて，基準日における更生債権者表，更生担保権者表または株主名簿に記載され，または記録されている更生債権者等または株主を議決権者と定めることができる（194Ⅰ）[113]。

裁判所は，基準日を公告しなければならない（同Ⅱ前段）。この場合において，基準日は，当該公告の日から2週間を経過する日以後の日でなければならない（同後段）。なお，基準日を定めた場合においては，更生計画案決議のための関

---

111) この決定に対する不服申立ては認められず，裁量の範囲を逸脱するものでなければ，違法の問題も生じない。
112) 会社更生法194条による基準日の制度の新設について，新会社更生法の基本構造163頁参照。民事再生法172条の2も同趣旨の規定である。ただし，例外的事例として，退職手当の届出が新たになされて（140），議決権が増加する場合は，基準時後の事象として議決権の行使を認めざるをえない。
113) 基準日後に更生債権等を取得した者は，議決権を行使できないが，届出名義の変更を受けることはできる。再生手続について新注釈民再法（下）85頁〔綾克己〕参照。

係人集会（198Ⅱ①）の期日は，特別の事情がある場合を除き，当該基準日の翌日から3月を超えない期間をおいて定め（会更規52Ⅰ），更生計画案決議のための書面等投票の期間（198Ⅱ②）は，特別の事情がある場合を除き，当該基準日の翌日から起算して2週間以上3月以下の範囲内で定めるものとする（会更規52Ⅳ①）。

2 議決権の行使

議決権の行使は，提出された更生計画案に対する同意または不同意の意思表示を意味する。したがって，議決権者は，代理人をもってその議決権を行使することができる（193Ⅰ）。代理人の権限は，書面で証明しなければならない（会更規55）[114]。

(1) 議決権の不統一行使

債権回収会社（サービサー。債権管理回収業に関する特別措置法参照）が複数の更生債権者等から債権回収の委託を受け，自らが更生債権者等の地位を取得しているような場合において，実質的な権利者の意向を尊重して，提出された更生計画案について，議決権額の一部については，同意の意思表示をなし，残部については，同意をしないという必要性がありうる。そこで，法は，議決権者がその有する議決権を統一しないで行使することができる，いわゆる不統一行使を認めることとした（193Ⅱ）[115]。代理人による議決権行使についても，不統一行使が許される（同Ⅲ）。ただし，決議の事務を円滑に進行するために，不統一行使をしようとする者は，更生計画案の付議決定において定める期限（189Ⅱ前段。本書617頁）までに，裁判所に対してその旨を書面で通知しなければならない[116]。

---

[114] 書面としては，委任状が考えられるが（条解会更規155頁），実務上では，弾力的な運用がなされている。再生手続について新注釈民再法（下）82頁〔綾克己〕参照。東京高決平成13・12・5金商1138号45頁〔民事再生〕は，「いかなる書面をもって代理権を証する書面とみなすべきかは，裁判所の運用に委ねられた事項と解することができる」と判示する。

[115] 同趣旨の民事再生法172条2項とともに，会社法313条の前身である商法旧239条ノ4を参考として設けられた制度である。ただし，会社法上の議決権の不統一行使（江頭319頁）との間には，不統一行使の理由を明らかにする必要がないことなどの違いがある。新会社更生法の基本構造162頁〔深山卓也発言〕。

[116] 再生手続においては，決議における頭数要件が存在するために，議決権の不統一行使の場合について特別な規律が設けられているが（民再172の3Ⅶ。伊藤800頁参照），更生手続では，頭数要件が存在しないので，このような規律は存在しない。

(2) 社債権者等の議決権の行使に関する制限

　更生会社が社債を発行しており，社債権者が更生債権者等となる場合に，その議決権行使について，以下のような問題が生じうる。社債管理者（会社702以下）としては，更生債権等の届出については，債権保全行為としてこれを行うことができるが（会社705Ⅰ・706Ⅰ②かっこ書），更生計画案に対する議決権行使については，社債権者集会の決議によらなければ，これをすることができない（会社706Ⅰ②）。

　しかし，社債の性質からいって，社債権者集会の決議が成立することには，相当の困難が予想されるし，また，社債管理者によらず，個々の社債権者が議決権を行使することも期待しがたい。他方，議決権者である以上，議決権を行使しない社債権者は，更生計画案に同意しなかったものとして扱われるから（196Ⅴ柱書参照），結局，更生計画案の可決が困難になる。社債権者の多くが更生計画案に対して実質的に反対でない場合であっても，このような結果が生じるのは不合理であり，かえって社債権者の利益を損なうおそれがあるので，議決権を行使する意思のある社債権者のみに議決権の行使を認めることとし，不合理な結果の発生を防ごうとするのが，この制度の趣旨である[117]。

　更生債権等である社債を有する者は，当該社債について社債管理者等（43Ⅰ⑤）がある場合には，次のいずれかに該当する場合に限って，当該社債について議決権を行使することができる（190Ⅰ柱書）。

　第1は，その者が当該社債について更生債権等の届出をしたとき，または届出名義の変更を受けたときである（同①）。この場合には，当該社債権者自身による積極的な更生手続参加の意思が認められるからである。第2は，当該社債管理者等が当該社債について更生債権等の届出をした場合であっても，更生計画案を決議に付する旨の決定があるまでに，裁判所に対し，当該社債について議決権を行使する意思がある旨の申出をしたときである（同②，会更規53）。議決権行使の申出にも，更生手続参加についての積極的意思が認められるからである[118]。また，議決権行使の申出があった更生債権等である社債を取得した者は，申出名義の変更を受けることができ（190Ⅱ），この者も議決権行使を

---

[117] 新会社更生法の基本構造156頁〔深山卓也発言〕。また，社債権者の議決権行使に関する実務上の問題点とその解決のあり方を検討したものとして，瀬戸英雄「社債権者の事業再生手続への参加」民事手続法75頁がある。

認められる（同Ⅰ②かっこ書，会更規53）。

しかし，更生債権等である社債にもとづく更生計画案についての議決権行使に関して，社債権者集会の決議（会社706Ⅰ）などが成立したときは，個々の社債権者は，これに拘束されるから，たとえ上記の第1または第2の要件が満たされているときであっても，個別的な議決権行使は許されない（190Ⅲ）。また，社債管理者等が，社債権者集会の決議によることなく，更生手続に関する行為をすることができる場合（会社705Ⅰ・706Ⅰ但書・676⑧）などにも，同様の取扱いがされる（190Ⅲ）。

(3) 議決権を行使することができない者[119]

議決権を認められるべき者であっても，更生計画によって影響を受けない権利またはあらかじめ権利保護条項が定められている権利（200Ⅱ）を有する者は，議決権を行使することができない（195）。

　ア　更生計画によって影響を受けない権利

この類型に属するものとしては，2種類の権利がある。第1は，更生計画の定めによってその権利に影響を及ぼすことが予定されないものである。更生手続開始前の罰金等の請求権（142②）がこれに属する（168Ⅶ・195）。第2は，計画によって担保権の消滅や債務の全部または一部の免除，あるいは株式への振替えなどの権利の変更を受けない者である[120]。更生計画案についての議決は，更生計画にもとづく権利変更の是非を問うものであるから，この種の者を議決に参加させる必要はないことがその理由となる[121]。

---

118) 議決権行使の申出の法的性質については，新会社更生法の基本構造158頁〔山本和彦発言〕参照。また，個々の社債権者による議決権行使の申出との関係で，社債管理者等が社債権者集会を招集すべき義務（会社717Ⅱ・704Ⅱ参照）を負うかなどについても，同書159頁〔伊藤眞発言，深山卓也発言〕参照。

119) 以下に述べることに加えて，旧171条は，「不当な議決権者の排除」として，権利取得の時期や対価その他の事情からみて，議決権を有する更生債権者等や株主が，関係人集会の決議に関し賄賂を収受する等不当な利益をえる目的でその権利を取得したものと認めるときは，裁判所がそれらの者の議決権行使を否定できる旨を規定していた。しかし，不当な目的の認定は困難であるし，賄賂の収受は収賄罪（272Ⅴ）の対象となることも考慮し，現行法は，これに対応する規定を置いていない。

120) 本来の弁済期を繰り上げるなどの権利者に有利な変更は，ここでいう更生計画による影響に含まれない。また，影響の有無は，更生手続上の地位に応じて判断されるから，たとえば，更生担保権の範囲に含まれず，更生債権とされる被担保権の部分について，免除などの権利変更を加えても，更生担保権についての影響があるとはいえない。以上について，条解会更法（下）62頁参照。

イ　あらかじめ権利保護条項が定められている権利

　ある権利者について，更生計画案に対する同意がえられないことが明らかであるために，あらかじめその権利を保護する条項が定められている場合がある（200Ⅱ）。この種の権利者は，更生計画によって影響を受けない権利者とは区別されるが，同意がえられないことを前提として，更生計画案に権利保護条項を定めている以上，あえて議決に参加させることは無意味であるから，この種の者の議決権行使は否定される。

3　更生計画案の付議

　更生計画案が提出されると，裁判所は，一定の事由がある場合を除いて，当該更生計画案を決議に付する旨の決定（付議決定と呼ぶ）をする（189Ⅰ柱書）[122]。一定の事由とは，未だ決議をなす前提が調わないとき（同①②），更生計画案が更生計画認可の要件（199Ⅱ各号）のいずれかを満たさないものと認められるとき（189Ⅰ③），決議の対象となるべき更生計画案が存在しないとき（同④）の3つに分けられる[123]。

(1)　付議決定がなされない場合

　第1は，決議をなす前提が調わないときである。すなわち，更生債権等についての一般調査期間（146Ⅲ・46Ⅰ）が終了していないときは（189Ⅰ①），決議において議決権を行使する更生債権者等を確定できないので，裁判所は，付議決定をすることができない。また，管財人の報告書の提出（84Ⅰ）または財産状況報告集会への報告（85Ⅰ）がないときは（189Ⅰ②），決議の前提となる情報の開示がなされていないという理由から，付議決定をすることができない。

　第2は，更生計画認可の要件（199Ⅱ各号）のいずれかを満たさないものと認められるときである。すなわち，認可の判断時に認可事由のいずれかが欠けていると見込まれるときは[124]，付議決定にもとづいて更生計画案が可決されたとしても，結局は，更生計画が認可されないこととなるので，付議決定がなさ

---

[121]　旧会社更生法172条では，これに加えて，租税等の請求権者についても，その議決権行使を否定していた（旧172柱書・②）。その理由は，権利の変更について権利者の意見を聴き，また重大な権利変更には個別的同意を要するという特別な取扱いがなされる以上（旧122ⅠⅡ。現169Ⅰ相当），このような手続的・実質的な特別扱いに対応して，関係人集会における議決権を否定したものであるという（条解会更法（下）64頁）。しかし，現行法は，租税等の請求権者の議決権行使について特別な規律を設けていないので，たとえ既に権利の変更について同意をしている場合であっても，議決権を行使することは可能である。

れない（189Ⅰ③）。ただし，認可事由のうち，決議が誠実かつ公正な方法でされたこと（199Ⅱ④）が欠けていることは，その性質上，付議決定を排除する理由とならない（189Ⅰ③かっこ書）。

第3は，決議の対象となるべき更生計画案が存在しないときである。すなわち，裁判所の定めた期間（184ⅠⅢ）もしくはその伸張した期間（同Ⅳ）内に更生計画案の提出がないとき，またはその期間内に提出されたすべての更生計画案が決議に付するに足りないものであるときは（189Ⅰ各号参照），更生手続廃止決定がなされるので（236②），付議決定はなされない（189Ⅰ④）。

(2) 付議決定の内容および付随措置

裁判所は，付議決定において議決権者たる更生債権者等または株主の議決権

---

122) 管財人提出の更生計画案（184Ⅰ。管財人案と呼ぶ）の他に，届出更生債権者等が更生計画案を提出した場合（同Ⅱ参照。更生債権者等案と呼ぶ）における付議のあり方については，考え方が分かれている。いずれの更生計画案も付議要件を満たしていることを前提として，管財人案と更生債権者等案のいずれを選ぶかを求める方式（選択方式と呼ぶ）と，管財人案と更生債権者等案それぞれについて賛否を問う方式（個別方式と呼ぶ）とがあるといわれるが（具体的手続とそれぞれの方式の長短について，高木裕康「再生計画案の提出に関する問題」民事再生の実務と理論201頁参照），管財人案と更生債権者等案とが原案と修正案の関係ではなく，それぞれ独立のものであるという前提に立てば，いずれの方式もありえよう。

その上で，選択方式では，たとえば，管財人案が更生債権の議決権総額の50％，更生債権者案が50％の賛成をえて，いずれも可決要件を満たさない（198Ⅴ①参照）などの事態が生じる蓋然性が高くなるのに対して，個別方式では，たとえば管財人案が更生債権の議決権総額の80％，更生債権者案が77％の賛成をえて，それぞれ可決要件を満たし，いずれを更生計画とするかは，裁判所の認可決定によるなどの問題を生じる。

裁判所が複数の更生計画を認可することはありえないこと，更生計画の認可は，可決された更生計画案に認可事由が具備されていることを審査するものであり（199Ⅱ。本書625頁参照），可決された複数の更生計画案のうちでより適切なものを裁判所が選択することを予定するものではないこと，法196条は，個別の計画案について賛否を問うことを想定しているが，複数の計画案が付議された場合には，いわば相対的優位についての判断を求めることまでを排除しているとは考えられないこと，選択方式の方が両案についての関係人の判断を直截に反映できること，選択方式をとった場合の共倒れの危険は，関係人集会の期日の続行（198。本書622頁）の運用などによって回避しうることなどを踏まえれば，個別方式よりも選択方式が適切といえよう。

123) 付議をしないことを明らかにするための排除決定をすることは必要的ではないが，利害関係人にとってのわかりやすさの視点からは，決定をすることが望まれよう。再生手続について詳解民再法530頁〔森宏司〕参照。

124) 更生計画認可の要件（199Ⅱ各号）のいずれかを満たさないものと認められるかどうかという付議の判断に際しては，調査委員による調査報告を利用することができる（125Ⅰ③参照）。なお，実務上の運用例に関しては，本書4頁参照。

行使の方法を定める（189Ⅱ柱書）。議決権行使の方法としては，①関係人集会の期日において議決権を行使する方法（同①，会更規52Ⅰ），②書面等投票により裁判所の定める方法および期間内に議決権を行使する方法（189Ⅱ②，会更規52Ⅱ～Ⅳ），③①または②の方法のうち議決権者が選択するものにより議決権を行使する方法（189Ⅱ③前段）のいずれかである[125]。③の方法によるときは，書面等投票期間の末日は，関係人集会の期日（①）より前の日でなければならない（同③後段）。

ただし，裁判所が議決権行使の方法として書面等投票を定めたときであっても，関係人集会招集申立権者たる管財人等（114Ⅰ各号。会社が更生手続開始の時において債務超過の状態である場合の株主および株主委員会を除く。同Ⅱ・189Ⅴかっこ書）が，書面等投票の期間内に，決議のための関係人集会招集の申立てをしたときは，書面等投票の方法によるとの定めを取り消して，①または③の方法を定めなければならない（189Ⅴ）。これは，更生計画案変更の可能性（197）や関係人集会続行の可能性（198）などを考慮すると，関係人集会の方法による決議に利点が認められるためである[126]。

また，裁判所は，付議決定において，更生債権者等が議決権の不統一行使をする場合（193ⅡⅢ。本書612頁）における裁判所に対する通知の期限を定めなければならない（189Ⅱ柱書前段）。

さらに，裁判所は，付議決定に付随して，議決権の不統一行使の裁判所に対する通知の期限を公告し，かつ，当該期限および更生計画案の内容またはその要旨を管財人，更生会社，届出更生債権者等，株主，更生会社の事業の更生のために債務を負担しまたは担保を提供する者があるときは，その者など，関係人集会の期日の呼出しの対象となる者（115Ⅰ本文。議決権を行使することができない者を除く。同Ⅱ・189Ⅲかっこ書。本書141頁）に通知しなければならない

---

[125] 議決票の取扱いなど，議決権行使の具体的な手順や方法については，裁判所の合理的裁量が認められる。前掲東京高決平成13・12・5（注114）〔民事再生〕，前掲東京高決平成14・9・6（注14）〔民事再生〕。

[126] 管財人の側からみると，関係人集会の続行および更生計画案の変更（本書622頁）をなしえないこと，関係人集会の開催の申立てを受けるとその開催を要すること（189Ⅴ）から，比較的容易に可決できる見通しが立っていないかぎり，書面等決議の方法をとることには慎重にならざるをえない。再生手続につき，実践マニュアル268頁参照。再生手続に関する立法論として，書面等投票の場合にも決議の続行を可能とするべきとするものとして，多比羅誠「民事再生法の立法的課題」民事再生の実務と理論272頁がある。

(189Ⅲ)[127]。また，裁判所は，議決権行使の方法として②または③の方法を定めたときは，その旨を公告し，かつ，議決権者に対して，書面等投票は裁判所の定める期間内に限ってすることができる旨を通知しなければならない（同Ⅳ）。

4　更生計画案の決議

更生計画案が決議に付され，可決されると，更生手続の根本規範たる更生計画が成立する。

(1)　更生計画案の決議のための組分け

更生計画案の決議は，更生手続上の権利の種類（168Ⅰ各号），すなわち，更生担保権（同①），優先的更生債権（同②），一般の更生債権（同③），約定劣後更生債権（同④），優先株式（同⑤），普通株式（同⑥）という権利の種類に分かれて行うのが原則である（196Ⅰ）。これは，それぞれの種類の権利の基礎となっている実体法上の権利が更生会社財産について有する地位に優先劣後の差異があり，したがって，これらの権利を均質的なものとして，それぞれの権利の数額に応じて，事業価値の配分を内容とする更生計画案の決議に参加させることは，かえって公正に反すると考えられるためである。以下では，決議のために分かれる単位を組と呼ぶ[128]。

もっとも，裁判所は，相当と認めるときは，2以上の種類の権利を1の種類の権利とし，または1の種類の権利を2以上の種類の権利とすることができる（同Ⅱ本文）。これを組の統合または分離の決定と呼ぶ。統合の決定の例としては，優先的更生債権，一般の更生債権，約定劣後更生債権を1つの組とすること，また，分離の決定の例としては，更生担保権の中で，不動産，動産，あるいは債権などの担保目的物の特性に応じて別の組を設けることが考えられる。ただし，更生債権，更生担保権または株式は，それぞれ別の種類の権利としなければならない（同但書）。この三者は，更生会社財産について有する利益について本質的な差異があると考えられるためである[129]。

---

127)　大規模事件で法42条2項にもとづいて届出更生債権者等に対する関係人集会の呼出しがなされない場合（本書94頁）であっても，更生計画案の決議のための呼出しは必要であるから（42Ⅱ第2かっこ書・115Ⅰ但書），付議決定の通知も必要である（189Ⅲ）。

128)　旧会社更生法204条では，組という用語が用いられていたが，現行法では存在しない。しかし，なお，講学上の用語としては意味があると思われるために，これを用いることとする。

裁判所は，更生計画案の付議決定をするまでは，統合または分離の決定を変更し，または取り消すことができる（196Ⅲ）。統合もしくは分離の決定，またはその変更もしくは取消しの決定は，その裁判書を議決権者に送達しなければならない（同Ⅳ本文）。ただし，関係人集会の期日において当該決定の言渡しがあったときは，この限りではない（同但書）。

(2) 更生計画案の可決要件

再生計画案と異なって，更生計画案の決議については，議決権者の多数，いわゆる頭数要件（民再172の3Ⅰ①）は存在せず，議決権の数額の多数のみが要件とされているが[130]，他方，権利の種類に応じた組分けにしたがって，それぞれの組における多数決要件が区別されている。これは，更生会社財産についてそれぞれの種類の権利者が有する利益の差異を重視したものである。更生計画案を可決するには，それぞれの種類の権利の組において，以下の者の同意がなければならない（196Ⅴ柱書）。

ア 更生債権の組

議決権を行使することができる更生債権者の議決権の総額の2分の1を超える議決権を有する者の同意が必要である（196Ⅴ①）[131]。更生債権は，本来であれば，更生会社財産を責任財産とする満足を受ける地位に立つが，いわゆる清

---

[129] さらに，更生担保権の中で，担保目的物の種類や目的物の清算価値によって保護されているかという基準によって組分けをすべきことを検討するものとして，伊藤眞「会社更生手続における更生担保権者の地位と組分け基準」判タ670号27頁（1988年），松下淳一「更生手続における『時価』について」事業再生研究機構財産評定委員会編・新しい会社更生手続の「時価」マニュアル234，241頁（2003年）がある。更生計画の実務と理論252頁参照。これに対しては，組分けを細分化すると，決議要件が実質的に厳格化されたのと同様の結果になるなどの批判があり，実務上では，決議手続の複雑化を避けるために，更生債権者の組と更生担保権者の組の2つに分けるのが通例である。株主については，更生会社が債務超過状態にあるために，議決権が認められない（166Ⅱ）ことが多い。会社更生の実務（下）297頁〔渡邉千恵子〕参照。

また，更生会社が債務超過ではないものの，残余財産に関する優先株式にのみ残余財産が分配される場合には，法166条2項の趣旨から，普通株式には議決権を認めるべきではないと解される（本書第7章脚注104参照）。

[130] 旧会社更生法以来頭数要件は設けられていないが，民事再生法では，旧和議法以来の法制を踏まえて，頭数要件が設けられている。頭数要件を設けない理由としては，その主たる目的が少額債権者の保護にあるところ，更生手続においては，組分けによって少額債権者の保護が図られること，また，大規模事業者を想定する更生手続においては，頭数要件が手続の円滑な進行を妨げるおそれがあることなどが挙げられる。一問一答新会社更生法210頁参照。

算価値保障原則が適用され，少なくとも清算価値は保障されていることを考えれば，それを超える継続事業価値の配分については，2分の1を超える多数決で足りるとされたものである。

　　イ　更生担保権の組

　更生担保権の組においては，権利変更の態様に応じて，異なった多数決要件が定められる（196Ⅴ②）。基本的な考え方は，権利変更による更生担保権に対する影響の重大性に応じて，多数決要件を加重するものである。

　　　a　更生担保権の期限の猶予の定めをする更生計画案　　この場合には，議決権を行使することができる更生担保権者の議決権の総額の3分の2以上にあたる議決権を有する者の同意が必要である（196Ⅴ②イ）。更生担保権の基礎となっている被担保債権は，本来であれば，担保権の実行によって直ちに満足を受けられるものであるところ，期限の猶予の定めをすることは，それが一定期間にわたって繰り延べられるので，3分の2以上という特別の要件が設けられている[132]。

　　　b　更生担保権の減免の定めその他期限の猶予以外の方法により更生担保権者の権利に影響を及ぼす定めをする更生計画案　　この場合には，議決権を行使することができる更生担保権者の議決権の総額の4分の3以上にあたる議決権を有する者の同意が必要である（196Ⅴ②ロ）。期限の猶予の定めをする更

---

131) 旧会社更生法205条においては，3分の2以上にあたる議決権を有する者の同意とされていたが，これが必要以上に厳格なものであり，必要多数の同意をえるために管財人が過大な労力や時間を要し，手続の遅延の原因となっているとの反省から，現行法が要件を緩和している。更生担保権の組などの可決要件についても，同様である。一問一答新会社更生法208，209頁参照。

132) 旧会社更生法205条においては，4分の3以上にあたる議決権を有する者の同意とされていたが，上記と同様の理由から，3分の2に緩和された。なお，被担保債権の弁済期を変更するのではなく，担保権の実行のみを一定期間制限する旨の定めも，ここでいう期限の猶予の定めに準じるものと考えられる。条解会更法（下）286頁参照。また，金利なしに期限の猶予を与えるという更生計画案の条項が期限の猶予にあたるのか，それとも減免にあたるのかについては，考え方の対立がみられるが，ここでは，権利の変更の態様を問題としているのであるから，期限の猶予とすべきである（最新実務261頁参照）。

　ただし，「更生担保権は，認可決定後1か月以内にその全額を支払う」という条項を期限の猶予の定めをするものとみるべきかどうかについては，疑問があろう。この程度の期限の設定は，担保権の実行に要する期間を考えても，実質的な期限の猶予を定めるものにあたらず，弁済事務の処理に要する期間に該当すると考えられるからである。そうであるとすれば，この場合の更生担保権は，更生計画によって影響を受けない権利（195）として，議決権を認めないことも考えられる。

生計画案と比較すると，更生担保権者の権利変更の程度がさらに重大であるところから，4分の3という特別の要件が設けられている[133]。なお，ここでいう「その他期限の猶予以外の方法により更生担保権者の権利に影響を及ぼす定め」の例としては，担保権の消滅や，担保目的物の差換えを定めるものや，更生担保権者の権利を株式や社債に振り替えるものが含まれる。

この点に関して，更生計画中に処分連動方式（本書551頁注8），すなわち更生担保権の目的となっている売却予定財産を更生計画認可後に処分し，処分価格から費用等を控除した残額を当該更生担保権者に一括弁済し，その額が確定更生担保権額を下回る場合の不足額については，一般更生債権等同様の扱いをし，逆に上回る場合の超過額については，当該担保権者の被担保債権のうち更生債権となっている部分について，超過額を限度として100％弁済をするという定めがある場合のその性質が問題となる。この方式は，更生担保権の額の決定や他の更生担保権者との平等などの点でも問題となるが，ここでは，それが期限の猶予にあたるのか，減免にあたるのか，それとも期限の猶予以外の方法によって更生担保権者の権利に影響を及ぼす定めにあたるのかが検討の対象である。

更生担保権の権利の実現が，将来の不確定な時期における処分と連動させられているという点で，少なくとも，この条項が期限の猶予に該当することは争いえない。また，更生担保権額を基準としたときの不足額についての更生債権扱いに着目すれば，減免としての性質をもつことも否定できない。他方，超過額による100％弁済の可能性に着目すれば，減免と断定することにも問題があるので，結局，期限の猶予以外の方法によって更生担保権者の権利に影響を及ぼす定めに属するものとして，4分の3以上の議決権を有する者の同意を必要とすると解すべきであろう[134]。

c 更生会社の事業の全部の廃止を内容とする更生計画案　この場合には，議決権を行使することができる更生担保権者の議決権の総額の10分の9以上にあたる議決権を有する者の同意が必要である（196Ⅴ②ハ）。先に事業の

---

133) 旧会社更生法205条においては，5分の4以上とされていたものを，上記と同様の理由から4分の3に軽減したものである。
134) 新会社更生法の基本構造168～169頁〔伊藤眞，松下淳一，花村良一発言〕，最新実務262頁。期限の猶予として扱う考え方の根底には，更生担保権のうち真に保護されるべきは，目的物の処分によって実現される価値であるとの発想があるものと思われる。

全部の廃止を内容とする更生計画案 (185) について述べたように (本書606頁),これは,実質的に破産や特別清算に代わるものであるから,10分の9という特別要件が設けられたのは,更生担保権の基礎となっている担保権が破産手続においては別除権 (破2Ⅸ) とされることを重視したものである[135]。

　ウ　株主の組

この場合には,議決権を行使することができる株主の議決権の総数の過半数にあたる議決権 (本書507頁) を有する者の同意がなければならない (196 Ⅴ③)[136]。優先株式 (168Ⅰ⑤) とそれ以外の株式 (同⑥) の組を分けた場合 (196Ⅰ) であろうと,両者を1つの組にした場合であろうと (同Ⅱ),この要件に変わりはない[137]。

(3)　関係人集会における更生計画案の変更

議決権行使の方法として,関係人集会が開かれる場合 (189Ⅱ①③) には,更生計画案の提出者は,更生債権者等および株主に不利な影響を与えないときに限って[138],関係人集会において,裁判所の許可をえて,当該更生計画案を変更することができる (197)。変更は,関係人集会における可決を容易にするためになされるのが通例であり,不利な影響を与えるかどうかについて裁判所は,弁済期間や弁済額などについて実質的に判断する。また,変更によって計画案の付議要件 (189Ⅰ③) が欠けるおそれがあるときなどは,許可を与えるべきではない。

(4)　関係人集会の期日の続行

更生計画案についての議決権行使の方法として関係人集会が開催され (189

---

135) 旧会社更生法205条では,議決権を行使することができる更生担保権者全員の同意を要するとされていた。その趣旨について,条解会更法 (下) 285頁参照。
136) この要件は,旧205条から変更がない。株主に関しては,議決権の行使を認められる場合が少なく (166Ⅱ参照),実際上で更生計画案可決の障害になることは少ないと判断されたためと思われる。
137) 株主総会の普通決議の要件と類似するが,株主総会の場合には,定足数が定められ,出席株主の議決権の過半数とされている (会社309Ⅰ) のに対して,更生計画案の場合には,議決権を有する株主の議決権数の過半数という違いがある。いわゆる定足数要件は,更生手続では存在しない。
138) 事業の継続更生計画案を付議したところ,大多数の更生債権者が事業の廃止を求めて反対した場合に,更生計画案を事業の全部廃止更生計画案に変更することについては,不利な影響を与えるものといわざるをえない。もっとも,議決権者全員の同意があれば,不利な影響を与える変更も裁判所の許可の対象となる。条解会更法 (下) 266頁。

Ⅱ①③），かつ，当該更生計画案が可決されるに至らなかった場合においても，以下のいずれかの要件が満たされるときには，裁判所は，管財人，更生会社もしくは議決権者の申立て[139]によってまたは職権で，続行期日を定めて言い渡さなければならない（同柱書本文）。これは，決議についての集団的意思形成の場という関係人集会の特質を考慮し，更生計画案可決の可能性を探るための措置である[140]。したがって，続行期日において当該更生計画案が可決される見込みがないことが明らかである場合は，期日の続行は行われない（同但書）[141]。

期日の続行が認められるのは，更生債権の組において，議決権を行使することができる更生債権者の議決権の総額の3分の1以上にあたる議決権を有する者の同意があり（198Ⅰ①），更生担保権者の組において，議決権を行使することができる更生担保権者の議決権の総額の2分の1を超える議決権を有する者の同意があり（同②），株主の組において，議決権を行使することができる株主の議決権の総数の3分の1以上にあたる議決権を有する者の同意（同③）があったときである（同柱書本文）。これらの要件は，それぞれの組における可決要件（196Ⅴ各号）には達しないが，それに近づく可能性のある議決権を有する者の同意が存在するために，期日の続行を認め，管財人などがさらに同意をえるための活動を継続することを認める趣旨である[142]。

続行期日が言い渡されたときは，再度の呼出し，通知または公告をする必要

---

139) 申立ては，関係人集会の期日において口頭ですることが許される（会更規54Ⅱ）。あらかじめ書面を用意することを求めるのが酷な場合も考えられるためである。条解会更規184頁参照。

140) 期日の続行が考えられる具体例については，再生手続について新注釈民再法（下）100頁〔富永浩明〕参照。続行されれば，管財人等は，利害関係人に対する再度の説得等の機会が与えられることになる。会社更生の実務（下）304頁〔鹿子木康〕。

続行期日は，本来の期日と一体をなすものであるから，いわゆる併用型（189Ⅱ③）における書面等投票の効力，委任状にもとづく代理権の効力などは，続行期日にも及ぶ（条解会更法（下）72頁，会社更生の実務（下）286頁〔名島亨卓〕）。ただし，実務上では，問題の発生を避けるために，不利な影響を与えない変更更生計画案を含め，続行期日における議決権行使を委任の範囲に含めることが望ましよう。なお，代理委員の権限（122Ⅲ）が続行期日における議決権行使のすべてに及ぶことは当然である（東京高決昭和32・12・24下民8巻12号2453頁）。

141) その結果，更生手続が廃止され（236③），破産手続に移行する可能性がある（251Ⅰ前段・252Ⅰ）。

142) 再生手続における続行期日を定めるための要件（民再172の5）と比較すると，更生手続の要件は厳格であるが，これは，多様な権利者についての権利変更を予定するという特質にもとづくものと考えられる。

はない（115V）。続行期日における更生計画案の可決は，当該更生計画案が決議に付された最初の関係人集会の期日から2月以内にされなければならない（198Ⅱ）。もっとも，裁判所は，必要があると認めるときは，更生計画案の提出者の申立てによってまたは職権で，1月を限度として，続行期日までの期間を伸長することができる（同Ⅲ）。なお，続行期日は，新たな期日であるので，改めて更生計画案についての決議を行う必要がある。

5 更生計画案が可決された場合の法人の継続

再生手続の場合には，清算中もしくは特別清算中の法人または破産手続開始後の法人である再生債務者についても手続が開始されうる（民再26Ⅰ①・39Ⅰ・59Ⅰ③・76の2など）ことを前提とし，これらの手続中の法人については，すでに解散の効果が生じているところから，事業継続を内容とする再生計画案が可決されても，そのままでは，計画の遂行可能性がないものとして，再生計画不認可決定がされるおそれがあるので（民再174Ⅱ②参照），これらの法人である再生債務者について再生計画案が可決されたときは，定款その他の基本約款の変更に関する規定にしたがって，法人を継続することができる旨の規定が置かれている（民再173）。

更生手続の場合にも，同じく清算中もしくは特別清算中の会社または破産手続開始後の会社についても手続が開始されうる（24Ⅰ①・50Ⅰ・38・77Ⅰ・66など）。会社による更生手続開始申立てに際しては，株主総会の特別決議（会社309Ⅱ）が必要とされるが（19。本書46頁），会社を継続しようとする場合には，その旨を改めて更生計画案において定める必要がある（167Ⅱ・45Ⅰ⑤）。債権者や株主による更生手続開始申立ての場合も，同様である。なお，更生計画案の可決に引き続き更生計画認可決定が発効すれば（201），更生手続開始とともに中止されている破産手続（50Ⅰ）などは，失効する（208本文）。

第3節　更生計画の認可および確定

更生計画案が可決されると，更生手続の根本規範としての更生計画が成立するが，その効力は，裁判所の認可決定の時から生じる（201）[143]。したがって，更生計画案の可決は，更生計画の成立要件であり，認可決定は，その効力要件である。

第1項　認可または不認可の決定

　更生計画案が可決されたときは，裁判所は，更生計画の認可または不認可の決定をしなければならない（199Ⅰ）。

1　更生計画認可の要件

　裁判所は，以下の要件がすべて満たされていると判断した場合には，更生計画認可の決定をしなければならない（199Ⅱ柱書）。認可の要件をその性質にしたがって分類すると，第1に，更生手続または更生計画の適法性に関するもの（同①），第2に，更生計画の決議の方法の誠実性や公正性に関するもの（同④），第3に，更生計画の内容と公正・衡平原則とのかかわりに関するもの（同②），第4に，更生計画の遂行可能性に関するもの（同③⑤⑥）に分けることができる。明文の規定にもとづく要件ではないが，解釈上の要件として承認されている清算価値保障原則とのかかわりに関するものは，第3の類型に属する。

（1）　更生手続または更生計画が法令および最高裁判所規則の規定に適合するものであること（199Ⅱ①）

　ここには，更生手続の適法性と更生計画の適法性の2つが含まれる。

　　ア　更生手続の適法性

　違法な手続の結果として成立した更生計画の定めによる権利の変更などを利害関係人に受忍させることは，裁判手続としての更生手続の趣旨に反することが，この更生計画認可の要件の意義である。具体例としては，更生能力の欠缺[144]，管財人の手続上の義務違背[145]，事業譲渡の許可（46Ⅱ）の違法，関係

---

[143]　再生計画の場合には，認可決定の確定によって効力が生じる（民再176）。したがって，更生計画と異なって，認可決定に対する即時抗告期間（民再175Ⅰ・9）が徒過するか，即時抗告についての裁判が確定してはじめて，認可決定の効力が生じる。更生計画認可決定についてこれと異なった考え方がとられているのは，旧236条以来であるが，その理由としては，早期に更生計画の履行を開始すべきこと，更生計画の履行も更生手続の一部とされていること，認可の要件が厳格であり，認可決定の取消しという事態を想定しがたいことが挙げられている。条解会更法（下）670頁参照。再生手続においては，何らかの不認可事由が認められる場合に限って，不認可決定をなし，それ以外の場合には，認可決定をする仕組みになっている（民再174ⅠⅡ柱書参照）のに対し，更生手続では，法定の要件がすべて具備されている場合にのみ認可決定をすべきものとされ（会更199Ⅱ柱書），それ以外の場合には，原則として不認可決定をなすべきものとされていること（同Ⅳ）を考えると，現行法の下でも再生計画と更生計画の効力発生時期を区別する合理性が認められる。

人集会招集手続の違法，付議決定にかかる違法[146)]，更生計画案作成手続の違法[147)]，あるいは更生計画決議の違法などが適法性にかかるものとして挙げられる。このうち，決議の違法に関しては，法199条2項4号にいう「更生計画の決議が誠実かつ公正な方法でされたこと」との関係が問題になるが，ここでいう決議の違法とは，決議の手続が法および規則の規律に反していることをいい，4号の事由は，後に述べるように，集団的意思決定である決議に際して，更生手続の目的からみて是認しがたい圧力や誘導が働いたことを意味する[148)]。

したがって，更生計画決議の違法とは，決議の時期（189Ⅰ①②），議決権額または数の定め方（191・192），組分け（196ⅠⅡⅢ），可決の要件（同Ⅴ），更生計画案の変更（197），関係人集会の期日の続行（198）などに関する規律の違背を含む[149)]。このうち可決の要件については，法定多数の同意がえられたとして可決されたが，議決権を行使することができない者が同意者の中に含まれていたり，同意の意思表示をした者の代理権が欠けていた場合などが考えられる[150)]。

　　a　瑕疵の治癒等　　もっとも，これらの更生手続または更生計画に関する違法のうち，関係人集会の招集手続の瑕疵や決議の時期の違法などは，認可または不認可の決定まで手続が進行すれば，責問権の喪失（13，民訴90）の法理の適用によって治癒されうるし，代理権の欠缺は，追認があれば有効なもの

---

144) 実際には考えられないことであるが，株式会社でない法人等について更生手続開始決定がなされ，即時抗告（44Ⅰ）によって是正されないままに手続が進行した場合などが想定される。
145) 裁判所への報告義務（84）や財産状況報告集会への報告義務（85）などの違背が考えられる。
146) 法189条1項各号のいずれかに該当するにもかかわらず，付議決定がなされた場合が考えられる。
147) 絶対的必要的記載事項（167Ⅰ）の記載漏れ，租税等の請求権につき必要な同意（169）をえていないこと，事業の全部廃止更生計画案の作成要件（185Ⅰ）の不充足，更生計画案の修正（186本文）について裁判所の許可をえていないこと，行政庁の意見の聴取（187）漏れなどの例が考えられる。
148) 再生計画案の決議が信義則に反する行為にもとづいて可決された場合には，「決議が不正の方法によって成立するに至ったとき」（民再174Ⅱ③）にあたるとする最判平成20・3・13民集62巻3号860頁〔民事再生〕は，会社更生法には対応規定のない頭数要件（民再172の3Ⅰ①）に関するものではあるが，一般論としては，更生計画認可の要件（199Ⅱ④）にも妥当しよう。
149) 旧法下では，更生計画の決議の違法に該当しないとする裁判例が相当数存在する。条解会更法（下）610頁参照。

となる（13，民訴34Ⅱ）[151]。

b 裁量による認可　さらに，裁判所は，更生手続が法令または最高裁判所規則の規定に違反している場合であっても，その違反の程度，更生会社の現況その他一切の事情を考慮して更生計画を認可しないことが不適当であると認めるときは，更生計画認可の決定をすることができる（199Ⅲ）。これは，比較的軽微な手続的瑕疵を理由として可決された更生計画を不認可とすることが，かえって利害関係人や更生会社の利益を害するとの判断にもとづいている。

したがって，裁判所は，裁量権の行使にあたっては，更生計画不認可の形でその違法を是正しなくとも，裁判上の手続としての更生手続への信頼を損なうことなく，かつ，当該更生計画の内容を遂行することが更生会社の事業の維持更生や利害関係人の利益につながると判断する場合には，認可決定をすることになる[152]。ただし，更生計画案が有効に可決されていることは，認可のための絶対的要件であるから，権利保護条項による認可の場合を除き，裁量による認可の対象たりえない[153]。

イ　更生計画の適法性

更生計画の違法とは，更生計画の内容が法または規則に違反していることを意味する。すなわち，絶対的記載事項（167Ⅰ各号）の記載を欠くとか，権利変更に関する平等原則（168Ⅰ柱書本文）に反するなどが，その例にあたる。また，会社更生法および会社更生規則だけではなく，更生計画の内容が，民法，会社法，商法，独占禁止法など，他の法令に違反している場合も含まれる[154]。た

---

150)　議決票をもって議決権行使の代理権を証する書面として扱ったことに違法はないとした前掲東京高決平成14・9・6（注14）〔民事再生〕がある。

　また，瑕疵ある同意を除いても可決の要件が満たされているときは，可決の要件との関係での違法は認められない。前掲東京高決昭和32・12・24（注140），条解会更法（下）612頁。

　なお，瑕疵ある同意を除くと，可決要件が満たされない結果となるときは，更生計画案が否決されたものとみて，更生手続を廃止（236③）することも考えられる。これに対しては，法199条1項にいう可決は外形的なもので足りる以上，否決として取り扱うべきではなく，不認可の事由とすべきであるとするのが通説である（条解会更法（下）611頁）。ただし，場合によっては，「可決されるに至らなかった」（198Ⅰ柱書本文）として，関係人集会の続行をなしうる余地も認めるべきであろう。

151)　その他，決議のための関係人集会の呼出しを受けなかった者が期日に出頭し，異議なく参加した場合なども考えられる。会社更生の実務（下）307頁〔鹿子木康〕。

152)　東京高決昭和33・9・6下民9巻9号1782頁。

153)　条解会更法（下）611，613頁。

だし，公正・衡平原則（同Ⅲ前段）については，独立の認可要件とされているので（199Ⅱ②），ここには含まれない。

なお，更生計画の内容の違法が事前に判明した場合には，更生計画案の提出者は，裁判所の許可をえて，更生計画案を修正することになるし（186本文），修正がないのであれば，付議決定がなされない（189Ⅰ③）。

(2)　更生計画の内容が公正かつ衡平であること（199Ⅱ②）

更生計画の内容が公正かつ衡平であること（以下，公正・衡平原則と呼ぶ）は，更生計画における権利変更に関する基本原則の一つであり，他には，平等原則（168Ⅰ柱書本文）および解釈上の規範である清算価値保障原則がある。これらの三原則のうち，清算価値保障原則は，更生手続では解釈上の原則であるが，再生手続においては明文の規定をもって定められており（民再174Ⅱ④），平等原則は，更生手続と再生手続とで共通している（168Ⅰ柱書本文，民再155Ⅰ本文）。これに対して，公正・衡平原則は，更生会社にかかる各種の権利（168Ⅰ各号）を包括して権利変更の対象とする更生手続に特有のものである。すなわち，再生計画とは異なって，更生計画においては，更生会社財産について相異なった実体法上の地位または利益を有する利害関係人の権利の変更を行うために，それに関する規律として公正・衡平原則が不可欠なものとなる。

公正・衡平原則（本書554頁参照）は，公正と衡平の2つの原理から成り立つ。公正とは，更生担保権，一般の優先権がある更生債権，一般の更生債権，約定劣後更生債権，優先株式，普通株式（168Ⅰ各号）というそれぞれの権利が，更生会社財産の分配について有する地位の優先劣後の関係を考慮して，更生計画における分配を決定しなければならないという原理であり，衡平とは，更生会社財産の現状や将来の事業収益の見込みなどを勘案して，優先劣後の具体的内容を定めることを許容する原理である[155]。先に述べたように，公正・衡平原

---

154)　旧会社更生法の下で，徴収の権限を有する者の同意なくして，国税の減免を内容とする更生計画案を認可した違法について名古屋高金沢支決昭和42・4・28訟月13巻7号833頁がある。更生手続が違法な場合と異なって，裁量による認可の可能性はない。ただし，この理由によって認可決定が取消差戻しされた場合に，原審が法200条にもとづく権利保護条項（本書637頁）の類推によって，職権で更生計画の内容を変更して，認可できるとの考え方が有力である。条解会更法（下）615頁。

155)　事業収益を維持する上で不可欠な資産を保持し，一般更生債権について55％免除，残債権を11年間で弁済するとの内容の更生計画が公正・衡平なものであるとした裁判例として，東京高判平成元・6・2金法1256号42頁がある。

則の意義について絶対優先原則ではなく，相対優先原則をとるべきであるという考え方は，衡平の原理を重視したものである（本書555頁参照）。

(3) 更生計画が遂行可能であること（199Ⅱ③）

更生計画は，更生会社の事業を維持更生するための根本規範であり，公正・衡平原則も含めて法令に適合していなければならないのはもちろんであるが，実質的意義での更生計画（本書547頁注1）を含めた更生計画に記載される将来の事業収益や資金調達の見込み，あるいは資本構成や組織再編の内容などの視点から，いったん危機に瀕した事業が更生できることについて合理的な期待可能性が存在しなければならない[156]。同様の要件は，再生計画に関しても存在するが（民再174Ⅱ②），再生計画の場合には，「遂行される見込みがないとき」を不認可要件としているために，その見込みがないとはいえない程度でも再生計画が認可されうるのに対して，更生手続の場合には，多種多様な利害関係人を更生手続に参加させ，その権利の変更を受忍させるところから，遂行可能であること（以下，遂行可能性と呼ぶ）が裁判所に明らかである場合に限って，更生計画を認可するという違いがある。

遂行可能性が明らかでないにもかかわらず更生計画を認可して手続を進めることを認めれば，事業価値がさらに毀損するおそれがあり，更生債権者等や株主の権利だけではなく，最悪の場合には，DIPファイナンスなどにもとづく共益債権の弁済も危うくなるという事態を招き，更生手続に対する経済社会の信頼を損なう結果となるために，裁判所の慎重な判断が求められる。

もちろん，事業経営から不確実性の要素を完全に取り除くことは不可能であるから，ここでいう意味の遂行可能性も，将来にわたって，事業経営に何らの不安要素も認められないことを意味するものではない。しかし，少なくとも，更生会社や同種の事業を営む会社について過去に発生した事象を踏まえ，合理的に予測される範囲での問題が発生しても，それに耐えうるだけの経営基盤の確立の見込みが明らかにされていなければ，ここでいう遂行可能性の要件が満

---

[156] 条解会更法（下）617頁では，「遂行可能とは——その日本語としての直接の語義からはいささか離れるが——更生計画が企業を立ち直らせ，再び更生手続に舞い戻ることのないような健全な財政状態に置きうる適性を備えていること」を意味すると表現し，更生計画の内容にしたがった更生債権者等に対する弁済が可能かという，実行可能性と区別する。ここでいう企業とは，更生会社を意味するのではなく，更生会社の事業を指すものと解すべきであろう（1。第1章注11参照）。

たされているとはいえない。

　更生債権等に対する弁済の実行可能性との関係についていえば，更生計画の定めによる弁済が可能であることは，ここでいう遂行可能性の一部にすぎず，更生債権等に対する弁済が実行可能であるからといって，更生会社の事業の更生が十分な合理性を持って期待できるとはいえない[157]。更生債権等の減免の割合を高くすれば，貸借対照表上の債務超過状態は解消されうるが，十分な資本が調達できなければ，財務基盤の安定性が確保できないし，いわゆる第2次破綻が生じる可能性もある。遂行可能性の有無は，更生計画の内容である資金調達や組織変更を通じて，事業による利益を出資者に対して配分するという株式会社の目的を達しうる程度に収益性が回復する見込みが存在するかどうかを基準として判断すべきである。

　また，他の会社と共に持分会社への組織変更または合併，会社分割，株式交換もしくは株式移転を行うことを内容とする更生計画については，更生計画認可の決定の時において，当該他の会社が当該行為を行うことができることが必要である（199Ⅱ⑤）。これらの行為は，更生会社の組織変更を通じて，その事業の維持更生を図ろうとするものであるが，更生会社と共にこれらの行為をすべき他の会社において，総株主の同意（会社776Ⅰ）や株主総会の特別決議（会社309Ⅱ⑫）など会社法上の手続が履践されていなければ，更生計画の遂行可能性があるとはいえないからである[158]。

　同様の理由から，行政庁の許可，認可，免許その他の処分を要する事項を定めた更生計画については，更生計画案についての行政庁の意見（187）に重要な点において反していないことが必要である（199Ⅱ⑥）。このような場合には，計画の遂行可能性が認められないためである[159]。

157）　更生債権者等の権利の変更や変更後の弁済等は，あくまで手段であって，更生手続の目的そのものは，更生会社の事業の維持更生を図るところにある（1参照）。もっとも，このような考え方に対して，共益債権や更生債権等に対する弁済が確実であれば，遂行可能性の要件は満たされるとして，事業収益の回復が確実に見込まれるかどうかの判断は，認可決定にあたっての裁判所の責務というよりは，更生会社に対する新たな出資者や，更生会社の事業を譲り受ける者の責任に属すべき事項であるとの立場もありえよう。
　なお，遂行可能性に関して，資本充実の原則の観点から資本金額と総負債との合計金額が資産総額と一致しなければならないとの指摘があるが（最新実務265頁），一方で，債務免除益に対する課税を繰り延べるために，債務免除の効果発生を認可後の時期に定める場合もあり，他方で，経営の安定という視点からは，十分な自己資本額をもって出発することが望まれることもあるので，上記のような指標を絶対化することは適当ではない。

(4) 更生計画の決議が誠実かつ公正な方法でされたこと（199Ⅱ④）

　更生計画の決議は，利害関係人の権利変更や更生会社の組織変更を行うことについて利害関係人の意思を明らかにするものであり，それが法令や規則に適合していなければならないのはもちろんであるが（199Ⅱ①），それにとどまらず，決議が成立した背景に，裁判上の手続たる更生手続として容認しがたい事情が存在する場合には，更生計画を認可することが許されない。

　典型的な事情としては，管財人，更生会社，あるいはその意を受けた第三者が，更生債権者等や株主に対して，更生計画の定めによらない特別利益を供与することを約束して，更生計画案に賛成せしめるような場合が挙げられる。決議への同意は，更生計画案の内容にもとづいてなされるべきものであるという理由から，特別利益の供与にもとづく同意の取得は，誠実性に欠けるとみなされるし，特別利益の供与が他の利害関係人に開示されていない点で，公正さに欠けるということができる[160]。

(5) 清算価値保障原則

　再生手続においては，再生計画不認可決定の要件の一つとして，「再生計画の決議が再生債権者の一般の利益に反する」ことが規定され（民再174Ⅱ④），その趣旨としては，再生計画によって各再生債権者に配分される利益が，再生

---

[158] ここに定める行為以外であっても，この規定の類推適用として，事業の譲渡・譲受けについての株主総会決議（会社467Ⅰ）など，他の会社の機関による意思決定が必要な事項についてそれがなされていることを認可の条件とすべきかどうかという問題がある。しかし，類推適用を認めるとすれば，あらかじめその旨の意思決定がなされていることが必須となり，過度に厳格な運用とならざるをえない。したがって，その旨の意思決定がなされることが合理的に予測できるなど，一般的意味での遂行可能性があれば足りると解すべきである。条解会更法（下）631頁参照。
　　なお，更生計画によって設立される新会社（183）については，更生計画の遂行に関して，会社法の多くの規定の適用が排除されている（210。本書659頁）。

[159] 裁判所が更生計画案について当該行政庁の意見を聴くべきであったにもかかわらず，聴かないままに認可または不認可の決定に至ったときは，形式的には，法199条2項6号の不認可事由に該当せず，同項1号の問題となり，裁量認可（199Ⅲ）の可能性が生じる。しかし，実際には，想定しがたい事態である。なお，関連する裁判例として，前掲東京高決昭和33・9・6（注152）がある。

[160] 福岡地小倉支決昭和42・3・4下民18巻3＝4号216頁。なお，更生債権者等に対して取引の継続を約束することによって同意をうることが，誠実かつ公正という点から問題となるかについては，これを否定する考え方が有力である（条解会更法（下）628頁など）。継続される取引の内容にもよるが，経済的合理性の範囲にとどまっているかぎり，特別利益の供与にはあたらないと思われる。

債務者財産を解体清算した場合の配分利益，すなわち破産配当を上回ること，すなわち清算価値保障原則を意味すると解されている。同じく事業再生型手続である更生手続においても，更生計画によって各更生債権者等に配分される利益が更生手続開始時を基準とする破産配当を超えなければいけないのは，当然といえる。もっとも，旧233条1項を引き継いだ現行199条2項においても，清算価値保障原則は，明示的には規定されていないが，更生計画にもとづく更生債権者等や株主への配分についても，この原則が遵守されなければならない[161]。更生担保権者の場合には，別除権の実行としてえられるであろう満足との比較が基準となる。

2 認可または不認可の決定

裁判所が更生計画認可の決定をすることができるのは，第1に，認可事由（199Ⅱ各号）のすべてが満たされている場合，第2に，他の事由は満たされており，かつ，更生手続が法令または最高裁判所規則の違反について裁量認可をすることができる場合（199Ⅲ），第3に，裁判所が権利保護条項を定めて認可決定をする場合（200Ⅰ）の3つであり，それ以外の場合には，更生計画不認可の決定をしなければならない（199Ⅳ）。その際に，管財人，更生会社，届出をした更生債権者等，株主および更生会社の事業の更生のために債務を負担しまたは担保を提供する者（115Ⅰ本文参照）および労働組合等（46Ⅲ③）は，更生計画を認可すべきかどうかについて，裁判所に対して意見を述べることができる（199Ⅴ）。

更生計画認可または不認可の決定があった場合には，裁判所は，その主文，理由の要旨および更生計画またはその要旨を公告しなければならない（同Ⅵ）。

---

[161] 中西正「更生計画の条項」理論と実務219頁，須藤英章「更生計画による権利変更の基準」理論と実務222頁参照。清算価値保障原則が総更生債権者等に対する弁済を対象とするものか，個々の更生債権者等を対象とするものかについては，争いがあるが，最低限度の保障としての性質上，後者を妥当とする（山本和彦「清算価値保障原則について」青山古稀919頁参照）。もちろん，特定の更生債権者等の権利が劣後化された結果，当該権利者についてみれば，清算価値を保障していない結果となることは許される。本来は，破産手続において劣後化の法理を妥当させるべきものであることにその根拠が求められる（伊藤213頁参照）。また，対象債権者の同意があれば劣後化が許されることは当然である。

なお，再生手続において清算価値保障原則違反を肯定したものとして，前掲東京高決平成15・7・25（注86）〔民事再生〕，札幌高判平成16・3・15裁判所ウェブサイト〔民事再生〕，否定したものとして，前掲大阪高決平成18・4・26（注14）〔民事再生〕がある。

また，裁判所は，同様の内容を労働組合等（46Ⅲ③）に通知しなければならない．（199Ⅶ）[162]．

認可決定がなされると[163]，更生計画は，その時から効力を生じ（201），認可決定に対する即時抗告の有無によって左右されない．これは，更生計画の内容たる権利変更や組織変更の効力を速やかに発生させ，更生手続の迅速な遂行を実現する必要があることを主たる理由とし，更生計画認可決定取消しの蓋然性が低いことを従たる理由とする[164]．ただし，後に述べるように，例外的な場合には，即時抗告にともなって更生計画遂行停止等の仮処分が認められる（202Ⅳ但書）．

第2項　更生計画認可の決定の確定

更生計画認可または不認可の決定に対しては，即時抗告が認められる（202Ⅰ）．即時抗告の期間は，認可または不認可の決定の公告が効力を生じた日から起算して2週間である（199Ⅵ・9後段）．即時抗告権者は，利害関係人，すなわち管財人，更生会社，更生債権者等および株主であるが[165]，不服の利益が認められない場合，たとえば，管財人提出の更生計画が認可された場合の管財人などは，即時抗告を認められない．

更生債権者等のうち，届出をしていない者については，旧237条1項但書は，その即時抗告権を否定していたが，現行法は，その種の更生債権者等であっても，認可決定にもとづく免責の効力（204Ⅰ柱書）を受けることに変わりはないことなどの理由から，即時抗告権自体を排除することはしていない（202Ⅲ参照）[166]．

---

162) 明文の規定は存在しないが，実務的には，管財人にも通知がなされ，管財人から更生債権者等に対して通知をするといわれる．
163) 更生計画認可決定により事業年度が終了することから（232Ⅱ．事業再生における税務・会計Q&A 379頁），月末等区切りのよい日に認可決定がなされる例が多い．
164) これに対して，不認可決定の効力は，原則通り，確定の時に生じる．
165) 更生会社の事業の更生のために債務を負担し，または担保を提供する者（同Ⅱ）を抗告権者に含めるべきかどうかについては，旧法以来の考え方の対立がある．消極説は，この種の定めをする場合には，債務負担者や担保提供者の同意が必要であること（171Ⅰ）などを理由とするが，積極説は，同意について意思表示の瑕疵などがあっても，これらの者が更生計画の効力を受けるから（203Ⅰ③），認可決定に対しては，即時抗告権を認めるべきであるとする（条解会更法（下）676頁）．ここでも積極説に賛成する．

なお，議決権を有しなかった更生債権者等または株主が認可または不認可の決定に対して即時抗告をするには，更生債権者等または株主であることを疎明しなければならない（202Ⅲ）。更生計画認可または不認可決定にかかる特別抗告（民訴336）または許可抗告（民訴337）の場合も，同様である（202Ⅴ）。ここでいう議決権を有しなかった更生債権者等または株主の中には，届出をしなかった更生債権者等および株主名簿に記載されていなかった株主，ならびに届出や記載があったにもかかわらず，議決権の行使が認められなかった更生債権者等や株主が含まれる[167]。

1　約定劣後更生債権者および株主の即時抗告権

約定劣後更生債権者については，更生会社が更生手続開始の時において，約定劣後更生債権者に優先する債権，すなわち一般更生債権などにかかる債務を完済することができない状態にある場合には，即時抗告理由が168条1項4号から6号に違反することに限定される（202Ⅱ柱書・①）。更生会社財産を基礎とする更生計画による配分について，約定劣後更生債権者の利害関係が認められないためである。また，更生会社が更生手続開始の時において，債務超過の状態，すなわち更生会社財産をもって債務を完済することができない状態にある場合には，株主の即時抗告理由が168条1項5号から6号に違反することに限定される（202Ⅱ柱書・②）。債務超過等の状態において約定劣後更生債権者や株主の議決権が否定されるのと（136Ⅲ・166Ⅱ），同様の理由による[168]。

ただし，更生計画において，一部の約定劣後更生債権者の権利を消滅させたり，一部の株主の株式のみが償却されるなどの定めをすると，平等原則に違背するという意味で更生計画が法令に違反したり（199Ⅱ①参照），公正・衡平原則に反することとなる（同②参照）。そこで，このような理由を根拠とする場合

---

166)　一問一答新会社更生法213頁，再生手続について概説446頁〔笠井正俊〕，条解民再法820頁〔三木浩一〕。したがって，後は，不認可決定に対する不服が認められるかなどの即時抗告の利益の問題になる。

167)　株主名簿に記載または記録されている株主については，その記載または記録によって疎明が認められるが，記載または記録されていない株主については，当然に参加許可（165Ⅲ）をえなければならないわけではなく，別の方法による疎明もあろう。また，議決権の行使を認められなかった更生債権者等は，その権利の成立と帰属を疎明することになろう。なお，再生手続において株主名簿に記載のない株主に即時抗告権を認めたものとして，東京高決平成13・11・27裁判所ウェブサイト〔民事再生〕がある。

168)　法202条2項の文言では，168条1項4号違反も即時抗告理由に含まれるが，実質を考えると抗告の利益を認めるべき理由がない。

には，例外的に即時抗告権が認められる[169]。

2　即時抗告の効果――遂行停止等の仮処分

即時抗告が提起されると，更生計画認可または不認可決定の確定は遮断されるが，そのことは，すでに認可された更生計画の効力発生を妨げるものではなく（201），したがって，更生計画の遂行に影響を及ぼさない（202Ⅳ本文）。

ただし，抗告裁判所または更生計画認可の決定をした裁判所は，更生計画認可決定の取消しの原因となることが明らかな事情および更生計画の遂行によって生じる償うことができない損害を避けるべき緊急の必要があることについて疎明があったときは，抗告人の申立てにより，当該即時抗告について決定があるまでの間，担保を立てさせて，または立てさせないで，当該更生計画の全部または一部の遂行を停止し，その他必要な処分をすることができる（同但書）。

これは，遂行停止等の仮処分と呼ばれる裁判であり，抗告裁判所または更生計画認可の決定をした原裁判所が，一定の要件の充足を認めるときに，更生計画の遂行停止等の処分をする可能性を認め，それによって，抗告人に償うことができない損害が発生することを防ごうとする制度である。なお，遂行停止等の仮処分は，特別抗告審（民訴336参照）または許可抗告審（民訴337参照）においても，発することができる（202Ⅴ）。

遂行停止等の仮処分の発令の要件としては，第1に，更生計画認可の要件（199Ⅱ各号）に照らし，更生計画認可決定の取消しの原因となることが明らかな事情，第2に，更生計画の遂行によって生じうる償うことができない損害を避けるべき緊急の必要があることの疎明が必要である。償うことができない損害とは，抗告人の権利について生じうべきものであり，一般的には，金銭賠償によっては回復されない損害と解されているが[170]，更生計画にもとづく権利変動の結果を考えると，回復しえない損害と解して差し支えない[171]。

仮処分の内容は，更生計画の全部または一部の遂行停止，その他の必要な処

---

169)　一問一答新会社更生法215頁参照。
170)　民事訴訟法403条1項1号について，伊藤・民訴法569頁，条解民訴法1920頁〔高田裕成〕参照。
171)　更生計画によって特定の更生担保権の基礎となっている担保権を消滅させ，その目的物を第三者に譲渡する場合には，更生計画認可決定が取り消されても，第三者が取得した権利に影響を生じないから，この要件を満たすという例が挙げられる。条解会更法（下）685頁。

分である[172]。仮処分が発令されれば，抗告人は，その正本を管財人に提出して，更生計画を遂行する行為の停止を求めることになる。管財人がこれにしたがわないでした行為は無効であるが，これをもって善意の第三者に対抗することができない（72Ⅲ類推）[173]。また，管財人がそれによって抗告人に損害を与えたときには，抗告人の損害賠償請求権は，共益債権（127⑤）となる[174]。

3 不認可決定の取消し

第1審が認可要件の一または数個が満たされていないと判断して，更生計画不認可決定をなしたのに対して，即時抗告が提起され，抗告審が原審の判断を誤りと判断する場合に[175]，抗告審の審判としては，いくつかの態様がありうる。第1に，原不認可決定を取り消して，事件を原審に差し戻す可能性がある。原審としては，他の要件が充足されていれば，認可決定をなす。第2に，自判，すなわち抗告審自身が他の要件の充足を確認して，認可決定をなす可能性も認められる。ただし，この場合には，抗告審が認可決定にともなう処分，すなわち認可決定の主文，理由の要旨，更生計画またはその要旨の公告（199Ⅵ），労働組合等（46Ⅲ③）への通知（199Ⅶ）をしなければならないという問題を生じる（更生手続開始申立てに関する裁判に対する抗告について本書101頁参照）。

4 認可決定の取消し

第1審が認可要件のすべてが満たされていると判断して，更生計画認可決定をなしたのに対して，即時抗告が提起され，抗告審が認可要件の一または数個が満たされていないと判断する場合には，原則として，原決定を取り消し，更生計画不認可決定の自判をする。ただし，原審が権利保護条項を定めて認可決

---

172) 必要な処分の例として，権利の得喪または変更にともなって抹消した登記（261Ⅵ本文）の回復登記の嘱託などが挙げられる。条解会更法（下）686頁。
173) 条解会更法（下）686頁。
174) 管財人の善管注意義務違反として，その個人責任を生じる（80ⅠⅡ）というのが，通説の考え方である（条解会更法（下）686頁など）。しかし，遂行停止等の仮処分違反の管財人の行為は，その職務の遂行としてなされているのであるから，少なくとも第1次的には，抗告人の損害を共益債権として弁済すべきであろう。ただし，無用な共益債権を生じさせたという意味で，管財人の個人責任も否定することはできない。
175) 法199条3項の趣旨は，抗告審にも類推され，更生手続に違法があっても，その違法の程度等を考慮して，抗告を棄却することができる。条解会更法（下）681頁。また，認可決定に対して可決要件が満たされていないとして即時抗告がなされ，抗告審が権利保護条項を定めれば，認可が可能であると判断するときには，自判をするのではなく，原審に差し戻すべきであろう。

定をしたのに対して（200），抗告審が，その権利保護条項の内容が不十分であると判断して，原認可決定を取り消す場合には，さらに権利保護条項を定めさせるために，事件を原審に差し戻すことも考えられる[176]。

5 認可決定取消しの効果

更生計画の効力は，認可決定の時に生じるが（201），抗告審によって原審の認可決定が取り消されると，その効力は，遡及的に消滅する。したがって，更生債権等の権利変更などの効果も，はじめから生じなかったこととなり，更生計画の遂行のために管財人がした行為の効力も失われる。しかし，それによって第三者の権利が覆されることはないと解すべきである。さもなければ，更生計画の効力を認可決定時に生じさせる意義が実際上失われるからである[177]。もっとも，抗告審による認可決定取消しの裁判についても，なお許可抗告による取消しの可能性がある以上，許可抗告審の判断がなされるまでは，現状を維持するのが妥当であろう。

第3項　権利保護条項の定めによる更生計画の認可

裁判所は，関係人集会において可決された更生計画が認可要件を満たしている場合に認可決定をなすのが原則であるが，一部の組において法定の同意要件（196 V）が満たされず[178]，更生計画案の可決に至らなかった場合においても，更生計画案を変更し，同意がえられなかった組に属する権利者のために権利保護条項を定めて，更生計画認可の決定をすることができる（200 I 柱書）。

---

[176] 条解会更法（下）682頁参照。なお，会社更生計画認可決定が抗告審で取り消され，新たに更生計画が認可された場合，更生債権に対する差押えの効力は，取り消された更生計画によって変更された更生債権にも，新たな更生計画によって変更された更生債権にも及ぶとされた事例として，東京高判平成7・7・20金商996号13頁がある。

[177] それによって損害を受けた者の賠償請求権は，共益債権（127⑤）になると解すべきである。条解会更法（下）687頁。

[178] したがって，全部の組において同意をえられなかったときには，権利保護条項を発動する余地はないが，更生担保権の組を担保目的物の種類に応じて細分化したような場合に，複数の組において同意をえられなかったときには，権利保護条項の定めによる認可の可能性がある。

　なお，更生計画案の条項が法200条1項の趣旨を満たしていると認められる場合には，改めて権利保護条項を定めることなく，計画を認可することが許される。最新実務271頁，東京高決昭和56・12・11判時1032号124頁参照。

1 権利保護条項の定めの趣旨

　更生債権者等や株主という利害関係人が確実なものとして把握しているのは，更生会社財産のうちの担保目的物の価値，あるいは一般財産の清算価値，すなわち担保権の行使によって実現できる利益や破産配当額や残余財産分配による利益であるから，それに相当する額またはそれと等価の利益を更生債権者等や株主に付与するのであれば，不同意の組に属する利害関係人の利益を本質的に侵害するところはないというのが，権利保護条項の趣旨である。

　清算価値保障原則を前提とすれば，更生計画によって利害関係人に与えられる利益は，担保目的物の公正な処分価値や更生会社財産の清算価値を超えるものであるが，それは将来の事業収益などを基礎とする不確実なものである場合が多い。そのために，ある組が更生計画に同意しないことによってその受領を拒絶した場合に，更生手続が挫折することを防ぐことができるよう，裁判所が職権によって更生計画案を変更し，不同意の組に属する権利者全員に対して担保目的物の公正な処分価値または更生会社財産の清算価値を与えることによって，更生手続の遂行を可能にすることが，この制度の趣旨に他ならない[179]。

　権利保護条項を定めて，更生計画案を変更するかどうかは，裁判所の職権による。裁判所は，遂行可能性などを損なうことなく適切な権利保護条項を定めることが可能であり，かつ，更生手続を遂行させることが利害関係人全体や更生会社の利益に合致すると認めるときに，権利保護条項を定めて，更生計画認

---

[179]　山内八郎・会社更生計画の諸問題135頁（1979年）は，権利保護条項を設けて更生計画を認可するかどうかは，「①計画全体の公正・衡平と遂行可能を損うことなしに，不同意の組のために適切な権利保護条項を設定することが可能か否か，②権利保護条項により変更された計画によって更生される会社が社会的な価値の名に価するものであるかどうか，③更生手続を維持することが大多数の利害関係人の意思に合致するかどうか，④何れの道を選ぶのがより多く利害関係人の利益になるかにあると考えられる。」とする。また，松下・前掲論文（注18）239頁以下は，権利保護条項の機能として，一方で，下位の権利者の不当な反対を抑止し，他方で，更生担保権者など上位の権利者の正当な利益が不当に侵害されることを防ぐところにあるとする。

　もっとも，権利保護条項の内容として清算価値を保障すれば足りるかどうかについては，立法論的な批判がある。松下・前掲論文（注18）241頁，伊藤眞「会社更生手続における更生担保権者の地位と組分け基準」判タ670号24頁（1988年）参照。清算価値保障原則によって，権利保護条項の有無を問わず，清算価値が個々の更生債権者等に保障されているものと考えれば，権利保護条項の定めは，それと別の機能を果たさなければならないともいえるからである。

　なお，権利保護条項と権利変更の基準たる相対優先説との関係については，本書556頁注18参照。

可の決定をする[180]。

2 権利保護条項の事前の設定

上記の措置は，一部の組において更生計画案についての同意がえられなかったことを前提とするものであるが，裁判所は，決議の前であっても，同意をえられないことが明らかな組があるときは，更生計画案の作成者の申立てによって，あらかじめ，その同意がえられないことが明らかな種類の権利を有する者のために権利保護条項を定めて，更生計画案を作成することを許可することができる（200Ⅱ）。これは，権利保護条項の事前の設定と呼ばれるが，一部の組において同意がえられないことが明らかな場合にも，決議を待って権利保護条項を定める手間を省くためのものである[181]。したがって，裁判所が許可を与えるためには，同意がえられないことが明らかである必要があり，それを確認するために，裁判所は，申立人および同意をえられないことが明らかな種類の権利を有する者のうち1人以上の意見を聴かなければならない（同Ⅲ）。

なお，権利保護条項を定めた更生計画案が提出されたときは，その同意をえられないことが明らかな種類の権利を有する者は，当該更生計画案の決議において議決権を行使することができない（195）。権利保護条項の事前の設定が，当該組の決議において同意がえられないことを前提としているためである。

3 権利保護条項の内容

権利保護条項の考え方が，同意がえられなかった，または同意がえられないことが明らかな組に属するそれぞれの種類の権利者が担保目的物または更生会社財産について把握している価値を保障しようとするものであるために，その内容も権利者の種類によって異なる。

---

[180] 条解会更法（下）643頁。権利保護条項を定めて更生計画案を変更するのは，裁判所の権限に属するが，実際には，管財人にそれを補助させることも許される。同640頁。
　なお，権利保護条項を定めた更生計画について認可決定がされたときに，更生債権者等などが認可事由（199Ⅱ各号）の不存在を主張して，即時抗告（202Ⅰ）をすることは可能であるが，権利保護条項を定めること自体は，裁判所の裁量に属するものであるから，即時抗告の理由とならない。条解会更法（下）642頁。
[181] 実務上では，意見聴取などの手間を避けるために，更生計画案にあらかじめ権利保護条項に相当する定めを設け，更生計画が否決された場合に，更生計画案の変更（200Ⅰ柱書）の手続を経ることなく，法200条にもとづき更生計画を認可することもあると仄聞する。

(1) 更生担保権者

　更生担保権者については，その更生担保権の全部をその担保権の被担保債権として存続させること，その担保権の目的である財産を裁判所が定める公正な取引価額（担保権による負担がないものとして評価するものとする）以上の価額で売却し，その売得金から売却の費用を控除した残金で弁済し，またはこれを供託すること，更生担保権者に対して裁判所の定める公正な取引価額を支払うこと，またはその他以上の方法に準じて公正かつ衡平に更生担保権を有する者を保護することの4つの選択肢のうち，いずれかが権利保護条項の内容になる（200Ⅰ各号）。

　更生担保権とは，更生会社財産上の特定物について成立する担保権の被担保債権であって，担保目的物の更生手続開始時における時価評価額によって担保された範囲のものをいうから（2Ⅹ参照），ここでいう第1の選択肢，すなわち更生担保権の全部をその担保権の被担保債権として存続させること（200Ⅰ①前半部分）は，更生担保権の基礎となっている担保権も存続し，かつ，目的物の時価評価額によって担保される額全部が被担保債権として認められるから，更生担保権は，更生担保権として認められている範囲であれば，その権利が保護されているものといえる。

　第2の選択肢は，裁判所が定める公正な取引価額[182]にもとづく担保権の目的物の売却による売得金をもって，更生担保権として認められる被担保債権額を弁済または供託することである（同後半部分）。弁済期が到来していれば，弁済がなされ，未到来であれば，供託がなされる[183]。この場合には，その時点で更生担保権の基礎となっている担保権を実行したとすればえられるであろう価額以上の金額を更生担保権者がうることになるから，たとえ法定多数の同意がえられていないとしても，更生担保権の把握する法的利益を実質的に変更するものではないとの考え方にもとづいている。

---

182) 条文上は，裁判所の定める公正な取引価額とされているが，裁判所による価額決定の手続が予定されているわけではなく，更生計画案の作成者が価額を定め，裁判所がそれを公正なものと認めることになろう。
183) 牽連破産に移行する可能性を考えると，売却の実行までは担保権を存続させるのが適当であろう。処分連動方式との関係について，最新実務270頁参照。
　なお，この場合の供託は，弁済供託（民494）ではなく，執行供託（民執91Ⅰ①）に類似するが，会社更生法上の特別な供託である。

第3の選択肢は，更生担保権者に対して，裁判所の定めるその権利の公正な取引価額を支払うことである（同③）。第1の選択肢によっては，更生担保権の基礎たる担保権が存続することになるし，第2の選択肢によっては，担保目的物を売却しなければならない。したがって，更生計画による事業譲渡などにともなって，担保権を消滅させる必要があり，また担保目的物の保持が事業価値の維持にとって必要であるために売却をすることができないような場合に，第3の選択肢が用いられる。ここでいう更生担保権の公正な取引価額とは，その時点での担保目的物の公正な取引価額（同①後半部分）と同義である。

　第4の選択肢は，以上の3つの選択肢に準じて公正かつ衡平に更生担保権者を保護することである（同④）。例としては，期限の猶予，すなわち更生担保権の弁済期を繰り下げ，その代償として金利相当分を支払うとか，担保目的物その他の財産による代物弁済などが挙げられる。いずれにしても，この種類の権利保護の定めに該当するためには，更生担保権が把握する価値に相当する利益を更生担保権者に与えるものでなければならない。

(2)　更生債権者

　更生債権者に対する権利保護条項の定めとしては，3つの選択肢がある[184]。

　第1の選択肢は，破産手続が開始された場合に配当を受けることが見込まれる額を支払うことが権利保護条項の内容になる（200Ⅰ②前半部分）。更生債権者は，更生担保権者とは異なって，特定の更生会社財産の価値ではなく，更生会社財産の配分について確実に把握しているのは，全体の清算価値にとどまることを考慮して，破産配当見込額を支払うことを定めれば，更生債権者の利益を本質的に損なうことはないとの考え方による[185]。したがって，会社の事業を譲渡する計画案であっても，権利保護条項の内容としては，それを定める時点での破産清算価値を前提とした配当見込額で足りる。

　第2の選択肢は，更生債権者に対して裁判所の定める公正な取引価額を支払

---

184) 約定劣後更生債権については，更生会社が更生手続開始の時においてその財産をもって約定劣後更生債権に優先する債権にかかる債務を完済することができない状態にあるときは議決権がないため（136Ⅲ），権利保護条項を利用しなければならない場面は少ない。なお，租税等の請求権者の同意を得ずにその権利の一部の免除の旨の計画案が提出された場合につき本条の類推の余地を認めるものとして，条解会更法（下）615, 665頁参照。
185) もっとも，事業譲渡などを内容とする更生計画案の場合に，不同意の更生債権者の組に対して，更生会社財産の継続事業価値に相当する部分を支払うことも考えられる。松下・前掲論文（注18）240頁。

うことであるが（同③），更生担保権の場合と異なって，更生債権は，特定の財産の価値を把握しているものではないから，その権利の公正な取引価額といっても，破産配当見込額と異なることはなく，第1の選択肢と区別する意義に乏しい[186]。

第3の選択肢は，その他第1または第2の選択肢に準じて，公正かつ衡平に当該更生債権者を保護することである（同④）。破産配当見込額（同②）に相当する財産を当該更生債権者に代物弁済することなどが考えられる。

(3) 株　　主

株主についても，更生債権者と同様に，権利保護条項の定め方として，3つの選択肢がある[187]。

第1は，清算の場合に残余財産の分配によってうることが見込まれる利益の額を支払うことが権利保護条項の内容になる（200Ⅰ②後半部分）。これは，株主の残余財産分配請求権（会社105Ⅰ②・504Ⅰ）を基礎としたものであり，したがって，会社が残余財産の分配について内容の異なる2以上の種類を発行している場合には，権利保護条項の内容もその違いを反映したものでなければならない（会社504Ⅱ参照）。

第2は，当該株主に対して裁判所の定めるその権利の公正な取引価額を支払うことであり（200Ⅰ③），当該株式の市場価格が存在しているときに，その価額を支払って，会社が自己株式を取得することになろう。

第3は，第1または第2の選択肢に準じて，公正かつ衡平に当該株主を保護することである（同④）。当該株式の価値に相当する新会社の株式を与えるなどの措置が考えられる。

第4節　更生計画の効力

更生計画は，更生手続の根本規範であるから，その内容にしたがって，更生債権等などについての権利変更や更生会社の組織変更の効力が生じ，管財人は，

---

186) 例外的に，更生債権である無担保社債について市場の相場があるような場合が考えられる。松下・前掲論文（注18）240頁。
187) 更生会社が債務超過，すなわち更生手続開始の時においてその財産をもって債務を完済することができない状態にあるときは，株主は議決権を有しないので（166Ⅱ），権利保護条項を利用しなければならない場合は少ない。

更生計画にもとづいて事業を遂行し，財産を管理処分する責務を負う。

第1項　更生計画の効力発生の時期

更生計画は，認可の決定の時から，効力を生じる（201）。したがって，認可決定に対して即時抗告（202Ⅰ）が提起されたとしても，そのことは，更生計画の効力発生に影響を生じない（202Ⅳ本文）。ただし，抗告裁判所または原裁判所は，更生計画認可決定の取消しの原因となることが明らかな事情および更生計画の遂行によって生じる償うことができない損害を避けるべき緊急の必要があることについて疎明があったときは，抗告人の申立てによって，当該即時抗告について決定があるまでの間，担保を立てさせて，または立てさせないで，当該更生計画の全部または一部の遂行を停止し，その他必要な処分をすることができる（同但書）。

そして，抗告審において更生計画認可決定が取り消された場合には，その効力が遡って消滅し，原状回復と第三者の権利保護の問題が生じることは，先に述べた通りである（本書 637 頁参照）[188]。

第2項　更生計画の効力の内容

更生手続の根本規範たる更生計画の効力の内容は，以下のようなものである。

1　更生債権等の免責等

更生計画認可の決定があったときは，更生計画の定めまたは会社更生法の規定によって認められた権利を除いて，更生会社は，すべての更生債権等について，その責任を免れ，株主の権利および更生会社の財産を目的とする担保権は，すべて消滅する（204Ⅰ柱書・各号）[189]。免責の効果によって，更生会社は，更生計画に定められた権利および法定の権利についてのみ責任を負担することになり，更生手続によってその事業を更生させることが可能になる。

(1)　免責等の対象となる債権等

免責の対象となるのは，更生計画に定めがあり，会社更生法の規定によって

---

[188]　更生手続では，確定を待たず，認可の決定の時から，効力を生じる（201）。再生手続では，再生債務者自身が手続遂行主体となるのが原則であるところから（民再38Ⅰ），計画の一部が履行された後に認可決定が即時抗告によって取り消されたときには，原状回復等について複雑な問題が生じるおそれがあることを考慮し，認可決定の確定によって再生計画の効力が生じるものとされた（民再176）。花村477頁。

認められるものを除いた，すべての更生債権等（2XII）であり，消滅の対象となるのは，同様のものを除いた，すべての株主の権利および更生会社財産を目的とする担保権（2X）である[190]。これに対して，更生手続開始前の原因にもとづく更生会社に対する債権であっても，共益債権（128〜130など）は，免責されない。開始後債権（134 I）は，更生計画の弁済終了等の時期まで権利行使ができないが（134 II），免責の対象とはならない。届出更生債権等および株主名簿に記載された株主の株式は，更生計画に明示されるから（170），更生計画に定めのない更生債権等や株主の権利とは，届出がない更生債権等，また株主名簿に記載の株式を意味する。

(2) 免責等の対象とならない権利

更生計画に記載されるかどうかにかかわらず，会社更生法の規定によって免責等の対象とならないとされる権利としては，以下のようなものがある[191]。

---

189) 「責任を免れる」ことの意義については，破産法253条1項柱書本文，民事再生法178条本文の場合と同様に，債務消滅説と自然債務説とが対立する。条解破産法1604頁，大コンメンタール1086頁〔花村良一〕，伊藤551，810頁参照。

ただし，更生債権者等が債権届出をなさなかったことについて管財人の帰責性が認められるような事案では，免責の効果を主張することが信義則に反するとされる場合がありうる（更生手続における過払金債権者について大阪地判平成20・8・27判時2021号85頁参照）。そのほか，関連裁判例については，内藤満「過払金債権と再建手続」NBL881号6頁（2008年），中島弘雅「消費者金融会社の民事再生をめぐる問題点——過払金債権の取扱いを中心に」民事再生の実務と理論316頁に紹介がある。しかし，最判平成21・12・4金法1906号68頁は，旧会社更生法241条（現204相当）について，「管財人等が，被上告人〔更生会社——筆者注〕の顧客の中には，過払金返還請求権を有する者が多数いる可能性があることを認識し，あるいは容易に認識することができたか否かにかかわらず，本件更生手続において，顧客に対し，過払金返還請求権が発生している可能性があることや更生債権の届出をしないと失権することにつき注意を促すような措置を特に講じなかったからといって，被上告人による更生債権が失権したとの主張が許されないとすることは，旧会社更生法の予定するところではなく，これらの事情が存在したことをもって，被上告人による同主張が信義則に反するとか，権利の濫用にあたるということはできないというべきである」と判示し，信義則の適用によって免責の効果が制限されることはないとしている。最判平成22・6・4判時2088号83頁も同様である。

現行会社更生法の下でも，この判例法理が維持されるべきものと考えられるが，会社更生規則42条が，知れている更生債権者等に対して債権届出期間の末日を通知することを管財人に義務づけており，これを怠ったとみられることが信義則の適用に影響するかどうかという問題がある。本質的な影響を否定する立場をとるものとして，髙橋譲「更生会社であった貸金業者が未届の更生債権である過払金返還請求権の免責を主張することが信義則違反または権利の濫用に当たるか——最二小判平21.12.4を契機として」金法1906号25頁（2010年）がある。

第4節　更生計画の効力　645

　　ア　更生手続開始後に更生会社の取締役等（取締役，会計参与，監査役，代表取締役，執行役，代表執行役，清算人または代表清算人をいう）[192]または使用人であった者で，更生計画認可の決定後も引き続きこれらの職に在職しているものの退職手当の請求権（204Ⅰ②）

　更生手続開始後に退職する更生会社の取締役等または使用人の退職手当の請求権のうち，更生手続開始前の報酬や給与の後払いとしての性質をもつものは，更生債権（2Ⅷ）となり，手続開始後の報酬や給与の後払いとしての性質を有するものは，共益債権となる（127②）のが本来であるが，更生計画認可の決定前に退職した使用人の退職手当の請求権については，共益債権部分についての特則がある（130Ⅱ，本書244頁）。いずれについても，認可決定前に退職した者の請求権のうち共益債権となる部分について免責の効力が及ばないのは当然であるが，更生債権となる部分については，それを更生債権として届け出ることができ（140ⅡⅢ参照），それにもとづき更生計画による権利の変更と免責の効果を受ける（204Ⅰ柱書・205Ⅰ）。

　以上に対し，認可後に退職する者の退職手当の請求権の個別的取扱いは更生

---

190)　元本未確定の根抵当権（本書199頁参照）について被担保債権のみの更生債権としての届出がなされた場合，および被担保債権も根抵当権の届出もなされなかった場合に，根抵当権が消滅しないとする有力説があり（条解会更法（下）728頁），疑義を避けるために，可能な限り，更生計画において根抵当権の処理について明確な定めを置くことが望ましいといわれる（最新実務273頁）。
　　　また，民事留置権は，更生担保権の基礎とならず（本書200頁注81参照），更生手続への参加のためにそれを届け出る意味もないところから，免責の対象からも除外される。したがって，被担保債権の更生債権としての届出があれば，更生計画の定めにしたがって変更された債権について存続することとなる。もっとも，有力説は，商事留置権との均衡や法204条1項柱書の「担保権」との文言を重視し，民事留置権も消滅するとの考え方をとる。条解会更法（下）727頁，最新実務273頁参照。なお，再生計画認可決定確定後の民事留置権の効力について，それを失効させる規定が存在しないこと（破66Ⅲ参照）などを理由として，当然には失われないとする裁判例として，東京地判平成17・6・10判タ1212号127頁〔民事再生〕がある。再生計画認可決定確定後の民事留置権の効力についても同判決参照。
191)　再生手続においては，再生債権者がその責めに帰することができない事由により債権届出期間内に届出をすることができなかった再生債権などについて，免責の効果が生じず，一般的基準にしたがって変更される旨の規定（民再181Ⅰ）が置かれているが（伊藤810頁参照），会社更生では，このような例外規定は存在しない。
192)　管財人または保全管理人の選任されている期間中は，法72条4項による権限回復がなされていないかぎり，取締役等は報酬請求権を有しないから（66Ⅰ・34Ⅴ），免責の問題も生じない。退職手当の請求権についても同様である。

計画には記載されないが，一般的権利変更の定めにしたがう。したがって，更生計画に定めがないことを理由として，取締役等や使用人であった者で更生計画認可決定後に退職する者の退職手当の請求権について，免責の効果を認めるべき理由がない。そこで，法204条1項2号は，このような退職手当の請求権を更生計画認可決定による免責の対象から除外している[193]。

　イ　更生手続開始前の罰金等の請求権（142②・204 I ③）

　この種の請求権については，その届出が義務づけられているが（142柱書②），届出をしても，減免その他権利に影響を及ぼす定めをすることはできない（168Ⅶ）ことを考慮して，届出の有無にかかわらず，免責の対象としない。ただし，弁済を受ける時期については，更生計画で定められた弁済期間が満了した時などの後になる（204Ⅱ）。この種の請求権の公的制裁としての性質に即したものである。

　　ウ　租税等の請求権（2ⅩⅤ）のうち，これを免れ，もしくは免れようとし，不正の行為によってその還付を受け，または徴収して納付し，もしくは納入すべきものを納付せず，もしくは納入しなかったことによって，更生手続開始後懲役もしくは罰金[194]に処せられ，または国税犯則取締法第14条第1項（地方税法において準用する場合を含む）の規定による通告の旨を履行した場合における，免れ，もしくは免れようとし，還付を受け，または納付せず，もしくは納入しなかった額の租税等の請求権で届出のないもの（204 I ④）

　租税等の請求権については，その届出（142柱書・①）にもとづいて，特別の手続による調査と確定がなされ（164），その権利変更についても，特則が設けられているが（169），届出がなされず，更生計画に記載されなければ，免責の対象となるのが原則である。しかし，ここで掲げられている種類のものは，可

---

193) 204条の規定は，旧241条但書に由来する。同但書は，旧会社更生法昭和42年改正によって，更生計画認可後に退職する者の退職手当の請求権のうち，更生債権に相当する部分について退職後の届出を認めた旧127条の2（現140 I Ⅲ）が新設されたことにともない，旧241条が改正されたものである。宮脇＝時岡159, 167頁参照。なお，この種の請求権は，更生債権であるので，更生計画にしたがった弁済がなされる（本書480頁）。

194) この場合の罰金の請求権は，更生手続開始後のものであるために，更生手続開始前の罰金等の請求権（142②・204 I ③）には含まれないが，処罰対象行為が更生手続開始前になされたものであるために，更生債権となる。国税犯則取締法14条1項による通告にもとづく罰金等についても，同様である。なお，「通告の旨を履行」するとは，旧会社更生法121条1項6号後半部分以来の文言であるが，通告にもとづく罰金等の債務を履行する趣旨ではなく，通告自体を実行する趣旨である。

罰的行為に対する制裁という性質をもつので，届出がなされなくとも，免責の対象とせず，ただし，弁済を受ける時期については，更生計画で定められた弁済期間が満了した時などの後になる（204Ⅱ）[195]。

2 届出更生債権者等の権利の変更

更生計画認可の決定があったときは，届出更生債権者等および株主の権利は，更生計画の定めにしたがって，変更される（205Ⅰ）。変更の内容は，債務の全部または一部の免除，期限の猶予，もしくは債務の株式への振替え，担保権の存続または消滅，株主の権利の変更または消滅など，各権利について定めた更生計画の条項（170）にしたがう。この変更は，更生手続内に限られたものではなく，権利自体の実体的変更を意味する[196]。

ただし，届出をした更生債権者等が変更された内容にしたがって権利行使が認められるのは，その権利が確定している場合に限られる（205Ⅱ）。査定や異議の訴え（151・152）が係属中の，未確定の権利についてその行使を認めると，権利の存在が否定された場合などに問題を生じるからである。これらの権利の保護のためには，更生計画中に適確な措置の定めがなされる（172）。

また，更生計画の定めによって株主に権利が認められた場合には，更生手続に参加しなかった株主も，更生計画の定めによって認められた権利を行使することができる。株主の手続参加は，届出によるものではなく，株主名簿の記載または記録によることを原則とするため（165Ⅱ），更生手続に参加しなかったとしても，株主名簿に記載または記録されている株主であるかぎり，権利の行使を認める趣旨である。なお，株主が更生計画にもとづく権利の変更によって受けるべき金銭等については，株式の質入れの効果（会社151～153）が及ぶ（205Ⅳ）。

3 更生計画の条項の更生債権者表等への記載等

更生計画認可の決定が確定したときは，裁判所書記官は，更生計画の条項を更生債権者表および更生担保権者表に記載しなければならない（206Ⅰ）。更生

---

[195] 旧会社更生法では，この種の請求権を劣後的更生債権とした上で（旧121Ⅰ⑥・Ⅱ），免責の対象から除外していた（旧241但書）。現行法は，劣後的更生債権の概念を廃止したために，法律構成には変化があるが，実質には変わりはない。

[196] 再生手続においては，再生計画の取消しの制度があり（民再189），再生計画取消決定が確定すると，再生計画によって変更された再生債権は，原状に復するが（同Ⅶ本文。伊藤852頁参照），更生手続においては，更生計画の取消しという制度が存在しない。

債権者表および更生担保権者表には，各更生債権や更生担保権の内容や確定に関する事項が記載されているが（144ⅡⅢ・150Ⅱ・160），それを基礎として，各更生債権および更生担保権についての権利の変更を内容とする更生計画の条項が更生債権者表および更生担保権者表に記載される。

そして，確定した更生債権および更生担保権についての更生債権者表および更生担保権者表の記載が，更生債権者等および株主に対して確定判決の効力を有する（150Ⅲ）のとは別に，更生債権および更生担保権にもとづいて更生計画の定めによって認められた権利については，その更生債権者表および更生担保権者表の記載は，更生会社（203Ⅰ①），すべての更生債権者等[197]および株主（同②），更生会社の事業の更生のために債務を負担し，または担保を提供する者（同③），更生計画の定めるところにより更生会社が組織変更をした後の持分会社（同④），更生計画の定めるところにより新設分割（他の会社と共同してするものを除く），株式移転（他の株式会社と共同してするものを除く）または183条に規定する条項により設立される会社（同⑤）に対して，確定判決と同一の効力を有する（206Ⅱ）。ここでいう確定判決と同一の効力とは，更生手続内外での不可争性を意味し，認可決定時を基準とする，更生計画による変更後の権利内容に関する既判力を内容とするものである[198]。更生計画の効力発生が認可決定の時からとされている（201）のに対して，更生債権者表等への記載が認可決定確定時とされているのは（206Ⅰ），このような理由からである。

さらに，更生手続終結（239Ⅰ）の後においては，更生計画の定めによって更生債権等に認められた権利で，給付の請求を内容とするものを有する者は，更生会社であった株式会社および更生会社の事業の更生のために債務を負担した者に対して，その更生債権者表または更生担保権者表の記載によって強制執行をすることができる（240本文）[199]。これは，それぞれの権利について更生債権者表または更生担保権者表の記載が債務名義（民執22⑦）となることを意味す

---

197) ただし，租税等の請求権については，その公法的性質や発生原因が行政行為であることなどから，既判力が生じないといわれる。条解会更法（下）774頁。
198) 条解会更法（下）770頁。更生手続終結後の執行力に関しては，法240条の定めがある。本書473頁参照。
199) 民事再生では，手続終結後という時期の制限がなく，再生手続中であっても，履行期における履行がなければ，強制執行をすることができる（民再180Ⅲ本文）。これは，管財人が必置の更生手続と異なって，再生債権者表にもとづく強制執行を再生計画の履行確保の手段として位置づけているためである。花村485頁。

る。ただし，更生のために債務を負担した第三者については，催告の抗弁（民452）や検索の抗弁（民453）が認められる（240但書）。

4 租税等の時効の進行の停止

更生計画認可の決定があったときは，租税等の請求権についての時効は，納税の猶予または滞納処分による財産の換価の猶予（169Ⅰ）がされている期間中は，進行しない（207）。

更生債権等は，更生手続に参加することによってその時効が中断する（民147①。民152参照）。これは，租税等の請求権についても，同様である（142①参照）。しかし，租税等の請求権以外の更生債権等は，更生手続が終結するまでは強制執行等をすることができず，したがって，その間は中断した時効が進行しないと解されるのに対して，租税等の請求権については，滞納処分が禁止または中止されるのが更生手続開始時から原則として1年間，1年経過前に更生計画認可がされたときは，認可時までに限定されているので（50Ⅱ），その後は，時効の進行が開始すると解される。しかし，更生計画において納税の猶予または滞納処分による財産の換価の猶予がなされているときには，その間は滞納処分を開始することができないため，時効もその進行を開始しない[200]。

5 中止した手続の失効

更生手続が開始すると，事業の基礎となるべき更生会社財産を保全し，維持更生の目的を実現するために，更生債権等にもとづく強制執行等（24Ⅰ②）の手続，企業担保権の実行手続および更生債権等にもとづく財産開示手続は中止し，また更生手続に劣後する破産手続や再生手続も中止するが（50Ⅰ），更生計画認可の決定とともに，中止した手続は失効する（208本文）[201]。

更生計画によって更生債権者等の権利が免責され（204Ⅰ），または変更され（205Ⅰ），変更された権利の実現は，更生手続中は更生計画にもとづく弁済等に，更生手続終結後は，更生債権者表や更生担保権者表を債務名義とする強制

---

200) 条解会更法（中）508頁参照。
201) ただし，国税滞納処分（24Ⅱ）は，更生手続開始決定により原則として1年間中止するが（50Ⅱ），更生計画認可決定があっても当然には失効せず，徴収の権限を有する者の同意をえて国税滞納処分が失効する旨を更生計画に定めた場合に限り失効する（会社更生の実務（下）320頁〔名島亨卓〕）。
　なお，破産手続または再生手続は当然に失効するので，改めて破産手続終結決定等の裁判を要しない。最新実務274頁。

執行等に委ねられる以上，中止された手続を維持する意義がないからである。また，更生計画の遂行が開始される以上，もはや破産手続や再生手続を存続させる意味が存在しないためである。なお，失効とは，手続が遡及的に効力を失うことを意味するが，手続開始の結果として具体的な処分がなされているときには，それを除去する必要がある[202]。

ただし，法50条5項の規定によって続行された手続は，失効しない（208但書）。すでに述べたように（本書322頁），続行された手続は，更生会社財産の換価の手段として行われるものであり，その結果としてえられる金銭などは，更生計画遂行の基礎となるからである。

6 更生計画の効力の主観的範囲

更生計画は，更生会社，すべての更生債権者等および株主，更生会社の事業の更生のために債務を負担し，または担保を提供する者，更生計画の定めるところによって更生会社が組織変更をした後の持分会社，および更生計画の定めるところによって新設分割（他の会社と共同してするものを除く），株式移転（他の株式会社と共同してするものを除く）または設立される新会社（183）のために，かつ，それらの者に対して効力を有する（203Ⅰ）。ここでいう効力とは，更生計画による権利の変更や設定，株式会社の組織の変更，あるいは更生債権等の免責など，更生計画にもとづいて認められるすべての実体法上の効果を含む[203]。

(1) 更生計画の効力が及ぶ者

更生計画の効力が及ぶ者とは，更生計画の条項にかかる権利義務や財産または組織法律関係の主体たる者を意味する。基本的な考え方としては，更生計画の主体である更生会社，更生会社と同一主体とみなされる持分会社，新設分割会社，株式移転により新設される親会社，新会社，更生手続に参加する主体で

---

202) 破産手続や再生手続が失効するにともなって，裁判所書記官が破産手続開始または再生手続開始の登記の抹消を嘱託する（258Ⅹ），管財人が執行取消しの申立てをする（民執40・183Ⅱ・195），裁判所書記官が差押えの登記等の抹消を嘱託する（民執54Ⅰ・188・195）などがこれにあたる。執行取消文書の性質としては，民事執行法39条1項1号の定める文書に類することになろうか。その他，実務の取扱いなども含めて，会社更生の実務（下）320頁〔名島亨卓〕参照。
203) 条解会更法（下）697頁参照。法203条1項は，認可決定という裁判の効力の主観的範囲を定めたものではなく，認可決定の確定によって効力を生じる更生手続の根本規範たる更生計画にもとづく実体法上の効力を定めたものである。

ある更生債権者等や株主，第三者ではあるが，権利義務の設定等についてすでに意思表示をなし，それが更生計画の内容となっている保証人や物上保証人に対して更生計画の効力が及び，それ以外の者は，たとえそれらの者に関する条項が更生計画の中に含まれているとしても，更生計画の効力自体によって拘束されることはない[204]。

したがって，更生会社は，更生会社財産の帰属主体，更生債権等の債務者，担保権の負担者あるいは株式会社たる組織の主体として効力を受け，更生債権者等や株主も，権利変更や免責の対象となる権利の主体として効力を受ける。さらに，更生会社の事業の更生のために債務を負担し，または担保を提供する者について更生計画の効力が及ぶのも，それらの者が更生計画に定める人的保証や物上保証を通じて，保証債務や担保権の負担を負うからに他ならない。

　ア　更生計画の定めるところにより更生会社が組織変更をした後の持分会社（203 I ④）

更生計画の定めによって更生会社を持分会社（合名会社・合資会社・合同会社。会社575 I）に変更することが認められるが（167 II・45 I 柱書・⑦），その持分会社も，更生計画の定め（179，会社744 I 各号）によって拘束される。これは，当該持分会社が更生会社と同一主体とみなされるためである。

　イ　新設分割等による新会社（203 I ⑤）

会社分割には，更生会社が事業に関して有する権利義務の全部または一部を他の会社に承継させる吸収分割（会社2 ㉙）と分割によって設立する会社に承継させる新設分割（会社2 ㉚）とがあるが，更生計画の効力を受けるのは，他の会社と共同してするものを除いた新設分割，すなわち更生会社のみによってなされる新設分割である（203 I ⑤第1かっこ書）。この場合には，新会社が更生会社と同一の主体とみなされる結果として，新設分割計画によって定められる事項（会社763 I・765 I）は，更生計画の効力として新会社について定められたものとみなされる。

これに対して，吸収分割の場合の相手方や，更生会社とともに新設分割による新会社を設立しようとする相手方，そのようにして設立される新会社は，更

---

[204] 組織的事項を内容とする更生計画の条項のうち，合併や株式移転の相手方たる株式会社が更生計画の効力を受けるものの範囲に含まれないのは，このためである。もちろん，合併契約や株式交換契約の拘束力は別である。

生会社との間の分割契約その他の合意による拘束を受けることはありうるが，更生計画そのものの効力を受けることはないから，このような場合の新会社も更生計画の効力の及ぶ範囲に含まれない。

株式移転の場合も同様である。株式移転とは，1または2以上の株式会社がその発行済株式の全部を新たに設立する株式会社に取得させることをいうが（会社2㉜），更生計画の効力が及ぶのは，他の株式会社と共同してするものを除いた株式移転によって設立される新会社である（203Ⅰ⑤第2かっこ書）。新会社の組織内容は，株式移転計画によって定めるべき事項（182の4①・会社773Ⅰ各号）によって定まる。これに対して，更生会社と共同して株式移転を行う他の株式会社は，更生計画の効力を受けない第三者であり，したがって，その場合の新会社も，更生計画の効力そのものによって拘束されることはない。

新設合併，新設分割または株式移転による以外の方法によって設立される新会社についても，同様に更生計画の効力が及び，更生計画の内容たる事項（183各号）によって，新会社の基本的組織事項が定まったものとみなされる。

(2) 更生計画の効力が及ばない者

更生計画は，更生債権者等が更生会社の保証人その他更生会社とともに債務を負担する者に対して有する権利および更生会社以外の者が更生債権者等のために提供した担保に影響を及ぼさない（203Ⅱ）[205]。

保証人や連帯債務者についていえば，保証債務の付従性などの理由により，

---

205) 届出の有無とはかかわりなく，更生債権についての免責の効力（204Ⅰ柱書）が生じるが，その場合にも，法203条2項が適用される（最判昭和45・6・10民集24巻6号499頁，条解会更法（下）714頁，最新実務277頁参照）。

破産法253条2項および民事再生法177条2項も，同趣旨の規定である。中西正「再生計画の権利変更と保証人の地位」井上追悼515頁は，民事再生法177条2項の趣旨について，主債務者の倒産によって生じた損失を第一次的には保証人に負担させるという，保証債務のリスク管理機能として説明する。なお，民事再生法177条2項は，別除権者が有する担保権に再生計画の効力が及ばないことを規定し，破産法253条2項の解釈としても同趣旨のことがいわれるが（条解破産法1606頁注9），1614頁注23），松下・入門151頁注17），これらは，更生手続における更生担保権とは異なった，破産手続および再生手続における別除権の地位を反映したものである。

また，ここで問題としているのは，更生計画の定めによる効力であり，更生計画の定めにしたがって更生債権者等が全部または一部の満足を受ければ，それが保証人や物上保証人に対する権利行使の範囲に影響するのは当然である。

その他，主債務たる更生債権について更生計画にもとづく免責の効力が生じた場合の保証債務に関する消滅時効の進行に関して，最判平成11・11・9民集53巻8号1403頁〔破産〕，名古屋高判平成12・5・31判時1738号51頁参照。

更生債権等が更生計画によって変更されたときは、保証債務や連帯債務の内容もその影響を受けるはずであるが（民448など）、この場合にも影響が否定される。更生計画による権利の変更は、あくまで更生会社の更生のために認められるものであり、その限度を超えて更生債権者等の権利に対する不利な影響を生じさせるべきではないからである[206]。

同様に、更生計画による権利変更などの効力は、更生会社以外の第三者が更生債権者等のために提供した担保にも影響を及ぼさない。物上保証人などがこの第三者の例にあたるが、その趣旨は、保証人などの場合と同様である。

なお、法203条2項は、更生計画の定めによる効力の主観的範囲を制限したものであるが、更生債権者等が更生債権等の届出をしなかったことによって、更生計画に定められず（204Ⅰ①前半部分）、また法の規定によっても認められず（同後半部分）、免責の対象となる更生債権等（同柱書）についても、免責の効力が上記の人的または物的担保提供者に及ばないかどうかが議論される。免責の効力も更生会社の事業の更生のために認められたものであることを考えれば、上記と同様に、これらの者には免責の効力の影響が及ばないと解すべきであ

---

[206] 影響が及ばないのは、更生債権者等の保証人などに対する権利であり、保証人が保証債務履行後に更生債権者等に代位して行使する更生債権等や、保証人が主債務者たる更生会社に対して行使する更生債権たる求償権は、更生計画による権利変更の対象となる。条解会更法（下）718頁。

なお、デット・エクィティ・スワップ、すなわち更生債権等の全部または一部を更生会社が発行する株式に振り替えることとしたとき、それが更生債権等の保証人の責任にどのような影響を与えるかが問題となる。これを更生計画による更生債権等の変更とみれば、保証人の責任には何らの影響を生じないのに対して、代物弁済に類するものとすれば、その効果として更生債権等の全部または一部が消滅するから、それにともなって保証人の負担も消滅または減縮することとなる。

前者（再生手続について新注釈民再法（下）122頁〔矢吹徹雄〕）と後者（条解会更法（下）717頁、再生手続について条解民再法830頁〔三木浩一〕）の考え方の両様が存在するが、前者の考え方をとると、株式の譲渡や株式配当の受領等によって更生債権者等が現実に金銭的満足をえた時に、その限度で保証人の債務が消滅すると解することになる。しかし、このような結果は、保証人の地位を著しく不安定にするおそれがあり、後者の考え方を是とすべきである。法203条2項の趣旨は、更生計画の定めにもとづく権利の変更自体によって更生債権者等の保証人などに対する権利に不利益を生じさせないところにあり、更生債権者等が株式の取得という形で権利の満足を受けた以上、それが現金化されるまで保証人の債務を存続させる理由に乏しい。

したがって、デット・エクィティ・スワップに満足しない債権者は、更生計画認可決定前に保証債務の全額を回収をして、保証人が更生債権者に代位する（135Ⅱ・破104Ⅳ）という方法を探ることになろう。

る[207]。

第5節　更生計画不認可決定の確定

　更生計画不認可決定に対して不服申立てがなされず，または即時抗告が却下されたことによって，不認可の決定が確定したときには[208]，更生手続は終了する（234③）。これを不認可決定確定にもとづく手続終了効と呼ぶ。この場合には，更生手続がその目的を達することなく終了したのであるから，更生計画の基礎となる効果，たとえば，更生債権者等間の更生債権者表または更生担保権者表記載の効力（150Ⅲ）を維持すべき理由はないが，不認可決定の確定までになされた行為の効力のすべてを当然に覆滅する理由はなく，すでに手続機関としての管財人が行った行為の効力は影響を受けないし，また，終了後の更生債権者等の権利の実現などの関係で意義を有すべきものについては，その効力を認めるべきである。

　更生手続が終了すれば，更生債権者等は，個別的にその権利を行使しうる状態になる。したがって，更生手続における債権調査および確定手続の結果として，更生債権等の内容が確定し，かつ，更生会社がそれについて異議（147Ⅱ・148Ⅳ・149Ⅲ後段）を述べていない場合には（235Ⅱ），更生会社であった株式会社に対する関係で[209]，更生債権者表または更生担保権者表の記載に確定判決

---

207)　条解会更法（下）714頁。再生手続について条解民再法829頁〔三木浩一〕，新注釈民再法（下）110頁〔矢吹徹雄〕，詳解民再法543頁〔佐藤鉄男〕。破産免責の効果との関係については，伊藤556頁参照。
　　ただし，この考え方を前提としても，民法504条を類推して，主たる債権者たる更生債権者等が故意または過失によってその権利の届出をせず失権したことは，保証人の法定代位の機会を失わせるものとして，保証人は，更生債権等の届出により回収しえた限度で，更生債権者等に対して免責を主張しうると解する余地がある。

208)　抗告審の決定については，特別抗告（13，民訴336），許可抗告（13，民訴337）ができるとしても，これらには確定遮断効がないので（13，民訴122・116Ⅰ），抗告審の決定は告知によって直ちに確定する（条解破産法278頁）。

209)　更生債権等の確定にもとづく確定判決と同一の効力（150Ⅲ・161Ⅱ）の主観的範囲が，更生債権者等や株主の全員のみならず，更生会社や管財人を含むと解すれば（再生手続について花村496頁），法235条1項は，更生会社であった株式会社に限って，その効力を更生計画不認可の決定後も存続させるという意義を有する。
　　これに対して，更生計画において更生会社の事業のために債務を負担し，または担保の提供をした者に対しては，更生計画の効力が生じなかった以上，それらの者に対する権利の実行は認められない。

と同一の効力，すなわち債権調査期間の末日を基準時とする既判力[210]と執行力が認められる（同Ⅰ）。係属中の裁判手続の帰趨については，第9章第3節において説明する。

なお，更生計画不認可の決定の確定による更生手続の終了にともなって，それに付随する手続である否認の請求の手続は終了する（96Ⅴ）。これに対して否認の請求を認容する決定に対する異議の訴えの手続は中断し（52Ⅳ），牽連破産において破産管財人により受継される可能性がある（256Ⅰ，本書797頁参照）。役員の責任にもとづく損害賠償請求権の査定手続も，更生計画不認可の決定の確定による更生手続の終了にともなって終了するが（100Ⅴ），査定決定があった場合は，手続は終了せず（同かっこ書），これに対して異議の訴えを提訴期間（102Ⅰ）内に提起することができる。また，すでに異議の訴えが提起されている場合には，これが中断し，会社が受継する（52ⅣⅤ，本書743頁参照）。

第6節　更生計画認可後の手続

更生計画認可決定があったときは，その内容にしたがった権利変更や組織変更などの効力が生じ，管財人は，速やかに，更生計画の遂行または更生会社の事業の経営ならびに財産の管理および処分の監督を開始しなければならない（209Ⅰ。72Ⅳ・167Ⅱ前半部分参照）。

第1項　更生計画遂行の主体

更生計画の遂行の義務を負うのは，手続機関たる管財人（72Ⅰ）または更生会社（同Ⅳ・167Ⅱ前半部分）である。管財人は，更生会社の事業経営権および財産管理処分権を有し（72Ⅰ），善良な管理者の注意をもって，その職務を行う義務を負うが（80Ⅰ），更生計画の遂行義務は，その基本的義務の現れである。また，更生計画認可決定後の事業経営権および財産管理処分権を付与された更生会社については，その取締役などの執行機関が更生計画遂行の義務を負う[211]。以下，更生計画遂行主体としての管財人と更生会社をあわせて，管財

---

[210] 既判力を認めない説も有力であるが，法235条1項後段との関係から考えても，同条1項前段にいう確定判決と同一の効力を執行力に限定すべき理由はない。条解会更法（下）770頁。既判力の客観的範囲としては，更生債権や更生担保権の内容が含まれる。

人等と呼ぶ。

　更生計画の遂行とは，更生計画に定められたすべての事項に関わるものであり，債務の弁済などの財産的事項のみならず，更生会社の取締役，会計参与，監査役，執行役，会計監査人および清算人の選任等（661頁），株式の消却，併合もしくは分割，株式無償割当てまたは募集株式を引き受ける者の募集（663頁），募集新株予約権を引き受ける者の募集，新株予約権の消却または新株予約権無償割当て（666頁），資本金または準備金の額の減少（662頁），剰余金の配当その他の会社法461条1項各号に掲げる行為（602頁），解散または会社の継続（671頁），募集社債を引き受ける者の募集（669頁），持分会社への組織変更または合併，会社分割，株式交換もしくは株式移転（671頁），新会社の設立（675頁）などの組織的事項の遂行も含まれる。

　ただし，組織的事項のうち，定款の変更のように，更生計画の定めによって当然に効力を生じるものについては（213本文），管財人等が特別の行為をする必要はなく，裁判所書記官によって変更登記（261Ⅰ）の嘱託がなされるにすぎない（同・258Ⅰ）。これに対して，募集株式を引き受ける者の募集などの行為については，法律が定める方式にしたがった一連の行為をする必要がある（215以下）。

　また，更生会社と同一主体とみなされ，更生計画の効力を受ける新設分割等による新会社（203Ⅰ⑤）については，遂行主体は，新会社であり，管財人は，その実行を監督する（209Ⅱ参照）[212]。

　これに対して，合併や株式交換などの場合においては，更生計画にその旨の定めがなされたとしても，相手方に更生計画の効力が及ぶわけではないので，管財人等は，相手方に対して合併契約などの履行を求めることが更生計画の遂行の内容となる。

---

211) 取締役は，会社に対して善管注意義務を負うとされているが（会社330，民644），更生計画の遂行を委ねられた更生会社の取締役の善管注意義務の相手方は，より広いものと解すべきであろう。
212) 取締役が，更生計画等により権限を回復した場合（72Ⅳ）には，新設会社等の更生計画の遂行については，新会社は取締役の監督を受けないが（209Ⅱ参照），更生計画に拘束されるものとして遂行がなされる。

第2項　更生計画遂行の監督の主体

　更生計画遂行の監督の主体は，まず，遂行の主体が管財人であるか，更生会社であるか，それとも更生計画の効力を受ける新会社（203 I ⑤）であるかによって分けられる。

　第1に，管財人が遂行の主体であるときは，裁判所が管財人の更生計画の遂行を監督する（68 I 。会更規21参照）。裁判所は，遂行状況について管財人から報告を受け，あるいは資料の提出を求めるなどの方法によって監督を行う。管財人が更生計画の履行を怠ると，利害関係人の申立てまたは職権で，管財人を解任することができる（68 II 前段）。また，更生計画が遂行される見込みがないことが明らかになったときは，更生手続を廃止しなければならない（241 I ）。このような事態に立ち至らないために，更生会社の事業経営や財産管理について適切な処理をなし，必要なときには，裁判所と協議をするなどのことも，管財人としての注意義務（80 I ）に属する。管財人の職務は，更生計画が遂行されたなどの事由によって更生手続終結の決定（239 I ）がなされるまで継続する。

　第2に，更生会社が更生計画遂行の主体であるときは，管財人がその事業の経営ならびに財産の管理および処分の監督をする（209 I ）。

　第3に，更生計画の効力を受ける新会社（203 I ⑤）が遂行の主体であるときは，管財人がその会社を監督する（209 II ）。管財人は，監督権限の行使として，当該会社の設立時取締役，設立時監査役，取締役，会計参与，監査役，執行役，会計監査人，業務を執行する社員，清算人および使用人その他の従業者ならびにこれらの者であった者に対して，当該会社の業務および財産の状況について報告を求め，または当該会社の帳簿，書類その他の物件を検査することができる（同 III ）[213]。報告および検査の拒絶に対しては，罰則の定めがある（269。本書742頁）。

第3項　担保提供命令

　裁判所は，更生計画の遂行を確実にするため必要があると認めるときは，管

---

[213]　この調査権は，更生会社および子会社に対する管財人の調査権（77。本書112頁）と対応関係にあるが，新会社が持分会社でありうるところから，業務を執行する社員が調査対象となるなどの差異がある。

財人（法72条4項前段の場合には更生会社）または更生会社の事業のために債務を負担し，もしくは担保を提供する者に対し，更生計画の定めによって認められた権利を有する者などのために，相当な担保を立てるべきことを命じることができる（209Ⅳ柱書）[214]。担保提供命令に対する違反については，過料の制裁がある（276）。

担保提供命令の受益者たりうる者は，管財人や更生会社による履行の相手方であり，具体的には，更生計画の定めまたは会社更生法の規定によって認められた権利を有する者（209Ⅳ①），異議等のある更生債権等でその確定手続が終了していないものを有する者（同②）の2種類の者を意味する。

担保提供命令の要件は，更生計画の遂行を確実にするため必要があると認められることである。更生計画の遂行可能性がない場合には，更生計画不認可の決定がなされること（199Ⅱ③），また遂行可能性に危惧が存在する場合には，更生計画において人的または物的担保に関する定めがなされること（171）などを考慮すれば，ここでいう必要があるときとは，主として，認可決定後の事情の変更によって，または債務の一部の不履行の発生によって，権利者の権利の実現の不安が増大したことを指すものと解すべきである[215]。

なお，担保提供の方法や担保の取消しなどについては，民事訴訟法の規定（民訴76・77・79・80）を準用する（209Ⅴ）。

第4項　会社法等の法令の適用の排除

更生会社の運営は，本来であれば，株主[216]などの意思にもとづき，会社法の規定に準拠してなされるべきものである。しかし，更生会社の運営を裁判所によって認可された更生計画にもとづいて，管財人等の権限として行うことを予定する以上，重ねて株主の意思を問い，また会社法上の手続をふませるべき合理性はない。これが，以下の事項については，会社法等の規定の適用を排除

---

214) 担保提供命令は，旧会社更生法248条2項に由来するものである。なお，同条1項は，担保提供命令と並んで，遂行命令を規定していたが，遂行命令の意義については疑義が呈されていたところから（条解会更法（下）807頁参照），現行会社更生法209条は，担保提供命令（209Ⅳ）のみを引き継いでいる。
215) 条解会更法（下）813頁，再生手続について詳解民再法566頁〔森恵一〕。
216) 更生手続開始時の株主の権利は原則として消滅しているから（204Ⅰ柱書），ここでいう株主は，更生計画にもとづいて更生会社の株式を保有し，または取得した者を意味する。

する理由である。

1　株主総会の決議等に関する法令の規定等の排除

更生計画の遂行については[217]，会社法その他の法令または定款の規定にかかわらず，更生会社または更生計画の法183条に規定する条項によって設立される新会社（以下，183条新会社という）[218]の株主総会の決議その他の機関の決定を要しない（210 I）。株主総会の決議が不要とされるのは，上記のような理由から，本来の会社の意思決定機関の権限が凍結状態になっているからであり[219]，このことは，株主総会の特別決議や特殊決議が要求される事項（会社309 II～IV）についても，変わるところはない。また，取締役会などの会社の機関も，株主総会の意思決定にもとづいて設置されているのであるから，更生計画の遂行にかかわる事項について株主総会の決議が不要とされる以上，取締役会などの機関の決議も不要になる。

上記のことは，更生会社のみならず更生計画によって設立される183条新会社にも妥当する。また，更生会社および新会社について，管財人ではなく，更生会社が更生計画の遂行にあたる場合（72 IV・167 II 前半部分）にも妥当する。したがって，取締役会設置会社における代表取締役などの執行機関は，株主総会や取締役会の決議を経ることなく，更生計画の遂行をすることができる。

2　株式または新株予約権買取請求権の排除

更生計画の遂行については，会社法その他の法令の規定にかかわらず，更生会社または183条新会社である株式会社の株主または新株予約権者は，更生会

---

217) 定款変更，資本減少，合併，分割等など，更生計画において直接定められた事項のみならず，募集株式の発行，事業譲渡など，それらの事項の遂行に必要な事項についても，決議は不要である。条解会更法（下）820頁。
218) 更生計画の定めるところにより新設分割（他の会社と共同してするものを除く），株式移転（他の株式会社と共同してするものを除く）によって設立される会社（203 I ⑤）は含まれないが，立法論として検討の必要があろう。
219) これに対して，更生計画案について議決権を行使することができる株主の議決権の過半数にあたる議決権者の同意が必要とされていること（196 V ③），株主の議決権が認められないのは，更生会社が債務超過の状態にあり（166 II），更生会社の事業価値の配分について株主の実質的利益が認められない場合であること，更生計画の効力が発生するのは，裁判所の認可決定によることによるものという理由づけもある（旧249条について，条解会更法（下）820頁）。しかし，ここで問題とされているのは，更生計画によって株主の地位を認められた者であるから，更生手続開始時の株主の権利が存続するような例外的場合を除けば，更生計画案についての株主の議決権や更生計画についての裁判所の認可決定を根拠とする理由づけは認められない。

社または183条新会社である株式会社に対し，自己の有する株式または新株予約権を買い取ることを請求することができない（210Ⅱ）。

　株式買取請求権は，会社に関する一定の基礎的事項の変更，すなわち事業の全部または重要な一部の譲渡等や合併等に関する株主総会決議における反対株主が投下資本を回収するための手段として認められる（会社469Ⅰ・785Ⅰ等）。しかし，1において述べたように，更生計画の遂行については，株主総会の決議が排除されているのであるから，反対株主の存在も観念する余地がないために，株式買取請求権が排除されている[220]。

　また，会社法は，組織変更や合併等の組織再編に関し，一定の要件の下に新株予約権の買取請求権を認めている（会社777Ⅰ・787Ⅰ・808Ⅰ）。これは，組織変更等に際して新株予約権者が株式の交付を受けることができる地位（会社2㉑参照）を保護しようとするものであるが，更生計画の遂行として組織変更等が行われる場合には，新株予約権者の地位もそれを前提としているものであるから，買取請求権を付与する必要はないと考えられる。

3　会社の組織に関する行為の無効の訴えまたは新株発行等の不存在の確認の訴えの排除

　更生計画の遂行については，更生会社または183条新会社である株式会社の株主等（会社828Ⅱ①），新株予約権者，破産管財人または債権者は，会社の組織に関する行為の無効の訴え（会社828Ⅰ各号）または株式会社の成立後における株式の発行（会社829①），自己株式の処分（同②），新株予約権発行（同③）の不存在の確認の訴えを提起することができない（210Ⅲ）。会社の組織に関する行為の無効の訴えは，会社の設立，組織変更，合併等の行為の効力を争うことを目的とするものであるが，これらの行為が更生計画の遂行としてなされるときには，すでに更生計画の認可決定の効力が生じており，それを争う機会も保障されているところから（202），別にこれらの行為の効力を争うことを許さ

---

[220]　もっとも，株式買取請求権は，株主総会の決議とかかわりなく認められている場合がある。このうち略式事業譲渡や略式合併の場合の株式買取請求権など（会社469Ⅱ②・797Ⅱ②等）については，本文に述べたのと同様の理由から，買取請求権が排除される。これに対して，単元未満株式の買取請求権（会社192Ⅰ）は，更生計画の遂行にかかわりないものとして，排除されないと解すべきである。もちろん，会社法上で株式買取請求が認められない簡易事業譲渡，簡易分割等（会社467Ⅰ①・468・469Ⅰ・785Ⅰ②・806Ⅰ②，江頭855頁参照）については，更生手続においてこれを認めるべき理由はない。

ない趣旨である。

更生計画の履行としての新株発行等について、その不存在の確認の訴えを許さない理由も、同様のところに求められる。

第5項 会社法等の法令の特例

株式会社の機関、資本構成、組織などを変更するについては、会社法上の規定が存在し、また、株式会社を主体とする財産関係の変動に関しては、公法上の規律が適用される場合がある。しかし、それらの変更や変動が更生計画にもとづくものであるときには、更生計画の定めをもって会社法等の法令の規定や規律に代えるというのが、特例の意義である。

1 更生会社の取締役等に関する特例

ここでは、更生会社の各種機関の選任や選定等に関する会社法の特例を設ける。

　ア　取締役等の選任に関する特例

更生計画において取締役、会計参与、監査役、代表取締役、各委員会の委員、執行役、代表執行役、会計監査人、清算人または代表清算人の氏名または名称を定めたときは（173。本書563頁）、これらの者は、更生計画認可決定の時に、それぞれ取締役、会計参与、監査役、代表取締役、各委員会の委員、執行役、代表執行役、会計監査人、清算人または代表清算人となる（211Ⅰ）。これらの者の選任についての会社法上の手続を不要とする趣旨である。

　イ　取締役等の選任の方法に関する特例

更生計画において取締役、会計参与、監査役、執行役、会計監査人または清算人の選任の方法を定めたときは（173）、これらの者の選任は、更生計画に定める方法による（211Ⅱ）。選任の方法とは、取締役などに選任されるべき者を決定する主体を明らかにすることを意味するが、更生計画においてこのような定めがなされたときは、会社法上の取締役などの選任の方法によらないことになる[221]。

　ウ　代表取締役等の選定の方法に関する特例

更生計画において代表取締役、各委員会の委員、代表執行役または代表清算

---

221) なお、これらは、更生計画の絶対的必要的記載事項であるから（本書563頁）、取締役などが会社法上の手続によって選任される余地はない。

人の選定の方法を定めたときは（173Ⅰ②③⑦・Ⅱ②），これらの者の選定は，更生計画の定める方法による（211Ⅲ）。

なお，アないしウによって選任または選定された取締役等の任期は，更生計画の定めるところによる（同Ⅵ）。たとえば，会社法では，原則として，取締役の任期は，選任後2年以内に終了する事業年度のうち最終のものに関する定時株主総会の終結の時まで，監査役の任期は，選任後4年以内に終了する事業年度のうち最終のものに関する定時株主総会の終結の時までと定められているが（会社332Ⅰ・336Ⅰ），更生会社については，更生計画の定めによることになる。

　　エ　更生会社の従前の取締役等の退任に関する特例

更生会社の従前の取締役，会計参与，監査役，執行役，会計監査人または清算人は，更生計画認可決定の時に退任する（211Ⅳ本文）。従前の代表取締役，各委員会の委員，代表執行役または代表清算人についても，同様である（同Ⅴ）。これも，取締役などの本来の任期とかかわりなく，更生計画の効力として，その地位を消滅させる趣旨である。ただし，従前の取締役等を更生計画の定めによって引き続き取締役等とすることを妨げない（同Ⅳ但書・Ⅴ）。

　2　資本金または準備金の額の減少に関する特例

更生計画において資本金または準備金の額の減少を定める必要性およびその定めの内容は，先に述べた通りであるが（本書578頁），会社法では，資本金または準備金の額を減少するに際して債権者の異議手続がとられる（会社449・740）。債権者の異議手続は，分配可能額が増えることによって，従来は不可能であった株主への財産分配が可能になり，会社財産の社外流出が容易化するために，債権者保護を目的として設けられているものである[222]。更生手続上では，剰余金の配当も更生計画の定めによることとされているから（174④・45Ⅰ④），異議手続によって債権者の利益を保護する必要はないと考えられるために，会社法の規定は適用しない（212）。

　3　定款の変更に関する特例

更生計画において更生会社の定款を変更することを定めた場合には（174⑤），その定款の変更は，更生計画認可決定の時に，その効力を生じる（213本文）。

---

222)　江頭644頁，会社法コンメンタール（11）89頁〔伊藤壽英〕，会社法コンメンタール（16）254頁〔伊藤壽英〕。

会社の根本規範である定款の変更は，株主総会の特別決議によらなければならないというのが，会社法の原則であるが（会社466・309Ⅱ⑪），更生計画認可決定によって，その効力を生じさせるというのが特則の趣旨である[223]。ただし，その効力発生時期について更生計画において別段の定めをしたときは，その定めるところによる（213但書）。

4 更生会社による株式の取得に関する特例

更生計画において更生会社が株式を取得することを定めた場合には（174の2），更生会社は，株式を取得する日として定めた日（同②）に当該株式（同①）を取得する（214）。会社が株式消却の前提として，自己株式を取得するについては，対象となる株式の種類に応じた会社法上の規定があるが（会社167Ⅰ・170Ⅰ・173Ⅰ），更生計画による取得の場合には，更生計画に定めた日に取得の効果が発生する。

5 募集株式を引き受ける者の募集に関する特例

募集株式を引き受ける者の募集に関しては，以下のような特例が認められる。

(1) 株主割当てに関する定款の定めの拘束力の排除

更生計画において更生会社が募集株式を引き受ける者の募集をすることを定めた場合には（175），株主に対して会社法202条1項1号の募集株式の割当てを受ける権利を与える旨の定款の定めがあるときであっても，株主に対して当該権利を与えないで募集株式を発行することができる（215Ⅰ）。

更生会社は，更生計画の定めにもとづいて募集株式を発行し，資本市場から資金を調達することができる（175。本書574頁）。ここで問題となるのは，いわゆる株主割当て（旧新株引受権）と呼ばれるものであるが，定款にその旨の定めがあれば，それに拘束されるはずである。しかし，更生会社の場合には，株主構成をどのようなものとするかについても，自由な判断の余地が認められるべきであるとの理由から，定款の拘束力が否定される。もちろん，株主割当てを行うこと自体が排斥されるわけではない。

(2) 募集株式の割当てを受ける権利付与を定めた場合の措置

更生計画において更生債権者等または株主に対して募集株式の割当てを受け

---

[223] 書面としての定款の書換えや登記は，更生計画の遂行（209Ⅰ）に含まれる。また，定款変更に行政庁の許可・認可が必要とされている場合には，更生計画による定款変更にも，許可や認可が必要である。条解会更法（下）827頁。

る権利を与える旨を定めた場合には（175③），更生会社は，これらの者に対し，以下の事項を通知し，かつ，当該権利を有する更生債権者等の更生債権等について無記名式の新株予約権証券もしくは無記名式の社債券が発行されているとき，または社債，株式等の振替に関する法律（平成13年法律75号）第4章の規定（同法その他の法令において準用する場合を含む）の適用があるときは[224]，公告しなければならない（215Ⅱ柱書）。

更生計画においては，更生債権者等または株主に対して募集株式の割当てを受ける権利を与える旨，および当該募集株式の引受けの申込みの期日が定められるが（175③），その権利行使の実効性を確保するためにとられるのが，この措置であり，通知に加えて公告が求められるのは，無記名式の証券が発行されている場合などにおいては，権利行使の主体が特定されないためである。通知または公告されるのは，以下の事項である。

第1は，当該更生債権者等または株主が割当てを受ける募集株式の数である（215Ⅱ①）。種類株式発行会社にあっては，募集株式の種類および数が必要である（同かっこ書）。第2は，当該募集株式の引受けの申込みの期日（175③）である（215Ⅱ②）。第3は，募集株式の割当てを受ける権利を譲り渡すことができる旨である（同③）[225]。

この通知または公告は，当該募集株式の引受けの申込みの期日の2週間前にしなければならない（同Ⅲ）。そして，割当てを受ける権利を有する者は，更生会社が上記の通知または公告をしたにもかかわらず，申込みの期日までに募集株式の引受けの申込みをしないときは，当該権利を失う（同Ⅳ）。

なお，募集株式の割当てを受ける更生債権者等または株主が，その割当てを受ける募集株式の数に1株に満たない端数があるときは，これを切り捨てるものとする（同Ⅴ）[226]。

(3) 募集株式を引き受ける者の募集に関する会社法の規定の適用排除

更生計画において更生会社が募集株式を引き受ける者の募集をすることを定

---

224) 社債，株式等の振替に関する法律第4章は，振替社債に関する規律を定めるものであり，社債権者に対して社債券が発行されないところから（社債株式振替67Ⅰ），公告によって社債権者が募集株式の割当てを受ける権利を行使する機会を保障しようとするものである。
225) 譲渡可能性自体は，法228条がこれを規定する。
226) 会社法202条2項と同趣旨の規定である。

ア　募集事項均等原則（発行条件均等原則）の適用排除

　会社法199条5項が規定する募集事項均等原則の趣旨については，見解が帰一はしていないが，一般には，株式を引き受ける者にも株主平等原則を及ぼし，恣意的に一部の者に対して有利な条件で新株を発行することを抑制するところにあると説かれる[227]。しかし，裁判所の認可によってその効力を生じる更生計画については，一部の者に対する恣意的な有利取扱いは考えられないだけではなく，更生担保権者，更生債権者または株主に対して，現物出資などの形で更生会社の新株を発行するに際しては，権利の順位を考慮して，公正かつ衡平な差を設けなければならないから（168Ⅲ参照），募集事項均等原則を適用することは，かえって不合理な結果を生じる。そのために，この原則は，更生計画において更生会社が募集株式を引き受ける者の募集をすることを定める場合には，適用しない（215Ⅵ）。

　　イ　現物出資財産の調査に関する規定の適用排除

　募集株式の発行に際し，金銭以外の財産を出資の目的とするときは（会社199Ⅰ③），現物出資財産の価額の調査のために検査役による検査の手続が行われる（会社207）。これは，正当な価額によらない現物出資が行われることによって，会社の財産的基礎を危うくすることを防ぐためのものである。更生会社における募集株式の発行の場合にも，いわゆるデット・エクィティ・スワップにみられるように，更生担保権や更生債権を発行株式に振り替える形での現物出資が定められることが多いが，更生債権等の額は，更生手続による調査確定の手続を経ており，その実質価値についても更生計画策定の手続の中で確定されているために，改めて検査役による検査を行う必要は認められない。これが会社法207条の適用を排除する（215Ⅵ）理由である。

　　ウ　募集株式の発行等をやめることの請求に関する規定の適用排除

　会社法210条は，当該株式の発行等が法令または定款に違反する場合や著しく不公正な方法によって行われる場合に，株主が会社に対して募集株式の発行

---

[227]　前田庸・会社法入門〈第12版〉282頁（2009年），酒巻俊雄＝龍田節編集代表・逐条解説会社法(3) 62頁〔山田純子〕（2009年）など参照。また，会社法199条5項の前身である商法旧280条ノ3に関する新版注釈会社法(7) 126頁〔森本滋〕は，株主平等原則との関係を問題とする。

等をやめることの請求を認めている。しかし，更生計画において募集株式を引き受ける者の募集をすることを定めた場合には，このような事由が存在することが考えられないので，会社法210条の規定の適用は排除する（215Ⅵ）[228]。

エ　募集にかかる責任等に関する規定の適用排除

会社法第2編第2章第8節第6款の規定（会社211～213）は，更生計画において更生会社が募集株式を引き受ける者の募集をすることを定めた場合には，その適用を排除する（215Ⅵ）。これらの規定のうち，引受けの無効または取消しの制限の規定は，募集株式の引受けの申込み等に関する心裡留保または虚偽表示にもとづく無効（民93但書・94Ⅰ）の可能性を排除し（会社211Ⅰ），また錯誤無効もしくは詐欺等による取消しの可能性を制限しているが（同Ⅱ），更生計画において募集株式を引き受ける者の募集をすることを定めた場合に，これらの会社法の規定の適用が排除されることは，民法の規定にしたがって，引受けの申込み等に関する意思表示の効力が決せられることを意味する。これは，引受けの申込み等をする相手方の裁判上の手続である更生手続への信頼を保護しようとするものと理解される[229]。

会社法212条は，不公正な払込金額で株式を引き受けた者等の責任を，同213条は，出資した財産等の価額が不足する場合の取締役等の責任をそれぞれ規定するが，更生計画において募集株式を引き受ける者の募集をすることを定める場合においては，これらの規定が前提とする事態の発生を想定しがたく，また，取締役等の責任を問うべき理由も存在しないので，その適用を排除している。

6　募集新株予約権を引き受ける者の募集に関する特例

募集新株予約権を引き受ける者の募集に関しては，以下のような特例が認められる。

---

228)　被保全権利が認められないゆえに，募集株式の発行等の差止めの仮処分（原井龍一郎＝河合伸一編著・実務民事保全法〈3訂版〉87頁〔栗原良扶〕（2011年）参照）も許されない。

229)　215条6項に相当する旧会社更生法255条2項では，この点に関する明文の定めはなく，解釈論としては，会社法211条2項に相当する商法旧280条ノ12が適用されると解されていたので（条解会更法（下）863頁），現行法は，これを変更したものと考えられる。

(1) 募集新株予約権割当てに関する定款の定めの拘束力の排除

更生計画において更生会社が募集新株予約権を引き受ける者の募集をすることを定めた場合には（176），株主に対して会社法241条1項1号の募集新株予約権の割当てを受ける権利を与える旨の定款の定めがあるときであっても，株主に対して当該権利を与えないで募集新株予約権を発行することができる（216Ⅰ・215Ⅰ）。その趣旨は，5(1)に述べたところと同様である。

(2) 募集新株予約権の割当てを受ける権利付与を定めた場合の措置

更生計画において更生債権者等または株主に対して募集新株予約権の割当てを受ける権利を与える旨を定めた場合には（176③），更生会社は，これらの者に対し，以下の事項を通知し，かつ，当該権利を有する更生債権者等の更生債権等について無記名式の新株予約権証券もしくは無記名式の社債券が発行されているとき，または社債，株式等の振替に関する法律（平成13年法律75号）第4章の規定（同法その他の法令において準用する場合を含む）の適用があるときは[230]，公告しなければならない（216Ⅱ柱書）。

更生計画においては，更生債権者等または株主に対して募集新株予約権の割当てを受ける権利を与える旨，および当該募集新株予約権の引受けの申込みの期日が定められるが（176③），その権利行使の実効性を確保するためにとられるのが，この措置であり，通知に加えて公告が求められるのは，無記名式の証券が発行されている場合などにおいては，権利行使の主体が特定されないためである。通知または公告されるのは，以下の事項である。

第1は，当該更生債権者等または株主が割当てを受ける募集新株予約権の内容（会社236Ⅰ）および数である（216Ⅱ①）。第2は，当該募集新株予約権の引受けの申込みの期日（176③）である（216Ⅱ②）。第3は，募集新株予約権の割当てを受ける権利を譲り渡すことができる旨である（同③）[231]。

この通知または公告は，当該募集新株予約権の引受けの申込みの期日の2週間前にしなければならない（216Ⅲ）。そして，割当てを受ける権利を有する者は，更生会社が上記の通知または公告をしたにもかかわらず，申込みの期日までに募集新株予約権の引受けの申込みをしないときは，当該権利を失う（同Ⅳ）。

---

230) 注224参照。
231) 譲渡可能性自体は，法228条がこれを規定する。

なお，募集新株予約権の割当てを受ける更生債権者等または株主が，その割当てを受ける募集新株予約権の数に1に満たない端数があるときは，これを切り捨てるものとする（同Ⅴ）。

(3) 募集新株予約権を引き受ける者の募集に関する会社法の規定の適用排除

更生計画において更生会社が募集新株予約権を引き受ける者の募集をすることを定めた場合には，いくつかの会社法の規定の適用が排除される。

ア 募集事項均等原則（発行条件均等原則）の適用排除

募集株式について述べたと同様の理由（5(3)ア参照）から，更生計画における新株予約権の募集についても，募集事項均等原則（会社238Ⅴ）の適用が排除される（216Ⅵ）。

イ 現物出資財産の調査に関する規定の適用排除

募集新株予約権の発行に際し，金銭以外の財産を当該新株予約権の行使に際してする出資の目的とするときは（会社236Ⅰ③），現物出資財産の価額の調査のために検査役による検査の手続が行われる（会社284）。しかし，募集株式の発行についての現物出資に関して述べたのと同様の理由によって（5(3)イ参照），検査役による検査の手続は行われない（216Ⅶ）。ただし，これは更生手続終了前に新株予約権が行使された場合に限り，終了後に行使されたときには，もはや更生手続の機関も存在しないために，検査の手続がなされる（同）。

ウ 募集新株予約権の発行をやめることの請求に関する規定の適用排除

会社法247条は，当該新株予約権の発行が法令または定款に違反する場合や著しく不公正な方法によって行われる場合に，株主が会社に対して募集新株予約権の発行をやめるよう請求することを認めている。しかし，更生計画において募集新株予約権を引き受ける者の募集をすることを定めた場合には，このような事由が存在することが考えられないので，会社法247条の規定の適用を排除する（216Ⅵ）[232]。

エ 新株予約権を引き受けた者の責任に関する規定等の適用排除

会社法285条1項1号および2号は，募集新株予約権と引換えに金銭の払込みを要しないこととするのが著しく不公正な条件とみられる場合，および著しく不公正な払込金額で新株予約権を引き受けた場合における新株予約権を引き

---

[232] 新株予約権の発行差止めの仮処分（原井＝河合編著・前掲書（注228）87頁〔栗原良扶〕参照）も許されない。

受けた者の責任を規定する。しかし，更生計画において募集新株予約権を引き受ける者の募集をするときには，このような問題の発生は想定されえないので，これらの会社法の規定の適用を排除する（216Ⅵ）。

　また，出資した財産等の価額が不足する場合の取締役等の責任の規定（会社286）も，更生計画における募集新株予約権を引き受ける者が現物出資をした場合には適用しない（216Ⅵ)[233]。これは，更生計画にもとづく募集新株予約権の行使にかかる結果について取締役等の責任を問うべき理由がないからである。

7　募集社債を引き受ける者の募集に関する特例

　募集社債を引き受ける者の募集に関しては，募集社債の割当てを受ける権利付与を定めた場合の措置として，以下のような特例を定める。

　更生計画において更生債権者等または株主に対して募集社債の割当てを受ける権利を与える旨を定めた場合には（177④），更生会社は，これらの者に対し，以下の事項を通知し，かつ，当該権利を有する更生債権者等の更生債権等について無記名式の新株予約権証券もしくは無記名式の社債券が発行されているとき，または社債，株式等の振替に関する法律（平成13年法律75号）第4章の規定（同法その他の法令において準用する場合を含む）の適用があるときは[234]，公告しなければならない（217Ⅰ柱書）。

　更生計画においては，更生債権者等または株主に対して募集社債の割当てを受ける権利を与える旨，および当該募集社債の引受けの申込みの期日が定められるが（177④），その権利行使の実効性を確保するためにとられるのが，この措置であり，通知に加えて公告が求められるのは，無記名式の証券が発行されている場合などにおいては，権利行使の主体が特定されないためである。通知または公告されるのは，以下の事項である。

　第1は，当該更生債権者等または株主が割当てを受ける募集社債の種類（担保付社債，新株予約権付社債など）および種類ごとの各社債の金額の合計額であ

---

[233]　これに対して，新株予約権者がその権利を行使したことによって株主となった日に（会社282），給付した現物出資財産の価額が，新株予約権の発行に際して定められた財産の価額に著しく不足する場合における，当該不足額についての新株予約権者の責任に関する会社法285条1項3号の適用は排除されない（216Ⅵ参照）。更生計画にもとづく新株予約権の発行であっても，このような事態の発生は考えられるし，その場合に不足額について新株予約権者の責任を認めることは不合理とはいえないからである。

[234]　注224参照。

る（217 I ①）。第 2 は，当該募集社債の引受けの申込みの期日（177 ④）である（217 I ②）。第 3 は，募集社債の割当てを受ける権利を譲り渡すことができる旨である（同③）[235]。

この通知または公告は，当該募集社債の引受けの申込みの期日の 2 週間前にしなければならない（同Ⅱ）。そして，割当てを受ける権利を有する者は，更生会社が上記の通知または公告をしたにもかかわらず，申込みの期日までに募集社債の引受けの申込みをしないときは，当該権利を失う（同Ⅲ）。

なお，募集社債の割当てを受ける更生債権者等または株主が，その割当てを受ける募集社債の数に 1 に満たない端数があるときは，これを切り捨てるものとする（217Ⅳ）。

8 更生債権者等または株主の権利の消滅と引換えにする株式等の発行に関する特例

更生計画において，更生債権者等または株主の権利の全部または一部の消滅と引換えに株式を発行することを定めた場合には（177 の 2 Ⅰ），更生債権者等または株主は，更生計画認可決定の時に，それらの者に対して発行する株式の割当てに関する事項（同③）についての定めにしたがい，その株式の株主となる（217 の 2 Ⅰ）。

また，更生計画において，更生債権者等または株主の権利の全部または一部の消滅と引換えに新株予約権を発行することを定めた場合には（177 の 2 Ⅱ），更生債権者等または株主は，更生計画認可決定の時に，それらの者に対して発行する新株予約権の割当てに関する事項（同⑥）の定めにしたがい，その新株予約権の新株予約権者となる（217 の 2 Ⅱ）。なお，当該新株予約権が新株予約権付社債に付されたものである場合にあっては，当該新株予約権付社債についての社債の社債権者および当該新株予約権付社債に付された新株予約権の新株予約権者となる（同かっこ書）。

さらに，更生計画において，更生債権者等または株主の権利の全部または一部の消滅と引換えに社債を発行することを定めた場合には（177 の 2 Ⅲ），更生債権者等または株主は，更生計画認可決定の時に，それらの者に対して発行する社債の割当てに関する事項（同⑦）の定めにしたがい，その社債の社債権者

---

235) 譲渡可能性自体は，法 228 条がこれを規定する。

となる（217の2Ⅲ）。

9 解散に関する特例

更生計画において，更生会社が解散することを定めた場合には（178本文），更生会社は，更生計画に定める時期に解散する（218。本書579頁参照）。

10 組織変更に関する特例

更生計画において，更生会社を持分会社へ組織変更することを定めた場合には（179），社債権者の異議手続の特則（会社740），組織変更計画に関する書面等の備置きおよび閲覧等（会社775）および債権者の異議（会社779）の規定は，適用しない（219）。更生計画案に関する決議および裁判所による認可手続の中で社債権者や更生債権者等の利益が保護されているためである。

11 吸収合併に関する特例（吸収合併存続会社が株式会社であるとき）

更生計画において，更生会社が吸収合併（吸収合併消滅会社が更生会社であり，吸収合併存続会社が株式会社であるとき）をすることを定めたときにおいて（180Ⅰ），以下のそれぞれの場合には，更生債権者等は，吸収合併がその効力を生じる日（効力発生日という）に，更生債権等に対する金銭等の割当てに関する事項（同③）についての定めにしたがい，以下のそれぞれの地位を取得する（220Ⅰ柱書）。

なお，いずれの場合においても，吸収合併に関する社債権者の異議手続（会社740），吸収合併契約等に関する書面等の備置きおよび閲覧等（会社782）および債権者の異議（会社789）の規定の適用は，排除される（220Ⅱ）。更生会社によって吸収合併が定められることから，これらの手続が不要と考えられるためである。

(1) 更生債権者等に吸収合併存続会社の株式を交付する場合

吸収合併会社が更生債権者等に対してその株式を交付するときに，当該株式の数などに関する事項（180Ⅰ②イ）について定めがある場合には，更生債権者等は，その株式の株主になる（220Ⅰ①）。

(2) 更生債権者等に吸収合併存続会社の社債を交付する場合

吸収合併会社が更生債権者等に対してその社債を交付するときに，当該社債の種類や金額の合計額などに関する事項（180Ⅰ②ロ）について定めがある場合には，更生債権者等は，その社債の社債権者になる（220Ⅰ②）。

(3) 更生債権者等に吸収合併存続会社の新株予約権を交付する場合

吸収合併会社が更生債権者等に対してその新株予約権を交付するときに，当該新株予約権の内容および数などに関する事項（180Ⅰ②ハ）について定めがある場合には，更生債権者等は，その新株予約権の新株予約権者になる（220Ⅰ③）。

(4) 更生債権者等に吸収合併存続会社の新株予約権付社債を交付する場合

吸収合併存続会社が更生債権者等に対してその新株予約権付社債を交付するときに，当該新株予約権付社債の種類や内容などに関する事項（180Ⅰ②ニ）について定めがある場合には，更生債権者等は，その新株予約権付社債の社債の社債権者および新株予約権の新株予約権者になる（220Ⅰ④）。

12 吸収合併に関する特例（吸収合併存続会社が持分会社であるとき）

更生計画において，更生会社が吸収合併（吸収合併消滅会社が更生会社であり，吸収合併存続会社が持分会社であるとき）をすることを定めたときにおいて（180Ⅱ），以下のそれぞれの場合には，更生債権者等は，効力発生日に，以下のそれぞれの事項についての定めにしたがい，以下のそれぞれの地位を取得する。

なお，いずれの場合においても，吸収合併に関する社債権者の異議手続（会社740），吸収合併契約等に関する書面等の備置きおよび閲覧等（会社782）および債権者の異議（会社789）の規定の適用は，排除される（220Ⅴ）。更生計画によって吸収合併が定められることから，これらの手続が不要と考えられるためである。

(1) 更生債権者等が吸収合併存続会社の社員となる場合

更生計画において，更生債権者等が吸収合併存続会社の社員となることを定めたときに，持分会社の種類（合名会社・合資会社・合同会社）に応じて，それぞれの会社の社員の氏名などに関する事項（会社180Ⅱ②）の定めがあるときは，更生債権者等は，効力発生日に，その定めにしたがって，吸収合併存続会社の社員となる（220Ⅲ前段）。この場合においては，吸収合併存続会社は，効力発生日に，その社員にかかる定款を変更したものとみなす（同後段）。

(2) 更生債権者等が吸収合併存続会社の社債権者となる場合

更生計画において，更生債権者等が吸収合併存続会社の社債権者となることを定めたときに，当該社債の種類および金額などに関する事項（180Ⅱ③イ）の定めがあるときは，更生債権者等は，効力発生日に，その割当てに関する事項

(同④)についての定めにしたがって，吸収合併存続会社の社債の社債権者となる（220Ⅳ）。

13 吸収合併に関する特例（更生会社が吸収合併存続会社であるとき）

更生計画において，更生会社が吸収合併存続会社となる吸収合併を定めた場合には（180Ⅲ），社債権者の異議手続（会社740），吸収合併契約等に関する書面等の備置き（会社794）および債権者の異議（会社799）の規定の適用は，排除される（220Ⅵ）。社債権者や債権者の利益は，更生手続の中で保護されるためである。

14 新設合併に関する特例（更生会社が消滅する新設合併であって，新設合併設立会社が株式会社である場合）

更生計画において，更生会社が新設合併をすることを定めたときにおいて（181Ⅰ），以下のそれぞれの場合には，更生債権者等は，新設合併設立会社の成立（会社49）の日に，更生債権者等に対する株式等の割当てに関する事項（181Ⅰ③）についての定めにしたがい，以下のそれぞれの地位を取得する（221Ⅰ柱書）。

なお，いずれの場合においても，新設合併に関する社債権者の異議手続（会社740），新設合併契約等に関する書面等の備置きおよび閲覧等（会社803）ならびに債権者の異議（会社810）の規定の適用は，排除される（221Ⅱ）。更生会社によって新設合併が定められることから，これらの手続が不要と考えられるためである。

(1) 更生債権者等に新設合併設立会社の株式を交付する場合

新設合併設立会社が更生債権者等に対してその株式を交付するときに，当該株式の数などに関する事項（181Ⅰ②イ）について定めがある場合には，更生債権者等は，その株式の株主になる（221Ⅰ①）。

(2) 更生債権者等に新設合併設立会社の社債を交付する場合

新設合併設立会社が更生債権者等に対してその社債を交付するときに，当該社債の種類や金額の合計額などに関する事項（181Ⅰ②ロ）について定めがある場合には，更生債権者等は，その社債の社債権者になる（221Ⅰ②）。

(3) 更生債権者等に新設合併設立会社の新株予約権を交付する場合

新設合併設立会社が更生債権者等に対してその新株予約権を交付するときに，当該新株予約権の内容および数などに関する事項（181Ⅰ②ハ）について定めが

ある場合には，更生債権者等は，その新株予約権の新株予約権者になる（221 I ③）。

(4) 更生債権者等に新設合併設立会社の新株予約権付社債を交付する場合

新設合併設立会社が更生債権者等に対してその新株予約権付社債を交付するときに，当該新株予約権付社債の種類や内容などに関する事項（181 I ②ニ）について定めがある場合には，更生債権者等は，その新株予約権付社債の社債の社債権者および新株予約権の新株予約権者になる（221 I ④）。

15 新設合併に関する特例（更生会社が消滅する新設合併であって，新設合併設立会社が持分会社である場合）

更生計画において，更生会社が新設合併をすることを定めたときにおいて（181 Ⅱ），以下のそれぞれの場合には，更生債権者等は，新設合併設立会社の成立（会社49）の日に，以下のそれぞれの事項についての定めにしたがい，以下のそれぞれの地位を取得する（221 I 柱書）。

なお，いずれの場合においても，新設合併に関する社債権者の異議手続（会社740），新設合併契約等に関する書面等の備置きおよび閲覧等（会社803）および債権者の異議（会社810）の規定の適用は，排除される（221 Ⅴ）。更生計画によって新設合併が定められることから，これらの手続が不要と考えられるためである。

(1) 更生債権者等が新設合併設立会社の社員となる場合

更生計画において，更生債権者等が新設合併設立会社の社員となることを定めた場合において，新設合併設立会社の社員に関する事項（181 Ⅱ ②，会社755 I ④）についての定めがあるときは，更生債権者等は，新設合併設立会社の成立の日に，その定めにしたがって，当該新設合併設立会社の社員となる（221 Ⅲ）。

(2) 更生債権者等が新設合併設立会社の社債権者となる場合

更生計画において，更生債権者等が新設合併設立会社の社債権者となることを定めた場合において，当該社債の種類や金額の合計額などに関する事項（181 Ⅱ ③）についての定めがあるときは，更生債権者等は，新設合併設立会社の成立の日に，その定めにしたがって，その社債の社債権者となる（221 Ⅳ）。

16 吸収分割に関する特例

更生計画において，更生会社が吸収分割をすることを定めた場合（182。更生

会社が吸収分割会社になる場合。会社758①第1かっこ書）には，吸収分割に関する社債権者の異議手続（会社740），吸収分割契約に関する書面等の備置きおよび閲覧等（会社782）および債権者の異議（会社789）の規定の適用は，排除される（222Ⅰ）。更生計画によって吸収分割が定められることから，これらの手続が不要と考えられるためである。

　更生計画において，更生会社が吸収分割承継会社となる吸収分割を定めた場合にも（182），同様に，吸収分割に関する社債権者の異議手続（会社740），吸収分割契約に関する書面等の備置きおよび閲覧等（会社794）および債権者の異議（会社799）の規定の適用は，排除される（222Ⅱ）。

　また，いずれの場合であっても，異議についての催告の懈怠があった（会社789Ⅱ）債権者が，吸収分割会社に対して，吸収分割会社が分割の効力発生日に有していた財産の価額を限度として，当該債務の履行を請求できる旨の規定（会社759Ⅱ），吸収分割承継会社に対して，承継した財産の価額を限度として，当該債務の履行を請求することができる旨の規定（会社759Ⅲ），および持分会社が吸収分割承継会社である場合の同様の規定（会社761ⅡⅢ）の適用は，更生会社の債権者については，排除される（222Ⅲ）。これらの規定は，吸収分割についての債権者の異議権を担保する目的のものであるが，上記の通り異議権そのものが更生会社の債権者について否定されるのであるから，これらの規定を適用する余地がないためである[236]。

17　新設分割に関する特例

　更生計画において，更生会社が新設分割をすることを定めた場合には（182の2），新設分割に関する社債権者の異議手続（会社740），新設分割計画に関する書面等の備置きおよび閲覧等（会社803）および債権者の異議（会社810）の規定の適用は，排除される（223Ⅰ）。更生計画によって新設分割が定められることから，これらの手続が不要と考えられるためである。

　また，異議についての催告の懈怠があった（会社810Ⅱ）債権者が，新設分割会社に対して，新設分割会社が分割の効力発生日に有していた財産の価額を限

---

[236]　もっとも，更生計画による吸収分割の相手方，すなわち更生会社が吸収分割承継会社である場合の吸収分割会社の債権者については，これらの規定の適用が排除されないから，催告の懈怠を理由として，これらの債権者が更生会社に対して，承継した財産の価額を限度として，当該債務の履行を請求することができる（会社759Ⅲ）。この履行請求権は，共益債権（127③）となる。

度として，当該債務の履行を請求できる旨の規定（会社764Ⅱ），新設分割設立会社に対して，承継した財産の価額を限度として，当該債務の履行を請求することができる旨の規定（同Ⅲ），および持分会社が新設分割設立会社である場合の同様の規定（会社766ⅡⅢ）の適用は，更生会社の債権者については，排除される（223Ⅱ）。これらの規定は，新設分割についての債権者の異議権を担保する目的のものであるが，上記の通り異議権そのものが更生会社の債権者について否定されるのであるから，これらの規定を適用する余地がないためである[237]。

18 株式交換に関する特例（株式交換完全親会社が株式会社である場合）

更生計画において，更生会社が株式会社である株式交換完全親会社（182の3Ⅰ柱書第2かっこ書）と株式交換をすることを定めたときにおいて（182の3Ⅰ），以下のそれぞれの場合には，更生債権者等は，株式交換がその効力を生じる日（効力発生日）に，更生債権者等に対する金銭等の割当てに関する事項（同③）の定めにしたがって，以下のそれぞれの地位を取得する（224Ⅰ柱書）。

なお，いずれの場合においても，株式交換に関する社債権者の異議手続（会社740），株式交換契約等に関する書面等の備置きおよび閲覧等（会社782）および債権者の異議（会社789）の規定の適用は，排除される（224Ⅱ）。更生計画によって株式交換が定められることから，これらの手続が不要と考えられるためである。

(1) 株式交換完全子会社である更生会社の更生債権者等に対して株式交換完全親会社の株式を交付する場合

当該株式の数等に関する事項についての定めがあるときは（182の3Ⅰ②イ），更生債権者等がその株式の株主となる（224Ⅰ①）。

(2) 株式交換完全子会社である更生会社の更生債権者等に対して株式交換完全親会社の社債を交付する場合

当該社債の種類および金額の合計額等についての定めがあるときは（182の3Ⅰ②ロ），更生債権者等がその社債の社債権者となる（224Ⅰ②）。

---

237) 吸収分割に関して注236で述べたのと同様に，新設分割会社である更生会社以外の債権者，たとえば，共同新設分割会社の債権者については，これらの規定の適用は排除されない。

(3) 株式交換完全子会社である更生会社の更生債権者等に対して株式交換完全親会社の新株予約権を交付する場合

当該新株予約権の内容および数等についての定めがあるときは（182の3Ⅰ②ハ），更生債権者等がその新株予約権の新株予約権者となる（224Ⅰ③）。

(4) 株式交換完全子会社である更生会社の更生債権者等に対して株式交換完全親会社の新株予約権付社債を交付する場合

当該新株予約権付社債の種類および金額の合計額等ならびに新株予約権の内容および数等についての定めがあるときは（182の3Ⅰ②ニ），更生債権者等がその新株予約権付社債の社債の社債権者および新株予約権の新株予約権者となる（224Ⅰ④）。

19 株式交換に関する特例（株式交換完全親会社が合同会社である場合）

更生計画において，更生会社が合同会社である株式交換完全親会社と株式交換をすることを定めたときにおいて（182の3Ⅱ），以下のそれぞれの場合には，更生債権者等は，効力発生日に，以下のそれぞれの地位を取得する（224Ⅲ）。

なお，いずれの場合においても，株式交換に関する社債権者の異議手続（会社740），株式交換契約等に関する書面等の備置きおよび閲覧等（会社782）および債権者の異議（会社789）の規定の適用は，排除される（224Ⅴ）。更生計画によって株式交換が定められることから，これらの手続が不要と考えられるためである。

(1) 株式交換完全子会社である更生会社の更生債権者等が株式交換完全親会社である合同会社の社員となる場合

当該社員の氏名や出資の額等に関する事項についての定めがあるときは（182の3Ⅱ②），更生債権者等がその社員となる（224Ⅲ前段）。この場合においては，株式交換完全親会社は，効力発生日に，その社員にかかる定款の変更をしたものとみなす（同後段）。

(2) 株式交換完全子会社である更生会社の更生債権者等に対して株式交換完全親会社である合同会社の社債を交付する場合

当該社債の種類および金額の合計額等についての定めがあるときは（182の3Ⅱ③イ），その割当てに関する事項の定め（同④）にしたがって，更生債権者等がその社債の社債権者となる（224Ⅳ）。

20　株式交換に関する特例（更生会社が株式交換完全親会社である場合）

更生計画において，更生会社が株式交換完全親会社である株式交換をすることを定めた場合には（182の3Ⅲ），株式交換に関する社債権者の異議手続（会社740），株式交換契約等に関する書面等の備置きおよび閲覧等（会社794）および債権者の異議（会社799）の規定の適用は，排除される（224Ⅵ）。更生計画によって株式交換が定められることから，これらの手続が不要と考えられるためである。

21　株式移転に関する特例

更生計画において，更生会社が株式移転をすることを定めたときにおいて（182の4），以下のそれぞれの場合には，更生債権者等は，株式移転設立完全親会社（同②柱書かっこ書）の設立の日に，更生債権者等に対する株式等の割当てに関する事項（同③）の定めにしたがって，以下のそれぞれの地位を取得する（224の2Ⅰ柱書）。

なお，いずれの場合においても，株式交換に関する社債権者の異議手続（会社740），株式移転計画等に関する書面等の備置きおよび閲覧等（会社803）および債権者の異議（会社810）の規定の適用は，排除される（224の2Ⅱ）。更生計画によって株式移転が定められることから，これらの手続が不要と考えられるためである。

(1)　株式移転設立完全親会社が更生債権者等に対して株式移転設立完全親会社の株式を交付する場合

当該株式の数等に関する事項についての定めがあるときは（182の4②イ），更生債権者等がその株式の株主となる（224Ⅰ①）。

(2)　株式移転設立完全親会社が更生債権者等に対して株式移転設立完全親会社の社債を交付する場合

当該社債の種類および金額の合計額等についての定めがあるときは（182の4②ロ），更生債権者等がその社債の社債権者となる（224の2Ⅰ②）。

(3)　株式移転設立完全親会社が更生債権者等に対して株式移転設立完全親会社の新株予約権を交付する場合

当該新株予約権の内容および数等についての定めがあるときは（182の4②ハ），更生債権者等がその新株予約権の新株予約権者となる（224の2Ⅰ③）。

(4) 株式移転設立完全親会社が更生債権者等に対して株式移転設立完全親会社の新株予約権付社債を交付する場合

当該新株予約権付社債の種類および金額の合計額等ならびに新株予約権の内容および数等についての定めがあるときは（182の4②ニ），更生債権者等がその新株予約権付社債の社債の社債権者および新株予約権の新株予約権者となる（224のⅠ④）。

22 新会社の設立に関する特例

新会社の設立については，会社法が基本的な規律を定めているが，更生計画において，株式会社を設立することを定めた場合には（183柱書本文），以下のような特例が設けられている。

(1) 発起人の職務

新会社についての発起人の職務は，管財人が行う。株式会社の設立に際しては，定款に発起人の氏名等を記載し（会社27⑤），その者が発起人としての権限を行使するが，更生計画による新会社設立の場合には，その特質から，定款に発起人等の氏名は記載せず（183①前半部分参照），管財人が発起人としての職務を行う（225Ⅰ）[238]。

(2) 定款の認証

株式会社の根本規範たる定款は，公証人の認証を受けることによって，その効力を生じるが（会社30Ⅰ），更生会社による新会社の設立の場合には，その特質から，裁判所によって認証がなされる（225Ⅱ）[239]。

(3) 創立総会の決議

更生計画による新会社の設立における創立総会の決議は，その内容が更生計画の趣旨に反しないかぎり，することができる（225Ⅲ）。創立総会の招集等に関する規律は，会社法の規定（会社65以下）に従うが，その決議の対象事項のうち，設立時取締役等の選任（会社88）については，更生計画によって定まることになるから（225Ⅴ・211Ⅰ～Ⅲ），不要であり，定款の変更等は可能である

---

[238] 更生会社の取締役が権限の付与を受けたときには（72Ⅳ），更生計画の遂行は更生会社が行うこととなるが（209Ⅰ），条文上では，その場合も新会社の設立手続については，管財人が発起人としての職務を行うことになる。ただし，実質的には疑問がある。

[239] 認証の目的は，定款が真正に作成され，かつ，内容が適法であることを確保するためである。その他，認証の手続は，公証人による認証（江頭65頁，会社法コンメンタール（1）348頁〔森田果〕参照）に準じると解される。

が，更生計画の趣旨に反して行うことは許されない[240]。

(4) 新会社不成立の責任

設立時発行株式全額の払込みがないなどの理由から（会社34・63参照），設立の登記までに至らず，新会社が不成立になった場合には，発起人は，連帯して，株式会社の設立に関してした行為についてその責任を負い，株式会社の設立に関して支出した費用を負担する（会社56)[241]。しかし，発起人の職務を遂行する管財人（225Ⅰ）にこのような個人責任を負担させるのは不合理であり，また，管財人が更生会社の管理機構であることを考えても（本書128頁），合理性に欠ける。そこで，新会社不成立による責任と費用は，更生会社が負担する（同Ⅳ）。

(5) 新会社の組織形成や資金調達等

新会社は，更生会社とは別の法主体であるが，更生計画にもとづいて設立されるものであるので，その組織形成，あるいは株式や社債の発行による資金調達については，更生会社に準じて，更生計画によって定めることができる。

第1に，新会社の設立時取締役等の選任または選定については，更生会社の取締役等の選任または選定の規定（211Ⅰ～Ⅲ）が，第2に，新会社の設立時取締役等が新会社の成立後において新会社取締役等となった場合における当該新会社取締役等の任期については，更生計画によって更生会社の取締役等に選任または選定された者の任期の規定（同Ⅵ）が，第3に，更生債権者等または株主に対して新会社の設立時募集株式の割当てを受ける権利を与える場合（183⑤）については[242]，更生計画において更生債権者等または株主に対して更生会社の募集株式の割当てを受ける権利を与える場合の規定（215Ⅱ～Ⅴ）が，第4に，新会社の募集新株予約権または募集社債を引き受ける者の募集については，更生会社の募集新株予約権または募集社債の募集に関する特例の規定（216・217）が，更生債権者等または株主の権利の消滅と引換えにする新会社の

---

240) 旧会社更生法260条3項では，「創立総会においては計画の趣旨に反して定款を変更することができず」と規定していた。

241) 行為の責任の例としては，設立時募集株式の引受人に対する払込金の返還義務が考えられる。また，会社法においては，支出した費用の例として定款の認証手数料等が挙げられるが（江頭111頁），更生計画による設立においては，裁判所による認証がなされるので（225Ⅱ），この種の費用は発生しない。

242) 割当てを受ける権利の譲渡可能性は，法228条がこれを規定する。募集新株予約権または募集社債についても同様である。

設立時発行株式，新株予約権または社債の発行については，更生債権者等または株主の権利の消滅と引換えにする更生会社の株式等の発行に関する特例の規定（217の2）が，それぞれ準用される（225Ⅴ）。
　(6)　会社法の規定の適用排除
　更生計画において新会社の設立を定めた場合には，以下の会社法の適用が排除される。すなわち，発起設立（会社25Ⅰ①），発起人の設立時発行株式引受義務（同Ⅱ），電磁的記録による定款作成（会社26Ⅱ），定款における発起人の氏名等の記載（会社27⑤），公証人による定款の認証（会社30），出資（会社法第2編第1章第3節。ただし，会社37Ⅲを除く），設立時役員等の選任および解任（会社法第2編第1章第4節。ただし，会社39を除く），設立時取締役等による調査（会社法第2編第1章第5節），設立時代表取締役等の選定等（会社法第2編第1章第6節），株式の引受人の権利（会社50），引受けの無効または取消しの制限（会社51），発起人等の責任（会社法第2編第1章第8節），設立時募集株式に関する事項の決定（会社58），設立時募集株式の申込みをしようとする者に対する発起人の通知事項の中の公証人の氏名（会社59Ⅰ①），同じく通知事項の中の発起人の氏名等や発起人が割当てを受ける設立時発行株式の数等（会社59Ⅰのうち会社27⑤および会社32Ⅰ各号に掲げる事項），発起人が出資した財産の価額（会社59Ⅰ③），発起人による創立総会の必要的招集（会社65Ⅰ），設立時取締役等の選任（会社88～90），設立時取締役等による調査のうち現物出資財産等の価額の相当性およびそれに関する証明の相当性に関する部分（会社93Ⅰ①②・94），発起人の責任等（会社103）である（225Ⅵ）。
　これらの規定の適用が排除されるのは，それに代わる内容が更生計画によって定められるとか，発起人の責任にみられるように，更生計画による新会社の設立に相応しくないなどの理由による[243]。
　(7)　新会社に異動した者の退職手当の取扱い
　更生手続開始後に更生会社の取締役等（取締役，会計参与，監査役，代表取締役，執行役，代表執行役，清算人または代表清算人をいう）または使用人であった者で，更生計画認可の決定後も引き続きこれらの職に在職しているものの退職手当の

---

[243]　法225条6項で会社法25条1項1号（発起設立）が排除されていることから，発起設立が認められないとする，山本克己「更生計画による新会社の設立──『発起人』をめぐって」青山古稀938頁がある。

請求権（204Ⅰ②）は，その更生債権等の部分も免責の対象とならず（204Ⅰ柱書前半部分），その届出は，退職した後にするものとされる（140ⅠⅢ）。そして，更生計画によって新会社が設立された際にこれらの者が更生会社を退職し，かつ，引き続き当該新会社の取締役等または使用人となったときは，更生会社から退職手当の支給を受けることができない（226Ⅰ）。そして，これらの者の更生会社における在職期間は，退職手当の計算については，その新会社における在職期間とみなす（同Ⅱ）。

　これは，更生会社と更生計画によって設立される新会社との実質的同一性を根拠とするものであり，また取締役等や使用人が更生会社を退職する際の，退職手当の負担発生を避けようとする目的も有している。そして，取締役等や使用人の保護のために，更生手続開始の前後を問わず[244]，更生会社における在職期間を新会社における在職期間とみなしている。したがって，この種の取締役等や使用人の退職手当の請求権は，更生計画によって処理されることはありえない。

　もっとも，更生会社の使用人が新会社の取締役になったような場合，あるいはその逆の場合，すなわちその者が更生会社と新会社に引き続き関係している事実はあるが，その地位の変動が存在するときに，在職期間の通算を認めるべきかという問題がある。法226条1項の文言との関係からも，また，地位の変動に着目しても，通算を否定し，更生会社の在職期間を基礎とした更生会社に対する退職手当請求権として扱うべきであろう[245]。

23　私的独占の禁止及び公正取引の確保に関する法律の特例

　同法11条は，銀行業または保険業を営む会社は，他の国内の会社の議決権をその総株主の議決権の100分の5を超えて保有することとなる場合には，原則として，その議決権の取得または保有を禁止し（独禁11Ⅰ柱書本文），それに

---

[244]　本条に相当する，旧会社更生法昭和42年改正前270条2項は，「更生手続開始後の会社における在職期間は」として，通算する在職期間を更生手続開始後のものに限っていたが，昭和42年改正において，更生手続開始を通算の基準とすることに合理性がないとの考え方から，現在のように改められ，現行法もそれを引き継いでいる。宮脇＝時岡169頁，条解会更法（下）951頁参照。
　もっとも，管財人や保全管理人が選任されている間は，取締役等の報酬を請求しえないこと（66・34Ⅴ）との関係を考えると，その期間は，更生会社における在職期間とみなすべきでないとの考え方も成り立とう。

[245]　条解会更法（下）951頁。

ついていくつかの例外を設けている（同但書・Ⅰ各号）。

　その例外の一つが，代物弁済の受領によって株式を取得したことであるが（同①），銀行業または保険業を営む更生債権者等または株主が，更生会社または更生計画の定めによって設立される株式会社の株式を取得する場合には，その取得は，ここでいう代物弁済による取得とみなす（229）。同法11条の趣旨は，金融機関の事業会社支配を防止しようとするところにあるが，更生計画によって更生債権者等に対して株式を取得させるのは，まさに代物弁済としての実質があり，また，株式を取得させることは，更生会社の事業の維持更生という更生手続の目標を達するためのものであるから，これを独占禁止法によって制限する理由がないからである。

　もっとも，株式を取得した金融機関が，1年を超えてその株式を保有しようとするときは，あらかじめ公正取引委員会の認可を受けなければならず，その認可も，金融機関が当該株式を速やかに処分することを原則的条件としてなされるから（独禁11Ⅱ），この特例が，独占禁止法の趣旨と背馳する結果を招くおそれはない。

　なお，ここでいう更生債権者等または株主による更生会社または更生計画によって設立される株式会社の株式の取得には，更生会社の募集株式の割当てを受ける権利の付与，募集新株予約権の割当てを受ける権利の付与，吸収合併にもとづく株式の交付，吸収合併にもとづく新株予約権の付与その他，更生債権者または株主たる金融機関が，更生会社または更生計画によって設立する会社の株式を取得できる場合のすべてを含むと解される[246]。

24　財団に関する処分の制限の特例

　更生計画の定めによって更生会社の財産を処分する場合には，工場財団その他の財団または財団に属する財産の処分の制限に関する法令の規定は，適用しない（230）。ここでいう処分とは，譲渡，担保権の設定，賃貸など，当該財産の価値の全部または一部を第三者に移転する行為を指す。このような処分について，たとえば，工場抵当法13条2項の規定は，工場財団に属する財産の譲

---

[246]　条解会更法（下）923頁。ただし，更生計画において更生債権者等または株主に対して株式や新株予約権の割当てを受ける権利を付与するのではなく，更生計画において一般に募集株式の募集を定め，金融機関がその引受けの申込みをして株式を取得するような場合は，金融機関が自らの意思によって株式を取得するのであるから，ここでいう代物弁済とみなされない。

渡等を禁止し，抵当権者の同意を条件として，賃貸のみを許容しているが，このような制限は，更生計画にもとづく更生会社の事業の維持更生を妨げるおそれがあるので，その適用を排除する[247]。

25　許可，認可等にもとづく権利の承継

更生計画において，更生会社が行政庁からえていた許可，認可，免許その他の処分にもとづく権利義務を新会社（225Ⅰ・183）に移転することを定めたときは，当該新会社は，他の法令の規定にかかわらず，その権利および義務を承継する（231）。

更生計画によって設立される新会社は，実質的には，更生会社の事業を承継するものであるが，法律的には，合併や会社分割の場合と異なって，更生会社の権利義務を包括的に承継するものではない[248]。しかし，金融機関，保険会社あるいは運輸事業者のように，その事業開始について行政庁の許認可等を要する場合に，改めて新会社についてそれをえなければならないとするのは，事業の円滑な継続を困難にするおそれがある。更生計画の定めによって，新会社が当然に許認可等の処分にもとづく更生会社の権利義務を承継するとされたのは，そのような理由にもとづいている。もちろん，許認可等にかかる行政庁の判断を尊重する必要はあるが，それは，行政庁の許認可等の処分を要する事項を定めた更生計画案についての行政庁の意見の必要的聴取の制度（187）などによって満たされる。

26　法人税法等の特例等

更生会社は，法人税法の適用対象である法人であり，また，更生計画によって合併，会社分割あるいは新会社の設立などの組織再編が行われるところから，更生会社が負担する租税等の請求権（2ⅩⅤ）にかかる債務の取扱いが問題となる。

[247)] 鉄道抵当法20条も同種の規定である。条解会更法（下）928頁は，財団上の抵当権者も更生担保権者として手続に参加するのであるから，管財人等が法令の制約を離れて処分しうることは当然であり，法230条（旧267）は，確認的意義にとどまるという。
[248)] 会社分割の分割設立会社や会社合併の吸収合併会社に許認可の効力が承継される旨を規定した業法の例があるが（薬事法14の8Ⅰ，食品衛生法53Ⅰなど），法231条の趣旨を重視すれば，その旨の規定が存在しない場合にも，許認可の効力を承継させる運用が期待される。

(1) 租税等の請求権にかかる債務の新会社による承継

　更生計画における更生会社の組織再編として，合併，会社分割あるいは新会社の設立などが定められることがある。このうち，更生会社が吸収合併消滅会社である吸収合併，更生会社が消滅会社である新設合併，また，吸収分割や新設分割のように，更生会社の権利義務の全部または一部が別の法主体に承継される場合に，更生会社に対する租税等の請求権にかかる債務がどのように取り扱われるかが問題となる。これについては，国税通則法に関連する規定が設けられている（税通6・9の2）。

　これに対して，更生計画において新会社（225Ⅰ・183）の設立，およびその新会社が更生会社の租税等の請求権にかかる債務を承継することを定めたときについては，国税通則法に規定が存在しない。そこで，法232条1項は，この場合に，当該新会社は当該債務を履行する義務を負い，更生会社は当該債務を免れる旨を規定する。ただし，更生計画においてこのような免責的租税債務の引受けを定めるについては，徴収の権限を有する者の同意をえなければならないから（169Ⅰ柱書本文），この特例によって徴収の権限を有する者の利益が害されるおそれはない。

(2) 事業年度の特例

　法人税は，当該法人の各事業年度の所得に対して課される（法税5）。事業年度とは，法人の財産および損益の計算の単位となる期間（法税13Ⅰ）を意味し，その期間は，会社の定款で定められることが多い[249]。しかし，たとえば4月1日から翌年の3月31日までを事業年度として定めている株式会社であっても，その期中に更生手続開始の決定があったときには，更生会社の事業年度は，その開始の時に終了する（232Ⅱ本文前半部分）。したがって，更生会社の管財人としては，開始決定時に終了した事業年度について，決算を行い，更生会社の財産および損益を確定し，法人税の課税標準たる当該事業年度における更生会社の所得（法税21）を計算する必要がある[250]。

　そして，これに続く事業年度は，更生計画認可の時（その時までに更生手続が

---

[249]　定款の任意的記載事項である。江頭75頁。
[250]　実際には，欠損金額（各事業年度の所得の金額の計算上当該事業年度の損金の額が当該事業年度の益金の額を超える場合におけるその超える部分の金額。法税2⑲）を確定し，その繰戻還付請求（法税80Ⅳ）または更生計画にもとづく債務免除益の益金不算入の根拠とすべきかを検討することとなる。

終了したときは，その終了の日[251]）に終了するものとする（232Ⅱ本文）。したがって，管財人としては，更生手続開始時から更生計画認可時までの期間における更生会社の財産および損益を計算して，法人税額を算出する必要があるが，その期間が1年を超える場合は，当該期間をその開始の日以後1年ごとに区分した各期間（最後に1年未満の期間を生じたときは，その1年未満の期間）が事業年度とされるので（232Ⅱ但書，法税13Ⅰ但書，地税72の13Ⅳ但書），管財人は，更生手続開始決定日の翌日から1年ごとの決算にもとづいて法人税等の申告を行う必要がある[252]）。

(3) 資産の評価損益および債務免除益の取扱い

立法当時の現行会社更生法旧232条3項は，旧会社更生法269条3項の内容を引き継ぎ，更生会社の財産の評価換えおよび債務の消滅による益金で，更生手続開始前から繰り越されている欠損金額のうち当該更生会社に帰せられる金額の合計額に達するまでの金額は，当該評価換えまたは債務の消滅のあった各事業年度の所得の計算上益金の額に算入しない旨を規定していた。この規定は，法人税法に対する特例としての意義を有し，更生計画の定めによる評価換えや債務免除益から繰越欠損金との差し引きを認めることによって，更生会社の税負担を軽減し，事業の維持更生を容易にするためのものであった。

その後，平成17年の法改正によって，この規定は削除されたが，その内容は，法人税法59条1項として，より一般的な規律に移し替えられている[253]）。

第6項 更生計画の変更

更生債権者等や株主による決議にもとづいて成立し，裁判所の認可決定によって効力を生じる更生計画は，更生手続の根本規範であり，管財人や更生会社（209Ⅰ・72Ⅳ前段）は，その遂行をする義務を負う。しかし，取引環境の変化な

---

251) 更生手続終了の日については，法人税基本通達14-3-1が，更生手続開始決定の取消しの決定があった日，更生計画不認可の決定があった日または更生手続廃止の決定があった日のいずれかと定めている。
252) ただし，事業年度が6月を超える場合の中間申告（法税71・145Ⅰ）や連結中間申告（法税81の19）を行う必要はない（232Ⅲ）。地方税法の規定（地税53Ⅱ・72の26・321の8Ⅱ）の適用排除（232Ⅲ）も，同様の趣旨である。
253) 岡正晶「倒産税務／倒産会計——再建型企業倒産における『債務免除益』をめぐる新しい問題」講座（4）53頁参照。なお，関連する裁判例として大阪高判平成2・12・19判タ768号102頁がある。

どの外的要因によって，計画通りの遂行が不可能または困難になったときに，常に更生手続の廃止（241 I）によって，更生手続を終了させ（234④），破産手続に移行するのは（251・252），かえって利害関係人や更生会社の利益を害するおそれがある。そこで，このような場合に，更生計画の内容を変更し，それについて関係人の意思を問い，裁判所の決定によって変更の効力を生じさせることが認められている。

1 変更の要件

更生計画の変更が許されるための基本的要件は，更生計画認可の決定があった後やむをえない事由で更生計画に定める事項を変更する必要が生じたことである（233 I 前半部分）。これを分析すると，やむをえない事由の存在が第1の要件であり，更生計画案策定時に予測できなかった経済情勢の変化や取引先の倒産などが代表的なものである[254]。第2の要件は，更生計画に定める事項を変更する必要が生じたことである。事業資金を確保するために更生債権者等の権利をその不利に変更するなどが典型的なものであるが，弁済期の繰上げなど有利な変更であっても，更生計画に定める事項を変更する必要が認められる。

2 変更の内容

変更の内容は，更生計画の内容のうち，絶対的必要的記載事項（本書548頁）たる更生債権者等または株主の権利の変更や更生会社の取締役等その他の事項（167 I），相対的必要的記載事項（本書571頁）たる更生会社の組織に関する基本的事項などのすべての事項にわたる[255]。なお，変更の内容も更生計画の内容となるものであるから，平等原則（168 I 柱書本文）や公正・衡平原則（同Ⅲ前段）に反するものであってはならない。

更生計画による債務負担または債務の期限の猶予に関しては，最初の更生計

---

254) いいかえれば，原計画認可時に予想しえたならば，当然異なる計画案を作成したであろう事情をいい，行政庁の許可や認可が与えられず，または取り消されたとか，関連企業が倒産したなどの外部的要因と，更生会社の主力工場の焼失など，内部的要因とに分けられる。青山善充「会社更生計画の変更」兼子博士還暦記念論文集（下）468頁（1970年），会社更生の実務（下）333頁〔鹿子木康〕参照。

255) 再生手続においては，任意的記載事項たる組織法上の事項，たとえば，資本金の額の減少（民再154Ⅲ・161Ⅲ・183Ⅳ）については，それが会社法の手続によっても可能であるという理由から，再生計画の変更の内容たりえないとする考え方が有力であるが（伊藤823頁），更生手続においては，法45条1項各号に掲げる行為についての変更は，必ず更生計画の変更によることが求められる。会社更生の実務（下）334頁〔鹿子木康〕。

画による場合（168Ⅴ）と同趣旨の期間制限がある（233Ⅲ柱書）。すなわち，第1に，その耐用期間が判定できる担保物がある場合は，当該耐用期間または最初の更生計画認可決定の時から15年（変更後の更生計画の内容が更生債権者等に特に有利なものになる場合は，20年）のいずれか短い期間，第2に，それ以外の場合は，最初の更生計画認可決定の時から15年（変更後の更生計画の内容が更生債権者等に特に有利なものになる場合その他の特別な事情がある場合は，20年）である。

ただし，最初の更生計画の定めによって社債を発行する場合（168Ⅵ）と同様に，上記の期間制限は，変更後の更生計画の定めによって社債を発行し，またはすでに発行した社債の期限を猶予する場合については，適用しない（233Ⅳ）。

3　変更の手続

更生計画の変更は，更生手続終了（234）前に限って，管財人，更生会社，届出をした更生債権者等または株主の申立てによって，裁判所が行うことができる（233Ⅰ後半部分）。申立ては書面で行い（会更規1Ⅰ），申立書には，更生計画の変更を求める旨およびその理由などを記載し（会更規2ⅠⅡ），同時に，変更計画案を提出しなければならない（会更規56Ⅰ）。

変更の内容が更生債権者等または株主に不利な影響を及ぼすものと認められる更生計画の変更の申立てがあった場合には，更生計画案の提出があった場合の手続に関する規定を準用する（233Ⅱ本文，会更規56Ⅱ）。不利な影響を及ぼすものと認められるかどうかは，現計画と比較して，変更の法的効果が更生債権者等または株主の権利や地位を質的または量的に減少させ，あるいは減少させるおそれを生じるかどうかを基準として，判断する[256]。弁済率の削減や弁済期間の延長が不利な影響にあたることは，疑いがないが，繰上一括弁済と弁済率の削減とを組み合わせたものが不利な影響にあたるかどうかなどの問題がある[257]。

不利な影響を及ぼすものと認められない場合には，裁判所の変更決定のみによって変更計画の効力が生じる（233Ⅰ後半部分）。これに対して，不利な影響

---

256) 条解会更法（下）969頁，新注釈民再法（下）177頁〔伊藤尚〕参照。
257) 更生債権者等の意見などを聴取して，裁判所が実質的判断をする以外にない。また，資本金の額の減少などの組織上の事項については，原則として，不利な影響には含まれないものと解する。

を及ぼすものと認められる場合には，原更生計画の場合と同様に，更生計画案についての決議および裁判所の認可を経て，変更計画の効力が生じる（同Ⅱ本文）。ただし，更生計画の変更によって不利な影響を受けない更生債権者等または株主は，手続に参加させることを要せず，また，変更計画案について議決権を行使しない者（変更計画案について決議をするための関係人集会に出席した者を除く）であって，従前の更生計画に同意したものは，変更計画案に同意したものとみなす（同Ⅱ但書）。

　計画変更の効力は，変更決定（233Ⅰ後半部分。決議を要しない場合）または変更計画認可決定（同Ⅱ。決議を要する場合）の時から効力を生じるが（同Ⅴ），いずれの決定に対しても，利害関係人による即時抗告が認められる（同Ⅵ前段）。即時抗告適格の制限（202Ⅱ），議決権を有しなかった更生債権者等または株主が即時抗告をする場合の疎明（同Ⅲ），即時抗告の効果と更生計画遂行停止処分（同Ⅳ），即時抗告についての裁判に対する特別抗告および許可抗告に関する準用規定（同Ⅴ）は，この場合の即時抗告に準用する（233Ⅵ）。

　なお，最初の更生計画に更生計画認可後の更生会社に会社の事業経営権および財産管理処分権を付与する旨の定め（72Ⅳ前段）があり，それが更生計画の変更によって取り消されたときには，その旨を公告し，かつ，その裁判書を管財人および更生会社に送達しなければならず，この場合に，公告による裁判の告知の擬制（10Ⅳ）は適用しない（233Ⅶ・72Ⅶ）。

第9章　更生手続の終了

　ある事件についての更生手続の係属が消滅することを更生手続の終了と呼ぶ。更生手続の終了原因としては，更生手続開始決定前の開始申立ての取下げ（23参照）を別として（2Ⅰかっこ書参照），更生手続開始申立てを棄却する決定の確定（234①），更生手続開始決定を取り消す決定の確定（同②），更生計画不認可決定の確定（同③），更生手続廃止決定の確定（同④），更生手続終結決定（同⑤）の5種類の事由がある（234)[1]。このうち，前四者およびそれに関連する事項は，それぞれの箇所において説明を加えたので（本書53，41，99，632頁），ここでは，更生手続終結決定と更生手続廃止決定の確定について説明する。ただし，本章第3節では，他の終了原因とあわせて，更生手続に付随する各種の裁判手続の帰趨を述べる。

　なお，これらの事由の中で，更生手続開始申立ての取下げおよび更生手続終結決定による終結を除いて，牽連破産が開始される可能性がある（251・252）。

第1節　更生手続の終結

　裁判所は，更生計画が遂行された場合，または更生計画の遂行が確実であると認める場合には，管財人の申立てによって，または職権で，更生手続終結の決定をしなければならない（239Ⅰ）。

第1項　更生手続終結決定の時期

　更生計画の遂行は，管財人がそれを行う場合と更生会社による実行を監督する場合とがあるが，そのいずれであるかによって裁判所の更生手続終結決定の時期が左右されることはない。

---

[1]　その他，特殊なものとして，外国倒産処理手続の終了にともなう更生手続の終了（外国倒産61Ⅰ）がある。
　　また，手続の終了原因そのものではないが，再生手続の場合と比較すると，再生計画の取消し（民再189）に対応する制度がないことが，大きな違いである。

1 更生計画が遂行された場合（239 I ①）

　更生計画が遂行されたとは，更生債権者等に対する弁済が完了し，また更生会社に関する組織再編等が完遂された状態を指す。異議等のある更生債権等について適確な措置が定められたときには（172。本書599頁），当該更生債権等が確定し，その措置が実行されて初めて，更生計画の遂行が認められる。否認権の行使に起因する訴訟手続が係属している場合も，その帰趨が確定しなければ，なお管財人が遂行すべき職務があり，更生計画が遂行されたとはいえない[2]。

2 更生計画の定めによって認められた金銭債権の総額の3分の2以上の額の弁済がされた時において，当該更生計画に不履行が生じていない場合（239 I ②本文）

　この事由は，旧会社更生法には存在せず，現行法が創設したものである[3]。金銭債権の総額の3分の2以上の弁済がされ，当該更生計画の不履行が生じていない状態とは，更生計画が遂行されることが確実であると認められる場合（以下，遂行確実性と呼ぶ）の一類型と考えられる（239 I ③かっこ書参照）。それにもかかわらず，これが独立の事由として規定された理由は，遂行確実性の判断枠組みの原則と例外を転換するところにある。

　すなわち，遂行確実性は，将来にかかる予測的事実であるから，裁判所がそれについて心証を形成することが容易でないという問題がある。それに対して，この場合には，金銭債権の総額の3分の2以上の弁済および更生計画の不履行が生じていないという外形的事実が認められることを前提として，当該更生計画が遂行されないおそれがあるという積極的事実が認定されないかぎり（239 I ②但書），更生手続終結決定をしなければならないとして，遂行確実性についての判断の余地を残しつつ，更生手続終結決定を容易にしている。

3 更生計画が遂行されることが確実であると認められる場合（239 I ③）

　未だ更生計画が遂行されたとはいえないが，残りの部分の遂行を管財人や裁判所による監督なしに取締役などの会社の機関に委ねても，遂行が確実に見込まれる状態，これを遂行確実性と呼ぶ。遂行確実性は，その時点までの計画遂

---

2) 条解会更法（下）983頁参照。
3) 旧会社更生法272条1項本文では，更生計画の遂行および遂行の確実性の2つが終結決定の事由として規定されていたが，これが厳格にすぎ，長期間にわたって会社を更生手続の制約の下に置くことが不当であるとの批判を意識したものである。一問一答新会社更生法229頁参照。

行の程度という客観面と，会社の機関の信頼性という主観面の2つの基準に基づいて判断すべきである。

　更生計画によって予定された組織変更等が実行され，更生債権等に対する弁済も滞りなく進行し，事業価値の回復と向上について会社の機関が積極的な役割を果たしており，今後もそれが期待されると認められるときには，この2つの基準に照らして，遂行確実性を肯定することができる。これに対して，更生計画の実行自体は順調になされているが，それが主として管財人の力量によるものとみざるをえないときには，未だ遂行確実性を認めるに足りない[4]。

第2項　更生手続終結決定の効果

　更生手続終結決定がなされると[5]，更生手続は終了し（234⑤），更生手続開始決定にもとづく効果，たとえば，管財人の事業経営権や財産管理処分権（72 I），また裁判所の許可権限（同II）はすべて消滅し，更生会社（2VII）としての制約からも解放される。そして，利害関係人に対して更生手続終結決定があったことを明らかにするために，裁判所は，更生手続終結決定の主文および理由の要旨を公告しなければならない（239 II）。そして，裁判所書記官は，職権で，その旨の登記を更生会社の本店（外国に本店があるときは，日本における営業所）所在地の登記所に嘱託しなければならない（258 VII I）。また，監督官庁等への通知（会更規7 III II）や本店を管轄する税務署長，都道府県知事，市町村長に対する通知（会更規7 III I）も義務づけられる。

　更生手続終結決定にもとづく更生手続の終了[6]にともなって，それに付随する非訟手続や訴訟手続がどのように取り扱われるかについては，本章第3節で述べる。

---

4) また，否認権行使などのように，管財人にしか適格が認められない手続が係属するときには，会社の取締役などが管財人に代わって追行することはできないので，遂行確実性は認めがたい。
5) 更生手続終結決定に対する即時抗告は認められず（9前段参照），決定がなされると直ちに効力が生じる。
6) ただし，これらの手続が係属中は更生計画が遂行されたとはいえない関係で，和解等によって手続を終了させた後でないと，遂行されたとの理由にもとづいて更生手続終結決定をなすことは困難と思われる。

第2節 更生手続の廃止

更生手続の廃止とは，更生手続の終了形態の一つであり，更生手続開始後に，法定の事由にもとづく裁判所の決定の確定によって，更生手続がその目的を達成することなく，将来に向かって終了することをいう[7]。廃止は，廃止決定がなされる手続段階に応じて，更生計画認可前の手続廃止（236～238）と更生計画認可後の手続廃止（241）の2つに分けられる[8]。

第1項 更生計画認可前の手続廃止

更生計画認可前の手続廃止は，さらに，認可の対象となる更生計画が成立しなかったことを理由とする手続廃止（236）と，更生手続開始申立事由のないことが明らかになったことを理由とする手続廃止（237）とに分けられる。

1 更生計画が成立しなかった場合

更生計画は，更生手続の根本規範たる性質を有し，更生債権者等や株主の決議によって成立し，裁判所の認可決定によってその効力を生じる（201）。したがって，認可の対象たるべき更生計画が成立せず，または成立する見込みがないことが明らかになったときは，裁判所は，職権で，更生計画廃止の決定をしなければならない（236柱書）。

更生手続廃止決定がなされるべき第1の事由は，決議に付するに足りる更生計画案の作成の見込みがないことが明らかになったときである（同①）。決議に付する（189Ⅰ柱書）に足りるかどうかについては，更生計画不認可事由（199Ⅱ各号。ただし4号を除く）にかかる判断が中心となり，その要件を満たす更生計画案の作成の見込みがない場合には，更生手続の目的が達成できないために，手続廃止決定がなされる[9]。また，更生計画案について，可決（196Ⅴ）の見込

---

[7] 不遡及効ともいわれる。条解会更法（下）996頁。もっとも，更生計画認可前の廃止の場合の不遡及効は，管財人の事業経営の結果が失われないという意味にとどまるのに対して，認可後の廃止の場合の不遡及効は，認可決定によって生じた権利変更などの効力が失われないという積極的な意味を有する。

[8] これに対して，再生債務者の義務違反による手続廃止（民再193）に相当する廃止事由は存在しない。これは，原則として管財人が更生計画を遂行する更生手続の特質による。旧和議との比較で，条解会更法（下）995頁参照。

みがないことがほぼ確実な場合も，これと同様に扱われるが，関係人集会における計画案変更の可能性（197），あるいは同意をえられなかった種類の権利がある場合の認可（200）の可能性が存在することに留意しなければならない。

第2の事由は，裁判所の定めた期間（184ⅠⅡ）もしくはその伸長した期間内（同Ⅳ）に更生計画案の提出がないとき，またはその期間内に提出されたすべての更生計画が決議に付するに足りないものであるときである（236②）。この事由の趣旨および決議に付するに足りないものの意義は，上に述べた通りである。

第3の事由は，更生計画案が否決されたとき，または決議のための関係人集会の続行期日が定められた場合（198Ⅰ本文）において，定められた期間（同ⅡⅢ）内に更生計画案が可決されないときである（236③）。

2 更生手続開始の原因となる事実のないことが明らかになった場合

債権届出期間（138Ⅰ・42Ⅰ）の経過後，更生計画認可決定前において，更生手続開始原因となる事実（17Ⅰ）のないことが明らかになったときは，裁判所は，管財人，更生会社または届出更生債権者等の申立てによって，更生手続廃止の決定をしなければならない（237Ⅰ）[10]。これが手続廃止事由とされている趣旨は，更生手続を実施する必要性に欠けるところにある。なお，債権届出期間の経過が要件とされているのは，更生会社が弁済すべき債務の概要が明らかになるためであるが，更生手続開始原因たる破産手続開始原因前兆事実の有無等については，届出更生債権等のみならず，共益債権も含め，更生会社が負担するすべての債務を基礎としなければならない[11]。

更生手続廃止の申立てをする場合には，更生手続開始の原因とされた事実がないことを疎明しなければならない（237Ⅱ）[12]。

---

[9] 事業の全部の廃止を内容とする更生計画案であっても，それが債権者一般の利益に反すると認められなければ，裁判所の許可をえて決議に付することが許される（185Ⅰ）。

[10] 更生手続開始決定時に開始原因事実がなかったことが明らかになった場合に限られるものではなく，資産内容の改善など，その後の事情変更により開始原因事実がない状態となった場合を含む。

[11] 旧会社更生法274条1項は，「届出期間内に届出をしたすべての更生債権者及び更生担保権者に対する債務を完済できることが明かになつたとき」と規定していたが（条解会更法（下）1011頁参照），現行法は，そのような限定を設けていない。

第2項　更生計画認可後の手続廃止

　更生計画認可の決定があった後に更生計画が遂行される見込みがないことが明らかになったときは，裁判所は，管財人の申立てによってまたは職権で，更生手続廃止の決定をしなければならない（241 I）。更生計画が遂行される見込み，すなわち遂行可能性に関しては，再生手続の場合（民再174 II②）と異なって，遂行可能性の存在が積極的な更生計画認可のための要件とされているが（199 II③），いったん遂行可能性が存在すると判断されても，更生会社の収益が悪化したり，商取引先や金融機関の対応に変化が生じ，また市場の出来事などによって，遂行可能性がないことが明らかになる場合がある。

　そのときには，更生計画の変更（233）によって対処できることもありうるが，二次的破綻の蓋然性が高まるような状況では，事業の維持更生という手続の目的を達成することは不可能であり，それにもかかわらず更生手続を継続することは，かえって利害関係人の利益を害するおそれがあるので，管財人の申立てによってまたは職権で，手続を廃止することを認めたものである[13]。

　なお，手続の廃止は，更生手続の係属を前提とするものであるから，更生手続終結決定（239 I）によって更生手続が終了した後は，廃止の余地がないことはもちろんである。

　裁判所は，管財人の申立てによってまたは職権で，更生手続廃止の決定を行う（241 I）。更生債権者等または株主は申立権者でないので，裁判所の職権発動を促すにとどまる。裁判所は，手続廃止の決定をするには，当該決定をすべきことが明らかである場合を除いて，あらかじめ管財人，更生会社および更生計画による変更を受けた権利を行使することができる更生債権者等または株主（205 II III）のうち知れているもの[14]の意見を聴くものとされる（会更規57）。

---

[12]　したがって，「弁済期にある債務を弁済することとすれば，その事業の継続に著しい支障を来すおそれがある」（17 I②）との理由から更生手続が開始されている場合には，それに対応する事実がないことに加えて，他に更生手続開始の原因たる事実がないことの疎明が要求される。再生手続について新注釈民再法（下）210頁〔佐長功〕。

　　なお，この場合の疎明は，更生手続廃止申立ての適法要件であり，裁判所が廃止の判断をするにあたっては，証明の必要があろう。更生手続開始原因の疎明と証明との関係について，本書93頁注140参照。

[13]　事例として，東京高決平成元・4・10金法1237号20頁がある。

第3項　更生手続廃止決定等

　裁判所は，更生手続廃止決定をしたときは，直ちに，その主文および理由の要旨を公告しなければならない（238Ⅰ・241Ⅳ）。廃止決定に対しては，即時抗告が認められる（238Ⅱ・241Ⅳ）[15]。議決権を有しなかった更生債権者等または株主が即時抗告をする際の疎明義務の規定（202Ⅲ）は，この場合の即時抗告，特別抗告（13，民訴336）および許可抗告（13，民訴337）の申立てについて準用する（238Ⅲ・241Ⅳ）。更生手続廃止決定を取り消す決定が確定したときは，更生手続廃止決定をした裁判所は，直ちに，その旨を公告しなければならない（238Ⅳ・241Ⅳ）。また，更生手続廃止決定が確定したときには，裁判所書記官による官公庁への通知がなされ（会更規7Ⅲ，234④），更生会社について裁判所書記官による更生手続廃止の登記の嘱託がなされ（258Ⅷ Ⅰ），更生計画認可の決定がなされる前に更生手続廃止の決定が確定したときは，否認の登記について登記抹消の嘱託がなされる（262Ⅵ）[16]。

第4項　更生手続廃止決定の効果

　更生手続廃止決定の確定は，更生手続を終了させるものであるが，具体的にどのような効果が生じるかは，手続の段階によって異なる。

1　手続的効果

　更生手続廃止決定が確定して，その効果が生じると（238Ⅴ・241Ⅱ），更生手続が終了し（234④），牽連破産への移行可能性が生じる（251・252）[17]。しかし，

---

[14]　確定した更生債権等または株式に基づき更生計画の定めにより認められた権利を有し，これを行使することができる者のうち知れているものをいう（条解会更規190頁参照）。

[15]　即時抗告権者は，更生手続の廃止について法律上の利害関係を有する管財人，共益債権者，届出をした更生債権者等および株主で，廃止申立てをした者以外の者であるが，調査・確定手続の中でその権利を否定された更生債権者等は，即時抗告権を認められない。条解会更法（下）1038頁。また，更生計画認可後の廃止決定に対しては，更生計画認可決定による権利変更などの効力を前提として，なお廃止決定を争う利益を有する者に限られる。具体的には，管財人，更生会社，新会社，未払いの共益債権，未だ完全な満足を受けていない更生債権者等，更生計画によって権利を認められた株主などがその例である。条解会更法（下）1039頁。

[16]　これに対して認可決定後の更生手続廃止（241Ⅰ）にともなう否認の登記に関する規定は存在しない。これは，この場合の廃止が更生計画の遂行および会社更生法の規定によって生じた効力に影響を及ぼさないこと（同Ⅲ）による。

更生手続が遡及的に失効するわけではないから，更生計画認可後の廃止の場合には，更生計画の遂行および会社更生法の規定によって生じた効力に影響を生じない（241Ⅲ）。したがって，更生債権等の免責（204Ⅰ），権利変更（205Ⅰ），更生計画にもとづく債務負担や担保提供（203Ⅰ③），更生会社の取締役等の選任等（173），株式等の発行等（174〜177の2），組織再編（178〜183）などは，それらが遂行されているかぎり，更生手続廃止後も存続する。

これに対して，更生手続認可前の廃止の場合には，その段階で確定されている更生債権等については，更生債権者表等の記載の効力が残る（238Ⅵ・235）。

2 実体的効果

実体的効力のうち，双方未履行双務契約の解除（61Ⅰ）や担保権消滅許可（104Ⅰ）は，その効果が確定的に生じた後に更生手続が廃止されても，その影響を受けることはない。これらの効果は，更生手続との関係で相対的に生じるものではなく，絶対的なものと考えられるためである。これに対して，否認については，その効果の相対性から（本書435頁注244），更生計画認可決定確定による権利変更が生じる前に更生手続が廃止されたときは，その効果が覆ると解される（262Ⅵ参照）[18]。更生手続の廃止にもとづく更生手続の終了にともなって，それに付随する非訟手続や訴訟手続がどのように取り扱われるかについては，本章第3節で述べる。

第3節 更生手続に付随する各種の裁判手続の帰趨等

更生手続においては，更生会社財産や更生債権等に関する争いの解決のために非訟手続と訴訟手続からなる各種の裁判手続が設けられているが，それらのうちのあるものについては，更生手続の終了とともに終了し，また，あるものについては，中断するなどして，更生会社であった株式会社や後続手続に引き継ぐ余地を残している。なお，他の倒産手続に移行する場合の扱いについては，第11章第4節第4項で説明する。

---

[17] 関連する裁判例として，大阪高判平成17・9・29判時1925号157頁〔民事再生〕がある。
[18] 不遡及効の例外になる。条解会更法（下）996頁参照。

1 否認権行使のための裁判手続の帰趨

否認権行使のための裁判手続の帰趨は，その手続の段階と更生手続の終了事由に応じて，以下のように分けられる。

(1) 否認の請求

否認権行使の方法として否認の請求がなされ，その手続係属中に更生手続が終了した場合には，終了事由のいかんを問わず，否認の請求手続は当然に終了する（96Ⅴ）[19]。否認の請求は，簡易・迅速な審理手続によって否認の成否を決するためのものであるから，これを更生会社であった株式会社や牽連破産等の後続手続に引き継がせる必要性に乏しいと判断された結果である。

(2) 否認の請求を認容する決定に対する異議の訴え

否認の請求を認容する決定に対する異議の訴えが提起され，その訴訟係属中に，更生手続開始決定を取り消す決定の確定（234②）または更生手続終結決定（同⑤）によって更生手続が終了したときには，上記の訴訟手続は終了する（97Ⅵ）。更生手続開始決定を取り消す決定の確定の場合には，否認権行使の基礎が存在しなかったとみられるし，更生手続終結決定の場合は，否認権行使の基礎が失われたとみられるからである[20]。

否認の請求を認容する決定に対する異議の訴えが提起され，その訴訟係属中に，更生計画不認可決定の確定（234③）または更生手続廃止決定の確定（同④）によって更生手続が終了したときには，上記の訴訟手続は中断する（52Ⅳ。97Ⅵ参照）。中断した訴訟手続は，中止していた破産手続（50Ⅰ）が続行する場合または更生手続終了による中断の日から1月以内（本書739頁注30参照）に牽連破産（254Ⅰ各号）の開始決定がなされる場合には，後続手続に引き継ぐ余地が残されるが（本書738頁参照），それらの場合を除き，終了する（256Ⅳ）。

(3) 否認の訴えまたは抗弁として否認権が行使されている訴え

管財人が否認権の行使を請求原因として訴えを提起し，あるいは相手方から

---

19) 否認の請求を認容する決定がなされた後，それに対する異議の訴えが提起される前に更生手続が終了したときも，同様である。役員等の責任の査定決定の手続では，査定決定がなされた後に更生手続が終了したときには，査定決定の手続は終了しない（100Ⅴかっこ書。本書743頁）のと異なる。実務上では，否認の請求についての裁判にも相当の時間を要することなどを考えると，否認の請求の手続も，否認の請求を認容する決定があったときは，終了せず，牽連破産等の後続手続における異議訴訟の手続に引き継がせることを検討する必要があろう。

20) 一問一答新しい破産法424頁参照。

の訴えに対して抗弁として否認権を主張している場合に，その訴訟係属中に更生手続が終了するときには，その訴訟手続は，更生手続の終了によって中断し（52Ⅳ），更生会社であった株式会社がそれを受け継がなければならない（同Ⅴ前段)[21]。相手方も受継の申立てをすることができる（同後段）。

(4) 更生手続開始時に係属していた詐害行為取消訴訟等の場合の例外

更生手続開始時に係属していた詐害行為取消訴訟または破産法もしくは民事再生法の規定にもとづく否認訴訟もしくは否認の請求を認容する決定に対する異議の訴えが更生手続開始とともに中断し（52の2Ⅰ），それを管財人が受継していた場合（同Ⅱ）には，当該訴訟手続は，更生手続の終了とともに再び中断し（同Ⅳ），その後の手続状態に応じて，当事者適格を有する者による受継の手続がとられる（同Ⅴ。本書740頁参照）。

2 役員の責任にもとづく損害賠償請求権に関する裁判手続の帰趨

役員の責任にもとづく損害賠償請求権に関する裁判手続の帰趨は，その手続の段階に応じて，以下のように分けられる。

(1) 役員等責任査定決定の手続

役員等責任査定決定の手続の係属中に更生手続が終了した場合には，役員等責任査定決定の手続（役員等責任査定決定があった後のものを除く）は，当然に終了する（100Ⅴ）。役員等責任査定決定の手続は，簡易・迅速な審理手続によって否認の成否を決するためのものであるから，これを後続の手続に引き継がせる必要性に乏しいと判断された結果である。ただし，更生手続において役員等責任査定決定がなされた後，それに対する異議の訴えが提起される前に更生手続が終了した場合には，提訴期間（102Ⅰ）内に限り，更生会社であった株式会社は，中断の場合に準じて受継の申立てとともに異議の訴えを提起することができ（52Ⅴ前段類推），相手方も，更生会社であった株式会社に対して受継の申立てとともに異議の訴えを提起することができる（同後段類推）。

(2) 役員等責任査定決定に対する異議の訴え

役員等責任査定決定がなされ，それに対して管財人または役員が提起した異議の訴えの係属中に，更生手続が終了したときは，その訴訟手続は中断し（52

---

[21] ただし，更生会社であった株式会社が受継した場合には，当該株式会社は，否認権にかかる主張をすることはできなくなり，他の攻撃防御方法に変更する必要がある。新会社更生法の基本構造254頁〔松下淳一〕。

Ⅳ），更生会社であった株式会社がそれを受け継がなければならない（同Ⅴ前段）。相手方も受継の申立てをすることができる（同後段。後続の破産手続等における取扱いについては，本書743頁参照）。

3　更生債権等の確定のための裁判手続の帰趨

更生債権等の確定のための裁判手続の帰趨は，その手続の種類と更生手続の終了時期に応じて，以下のように分けられる。

(1)　更生債権等査定申立ての手続および価額決定の申立ての手続

これらの手続の帰趨は，更生手続の終了時期に応じて，以下のように分けられる。

　　ア　更生計画認可決定前に更生手続が終了した場合

更生債権等の確定のための裁判手続のうち，更生債権等査定申立ての手続および価額決定の申立ての手続は，更生計画認可決定前に更生手続が終了した場合には，その目的を失って終了する（163Ⅰ前半部分）。

　　イ　更生計画認可決定後に更生手続が終了した場合

更生債権等査定申立ての手続および価額決定の申立ての手続は，更生計画認可決定後に更生手続が終了した場合には，管財人が当事者であれば，更生手続の終了によって中断し（163Ⅱ・52Ⅳ)[22]，更生会社であった株式会社がそれを受け継がなければならない（163Ⅱ・52Ⅴ前段)[23]。相手方も受継の申立てをすることができる（163Ⅱ・52Ⅴ後段）。管財人が当事者でなければ，引き続き係属する（163Ⅰ後半部分）。更生債権等査定申立てについての決定がなされた後，それに対する異議の訴えが提起される前に更生手続が終了したときも，以上と同様である。また，価額決定がされ，それに対する即時抗告が提起される前または即時抗告の係属中に更生手続が終了したときも，同様である。

更生計画認可決定後に更生手続が終了した後で更生債権等査定申立てについての決定があったときには，これに不服のある者は，更生債権等査定異議の訴

---

22) 破産法133条1項および3項では，破産手続終結の場合には査定手続，査定異議訴訟は続行し，引き続き任務を有する破産管財人が追行するとされているが（条解破産法879，880頁），これとは規律内容が異なる。本書746頁参照。

23) もっとも，更生手続の終了のうち，更生計画の遂行が確実であるという理由から終結決定がなされる場合（239Ⅰ③）などには，更生会社であった株式会社にそれを受継させるのが適切か，検討の余地はあろう（破産手続終結後の破産債権査定決定手続について条解破産法879頁参照）。また，更生手続廃止決定の確定による終了（234④・241Ⅰ）の場合については，なお手続を続けさせるべき合理性があるかどうか，疑問もあろう。

えを提起することができる（163Ⅲ）。

(2) 更生債権等査定異議の訴えにかかる訴訟手続または異議等のある更生債権等に関して受継された訴訟手続

これらの手続の帰趨は，更生手続の終了時期に応じて，以下のように分けられる。

　ア　更生計画認可決定前に更生手続が終了した場合

更生債権等査定申立てについての決定に対する異議の訴え（更生債権等査定異議の訴え）が提起され，その訴訟係属中，更生計画認可決定前に更生手続が終了した場合には，その訴訟手続は，管財人が当事者であれば，更生手続の終了によって中断し（52Ⅳ），更生会社であった株式会社がそれを受け継がなければならない（同Ⅴ前段）。相手方も受継の申立てをすることができる（同後段）。異議等のある更生債権等に関して受継された訴訟手続（156Ⅰ・158Ⅱ）であって管財人が当事者であるものも，同様である（52ⅣⅤ。163Ⅴかっこ書参照）。

これに対し，管財人が当事者でなければ，更生債権等査定異議の訴えにかかる訴訟手続は，更生手続の終了によって中断する（163Ⅳ前半部分）。中断した訴訟手続は，中止していた破産手続（50Ⅰ）が続行する場合または更生手続終了による中断の日から1月以内（本書739頁注30参照）に牽連破産（254Ⅰ各号）の開始決定がなされる場合には，後続手続に引き継ぐ余地が残されるが（本書747頁参照），それらの場合を除き，終了する（256ⅥⅣ）。異議等のある更生債権等に関して受継された訴訟手続（156Ⅰ・158Ⅱ）であって管財人が当事者でないものは，更生手続の終了によって中断し（163Ⅴ前半部分），更生会社であった株式会社が受け継がなければならない（163Ⅵ・52Ⅴ前段）[24]。相手方も受継申立てをすることができる（163Ⅵ・52Ⅴ後段）。

　イ　更生計画認可決定後に更生手続が終了した場合

更生債権等査定異議の訴えが提起され，その訴訟係属中，更生計画認可決定後に更生手続が終了した場合には，その訴訟手続は，管財人が当事者であれば，更生手続の終了によって中断し（52Ⅳ），更生会社であった株式会社がそれを受け継がなければならない（同Ⅴ前段）。相手方も受継の申立てをすることができる（同後段）。異議等のある更生債権等に関して受継された訴訟手続（156Ⅰ・

---

24)　この場合には，法256条6項による同条4項の準用はないので，中断の日から1月以内に牽連破産が開始されなくても，訴訟手続は終了しない。

158Ⅱ）であって管財人が当事者であるものも，同様である（52ⅣⅤ。163Ⅴかっこ書参照）。

これに対し，管財人が当事者でない更生債権等査定異議の訴えにかかる訴訟手続は，更生計画認可決定後に更生手続が終了した場合でも引き続き係属する（163Ⅳ後半部分）。異議等のある更生債権等に関して受継された訴訟手続（156Ⅰ・158Ⅱ）であって管財人が当事者でないものも，同様である（163Ⅴ後半部分）。

4 担保権消滅のための裁判手続の帰趨

担保権消滅許可の申立て（104Ⅰ）も，更生手続の終了にともなって，管財人の申立適格が消滅し，却下される。価額決定の手続（105・106）も同様である。ただし，価額決定が確定し，裁判所が金銭の納付期限（108Ⅰ）を定めた後に更生手続終結決定がなされたときには，確定した手続の執行が残るのみであるという理由から，期限内に金銭を納付すれば，担保権が消滅すると解される[25]。

---

[25] 再生手続について詳解民再法569頁〔森恵一〕，新注釈民再法（下）183頁〔小原一人〕。もっとも，担保権消滅手続が完結しない状態で更生手続終結決定がなされることは，実際には想定しがたい。

第10章　更生犯罪

　更生手続開始の前後には，更生会社の様々な行為によって更生債権者等または株主の利益が害されることがある。たとえば，更生会社が更生手続開始前に一部の財産を隠匿したり，代金支払の意思をもたずに商品を買い入れ，それを他に転売する，あるいは特定の債権者の利益を図るために重要な財産を代物弁済に充てるなどの行為が考えられる。更生債権者等や株主の利益実現のためには，これらの行為について管財人が否認権を行使して，逸出した財産を更生会社財産に取り戻す可能性がある。しかし，更生債権者等や株主の財産権を侵害する強度の違法性が認められる場合には，これらの行為の私法上の効果を覆すだけではなく，犯罪として刑事罰を科すことによって，違法行為の抑止を図る必要がある。

　また，更生会社が更生手続上の義務に反したり，管財人がその職務遂行に際して不正の行為を行うことに対しても，刑事罰によってそれに対処すべき場合がある。もちろん，これらの行為が詐欺罪や背任罪を構成するときには，刑法などにもとづく刑罰が科されることは当然であるが，会社更生に関する違法行為を抑止するためには，それだけでは十分でないので，法は，一定類型の行為を更生犯罪として規定し，これに対する刑罰を定めている[1]。

第1節　更生犯罪の種類および保護法益

　更生犯罪は，2つの類型に区分される。第1は，更生債権者等となるべき債権者や担保権者（以下，債権者等と呼ぶ）や株主の財産上の利益を保護法益とする実質的侵害罪であり，詐欺更生罪（266）および特定の債権者等に対する担

---

1)　会社更生法の定める犯罪類型は，破産犯罪とされるべき行為とほぼ対応しているが，破産者等による重要財産開示拒絶等の罪（破269），審尋における説明拒絶等の罪（破271），破産者等に対する面会強請等の罪（破275）は，更生会社の行為または更生会社に対する行為として想定し難いために，これに対応する規定が設けられていない。また，民事再生法における犯罪類型も概ね会社更生法と同様であるものの，個人の再生債務者について，再生債務者等に対する面会強請等の罪（民再263）が設けられているなどの違いがある。

保の供与等の罪（267）がこれに属する。第2は，更生手続の適正な遂行を保護法益とする手続的侵害罪であり，管財人等の特別背任罪（268），更生会社の役員等の報告および検査の拒絶等の罪（269），業務および財産の状況に関する物件の隠滅等の罪（270），管財人等に対する職務妨害の罪（271），収賄罪（272）および贈賄罪（273）がこれに属する[2]。このように直接の保護法益こそ異なるが，いずれの場合であっても，処罰の目的は，更生手続の目的実現を妨げる強度の違法性をもつ行為に対して刑事罰による制裁を加えるという点に求められる。

　実質的侵害罪である詐欺更生罪の淵源である詐欺破産罪の罪質について，かつてはこれを破産原因罪とする見解が支配的であった[3]。しかし，株式会社が経済的破綻状態に陥ること自体が法的非難の対象となるとはいえず，むしろ破綻に際して，迅速かつ適正に更生手続を開始することが債権者，株主および社会経済の利益に合致するのであり，更生手続開始原因を作ること自体が悪であるという懲戒主義的思想は過去のものである。したがって，更生手続の適正な実施によって確保される債権者等や株主の財産的利益を詐欺更生罪の保護法益とすべきであり，また破産犯罪に関する判例もこのような考え方を採用する[4]。

第2節　各種の更生犯罪

　更生犯罪のうち，実質的侵害罪と手続的侵害罪とは，更生手続の適正な実施を図るという目的こそ共通にしているが，それぞれの保護法益は，債権者等や株主の財産的利益保護と適正な手続遂行の確保という異なった内容をもっている。また，2つの類型内部でも，行為の態様などに応じていくつかの犯罪類型が区別される。なお，更生犯罪が処罰されるのは，既遂の場合のみである。ま

---

[2] 制定当時の現行会社更生法は，旧会社更生法の更生犯罪に関する規定を実質的に引き継ぎ，若干の整備をするにとどまったが（一問一答新会社更生法247頁参照），現行破産法の制定にともなって破産犯罪に関する規定が整備されたことを受けて，現在のような規定が設けられた。新会社更生法の基本構造239頁〔佐伯仁志〕，条解破産法1693頁参照。
　なお，管財人等の特別背任罪について条解破産法1734頁は，その保護法益に総債権者の財産的利益が含まれるという理由から，実質的侵害罪とする。

[3] 条解破産法1702頁，伊藤564頁参照。

[4] 最決昭和44・10・31刑集23巻10号1465頁〔破産〕が，旧破産法374条1号（現破265Ⅰ④）にいう不利益処分の意義に関して，債務者の総財産を確保して総債権者に対する公平かつ迅速な満足を図ろうとする破産制度の目的を害することと判示しているのは，このような考え方を表したものと考えられる。

た，一定の更生犯罪については，国外犯の規定（274）および両罰規定（275）が設けられている。

第1項　詐欺更生罪

詐欺更生罪（266）は，債権者等や株主の利益を保護することによって更生手続の適正な実施を確保しようとする。ただし，この罪は，行為者が所定の行為をすることによって成立し，債権者等や株主に実害が発生することは必要でないから，いわゆる抽象的危険犯である。また，国外犯も処罰の対象になる（274Ⅰ，刑2）。

1　行為の主体

行為の主体は，個人である。更生会社の取締役や執行役などの役員や使用人その他の従業者である者，それらの地位にあった者などに限らず，第三者であってもよい[5]。また，その個人が法人（更生会社に限らない）の代表者または法人もしくは人の代理人，使用人その他の従業者であって，その法人または人の業務または財産に関して，詐欺更生行為をしたときは，行為者だけではなく，両罰規定によって法人などに対しても，詐欺更生罪として罰金刑が科される（275）。行為時に会社が更生手続開始決定を受けている必要はないが，後に述べるように，更生手続開始決定の確定が客観的処罰条件とされている。

2　故意および行為の目的

詐欺更生罪が成立するためには，行為者に，故意に加えて，行為の目的，すなわち債権者，担保権者（会社の財産について特別の先取特権，質権，抵当権または商事留置権を有する者をいう[6]）または株主を害する目的が認められることを要する（266Ⅰ柱書前段）。故意の内容は，法266条1項1号から4号までに列挙された行為の認識である。また，主観的違法要素たる債権者，担保権者または

---

[5] 平成16年改正前の現行会社更生法旧255条は，旧会社更生法および旧破産法にならって，「取締役，執行役若しくはこれらに準ずる者又は支配人が」と規定して，行為の主体を限定し，これと別に，第三者の詐欺更生罪を定めていた（旧256）。現行法は，これらの主体に共通するものとして詐欺更生罪を規定している。新会社更生法の基本構造239頁〔佐伯仁志〕参照。なお，法266条1項各号の行為の主体には，管財人や保全管理人も含まれると解されるが，同条2項の犯罪主体にはなりえないといわれる（条解破産法1702頁）。ただし，保全管理人に関しては，開始決定後においても，管財人に引き継ぐまでは保全管理人の義務等が残っているところ（34Ⅰ・82Ⅲ），そのような立場で管財人の承認をえずに財産を処分するような場合には，犯罪主体になりえよう。

株主を害する目的とは，個々の債権者等または株主ではなく，総体としての債権者等または株主を害する目的と解され，会社が更生手続開始に至る蓋然性，および債権者等の権利の実現を担保する会社財産の実質的価値の減少を行為者が認識していることを内容とする[7]。

3 行為の時期

詐欺更生罪の対象となる行為は，更生手続開始の前後を問わない（266 I 柱書前段）。もっとも，会社の財産の隠匿等の行為（同①）に関しては，更生原因罪として把握する立場から更生手続開始前のものに限られるという考え方もありうるが[8]，現行法の解釈としては，詐欺更生罪の保護法益を総債権者等の財産的利益と捉えるので，更生手続開始後の行為も含まれる。

ただし，更生手続開始前の行為については，債権者，担保権者または株主を害する目的との関係で，行為時に，現実に更生手続が開始するおそれのある客観的状態が必要であると解される[9]。

4 行為の類型

上記の要件を満たし，以下の5つの類型のいずれかに該当する行為をした者は，会社について更生手続開始決定が確定したときは，10年以下の懲役もしくは1000万円以下の罰金に処し，またはこれを併科する（266 I 柱書前段）。

---

6) ここでいう担保権は，更生担保権（2 X）の基礎となるものであるが，譲渡担保のような非典型担保が含まれるかどうかが問題となる。刑罰規定に関しては，類推や拡張解釈に関して謙抑的でなければならないが，更生担保権に関しては，非典型担保を含むという考え方が判例上でも確立されていることを考慮すれば，積極に解すべきであろう。

7) 平成16年改正前現行会社更生法旧255条柱書は，旧会社更生法290条柱書を引き継ぎ，主観的違法要素として，自己もしくは他人の利益を図る目的，または債権者等を害する目的を規定していた。しかし，図利目的は，加害目的との関係が明確でないなどの理由から，現行破産法の制定にともない，現行法では，削除されている。新会社更生法の基本構造239頁〔佐伯仁志〕，条解破産法1709頁参照。

8) 大阪高判昭和52・5・30高刑30巻2号242頁〔破産〕。事案は，第三者の詐欺破産罪（旧破378）に関して，破産管財人がなした行為が対象となるかどうかが争われたものである。

9) 破産手続においては，破産原因である支払不能やそれを推定させる事実である支払停止，同じく破産原因である債務超過について，少なくともこれらの事実が生じる蓋然性が極めて高い状態であることが必要であると説かれ，手続開始要件が破産手続より緩やかな再生手続や更生手続においては，より慎重な事実認定が必要であるといわれる。条解破産法1708頁。ただし，更生手続，再生手続または破産手続のいずれが開始されるかは，申立人の意向などによって決定される事柄であるから，ここで問題とすべきは，あくまで客観的状態である。

第1の類型は，会社の財産を隠匿し，または損壊する行為である（同①）。ここでは，事実的な侵害によって会社の財産を減少させる行為が対象とされている。隠匿とは，管財人による財産の発見を不可能または困難にする行為を意味する。損壊とは，財産に対する物理的損傷などの事実的行為によって財産的価値を減少させる一切の行為を含む[10]。

　第2の類型は，会社の財産の譲渡または債務の負担を仮装する行為である（同②）。これらの仮装行為も，会社の財産を減少させるという結果においては，隠匿に類するが，譲渡や債務負担という法的行為によってその結果を生じさせる特徴をとらえたものである[11]。

　第3の類型は，会社の財産の現状を改変して，その価格を減損する行為である（同③）。この行為は，会社の財産を減少させるという結果においては，損壊に類するが，物理的に価値を毀損するのではなく，更地に墓を建てるとか，廃棄物を置くなどの行為をすることによって，財産の経済価値を毀損するところに特徴がある。近時の実情を踏まえて現行法が新たに設けた行為類型である。

　第4の類型は，会社の財産を債権者等もしくは株主の不利益に処分し，または債権者等もしくは株主に不利益な債務を会社が負担する行為である（同④）。第2類型が仮装行為であるのに対して，この類型は，法律上有効な処分行為や債務負担行為を対象とする[12]。無償贈与や廉価売買，あるいは経済的合理性に欠ける債務負担などがこの類型に含まれる。不利益かどうかは，債務の弁済期

---

10) 隠匿および損壊の具体例については，条解破産法1714頁参照。
11) 平成16年改正前の現行会社更生法旧255条1号および2号（旧会社更生法290条1号および2号相当）の下で隠匿の一種ととらえられていた財産の譲渡と，これと別に規定されていた債務の負担とを行為の類型として統合したものである。新会社更生法の基本構造240頁，条解破産法1715頁参照。
12) 不利益な処分が，偏頗行為を含むかどうかについては，旧破産法374条1号の詐欺破産罪に関して，判例・学説上で議論が対立していた。かつての判例は，支払停止後の特定債権者に対する弁済は，たとえそれが弁済期の到来した債権に対する本旨弁済であっても，一般の破産債権者に対する配当を減少させる結果となるから，不利益処分にあたるとしていたが，非本旨弁済が過怠破産罪の対象とされていたにすぎないのに（旧破375③），それより破産債権者に対する詐害性が低い本旨弁済を詐欺破産罪の対象としてより重く罰するのが不当であるなどの批判がなされた。判例も，この批判を受けて，本旨弁済は詐欺破産罪に該当しないとの考え方に変わった（かつての判例は，大判昭和10・3・13刑集14巻223頁であり，それを変更した判例は，最判昭和45・7・1刑集24巻7号399頁〔破産〕〔倒産百選〈初版〉101事件〕である。学説については，条解破産法1716頁，伊藤・破産法〈第3版補訂版〉492頁参照）。

限，利率，担保などの条件を取引社会の通念に照らして判断する。ただし，主観的違法要素として債権者等や株主を害する目的が必要であるので，更生手続開始に至る蓋然性を認識しながら，相当性の限度を超える不利益な処分等を行うものでなければならない。なお，この類型の行為は，必ず相手方を要する行為であることから，必要的共犯（一方当事者への罰則規定を欠く対向犯）として相手方が不可罰となるとの解釈を避けるため，情を知って，行為の相手方となった者も処罰する（266 I 柱書後段）[13]。

第5の類型は，会社について更生手続開始決定がされ，または保全管理命令が発せられたことを認識しながら，債権者等または株主を害する目的で，管財人の承諾その他の正当な理由がなく，その会社の財産を取得し，または第三者に取得させる行為である（同 II）。更生手続開始決定や保全管理命令があると，会社の財産は，管財人や保全管理人の管理下に置かれ（72 I・32 I 本文），その現実の占有に属する財産を会社の関係者や第三者が自らの占有に移したりすることは，窃盗罪（刑235）などに問われる。しかし，管財人などの現実の占有に属しない財産については，たとえ更生会社財産に属すべき財産であっても，窃盗罪などが成立しないために，特別の罰則が設けられたものである[14]。

5　客観的処罰条件

詐欺更生罪が成立するためには，その該当行為が存在するほかに，更生手続開始決定が確定することを要する（266 I 柱書。ただし，同条2項の場合を除く）。これは旧法以来のものであるが，かねてから立法論的批判があり，倒産事件の一部についてのみ更生手続開始がなされる現状では，処罰要件が限定されすぎ

---

13) 新会社更生法の基本構造240頁〔佐伯仁志〕。4号以外の行為類型においても，自らが加害目的を有していれば，相手方が共同正犯となり（大判大正7・8・23刑録24輯1061頁），正犯が加害目的を有していることを認識するにとどまる場合には，教唆犯または幇助犯になる（条解破産法1722頁参照）。

14) 新会社更生法の基本構造240頁〔佐伯仁志〕，条解破産法1719頁，大コンメンタール1141頁〔高﨑秀雄〕。もちろん，ある行為が窃盗罪にあたるとともに，詐欺更生罪にあたることもありうるが，その場合には，「1個の行為が2個以上の罪名にふれる場合」（観念的競合）（刑54 I 前半部分）になる。また，すでに管理処分権が管財人へ移転していることを前提とすれば，ここでいう取得とは，法律上の権原の獲得ではなく，事実上の支配の移転を意味するという。

　なお，管財人への管理処分権の移転は，更生手続開始決定の確定を必要としていないため，ここでは，客観的処罰条件たる更生手続開始決定の確定が要求されない。一問一答新しい破産法363頁参照。

るので，客観的処罰条件を廃止するか，更生手続開始原因たる事実（17 I ①②）の存在を処罰要件とするのが合理的であるとの指摘がなされていた。現行破産法の立法過程においても，客観的処罰条件を廃止する考え方が有力であったが，たとえ違法な行為が行われた場合であっても，破産手続という公の手続が開始されないかぎりは，刑事司法が介入すべきではないなどの理由から，客観的処罰条件の考え方が維持され[15]，会社更生法もこの点に違いはない。

行為者の行為と処罰要件たる更生手続開始との間には，因果関係があることを必要としないが，事実上の牽連関係は要求される[16]。事実上の牽連関係とは，詐欺更生行為時に存在した更生手続開始のおそれが，いったん解消されることなく，そのまま引き続いて更生手続開始に至ったという意味である。

6 詐欺破産罪（破265）または詐欺再生罪（民再255）との関係

手続間の移行の態様としては，更生手続から破産手続，破産手続から更生手続，再生手続から更生手続などがありうるが（本書718頁），たとえば，更生手続開始決定が確定した後に更生手続の廃止によって破産手続に移行する場合において，ある行為が詐欺更生罪の要件と詐欺破産罪の要件の双方を満たすことがありうる。このようなときに，両者は択一的関係に立ち，原則として，先に開始した更生手続における処罰規定によって処罰されることとなり，重ねて破産手続における処罰規定によって処罰されることはない[17]。

第2項　特定の債権者等に対する担保供与等の罪

会社の代表者，代理人，使用人その他の従業者が，更生手続開始の前後を問わず，その会社の業務に関し，特定の債権者または担保権者に対する会社の債務について，他の債権者等を害する目的で，担保の供与または債務の消滅に関する行為であって会社の義務に属せずまたはその方法もしくは時期が会社の義務に属しないものをし，会社について更生手続開始決定が確定したときは，5

---

15) 一問一答新しい破産法364頁，新破産法の基本構造562頁〔松下淳一発言〕，条解破産法1720頁，大コンメンタール1142頁〔高﨑秀雄〕参照。

16) 前掲最決昭和44・10・31（注4）〔破産〕，条解破産法1722頁。事実上の牽連関係を認めた裁判例として，東京地判平成8・10・29判時1597号153頁〔破産〕がある。

17) 条解破産法1724頁，大コンメンタール1145頁〔高﨑秀雄〕。再生手続が廃止され，破産手続に移行した場合に，詐欺再生罪の規定を適用した例として，東京高判平成20・4・15判タ1292号313頁〔民事再生〕がある。

年以下の懲役もしくは500万円以下の罰金に処し，またはこれを併科する（267）。国外犯も処罰の対象となり（274Ⅰ，刑2），また両罰規定も適用される（275）。

ここで対象とされている行為[18]は，いわゆる非義務偏頗行為であり，偏頗行為否認の対象ともされているが（86の3Ⅰ②），ここでは刑事罰の対象とするところから，他の債権者等を害する目的という主観的違法要素が要件とされている[19]。なお，この場合にも客観的処罰条件としての更生手続開始決定の確定が必要であり，行為者の行為と処罰要件たる更生手続開始との間に事実上の牽連関係が求められることは，詐欺更生罪の場合（本書708頁）と同様である。

担保の供与または債務の消滅に関する行為については，その相手方が想定されるが，その者が通常予想される程度の関与行為しかしていない場合には，いわゆる必要的共犯にあたり，教唆犯や幇助犯として罰せられることはない[20]。もちろん，相手方が担保の供与等を求めて，会社に対して積極的な働きかけをしたと認められるときには，共同正犯として処罰されることもありうる[21]。

第3項　管財人等の特別背任罪

管財人，管財人代理，保全管理人，保全管理人代理，監督委員または調査委員[22]が，自己もしくは第三者の利益を図り，または債権者等もしくは株主に損害を加える目的[23]で，その任務に背く[24]行為をし，債権者等または株主に財産

---

[18]　詐欺更生罪（266）と同様に，行為者が所定の行為をすることによって成立し，債権者等や株主に実害が発生することは必要でないから，いわゆる抽象的危険犯である。

[19]　類似の行為は，旧破産法375条3号で過怠破産罪とされていたが，旧会社更生法および平成16年改正前の現行会社更生法は，これに対応する罰則を設けていなかった（条解会更法（下）1080頁）。昭和42年改正に際しては，その導入が検討されたが，更生手続開始申立てを躊躇させるおそれがあるという理由で実現しなかった（宮脇＝時岡390頁）。旧破産法の下における過怠破産罪とこの罪との比較については，条解破産法1724頁参照。
　　なお，代物弁済など，方法が義務に属しない債務消滅行為は，非義務偏頗行為否認の対象にはならないが（86の3Ⅰ②。本書400頁参照），処罰の対象にはなりうる。新破産法の基本構造566頁参照。これに対して，否認の対象とされない行為を処罰の対象とすることに疑問を呈し，慎重な運用を望むものとして条解破産法1729頁がある。
　　他の債権者等を害する目的の意義については，詐欺更生罪（266）の場合と同様に，単に犯人の主観的認識または意図だけではなく，行為時において，現実に更生手続が開始するおそれのある客観的状態が必要とされる。条解破産法1727頁参照。

[20]　条解破産法1730頁，大コンメンタール1150頁〔高﨑秀雄〕。必要的共犯に関する判例理論についても，同書参照。

[21]　条解破産法1732頁。

上の損害を加えたとき[25]は，10年以下の懲役もしくは1000万円以下の罰金に処し，またはこれを併科する (268 I)。これらの者の罪については，公務員の国外犯の規定（刑 4）の例に従う (274 II)。

管財人，保全管理人，監督委員または調査委員が法人であるときは，特別背任罪の規定は，その職務を行う役員または職員に適用する (268 II)[26]。

この罪は，刑法の背任罪（刑 247）の特別規定である。管財人等は，実質的な意味で本人にあたる更生債権者等，株主および更生会社の利益のためにその職務を行う者であるが，裁判所によって任命され，更生手続の目的を実現するために中心的な役割を果たすことが期待されていることが，法定刑加重の根拠と考えられる[27]。また，この罪は，直接には，管財人等の身分を有する者を対象としているが，背任行為の相手方となった者，たとえば更生会社財産を廉価で買い受けた者などが管財人等の行為に加担または加功していると認められるときには，共同正犯として処罰される可能性がある[28]。

22) 法律顧問は，その職務 (71) の性質上，収賄罪の主体にはなるものの (272)，特別背任 (268) の主体や職務妨害罪 (271) の相手方にはならない
23) 背任罪および特別背任罪における図利・加害目的との関係については，条解破産法 1736 頁参照。
24) 任務に背くかどうかは，管財人など，それぞれの機関の任務の内容によって定まる。管財人についていえば，更生手続の目的 (1) 実現のためにその権限 (72 I など) を行使することが任務であり，それに背いたと評価するかどうかについては，善管注意義務 (80 I。本書 113 頁) が基準になろう。
25) 債権者等または株主に財産上の損害が発生したことを要件としているので，詐欺更生罪 (266) や特定の債権者等に対する担保の供与等の罪 (267) のような危険犯とは異なる。ただし，損害の発生については，これが表面化している必要はなく，保証債務の負担など，更生会社財産の減少として認識できる状態になっていれば足りる。条解破産法 1739 頁参照。
26) 両罰規定の適用はなく (275 参照)，したがって，法人管財人が処罰の対象となることはない。
27) 旧会社更生法および平成 16 年改正前の現行会社更生法には，この罪は設けられていなかった。したがって，管財人等の行為の刑事責任を問おうとすれば，背任罪（刑 247）の適用が問題となるが，「本人」（刑 247）が誰を意味するのかなどの問題があった。他方，株式会社の清算人については，以前から特別背任罪の規定が設けられていた（商旧 486 II。会社 960 II 相当）。このような点を考慮して，立法者は，現行破産法 267 条に破産管財人等の特別背任罪の規定を設け，これを受けて，会社更生法 268 条を設けている。管財人の収賄罪の罰則強化 (272 参照) も同一の考え方にもとづくものである。ただし，背任罪および清算人の特別背任罪と異なって（刑 250，会社 962，商旧 488 参照），未遂処罰規定は置かれていない。以上は，条解破産法 1733，1734 頁による。
28) 背任罪に関する判例などに関して，条解破産法 1740 頁参照。

なお，詐欺更生罪（266）や特定の債権者等に対する担保の供与等の罪（267）と異なって，更生手続開始決定の確定が客観的処罰条件とはされていないから，保全管理命令から更生手続開始申立棄却決定までの間における保全管理人の行為や，更生手続開始決定からその取消決定の確定までの間における管財人の行為も処罰の対象となりうる。

第4項 情報収集を阻害する罪

更生手続を適正かつ迅速に進めるためには，更生会社の取締役等の関係人が裁判所や管財人などに対して的確な情報を提供することが必要である。そのために法は，様々な規定を設け，取締役等に対して情報提供を義務づけているが，取締役等がこれに反する行為をした場合には，一定の要件の下に刑事罰の制裁を科すこととしている。

1 報告および検査の拒絶等の罪

管財人などに対して報告義務を負う取締役等が報告を拒み，または虚偽の報告をしたときには，3年以下の懲役もしくは300万円以下の罰金に処し，またはこれを併科する（269 I ～ IV）。そして，この罪は，報告拒絶の主体と行為の内容に即して，以下の3類型に分けられる[29]。

(1) 更生会社または更生計画によって設立される会社の取締役等の報告拒絶または虚偽報告

第1は，更生会社の取締役，会計参与，監査役，執行役，会計監査人，清算人もしくは使用人その他の従業者もしくはこれらの者であった者または発起人，設立時取締役もしくは設立時監査役であった者が，管財人，保全管理人，監督委員または調査委員から，更生会社の業務および財産の状況について報告を求

---

[29] 旧会社更生法294条は，会社または新会社の取締役等が管財人等に対する報告または検査を拒み，または虚偽の報告をしたことに対する処罰を定め，平成16年改正前の現行会社更生法旧259条は，その基本的内容を受け継いでいた。これと比較すると，現行破産法268条の制定にあわせて改正された現行269条は，報告義務を負う者の範囲が拡大されたことにともない，処罰の対象となりうる者の範囲を拡張し，報告義務者の代表者等による報告または検査の拒絶や虚偽の報告も処罰の対象とし，法定刑の上限を引き上げたことなどの特徴がある。

なお，同一の更生手続の中で複数の報告拒絶等の行為がなされれば，併合罪になるが，数個の行為が1個の目的実現のために行われたと見られる場合には，包括一罪になるといわれる。条解破産法1753頁参照。

められた場合に（77Ⅰ前半部分・34Ⅰ・38・126），これに対する報告を拒み[30]，または虚偽[31]の報告をしたときである（269Ⅰ）。更生計画における新設分割（他の株式会社と共同してするものを除く。209ⅢⅡ・203Ⅰ⑤），株式移転（他の株式会社と共同してするものを除く。209ⅢⅡ・203Ⅰ⑤）または新会社の設立条項により設立された会社の設立時取締役，設立時監査役，取締役，会計参与，監査役，執行役，会計監査人，業務を執行する社員，清算人もしくは使用人その他の従業者またはこれらの者であった者が，管財人から，当該会社の業務および財産の状況について報告を求められた場合に（209Ⅲ前半部分），これに対する報告を拒み，または虚偽の報告をしたときも，同様である（269Ⅰ）。

これらの場合には，両罰規定は適用されない（275かっこ書）[32]。

さらに，管財人等に対して報告拒絶または虚偽報告をする主体が法人である場合の代表者，法人または個人である場合の代理人[33]，使用人その他の従業者が，その業務に関し，同様に報告拒絶または虚偽報告の行為を行った場合にも，処罰の対象となる（269Ⅱ）。この場合には，両罰規定の適用もある（275）。

---

30) 報告を拒むことにもとづく罪責に関しては，不利益供述強要禁止の原則（憲38Ⅰ）と守秘義務の問題がある。前者については，現行会社更生法269条に相当する旧破産法382条が「故ナク説明ヲ為サス」と規定していたこととの関係が問題となる。しかし，旧会社更生法294条は，旧破産法のような文言を用いておらず，現行破産法の解釈としても，「故ナク」との文言が存在しないことは，判断の実質に影響しないとされている（条解破産法1749頁）。現行破産法268条についてと同様に，会社更生法269条の解釈としても，更生手続の遂行にとって必要性の高い客観的事実については，たとえ報告義務者にとって自己が刑事訴追を受けるおそれがある事項であっても，報告拒絶罪の違法性は阻却されないと解されている。検査拒絶についても同様である。条解破産法1750頁参照。

他方，弁護士や公認会計士の守秘義務との衝突については，それが守秘義務の対象事項に該当する場合には，報告拒絶罪の違法性が阻却されると解されている。検査拒絶についても同様である。条解破産法1750頁参照。

31) 虚偽性の判断基準は，いわゆる主観説，すなわち報告者自らの体験として認識する内容と異なるかどうかに求められる。また，一部の事項を述べなかったことが虚偽報告に該当するかどうかは，それによって報告全体の意味内容が誤って認識されるかどうかによって決まることとなろう。以上について，条解破産法1751頁参照。

32) これは，報告を拒みまたは虚偽報告をした者が，その地位に固有のものとして報告等の義務を負うと考えられ，更生会社や更生計画によって設立された会社の責任を問う理由に乏しいと考えられたためである。条解破産法1744頁，大コンメンタール1156頁〔髙﨑秀雄〕参照。

33) ここでいう代理人は，私法上の代理人だけではなく，一定の事務を本人のために行う権限を与えられ，本人に代わってその事務を処理する者と解される。条解破産法1749頁参照。

(2) 更生会社または更生計画によって設立される会社の取締役等の検査拒絶

　第2は，更生会社の取締役，会計参与，監査役，執行役，会計監査人，清算人または使用人その他の従業者（これらの者であった者を除く）が，その更生会社の業務に関し，管財人，保全管理人，監督委員または調査委員による更生会社の帳簿，書類その他の物件の検査（77Ⅰ後半部分）を拒んだときである（269Ⅲ）。更生計画における新設分割（他の株式会社と共同してするものを除く。同209Ⅲ②・203Ⅰ⑤），株式移転（他の株式会社と共同してするものを除く。209Ⅲ②・203Ⅰ⑤）または新会社の設立条項により設立された会社の設立時取締役，設立時監査役，取締役，会計参与，監査役，執行役，会計監査人，業務を執行する社員，清算人または使用人その他の従業者（これらの者であった者を除く）が，その更生会社の業務に関し，管財人による当該会社の帳簿，書類その他の物件の検査（209Ⅲ後半部分）を拒んだときも，同様である（269Ⅲ）。これらの場合には，両罰規定の適用もある（275）。

(3) 更生会社の子会社の代表者等の報告拒絶，検査拒絶または虚偽報告

　第3は，更生会社の子会社（会社2③）の代表者等（269Ⅱ第1かっこ書）が，当該子会社の業務に関し，更生会社の管財人，保全管理人，監督委員または調査委員から，当該子会社の業務および財産の状況について報告を求められ，またはこれらの者が当該子会社の帳簿，書類その他の物件を検査するに際して（77Ⅱ），報告もしくは検査を拒み，または虚偽の報告をしたときである（269Ⅳ）。両罰規定の適用もある（275）。

2　業務および財産の状況に関する物件の隠滅等の罪

　更生手続開始の前後を問わず，債権者等または株主を害する目的で，会社の業務および財産の状況に関する帳簿，書類その他の物件[34]を隠滅し，偽造し，または変造した者は，会社について更生手続開始決定が確定したときは，3年以下の懲役もしくは300万円以下の罰金に処し，またはこれを併科する（270）。国外犯も処罰の対象になる（274Ⅰ，刑2）。両罰規定の適用もある（275）。

　管財人が更生会社の事業経営権および更生会社財産の管理処分権を行使するにあたっては，会社の業務および財産に関する帳簿などによってそれらの内容を正確に把握することが不可欠である。ここに掲げられている行為は，それを

---

34) ここでいう帳簿，書類その他の物件には，会計帳簿（会社432。売掛帳，買掛帳，伝票など）および計算書類等（会社442・435）が含まれる。

不可能または困難にするおそれを生じさせるものであるので，処罰の対象とされたものである[35]。処罰のためには，主観的違法要素たる債権者等または株主を害する目的と，客観的処罰条件たる更生手続開始決定の確定が必要であり，行為者の行為と処罰要件たる更生手続開始との間に事実上の牽連関係が求められることは，詐欺更生罪の場合（本書708頁）と同様である。

第5項　管財人等に対する職務妨害の罪

偽計または威力を用いて，管財人，管財人代理，保全管理人，保全管理人代理，監督委員または調査委員の職務[36]を妨害した者は，3年以下の懲役もしくは300万円以下の罰金に処し，またはこれを併科する（271）。管財人等の職務に対して妨害行為をすることは，業務妨害罪（刑233・234）として処罰の対象となりうる。しかし，更生手続の適正な遂行は，管財人等の職務にかかっており，その妨害に対して特別の刑事罰を科すのが適当であるとの判断にもとづいて，現行法によって創設されたものである[37]。国外犯も処罰の対象になる（274 I，刑2）。両罰規定の適用もある（275）。

第6項　贈 収 賄 罪

贈収賄罪は，手続的侵害罪の一つである[38]。公正にその職務を行うべき立場にある管財人，管財人代理，保全管理人，保全管理人代理，監督委員，調査委員または法律顧問が，その職務に関し，賄賂を収受し，またはその要求もしく

---

35) 旧法においては，詐欺更生罪の一類型として，商業帳簿の不作成等の行為が処罰の対象とされていた（旧会更290③）。現行法は，この種の行為が財産の隠匿等の手段として行われたときには，詐欺更生罪の対象となることを前提とし，そうでない場合にも，本条にあたる行為について処罰の対象とすることとしたものである。一問一答新しい破産法361頁，条解破産法1757頁，新会社更生法の基本構造241頁〔佐伯仁志〕参照。
36) 管財人等の行為としてなされている場合であっても，任務違背行為と評価されるようなものについては，処罰の対象とならない。条解破産法1768頁，大コンメンタール1168頁〔髙﨑秀雄〕。
37) 新会社更生法の基本構造241頁〔佐伯仁志〕，条解破産法1766頁。個別執行の場面における執行官等の職務に対する妨害を処罰の対象とする規定（刑96の3 I）と対応している。一問一答新しい破産法366頁参照。
38) 旧会社更生法292条は，収賄罪を，同法293条は贈賄罪を定め，平成16年改正前現行会社更生法257条および258条は，それを承継した規定を設けていたが，平成16年の現行破産法制定にあわせ，両者を統合し，かつ，罰則を強化するなどの改正が行われた。類似のものとして，清算人等に関する会社法967条および968条がある。

は約束をしたときは、3年以下の懲役もしくは300万円以下の罰金に処し、またはこれを併科する（272 I）。この場合に、その管財人等が不正の請託[39]を受けたときは、5年以下の懲役もしくは500万円以下の罰金に処し、またはこれを併科する（同 II）。管財人、保全管理人、監督委員または調査委員が法人である場合については、その職務を行う役員等についての規定が設けられている（同 III IV）。これらの者については、公務員の国外犯（刑4）の例に従う（274 II）。

また、更生債権者等、株主もしくは代理委員またはこれらの者の代理人、役員もしくは職員が、関係人集会の期日における議決権の行使または書面等投票による議決権の行使（189 II ②）に関して、不正の請託を受けて、賄賂の収受などの行為をすることも処罰の対象となる（272 V）[40]。日本国外においてこの罪を犯した者も、処罰の対象になる（274 III）。

以上、いずれの場合についても、収受した賄賂に関して没収および追徴の規定が置かれている（272 VI）。

また、収賄者に対応して、贈賄者側についても、処罰の規定が置かれている（273）。国外犯も処罰の対象となる（274 I、刑2）。両罰規定の適用もある（275）。

---

39) 不正の請託とは、これらの行為主体が違法な行為または裁量権の不当な行使を行うこと、または一定の正当な行為を行わないよう依頼することを意味する。条解破産法1774頁、大コンメンタール1171頁〔髙﨑秀雄〕。
40) 更生債権者等の議決権は、それらの者自身の利益のために行使されるものであるから、不正の請託がない場合までを処罰の対象とするのは行き過ぎであるとの判断にもとづいている。新会社更生法の基本構造241頁〔佐伯仁志〕、一問一答新しい破産法367頁参照。

第11章　更生手続と他の倒産処理手続との関係

　わが国の制度は，旧法以来の伝統を引き継いで，破産，民事再生，会社更生など複数の倒産処理手続を併存させる複数手続型をとり，単一手続型をとっていない。しかし，同一の債務者についての再生型手続と清算型手続の二重係属は，目的自体の抵触を生じさせるし，また，再生型に属する再生手続と更生手続の二重係属は，手続の重複を招き，合理性に欠ける。したがって，複数手続型の倒産処理法制にとって第1の課題は，更生手続を中心にしてみれば，再生型手続たる更生手続と清算型手続たる破産手続との間の優先劣後関係に関する規律を設けることである。第2章第4節第3項および第5章第3節第3項において述べた更生手続開始前後の破産手続の中止に関する規定がこれにあたり，また，同じく再生型手続に属する民事再生と会社更生との間の優先劣後関係も，この課題に属する。

　第2の課題は，破産手続から更生手続，更生手続から破産手続への移行，再生手続から更生手続および更生手続から再生手続への移行である。たとえば，更生手続がその目的を達しなかった場合には，清算型手続たる破産手続による処理に委ねざるをえないが，移行の過程において更生会社の財産の散逸などが生じることを防ぎ，先行手続と後行手続との間の連続性を確保することが必要になる。再生と清算という目的の差異こそあれ，いずれも倒産処理手続に属することに変わりはなく，継続事業価値実現のために保全されてきた更生会社の財産を公平な清算に充てるための措置を講じることが，この課題の内容である[1]。

　また，同じく事業の再生を目的とする事案で，いったん再生手続が開始されたときに，より強力な手続である更生手続に移行する場合もありうる。この場合には，事業の継続を基礎とした継続事業価値の実現と分配という目的は共通であり，先行した再生手続と後行の更生手続との間の連続性を確保することが，よりいっそう重要になる。なお，例外的ではあるが，更生手続から再生手続に

---

[1]　松下淳一「更生手続と破産手続・再生手続との間の移行に関する規定の整備」新会社更生法の基本構造245頁参照。全体については，同論文および高見進「手続間移行」講座(4) 91頁が詳しい。

移行する余地も認められている。

　第3の課題は，第2の課題たる手続間の移行を前提として，先行手続と後行手続との間の一体性を確保することである。たとえば，先行手続たる更生手続においてなされた更生債権等の届出などを後行手続たる破産手続における破産債権の届出とみなすことができるかどうかとか，更生債権等の確定のために行われている裁判手続を破産手続に引き継ぐことができるかどうかとか，あるいは更生手続における共益債権を破産手続における財団債権とみなすことができるかどうかなどの問題がある。先行の再生手続と後行の更生手続との間においても，同様の問題がある。

第1節　更生手続と他の倒産処理手続との優先劣後関係

　更生手続は，破産手続との関係では，再生型手続の清算型手続に対する優位という理由から優先性が認められ，再生手続との関係では，再生型の特別手続の一般手続に対する優位という理由から優先性が認められる。

第1項　破産手続に対する更生手続の優先——破産手続から更生手続への移行

　更生会社の事業の維持更生（1）がその清算に優先するなどの理由から，再生型たる更生手続は，破産手続や特別清算手続に優先する。そのことは，両者の申立てが競合した場合，またはすでに破産手続や特別清算手続が開始されている場合における，破産手続や特別清算手続に対する中止命令（24 I ①）に示される。また，更生手続開始決定による破産手続の当然中止や特別清算手続の失効の規定など（50 I），あるいは，更生計画認可決定による破産手続の失効（208本文）も，このような考え方にもとづくものである。

　すでに破産手続が開始されているときに，破産管財人が破産事件を取り扱う裁判所の許可をえて，破産会社について更生手続開始の申立てをすることができるのも（246 I）[2]，再生型手続の清算型手続に対する優先性を示すものである。破産事件を取り扱う裁判所は，更生手続によることが債権者の一般の利益

---

[2] 破産手続中の株式会社自身も更生手続開始の申立てをすることができるが，その場合には，株主総会の特別決議（会社309 II）を要する（19）。

に適合すると認める場合に限り，破産管財人による更生手続開始申立てを許可するとされていることは（同Ⅱ），再生型手続によって実現を期待される継続事業価値が破産手続による清算価値を上回ると判断されることを意味する。

したがって，破産管財人の申立てについての破産事件を取り扱う裁判所の許可は，更生手続開始の条件（41Ⅰ②）についての判断を実質的に先取りするものとなるところから，破産事件を取り扱う裁判所は，原則として，申立てについての決定をする前に，労働組合等の意見を聴かなければならない（246Ⅲ）。申立てに際して，更生手続開始の原因となる事実の疎明義務（20Ⅰ）が免除されていることも（246Ⅳ），同様の理由によるものである。

第2項　再生手続に対する更生手続の優先——再生手続から更生手続への移行

同じく再生型たる更生手続と再生手続との間の優先劣後関係については，特別手続たる更生手続が一般手続たる再生手続に優先することが規定されている（24Ⅰ①・50Ⅰ・208本文）[3]。すなわち，再生手続と更生手続の申立てが競合している場合，または再生手続が開始されている場合であっても，裁判所は，必要があると認めるときは[4]，利害関係人の申立てまたは職権で，更生手続開始の申立てについて決定があるまでの間，再生手続の中止を命じることができるし（24Ⅰ①），更生手続が開始されれば，再生手続は中止し（50Ⅰ），更生計画認可決定によって失効する（208本文）。

そして，再生手続の管財人が，破産管財人の更生手続開始申立権と同様に，再生事件を取り扱う裁判所の許可をえて，再生債務者である株式会社について更生手続開始の申立てをすることができるのも（248Ⅰ），更生手続の再生手続

---

3) もっとも，再生手続によることが債権者一般の利益に適合すると認めるときは，更生手続開始申立てを棄却する（41Ⅰ②。本書41頁）。その例として，株式会社の事業再生手段としての更生手続の一般的優位性を認めつつも，再生手続の進捗状況，再生債務者や担保権者の意向などを考慮して，更生手続開始申立てを棄却すべきものとした，大阪地決平成18・2・16判タ1223号302頁，大阪高決平成18・4・26判時1930号100頁，東京地決平成20・5・15判時2007号77頁，東京地決平成20・6・10判時2007号96頁がある。

4) 必要があると認めるかどうかの具体的判断要素は，宮川勝之ほか「民事再生手続から会社更生手続への移行に伴ういくつかの問題」銀行法務21　628号4頁（2004年）に詳しいが，一般的にいえば，再生手続を継続することが事業再生の見込みを危うくするとか，主要債権者の反対が明らかで，再生計画案可決の可能性がないこと，逆に，更生手続を開始することによってこれらの問題の解決が期待されるということになろう。

に対する優先性を示すものである[5]。再生事件を取り扱う裁判所は，更生手続によることが債権者の一般の利益に適合すると認める場合に限り，再生手続の管財人による更生手続開始申立てを許可するとされていることは（248Ⅱ），更生手続によって実現を期待される継続事業価値が再生手続によるそれを上回ると判断されることを意味する。

したがって，管財人の申立てについての再生事件を取り扱う裁判所の許可は，更生手続開始の条件（41Ⅰ②）についての判断を実質的に先取りするものとなるところから，再生事件を取り扱う裁判所は，原則として申立てについての決定をする前に，労働組合等の意見を聴かなければならない（248Ⅲ）。申立てに際して，更生手続開始の原因となる事実の疎明義務（20Ⅰ）が免除されていることも（248Ⅳ），同様の理由による。

第2節　更生手続から破産手続への移行

更生手続がその目的を達しない場合には，ほとんどの場合に，破産手続によって更生会社財産を清算する必要が生じる。したがって，更生手続の遂行を監督する裁判所は，この必要性を満たすために適時に破産手続を開始することができる。この場合の破産手続を講学上，牽連破産と呼ぶ。

第1項　更生手続終了にともなう職権による牽連破産

破産手続開始前の株式会社について，更生手続開始申立てを棄却する決定が確定したり（234①），更生手続開始決定取消決定が確定したり（同②），更生計画不認可決定が確定したり（同③），更生手続廃止決定が確定したり（同④）して，更生手続がその目的を達せずに終了した場合（同柱書）において，破産手続開始原因たる事実の存在が認められるときには，裁判所が職権で破産手続開始決定をする権限を与えられる（252Ⅰ本文）[6]。

5）　再生債務者である株式会社などの申立権は影響を受けない。破産手続中の会社と異なって，株主総会の特別決議（会社309Ⅱ）を要することはない（19参照）。特別清算手続や破産手続中の会社は，清算目的のために存立しているのであるから，その事業の再生を目指して更生手続開始の申立てをするのは，取締役会の通常の権限を越えているのに対して，再生手続中の会社については，このような前提を欠くためである。条解会更法（上）306頁参照。

これに対して，破産手続開始後の株式会社について，中止命令によって破産手続が中止（24 I ①）し，または更生手続開始決定により破産手続が中止（50 I）した後，更生手続開始申立棄却決定，更生手続廃止決定，更生計画不認可決定等の確定により更生手続が終了した場合には，中止していた破産手続を続行する。

さらに，破産手続開始後の株式会社について，更生計画認可決定によって破産手続が効力を失った後に（208本文）更生手続廃止決定（241 I）が確定した場合には，裁判所が職権による破産手続開始決定をすることを義務づけられるのは（252 II 本文），上記の必要性を満たすためである[7]。

もっとも，裁判所が職権で破産手続開始決定をするとしても，その間に株式会社の財産が散逸するなどのおそれがある。そこで裁判所は，以下の場合において，必要があると認めるときは，職権によって，他の手続の中止命令（破24 I），包括的禁止命令（破25 I II），財産保全処分（破28 I），保全管理命令（破91 I II）または否認権のための保全処分（破171 I）を命じることができる（253 I）[8]。

第1は，破産手続開始前の株式会社について更生手続開始申立ての棄却決定があった場合である（同①）。この場合でも，棄却決定が確定するまでは，裁判所は破産手続開始決定をすることができないから，その間について上記の保全処分等を発令する必要がある。

---

6) 当該株式会社についてすでに開始された再生手続がある場合は，この限りではない（252 I 但書）。更生手続開始によって中止された再生手続（50 I）があるときには，直ちに職権で牽連破産を開始するのではなく，再生手続を再び進行させる趣旨である（257参照）。

なお，更生計画認可後の牽連破産の場合には，民事再生法190条に対応する規定が会社更生法に存在しないために，更生計画にもとづく権利変更の効力（205 I）が原状に復することはない（241 III）。大阪高判平成17・7・28判例集未登載参照。

7) ただし，法251条1項後段の規定によって，破産手続開始申立てにもとづいて破産手続開始決定をする場合（本文第2項参照）は，この限りではない（252 II 但書）。職権による破産手続開始決定の必要性を欠くためである。

8) 職権による保全処分であるから，担保の提供を命じることは不適切であろう。また，役員の財産に対する保全処分（破177 II）は，ここに含まれていないので，通常の保全処分を利用するしかないが，検討の余地がある。松下・前掲論文（注7）249頁注10参照。

なお，破産手続開始決定後に事業を継続するときは，破産事件の係属裁判所の許可を要するため（破36），事前に破産事件係属裁判所と打ち合わせておく必要があるとの指摘がある（最新実務283頁）。

第 2 は，破産手続開始前の更生会社について更生手続開始の決定の取消し，更生手続廃止または更生計画不認可の決定が確定した場合である（同②）。これらの決定が確定するまでは，いったん開始した更生手続が継続するが，確定すると，更生手続が終了するので（234②〜④），保全処分等によって株式会社の財産の散逸を防ぐ必要が生じる[9]。

第 3 は，破産手続開始後の更生会社について更生計画認可の決定によって破産手続が効力を失った後に，更生計画遂行の見込みがないことが明らかになったことを理由とする更生手続廃止決定が確定した場合である（253 I③）。この場合にも，更生手続廃止決定の確定から職権で破産手続開始決定がなされるまでの間の財産の保全の必要が認められる。

職権による牽連破産開始決定をしないこととしたときは，これらの保全処分等（同①②）は取り消される（同Ⅱ）[10]。ただし，職権による牽連破産開始決定をすることが裁判所に義務づけられている上記第 3 の場合（252Ⅱ）においては，保全処分等（253 I③）を取り消す余地はない（同Ⅱ参照）。

また，更生手続開始申立てを棄却する決定を取り消す決定があったときは，原棄却決定を踏まえてなされた保全処分等は失効する（同Ⅲ）。

第 2 項　更生手続終了前の破産手続開始申立てにもとづく牽連破産

破産手続開始前の更生会社について，更生手続開始決定の取消し，更生手続廃止決定または更生計画不認可決定があった場合には，それらの決定が確定する前であっても，更生裁判所に当該更生会社についての破産手続開始申立てをすることが認められる（251 I 前段）。それらの決定が確定し，更生手続が終了する（234②〜④）までは，破産手続開始申立ては許されないのが原則であるが（50 I），その原則を変更し，職権による牽連破産を待たずに，申立てにもとづく牽連破産を認め，破産手続への円滑な移行の可能性を認めることを目的とす

---

[9] 再生手続の場合には，再生手続廃止決定や再生計画不認可決定があれば，保全処分の発令可能性が生じる（民再 251 I①）のに対して，更生手続の場合には，更生手続廃止決定や更生計画不認可決定の確定まで待たなければならない。その間は，管財人が更生会社財産を保全することになるが，更生手続開始決定から 1 年が経過している場合には，国税滞納処分との対応で問題が生じることがあるといわれる（50 ⅡⅢ参照）。

[10] この場合には，保全処分等の取消決定に対して一般に認められる即時抗告は認められない（253Ⅳ）。職権による牽連破産そのものが開始されないためである。

る[11]）。ただし，当該更生会社についてすでに開始された再生手続がある場合には，破産手続開始の申立ては許されない（251Ⅱ）。牽連破産を開始すべき理由がないからである。

後に述べる一体性との関係では，終了する更生手続と申立てにもとづいて開始される破産手続との連続性を実現することを通じて，一体性を確保しようとするものである[12]。

さらに，破産手続開始後の更生会社について，更生計画認可決定によって破産手続が効力を失った後に（208本文），更生計画遂行の見込みがないことが明らかになったことを理由として更生手続廃止決定があった場合（241Ⅰ）に，その決定の確定前に更生裁判所に当該更生会社についての破産手続開始申立てをすることができるとされるのも（251Ⅰ後段），同様の理由による。

ただし，いずれの場合であっても，破産手続開始決定は，更生手続廃止決定等が確定し，更生手続が終了した後でなければ，することができない（同Ⅲ）。

第3項　更生手続開始決定があった場合の破産事件の移送

以上は，更生手続終了後に職権または申立てにもとづいて牽連破産が開始される場合であるが，ある裁判所において破産手続開始の申立てがなされ，または破産手続が開始され，その後に別の裁判所において更生手続が開始されたことによって，破産手続が中止され（50Ⅰ），さらにその後に更生手続が失敗して廃止されるときには（236・241Ⅰ），中止されている破産手続を速やかに続行することが望ましい。そのための措置として，破産事件を取り扱う裁判所は，当該破産事件を処理するために相当であると認めるときは，職権で，あらかじめ当該破産事件を更生裁判所に移送し（250），更生手続終了後の破産手続の続行を円滑に行うための措置をとることができる[13]。

11）　更生手続廃止決定に対する即時抗告がなされ，その確定までに相当の時間を要するような事案において，破産手続開始の申立てを許し，保全処分などを通じて，更生手続と破産手続を架橋する趣旨である。松下・前掲論文（注1）247頁。
12）　更生手続開始前に破産手続開始申立てがなされ，更生計画認可決定による失効（208本文）前に更生手続が終了するときに，当該破産手続開始申立てにもとづく破産手続開始決定を行うことは，法251条とはかかわりなく可能であり，また終了する更生手続と開始される破産手続との連続性も認めることができる。再生手続と破産手続との関係について，一問一答新しい破産法414頁参照。

第3節　更生手続から再生手続への移行

　本章第1節第2項でみたように，更生手続は再生手続に優先するから，更生手続から再生手続への移行は，例外的ではあるが，株式会社について再生事件が係属している場合には，更生手続から再生手続への移行がありうる。すなわち，再生事件が係属している株式会社について，更生手続開始申立てを棄却する決定の確定（234①），更生手続開始決定を取り消す決定の確定（同②），更生計画不認可決定の確定（同③）のいずれかの事由によって更生手続が終了（同柱書）する場合または更生計画認可前の更生手続廃止（236・237Ⅰ）の場合には，中止命令によって中止されていた再生手続（24Ⅰ①）または更生手続開始決定によって中止されていた再生手続（50Ⅰ）が続行されることとなる（257参照）[14]。

第4節　先行手続と後行手続との一体性の確保

　第2節に述べた措置によって，更生手続から破産手続への移行が確保しうるとしても，両者がそれぞれ独立のものとされ，利害関係人の地位などが共通のものとして認められなければ，不公平な結果が生じる可能性があり，また円滑な移行が妨げられるおそれがある。そのような問題を解決するために，法は，以下のような措置を講じている。破産手続が先行し，更生手続が後行の手続として開始されることによって，破産手続が中止または失効する場合，また再生手続が先行し，更生手続が後行の手続として開始されることによって，再生手続が中止または失効する場合，更生手続が終了または廃止されることによって再生手続が続行される場合にも，同様の問題がある。

---

13) 移送制度の趣旨や相当性の判断については，松下・前掲論文（注1）247頁参照。一般的にいえば，更生手続が相当程度進行している場合には，更生事件を取り扱う裁判所が破産手続を進めるのが適当であろう。

14) ただし，実際上では，いったん更生手続が失敗したにもかかわらず，再生手続による事業の再生が成功することは考えにくいので，共益債権の引き継ぎの規定のみが設けられている。松下・前掲論文（注1）246頁。実務上でも，結局，破産手続に移行する（民再250）ことが多い。

第1項 財団債権の共益債権化，共益債権の財団債権化および共益債権（再生手続）の共益債権（更生手続）化，共益債権（更生手続）の共益債権（再生手続）化

以下では，破産手続から更生手続への移行にともなって，財団債権が共益債権化される場合，更生手続から破産手続への移行にともなって，共益債権が財団債権化される場合，再生手続から更生手続への移行にともなって，共益債権（再生手続）が共益債権（更生手続）化される場合，更生手続から再生手続への移行にともなって，共益債権（更生手続）が共益債権（再生手続）化される場合の4つを取り上げる。

1 財団債権の共益債権化

先行する破産手続は，更生手続開始決定によって中止し（50Ⅰ），更生計画認可決定によって失効する（208本文）。その場合に，破産手続における財団債権を更生手続においてどのように取り扱うかという問題が生じる。破産債権者のための共益的支出という性質をもち，随時弁済が認められている財団債権が，更生手続において保護されないとすることは，不公平な結果となるので，更生手続開始決定があったときは，共益債権とする（50Ⅸ①前半部分）。ただし，共益的費用性の薄い財団債権（破148Ⅰ③）は，共益債権化の対象から除外し（50Ⅸ①前半部分かっこ書前半部分），逆に，破産手続が開始されなかった場合でも共益的費用性の強い財団債権（破55Ⅱ・148Ⅳ）は，共益債権化する（50Ⅸ①前半部分かっこ書後半部分）。

2 共益債権の財団債権化

先行する更生手続が挫折し，牽連破産に移行した場合または中止されていた破産手続が続行される場合には，共益債権を財団債権とする（254Ⅵ）。これも，両者を一体の倒産処理手続として扱うことによって，利害関係人間の公平と円滑な手続の移行を担保するための措置である[15]。更生手続が開始された場合の共益債権は，すべて財団債権となるが，開始されなかった場合でも，共益的費

---

[15] 特に，先行した更生手続におけるDIPファイナンスによる共益債権の財団債権化が問題となる。瀬戸英雄「事業再生における資金調達」講座（3）139頁参照。もっとも，財団債権相互間の順位としては，破産債権者の共同の利益のためにする裁判上の費用（破148Ⅰ①）および破産財団の管理・換価および配当に関する費用（同②）に後れ，他の財団債権と平等な弁済を受けることになる（破152Ⅱ参照）。

用性の強い共益債権（62Ⅱ・128ⅠⅣ）は，財団債権となる（254Ⅵかっこ書）[16]。

3 共益債権（再生手続）の共益債権（更生手続）化

先行する再生手続が挫折し，更生手続に移行した場合には，共益債権（再生手続）を共益債権（更生手続）とする（50Ⅸ①後半部分）。再生手続の申立てはなされたが，再生手続が開始されなかった場合における共益的費用性の強い共益債権（民再50Ⅱ・120ⅢⅣ）も同様である（50Ⅸ①後半部分かっこ書）。これも，両者を一体の倒産処理手続として扱うことによって，利害関係人間の公平と円滑な手続の移行を担保するための措置である。

4 共益債権（更生手続）の共益債権（再生手続）化

3において述べたのと同様の考え方から，更生手続の終了または廃止によって再生手続が続行される場合には，共益債権（更生手続）は，再生手続における共益債権とする（257）。更生手続の申立てはなされたが，更生手続が開始されなかった場合にににおける共益的費用性の強い共益債権（62Ⅱ・128ⅡⅤ）も同様である（254Ⅵかっこ書・257）。

第2項 否認および相殺禁止の基準時等

更生手続，破産手続および再生手続における否認または相殺禁止の要件として，それぞれの手続開始申立てが基準とされていることがある（86Ⅰ②・Ⅱ Ⅲ・86の3Ⅰ①・Ⅲ・87Ⅱ・88Ⅰ・90・91Ⅱ・93Ⅱ・49Ⅰ④・Ⅱ②③・49の2Ⅰ④・Ⅱ②③，破160Ⅰ②・ⅡⅢ・162Ⅰ①・Ⅲ・163Ⅱ・164ⅠⅡ・166・167Ⅱ・170Ⅱ・71Ⅰ④・Ⅱ②③・72Ⅰ④・Ⅱ②③，民再127Ⅰ②・ⅠⅢ・127の3Ⅰ①・Ⅲ・93Ⅰ④・Ⅱ②③・93の2Ⅰ④・Ⅱ②③など）。そして，更生手続の場合には，更生手続開始申立てだけではなく，先行する破産手続や再生手続の開始申立ても，同様に，否認

---

[16] 再生手続から破産手続への移行の場合には，労働債権の優先性の確保のための措置として，破産手続開始日より前に再生手続開始決定があるときは，再生手続開始前3月間の給料の請求権が財団債権とされている（民再252Ⅴ）。牽連破産開始日より3月を起算すると（破149Ⅰ参照），共益債権性にもとづいて財団債権とされる部分（民再119②・252Ⅵ）と重複してしまい，労働債権保護の趣旨が害されることを考慮したものである。しかし，更生手続においては，更生手続開始前6月間の使用人の給料の請求権が共益債権とされ（130Ⅰ），その結果として牽連破産においても財団債権として扱われるため（254Ⅵ），民事再生法に対応する規定は置かれていない。一問一答新しい破産法419頁，本書第5章脚注130参照。

また，更生計画認可後の退職者の退職手当の請求の取扱いについて，本書480頁参照。

や相殺禁止の要件とされている。

ところが，更生手続から牽連破産に移行するときには，そもそも破産手続開始申立てが存在しない場合があるし，または破産手続開始申立てが存在する場合でも，それを基準として否認や相殺禁止の成否を決するのは，利害関係人間の公平に反し，むしろ先行する再生手続や更生手続における手続開始申立てを基準とする方が，公平を実現し，また破産財団の充実に資すると考えられる。破産手続から更生手続への移行，再生手続から更生手続への移行，更生手続から再生手続への移行の場合も同様である[17]。

1 更生手続から破産手続への移行における否認または相殺禁止の基準時

このような視点から，破産手続開始前の株式会社に関して，先行手続たる更生手続と後行手続たる牽連破産（254 I ①～④）においては，否認や相殺禁止の要件として破産手続開始申立てがかかわる破産法の規定（破産法の関係規定と呼ばれる）の適用については，更生手続開始申立て等（更生手続開始の申立て，更生手続の開始によって失効した特別清算手続における特別清算開始の申立て，更生計画認可決定によって失効した再生手続における再生手続開始の申立て，または詐欺破産罪〔破265〕の罪に該当することとなる当該株式会社の取締役等の行為）は，当該更生手続開始の申立て等の前に破産手続開始の申立てがないときに限り，破産手続開始の申立てとみなす（254 I 柱書）[18]。

また，破産手続開始後の更生会社に関しても，更生計画認可の決定によって破産手続が効力を失った後に更生計画が遂行される見込みがないことが明らかになったことを理由とする更生手続廃止決定（241 I）があった場合の破産手続開始申立て（251 I 後段）にもとづいて破産手続開始決定があったとき，または同様の状況において裁判所の職権による破産手続開始決定があったとき（252 II 本文）にも，否認や相殺禁止にかかる破産法の関連規定の適用については，更生計画認可の決定によって失効した破産手続における破産手続開始申立てがあった時に破産手続開始申立てがあったものとみなす（254 III）。

なお，破産手続における否認権の消滅時効については，破産手続開始の日か

---

17) ただし，再生手続開始や更生手続開始を破産手続開始に読み替える規定は存在しないので，破産手続開始後の債務の負担や破産債権の取得を理由とする相殺禁止規定（破71 I ①・72 I ①）に関して，解釈上の問題を生じる。東京高判平成24・3・14金法1943号119頁，伊藤眞「再生手続廃止後の牽連破産における合理的相殺期待の範囲」門口退官207頁参照。

ら2年を経過したときは，行使することができないと規定されている（破176前段）。しかし，更生手続から牽連破産に移行した場合に，牽連破産の開始日を基準として2年の時効期間を起算すると，受益者などを長く不安定な地位に置く結果となり，利害関係人間の公平に反する。そこで法は，破産手続開始前の株式会社について更生手続終了にともなって牽連破産が開始されたときには，更生手続開始決定日を破産手続開始決定日とみなし（254Ⅱ・①），更生手続に先行する再生手続が更生計画認可決定によって失効したときには，その再生手続開始決定日を破産手続開始決定日とみなす（同②）。

さらに，破産手続開始後の更生会社については，更生計画認可決定によって失効した当初の破産手続開始日をもって牽連破産の開始日とみなしている（同Ⅳ）[19]。

2 破産手続から更生手続への移行における否認または相殺禁止の基準時

破産手続が先行し，その後に更生手続が開始された場合の否認や相殺の基準時に関しては，先行する破産手続開始申立てが否認や相殺禁止の基準時とされ

---

[18] もちろん，先行する破産手続開始申立てがあれば，それが基準時となる。

平成16年改正前は，更生手続開始原因たる事実（17Ⅰ）が破産手続開始原因たる事実と異なっており，したがって，更生手続開始申立てを破産手続開始申立てと同視できないとの理由によって，更生手続開始決定を支払停止または破産手続開始申立てとみなすこととしていた（平成16年改正前11Ⅱ）。しかし，更生手続自体における否認や相殺禁止の要件として，更生手続開始申立てが基準とされることがあることを考えると，このような理由は合理性を認められないとの考え方から，現行法のように改められたものである。松下・前掲論文（注1）249頁，一問一答新しい破産法415頁参照。なお，取締役等の詐欺破産罪該当行為が破産手続開始の申立てとみなされるのは，民事再生法252条1項柱書かっこ書と同様であるが，会社財産を隠匿または損壊するなどの行為が利害関係人の利益を著しく害するために，これを更生手続開始や再生手続開始の申立てと同視し，その後に行われた行為の効力を覆滅しようとするためである。

また，更生手続開始後に更生債権者等たる金融機関が留置していた手形の取立てを行い，更生会社に対して債務を負担したときに，更生手続開始後の債務負担としてそれを受働債権とする相殺が禁止されるとすれば（49Ⅰ①。本書346頁），後に更生手続が廃止され，牽連破産に移行したとしても，なお相殺禁止の効力が引き継がれると考えられる（伊藤・前掲論文（注17）215，217頁）。このような場合には，相殺禁止の基準時として，更生手続開始を破産手続開始と同視することとなる。

[19] したがって，更生手続が2年以上継続していた場合には，その後の牽連破産手続において破産法上の否認権を新たに行使する余地はなく，否認権を行使できるのは，更生手続上の否認権行使にかかる訴訟や否認決定異議訴訟の中断，受継等の場合（52Ⅳ・256）に限られる。更生手続上の否認請求手続は，更生手続の終了により終了するため（96Ⅴ），牽連破産手続でこれを引き継いで否認権行使をすることはできない。

る（86Ⅰ②本文・ⅡⅢ・86の3Ⅰ①・Ⅲ・87Ⅱ・88Ⅰ・90・91Ⅱ・93Ⅱ・49Ⅰ④・Ⅱ②③・49の2Ⅰ④・Ⅱ②③など）。

また，否認権の消滅時効については，更生手続開始の日からではなく，破産手続開始の日から起算されるのも（98かっこ書），利害関係人に不合理な負担を生じさせるのを避けるためである。

3　再生手続から更生手続への移行における否認または相殺禁止の基準時

再生手続が先行し，その後に更生手続が開始された場合の否認や相殺の基準時に関しても，先行する再生手続開始申立てが否認や相殺禁止の基準時とされる（86Ⅰ②本文・ⅡⅢ・86の3Ⅰ①・Ⅲ・87Ⅱ・88Ⅰ・90・91Ⅱ・93Ⅱ・49Ⅰ④・Ⅱ②③・49の2Ⅰ④・Ⅱ②③など）。

また，否認権の消滅時効については，更生手続開始の日からではなく，再生手続開始の日から起算されるのも（98かっこ書），利害関係人に不合理な負担を生じさせるのを避けるためである。

4　更生手続から再生手続への移行における否認または相殺禁止の基準時

更生手続から再生手続に移行するのは，当該株式会社についてすでに再生手続が係属し，更生計画認可前の更生手続終了事由（234①～③）または廃止事由（236・237Ⅰ）の発生による再生手続の続行の場合に限られるから，否認や相殺禁止の基準時もその再生手続における規律により，また否認権の消滅時効も続行される再生手続の開始日によることとなるから，特別な規定は置かれていない[20]。

第3項　債権届出の再利用

更生手続，破産手続および再生手続の間に，それぞれ先行または後行の関係がある場合において，先行手続における債権の届出を後行手続における債権の届出とみなすことができれば，実際上，2つの手続を一体として取り扱ったのと同様の結果となり，手続の円滑な移行に資することができる[21]。

1　先行手続が更生手続であり，後行手続が破産手続である場合

裁判所は，更生手続が係属している株式会社について牽連破産の開始決定（254Ⅰ Ⅲ）をする場合において，終了した更生手続において届出があった更生

---

20) さらに再生手続から破産手続に移行する場合には，民事再生法252条の規定によることになる（伊藤925頁参照）。

債権等の内容および原因ならびに議決権の数，異議等（151 I本文）のある更生債権等の数，更生計画による権利の変更の有無および内容その他の事情を考慮して相当と認めるときは，更生債権等の届出をした破産債権者については，その破産債権の届出を要しない旨の決定をすることができる（255 I）。ただし，租税等の請求権および更生手続開始前の罰金等の請求権（142②）は，この決定の対象外である（255 I 第2かっこ書）。これらの請求権については，その届出や調査について特別の規定が設けられている（破114）ためである。

相当と認めるときの基準としては，内容に変動が予想されない更生債権が多数存在する場合には，積極の判断を，逆に債権の額等が変動していると予想される場合には，消極の判断をすることになる[22]。もちろん，この決定がなされたときであっても，当該破産債権者が債権届出期間（破111 I）内に届出をなした場合には，それにもとづいて破産債権の届出がなされたものと扱われる（255 VI）。

裁判所は，この決定をしたときは，破産手続開始決定の公告（破32 I）に，破産債権であって先行する更生手続において更生債権等としての届出があったものを有する破産債権者は，当該破産債権の届出をすることを要しない旨を掲げ，かつ，その旨を知れている破産債権者に通知しなければならない（255 II）。決定の効果として，更生債権等としての届出をした者（届出名義の変更を受けた者を含む）が，破産債権届出期間（破111 I）の初日に破産債権の届出をしたものとみなす（255 III）[23]。ただし，更生債権等と破産債権との取扱いの違いに応

---

21) 先行手続における債権調査の結果を後行手続において再利用することは認められない。ただし，更生債権者表，更生担保権者表，再生債権者表および破産債権者表の記載に認められる確定判決と同一の効力（206 III・235 I・238 VI，民再104 III・111・180 II・185 I・195 VII，破124 III・131・221 I）が，後行の手続に影響しうることは当然である。本書482頁参照。

22) 松下・前掲論文（注1）252頁参照。

23) 本文記載のもののほか，更生債権者等が更生手続において書面を送付する方法によってする通知または期日の呼出しを受けるべき場所の届出（会更規36 I ②・II ②）をもって，破産債権についての同様の事項（破規32 II ②）の届出事項とみなされる（会更規59 III）。対応する民事再生規則142条2項について，条解民再規299頁参照。

なお，先行する更生手続における更生債権等の届出による時効中断効は，更生手続廃止決定の確定，更生計画不認可決定の確定により更生手続が終了することにより消滅すると解されるが（民152参照），更生債権者表等において確定した更生債権等は，確定判決と同一の効力を生じる結果として（150 III・206 II・235・238 IV），時効期間は10年に延長されているので（民174の2 I），実際上の問題は生じないと思われる。

じて，届出内容に関するみなし規定が置かれている（同ⅣⅤ）。

(1) 更生債権等の議決権額および原因の届出にもとづく破産債権の額および原因の届出のみなし規定

　評価によって議決権額を定めるべき更生債権等のうち，金額または存続期間が不確定である定期金債権（136Ⅰ③ロ），非金銭債権（同ハ）および不確定金銭債権または外国通貨金銭債権（同ニ）の3つについては，更生債権等の届出内容としての各議決権額（138Ⅰ③・Ⅱ③）および各債権の原因（同Ⅰ①・Ⅱ①）をもって，それぞれの債権にかかる破産債権の額および原因の届出（破111Ⅰ①）とみなす（255Ⅳ①）。

　これらの債権は，いずれも破産手続開始時における評価額をもって破産債権額が定まるものであるから（破103Ⅱ①），同じく評価をもって定める更生債権等の議決権額の届出を利用し，あわせて債権の原因についても，更生債権等の届出内容を破産債権の原因の届出として利用するものである。

(2) 更生債権等の内容および原因の届出にもとづく破産債権の額および原因の届出のみなし規定

　(1)以外の更生債権等については，更生債権等としての内容としての額および原因の届出（138Ⅰ①・Ⅱ①）をもって，それぞれの債権にかかる破産債権の額および原因の届出（破111Ⅰ①）とみなす（255Ⅳ②）。これらの更生債権等の中には，期限未到来の債権（136Ⅰ①・③イ），条件付債権（同ホ）および将来の請求権（同ヘ）が含まれるが，これらは，破産手続における現在化（破103Ⅲ）および条件成就の取扱い（同Ⅳ）の対象となるから，更生債権等の内容としての額をそのまま破産債権としての額とみなすことができる。

(3) 更生債権等の議決権額の届出にもとづく劣後的破産債権の届出のみなし規定

　更生手続開始後に期限が到来すべき確定期限付債権で無利息のもの（136Ⅰ①），金額および存続期間が確定している定期金債権（同②）または更生手続開始後に期限が到来すべき不確定期限付債権で無利息のもの（同③イ）については，更生債権等の内容としての額（138Ⅰ①・Ⅱ①）および議決権額（同Ⅰ③・Ⅱ③）の届出をもって，届出があった更生債権等の内容としての額から届出のあった更生債権等についての議決権額を控除した額にかかる部分について劣後的破産債権の届出（破111Ⅰ③）とみなす（255Ⅳ③）。これらの更生債権等の議決

権額は，いずれも劣後的破産債権に相当する額を控除して定めるから，更生債権等の内容としての額と議決権額との差額をもって劣後的破産債権としての届出に利用するものである。

(4) 議決権を認められない更生債権等の内容の届出にもとづく劣後的破産債権の届出のみなし規定

更生手続開始後の利息の請求権（136Ⅱ①），更生手続開始後の不履行による損害賠償および違約金の請求権（同②）および更生手続参加の費用の請求権（同③）についての更生債権等の内容の届出をもって，劣後的破産債権である旨の届出（破111Ⅰ③）とみなす（255Ⅳ④）。議決権を認められないこれらの請求権は，破産手続において劣後的破産債権とされているために（破97①②⑦・99Ⅰ①），その内容の届出をもって劣後的破産債権としての届出に利用するものである。

(5) 優先的更生債権である旨の届出にもとづく優先的破産債権の届出のみなし規定

一般の優先権がある債権である旨の届出（138Ⅰ②）をもって，優先的破産債権である旨の届出（破111Ⅰ②）とみなす（255Ⅳ⑤）。優先的更生債権と優先的破産債権は，ともに一般の優先権を基礎としている点で共通性があるため，優先的更生債権としての届出を優先的破産債権としての届出に利用するものである。

(6) 約定劣後更生債権である旨の届出にもとづく約定劣後破産債権の届出のみなし規定

約定劣後更生債権である旨の届出（138Ⅰ②）をもって，約定劣後破産債権である旨の届出（破111Ⅰ③）とみなす（255Ⅳ⑥）。約定劣後更生債権と約定劣後破産債権は，ともに劣後的破産債権に後れる旨の合意がされた債権という点で共通性があるため（43Ⅳ①かっこ書，破99Ⅱ），約定劣後更生債権としての届出を約定劣後破産債権としての届出に利用するものである。

(7) 更生担保権の基礎たる担保権の被担保債権の更生債権としての議決権の額の届出にもとづく別除権行使による不足額の届出のみなし規定

更生会社の特定財産上の担保権の被担保債権である更生債権についての議決権額の届出（138Ⅰ③）をもって，別除権の行使によって弁済を受けることができないと見込まれる債権の額（破111Ⅱ②。いわゆる予定不足額）の届出とみなす

(255Ⅳ⑦)。ここでいう被担保債権のうち，更生手続開始時の目的物の時価によって担保されている部分，すなわち更生担保権となるべきもの（2Ⅹ）は，更生担保権としての届出がなされるので（138Ⅱ），更生債権としての届出がなされるのは，被担保債権のうちで更生担保権にならない部分である[24]。その届出事項のうち，議決権額の届出をもって，予定不足額の届出とみなすのは，予定不足額があくまで見込みにすぎず，最終的には，不足額の証明が求められる（破198Ⅲ）ためである。

（8） 更生債権および更生担保権としての届出にもとづく破産債権届出の合算のみなし規定

更生会社の特定財産上の担保権の被担保債権であって，更生債権としての届出および更生担保権としての届出の双方がなされたものについて届出があったものとみなされる破産債権の額は，それぞれの届出にもとづく破産債権の額を合算したものとする（255Ⅴ）。

両者は，実質的には，それぞれ目的物の価値によって担保されている部分と担保されていない部分に相当するが，破産債権となることには変わりがないので，これを合算して，破産債権としての届出に利用するものである。

2　先行手続が破産手続であり，後行手続が更生手続である場合

裁判所は，破産手続が係属している株式会社について更生手続開始決定をする場合において，中止することとなる破産手続（50Ⅰ）において届出があった破産債権の内容および原因，異議等（破125Ⅰ本文）のある破産債権の数，当該破産手続における配当の有無その他の事情を考慮して相当と認めるときは，更生手続開始決定と同時に，更生債権であって当該破産手続において破産債権としての届出があったものを有する更生債権者は，当該更生債権の届出をすることを要しない旨の決定をすることができる（247Ⅰ）。ただし，租税等の請求権（破97④）および罰金等の請求権（同⑥）は，この決定の対象外であるし（247Ⅰかっこ書），更生担保権は，別除権との性質の違いから，みなし届出の対象に含まれない。

相当と認めるときの基準としては，内容に変動が予想されない破産債権が多

---

[24]　更生手続においては，目的物の更生手続開始時における時価によって担保される部分は更生担保権となるために（2Ⅹ本文），それを超える更生債権部分と別除権の予定不足額との間に近似性が認められるためである。

数存在する場合には，積極の判断を，逆に債権の額等が変動していると予想される場合には，消極の判断をすることになる。もちろん，この決定がなされたときであっても，当該更生債権者が債権届出期間（138Ⅰ・42Ⅰ）中に届出をなした場合には，それにもとづいて更生債権の届出がなされたものと扱われる（247ⅢⅤ）。

裁判所は，この決定をしたときは，更生手続開始決定の公告（43Ⅰ）に，更生債権であって先行する破産手続において破産債権としての届出があったものを有する更生債権者は，当該更生債権の届出をすることを要しない旨を掲げ，かつ，その旨を知れている更生債権者に通知しなければならない（247Ⅱ）。決定の効果として，破産債権としての届出をした者（届出名義の変更を受けた者を含む）が，更生債権届出期間（138Ⅰ・42Ⅰ）の初日に更生債権の届出をしたものとみなす（247Ⅲ）[25]。ただし，破産債権と更生債権との取扱いの違いに応じて，届出内容に関するみなし規定が置かれている（同Ⅳ）。

(1) 劣後的破産債権としての破産債権の額および原因の届出にもとづく更生債権の届出のみなし規定

劣後的破産債権（破99Ⅰ）である旨の届出があった債権についての額および原因の届出（破111Ⅰ①）をもって，更生債権の内容としての額および原因の届出（138Ⅰ①）とみなす（247Ⅳ①）。この債権が別除権の被担保債権である場合には，別除権の行使によって弁済を受けることができないと見込まれる債権の額，いわゆる予定不足額の届出額が，更生債権の内容としての届出額とみなされる（同かっこ書前半部分）。

更生手続においては，劣後的更生債権や別除権の概念がなく，また，更生手続開始時の目的物の時価によって担保されている被担保債権の部分は，更生担保権となり，それを超える部分が更生債権となるために，これらの基礎となる破産債権の額および原因の届出にしたがって，更生債権の額および原因の届出として扱う趣旨である。

(2) 破産債権の額および原因の届出にもとづく更生債権の額および議決権額ならびに原因の届出のみなし規定

(1)以外の破産債権については，破産債権としての額および原因（破111Ⅰ

---

[25] 本文記載のもののほか，通知等を受けるべき場所の届出がみなされること（会更規59Ⅰ）は，注23に述べた会社更生規則59条3項の場合と実質的に同様である。

①）の届出をもって，それぞれの債権にかかる更生債権の内容としての額（138 Ⅰ①）および更生債権についての議決権額（同③）ならびに更生債権の原因の届出（同①）とみなす（247Ⅳ②）。この債権が別除権の被担保債権である場合には，予定不足額の届出額が，更生債権の内容としての届出額とみなされる（同①かっこ書後半部分）。

　一般の破産債権については，その届出にかかる額をもって更生債権としての額および議決権額の届出に利用し，届出にかかる原因をもって更生債権としての原因の届出に利用する趣旨である。

（3）　優先的破産債権の届出にもとづく優先的更生債権の届出のみなし規定

　優先的破産債権（破98Ⅰ）としての届出（破111Ⅰ②）をもって，優先的更生債権としての届出（138Ⅰ②）とみなす（247Ⅳ③）。優先的破産債権と優先的更生債権は，ともに一般の優先権を基礎としているため，前者の届出を後者の届出として利用する趣旨である。

（4）　約定劣後破産債権の届出にもとづく約定劣後更生債権の届出のみなし規定

　約定劣後破産債権（破99Ⅱ）としての届出（破111Ⅰ③）をもって，約定劣後更生債権である旨の届出（138Ⅰ②）とみなす（247Ⅳ④）。約定劣後破産債権と約定劣後更生債権は，ともに劣後的破産債権に後れる旨の合意がされた債権という点で共通性があるため（43Ⅳ①かっこ書，破99Ⅱ），約定劣後破産債権としての届出を約定劣後更生債権としての届出に利用するものである。

3　先行手続が再生手続であり，後行手続が更生手続である場合

　裁判所は，再生手続が係属している株式会社について更生手続開始決定をする場合において，中止することとなる再生手続（50Ⅰ）において届出があった再生債権の内容および原因，異議等（民再105Ⅰ本文）のある再生債権の数，再生計画による権利の変更の有無および内容その他の事情を考慮して相当と認めるときは，更生手続開始決定と同時に，更生債権であって当該再生手続において再生債権としての届出があったものを有する更生債権者は，当該更生債権の届出をすることを要しない旨の決定をすることができる（249Ⅰ）。ただし，再生手続開始前の罰金等（民再97①）は，この決定の対象外である（249Ⅰかっこ書）。

　相当と認めるときの基準としては，内容に変動が予想されない再生債権が多

数存在する場合には，積極の判断を，逆に債権の額等が変動していると予想される場合には，消極の判断をすることになる。もちろん，この決定がなされたときであっても，当該更生債権者が債権届出期間（138Ⅰ・42Ⅰ）中に届出をなした場合には，それにもとづいて更生債権の届出がなされたものと扱われる（249Ⅴ）。

　裁判所は，この決定をしたときは，更生手続開始決定の公告（43Ⅰ）に，更生債権であって先行する再生手続において再生債権としての届出があったものを有する更生債権者は，当該更生債権の届出をすることを要しない旨を掲げ，かつ，その旨を知れている更生債権者に通知しなければならない（249Ⅱ）。決定の効果として，再生債権としての届出をした者（届出名義の変更を受けた者を含む）が，更生債権届出期間（138Ⅰ・42Ⅰ）の初日に更生債権の届出をしたものとみなす（249Ⅲ）。ただし，再生債権と更生債権との取扱いの違いに応じて，届出内容に関するみなし規定が置かれている（249Ⅳ）。

　(1)　別除権の予定不足額の届出があった再生債権の額等の届出にもとづく更生債権の額等の届出のみなし規定

　別除権の予定不足額（民再94Ⅱ）の届出があった債権についての当該債権の額ならびに原因および議決権額の届出（民再94Ⅰ）をもって，更生債権の内容としての額ならびに原因（138Ⅰ①）および議決権額（同③）の届出とみなす（249Ⅳ①）。更生手続には，別除権の概念が存在せず，更生手続開始時の目的物の時価によって担保されている被担保債権の部分は，更生担保権となり，それを超える部分が更生債権となるために，別除権の予定不足額の届出内容を更生債権としての届出に利用しようとする趣旨である。

　(2)　再生債権の内容等の届出にもとづく更生債権の内容等の届出のみなし規定

　(1)以外の再生債権の内容および原因ならびに議決権額の届出（民再94Ⅰ）をもって，更生債権の内容および原因（138Ⅰ①）ならびに議決権額の届出（同①③）とみなす（249Ⅳ②）。これは，再生債権と一般の更生債権の間の共通性を理由として，前者の届出内容を後者の届出内容として利用する趣旨である。

　(3)　約定劣後再生債権の届出にもとづく約定劣後更生債権の届出のみなし規定

　約定劣後再生債権（民再35Ⅳ）としての届出（民再94Ⅰ）をもって，約定劣

後更生債権である旨の届出（138 I ②）とみなす（249 IV ③）。約定劣後再生債権と約定劣後更生債権は，ともに劣後的破産債権に後れる旨の合意がされた債権という点で共通性があるため（43 IV ①かっこ書，民再 35 IV かっこ書），約定劣後再生債権としての届出を約定劣後更生債権としての届出に利用するものである。

4 先行手続が更生手続であり，後行手続が再生手続である場合

これは，更生手続開始決定によって中止されている再生手続（50 I）について，更生計画認可に至らず更生手続が終了する場合（234 ①～③）または更生が困難なことを理由として更生手続が廃止される場合（236）もしくは更生手続開始原因が消滅したことを理由として更生手続が廃止される場合（237 I）において，再生手続が続行される場合であるが，法は，特段の規律を設けていないので，原則にしたがって，再生債権などの届出を要する。

第4項　先行手続における裁判手続の後行手続における帰趨等

更生手続においては，更生会社財産や更生債権等に関する争いの解決のために裁判手続が設けられているが，それらのうちのあるものについては，更生手続の終了とともに終了し，また，あるものについては，破産手続等の後行手続に引き継がれる。なお，破産手続や再生手続における裁判手続の更生手続における帰趨についても，基本的には同様の取扱いがなされる[26]。

1 否認権行使のための裁判手続の帰趨

否認権行使のための裁判手続の帰趨に関しても，更生手続から破産手続，破産手続から更生手続，再生手続から更生手続または更生手続から再生手続への4つの場面が分けられる。

(1) 先行手続が更生手続であり，後行手続が破産手続である場合

この場合には，以下のアないしエの4つの手続段階が分けられる。

ア　否認の請求

否認権行使の方法として否認の請求がなされ，その手続係属中に更生手続が終了したときには，否認の請求手続は，当然に終了する（96 V）[27]。否認の請求は，簡易・迅速な審理手続によって否認の成否を決するためのものであるから，これを牽連破産に引き継がせる必要性に乏しいと判断された結果である。

---

26) 基本的な考え方については，別冊 NBL 編集部編・新破産法の実務 Q&A 252 頁（2004年）参照。

イ　否認の請求を認容する決定に対する異議の訴え

この手続段階については，さらに以下のaとbとが分けられる。

　　a　更生手続開始決定を取り消す決定の確定（234②）または更生手続終結決定（同⑤）によって更生手続が終了した場合　　否認の請求を認容する決定（234②）に対する異議の訴えが係属中に，更生手続開始決定を取り消す決定の確定または更生手続終結決定（同⑤）によって更生手続が終了したときには，訴訟手続は終了する（97Ⅵ）。更生手続開始決定の取消決定の確定の場合には，否認権行使の基礎が存在しなかったとみられるし，更生手続終結決定の場合は，否認権行使の基礎が失われたとみられるからである[28]。

　　b　更生計画不認可決定の確定（234③）または更生手続廃止決定の確定（同④）によって更生手続が終了した場合　　否認の請求を認容する決定に対する異議の訴えが提起され，その訴訟係属中に，更生計画不認可決定の確定（234③）または更生手続廃止決定の確定（同④）によって更生手続が終了したときには，上記の訴訟手続は中断する（52Ⅳ。97Ⅵ参照）。

そして，その後に牽連破産（254Ⅰ各号・Ⅲ）の手続が開始されれば，破産管財人は上記の訴訟手続を受継することができる（256Ⅰ前段）[29]。受継の申立ては，相手方もすることができる（同後段）。この場合には，否認の成否をめぐって訴訟手続の中で裁判資料が形成されているので，これを牽連破産における異議の訴えにおいて利用することを可能にするための措置である。受継される訴訟についての相手方の訴訟費用請求権は，財団債権となる（同Ⅱ）。

ただし，牽連破産が開始されるかどうか不明なまま長期間にわたって訴訟手続を中断させておくのは望ましくないから，破産手続開始前の株式会社についての更生事件では，更生手続終了による中断の日から1月以内[30]に牽連破産（254Ⅰ各号）の開始決定がなされないと，上記の訴訟手続は終了する（256Ⅳ。52Ⅴかっこ書参照）[31]。また，破産管財人による受継がなされるまでに破産手続

---

27)　否認の請求を認容する決定がなされた後，それに対する異議の訴えが提起される前に更生手続が終了したときも，同様である。役員等の責任の査定決定の手続は，査定決定があったときは終了しないこと（100Ⅴかっこ書。本書699, 743頁）との違いがある。実務上では，否認の請求についての裁判にも相当の時間を要することなどを考えると，否認の請求の手続も，否認の請求を認容する決定があったときは，終了せず，破産手続における異議訴訟の手続に引き継がせることを検討する必要があろう。

28)　一問一答新しい破産法424頁参照。

29)　事例として，札幌地判平成17・4・15金商1217号6頁〔民事再生〕がある。

が終了したときには，上記の訴訟手続は終了する（256Ⅲ）。破産管財人による受継がなされたが，その訴訟係属中に破産手続が終了したときにも，その訴訟手続は終了する（破175Ⅵ）。

なお，更生手続の終了によって，中止していた破産手続（50Ⅰ）が続行するときも，以上に述べたのと同様である[32]。すなわち，続行される破産手続における破産管財人は上記の訴訟手続を受継することができる（256Ⅰ前段類推）。受継の申立ては，相手方もすることができる（同後段類推）。相手方の訴訟費用請求権が財団債権となること，一定の場合に上記の訴訟手続が終了することも，上記と同様である（同ⅡⅢ類推，破175Ⅵ。ただし，256Ⅳの対象とならないことについて，注31参照）。

　ウ　否認の訴えまたは抗弁として否認権が行使されている訴え

管財人が否認権の行使を請求原因として訴えを提起し，あるいは相手方からの訴えに対して否認権を抗弁として主張している場合に，その訴訟係属中に更生手続が終了するときには，これらの訴訟手続は，更生手続の終了によって中断する（52Ⅳ）。そして，その後に牽連破産が開始した場合には，破産管財人は上記の訴訟手続を受継することができる（破44Ⅱ前段類推）[33]。受継の申立て

---

30)　ただし，更生手続終了等にともなう破産手続開始前の保全処分等（253Ⅰ①②）または更生手続の終了にともなう破産手続開始決定申立て（254Ⅱ）にかかる破産手続における保全処分等がされていた期間があるときは，その期間は除かれる（256Ⅳかっこ書）。この期間は，実質的に破産手続の係属に準じる状態にあるとみられるためである。
31)　破産手続開始後の株式会社についての更生事件は，牽連破産が開始されないことによる終了の対象とならない（256Ⅳ参照）。これは，破産手続開始後の株式会社については，更生計画認可の決定により破産手続が効力を失う前（208参照）であれば，中止していた破産手続（50Ⅰ）が続行するし，更生計画認可の決定により破産手続が効力を失った後であれば，必ず牽連破産が開始される（252Ⅱ参照）ためである。
32)　破産手続開始後の株式会社について更生手続が開始されたため，それにともなって破産手続が中止した場合（50Ⅰ）において，更生計画不認可決定（199Ⅳ）の確定または更生計画認可前の更生手続廃止決定（236・237）の確定によって更生手続が終了したとき（234③④）である。これに対し，更生計画認可後の更生手続廃止決定（241）の確定によって更生手続が終了したときは（234④），中止していた破産手続は効力を失っているから（208），新たに牽連破産が開始されることになる（252Ⅱ参照）。
33)　破産管財人が受継した場合には，破産管財人は，破産法の規定にしたがって，否認権の主張をすることができる。これに対し，牽連破産が開始されずに更生会社であった株式会社が受継（52Ⅴ）した場合には，当該株式会社は，否認権にかかる主張をすることはできなくなり，他の攻撃防御方法に変更する必要がある。新会社更生法の基本構造254頁〔松下淳一〕。

は，相手方もすることができる（同後段類推）。相手方の訴訟費用請求権は財団債権となる（同Ⅲ類推）。

　　エ　更生手続開始時に係属していた否認関係訴訟

　破産手続や再生手続を経て，新たに牽連破産が開始された場合には，破産管財人に受継義務が課され，また相手方にも受継申立権が認められる（52の2Ⅴ）。これらの訴訟について適格を有する破産管財人に訴訟手続を続行させる趣旨である。

　更生手続の終了によって，中止していた破産手続（50Ⅰ）が続行するときも，基本的に以上に述べたのと同様であるが，更生手続上の管財人による受継があるまでに更生手続が終了したときは，中止していた破産手続上の破産管財人が当然に訴訟手続を受継する（52の2Ⅵ）。

(2)　先行手続が破産手続であり，後行手続が更生手続である場合

　この場合には，以下のアないしウの手続段階が分けられる。

　　ア　否認の請求

　否認権行使の方法として否認の請求がなされ，その手続係属中に更生手続開始決定がなされた場合には，破産手続の中止（50Ⅰ）にともなって否認の請求手続も中止する。その後，更生計画認可決定により破産手続が終了したとき（208）には，中止していた否認の請求手続は，当然に終了する（破174Ⅴ）。否認の請求は，簡易・迅速な審理手続によって否認の成否を決するためのものであるから，これを更生手続に引き継がせる必要性に乏しいと判断された結果である。

　更生計画不認可決定（199Ⅳ）の確定または更生計画認可前の更生手続廃止決定（236・237）の確定によって更生手続が終了したとき（234③④）には，中止していた破産手続（50Ⅰ）が続行するから，それにともなって中止していた否認の請求手続も続行する。

　　イ　否認の請求を認容する決定に対する異議の訴え

　否認の請求を認容する決定がなされ，それに対する異議の訴えが係属中に，更生手続開始決定がなされたときは，その訴訟手続は中断する（52の2Ⅰ）。そして，管財人による受継および相手方からの受継申立ての余地が認められる（同Ⅱ）。受継される訴訟についての相手方の訴訟費用請求権は，共益債権とする（同Ⅲ）。

管財人による受継があった後に更生手続が終了したときは，上記の訴訟手続は中断し（同Ⅳ），続行される破産手続または開始される牽連破産の破産管財人に受継義務が課され，また相手方にも受継申立権が認められる（同Ⅴ）。

また，更生手続の管財人による受継があるまでに更生手続が終了したときは，続行される破産手続または開始される牽連破産の破産管財人が当然に訴訟手続を受継する（同Ⅵ）。上記のことは，更生計画認可決定によって破産手続が失効し（208），新たに破産手続が開始される場合（251Ⅰ後段・252Ⅱ）でも同様と解される。

　ウ　否認の訴えまたは抗弁として否認権が行使されている訴え

破産管財人が否認権の行使を請求原因として訴えを提起し，あるいは相手方からの訴えに対して抗弁として否認権を主張している場合に，その訴訟係属中に更生手続が開始されたときの扱いは，上記イと同様である（52の2Ⅰ～Ⅵ）。

（3）先行手続が再生手続であり，後行手続が更生手続である場合

この場合には，以下のアないしウの手続段階が分けられる。

　ア　否認の請求

否認権行使の方法として否認の請求がなされ，その手続係属中に更生手続開始決定がなされた場合には，再生手続の中止（50Ⅰ）にともなって否認の請求手続も中止する[34]。その後，更生計画認可決定により再生手続が終了したとき（208）には，中止していた否認の請求手続は，当然に終了する（民再136Ⅴ）。否認の請求は，簡易・迅速な審理手続によって否認の成否を決するためのものであるから，これを更生手続に引き継がせる必要性に乏しいと判断された結果である。

更生計画不認可決定（199Ⅳ）の確定または更生計画認可前の更生手続廃止決定（236・237）の確定によって更生手続が終了したとき（234③④）には，中止していた再生手続（50Ⅰ）が続行するから，それにともなって中止していた否認の請求手続も続行する。

　イ　否認の請求を認容する決定に対する異議の訴え

否認の請求を認容する決定がなされ，それに対する異議の訴えの係属中に，更生手続開始決定がなされたときは，その訴訟手続は中断する（52の2Ⅰ）。そ

34）否認の請求を認容する決定がなされた後，それに対する異議の訴えが提起される前に更生手続開始がなされたときも，同様である。

して，管財人は上記の訴訟手続を受継することができる（同Ⅱ前段）。受継の申立ては，相手方もすることができる（同後段）。受継される訴訟についての相手方の訴訟費用請求権は，共益債権となる（同Ⅲ）。

　　ウ　否認の訴えまたは抗弁として否認権が行使されている訴え

　再生手続上の管財人または否認権限を有する監督委員が否認権の行使を請求原因として訴えを提起し，あるいは再生手続上の管財人が相手方からの訴えに対して抗弁として否認権を主張している場合（民再135ⅠⅢ参照）に，その訴訟係属中に更生手続が開始されたときの扱いは，上記イと同様である。

　(4)　先行手続が更生手続であり，後行手続が再生手続である場合

　この場合については，先に債権届出の利用について述べた（第3項4）のと同様に，特別の規律が置かれていない。

　したがって，否認の請求手続は，更生手続終了とともに終了する（96Ⅴ。上記(1)ア参照）。否認の請求を認容する決定に対する異議の訴えにかかる訴訟手続は，更生手続開始決定を取り消す決定の確定（234②）または更生手続終結決定（同⑤）によって更生手続が終了したときは，終了する（97Ⅵ。前記(1)イa参照）。それ以外の事由により終了したときには中断し（52Ⅳ），再生手続上の管財人または否認権限を有する監督委員が受継する（民再140Ⅰ類推）。受継される訴訟についての相手方の訴訟費用請求権は，共益債権となる（同Ⅱ類推）。

　否認の訴えにかかる訴訟手続は，更生手続の終了によって中断し（52Ⅳ），再生手続上の管財人または否認権限を有する監督委員が受継する（民再140Ⅰ類推）。抗弁として否認権が行使されている訴えにかかる訴訟手続は，更生手続の終了によって中断し（52Ⅳ），再生手続上の管財人が選任されているときは管財人が（民再140Ⅰ類推），選任されていないときは再生債務者が受継する（52Ⅴ）。受継される訴訟についての相手方の訴訟費用請求権は，共益債権となる（民再140Ⅱ類推，257・127⑤）。

　また，更生手続開始時に係属していた詐害行為取消訴訟または民事再生法の規定にもとづく否認訴訟もしくは否認の請求を認容する決定に対する異議の訴えが更生手続開始とともに中断し（52の2Ⅰ），それを管財人が受継していた場合（同Ⅱ）には，当該訴訟手続は，更生手続の終了とともに再び中断し（同Ⅳ），再生手続上の管財人または否認権限を有する監督委員が受継する（民再140Ⅰ類推）。ただし，更生手続上の管財人による受継があるまでに更生手続が終了し，

中止していた再生手続（50Ⅰ）が続行するときは，中止していた再生手続上の管財人または否認権限を有する監督委員が当然に訴訟手続を受継する（52の2Ⅵ）。いずれの場合でも，受継される訴訟についての相手方の訴訟費用請求権は，共益債権となる（257・127⑤）。

2 役員の責任にもとづく損害賠償請求権に関する裁判手続の帰趨

役員の責任にもとづく損害賠償請求権に関する裁判手続の帰趨についても，更生手続から破産手続，破産手続から更生手続，再生手続から更生手続または更生手続から再生手続への4つの場面が分けられる。

(1) 先行手続が更生手続であり，後行手続が破産手続である場合

この場合には，以下のアおよびイの手続段階が分けられる。

ア 役員等責任査定決定の手続

役員等責任査定決定の手続の係属中に更生手続が終了した場合には，役員等責任査定決定の手続（役員等責任査定決定があった後のものを除く）は，当然に終了する（100Ⅴ）。役員等責任査定決定の手続は，簡易・迅速な審理手続によって否認の成否を決するためのものであるから，これを牽連破産に引き継がせる必要性に乏しいと判断された結果である。

これに対し，更生手続において役員等責任査定決定がなされた後，それに対する異議の訴えが提起される前に更生手続が終了した場合において，その後に牽連破産が開始されたときには，提訴期間（102Ⅰ）内に限り，破産管財人は，中断の場合に準じて受継の申立てとともに異議の訴えを提起することができ（破44Ⅱ前段類推），相手方も，破産管財人に対して受継の申立てとともに異議の訴えを提起することができる（同後段類推）。異議の訴えについての相手方の訴訟費用請求権は，共益債権となる（破148Ⅰ④）。提訴期間内に異議の訴えが提起されなかったときは，役員等責任査定決定は牽連破産手続においても効力を有する（103参照）。

以上に述べたことは，更生手続の終了によって，中止していた破産手続（50Ⅰ）が続行するときも，同様である。

イ 役員等責任査定決定に対する異議の訴え

役員等責任査定決定がなされ，それに対して管財人または役員等が提起した異議の訴えの係属中に，更生手続が終了したときは，その訴訟手続は中断する（52Ⅳ）。そして，その後に牽連破産が開始された場合には，破産管財人は上記

の訴訟手続を受継することができる（破44Ⅱ前段類推）。受継の申立ては，相手方もすることができる（同後段類推）。受継される訴訟についての相手方の訴訟費用請求権は，財団債権となる（同Ⅲ類推）。

以上に述べたことは，更生手続の終了によって，中止していた破産手続（50Ⅰ）が続行するときも，同様である。

(2)　先行手続が破産手続であり，後行手続が更生手続である場合

この場合には，以下のアおよびイの手続段階が分けられる。

　ア　役員責任査定決定の手続

役員責任査定決定の手続の係属中に更生手続開始決定がなされた場合には，破産手続の中止（50Ⅰ）にともなって役員責任査定決定の手続も中止する。

その後，更生計画認可決定により破産手続が終了したとき（208）には，中止していた役員責任査定決定の手続（役員責任査定決定があった後のものを除く）は，当然に終了する（破178Ⅴ）。役員責任査定決定の手続は，簡易・迅速な審理手続によって損害賠償請求権の存否を決するためのものであるから，これを更生手続に引き継がせる必要性に乏しいと判断された結果である。

更生計画不認可決定（199Ⅳ）の確定または更生計画認可前の更生手続廃止決定（236・237）の確定によって更生手続が終了したとき（234③④）には，中止していた破産手続（50Ⅰ）が続行するから，それにともなって中止していた役員責任査定決定の手続も続行する。

これに対し，破産手続下で役員責任査定決定がなされ，それに対する異議の訴えが提起される前に更生手続開始決定がなされた場合には，提訴期間（破180Ⅰ）内に限り，更生手続上の管財人は，中断の場合に準じて受継の申立てとともに異議の訴えを提起することができ（52Ⅱ前段類推），相手方も，管財人に対して受継の申立てとともに異議の訴えを提起することができる（同後段類推）。異議の訴えについての相手方の訴訟費用請求権は，共益債権となる（127⑤）。提訴期間内に異議の訴えが提起されなかったときは，役員責任査定決定は更生手続においても効力を有する（破181参照）。

　イ　役員責任査定決定に対する異議の訴え

役員責任査定決定がなされ，それに対して破産管財人または役員が提起した異議の訴えの係属中に，更生手続開始決定がなされたときは，その訴訟手続は中断する（52Ⅰ）。そして，管財人は上記の訴訟手続を受継することができる

(同Ⅱ前段)。受継の申立ては，相手方もすることができる（同後段）。受継される訴訟についての相手方の訴訟費用請求権は，共益債権となる（同Ⅲ）。

(3) 先行手続が再生手続であり，後行手続が更生手続である場合

この場合には，以下のアおよびイの手続段階が分けられる。

ア 役員責任査定決定の手続

役員責任査定決定の手続の係属中に更生手続開始決定がなされた場合には，再生手続の中止（50Ⅰ）にともなって役員責任査定決定の手続も中止する。

その後，更生計画認可決定により再生手続が終了したとき（208）には，中止していた役員責任査定決定の手続（役員責任査定決定があった後のものを除く）は，当然に終了する（民再143Ⅵ）。役員責任査定決定の手続は，簡易・迅速な審理手続によって損害賠償請求権の存否を決するためのものであるから，これを更生手続に引き継がせる必要性に乏しいと判断された結果である。

更生計画不認可決定（199Ⅳ）の確定または更生計画認可前の更生手続廃止決定（236・237）の確定によって更生手続が終了したとき（234③④）には，中止していた再生手続（50Ⅰ）が続行するから，それにともなって中止していた役員責任査定決定の手続も続行する。

これに対し，再生手続下で役員責任査定決定がなされ，それに対する異議の訴えが提起される前に更生手続開始決定がなされた場合には，提訴期間（民再145Ⅰ）内に限り，更生手続上の管財人は，中断の場合に準じて受継の申立てとともに異議の訴えを提起することができ（52Ⅱ前段類推），相手方も，管財人に対して受継の申立てとともに異議の訴えを提起することができる（同後段類推）。異議の訴えについての相手方の訴訟費用請求権は，共益債権となる（127⑤）。提訴期間内に異議の訴えが提起されなかったときは，役員責任査定決定は更生手続においても効力を有する（民再147参照）。

イ 役員責任査定決定に対する異議の訴え

役員責任査定決定がなされ，それに対する異議の訴えの係属中に，更生手続開始決定がなされたときは，その訴訟手続は中断する（52Ⅰ）。そして，管財人は上記の訴訟手続を受継することができる（同Ⅱ前段）。受継の申立ては，相手方もすることができる（同後段）。受継される訴訟についての相手方の訴訟費用請求権は，共益債権となる（同Ⅲ）。

(4) 先行手続が更生手続であり，後行手続が再生手続である場合

この場合については，先に債権届出の利用について述べた（第3項4）のと同様に，特別の規律が置かれていない。

したがって，更生手続終了とともに役員等責任査定決定の手続（役員等責任査定決定があった後のものを除く）は終了する（100 V）。

更生手続において役員等責任査定決定がなされた後，それに対する異議の訴えが提起される前に更生手続が終了したときには，提訴期間（102 I）内に限り，再生債務者等[35]は，中断の場合に準じて受継の申立てとともに異議の訴えを提起することができ（52 V 前段類推），相手方も，再生債務者等に対して受継の申立てとともに異議の訴えを提起することができる（同後段類推）。異議の訴えについての相手方の訴訟費用請求権は，共益債権となる（民再119⑤）。

役員等責任査定決定に対する異議の訴えにかかる訴訟手続は，更生手続が終了したときは，中断し（52 IV），再生手続が続行されることにともない，再生債務者等が受継する（同 V）。受継される訴訟についての相手方の訴訟費用請求権は，共益債権となる（257・127⑤）。

3 更生債権等，破産債権または再生債権の確定のための裁判手続の帰趨

これらの権利については，更生手続，破産手続または再生手続のそれぞれにおいて，その存否および内容を確定するための裁判手続が設けられているが，手続の移行の場面でその帰趨が問題となる。

(1) 先行手続が更生手続であり，後行手続が破産手続である場合

この場合には，以下のアおよびイの手続段階が分けられる。

　ア　更生債権等査定申立ての手続および価額決定の申立ての手続

これらの手続は，更生計画認可決定前に更生手続が終了した場合には，その目的を失って終了し（163 I 前半部分），更生計画認可決定後に更生手続が終了した場合には，中断・受継（163 II・52 IV V）または引き続き係属する（163 I 後半部分）ことになるが（本書700頁参照），その場合でも，その後に牽連破産（254 I 各号・III）の手続が開始されれば，これらの手続は終了する（256 V 前

---

35) 再生債務者が監査役設置会社であれば，監査役（会社386 I）が，委員会設置会社であれば，監査委員（会社408 I ②）が，それ以外の会社であれば，代表取締役（会社349 IV）またはその訴えについて会社を代表する者として定められる者（会社353・364・408 I ①）が会社を代表して，受継の手続をすることになろう（新注釈民再法（上）821頁〔阿多博文〕，条解民再法671頁〔中島弘雅〕，江頭456頁参照）。

段)[36]。更生手続における簡易・迅速な審理手続であるこれらの手続を破産手続に引き継がせる合理性に欠けるためである。また，更生計画認可決定後に更生手続が終了し，その後に更生債権等査定申立てについての決定があった場合であっても，牽連破産の手続が開始されたときには，更生債権等査定異議の訴えを提起することはできない（同後段）。

イ　更生債権等査定異議の訴えにかかる訴訟手続または異議等のある更生債権等に関して受継された訴訟手続

これらの手続の破産手続における帰趨については，更生手続終了の時期に応じてaおよびbが，訴訟の目的または当事者の属性に応じてcが分けられる。

　　a　更生計画認可決定前に更生手続が終了した場合　これらの手続が中断する（52Ⅳ〔管財人が当事者である場合〕・163Ⅳ前半部分・同Ⅴ前半部分〔管財人が当事者でない場合〕）ことは，前に述べたとおりである（本書701頁参照）。

そして，中断した訴訟手続のうち破産債権に関するものは，その後に新たに開始される牽連破産または続行される破産手続において，破産債権に関する訴訟として受継されることがある（破127Ⅰ・129Ⅱ）。受継される訴訟についての相手方の訴訟費用請求権は，共益債権となる（254Ⅵ・127⑤，破148Ⅰ④）。ただし，破産手続開始前の株式会社についての更生事件では，更生債権等査定異議の訴えにかかる訴訟手続であって管財人が当事者でないものは，更生手続終了による中断の日から1月以内（注30参照）に牽連破産（254Ⅰ各号）の開始決定がなされないと終了する（256ⅥⅣ）。

　　b　更生計画認可決定後に更生手続が終了した場合　これらの手続で管財人が当事者であるものが中断し（52Ⅳ），管財人が当事者でないものが引き続き係属する（163Ⅳ後半部分・同Ⅴ後半部分）ことは，前に述べたとおりであるが（本書701頁参照），引き続き係属する手続であっても，その後に牽連破産の手続が開始することによって中断する（破44Ⅰ類推）。そして，中断した訴訟手

---

[36]　更生債権等査定申立てについての決定がなされた後，更生債権等査定異議の訴えが提起される前に牽連破産の手続が開始されたときも，同様である。価額決定がされ，それに対する即時抗告が提起される前または即時抗告の係属中に更生手続開始がなされたときも，同様である。役員等の責任の査定決定の手続は，査定決定があったときは終了しないこと（100Ⅴかっこ書。本書699，743頁）との違いがある。更生債権に限っていえば，その確定手続を破産手続において継続することも立法論として考えられるが，現行法の下では，査定決定を事実上の資料とするにとどめざるをえない。

続のうち破産債権に関するものは，牽連破産において，破産債権に関する訴訟として受継されることがある（破 127 I・129 II）。受継される訴訟についての相手方の訴訟費用請求権は，共益債権となる（254 VI・127 ⑤，破 148 I ④）。

　　c　破産債権に関しない場合または異議者等である当事者が株主のみである場合　以上のとおり更生手続の終了によって中断し，または更生手続の終了にかかわらず引き続き係属する訴訟のうち，更生担保権の査定申立てについての決定に対する異議の訴えなど破産債権に関しない更生債権等査定異議の訴えは，その目的を失って終了し，更生債権に関する更生債権等査定異議の訴えであっても，異議者等（151 I 第 3 かっこ書）である当事者（151 I・152 IV 参照）が株主のみであるものについては，その当事者適格を破産管財人や破産債権者が承継しないとすれば，終了すると解されるが，前者については，破産手続における担保権不存在確認訴訟として，後者については，異議者の地位の承継を認めて破産債権に関する訴訟（破 127）としての受継の可能性があろう。

(2)　先行手続が破産手続であり，後行手続が更生手続である場合

　この場合には，以下のアおよびイの手続段階が分けられる。

　　ア　破産債権査定申立ての手続

　破産債権査定申立ての手続の係属中に更生手続開始決定がなされた場合には，破産手続の中止（50 I）にともなって破産債権査定申立ての手続も中止する。破産債権査定申立ての手続は，更生手続において引き継ぐことはできない。簡易・迅速な審理手続である破産債権査定申立ての手続を更生手続に引き継がせる必要性に乏しいためである。

　更生計画不認可決定（199 IV）の確定または更生計画認可前の更生手続廃止決定（236・237）の確定によって更生手続が終了したとき（234 ③④）には，中止していた破産手続（50 I）が続行するから，それにともなって中止していた破産債権査定申立ての手続も続行するが，更生計画認可決定により破産手続が終了したとき（208）には，中止していた破産債権査定申立ての手続は，その目的を失って終了する（破 133 I 前半部分類推）。

　以上に述べたことは，破産手続下で破産債権査定申立てについての決定がなされ，それに対する異議の訴え（破産債権査定異議の訴え）が提起される前に更生手続開始決定がなされた場合も，同様である。役員責任査定の手続の場合のように，役員責任査定決定があった場合に手続が存続する旨の規定（破 178 V

かっこ書）が存在しないからである。

　　イ　破産債権査定異議の訴えにかかる訴訟手続または異議等のある破産債権に関して受継された訴訟手続

　破産債権査定異議の訴えが提起され，その訴訟係属中，更生手続開始決定がなされた場合には，その訴訟手続は中断する（52Ⅰ）。そして，上記の訴訟手続は，更生手続において，更生債権等に関する訴訟として受継されることがある（156Ⅰ）。受継される訴訟についての相手方の訴訟費用請求権は，共益債権となる（127⑤・50Ⅸ①，破148Ⅰ④）。

　異議等のある破産債権に関して受継された訴訟手続（破127Ⅰ・129Ⅱ）の係属中に更生手続開始決定がなされた場合も，以上と同様である（52Ⅰ・156Ⅰ・158Ⅱ）。

　(3)　先行手続が再生手続であり，後行手続が更生手続である場合
　この場合には，以下のアおよびイの手続段階が分けられる。
　　ア　再生債権査定申立ての手続

　再生債権査定申立ての手続の係属中に更生手続開始決定がなされた場合には，再生手続の中止（50Ⅰ）にともなって再生債権査定申立ての手続も中止する。再生債権査定申立ての手続は，更生手続において引き継ぐことはできない。簡易・迅速な審理手続である再生債権査定申立ての手続を更生手続に引き継がせる必要性に乏しいためである。

　更生計画不認可決定（199Ⅳ）の確定または更生計画認可前の更生手続廃止決定（236・237）の確定によって更生手続が終了したとき（234③④）には，中止していた再生手続（50Ⅰ）が続行するから，それにともなって中止していた再生債権査定申立ての手続も続行するが，更生計画認可決定により再生手続が終了したとき（208）には，中止していた再生債権査定申立ての手続は，再生手続における再生計画認可決定確定の前後を問わず，その目的を失って終了する（民再112の2Ⅰ前半部分・同類推）。

　以上に述べたことは，再生手続下で再生債権査定申立てについての決定がなされ，それに対する異議の訴え（再生債権査定異議の訴え）が提起される前に更生手続開始決定がなされた場合も，同様である。役員責任査定の手続の場合のように，役員責任査定決定があった場合に手続が存続する旨の規定（民再143Ⅵかっこ書）が存在しないからである。

イ　再生債権査定異議の訴えにかかる訴訟手続または異議等のある再生債権に関して受継された訴訟手続

　再生債権査定異議の訴えが提起され，その訴訟係属中，更生手続開始決定がなされた場合には，その訴訟手続は中断する（52Ⅰ）。そして，上記の訴訟手続は，更生手続において，更生債権等に関する訴訟として受継されることがある（156Ⅰ）。受継される訴訟についての相手方の訴訟費用請求権は，共益債権となる（127⑤・50Ⅸ①，民再119⑤）。

　異議等のある再生債権に関して受継された訴訟手続（民再107Ⅰ・109Ⅱ）の係属中に更生手続開始決定がなされた場合も，以上と同様である（52Ⅰ・156Ⅰ・158Ⅱ）。

　(4)　先行手続が更生手続であり，後行手続が再生手続である場合

　この場合には，以下のアおよびイの手続段階が分けられるが，先に債権届出の利用について述べた（第3項4）のと同様に，特別の規律が置かれていない。

　　ア　更生債権等査定申立ての手続および価額決定の申立ての手続

　更生債権等の確定のための裁判手続のうち，更生債権等査定申立ての手続および価額決定の申立ての手続は，更生計画認可決定前に更生手続が終了した場合には，その目的を失って終了する（163Ⅰ前半部分）。

　更生債権等査定申立ての手続および価額決定の申立ての手続は，更生計画認可決定後に更生手続が終了した場合には，管財人が当事者であれば，更生手続の終了によって中断し（同Ⅱ・52Ⅳ），管財人が当事者でなければ，引き続き係属する（163Ⅰ後半部分）。いずれの場合でも，その後に再生手続が開始されれば，これらの手続は終了する（256Ⅴ前段類推）。更生手続における簡易・迅速な審理手続であるこれらの手続を再生手続に引き継がせる合理性に欠けるためである。また，更生計画認可決定後に更生手続が終了し，その後に更生債権等査定申立てについての決定があった場合であっても，再生手続が開始されたときには，更生債権等査定異議の訴えを提起することはできない（同後段類推）。

　　イ　更生債権等査定異議の訴えにかかる訴訟手続または異議等のある更生債権等に関して受継された訴訟手続

　これらの手続の再生手続における帰趨については，更生手続終了の時期に応じて以下のaおよびbが分けられ，さらに訴訟の目的の性質または当事者の属性によってcが分けられる。

a　更生計画認可決定前に更生手続が終了した場合　更生債権等査定異議の訴えが提起され，その訴訟係属中，更生計画認可決定前に更生手続が終了した場合には，その訴訟手続は，更生手続の終了によって中断する（52Ⅳ〔管財人が当事者である場合〕・163Ⅳ前半部分〔管財人が当事者でない場合〕）。破産手続開始前の株式会社についての更生事件では，管財人が当事者でない場合には，更生手続終了による中断の日から1月以内（注30参照）に牽連破産（254Ⅰ各号）の開始決定がなされないと，上記の訴訟手続は終了する（256ⅥⅣ）。
　異議等のある更生債権等に関して受継された訴訟手続（156Ⅰ・158Ⅱ）は，更生計画認可決定前に更生手続が終了したときには，それによって中断する（52Ⅳ〔管財人が当事者である場合。なお，163Ⅴかっこ書参照〕・163Ⅴ前半部分〔管財人が当事者でない場合〕）[37]。
　そして，以上のとおり中断した訴訟手続のうち再生債権に関するものは，その後に新たに開始される再生手続または続行される再生手続において，再生債権に関する訴訟として受継されることがある（民再107Ⅰ・109Ⅱ）。
　b　更生計画認可決定後に更生手続が終了した場合　更生債権等査定異議の訴えが提起され，その訴訟係属中，更生計画認可決定後に更生手続が終了した場合には，その訴訟手続は，管財人が当事者であれば，更生手続の終了によって中断する（52Ⅳ）。異議等のある更生債権等に関して受継された訴訟手続（156Ⅰ・158Ⅱ）も，管財人が当事者であるものは，更生計画認可決定後に更生手続が終了したときには，更生手続の終了によって中断する（52Ⅳ。163Ⅴかっこ書参照）。
　これに対し，管財人が当事者でない更生債権等査定異議の訴えにかかる訴訟手続は，更生計画認可決定後に更生手続が終了した場合でも引き続き係属し（163Ⅳ後半部分），その後に新たに再生手続が開始されることによって中断する（民再40Ⅰ）。異議等のある更生債権等に関して受継された訴訟手続（156Ⅰ・158Ⅱ）であって管財人が当事者でないものも，同様である（163Ⅴ後半部分，民再40Ⅰ）。
　そして，以上のとおり中断した訴訟手続のうち再生債権に関するものは，その後に新たに開始される再生手続において，再生債権に関する訴訟として受継

---

37)　この場合には，法256条6項による同条4項の準用はないので，中断の日から1月以内に牽連破産が開始されなくても，訴訟手続は終了しない。

されることがある（民再107 I・109 II）。

　　c　再生債権に関しない場合または異議者等である当事者が株主のみである場合　以上のとおり更生手続の終了によって中断し，または更生手続の終了にかかわらず引き続き係属する訴訟のうち，更生担保権の査定申立てについての決定に対する異議の訴えなど再生債権に関しない更生債権等査定異議の訴えは，その目的を失って終了し，再生債権に関する更生債権等査定異議の訴えであっても，異議者等（151 I 第3かっこ書）である当事者（151 I・152 IV参照）が株主のみであるものについては，その当事者適格を再生債務者等や再生債権者が承継しないとすれば，それを再生手続において継続すべき理由はないから，終了すると解されるが，前者については，再生手続における担保権不存在確認訴訟として，後者については，異議者の地位の承継を認めて，再生債権に関する訴訟（民再107）としての受継の可能性があろう。

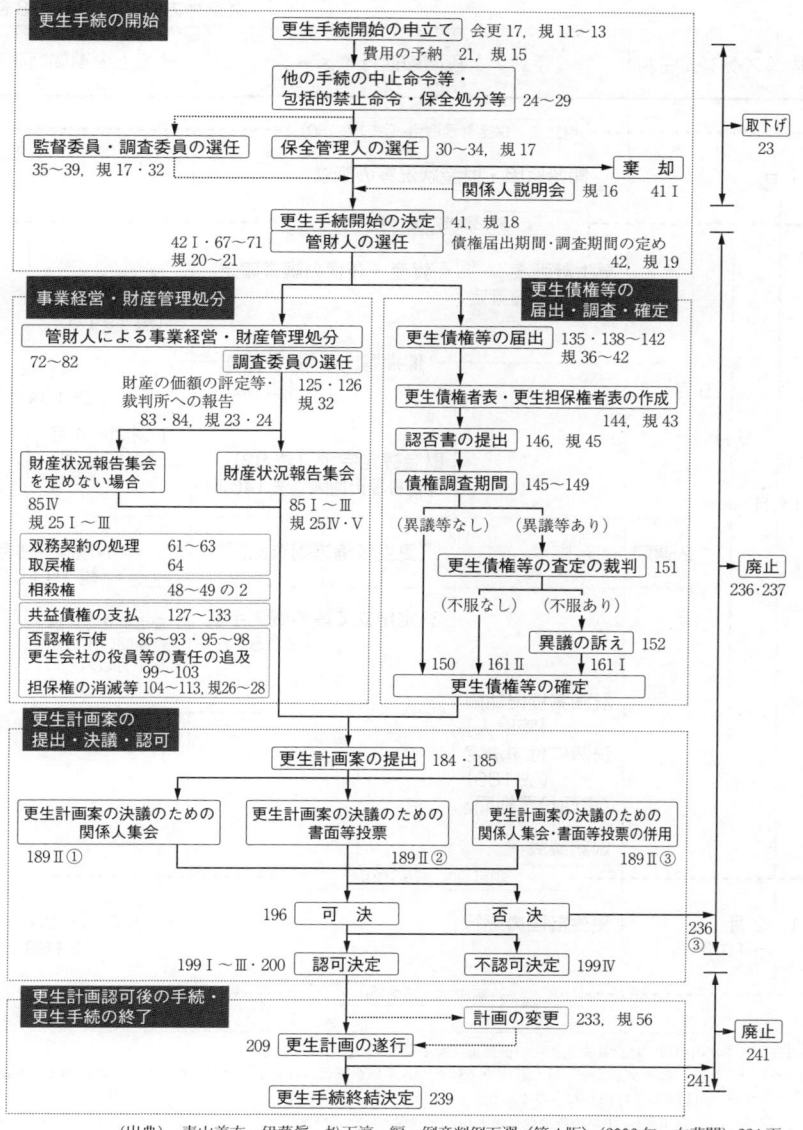

資料1　会社更生手続の概要

更生手続の開始

- 更生手続開始の申立て　会更17, 規11〜13
- 費用の予納　21, 規15
- 他の手続の中止命令等・包括的禁止命令・保全処分等　24〜29
- 監督委員・調査委員の選任　35〜39, 規17・32
- 保全管理人の選任　30〜34, 規17
- 棄却
- 関係人説明会　規16　41 I
- 更生手続開始の決定　41, 規18
- 管財人の選任　42 I・67〜71　規20〜21
- 債権届出期間・調査期間の定め　42, 規19

取下げ　23

事業経営・財産管理処分

- 管財人による事業経営・財産管理処分　72〜82
- 調査委員の選任　125・126　規32
- 財産の価額の評定等・裁判所への報告　83・84, 規23・24
- 財産状況報告集会を定めない場合　85 IV　規25 I〜III
- 財産状況報告集会　85 I〜III　規25 IV・V
- 双務契約の処理　61〜63
- 取戻権　64
- 相殺権　48〜49の2
- 共益債権の支払　127〜133
- 否認権行使　86〜93・95〜98
- 更生会社の役員等の責任の追及　99〜103
- 担保権の消滅等　104〜113, 規26〜28

更生債権等の届出・調査・確定

- 更生債権等の届出　135・138〜142　規36〜42
- 更生債権者表・更生担保権者表の作成　144, 規43
- 認否書の提出　146, 規45
- 債権調査期間　145〜149
- （異議等なし）（異議等あり）
- 更生債権等の査定の裁判　151
- （不服なし）（不服あり）
- 異議の訴え　152
- 更生債権等の確定　150　161 II　161 I

廃止　236・237

更生計画案の提出・決議・認可

- 更生計画案の提出　184・185
- 更生計画案の決議のための関係人集会　189 II ①
- 更生計画案の決議のための書面等投票　189 II ②
- 更生計画案の決議のための関係人集会・書面等投票の併用　189 II ③
- 可決　196
- 否決
- 認可決定　199 I〜III・200
- 不認可決定　199 IV

236 ③

更生計画認可後の手続・更生手続の終了

- 更生計画の遂行　209
- 計画の変更　233, 規56
- 更生手続終結決定　239

廃止　241

（出典）　青山善充=伊藤眞=松下淳一編・倒産判例百選〈第4版〉(2006年, 有斐閣) 224頁

資料2　会社更生手続のスケジュール（標準）

東京地方裁判所民事第8部

標準スケジュール	手続の各段階の進行イメージ	法令上の期間制限
	申立て・保全管理命令（法17, 30）	
1月	開始原因・財産状況等の調査	
	開始決定（法41）	
2月	更生計画案の策定　　資産・負債の調査確定	2週間〜4月（規19 I ①）
5月	債権届出期間（終期）（法42）	〜1年（法184 Ⅲ）
9月	財産評定完了（法83）認否書提出期限（法146 Ⅲ）	1週間〜4月（規19 I ②）
11月　2週間	〈更生債権等調査期間〉	1週間〜2月（規19 I ②）
	査定申立て等の裁判手続（法151〜）	査定申立ては調査期間の末日から1月以内
	計画案提出期限［管財人］決議に付す決定（法189）〈書面投票期間〉	
	決議集会	
	認可決定（法199）	
1, 2月〜10年	更生計画の遂行	〜15年［〜20年］（法168 V）
	終結決定（法239）	

(注1)　（　）内の数字は会社更生法規の根拠条文を示している。
(注2)　（　）上記のスケジュールは会社申立てに基づき手続が開始され更生計画が遂行されて終結に至る標準的なケースを想定して作成したものである。

（出典）東京地裁会社更生実務研究会編・最新実務会社更生（2011年，金融財政事情研究会）8頁

資料3　会社更生手続のスケジュール（短縮型）

東京地方裁判所民事第8部

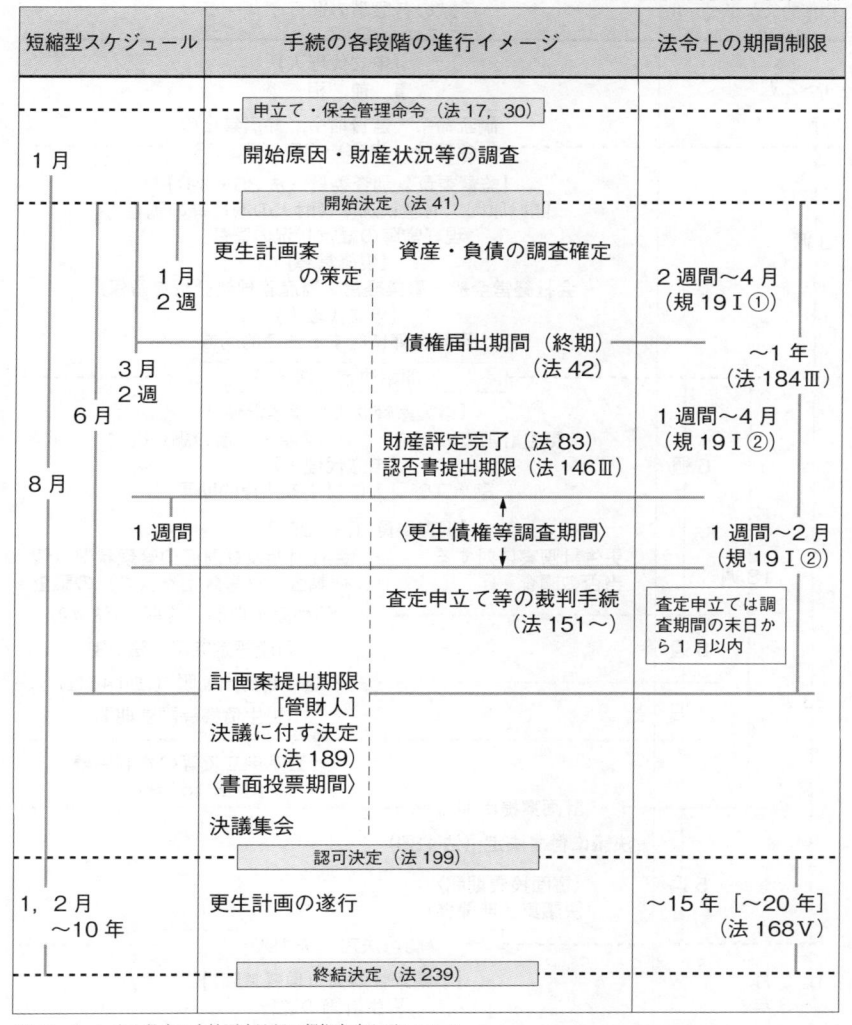

短縮型スケジュール	手続の各段階の進行イメージ	法令上の期間制限
1月	申立て・保全管理命令（法17, 30） 開始原因・財産状況等の調査 開始決定（法41）	
1月2週 3月2週 6月 8月	更生計画案の策定　資産・負債の調査確定 債権届出期間（終期）（法42） 財産評定完了（法83） 認否書提出期限（法146Ⅲ） 〈更生債権等調査期間〉 1週間 査定申立て等の裁判手続（法151〜） 計画案提出期限［管財人］ 決議に付す決定（法189） 〈書面投票期間〉 決議集会 認可決定（法199）	2週間〜4月（規19Ⅰ①） 〜1年（法184Ⅲ） 1週間〜4月（規19Ⅰ②） 1週間〜2月（規19Ⅰ②） 査定申立ては調査期間の末日から1月以内
1, 2月〜10年	更生計画の遂行 終結決定（法239）	〜15年［〜20年］（法168Ⅴ）

(注1) （ ）内の数字は会社更生法規の根拠条文を示している。
(注2) （ ）上記のスケジュールは，会社申立てに基づき手続が開始される事件のうち，開始決定から更生計画認可決定までを短期間で進行することが可能なケースを想定して作成したものである。

（出典）　東京地裁会社更生実務研究会編・最新実務会社更生（2011年，金融財政事情研究会）9頁

資料4　会社更生手続のスケジュール（DIP型）

標準的スケジュール	手続の各段階の進行イメージ
1〜2週	【申立代理人】 事　前　相　談
	調査命令・監督命令，弁済禁止の 保全処分（法39・35・37，28）
3週	【監督委員兼調査委員（法35・39）】 開始原因・財産状況・管財人の適性等の調査 現経営陣の経営状況の監督 【現経営陣】 会社経営全般（事業経営・財産管理処分権を留保） 【申立代理人】 現経営陣に対する法律的助言
	開始決定（法41）
6週／18週／23週	【事業家管財人（現経営陣）】 更生計画案の策定　　資産・負債の調査確定 【申立代理人】 事業家管財人に対する法律的助言 【調査委員（法125）】 更生計画案に対する　　会社財産及び財産の管理状況（債 当否の調査　　　　　　権調査，財産評定を含む）の調査 ――債権届出期間（終期）（法42）―― 8週　　　　　　　　財産評定完了（法83） ――認否書提出期限（法146Ⅲ）―― 1週　　　　　　　〈更生債権等調査期間〉 査定申立て等の裁判手続 （法151〜） ――計画案提出期限―― 決議に付す決定（法189） 5週　　〈書面投票期間〉 （決議集会非開催）
	認可決定（法199）
1，2月 〜3年	【事業家管財人（現経営陣）】 更生計画の遂行
	終結決定（法239）

（出典）　東京地裁会社更生実務研究会編・最新実務会社更生（2011年，金融財政事情研究会）20頁

判 例 索 引

〔大審院・最高裁判所〕

大判明 41・4・23 民録 14-477 …………………279
大連判明 41・12・15 民録 14-1276 ……………253
大決大 5・1・26 民録 22-29 ………………………101
大判大 6・7・26 民録 23-1203 ……………………216
大判大 7・8・23 刑録 24-1061 ……………………708
大判大 10・5・27 民録 27-963 ………………………73
大判大 15・6・29 民集 5-602 ……………………264
大決大 15・12・23 民集 5-894 ……………………100
大判大 15・12・23 新聞 2660-15 …………………347
大判昭 4・5・14 民集 8-523〔倒産百選〈初版〉53
　事件〕……………………………………………346
大判昭 4・7・10 民集 8-717 ………………………452
大判昭 4・10・23 民集 8-787 ……………317, 436
大判昭 5・10・15 新聞 3199-14 …………………346
大判昭 5・11・5 新聞 3204-15 ……………………442
大判昭 6・5・21 新聞 3277-15 ……………………259
大判昭 6・9・16 民集 10-818 ……………414, 419
大判昭 6・12・21 民集 10-1249 …………………442
大判昭 7・6・2 新聞 3445-12 ……………………436
大判昭 7・6・3 民集 11-1163 ……………………316
大判昭 7・12・21 民集 11-2266 …………………387
大判昭 7・12・23 法学 2-845 ……………………391
大判昭 8・4・15 民集 12-637 ……………………446
大判昭 8・4・26 民集 12-753 ……………………396
大判昭 8・6・22 民集 12-1627 …………………445
大判昭 8・7・24 民集 12-2264〔新倒産百選 6 事
　件〕………………………………………………101
大判昭 8・11・30 民集 12-2781 …………………253
大判昭 8・12・19 民集 12-2882 …………………256
大判昭 8・12・28 民集 12-3043 …………387, 388
大判昭 9・1・26 民集 13-74 ………………………366
大判昭 9・3・16 民集 13-461 ……………………445
大判昭 9・4・26 新聞 3702-9 ……………………391
大判昭 9・5・25 民集 13-851 ……………………346
大判昭 9・12・28 法学 4-634 ……………………432
大判昭 10・3・13 刑集 14-223 ……………………707
大判昭 10・8・8 民集 14-1695 ……………………379
大判昭 10・9・3 民集 14-1412 ……………………396
大判昭 11・6・23 民集 15-1265 …………………346

大判昭 11・7・31 民集 15-1547 …………442, 457
大判昭 11・7・31 民集 15-1563 …………………347
大判昭 11・8・10 民集 15-1680 …………………404
大判昭 11・10・16 民集 15-1825 …………………486
大判昭 13・3・16 民集 17-423 ……………………227
大判昭 13・3・29 民集 17-523 ……………………102
大判昭 14・5・19 新聞 4448-12 …………………436
大判昭 14・6・3 民集 18-606 ……………379, 430
大判昭 14・6・20 民集 18-685 ……………………346
大判昭 15・3・9 民集 19-373 ……………………432
大判昭 15・5・15 新聞 4580-12 …………………396
大判昭 15・9・28 民集 19-1897〔倒産百選〈初
　版〉7 事件〕……………………………387, 388
大判昭 16・12・27 民集 20-1510〔倒産百選〈初
　版〉58 事件〕……………………………………484
大判昭 17・7・31 新聞 4791-5 ……………………446
最判昭 23・10・12 民集 2-11-365 …………………446
最判昭 31・9・18 民集 10-9-1160 ………………250
最判昭 35・4・26 民集 14-6-1046 ………………388
最判昭 36・6・12 民集 18-5-764 …………………374
最判昭 36・10・13 民集 15-9-2409〔倒産百選 88
　事件〕……………………………………………259
最判昭 37・3・23 民集 16-3-607〔倒産百選 A3
　事件〕………………………………………………72
最判昭 37・11・20 民集 16-11-2293〔倒産百選
　32 事件〕…………………………………………406
最判昭 37・12・6 民集 16-12-2313〔倒産百選
　〈初版〉40 事件〕………………379, 389, 430
最判昭 37・12・13 判タ 140-124〔倒産百選〈初
　版〉26 事件〕……………………………………256
最判昭 39・3・6 民集 18-3-437 …………………253
最判昭 39・12・23 民集 18-10-2217 ……………343
最判昭 40・3・9 民集 19-2-352〔倒産百選〈初
　版〉37 事件〕…………………380, 411, 421
最判昭 40・4・22 民集 19-3-689 …………………445
最判昭 40・4・22 判時 410-23 ……………………368
最判昭 40・9・22 民集 19-6-1600 …………117, 381
最判昭 40・11・2 民集 19-8-1927〔倒産百選 59
　事件〕……………………………………………366
最判昭 41・4・8 民集 20-4-529〔倒産百選〈初

版〉51 事件〕·················352, 368, 380
最判昭 41・4・14 民集 20-4-584 ·············498
最判昭 41・4・14 民集 20-4-611 ·············445
最判昭 41・4・28 民集 20-4-900〔倒産百選 50
　事件〕··210
最判昭 42・5・2 民集 21-4-859〔倒産百選〈第 3
　版〉26 事件〕·································387
最判昭 42・6・22 判時 495-51 ···············451
最判昭 42・7・18 民集 21-6-1559 ··········179
最判昭 42・8・25 判時 503-33〔倒産百選 A7 事
　件〕··265
最判昭 42・11・9 民集 21-9-2323 ··········378
最判昭 43・2・2 民集 22-2-85〔倒産百選〈初版〉
　94 事件〕······································378
最判昭 43・5・31 民集 22-5-1137 ··········250
最判昭 43・7・11 民集 22-7-1462〔倒産百選 46
　事件〕··330
最判昭 43・10・17 判時 540-34 ············483
最判昭 43・11・15 民集 22-12-2629 ······379, 415
最判昭 44・1・16 民集 23-1-1〔倒産百選 A5 事
　件〕··406
最判昭 44・2・27 民集 23-2-511 ···········232
最判昭 44・7・17 民集 23-8-1610 ·········284
最決昭 44・10・31 刑集 23-10-1465 ······704, 709
最判昭 44・12・19 民集 23-12-2518 ······378
最判昭 45・6・10 民集 24-6-499 ···········652
最判昭 45・6・24 民集 24-6-587 ···········343
最判昭 45・7・1 刑集 24-7-399〔倒産百選〈初
　版〉101 事件〕·································707
最判昭 45・8・20 民集 24-9-1339 ·········421
最判昭 45・9・10 民集 24-10-1389〔倒産百選
　〈第 3 版〉9①事件〕···························470
最大決昭 45・12・16 民集 24-13-2099 ······12, 196
最判昭 46・2・23 判時 622-102 ············251
最判昭 46・3・25 判時 628-44 ·············217
最判昭 46・7・16 民集 25-5-779 ···········393
最判昭 46・10・21 民集 25-7-969〔倒産百選〈第
　3 版〉47 事件〕·································189
最判昭 47・6・15 民集 26-5-1036〔倒産百選〈初
　版〉35 事件〕·································389
最判昭 47・7・13 民集 26-6-1151 ········347
最判昭 48・2・16 金法 678-21〔倒産百選 16 事
　件〕··253
最判昭 48・4・6 民集 27-3-483 ············412

最判昭 48・11・22 民集 27-10-1435〔倒産百選
　39 事件〕······································457
最判昭 48・12・21 判時 733-52 ············379
最判昭 49・6・27 民集 28-5-641〔倒産百選〈第 3
　版〉42 事件〕···························446, 449
最判昭 49・7・22 民集 28-5-1008 ·········243
最判昭 52・2・17 民集 31-1-67 ············530
最判昭 52・12・6 民集 31-7-961〔倒産百選 60
　事件〕·····································346, 354
最判昭 53・5・2 判時 892-58〔倒産百選 61 事
　件〕··367
最判昭 53・6・23 金法 875-29 ············292
最判昭 53・12・15 判時 916-25 ·········217, 401
最判昭 54・1・25 民集 33-1-1〔倒産百選 65 事
　件〕··261
最判昭 54・2・15 民集 33-1-51 ···········213
最判昭 56・12・22 判時 1032-59〔倒産百選 66
　事件〕··278
最判昭 57・1・29 民集 36-1-105 ···········466
最判昭 57・3・30 民集 36-3-484〔倒産百選 12
　事件〕································73, 207, 277
最判昭 57・3・30 判時 1038-286〔倒産百選 35
　事件〕·····································379, 430
最判昭 58・3・22 判時 1134-75〔倒産百選 17 事
　件〕··253
最判昭 58・11・25 民集 37-9-1430〔倒産百選 24
　事件〕··374
最判昭 59・2・2 民集 38-3-431〔倒産百選 54 事
　件〕··203
最判昭 59・5・17 判時 1119-72〔倒産百選 71 事
　件〕··315
最判昭 59・5・29 民集 38-7-885 ·········234, 361
最判昭 60・2・14 判時 1149-159 ··········390
最判昭 60・2・26 金法 1094-38 ···········354
最判昭 60・5・23 民集 39-4-940 ···········222
最判昭 60・7・19 民集 39-5-1326〔執行百選 107
　事件〕··203
最判昭 60・11・15 民集 39-7-1487〔新倒産百選
　30 事件〕································163, 295
最判昭 61・4・3 判時 1198-110〔倒産百選〈第 3
　版〉45 事件〕·································451
最判昭 61・11・20 判タ 629-134 ··········355
最判昭 62・4・23 金法 1169-29 ···········222
最判昭 62・6・2 民集 41-4-769〔倒産百選〈第 3

判例索引　759

版>48事件〕···222, 225
最判昭62・7・2金法1178-37 ···············222, 225
最判昭62・7・3民集41-5-1068〔倒産百選31
　事件〕··404
最判昭62・7・10金法1174-29 ·······················404
最判昭62・11・10民集41-8-1559〔執行・保全
　百選21事件〕·······························214, 216, 401
最判昭62・11・26民集41-8-1585 ············273, 294
最判昭62・12・18民集41-8-1592 ·················196
最判昭63・10・18民集42-8-575 ····················354
最判平2・7・19民集44-5-837〔倒産百選25①
　事件〕··381, 395
最判平2・7・19民集44-5-853〔倒産百選25②
　事件〕··381, 395
最判平2・10・2判時1366-48 ·······················381
最判平2・11・26民集44-8-1085〔倒産百選37
　事件〕··304, 368
最判平5・1・25民集47-1-344〔倒産百選26事
　件〕··396
最判平5・11・11民集47-9-5255 ··················177
最判平7・1・20民集49-1-1 ···224, 342, 358, 360
最判平7・3・23民集49-3-984 ················181, 465
最判平7・4・14民集49-4-1063〔倒産百選67
　事件〕··274, 290
最判平8・1・26民集50-1-155 ·····················429
最判平8・3・22金法1480-55 ·······················404
最判平8・7・12民集50-7-1918 ····················411
最判平8・10・17民集50-9-2454〔倒産百選36
　事件〕·······································411, 412, 428
最判平9・9・9金法1503-80 ················181, 465
最判平9・11・28民集51-10-4172 ·················324
最判平9・12・18民集51-10-4210〔倒産百選29
　事件〕··401
最判平9・12・18判時1628-21 ······················324
最判平10・1・30民集52-1-1 ·······················203
最判平10・4・14民集52-3-813〔倒産百選43②
　事件〕·······························224, 231, 358, 360, 366
最判平10・7・14民集52-5-1261 ··················200
最判平11・1・29民集53-1-151 ·············217, 401
最決平11・5・17民集53-5-863 ············203, 210
最判平11・11・9民集53-8-1403 ··················652
最判平12・2・29民集54-2-553〔倒産百選70①
　事件〕··274, 278
最判平12・3・9判時1708-123 ······················271

最判平12・3・9判時1708-127 ······················274
最判平12・4・21民集54-4-1562 ··················217
最判平13・3・13民集55-2-363 ····················284
最判平13・7・19金法1628-47 ······················310
最判平14・1・17民集56-1-20 ···············294, 329
最判平14・9・24民集56-7-1524 ···················224
最判平15・6・12民集57-6-640 ····················129
最判平16・7・16民集58-5-1744 ···399, 413, 414
最判平16・9・14判時1872-64 ······················399
最判平16・9・14判時1891-200 ············413, 414
最判平17・1・17民集59-1-1 ·················295, 347
最判平17・2・22民集59-2-314 ····················203
最判平17・11・8民集59-9-2333〔倒産百選41
　事件〕··445
最判平18・7・20民集60-6-2499
　···210, 213, 215, 402
最判平18・7・20判タ1220-94 ······················210
最判平18・12・21民集60-10-3964 ···············114
最判平19・2・15民集61-1-243 ····················402
最判平20・3・13民集62-3-860 ····················626
最判平20・12・16民集62-10-2561
　·······················59, 73, 74, 277, 290, 291, 343, 529
最判平21・3・10民集63-3-361 ····················461
最判平21・3・10民集63-3-385 ····················206
最判平21・7・3民集63-6-1047 ····················284
最判平21・12・4金法1906-68 ···············477, 644
最判平22・3・16民集64-2-523
　···221, 223, 224, 467
最判平22・3・16裁判集民233-205 ··············223
最判平22・6・4民集64-4-1107 ············206, 253
最判平22・6・4判時2088-83 ·······················644
最決平22・12・2民集64-8-1990 ···210, 213, 216
最判平23・3・1判タ1347-98 ······················600
最判平23・3・22金商1374-14 ······················517
最判平23・11・22民集65-8-3165 ················235
最判平23・11・24民集65-8-3213 ············235, 361
最判平23・12・15民集65-9-3511 ···········200, 354
最判平24・5・28金法1947-54 ···············179, 360
最判平24・10・12裁判所ウェブサイト········384

〔高等裁判所〕
広島高岡山支決昭29・12・24高民7-12-1139
　··471
札幌高判昭31・6・27下民7-6-1645 ············73

東京高判昭 31・7・18 下民 7-7-1947 ……………283
東京高判昭 31・10・12 高民 9-9-585〔倒産百選〈初版〉41 事件〕………………………427, 429
大阪高判昭 32・6・19 下民 8-6-1136 ………265
福岡高判昭 32・11・26 下民 8-11-2191 ………429
東京高決昭 32・12・24 下民 8-12-2453 …623, 627
東京高決昭 33・9・6 下民 9-9-1782 ……627, 631
大阪高判昭 36・5・30 判時 370-32 ……………412
東京高判昭 38・5・9 下民 14-5-904 ……………451
東京高判昭 39・1・23 下民 15-1-39 ……………114
大阪高判昭 40・12・14 金法 433-9 ……………412
東京高判昭 41・8・5 金法 450-7 ………………451
東京高判昭 41・8・18 下民 17-7=8-695〔倒産百選〈初版〉64 事件〕………………………266
名古屋高金沢支決昭 42・4・28 訟月 13-7-833 ……………………………………………………628
名古屋高決昭 45・2・13 高民 23-1-14〔倒産百選〈初版〉59 事件〕………………………490
東京高判昭 46・6・30 判時 639-71 ……………243
大阪高判昭 52・4・14 判時 858-74 ……………341
大阪高判昭 52・5・30 高刑 30-2-242 …………706
東京高判昭 52・7・19 高民 30-2-159 …………206
名古屋高判昭 53・5・29 金法 877-33〔倒産百選 51①事件〕………………………………212
仙台高判昭 53・8・8 下民 29-5=8-516〔倒産百選 30 事件〕………………………………378
福岡高判昭 55・5・8 判タ 426-131 ……………275
東京高決昭 56・1・30 下民 32-1〜4-10〔新倒産百選 117 事件〕……………………………170
大阪高判昭 56・6・23 下民 32-5〜8-436 ……341
大阪高判昭 56・6・25 判時 1031-165〔倒産百選 71 事件〕………………………………486
東京高決昭 56・12・11 判時 1032-124 ………637
東京高判昭 57・7・15 判タ 479-97 ……………217
名古屋高判昭 58・3・31 判時 1077-79 ………355
大阪高決昭 58・5・2 判タ 500-165 ……………443
大阪高決昭 58・11・2 下民 33-9〜12-1605〔倒産百選〈第 3 版〉41 事件〕…………………436
東京高決昭 59・3・27 判時 1117-142〔新倒産百選 20 事件〕……………………………72
大阪高判昭 59・9・27 判タ 542-213〔倒産百選〈第 3 版〉80 事件〕……………………205, 206
大阪高判昭 61・2・20 判時 1202-55〔新倒産百選 35 事件〕……………………………396

札幌高決昭 61・3・26 判タ 601-74〔倒産百選〈第 3 版〉59 事件〕……………………………205
福岡高判昭 62・2・25 判タ 641-210〔新倒産百選 34①〕………………………………381
東京高判昭 62・3・30 判タ 650-249 ……………412
名古屋高金沢支判昭 62・6・24 判時 1242-59〔新倒産百選 34 事件〕……………………381
東京高判昭 62・10・27 判時 1256-100〔新倒産百選 109 事件〕……………………………190
東京高決平・4・10 金法 1237-20……………695
大阪高判平元・4・27 判時 1326-123 ……377, 396
東京高判平元・6・2 金法 1256-42 ……………628
東京高判平元・10・19 金法 1246-32 …………352
大阪高判平元・10・26 判タ 711-253 …………320
東京高判平元・12・14 金法 1249-24 …………480
東京高決平 2・11・15 東高民時報 41-9〜12-92 ……………………………………………………321
東京高判平 2・12・4 金法 292-26 ……………321
大阪高判平 2・12・19 判タ 768-102 …………686
東京高判平 4・6・29 判時 1429-59 ……………404
東京高判平 5・5・27 判時 1476-121 …………376
東京高判平 6・12・26 判タ 883-281 …………284
東京高判平 7・7・20 金商 996-13 ……………637
名古屋高決平 7・9・6 判タ 905-242 ……………40
東京高判平 8・3・28 判時 1595-66 ……………411
福岡高決平 8・6・25 判タ 935-249 ……………477
東京高判平 9・5・29 判タ 981-164 ……………331
東京高決平 9・11・13 判時 1636-60 …………321
広島高判平 9・12・2 判タ 1008-258 …………496
東京高判平 10・6・19 判タ 1039-273 …………321
東京高判平 10・7・10 判タ 1003-305 …………321
東京高判平 10・7・21 金商 1053-19 ……349, 352
大阪高判平 10・7・31 金法 1528-36 …………414
東京高判平 10・8・27 判タ 1675-94 …………352
東京高判平 10・11・27 判時 1666-143 ………293
札幌高判平 10・12・17 判時 1682-130〔倒産百選 92 事件〕……………………………190
東京高判平 12・3・29 判時 1705-62 …………177
東京高決平 12・5・17 金商 1094-42 ……………43
名古屋高判平 12・5・31 判時 1738-51 ………652
東京高判平 12・6・21 判タ 1063-185 …………480
福岡高判平 12・6・30 金法 1593-71 …………200
名古屋高判平 12・7・13 判例集未登載 ………277
東京高判平 12・9・27 判例集未登載 …………395

判例索引　761

東京高判平 12・12・26 判時 1750-112 ………404
東京高判平 13・1・30 訟月 48-6-1439 ………366
東京高判平 13・3・8 判タ 1089-295 …………43
東京高判平 13・9・3 金商 1131-24〔倒産百選 81 事件〕……………………………552, 554
大阪高判平 13・11・6 判時 1775-153 ………354
東京高判平 13・11・27 裁判所ウェブサイト…634
東京高判平 13・12・5 金商 1138-45
　　　　　　　　　　　………144, 612, 617
東京高判平 13・12・20 金商 1134-13 ………493
福岡高判平 14・7・18 訟月 49-4-1143 …………40
東京高判平 14・9・6 判時 1826-72 …554, 617, 627
広島高判平 14・9・11 金商 1162-23 ……………42
広島高岡山支判平 14・9・20 判時 1905-90 ……45
東京高判平 14・9・25 金法 1662-67 ………343
東京高判平 14・9・30 判例集未登載 ………369
東京高判平 15・7・25 金法 1688-37〔倒産百選 82 事件〕……………………………601, 632
札幌高判平 15・8・12 判タ 1146-300 …………45
東京高判平 15・12・4 金法 1710-52 ……310, 318
東京高判平 16・2・25 判時 1878-139 …………74
札幌高判平 16・3・15 裁判所ウェブサイト…632
東京高判平 16・4・7 訟月 51-1-1 ………………40
大阪高判平 16・6・29 金法 1727-90 …………381
東京高判平 16・7・23 金法 1727-84 …………554
名古屋高判平 16・8・10 判時 1884-49 ………530
名古屋高判平 16・8・16 判時 1871-79 …………45
札幌高判平 16・9・28 金法 1757-42 ……533, 542
大阪高判平 16・11・30 金法 1743-44 …………496
大阪高判平 16・12・10 金商 1220-35 …………59
仙台高判平 16・12・28 判時 1925-106 ………486
東京高決平 17・1・13 判タ 1200-291 …42, 43, 45
東京高判平 17・5・25 金法 1803-90 …………387
東京高判平 17・6・30 金法 1752-54 ……234, 317
大阪高判平 17・7・28 判例集未登載 …………721
大阪高判平 17・9・14 金商 1235-44 …………367
東京高判平 17・9・14 金商 1208-311 …………493
東京高判平 17・9・29 東高民時報 56-1〜12-11
　　　　　　　　　　　………………………518
大阪高判平 17・9・29 判時 1925-157 …………697
東京高判平 17・10・5 判タ 1226-342 …………366
高松高決平 17・10・25 金商 1249-37 …………45
名古屋高判平 17・12・14 裁判所ウェブサイト
　　　　　　　　　　　………………………404

福岡高決平 18・2・13 判時 1940-128 …………57
福岡高決平 18・3・28 判タ 1222-310 ………528
大阪高判平 18・4・26 金法 1789-42 …43, 554, 632
大阪高判平 18・4・26 判時 1930-100 …………719
東京高判平 18・8・30 金商 1277-21 ……………60
東京高判平 19・3・14 判タ 1246-337 …………529
東京高判平 19・9・21 判タ 1268-326 …………45
大阪高判平 20・2・28 判時 2030-20 …………178
東京高判平 20・4・15 判タ 1292-313 …………709
東京高判平 21・4・23 金法 1875-76 …………339
大阪高判平 21・5・27 金法 1878-46 ……179, 360
大阪高判平 21・6・3 金法 1886-59 ……………59
東京高判平 21・7・7 判時 2054-3 ……………530
名古屋高金沢支判平 21・7・22 判時 2058-65
　　　　　　　　　　　………………………329
福岡高那覇支判平 21・9・7 判タ 1321-278 ……59
東京高判平 21・9・9 金法 1879-28 …………200
大阪高判平 21・10・16 金法 1897-75 …………235
大阪高判平 21・12・22 金法 1916-108 ………384
大阪高判平 22・5・21 判時 2096-73 ……235, 361
東京高判平 22・7・26 金法 1906-75 …………293
高松高判平 22・9・28 金法 1941-158 ………39, 40
東京高判平 22・11・11 金商 1358-22 …………305
名古屋高金沢支判平 22・12・15 判タ 1354-242
　　　　　　　　　　　………………………200
大阪高判平 23・10・18 金法 1934-74 …………465
東京高判平 23・10・27 判タ 1371-243 ………400
福岡高判平 23・10・27 金法 1936-74 …………384
大阪高決平 23・12・27 金法 1942-97 …39, 47, 79
名古屋高判平 24・1・31 金法 1941-133 …354, 368
東京高決平 24・3・9 判時 2151-9 ……………45
東京高判平 24・3・14 金法 1943-119 ……200, 727

〔地方裁判所・簡易裁判所〕
名古屋地判昭 29・4・13 下民 5-4-491 ………114
東京地判昭 32・12・9 下民 8-12-2290 ………454
東京地判昭 33・8・21 新聞 113-8 ……………412
東京地判昭 37・6・18 下民 13-6-1211 ………356
福岡地小倉支決昭 42・3・4 下民 18-3=4-216
　　　　　　　　　　　………………………631
札幌地判昭 45・9・7 下民 21-9=10-1276 ……570
名古屋地判昭 46・10・28 判時 673-68 ………451
諏訪簡判昭 50・9・22 判時 822-93 …………205
東京地判昭 51・10・27 判時 857-93 …………378

東京地判昭51・12・21 下民 27-9〜12-801〔新
　倒産百選119事件〕……………………499
大阪地判昭52・7・15 判時 873-98〔新倒産百選
　70事件〕………………………………232
大阪地判昭52・9・21 判時 878-88 ……………380
東京地決昭53・3・3 下民 29-1〜4-115〔新倒産
　百選42事件〕…………………………379
大阪地判昭53・3・17 金商 555-23 ……………283
大阪地判昭54・10・30 判時 957-103 …………205
名古屋地判昭55・6・9 判時 997-144 …………355
東京地判昭56・9・14 判時 1015-20〔倒産百選
　〈第3版〉46事件〕……………………178
東京地判昭56・11・16 下民 32-9〜12-1026〔倒
　産百選51②事件〕……………………212
東京地判昭56・12・18 判時 1065-152 …………430
東京地判昭57・1・21 判時 1053-169 …………389
浦和地判昭57・7・26 判時 1064-122 ……435, 444
岐阜地大垣支判昭57・10・13 判時 1065-185
　…………………………………………378
高知地判昭59・2・7 下民 35-1〜4-33 …271, 273
熊本地判昭59・4・27 判タ 528-268 ……………451
東京地判昭60・10・22 判時 1207-78 …………217
大阪地判昭62・4・30 判時 1246-36 ……………251
東京地判昭63・3・29 判時 1306-121 …………114
東京地判昭63・6・28 判時 1310-143〔新倒産百
　選81事件〕……………………………290
徳島地決平元・3・22 労判 546-56 ……………309
大阪地判平元・9・14 判時 1348-100 …………367
東京地判平2・12・20 判時 1389-79 ……………276
大阪地判平3・1・29 判時 1414-91 ……………277
東京地判平3・9・26 判時 1422-128 ……………170
東京地判平7・5・29 判時 1555-89 ……………411
東京地判平7・9・28 判時 1568-68 ……………411
東京地決平7・11・30 判タ 914-249 ……………320
大阪地判平8・5・31 金法 1480-55 ……………404
東京地判平8・10・29 判時 1597-153 …………709
大阪地判平9・12・18 判時 1651-137 …………427
大阪地判平10・3・18 判時 1653-135 …………414
東京地判平10・4・14 判時 1662-115 ……………73
東京地判平10・7・31 判時 1655-143 ……399, 413
東京地決平12・1・27 金商 1120-58 ……………320
札幌地決平12・5・15 金商 1094-39 ………………38
京都地判平13・5・28 判タ 1067-274 ……………59
大阪地決平13・7・19 判時 1762-148

…………………………………………60, 290, 529
秋田地判平14・2・7 裁判所ウェブサイト……277
東京地判平14・3・14 金法 1655-45 ……………343
東京地判平15・12・5 金法 1711-43 ……………518
東京地判平15・12・22 判タ 1141-279
　…………………………………………60, 290, 529
東京地判平16・2・27 金法 1722-92〔倒産百選
　A8事件〕…………………………………60
東京地判平16・2・27 判時 1855-121 …………538
東京地判平16・3・9 労判 875-33 ………………305
東京地判平16・6・8 判時 1883-73 ……………343
東京地判平16・6・10 判タ 1185-315 …………529
東京地判平16・9・28 判時 1886-111 …………463
東京地判平16・10・12 判時 1886-132 …………463
大阪地判平17・1・26 判時 1913-106 …………294
東京地判平17・4・15 判時 1912-70 ……173, 234
札幌地判平17・4・15 金商 1217-6 ……………738
東京地判平17・6・10 判時 1212-127 …………645
東京地判平17・6・14 判時 1921-136 …………463
東京地判平17・12・27 判タ 1224-310 …………236
東京地判平18・1・30 判タ 1225-312 …………193
大阪地決平18・2・16 判タ 1223-302 …………719
東京地判平18・3・28 判タ 1230-342 …………206
東京地判平18・5・23 判時 1937-102 …………251
東京地判平19・3・15 判タ 1269-314 …………433
東京地判平19・3・26 判時 1967-105 …………317
東京地判平19・3・29 金法 1819-40 ………40, 339
名古屋地判平19・11・30 判時 2005-40 ………451
大阪地判平20・4・18 判時 2007-104 …………251
東京地決平20・5・15 判時 2007-96 ………43, 719
東京地決平20・6・10 判時 2007-96 ………43, 719
東京地判平20・6・30 判時 2014-96 ……387, 443
東京地判平20・8・18 判時 2024-37 ……………281
大阪地判平20・8・27 判時 2021-85 ……………644
大阪地判平20・10・31 判時 2039-51 ……253, 262
大阪地判平20・10・31 判時 2060-114 …179, 360
東京地判平20・11・10 金法 1864-36 …………281
東京地判平21・1・16 金法 1892-55 ……………281
大阪地判平21・1・29 判時 2037-74 ……………281
大阪地判平21・9・4 判時 2056-103 ……………234
東京地判平21・9・29 判タ 1319-159 …………290
東京地判平21・10・30 判時 2075-48 ……271, 465
東京地判平21・11・10 判タ 1320-275 …………350
福岡地判平21・11・27 金法 1911-84 …………384

福岡地判平 22・1・14 金法 1910-88 ……………384
大阪地判平 22・3・15 判時 2090-69 ……………350
東京地判平 22・5・27 判時 2083-148 ……………384
東京地判平 22・7・8 判時 2094-69 ……………40
東京地判平 22・7・22 金法 1921-117 ……………384
東京地判平 22・9・8 判タ 1350-246 ……………206
福岡地判平 22・9・30 判タ 1341-200 ……………384
東京地判平 22・11・12 判時 2109-70 ……399, 413
東京地判平 22・11・29 判タ 1350-212 ……………384

東京地決平 22・11・30 金商 1368-54 ……………382
東京地判平 23・1・14 判例集未登載 ……………384
大阪地判平 23・1・28 金法 1923-108 ……………347
大阪地判平 23・3・25 金法 1934-89 ……………234
名古屋地判平 23・7・22 判時 2136-70 ………384
東京地決平 23・8・15 判例集未登載 ……………489
東京地決平 23・11・24 金法 1940-148
 ……………………………………39, 423, 489

事 項 索 引

あ

相手方からの契約解除(双方未履行双務契約)
　………………………………………… 275
預り金返還請求権(共益債権) ……………306
新たに借り入れた資金による弁済(偏頗行為
　否認)………………………………………395

い

異議者等が開始すべき手続(有名義更生債権
　等)…………………………………………499
異議等のある更生債権等に関する訴訟の受継
　…………………………………………… 495
異議の訴え
　更生債権等査定申立てについての決定に対
　　する――………………………………488
　否認の請求についての裁判に対する管財人
　　による――……………………………440
　否認の請求を認容する決定に対する――
　　……………………………………316, **440**
　否認の請求を認容する決定に対する――
　　(更生手続から破産手続への移行) ……738
　否認の請求を認容する決定に対する――に
　　対する判決 ……………………………441
　否認の請求を認容する決定に対する――の
　　帰趨(更生手続の終了) ………………698
　役員等責任査定決定に対する―― ………461
　役員等責任査定決定に対する――(破産手
　　続から更生手続への移行)………………744
　役員等責任査定決定に対する――の帰趨
　　(更生手続の終了)………………………699
移送(著しい損害または遅滞を避けるため)
　……………………………………………135
委託保証人(求償権を自働債権とする相殺)
　……………………………………………358
委託を受けない保証人の事後求償権(更生債
　権)…………………………………………179
1号仮登記(善意取引の保護) ……………262
1号仮登記を前提とする本登記 ……………263
1年以上前に生じた原因(相殺の禁止の例外)

　………………………………………355, 366
一部具備説(更生債権) ……………………178
一部保証人の更生 …………………………228
一括清算条項(スワップ・デリバティブ契約)
　…………………………………………… 298
一般調査期間 ………………………………477
　――の変更 ………………………………478
一般の共益債権 ……………………………235
一般の取戻権 ………………………………326
一方のみ未履行の双務契約関係 …………269
委任契約(双方未履行双務契約) …………301
違約金条項(賃借人の更生) ………………281
隠匿等処分意思(相当の対価をえてした財産
　の処分行為の否認)………………………393
隠匿等の処分(相当の対価をえてした財産の
　処分行為の否認)…………………………392

う

請負契約
　――(相殺の禁止の例外) ………………366
　――(双方未履行双務契約) ……………291
請負人の更生 ………………………………293
売主の取戻権(特別の取戻権) ……………332
　――:法61条との関係…………………333
売主の取戻権の法的性質:占有権限回復説・
　占有回復権限説 …………………………334
売渡担保(更生担保権) ……………………210

え

営業所(国際更生管轄) ……………………136
永小作権(取戻権) …………………………328
エクイティ・エクイティ・スワップ
　――(更生計画による株主構成の変更)
　…………………………………………575, 577
　――(更生計画による新会社の株式の付与)
　……………………………………………596
エクイティ・デット・スワップ(更生計画によ
　る社債の募集)……………………………580
SPCの取戻権 ………………………………327

事 項 索 引　765

お

大阪地方裁判所第6民事部(土地管轄) ……133
お台場アプローチ(スポンサー契約) ………604
オブリゲーション・ネッティング …………299
親会社やスポンサーの更生債権(平等原則の
　　例外) …………………………………554
親株式会社(関連土地管轄) ………………134

か

会計監査人にかかる事項(更生計画における
　　更生会社の組織に関する事項) ………567
会計参与にかかる事項(更生計画における更
　　生会社の組織に関する事項) …………566
外国会社(更生能力) …………………37, 164
外国管財人
　　――(更生手続開始申立権者) …………49
　　――の更生債権等の届出権限等(国際更生)
　　 …………………………………………167
外国租税債権 …………………………………31
外国倒産処理手続
　　――(更生手続開始原因) ………………41
　　――にかかる承認援助手続と国内倒産処理
　　　手続との競合・中止 ………………170
　　――にかかる承認援助手続の競合 ……172
　　――にかかる承認援助手続の中止 ……171
　　――に対する援助の処分 ………………169
　　――の国内財産に対する対内的効力 …168
　　――の承認にもとづく管理命令 ………169
　　――の承認にもとづく承認管財人 ……169
外国倒産処理手続の承認援助に関する規則
　　 …………………………………………168
外国倒産処理手続の承認援助に関する法律
　　 ……………………………………136, **168**
解雇権の濫用(管財人) ……………………304
解散に関する特例(更生計画の遂行：会社法
　　等の法令の特例) ………………………671
開始後債権 …………………………………219
　　――と更生会社財産所属債権との相殺 …342
開始後債権者(利害関係人) ………………156
開始後債権性(無委託保証人の事後求償権と
　　相殺禁止) ………………………………360
開始時現存額主義　→手続開始時現存額主義
開始前会社の業務および財産に関する保全処

分 …………………………………………69
会社更生規則 …………………………………26
　　――の平成16年改正 ……………………28
　　――の平成18年改正 ……………………30
会社更生法
　　――悪法論 ………………………………22
　　――の今後の立法課題 …………………32
　　――の平成16年改正 ……………………27
　　――の平成17年改正 ……………………29
　　――の法源 ………………………………21
　　現行――の特徴 …………………………25
会社整理 ………………………………………21
　　――における管理人 ……………………129
会社非訟事件等手続規則 ……………………29
会社分割
　　――(更生計画外) ………………………518
　　――(更生計画による組織再編) ………587
　　――(否認) ………………………………382
会社法及び会社法の施行に伴う関係法律の整
　　備等に関する法律の施行に伴う関係規則の
　　整備等に関する規則 ……………………29
会社法等の法令の特例(更生計画の遂行) …661
会社法の施行に伴う関係法律の整備等に関す
　　る法律 ……………………………………28
解除の効果と管財人 ………………………257
解約返戻金請求権(保険契約者の更生) ……295
価額決定手続
　　――(更生担保権) ………………………491
　　――(担保権消滅許可) …………………533
　　――と更生債権等査定決定手続との関係
　　 …………………………………………494
　　――の費用負担 …………………………493
価額決定に対する不服申立て ……………494
価額償還請求権
　　否認権にもとづく管財人の―― ………450
　　否認の相手方が有する反対給付の―― …362
確定給付企業年金制度における掛金の拠出請
　　求権(特別の共益債権) …………………245
額不確定の金銭債権または外国通貨金銭債権
　　(議決権額) ……………………………144
合併(更生計画による組織再編) ……………581
株式移転(更生計画による組織再編) ………591
　　――に関する特例(更生計画の遂行：会社
　　法等の法令の特例) ……………………678

株式会社
　——(更生手続開始申立権者)……………46
　——(更生能力)……………………………37
　——の営利性(更生手続の目的)…………9
株式交換(更生計画による組織再編)………588
　——に関する特例(株式交換完全親会社が
　　株式会社である場合)(更生計画の遂行：
　　会社法等の法令の特例)………………676
　——に関する特例(株式交換完全親会社が
　　合同会社である場合)(更生計画の遂行：
　　会社法等の法令の特例)………………677
　——に関する特例(更生会社が株式交換完
　　全親会社である場合)(更生計画の遂行：
　　会社法等の法令の特例)………………678
株式の取得に関する特例………………………678
株　主
　——(更生計画における権利保護条項の内
　　容)…………………………………………642
　——(更生手続開始申立権者)……………48
　——(実体上の意義と手続上の意義)……155
　——(利害関係人)…………………………155
　——の議決権……………………………142, 507
　——の共同の利益のためにする裁判上の費
　　用の請求権(共益債権)…………………236
　——の組(更生計画案の可決要件)………622
　——の権利の消滅と引換えにする株式等の
　　発行に関する特例(更生計画の遂行：会
　　社法等の法令の特例)…………………670
　——の権利の調査・確定…………………504
　——の権利の変更(更生計画の条項)……548
　——の手続参加……………………………505
　——の費用償還請求権(特別の共益債権)
　　　……………………………………………242
　——の保護手続(事業譲渡)………………521
株主委員会………………………………………146
株主代表訴訟
　——(中断・受継)…………………………319
　——(役員等の責任の査定手続との関係)
　　　……………………………………………461
株主名簿(株主の手続参加)……………………505
　——に記載または記録のない株主………506
　——の記載の基準日………………………506
仮執行による満足(更生債権)…………………177
仮登記仮処分(対抗要件の否認)………………412

仮登記担保(更生担保権)………………………207
　——の実行と更生手続……………………208
仮登記または仮登録後の本登記または本登録
　(対抗要件の否認)……………………………415
為替手形の引受けまたは支払等にもとづく支
　払人等の償還請求権(相殺の禁止)…………362
簡易事業譲渡……………………………………519
管轄違い…………………………………………135
　——を理由とする移送決定(即時抗告)…100
関係人集会……………………………………106, 139
　——が開かれない場合の議決権額・数…145
　——の議決権………………………………141
　——の議事…………………………………141
　——の指揮…………………………………141
　——の招集…………………………………140
　——の招集権者……………………………140
　——の招集申立権者………………………140
関係人説明会……………………………………139
管財人……………………………………………104
　——：更生手続における地位の説明……126
　——が権限にもとづいてした資金の借入れ
　　その他の行為によって生じた請求権(共
　　益債権)……………………………………237
　——から取締役への権限移譲……………124
　——等に対する職務妨害の罪……………715
　——等の特別背任罪………………………710
　——と外国管財人との間の相互協力(並行
　　更生)………………………………………166
　——に対する監督…………………………116
　——による更生会社等に対する債権または
　　更生会社等の株式等の譲受け…………122
　——による財産評定の結果の提出等……513
　——による認否(更生債権等の調査)……473
　——の外国倒産処理手続への参加権限(並
　　行更生)……………………………………168
　——の解除権(双方未履行双務契約)……272
　——の解除権(賃借人の更生)……………281
　——の解除権の制限(双方未履行双務契約)
　　　……………………………………………274
　——の解除権の排除(賃貸人の更生)……282
　——の解除権の排除(保険者の更生)……294
　——の解任…………………………………123
　——の競業の制限…………………………121
　——の計算報告……………………………124

事 項 索 引　767

　　——の公正中立義務 ……………………113
　　——の財産管理処分権 ………………111
　　——の資格要件 …………………………106
　　——の事業経営権 ………………………113
　　——の自己取引等 …………………111, **119**
　　——の実体法上の地位 ………………249
　　——の辞任 ………………………………123
　　——の氏名または名称 ………………109
　　——の重要事項説明義務 ………………114
　　——の償還請求権(手形支払に関する否認
　　　の制限) ………………………………406
　　——の職務 ………………………………110
　　——の職務分掌 …………………………111
　　——の善管注意義務 ……………………114
　　——の選任証明書 ………………………109
　　——の組織法上の権限 …………………113
　　——の訴訟当事者適格 …………………310
　　——の団体交渉応諾義務 ………………308
　　——の担保価値維持義務 ………………114
　　——の忠実義務 …………………………113
　　——の適性 ………………………………107
　　——の任務終了 …………………………123
　　——の不当労働行為 ……………………309
　　——の不法行為 …………………………114
　　——の報告徴求・検査権 ………………112
　　——の報酬等 ………………………111, **122**
　　——の法的地位をめぐる3つの基準 ……250
　　——の法律上の地位 ……………………125
　　——への就任 ……………………………109
　解除の効果と—— ……………………………257
　虚偽表示による無効と—— …………………255
　更生債権者等の関係者の利益代表者として
　　の—— ………………………………………251
　詐欺・強迫による取消しと—— ……………256
　使用者としての—— …………………………308
　第三者保護規定と——の地位 ………………255
　物権変動等の対抗要件と——の地位 ………252
管財人代理 …………………………………109, **111**
　　——の報酬等 ……………………………111
管財人補佐 ……………………………………110
監査役にかかる事項(更生計画における更生
　　会社の組織に関する事項) ………………566
官庁その他の機関(更生手続開始の通知) ……97
監督委員

　　——の職務および地位 ……………**85**, 138
　　——の善管注意義務 ……………………85
　　——の任務終了 …………………………86
　　——の報告徴求・検査権 ………………85
　　——の報酬 ………………………………86
監督員(監督委員) ………………………………83
監督官庁(更生手続開始申立権者) ……………49
監督命令 ……………………………………**83**, 138
　　——の発令・変更・取消し ……………84
観念的清算
　　——(継続事業価値の分配) ……………19
　　——(公正・衡平の原則) ………………555
　　——(財産評定) …………………**510**, 511
管理型民事再生 …………………………………33
管理機構人格説(管財人) ……………………128
関連土地管轄(親子会社等) …………………133

き

危機時期
　形式的——(詐害行為否認) ………………389
　形式的——(偏頗行為否認) ………………394
　実質的—— …………………………………387
危機否認(旧破産法) …………………………394
企業再生支援機構
　　——(裁判外の事業再生手続) ……………13
　　——(法人管財人) ………………………107
企業年金基金の掛金支払請求権(平等原則の
　　例外) ………………………………………554
議決権
　　——の行使 ……………………………145
　株主の—— ……………………………142, **507**
　関係人集会の—— ………………………141
　更生計画案についての——の行使 ………612
　更生計画案の決議における——の確定 ……610
　更生担保権者の—— ……………………196
　更生手続開始後の利息の請求権の——
　　 …………………………………………142
　更生手続開始前の罰金等の請求権の——
　　 …………………………………………142
　在外財産から弁済を受けた更生債権者等の
　　—— ………………………………………142
　租税等の請求権の—— ………………**142**, 615
　約定劣後更生債権の—— ………………142
議決権額または議決権数の確定手続 ………144

議決権者の確定制度(基準日) ………145
期限前弁済(非義務偏頗行為) ………400
期限の利益喪失条項(相殺の自動債権) ……343
基準日(議決権の行使) ………………145
希望退職(管財人) ……………………303
逆推知説(国際更生管轄) ……………136
客観的処罰条件
　――(業務および財産の状況に関する物件の隠滅等の罪) ………………715
　――(詐欺更生罪) ………………708
　――(特定の債権者等に対する担保供与の罪) ………………………………710
旧会社更生法 …………………………22
　――の昭和42年改正 …………23
救済融資(相殺の禁止) ………………364
吸収合併に関する特例
　――(吸収合併存続会社が株式会社であるとき)(更生計画の遂行：会社法等の法令の特例) ………………………………671
　――(吸収合併存続会社が持分会社であるとき)(更生計画の遂行：会社法等の法令の特例) ………………………………672
　――(更生会社が吸収合併存続会社であるとき)(更生計画の遂行：会社法等の法令の特例) ………………………………673
吸収分割に関する特例(更生計画の遂行：会社法等の法令の特例) ………………674
求償義務者の更生 ……………………222
求償権者による弁済と更生債権額 ……222
救助料債権(更生債権) ………………176
給料等の請求権
　――(共益債権) …………………304
　――(優先的更生債権) …………191
　――に関する訴訟(中断・受継) ………314
共益債権
　――：預り金返還請求権 …………306
　――：各種の手続機関等の費用，報酬および報償金の請求権 ………………236
　――：確定給付企業年金制度における掛金の拠出請求権 ……………………245
　――：株主の共同の利益のためにする裁判上の費用の請求権 …………………236
　――：株主の費用償還請求権 ………242
　――：給料等の請求権 …………304

　――：更生会社のために支出すべきやむをえない費用の請求権で，更生手続開始後に生じたもの
　――：更生計画認可決定前に退職した使用人の退職手当の請求権 ……………244
　――：更生計画の遂行に関する費用の請求権 …………………………………236
　――：更生債権者等の共同の利益のためにする裁判上の費用の請求権 ………236
　――：更生債権者等の費用償還請求権 …242
　――：更生手続開始前の原因にもとづく源泉徴収所得税等 …………………242
　――：事務管理または不当利得により更生手続開始後に更生会社に対して生じた請求権 ………………………………237
　――：社債管理者等の費用および報酬請求権 ……………………………………241
　――：社内預金 ……………246, 306
　――：使用人の預り金の返還請求権 ……246
　――：使用人の給料の請求権 ………244
　――：使用人の身元保証金の返還請求権 ……………………………………244
　――：続行された手続または処分に関する更生会社に対する費用請求権等 ………240
　――：中止命令 ………………57, 247
　――：DIPファイナンス …………238
　――と更生会社財産所属債権との相殺 …341
　――に関する訴訟(中断・受継) ………313
　――にもとづく強制執行等 …………321
　――にもとづく強制執行等に対する中止命令 ……………………………………247
　――にもとづく強制執行等の取消命令 …247
　――の意義 ………………………233
　――の財団債権化(更生手続から破産手続への移行) …………………………725
　――の債務者 ……………………246
　――の地位 ………………………246
　――の地位の承継 ………………234
　――の弁済(更生会社財産不足の場合の弁済方法等) …………………………247
　――の弁済(更生計画の絶対的必要的記載事項) ……………………………568
　――の弁済(更生手続の終了後) ………125
　――の類型 ………………………233

事項索引　769

一般の―― …………………………235
財団債権の――化(破産手続から更生手続
　への移行) ………………………725
敷金返還請求権の――化 …………284
特別の―― …………………………237
前払金返還請求権の――性 ………294
共益債権(更生手続)の共益債権(再生手続)化
　(更生手続から再生手続への移行) ………726
共益債権(更生手続)の財団債権(破産手続)化
　(更生手続から破産手続への移行) ………725
共益債権(再生手続)の共益債権(更生手続)化
　(再生手続から更生手続への移行) ………726
共益債権者
　――(利害関係人) ………………157
　――による詐害行為取消訴訟(中断・受継)
　　………………………………………316
共益担保権 ……………………………233
競業の制限(管財人) …………………121
競合的土地管轄(東京地方裁判所または大阪
　地方裁判所) ………………………133
共助対象外国租税 ……………………31
強制執行等
　――の続行または禁止の解除 …322
　――または滞納処分の取消し …63
行政手続(中断・受継) ………………319
共同職務執行の原則(管財人) ………110
強迫による取消しと管財人 …………256
業務および財産の状況に関する物件の隠滅等
　の罪 …………………………………714
共有関係(共有物の分割) ……………302
許可，認可等にもとづく権利の承継(更生計
　画の遂行：会社法等の法令の特例) ………684
虚偽表示による無効と管財人 ………255
金融機関等が行う特定金融取引の一括清算に
　関する法律 …………………………299
金融機関等の更生手続の特例等に関する法律
　………………………………24, 167, 294
金融整理管財人(預金保険法) ………129

く

組合員の更生 …………………231, 299
組合契約(双方未履行双務契約) ……299
グループ企業(結合企業の更生) ……232
クロス・ファイリング(並行更生) …167

け

形式説(管財人の競業の制限) ………121
形式的危機時期
　――(詐害行為否認) ………………390
　――(偏頗行為否認) ………………394
継続事業価値(継続企業価値)
　――(具体例) ………………………12
　――(更生担保権) …………………197
係属中の強制執行等(中止) …………320
係属中の訴訟手続の中断・受継 ……310
係属中の手続関係 ……………………309
係属中の倒産処理手続(禁止・中止・失効)
　………………………………………324
継続的給付を目的とする双務契約
　――(昭和42年改正) ………………24
　――(双方未履行双務契約) ………278
競売価額(財産の評価) ………………535
結合企業の更生 ………………………231
原状回復費用償還請求権(賃借人の更生)
　………………………………………281
建設協力金返還請求権(賃料債権を受働債権
　とする相殺) ………………………283
現存額主義　→手続開始時現存額主義
現物出資財産の調査に関する規定の適用排除
　(更生計画の遂行：会社法等の法令の特例)
　………………………………665, 668
現有更生会社財産 ……………………162
　――(訴訟手続の中断・受継) ……312
　――(取戻権) ………………………327
権利変更先行説(敷金返還請求権に関する権
　利変更) ……………………………562
権利保護条項
　――の定めによる更生計画の認可 …637
　――の定めの趣旨 …………………638
　――の事前の設定 …………………639
権利保護条項の内容
　――：株主 …………………………642
　――：公正かつ衡平な保護 ………641
　――：更生債権者 …………………641
　――：更生担保権者 ………………640
　――：公正な取引価額の支払 ……641
　――：残余財産分配見込額の支払 …642
　――：破産配当見込額の支払 ……641

――：被担保債権と担保権の存続 ………640
――：目的物の売却による被担保債権の弁
　済または供託 ………………………640
牽連破産
　――（更生手続終了前の申立てによる破産
　　手続開始）…………………………722
　――（更生手続終了にともなう職権による
　　破産手続の開始）…………………720
　――（破産事件の更生裁判所への移送）
　　………………………………………723
　――における財産保全処分等 …………721

こ

故意否認（旧破産法）……………………386
公開会社（更生能力）………………………37
抗告審の審判（更生手続開始申立てについて
　の裁判）………………………………101
交互計算（双方未履行双務契約）………297
合資会社（更生能力）………………………37
公正・衡平の原則（更生計画における各種の
　権利の変更）…………………………554
更生会社
　――（利害関係人）……………………153
　――が権限にもとづいてした資金の借入れ
　　その他の行為によって生じた請求権（共
　　益債権）……………………………237
　――が支払不能になった後にそれについて
　　悪意で更生債権等を取得したとき（相殺
　　の禁止）……………………………362
　――と同視される管財人（管財人の法的地
　　位）…………………………………250
　――との間の契約による更生債権等の取得
　　（相殺の禁止の例外）………………366
　――について支払停止があった後にそれに
　　ついて悪意で更生債権等を取得したとき
　　（相殺の禁止）………………………363
　――による株式の取得に関する特例（更生
　　計画の遂行：会社法等の法令の特例）…663
　――の異議（更生債権等の調査）……477
　――の監査役に関する条項（更生計画にお
　　ける更生会社の組織に関する事項）…568
　――の機関の権限の回復（更生計画の相対
　　的必要的記載事項）…………………572
　――の行為（否認）……………………378
　――の行為によらない更生手続開始後の権
　　利取得 ………………………………260
　――の財産 ……………………………162
　――の財産所持者等（更生手続開始の通知）
　　…………………………………………96
　――の財産の保管方法 ………………517
　――の清算人にかかる事項（更生計画にお
　　ける更生会社の組織に関する事項）…568
　――のために支出すべきやむをえない費用
　　の請求権で，更生手続開始後に生じたも
　　の（共益債権）………………………237
　――の取締役等に関する特例（更生計画の
　　遂行：会社法等の法令の特例）……661
　――の役員等の責任の追及等 ………458
更生会社財産
　――所属債権を自働債権，更生債権等を受
　　働債権とする相殺（管財人による相殺）
　　…………………………………………340
　――代表説（管財人）…………………127
　――に属する財産に関する訴訟（中断・受
　　継）…………………………………311
　――の意義 ……………………………162
　――の国際的範囲 ……………………164
　――の財産評定 ………………………509
　――の範囲 ……………………………163
更生会社代理説（管財人）………………127
更生会社の組織に関する基本的事項（更生計
　画の相対的必要的記載事項）………572
　――：解散または会社の継続 ………579
　――：株式の消却，併合もしくは分割また
　　は株式無償割当て …………………572
　――：資本金または準備金（資本準備金お
　　よび利益準備金）の額の減少 ……578
　――：剰余金の配当その他の会社法461条
　　1項各号に掲げる行為 ……………578
　――：定款の変更 ……………………593
　――：募集株式を引き受ける者の募集 …574
　――：募集社債を引き受ける者の募集 …579
　――：募集新株予約権を引き受ける者の募
　　集，新株予約権の消却または新株予約権
　　無償割当て …………………………576
　――：持分会社への組織変更または合併，
　　会社分割，株式交換もしくは株式移転
　　…………………………………………581

事項索引　771

――の取締役，会計参与，監査役，執行役，会計監査人および清算人(更生計画における更生会社の組織に関する事項)……563
更生管財人　→管財人
更生計画
　――(具体例) …………………………………6
　――において予想された額を超える収益金の使途(更生計画の絶対的必要的記載事項)………………………………………569
　――における権利変更(債務の期限) ……559
　――における納税の猶予等と租税等の時効の進行の停止 ……………………………649
　――によらない事業譲渡についての裁判所の許可(管財人) ……………………………116
　――の意義 …………………………………547
　――の成立と効力(更生計画認可決定) …624
　――の適法性(更生計画認可の要件) ……627
　実質的意義での―― ………………………547
更生計画案
　――が可決された場合の法人の継続 ……624
　――に関する行政庁の意見聴取 …………605
　――に関する労働組合等の意見聴取 ……606
　――についての議決権の行使 ……………612
　――についての議決権の行使：議決権の不統一行使 ……………………………………612
　――についての議決権の行使：議決権を行使することができない者 …………………614
　――についての議決権の行使：社債権者等の議決権の行使に関する制限 ……………613
　――についての議決権の行使：不当な議決権者の排除 ………………………………614
　――についての参考資料の提出 …………603
　――の作成等の見込み(更生手続開始の条件) ………………………………………………43
　――の事前提出(プレパッケージ型会社更生) …………………………………………604
　――の修正 …………………………………604
　――の修正命令 ……………………………605
　――の提出 …………………………………601
　――の提出権者 ……………………………601
　――の提出時期等 …………………………602
　――の内容としての事業計画(存続型・再編型・清算型)…………………………547
　事業の全部の廃止を内容とする―― ……606

　清算を内容とする―― ……………………606
更生計画案の可決要件 …………………………619
　――：頭数要件 ……………………………619
　――：株主の組 ……………………………622
　――：期限の猶予の場合 …………………620
　――：減免等の場合 ………………………620
　――：更生債権の組 ………………………619
　――：更生担保権の組 ……………………620
　――：事業の全部の廃止の場合 …………621
更生計画案の決議 ………………………609, **618**
　――(関係人集会における更生計画案の変更) ……………………………………………622
　――(関係人集会の期日の続行) …………622
　――：議決権者 ……………………………609
　――：議決権の確定 ………………………610
　――：基準日による議決権者の確定 ……611
　――のための組分け ………………………618
　――のための組分け：組の統合または分離の決定 ……………………………………618
更生計画案の付議 ………………………………615
　――：付議決定がなされない場合 ………615
　――：付議決定の内容および付随措置 …616
　――：複数の更生計画案の付議の態様(選択方式・個別方式)…………………………616
更生計画遂行の監督の主体(裁判所・管財人) ……………………………………………657
更生計画遂行の主体(管財人・更生会社) …655
更生計画にもとづく更生債権等の免責等 …643
　――：更生計画認可決定後に退職する者の退職手当の請求権 ………………………645
　――：更生手続開始前の罰金等の請求権 ……………………………………………646
　――：制裁としての性質を有する租税等の請求権 ……………………………………646
　――：免責等の対象とならない権利 ……644
　――：免責等の対象となる債権等 ………643
更生計画にもとづく更生債権等の免責と信義則 ……………………………………………644
更生計画にもとづく届出更生債権者等の権利の変更 ……………………………………647
更生計画認可
　――決定後に退職した使用人の退職手当の請求権 ……………………………………245
　――決定前に退職した使用人の退職手当の

請求権(特別の共益債権) ……………244
　　──決定の取消し(抗告審) ……………636
　　──後の手続 ……………………………655
　　──後の手続廃止：更生計画遂行の見込み
　　　がないことが明らかになったとき ……695
　　──前の手続廃止：更生計画が成立しなか
　　　った場合 ………………………………693
　　──前の手続廃止：更生手続開始の原因と
　　　なる事実のないことが明らかになったと
　　　き …………………………………………694
　　──にともなう中止した手続の失効 ……649
　更生計画認可の要件 ………………………625
　　──：瑕疵の治癒等 ……………………626
　　──：決議の方法の誠実性と公正性 ……631
　　──：公正・衡平原則 …………………628
　　──：更生計画の適法性 ………………627
　　──：更生手続の適法性 ………………625
　　──：裁量による認可 …………………627
　　──：遂行可能性 ………………………629
　　──：清算価値保障原則 ………………631
　更生計画認可または不認可の決定 ………632
　　──に対する即時抗告権者 ……………633
　　──に対する即時抗告の効果 …………635
　更生計画の効力 ……………………………642
　　──が及ばない者(更生計画の効力の主観
　　　的範囲：保証人等) ……………………652
　　──が及ぶ者(更生計画の効力の主観的範
　　　囲) ………………………………………650
　　──の主観的範囲 ………………………650
　　──の主観的範囲：更生会社が組織変更を
　　　した後の持分会社 ……………………651
　　──の主観的範囲：新設分割等による新会
　　　社 ………………………………………651
　　──の発生の時期 ………………………643
　更生計画の条項
　　──(絶対的必要的記載事項) …………548
　　──(全部または一部の更生債権者等また
　　　は株主の権利の変更) …………………548
　　──の更生債権者表等への記載等(確定判
　　　決と同一の効力) ………………………647
　更生計画の遂行
　　──：会社の組織に関する行為の無効の訴
　　　えまたは新株発行等の不存在の確認の訴
　　　えの排除 ………………………………660

　　──：会社法等の法令の適用の排除 ……658
　　──：株式または新株予約権買取請求権の
　　　排除 ……………………………………659
　　──：株主総会の決議等に関する法令の規
　　　定等の排除 ……………………………659
　　──に関する費用の請求権(共益債権) …236
　更生計画の遂行命令 ………………………658
　更生計画の変更 ……………………………686
　　──の手続 ………………………………688
　　──の内容 ………………………………687
　　──の要件 ………………………………687
　更生計画不認可決定
　　──の確定にもとづく手続終了効 ……654
　　──の取消し(抗告審) ……………………636
　更生債権 ……………………………………173
　　──：更生手続開始後の利息等の請求権
　　　……………………………………………179
　　──：更生手続参加の費用の請求権 ……180
　　──：財産上の請求権 …………………174
　　──：自然債務 …………………………177
　　──：受益債権 …………………………176
　　──：出世払い債務 ……………………177
　　──：職務発明にもとづく相当の対価支払
　　　請求権 …………………………………178
　　──：組織法上の請求権 ………………175
　　──：損害賠償請求権 …………………178
　　──：代替的作為を目的とする債権 ……174
　　──：非金銭債権 ………………………174
　　──：不代替的作為または不作為を目的と
　　　する債権 ………………………………175
　　──の意義 ………………………………173
　　──の基本的成立要件 …………………174
　　──の基本的地位 ………………………181
　　──の順位 ………………………………187
　更生手続開始後の原因にもとづく── …178
　約定劣後── ………………………………192
　優先的── …………………………………188
　劣後的── (旧会社更生法) …………………188
　劣後的取扱いを受ける── ………………191
　更生債権額
　　求償権者による弁済と── ……………222
　　数個の債権のうちの１個の債権の全額弁済
　　　と── …………………………………223
　　全部義務者による弁済と── ……………221

事項索引　773

　　第三者による弁済と―― ……………222
　　物上保証人による数個の債権のうちの1個
　　　の債権の全額弁済と―― ………224
　　物上保証人による弁済と―― ………222
　　弁済充当特約と―― ………………223
更生債権者
　　――(実体上の意義と手続上の意義) ……153
　　――(利害関係人) ……………………153
更生債権者委員会等 ………………………146
　　――の権限および活動 ………………148
　　――の手続関与 ………………………146
更生債権者等
　　――による異議 ………………………477
　　――による異議の撤回(更生債権等の調査)
　　　………………………………………479
　　――の議決権額 ………………………142
　　――の共同の利益のためにする裁判上の費
　　　用の請求権(共益債権) ……………236
　　――のための周知措置 ………………95
　　――の費用償還請求権(特別の共益債権)
　　　………………………………………242
　　在外財産から弁済を受けた――(議決権)
　　　………………………………………142
更生債権者等一般の利益(管財人による相殺)
　　………………………………………341
更生債権者等代理説(管財人) ……………127
更生債権者表
　　――の記載に対する不服申立て ……483
　　――の記載にもとづく確定判決と同一の効
　　　力 …………………………483, 654
　　――の記載の誤り ……………………472
　　――の効力(更生会社に対する) ……484
　　――の作成 ……………………………471
更生債権等 …………………………………194
　　――に関する訴訟(中断) ……………314
　　――にもとづく強制執行等(禁止・中止)
　　　………………………………………321
　　――の確定 ……………………………482
　　――の確定手続 ………………………484
　　――の確定に関する訴訟の判決等の効力
　　　………………………………………502
　　――の確定のための裁判手続の帰趨(更生
　　　手続の終了) ………………………700
　　――の査定の決定手続 ………………485

　　――の査定の決定の内容 ……………487
　　――の調査 ……………………………472
　　――の届出 ……………………464, 465
　　――の届出期間 ………………………468
　　――の届出事項の変更と取下げ ……469
　　――の届出の追完 ……………………468
　　――の届出の方式 ……………………466
　　――の届出名義の変更 ………………470
　　――の免責等(更生計画) ……………643
　　――の予備的届出 ……………………465
　　執行力ある債務名義のある―― ……497
　　終局判決のある―― …………………498
　　相殺権の行使と――の届出 …………344
更生債権等査定異議の訴えにかかる訴訟手続
　等(更生手続から再生手続への移行) ……750
　　――：更生計画認可決定後に更生手続が終
　　　了した場合 ………………………751
　　――：更生計画認可決定前に更生手続が終
　　　了した場合 ………………………751
　　――：再生債権に関しない場合または異議
　　　者等である当事者が株主のみである場合
　　　………………………………………752
更生債権等査定異議の訴えにかかる訴訟手続
　等(更生手続から破産手続への移行) ……747
　　――：更生計画認可決定後に更生手続が終
　　　了した場合 ………………………747
　　――：更生計画認可決定前に更生手続が終
　　　了した場合 ………………………747
　　――：破産債権に関しない場合または異議
　　　者等である当事者が株主のみである場合
　　　………………………………………748
更生債権等査定異議の訴えにかかる訴訟手続
　等の帰趨 …………………………………701
　　――：更生計画認可決定後に更生手続が終
　　　了した場合 ………………………701
　　――：更生計画認可決定前に更生手続が終
　　　了した場合 ………………………701
更生債権等査定決定の手続と価額決定手続と
　の関係 ……………………………………494
更生債権等査定申立てについての決定に対す
　る異議の訴え ……………………………488
　　――(管轄) ……………………………489
　　――(必要的共同訴訟) ………………489
　　――の判決(認可・変更) ……………489

更生債権等査定申立ての手続および価額決定
　の申立ての手続
　　——（更生手続から再生手続への移行）…750
　　——（更生手続から破産手続への移行）…746
　　——の帰趨：更生計画認可決定後に更生手
　　　続が終了した場合 ……………………700
　　——の帰趨：更生計画認可決定前に更生手
　　　続が終了した場合 ……………………700
更生債権等，破産債権または再生債権の確定
　のための裁判手続の帰趨 ………………746
更生裁判所 ………………………………35, 131
更生団体代表説（管財人）……………………127
更生担保権
　　——：売渡担保 …………………………210
　　——：仮登記担保 ………………………207
　　——：継続事業価値 ……………………197
　　——：更生計画案の可決要件 …………620
　　——：債権質 ……………………………200
　　——：集合債権譲渡担保 ………………216
　　——：集合動産譲渡担保 ………………213
　　——：集合物譲渡担保 …………………212
　　——：商事留置権 ………………………200
　　——：譲渡担保 …………………………208
　　——：商取引債権等に対する更生計画認可
　　　決定前弁済 ……………………………218
　　——：所有権留保 ………………………204
　　——：相対的時価概念 ……………199, 513
　　——：担保権証明文書 …………………204
　　——：手形の譲渡担保 …………………211
　　——：動産売買先取特権 ………………201
　　——：根抵当権 …………………………199
　　——：回り手形 …………………………201
　　——：目的物の時価 ………………197, 512
　　——の意義 ………………………………194
　　——の確定手続（目的財産を共通にする複
　　　数の更生担保権がある場合の特例）……500
　　——の基本的地位 ………………………217
　　——の順位 ………………………………218
　　——の相対的確定（目的財産を共通にする
　　　複数の更生担保権の確定）……………501
　　——の担保権 ……………………………195
　　——の被担保債権 ………………………194
　　——の目的物の評価基準 ………………197
　物上代位権にもとづく—— ………………202

更生担保権者
　　——（更生手続開始申立権者）……………48
　　——（実体上の意義と手続上の意義）……154
　　——（利害関係人）………………………154
　　——の議決権 ……………………………196
更生担保権者委員会 …………………………4, 146
更生担保権者表
　　——にもとづく確定判決と同一の効力（更
　　　生計画不認可決定の確定）……………654
　　——の記載に対する不服申立て ………483
　　——の記載にもとづく確定判決と同一の効
　　　力 ………………………………………483
　　——の記載の誤り ………………………472
　　——の効力（更生会社に対する）………484
　　——の作成 ………………………………471
公正中立義務（管財人）………………………113
更生手続
　　——から再生手続への移行 ……………724
　　——から破産手続への移行 ……………720
　　——遂行の過程において生じる請求権（更
　　　生債権）………………………………180
　　——と他の倒産処理手続との優先劣後関係
　　　………………………………………718
　　——に関する情報の開示措置 …………516
　　——に付随する各種の裁判手続の帰趨等
　　　………………………………………697
　　——の終了原因 …………………………690
　　——の準拠法（国際更生）………………164
　　——の適法性（更生計画認可の要件）…625
　　——の廃止 ………………………………693
　　——の費用の予納（更生手続開始の条件）
　　　………………………………………41, 51
　　——の利害関係人 ………………………152
更生手続開始決定 ……………………………93
　　——（抗告審）……………………………102
　　——（裁判書）……………………………93
　　——（即時抗告）…………………………100
　　——に先行する差押えの効力の援用 …254
　　——によって失効した特別清算手続のため
　　　に更生会社に対して生じた債権等（特別
　　　の共益債権）…………………………239
　　——によって中止した破産手続における財
　　　団債権および再生手続における共益債権
　　　………………………………………239

事項索引 775

更生手続開始決定前の中止命令…………………55
更生手続開始決定前の保全処分…………………55
更生手続開始決定取消決定 ……………………102
更生手続開始原因…………………………………38
更生手続開始後に期限が到来すべき確定期限
　付債権で無利息のもの(議決権額) ………143
更生手続開始後に期限が到来すべき不確定期
　限付債権で無利息のもの(議決権額) ……143
更生手続開始後に原始的に取得した更生債権
　を自働債権とする相殺 ……………………361
更生手続開始後に更生会社が行った法律行為
　の管財人に対する効力 ……………………258
更生手続開始後に更生会社に対して債務を負
　担したとき(相殺の禁止) …………………346
更生手続開始後に更生計画認可決定前に会社
　都合で退職した者の退職手当の請求権 …245
更生手続開始後に他人の更生債権等を取得し
　たとき(相殺の禁止) ………………………356
更生手続開始後の原因にもとづく更生債権
　………………………………………………178
更生手続開始後の更生会社に対する弁済 …265
更生手続開始後の更生会社の事業の経営に
　関する費用の請求権(共益債権) …………236
更生手続開始後の手形の支払または引受け等
　(更生債権) …………………………………266
更生手続開始後の登記および登録(善意取引
　の保護) ……………………………………262
更生手続開始後の不履行による損害賠償又は
　違約金の請求権(更生債権) ………………180
更生手続開始後の弁済にもとづく求償権を自
　働債権とする相殺 …………………………356
更生手続開始後の利息等の請求権(更生債権)
　………………………………………………179
更生手続開始後の利息等の請求権の議決権
　………………………………………………142
更生手続開始時に係属していた再生手続上の
　否認訴訟等(再生手続から更生手続への移
　行)……………………………………………741
更生手続開始時に係属していた詐害行為取消
　訴訟等の帰趨(更生手続の終了)…………699
更生手続開始時に係属していた破産手続上の
　否認訴訟等(破産手続から更生手続への移
　行)……………………………………………740
更生手続開始時の意義……………………………94

更生手続開始前に会社が行った法律行為の管
　財人に対する効力 …………………………252
更生手続開始前の給付の対価(双方未履行双
　務契約) ……………………………………279
更生手続開始前の原因(更生債権) …………177
更生手続開始前の原因にもとづく源泉徴収所
　得税等(特別の共益債権) …………………242
更生手続開始前の罰金等の請求権の議決権
　………………………………………………142
更生手続開始の条件………………………………41
更生手続開始申立て………………………………50
　──等があった後にそれについて悪意で更
　　生債権等を取得したとき(相殺の禁止)
　　…………………………………………364
　──等後の債務負担を理由とする相殺の禁
　　止 ………………………………………353
　──についての裁判に対する不服申立て…99
　──の競合……………………………………54
　──の取下げ…………………………………53
　──の取下げの制限(昭和42年改正) …23
　──の目的の不当性(更生手続開始の条件)
　　…………………………………………44
　──を棄却する決定(即時抗告) …………100
　──を却下する裁判(即時抗告)……………99
更生手続開始申立権者……………………………45
更生手続開始申立書
　──の訓示的記載事項………………………50
　──の必要的記載事項………………………50
更生手続開始申立代理人
　──(DIP型会社更生) ……………………108
　──(取締役の辞任届) ……………………115
更生手続開始申立手数料…………………………51
更生手続参加(消滅時効中断)…………………181
更生手続参加の費用の請求権(更生債権) …180
更生手続終結決定
　──の効果 …………………………………692
　──の時期(遂行・遂行確実・3分の2以
　　上の弁済)………………………………690
更生手続廃止決定
　──と不服申立て等 ………………………696
　──の効果：牽連破産への移行可能性 …696
　──の効果：実体的効果 …………………697
　──の効果：手続終了効 …………………696
公正な差(公正・衡平の原則) ………………557

更生能力……………………………………35
更生犯罪
　——：実質的侵害罪 ………………703
　——：手続的侵害罪 ………………704
合同会社(更生能力)………………………37
合同債務 …………………………………221
衡平な差(公正・衡平の原則)…………557
抗弁として否認権が行使されている訴え
　——(更生手続から再生手続への移行) …742
　——(更生手続から破産手続への移行) …739
　——(更生手続の終了) ………………698
　——(再生手続から更生手続への移行) …742
　——(破産手続から更生手続への移行) …741
公法上の職務説(管財人)………………126
合名会社(更生能力)………………………37
子株式会社(関連土地管轄)……………134
国外犯
　——(管財人等に対する職務妨害の罪)…715
　——(業務および財産の状況に関する物件
　　の隠滅等の罪)………………………714
　——(贈収賄罪)…………………………716
　——(特定の債権者等に対する担保供与の
　　罪)……………………………………710
国際会社更生 ……………………………164
国際更生管轄………………………**136**, 164
国税滞納処分
　——の禁止・中止……………………321
　——の続行……………………………323
国内更生手続の外国財産に対する対外的効力
　…………………………………………164
固定主義(破産財団)……………………163
コミットメント・ライン契約(特定融資枠契
　約)(双方未履行双務契約)………………300
雇用関係が存続する場合の給料債権および退
　職手当債権の取扱い …………………305
雇用契約(双方未履行双務契約)………303

さ

在外財産から弁済を受けた更生債権者等(議
　決権)……………………………………142
債権(取戻権の基礎)……………………328
債権質(更生担保権)……………………200
　——の第三債務者の供託……………545
債権者(更生手続開始申立権者)…………46

債権者一般の利益
　——(更生手続開始の条件)……………42
　——(事業の全部の廃止を内容とする更生
　　計画案)………………………………608
債権者代位訴訟(中断・受継) …………317
債権者代位訴訟・詐害行為取消訴訟(保全管
　理命令)…………………………………268
債権調査期間(一般調査期間・特別調査期間)
　……………………………………94, 477
債権届出期間の末日の通知(管財人) ………476
債権届出の再利用
　——(更生手続から再生手続への移行) …737
　——(更生手続から破産手続への移行) …729
　——(再生手続から更生手続への移行) …735
　——(破産手続から更生手続への移行) …733
催告および検索の抗弁権(保証人の更生) …226
財産状況報告集会(更生会社の財産状況を報
　告するために招集された関係人集会)……515
財産上の請求権(更生債権)……………174
財産処分禁止の保全処分…………………70
財産の所在地(土地管轄) ………………133
財産の処分行為等についての裁判所の許可
　(管財人) ………………………………116
財産の評価(価額決定) …………………534
財産の評価基準(競売価額・早期売却価額)
　…………………………………………535
財産評定の目的と機能……………20, 510
再生債権査定異議の訴えにかかる訴訟手続等
　(再生手続から更生手続への移行) ………750
再生債権査定申立ての手続(再生手続から更
　生手続への移行) ………………………749
再生手続から更生手続への移行(再生手続に
　対する更生手続の優先)………………719
再生手続の管財人(更生手続開始申立権者)…49
財団債権の共益債権化(破産手続から更生手
　続への移行) ……………………………725
財団に関する処分の制限の特例(更生計画の
　遂行：会社法等の法令の特例)…………683
裁判所 ……………………………35, 105, **131**
裁判所書記官
　——による登記の嘱託…………………98
　——の権限事項・事務取扱事項 ………137
　——の処分に対する異議……………138
債務超過

事項索引 777

　　——(更生手続開始原因)························39
　　——(詐害行為否認)·····························386
債務の期限の上限
　　——(更生計画における権利変更)·········560
　　——(更生計画の変更)··························688
　　——(社債についての特例) ···················561
債務の消滅に関する行為(偏頗行為否認)···395
債務の負担に関する定め(更生計画の相対的
　　必要的記載事項)·································600
債務の弁済資金の調達方法(更生計画の絶対
　　的必要的記載事項)······························569
債務引受けを内容とする契約にもとづく債務
　　負担を理由とする相殺の禁止 ·············351
債務保証(無償行為否認) ····························403
債務免除等要請行為(支払停止)·····················39
詐害意思(認識説・意思説)··························388
詐害行為(否認) ····························372, 386
詐害行為取消権
　　——(取戻権の基礎) ····························329
　　——(否認との関係) ····························372
　　——のための保全処分····························90
詐害行為取消訴訟(債権者取消訴訟)(中断・
　　受継)··315
詐害行為否認(更生会社の行為) ·······380, 386
　　——：形式的危機時期 ·························390
　　——：債務超過 ···································386
　　——：詐害行為 ···································386
　　——：詐害的債務消滅行為 **389**, 390, 401
　　——：実質的危機時期 ·························386
　　——：支払不能 ···································386
　　——：対抗要件の否認の性質 ·············409
　　——：否認権行使の相手方の地位 ·····452
　　——：保険金受取人の変更行為 ·········386
　　——の第 1 類型 ···································388
　　——の第 2 類型 ···································390
　　対抗要件具備行為の—— ·······415, **423**
　　対抗要件具備行為の——の効果 ·······425
詐害的債務消滅行為(詐害行為否認)
　　···**389**, 390, 401
詐欺更生罪 ···705
　　——：詐欺破産罪または詐欺再生罪との関
　　　係··709
詐欺による取消しと管財人 ·······················256
錯誤無効と管財人 ·······································257

三角相殺(相殺の自働債権) ·······················342

し

時　価
　　——(価額決定の手続) ·························493
　　——(更生担保権の目的物の評価の基準)
　　　··197, **512**
　　——(財産評定の基準) ·························512
敷金等放棄条項(賃借人の更生) ···············281
敷金返還義務の承継(転貸人の更生) ·······286
敷金返還請求権(賃借人の更生) ···············282
敷金返還請求権に関する権利変更の態様(更
　　生計画における権利変更)：当然充当先行
　　説・権利変更先行説 ···························561
敷金返還請求権の共益債権化(賃料債権を受
　　働債権とする相殺)······························284
事業家管財人 ·······································8, 107
　　——の自己取引 ···································120
事業継続危殆事実(更生手続開始原因)········40
事業再生 ADR
　　——(更生手続開始申立権者) ···············47
　　——(裁判外の事業再生手続) ···············13
　　——(支払停止) ·····································39
　　——(平等原則の例外) ·························554
　　——(保全管理命令) ······························79
事業再生法制···9
事業譲渡
　　——(更生計画外) ·····················**117**, 518
　　——(更生計画上) ·······························518
　　——(更生計画認可決定後) ·················525
　　——(更生手続開始後・更生計画案付議決
　　　定前に行われる更生計画外のもの)······519
　　——(更生手続開始前に行われる更生計画
　　　外のもの)···524
　　——(否認) ···381
　　——(保全管理期間中)··················81, 525
事業譲渡等(更生計画の相対的必要的記載事
　　項)··598
事業譲渡に関する許可または不許可の裁判に
　　関する不服申立て································524
事業譲渡に関する裁判所の許可
　　——：株主の保護手続 ·························521
　　——：株主の保護手続が不要の場合······523
　　——：更生債権者等および労働組合等の意

見聴取 …………………………523
　　——の実体的要件(更生計画外) …………520
　　——の手続的要件(更生計画外) …………521
事業年度の特例(更生会社の事業年度) ……685
事業の全部の賃貸(更生計画の相対的必要的
　　記載事項) ………………………………599
事業の全部の廃止を内容とする更生計画案
　　……………………………………………606

自己取引
　　管財人の—— …………………111, **119**
　　事業家管財人の—— ……………………120
自主再建型更生計画(具体例) …………………4
市場の相場がある商品の取引に係る契約(双
　　方未履行双務契約) ……………………295
自然債務(更生債権) ……………………………177
事前相談(更生手続開始申立て) ………………52
下請業者の請負代金債権(更生債権) …………190
質権(取戻権の基礎) ……………………………328
執行可能性(更生債権) …………………………177
執行行為の否認 …………………………………426
　　——(更生会社の行為の要否) …………429
　　——(否認しようとする行為が執行行為に
　　　もとづくとき) ………………………428
　　——(否認しようとする行為について執行
　　　力ある債務名義があるとき) …………427
執行文付与の訴え(有名義更生債権等) ………498
執行役にかかる事項(更生計画における更生
　　会社の組織に関する事項) ……………567
執行力ある債務名義のある更生債権等(訴訟
　　の受継) …………………………………497
実質説(管財人の競業の制限) …………………121
実質的危機時期(詐害行為否認) ………………386
実体的併合(結合企業の更生) …………………232
私的独占の禁止及び公正取引の確保に関する
　　法律の特例(更生計画の遂行) …………682
自働債権たる更生債権等取得の時期による相
　　殺の禁止 …………………………………356
自動停止(automatic stay)(アメリカ連邦破
　　産法) ………………………………………18
自認の制度(再生債権) ……………………**473**, 476
支払停止
　　——(更生手続開始原因) …………………39
　　——(相殺の禁止) ………………351, 363
　　——を要件とする否認の制限 …………430

支払停止等についての悪意(対抗要件の否認)
　　……………………………………………414
支払不能
　　——(更生手続開始原因) …………………39
　　——(詐害行為否認) ……………………386
　　——(相殺の禁止) ……………349, 362
　　——(偏頗行為否認) ……………………398
　　——期における債務負担原因契約 ……349
私法上の職務説(管財人) ………………………126
資本金の額の減少に関する特例(更生計画の
　　遂行：会社法等の法令の特例) ………662
事務管理により更生手続開始後に生じた請求
　　権(共益債権) ……………………………237
借財禁止保全処分 ………………………………70
社債管理者等の費用および報酬請求権(特別
　　の共益債権) ……………………………241
社内預金
　　——(共益債権) …………………………306
　　——(更生債権) …………………………190
　　——(特別の共益債権) …………………246
就業規則(管財人) ………………………………308
終局判決のある更生債権等(更生債権等の調
　　査) …………………………………………498
集合債権譲渡担保
　　——(更生担保権) ………………………216
　　——(対抗要件の否認) …………………412
　　——(偏頗行為否認) ……………………402
集合動産譲渡担保
　　——(更生担保権) ………………………213
　　——(偏頗行為否認) ……………………402
集合物譲渡担保(更生担保権) …………………212
自由財産(更生会社財産) ………………………163
受益債権(更生債権) ……………………………176
受益者の悪意(偏頗行為否認) …………………399
主観的違法要素(詐欺更生罪) …………………705
受託者説(管財人) ………………………………128
主たる営業所の所在地(土地管轄) ……………132
出世払い債務(更生債権) ………………………177
受働債権たる債務負担の時期による相殺の禁
　　止 …………………………………………346
守秘義務(報告および検査の拒絶等の罪) ……713
準拠法(国際更生) ………………………………164
準備金の額の減少に関する特例(更生計画の
　　遂行：会社法等の法令の特例) ………662

事項索引　779

準名義説(担保権証明文書)……………204
少額更生債権の更生計画認可決定前弁済 …185
条件付債権(議決権額)………………144
使用者
　——としての管財人 ………………308
　——の更生 …………………………303
上場会社(更生能力)……………………37
商事留置権
　——(更生会社の行為によらない更生手続
　　開始後の権利取得)……………261
　——(更生担保権)…………………200
商事留置権消滅請求
　——(更生手続開始決定前における)…74
　——の要件および手続………………76
常置代理人(管財人代理)…………109, 111
譲渡担保
　——(更生担保権)…………………208
　——(取戻権の基礎)………………328
譲渡担保権者の更生 …………………208
譲渡担保設定者の更生 …………………210
商取引債権等に対する更生計画認可決定前弁
　済 ……………………**182**, 186, 218
商取引債権の弁済許可(昭和42年改正)…24
使用人
　——の預り金の返還請求権(特別の共益債
　　権)……………………………246
　——の給料の請求権(特別の共益債権)
　　………………………………244
　——の身元保証金の返還請求権(特別の共
　　益債権)………………………244
承認決定(外国倒産処理手続)…………169
消費貸借の予約(双方未履行双務契約)…299
情報収集を阻害する罪…………………712
職分管轄(地方裁判所)…………………132
職務説(管財人)…………………………126
職務発明にもとづく相当の対価支払請求権
　(更生債権)………………………178
職務分掌(管財人)………………………111
職務妨害の罪(管財人等に対する)……715
書証説(担保権証明文書)………………204
処分連動方式
　——(価額決定の申立ての利益)……492
　——(更生計画案の可決要件)………621
　——(平等原則との関係)……………551

所有権(取戻権の基礎)…………………327
所有権留保
　——(更生担保権)…………………204
　——(取戻権の基礎)………………328
　——の実行と更生手続……………207
所有権留保売買と双方未履行双務契約 ……206
知れている開始後債権(更生計画の絶対的必
　要的記載事項)………………………571
知れている更生債権者等(更生手続開始の通
　知)……………………………………96
新会社の設立
　——(更生計画の相対的必要的記載事項)
　　………………………………594
　——に関する特例(更生計画の遂行：会社
　　法等の法令の特例)……………679
真正譲渡性(取戻権の基礎)……………327
新設合併に関する特例(更生会社が消滅する
　新設合併であって，新設合併設立会社が株
　式会社である場合)(更生計画の遂行：会社
　法等の法令の特例)……………673, 674
新設分割に関する特例(更生計画の遂行：会
　社法等の法令の特例)………………675
信託関係上の権利(取戻権の基礎)……329
人的会社(更生能力)……………………36
人的請求権(更生債権)…………………176

す

遂行確実性(更生手続終結決定の事由)……691
数個の債権のうちの1個の債権の全額弁済と
　更生債権額 …………………………223
数人の一部保証人の更生
　——：分別の利益をもたない場合 ……229
　——：分別の利益をもつ場合 ………230
数人の全部義務者の更生(更生債権等)……220
数人の全部保証人の更生
　——：分別の利益をもたない場合 ……227
　——：分別の利益をもつ場合 ………227
スポンサー(具体例)…………………………4
スポンサー契約
　——(双方未履行双務契約)…………271
　——(プレパッケージ型会社更生)………604
スワップ・デリバティブ契約(双方未履行双
　務契約)………………………………297

せ

清算価値保障原則
　　──(権利保護条項との関係) ………638
　　──(更生計画認可の要件) …………631
　　──(更生手続開始の条件)……………42
清算人(更生手続開始申立権者)…………49
清算を内容とする更生計画案 ……………606
税務署の長(更生手続開始の通知)………97
整理解雇の4要件(4要素) ………………304
絶対的必要的記載事項(更生計画) ……548
　　──:更生計画において予想された額を超
　　　える収益金の使途 ……………………569
　　──:債務の弁済資金の調達方法 ………569
　　──:知れている開始後債権があるときは,
　　　その内容 ………………………………571
絶対的優先説(公正・衡平の原則) ……555
善管注意義務
　　管財人の── ……………………………114
　　監督委員の── ……………………………85
　　調査委員の── ……………………………88
　　保全管理人の── …………………………82
専相殺供用目的での債務負担を理由とする相
　　殺の禁止 ………………………………348
船舶共有制度(双方未履行双務契約) …290
全部義務者による弁済と更生債権額 …221
全部具備説(更生債権) …………………178
全部保証人の更生 …………………………227
占有権(取戻権の基礎) …………………328
占有債務者(debtor in possession)
　　──(アメリカ連邦倒産法) …………106
　　──(外国管財人) ……………………166

そ

早期売却価額(財産の評価) ……………535
相　殺
　　──の担保的機能 ………………………339
　　──の否認 ………………………………368
相殺期待が認められる預金による弁済(偏頗
　　行為の有害性)………………………376
相殺期待の詐害的創出(相殺の禁止) …345
相殺禁止の基準時としての更生手続開始申立
　　て(更生手続から破産手続への移行) …727
相殺禁止の基準時としての再生手続開始申立
て(再生手続から更生手続への移行) ……729
相殺禁止の基準時としての破産手続開始申立
　　て(破産手続から更生手続への移行) ……728
相殺権
　　──行使の時期 …………………………342
　　──の行使と更生債権等の届出 ………344
　　──の実行 ………………………………369
　　──の濫用 ………………………………367
相殺権者(利害関係人) …………………156
贈収賄罪 ……………………………………715
相対的時価概念
　　──(更生担保権) ………………199, **513**
　　──(財産評定) …………………………513
相対的必要的記載事項(更生計画)
　　──:更生会社の機関の権限の回復 …572
　　──:更生会社の組織に関する基本的事項
　　　 ………………………………………572
　　──:債務の負担に関する定め ………600
　　──:事業譲渡等 ………………………598
　　──:事業の全部の賃貸 ………………599
　　──:新会社の設立 ……………………594
　　──:担保の提供に関する定め ………600
　　──:100%減資 ………………………573
　　──:未確定の更生債権者等の権利 …599
相対的優先説(公正・衡平の原則) ……555
相当の対価をえてした財産の処分行為(否認)
　　 …………………………………………390
相当の対価をえてした用益権を設定する行為
　　(否認) …………………………………392
相当の融資を受けて担保権を設定する行為
　　(否認) …………………………………392
双方未履行双務契約 ………………………271
　　──:相手方からの契約解除 …………275
　　──:委任契約 …………………………301
　　──:請負契約 …………………………291
　　──:管財人の解除権 …………………272
　　──:管財人の解除権の制限 …………274
　　──:組合契約 …………………………299
　　──:継続的給付を目的とする双務契約
　　　 ………………………………………278
　　──:交互計算 …………………………297
　　──:更生手続開始前の給付の対価 …279
　　──:コミットメント・ライン契約(特定
　　　融資枠契約)………………………300

事項索引　781

――：雇用契約 ……………………303
――：市場の相場がある商品の取引に係る
　契約 ……………………………………295
――：消費貸借の予約 ………………299
――：スポンサー契約 ………………271
――：スワップ・デリバティブ契約 ……297
――：船舶共有制度 …………………290
――：諾成的消費貸借契約 …………300
――：地上権設定契約 ………………280
――：賃貸借契約 ……………………280
――：倒産申立解除条項 ……………276
――：同時履行の抗弁権 ……………273
――：匿名組合契約 …………………299
――：売買契約 ………………………278
――：ファイナンス・リース契約 ………287
――：不安の抗弁権 …………………275
――：フランチャイズ契約 ……………287
――：弁済禁止保全処分 ……………277
――：保険契約 ………………………293
――：黙示的な履行の請求 …………275
――：傭船契約 ………………………290
――：ライセンス契約 …………………286
――：履行拒絶権 ……………………272
――：労働協約 ………………………307
――の相手方の損害賠償請求権(相殺の禁
　止) ……………………………………362
属地主義(更生会社財産の国際的範囲) ……165
組織変更に関する特例(更生計画の遂行：会
　社法等の法令の特例) …………………671
組織法上の行為(否認) …………………380
組織法上の訴訟(中断・受継) ……………311
組織法上の請求権(更生債権) …………175
訴訟費用償還請求権(管財人によって受継さ
　れた訴訟) ……………………………313, 317
租税等の請求権
　――(議決権) …………………………**142**, 615
　――(更生計画における権利変更に関する
　　特則) ………………………………558
　――(更生計画にもとづく新会社による承
　　継)(更生計画の遂行：会社法等の法令の
　　特例) ………………………………685
　――(調査・確定) ……………………502
　――(偏頗行為否認) …………………396
　――(劣後の取扱い) …………………192

租税特別措置法等の一部を改正する法律 ……31
租税に関する相互行政支援に関する条約 ……31
続行された強制執行等における配当等に充て
　るべき金銭の額等およびその使途(更生計
　画の絶対的必要的記載事項) …………570
続行された手続または処分に関する更生会社
　に対する費用請求権等(特別の共益債権)
　………………………………………………240
損害賠償請求権(更生債権) ……………178
損害賠償の額(市場の相場がある商品の取引
　に係る契約) …………………………296

た

第1回・第2回・第3回関係人集会(旧会社
　更生法) ………………………………140
大会社(更生能力) ………………………37
対抗要件具備行為
　――の詐害行為否認 …………415, **423**
　――の詐害行為否認の効果 …………425
　――の否認(制限説と創設説) ………419
　――の偏頗行為否認 …………415, **422**
対抗要件の否認 …………………………407
　――(権利取得要件としての登録) ……425
　――の効果 ……………………………425
　――の性質(詐害行為否認・偏頗行為否認)
　………………………………………………409
対抗力を備えた賃借権の保護(賃貸人の更生)
　………………………………………………282
第三者による弁済と更生債権額 …………222
第三者弁済(求償権を自働債権とする相殺)
　………………………………………………357
第三者保護規定と管財人の地位 ………255
代償的取戻権 ……………………………335
　――(第三者の権利との関係) ………338
　――(反対給付が既履行の場合) ……336
　――(反対給付が未履行の場合) ……335
　特別の取戻権と―― …………………338
退職手当の請求権
　――(更生計画にもとづく免責) ………645
　――：管財人による解雇 ………………305
　――：自主退職 ………………………305
　――に関する権利変更の条項(更生計画に
　　おける権利変更) …………………562
　――の調査の特例(債権届出期間経過後の

退職)‥‥‥‥‥‥‥‥‥‥‥‥‥‥480
——を受働債権とする相殺 ‥‥‥‥‥304
更生計画認可決定後に退職した使用人の
　——‥‥‥‥‥‥‥‥‥‥‥‥‥245
更生計画認可決定前に退職した使用人の
　——‥‥‥‥‥‥‥‥‥‥‥‥‥244
更生手続開始後・更生計画認可決定前に会
　社都合で退職した者の——‥‥‥‥‥245
代替的作為を目的とする債権(更生債権)‥‥174
代理委員
——(更生債権等の届出)‥‥‥‥‥466
——の権限および地位 ‥‥‥‥‥‥151
——の選任(裁判所) ‥‥‥‥‥‥‥151
——の選任・辞任・解任‥‥‥‥‥‥149
——の選任の勧告(裁判所)‥‥‥‥‥150
代理受領
——(委任契約) ‥‥‥‥‥‥‥‥‥302
——(相殺の禁止の例外) ‥‥‥‥‥355
諾成的消費貸借契約(双方未履行双務契約)
　‥‥‥‥‥‥‥‥‥‥‥‥‥‥‥‥300
立替払約款(相殺の禁止の例外) ‥‥‥‥366
単一更生主義(国際更生管轄) ‥‥‥‥‥136
単元株制度(株主の手続参加) ‥‥‥505, 508
団体交渉応諾義務(管財人)‥‥‥‥‥‥308
単独職務執行(管財人) ‥‥‥‥‥‥‥‥111
担保価値維持義務(管財人) ‥‥‥‥‥‥114
担保権証明文書(物上代位・更生担保権)‥‥204
担保権消滅許可
——(価額決定請求手続の費用の負担)‥‥537
——(価額決定の請求手続) ‥‥‥‥533
——(価額決定の手続) ‥‥‥‥‥‥536
——(管財人に対する金銭の交付と更生計
　画における使途の定め)‥‥‥‥‥‥539
——(管財人による金銭の差引納付)‥‥545
——(金銭の納付) ‥‥‥‥‥‥‥‥538
——(更生計画認可前に更生手続が終了し
　た場合の配当等の実施)‥‥‥‥‥‥540
——(更生計画認可前の剰余金等の管財人
　への交付手続)‥‥‥‥‥‥‥‥‥‥542
——(商事留置権消滅請求との関係)‥‥‥75
——(担保権の消滅と登記の抹消)‥‥539
——の法律構成(形成権説・介入権説)‥‥527
——の要件(事業の更生のための必要性)
　‥‥‥‥‥‥‥‥‥‥‥‥‥‥‥‥529

担保権消滅許可制度(破産法および民事再生
　法との対比)‥‥‥‥‥‥‥‥‥‥‥526
担保権消滅許可申立て ‥‥‥‥‥‥‥‥528
——に対する裁判‥‥‥‥‥‥‥‥‥532
——の対象となりうる担保権 ‥‥‥‥528
担保権消滅のための裁判手続の帰趨(更生手
　続の終了)‥‥‥‥‥‥‥‥‥‥‥‥702
担保権の目的である財産についての価額決定
　の申立て(更生担保権)‥‥‥‥‥‥‥490
担保権不存在確認請求訴訟(中断・受継)‥‥314
担保提供命令(更生計画の遂行)‥‥‥‥657
担保取引(スワップ・デリバティブ契約)‥‥299
担保の提供に関する定め(更生計画の相対的
　必要的記載事項)‥‥‥‥‥‥‥‥‥600
担保目的物による代物弁済(偏頗行為の有害
　性)‥‥‥‥‥‥‥‥‥‥‥‥‥‥‥376

ち

地上権(取戻権の基礎) ‥‥‥‥‥‥‥328
地上権設定契約(双方未履行双務契約) ‥‥280
チャプター11(具体例)‥‥‥‥‥‥‥‥2
チャプター15(具体例)‥‥‥‥‥‥‥‥3
中間型(DIP 型会社更生) ‥‥‥‥‥‥108
仲裁契約(更生債権等の確定手続) ‥‥‥485
忠実義務(管財人) ‥‥‥‥‥‥‥‥‥‥113
中止命令
——(企業担保) ‥‥‥‥‥‥‥‥‥‥59
——(共益債権) ‥‥‥‥‥‥‥‥**57**, 247
——(強制執行等) ‥‥‥‥‥‥‥‥‥56
——(国税滞納処分等) ‥‥‥‥‥‥‥60
——(財産関係の訴訟手続等)‥‥‥‥‥60
——(集合債権譲渡担保) ‥‥‥‥‥‥60
——(商事留置権) ‥‥‥‥‥‥‥‥‥56
——(譲渡担保) ‥‥‥‥‥‥‥‥‥‥58
——(所有権留保) ‥‥‥‥‥‥‥‥‥58
——(担保権実行) ‥‥‥‥‥‥‥‥‥57
——(破産手続,再生手続または特別清算
　手続) ‥‥‥‥‥‥‥‥‥‥‥‥‥‥56
——(非典型担保) ‥‥‥‥‥‥‥‥‥58
——(ファイナンス・リース)‥‥‥‥‥60
——(物上代位) ‥‥‥‥‥‥‥‥‥‥58
——(民事留置権) ‥‥‥‥‥‥‥‥‥56
——に関する裁判に対する不服申立て‥‥63
——の効力の存続期間‥‥‥‥‥‥‥‥63

事項索引　783

──の手続 ································ 62
──の変更・取消し ················· 62
中小企業再生支援協議会（裁判外の事業再生
　手続） ·· 13
中小企業者の更生債権の更生計画認可決定前
　弁済 ··· 182
注文者の更生 ································ 292
調査委員
　──（昭和42年改正） ················ 23
　──の職務および地位 ······· **88**, 138
　──の善管注意義務 ················· 88
　──の任務終了 ························ 88
　──の報酬 ······························ 88
調査命令 ································ **86**, 138
　──の変更・取消し ················· 87
賃借権
　──（取戻権の基礎） ·············· 329
　対抗力を備えた──の保護 ······ 282
賃借人の更生 ································ 281
賃貸借契約（双方未履行双務契約） ········· 280
賃貸人の更生 ································ 282
賃料債権を受働債権とする相殺（賃貸人の更
　生） ·· 283
賃料相当額損害金支払請求訴訟（中断・受継）
　·· 315
賃料の前払い・賃料債権の譲渡（賃貸人の更
　生） ·· 283

つ

通常実施権についての当然対抗制度（ライセ
　ンス契約） ································· 288
通知および呼出しの省略（更生債権者等の数
　が多数である場合） ···················· 94

て

DIP 型会社更生
　──（管財人） ······················· 107
　──（監督命令） ······················· 84
　──（具体例） ·························· 2
　──（更生手続開始決定） ········· 93
　──（更生手続開始申立書） ······ 51
　──（自認の制度） ········ 473, 476
　──（調査命令） ······················· 87
　──（取締役の辞任届） ········· 115

──（保全管理命令） ················· 79
──（保全処分） ························ 70
──（立法課題） ························ 33
DIP ファイナンス
──（共益債権） ······················ 238
──（更生手続から破産手続への移行） ··· 725
──（平等原則の例外） ············ 554
定款の変更に関する特例（更生計画の遂行：
　会社法等の法令の特例） ········· 662
定期金債権の議決権額
──：金額および存続期間が確定している
　　もの ····································· 143
──：金額または存続期間が不確定である
　　もの ····································· 143
停止条件付債務を受働債権とする相殺 ······ 347
停止条件付譲渡担保設定契約（集合債権譲渡
　担保の対抗要件の否認） ········· 413
停止条件または解除条件付債権
──を自働債権とする相殺 ······ 343
──を受働債権とする相殺 ······ 343
抵当権抹消登記手続請求訴訟（中断・受継）
　·· 314
手形支払に関する否認の制限 ······ 404
手形の買戻し（手形支払に関する否認の制限）
　·· 405
手形の商事留置権（更生担保権） ············ 200
手形の譲渡担保（更生担保権） ············ 211
手形割引契約（相殺の禁止の例外） ········· 365
適正価格による売却行為の否認 ······ 390
出来高（請負人の更生） ··············· 293
手続開始時現存額主義 ················ 221
手続的併合（結合企業の更生） ········ 232
手続は法廷地法による（国際更生） ········· 164
デット・エクイティ・スワップ
──（更生計画による株式移転完全親会社
　の株式等の交付） ···················· 593
──（更生計画による株式交換完全親会社
　の社員の地位の付与） ············ 591
──（更生計画による株主構成の変更）
　·· **575**, 577
──（更生計画による新会社の株式の付与）
　·· 596
──（更生計画による新設合併設立持分会
　社の社員または社債権者の地位の付与）

　　　　──────(更生計画の遂行：会社法等の法令の
　　　　　　特例) ································· 665
　　　　──────(更生債権等についての保証人に対す
　　　　　　る効果) ······························· 653
デット・デット・スワップ
　　　　──────(更生計画による株式移転完全親会社
　　　　　　の株式等の交付) ····················· 593
　　　　──────(更生計画による社債の募集) ······· 580
　　　　──────(更生計画による新設合併設立持分会
　　　　　　社の社員または社債権者の地位の付与)
　　　　　　 ·· 587
電子メールの配達嘱託(管財人) ············· 112
転貸借契約(転貸人の更生) ·················· 285
転得者に対する否認 ·························· 430
　　　　──────の要件 ······························ 432
電報の配達嘱託(管財人) ···················· 112
転用型債権者代位訴訟(中断・受継) ········ 318

と

問屋の委託者の権利
　　　　──────(代償的取戻権) ······················ 330
　　　　──────(取戻権の基礎) ······················ 330
問屋の取戻権(特別の取戻権) ················ 334
登記の嘱託(付随処分) ························· 98
東京地方裁判所民事第8部(商事部)
　　　　──────(具体例) ································· 2
　　　　──────(土地管轄) ··························· 133
同行相殺(相殺権の濫用) ···················· 367
動産及び債権の譲渡の対抗要件に関する民法
　　の特例等に関する法律(管財人の地位) ··· 253
倒産手続開始申立権放棄特約 ················· 47
動産売買先取特権(更生担保権) ············ 201
倒産保全処分 ··································· 70
倒産申立解除条項
　　　　──────(スワップ・デリバティブ契約) ···· 298
　　　　──────(双方未履行双務契約) ··············· 276
　　　　──────(リース契約) ······················· 291
同時交換の取引(偏頗行為否認の例外) ····· 397
同時処分事項(管財人の選任・債権等届出期
　　間・債権等調査期間等) ·····················94
同時履行の抗弁権(双方未履行双務契約) ··· 273
当然充当先行説(敷金返還請求権に関する権
　　利変更) ···································· 562

　　　　································· 587
当然対抗制度(ライセンス契約) ············· 288
独占禁止法の特例(更生計画の遂行：会社法
　　等の法令の特例) ··························· 682
特定調停(裁判外の事業再生手続) ············ 13
特定の債権者等に対する担保供与等の罪 ···709
特別清算開始の登記の抹消(更生手続開始の
　　登記) ·· 98
特別調査期間 ································· 478
特別の共益債権 ······························ 238
特別の取戻権 ································· 332
　　　　──────と代償的取戻権 ······················ 338
特別背任罪(管財人等) ······················ 710
匿名組合員の更生 ···························· 299
匿名組合契約(双方未履行双務契約) ······· 299
土地管轄 ······································ 132
都道府県等の長(更生手続開始の通知) ······ 97
取締役
　　　　──────(更生手続の機関) ···················· 139
　　　　──────にかかる事項(更生計画における更生
　　　　　　会社の組織に関する事項) ············· 564
　　　　──────の地位(委任契約) ···················· 301
取締役会設置会社(更生能力) ················· 37
取立訴訟(中断・受継) ······················ 319
取戻権 ··· 326
　　　　──────：永小作権 ······························ 328
　　　　──────：債権 ··································· 328
　　　　──────：詐害行為取消権 ······················ 329
　　　　──────：質権 ··································· 328
　　　　──────：譲渡担保 ······························ 328
　　　　──────：所有権 ································ 327
　　　　──────：所有権留保 ·························· 328
　　　　──────：真正譲渡性 ··························· 327
　　　　──────：信託関係上の権利 ·················· 329
　　　　──────：占有権 ································ 328
　　　　──────：地上権 ································ 328
　　　　──────：賃貸借 ································ 329
　　　　──────：問屋の委託者の権利 ··············· 330
　　　　──────：用益物権 ··························· 328
　　　　──────：留置権 ································ 328
　　　　──────の消極的機能 ························· 327
　　　　──────の積極的機能 ························· 327
　　　　一般の────── ································· 326
　　　　売主の────── ································· 332
　　　　SPCの────── ·································· 327

代償的—— ……………………335
　　問屋の—— ……………………334
　　特別の—— ……………………332
取戻権者(利害関係人) ……………………156

な

内部者
　　——(相当の対価をえてした財産の処分行
　　　為の否認) ……………………393
　　——(転得者に対する否認) ……………………433
　　——(否認の相手方の反対給付の返還請求
　　　権) ……………………455
　　——(偏頗行為否認) ……………………399

に

2号仮登記(善意取引の保護) ……………………263
2号仮登記を前提とする本登記 ……………………264
認可, 許可等にもとづく権利の承継(更生計
　画の遂行：会社法等の法令の特例)
認否書の提出(管財人による調査) ……………………474
認否の変更(管財人による調査) ……………………475

ね

根抵当権
　　——(更生計画による消滅) ……………………645
　　——(更生担保権) ……………………199
　　——(担保権消滅許可) ……………………533
　　——の元本の確定(更生担保権) ……………………199
　　——の被担保債権に含まれる利息等の範囲
　　　(更生担保権) ……………………199

は

売買契約(双方未履行双務契約) ……………………278
破産管財人(更生手続開始申立権者) ……………………49
破産原因前兆事実(更生手続開始原因) ……………………39
破産債権査定異議の訴えにかかる訴訟手続等
　(破産手続から更生手続への移行) ……………………749
破産債権査定申立ての手続(破産手続から更
　生手続への移行) ……………………748
破産手続から更生手続への移行(破産手続に
　対する更生手続の優先) ……………………718
破産法の施行に伴う関係法律の整備等に関す
　る法律 ……………………27
罰金等の請求権

　　——(更生計画における権利変更に関する
　　　特則) ……………………558
　　——(時効の進行停止) ……………………322
　　——(調査・確定) ……………………503
　　——(偏頗行為否認) ……………………396
　　——(劣後的取扱い) ……………………191

ひ

非義務偏頗行為
　　——(特定の債権者等に対する担保供与の
　　　罪) ……………………710
　　——(偏頗行為否認) ……………………400
非金銭債権
　　——(議決権額) ……………………143
　　——(更生債権) ……………………174
必要的記載事項(更生計画) ……………………548
　　——：共益債権の弁済 ……………………568
　　——：更生会社の機関の権限の回復 ……………………572
　　——：更生会社の組織に関する基本的事項
　　　 ……………………572
　　——：更生計画において予想された額を超
　　　える収益金の使途 ……………………569
　　——：債務の負担に関する定め ……………………600
　　——：債務の弁済資金の調達方法 ……………………569
　　——：事業譲渡等 ……………………598
　　——：事業の全部の賃貸 ……………………599
　　——：知れている開始後債権の内容 ……………………571
　　——：新会社の設立 ……………………594
　　——：担保の提供に関する定め ……………………600
　　——：100％減資 ……………………573
　　——：未確定の更生債権者等の権利 ……………………599
必要的記載事項(更生手続開始申立書) ……………………50
1人の一部保証人の更生 ……………………228
否認権
　　——行使としての管財人の差額償還請求権
　　　 ……………………455
　　——行使の相手方に対する反対給付の返還
　　　(取戻権・共益債権・更生債権) ……………………453
　　——行使の相手方の地位(詐害行為否認)
　　　 ……………………453
　　——行使の相手方の地位(偏頗行為否認)
　　　 ……………………456
　　——行使の効果(金銭給付の返還) ……………………445
　　——行使の効果(人的相対効・手続的相対

——効)……………………………446
——行使の効果(物または権利の返還)…446
——行使の効果(無償否認の例外)………449
——行使の主体(管財人)……………435
——行使のための裁判手続の帰趨………737
——行使のための裁判手続の帰趨(更生手続の終了)……………………………698
——行使の方法………………………435
——行使をめぐる利害関係人……………373
——にもとづく価額償還請求権…………450
——にもとづく価額償還請求権の価額の算定基準時(行為時等)……………………450
——の意義と機能……………………372
——の消滅(除斥期間)………………443
——の消滅時効の起算点としての更生手続開始(更生手続から破産手続への移行)
………………………………………727
——の消滅時効の起算点としての再生手続開始(再生手続から更生手続への移行)
………………………………………729
——の消滅時効の起算点としての破産手続開始(破産手続から更生手続への移行)
………………………………………729
——のための保全処分…………………88
——のための保全処分(担保の変換)……91
——のための保全処分の変更・取消し……90
——の放棄……………………………444
——の法的性質………………………435
抗弁による——の行使 ………………438
再抗弁による——の行使 ……………438
裁判外での——の行使 ………………442
否認訴訟・否認の請求を認容する決定に対する異議の訴え(中断・受継)………316
否認訴訟の職分管轄(更生裁判所)……437
否認の相手方が有する反対給付の価額償還請求権(相殺の禁止)……………………362
否認の一般的要件(有害性・不当性)…375
否認の訴え
——(更生手続から再生手続への移行)…742
——(更生手続から破産手続への移行)…739
——(更生手続の終了)………………698
——(再生手続から更生手続への移行)…742
——(破産手続から更生手続への移行)…741
否認の訴えによる行使(形成訴訟説と給付・確認訴訟説)……………………………436
否認の基準時としての更生手続開始申立て
——(再生手続から更生手続への移行)…729
——(破産手続から更生手続への移行)…728
否認の基準時としての破産手続開始申立て
(更生手続から破産手続への移行)………727
否認の請求……………………………439
——(更生手続から再生手続への移行)…742
——(更生手続から破産手続への移行)…737
——(再生手続から更生手続への移行)…741
——(破産手続から更生手続への移行)…740
——についての裁判(否認の請求を認容する決定・否認請求棄却決定)……………439
——についての裁判に対する管財人による異議の訴え………………………………440
——の帰趨(更生手続の終了)………698
否認の請求事件の配点 …………………439
否認の請求を認容する決定に対する異議の訴え……………………………316, **440**
——(更生手続から再生手続への移行)…742
——(更生手続から破産手続への移行)…738
——(再生手続から更生手続への移行)…741
——(破産手続から更生手続への移行)…740
——に対する判決 ……………………441
——の帰趨(更生手続の終了)………698
否認の登記
——の性質(予告登記説・通常登記説・特殊登記説)………………………………446
——の手続 ……………………………447
——の抹消 ……………………………447
秘密取引(対抗要件の否認)……………408
100％減資
——(株主の議決権)…………………507
——(公正・衡平の原則)……………557
評価人
——(更生担保権の目的物の価額)………492
——(担保権消滅許可)………………534
平等原則(更生計画における各種の権利の変更)………………………………………550

ふ

ファイナンス・リース
——(双方未履行双務契約)………………287
——(担保権消滅許可)………………528

事項索引　787

不安の抗弁権(双方未履行双務契約) ………275
不可分債務(多数債務者関係) ……………221
普及主義(更生会社財産の国際的範囲) ……165
複数管財人 …………………………………109
複数手続型の倒産処理法制 ………………717
不執行の合意(更生債権) …………………177
不真正連帯債務(多数債務者関係) ………221
付随処分
　——(更生手続開始決定) ………………95
　——(更生手続開始決定取消決定) ……102
不代替的作為または不作為を目的とする債権
　(更生債権) ………………………………175
物権変動等の対抗要件と管財人の地位 ……252
物上代位権にもとづく更生担保権 …………202
物上保証(無償行為否認) …………………403
物上保証人
　——による数個の債権のうちの1個の債権
　の全額弁済と更生債権額 ………………224
　——による弁済と更生債権額 …………222
　——の更生 ………………………………230
物的会社(更生能力) …………………………36
不当性(否認の一般的要件) ………………377
不当利得により更生手続開始後に更生会社に
　対して生じた請求権(共益債権) ………237
不当労働行為(管財人) ……………………309
不法原因給付の法理(管財人の法的地位) …251
フランチャイズ契約(双方未履行双務契約)
　……………………………………………287
不利益供述強要禁止の原則(報告および検査
　の拒絶等の罪) ……………………………713
振込指定(相殺の禁止の例外) ……………355
プレアレンジ(プレネゴシエート)型第11章
　手続 ………………………………………605
プレパッケージ型会社更生
　——(更生計画案の事前提出) …………604
　——(更生計画外の事業譲渡) …………521
　——(更生手続開始申立書) ……………51
　——(立法課題) …………………………33
プレパッケージ型第11章手続 ……………605
文書等の閲覧等
　——(閲覧等請求権者) …………………158
　——(対象となる文書等) ………………158
　——制限決定 ……………………………161
　——の制限(手続の段階) ………………159

　——の制限(文書等の種類) ……………160
　——の制限(利害関係人の種類) ………159

へ

並行更生(国際更生) ………………………166
弁済禁止保全処分 ……………………………71
　——(双方未履行双務契約) ……………277
　——に反する弁済等の効力 ………………73
　——の効力(履行遅滞・解除) ……………73
弁済充当特約と更生債権額 ………………223
偏頗行為(否認) ……………………………372
偏頗行為否認 ………………………………394
　——(更生会社の行為) …………………380
　——：新たに借り入れた資金による弁済
　……………………………………………395
　——：形式的危機時期 …………………394
　——：債務の消滅に関する行為 ………395
　——：支払不能 …………………………398
　——：集合債権譲渡担保 ………………402
　——：集合動産譲渡担保 ………………402
　——：受益者の悪意 ……………………399
　——：租税等の請求権 …………………396
　——：対抗要件の否認の性質 …………409
　——：内部者 ……………………………399
　——：罰金等の請求権 …………………396
　——：非義務偏頗行為 ……………399, 400
　——：否認権行使の相手方の地位 ……456
　——：有害性 ……………………………396
　——の基本要件 …………………………395
　——の例外としての同時交換的取引 ……397
対抗要件具備行為の—— …………415, **422**

ほ

包括的禁止命令
　——(更生債権等にもとづく強制執行等) …64
　——と消滅時効 ……………………………69
　——に関する裁判に対する不服申立て ……66
　——の解除 …………………………………67
　——の解除と配当要求 ……………………69
　——の対象除外 ……………………………66
　——の変更・取消し ………………………66
報告および検査の拒絶等の罪(情報収集を阻
　害する罪)
　——：更生会社の子会社の代表者等の報告

拒絶等 …………………………………714
　　――：更生会社の取締役等による検査拒絶
　　　……………………………………………714
　　――：更生会社の取締役等による報告拒絶
　　　等 ………………………………………712
報告書提出義務(管財人) ……………………515
報　酬
　管財人・管財人代理の――等 ………111, **122**
　監督委員の――…………………………………86
　社債管理者等の費用および――請求権 …241
　調査委員の――…………………………………88
　保全管理人の――………………………………82
報償金(更生担保権者委員会) ………………5
法人格否認の法理(結合企業の更生) ………232
法人管財人 ……………………………………107
法人税法等の特例等(更生計画の遂行：会社
　法等の法令の特例)………………………684
膨張主義(更生会社財産) ……………………163
法定更生会社財産 …………………**162**, 327
法定の原因にもとづくとき(相殺の禁止の例
　外)……………………………………353, 365
法律家管財人 ……………………………107, 108
　――(具体例) …………………………………8
法律顧問 ………………………………………130
保険金受取人の変更行為(詐害行為否認) …387
保険契約(双方未履行双務契約) ……………293
保険契約者の更生 ……………………………294
保険者の更生 …………………………………294
募集株式を引き受ける者の募集に関する特例
　(更生計画の遂行：会社法等の法令の特例)
　…………………………………………………663
募集事項均等原則(発行条件均等原則)の適用
　排除(更生計画の遂行：会社法等の法令の
　特例) ……………………………………665, 668
募集社債を引き受ける者の募集に関する特例
　(更生計画の遂行：会社法等の法令の特例)
　…………………………………………………669
募集新株予約権を引き受ける者の募集に関す
　る特例(更生計画の遂行：会社法等の法令
　の特例) ……………………………………666
保証契約(相殺の禁止の例外)………………365
保証人
　――による相殺(管財人による相殺) ……341
　――の更生 ……………………………………226

保全管理(昭和42年改正) ……………………23
保全管理人 ……………………………**79**, 129
　――(取締役の辞任届) ……………………115
　――の権限および地位…………………………80
　――の実体法上の地位………………………268
　――の善管注意義務……………………………82
　――の任務終了…………………………………83
　――の報告徴求・検査権………………………82
　――の報酬………………………………………82
保全管理人代理…………………………………82
保全管理命令……………………………………78
　――(強制執行等の中止) ……………………82
　――(訴訟手続等の中断・受継) ……………82
　――の効力………………………………………81
　――の発令………………………………………78
　――の変更・取消し……………………………80
保全処分
　――の内容および発令手続……………………70
　――の変更・取消し……………………………72
ホッチ・ポット・ルール(更生会社財産の国
　際的範囲)……………………………………166
本旨弁済
　――(その他の更生債権者等を害する処分)
　…………………………………………………392
　――の故意否認(旧破産法) ………………387
本店の所在地(土地管轄) ……………………132

ま

前に生じた原因にもとづくとき(相殺の禁止
　の例外)………………………………354, 365
前払金返還請求権の共益債権性(請負人の更
　生)……………………………………………294
孫株式会社(関連土地管轄) …………………134
回り手形(更生担保権) ………………………201

み

未確定の更生債権者等の権利(更生計画の相
　対的必要的記載事項)……………………599
身元保証金返還債権 ………………**190**, 304
民事保全法にもとづく保全処分 …………70, 90
民事留置権
　――(更生計画による消滅) ………………645
　――(商事留置権消滅請求との関係)………74

事項索引　789

む

無委託保証人(求償権を自働債権とする相殺)
　………………………………………359
無償行為(転得者に対する否認)……433
無償行為否認……………………380, **402**

も

黙示的な履行の請求(双方未履行双務契約)
　………………………………………275
持分会社への組織変更(更生計画による組織再編)……………………………………581

や

役員責任査定決定に対する異議の訴え
　――(再生手続から更生手続への移行)…745
　――(破産手続から更生手続への移行)…744
役員責任査定決定の手続
　――(再生手続から更生手続への移行)…745
　――(破産手続から更生手続への移行)…744
役員等責任査定決定…………………460
役員等責任査定決定に対する異議の訴え…462
　――(原告適格・必要的共同訴訟・反訴)
　…………………………………………462
　――(更生手続から再生手続への移行)…746
　――(更生手続から破産手続への移行)…743
　――の帰趨(更生手続の終了)………699
役員等責任査定決定の手続
　――(更生手続から再生手続への移行)…746
　――(更生手続から破産手続への移行)…743
　――(更生手続の終了)…………………699
役員等責任査定決定を認可または取り消す判決(仮執行宣言)………………………462
役員等の財産に対する保全処分
　――(更生手続開始後)…………………459
　――(更生手続開始後・申立者者)………459
　――(更生手続開始前)…………**91**, 459
　――(更生手続開始前・申立者者)………92
　――(発令の要件)………………………459
　――(被保全権利)………………………459
　――(変更・取消し)…………………93, 460
役員等の責任の追及等………………458
役員報酬(優先的更生債権)……………190
約定劣後更生債権………………………192

　――(更生手続開始の通知)……………96
　――の議決権……………………………142

ゆ

有害性
　――(手形支払に関する否認の制限)……406
　――(否認の一般的要件)………………376
　――(偏頗行為否認)……………………396
ユーザーの更生(双方未履行双務契約)…289
優先管轄…………………………………132
優先的更生債権…………………………188
　――の地位の承継………………………235
融通手形の抗弁(管財人の法的地位)……251
郵便物等
　――の開披・閲覧(管財人)……………113
　――の配達嘱託(管財人)………………112
有名義更生債権等に関する特則(訴訟の受継)
　…………………………………………497

よ

用益物権(取戻権の基礎)………………328
傭船契約(双方未履行双務契約)………290
預金拘束または預金凍結(相殺)………339
預金保険機構(更生債権等の届出)……167
予納金(更生手続開始申立て)………**52**, 111

ら

ライセンス契約(双方未履行双務契約)……286

り

リーガルアドバイザー(具体例)………………3
リース会社の担保権(ファイナンス・リース契約)………………………………………289
履行拒絶権(双方未履行双務契約)……272
留置権(取戻権の基礎)…………………328
両罰規定
　――(管財人等に対する職務妨害の罪)…715
　――(管財人等の特別背任罪)…………711
　――(業務および財産の状況に関する物件の隠滅等の罪)………………………714
　――(詐欺更生罪)………………………705
　――(贈収賄罪)…………………………716
　――(特定の債権者等に対する担保供与の罪)………………………………………710

れ

―― (報告および検査の拒絶等の罪) ……………………………………713, 714

劣後化(具体例) ……………………………5
劣後的更生債権(旧会社更生法) ……………188
劣後的取扱いを受ける更生債権 ……………191
劣後的破産債権 ………………………………192
連結株式会社(関連土地管轄) ………………134
連帯債務(多数債務者関係) …………………221
連帯保証債務(多数債務者関係) ……………221
連邦倒産法第11章(具体例) …………………2
連邦倒産法第15章(具体例) …………………3

ろ

労働協約(双方未履行双務契約) ……………307
労働組合等
　―― (関係人集会) ………………………141
　―― (利害関係人) ………………………157
　――に対する情報の開示措置 ……………517
　――の意見聴取(更生手続開始申立て)……53
労働審判(更生債権等の確定手続) …………485

わ

和議法……………………………………………21

著者紹介

伊藤　眞（いとう　まこと）

略歴

1945年2月14日，長野県上田市に生まれる。
駒場東邦高校を経て，1967年東京大学法学部卒業。
東京大学法学部助手，名古屋大学法学部助教授，一橋大学法学部教授，東京大学大学院法学政治学研究科教授を経て，現在，早稲田大学大学院法務研究科客員教授
　　　　弁護士（長島・大野・常松法律事務所）。

主要著書

民事訴訟の当事者（1978年，弘文堂）
債務者更生手続の研究（1984年，西神田編集室）
破産——破滅か更生か（1989年，有斐閣）
法律学への誘い〈第2版〉（2006年，有斐閣）
菊井＝村松原著・コンメンタール民事訴訟法Ⅰ〈第2版〉・Ⅱ〈第2版〉・Ⅲ・Ⅳ・Ⅴ（共著，ⅠⅡ2006年，Ⅲ2008年，Ⅳ2010年，Ⅴ2012年日本評論社）
破産法〈第4版補訂版〉（2007年，有斐閣）
破産法・民事再生法〈第2版〉（2009年，有斐閣）
条解破産法（共著，2010年，弘文堂）
新注釈民事再生法上〈第2版〉・下〈第2版〉（共同監修，2010年，金融財政事情研究会）
民事訴訟法〈第4版〉（2011年，有斐閣）

会社更生法
CORPORATE REORGANIZATION ACT

2012年11月30日　初版第1刷発行

著　者	伊藤　　眞	
発行者	江草　貞治	
発行所	株式会社　有斐閣	

郵便番号 101-0051
東京都千代田区神田神保町2-17
電話　(03) 3264-1314〔編集〕
　　　(03) 3265-6811〔営業〕
http://www.yuhikaku.co.jp/

印刷・大日本法令印刷株式会社／製本・大口製本印刷株式会社
© 2012, Makoto Ito. Printed in Japan
落丁・乱丁本はお取替えいたします。
★定価はカバーに表示してあります
ISBN 978-4-641-13618-2

[JCOPY] 本書の無断複写（コピー）は，著作権法上での例外を除き，禁じられています。複写される場合は，そのつど事前に，(社)出版者著作権管理機構（電話03-3513-6969，FAX03-3513-6979，e-mail:info@jcopy.or.jp）の許諾を得てください。

本書のコピー,スキャン,デジタル化等の無断複製は著作権法上での例外を除き禁じられています。本書を代行業者等の第三者に依頼してスキャンやデジタル化することは,たとえ個人や家庭内での利用でも著作権法違反です。